1947 में पंजाब का बंटवारा

एक त्रासदी हजार कहानियाँ

1947 में पंजाब का बंटवारा
एक त्रासदी हजार कहानियाँ

खुफिया अँग्रेजी रिपोर्टों और चशमदीदों द्वारा 1947 की त्रासदी का खुलासा

इश्तियाक अहमद

अनुवादक

गुरप्रीत सिंह

AAKAR

Hindi Translation of
The Punjab Bloodied, Partitioned and Cleansed
Ishtiaq Ahmed, Published by Rupa & Co., New Delhi, 2011

1947 में पंजाब का बंटवारा : एक त्रासदी हजार कहानियाँ
इश्तियाक अहमद

पेपरबैक संस्करण, 2021
पुनर्मुद्रण 2022
पुनर्मुद्रण 2024

ISBN 978-93-5002-684-7

प्रकाशक
आकार बुक्स
28 ई, पॉकेट IV, मयूर विहार फेज़ I
दिल्ली 110 091
aakarbooks@gmail.com
www.aakarbooks.com

टाइपसेट
लिमिटेड कलर्स, दिल्ली 110 092

मुद्रक
डी.के. फाइन आर्ट प्रैस, दिल्ली

मेरी पत्नी मेलिहा को समर्पित
जो समूचे परिवार की बुनियाद है और जिनसे मैं, मेरे
बेटे साहिर और सलीम तथा उनकी जीवन संगिनी
आइस तथा हेलेना मजबूती और सहारा हासिल करते हैं।

विषय सूची

भूमिका : हिन्दी संस्करण

1957 में फ्रेंच-अल्जीरिया के नोबेल पुरस्कार विजेता, अल्बर्ट कैमू ने साहित्य के लिए संदर्भ में बहुत संक्षेप में कहा, "काल्पनिक कथाएँ झूठ हैं जिसके माध्यम से हम सच कहते हैं"। दरअसल पंजाब के विभाजन की बुनियादी हकीकत को कथाकारों और कवियों जैसे – सआदत हसन मंटो, कृष्ण चंदर, खुशवंत सिंह, बलवंत सिंह, अशफाक अहमद, रामानंद सागर, अहमद नदीम कासमी, अमृता प्रीतम, फैज अहमद फैज और कई अन्य लोगों ने अपनी कल्पना से निर्मित किया तथा तथ्य और कल्पना का संयोजन कर उर्दू, हिन्दी और पंजाबी साहित्य को सबसे उत्कृष्ट शैली में निर्मित किया। पंजाब के विभाजन की सच्चाई को उजागर करने में शैक्षिक अनुसंधान भी न केवल लम्बे समय तक झिझकता रहा बल्कि गम्भीर रूप से बाधित भी रहा। यह कार्य मौजूदा इतिहासकारों द्वारा इस्तेमाल किए गए स्रोतों की मदद से नहीं बताया जा सकता जैसे – राज्य और उसके पदाधिकारियों द्वारा संभाली गई अभिलेखीय सामग्री आदि से नहीं बताया जा सकता था। 15 अगस्त, 1947 के बाद से जब सत्ता भारतीय पंजाब और पाकिस्तानी पंजाब प्रशासन को हस्तांतरित कर दी गई तब सरकारें चुप हो गईं। यह किताब साहित्य के साथ जुड़े कैमू के विचार के विपरीत लक्ष्य को इंगित करती है साथ ही यह पंजाब के विभाजन के बारे में झूठ को उजागर कर सच कहती है।

इस पुस्तक की सबसे बड़ी विशेषता यह है कि इसे भारत और पाकिस्तान दोनों देशों के आलोचकों और विशेषज्ञों ने बहुत अत्यधिक प्रशंसित किया है। कुछ ने शोध की निष्पक्षता पर बल दिया है जबकि दूसरों ने किताब में दर्ज सच्ची कहानियाँ, मंटो के लौकिक यथार्थवाद और कृष्ण चंदर के बारहमासी आदर्शवाद, दोनों की अवहेलना पर। दरअसल सच्चाई हमेशा कल्पना से अलग होती है और यह बात बार-बार हिंदू, मुस्लिम और सिख समुदाय के लोगों से एकत्र कहानियों से उजागर होती है।

मगर, सबसे सुखद आश्चर्य पाकिस्तान से आए हैं। यहाँ इसने 2012 की बतौर सर्वश्रेष्ठ गैर-काल्पनिक पुस्तक व दो राष्ट्रीय पुरस्कार जीत लिए। अतः उदाहरण के तौर पर प्रतिष्ठित कराची साहित्य महोत्सव के आखिरी और अंतिम दिन 17 फरवरी 2013 को ज्यूरी ने घोषणा की कि यह सर्वश्रेष्ठ गैर-काल्पनिक किताब है तथा उन्होंने यह हवाला दिया :

हम, जूरी के सदस्यों ने सर्वसम्मति से इश्तियाक अहमद द्वारा लिखित पंजाब ब्लडिड, पार्टिशंड एन्ड क्लीन्स्ड को कराची साहित्य महोत्सव-कोका कोला की 2012 के लिए सर्वश्रेष्ठ गैर-काल्पनिक पुस्तक के पुरस्कार के लिए चुना है। हमने पाया कि पेश की गई सभी पुस्तकों में यह मौलिकता और अपने अनुसंधान की गहराई के आधार पर सबसे उत्तम है तथा 1947 के विभाजन और उस वक़्त की घटनाओं की नई खोज करती है तथा इन घटनाओं का विद्वतापूर्ण और वस्तुनिष्ठ विश्लेषण भी करती है तथा इस किताब की समूचे तौर पर पठनीयता भी उल्लेखनीय है।

मुझे खुशखबरी सुनाने वाली थीं – ऑक्सफोर्ड यूनिवर्सिटी प्रेस, कराची की प्रबंध संपादिका सुश्री शहला नकवी। जिनका ईमेल 20 फरवरी को मुझे मुंबई में मिला, उस दौरान मैं अपनी पंजाब विभाजन की किताब के सिलसिले में एक सप्ताह के व्याख्यान दौरे पर भारत में था। पहले से ही, एक या दो विषम अपवादों के अलावा, भारत और पाकिस्तान दोनों के ही समीक्षकों ने प्रशंसात्मक ढंग से किताब के बारे में बात की थी। तथ्य यह है कि पंजाब में भारत और पाकिस्तान के बीच अंतर्राष्ट्रीय सीमा 1947 में रक्त द्वारा लिखी गई थी, भारत और पाकिस्तान दोनों देशों को राष्ट्रवाद की एक कड़वी विरासत मिली थी तथा किताब के बारे में दोनों देशों के विद्वानों तथा प्रख्यात पत्रकारों के बीच लगभग एक आम सहमति अभूतपूर्व थी। आम जनता के कई लोगों की प्रतिक्रिया भी इसी तरह थी। जिस चीज ने शायद लोगों को प्रभावित किया वह तथ्य था कि दोनों पक्षों द्वारा की गई बर्बरता और क्रूरता के साथ-साथ महान मानवता और करुणा के उदाहरण भी इस पुस्तक में मौजूद हैं। एक अर्थ में विभाजन पर असली दुनिया के मेरे अनुसंधान के 12 साल के दौरान एकत्र कहानियों द्वारा दोनों सआदत हसन मंटो और कृष्ण चंदर के उत्कृष्ट उपन्यासों की वास्तव में पुष्टि हुई।

मुझे बहुत आश्चर्य हुआ जब 2012 के लिए 22 नवंबर 2013 को लाहौर में यूबीएल-जंग समूह साहित्यिक महोत्सव में, एक और "बेस्ट नॉन-फिक्शन" पुरस्कार इस किताब ने जीत लिया। जूरी ने इस पुस्तक की प्रशंसा इन शब्दों में की : प्रतिभा और अध्ययन की मौलिकता और उग्रवाद के खिलाफ इसका रुख।

महात्मा गांधी के पोते राजमोहन गांधी ने मुझे लिखा कि वह मेरी किताब से प्रेरित महसूस कर रहे हैं। उन्होंने कहा कि पंजाब में 1947 की दर्दनाक घटनाओं का एक वस्तुपरक चित्रण करने के अलावा यह किताब दोनों पक्षों के पराये हो चुके पंजाबियों के बीच सुलह में मदद करने, मरहम लगाने और इस प्रकार उपमहाद्वीप में शांति स्थापित करने में सहायक हुई है। किताब के प्रकाशन के बाद, 1947 में जो कुछ हुआ उसके बारे में मेरे पास कहानियाँ आने का एक सिलसिला जारी है, जो राजमोहन गांधी के अवलोकन की पुष्टि करता है।

वास्तव में मरहम लगाने और लोगों को जोड़ने की इस पुस्तक की विशेषता हरभजन कौर (शहनाज बेगम) और उसके बच्चों के जीवन से भी बड़ी और कल्पना से परे एक अग्नि परीक्षा द्वारा शक्तिशाली तरीके में प्रकट होती है। इसे मेरे संज्ञान में होकेस्सीन, डेलावेयर, संयुक्त राज्य अमेरिका में रह रहे एक इंजीनियर नसीम हसन द्वारा लाया गया था। हम तब संपर्क में आए जब उन्होंने लाहौर के *डेली टाइम्स* में मेरे एक लेख को पढ़ा जिसमें मैंने पंजाब के विभाजन पर चर्चा की थी। वह अपनी खुद की एक कहानी बताना चाहते थे। 1947 में नसीम एक छोटे से बच्चे थे जो शिमला से अपने परिवार के साथ बच निकले; उन्होंने लाहौर में घर की स्थापना की। कई साल बाद उन्होंने शिमला का दौरा किया। जब वह अपनी पुरखों की धरती पर पहुंचे तो उन्होंने अपनी भावनाओं का वर्णन कैसे किया उसे इसी किताब में पढ़ा जा सकता है। एक सिख सज्जन, रोमी सिंह ने उनकी कहानी को पढ़ने के बाद उनसे संपर्क किया। जबकि "वर्जीनिया बीच" में वह अपना कारोबार करते थे, उसका परिवार बाल्टीमोर, मैरीलैंड, संयुक्त राज्य अमेरिका में रहता था। रोमी चाहते थे कि नसीम उनकी सौतेली मां हरभजन कौर की मदद करें ताकि वह पाकिस्तान में अपने पांच बच्चों का पता लगा सकें। नसीम ने मदद के लिए मुझे लिखा। हरभजन कौर ने अपने अतीत के बारे में निम्नलिखित कहानी बताई :

'मेरा नाम हरभजन कौर है। मैं अब 82 साल की हूँ। मेरे पिता शेर सिंह अमृतसर के करीब राजा सांसी में एक जमींदार थे। 1946 में मेरी शादी सरदार हरबिल सिंह के साथ लाहौर में हुई। 1947 में लाहौर से अमृतसर जाते वक़्त हमारे ट्रक पर हमला हुआ और गुंडों ने लड़कियों को छोड़कर सभी लोगों का कत्ल कर दिया। बचने वाली लड़कियों में मैं भी थी। कई लोगों के पास अदल-बदल होने के बाद अफजल खान नाम के एक आदमी ने मेरे साथ शादी की और मेरा नाम शहनाज बेगम रख दिया। अफजल खान मुझसे 16 साल बड़ा था। हम कराची चले गए जहां हमारे पाँच बच्चे पैदा हुए। अफजल खान चेहरे पर लगाने की क्रीम बनाने का काम करता था और हम कराची के कोयला गोदाम इलाके में रहते थे। मेरे बच्चों के नाम हैं: खुर्शीद, जमीला, जुबेदा, बाला और रिजवान।

'1962 में भारत और पाकिस्तान के बीच वीजा प्रतिबंध में ढील दी गई और मैंने राजा सांसी की यात्रा करने का फैसला किया क्योंकि मैं अपने माता-पिता से मिलना चाहती थी। दो लोगों, अकबरी मंडी के बशीर अहमद और लाहौर के जहूर अहमद ने हमें वीजा पाने में मदद की। वास्तव में उनकी सास मेरे लिए एक गॉडमदर की तरह थीं। फिर मैंने, अफजल खान और हमारे पांच बच्चों ने राजा सांसी का दौरा किया। सबसे कम उम्र का रिजवान एक बच्चा था जो 1960 में पैदा हुआ था। मेरे माता-पिता ने मुझे पाकिस्तान जाने की अनुमति नहीं दी लेकिन अफजल खान और बच्चों को पाकिस्तान वापस भेज दिया गया। इस प्रकार मैं विभाजन का एक बार फिर शिकार बन गई।'

'1969 में मेरी शादी सरदार गुरबचन सिंह के साथ कर दी गई जिनकी पत्नी का निधन हो चुका था और उन्हें किसी सहारे की जरूरत थी ताकि कोई उनके पाँच साल के बेटे रोमी की देखभाल कर सके। 1989 में रोमी अमेरिका चला गया। उसने एक कारोबार स्थापित किया तथा 1997 में मुझे और मेरे पति को भी अमेरिका ले गया। 2007 में मेरे पति का स्वर्गवास हो गया। हालांकि मैंने रोमी को अपने अतीत के बारे में कभी नहीं बताया मगर उसने इसे दूसरे स्रोत से जान लिया। रोमी ने मुझसे पूछा कि क्या मैं पाकिस्तान में अपने बच्चों के साथ संपर्क स्थापित करना चाहूंगी। अब तो वे काफी बड़े हो गए होंगे और भगवान ही जानता होगा कि वे कहाँ होंगे। कृपया मुझे बताएं कि क्या किसी की मदद मिल सकती है जो मुझे बता सके कि पाकिस्तान में आपके बच्चे कहाँ हैं।'

नसीम हसन ने मेरा संपर्क रोमी सिंह के साथ करा दिया। मेरे कहने पर रोमी सिंह ने अपने पिता गुरबचन सिंह बचन के बारे में लिखा, जो एक कवि और विद्याविद थे। वे मूल रूप से पेशावर के थे और उनका परिवार नहरी कॉलोनी, लायलपुर में आकर बस गया था। वह पाकिस्तान से प्यार करते थे जहां गुरु नानक का जन्म हुआ था और सूफीवाद के बड़े प्रशंसक थे। इसीलिए उन्होंने अपने बेटे का नाम रोमी रखा (जलालुद्दीन रूमी की याद में)। स्पष्ट है कि पिता ने बेटे के ऊपर काफी असर डाला जो अब अपनी सौतेली माँ का उसके बच्चों के साथ मेल करवाना चाहता था। रोमी ने मुझे बताया कि इस कहानी के दो चश्मदीद अब भी जिंदा हैं। उनमें से एक जनाब तुफैल उप्पल (92) जो विभाजन के पहले राजा सांसी में रहते थे और हरभजन कौर (शहनाज बेगम) को जानते थे। अब वे अमेरिका के डेलावेयर में रहते थे (नसीम ने रोमी और जनाब उप्पल के बीच संपर्क करा दिया; दोनों परिवार बाल्टीमोर में रहते थे)। *डेली टाइम्स* के मेरे साप्ताहिक लेख में मैंने सभी नेक लोगों से अपील की ताकि वे मदद करें और मैंने अपने ईमेल का पता दे दिया।

मैं एक व्याख्यान दौरे के लिए 30 जनवरी को भारत के लिए रवाना हुआ; तब तक कुछ नहीं हुआ था। मगर 15 फरवरी की सुबह जब मैंने अपनी ईमेल की जाँच की तो 13 फरवरी की एक ईमेल ने मुझे बहुत हैरान कर दिया, जो जमीला बेगम (जिन्हें पारिशे परी के रूप में जाना जाता है) (63) ने मुझे भेजी थी। उन्होंने लिखा था कि वह शहनाज बेगम (हरभजन कौर) की बेटी हैं। उन्होंने मेरे 15 दिसंबर 2012 के *डेली टाइम्स* में प्रकाशित एक लेख का कराची के *दैनिक जंग* में प्रकाशित उर्दू अनुवाद पढ़ा। मैंने उनसे फोन पर बात की जो उन्होंने संपर्क के लिए दिया था। उनकी अपील दिल दहला देने वाली थी। वह अपनी माँ से बात करने के लिए बेताब थीं। लेकिन, एक समस्या थी। दुनिया गोल है और सुदूर होकेस्सीन में नसीम हसन उस वक्त सो रहे होंगे। उन्हें इंतजार करना था। इस प्रकार शायद एक सबसे लंबा इंतजार शुरू हुआ। वे कुछ घंटे 50 साल के वक्त से भी ज़्यादा लंबे लग रहे थे – मुझे यह एहसास हुआ जब मैंने जमीला बेगम से बात की।

दोपहर तक नसीम हसन हरकत में आ गए। माँ और बेटी ने एक दूसरे से बातचीत की। जमीला बेगम और उनके भाई बहन सोच रहे थे कि उनकी माँ की बहुत पहले मौत हो चुकी होगी। उनकी बड़ी बहन खुर्शीद बेगम (66) उस वक़्त कनाडा में अपने बेटे के साथ थीं। वह अपनी माँ से मिलने हवाई सफर करके अमेरिका पहुंचीं।

जब मैं भारत के लिए रवाना हुआ तो यह सब हुआ था। नसीम हसन ने तुफैल उप्पल से बात की जो विभाजन के समय पाकिस्तान में जाने से पहले राजा सांसी के लिए निकले थे। वे न केवल हरभजन कौर को जानते थे बल्कि उन्होंने उसकी 1946 में हुई शादी में शिरकत भी की थी। वे बाल्टीमोर में मिले, जहां वे दोनों रह रहे थे मगर एक दूसरे के बारे में नहीं जानते थे। जनाब उप्पल और हरभजन कौर 65 साल के लंबे अन्तराल के बाद मिले मगर उन्होंने एक दूसरे को पहचान लिया। फिर जनाब उप्पल की बेटी फजलियात रोमी, हरभजन कौर के साथ संपर्क में बनी रही। उप्पल के दामाद वसीम शेख ने बशीर ए तारिक की मदद से कराची उर्दू भाषा के अखबार *जंग* में इस कहानी के प्रकाशन की व्यवस्था की। मेरा ईमेल पता संपर्क के रूप में दिया गया गया। जमीला बेगम ने मुझसे संपर्क किया। इस प्रकार *जंग* में इस कहानी के प्रकाशन के साथ-साथ कराची में उप्पल परिवार के एक पारिवारिक मित्र खालिद ने भी जांच शुरू की। हालांकि कोयला गोदाम का नाम बदल चुका था लेकिन खालिद उस दुकान को खोजने में कामयाब रहे जिसमें अफजल खान चेहरे की क्रीम बेचा करते थे। दुकानदार के बेटे ने याद किया कि उसके वालिद अफजल खान के बारे में बातें किया करते थे जिसको मरे कई साल हो चुके थे। वह रिजवान को भी जानते थे जो हरभजन कौर का सबसे छोटा बेटा था और सिर्फ दो साल का था जब उसे अपनी माँ से अलग कर दिया गया था। उसी वक़्त यह कहानी *जंग* में छपी। दुकानदार के बेटे ने रिजवान से संपर्क किया जिसने इस बात पर विश्वास नहीं किया। उसे लगा कि यह एक झूठी खबर है। इसके बाद आधुनिक तकनीक ने कमाल किया और माँ और बच्चों ने न सिर्फ बात की बल्कि एक दूसरे को देखा भी।

फिर रोमी सिंह ने अपने और हरभजन सिंह के लिए वीजा हासिल किया ताकि वे पाकिस्तान का दौरा कर सकें। 13 अप्रैल को वे भारत गए और स्वर्ण मंदिर में माथा टेका। एक हफ्ते बाद, 20 अप्रैल को उन्होंने वाघा सीमा पार की और पाकिस्तान पहुंचे। खुर्शीद, जिसके साथ वे पहले ही बाल्टीमोर में मिल चुके थे जब वह कनाडा से वहाँ उन्हें मिलने आई थी, उनका इंतजार कर रही थी। वे एक साथ गुरु नानक के जन्म स्थान ननकाना साहिब देखने गए। अंत में 22 अप्रैल को वे कराची पहुंचे और परिवार के सदस्य एक दूसरे के साथ 50 सालों के बाद मिले। बाद में वे हैदराबाद गए जो कराची के जातीय हिंसा वाले शहर के मुकाबले काफी सुरक्षित जगह थी और जहां खुर्शीद का एक बेहतर और बड़ा घर था जहां पूरा परिवार और रिश्तेदार इकट्ठा हो

सकते थे। परिवार बड़ा हो चुका था। हरभजन कौर के अब कई नाती-पोते थे। फिर 30 अप्रैल 2013 को रोमी और उसकी सौतेली माँ अमेरिका वापस चले गए।

अफसोस की बात है कि जनाब उप्पल, हरभजन कौर और उनके बीच का शुरुआती मेल कराकर इस दुनिया से चल बसे। तब वे अस्पताल में थे लेकिन वे जिंदा रहते हुए यह जान सके कि परिवार का मेल हो चुका है। मगर उन्होंने और उनके बच्चों तथा परिवार के दोस्तों, रोमी सिंह और नसीम हसन ने उस पर मरहम लगाने और जोड़ने की प्रक्रिया में हिस्सा लिया, जिसकी शुरुआत पंजाब पर आधारित इस किताब ने की थी। धर्म और राजनीति को पीछे रखते हुए मानवता की जीत हुई। कहानी यहीं खत्म नहीं हुई। 2014 के बसंत में, लाहौर यूनिवर्सिटी ऑफ मैनेजमेंट स्टडीज की मेरी कक्षा में एक छात्रा आमना अली थी जिसका परिवार कभी राजा सांसी में रहता था और उसके दादा और जनाब तुफैल उप्पल सबसे करीबी दोस्त थे।

एक और कहानी है जो नाटकीय तो कम है लेकिन बताने के नजरिए से महत्वपूर्ण है और इसकी शुरुआत स्टॉकहोम से होती है। ज्यों ही मैं स्टॉकहोम से व्याख्यान के लिए भारत दौरे पर जा ही रहा था, मेरे दोस्त रियाज चीमा, जिन्होंने अपने परिवार द्वारा दिल्ली छोड़ कर पाकिस्तान जाने की कहानी इस किताब में प्रस्तुत की है, मुझसे मिले तथा अनुरोध किया कि मैं ललित मोहन जैन से मिलूँ जो उनके पिता, अब्दुल्ला चीमा के एक सहयोगी के बेटे हैं। संयोग से दो परिवारों के बीच 60 से अधिक वर्षों के बाद पुनः संपर्क स्थापित हुआ। मैंने श्री जैन को फोन किया। वह एक सेवानिवृत्त वरिष्ठ प्रशासनिक अधिकारी थे। उन्होंने मुझे नई दिल्ली में भारत बॉयज स्काउट और गाइड्स के कार्यालय में दोपहर के भोजन पर आमंत्रित किया। वह यहाँ स्वैच्छिक सेवा प्रदान करते थे। मैंने 11 मई 2013 को उनके कार्यालय में उनसे मुलाकात की। श्री जैन ने मुझे यह रोचक साक्षात्कार दिया :

'हम मूल रूप से हरियाणा के रोहतक से हैं, लेकिन विभाजन से पहले यह संयुक्त पंजाब का हिस्सा था। मेरे पिता श्री प्रीतम सिंह जैन और श्री अब्दुल्ला चीमा लाहौर लॉ कॉलेज में सहपाठी थे। वे पंजाब न्यायिक सेवा के पहले बैच से नाता रखते थे जिसे पी एस ज्यूडिसियल कहा जाता था। उन्होंने 1928 या 1929 की प्रतियोगी परीक्षा सफलतापूर्वक उत्तीर्ण की थी। मेरे पिता और चीमा साहिब जिगरी दोस्त थे। मेरे पिता उनकी बहुत प्रशंसा किया करते थे। 1940 की शुरुआत में मेरे एक बड़े भाई को गुर्दे की एक गंभीर समस्या पैदा हो गई और ऑपरेशन की जरूरत थी। मेरे पिता चाहते थे कि उन्हें गुड़गांव के लिए नियुक्त किया जाए ताकि उसके पास दिल्ली में एक अस्पताल में उसका ऑपरेशन हो सके। मगर तब मेरे पिता को उत्तरी पंजाब में एक गांव पिंड दादन खान में नियुक्त किया गया जबकि चीमा साहिब को गुड़गांव में। चीमा साहिब को मेरे पिता की दुर्दशा के बारे में पता चला तो उन्होंने खुद नियुक्ति की अदला-बदली करने की पेशकश की और कहा कि वह पंजाब उच्च न्यायालय को लिखेंगे कि वह

पिंड दादन खान में नियुक्ति चाहते हैं। इस तरह मेरे पिता को गुड़गाँव में नियुक्ति मिल गई और मेरे भाई का सफलतापूर्वक ऑपरेशन हो सका। यह एक इतना बड़ा एहसान था जिसे आज तक हमारे परिवार में याद किया जाता है।

'बरसों बाद, मैं अब्दुल्लाह चीमा साहिब से दिल्ली में शायद *1960 में मिला जब मैं दिल्ली यूनिवर्सिटी में अंग्रेजी साहित्य में एम.ए. की परीक्षा की तैयारी कर रहा था। मेरे पिता ने फोन किया और बताया कि* चीमा साहिब *मुझे मिलने आएंगे। मेरे पिता 1957 में रिटायर हुए। अत:* चीमा साहिब *भी उस वक्त रिटायर हो चुके होंगे। वह शायद दिल्ली में अपने पुराने हिंदू और सिख सहयोगियों से मिलने आते होंगे। उन्होंने मुझसे मेरे हॉस्टल में मिलने की कृपा की और मुझे आशीर्वाद दिया।*

'अब सार्क सदस्य देश बारी-बारी से वार्षिक स्काउट-गाइड जमावड़े की व्यवस्था करते हैं और विभिन्न देशों के लड़के और लड़कियां एक दूसरे के देशों का दौरा करते हैं। वर्ष 2009 में पाकिस्तानी स्काउट और गाइड का नेतृत्व एक सज्जन कर रहे थे जिनका नाता न्यायिक सेवा के साथ था। वे भी सेवानिवृत्त थे और उन्होंने मेरी तरह स्वैच्छिक आधार पर इस तरह की गतिविधियों में भाग लेना जारी रखा। मैंने उनसे कहा कि मेरे पिता भी पंजाब न्यायिक सेवा में थे और अब्दुल्ला चीमा साहिब *के साथ उनकी दोस्ती थी। सौभाग्य से वह उस परिवार को जानते थे। उन्होंने कहा कि उनके बेटों में से एक रावलपिंडी में रहते हैं और वह उसे मेरे बारे में बताएँगे। फिर एक दिन उनके बेटे, कर्नल (रिटायर्ड) असलम* चीमा *ने मुझे फोन किया और हमने एक लंबी बातचीत की। कुछ महीने बाद उनके बड़े भाई रियाज* चीमा *ने स्टॉकहोम से फोन किया।*

'पंजाब के विभाजन से संबन्धित एक दुखद कहानी का मैं स्वयं गवाह हूं। एक पश्चिमी पंजाबी हिंदू परिवार, जिन्हें बत्रा कहा जाता था, उन्हें करनाल स्थानांतरित किया गया तब वहां मेरे पिता नियुक्त थे। यह विभाजन के कुछ बाद का ही समय था। उनके बच्चे जो हमारी उम्र के थे, बहुत ही सुंदर और अच्छी तरह से पले बढ़े थे। वे हमारे साथ खेला करते थे। एक दिन उनकी बड़ी बहन ने नहर में छलांग लगा दी जो करनाल से होकर बहती थी और खुद को मार डाला। यह हम सभी के लिए एक बड़ा सदमा था। शायद उसे पश्चिमी पंजाब में किसी भयावह अनुभव से आघात पहुंचा था। कुछ दिनों बाद, एक शाम हम और उसके भाई खेल रहे थे तब अचानक उन्होंने कहा कि वे घर जाना चाहते हैं। तब वास्तव में अंधेरा नहीं था, इसलिए हमने उनसे कहा कि इतनी जल्दी जाने की कोई जरूरत नहीं है, लेकिन वे चले गए। अगले दिन हमें पता चला कि पूरे परिवार, माता-पिता और बच्चों ने आत्महत्या कर ली। यह तो जरूर है कि उस परिवार के जीवन में कुछ विनाशकारी हुआ होगा। पहले उस बहुत खूबसूरत लड़की ने आत्महत्या की। उसके उपरान्त पूरे परिवार ने भी अपने जीवन को समाप्त करने का निर्णय लिया। विभाजन ने कई जीवनों को नष्ट कर दिया।

एक मायने में पंजाब की गाथा की समाप्ति न अभी हुई है और न होगी। यह अगस्त 1947 के मध्य में न सिर्फ ब्रिटिश साम्राज्य के खात्मे का समय था बल्कि दुनिया के दूसरे भागों में ब्रिटिश शासन की समाप्ति का एक सबसे खूनी प्रकरण था : 5,00,000–8,00,000 लोग मारे गए और एक करोड़ लोग पंजाब में अपने घरों से भागने को मजबूर हुए। मैं गर्वित महसूस कर रहा हूँ कि इतिहास की शाम के पल में, मैं इस दास्तान को प्रकाशित करा सका। उस पीढ़ी के लोग जिन्होंने विभाजन देखा और उसके शिकार हुए, अब भी बताने के लिए मौजूद हैं।

मैं यहाँ उन सब समीक्षकों को अपना धन्यवाद देना चाहूँगा जिन्होंने अपनी उदार टिप्पणियों तथा विचारों द्वारा इस किताब की लोकप्रियता में योगदान दिया। उनका नाम बताना आवश्यक नहीं है क्योंकि मुझे उनके साथ संपर्क स्थापित करने का मौका मिला और मैं निजी तौर पर उन्हें शुक्रिया अदा करता रहा हूँ, मगर कुछ समय से पढ़ने वालों की एक बड़ी तादाद मेरे साथ ईमेल और फेसबुक के जरिए संपर्क में है। उनमें मेरे सहपाठी और दोस्त हैं जैसे कि राजदूत तोहीद अहमद, रोटेरियन खालिद हैदर, खालिद करीम चौधरी, जाहिद मुमताज, नासिर अजीज खान, अब्बास रशीद, अब्बास शफी, मोइन सलाहूद्दीन, सामी सलाहूद्दीन, अजमत सईद, अफजल अमीर शाह, मंसूर अहमद, अलताफ लाली, मुहम्मद अहमद, मंसूर मिर्जा, खुबाइब अहमद, महमूद मुबारक, अहमद हयात कल्यार, डॉ. तारिक, डॉ. इकरामुल हक, हूजाइमा बुखारी, सिद्दिका बेगम और माहिर आली। नए दोस्तों में शामिल हैं: प्रोफेसर डॉ. हरबंस मुखिया, प्रोफेसर भगवान जोश, प्रोफेसर डॉ. परमिंदर सिंह, डॉ. अमित रंजन, मुजाहिद हुसैन सय्यद, नैनिंदर सिंह ढिल्लों, कुँवर शाहरुख, रजा हबीब राजा, शहीद महमूद नईम, मदीहा गौहर, आगा घजानफर, डॉ. कौसर मलिक, ओमर मालिक, शमून जकारिया, खालेद अहमद, अब्दुल रहीम बलोच, हम्मद नजीब, वासिक अली शाह, जुल्फिकार मिर्जा, गुरप्रीत सिंह, ख्वाजा शहीद, नस्सर नासीर फरीदून, सुजीत भट्ट, अजय देशपांडे और अजय भारद्वाज।

गवर्नमेंट कॉलेज, लाहौर में बतौर विजिटिंग प्रोफेसर पढ़ा रहा हूँ और इससे पहले लाहौर यूनिवर्सिटी ऑफ मैनेजमेंट साइन्सेस के साथ 2013 से 2015 तक जुड़ा रहा हूँ।

लाहौर लौटना मेरे लिए एक ऐसा अनुभव है जिसके साथ मैं न्याय तब ही कर सकूँगा जब एक दिन मैं अपनी आत्मकथा लिख सकूँ, जिसके लिए मेरे दोस्त मुझ पर जोर डाल रहे हैं।

दिसंबर 2016 इश्तियाक अहमद, लाहौर

भूमिका : अँग्रेजी संस्करण

मैं पक्के तौर से नहीं कह सकता कि पंजाब के बँटवारे पर शोध करने का विचार मेरे मन में पहली बार कब पैदा हुआ, मगर इसमें मेरी दिलचस्पी बचपन के शुरुआती दिनों से ही थी। मैं बुजुर्गों की उन बातों को सुनते हुए बड़ा हुआ जो टेम्पल रोड, लाहौर पर हुईं कुछ घटनाओं का वर्णन करती थीं, जहां मैं पैदा हुआ था। समय के साथ-साथ इस सोच का दायरा बड़ा होता गया ज्यों-ज्यों मैं अपनी बाइक पर सवार हो कर लाहौर में इधर-उधर घूमता। क्योंकि मैं अपने पैदाइशी शहर से बहुत ज़्यादा प्यार करता था और इसके गुजरे हुए समय के बारे में और ज़्यादा जानकारी हासिल करना चाहता था। मेरी बाइक की सवारी मुझे लाज़मी तौर पर उन इलाकों में ले जाती जो कभी हिंदू-सिख बहुसंख्यक इलाके थे, मगर जहां से अब उनके लगभग सारे चिन्ह मिट चुके हैं। किशोर होते हुए भी मैं इस बात को समझ सकता था कि वो लोग अपने घर और मोहल्ले अपनी मर्जी या खुशी से तो छोड़ कर नहीं गए होंगे। सिर्फ अनारकली के मशहूर बाजार के इलाके में जहां कभी बँटवारे के पहले हिंदुओं की दुकानों की कतारें होती थीं वहां केवल, बेली राम एंड संस बतौर दवाखाना और कैमिस्ट अपना कारोबार 1970 के दशक तक चलाते रहे। वे पाकिस्तान के 1971 के विभाजन के बाद चले गए। यह एक राज है कि वे अपनी दुकान समेत इतने दिनों तक कैसे टिके रहे होंगे।

बँटवारे के बाद के लाहौर में मुसलमानों की भी कई दुखदायी मिसालें मौजूद हैं। मेरी सबसे पुरानी याद एक बूढ़े इंसान के साथ जुड़ी हुई है जो हमारे घर के सामने एक छोटी सी दुकान में रहता था। उसका ठीक-ठाक कोई घर नहीं था। वह पुराने पंजाब के दूसरे हिस्से से आया एक शरणार्थी था। वह एक रूखी किस्म की उर्दू बोलता था, जो मुझे बाद में पता चला कि आज के हरियाणा से ताल्लुक रखने वाला लहजा था। बँटवारे के पहले, यह संयुक्त पंजाब का पूर्वोत्तर हिस्सा था। हर शाम वह गली में खड़ा हो जाता और सारी दुनिया को कोसता। गली के नटखट लड़के उसको ताने मारते और छेड़ते। वे उसके दरवाजे पर दस्तक देते और जब वह बाहर आता तब भाग जाते। उसे चाचा चूरणजी लाल के नाम से जाना जाता था, जिससे प्रतीत होता कि वह एक हिंदू है। दरअसल वह एक मुसलमान था। कुछ लोग कहते थे कि उसका नाम लाल दीन है और कुछ कहते कि उसका नाम लाल मोहम्मद है। मुझे पता लगा कि उसने

ज़्यादा उम्र में शादी की थी। उनकी एक मात्र संतान के जन्म के समय उनकी बीवी की मौत हो गई और उस बेटे को उसने अकेले पाल पोस कर बड़ा किया। विभाजन के समय हुई हिंसा में उसकी आँखों के सामने उसके बेटे का कत्ल कर दिया गया। इस सदमे ने उसे हमेशा के लिए शोकाकुल बना दिया और मानसिक तौर से भी बुरी तरह हिला दिया। 1953 में जब अहमदिया समुदाय के लोगों के खिलाफ दंगे भड़क उठे तब लाहौर में कर्फ्यू लगा दिया गया। हर शाम, ट्रकों पर चढ़े हुए सिपाही टैम्पल रोड पर गश्त लगाते थे। वे गाड़ियाँ बहुत धीमी रफ्तार से चलतीं। सिपाही अपनी बंदूकें तैयार रखते ताकि जरूरत पड़ने पर गोलियां दाग सकें। यह एक खौफनाक दृश्य था। मगर, उस बुजुर्ग इंसान को उन सिपाहियों से किसी भी तरह का खतरा महसूस नहीं होता था और वह अपने अंदाज में गाली–गलौच करता रहता था। इसने उन सिपाहियों को काफी नाराज कर दिया और वे इस इंसान को एक सबक सिखाना चाहते थे क्योंकि वे सोच रहे थे कि यह इंसान उनको गालियां दे रहा है। पर इलाके के बुजुर्गों ने ठीक समय दखलन्दाजी की और सिपाहियों को उसके दुख के बारे में बताया। इसके बाद वे उस इंसान को नजरअंदाज करने लगे। आखिरकार उसकी मौत हो गई। 1947 में, लाखों पंजाबियों की जिंदगियाँ तबाह हो गईं। शायद जो बच गए, उनको और ज़्यादा भारी कीमत चुकानी पड़ी। मुझे नहीं पता कि इस पीड़ा को कैसे आँका या मापा जा सकता है।

काल्पनिक रचनाएँ

पंजाब के बँटवारे पर काल्पनिक साहित्य, जो कभी–कभी कल्पना और सच के शानदार मेल पर आधारित होता है, इस मुद्दे को बहुत विस्तार से उजागर करता है। पंजाब के बँटवारे पर मेरी दिलचस्पी पैदा करने में, यह प्रेरणा का दूसरा स्रोत था। कृशन चंदर, सादत हसन मंटो और राजिन्दर सिंह बेदी की तिकड़ी की छोटी कहानियाँ और उपन्यास काफी जाने पहचाने हैं। मंटो की टोबा टेक सिंह शायद पंजाब के बँटवारे का अंतिम अभियोग है। इसी विषय पर कई दूसरी महान रचनाएँ भी मौजूद हैं। उन्हत्तर सालों के बाद भी पंजाब का बंटवारा उत्तम काल्पनिक लेखन के लिए एक विषय बना हुआ है।

जहां तक मुझे पता है, पंजाब के बँटवारे पर शायरों ने कोई विशेष ध्यान नहीं दिया। मैं कई बार सोचता हूँ क्यों? शायद शायरी के आयाम बेहद गुंझलदार हालातों की व्याख्या करने में नाकाम हैं। मगर मेरा विचार गलत भी हो सकता है। कम से कम एक बेमिसाल कविता मौजूद है जो पंजाब के महान सूफी शायर वारिस शाह (1722–1798) की तरफ इशारा कर लिखी गई है। उनकी मशहूर रचना हीर, रोमियो–जूलिएट की तरह है और पंजाब की मिट्टी से जुड़ी लोक गाथाओं से नाता रखती है। मैं अमृता प्रीतम की वारिस शाह के लिए लिखी कविता के शुरुआती छंदों का उल्लेख करूंगा।

वारिस शाह के नाम

आज आखां वारिस शाह नू, कितों कबरान विचों बोल, ते अज्ज किताबे-इश्क़ दा, कोई अगला वरका खोल	आज कहूँ वारिस शाह को, अपनी कबर से तू बोल, और अपनी किताबे-इश्क़ का, कोई दूसरा पन्ना खोल
इक्क रोयी सी धी पंजाब दी, तू लिख लिख मारे वैन, अज्ज लखां धीयां रोनदीयां, तैनुं वारिस शाह नू कैन	एक रोई थी बेटी पंजाब की, लिखता रहा तू उसकी गुहार, आज रोती हैं लाखों बेटियाँ, वारिस शाह! सुन उनकी भी पुकार
उठ दर्द-मंदा देया दरदिया, उठ तक अपना पंजाब, अज्ज बैले लाशाँ बिछियाँ, ते लहू दी भरी चनाब	उठ दर्दियों के दर्द दूर कर, जाग! देख अपना पंजाब, चारों तरफ हैं बिछी लाशें, और लहू से सराबोर है चनाब
किसे ने पंजां पाणीयां विच दित्ति जहर रला, ते उनहाँ पाणीयां धार तौं दित्ता पाणी ला	किसी ने पांचों नदियों में, घोल दिया है जहर, और उसी पानी की धाराओं ने, मचा दिया है कहर
(पंजाबी से हिन्दी अनुवादः गुरप्रीत सिंह)	

पंजाब के बँटवारे की त्रासदी का सबसे बड़ा प्रतीक उन औरतों के सामूहिक रूप में है जो परित्यक्त की जा चुकीं थीं। उनके प्रति समाज और परिवार का रवैया भिन्न था। हिंदुओं और सिखों को उन औरतों को वापस स्वीकार करने में ज़्यादा कठिनाई होती थी क्योंकि वे जातिप्रथा में यकीन करते थे, उनका मानना था कि मुसलमानों के अधीन रहने से वे औरतें अपवित्र हो चुकीं थी। इसके मुकाबले मुसलमान औरतें ज़्यादा खुशकिस्मत थीं क्योंकि उनको नामंजूर करने की कोई धार्मिक वजह नहीं थी, हालांकि कुछ सामाजिक और सांस्कृतिक पक्षपात जरूर होता था।

मगर यह जरूरी नहीं था कि हर मामले में दुश्मन कही जाने वाली औरतों के साथ उनके अपहरणकर्ताओं या खरीदने वालों ने बदसलूकी की हो। कुछ मामलों में तो प्यार और स्नेह के गहरे अहसास पैदा हो गए। पर, भारतीय और पाकिस्तानी सरकारें जल्द ही अपहरण की गईं औरतों की वापसी में एक दूसरे की मदद करने को तैयार हो गईं। मिश्रित शादियों के मामलों में दोनों मुल्कों की नौकरशाही ने उदासीनता और बेरुखी दिखाई। इस तरह की संवेदनहीनता की सबसे बड़ी मिसाल बूटा सिंह की दास्तान है जो चालीस साल की उम्र तक गैर-शादीशुदा था और फिर उसने एक काफी छोटी उम्र

की मुसलमान औरत से शादी कर ली। उस का नाम जैनब था। वे दोनों पति-पत्नी की तरह रहने लगे और उनकी दो बेटियाँ पैदा हुईं। फिर एक दिन पुलिस आई और जैनब को लेकर चली गई। उसको उसके परिवार के पास भेज दिया गया जो अब पश्चिम पंजाब के लायलपुर के पास किसी गाँव में बस गया था। एक रहम दिल मुस्लिम जैनब की जानकारी लगातार बूटा सिंह को देता रहा। जैनब अपनी छोटी बेटी को ले गई थी मगर बड़ी बेटी को नहीं। बूटा सिंह ने इस्लाम कबूल कर लिया और अपना नाम जमील अहमद रख लिया और अपनी बेटी समेत पाकिस्तान आ गया।

उसको पुलिस परेशान करती रही क्योंकि कानून के मुताबिक उसको अपना अता-पता बताना जरूरी था मगर वह एक मैजिस्ट्रेट को इस बात के लिए मनाने में सफल हो गया कि जैनब को अदालत में पेश किया जाए। इस दौरान, जैनब का किसी और के साथ निकाह कर दिया गया था। जैनब ने अदालत में बूटा सिंह को पहचानने से इंकार कर दिया। क्या उसने जान-बूझ कर ऐसा किया या उसे मजबूर किया गया? अपना टूटा दिल ले कर बूटा सिंह ने एक रेलगाड़ी के सामने छलांग लगा दी। इस घटना ने मुसलमानों को काफी भावुक बना दिया और वे इसे अपने समुदाय के एक सामूहिक अपराध के तौर पर देख रहे थे। उन्होंने इस बड़ी दुखदायी घटना का पश्चाताप बूटा सिंह (जमील अहमद) का इस्लामी रिवाज के मुताबिक एक उचित दफन कार्यक्रम कर किया और उस जनाजे में हजारों की तादाद में लोग शामिल हुए। यह पंजाबी मुसलमानों की तहजीब है कि वे जल्द ही भड़क जाते हैं मगर उदारता और माफ करने में भी उनका कोई मुकाबला नहीं है। यह तहजीब तबाही की तरफ चली जाएगी अगर पंजाबी मुसलमान की पहचान, पारस की खाड़ी से आ रहे 'पेट्रो-डॉलरों' द्वारा हो रहे अरबीकरण और मुल्क में उठाए गए इस्लामीकरण के कदमों के नीचे दब जाती है जो समाज को एक लंबे वक़्त से निर्दयी बना रहे हैं।

पंजाब के बँटवारे पर शोध

पंजाब के बँटवारे पर छान-बीन करने का पहला मौका मुझे तब मिला जब इयान टालबट और शिंदर थंडी ने कोवेंटरी यूनिवर्सिटी, इंग्लैंड द्वारा 1999 में आयोजित एक सम्मेलन में शामिल होने का न्यौता मुझे भेजा। यह गुरु गोबिन्द सिंह द्वारा खालसा पंथ की स्थापना की 300वीं जयंती का अवसर था। उस सम्मेलन में पंजाब के बँटवारे का मुद्दा भी उठाया गया। मैंने उस वक़्त लाहौर में होने वाली घटनाओं पर लिखने की पेशकश की। इसके बाद मैंने मुड़ कर नहीं देखा।

एक राजनीतिक वैज्ञानिक होने के नाते मैं विभिन्न मुद्दों जैसे – लाधा किया गया प्रवास, जातीय शुद्धिकरण और नरसंहार पर अपने ज्ञान का दायरा बढ़ाने के लिए स्वाभाविक तौर से उत्सुक था। इन सबने 1947 में पंजाब में बेहद ज़्यादा तबाही मचाई

थी। एक मायने में, यहूदियों का सर्वनाश, भूतपूर्व युगोस्लाविया में जातीय शुद्धिकरण, रवांडा और दरफुर में नरसंहार तथा पंजाब का विभाजन उसी विवेकहीनता की कड़ी का हिस्सा हैं, जो आदिम युग, मध्य युग और हमारे दौर को पैशाचिक रूप देती आई हैं। इस अध्ययन में, मैं इस बात को रेखांकित करने के लिए उचित सबूत पेश करूंगा।

मगर, मुख्य रूप से, पंजाब के विशेष हालातों की पहचान कर उस पर रोशनी डाली जाएगी और उसको सैद्धांतिक दृष्टि से समझा जाएगा। यह उपक्रम परीक्षण के सिद्धांत के लिए एक आधार प्रस्तुत करता है। दूसरे शब्दों में, तैयार किया गया पंजाब के मामले का सिद्धांत, पंजाब और इससे मिलती-जुलती घटनाओं के अध्ययन में, विद्वानों के लिए उपयोगी और प्रासंगिक साबित होगा।

मैं अपने आप को भाग्यशाली समझता हूँ कि अलग-अलग पंजाबियों से बातचीत करके उनके अनुभवों को दर्ज कर सका। परिणामस्वरूप, मैं एक बड़ा एथ्नोग्राफिक आंकड़ा इकट्ठा कर सका जिसे अब पाठकों के सामने पेश कर पा रहा हूँ। हम इसमें पंजाबी लोकाचार की झलकियों के रूप में कमजोरियाँ और ताकतें देख सकते हैं। कुदरती तौर से, रिवाज और परम्पराएँ, कुछ अच्छी और कुछ बुरी- जो यहाँ 1940 के दशक में लोगों की जिंदगी में शामिल हो गईं थीं, उसने उन लोगों की सहानुभूति, जुनून और पूर्वाग्रह को प्रभावित किया। इन चीजों ने 1947 में पैदा हुए बिल्कुल असाधारण हालातों में उनकी प्रतिक्रियाओं पर असर डाला। यह अध्ययन पूरी तरह और जोर डालकर दर्शाता है कि कोई विशेष समूह या धार्मिक समूह पूरी तरह न तो साधु था और न ही शैतान।

स्पेलिंग

पंजाबी नामों, उपनामों और जगहों की पंजाबी स्पेलिंग हिन्दी में भिन्न हो सकती है मगर अँग्रेजी के मुकाबले ज़्यादा नहीं। इस किताब के लिए गवाही देने वाले ज़्यादातर लोग न तो अँग्रेजी बोल सकते थे और न ही लिख सकते थे। कुछ ऐसी भी जगहें हैं जिनके नाम बदल चुके हैं। जहाँ तक जाटों का सवाल है, पंजाब में उन्हे जट्ट कहा जाता है और हरियाणा में जाट। इसलिए इन दोनों स्पेलिंगों का इस्तेमाल किया जाएगा।

प्रशासन का स्वदेशीकरण

इस किताब में प्रशासन के स्वदेशीकरण पर जोर दिया गया है, जो 1940 के दशक में तेजी से मजबूत हो रहा था। मेरे पास सटीक विवरण नहीं है क्योंकि सरकारी रिकार्डों और रिपोर्टों में ज़्यादा जानकारी मौजूद नहीं है। उस बदलाव के दौर में अफसरों का नाम जाहिर करना मानक अभ्यास नहीं था। अपने शोध के अंत में, मैं हर जिले की प्रशासनिक मशीनरी के प्रमुख अफसर का नाम खोजने लगा जो वहाँ का प्रमुख था यानि – डिप्टी कमिश्नर। मेरी कोशिशों के बावजूद मैं सम्पूर्ण और भरोसेमंद सूची

हासिल नहीं कर सका। मैं कुछ प्रासांगिक नाम और विभाजन के पहले की एक सूची हासिल कर पाने में कामयाब रहा। इसमें हिंदुओं, सिखों और मुसलमानों के नाम शामिल हैं। कुछ भरोसेमंद जानकारी मैंने हासिल की थी तथा उसके चलते इस सूची में कुछ संशोधन किया गया। जो सूची मैंने संकलित की है वह पेश करने लायक है; हालांकि यह सम्पूर्ण नहीं है और इसमें कुछ गलतियाँ भी हो सकतीं हैं।

समूचे तौर पर यह कहना गलत नहीं होगा कि 1947 तक हिंदू, मुसलमान और सिख प्रबल हो गए थे। पुराना पंजाब पाँच डिवीजनों को लेकर बना था; जो खुद कुल मिला कर 29 जिलों से बने थे। जुलाई के बाद डिप्टी कमिश्नर और दूसरे वरिष्ठ अफसरों का पंजाब के उस हिस्से में तबादला होने लगा जहाँ उनके सहधर्मियों की बहुसंख्यकता थी, अगर मौजूदा हिस्से में उनका धर्म किसी बहुसंख्यक धर्म वालों से मेल नहीं खाता था। नीचे दी गई सूची 1 जनवरी से 30 जून 1947 का उल्लेख करती है।

रावलपिंडी	**डिवीजन**
अटक	स्वरूप कृशन 22 मार्च तक; ऐच.जे.डी. टेलर 31 जुलाई तक; के.एस. शेख मुहम्मद रशीद 11 अगस्त 1947 तक; फिर 14 नवंबर 1948 तक
रावलपिंडी	सी.एल. कोट्स; एस.ए. हक 14 अगस्त से प्रभारी
झेलम	एस.बी. बलवंत सिंह नलवा
गुजरात	वजीर चंद
मियांवाली	खान गुलाम हसन खान लेघारी
शाहपुर	केवल सिंह चौधरी
मुल्तान	**डिवीजन**
मोंटगोमरी (अब साहीवाल)	सैद जमान खान
लायलपुर (अब फैसलाबाद)	ए.के. मलिक 26 अप्रैल 1947 तक, नकुल सेन 26 अप्रैल से 3 अगस्त तक, आगा अब्दुल हमीद 6 अगस्त से 24 नवंबर 1948 तक
मुल्तान	ए.जे.बी. आर्थर; 8 अगस्त से ए.जी. रजा प्रभारी
झंग	एस.पी. नरेंद्र सिंह; अगस्त के मध्य में जफर-उल-हक खान प्रभारी
मुजफ्फरगढ़	सुल्तान लाल हुसैन

डेरा गाजी खान	कोई जानकारी नहीं
लाहौर	**डिवीजन**
गुजरांवाला	सुंदर दास मिदधा; 1 जुलाई 1947 को जालंधर भेजे गए
लाहौर	जे. मिफियर्न 23 जनवरी तक, जे.सी. डब्ल्यू. युस्टेस 23 जनवरी से; जफर-उल-अहसान 14 अगस्त से प्रभारी
शेखुपुरा	दीवान सुक्खा आनंद; एम.सी. डिसनी अगस्त में सेवारत
सियालकोट	नकुल सेन
अमृतसर	जे.डी. फ्रेजर 22 मई तक; जी.एम. ब्रेण्डर 24 मई से 22 अगस्त तक; 23 अगस्त से नकुल सेन
गुरदासपुर	कोई सूचना नहीं मगर 14 अगस्त को पाकिस्तान सरकार ने मुश्ताक अहमद चीमा को गुरदासपुर का डिप्टी कमिश्नर बनाया; उनकी नियुक्ति 17 अगस्त को खत्म हुई जब गुरदासपुर रैडक्लीफ अवार्ड के बाद भारत को दे दिया गया
जालंधर	**डिवीजन**
फिरोजपुर	आर.बी. विष्णु भगवान
जालंधर	अहसान-उद्दीन; 1 जुलाई 1947 से सुंदर दास मिदधा प्रभारी बने
लुधियाना	सरदार अब्दुल समद खान
होशियारपुर	एम.एल. खन्ना
कांगड़ा	जेड.ए. अहसान
अम्बाला	**डिवीजन**
अम्बाला	ग्रेवाल
हिसार	एस.ए. हक
रोहतक	अलाऊद्दीन
करनाल	कोई जानकारी नहीं
शिमला	शेख फजल इलाही

ज़्यादातर देशी डिप्टी कमिश्नर आई.सी.एस. अफसर थे। जिले का सर्वोच्च अधिकारी पुलिस एस.पी. हुआ करता था जो ज़्यादातर देशी होते थे। 1940 के दशक में कुछ ईसाई पंजाबी भी पुलिस के ऊंचे औहदों पर तैनात थे। भारत और पाकिस्तान को सत्ता मिलने के बाद उनका क्या हुआ, यह साफ नहीं है। विभाजन के बाद दोनों पंजाबों में जो कुछ हुआ, उस पर शोध करने की काफी गुंजाइश है। मुझे उम्मीद है कि पंजाब की दास्तान को बार-बार बताया जाएगा क्योंकि 1947 के खत्म होने से वक़्त ठहर नहीं गया है।

इश्तियाक अहमद, सौलेंटुना (ग्रेटर स्टॉकहोम) 24 फरवरी 2011

आभार : हिन्दी संस्करण

मैं अपनी पुस्तक *पंजाब ब्लडिड, पार्टीशंड एंड क्लिंस्ड: अनरवेलिंग द 1947 ट्रैजिडी थ्रू सीक्रेट ब्रिटिश रिपोर्ट्स एंड फर्स्ट-पर्सन अकाउंटस* का हिन्दी की देवनागरी लिपि में अनुवाद करने के लिए श्री गुरप्रीत सिंह को आंतरिक धन्यवाद देना चाहूँगा। हम दोनों के बीच कुछ वर्ष पहले लाहौर के अखबार *डेली टाइम्स* के मेरे साप्ताहिक कॉलम के जरिये संपर्क स्थापित हुआ। हम दोनों में तुरंत एक ताल-मेल बैठ गया और उसके बाद हमारी दोस्ती गहरी होती गई। हम अक्सर आम दिलचस्पी वाले विषयों पर चर्चा करने लगे जिसमें कई बार पंजाब की हमारी साझी विरासत का मुद्दा होता था। उन्होंने बड़ी विनम्रता के साथ इस पुस्तक का अनुवाद करने की जिम्मेदारी ली और अंत में अब यह हिन्दी के पाठकों के लिए उपलब्ध है। जिस प्रतिबद्धता और समर्पण के साथ उन्होंने स्वेच्छा से अनुवाद का बीड़ा हाथ में लिया, उसे अनुकरणीय कहा जा सकता है और मैं हमेशा उनका ऋणी रहूँगा।

पहले यह किताब अँग्रेजी में लिखी गई। इसे दोनों देशों भारत और पाकिस्तान में खूब पढ़ा गया। मगर इसको पढ़ने वाले ज़्यादातर अभिजात वर्ग के अँग्रेजी भाषी लोग थे। पाकिस्तान में तो इसने बतौर 2012 की सर्वश्रेष्ठ गैर-काल्पनिक पुस्तक के रूप में दो राष्ट्रीय पुरस्कार जीत लिए। भारत में यह सबसे ज़्यादा बिकने वाली किताबों की सूची में शामिल है। शुरू से ही मैं दोनों देशों में विभाजित पंजाबियों के साथ अपने शोध के निष्कर्षों को साझा करना चाहता था। 2015 में इसका उर्दू अनुवाद पाकिस्तान में प्रकाशित किया गया, जिसका शीर्षक था: *पंजाब का बटवारा : एक अलमिया हजार दास्तानें।* अब, यह किताब हिन्दी भाषा में भी उपलब्ध है जिसका श्रेय मैं गुरप्रीत सिंह को दूँगा।

अगला कदम था एक प्रकाशक को ढूँढना। इसलिए मैं हरबंस मुखिया का आभारी हूँ जिन्होंने मेरा संपर्क श्री के.के. सक्सेना से करा दिया जो आकार बुक्स के प्रभारी हैं और मैं उनके द्वारा हिन्दी संस्करण के प्रकाशन के लिए आभारी हूँ। मुझे 'दूसरी तरफ' के कुछ अन्य महान पंजाबियों के साथ अपनी दोस्ती को स्वीकार करना होगा, जिनके साथ मैं इस पुस्तक के अंग्रेजी संस्करण के प्रकाशन के बाद से संपर्क में आया। जिनमें : डॉक्युमेंट्री फिल्मकार अजय भारद्वाज, प्रो प्रीतम सिंह, प्रो परमिंदर

सिंह, प्रो भगवान जोश, प्रो हरीश पुरी, प्रो जगमोहन सिंह, नैनिंदर सिंह ढिल्लों, राजिंदर छिब्बर, ए.एस. भसीन, अजीत कौर और अर्पणा कौर, डोमिनिक राय, जिम धनोआ, राजदूत बाल आनंद, प्रोफेसर चमन लाल, चमन लाल आई.ए.एस. (सेवानिवृत्त), मोहन सिंह ढिल्लों, गुरचरणजीत सिंह लांबा, किरण आहूजा, मोना और अनिल डोगरा, मंजीत सचदेवा और जसवीर सिंह शामिल हैं।

आभार : अँग्रेजी संस्करण

मैं सबसे पहले स्वीडिश रिसर्च काउंसिल (वेटेनस्काप्सराडेट) को धन्यवाद देना चाहूँगा जिसने मुझे जनवरी 2003 से दिसंबर 2005 तक, तीन सालों का एक बहुत उदार अनुदान दिया। यह अध्ययन बिना असाधारण मदद और सहयोग के संभव नहीं था।

स्टॉकहोम यूनिवर्सिटी के पॉलिटिकल साइन्स विभाग ने जहां से मैंने पी.एच.डी. की थी और जहां मैंने अपनी जिंदगी का एक बड़ा समय गुजारा, मुझे फील्डवर्क करने के लिए छुट्टी दी। मुझे अपने कई सहयोगियों से उत्साहवर्धन और सहारा मिला। मैं खास कर क्लैस लिंड का जिक्र करूंगा जो बेहद ज़्यादा बीमार होने के बावजूद उससेमिनार में आए जहां प्रकाशन से पहले, मैं पंजाब पर किए गए शोध के परिणामों को पेश कर रहा था।

कुछ नाम एक खास सूची के हकदार हैं क्योंकि इन बेहतरीन इन्सानों के बिना, इतने बड़े काम को अकेले संभाल सकना मेरे लिए असंभव था। लाहौर में अली हारून शाह और शिरीं शाह और ब्रिगेडियर (रिटा.) यासुब अली डोगर ने अपनी हद से ज़्यादा मदद की। दिल्ली में प्राण नेविल, मोनी चड्ढा और विमल इस्सर ने मेरे ऊपर कई मेहरबानियाँ कीं। पंजाब यूनिवर्सिटी, चंडीगढ़ के प्रोफेसर भूपिंदर बरार ने मुझे पूर्वी पंजाब के देहाती इलाकों में जाकर शोध करने में एक महत्वपूर्ण मदद पहुंचाई। प्रकाशन के पहले, मेरे तीन संरक्षकों ने पांडुलिपि पढ़ी और टिप्पणियाँ कीं: पीटर लोमस, रेजिनाल्ड मैसी और टेमी स्वोफोर्ड। उनके सुझावों और मदद ने पांडुलिपि को काफी बेहतर बनाया। मोहम्मद शहीदुल इस्लाम ने पंजाब की आबादी पर दो ग्राफों के द्वारा, जो परिचय में पेश किए गए हैं, इस अध्ययन में योगदान किया। मियां सलीम ने 1941 के पंजाब सेंसस के आंकड़े उपलब्ध कराए।

मैं उनका आभारी और धन्यवादी हूँ जो मुझे इंटरव्यू देने को खुद राजी हुए। उनकी मदद के बिना यह कहानी इतनी आगे नहीं बढ़ती। उस दौरान के कुछ अनुभवों ने मुझे बहुत प्रभावित किया। मैं उन यादों को हमेशा सँजोकर रखूंगा भले ही हम पुराने घावों को कुरेद रहे थे और दर्द भरी यादों के बारे में बातचीत कर रहे थे।

मैं अपने बड़े भाई मुश्ताक अहमद और मेरे प्यारे मित्र रियाज अहमद चीमा को धन्यवाद देना चाहूँगा जिन्होंने 1947 की यादें मेरे साथ बांटी। 1991 से मैं लगातार इस

विषय के लिए जिनसे मिलता रहा हूँ वे हैं : शेख जावेद, अहमद फकीह, तामीज रहमान, ख्वाजा हुमायूँ, फारूक सुलेहरिया, अजमल बट्ट, कामिल, मसूद कमार, रिजवान दर, नईम अख्तर, यस्सर बट्ट, सिद्दिक मीर, नुसरत टूर और आसिफ शाहकार। दूसरे एक नेटवर्क में शामिल हैं, मोहम्मद यूसुफ, अख्लाक अंसारी, इकराम खोखर, जाहिद खान और ए. मजिद, एम.ए. (पंजाब), ए.डी.पी.ए. (इंग्लैंड), डी.एस. डब्ल्यू (स्वीडन)। कौसर कुरेशी, परवेज काजमी, ख्वाजा खालिद, अफजल चौधरी, इमरान बेग, सज्जाद बट्ट, सईद सिराजुस सलाकिन, जसपाल और सुखप्रीत सभरवाल, बलजीत सिंह संधु, भगवंत सिंह, अशोक शर्मा, अशोक भास्कर, नथा सिंह गिल्ल और अशोक नाथ, तथा स्टॉकहोम इलाके के दूसरे मित्र जो मेरे साथ पंजाब के बँटवारे पर बातचीत करते रहें हैं। पंजाब के बँटवारे को लेकर, स्टॉकहोम के *'थर्ड वर्ल्ड लिटरेचर'* समूह में मुझे चर्चा करने का मौका मिला। जिसमें ब्योर्न बेकमेन, गुनिल्ला आन्द्रे, एंस्ट होल्लंडर, पिया हेलिन, गुनिल्ला लुंढल, मारिया एड्लर क्रूज, इवा पर्सन, क्री बेन्स्ट्रोम, करिन वाहलग्रेन, जान एफ गेजरस्टम और यंगवे सुंडब्लाड शामिल थे।

लाहौर में, मेरी आने वाली किताब काफी चर्चा का विषय बनी हुई है। बेगम नसीम आमिर हुसैन शाह, नीलम हुसैन, रुखसाना शाह और साबका वाम-पंथी ताहिरा मजहर अली खान एक समूह का हिस्सा हैं। लियाकत अली (वकील), शकूर राणा, कलेब अली शेख, शोइब आदिल, सरदार खालिद और शकील चौधरी (अब इस्लामाबाद में) एक और मूल समूह का हिस्सा हैं। हसन आमिर शाह, तारिक मसूद, जमाल खान, तारिक लतीफ, जाहिद हुसैन और मसूद मालिक ने भी बँटवारे के मुद्दे पर मेरे साथ अपने विचार बांटे हैं। इस्लामाबाद के लियोनार्ड डिसूजा और नोशीन डिसूजा और उनके अलावा अली सफदर और उनके बेटे अकील अहमद का शुक्रिया अदा करना चाहूँगा। गुजरात के शब्बीर दर (वकील), साजिद शाह, शब्बीर शाह, प्रोफेसर शब्बीर शाह और वसीम शाह (वकील) मेरे शोध के नतीजे के बारे में उत्सुकता रखते हैं। मार्च 2004 में मैं अपने मित्र परवेज और साजीदा वनदाल से अमृतसर में मिला। यह मेरी सोच को सही ठहराती है कि पुराने पंजाब की कल्पना हमेशा की जाएगी और उस पर शोध होता रहेगा। शकील अहमद ने बँटवारे के बाद बनी पश्चिम पंजाब की सरकार के बारे में मुझे उपयोगी जानकारी दी। मुहम्मद हाफिज ताहिर, फारूक अहमद और जिया बंदे, पाकिस्तान के उस समूह का हिस्सा हैं, जिनसे मैं लगातार जानकारी लेता रहा हूँ।

जब भी मैं दिल्ली जाता हूँ, मुझे युवराज कृष्ण और बी.के. बख्शी की मेहमानदारी का मज़ा मिलता है। उमा वासुदेव ने मुझे उनकी ऑटिओं से परिचित कराया। विभाजन के बाद पश्चिमी पंजाब के छोर से दिल्ली आकर बसे लोगों के इंटरव्यू लेकर प्रोफेसर मनचंदा ने मेरा बहुत उपकार किया। मेरे कई सालों के मित्र अजय मेहरा ने मेरी काफी मदद की। कृपाल ढिल्लों ने विभाजन के बाद की पूर्वी पंजाब की पहली सरकार के बारे में जरूरी जानकारी देकर मदद की। कोमोडोर उदय भास्कर ने इंडियन एड्मिनिस्ट्रेटिव

सर्विस के एक अफसर एच.आई.एस. ग्रेवाल से मेरा परिचय कराकर मेरी बहुत मदद की। उन्होंने अपने पिता बिक्रम सिंह ग्रेवाल, जो एक बेहतरीन याद्दाश्त के धनी हैं से बातचीत कराकर विभाजन के बाद की पूर्वी पंजाब की पहली सरकार के मंत्रियों को पहचानने में मदद की। वीना और राजीव सीकरी, सतीश सबरवाल, पार्थ घोष, रवि भण्डारी, गौतम नवलखा, जगदीश लाल डावर, सतीश चोपड़ा, हिमांशु चावला, रमेश चन्द्र खन्ना, ब्रिगेडियर (रिटा.) विजय और डी. नायर, कर्नल (रिटा.) आनंद, शमशुल इस्लाम और नीलिमा शर्मा भी दिल्ली के मददगारी समूह का हिस्सा हैं। चंडीगढ़ के मनिन्दर कौर मट्टेवाल, निरूपमा दत्त और हरकिशन सिंह मेहता भी लगातार समर्थन देते आए हैं।

जिन लोगों ने सच्चाई की जड़ तक जाने में मेरा उत्साहवर्धन किया, वे हैं: मकसूद चौधरी, तईब हसन, असद मुफ्ती, खालिद सोहेल, तारिक मलिक, साफिर रम्माह, आलम शेर, मोहवाहिद हुसैन शाह, अमजद बाबर, वाजिद अली सईद, मंजूर एजाज, आसफ अली शाह, फारूक शाह, मनप्रीत कंवर, जग्गी सिंह, तेजा सिंह, प्रेम सिंह कहलों, जगपाल तिवाना, हरकिन्दर सिंह चहल, सरोज कपूर, पॉल वैलेस, कालिम इरफानी, आमिर बट्ट, ख्वाजा नय्यर खुर्शीद, मुनव्वर मीर, स्टीफन गिल्ल, वालिद मीर, स्टीफन टर्नर, हेनरीक बर्गलुंड, एरलेंड जेन्सन, केल एंजेलब्रेक्ट, रॉबिन खुण्ड्कर, राजी आजमी, अंजुम अल्ताफ, प्रेम कुमार हरिमोहन, गोबिंद ठकराल, सुरेश जौरा, विनोद भारद्वाज, जहूर अहमद चौधरी, राहत और इमरान मुनीर, फहमीदा फरजना काजी, जफर रहमानी, मुस्तफा हुसैन और नासर मालिक।

सिंगापुर में, प्रोफेसर अंजलि गेरा रॉय ने सामग्री देकर और संपर्क स्थापित करने में मेरी मदद की। मेरा एक बड़े मायने में सत्कार किया गया जब 14 जून 2008 को 'पंजाबियत' पर सिंगापुर खालसा असोशिएशन ने एक बहुत सजीव श्रोतागण के सामने भाषण देने के लिए मुझे न्यौता दिया। दलजीत सिंह, कर्नल (रिटा.) सुखविंदर सिंह, कूनूर कृपलानी-थडानी, लिउ गिओक लियॉन और माइकल हेंग सियाम हेंग ने मेरी पंजाब की कहानियाँ सुनीं। इंस्टीट्यूट ऑफ साउथ एशियन स्टडीज में चेयरमेन गोपीनाथ पिल्लई, प्रोफेसर तन ताई योंग, शहीद जावेद बरकी, डॉ. एस. नारायण, प्रोफेसर एस. डी. मुनि, डॉ. इफतिखार अहमद चौधरी, डॉ. दयन जयतीलेखा, प्रोफेसर रॉबिन जैफरी, प्रोफेसर जॉन हैरिस, डॉ. जयश्री जेटली, हरनैख सिंह, डॉ. अमितेन्दु पालित, त्रिदीवेश सिंह मैनी, शशिधरन गोपालन और सितारा दुरईस्वामी; और साउथ एशियन स्टडीज प्रोग्राम में एसोसिएट प्रोफेसर ज्ञानेश कुदेसिया और एसोशिएट प्रोफेसर राहुल मुखर्जी ने भी इस अध्ययन में दिलचस्पी दिखाई।

मुश्ताक का परिवार – फरीदा, राहील युनस, नीना और फ्रिड उन लोगों में हैं जिन्होंने इस किताब के प्रकाशन का इंतजार किया है। मैं अपने तुर्की परिवार का जिक्र

क्यों न करूँ – मेलिहा के माता-पिता, अली और आएशा गोकोग्लू, उनका भाई मेहमत और उसकी बीवी नाजिए, और परिवार का सबसे छोटा सदस्य, तेवफिक, मेलिहा की रिश्ते की बहन नदीम और उसका बेटा डेनियल।

मैं इस बात से पूरी तरह से अवगत हूँ कि इतने नामों को जिक्र करते हुए मैं अनजाने मगर लाजमी तौर पर कुछ लोगों के नाम जो जिक्र करने लायक हैं भूल गया होऊंगा। याद्दाश्त एक महान देन है मगर यह कई बार धोखा दे जाती है। मुझे इस तरह की भूल का सबसे ज़्यादा अफसोस है।

ओ.यू.पी. कराची की अमीना सईद, घौसिया गोफरन अली और संपादक इमरान कुरेशी का मैं शुक्रिया अदा करता हूँ।

1947 का कैलेंडर

जनवरी 1947						
र	सो	मं	बु	वृ	शु	श
			1	2	3	4
5	6	7	8	9	10	11
12	13	14	15	16	17	18
19	20	21	22	23	24	25
26	27	28	29	30	31	

फरवरी 1947						
र	सो	मं	बु	वृ	शु	श
						1
2	3	4	5	6	7	8
9	10	11	12	13	14	15
16	17	18	19	20	21	22
23	24	25	26	27	28	

मार्च 1947						
र	सो	मं	बु	वृ	शु	श
30	31					1
2	3	4	5	6	7	8
9	10	11	12	13	14	15
16	17	18	19	20	21	22
23	24	25	26	27	28	29

अप्रैल 1947						
र	सो	मं	बु	वृ	शु	श
		1	2	3	4	5
6	7	8	9	10	11	12
13	14	15	16	17	18	19
20	21	22	23	24	25	26
27	28	29	30			

मई 1947						
र	सो	मं	बु	वृ	शु	श
				1	2	3
4	5	6	7	8	9	10
11	12	13	14	15	16	17
18	19	20	21	22	23	24
25	26	27	28	29	30	31

जून 1947						
र	सो	मं	बु	वृ	शु	श
1	2	3	4	5	6	7
8	9	10	11	12	13	14
15	16	17	18	19	20	21
22	23	24	25	26	27	28
29	30					

जुलाई 1947						
र	सो	मं	बु	वृ	शु	श
		1	2	3	4	5
6	7	8	9	10	11	12
13	14	15	16	17	18	19
20	21	22	23	24	25	26
27	28	29	30	31		

अगस्त 1947						
र	सो	मं	बु	वृ	शु	श
31					1	2
3	4	5	6	7	8	9
10	11	12	13	14	15	16
17	18	19	20	21	22	23
24	25	26	27	28	29	30

सितंबर 1947						
र	सो	मं	बु	वृ	शु	श
	1	2	3	4	5	6
7	8	9	10	11	12	13
14	15	16	17	18	19	20
21	22	23	24	25	26	27
28	29	30				

अक्टूबर 1947						
र	सो	मं	बु	वृ	शु	श
			1	2	3	4
5	6	7	8	9	10	11
12	13	14	15	16	17	18
19	20	21	22	23	24	25
26	27	28	29	30	31	

नवंबर 1947						
र	सो	मं	बु	वृ	शु	श
30						1
2	3	4	5	6	7	8
9	10	11	12	13	14	15
16	17	18	19	20	21	22
23	24	25	26	27	28	29

दिसंबर 1947						
र	सो	मं	बु	वृ	शु	श
	1	2	3	4	5	6
7	8	9	10	11	12	13
14	15	16	17	18	19	20
21	22	23	24	25	26	27
28	29	30	31			

1947 की मुख्य घटनाओं का कालक्रम

24 जनवरी	प्रीमियर खिजर मुस्लिम नैशनल गार्ड और आर.एस.एस. पर प्रतिबंध लगा देतें हैं; मुस्लिम लीग खिजर की सरकार के खिलाफ सीधी कारवाई पर उतारू हो जाती है।
20 फरवरी	ब्रिटिश सरकार भारतीय उपमहाद्वीप से जून 1948 तक ब्रिटिश शासन के खात्मे का ऐलान करती है।
26 फरवरी	मुस्लिम लीग सिविल नाफरमानी खत्म कर देती है।
2 मार्च	प्रीमियर खिजर इस्तीफा देते हैं और इससे एक बड़ा राजनैतिक और संवैधानिक संकट पैदा हो जाता है।
3 मार्च	मास्टर तारा सिंह लाहौर में पंजाब लेजिस्लेटिव असेंबली की सीढ़ियों पर अपनी कृपाण लहरातें हैं और पाकिस्तान के विचार की निंदा करते हैं। एक आम सभा में हिंदू और सिख नेता पाकिस्तान को बनने से रोकने की प्रतिज्ञा करते हैं।
4 मार्च	लाहौर और अमृतसर में हिंदू और सिख आंदोलनकारियों और उनका विरोध करते मुसलमानों के बीच हिंसक झगड़े भड़क उठते हैं।
5 मार्च	दंगे मुल्तान और रावलपिंडी तक फैल जाते हैं; और एक छोटे पैमाने पर जालंधर और मध्य पंजाब के कुछ दूसरे शहरों में भी।
5 मार्च	पंजाब के गवर्नर सर इवान जेनकींस पंजाब में गवर्नर का शासन लागू कर देतें हैं। जब तक पूर्वी और पश्चिम पंजाब की सरकारें 15 अगस्त 1947 तक सत्ता अपने हाथों में नहीं ले लेतीं, यह लागू रहता है।
6-13 मार्च	रावलपिंडी, कैंपबेलपुर (अटक) और झेलम के सिख बहुसंख्यक गांवों पर हथियारबंद मुसलमान हमला कर देते हैं। इन दंगों में 2,000-5,000 सिख और हिंदू मारे जाते हैं। हजारों की तादाद में सिख पंजाब के पूर्वी जिलों और शाही रियासतों में शरण लेते हैं।
8 मार्च	दिल्ली में कॉंग्रेस कार्यकारिणी समिति सिखों के पंजाब विभाजन के मंसूबे को मंजूरी दे देती है।
24 मार्च	लॉर्ड लुइस माउंटबेटन भारत के आखिरी वाइसरॉय और गवर्नर जनरल का पद संभालते हैं।

अप्रैल-जून	लाहौर और अमृतसर में बार बार होने वाली और धीरे-धीरे बढ़ती छुरेबाजी, लूटपाट और बंब धमाकों की वारदातें होती हैं।
15-16 मई	जिन्नाह और लियाकत अली खान, पटियाला के महाराजा और दूसरे सिख नेताओं से मिलते हैं ताकि पाकिस्तान में सिखों के शामिल होने की संभावना पर गौर किया जा सके। बातचीत असफल हो जाती है।
3 जून	माउंटबेटन विभाजन की योजना का ऐलान करते हैं कि भारतीय और पाकिस्तानी सरकारों को अगस्त के मध्य तक प्रशासन सौंप दिया जाएगा।
23 जून	पंजाब लेजिस्लेटिव असेंबली के सदस्य पूर्वी और पश्चिमी गुटों की तरह से मिलते हैं और पंजाब के बँटवारे के लिए सहमति देते हैं।
8 जुलाई	सर साइरिल रैडक्लिफ बाउंडरी कमीशन की अध्यक्षता करने भारत पहुँचते हैं।
18 जुलाई	ब्रिटिश पार्लियामेंट, इंडिया इंडिपेंडेंस एक्ट 1947 पारित करती है।
21-31 जुलाई	पंजाब बाउंडरी कमीशन, ब्रिटिश शासित पंजाब के इलाके ले लिए, काँग्रेस, मुस्लिम लीग, सिखों और दूसरे अल्पसंख्यकों के परस्पर विरोधी दावों की जांच करती है।
जुलाई के बाद	पुराने पंजाब का विघटन होने लगता है, जबकि दंगे देहाती इलाकों में फैल जाते हैं; सरकार की पकड़ तेजी से कमजोर हो जाती है; सिख जत्थे पूर्वी जिलों के मुसलमानों पर हमले शुरू कर देतें हैं।
1 अगस्त	मेजर जनरल रीस के अधीन, कम फौजियों से तैयार और बुरी तरह से संगठित पंजाब बाउंडरी फोर्स (पी.बी.एफ) ब्रिटिश शासित पंजाब के बारह जिलों की देख-रेख का जिम्मा लेती है। पंजाब की शाही रियासतें इनका अधिकार क्षेत्र नहीं थीं।
12 अगस्त	गवर्नर जेनकींस पहली बार पूर्वी जिलों से पश्चिम की तरफ मुसलमानों की कूच की रिपोर्ट देते हैं।
15 अगस्त	पूर्वी और पश्चिमी पंजाब की सरकारों को सत्ता दे दी जाती है और उप-महाद्वीप में ब्रिटिश शासन का खात्मा होता है।
17 अगस्त	भारत और पाकिस्तान की अंतर्राष्ट्रीय सीमा की हदबंदी करते रेडक्लिफ अवार्ड को सार्वजनिक किया जाता है।
1 सितंबर	पी.बी.एफ. को भंग किया जाता है; भारतीय और पाकिस्तानी सरकारें संयुक्त इकाईयाँ तैयार करती हैं ताकि वे शरणार्थियों के काफिलों और कारवांओं को भारत-पाकिस्तान सीमा पार करा सकें।
17 अगस्त-31 दिसंबर	विभाजित पंजाब के दोनों तरफ जातीय शुद्धिकरण होता है।
31 दिसंबर	एक करोड़ अनचाहे पंजाबियों में से ज़्यादातर सीमा पार करते हैं; 5,00,000 से 8,00,000 तक मारे जाते हैं।

पंजाब की सरकारें
(1 जनवरी 1947–31 दिसंबर 1947)

संयुक्त पंजाब की सरकार (1 जनवरी–14 अगस्त)

गवर्नर : सर इवान जेनकींस

चीफ सेक्रेटरी : अखतर हुसैन

पुलिस आई.जी. : सर जॉन बेनेट्ट, इंडियन पुलिस (आई.पी.)

प्रधानमंत्री

सर खिजर हयात तिवाना (1 जनवरी–2 मार्च 1947)

मंत्री

(सारे मंत्रालय भंग कर दिये गए, जब 5 मार्च 1947 को गवर्नर का शासन लागू किया गया)

चौधरी लहरी सिंह : पब्लिक वर्क्स

मियां मुहम्मद इब्राहिम बरक : शिक्षा

भीम सेन सच्चर : वित्त

नवाब सर मुजफ्फर अली किजिलबाश : वसूली

सरदार बलदेव सिंह : विकास

पश्चिम पंजाब की सरकार (15 अगस्त–31 दिसंबर 1947)

गवर्नर : सर फ्रांसिस मुडी

चीफ सेक्रेटरी : हफीज अब्दुल मजीद

पुलिस आई.जी. : खान कुर्बान अली खान

प्रीमियर

नवाब इफ्तिखार हुसैन खान ममदोत

मंत्री

मुमताज मुहम्मद खान दौलताना	:	वित्त
सरदार शौकत हयात खान	:	वसूली
शेख करामत अली	:	शिक्षा
मियां मुहम्मद इफ्तिखारूद्दीन	:	पनाहगीर और पुनर्वासन
(18 सितंबर–15 नवंबर 1947)		

पूर्वी पंजाब की सरकार (15 अगस्त–31 दिसंबर 1947)

गवर्नर	:	सर चंदुलाल माधवलाल त्रिवेदी, आई.सी.एस.
चीफ सेक्रेटरी	:	मुल्क राज सचदेव, आई.सी.एस.
पुलिस आई.जी.	:	संत प्रकाश सिंह, इंडियन पुलिस (आई.पी.)

प्रीमियर

डॉ. गोपी चंद भार्गव

मंत्री

सरदार स्वर्ण सिंह	:	गृह, सिंचाई और बिजली
इशर सिंह मझेल	:	वसूली और पुनर्वास
चौधरी लहरी सिंह	:	पी.डब्ल्यू.डी., इमारतें, पब्लिक वर्क्स
पृथ्वी सिंह आजाद	:	सामाजिक कल्याण

परिचय

एक समूचे समझौते के तहत, अंग्रेजों की मध्यस्ता के चलते, राष्ट्रीय स्तर की राजनीतिक पार्टियां–इंडियन नेशनल काँग्रेस, ऑल इंडिया मुस्लिम लीग और पंजाब के सिख भी–भारत के विभाजन के लिए राजी हो गईं। विभाजन की योजना की घोषणा अंग्रेजों ने 3 जून को की और मुख्य राजनैतिक पार्टियों के प्रतिनिधियों और पंजाब के सिखों की तरफ से बलदेव सिंह ने हस्ताक्षर किए। अगस्त के मध्य में ब्रिटिश साम्राज्य का पतन हो गया। दो दिन बाद, उत्तर-पश्चिम में पंजाब और उत्तर-पूर्व में बंगाल से दोनों मुल्कों के बीच अंतर्राष्ट्रीय सीमा खींच दी गई ।

1941 के सेंसस के मुताबिक, पंजाब की कुल आबादी, ब्रिटिश पंजाब और शाही रियासतों के साथ 33,922,373 थी (चित्र 1)। मुसलमान 53.2 प्रतिशत की पूरी बहुसंख्यकता में थे, हिंदू 30.1 प्रतिशत थे (6.2 प्रतिशत अनुसूचित जातियों के साथ), सिख 14.9 प्रतिशत और ईसाई 1.9 प्रतिशत।

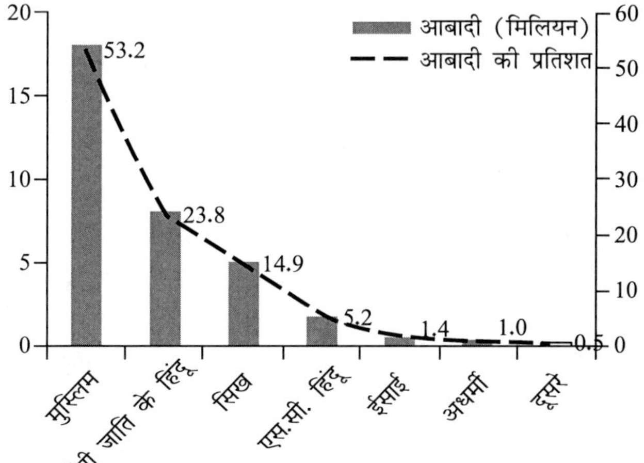

चित्र 1 : शाही रियासतों के साथ, समूचे पंजाब में 1941 में आबादी का नमूना।

स्रोत : सेंसस ऑफ इंडिया, पंजाब, 1941

ब्रिटिश पंजाब (चित्र 2) के 29 जिलों की कुल आबादी 28,418,819 थी जिसमें मुसलमान 57.1 प्रतिशत थे; 28.8 प्रतिशत हिंदू (6.6 अनुसूचित जातियों या दलितों के साथ); सिख 13.2 प्रतिशत और ईसाई 1.7 प्रतिशत।

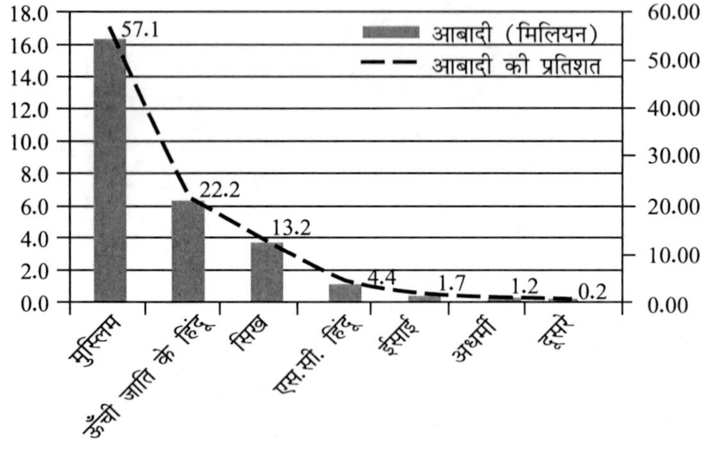

चित्र 2 : ब्रिटिश पंजाब में 1941 में आबादी का नमूना।
स्रोत : सेंसस ऑफ इंडिया, पंजाब, 1941

इसमें कोई दो राय नहीं कि अगर भारत का बंटवारा नहीं होता तो पंजाब का बंटवारा भी नहीं होता। मुस्लिम लीग की एक मुसलमान बहुलता वाले पाकिस्तान की माँग के चलते, जिसमें पंजाब भी शामिल था, पंजाब के बँटवारे की माँग सिख नेताओं द्वारा भी उठाई गई थी। अगर तीनों प्रमुख समुदाय, हिंदू, मुसलमान और सिख, एक साथ रहने को राजी हो जाते तो पंजाब का बँटवारा न हुआ होता। पंजाब का विभाजन सिर्फ ब्रिटिश पंजाब पर लागू होना था; जो ब्रिटिश प्रशासन के अधीन सीधे तौर पर एक प्रशासनिक ईकाई था। मगर विभाजन के साथ-साथ जो बड़ा हँगामा हुआ और जो उथल-पुथल हुई, उसने लाजमी तौर पर पंजाब की शाही रियासतों को भी लपेट लिया। बँटवारे की प्रक्रिया का समापन भारतीय पंजाब से मुसलमान मौजूदगी के सारे निशान मिटने के साथ हुआ; इसके अपवाद सिर्फ शाही रियासत मलेरकोटला जो एक मुसलमान नवाब के अधीन थी (कुल आबादी 88,109) और इससे भी छोटी लोहारु रियासत (कुल आबादी 27,982) थी। हालांकि लोहारु एक मुसलमान नवाब के अधीन थी और विभाजन के समय मुसलमान इसे छोड़ कर चले गए। ठीक उसी तरह, हिंदू और सिख पश्चिमी पंजाब और बहावलपुर (कुल आबादी 1,341,209) से गायब हो गए।

पंजाब की पहेली यह है कि उपनिवेश बनने से पहले, पंजाब में तीन मुख्य धर्मों – इस्लाम, हिंदू और सिख की एक बहुत उदार और बहुलता वाली परंपरा थी। क्योंकि सभी धर्म सूफीवाद, भक्ति और संत आंदोलनों से प्रभावित थे। इस बात को नकारा

नहीं जा सकता कि पंजाब का इतिहास अक्सर होने वाली लड़ाइयों से भरा पड़ा है। हमलावर उत्तर-पश्चिम के पहाड़ी दर्रों से उप-महाद्वीप में आते तथा पंजाब, उत्तर के दूसरे हिस्सों और उससे भी दूर अपना शासन स्थापित करते। ब्रिटिश द्वारा 1849 में कब्जा करने से पहले, पंजाब सिख शासन के अधीन था, हालांकि उससे 50 साल पहले यह मुगल साम्राज्य का एक हिस्सा था।

दूसरी तरफ, तीनों समुदाय एक दूसरे के खिलाफ इल्जामों की एक लंबी सूची पेश कर 'ऐतिहासिक यादों' को एक दूसरे के खिलाफ चयनात्मक तौर पर इस्तेमाल करते थे। फिर भी काफी सबूत मौजूद हैं कि उपनिवेशी सरकार के खत्म होने के बिल्कुल पहले तक, ज़्यादातर पंजाबी हजारों गाँवों और इसके अलावा कस्बों और शहरों में, एक साथ अमन और शांति बना कर रहते थे। उनके बीच आम पंजाबी सांस्कृतिक पहचान की एक साझा समझ कायम थी, मगर यह 20वीं सदी की विघटनकारी ताकतों के दबाव को रोकने में असमर्थ साबित हुई। 1945 के बाद पंजाब सरकार चिंतित होने लगी क्योंकि तीनों समुदाय अपनी निजी फौजें इकट्ठा कर रहे थे। सिख अपनी धार्मिक परम्पराओं के चलते कृपाण धारण करते थे। इसके अलावा, पंजाबी मुसलमान और सिख, और पूर्वी पंजाब के हिन्दी बोलने वाले जिलों के हिंदू, उपनिवेशी फौज में किसी भी दूसरे सूबे के मुकाबले, ज़्यादा संख्या में भर्ती होते थे और उनका इस मामले में सबसे बड़ा समूह था। दूसरे विश्व युद्ध के बाद, उनके 10 लाख फौजी अपने गाँवों में वापस आ गए क्योंकि आम तौर पर उनको फौज से निकाला जा रहा था। इसके अलावा, पंजाब में चारों तरफ, दबंग या मुजरिम किस्म के लोगों के गिरोह पैदा हो गए थे, जिन्हे बदमाश और गुंडे कहा जाता था। उनके राजनीतिज्ञों और पुलिस के साथ गहरे संपर्क थे।

इन हालातों में 1945 के दूसरे अर्ध में पंजाब के प्रांतीय चुनाव की मुहिम शुरू हुई और यह फरवरी 1946 में समाप्त हुई। इसने बेहद अस्थिर हालात पैदा कर दिए। मुस्लिम लीग, जो जुड़े हुए मुसलमान और गैर-मुसलमान इलाकों की बुनियाद पर, भारत का विभाजन कर एक अलग मुसलमान देश बनाना चाहती थी, ने पंजाब लेजीस्लेचर में सबसे ज़्यादा सीटें जीत लीं। मगर लीग बहुसंख्यकता (मेजॉरिटी) हासिल न कर सकी और दूसरी पार्टियों के साथ गठजोड़ बना कर ही सत्ता में आ सकती थी। यह नहीं हुआ। लीग के विरोधियों ने सर खिजर हयात खान तिवाना की अगुवाई में, जिसकी पार्टी बुरी तरह असफल रही थी, एक गठजोड़ सरकार बना ली। इस हालात ने एक विशिष्ट मसला पैदा कर दिया- कानूनी हैसियत बनाम वैधता। इस बारे में कोई संदेह नहीं कि गठजोड़ सरकार संसदीय प्रक्रिया के मुताबिक और कानूनी तौर पर गठित थी, पर पंजाब की मुसलमान मेजॉरिटी ने इसको अवैध और लोगों की नुमाइंदगी नहीं करने वाली सरकार समझा। इसके चलते मुस्लिम लीग आंदोलन और प्रदर्शन करने लगी, और इसका समापन 2 मार्च 1947 को खिजर सरकार के गिरने से हुआ।

इसके साथ-साथ सरकार के गिरने से नाराज, पंजाब की काँग्रेस पार्टी और सिख सड़कों पर आ गए। उन्होंने कसमें खाईं कि किसी भी हालात में वे मुस्लिम लीग को सरकार नहीं बनाने देंगे। इसने एक चिंगारी का काम किया। जिसके चलते, अचानक हिंसा भड़क उठी। यह बात खास कर रावलपिंडी जिले के गाँवों लिए सच थी, जहां अल्पसंख्यक सिखों पर मुसलमान झुण्ड ने बेमिसाल बर्बरता के साथ हमला कर दिया। इसके चलते हजारों की तादाद में सिख, अपनी सुरक्षा के लिए पूर्वी जिलों की तरफ भागने लगे जहां उनके सम्प्रदाय के लोगों की काफी तादाद थी।

सरकार हालात काबू में ले तो आई मगर इससे ज़्यादा कुछ नहीं कर सकी। क्योंकि पुराने दिनों की शांति और सामंजस्यता की बहाली नहीं की जा सकी। जिस महत्वपूर्ण सवाल का जवाब हर कोई खोज रहा था, वह बिना संदेह के यह था: क्या पूरा पंजाब पाकिस्तान को दे दिया जाएगा जैसा कि मुस्लिम लीग उम्मीद लगा रही थी या इसका भारत और पाकिस्तान के बीच विभाजन कर दिया जाएगा, जैसा सिख नेता और इंडियन नेशनल काँग्रेस माँग कर रहे थे? कोई भी फैसला, जो पूरे पंजाब को पाकिस्तान में शामिल करने के बारे में होता या इसको दो राज्यों में विभाजित करता, तीनों संप्रदायों को संतुष्ट नहीं कर सकता था।

मई के मध्य से हमले फिर से भड़क उठे। जैसे-जैसे दिन और हफ्ते गुजरते रहे, हमले बारंबार, ज़्यादा बेरहम और ज़्यादा संगठित हो गए। इस तरह के फसाद उस साल के आखिर तक, होते रहे। सबसे ज़्यादा तीव्र दंगे अगस्त के पहले दो हफ्तों में हुए, जब एक ब्रिटिश गवर्नर सत्ता में था। मगर भारत और पाकिस्तान को सत्ता मिलने के बाद दंगों में नाटकीय तरीके से बढ़ोत्तरी हुई और यह एक बहुत बड़े पैमाने पर लगभग दो या तीन महीने तक होते रहे। पंजाब में जो कुछ हुआ, उसने कलकत्ता, बिहार और दूसरी जगहों में 1946 में हुए फसादों को काफी बौना बना दिया। अंत में, दूसरे विश्व युद्ध के बाद एक बड़े पैमाने पर आबादी के शुद्धीकरण की प्रक्रिया हुई।

इस बात पर जोर देकर कहा जा सकता है कि पंजाब के बँटवारे का फैसला न तो पंजाब की आम जनता ने लिया था और न ही संभ्रांत लोगों ने। बल्कि यह फैसला केन्द्रीय स्तर पर, दिल्ली की उपनिवेशी सरकार, इंडियन नेशनल काँग्रेस, मुस्लिम लीग के उच्च स्तरीय लोगों और सिर्फ पंजाब के सिखों के साथ मशवरा कर वाइसरॉय ने लिया। सिखों ने दावा किया कि हिंदुओं और मुसलमानों के मुकाबले, पंजाब में उनकी धार्मिक और तहजीबी पहचान की जड़ें ज़्यादा गहरी थीं। सच तो यह था कि पंजाब में वे एक छोटा अल्पसंख्यक समूह थे और पूरे भारत में एक बहुत अल्पमत में थे। मगर, यह भी सच था कि उपनिवेशी फौज में वे एक बड़ी तादाद में थे, जिसने उनको एक महत्वपूर्ण संप्रदाय बना दिया था। आम तौर पर पंजाबियों की इस बात पर सलाह नहीं ली गई थी और उनमें से ज़्यादा को बिल्कुल पता नहीं था कि उन्हे अपने घर

और अपने पुरखों के निवास छोड़ने पड़ेंगे। जिन हिंदुओं, सिखों और मुसलमानों के मैंने इंटरव्यू लिए, वे इस बात को बहुत जोर दे कर और बिना दो राय के कहते थे। बँटवारे की प्रक्रिया का सबसे बदतर पहलू यह था कि बहुचर्चित रेड्क्लिफ अवार्ड की सार्वजनिक घोषणा 17 अगस्त 1947 को की गई जबकि भारत और पाकिस्तान, 15 और 14 अगस्त को आजाद हो चुके थे। इसकी घोषणा का समय बिल्कुल असंगत था क्योंकि अचानक, लाखों लोग गलत दिशा में फंस गए थे। उपनिवेशी सरकार कुछ हद तक कानून और व्यवस्था बनाए रखने की कोशिश कर रही थी और उसके खत्म होने पर वे लोग उन लोगों का एक आसान निशाना बन गए, जो पिछले कुछ महीनों से उनके खिलाफ हिंसा की तैयारी और अभ्यास कर रहे थे।

इसका नतीजा एक कत्लेआम हुआ जिसका वर्णन, बहुत ज़्यादा दर्द और जज्बात के साथ *साबका* पत्रकार, लेखक और कला समीक्षक रेजीनाल्ड मैसी ने मेरे सामने किया जब मैंने उनका उनके मिड-वेल्स के ल्लानीडलोस स्थित घर पर इंटरव्यू लिया। मैसी लाहौर के एक ईसाई परिवार से नाता रखते हैं। यह परिवार उन कुछ परिवारों में था जिन्होंने लाहौर छोड़ कर भारत जाने का फैसला किया। क्योंकि उनके पिता महसूस करते थे कि मोहम्मद अली जिन्नाह के बाद, पाकिस्तान के नेता एक इस्लामी मुल्क बनाने का प्रलोभन छोड़ नहीं सकेंगे। इस तरह का मुल्क, एक ऐसी प्रक्रिया शुरू कर देगा जिसके चलते धार्मिक अल्पमत वाले लोगों की स्थिति कमजोर हो जाएगी। उनके पिता रॉयल इंडियन एयर फोर्स के अफसर थे और नेहरू के सेक्युलरिज्म (धर्म-निरपेक्षता) में ज़्यादा विश्वास रखते थे और इसलिए उन्होंने भारत जाने का फैसला लिया, मगर उनके परिवार के लिए लाहौर छोड़ना आसान नहीं था।

रेजीनाल्ड मैसी

सितंबर 1947 के शुरू में जब मैसी ने लाहौर छोड़ा, उस समय के हालात को इन शब्दों से चित्रित किया:

'लाहौर को सितंबर 1947 में अलविदा कहना आसान नहीं था। मेरी माँ की आँखों में आँसू थे। हम गाड़ी में नहीं बल्कि तांगे में गए क्योंकि गाड़ियों को लूटा और जलाया जा रहा था। तांगे पर हमने एक रेड क्रॉस का निशान लगा रखा था और अपने आप को ईसाई बता कर हम ज़्यादा सुरक्षित थे। कुछ हिंदुओं और सिखों ने भी यह तरकीब इस्तेमाल की। कुछ लोग धर्म के नाम पर दूसरों को मारते हैं और कुछ धर्म के नाम से अपनी जान बचातें हैं। मैं इसके भले और बुरे के तर्क को नैतिकता के दार्शनिकों पर छोड़ रहा हूँ।

'शालीमार गार्डेन, जलो, बाटानगर और बरकी की सड़क पार करते हुए हमने भयंकर नज़ारे देखे। हम कई घंटों तक फंसे रहे। लाखों लोग भारत की तरफ भाग रहे थे और

लाखों लोग पाकिस्तान चले आ रहे थे। मैंने रास्ते के दोनों तरफ लाशें और शरीरों के कटे हुए अंग देखे। लोगों का विलाप और रोना मानो दांते के "इनफरनों" का नजारा हो।

'सच तो यह है कि वाघा-अटारी सीमा पार कर जब हम भारत में पहुंचे तो, वहाँ के दृश्य और भी बद्तर थे। मास्टर तारा सिंह के अकाली साथी, पूर्वी पंजाब के गरीब मुसलमानों का अंधाधुंध तरीके से कत्लेआम कर रहे थे। हजारों मुसलमान लड़कियों का बलात्कार किया गया। गांधी की पुकार और व्रतों का कोई असर नहीं हो रहा था। पंजाब पागलपन से मानो थर्रा रहा था।

'मैं अपने आखिरी दिन तक, ब्रिटिश लोगों को माफ नहीं करूंगा जिन्होंने चरम आतंक में, अपने होश-हवास खो दिए और मेरे देश को इस लहू-लुहान अवस्था में छोड़ दिया। पंजाबी कवियत्री अमृता प्रीतम ने अपनी कविताओं में यह सब कुछ बड़े विस्तार और यादगार तरीके से बताया है।'

मैंने मैसी से बात करने से पहले और बाद में जो दूसरे लोगों के इंटरव्यू लिए, उससे इस मूल्यांकन की पुष्टि होती है। इस बारे में, मैं बड़ी विनम्रता से जनवरी 2005 में लुधियाना के नजदीक, गुज्जरवाल गाँव में, उन सिख वयस्कों से हुई बातचीत स्वीकार करूंगा। गुज्जरवाल में हुई घटनाओं का उनके द्वारा उल्लेख किताब में बाद में पेश किया जाएगा। इतना कहना काफी होगा कि उनमें से दो लोग पाकिस्तान में छूट गए इलाकों से थे। उन्होंने माना कि पूर्वी पंजाब में मुसलमानों के खिलाफ एक और भी बड़े पैमाने पर जुर्म किए गए। यह एक विवादित बात है कि पंजाब के विभाजन के दौरान कितने हिंदू, मुसलमान और सिख मारे गए।

पश्चिमी पंजाब से हिंदुओं और सिखों की जड़ें खत्म करने का मुसलमानों का मनसूबा

भारत की तरफ से पंजाब पर दो किताबें उपलब्ध हैं। सरदार गुरबचन सिंह तालिब ने सिख धार्मिक संस्था शिरोमणि गुरुद्वारा प्रबन्धक कमेटी के लिए डाटा संग्रह किया और उसे एक 453 पृष्ठों की किताब, *मुस्लिम लीग अटैक्स ऑन सिख्स एंड हिंदूस इन दी पंजाब 1947* (1991, पहली बार 1949 में प्रकाशित) में पेश किया। इस रिपोर्ट का मकसद उन इल्जामों का खंडन करना था कि सिखों का पूर्वी पंजाब से मुसलमानों को निर्मूल करने का कोई मनसूबा था। एस.जी.पी.सी. रिपोर्ट ने उल्टे दावा किया कि प्रमुख सांप्रदायिक पार्टी मुस्लिम लीग पूरे पंजाब पर कब्जा करना चाहती थी। इसलिए पाकिस्तान में शामिल हुए हिस्से से किसी भी तरीके से, वहाँ से हिंदुओं और सिखों को निकालना चाहती थी। इस रिपोर्ट ने न सिर्फ मुस्लिम लीग और इसके नेताओं और काडरों के ऊपर इल्जाम लगाया बल्कि पूरे मुसलमान समाज को बँटवारे के लिए, कटघरे में ला खड़ा किया। यह रिपोर्ट बहुत सारे आंकड़े पेश करती है मगर सिखों की

उकसाहट और पहल का जिक्र नहीं करती है, जिसके चलते सिलसिलेवार घटनाओं की वो कड़ी शुरू हुई, जिसका खात्मा पंजाब के विभाजन के समय, एक खूनखराबे से हुआ। एस.जी.पी.सी. बतलाती है (1991: 243-4)

> सिखों (और हिंदुओं) का बदला हिंसक, तीव्र और भीषण तबाहकारी था। पूर्वी पंजाब के मुसलमानों को पश्चिमी पंजाब और भारत के दूसरे हिस्सों में उनके सह-धर्मिओं द्वारा किए गए कुकर्मों की सजा भुगतनी पड़ी। यह दुर्भाग्यपूर्ण था और न ही ज़्यादा तर्कसंगत, मगर इंसानी मामलों में, हमेशा तर्क ही व्यवहार को काबू नहीं करता और सामूहिक दिमाग जब रोष की सीमा पार कर जाता है, यह भयानक तौर पर प्रतिहिंसक, अनुचित और उन्मादित हो जाता है। पश्चिमी पंजाब और एन.डब्ल्यू.एफ.पी. में मुसलमानों द्वारा किए गए भयंकर जुल्म जब हिंदुओं और सिखों ने सहे, तब पूर्वी पंजाब में मुसलमानों के साथ यही हुआ।

विभाजन के दंगों के आंकड़ों पर, दूसरे भारतीय संग्रह, 349 पृष्ठों लंबी, *स्टर्न रेकोनिंग* (1989, पहली बार 1949 में प्रकाशित), में जस्टिस जी.डी. खोसला, जिनका नाता पहले पंजाब हाई कोर्ट के साथ था, हिंदू-मुसलमान तनाव और उनके बीच शक़ की बुनियाद के इतिहास को, कम से कम बीसवीं सदी के शुरू से खोज-बीन करते हैं। वह दावा करते हैं कि 1947 की घटनाओं के पीछे गहरी ऐतिहासिक और धार्मिक जड़ें थीं। उनकी खोज ने पुष्टि की कि मुस्लिम लीग, इसके नेताओं और काडरों ने दंगों की शुरुआत की जो अगस्त के मध्य तक एक-तरफा मामला रहा।

पूर्वी पंजाब से मुसलमानों की जड़ें खत्म करने का सिखों का मनसूबा

कई लोगों ने पूर्वी पंजाब से मुसलमानों की जड़ें खत्म करने के सिखों के मनसूबे के बारे में जिक्र किया है, जो उस समय की घटनाओं के साथ जुड़े हुए थे। कम्युनिस्ट पार्टी ऑफ इंडिया (मार्क्सवादी) के स्वर्गीय हरकिशन सिंह सुरजीत ने एक इंटरव्यू के दौरान मुझसे कहा:

'अल्पसंख्यकों साम्प्रदायिक हमले निश्चित तौंर से किसी मनसूबे के तहत किए गए थे। मैं चूंकि पूर्वी पंजाब में था, इसलिए मैं वहाँ इन सब कामों में शामिल लोगों के बारे में ज़्यादा जानता हूँ। मैंने वो भयानक नजारे अपनी खुद की आँखों से देखे हैं। उस साजिश में पटियाला के महाराजा शामिल थे। तब सोच यह थी कि अगर मुसलमानों को निकाल दिया जाता, तो सिख पूर्वी पंजाब में अपना एक सूबा बना सकते थे।'

पंजाब के विभाजन के बाद, पाकिस्तान में एस.जी.पी.सी. या खोसला रिपोर्ट की तरह कोई व्यापक रिपोर्ट नहीं छपी। मगर 1948 में पाकिस्तान सरकार ने तीन छोटी

रिपोर्टें प्रकाशित कीं, *नोट्स ऑन द सिख प्लान, दी आर.एस.एस. इन द पंजाब* और *दी सिख्स इन एक्शन।* यह रिपोर्टें दंगों के दिनों की सी.आई.डी. रिपोर्टों पर आधारित हैं। इनमें इल्जाम लगाया गया है कि सिखों का, पूर्वी पंजाब से, निश्चित तौर पर, मुसलमानों को खदेड़ने का मनसूबा था और राष्ट्रीय स्वयं सेवक संघ (आर.एस.एस.) कई जघन्य बंब धमाकों और मुसलमानों पर किए गए हमलों में शामिल था। *नोट्स ऑन द सिख प्लान* में लिखा गया है:

> लगता है, पंजाब में एक सिख हुकूमत कायम करना सिखों ने अपनी आखरी मंजिल बना रखी थी। इसलिए उनकी तैयारी सीधे तौर से सिर्फ मुसलमानों के खिलाफ थी। अंत तक क्या हिंदू, जो उनसे बड़ा एक अल्पसंख्यक समूह थे, इसके लिए राजी हो जाते, संदेहास्पद है, मगर उस समय वे सिखों के साथ कदम से कदम मिला कर चल रहे थे। उन दोनों की हरकतें और तैयारियां, एक साथ चलती थीं और दोनों के बीच कोई साजिश नजर नहीं भी आती थी, सच तो यह था कि वो मुसलमानों को एक आम दुश्मन समझते और यह दोनों के बीच सहयोग स्थापित करा देता था, जो हकीकत में एक साजिश और ठोस प्रयास में तब्दील हो जाता था (1948: 1-2)।

मुहम्मद अली, जिन्होंने उपनिवेशी सरकार द्वारा स्थापित स्टीयरिंग कमेटी ऑफ दी पार्टीशन काउंसिल में पाकिस्तान की नुमाइन्दगी की और बाद में पाकिस्तान के वजीर-ए-आजम बने (1955-56), अपनी किताब *दी इमरजेंस ऑफ पाकिस्तान* में इल्जाम लगाते हैं कि सिखों का उच्चतम नेतृत्व, खास कर पटियाला और कपूरथला के महाराजा, पूर्वी पंजाब के मुसलमानों को मिटा देने की एक भयंकर साजिश में शामिल थे।

पाकिस्तान सुप्रीम कोर्ट के भूतपूर्व चीफ जस्टिस मुहम्मद मुनीर जो पंजाब बाउंडरी कमिशन में मुस्लिम लीग के दो नुमाइंदों में से एक थे, अपनी किताब *फ्रॉम जिन्नाह टु जिया* में मानते हैं कि बड़े पैमाने का पहला हमला रावलपिंडी में मार्च 1947 में सिखों और हिंदुओं के खिलाफ मुसलमानों ने किया (1980: 17)। उन्होंने यह इल्जाम दोहराया कि पूर्वी पंजाब से किसी भी तरह की मुसलमान मौजूदगी को हटाने का सिखों का एक मनसूबा था।

इयन कोपलैंड ने अपने शोध के लेख 'दी मास्टर एंड द महाराजास: दी सिख प्रिंसेस एंड द ईस्ट पंजाब मैसेकर ऑफ 1947' में बहुत प्रासंगिक अंतर्दृष्टि से शाही रियासतों से मुसलमानों को खत्म करने के मनसूबे और उसको अमल में लाने पर रोशनी डाली है। उत्तरी पंजाब के सिख गाँवों पर मार्च 1947 में मुसलमानों द्वारा की गई ज्यादतियों का बदला लेने के लिए, सिख जत्थे वैचारिक रूप से प्रेरित थे। कुछ जत्थों ने तो ब्रेन-गनें और मशीन गनें इस्तेमाल कीं। वे यह भी दावा करते हैं कि एक छोटी सी मुसलमान रियासत मलेरकोटला बरबादी से इसलिए बच गई क्योंकि नवाब के

एक रिश्तेदार और लुधियाना मुस्लिम लीग के कार्यकर्ता ने मुसलमानों को हथियारबंद होने के लिए प्रेरित किया। क्योंकि सिख मलेरकोटला पर हमला करने की योजना बना रहे थे (वही: 684)। यह उस प्रचलित सिद्धांत से बहुत अलग है, जो सिख बताते हैं कि 300 साल पहले गुरु गोबिन्द सिंह, सिखों के दसवें गुरु ने तब मलेरकोटला के मुसलमान शासक को आशीर्वाद दिया था, जिसने उनके साहिबजादों को यातना देने के बाद दीवार में जिंदा दफनाने का विरोध जताया था। इसलिए सिख कभी मलेरकोटला पर हमला नहीं करते और न ही वहाँ के मुसलमानों को कोई नुकसान पहुँचाते। मैंने यह बात कई बार सुनी थी जब मैंने उन सिखों के इंटरव्यू लिए जो 1947 में मलेरकोटला के बाहर खड़े रहते और इसके अंदर जाने को कोशिश करने वाले मुसलमानों पर हमला करते थे, मगर जो दाखिल हो जाते उनका वो पीछा नहीं करते थे।

यह एक दिलचस्प बात है कि पंजाब बाउंडरी फोर्स (पी.बी.एफ.), जिसको कानून और व्यवस्था कायम रखने के लिए बनाया गया था, हिंदुओं, मुसलमानों और सिख फौजियों और बहुत कम ब्रिटिश अफसरों को लेकर बनी खराब उपकरणों और कम लोगों वाली एक इकाई थी और सिर्फ 1 अगस्त से 1 सितंबर 1947 तक ही कायम रही। इसने उन बारह जिलों में कुछ जाने बचाईं जहां यह तैनात थी, मगर शाही रियासतों में इसका कोई अधिकार क्षेत्र नहीं था (जेफरी, 1974: 491-520). शाही रियासतों में बहुत ज़्यादा मौतों के लिए यह भी एक वजह हो सकती थी।

कितनी मौतें हुईं?

सर पेंडेरल मून, पंजाब में कई सालों की सेवा करने वाले एक साबका इंसान ने गौर किया कि हिंदुओं और सिखों की कुल जितनी मौतें हुईं, उनसे कहीं ज़्यादा मुसलमानों की मौतें हुईं (1998: 293)। जी.डी. खोसला जिन्होंने पंजाब के फसादों का आंकड़ा इकट्ठा किया और ज़्यादातर हिंदुओं और सिखों की दुख भरी दास्तान बताई, वह भी मानते थे कि फसादों के शुरुआती दिनों में की गई मुसलमान हिंसा की हिंदुओं और सिखों द्वारा बदले की कारवाई में ज़्यादा मुसलमान मारे गए होंगे (1989: 299)। उन्होंने इस संभावना को इन शब्दों में बताया:

> मुसलमान मौतें, पश्चिमी पंजाब में हुईं गैर-मुसलमान मौतों से कम नहीं थीं। दरअसल, कई लोग तो यह भी शेखी मारते हुए कहते हैं कि कुल मुसलमान मौतें, हिंदुओं और सिखों की कुल मौतों से ज़्यादा थी, हालांकि हिंदुओं और सिखों का सम्पत्ति का नुकसान बहुत ज़्यादा था. . .। मगर, यह याद रखना पड़ेगा कि मुसलमानों पर हमला बदले की वजह से किया गया था इसकी शुरुआत, पश्चिमी पंजाब से गैर-मुसलमानों को खदेड़ने की कई महीनों की लगातार और निर्धारित कोशिश के बाद ही हुई (खोसला, 1989: 289-90)।

पटियाला में मार्च 2003 में हुए एक पंजाब हिस्ट्री सम्मेलन के 35वें अधिवेशन में एक लेख पेश करते हुए भाई अरिदमन सिंह झुबल ने पुष्टि की कि हिंदुओं और सिखों के मुकाबले, ज़्यादा मुसलमान मारे गए। उनकी इस नतीजे पर पहुँचने की बुनियाद *एनसाइक्लोपीडिया ऑफ सिखिज़्म*, पंजाबी यूनिवर्सिटी पटियाला, खण्ड III पर आधारित है, जिसका संकलन प्रोफेसर हरबंस सिंह (2002: 122–23) ने किया है। पेंडेरल मून ने अंदाजा लगाया है कि अविभाजित पंजाब और बहावलपुर सूबे को मिला कर 180,000–200,000 मौतें हुईं (1998: 293)। जी.डी. खोसला 500,000 का आंकड़ा देते हैं (1989: 299)। पाकिस्तानी फौज के ले.ज. (रिटा.) आफताब अहमद खान जो पंजाब बाउंडरी फोर्स में थे और बाद में भारत और पाकिस्तान की फौजों द्वारा की जा रही उस संयुक्त कारवाई का हिस्सा थे जिसके द्वारा लोगों को सीमा के पार ले जाया जा रहा था। उन्होंने 2 फरवरी 2007 को लिखा कि पूर्वी पंजाब में, कम से कम 500,000 मुसलमान मारे गए। उनका मानना था कि पश्चिमी पंजाब में इसके मुकाबले बहुत कम हिंदू और सिख मारे गए।

इतने सालों बाद, अनुमानित मारे गए लोगों की संख्या बढ़ती ही जा रही है और कुछ लोगों ने तो 20 लाख मौतों का भी अंदाजा लगा लिया है (टेलबट, 2008: 420)। सही अंदाजा हो सकता है कभी लगाया न जा सके। मगर अब मान लिया गया है कि समूचे भारत में 10 लाख का आंकड़ा भरोसेमंद है। उस समय जो अंग्रेज यहाँ मौजूद थे, उन्होंने 600,000, 800,000 और 1,000,000 आंकड़ों का सुझाव दिया है (रॉबर्टस, 1995: 129–130)। सच भले जो भी हो, ज़्यादातर मौतें पंजाब में हुईं।

कितने लोगों ने सीमा पार की?

विभाजन के समय कितने लोगों ने सीमा पार की, इस बारे में मून लिखते हैं:

> सारे मामलों के विश्वसनीय आंकड़े उपलब्ध नहीं हैं, पर संक्षेप और निश्चित तौर पर यह कहा जा सकता है कि जहां मुसलमानों ने सबसे ज़्यादा जानें गवाईं, हिंदुओं और सिखों की संपत्ति का नुकसान सबसे ज़्यादा था। जहां तक कितने लोगों को बाध्यतावश तरीके से प्रवास करना पड़ा, काफी सही आंकड़े उपलब्ध हैं। अगस्त 1947 और मार्च 1948 के बीच, पश्चिमी पंजाब से करीब 45 लाख हिंदू और सिख, भारत चले गए और करीब 60 लाख मुसलमान दूसरी तरफ चले गए। इस प्रवास का एक बड़ा हिस्सा, अगस्त के मध्य से नवंबर के मध्य के तीन महीने के एक छोटे समय में हुआ।

शाहिद जावेद बरकी ने हिसाब लगाया है कि कुल 1 करोड़ 40 लाख लोगों ने सीमा पार की मगर इसमें गैर–पंजाबी भी शामिल थे (बर्की, 1980: 11)। इयन टेलबट जिन्होंने अपनी सारी जिंदगी पंजाब के अध्ययन में लगा दी है, खास कर 1947 के

विभाजन पर, 1 करोड़ 80 लाख के आंकड़े का जिक्र करते हैं जिसमें पंजाबी और गैर-पंजाबी दोनों शामिल हैं (2008: 420)। सिर्फ पंजाब को लेकर उनको पूछे गए मेरे सवाल के जवाब में, उन्होंने 19 मार्च 2010 को ई-मेल द्वारा बताया कि यह संख्या 90 लाख-1 करोड़ तक होगी। 31 अक्टूबर 1947 के 'ए नोट ऑन द स्टेटिस्टिक्स ऑफ रेफुजिस एंड एवाकुईस प्रोब्लेम' में, मु. हस्सन, पाकिस्तान बोर्ड ऑफ इकनॉमिक इंक्वैरि के सेक्रेटरी ने अंदाजा लगाया कि अगर पूर्वी पंजाब को सारे मुसलमान छोड़ देते तो, पश्चिमी पंजाब में 59 लाख मुसलमानों की बढ़ोतरी होती और दूसरी तरफ अगर सभी सिख और हिंदू पश्चिमी पंजाब छोड़ देते तो पूर्वी पंजाब में 38 लाख हिंदुओं और सिखों की बढ़ोतरी होती (हसन, 1993: 16)। इसका मतलब यह था कि सिर्फ पंजाब के विभाजन से, कम से कम, 97 लाख लोग अपना घर-बार छोड़ कर, नई अंतर्राष्ट्रीय सीमा पार करने को बाध्य हुए। इनमें से कितने मारे जाते, यह एक अलग सवाल था। निष्कर्ष यह है कि 90 लाख से 1 करोड़ का आंकड़ा काफी सही लगता है, जहां तक बाध्यतावश प्रवास का ताल्लुक है। मुहम्मद वसीम यह आंकड़ा देते हैं: पूर्वी पंजाब से 53 लाख मुसलमान पश्चिमी पंजाब आए, इसकी आबादी के वे 25.6 प्रतिशत थे (वसीम, 1999: 211)।

पंजाब विभाजन का एक अलग पहलू भी था; अगुआ की गईं औरतें। कम से कम 90,000 औरतों का दुश्मन संप्रदाय के लोगों ने अपहरण किया। कईयों की कभी वापसी नहीं हुई। आयशा जलाल का मानना है कि औरतों पर किए गए हमले, पुरुषों की प्रभुत्वता की अभिव्यक्ति थी। वह लिखती हैं, 'तीनों धर्मों के लोग लाचार औरतों पर अपने क्षणिक ताकत के एहसास से आनंदित हो रहे थे' (1998: 13)।

मौजूदा साहित्य

1975 में प्रकाशित, *फ्रीडम एट मिडनाइट* में, पत्रकार लेरी कोल्लींस और डोमिनिक लेपियर ने पूरे भारत में हुए 1947 के दंगों का जुबानी इतिहास, एक बेहद मर्मभेदी ढंग से पेश किया। इसमें पंजाब की कुछ दिल दहला देने वाली कहानियाँ हैं। 1997 में भारत, पंजाब और बंगाल के विभाजन की 50वीं सालगिरह ने एक उत्प्रेरक का काम किया, मानों जो आवाजें इतने दिनों तक जज्बातों और मजबूत भावनाओं के वजन से दबी हुई थीं, अब बाहर आना चाहती थीं। भारत और पाकिस्तान, दोनों मुल्कों में कई इंटरव्यू या जबानी इतिहास की घटनाएँ छपीं। इसी दौर में, पंजाबी मूल की भारतीय नारीवादियों ने कुछ हट कर लाजवाब योगदान दिया। उर्वशी बुटालिया की *दी अदर साइड ऑफ साइलेंस: वोइसेस फ्रॉम दी पार्टीशन ऑफ इंडिया* (1998); और रितु मेनन और कमला भसीन की *बार्डरस एंड बाउंडरीस* (1998) ने बँटवारे के दौरान, शिकार हुए लोगों के आघात को पेश किया। उन्होंने औरतों की पीड़ा पर अपना ध्यान

केन्द्रित किया, मगर वीसा के मसले के चलते, वे पाकिस्तानी पंजाब से कोई आंकड़ा हासिल नहीं कर सकीं, मगर उनके द्वारा किया गया काम सिर्फ एक पंजाब की पीड़ा को दर्शाना नहीं था।

इयन टेलबट ने पंजाब के बँटवारे पर कई प्रकाशन कर, एक अहम किरदार अदा किया है। उनके और गुरहरपाल सिंह द्वारा संपादित, *रीजन एंड पार्टीशन: बेंगाल, पंजाब एंड दी पार्टीशन ऑफ दी सब्कोंटीनेंट* (1999) में मेरा योगदान शामिल है जिसमें अलग-अलग पंजाबी पार्टियों और समूहों के दावे पेश किए गए हैं। उस लेख के अंश मैंने इस किताब में शामिल किए हैं। मैंने ऐसा ही अपने बाध्यमूलक प्रवास और जातीय शुद्धिकरण पर लिखे एक लेख के साथ किया है जो इयन टेलबट और शिंदर ठंडी द्वारा संपादित *पीपल ऑन दी मुव: पंजाबी कोलोनियल, एंड पोस्ट-कोलोनियल माइग्रेशन* (2004) में शामिल किया गया था। एण्ड्स ब्योन हंसेन की *पार्टीशन एंड जेनोसाइड: मेनिफेस्टेशन ऑफ वाइओलेंस इन पंजाब 1937-1947* (2002) चीफ सेक्रेट्रीयों द्वारा, 1937 से 1947 के बीच, वाइसरॉय को भेजी पाक्षिक रिपोर्टों का मुआइना करती है। अहमद सलीम ने लाहौर 1947 (2003) में दिए गए लोगों के सीधे बयान इकट्ठा किए। यह एक उपयोगी संकलन है।

कृपाल सिंह की *दी पार्टीशन ऑफ दी पंजाब* (1989), विभाजन के समय स्थापित मशीनरी और क्रियाविधि और उस समय लिए गए मुख्य फैसलों के बारे में, एक इतिहासकर द्वारा पेश किया गया बहुत उपयोगी निरीक्षण है। वह कई अनुमान लगाते हैं मगर खुद के विचार नहीं बतलाते। उनके संग्रह *सेलेक्ट डॉक्युमेंट्स ऑन पार्टिशन ऑफ पंजाब-1947*, में कई दुर्लभ इंटरव्यू शामिल हैं, जो उन्होंने पंजाब के बँटवारे के शोध के दौरान लिए। मैं उनको 2 जनवरी, 2004 को चंडीगढ़ में मिला।

पाकिस्तान सरकार ने 1993 में 1947 के मुसलमान शरणार्थियों द्वारा खुद बतलाई गई आप-बीती को संग्रहित कर एक किताब प्रकाशित की जिसका नाम था, *दी जरनी टु पाकिस्तान : ए डॉक्युमेंटेशन ऑन दी रेफुजीस ऑफ 1947।* और एक प्रकाशन जो 1995 में छपा वह है, *डिसटरबेनसेस इन द पंजाब।* 1980 में ख़्वाजा इफ्तिखार ने एक किताब प्रकाशित की जो उनके पुराने शहर अमृतसर में हुई घटनाओं पर आधारित थी: *जब अमृतसर जल रहा था।* यह अमृतसर पर मुसलमानों के नजरिया पेश करने की एक उद्यमी कोशिश थी। इसमें कोई संदेह नहीं है कि इसे बहुत जज्बात और भावनाओं के साथ लिखा गया था। मैं आज तक किसी अमृतसरी मुसलमान से नहीं मिला जिसे अपने पुराने शहर से बिछुड़ने का ग़म ना हो और इफ्तिखार इस जज्बे को बखूब पेश करते हैं। यह उस समय लिखी गई थी जब जनरल मोहम्मद जिया-उल-हक सत्ता में थे और इस्लामीकरण को देश की विचारधारा के तौर पर बढ़ावा दिया जा रहा था। इसके अलावा, अफगानिस्तान में एक जिहाद की शुरुआत की गयी थी जिसमें हर तरह का धार्मिक उत्साह मौजूद था, हालांकि इसका न सिर्फ सऊदी अरबिया मददगार था

बल्कि अमेरिका भी था। हैरानी की बात नहीं है कि इस किताब में, युद्ध में हिंदुओं और सिखों के मुकाबले, मुसलमानों की निहित श्रेष्ठता का बखान बढ़ा-चढ़ा कर किया गया है। इस्तेमाल की गई भाषा और घटनाओं का वर्णन सदमा पहुंचा सकता है मगर इस किताब की मजबूती यह है कि इसको लिखने के लिए, पूरे पश्चिमी पंजाब से गवाहों को खोज कर निकाला गया है।

मुझे दिए एक लंबे इंटरव्यू में इफ्तिखार एक बदले हुए इंसान थे। मेरे साथ बातचीत शुरू करते समय उन्होंने कहा कि अमृतसर के लोग मोहब्बत और शफकत में यकीन रखते थे। जब मैंने उनसे पूछा कि क्या यह बात उनके पैदाइशी शहर के हिंदुओं और सिखों पर भी लागू होती थी तो उन्होंने जोर दे कर दावा किया कि दंगों से पहले, तीनों सम्प्रदाय बहुत प्रेम और सौहार्द के साथ रहते थे। सच तो यह है कि जब वह इस तरीके से भी लिखते हैं जो हिंदुओं और सिखों को जालिम और चालाक दर्शाता है, इफ्तिखार में इतनी ईमानदारी जरूर है कि वे उन हिंदुओं और सिखों के नाम का जिक्र करते हैं जिन्होंने मुसलमानों की हिफाजत की और उनकी जानें बचाईं। उन्होंने मुझसे कहा कि वे कई बार अमृतसर गए हैं और अपने साथ अपने बच्चों को भी ले गए हैं। उनके पुराने हिंदू दोस्तों और उनके बच्चों ने जो इज्जत दी है वह इस बात का सबूत है कि अमृतसरी लोग मोहब्बत और शफकत का दूसरा रूप हैं।

मुहम्मद अयुब खान ने विभाजन के दिनों में जो कुछ जालंधर में हुआ, उसके ऊपर लिखा है। यह किताब काफी विस्तार से लिखी गई है और इसमें काफी उपयोगी जानकारी है। यह एक-तरफा तरीके से लिखी गई है मगर यह बताती है कि जब जवाहरलाल नेहरू ने जालंधर का दौरा किया, उन्होंने हुक्म दिया कि पीड़ित मुसलमान सम्प्रदाय पर हमले न किए जाएँ। उनके जाने के बाद गृह मंत्री सरदार पटेल आए और नेहरू के हुक्म को खारिज कर दिया। इसके बाद मुसलमानों का कत्लेआम हुआ। 2003 में हाकिम मुहम्मद तारिक महमूद आबकारी मुजदीदती चुघतई ने पूर्वी पंजाब से आए मुसलमानों की जुबानी दास्तानों को इकट्ठा कर एक संग्रह प्रकाशित किया, जिसका नाम था *1947 के मुजलूमों की कहानी खुद मुजलूमों की जुबानी।*

बँटवारे के अध्ययन के क्षेत्र में पाकिस्तानी विद्वानों ने देरी से दिलचस्पी दिखाई है क्योंकि मेरा मानना है कि जहां तक भारत की राष्ट्रीय सोच का सवाल है, वे बँटवारे को कोसते हैं जबकि पाकिस्तान में बँटवारे को किसी इंसानी त्रासदी की तरह बताना, संदेह की निगाह से देखा जाता है। इसलिए हिंदू और सिख जिस विषय की निंदा करते हैं, पाकिस्तान में मुसलमान इसे हिन्दुत्व के जुल्म और हिंदू और सिख साहूकारों द्वारा किए जा रहे आर्थिक शोषण से आजादी मानते हैं। फिर भी, 1947 की त्रासदी इतनी बड़ी थी कि पाकिस्तानी, खासकर पंजाबी, इसे नजरअंदाज नहीं कर सकते और वे भी मुसलमानों की उस समय की पीड़ा की कहानियाँ लेकर सामने आ रहे हैं।

आम तौर पर भारतीय विद्वान, काँग्रेस की उपनिवेश विरोधी और काँग्रेस हिमायती विचारधारा के साथ एकसार होकर इस बात पर जोर देते हैं कि भारत और पंजाब के बँटवारे के पीछे ब्रिटिश हाथ था। पाकिस्तानी विद्वान भी ब्रिटिश साजिश की निंदा करते हैं और एक मजबूत उदाहरण देते हैं: रेडक्लीफ अवार्ड का फैसला जिसने कुछ मुसलमान बहुसंख्यक इलाके भारत को दे दिए; खास कर जिला गुरदासपुर ताकि भारत और कश्मीर के बीच सड़क द्वारा संपर्क कायम किया जा सके।

पंजाब बँटवारे का अध्ययन ज़्यादातर इतिहासकारों ने किया है। हालांकि हाल में, समाज विज्ञानी भी इस विषय पर दिलचस्पी लेने लगे हैं। उन्होंने अपना ध्यान बचे हुए लोगों, बँटवारे की घटनाओं पर नज़र रखने वालों और घटनाओं पर केन्द्रित किया है, न कि उस समय चल रहे सियासी खेल पर।

इस अध्ययन का योगदान

यह पंजाब के बँटवारे पर पहला समग्र, व्यापक और विस्तरित अध्ययन है। जब भी मुमकिन हुआ, मैंने अहम घटनाओं के बारे में दोनों पंजाबों के चश्मदीदों से जानकारी इकट्ठा की है ताकि सच्चाई की तह तक जाया जा सके। इस किताब में प्रमुख दावा यह पेश किया गया है कि भारत का बंटवारा पंजाब के बँटवारे के लिए जरूरी मगर सम्पूर्ण वजह नहीं थी। इस अध्ययन को अगर हम भारत के बँटवारे के तहत देखें तो पता चलेगा कि पंजाब के बँटवारे की गतिविधिओं को मुख्य तौर से, एक तरफ हिंदुओं और सिखों के नेताओं और दूसरी तरफ मुसलमान नेताओं के बीच झगड़ों और विरोधों के तौर पर पहचाना जा सकता है। एक सैद्धांतिक ढांचे का प्रतिपादन किया गया है ताकि बँटवारे की प्रक्रिया को एक दूसरे पर संदेह कर धार्मिक समूहों, खास कर उनके नेता; उनके दिल में एक अनिश्चित भविष्य का डर, उपनिवेशी सरकार की घटती हुई ताकत और सत्ता की तबदीली के बाद भारत और पाकिस्तान सरकारों के मुलाजिमों की तरफदारी, इन सबका मुआइना किया जा सके।

यह बात उन इल्जामों पर रोशनी डालती है कि मुसलमानों और सिखों, दोनों का अपने इलाकों से अनचाहे समूहों को निर्मूल नाश करने का एक शानदार मनसूबा था – मुस्लिम लीग का हिंदुओं और सिखों को संयुक्त या विभाजित पंजाब से हटाना और सिखों का पूर्वी पंजाब से मुसलमानों को निकालना। सच तो यह है कि बँटवारे के बाद ऐसा ही हुआ। यह अध्ययन कोशिश करता है कि इतिहास का यह त्रासदी भरा अध्याय कैसे और क्यूँ लिखा गया। इसके साथ यह अध्ययन एक ज़्यादा गहरे सवाल पर भी रोशनी डालता है जो वैयक्तिक और सामूहिक पहचान के बारे में है। क्या पुराना पंजाब एक गहरे तरीके से बंटा हुआ था या अनेकता वाला एक मिश्रित समाज था? इसका जवाब पाने के लिए, बँटवारे के बाद के पूर्वी और पश्चिमी पंजाब

की साम्प्रदायिक पहचान की सियासत का मुआइना किया गया है। यह अध्ययन इस वैचारिक सवाल का भी जवाब खोजता है कि बँटवारे की त्रासदी को नरसंहार कहा जाए या जातीय शुद्धिकरण।

तमाम रुकावटों के बावजूद दोनों पंजाबों में शोध

किसी पाकिस्तानी शोधकर्ता के लिए भारतीय पंजाब में शोध कार्य करना लगभग नामुमकिन है और इसी तरह किसी भारतीय के लिए पाकिस्तानी पंजाब से आँकड़ें इकट्ठा करना। स्वीडन का नागरिक होने के नाते, मुझे उन कठिनाइयों से होकर नहीं गुजरना पड़ा, जो भारत और पाकिस्तान की नौकरशाहियाँ एक दूसरे के मुल्कों के लोगों के लिए पेश आती हैं। इसलिए, मैं भारत और पाकिस्तान, दोनों मुल्कों में घूम सका और लोगों से बात कर सका। इसलिए मैं अपनी खोज दोनों पंजाबों में किए गए कार्य क्षेत्र की बुनियाद पर तैयार कर सका।

2003-2005 के बीच मैं कई बार पाकिस्तान गया और मेरा साथ अहमद सलीम ने दिया और भारत में मार्च 2004 और जनवरी 2005 में महिंदर पाल सिंह (विक्की) ने मेरा साथ दिया। नवंबर 2005 में, हितेश गोसाईं और वीरेंदर सिंह ने मेरे पूर्वी पंजाब के दौरे के दौरान मेरा साथ दिया।

मुख्य स्रोत सामग्री

ब्रिटिश लोगों ने पंजाब के तत्कालीन हालात पर, जैसा उनके प्रशासकों और अधिकारियों ने देखा था, एक विस्तृत जानकारी इकट्ठा कर रखी है। इन आधिकारिक स्रोतों का काफी इस्तेमाल किया गया है:

1. पंजाब के गवर्नरों और मुख्य सचिवों द्वारा वाइसरॉय के लिए लिखी गई एफ.आर. (फोर्टनाइटली रिपोर्टों) का पूरा तथ्य मौजूद है। यह पाक्षिक रिपोर्टें खुफिया संस्थाओं द्वारा इकट्ठा की गई सूचनाओं पर आधारित हैं। यह अप्रैल 1936 से शुरू होती हैं और आखिरी रिपोर्ट 13 अगस्त 1947 को लिखी गई, जो उपनिवेशी सरकार के किसी अधिकारी के लिए, अपनी ताकत इस्तेमाल करने का, आखिरी से पहले का दिन था। गवर्नर हमेशा गोरे होते थे जबकि राज के आखिरी दिनों में, मुख्य सचिव भारतीय थे। मैंने खुफिया पाक्षिक रिपोर्टों का काफी सहारा लिया है जो गवर्नर द्वारा पेश की जाती थीं क्योंकि राजनीतिक हालातों और दंगों की जानकारी देने के अलावा, ये पंजाब में तैनात उच्चतम ब्रिटिश अधिकारियों की सोच को समझने का भी एक स्रोत हैं। पूरी गुप्तता रखी जाती थी और यह बात भारत के राजनीतिज्ञों से छुपी नहीं थी। खुशकिस्मती से ये सारी पाक्षिक रिपोर्टें अब ब्रिटिश लाइब्रेरी के लिओनेल कार्टर द्वारा सार्वजनिक कर दी गई हैं। उन्होंने काफी अक्लमंदी से विशेष रिपोर्टें और टेलीग्राम भी शामिल कर

ली हैं। पंजाब के गवर्नर की पाक्षिक रिपोर्टों पर उनकी किताबों कीशृंखला, सूचना की एक खान है जो अब आसानी से हासिल की जा सकती है। मुख्य सचिवों की रिपोर्टें खास कर घटनाओं का जिक्र करती हैं और अक्सर गवर्नर की पाक्षिक रिपोर्टों में वही जानकारी मिलती है। ये माइक्रोफिल्मों में उपलब्ध हैं। मैंने इनका बहुत कम इस्तेमाल किया है। 15 अगस्त को भारतीय और पाकिस्तानी सरकारों ने जिम्मा संभाला और उसके बाद इन रिपोर्टों का कोई अता-पता नहीं है या इन को गुप्त रखा गया है। अभी तक, पंजाब के मुख्य सचिवों की पाक्षिक रिपोर्टें सिर्फ माइक्रोफिल्मों पर उपलब्ध हैं।

2. ब्रिटिश लोगों ने 1970-1983 के बीच में एक 12 किताबों वाला *दी ट्रांसफर ऑफ पावर 1942-47* नामक एक संग्रह प्रकाशित किया। यह सबसे ज़्यादा विस्तृत और व्यापक तौर पर सरकार द्वारा दर्ज घटनाओं व भारत और पाकिस्तान को सत्ता हस्तांतरण को लेकर सौदेबाजी का ब्यौरा देता है। इन बारह किताबों में *डॉक्युमेंटेशन ऑन दी पंजाब* एक बड़ा हिस्सा है। गवर्नर की ज़्यादातर पाक्षिक रिपोर्टें, टेलीग्रामें और स्पेशल (विशेष) रिपोर्टें भी इन 12 किताबों में शामिल हैं। इसके अलावा लिओनेल कार्टर द्वारा संग्रहित गवर्नर की एफ.आर. में वाइसरॉय या दूसरे ब्रिटिश अधिकारियों के जवाब या टिप्पणियाँ मौजूद नहीं हैं। यह सूचना *दी ट्रांसफर ऑफ पावर* की किताबों से ली गई है।

समस्या यह है कि संयुक्त भारत पर ब्रिटिश शासन की समाप्ति के बाद, सरकारी दस्तावेज और तथ्य मौजूद नहीं हैं जो बता सकें कि आजादी के बाद दोनों पंजाबों में क्या हुआ, इसकी पुष्टि मैंने दोनों देशों के अपने सहयोगियों के साथ, सलाह-मशवरा कर की है। ज़्यादातर कत्ल 14-15 अगस्त के बाद हुए और यह पुलिस और सरकार के महकमों की तरफदारी करते मुलाजिमों, सियासती पार्टियों के कारकुनों, मजहबी जनूनी लोगों और मुजरिम गिरोहों की मिली-भगत से हुए। यह समझने में कोई मुश्किल नहीं है कि दोनों देश और खास कर दोनों पंजाबों की सरकारें, इन निंदनीय कामों में हिस्सा लेने वाले अपने अधिकारियों के नाम नहीं बताना चाहती हैं।

3. लाहौर से कई अखबार प्रकाशित होते थे जो अविभाजित पंजाब (अब पाकिस्तानी पंजाब) की राजधानी थी। 1947 में, लाहौर में आग लगी हुई थी और कई दस्तावेज गुम हो गए। मैंने काँग्रेस हिमायती *दी ट्रिब्यून* और मुस्लिम लीग हिमायती *दी पाकिस्तान टाइम्स* का सहारा लिया है। उनकी फाइलें मौजूद हैं हालांकि पूरी तरह नहीं। मगर यह बात हमें समझ लेनी चाहिए कि उस समय प्रेस अपनी खबरें एक कड़ी सेंसरशिप के दौरान छाप रहा था जो पंजाब के प्रशासन ने लगा रखी थी। एक मायने में यह कहा जा सकता है कि जब दंगे पूरी तरह भड़क उठे थे, उस शोचनीय समय में सेंसरशिप लागू थी। इन बुनियादी स्त्रोतों के अलावा मैंने दूजी गैर-बुनियादी स्त्रोतों का भी फायदा उठाया है जो समूचे तौर पर भारत के विभाजन और खास कर पंजाब के विभाजन के बारे में जानकारी देतीं हैं।

मौखिक इतिहास

जिन लोगों ने सीधे तौर पर और खुद, सदमा पहुँचने/पहुंचाने वाली घटनाओं को देखा या शिकार हुए, उनके मौखिक इतिहास या व्यक्तिगत कथाओं को एक खुले और लंबे इंटरव्यू द्वारा हासिल करना, शोध की एक ऐसी तकनीक है जिसका इस्तेमाल बँटवारे पर हाल के अध्ययनों के लिए किया गया है। प्रस्तुत अध्ययन इसका भरपूर इस्तेमाल करता है। मेरे ख्याल में इस तकनीक की लाजवाब खूबी यह है कि यह इंटरव्यू देने वाले के जीवन की निजी, शायद भावपूर्ण कहानी की अंतर्दृष्टि को पेश करती है। उस इंसान को बतौर एक वस्तु पेश नहीं किया जाता है मगर वह स्वयं उस कहानी का एक विषय और हिस्सा बन जाता है, जिसे वह बताता है। इस तरह की हर एक कहानी एक जिंदा इतिहास बन जाती है जिसका मूल्यांकन उसकी विशेषता से किया जा सकता है।

समस्या, तो बेशक यह है कि इंटरव्यू देने वालों का चयन कैसे किया जाए, हर रणनीति की अपनी विशेषताएं और कमजोरियाँ हैं। इसको समझने में ज़्यादा मुश्किल नहीं हुई कि अलग-अलग पंजाबी संप्रदायों के प्रतिनिधियों को प्रश्नावली बांटने से काम नहीं चलेगा। लोगों को त्रासदी भरे और सदमा पहुंचाने वाले तजुर्बों के बारे में बात करना काफी मुश्किल लगता है और वे इस बारे में सवालों के "हाँ" या "ना" में, या बताए गए विकल्पों या किसी तजुर्बे की तीव्रता के जारीपन के बारे में आसानी से जवाब नहीं दे सकते। इसके अलावा यह उम्मीद नहीं रखनी चाहिए कि बिल्कुल अंजान लोग प्रश्नावली के जवाब के लिए लंबे जवाब लिखेंगे। दिल की गहराई से प्रतिक्रिया प्राप्त करने के लिए, यह जरूरी था कि मौखिक इतिहास का संग्रह किया जाए। मुख्य सवाल कुछ इस तरह पूछे गए:

1. आप कहाँ और कब पैदा हुए?
2. क्या वो इलाका या गाँव, मजहबी तौर पर मिला-जुला था या नहीं?
3. दूसरे सम्प्रदाय के लोगों के साथ आपके कैसे सम्बन्ध थे?
4. कब मुसलमान और हिंदू-सिख सम्प्रदाय एक दूसरे से दूर होने लगे?
5. हमें बताएं 1947 में क्या हुआ.
6. क्या आपको मालूम था कि आपको अपना घर-बार छोड़ कर जाना पड़ेगा?
7. हमलों का तरीका क्या था? क्या बाहर के लोग या आपके पड़ोसी इसमें शामिल थे?
8. क्या आप सियासी पार्टियों या पुलिस और दूसरे अधिकारियों के नाम बता सकते हैं जिन्होंने साम्प्रदायिक झगड़ों को भड़काने का काम किया?

9. क्या आप उन लोगों के नाम बता सकते हैं जिन्होंने दूसरे सम्प्रदाय के लोगों की जान बचाने में मदद की?
10. आप पंजाब के बँटवारे की वजहों की व्याख्या कैसे करेंगे?

मैं इंटरव्यू देने वाले लोगों को उनकी कहानी उनके समय के हिसाब से बताने देता था। इंटरव्यू का औसतन समय एक घंटा होता था। मैं कम से कम सवाल पूछता। किसी एक ही घटना के हिंदू, मुसलमान और सिख संस्करणों की तुलना कर और उस समय की दूसरे स्त्रोतों जैसे कि अखबारों की रिपोर्टें वगैरह से किसी पक्के निष्कर्ष पर पहुंचा जा सकता था। मगर ऐसा करना हर समय मुमकिन नहीं हुआ और कई बार मुझे सिर्फ एक इंसान की गवाही पर अगर मुझे लगा कि उसके द्वारा बताई गई गवाही किसी महत्वपूर्ण घटना को उजागर करती है भरोसा करना पड़ा। मैंने बहुत सावधानी बरती है और सिर्फ उन साक्षात्कारों का चयन किया है जो मुझे लगे कि वे बीती घटनाओं को ईमानदारी से बताने की कोशिश कर रहे हैं। शारीरिक अंग-भंग और बोलने के तरीकों को लिखित तौर पर बताना नामुमकिन है। बेहतर तो यह होता अगर इंटरव्यू एक वीडियो-कैमरे पर दर्ज किए जाते। पर ऐसा मुनासिब नहीं हुआ। इंटरव्यू एक आडियो-कैसट रिकार्डर पर दर्ज किए गए। मकसद यह था कि इंटरव्यू के लिए ज़्यादा से ज़्यादा किस्म के लोगों को चुना जा सके। इंटरव्यू देने वालों में ऐसे भी लोग थे जिन्होंने माना कि उन्होंने दूसरे इन्सानों पर हिंसक हमले किए थे और कईयों को मारा भी था। उनके सही नाम बताने की मैंने उनसे अनुमति ली थी। कुछ मामलों में साक्षात्कार देने वाले बेनामी का सहारा लेना चाहते थे। इसका भी ख्याल रखा गया है।

मुझे कई सहयोगियों का साथ मिला और मैं उनका बहुत आभारी हूँ। हम लोगों ने उन लोगों से बातचीत शुरू की जिनको हम जानते थे। जैसे-जैसे हम उनकी कहानी सुनते रहे, नए रास्ते खुलते गए और हमने अपना दायरा, और ज़्यादा विविध ख्यालों के लिए बड़ा कर लिया। हमने शहरों और कस्बों से शुरुआत की और फिर गाँवों में जाने का फैसला किया। अहमद सलीम और मोहिंदर पाल सिंह कुछ गाँवों का दौरा करते और शुरुआती छान-बीन कर लेते और फिर मैं स्वीडन से हवाई सफर कर आ जाता। इसके बाद हम दोनों पंजाबों के अलग कस्बों और गाँवों में कई दिन तक गए। दोनों पंजाबों में हजारों की तादाद में गाँव हैं और हमने अपना चुनाव कुछ हद तक सहूलियत और कुछ हद तक, दंगों के चलते, कुछ क्षेत्रों के महत्व के बारे में हमारी अपनी समझ के बूते पर किया। ताल्लुकात और ताल्लुकात पैदा करते रहे और इस तरह हम अपने सवालों के जवाबों के लिए दिलचस्प लोगों की तलाश करते रहे। कई बार मैं अपनी गाड़ी अचानक रोकने को कहता और किसी बुजुर्ग इंसान से गुफ्तगू करने लगता।

पंजाब में औरतों तक पहुंचना किसी मर्द के लिए आसान नहीं है और जब मर्द बिल्कुल अंजान हो तो यह बेहद मुश्किल हो जाता है। इसलिए हमने ज़्यादा मौकों पर औरतों से बातचीत नहीं की। मुझे लगता है कि महिला शोध कर्ताओं के लिए औरतों

के पास जाना ज़्यादा आसान है और इस फायदे का परिणाम हम भारतीय नारीवादी लेखिकाओं के काम में देख चुके हैं। फिर भी, यह अध्ययन सहायक साहित्यिक कृतियों से प्रेरणा लेता है ताकि उस समय की औरतों के दुखदायी हालातों के बारे में बताया जा सके।

हम राजनीतिज्ञों, रिटायर वरिष्ठ नौकरशाहों, और दूसरे सरकारी अधिकारियों, शिक्षकों, वकीलों, किसानों, आम लोगों, लेखकों, पहलवानों, सियासी कारकुनों और यहाँ तक कि दुश्मन लोगों को कत्ल करने में हिस्सा लेने वालों से बातचीत करने में कामयाब रहे। ज़्यादातर देहाती लोग अनपढ़ थे। लगभग सारे इंटरव्यू पंजाबी में हुए जो मेरी मातृ-भाषा है। मैंने पाया कि समूचे तौर पर लोग बातचीत करना चाहते थे और यह अस्वाभाविक नहीं था कि बुजुर्ग लोग रोना शुरू कर देते थे और मेरे भी कई बार आँसू निकल जाते थे। कई बार उनके दुखदायी अनुभवों को सुन कर मैं शर्मसार हो जाता था। इंटरव्यू देने वाले ज़्यादातर लोगों की उम्र 65-85 साल के बीच थी। कई बार मैं हैरान रह जाता था तब जो लोग उस समय महज तीन से लेकर पाँच साल की उम्र के थे, बँटवारे की घटनाओं को विस्तार और सुस्पष्ट तरीके से बताते।

यह पूरी तरह मुमकिन है क्योंकि दर्दनाक तजुर्बे अक्सर छोटी उम्र में भी दिमाग पर एक अमिट छाप छोड़ जाते हैं। इसलिए मैंने उन इंटरव्यू देने वालों के बयान मंजूर कर लिए, जो 1947 में काफी छोटे थे। जब मैंने किसी एक कहानी को परिवार के बड़े भाइयों या दूसरे सदस्यों से मिलाई तो पता लगा कि छोटे लोग ज़्यादा विस्तार से उस घटना को बताते थे और बड़े तब उस बात की पुष्टि करते जब उन्हें उस घटना के बारे में याद दिलाया जाता।

मुझे पक्का यकीन है कि लगभग सारे लोगों, जिन्होंने मेरे साथ बात करने की मर्जी जाहिर की, वे पूरी ईमानदारी के साथ बोले। कुछ बार मैंने गौर किया कि इंटरव्यू देने वाला किसी विषय के बारे में झूठ बोल रहा था या तोड़-मरोड़ कर उसे बता रहा था। यह लगभग हमेशा उन लोगों के साथ ही होता था जो अपना कोई सियासी मुद्दा रखना चाहते थे। मुझे यकीन है कि एक तजुर्बेकार इंटरव्यू लेने वाले को इतनी आसानी से गुमराह नहीं किया जा सकता। वास्तव में, यह एक सच है कि लोग तारीखों और घटनाओं के मामले में गलती कर सकते हैं क्योंकि 1947 और इंटरव्यू लेने के साल के दरम्यान एक लंबा समय गुजर चुका था। मेरे सबसे पहले लिए गए इंटरव्यू 1997 के हैं और सबसे बाद वाले, किताब के हिन्दी प्रकाशन के बिल्कुल पहले के।

इस किताब की संरचना और बनावट

इस किताब को कलानुक्रमिक तरीके से पेश किया गया है और इसकी वजह यह है कि समय के हिसाब से हुए दावेदारों के बीच की क्रियाएँ और प्रतिक्रियाएँ, एक

ऐसी कड़ी तैयार करते हैं जिनके चाहे और अनचाहे परिणाम होते हैं। यह किताब पहले वैचारिक और सैद्धांतिक ढांचा और फिर ऐतिहासिक पृष्ठभूमि पेश करती है। इसके बाद पंजाब में हुई घटनाओं का जिक्र है: दोनों, इसके भीतर और इसके बारे में दिल्ली में, जहां भारत के भविष्य को लेकर, काँग्रेस, मुस्लिम लीग और सिख नेताओं के बीच बातचीत चल रही थी। इस घटनाक्रम को तीन हिस्सों में पेश किया गया है जो पंजाब के बँटवारे के पहले की तीन सबसे महत्वपूर्ण विधियों का खुलासा करते हैं।

पहला चरण: एक खूनी संघर्ष तैयार होता हुआ, जो जनवरी 1945 से मार्च 1947 की अवधि के बारे में बताता है। इस अवधि में, ऐसी प्रक्रियाएँ शुरू की गईं जिन्होंने एक तरफ मुसलमानों, दूसरी तरफ हिंदुओं और सिखों के बीच दूरियाँ बढ़ानी शुरू कर दीं। यह पैदा होती दरार की और उपनिवेशी सरकार की दंगों को रोकने की नाकामी की पहली निशानी थी।

दूसरा चरण: विभाजन का अंतिम खेल, अप्रैल 1947 से 14 अगस्त 1947 की अवधि को दर्शाता है, जिसके शुरुआती दौर में सरकार कानून और व्यवस्था की बहाली करने में कामयाब रही मगर शांति स्थापित नहीं कर सकी। जबकि कत्ल और आगजनी कुछ जगहों पर लगातार होते रहे। धीरे-धीरे इस तरह की वारदातें और ज़्यादा भीषण तथा बेरहम होने लगीं और मई के अंत के बाद से बहुत बढ़ गईं। सर इवन जेनकींस ने 14 अगस्त 1947 को आखिरी ब्रिटिश गवर्नर के तौर पर अपनी अवधि समाप्त की।

तीसरा चरण: जातीय शुद्धिकरण, 15 अगस्त से दिसंबर 1947 के अंत तक की अवधि के बारे में बताता है। हालांकि, रेडक्लीफ अवार्ड, जिसने भारत और पाकिस्तान की अंतर्राष्ट्रीय सीमा निर्धारित की, उसका ऐलान 17 अगस्त को किया जाता है और इसके तुरंत बाद, हिंसा नाटकीय रूप से बढ़ जाती है क्योंकि अब कोई संदेह नहीं था कि कौन सा गाँव या शहर किस मुल्क को मिलेगा। इसके बाद, दोनों पंजाबों में एक भयंकर कत्लेआम हुआ जो नरसंहार के स्तर तक पहुँच गया। 1947 के अंत तक या इसके कुछ समय बाद, दोनों पंजाबों में धार्मिक तौर पर शुद्धिकरण हासिल किया जा चुका था।

संदर्भ

अली, चौधरी मुहम्मद, *दी एमर्जेंस ऑफ पाकिस्तान*, लाहौर: रिसर्च सोसाएटी ऑफ पाकिस्तान, (1973)।

बरकी, शाहिद जावेद, *पाकिस्तान अंडर भुट्टो, 1971-1977*, नई यॉर्क: सेंट मार्टिन्स प्रैस, (1980)।

बुटालिया, उर्वशी, *दी अदर साइड ऑफ साइलेंस: वोइसेस फ्रॉम दी पार्टीशन ऑफ इंडिया*, नई दिल्ली: पेंगुइन बुक्स, (1998)।

चुघतई, हाकिम मुहम्मद तारिक महमूद अबकारी मुजादीदी (संकलक और संपादक), *1947 के मुजालिमों की कहानी खुद मुजलिमों की जबानी*, लाहौर: इल्म-ओ-इरफान पब्लिशर्स, (2003)।

कॉलिन्स, लेरी और लेपिएर, डोमिनिक, *फ्रीडम एट मिडनाइट*, न्यूयॉर्क: एवन बुक्स (1975)।

कूपलैंड, इयन, 'दी मास्टर एंड दी महाराजास: दी सिख प्रिंसेस एंड दी ईस्ट पंजाब मसेकर ऑफ 1947', *मॉडर्न एशियन स्टडीज*, वॉल. XXXVI, सं. 3, कैंब्रिज: कैंब्रिज यूनिवर्सिटी प्रैस, (2002)।

हनसेन, अण्डेर्स ब्योन, *पार्टीशन एंड जेनोसाइड: मनीफेसटेशन ऑफ वाओलेंस इन दी पंजाब 1937-1947*, नई दिल्ली: इंडिया रिसर्च प्रैस, (2002)।

इफ्तिखार, ख्वाजा, *जब अमृतसर जल रहा था*, लाहौर: ख्वाजा पब्लिशर्स, (1991)।

जलाल, आएशा, 'नेशन, रीजन एंड रिलीजन: दी पंजाबीज़ रोल इन दी पार्टीशन ऑफ इंडिया', *इकनॉमिक एंड पॉलिटिकल वीकली*, वॉल. XXXIII, सं. 12, 8 अगस्त 1998, मुंबई, (1998)।

जेफरी, रॉबिन, 'दी पंजाब बाउंडरी फोर्स एंड दी प्रोब्लेम ऑफ ऑर्डर, अगस्त 1947', *मॉडर्न एशियन स्टडीज*, वॉल. VIII, सं. 4, कैंब्रिज: कैंब्रिज यूनिवर्सिटी प्रैस, (1974)।

झुबल, भाई अरिदमन सिंह, 'पार्टीशन ऑफ पंजाब: रोल ऑफ सिख लीडरशिप; स.अमर सिंह झुबल एंड हिज फॅमिली', *जर्नल ऑफ सिख स्टडीज*, वॉल. XXVII, सं. 2, अमृतसर: गुरु नानक देव यूनिवर्सिटी, (2002)।

खान, मुहम्मद अयुब, *तारीख-ए-पाकिस्तान और जलंधर*, लाहौर: असतइर, (2002)।

खोसला, गोपाल दास, *स्टर्न रेकोनिंग: ए सर्वे ऑफ दी एवेंट्स लीडिंग अप टु एंड फॉलोइंग द पार्टीशन ऑफ इंडिया*, नई दिल्ली: ऑक्सफोर्ड यूनिवर्सिटी प्रैस, (1989, पहली बार 1949 में प्रकाशित)।

मेनन, रितु एंड भसीन, कमला, *बोर्डर्स एंड बाउनडरिस: वीमेन इन इंडियाज पार्टीशन*, नई दिल्ली: काली फॉर वीमेन , (1998)।

मुनीर, मुहम्मद, *फ्रॉम जिन्नाह टु जिया*, लाहौर: वेनगार्ड बुक्स लिमिटेड, (1980)।

रोबर्ट, एंड्रू, *एमिनेंट चर्चिलियंस*, लंदन: फीनिक्स, (1995)।

सलीम, अहमद (संपा.), *लाहौर 1947*, लाहौर: संग-ए-मील पब्लिकेशन्स, (2003)।

सिंह, किरपाल, *दी पारटीशन ऑफ द पंजाब*, पटियाला: पटियाला यूनिवर्सिटी, (1989)।

सिंह, किरपाल, *सेलेक्ट डॉक्युमेंट्स ऑन पार्टीशन ऑफ पंजाब-1947*, दिल्ली: नेशनल बुक शॉप, (1991)।

तालिब, स. गुरबचन सिंह, *मुस्लिम लीग अटैक ऑन सिख्स एंड हिंदूज इन द पंजाब 1947*, नई दिल्ली: वॉइस ऑफ इंडिया, (1991, पहली बार 1950 में प्रकाशित)।

टेलबट, इयन एंड सिंह, गुरहरपाल (संपादक), *रीजन एंड पार्टिशन: बेंगाल, पंजाब एंड दी पार्टीशन ऑफ दी सब-कोंटीनेंट*, कराची: ऑक्सफोर्ड यूनिवर्सिटी प्रैस, (1999)।

टेलबट, इयन एंड थंडी शिंदर, (संपादक), *पीपल ऑन द मूव: पंजाबी कोलोनियल, एंड पोस्ट-कोलोनियल माइग्रेशन एंड दी पार्टीशन ऑफ दी सब-कोंटिनेंट*, कराची: ऑक्सफोर्ड यूनिवर्सिटी प्रैस, (2004)।

तंवर, रघुवेंद्र, *रिपोर्टिंग द पार्टीशन ऑफ पंजाब: प्रेस, पब्लिक एंड अदर ओपिनियन्स*, नई दिल्ली: मनोहर, 2006।

वसीम, मोहम्मद, 'पार्टीशन, माइग्रेशन एंड एसीमिलेशन: ए कंपरेटिव स्टडी ऑफ पाकिस्तानी पंजाब', (निम्नलिखित में) टेलबट, इयन एंड सिंह, गुरहरपाल (संपादक), *रीजन एंड पार्टीशन: बेंगाल, पंजाब एंड दी पार्टीशन ऑफ दी सब-कोंटीनेंट*, कराची: ऑक्सफोर्ड यूनिवर्सिटी प्रैस, (1999)।

सरकारी दस्तावेज

कार्टर, लिओनेल (संकलक और संपादक), *पंजाब पॉलिटिक्स 1936-1947, गवर्नर्स फोर्टनाइटली रिपोर्ट्स एंड अदर की डॉक्युमेंट्स*, आल वॉल्यूमस, नई दिल्ली: मनोहर, (2004-2007)।

दी जरनी टु पाकिस्तान: ए डॉक्युमेंटेशन ऑन रेफुजीस ऑफ 1947, इस्लामाबाद: नेशनल डॉक्युमेंटेशन सेंटर, (1993)।

नोट्स ऑन द सिख प्लान, लाहौर: गवर्नमेंट प्रिंटिंग प्रैस, (1948)।

दी आर.एस.एस. इन द पंजाब, लाहौर: गवर्नमेंट प्रिंटिंग प्रैस, (1948)।

दी सिखस इन एक्शन, लाहौर: गवर्नमेंट प्रिंटिंग प्रैस, (1948)।

मैनसर्घ और लुम्बी, (संपा.), *ट्रान्सफर ऑफ पावर, ब्रिटिश ओफिसियल डॉक्युमेंट्स*, वॉल. I और IV.

मैनसर्घ, एन. और मून, पी. (संपा.), *ट्रान्सफर ऑफ पावर, ब्रिटिश ओफिसियल डॉक्युमेंट्स*, वॉल. V और XXII.

साक्षात्कार

हरकिशन सिंह सुरजीत, नई दिल्ली, 21 अक्टूबर 1999

प्रोफेसर किरपाल सिंह, चंडीगढ़, 2 जनवरी 2005

रेजीनल्ड मैसी, लैनीडलोस, मिड-वेल्स में 5 जुलाई 2006 को; ई-मेल द्वारा 4 अगस्त 2007 को

ले.ज. आफताब अहमद खान, लाहौर से 2 फरवरी 2007 को एक पत्र द्वारा

इयन टेलबट, साउथम्पटन, यू.के. से 19 मार्च 2010 को ई-मेल द्वारा

1

जातीय सफाई का एक सिद्धान्त

मजबूर किया गया प्रवास, जातीय सफाई और नरसंहार प्रक्रियाओं के आपसी रिश्तों को नीचे विस्तार से बताया गया है ताकि एक सैद्धांतिक ढांचा तैयार कर 1947 में पंजाब में होने वाली घटनाओं का विश्लेषण किया जा सके। गौर किया जा सकता है कि कोई भी जातीय समूह उन व्यक्तियों को लेकर बनता है जो यकीन करते हैं कि उनके पुरखे एक हैं। यह पूरी तरह सच नहीं भी हो सकता है मगर एक ही पूर्वज का विचार, एकजुटता की भावनात्मक भावनाओं को उत्पन्न करता है। जब लोगों के बीच एक ही तरह की भावनाएँ मौजूद रहती हैं जो एक ही धर्म या भाषा या किसी अन्य ऐसी विशेषता से बंधे होते हैं, तब इसे दूसरों से अलग एक जातीय समूह माना जाता है। जब इस तरह के दो या इससे ज़्यादा समूह–जो जातीय, धार्मिक गुट या किसी इस तरह की विशेषता की बुनियाद पर–आपस में झगड़ते हैं, इन घटनाओं को सामान्य तौर पर 'जातीय संघर्ष' कहा जाता है (अहमद, 1998: 19–38)। यह कहना पर्याप्त है कि जातीय सफाई एक सामान्य परिभाषा है जो किसी खास आबादी को किसी विशेष जगह से, जातीय, धार्मिक गुट और दूसरे कारणों की बुनियाद पर, हटाने से ताल्लुक रखती है। पंजाब संघर्ष के मामले में, यह धार्मिक कारक था जो राजनैतिक रूप से प्रासंगिक जातीयता की बुनियाद बना।

पंजाब के बँटवारे की पहेली यह है कि सूबे के विभाजन के फैसले की मंजूरी, अखिल भारतीय स्तर पर दी गई थी जो समूचे भारत के बँटवारे का ही एक हिस्सा थी; मगर यह एक ऐसा फैसला नहीं था कि अगर एक बार उच्च स्तरीय राजनीति पर इसके ऊपर रजामंदी हो जाती, तो यह एक साधारण प्रशासनिक कार्य बन जाता। खुद पंजाब में ही, सिख नेता अड़े हुए थे कि अगर धर्म की बुनियाद पर भारत का विभाजन होता है, तो पंजाब के साथ भी यही हो। पंजाब का कोई भी बंटवारा–जो बातचीत के माध्यम से होता और सीधे तौर पर सिखों द्वारा थोपा नहीं गया होता–उन्हें दो हिस्सों में बाँट देता। दूसरी तरफ, मुसलमान पंजाब की आबादी की एक छोटी बहुसंख्यकता में थे। मुसलमान नेता चाहते थे कि पूरा पंजाब पाकिस्तान को मिले। मगर जब उन्हें लगा

कि पंजाब के बँटवारे के बगैर उनको पाकिस्तान हासिल नहीं होगा, तब वे पंजाब के बँटवारे के लिए राजी हो गए। पंजाब को बँटवारे से बचाया जा सकता था अगर तीनों बड़े संप्रदायों, हिंदुओं, मुसलमानों और सिखों के बीच एक ऐसी सांस्कृतिक पहचान होती जिसकी मजबूती और लचीलेपन के द्वारा वह धार्मिक पहचान का अतिक्रमण कर जाती। एक अन्य संभावना थी कि मुसलमान बहुल और सिख अल्पसंख्यक संयुक्त पंजाब रखने के लिए सहमत हो जाते। तब, पंजाब के विभाजन का विरोध करने के लिए आवश्यक पर्याप्त बहुमत तैयार हो जाता। इसके बावजूद भी बंटवारा हो जाता, मगर सीमा बहुत ज़्यादा पूरब तक पहुँच जाती, जहां हिन्दी बोलने वाले हिंदू जाटों की बहुलता थी। केंद्र में वाइसरॉय की अधीनता के नीचे उपनिवेशी अधिकारी यकीन नहीं करते थे कि जातीय वजहों के चलते, हुकूमत का पूरा तबादला होगा। हालांकि पंजाब सरकार आगाह कर रही थी कि अगर पंजाब का बंटवारा हुआ, एक बड़े पैमाने पर हिंसा होगी। जब बँटवारे की प्रक्रिया का खात्मा हुआ, अनचाहे धार्मिक अल्पसंख्यक लोगों को दोनों पंजाबों से साफ कर दिया गया। ऐसा क्यों हुआ?

एक शुरुआती जवाब यह होगा कि मार्च 1947 के प्रारंभ में उत्तरी पंजाब में मुख्य रूप से सिख गांवों पर मुसलमान भीड़ द्वारा किए गए बड़े पैमाने पर हमलों ने दोनों संप्रदायों के बीच रिश्ते काफी बिगाड़ दिए, और बाद में उन रिश्तों में आई दरार को दूर करने की पहल अपर्याप्त साबित हुई; बल्कि हिंदू और सिख और करीब आ गए। इसने एक संयुक्त पंजाब की संभावनाओं को बर्बाद कर दिया।

यह अध्ययन पंजाब के बँटवारे की जानकारी की हद को और आगे ले जाने की कोशिश करता है और इसके लिए यह उसे एक प्रक्रिया के तौर पर समझता है; जिसकी एक शुरुआत होती है और एक अंत होता है। विवादास्पद राष्ट्रवाद और क्षेत्र के परस्पर विरोधी दावों के संदर्भ में, इस प्रक्रिया में क्रियाएँ एवं प्रतिक्रियाएँ शामिल थीं जिन्होंने चाहे और अनचाहे नतीजे पैदा किए। मार्च 1947 में हिंसा शुरू होने के बाद, संप्रदायों के बीच दूरियाँ बढ़ गईं। इसने लोगों का असुरक्षित और कमजोर जगहों से सुरक्षित जगहों की ओर पलायन शुरू कर दिया। इसके बाद वाले हफ्तों और महीनों में लोगों का इस तरह का पलायन तीव्र और कई गुना बढ़ गया। इसका अंतिम परिणाम विभाजित पंजाब के दोनों तरफों की जातीय सफाई थी।

मजबूर किया गया प्रवास

व्यक्तियों, समूहों, समुदायों और यहां तक कि पूरे समाज का प्रवास, कई सदियों से और दुनिया के सभी क्षेत्रों और महाद्वीपों में हुआ है। खाने की तलाश, जीत की चाहत, गरीबी से निजाद और उत्पीड़न से बचना तथा दूसरी कई वजहों ने लोगों के प्रवास को पैदा किया है। मजबूर किए गए और स्वैच्छिक प्रवास के बीच फर्क समझना जरूरी है, हालांकि कुछ मामलों में यह स्थापित करना मुश्किल है कि ताकत या खुद

की मर्जी, किसी मामले की तह में थी। आम तौर पर किसी जगह को हमेशा के लिए छोड़ने का फैसला, जहां कोई इंसान पैदा हुआ और बड़ा हुआ हो, जज्बाती तौर पर काफी मुश्किल होता है, भले ही यह स्वेच्छा से लिया गया फैसला हो। आजकल यह शायद पश्चिम के औद्योगिक शहरों के लिए बहुत कम सच है जहां अक्सर काफी लोग इधर-उधर जाते हैं लेकिन समुदाय की सुदृढ़ता की सच्चाई अभी भी कायम है। ऐतिहासिक दृष्टि से खानाबदोश लोग भी, जो एक आसान जीवन बसर नहीं करते थे, परिचित परिवेश और मौसमी चक्र के भीतर ही घूमते थे। उन्हे उनके प्राकृतिक निवास से बाहर ले जाने के लिए मजबूर करने पर, जिसमें वे घूमते थे, वे उसका विरोध करते। यह जज्बात अभी भी हावी है, और शायद ज़्यादा मजबूत हो गया है क्योंकि प्रादेशिक मुल्क और आधुनिक आविष्कार, कुदरती तौर पर घूमते फिरते लोगों के खुले भटकने पर रोक लगातें हैं।

खेती-बारी करने वाले समाज में, जो 1947 के पंजाब का रूप था; लोगों की गतिशीलता काफी हद तक सीमित थी। ज़्यादातर लोग अपनी जिंदगी देहाती सांप्रदायिक समूहों में गुजारते थे, जिनकी गाँव के साथ एक करीबी पहचान होती थी और स्थानीय बिरादरी के साथ जुड़े हुए उनके रिश्ते ही उनकी सोच और कार्य-कलापों का दायरा थे। स्थानीय वस्तुओं के साथ उनका मानों दिल और शरीर जुड़े हुए थे और खास तौर पर जमींदार जातियों वाले लोगों के लिए यह उनकी पहचान का एक अटूट हिस्सा था। 1947 में पंजाब के शहरों और कस्बों में हालात ज़्यादा अलग नहीं थे। हालांकि कई जिलों के पंजाबी ब्रिटिश फौज में काम करते थे और उप-महाद्वीप के अलग हिस्सों में सेवारत थे—और कई तो विदेशों में—उनका अपने पुश्तैनी घरों और जगहों से रिश्ता कायम था। इसलिए जब बँटवारे के समय उन लोगों कों अपना घर-बार छोड़ कर जाना पड़ा, यह उनके लिए एक झकझोर देने वाला अनुभव साबित हुआ। यह बात बहुत साफ तौर पर उजागर हुई जब मैंने लोगों के इंटरव्यू लिए : लोग अपनी पहचान उन घरों और मोहल्लों के साथ जोड़ते थे, जहां वे पैदा हुए थे और जिन घरों को उनके परिवारों ने बहुत सख्त मेहनत और बलिदान के बाद बनाया था। इतने सालों बाद, गरीब लोगों में भी, उनके पुश्तैनी मोहल्लों के साथ उनका एक दिली रिश्ता कायम था। इंटरव्यू देने वाले कई लोग अपने बिछुड़े हुए घरों के बारे में बात करते हुए रोना शुरू कर देते थे।

जातीय सफाई

जातीय सफाई, किसी जनसंख्या को जबर्दस्ती निकालने का एक विशेष प्रतीक है। इसकी प्राप्ति, इस चिंता से शुरू होती है कि कुछ खास लोगों या धार्मिक समूहों या बाहरी या विदेशी जातियों से अनन्य मातृभूमि को मुक्त किया जाए। इस तरह के एक आग्रह की तह पर परस्पर विरोधी जातीयता की समस्या है। जबकि जातीय समूह उन लोगों का समूह है,

जिनका विश्वास है कि वे एक ही आम वंश और संस्कृति से नाता रखते हैं, वहीं जातीयता शब्द ऐसी मजबूत भावनाओं और एक ही धर्म, संप्रदाय या भाषा से पैदा होने वाले जज्बातों की एक आम परिभाषा है (अहमद, 1998: 26)। यह एक अंदरूनी एहसास है और सच्चे या महसूस किए गए भेदभाव या अन्याय से पैदा होता है। 'जातीय सफाई' भी एक सामान्य शब्द या व्यापक विचार है जो न सिर्फ आबादी के जातीय प्रेरित शुद्धिकरण को शामिल करता है, बल्कि धार्मिक, सांप्रदायिक, जातीय, भाषाई या इस तरह की दूसरी वजहों से प्रेरित सफाई को भी शामिल करता है। पंजाब में इस तरह की सफाई धर्म की बुनियाद पर थी क्योंकि ज़्यादातर लोग एक ही अत्यधिक मिश्रित और विभिन्न जातीय कुंड का हिस्सा थे। दूसरे लफ्जों में धर्म ही जातीय मसला बन गया जिसकी सफाई कर कोई काल्पनिक पवित्र देश बनाया जा सकता था।

एंड्रू बेल और फियाकॉफ (1999) अपनी किताब का शीर्षक *एथनिक क्लीनसिंग* देते हैं, मगर उस मुद्दे पर बात करते हुए वह '*पॉप्युलेशन क्लीनसिंग*' की आम परिभाषा का इस्तेमाल करना ज़्यादा पसंद करते हैं क्योंकि 'एथनिक' या जातीय शब्द एक गलतफहमी पैदा कर सकता है। उन्होंने पाया है कि इतिहास में और आधुनिक जमाने में, *पॉप्युलेशन क्लीनसिंग* (आबादी की सफाई) बार-बार होने वाली घटनाएँ हैं। यहाँ तक कि ईसा पूर्व नौवीं शताब्दी में, असीरियाई असुरनसीरपाल द्वितीय के शासनकाल के दौरान (883-859) 45 लाख पराजित लोगों को दोबारा बसाया गया था। वास्तव में, लगता है असीरियाई लोगों ने जातीय सफाई को एक बड़े पैमाने पर और एक लगातार नीति के तौर पर जारी रखा। प्राचीन काल के दौरान मध्य पूर्व एवं बाद में कई राजवंशों द्वारा जारी इस अभ्यास को जारी रखा गया। उस समय इसका मुख्य मकसद (वही: 7-10) विद्रोह को रोकना था। मध्य युग के दौरान, पवित्रता के बारे में धार्मिक चिंताओं और हठधर्मिता के पालन ने, न कि विरोधी समूहों द्वारा विद्रोह के डर के फलस्वरूप, देशों ने धार्मिक सफाई के रूप में जातीय सफाई का प्रयास किया (वही: 11)।

इस संदर्भ में 15वीं शतब्दी के अंत में, स्पेन से यहूदियों और मुसलमानों को निष्काषित किए जाने का जिक्र कर सकते हैं – यह एक धार्मिक सफाई थी जिसे एक बहुत पक्के इरादे से किया गया और वह कैथॉलिक चर्च की पवित्रता को लेकर एक धर्मांध चिंता से प्रेरित थी (मान, 2005: 45-48)। हम इस तरह की मिसालें इस्लामी दुनिया में भी देखते हैं। सोलहवीं शताब्दी के शुरू में, सफाविदों ने ईरान की सत्ता संभाल ली और शिया इस्लाम को देश का धर्म बना दिया, जिसके तहत सुन्नी बहुसंख्यक लोगों को या तो शिया इस्लाम कबूल करना या चले जाना था। जबकि ज़्यादातर लोगों ने शिया इस्लाम कबूल कर लिया, पड़ोसी मुल्क अफगानिस्तान और भारतीय महा-द्वीप की तरफ एक कूच भी हुई (एबिसाब, 2004)। सलादीन के शासन के दौरान, मिस्र और उत्तरी अफ्रीका में शिया समुदाय को घुलने के लिए मजबूर किया गया।

बेल-फियाल्कोफ्फ दावा करते हैं कि किसी आबादी के एक मजबूर स्थानांतरण को किसी सफाई के रूप में वर्गीकरण करने के लिए, इसका आधार कुछ खास विशेषता या विशेषताएँ होना चाहिए, जो उस आबादी को अवांछनीय बना देता है। किसी इलाके से लोगों के किसी खास समूहों को हर तरह के जबरन हटाने के बारे में, वह एक ज़्यादा निष्पक्ष विचार/ख्याल का इस्तेमाल करते हैं। जातीय सफाई को हासिल करने के लिए वह ताकत के इस्तेमाल को कोई जरूरी शर्त नहीं मानते हैं और मशवरा देते हैं कि जहां दो या ज़्यादा समूह, किसी खास इलाके में, एक साथ अमन से नहीं रह सकते हैं तो उनको वहाँ से हटाने का कोई फॉर्मूला ईजाद करने की कोशिश करनी चाहिए (कौन सी और किस की बुनियाद पर, वह नहीं बताते हैं)। मगर उनके दावे का जरूरी मुद्दा यह है कि किसी इलाके से लोगों की सफाई के लिए सरकार और उसके पदाधिकारिओं की कार्रवाई की जरूरत होती है। वह लिखते हैं:

> *पॉप्युलेशन क्लिंसिंग* (आबादी की सफाई) किसी एक जगह से अनचाही आबादी की नियोजित, जान बूझ कर हटाने की प्रक्रिया है, जो जातीयता, धर्म, जाति, वर्ग, या यौन वरीयता जैसी एक या अधिक विशेषताओं से नाता रखती है। इन विशेषताओं को आबादी को हटाने की बुनियाद होना चाहिए ताकि इन्हें सफाई के रूप में अर्हता प्रदान की जा सके (बेल और फियाकॉफ, 1999: 3)।

अपने जातीय सफाई के एक प्रमुख काम में *माइकल मैन* (2005) दावा करते हैं कि आधुनिक युग में यह अभ्यास लोकतंत्र के अंधकारमय पक्ष को दर्शाता है। यह उस जगह में होता है 'जहां जातीयता सामाजिक स्तरीकरण के मुख्य तरीके के तौर पर, वर्ग पर हावी हो जाती है और इस दौरान वर्ग जैसे जज्बातों को पैदा कर उनकी बुनियाद पर जातीय-राष्ट्रवाद का मसला खड़ा कर देती हैं' (वही: 5)। यह बहुसंख्यक शासन के विचार का नतीजा है, या लोगों की ताकत और जातीय समूहों की ताकत के बीच भ्रम पैदा होने का। जब दो या दो से अधिक जातीय समूह एक ही क्षेत्र के लिए दावा करते हैं और इस पर अपने विशेष राज्य की स्थापना करना चाहते हैं, परिणाम जानलेवा जातीय सफाई होती है। संगठित हिंसा का इस्तेमाल लोकतंत्र के कुछ विशेष जातीय-राष्ट्रवादी संस्करण के नाम से किया जाता है। इस प्रकार लोकतंत्र एक जातीय पहलू बन जाता है और कमजोर समूह को रास्ता देने या सामूहिक हत्या का सामना करने के लिए तैयार होना पड़ता है। मैन का यह अवलोकन महत्वपूर्ण है। मगर अपनी किताब के वैचारिक ढांचे में वह *एथ्नोसिटी* (जातीयता : एक समूह जो खुद को परिभाषित करे या दूसरों द्वारा आम वंश और संस्कृति की बुनियाद पर परिभाषित), *एथ्नोसाइड* (किन्ही लोगों की संस्कृति का विनाश), *जेनोसाइड* (नरसंहार : बहुसंख्यकों द्वारा जानबूझकर अल्पसंख्यकों की हत्या) और *एथनिक क्लिंसिंग* (जातीय सफाई), के बीच के और दूसरे अंतरों पर रोशनी डालते हैं। मैन एथनिक क्लिंसिंग (जातीय

सफाई) और जेनोसाइड (नरसंहार) को एक ही सिक्के के दो पहलू मानते हैं, खास कर तब जब एथनिक क्लिंसिंग (जातीय सफाई) उनके अनुसार 'खूनी जातीय सफाई' बन जाती है (वही: 10–18)। वास्तव में, ठोस परिस्थितियों में, एथनिक क्लिंसिंग (जातीय सफाई) और जेनोसाइड (नरसंहार) के बीच आसानी से फर्क नहीं निकाला जा सकता है। हम इस मसले पर गौर करेंगे:

यह गौर-तलब है कि 19वीं सदी में सारी दुनिया में कौमीवाद फैल चुका था, अति राष्ट्रवादी पार्टी या आंदोलन द्वारा ताकत का इस्तेमाल कर, राज्य और राष्ट्र के बीच अनुरूपता प्राप्त करने के फलस्वरूप, अक्सर एथनिक क्लिंसिंग (जातीय सफाई) हुई। ज़्यादातर शोधकर्ता इस बात पर जोर देते हैं कि सरकार के अधिकारियों की ताकत और क्षमता का बिना गलत इस्तेमाल किए देश से उन लोगों से निजाद नहीं पाया जा सकता है जिन्हें वे जातीयता, मजहब, मजहबी गुट या भाषा की बुनियाद के ऊपर, पराया और अनचाहा समझते हैं (नईमार्क, 2001)। अमरीकी पत्रकार रॉय गटमैन (1993) गौर करते हैं कि 'एथनिक क्लिंसिंग' (जातीय सफाई) की परिभाषा सर्बियाई अति-राष्ट्रवादी ने एक प्रेयोक्ति के तौर पर ईजाद की ताकि वे उनके द्वारा किए गए कत्लेआम, मनमानी फांसियाँ, व्यवस्थित बलात्कार और बधिया और बड़े पैमाने पर निर्वासन जो 1992–93 के दौरान बोस्निया हर्जेगोविना में उन्होंने किए, खास कर मुसलमानों के खिलाफ मगर क्रोट्स के खिलाफ भी, उन सबको वे छुपा सकें (वही: VII)। 200,000 से लेकर 250,000 मुसलमान उस दौरान मारे गए और इससे कई गुना लोग अपने पुश्तैनी घरों को छोड़ भागने पर मजबूर हुए। अब तक, इतिहास और धार्मिक आस्था की परस्पर विरोधी व्याख्याओं के बावजूद, समुदायों के बीच एक निश्चित हद तक घुलना-मिलना, अंतर-विवाह और कम्युनिस्ट युग में महानगरीय मूल्यों और सैद्धांतिक विचारों की वजहों से हुआ था। सर्बियाई अति-राष्ट्रवादी लोगों ने अपने गुस्से का निशाना इस तरह के मिलन के हर निशान को मिटा देने के लिए किया। उनका इरादा था कि वे जिस इलाके को सिर्फ शुद्ध सर्बियाई लोगों के लिए मानते थे, वहाँ से वे दूसरे लोगों के सारे निशान मिटा देना चाहते थे (वही: XXVII और XXX)।

नरसंहार

'*जेनोसाइड* (नरसंहार)' शब्द की उत्पत्ति 'ऐथनिक क्लीनसिंग (जातीय सफाई)' की तरह हाल में ही हुई है, मगर इंसानी सभ्यता का यह एक पुराना दुष्कर्म है। *जेनोसाइड* शब्द का ईजाद 1944 में पोलैंड के रफाइल लेमकिन ने किया जिसका मतलब किसी राष्ट्र या जातीय समूह का सर्वनाश करना था और इसे 1945–47 के नईरमबर्ग ट्रायल्स के दौरान कानूनी मान्यता मिली, इसे स्थापित करने का मकसद नात्सी पार्टी के उन सदस्यों को सजा देना था, जो दूसरे विश्व-युद्ध के पहले और उसके दौरान, गैर-फौजी

आबादी और जातीयता और जातीय आधार पर अल्पसंख्यकों के कत्लेआम और उनको दूसरी यातनाएँ देने के लिए जिम्मेवार थे। लगभग उसी समय, जापानी फौज द्वारा चीन और दक्षिण-पूर्वी एशिया में किए गए क्रूर बल प्रयोग के चलते प्रमुख जापानी अधिकारियों पर युद्ध के बाद मुकदमा चला और उन्हे सजा दी गई। अंतर्राष्ट्रीय कानून ने 'जेनोसाइड (नरसंहार)' की अवधारणा को उचित कानूनी मान्यता 9 दिसंबर 1948 को दी जब *यू.एन. कन्वेन्शन ऑन दी प्रिवेंशन एंड पनिशमेंट ऑफ द क्राइम ऑफ जेनोसाइड* पर दस्तखत किए गए (इस संधि की 1951 में सदस्य राज्यों की जरूरी संख्या से पुष्टि की गई)।

जेनोसाइड कनवेंशन जेनोसाइड की एक विस्तृत परिभाषा पेश करता है, जिनमें निम्नलिखित कार्य शामिल हैं इनका मकसद किसी राष्ट्रीय, जातीय या धार्मिक समूह को पूरी तरह या हिस्सों में तबाह करना है:

1. किसी समूह के सदस्यों की हत्या;
2. उस समूह के सदस्यों को शारीरिक या मानसिक तौर पर नुकसान पहुंचाना;
3. किसी समूह के लिए जान-बूझ कर, जीने के ऐसे हालात पैदा करना जो उस समूह का सम्पूर्ण या आंशिक भौतिक विनाश कर दे;
4. ऐसे कदम थोपना जिसका मकसद उस समूह के अंदर संतानोत्पति रोकना हो;
5. जबरदस्ती उस समूह के बच्चों को दूसरे समूह में भेजना।

फ्रैंक चाक और कुरट जोहनस्सन (1990), यहां तक कि पूर्व इतिहास में खानाबदोश और बसे हुए कृषि करने वाले लोगों के बीच हिंसक संघर्ष को नरसंहार के सबूत के तौर पर पेश करते हैं। इस प्रकार, हारने वाले लोगों को मार दिया जाता था या गुलामी के लिए बेच दिया जाता था। इसका मकसद किसी भी खतरे को खत्म करना था। इन लेखकों ने अश्शूरी कृत्यों की ज़्यादतियों को नरसंहार बताया है, जबकि बेल-फियाल्कोफ्फ उस घटना को जातीय सफाई का दर्जा देते हैं। नरसंहार करने की दूसरी वजहों में लोगों को आतंकित और अपने अधीन रखना है। नरसंहार का एक तीसरा प्रकार, आर्थिक धन प्राप्ति के लिए किया जाता था; एक बार फिर, इसका सुदूर अतीत में अभ्यास किया गया था। एक चौथे प्रकार का नरसंहार भी है जिसका ताल्लुक अपराधियों के विश्वासों, सिद्धांत या विचारधारा के कार्यान्वयन के साथ है; उनके द्वारा पीड़ित लोग बाहरी लोगों के बजाय, उनके अपने साथी नागरिक होते हैं। इसका इस्तेमाल विधर्मिओं और अन्य सामाजिक नफ़रत वाले लोगों, जैसा कि चुड़ैल बतायीं गई औरतें, चर्च के अधिकारियों द्वारा हजारों की संख्या में जला दी गईं थी। ये चार तरह के नरसंहार, राष्ट्र-राज्य की अवधि के दौरान पूरे विकसित हो गए थे (वही: 33-40)।

नरसंहार और जातीय सफाई के अंतर की पहचान

यह हमेशा मुमकिन नहीं होता है कि किसी इतिहासिक संदर्भ में किसी जगह से लोगों को हटाये जाने का इरादा था या उन्हे शारीरिक तौर पर खत्म करने का। व्यावहारिक दृष्टि से चरम हिंसा विपरीत समूह द्वारा किए गए प्रतिरोध से पैदा हो सकती है या उस इलाके में अपराधियों द्वारा अत्यधिक बल का इस्तेमाल हो सकता हैं या अवांछनीय लोग, सुरक्षा के लिए, किसी अन्य क्षेत्र या देश में दाखिल होने में नाकामयाब हो सकते हैं। ऐसे सारे हालातों का वास्तविक नतीजा, नरसंहार हो सकता है। दूसरी तरफ, इरादा भले ही अनचाहे समूह को शारीरिक तौर पर खत्म करना हो, जो संस्था ऐसा करना चाहती हो, उसके पास वह क्षमता और साधन न हो ताकि वे इस मनसूबे को अमल में ला सकें। नतीजतन, निशाने वाला समूह किसी सुरक्षित इलाके में बच कर जाने में कामयाब हो जाता है। जातीय सफाई और नरसंहार के सारे मामलों में हथियार और टैकनोलोजी एक अहम किरदार अदा करते हैं।

यहाँ तक कि नरसंहार का सबसे घिनौना मामला–यहूदी प्रलय या *ज्यूइश होलोकास्ट* –इसको कुछ विद्वान, जर्मनी और यूरोप से यहूदियों को खदेड़ने की शुरुआती नीति के तौर पर देखते हैं (गेलेटली, 2003: 246; मेलसन, 1992)। यह नरसंहार में तब तब्दील हो गया जब यहूदियों की, अन्य सहानुभूति विहीन देशों की सरकारों ने, शरण लेने के लिए संभावनाओं को खारिज कर दिया। वैचारिक मामले में इसमें कोई संदेह नहीं है कि नात्सीओं का '*फाइनल सोल्युशन*' जरूरी तौर पर यहूदियों और बंजारों को अवांछित नसलों के तौर पर खत्म करना चाहता था। इसलिए यातना शिविरों में उनके संगठित और व्यवस्थित विनाश इस बात को दर्शाते हैं कि नरसंहार उनके असली इरादे के करीब था (लैंग, 2003)। इसलिए वैचारिक बयानों और प्रचार से इरादों के बारे में कुछ सुराग हासिल करना मुमकिन है। मगर नरसंहार अक्सर बहुत खुफिया तरीके से अमल में लाया जाता है और दुनिया को धोखा देने के लिए जातीय सफाई जैसे शब्दों का इस्तेमाल किया जा सकता है। कुछ विद्वान यह नहीं मानते हैं कि नरसंहार को सिर्फ किसी ऐलान किए गए इरादे से तय किया जाए। वे अंजाम पर गौर करना चाहते हैं–अगर लोगों के समूह के खिलाफ की जा रही किसी ठोस हिंसक कार्रवाई से होने वाली मौतें, बड़े पैमाने पर और निर्विवाद रूप से बर्बर हैं तो हम कह सकते हैं कि नरसंहार हुआ है (जॉनेसन और ब्योर्नसन, 1999)।

इस संदर्भ में हमें याद रखना है कि जातीय सफाई और नरसंहार कानून और व्यवस्था के पूरी तरह नाकाम हो जाने का भी अंजाम हो सकते हैं। ऐसा तब होता है जब प्रतियोगियों के बीच लंबी चली बातचीत के बाद मुल्क की मौजूदा प्रणाली की सीमाओं के अंदर, सत्ता बांटने के ऊपर कोई समझौता नहीं होता है। दूसरे शब्दों में, जातीय सफाई और नरसंहार बातचीत की नाकामी के अनचाहे अंजाम हो सकते हैं न

कि उनको हासिल करने के लिए, पहले से नियोजित किए गए मंसूबे। किसी भी हाल में, जातीय सफाई और नरसंहार को वैचारिक स्तर पर अलग रखना जरूरी है। राष्ट्रवाद को लेकर झगड़े के निहितार्थ को समझने के लिए, जातीय सफाई को एक व्यापक और अधिक सामान्य शब्द के रूप में समझा जाना ज़्यादा प्रासंगिक है। इसका ताल्लुक डरे हुए समूहों के उनकी खुद की हिफाजत और राज्य और राष्ट्र निर्माण की सोच के साथ ज़्यादा है। दूसरी तरफ, वैचारिक स्तर पर नरसंहार, लोगों की तबाही करने का मनसूबा रखता है न कि सिर्फ उन्हे किसी इलाके से बाहर निकालने का। हालांकि, जैसा कि ऊपर तर्क दिया गया है दोनों की हदें काफी धुंधली हैं और उन्हे एक जुड़ी हुई लकीर का हिस्सा माना जा सकता है, इसमें एक तरफ बाध्य किया गया प्रवास है और दूसरी तरफ नरसंहार और जातीय सफाई इस दोनों के बीच में है।

जातीय सफाई की यह परिभाषा नरसंहार से इसके फर्क को उजागर करने में उपयोगी हो सकती है:

> जातीय सफाई कम या ज़्यादा किसी संस्था द्वारा नियोजित जबरदस्ती का इस्तेमाल कर, किसी खास इलाके को जातीय, धार्मिक, धार्मिक गुटों और दूजी जैसे कि सांस्कृतिक वजहों के आधार पर, उन लोगों और समूहों से खाली कराना है। जातीय सफाई को शांतिमय तरीकों जैसे कि आबादी की अदला-बदली से हासिल किया जा सकता है लेकिन अगर इस तरह का इंतजाम नहीं होता है, तब दहशतगर्दी, जिसमें आगजनी, कत्ल, बलात्कार और दूसरे उपाय शामिल हैं, इन सबका इस्तेमाल इसे हासिल करने के लिए किया जाता है। इन उपायों का इस्तेमाल इसलिए किया जाता है क्योंकि अनचाहे लोग अक्सर अपने घरों और बसेरों से जबरन निकाले जाने पर बाधा देते हैं। जबकि नरसंहार के सभी कृत्यों का निशाना लोगों के विनाश पर होता है जिसमें जातीय सफाई शामिल है, जातीय सफाई का केंद्र एक क्षेत्र से लोगों को हर तरह से हटाने का है।

समूहों के बीच झगड़े क्यूँ होते हैं और ये कब हिंसक हो जाते हैं?

जबकि मजबूर किया गया प्रवास, जातीय सफाई और नरसंहार इन्सानों द्वारा की गई भयानक गलतियां हैं, हमें कुछ मनोवैज्ञानिक समाजशास्त्रीय व्याख्या की जरूरत है कि समूहों के गठन क्यूँ बनते हैं और वे आपस में नफरत और झगड़ों की तरफ क्यूँ खिंचे चले जाते हैं, और यकीनन, किन हालातों में इस तरह के रिश्ते जातीय सफाई और/या नरसंहार में तब्दील हो जाते हैं। अगर किसी अकेले इंसान को लिया जाए, हम पाएंगे कि आम तौर पर वह मिलनसार होता है और साझा पहचान उसकी मानसिक या जज्बाती जरूरतों को पूरा करती है ताकि वह एकजुट हो सके और हिफाजती महसूस करे। जनजाति, कबीले, भाषा, आम जातीय जड़ों में यकीन, धर्म, जाति, त्वचा का

रंग और इस तरह की खासियतों की बुनियाद पर, सामूहिक पहचान बनाई गई है और वर्तमान युग में भी ऐसा ही है। उन जाने-पहचाने लोगों के साथ रिश्ते कायम करने की ख्वाहिश और कोशिश, इसके विपरीत, बहिर्जात समूहों और लोगों के बहिष्कार को बढ़ावा देता है। ऐसी पहचान और वर्गीकरण का अभ्यास, लगभग सभी जाने पहचाने इंसानी समाजों में किया गया है, उनके विकास और स्तरीकरण का स्तर भले ही कुछ भी हो (अहमद 1998: 4)। *ओंटोलोजी* की परिभाषा के मुताबिक, समूह सदस्यों के महज कुल नहीं होते; उनका अपना एक व्यक्तित्व और पहचान होती है और किसी समूह का व्यक्तिगत सदस्यों या दूसरे समूह के साथ ताल्लुक बना कर बचे रहना, उस समूह की शख्सियत और पहचान की एक पैदाइशी खासियत है। हालांकि, समूह आबादी के बढ़ने, महामारी, पराजय के साथ-साथ बड़े और छोटे होते हैं। अब, व्यक्तिगत कार्रवाई शायद ही कभी राज्य और समाज पर असर डालती है। इसलिए इंसान लगभग हमेशा अपने किसी सियासी मकसद के लिए, किसी मुल्क के ही अंदर या अलग उन मुल्कों में जो आजाद होने के हकदार हैं, एक जुट होकर काम करते हैं। लेकिन प्रश्न बना रहता है: समूह गठन एक स्वैच्छिक पसंद है या व्यक्ति समूहों में पैदा होते हैं और उनमें स्थायी रूप से रहते हैं? सामाजिक विज्ञान के साहित्य में रवायित के मुताबिक, समूहों के गठन और पहचान करने के लिए दो परस्पर विरोधी दृष्टिकोणों पर विचार किया जा सकता है : *प्राइमोरडियलिस्ट* और *इण्स्ट्रूमेंटलिस्ट*।

प्राइमोरडियलिस्ट दावा करते हैं कि *एथनोसेण्ट्रस्म* (जातीय-केन्द्रीवाद) इन्सानों की कुदरती फितरत है; इन्सानों को हमेशा ही आम वंश, शारीरिक रंग, कबीले और मजहब की बुनियाद पर एक साथ इकट्ठा किया गया है; हर समूह एक पहचान और जातीयता का एहसास तैयार कर लेता है जैसे-जैसे ऐतिहासिक संदर्भ में, यह अपने बचे रहने के खिलाफ चुनौतियों का सामना करता है। इसलिए, इस तरह के तजरूबों की सामूहिक याद, समूह की हिफाजत को पक्का करने के लिए, रणनीतियों को तैयार करने का संदर्भ-बिन्दु बन जाता है (कोनोर, 1994; ग्रीर्ट्ज, 1963; शिल्स, 1957)। इस तरह की सोच से यह पता लगता है कि *एथनोसेण्ट्रस्म* और *ट्राइबलिस्म* (जनजातीयता) इंसानी स्वभाव का एक अंदरूनी हिस्सा है। समूहों के प्राइमोरडियलिस्ट ख्याल का एक मजबूत संस्करण *सोशिओबायोलॉजी* के तौर पर जाना जाता है जो एथनोनैशनलिस्म (जातीय-राष्ट्रवाद) की सामान्यता पर आधारित है। यह असमान समूहों के बीच स्थायी शांति के बारे में एक निराशावादी दृष्टिकोण रखता है (कैकमेनोविक, 1996; केलास, 1998: 13-14)। इस तरह के दावे और जोर देकर कहते हैं कि उनको अलग कर और दूसरे राष्ट्र-देशों में इकट्ठा करना ही अमन के लिए सबसे उम्दा नुस्खा है। मगर, विभिन्न समूहों के लिए अलग मुल्कों के सिद्धान्त का मतलब यह होगा कि हजारों की तादाद में मुल्क बनाने होंगे, क्योंकि दुनिया भर की आबादी में 8,000 से भी ज़्यादा जातीय समूहों की पहचान की जा चुकी है।

इसके विपरीत इण्स्ट्रूमेंटलिस्ट दावा करते हैं कि पहचान एक कच्ची चीज है और इसको आसानी से बदला जा सकता है और इसलिए इसकी कोई पक्की सीमा नहीं है. बल्कि, हुकूमत और साजो-समान को लेकर, ऊंचे तबके और उनके गुटों में प्रतियोगिताओं के चलते, सियासी उद्यमी आम तहजीबी वजहों का गलत इस्तेमाल कर, एक नई पहचान ईजाद करते हैं ताकि वे अपने मकसदों के लिए समर्थन जुटा सकें। इसके बाद वाली सोच के मुताबिक, जातीय पहचान, महज, एक सियासी साधन है न कि इंसानी स्वभाव की कोई वस्तुपरक और अंदरूनी विशेषता। जब राजनीतिक नेता तथाकथित वस्तुपरक कारकों में हेरफेर करते हैं और तहजीबी समूह, शत्रुतापूर्ण प्रचार से जोश में आ जाते हैं, तब उनमें, अपने मतभेदों के बारे में व्यक्तिपरक जागरूकता विकसित हो जाती है और वे संघर्षरत हो जाते हैं (ब्रास, 1991; स्टिनबर्ग, 1981; यंग, 1976)। इण्स्ट्रूमेंटलिस्ट की नजरों में पहचान तैयार की जाती है न कि आविष्कार। इस नजरिये के मुताबिक जातीयता की कोई स्वतंत्र भूमिका नहीं है और व्यापक राजनीतिक संदर्भ में ही, इसका कोई मतलब निकलता है। यह दूसरे सियासी सम्बन्धों जैसे कि विचारधाराओं या आर्थिक हितों वगैरह से अलग नहीं है। इण्स्ट्रूमेंटलिस्ट तरीके की इस बात के लिए भी आलोचना की गई है कि यह पहचान की ताल्लुकाती प्रकृति को नजरअंदाज करता है।

इसके अलावा व्यक्तिगत पहचान लगभग कभी एक-आयामी नहीं होती है। हर व्यक्ति की कई पहचानें होती हैं और इसका फैसला संदर्भ करता है कि कौन सा कारक, कब प्रासंगिक होगा। मिसाल के तौर पर, एक इंसान भाषा और जातीयता की बुनियाद के चलते पंजाबी हो सकता है, विरासती मजहब के तौर पर एक मुसलमान और मुसलमान सम्प्रदाय के धार्मिक गुटों के बँटवारे के चलते सुन्नी। अगर कोई सारे पंजाबी वक्ताओं को एक साथ वर्गीकृत करने का इच्छुक हो तो वह इस व्यक्ति को शामिल करेगा और उसकी पहचान का वस्तुकरण एक पंजाबी के रूप में करेगा। मगर, उसके लिए उसका मजहब, मजहबी गुट या जात ज़्यादा अहम हो सकते हैं, या वैकल्पिक रूप से, पंजाबी जुबान बोलने वाले दूसरे लोग कोई खास ध्यान नहीं दे सकते हैं कि वह उनकी जुबान बोलने वाला एक देशी शख्स है। वे उसका वर्गीकरण किसी दूसरी खासियत पर कर सकते हैं। इसलिए किसी इंसान की पहचान तुलनात्मक है और हालातों के मुताबिक बदलती है। नतीजतन, अलग-अलग हालातों में, एक व्यक्ति द्वारा लागू विश्वास और एकजुटता के किस्म भी बदलते रहते है।

इसी तर्क को जातीय समूहों के ताल्लुकाती और बहु-आयामी स्वभाव तक खींचा जा सकता है। उनके बीच के रिश्ते भी स्थितिजन्य और प्रासंगिक हैं और उनकी खासियतों की अहमियत भी अलग-अलग समय और जगहों पर तब्दील होती हैं। इस प्रकार कैथोलिक और प्रोटेस्टेंट मतभेदों ने कभी यूरोपीय समाजों में कहर बरपाया था, लेकिन ज़्यादातर स्थानों पर धर्मनिरपेक्षता के चलते इस तरह के मतभेदों में गिरावट

आई है। इसका मतलब नहीं है कि कैथोलिक और प्रोटेस्टेंट सांस्कृतिक संस्थाओं के रूप में मौजूद नहीं हैं, लेकिन इस तरह के भेद का अंजाम, भेदभावपूर्ण भरी नागरिकता या किसी समूह के उत्पीड़न में तब्दील नहीं होता है। उत्तरी आयरलैंड में हाल के वैर के कुछ अंश अभी भी मौजूद हैं, जो कभी-कभी हिंसा के रूप में भड़क उठते हैं मगर लगता है अगर सत्ता का बंटवारा स्थायी हो जाता है तो उनके मजहबी अंतरों को हिंसक झड़पों में जाहिर करने की जरूरत नहीं पड़ेगी। इस बात की कल्पना की जा सकती है कि अमेरिका पर 11 सितंबर 2001 के आतंकवादी हमलों के बाद, ईसाईयों और मुसलमानों के बीच तनाव और आपसी संदेह बढ़ गए हैं, मगर इसका मतलब यह नहीं है कि इस्लामी दुनिया में, सारे मुसलमानों के बीच दूरियाँ कम हो रही हैं या वे एक जुट हो रहे हैं। तेल के धनी अरब मुल्कों में मुसलमान मजदूरों के साथ किए गए बदनाम बुरे बर्ताव, मुसलमान एकजुटता की गलतफहमी को दूर कर देते हैं। उसी तरह, हिंदू शायद पाकिस्तान में बसे मुसलमान गुटों द्वारा आतंकवादी हमलों से डरे रहते हैं, मगर उनके बीच जाति और प्रान्तों के अंतर, लगातार विस्फोटक स्थिति बनाए रखते हैं। मिसाल के तौर पर, कट्टर शिव सेना द्वारा उत्तरी भारतीय प्रवासियों पर हमले एक महाराष्ट्री राष्ट्रवाद को दर्शाते हैं।

इसलिए, सामूहिक पहचान की परस्पर संबंधी, प्रासंगिक और बहुआयामी प्रकृति को दिमाग में रखना जरूरी है, भले ही लगता हो कि मजहबी फर्क विभाजन के पहले की सामूहिक पहचान को तैयार करने की बुनियाद था। दूसरे शब्दों में, 1947 में पंजाब में हुए साम्प्रदायिक कत्लेआम के ठोस सबूत मौजूद होने के बावजूद, यह यकीन करने की कोई वजह नहीं है कि इस तरह का लहू से सराबोर अंत जरूरी था।

जातीय झगड़े का संदर्भ

यह मानते हुए कि जातीयता सापेक्षिक है, जिन हालातों में हिंसक जातीय झगड़े होते हैं वे भी अहम हैं, क्योंकि पहचान की विषमता का सीधे तौर पर यह मतलब नहीं है कि वे आपस में झगड़ेंगे। डेविड ए. लेक और डोनल्ड रोठ्सचाइल्ड एतिहासिक तौर पर दबे हुए सामाजिक हालातों पर ध्यान केन्द्रित करते हैं जिसमें जातीय झगड़े एक चरम रूप ले लेते हैं। वे गौर करते हैं:

हमारा तर्क यह है कि जातीय संघर्ष की वजह, सीधे तौर से, समूहों के फर्क, "प्राचीन घृणा" और सदियों पुराने झगड़े नहीं है. . . बल्कि हम मानते हैं कि जातीय झगड़े की सबसे आम वजह भविष्य को लेकर सामूहिक डर है। जैसे-जैसे समूह अपनी जिस्मानी हिफाजत को लेकर फिकरमंद होने लगते हैं, खतरनाक और मुश्किल से सुलझने वाली रणनीतिक दुविधाओं की एक श्रृंखला तैयार हो जाती है, जो अपने अंदर एक जबरदस्त हिंसा का ज्वालामुखी समेटे रखती है। जब जानकारी की विफलताएँ,

विश्वसनीय प्रतिबद्धता की समस्याएँ और सुरक्षा की दुविधाएँ अपनी पकड़ मजबूत कर लेती हैं, देश कमजोर हो जाता है, समूह भयभीत हो जाते हैं और संघर्ष होने की आशंका बन जाती है। जातीय कार्यकर्ता और राजनीतिक उद्यमी, समूहों के भीतर परिचालन करते हुए, भौतिक असुरक्षा और सांस्कृतिक वर्चस्व की उन आशंकाओं को सुदृढ़ करते हुए समाज में फूट डालने का काम करते हैं। राजनीतिक यादें, मिथक और जज़्बात भी इन आशंकाओं को बढ़ावा देते हैं और इन समूहों के बीच की दूरी और बढ़ जाती है। साथ में, समूहों के आपसी और समूहों के अंदर, रणनीतिक बातचीत, अविश्वास और संदेह का एक विषाक्त काढ़ा पैदा कर सकते हैं, जिसका विस्फोट जान लेवा हिंसा में, यहां तक कि एक समूह के लोगों का किसी अन्य समूह द्वारा व्यवस्थित वध के रूप में भी हो सकता है (1998: 4)।

वे जोर देते हैं कि इस तरह के मनोविकारी हालात न सिर्फ व्यक्तियों को बल्कि समूहों और उनके नेताओं को भी फंसा देते हैं (वही: 3–23)। ऐतिहासिक रूप से मौजूद सामाजिक हालात हर मामले में भिन्न हो सकते हैं, लेकिन पंजाब के संदर्भ में, लेक और रोठ्सचाइल्ड का वर्णन 1947 में पंजाब में पैदा हुए हालात के बहुत करीब है।

दी प्लूरल सोसाइटी (अनेकता वाला समाज)

लियो कूपर (1982) ने एक बुनियादी ढांचा तैयार करने के लिए अनेकता वाले समाज की परिभाषा दी जिसका मकसद साफ तौर पर बताना था कि क्यूँ बाहरी तौर पर शान्तिप्रिय दिखने वाले बहु-जातीय और बहु-धर्मी समाज, हिंसक संघर्ष के साथ-साथ नरसंहार में विस्फोटित हो जाते हैं। अनेकता वाला समाज वह है जिसमें पहचाने जाने वाले समूहों की उपस्थिति होती है, और इसके साथ-साथ उन समूहों के बीच नस्लीय, जातीय और धार्मिक मतभेदों की बुनियाद पर, लगातार और व्यापक गहराइयाँ होनी चाहिए। अक्सर गहराइयाँ, आर्थिक तरक्की, मौकों और सियासी रसूख में असमानता के साथ-साथ विकसित होती हैं। मिसाल के तौर पर, हिंदू और सिख एक तरफ और मुसलमान दूसरी तरफ, अलग-अलग कुओं से पानी भरते थे। दलित भी अलग कुओं से पानी भरते थे। इसके अलावा, हिंदू अपने सख्त आहार नियमों के चलते, आम तौर पर मुसलमानों के साथ खाना नहीं खाते थे। यहां तक कि रूढ़िवादी सिख जो शाकाहारी होते थे वे भी मुसलमानों के साथ खाना नहीं खाते थे। इस तरह के फर्क को रवायित की बुनियाद पर, सलूक का एक हिस्सा मान लिया गया था और कोई इसका विरोध नहीं करता था।

इस तरह के समाज एक लंबे दौर तक शांतिपूर्वक रह सकते हैं, मगर तनाव में वो अचानक विस्फोटित हो जाते हैं। इसका अंजाम कमजोर समूह के नरसंहार के रूप में हो सकता है। कुपेर मानते हैं कि अनेकता वाले समाज का अस्तित्व औपनिवेशिक

हस्तक्षेप के पहले तैयार हो जाता है, मगर औपनिवेशिक नीति और परिवर्तन की प्रक्रियाएँ सांप्रदायिक तनाव बढ़ा देती हैं और जब औपनिवेशिक सत्ता की समाप्ति होती है, तब वे नरसंहार हिंसा में विस्फोटित हो जाते हैं (वही: 57–59)। हिंसक संघर्ष के इस तरह के संरचनात्मक आधार को अन्य लेखकों द्वारा, गहरा–विभाजित समाज, हिस्सों में बंटा हुआ समाज वगैहरा के रूप में वर्णित किया गया है। कूपर आगे कहते हैं कि भारी हिंसा के कुकर्मों में सरकार के मुलाजिमों का हिस्सा न लेने से इनको अंजाम देना नामुमकिन है, मगर आम लोगों को भी समाज के दूसरे लोगों के खिलाफ अत्याचार करने में एकजुट किया जा सकता है, अगर उन कथित समूहों को अपने अस्तित्व के लिए दुश्मन और खतरा माना जा रहा हो। यह बात पंजाब के मामले के लिए भी सच है मगर जिन हालातों में ऐसे हताश और मनोविकार वाले व्यवहार पैदा हुए, इसकी जांच करने की और समझने की जरूरत है। वह एक विशिष्ट मामले के रूप में पंजाब को एक अनेकता वाले समाज के तौर पर पेश करते हैं जहां 1947 में हिंसा भड़क उठी (वही: 65–67)। पर वह, हालांकि जिक्र करते हैं कि सारे लोग परस्पर विरोधी समूहों के खिलाफ, क्रूरता से पेश नहीं आए।

भ्रम से बचने के लिए हमें याद रखना है कि *प्लूरल सोसाइटी* (एक अनेकता वाला समाज), *प्लूरलिस्ट सोसाइटी* (एक बहुलवादी समाज) से भिन्न है; प्लूरलिस्ट सोसाइटी का मतलब काफी सकारात्मक है और अक्सर, इसका एक स्थिर बहुसांस्कृतिक समाज के लिए एक पर्याय के रूप में प्रयोग किया जाता है। माना जाता है कि बहुलवादी समाज नागरिकता के समान अधिकार और सांस्कृतिक या सांप्रदायिक विविधता के आधार पर तैयार होता है और इसे युद्ध के बाद के औद्योगीकृत पश्चिमी देशों में लोकतंत्रों की एक उपलब्धि के रूप में जाना जाता है। कूपर की प्लूरल सोसाइटी, प्लूरलिस्ट सोसाइटी के बिल्कुल विपरीत है।

पंजाब एक समग्र, पारंपरिक और बहु–सांस्कृतिक समाज

पंजाब का एक प्लूरल सोसाइटी के तौर पर वर्णन कई विद्वान मंजूर नहीं करते हैं। वे इशारा करते हैं कि मुगलों के समय से (1526–1857), पंजाब में एक अलग और समग्र पहचान तैयार हो रही थी जिसके लचीलेपन का श्रेय अलग–अलग मजहबों के सामाजिक अभ्यासों की साझी तहज़ीब और पारस्परिक रवायतों की गहरी जड़ों को दिया गया है (बेलार्ड, 1999: 7–24; ग्रेवाल, 2004: 12)। एक समग्र पंजाबी तहजीब की कोई पक्की परिभाषा तैयार नहीं हुई है, मगर लगता है इसका मतलब जुबान और आम त्योहारों द्वारा तैयार साझी तहजीब, जाति और मजहब द्वारा लोगों को विभाजन होने से रोकती थी (विलियम्स, 2004)। हकीकत में, कभी–कभी आम वंशगत प्रजातियों ने, जो बहुत बड़े कृषि जाति वाले जाटों में जो मुसलमान और सिख दोनों थे, या राजपूतों में

जो मुसलमान और हिंदू दोनों थे, हमदर्दी भरे ताल्लुकातों को बनाने में मदद की। मगर यह हमेशा सच नहीं होता था : यह खास कर ऊंची जाति के हिंदुओं में असंतोष और अलगाव का एहसास पैदा करते थे, जिनके रिश्तेदारों ने हो सकता है इस्लाम कबूल कर लिया था। लेकिन जैसा कि पहले जिक्र किया गया है इनमें से किसी भी वजह को पंजाब भर में सार्वभौमिक रूप से या यहां तक कि स्थानीय परिस्थितियों में जैसे कि गांवों में, लागू नहीं किया जा सकता था। विभाजन के पहले की समग्र पंजाबी तहजीब के बारे में मेरा यह ख्याल है, चूंकि तीनों मजहबों में कोई भी मजहब कौमी मजहबी दफतरशाही के तौर पर संगठित नहीं था इसलिए पुजारी, मौलवी या भाई भी स्थानक सम्प्रदाय से ही ताल्लुक रखते थे। उनका किरदार ज़्यादातर औपचारिक और पूजा, इबादत, शादी, जन्म और मौत के वक्त तक सीमित रहता था। इसके अलावा धार्मिक बाबाओं और बुरी आत्माओं में लोगों का व्यापक यकीन था और वे महापुरुषों का आशीर्वाद लेने के लिए दूसरे मजहबों के बाबाओं के पास जाने से नहीं झिझकते थे। इसके अलावा रवायती चिकित्सक या डॉक्टर–हिंदू और सिख वैद्य और मुसलमान हकीम–हमेशा सभी समुदायों के मरीजों का इलाज करते थे। अंत में, शिक्षक–हिंदू, मुस्लिम, सिख, ईसाई–उन सबकी विद्यार्थी बहुत ज़्यादा इज्जत करते थे।

विभाजन से पहले पंजाब समाज का जिंदादिली स्वभाव, कट्टरपंथियों के प्रतिबंधों को दरकिनार करने में लोगों की मदद करता था और लोग एक दूसरे के साथ, एक दोस्ताना और मिलनसार तरीके से ताल्लुक बना कर रहते थे। इसलिए, हालांकि पंजाबी समाज अनेकता वाला था, क्योंकि सारे विभिन्न सम्प्रदायों की पहचान की जा सकती थी, यह मजबूत जज्बाती और तहजीबी बंधनों से भी जुड़ा हुआ था जो साझी रूहानी और नैतिक रवायतों से पैदा हुए थे। नतीजतन, समग्र पंजाब के भीतर जिन वजहों के चलते अंदरूनी विस्फोट हुआ, उनको तेजी से बिगड़ती जा रही सरकारी अख्तियार के संदर्भ में, अभिजात वर्ग के नेताओं के बीच, न कि जनता के बीच, चल रहे सत्ता संघर्ष और राजनीतिक महत्वाकांक्षाओं को पहचानना जरूरी है।

पॉल ब्रास ने पंजाब में हुए बहुत ज़्यादा जानी नुक्सान को '*रेटरीबयुटिव जेनोसाइड*' बतलाया है। हालांकि, ब्रास का दावा है कि यह अंजाम, बदला लेने के लिए अचानक या कुदरती उकसाहट नहीं थी, बल्कि यह जटिल परस्पर क्रिया थी जिसमें एक तरफ, पहचान, प्रतिष्ठा, संस्कृति और दूसरी तरफ, योजना और विविध उद्देश्य थे, जिनको अपराधों में शामिल और सरगरमियां करने वाले, हासिल करना चाहते थे। कई घटनाओं की श्रृंखलाएँ थीं और विभिन्न विषय और वस्तु उन्हें बहुत अलग और विविध तरीकों से देखते थे (ब्रास, 2003: 77-97)।

जातीय सफाई के एक सिद्धान्त की ओर

हम एक ऐसे हालात से शुरुआत करते हैं जहां अनिश्चितता, फिक्र, डर और शक, अपने आपसी मतभेदों से वाकिफ संप्रदायों के आपसी रिश्तों पर बुरा असर डालना शुरू कर देते हैं, हालांकि उनकी तहजीबी खासियतें एक जैसी हो सकती हैं। जहां तक उन हालातों का सवाल है, जिनमें विभिन्न समूहों के आपसी रिश्ते शांतिपूर्ण से संघर्ष की आशंका की ओर चले जाते हैं, वो बदल सकते हैं; ज़्यादा अहम वजहें जो एक हिंसक झगड़े की ओर ले जाती हैं वे हैं: नकारात्मक ऐतिहासिक, सामाजिक, आर्थिक और सांस्कृतिक; तथा उनका एकजुट होना औए पुरानी रवायतें जो उनको अमन में एक साथ रहने में मदद करती थीं, वे नाकाम हो जाती हैं।

ऐसी परिस्थितियों में कुछ हद तक नियोजन करना आवश्यक हो जाता है ताकि उभरते हुए खतरों और चुनौतियों का सामना किया जा सके। इसकी बुनियाद पर, अलग समूहों के बीच गठबंधन बनाए जा सकते हैं। अगर दो से ज़्यादा समूह किसी इलाके और कौमी हकों को लेकर परस्पर विरोधी दावे करते हैं और उनकी आशंकाओं को दूर करने के लिए अगर कुछ नहीं किया जाता है तो वे अपने सह-धर्मियों या धार्मिक गुटों या जो भी उनके साथ परिकल्पित सामाजिक एकजुटता बनाने लायक मिल जाए, उनके साथ नजदीकी ताल्लुक कायम करने की कोशिश करेंगे। मगर बदली हुई परिस्थितियों की चेतना राजनैतिक दृष्टिकोण से महत्वपूर्ण कार्य करने के लिए पर्याप्त नहीं हो सकती है। ज़्यादातर मामलों में इस तरह के व्यवहार के लिए, नेताओं, कार्यकर्ताओं और कार्यकर्ताओं की ओर से कार्रवाई की आवश्यकता होती है, तथा इसको संगठनात्मक समन्वय का सहारा चाहिए। उनके संयुक्त प्रयास जरूरी हैं ताकि सदस्यों की बड़े पैमाने पर लामबंदी की जा सके।

राजनीतिक उद्यमियों और जातीय कार्यकर्ताओं द्वारा सामूहिक चिंताओं पर दबाव

यह कहना नामुमकिन है कि किसी समूह के सारे सदस्य खुद ही फिकरमंद हो जाते हैं या उस समूह के जातीय कारकुनों का कोई गुट खास तौर पर प्रभावित होकर समूह की तरफ से इसे जाहिर करने का अहम किरदार अदा करता है, या 'सियासी उद्यमी'–लालसी नेता और बुद्धिजीवी जिनमें कारकुनों जितना जोश नहीं हो सकता है–इन अहसासों को फैलाने में माहिर होते हैं। इस संदर्भ में, मिथ्या प्रचार और खास कर अफवाहों के किरदार का विशेष अध्ययन करना पड़ेगा कि कौन सी कार्रवाइयाँ और प्रक्रियाएँ चिंता और डर पैदा करती हैं। अगर विरोधी गुट इस मिथ्या प्रचार का मुकाबला असरदार ढंग से नहीं कर पाते हैं तो जो गुट उनमें डर और जन उन्माद पैदा कर सकता है, वह उन पर रणनीतिक लाभ हासिल करने में कामयाब हो जाता है। एक

दीर्घ चुनावी अभियान की तुलना में कोई एक मंच, अन्य के खिलाफ जीरो-सम गेम की तैनाती के लिए बेहतर अवसर नहीं पेश करता है। समान रूप से, एक पक्षपातपूर्ण प्रेस ऐसे हालातों में एक बहुत ही नुक्सानदेह किरदार अदा कर सकती है (तंवर, 2006: 8-15)।

सनसनीखेज खबरें और लेख पेश करना इसलिए एक खतरनाक स्रोत है जो इस प्रकार के भय और पूर्वाग्रहों को भड़का कर संघर्ष का रास्ता साफ करते हैं। अगर सरकार, चुनाव अभियान और मीडिया रिपोर्टिंग पर सख्त आचार संहिता लागू नहीं करती तो दुश्मन के दानवीकरण और अमानवीकरण की प्रक्रियाएँ बहुत कारगर साबित हो सकती हैं तथा पहले से ही घटते हुए आपसी विश्वास को और कम कर सकती हैं। इस तरह की प्रक्रियाएँ बाद में प्रतिद्वंदी गुटों के बीच सत्ता को बांटने के किसी भी ढांचे पर बुरा असर डालती हैं। कुल मिलाकर इन प्रक्रियाओं का यह असर होता है कि व्यक्ति व समूह और भी ज़्यादा असुरक्षित तथा संदिग्ध हो जाते हैं। समूचे तौर पर, इन हालातों में मतभेद और आपसी दूरियाँ बढ़ जाती हैं। जब हालात बदतर हो जाते हैं तब अगर कोई समझौता किया भी हुआ हो उसे तोड़ दिया जाता है।

इतना ही कहना काफी है कि एक प्रभावी नेतृत्व के बिना न तो कार्यकर्ता और न ही साधारण सदस्य इस तरह के डर और चिंताओं को गतिविधियों और आंदोलनों में बदल सकते हैं, जिनका इशारा कथित खतरों का मुकाबला करने के लिए है; इसका मतलब यह है कि सियासी उद्यमियों के पास यह फायदेमंद हालात हैं कि वे ऐसी आशंकाओं को बढ़ा-चढ़ा कर और जोड़-तोड़ कर अपनी राजनीतिक महत्वाकांक्षा की तलाश कर सकते हैं। बहुत बार अतीत से चयनात्मक, असली या कल्पित शिकायतों का आख्यान, इन हालातों में किया जाता है।

हालांकि, राजनीतिक उद्यमी, मौजूदा नेटवर्क और सामाजिक ताल्लुकातों के माध्यम से ही प्रभाव डालने में सक्षम हैं जिनमें उनकी, उनके समूह और समूह के सदस्यों की जड़ें मौजूद हैं। हालांकि नेता अपने समूह के लोगों को प्रभावित कर सकते हैं मगर वे लाज़मी तौर पर फसादों के हालातों को ईजाद नहीं कर सकते। इसके अलावा, किसी हालात को जोड़-तोड़ कर, उसे हिंसक रूप देना वस्तुपरक हालातों की अनिश्चितताओं पर निर्भर है – इस पर उनका नियंत्रण नहीं भी हो सकता है। इन अनिश्चित संदर्भों और हालातों में, काडरों व नेताओं की क्रियाओं तथा प्रतिक्रियाओं द्वारा चाहे और अनचाहे नतीजे और उनका विस्तार होता हैं। जैसे-जैसे हालात बिगड़ते हैं, नाराज समूहों के बीच संपर्क, बुरी तरह प्रभावित हो जाता है।

समूहों के बीच संपर्क का टूटना

एक दूसरे से दूर हो चुके समूहों के बीच संपर्क का टूटना और विश्वास की कमी, रिश्तों में खटास पैदा करता है। जब एक बार राजनीति के सामान्य या नियमित

तौर-तरीके पर्याप्त नहीं होते और नई कार्रवाई के अस्थिर रूप उनकी जगह ले लेते हैं तब वे कई अलग-अलग तरीकों से सांप्रदायिक (जातीय) समूहों और वास्तव में व्यक्तियों को प्रभावित करते हैं। कुछ अपने आपको शक्तिशाली और उत्तेजित महसूस करते हैं और कुछ कमजोर; यह सब संदर्भ पर निर्भर करता है। जैसे-जैसे सियासी मुकाबला बंद गलियारों से निकल कर गलियों और मोहल्लों में पहुँच जाता है, तनाव और झगड़ों को कम करने वाले स्थापित तंत्र और ज़्यादा बेअसर हो जाते हैं। समूचे तौर पर एक अनिश्चित सियासी भविष्य के संदर्भ में इस बदलाव का असर बहुत गहरा और गुमराह करने वाला हो सकता है। प्रदर्शनों, जुलूसों, नारे-इन सबके मायने, इस दौरान बिल्कुल अलग हो जाते हैं, भले ही हिंसा अनुपस्थित या कम हो। जिसे एक समूह के राजनीतिक असंतोष के वैध और शांतिपूर्ण अभिव्यक्ति के रूप में देखा जा सकता है, हो सकता है विरोधी समूहों द्वारा उसे एक धमकी के रूप में माना जाए।

नतीजतन अंजाम प्रतियोगी गुटों के मकसदों से बहुत भिन्न हो सकता है। दूसरे लफ्जों में, जरूरी नहीं कि जातीय सफाई और नरसंहार, चाही मंजिलें हों। मगर जहां आपसी विश्वास न हो और किसी खास इलाके की सरहदों के अंदर, अमन और हुकूमत को बांटने को लेकर सौदेबाजी या आबादी के आदान-प्रदान को लेकर बातचीत नाकाम हो जाए, तब वे प्रक्रियाएँ हरकत में आ जाती हैं, जिनका अंजाम सामाजिक और सियासी कारकुनों के काबू में नहीं रहता है। इसका नतीजा हिंसा फैलना या बदले की हिंसा हो सकता है।

अराजकता और अव्यवस्था

जब राज्य की सत्ता तेजी से गैर-असरदार या तरफदारी करने वाली हो जाती है और अराजकता हावी हो जाती है, तब, व्यक्तियों और समुदायों के लिए अपने दम पर अपने अस्तित्व का बचाव करने के सिवा और कोई विकल्प नहीं रहता। सामाजिक पूंजी और सद्भावना जो पहले मौजूद होते हों, जब उनमें घट्टोतरी हो जाती हो तो जिंदगियों पर सचमुच तुरंत खतरा मंडराने लगता है। अगर परस्पर विरोधी समूह, अपने हितों की रक्षा के लिए समान रूप से संतुलित और दृढ़ता से प्रेरित रहते हैं तब हिंसक संघर्ष के लिए मंच तैयार रहता है। अक्सर यह हालात प्रतिक्रिया की सियासत को पैदा करते हैं। यहाँ प्रतिक्रिया का इस्तेमाल दोहरे मायने के लिए किया गया है; यांत्रिक क्रिया-प्रतिक्रिया की तरह और एक दूसरे की ओर, दो या उससे ज़्यादा समूहों के अनजान तरीके की सोच और बरताव। इन हालातों में दुस्साहसी प्रतिक्रियाएँ हरकत में आ जाती हैं। बदला इस प्रतिक्रिया का आम तौर पर स्वरूप बन जाता है। जब हालात और बदतर होते हैं, बचने की लालसा, पहले हमला करने की सर्वोत्तमता पर प्रेरणा देती है जैसा कि हॉब्स ने लेवियथन (leviathan) में चित्रित किया है। 'दुश्मन', एक अनजान चेहरा, लोगों का एक अव्यवस्थित समूह, एक जातीय पिंड, एक निशाना होता है जिस पर पहले ही

सजा देने लायक कार्रवाई को उचित ठहराया जाता है। मगर अचानक की आक्रामकता खुद-ब-खुद नियोजित किए नरसंहार में तब्दील नहीं होती है। निशाने पर जो समूह होता है उसका कुछ हद तक दानवीकरण और वहशीकरण किया जाना जरूरी है ताकि उसके खिलाफ भारी हिंसा की जाए। यह देखा गया है कि कुछ संतुलित और सही दिखते लोग, जिनका आक्रात्मक सामूहिक घटनाओं में कभी कोई हाथ नहीं था कई बार ऐसे जुर्मों में हिस्सेदार रहे हैं। यह मानना उचित लगता है कि वे भी कुछ मायनों में दानवीकरण और अमानवीकरण की प्रक्रियाओं के सम्मुखीन हुए हैं। हम भीड़ के मनोविज्ञान के विचार के साथ परिचित हैं, लेकिन इस तरह के मनोविज्ञान जो समाज में कायम हैं अगोचर भावनाओं की प्रक्रियाओं से निकलते हैं। इसलिए अचानक हुई प्रतिक्रिया भी, हो सकता है, बहुत समय पहले शुरू की गई दिमाग की सफाई की प्रक्रियाओं का एक उत्पाद है।

सबसे अहम बात यह है कि राजनीतिक उद्यमियों द्वारा जातीय-राष्ट्रवादी बयानबाजी और विचारधारा से समूह के सदस्यों की सामूहिक चिंता और विक्षिप्तता पर बुरा प्रभाव पड़ सकता है और वे महसूस किए जा रहे खतरे का मुकाबला करने के लिए हरकत में आ जाते हैं। चरम स्थितियों में बे-रोकटोक सामूहिक मानसिकता, व्यवस्थित और संगठित सामूहिक हत्याओं और अन्य अत्याचारों का रूप ले सकती है। दुस्साहसी प्रतिक्रिया बेकाबू हो जाती है और एक भीड़ के या एक गिरोह के हिस्से के रूप में, व्यक्ति दुश्मन के खिलाफ एक साथ काम करना अपना फर्ज समझते हैं।

दुसान केचमैनोविच (1996: 101-50) ने विस्तार से बताया है कि किस तरह कौमीवाद लोगों औए समूहों के मनोविज्ञान पर काम करता है और उन्हे आक्रात्मक व्यवहार के लिए तैयार करता है। वे समूह के मुकाबले कमजोर महसूस करते हैं और समूह द्वारा मंजूर व्यवहार का पालन करने के लिए असहाय होते हैं। क्रिस्टोफर आर ब्राउनिंग ने इस विषय पर रोशनी डाली जब उसने वर्णन दिया कि किस तरह जर्मन पुलिस बटालियनों में यहूदियों के कत्लेआम के लिए भर्ती किए गए कुछ लोगों ने सिर्फ इसलिए उस नरसंहार में हिस्सा लिया, ताकि उन्हे समूह के रोष का सामना न करना पड़े (1992: 169-83)। दूसरे शब्दों में, समूह या भीड़ की मानसिकता एक तय किए हुए व्यवहार के पालन पर जोर देती है और ज़्यादातर सदस्य इसका पालन भी करते हैं। मगर, इससे भी ज़्यादा अहम बात यह है कि जो लोग इस तरह के जुर्म करने पर तुले होते हैं उनके पास इस काम के लिए जरिया और क्षमता भी होनी चाहिए।

सचेत सबल होता है

जिन समूहों पर पहले हमला होता है और एक लंबे समय तक हमले का सामना करते रहते हैं, उनसे उम्मीद रखी जा सकती है कि वे एक एहतियाती कदम उठाएंगे

और सबसे बुरे अंजाम के लिए तैयार रहेंगे। इस तरह की तैयारी न सिर्फ सुरक्षात्मक बल्कि आक्रामक भी होगी। इस तरह की वस्तुपरक जागरूकता, हालांकि, भविष्य के संघर्ष की तैयारी की शुरुआत के लिए एक जरूरी मगर यथेष्ट आधार नहीं है। किस हद तक समूह को हथियार और प्रशिक्षण हासिल हैं और उन्हे इस्तेमाल करने की प्रेरणा है वह भी इन हालातों में एक अहम किरदार निभाता है। जब तक मुल्क और सरकार थोड़ा बहुत, हालात पर काबू करने में काबिल है, संघर्ष की तैयारी छुपी रहती है। ज्यों ही सरकार द्वारा स्थापित ताकत खत्म हो जाती है और अराजकता और अव्यवस्था हावी हो जाती है झगड़ते समूहों के लिए मैदान साफ हो जाता है ताकि वे अपनी सुरक्षात्मक और आक्रामक क्षमताओं पर अमल कर सकें। इन हालातों में जो लोग आगाह होते हैं वे पहले से हथियारबंदी कर लेते हैं।

समूहों के बीच संपर्क की नाकामी और हताहत हुए लोग

अब, जबकि झगड़ते समूहों के बीच संपर्क की नाकामी एक तेजी से खराब होते हालात को और बदतर कर देती है, समूहों के अंदरूनी संपर्क की नाकामी भी इस बात का फैसला करने के लिए बहुत अहम है कि इन हालातों में विभिन्न समूहों का रवैया क्या होगा? यह मानते हुए कि समूह के नेता किसी बहुत तेजी से बदलती और विस्फोटक हालात की अगाही के लिए एक ज़्यादा बेहतर हालत में हैं और अगर वे आम सदस्यों को एहतियाती कदम लेने को जैसे कि हमलों से पहले गड़बड़ी वाले इलाकों से दूर चले जाने के लिए तैयार नहीं करते हैं, तो उनके हताहत होने की आशंकाएँ बहुत बढ़ जाती हैं। एक ऐसी हालत की कल्पना की जा सकती है जिसमें नेता किसी इलाके की तकसीम से पैदा होने वाले खतरों से अपरिचित होता हैं, क्योंकि इस तरह के हालातों का सामना करने का उनका कोई पिछला तजुर्बा नहीं होता या बिल्कुल ही अनिश्चित तरह के हालात पैदा हो जाते हैं। इन हालातों में भी समूहों के ज़्यादा लोग हताहत होंगे न कि तब जब वे समूह आने वाले खतरों के बारे में जानते हैं क्योंकि उनका ऐसे हालात देखने का तजुर्बा है या उन्हे उनके नेताओं से चेतावनी मिल चुकी होती है।

जातीय सफाई : एक सारांश

अगर पहले से किसी इलाके के बँटवारे को लेकर कोई समझौता हुआ भी हो मगर बांटे गए हिस्सों में, सरहद की हदबंदी न की गई हो और इसको पक्का भी न किया गया हो तब जातीय हिंसा जो पहले से ही हमेशा मौजूद है, बहुत बढ़ जाएगी। ज्यों ही कोई पक्षपाती प्रशासन जो किसी समूह या समूहों के साथ मिला हुआ है सत्ता में आ जाता है तब अलग-थलग और दानवीकरण किए गए समूह या समूहों पर हमले

करने की काबलियत नाटकीय तौर पर बढ़ जाती है। यह कोई असामान्य बात नहीं है कि साम्राज्यों या बड़े मुल्कों से नए मुल्क बनाने की प्रक्रिया पूरी तरह से उन मजबूर लोगों को निकालने से ताल्लुक रखती है जिन्हें विजेता समूह अपने राष्ट्र में शामिल नहीं करना चाहते। इस तरह के मकसद को कामयाबी और असरदार तरीके से, हासिल किया जाता है, जब सभ्य समाज के कार्यकर्ता, सियासी काडर और सरकारी अधिकारी एक जुट होकर अनचाही आबादी को खत्म करने का बीड़ा उठाते हैं।

अब, जब तक दानवीकरण और वहशीकरण किए गए समूह के सारे सदस्यों को भौतिक रूप से खत्म करने की कोई विस्तृत और संगठित योजना न हो और इसके पीछे इस मकसद को पूरा करने के लिए, एक पक्का इरादा रखने वाली, एक ताकतवर और असरदार देश की नौकरशाही और साजोसामान समेत फौज न हो, संभावना यह है कि किसी इलाके से निशाने पर की गई अनचाही आबादी को बिना सबके कत्लेआम या नरसंहार के हटाना संभव होगा। हालांकि, यह तब संभव है जब बच के निकलने के सारे रास्ते खुले हों। यह मुमकिन है कि दानवीकरण और वहशीकरण किए गए समूह के कुछ सदस्य वहीं टिके रह जाते हैं जिसके लिए वे अपने धर्म का परिवर्तन कर लेते हैं और अपनी पहचान बदल लेते हैं या ताकतवर संरक्षक उनकी हिफाजत करते हैं मगर ऐसे अपवाद भी जातीय सफाई को रोक नहीं सकते। दूसरी तरफ, प्रभुत्वता का अधिकार, जो अंतरराष्ट्रीय कानून के तहत, किसी भी देश को हासिल है, उन्हें अंतरराष्ट्रीय सीमा और सीमा को नियंत्रण करने की प्रक्रियाओं द्वारा बाध्य किया गया प्रवास और जातीय सफाई पक्की और अपरिवर्तनीय करने में मदद करता है। इसका आखरी अंजाम डेमोग्राफिक (आबादीयत) ढांचे और रवायती तहजीब की पूरी तबाही है, पहले जिसकी बुनियाद पर संप्रदायों के बीच रवायती संतुलन कायम था।

संदर्भ

अबिसाब, आर., *कनवरटिंग परसिया : रिलीजन एंड पॉलिटिक्स इन दी सफाविद एंपायर*, लंदन: आई.बी. टौरिस, (2004)।

अहमद, आई., *स्टेट, नेशन एंड एथ्निसिटी इन कंटेम्पोररी साउथ एशिया*, लंदन एंड न्यूयॉर्क: पिंटर, (1998)।

अजीज, के.के., *दी मर्डर ऑफ हिस्ट्री*, लाहौर: वैनगार्ड बुक्स, (1993)।

बेल-फियाल्कोफ्फ, ए., *एथनिक क्लिंसिंग*, नई यॉर्क: सैंट मार्टीन्स प्रैस, (1999)।

ब्रास्स, पॉल, *एथ्निसिटी एंड नैशनलिज्म: थेओरी एंड प्रैक्टिस*, नई दिल्ली: सेज पब्लिकेशन्स, (1991)।

ब्रास्स, पॉल, 'दी पार्टीशन ऑफ इण्डिया एंड रेट्रीब्यूटिव जेनोसाइड इन द पंजाब, 1946-47: मीन्स, मेथड्स एंड परपसेस', *जर्नल ऑफ जेनोसाइड रिसर्च*, लंदन: टेलर एंड फ्रांसिस, कारटेक्स पब्लिशिंग, (2003)।

ब्राउनिंग, सी.आर., *दी पाथ टू जेनोसाइड*, कैंब्रिज: कैंब्रिज यूनिवर्सिटी प्रैस, कैंटो एडिशन, (1995)।

चाक, एफ. एंड जोनास्सोहन, के., *दी हिस्ट्री एंड सोशियोलॉजी ऑफ जेनोसाइड: एनालिसिस एंड केस स्टडीज*, न्यू हेवन एंड लंदन: मौनट्रियल इंस्टीट्यूट ऑफ जेनोसाइड स्टडीज एंड येल यूनिवर्सिटी प्रैस, (1990)।

कोन्नोर, डबल्यू., *एथनोनैशनलिज्म: दी क्वेस्ट फॉर अण्डरस्टैंडिंग*, प्रिंसटन: प्रिंसटन यूनिवर्सिटी प्रैस, (1994)।

गीर्ट्ज, सी. (संपा.), *ओल्ड सोसाइटीस एंड न्यू स्टेट्स*, न्यूयॉर्क: दी फ्री प्रैस, 1963।

जिलेटली, आर., 'दी थर्ड राइच, दी होलोकास्ट, एंड विजन्स ऑफ सोशल जेनोसाइड', इन रोबर्ट जिलेटली एंड बेन कीयरनन (मके.), *दी स्पेक्टर ऑफ जेनोसाइड: मास मर्डर इन हिस्टॉरिकल पर्सपेक्टिव*, कैंब्रिज: कैंब्रिज यूनिवर्सिटी प्रैस, कैंटो एडिशन, (2003)।

गटमैन, आर., *ए विटनेस टु जेनोसाइड*, शफटेसबर्ग, डोरसेट: एलिमंट बुक, (1993)।

गहनसेन, ए.बी., *पार्टीशन एंड जेनोसाइड: मनीफेस्टेशन ऑफ वायोलेंस इन पंजाब 1937–1947*, नई दिल्ली: इण्डिया रिसर्च प्रैस, (2002)।

हॉब्स, टी., *लेवियथन*, लंदन: पैंगविन क्लासिक्स, (1985)।

जोनास्सोहन, के. एंड ब्योन्सन, के.एस., *जेनोसाइड एंड ग्रोस्स ह्यूमन राइट्स वाईओलेशन्स*, न्यू ब्रुंसविक एंड लंदन: ट्रैंजैक्शन पब्लिशर्स, (1999)।

जॉन्सन, जी. (मक.), *ईस्ट तिमोर: नेशन बिल्डिंग इन द ट्वेंटी फर्स्ट सेंचुरी*, स्टॉकहोम: सेंटर फॉर पैसिफिक एशियन स्टडीज, (2003)।

केलास, जे.जी., *दी पॉलिटिक्स ऑफ नेशनलिस्म एंड एथ्निसिटी*, न्यूयॉर्क: सैंट मार्टीन्स प्रैस, (1998)।

केचमैनोविच, डी., *दी मास साइकॉलजी ऑफ एथनोनैशनलिज्म*, न्यूयॉर्क एंड लंदन: प्लेनियम प्रैस, (1996)।

कूपर, एल., *जेनोसाइड*, न्यू हेवन एंड लंदन: येल यूनिवर्सिटी प्रैस, (1982)।

लेक, डी.ए. एंड रोठ्सचाइल्ड, डी. (मके.), *दी इंटरनेशनल स्प्रेड ऑफ एथनिक कंफ्लिकट*, प्रिंसटाउन: प्रिंसटाउन यूनिवर्सिटी प्रैस, (1998)।

लैंग, बी., *एक्ट एंड आइडिया इन दी नात्सी जेनोसाइड*, सियराकुस: सियराकुस यूनिवर्सिटी प्रैस, (2003)।

मैन, एम., *दी डार्क साइड ऑफ डेमोक्रेसी: एक्स्प्लेनिंग एथनिक क्लिन्सिंग*, कैंब्रिज: कैंब्रिज यूनिवर्सिटी प्रैस, (2005)।

मेलसन, आर., *रेवोल्यूशन एंड जेनोसाइड: ऑन दी ओरिजिंस ऑफ द अर्मेनिअन जेनोसाइड एंड द होलोकास्ट*, इल्लीनोय, यूनिवर्सिटी ऑफ शिकागो प्रैस, (1992).

नैमार्क, एन.एम., *फाइर्स ऑफ हेटरेड: एथनिक क्लिन्सिंग इन दी ट्वेंटिएथ सेंचुरी यूरोप*, कैंब्रिज मास. लंदन : हारवर्ड यूनिवर्सिटी प्रैस, (2001).

शिल्स, ई., 'प्रिमोरडियल, पर्सनल, सैक्रेड एंड सिविल टाइस', *ब्रिटिश जर्नल ऑफ सोशियोलॉजी*, (1957)।

स्टीनबर्ग, एस., दी *एथनिक मिथ: रेस, एथ्नीसिटी एंड क्लास इन अमेरिका*, न्यूयॉर्क: एथेनियम, (1981)।

तंवर, रघुवेंद्र, *रिपोर्टिंग दी पार्टीशन ऑफ पंजाब 1947*, नई दिल्ली: मनोहर, (2006)।

विलियम्स, एच., 'फ्रीलैंस', *टाइम्स लिटेररी सपलीमेंट*, 13 फरवरी 2004।

यंग, सी., दी *पॉलिटिक्स ऑफ कल्चरल प्लुरलिज़्म*, मेडीसन: दी यूनिवर्सिटी ऑफ विसकौनसिन प्रैस, (1976)।

2
पूर्व औपनिवेशिक और औपनिवेशिक पंजाब

आधुनिक जमाने का पंजाब मूलत: एक राजनीतिक-प्रशासनिक इकाई है। हालांकि पंजाब के लिए इस्तेमाल किए गए वर्णन हमेशा एक ही इकाई से ताल्लुक नहीं रखते; फिर भी उनमें एक समानता है। सबसे पुराना वर्णन ऋग्वेद में 'सप्त सिंधु' या 'सात दरियाओं की जमीन' के तौर पर किया गया है जिसमें सिंधु नदी सबसे महत्त्वपूर्ण थी। एक ज़्यादा प्रचलित सिद्धांत यह है कि पंजाब (फारसी में पाँच दरिया) का नाम पाँच दरियाओं से लिया गया है जो झेलम, चनाब, रावी, सतलज और ब्यास हैं। मुगलों ने इस नाम का इस्तेमाल पाँच नदियों के बीच के अपनी प्रभुत्वता वाले इलाके के लिए करना शुरू किया। महाराजा रणजीत सिंह बतौर अपनी पंजाब की बादशाही को दक्षिण में मुल्तान और उत्तर में कश्मीर को इसका हिस्सा मानते थे। अंग्रेजों ने पंजाब सूबे की सरहदें पूरब में यमुना के किनारे तक पहुंचा दीं। जे.एस. ग्रेवाल टिप्पणी करते हैं :

> हालांकि जिन क्षेत्रीय इकाइयों पर हम गौर कर रहे हैं उनमें कोई एकरूपता नहीं है, तब भी जब हम एक ही शब्द का इस्तेमाल करते हैं और सच तो यह है कि उनके मायने एक दूसरे से मिलते-जुलते हैं। यमुना नदी के उस पार हम कभी नहीं जाते हैं और सिंध और हिमालय इसके बाहर रहते हैं। जो इलाका उभर कर सामने आता है वह उत्तर और उत्तर-पश्चिम में हिमालय से, पूर्व में यमुना से और दक्षिण तथा दक्षिण-पश्चिम में अरावली पहाड़ियों और थार के रेगिस्तान से घिरा हुआ है (2004: 2)।

पंजाब की जातीय संरचना

जहां तक, सबसे पहले बसे निवासियों की जातीय और धार्मिक विशेषताओं का सवाल है, आदि प्रोटो-औस्ट्रालोइड और बाद में द्रविड उस समय मौजूद थे, जब इंडो-यूरोपियन मूल के लोगों का 1500-1000 ई.पू. में इस क्षेत्र में आगमन हुआ। हिंदुओं के चार वर्ण या

जैसा अब जिसे जाति समूह कहा जाता है और जिसमें ब्राह्मण, क्षत्रिय, वैश्य और शूद्र शामिल हैं, तब तैयार हुआ जब घुसपैठ करते आर्यों और इंडो-यूरोपियन लोगों ने देशी लोगों को हरा दिया। दलित कहे जाने वाले लोग समाज का वो हिस्सा थे जिन्हे हिंदू जाति वर्गीकरण ने उप-मानव का दर्जा दिया था। मगर, जाति प्रथा के बाद में आने वाले ग्रीक, साइथियंस, शक, हूण, कुषाण और कई छोटे समूहों को अलग-अलग जाति की मान्यता दे दी गई। मगर कुछ इससे दूर रहे और अपनी आदिवासी और खानदानी पहचान बरकरार रखी। जब ग्यारहवीं शताब्दी में उत्तर-पश्चिमी पहाड़ी दर्रों से होकर आते हुए, तुर्को-अफगान के नेतृत्व में आक्रमण शुरू हुए, हिंदू धर्म और बौद्ध धर्म दोनों के अनुयायी इस क्षेत्र में मौजूद थे। आठवीं शताब्दी के बाद से अरब से आए लोग मुल्तान और आसपास के क्षेत्रों में आकर बस गए थे। पंजाब की सांस्कृतिक विविधता और समधर्मी परंपरा के बारे में चर्चा शुरू करने के लिए एक सुविधाजनक शुरुआत इसलिए 1021 ए.डी. में महमूद गजनी द्वारा प्राप्त लाहौर की विजय होगी। उस समय के बाद से इस इलाके में एक स्थायी मुस्लिम मौजूदगी हो गई।

सांप्रदायिक संबंध

पंजाब में लोगों ने धीरे-धीरे इस्लाम कबूल किया और इसको सोलहवीं सदी से बढ़ावा मिला, हालांकि सूफियों के उपदेश के परिणामस्वरूप कुछ कबाइली लोग उससे भी पहले अपना मजहब तब्दील करने लगे। आम तरीका यह था कि पहले मुस्लिम हुकूमत कायम की जाती और इसको और मजबूत किया जाता और फिर सूफी इस्लाम मजहब का उपदेश देना शुरू करते और अमन से लोगों का दिल जीतने में कामयाब हो जाते। सभी मनुष्यों की समानता की धार्मिक अवधारणा, इस्लामी संपर्क के माध्यम से उपमहाद्वीप में शुरू की गई थी और एक नैतिक मूल्य के रूप में स्वीकार की गई, हालांकि क्या एक और अधिक समतावादी सामाजिक संरचना बनाने में मदद मिली है इस बारे में अधिक संदेह है।

गोरखनाथ जो इसी क्षेत्र में दसवीं और तेरहवीं शताब्दी ईस्वी के बीच के समय में पैदा हुए थे, उनकी कोशिशों के चलते, पंजाब में हिंदू धर्म और बौद्ध धर्म के बीच एक संश्लेषण चल रहा था। गोरकनाथी योगियों या भटकते हुए संतों ने शैव हिंदू पंथ की विशेषताओं को बनाए रखा जबकि उन्होंने बौद्ध और इस्लामी प्रभावों को भी स्वीकारा। वाडेविल के मुताबिक गोरखनाथी मुस्लिमों और हिंदुओं के बीच एक सेतु बनाने में सक्षम थे क्योंकि वे एकेश्वरवाद में यकीन रखते थे और जाति भेद तथा आनुष्ठानिक शुद्धता का विरोध करते थे (अलहक, 1996: 286)। एक और हिंदू सुधार प्रक्रिया जो पंजाब में पैर जमाने में कामयाब हुई वो संतों का क्रम या घुमंतू संत को लेकर थी, जो अक्सर समाज के छोटे तबके से आते थे। वे संत भक्ति आंदोलन के साथ जुड़े

हुए थे और मुख्य रूप से उन्होंने दक्षिण भारत के निम्न-जाति मूल के हिंदुओं में जन्म लिया और जाति उत्पीड़न के खिलाफ थे। भक्ति आंदोलन ने उत्तरी भारत और पंजाब में महान प्रगति की। इस आंदोलन को मुस्लिमों से बहुत अनुयायी मिले। उनमें से कबीर का नाम सबसे अहम है। उनका मानना था कि परमेश्वर सिर्फ एक था और उसकी रचना से वह अविभाज्य था। भक्ति आंदोलन के लोगों ने एक गरीबी भरे जीवन और आचरण की शुद्धता की कसम खाई। पंजाब में सिख धर्म के विकास पर इस आंदोलन ने गहरा प्रभाव डाला जैसा कि हम जल्द देखेंगे।

सूफीवाद और एक मिली-जुली तहजीब

सूफी भाईवाद जो दक्षिण एशिया में या तो मध्य पूर्व से या मध्य एशिया से आ गया था वह पहले से ही दक्षिण एशिया की सर्वेश्वरवाद संबंधी परंपराओं से प्रभावित हो गया था और कुछ मामलों में इसका नतीजा आस्तिक मेल या एक परमेश्वर को मानने वाले विचार के रूप में हुआ। इस्लाम के भीतर, सूफी के खास इदारे सुहरावरदिया, चिश्तिया, नक्शबंदिया और कादरिया सुन्नी सिद्धांतों का पालन करते थे और शरियत या इस्लामी कानून को सर्वोपरि मानते थे जबकि वे स्थानक रवायतों और रिवाजों के मुताबिक ढल चुके थे। मगर अकेले सूफी कई बार एक गैर-पारंपरिक रुख अख्तियार कर लेते थे जो शरियत के पालन को औपचारिक रूप से अगर नहीं तो भी अमली तौर पर निरर्थक बना देता था। उन दायरों में जिस बुनियादी ख्याल को मंजूरी मिली है वह यह था कि आखिरकार एक महान आत्मा या भगवान है जो समूचे ब्रह्मांड और सांसारिक प्रक्रियाओं को एक साथ पकड़ कर रखता है (वही: 283-464)।

इस तरह की सोच का सिलसिला बुल्ले शाह (1680-1758) के तहत अपनी चोटी पर पहुँच गया। बुल्ले शाह के गुरु शाह इनायत सूफीवाद के कादरिया शत्तारी इदारे से ताल्लुक रखते थे जिसने व्यक्तिगत मोक्ष तक पहुँचने ले लिए, आसानी से हिंदू दार्शनिक विचारों को सूफी विचारों में शामिल किया (वही: 634)। बुल्ले शाह हालांकि खुले तौर पर हठधर्मिता पर सवाल उठाने के मामले में अपने शिक्षक और मार्गदर्शक से आगे निकल गए (अहमद, 2004)। एक दोहा मिसाल के तौर पर पेश किया जा सकता है, जो एक सिद्धांतवादी नजरिए से विधर्मी है:

गल्ल समझ लई ते रौला की
ए राम रहीम ते मौला की
(बात समझ ली तो हल्ला क्यूँ?
यह राम रहीम और मौला क्यूँ?)

अनुवाद: गुरप्रीत सिंह

ऐसे भी सूफी थे जो सिद्धांतवादी शरियत में यकीन करते थे। नक्शबंदी सूफी, अहमद सरहंदी या मुजाहिद अल्फ-सानी जो सोलहवीं सदी के दौरान रहते थे और भारत के पंजाब में दफन हैं, उन्होंने मुगल बादशाही के दौरान सख्त इस्लाम की बहाली में एक महत्त्वपूर्ण भूमिका निभाई।

पंजाबी भाषा

यह साफ नहीं है कि पंजाबी, बतौर एक जुबान कब विकसित हुई मगर इसकी विभिन्न बोलियाँ तुर्की-अफगान लोगों के आने से पहले से पंजाब में इस्तेमाल की जाती थीं। ब्राह्मण संस्कृत का प्रयोग करते थे और मुस्लिम मौलवी मजहबी कामों के लिए अरबी का। ऊंचे दर्जे के मुस्लिम फारसी और यहाँ तक कि तुर्की बोलते थे जबकि आम आदमी पंजाबी की अलग-अलग बोलियाँ बोलते थे। गोरखनाथी स्थानीय लोगों के साथ स्थानीय भाषा में बात-चीत करते थे (ग्रेवाल, 2004: 11)। 13वीं सदी के लेखक और सूफी मध्य पंजाब की भाषा को लाहौरी कहते थे (वही: 10)। उन दिनों की दूसरी बोलियाँ आज भी मौजूद हैं। चिश्तीया सूफी इदारे के शेख फरीदुद्दीन गंजशकर के समय से पंजाबी का साहित्यिक और धार्मिक संरचना के लिए इस्तेमाल किया जाने लगा था और शाह हुसैन, सुल्तान बहू, बुल्ले शाह, मियां मुहम्मद और ख्वाजा गुलाम फरीद ने पंजाबी की विभिन्न बोलियों में लिखा था।

प्रेम और वीरता के महाकाव्यों, जैसे हीर-रांझा, पूरन भगत, सोहनी माहीवाल और यहाँ तक अरब और सिंध रेगिस्तान की कहानियों – लैला-मजनूँ और सस्सी-पुनूँ को भी बहुत श्रद्धा और प्रेम के साथ सुना जाता है। हीर पर दो मशहूर ग्रंथ, एक दामोदर हिंदू और दूसरा वारिस शाह मुस्लिम सूफी द्वारा लिखे गए हैं। हीर महाकाव्य में हिंदू धर्म और इस्लाम के बीच सहजीवन दृढ़ता से बाहर आता है, जिसे गांवों और कस्बों में लोगों के समागमों में सुनाया और गाया जाता था। मगर यह बात नकारी नहीं जा सकती कि समाज के हर तबके, खास कर मौलवियों, ब्राह्मणों और प्रत्येक समुदाय के ऊपरी तबकों में, सिद्धांतवादी नियमों और विनियमों का पालन किया जाता था और विद्यमान संस्कार, रस्में और प्रथाओं के माध्यम से सांप्रदायिक सीमाएं स्पष्ट रूप से चिह्नित की जाती थीं। उदाहरणस्वरूप रूढ़िवादी एवं ब्राह्मणवादी हिंदू धर्म का ऊंची जातियों के बीच लगाव था जबकि इस्लामी कट्टरपंथियों का प्रतिनिधित्व सुन्नी कट्टरपंथियों द्वारा किया जाता था जिसमें तुर्क, अफगान, मुगल और अन्य तत्व थे जो पवित्र प्रजातियों के या ख्यात अरबी पूर्वजों के वंश से ताल्लुक रखने का दावा करते थे (अहमद, 1999)।

इस बारे में कोई संदेह नहीं कि पंजाबी को एक जुबान के तौर पर सबसे बड़ी प्रेरणा सिख धर्म के आगमन से हुई। पंद्रहवीं सदी के आखिर में गुरु नानक (1469-1539) का जन्म राय भोई की तलवंडी (अब पाकिस्तानी पंजाब में ननकाना साहिब) में एक

खत्री परिवार में हुआ। उन्होंने एक धार्मिक सुधार आंदोलन की पहल की, जिसे सिख धर्म के रूप में जाना जाने लगा। गुरु नानक ने अपने विचार लाहौरी पंजाबी में वर्णित किए। यह परंपरा उनके आध्यात्मिक उत्तराधिकारियों के लेखन में चलती रही और निखरी। दूसरे सिख गुरू अंगद देव जी द्वारा 16वीं सदी के दौरान गुरमुखी लिपि को मानकीकृत किया गया। सूफियों और अन्य मुस्लिम लेखकों ने फारसी लिपि में पंजाबी लिखी जबकि हिंदुओं ने देवनागरी लिपि का इस्तेमाल जारी रखा। इसलिए लोकप्रिय पंजाबी सांस्कृतिक पहचान के विकास में, मौखिक परंपरा ने एक महत्वपूर्ण भूमिका निभाई, जबकि लिखित शब्द सांप्रदायिक सीमाओं के चलते दुर्गम बने रहे। किसी भी मामले में पंजाब के इतिहास के किसी भी स्तर पर पंजाबी राज्य या सरकार की भाषा कभी नहीं थी। यहां तक कि सिख शासक रणजीत सिंह ने भी सरकार की भाषा के रूप में फारसी का इस्तेमाल किया।

पंजाब में सिख धर्म

गोरखनाथी, भक्ति और सूफी आंदोलनों से प्रभावित होकर, गुरु नानक ने अस्पृश्यता को अस्वीकार कर दिया और एक भगवान की पूजा पर बल दिया। उन्होंने मुस्लिम और हिंदू धार्मिक और राजनीतिक प्रतिष्ठानों में बड़े पैमाने पर भ्रष्टाचार की निंदा की। उन्होंने लंगर की स्थापना की और अपने अनुयायियों जो ज़्यादातर हिंदू धर्म से आए थे को एक साथ मिल बैठ कर खाने के लिए (सिंह 1986: 49) राजी करने में सफल हुए। सिख धर्म में काफी हद तक पंजाब की कृषि और कारीगर जातियों के लोग आए–जिन जातियों को अन्यथा हिंदू धर्म में एक निचला दर्जा हासिल था। सिखों में जट्ट या जाट जाति के लोग सबसे ज़्यादा थे (सिंह, 1963: 89)। पहले चार गुरुओं के समय के दौरान, सिख धर्म एक शांतिपूर्ण सुधारवादी संप्रदाय बना रहा जिसका दूसरे सुधारवादी भाईचारे से कोई फर्क नहीं था। सिख विश्वास और प्रभाव के कुछ स्थायी केन्द्र इसके इतिहास के शुरुआती दिनों में स्थापित कर लिए गए जिनमें सबसे महत्वपूर्ण चौथे गुरु, गुरु रामदास द्वारा अमृतसर में स्थापित किया गया स्वर्ण मंदिर है। इसकी नींव रखने वालों में लाहौर के मुस्लिम सूफी मियां मीर भी थे। अपने सहिष्णु विचारों के लिए प्रसिद्ध सम्राट अकबर पांचवें गुरू, गुरु अर्जन देव (1563–1606) के ज्ञान से प्रभावित हुए, उन्हें महंगे तोहफों से सम्मानित किया और भूमि और राजस्व का अनुदान दिया। अकाल तख्त को स्वर्ण मंदिर के परिसर के साथ छठे गुरु गुरु हरगोबिन्द (1595–1644) ने जोड़ा, जो दो तलवारों को धारण करते थे और जो आध्यात्मिक और लौकिक प्राधिकरण के बीच एक संबंध दर्शातीं थी (अहमद, 1990: 108)। धीरे-धीरे किसान और छोटे व्यापारियों के समर्थन के आधार पर, सिख शक्ति उत्तर-पश्चिमी भारत में उभरने लगी। मुगल सम्राट इसको देख चिंतित हो गए और बाद के सिख गुरुओं के खिलाफ सैन्य कार्रवाई का आदेश दिया। नौवें गुरु तेग बहादुर की

ओर से कश्मीर के पंडितों को समर्थन मिला जो आरोप लगा रहे थे कि उन्हें इस्लाम कबूल करने के लिए मजबूर किया जा रहा था। इसके चलते गुरु और उनके कुछ अनुयायियों को मुग़ल अदालत में पेश किया गया तथा इसके साथ ही एक मजहबी बहस छेड़ी गई और अंत में गुरु ने इस्लाम कबूलने से इंकार कर दिया। साथ ही साथ, सम्राट औरंगजेब ने उन्हें अपनी श्रेष्ठ आध्यात्मिक शक्तियों को साबित करने के लिए एक चमत्कार प्रदर्शन करने की मांग की जो उनके लिए करना असंभव था। सम्राट के आदेश पर, गुरु तेग बहादुर और उनके अनुयायियों को एक सार्वजनिक जगह पर मार डाला गया (सिंह, 1963)।

उनके पुत्र सिखों के दसवें और अंतिम गुरु, गोबिंद राय (1666-1708) ने एक अच्छी तरह से प्रशिक्षित और अनुशासित नियमित सेना को बनाए रखा। उनके सैनिकों में अधिकांश किसान और कारीगर जातियों के गरीब वर्गों से आए थे। सिखों ने उनके नियंत्रण के अधीन क्षेत्रों में राजस्व और अन्य कर इकट्ठा करना शुरू किया और जल्द ही सिख शक्ति उत्तर भारत की राजनीति में एक प्रमुख शक्ति बन कर उभरी। गोबिंद राय ने मुस्लिम और हिंदू प्रमुखों के खिलाफ कई लड़ाइयाँ लड़ी। ऐसा लगता है उनके अभियान को पंजाब की आबादी द्वारा धर्मयुद्ध के रूप में आवश्यक रूप से नहीं देखा गया : मुगल वर्चस्व का विरोध करने वाले कई मुस्लिम कुलीन लोग उनके साथ हो लिए और सिख सेनाओं में मुस्लिम और हिंदू सैनिक दोनों ही पर्याप्त संख्या में पाये जाने लगे। 1699 में गुरु गोबिंद राय ने अपने अनुयायियों को उत्तरी पंजाब के आनंदपुर में इकट्ठा करने के लिए तलब किया। इस सभा में उन्होंने विशिष्ट तर्ज पर सिखों को संगठित करने का निर्णय लिया और यहाँ अमृत संचार की शुरूआत की। उन्हें एक पारिवारिक नाम दिया गया जो था 'सिंह' जिसका अर्थ 'शेर' है। अमृत संचार का यह महत्व था कि अपनी पिछली जातियों, कमाई के माध्यमों और अन्य सभी सामाजिक संबंधों को छोड़कर, खालसा के सैनिक हो गए थे। उन्होंनें कुछ विशिष्ट प्रतीक अपनाए जैसे बाल और दाढ़ी बढ़ाना और तलवार या कृपाण हमेशा धारण करना।

मुगलों ने गुरु गोबिंद सिंह को उनके जीवन के अंत तक सताया और आदेश दिया कि उनके दो बेटों को मार डाला जाए। 1708 में मुस्लिम हत्यारों द्वारा किए गए वार के घावों से उनकी मृत्यु हो गई। सिख सांप्रदायिक स्मृति में इसलिए मुस्लिमों या तुर्की (मुगल इस नाम से भी जाने जाते थे) लोगों को उनके गुरु के उत्पीड़न के साथ विशेष रूप से जोड़ा जाता है। इसका एक अपवाद मलेरकोटला की छोटी रियासत का मुस्लिम शासक था जिसने गुरु गोबिंद सिंह के पुत्रों की यातना और हत्या करने के खिलाफ आपत्ति की। इसलिए गुरु ने आदेश दिया कि मलेरकोटला के मुस्लिमों का कभी कोई नुकसान न किया जाए (कोहली, 1988)। कुछ सिखों ने, हालांकि, मुस्लिम शासकों द्वारा उनके ऊपर की गई ज़्यादतियों का बदला लेना अपना कर्तव्य माना और एक बड़े पैमाने पर मुस्लिमों की हत्याओं की मुहिम शुरू कर दी। बंदा बहादुर ने आतंक

का एक दौर शुरू किया जो न सिर्फ पंजाब के मुस्लिम शासक वर्ग के खिलाफ था जिनकी भूमि जब्त कर सिखों के बीच पुन: वितरित की गई बल्कि साधारण मुस्लिमों जैसे–कारीगरों और किसानों के खिलाफ भी था। उनके द्वारा किया गया अत्याचार मुस्लिम ऐतिहासिक मनोविज्ञान का हिस्सा बन गया जो उनके प्रवक्ताओं द्वारा स्मरण किया जाता है (अहमद, 1990: 108–9; सिंह, 1963: 118)।

जहां तक सिख, इस्लाम और हिंदू धर्म के बीच रिश्तों का सवाल है, यह महत्वपूर्ण है कि ब्रिटिश इतिहासकार कनिंघम ने सिख धर्म को एक मुस्लिम संप्रदाय माना था। एकेश्वरवाद के मामले में और अन्य समतावादी प्रथाओं में वास्तव में, सिख धर्म सूफी इस्लाम के लोकप्रिय संस्करणों के करीब था लेकिन ऐतिहासिक तौर पर इसके और हिंदू धर्म के बीच कोई रेखा नहीं थी और कई लोगों ने हिंदू और सिख सिद्धांतों के संयोजन से जन्मे एक लोकप्रिय धर्म का पालन करना जारी रखा। इसके अलावा पश्चिमी और मध्य जिलों के कुछ खत्री और अरोड़ा जाति के पंजाबी हिंदुओं में एक बेटे को एक सिख के रूप में पाल कर बड़ा करना, अक्सर ज्येष्ठ को, एक स्थापित परंपरा थी। एक ही जाति के हिंदुओं और सिखों के बीच अंतर्जातीय विवाह बहुत आम था। ये परंपराएँ आधुनिक युग में भी जारी रहीं, अपवाद स्वरूप सिख और हिंदू जट्ट थे जो आम तौर पर एक दूसरे से विवाह संपर्क स्थापित नहीं करते थे (अकबर, 1985: 131–33)। ब्रिटिश जनगणना रिकॉर्ड में सिखों को कभी-कभी हिंदुओं के रूप में दर्ज किया गया और कभी-कभी सिखों के रूप में। बीसवीं सदी की शुरुआत में पंजाब क्षेत्र में हालांकि, दोनों हिंदू और सिख अल्पसंख्यक थे।

किसी भी सूरत में अठारहवीं सदी के दौरान फारसी और अफगान आक्रमणकारियों के नेतृत्व में हमलों की एक श्रृंखला से मुगल साम्राज्य तितर-बितर हो गया। पहले (1738 और 1739 में) फारसी नादिरशाह आया जिसने पंजाब और मुगल राजधानी दिल्ली के आसपास के क्षेत्रों को उजाड़ दिया। इसके बाद एक अफगान हमलावर अहमद शाह ने हमलों की एक श्रृंखला लगा दी। यह पूरे पंजाब और उत्तरी भारत के भीतर की सामाजिक व्यवस्था की तबाही का कारण बना। इन अफगान घुसपैठों के बाद हुए कत्लेआम के मुस्लिम, हिंदू और सिख सब शिकार बने। बार-बार होने वाले हमलों से कोई मुगल प्रशासनिक या सैन्य संरचना बच न सकी (अहमद, 1990: 108–111)।

सिख, जिन्होंने अपनी चलती-फिरती सेना की संरचनाओं को बरकरार रखते हुए जंगल में शरण ली थी, पंजाब में सबसे मजबूत सैन्य शक्ति के रूप में उभरे। 1799 में महाराजा रणजीत सिंह द्वारा पंजाब के साम्राज्य की स्थापना सिख सत्ता का शिखर था मगर इससे पहले तीस साल के एक लंबे समय के लिए पंजाब के विभिन्न भागों में सिखों ने राजनीतिक ताकत प्राप्त कर ली थी। सिख सरदारों की एक तिकड़ी ने उदाहरण के लिए लाहौर में और इसके चारों ओर अपनी शक्ति की स्थापना की और वे करों तथा अन्य देय राशि का संग्रह करने लगे (शेख, 2005)। सिखों का एक

अल्पसंख्यक सम्प्रदाय से पंजाब के सत्तारूढ़ समुदाय तक उत्थान एक स्वतंत्र राज्य की स्थापना के साथ परिपूर्ण हुआ। यह बहुत असामान्य था। जहां तक बहुसंख्यक मुस्लिम आबादी का सवाल है, उपमहाद्वीप में स्थापित परंपरा के अनुसार रणजीत सिंह ने हर तरह के विरोध को कुचलने के लिए अत्यधिक बल का इस्तेमाल किया – जिसका मतलब था मुख्य रूप से उन मुस्लिमों की हत्या करना जो मुगल साम्राज्य की सेवा करते थे या अफगानिस्तान के शासकों के करीबी थे। कुछ मामलों में सिख सेनाओं ने मुगलों द्वारा उनके गुरुओं का दुर्व्यवहार के चलते अपने मन में दबा गुस्सा व्यक्त करने के लिए मुस्लिम पवित्र स्थानों को अपवित्र किया। हालांकि रणजीत सिंह ऐसी नीति से जल्द ही दूर चले गए और एक दक्षिण एशियाई काल्पनिक आदर्श शासक बनने की कोशिश की ताकि वह सभी समुदायों के रक्षक बन सकें।

उसने अपने आपको लाहौर के राज्य के महाराजा के तौर पर घोषित किया और 1801 में विस्तार और समेकन का एक लंबा शासनकाल शुरू किया। सभी विपक्षियों को मसलने के बाद वह सुलह करने की नीति पर उतारू हो गए। तदानुसार मुस्लिम और हिंदू पंजाबियों को उन्होंने अपनी मंत्रिपरिषद और सलाहकारों के पद पर शामिल किया। सेना में मुस्लिमों, हिंदुओं और सिखों को सभी स्तरों पर नियुक्त किया गया। इन वर्षों में रणजीत सिंह ने एक निष्पक्ष और बुद्धिमान शासक होने की प्रतिष्ठा अर्जित की। कई सुधारों को शुरू किया गया, जिनमें पंजाब के तीन प्रमुख समुदायों के लिए मुफ्त दवा और अलग अदालतें शामिल थे (सिंह, 1985: 48–50)। जाहिर तौर पर उनका शासनकाल ऐसा था जिस दौरान पंजाब में भारत के किसी अन्य हिस्से की तुलना में साक्षरता अधिक थी। सामुदायिक हिंदू, मुस्लिम और सिख द्वारा संचालित स्कूलों में न सिर्फ धार्मिक ज्ञान ही दिया जाता था, बल्कि यह गणित और विज्ञान में एक ठोस आधार तैयार कराते थे। पंजाबी शिक्षा का मुख्य माध्यम था लेकिन विद्यार्थी अरबी, उर्दू, फारसी और संस्कृत भी सीखते थे। उनके शासन के दौरान, हर तबके के लोगों की एक साझा मजबूत पंजाबी पहचान उभरी (शेख, 2010)। लेकिन पंजाबी सांस्कृतिक पहचान पर जोर देने के बावजूद सिख साम्राज्य ने राज्य की आधिकारिक भाषा के रूप में फारसी को बरकरार रखा (चौधरी, 1977: II)।

उस समय, ब्रिटिश उत्तरी भारत में तेजी के साथ बढ़ रहे थे। 1839 में महाराजा रणजीत सिंह चल बसे तथा अलग-अलग दावेदारों में सिंहासन के लिए संघर्ष भड़क उठा। कुछ सिख सरदारों ने जिन क्षेत्रों में अपनी सैन्य उपस्थिति बनाए रखी थी वहाँ वे भारी कर और अन्य देय राशि की उगाही करने लगे। अराजकता फैल गयी। अंग्रेजों ने इन हालातों का फायदा उठाया और पंजाब पर हमला कर दिया। ब्रिटिश और सिख फौजों के बीच कई जंगें हुईं।

ब्रिटिश शासन

महाराजा रणजीत सिंह के छोटे बेटे दलीप सिंह और ब्रिटिश के बीच 29 मार्च 1849 को एक संधि पर हस्ताक्षर किए गए जिससे राज्य पर ब्रिटिश ईस्ट इंडिया कंपनी का कब्जा पारित हुआ। उस समय राजधानी लाहौर जीर्ण, आर्थिक कष्ट और समग्र पतनशीलता की हालत में पहुँच गई थी। इमारतें, सड़कें, सीवेज सिस्टम और अन्य सुविधाएं पूरी तरह जीर्ण-शीर्ण हो चुकी थीं। ब्रिटिश संरक्षण में पंजाब और विशेष रूप से लाहौर फला-फूला, क्योंकि अंग्रेज उनके भारतीय साम्राज्य को अफगान हमलावरों और उसके पड़ोसी राज्य रूसी साम्राज्य से बचाना चाहते थे।

इसलिए कई सिख सरदारों को रिश्वत देकर अंग्रेजों ने उन्हें अपने साथ कर लिया तथा सम्पदा और रियासतों पर उनके स्वामित्व अधिकारों की पुष्टि कर दी। यह गौर करना महत्वपूर्ण है कि पंजाब से न केवल सिख बल्कि सिपाही विद्रोह या 1857 के विद्रोह को कुचलने में मदद करने वाले कई मुस्लिम और हिंदू प्रमुखों को भी ब्रिटिश ने उदारता के साथ, भूमि और खिताब के साथ पुरस्कृत किया। बाद में वफादार कुलीन लोगों को भूमि देने की प्रक्रिया जारी रखी गई और परिणाम स्वरूप जमीन मालिकों (जमींदारों) का एक शक्तिशाली वर्ग पूरे पंजाब में स्थापित हो गया। इस संबंध में, यह कहा जाना चाहिए कि ब्रिटिश लोगों ने बहुत खूबी से, तीनों समुदायों के धार्मिक नेताओं को सहयोजित कर लिया। खास कर, विशेष धार्मिक शख्सियतों और सूफी धार्मिक स्थलों के प्रमुखों को प्रत्यक्ष संरक्षण के तहत लाया गया। बदले में वे यह सुनिश्चित करते थे कि स्थानीय स्तर पर शांति कायम रहे और सेना में भर्ती के लिए सैनिकों को उपलब्ध कराया जाए। ये वर्ग अंत तक ब्रिटिश शासन के प्रति वफादार बने रहे (अली, 1970: 193-240; ले, 1922)।

पंजाब को ब्रिटिश साम्राज्य की सुरक्षा के लिए रणनीतिक तौर पर एक अहम सूबा माना जाता था। अंग्रेजों ने नगर निगम और सरकारी स्कूलों में शिक्षा के माध्यम के रूप में उर्दू को इस्तेमाल करने का फैसला किया। जिसने पंजाब के ब्रिटिश साम्राज्य में विलय के लिए पहले की अस्तित्व वाली शिक्षा प्रणाली की जगह ले ली। इस मुद्दे पर पंजाब प्रशासन के वरिष्ठ सदस्यों के बीच विस्तृत चर्चा हुई। जो राय प्रबल साबित हुई वह यह थी कि पंजाबी उर्दू की एक परिजन भाषा थी और ब्रिटिश पहले से ही उत्तरी भारत के स्कूलों में और निचले स्तर पर आधिकारिक भाषा के रूप में इसका उपयोग कर रहे थे इसलिए उर्दू को पंजाब में बढ़ावा देना चाहिए (चौधरी, 1977)।

औपनिवेशिक पंजाब

अंग्रेजों की पंजाब पर जीत ने उत्तर-पूर्व दर्रों से होने वाले हमलों पर रोक लगा दी, जहां से ज़्यादातर हमलावर और विजेता उप-महाद्वीप में दाखिल होते थे। पंजाब के

बड़े हिस्सों को ब्रिटिश सीधे तौर पर प्रशासित करते थे लेकिन स्थानीय शासकों के साथ संधियों के माध्यम से अपने आधिपत्य के तहत उन्होंने रियासतों को भी ले लिया। उन्नीसवीं सदी के दूसरे अर्ध के बाद से पश्चिमी पंजाब का हिस्सा ब्रिटिश नियोजन और संरक्षण के तहत तेजी से तब्दील हो गया था। नहरों और जलघरों का एक विशाल नेटवर्क स्थापित किया गया। इसके चलते पंजाब में दुनिया की सबसे बड़ी सिंचाई प्रणाली तैयार हो गई। अमेरिकी गृह युद्ध की वजह से ब्रिटेन की आपूर्ति में दक्षिणी राज्यों से कपास के निर्यात में खलल पड़ गया। इससे पंजाब के किसानों को फायदा हुआ उन्हें कपास विकसित करने के लिए प्रोत्साहित किया गया। अधिक आबादी वाले पूर्वी पंजाब से लोगों को लाकर नगर कालोनियों में बसाया गया। नए बसने वालों में हजारों की तादाद में सिख और मुस्लिम थे (अली, 1989; भाटिया, 1987: 83–89; सिंह, 1966: 116–18)। हालांकि पश्चिमी जिलों में परिवर्तन एक ढांचे के भीतर ही हुए जो जमीन की मलकीयत के निजीकरण और अर्थव्यवस्था के व्यावसायीकरण को बढ़ावा तो जरूर देता था मगर स्वतंत्र औद्योगिक उद्यम को संयमित करता था (अली, 1989)। इन नए आर्थिक अवसरों के बावजूद उत्तरी और पूर्वी पंजाब की अधिक जनसंख्या अच्छी कृषि भूमि की कमी तथा भूमि जोत के विखंडन से ग्रस्त थी। अतीत में इस तरह की विषम परिस्थितियों ने इन क्षेत्रों के पंजाबियों को देशी शासकों और आक्रमणकारियों दोनों की सेनाओं में रोजगार की तलाश करने के लिए मजबूर किया था। ब्रिटिश नीति ने इस प्रवृत्ति का समर्थन किया: सिख, पंजाबी मुस्लिम और हिंदू राजपूत जिन्हें '*मार्शल रेस*' (लड़ाकू जाति) माना जाता था उन्हें ब्रिटिश भारतीय सेना में रोजगार की तलाश के लिए प्रोत्साहित किया गया। सच तो यह है कि औपनिवेशिक नीति जानबूझ कर उत्तरी पंजाब में आर्थिक विकास को रोकती थी ताकि सैनिकों की एक सतत आपूर्ति सुनिश्चित की जा सके।

इसके अलावा एक संस्था जिन लोगों को लेकर जल्दी से विकसित हुई और कृषि के बढ़ते व्यावसायीकरण की एक महत्वपूर्ण उपांग बन गई थी वे साहूकार या बनिये थे जो लगभग हमेशा हिंदू या सिख होते थे। मोटे तौर पर, औपनिवेशिक अर्थव्यवस्था के भीतर कार्यों का विभाजन इस तरह था कि व्यापार, खुदरा और साथ ही बड़े पैमाने पर और आधुनिक फर्में और कंपनियाँ हिंदू और सिख व्यापारी जातियों के हाथ में थीं। पूरे पंजाब में इस प्रकार की दुकानें ग्रामीण और शहरी क्षेत्रों में इन जातियों के सदस्यों के पास थीं। ज़्यादातर कृषक और देहाती जनजातियाँ, मुस्लिम या सिख थे और पूर्वी पंजाब में हिंदू जाट किसान प्रबल थे। सबसे बड़े जमीन मालिक मुस्लिम या सिख थे लेकिन पंजाब के विभिन्न भागों में हिंदू जमीन मालिक भी थे। समाज के सभी वर्ग साहूकारों के ऋणी थे, लेकिन मुस्लिम विशेष रूप से उनकी आर्थिक परिस्थितियों पर साहूकारों के प्रभाव को लेकर अप्रसन्न थे। अपनी उत्तम रचना द *पंजाब पिजेंट इन प्रोस्परिटी एंड डेट* में मैल्कम डार्लिंग बताते हैं कि पंजाब में ऋणग्रस्त किसानों में

लगभग 50 फीसदी मुस्लिम थे (1978: 21)। बुलाकी शाह लाहौर के ठेठ साहूकार की एक छवि के थे। छोटी-मोटी हैसियत रखने वाला कोई भी जमींदार ऐसा नहीं था जो उसका कर्जदार न हो। साहूकार की एक लालची लुटेरे की छवि बनाने के पीछे का मकसद एक राजनीतिक प्रचार लगता है क्योंकि मुझे इंटरव्यू देने वाले कई मुस्लिमों की आंखों में साहूकारों के व्यवहार काफी विविध होते थे और संकट में लोगों के लिए कुछ तो मददगार भी साबित होते थे।

समूचे तौर पर समाज का जो तबका सबसे ज़्यादा फायदे में रहा वह था हिंदू व्यापारी जातियों का। जैसे कि खत्री और अरोड़े और यकीनन उन्हीं जातियों के सिख भी। हिंदुओं और सिखों ने सबसे पहले आधुनिक शिक्षा को अपनाया और आधुनिक व्यापार स्थापित किए। बीसवीं सदी के शुरू से, शहरी हिंदुओं और सिखों ने आधुनिक अर्थ व्यवस्था पर अपनी पकड़ मजबूत कर ली। हिंदू-सिख भागीदारी और संयुक्त व्यापार के कारोबार उल्लेखनीय थे लेकिन मुस्लिमों को लगभग निरपवाद रूप से बहिष्कृत किया जाता था (मून, 1998: 288)। सरकारी सेवाओं में भी हिंदू और सिख मुस्लिमों की तुलना में अधिक उन्नत थे। इस प्रकार मुस्लिमों के पास 1931 में सरकारी नौकरियों का केवल 20 फीसदी हिस्सा था जबकि वे पंजाब की कुल आबादी का आधा थे (तलहा, 2000: 9)। यह स्थिति विभाजन तक अपरिवर्तित रही। दीनानाथ मल्होत्रा लिखते हैं:

> सालों बाद शायद 1944 में, जिन्नाह लाहौर के दौरे पर आए और उन्होंने इस्लामिया कॉलेज के मैदान पर एक बड़े समूह को संबोधित किया। मैं वहाँ कुछ दोस्तों के साथ उनको सुनने के लिए गया – जिन्नाह मुस्लिम समुदाय के एक नए देवदूत थे। उनका भाषण सपष्ट था और काफी बल देकर भारत का हिंदुओं और मुस्लिमों दोनों से बने एक राष्ट्र होने की धारणा की थू-थू करता था। उन्होंने मुस्लिम युवाओं को एक जुट होने का आह्वान किया और पाकिस्तान को प्राप्त करने के लिए बलिदान के लिए तैयार होने के लिए कहा। उन्होंने दैनिक जीवन से उदाहरण दिया और कहा: 'क्या आपको पता है कि पंजाब में एक महान बैंकिंग संस्था है जिसका नाम पंजाब नेशनल बैंक है। यह एक गलत नाम है। दरअसल यह पंजाब नेशनल हिंदू बैंक है। आपको पता चलेगा कि इस बैंक में कोई मुस्लिम मुलाजिम नहीं है। यह एक हिंदू नेशनल बैंक है। मुस्लिमों को अपनी एक अलग तकदीर ईजाद करनी पड़ेगी' (2004: 58)।

धार्मिक पुनरुत्थान

ब्रिटिश अधिकारियों ने धार्मिक तटस्थता की परंपरा को जारी रखा जबकि जो विभिन्न ईसाई चर्च उनके शासन के साथ ही आ गए थे, उन्होंने पंजाब में खुद को

स्थापित करना शुरू किया। पंजाब में ईसाई धर्म में रूपांतरण ने ज़्यादातर तथा मुख्य रूप से समाज के गरीब वर्गों के बीच जगह ले ली, खास कर अछूत वर्ग में, लेकिन कुछ प्रमुख परिवारों और ऊंची जाति के कुछ सदस्यों को ईसाई मिशन ने आकर्षित किया; उदाहरण के लिए कपूरथला के शासक परिवार के कुछ लोग ईसाई धर्म में परिवर्तित हुए। इस तरह की घटनाओं ने हिंदू, मुस्लिम और सिख नेताओं को सामाजिक सुधार के सवाल पर सोचने के लिए लिए मजबूर कर दिया। उनमें से हर एक आत्मनिरीक्षण करने में लिप्त हो गया जिसका फल एक आदर्श हिंदू धर्म, इस्लाम, बौद्ध धर्म, सिख धर्म और अन्य धर्मों का पुनरुद्धार था (भाटिया, 1987: 114-20; फरकुहार, 1967)। उन्नीसवीं सदी के अंत में ईसाई मिशनरियों द्वारा आक्रामक अभियानों और सतत इस्लाम में धर्म परिवर्तनों ने हिंदुओं को कई सुधारवादी कदम उठाने के लिए प्रेरित किया।

1881 और 1941 के बीच पंजाब की आबादी में हिंदुओं के अनुपात में गिरावट, और विशेष रूप से मुस्लिमों और सिखों और ईसाइयों की अनुपात में वृद्धि ने ऊंची जाति के हिंदुओं को काफी चिंतित कर दिया। आश्चर्य होने की बात नहीं थी कि आर्य समाज (शुद्ध आर्य-वैदिक समाज) आंदोलन जो दूर पश्चिमी भारत के गुजरात में पनपा, उसके संदेश को ऊंची जाति के पंजाबी हिंदुओं ने सबसे अधिक ग्रहण किया।

प्राचीन शास्त्र, इतिहास और लोक कथाओं की संशोधित व्याख्या के माध्यम से मूर्ति-पूजा और जाति के पूर्वाग्रहों से हिंदू धर्म से मुक्त करने की सोच रखते हुए (जोन्स, 1989), यह 'द्विज' ऊपरी तीन जातियों के बीच सामाजिक वर्जनाओं को दूर करने में मुख्य रूप से सफल रहा और हाल ही में धर्मान्तरित हुए इस्लाम और ईसाई धर्म से जुड़े कुछ लोगों को वापस हिंदू धर्म में लाने में सफल रहा (भाटिया, 1987: 114-20; फरकुहार, 1967)।

आर्य समाज ने हिंदू समाज के शहरी वर्गों के बीच समर्थक बनाए जबकि ज़्यादातर लोगों ने असंख्य देवी-देवताओं की पूजा और परंपरागत हिंदू धर्म का पालन करना जारी रखा। हिंदुओं ने मुस्लिमों और ईसाइयों यहां तक कि सिखों का पुन: परिवर्तन करने का एक अनोखा विचार पेश किया। फिर से रूपांतरण जो कि शुद्धि के नाम से जाना जाने लगा उस अभियान को टक्कर देने के लिए मुस्लिमों ने तबलीग (धर्म-परिवर्तन) की मुहिम चलाई। बंगाल में मूल ब्रह्म समाज एक और हिंदू सुधार आंदोलन था जो पश्चिमी बुद्धिवाद के अधिक से अधिक अनुकूलन के लिए जोर देता था। इसका पंजाब में समर्थन आधार अधिक संभ्रांतवादी और उच्च वर्ग के लोगों के बीच था, और लाहौर में इसने दयाल सिंह कॉलेज और लाइब्रेरी के संस्थापक और उनके जैसे कुछ लोगों को धर्मान्तरित किया।

पंजाबी मुस्लिमों के बीच, जबकि ऊपरी वर्ग के परिवारों ने सर सैयद अहमद खान के शैक्षिक सुधारों के लिए अनुकूल प्रतिक्रिया दिखाई, ज़्यादा कट्टरपंथी तत्व

वहाबी आंदोलन की तरफ आकर्षित हो गए थे, जो सैयद अहमद शहीद बरेलवी के उग्रवादी आंदोलन के हिस्से के रूप में उन्नीसवीं सदी के शुरू में पंजाब पहुंच गया था (अहमद, 1999: 218-222)। अहमदिया संप्रदाय जिसकी स्थापना बीसवीं सदी के शुरू में पूर्वी पंजाब के गुरदासपुर जिले के कादियां में हुई थी वह खुद को स्वतंत्र रूप में स्थापित करने के लिए अलग हो गया। यह जिहाद के किसी भी विचार और अंग्रेजों के खिलाफ युद्ध का विरोध करता था और इसे आम तौर पर अंग्रेजों के राज के वफादार के रूप में माना जाता था। हालांकि मिर्जा गुलाम अहमद ने अपना धार्मिक जीवन एक सुन्नी उत्सुक बहसकर्ता के रूप में शुरू किया जो चालाक सैद्धांतिक तर्क के साथ दोनों ईसाई मिशनरियों और हिंदू सुधारकों का सामना करते थे, उन्होंने बाद में पैगंबर होने का एक दावा पेश कर दिया और अन्य कई विवादास्पद घोषणाएँ कीं जो आसानी से मुख्यधारा सुन्नी सिद्धांतों के साथ मेल नहीं खाती थीं (वही: 233-234)। दोनों समूहों ने एक-दूसरे पर विधर्म का आरोप लगाया। अहमदियों के अनुरोध पर, उनके अनुयायियों को जनगणना के दौरान, एक अलग संप्रदाय के रूप में दिखाया गया।

सिखों में अकाली दल और सिंह सभा सिखों के धार्मिक और सांप्रदायिक हितों का प्रतिनिधित्व करते थे। इस ओर भी ध्यान दिया जाना चाहिए कि 1920 के दशक में हिंदुओं और सिखों के बीच एक कड़वा संघर्ष छिड़ गया जब कुछ आर्य समाज के नेताओं ने सिखों को महज एक हिंदू संप्रदाय के रूप में वर्णन किया। सिखों ने जबर्दस्त प्रतिक्रिया व्यक्त की कि वे हिंदू नहीं है। कई विधर्मिक सिख संप्रदाय भी इस अवधि के दौरान उभरे (भाटिया, 1987: 121-202)। भारत में आज भी इस प्रश्न का कोई पक्का जवाब नहीं है: 'सिख धर्म हिंदू धर्म का एक अल्पसंख्यक संप्रदाय है या यह एक अलग धर्म है'?

विभाजन के दंगों से पहले हुए सांप्रदायिक संघर्ष

धार्मिक पहचान की कट्टरता कई बार सांप्रदायिक तनाव, यहां तक कि हिंसा में तब्दील हो जाती थी। मुख्य शहर और प्रांतीय राजधानी लाहौर की दो घटनाएँ प्रमुख हैं। एक का ताल्लुक *रंगीला रसूल* (मजा ढूँढता भगवान का दूत) नामक एक किताब के साथ था जिसका प्रकाशन 1926 में हुआ था। इसे इस्लाम के पैगंबर पर एक अपमानजनक व्यंग्य बताया था। 6 अप्रैल 1929 को एक मुस्लिम युवा ईलाम दीन ने राजपाल को चाकू मार कर खत्म कर दिया (मल्होत्रा, 2004: 4)। राजपाल के पुत्र दीना नाथ मल्होत्रा ने मुझे बताया कि वास्तव में लेखक एक हिंदू पंडित चामुपति था, जिसने इसको, 1920 में एक मुस्लिम द्वारा लिखी एक किताब जो भगवान कृष्ण और आर्य समाज के संस्थापक स्वामी दयानंद को कलंकित करती थी, के प्रतिशोध में लिखा था। मल्होत्रा के पिता ने लेखक का नाम नहीं बताने का वादा किया था और इसके चलते उन्होंने नाराज मुस्लिमों के प्रकोप को खुद की ओर कर लिया था (वही: 2)।

राजपाल को 18 जनवरी 1927 को हिंदुओं और मुस्लिमों के बीच शत्रुता को बढ़ावा देने के लिए 1,000 रुपये जुर्माने के साथ अठारह महीने के कारावास की सजा सुनाई गई मगर, इसने लाहौर के मुस्लिमों को तसल्ली नहीं पहुंचाई। ईलाम दीन, 18-19 साल का एक नौजवान बेकाबू हो गया और उसने राजपाल को छुरा मार कर मौत के घाट उतार दिया। लाहौर के हिंदुओं की एक बड़ी संख्या ने राजपाल की शवयात्रा में भाग लिया।

जब मुकदमा शुरू हुआ तब ईलाम दीन की प्रारंभिक सफाई मियां फारुख हुसैन ने तैयार की। सत्र न्यायालय ने ईलाम दीन पर मौत की सजा पारित की। ईलाम दीन को बचाने के लिए अल्लामा इकबाल और मियां अब्दुल अजीज ने मुस्लिम प्रयास की अगुवाई की। इकबाल ने जिन्नाह से आग्रह किया कि वे बंबई से आकर ईलाम दीन की ओर से लाहौर हाई कोर्ट में पेश हों। जिन्नाह सहमत हो गए। जिन्नाह ने याचिका दी कि ईलाम दीन जो एक अनपढ़ नौजवान था, पैगंबर मुहम्मद के खिलाफ पुस्तक में अपमानजनक भाषा के इस्तेमाल से नाराज था और इसलिए उसे फांसी के तख्ते पर नहीं चढ़ाना चाहिए। हालांकि, ईलाम दीन ने जो किया था जिन्नाह ने उसका समर्थन नहीं किया। 17 जुलाई 1929 में लाहौर उच्च न्यायालय ने ईलाम दीन पर राजपाल की हत्या के लिए सत्र न्यायालय द्वारा पहले पारित की गई मौत की सजा को सही ठहराया। ईलाम दीन ने एक दया याचना प्रस्तुत की लेकिन सरकार ने इसे ठुकरा दिया। ईलाम दीन को 31 अक्टूबर 1929 को मियांवाली जेल में फांसी पर लटका दिया गया और वहीं दफन कर दिया। लोगों ने उसके शरीर को लाहौर लाने के लिए आंदोलन शुरू कर दिया।

एक तरफ लगातार जुलूस और प्रदर्शनों, और दूसरी तरफ मुस्लिम समुदाय के कुलीन लोगों द्वारा दिए गए आश्वासन कि अगर उसके शरीर को उसके परिवार को लौटाया गया और लाहौर में दफनाया गया तो शांति और व्यवस्था बनी रहेगी, ब्रिटिश अधिकारियों को उनकी मांग का पालन करने के लिए राजी कर लिया। ईलाम दीन के पिता ने अपने बेटे की आखरी दुआ की अगुवाई करने के लिए इकबाल का अनुरोध किया, लेकिन उन्होंने कहा कि वे एक पापी थे और इसलिए एक अधिक पवित्र मुस्लिम को दुआ की अगुवाई करनी चाहिए। उन्होंने ईलाम दीन को एक शानदार श्रद्धांजलि अर्पित की। मौलाना जफर अली खान ने भी ईलाम दीन का जनाजा लिए एक प्रशंसा भाषण दिया जिसमें उसके लिए उन्होंने एक सुवक्ता होने का परिचय दिया। उन दो वर्षों के दौरान हिंदू और मुस्लिम संबंध बहुत शत्रुतापूर्ण थे (नगीना, 1988)।

शहीदगंज मस्जिद/गुरुद्वारा विवाद

लाहौर में मुस्लिम-सिख संबंध एक गुरुद्वारे को लेकर तनावपूर्ण हो गए जिसके बारे में मुस्लिमों का दावा था कि वह मूल रूप से अठारहवीं सदी में निर्मित एक मस्जिद का स्थल था लेकिन वहाँ रणजीत सिंह के शासन काल में उस गुरुद्वारे का निर्माण

किया गया था। बीसवीं सदी के शुरू में उस विवाद ने गति पकड़ ली। उस समय की मुस्लिम भावनाओं को मियां मुस्तफा कमाल पाशा ने मुझे वर्णित किया। उन्होंने लाहौर राजनीति में उसके परिवार की भूमिका की एक पृष्ठभूमि के साथ शुरूआत की।

मियां मुस्तफा कमाल पाशा

'मेरा जन्म 1928 में लाहौर के एक जाने पहचाने अराइन परिवार में हुआ। मुझे मुस्तफा कमाल का नाम दिया गया पर लोगों ने मेरे नाम के साथ "पाशा" (महान तुर्की नेता की याद में) जोड़ना शुरू किया। मेरे दादा, मियां नुरूद्दीन काडा, एक मशहूर इंसान थे। पंजाबी में शब्द काडा के मायने हैं जो बाहर ले जाता है या पता लगाता है। दो गुटों के बीच किसी कड़वे और मुश्किल झगड़े का हल जब कोई नहीं कर पाता, तब उन्हें सुलह करने के लिए चुना जाता था। वे जिस हल का मशवरा देते, परस्पर विरोधी गुट और दूसरे लोग, उसको निष्पक्ष और मंजूर लायक समझ लेते; इसलिए शीर्षक काडा पड़ा। 1919 में मेरे वालिद मियां फीरोजदीन को छावनी क्षेत्र में एक फतवा बांटने के सिलसिले में जेल में डाल दिया गया जिसमें लिखा था कि मुस्लिमों के लिए ब्रिटिश सेना में काम करना हराम या गैर इस्लामी था। वह कभी-कभी एक पानी के वाहक के रूप में और कभी-कभी एक नौकर के रूप में भेष बदल कर लाहौर में और चारों ओर विभिन्न बैरकों में घुस जाते। उनके ऊपर राजद्रोह का आरोप लगाया गया और उन्हें मौत की सजा सुनाई गई। लेकिन किसी ने उनको एक पागल होने का नाटक करने की सलाह दी औए उन्होंने ऐसा ही किया। मेरे दादा ने विनती की कि वह उनका केवल एक ही बेटा था जो कि मानसिक रूप से असंतुलित था और इसलिए उसे रिहा किया जाना चाहिए। जाने माने अहरार नेता शोरीश कश्मीरी ने मेरे पिता पर एक लेख लिखा था जिसमें उन्होंने इस कहानी को पेश किया।'

'मस्जिद शहीदगंज झगड़े में मेरे वालिद ने एक अहम किरदार निभाया। उन्होंने एक भाषण दिया और कहा कि पंजाब का गवर्नर इमर्सन दरअसल अमर सिंह था। इसलिए वह सिखों का साथ दे रहा था। उन्हें मोंटगोमेरी (अब साहिवाल) भेज दिया गया जहां उन्हें हिरासत में रखा गया। 1937 के करीब मेरे वालिद मुस्लिम लीग के साथ जुड़ गए। मजलिस-ए-अहरार का विरोध करते हुए जो काँग्रेस हिमायती कौमी मुस्लिमों की नुमाइंदगी करते थे, उन्होंने मौलाना जफर अली खान और अहमद सईद किरमानी के पिता के साथ मिल कर मजलिस-ए-इत्तिहाद-ए-मिल्लत की बुनियाद रखी।'

सन् 1935 में, शहीद्गंज मस्जिद/गुरुद्वारा झगड़ा मुस्लिम और सिख उग्रपंथियों के बीच एक खूनी संघर्ष में तब्दील हो गया। इसकी बुनियाद एक ऐसी जगह को लेकर विरोधी दावों पर थी जिसको दोनों धार्मिक समुदायों द्वारा पाक माना जाता था। फसाद होने पर कई लोग मारे गए और कुछ दिनों के लिए कानून-व्यवस्था को लेकर सच-मुच

एक खतरा बना रहा। इसकी गूंज 1936 में भी सुनी गई। मुझे कई हिंदुओं, मुस्लिमों और सिखों ने बताया था कि आंदोलन के दौरान कई निर्दोष लोगों को चाकू से मार कर मौत के घाट उतार दिया गया था। प्रोफेसर चमन लाल अरोड़ा ने जो कभी लाहौर के एक निवासी थे मुझे जालंधर में 4 जनवरी 2005 को बताया कि शहीदगंज आंदोलन ने मुस्लिमों और गैर मुस्लिमों, खास कर मुस्लिमों और सिखों के बीच मनमुटाव पैदा कर दिया। उन्होंने कहा :

'ब्रांडरेथ रोड पर मेरे एक हिंदू पड़ोसी ने अपनी दुकान बंद नहीं की थी, जैसा कि आंदोलनकारी सारे दुकानदारों से चाहते थे। उसे मुस्लिम बदमाशों ने चाकू मार कर कत्ल कर दिया। उन दिनों मुस्लिम बहुत हमलावर मिजाज में थे और गैर-मुस्लिमों को गंभीर खतरा महसूस हो रहा था। सिख उतने ही अड़े हुए थे लेकिन वे लाहौर में मुस्लिमों की तुलना में बहुत कम एक छोटा सा अल्पसंख्यक समूह थे। मेरा मानना है कि मुस्लिमों और सिखों के बीच अलगाव की भावना उसी समय से पैदा हो गई। इस तरह के हिंसक व्यवहार के परिणामों का मुस्लिम नेताओं ने ठीक से आकलन नहीं किया।'

गवर्नर इमर्सन ने 16 नवंबर 1936 की अपनी पाक्षिक रिपोर्ट में लिखा:

> शहीदगंज आंदोलन को पुनर्जीवित करने के एक प्रत्यक्ष प्रयास का कारण, लाहौर में आगामी विधानसभा चुनाव है। इसके लिए, तुरंत जिम्मेदार संगठन इत्तिहाद-मिल्लत है, और इस संघ का गठन जुलाई 1935 में तब हुआ जब शहीदगंज घटना हुई थी. . . इस संघ ने नई असेंबली के लिए कई उम्मीदवार खड़े किए हैं। आम हालातों में, उनके जीतने के मौके बहुत कम हैं और आम जनता पर उनका प्रभाव काफी कम है क्योंकि शहीदगंज मामले को लेकर जज्बात ठंडे हो गए हैं। अपने चुनावी अवसरों में सुधार करने के क्रम में वे आंदोलन को पुनर्जीवित करने की कोशिश में कई हफ्तों से लगे हुए हैं और उन्होंने खुले-आम सिविल नाफरमानी शुरू करने पर बात भी की है (कार्टर, 2004: 58)।

लाहौर हाई कोर्ट ने एक फैसला सुनाया जिसने शहीदगंज की मलकीयत पर सिखों के हक की तसदीक की। मगर मुस्लिम-सिख रिश्ते बिगड़ चुके थे और बाद में जब पंजाब को ले कर झगड़ा बहुत बढ़ गया तब सिखों के काँग्रेस और हिंदुओं के साथ न कि मुस्लिमों के साथ होने के फैसले के पीछे, इन वजहों ने एक अहम किरदार निभाया। उसी तरह, रावलपिंडी और मुलतान में मुस्लिम-सिख और मुस्लिम-हिंदू सांप्रदायिक झगड़े होने का एक इतिहास था। रावलपिंडी में पहला झगड़ा 1926 में हुआ और मुलतान में 1929 में। अमृतसर में एक सांप्रदायिक झगड़ा 1940 में हुआ। जालंधर, गुजरांवाला और दूसरे शहरों में भी कभी-कभार तनाव पैदा होता था और झगड़े हो जाते थे। दूसरी जगहों में सांप्रदायिक झगड़े होते रहते थे मगर उन्हें सरकारी कार्रवाई द्वारा आसानी से

काबू में किया जाता था और स्थानीय नेताओं और बुजुर्गों की मध्यस्थता से स्थितियों को शांत कर लिया जाता था।

परोपकारी गतिविधियां

पंजाब स्थिति की जटिलता को इस तथ्य से भी आंका जा सकता है कि सभी समुदाय परोपकार का अभ्यास करते थे। इस मामले में हिंदू सबसे आगे थे। उन्होंने अस्पतालों, मुफ्त औषधालयों और घोड़ों तथा मवेशियों के लिए पानी की टंकियों का निर्माण किया। सिर्फ लाहौर में ही सर गंगाराम अस्पताल, जानकी देवी अस्पताल, गुलाब देवी अस्पताल, और गवालमंडी में डॉ. खेड़ा औषधालय अच्छी तरह से जाने जाते है। दयाल सिंह कॉलेज ब्रह्म समाज में धर्म परिवर्तन कर चुके एक सिख द्वारा बनाया गया था। धार्मिक स्थलों और गुरुद्वारों में भोजन उपलब्ध कराने पर मुस्लिमों और सिखों ने उदारतापूर्वक खर्च किया। ईसाई मिशन सबसे प्रगतिशील थे और उन्होंने अच्छे स्कूलों और कॉलेजों को स्थापित किया। संक्षेप में आधुनिक पंजाब के निवासियों के बीच पर्याप्त सद्‌भावना मौजूद थी।

एक नाम परोपकार के संबंध में जिसे आधुनिक पंजाब के इतिहास के में हमेशा के लिए याद किया जाना चाहिए वह है: सर गंगाराम का। मैंने सर गंगाराम की प्रपौत्री, बैरोनेस श्रीला फ्लाथर जो ब्रिटिश संसद हाउस ऑफ लॉर्ड्स के ऊपरी सदन की कंजरवेटिव सदस्या हैं से 7 जुलाई 2006 को लंदन के बाहर बर्कशायर काउंटी में मेडेनहेड स्थित उनके निवास पर मुलाकात की।

बैरोनेस श्रीला फ्लाथर

उन्होंने लाहौर को इन शब्दों में याद किया:

'मेरा जन्म लाहौर में 13 फरवरी 1934 को हुआ। मेरे प्रारंभिक जीवन की कहानी, लाहौर और वहाँ के लोगों के साथ मेरे परिवार के एक गहरे और अलंघनीय रिश्ते के साथ जुड़ी हुई है। उन दिनों दोस्ती करने या न करने के लिए कोई भी इंसान मजहबी फर्क को कोई वजह नहीं मानता था। न सिर्फ पढ़े-लिखे और दौलतमंद लोगों में बल्कि आम लोगों में भी बहुत सद्‌भावना और एकजुटता थी। हम एक बड़े मकान में रहते थे जो आज कल उस जगह के पास है जिसे शेरपाव पुल कहा जाता है। मेरे पिता ने कई उत्पादक इकाइयों का गठन किया था—एक बर्फ का कारखाना, एक कटलरी कारखाना, एक बेकरी और एक सोडा पानी की फैक्टरी। मालिकों और मजदूरों के बीच प्रगतिशील संबंधों पर अपने दादा की दृष्टि का अनुकरण करते हुए उन्होंने मजदूरों के लिए छोटे मकानों की पंक्तियां बनवाईं और प्रशासनिक कर्मचारियों के आवास के लिए और थोड़े बेहतर स्तर के घर बनवाए। हमारे लिए सभी समुदायों के लोग काम

करते और स्थापित की गई उस छोटी हाउसिंग कॉलोनी में रहते। हमारे करीबी मुस्लिम पारिवारिक दोस्त थे और कुछ परिवार तो हमारे ही एक विस्तृत परिवार की तरह थे। मैं खास तौर पर एक शिया परिवार को याद करती हूँ जो हमारे बहुत करीब था और मैं उनकी एक बेटी के साथ लाहौर के इमामबाड़े में जाती थी। आम तौर पर मेरी माँ जो एक कट्टर हिंदू थी किसी मुस्लिम के घर में कुछ नहीं खाती थी मगर हाकिम परिवार के घर में वह खा लेती थी। अजहर अली हाकिम जिनका ताल्लुक उस परिवार के साथ है, अब भी लाहौर में रहते हैं।

'मैंने लाहौर का पहला दौरा 1992 में किया और इसके बाद फिर 1996 और 1998 में मैं वहाँ गई। वहाँ सारी पुरानी इमारतें मौजूद थीं; फर्क इतना था कि लाहौर भारत के ही दूसरे शहरों की तरह बहुत भीड़-भाड़ वाला शहर बन गया था। यहाँ इंग्लैंड में मेरे कई बहुत अच्छे पाकिस्तानी दोस्त हैं और उन्हें जानकर बहुत खुशी होती है कि मैं सीधे तौर पर सर गंगाराम की वंशज हूँ।'

लेडी फ्लाथर ने याद किया कि उनके परिवार को मई 1947 में लाहौर छोड़ना पड़ा जब दंगे और तेज हो गए। जब मैंने उन्हें बताया कि 1962 में सर गंगाराम अस्पताल में मेरा अपेंडिक्स निकालने का ऑपरेशन किया गया था उन्हें यह जान कर बड़ी खुशी हुई। इससे भी ज़्यादा अहम बात यह है कि नजदीक के मोजंग मोहल्ले के लोगों ने जिसमें मेरे दादा अल-हज मियां इलाम दीन शामिल थे एक 100-बेड वाला मोजंग वार्ड उस अस्पताल में बनवा दिया।

'*ए ग्रेट सन ऑफ द पंजाब*' नामक लेख में, सलमा महमूद ने गंगाराम की जिंदगी की खोजबीन की जो कामयाबी हासिल करने वाले एक मेहनती इंसान थे तथा जिन्होंने बहुत पैसे कमाए और दूसरों की भलाई पर भी बहुत खर्च किया। उनके शैक्षिक योगदानों में *लेडी मैकलेगन स्कूल फॉर गर्ल्स* भी था जिसका एक हिस्सा सारे समुदायों के छात्रों के लिए आरक्षित था। उनके द्वारा दिए गए लाखों रुपए के चंदे से *हेली कॉलेज ऑफ कॉमर्स* बन सका। डी.ए.वी. कॉलेज को भी उन्होंने एक बड़ा चंदा दिया। उस इमारत को अब इस्लामिया कॉलेज, सिविल लाइन्स में तब्दील किया जा चुका है। सलमा महमूद लिखती हैं:

> मगर, सबसे बड़ा परोपकारी काम जो सर गंगाराम ने किया, वह था सर गंगाराम मुफ्त इलाज अस्पताल का निर्माण। यह उन्होंने क्वींस रोड और लॉरेंस रोड के जंक्शन वाली जमीन को 1921 में खरीद कर किया। फलस्वरूप, एक इमारत बनकर तैयार हुई और इस पर 1,31,500 रुपयों का खर्च आया। यह सारे जरूरतमंदों के लिए खुला था भले ही उनकी जात या वर्ग कुछ भी हो। 1923 में इस अस्पताल का जिम्मा गंगाराम ट्रस्ट सोसाइटी ने ले लिया और आज लाहौर के लोगों की सेवा करने में यह केवल मायो अस्पताल से ही पीछे है। मेरी माँ मेरे बड़े होने तक वहाँ प्रशासनिक सेवा में काम करती रहीं

और हमारे दोनों बच्चे भी वहाँ पैदा हुए इसलिए यह मेरे दिल में एक खास जगह रखता है। (द *फ्राइडे टाइम्स*, 2-10 अप्रैल 2010)

तीनों समुदायों के बीच सामाजिक रिश्ते

व्यक्तिगत और स्थानीय स्तर पर, तीनों समुदाय एक दूसरे के साथ लगातार मिलते-जुलते रहते थे। खेती-बाड़ी के क्षेत्र में गाँव का उत्पादन आपसी मिली-जुली मेहनत पर निर्भर था और खास सेवाएँ, अलग-अलग जातियों और बिरादरियों के लोग प्रदान करते थे। इसके अलावा लोग एक दूसरे के मजहबी त्यौहारों और इसके साथ-साथ शादियों और क्रियाकर्मों में हिस्सा भी लेते थे। जबकि मुस्लिम हिंदुओं द्वारा पकाया खाना खा लेते थे हिंदू उनसे सिर्फ खाना बनाने की सामग्री लेते थे। मोहल्लों और गाँवों में सामाजिक बात-चीत और मेल-जोल काफी दोस्ताना होता था। इसके अलावा शहरों और गावों, दोनों जगहों में बुजुर्ग और समुदायों के नेता आपसी हितों की बातों को लेकर वार्तालाप करते और फैसले लेते। कुछ ऐसे गाँव थे, जहां मुस्लिम और हिंदू जमींदार और खेती-बड़ी करने वाली जातियाँ इकट्ठा रहती थीं। दुकानदार ज़्यादातर हिंदू और कभी-कभार सिख होते थे।

मगर सबसे अहम बात यह थी कि पंजाबियों की जिंदगियाँ उनके स्थानीय रिवाजों के मुताबिक ढल गई थीं। धार्मिक गुरुओं में विश्वास और प्रेतात्माओं का डर व्यापक था। गाँव के आम इंसान मदद की खोज में कहीं भी चले जाते थे और उनकी महात्माओं पर आस्था एक गुंझलदार तरीके से तब्दील होती रहती थी। जबकि हिंदू और सिख आसानी से मुस्लिम धर्मात्माओं और दरगाहों पर चले जाते थे मुस्लिम भी पंडितों और साधुओं के पास जाकर रूहानी और जादुई मदद से अपने मसलों का हल या किसी बीमारी का इलाज ढूंढते। मुस्लिम और हिंदू सिख धर्म के प्रतिष्ठाता गुरु नानक की बहुत श्रद्धा करते थे। कई हिंदू और सिख मुस्लिम पवित्रात्माओं के अनुयायी थे। मिसाल के तौर पर एक कहानी पेश की जा सकती है जो मैंने श्री अमरीक चंद अहलुवालिया से 7 जनवरी 2005 को सुनी:

'हमारा परिवार बंदा बहादुर के समय सरहिंद से पटियाला आ गया था। मेरा जन्म 1925 में हुआ। मेरा परिवार कट्टर हिंदू था मगर हम पश्चिमी पंजाब के बलूचिस्तान सीमा के पास डेरा गाजी खान के करीब पीर हजरत साखी सरवार के भी मुरीद थे। मुझे याद है कि बचपन में मैं वहाँ अपने माता-पिता के साथ गया था। हिंदू, मुस्लिम और सिख परिवार के सदस्यों की तरह रहते थे। हमारे सबके बीच बहुत प्रेम-प्यार था। मुस्लिम हमें बिना पका हुआ खाना भेजते जिसमें मीट भी शामिल था जबकि हमारा भेजा हुआ खाना वे बिना किसी झिझक के खा लेते। हम मीट खाते थे मगर सिर्फ बकरों और भेड़ों का जो इस्लामी रीति द्वारा मारे जाते थे। पटियाला में कुछ मुस्लिम मौजूद हैं और हम उन्हीं से हलाल किया हुआ मीट खरीदते हैं।'

सर डेंजिल इब्बेटसन ने अपनी किताब *पंजाब कास्ट्स* में गौर किया है कि पंजाब की ज़्यादातर खेती-बाड़ी करने हिंदुओं, मुस्लिमों और सिखों की चिन्हित जातियों का गोत्र एक ही था। मगर हिंदू व्यापारी जातियों और ब्राह्मण वर्ग के बहुत कम लोगों ने इस्लाम कबूल किया। पंजाब में हालात एक जगह से दूसरी जगह थोड़े अलग हो जाते थे। जमींदार एक ताकतवर वर्ग था जो किसानों, शिल्पकारों और दस्तकारों को पैसा देकर या न देकर सेवाएँ हासिल करते थे और वे खुद उपनिवेशी सरकार के चक्के की कील का काम करते थे। उनमें से ज़्यादातर मुस्लिम थे जबकि कुछ हिंदू और सिख थे। वे देहाती इलाकों में शांति स्थापित रखते थे और साथ ही साथ ब्रिटिश भारतीय फौज के लिए रंगरूट मुहैया कराते थे।

तकसीम के पहले के पंजाब की यादें

साबका क्रांतिकारी दादा आमिर हैदर बीसवीं सदी के शुरुआती दिनों में पोटोहर इलाके में गुजरे अपने बचपन का वर्णन करते हुए उन सिख और हिंदू साहूकारों के बारे में बताते हैं, जिनके मुस्लिम किसान कर्जदार थे मगर वह यह भी बताते हैं कि उनके साथ किस रहमदिली से कुछ कट्टर हिंदू और खास कर एक ब्राह्मण पुजारी पेश आता था। उन्होंने उनको शरण दी जब वे अपने सौतेले पिता के डर से घर छोड़ कर भागे। उन्हे भले ही काफी प्यार दिया गया हो और दयामय तरीके से उनके साथ बर्ताव किया गया हो मगर दादा आमिर को अलग बर्तनों में खाना परोसा जाता था क्योंकि मुस्लिमों को हिंदुओं की रसोई के अंदर जाना मना था। मगर वे हिंदुओं के इस खास सलूक को उनकी खाने की पवित्रता के साथ जोड़ते हैं जैसा कि उनका धर्म मानता है न कि मुस्लिमों के साथ भेद-भाव करने की कोई सोची समझी नीति के रूप में (गर्डेज़ी, 1989: 22-33)।

प्रकाश टंडन (1988: 73) जिनका ताल्लुक पश्चिमी पंजाब, पाकिस्तान के उत्तरी जिले गुजरात से है (पश्चिमी भारत के राज्य से भिन्न–अनुवादक), गौर करते हैं कि पंजाबी हिंदुओं में ब्राह्मण कोई विशेष तबका नहीं था; वे महज पुजारी होते थे और लोग उनको दक्षिणा देते थे। वे इस बात की पुष्टि करते हैं कि मुस्लिम और गैर-मुस्लिम एक साथ नहीं खाते थे। खाने के हिंदू तौर-तरीके पवित्रता द्वारा निर्धारित होते थे जिसका प्रयोग ऊंची जाति के हिंदू नीची जाति के हिंदुओं के खिलाफ भी करते थे। पंजाब में 1930 के दशक तक ब्राह्मण और खत्री भी एक साथ खाना नहीं खाते थे। दूसरी तरफ एक ही जाति के हिंदू और सिख न सिर्फ एक साथ खाना खाते थे मगर उनके बीच शादियाँ भी होती थीं। अंतर-सांप्रदायिक विवाह खास तौर पर खत्री और अरोड़ा व्यापारी जातियों में होता था। कुछ गाँव और इलाके पूरी तरह मुस्लिम होते थे या हिंदू-सिख, मगर कुछ मिले-जुले गाँव और शहरी इलाके भी होते थे। सिख और हिंदू जमींदार और खेती-बाड़ी करने वाले, खेती करने के लिए मुस्लिम, कारीगर और

दूसरी सेवाओं के लिए छोटी जाति के लोगों को बतौर मुलाजिम रखते थे। हिंदुओं की सेवा के लिए जजमानी प्रथा के अनुसार कुछ मुस्लिम जातियाँ खानदानी तौर पर सेवा प्रदान करती थीं (वही: 76)।

समूचे तौर पर अमन और भाईचारा कायम था। पाकिस्तान के वजीर-ए-आजम नवाज शरीफ का परिवार, अमृतसर से 20 किलोमीटर दूर तरन-तारन तहसील के जाती-उमरा गाँव में अकेला मुस्लिम परिवार था। वह बताते हैं :

> हाँ, मेरे वालिद बताते हैं कि उनके हिंदुओं और सिखों के साथ बहुत उम्दा और दोस्ताना रिश्ते थे। उन्होंने कभी हमारे खिलाफ कोई मजहबी भेदभाव नहीं किया; शादी-विवाह, मौत या सामाजिक मौकों पर, हमें बराबरी का हिस्सेदार बनाया जाता था। हम बिना किसी भेद-भाव या तरफदारी के एक दूसरे से मिलते थे। गैर-मुस्लिम हमेशा, हमारे साथ वही सलूक करते थे जो वे दूसरे गाँव वालों के साथ करते (वराइच, 2008: 29)।

मशहूर भारतीय फिल्म निर्माता ओ.पी. दत्ता ने वर्णन किया है कि उत्तरी पंजाब के चकवाल शहर में अंतर-सांप्रदायिक संबंध किस तरह दोस्ताना और सम्मानजनक थे। वे लिखते हैं:

> कहा जाता है कि सामाजिक कानून बनाए नहीं जाते-वे अपने आप बन जाते हैं। 1930 के दशक में चकवाल समाज ने इसको साबित किया। इसकी शुरुआत रामसरन दास नामक एक शिक्षक की बड़ी हो चुकी बेटी की आत्महत्या की कोशिश से हुई। भावी पति की दहेज की मांग को पूरा नहीं कर पाने की उसके प्यारे पिता की दुर्दशा को देख बेटी हताश होने पर मजबूर हो चुकी थी। अपने पिता को किसी भी और शर्मिंदगी से बचाने के लिए उसने अपने जीवन को समाप्त करने का निर्णय लिया। रामसरन दास अपने अल्प वेतन से मुश्किल से अपने परिवार के लिए दिन भर का खाना मुहैया करा सकता था। वह दहेज कहाँ से लाता?
>
> चकवाल के लोग इकट्ठा हुए और समझदार लोगों की अगुवाई में जिनमें हरबंस सिंह सीसतानी, मास्टर ज्ञानचंद, एडवोकेट त्रिलोकनाथ, बरहनूद्दीन खोजा, अमीन कुरेशी (जो शहर की एकमात्र मीट की दुकान चलाते थे), काजी ओमर और मास्टर बुधराम शामिल थे, यह प्रस्ताव सर्वसम्मति से पारित किया गया कि दुल्हन को दहेज में दी जाने वाली राशि 500 रुपयों से ज़्यादा नहीं होगी भले ही दुल्हन के पिता की आर्थिक हालत जैसी भी हो (इससे तुलना से बचा जा सकता था और असमानताओं को भी ढका जा सकता था)। आदेश का उल्लंघन करने वाले किसी भी इंसान को बहिष्कृत किया जाएगा। पारंपरिक मान्यताओं में डूबा और रूढ़िवादी प्रतीत होने वाला समाज वास्तव में प्रगतिशील था (दत्ता, 2000: 4)।

राव अब्दुर रशीद, पंजाब, पाकिस्तान पुलिस के एक पूर्व महानिरीक्षक, कलानौर, रोहतक, हरियाणा में सामाजिक स्थितियों की एक बहुत ही दिलचस्प तस्वीर पेश करते हैं। वह लिखते हैं:

> हमारा गाँव (कलानौर) मुस्लिम राजपूतों का गढ़ था। वे बहुत कट्टर राजपूत थे। वे बहुत देखभाल के साथ अपने रक्त की शुद्धता को संरक्षित रखते थे। वे काफी जांच के बाद ही किसी शादी के प्रस्ताव के लिए सहमत होते थे [इसको पक्का करने के लिए कि उचित राजपूत रक्त के साथ ही उनका मेल हो. . .
>
> कलानौर एक बड़ा गाँव था। इसकी आबादी कोई 10,000 थी। मुस्लिम राजपूत इसकी जनसंख्या के आधे से ज़्यादा थे। सारी जमीन पर मुस्लिम राजपूतों का स्वामित्व था। जो हिंदू व्यापारी कलकत्ता में और दूर-दूर कारोबार किया करते थे, उन्होंने मुस्लिम राजपूतों की जमीन पर मकानों का निर्माण किया था। वे प्रति वर्ष निशानी के तौर पर एक या सवा रुपये के किराए का भुगतान करते थे। हिंदुओं में जब कोई शादी होती थी, वो अपने बेटे [दूल्हे] को घोड़े पर बैठाकर राजपूत जमींदार के घर सम्मान देने के लिए आते। वे मिठाइयाँ और दूसरी चीजें भी लाते। यह एक ऐसा रिवाज था जिसके बिना शादी की रस्म पूरी नहीं होती थी। यह एक मात्र मौका होता था जब कोई हिंदू हमारी गलियों से घोड़े पर चढ़ कर जा सकता था। अन्यथा, कोई गैर-राजपूत हमारी गलियों में घोड़े की सवारी नहीं कर सकता था।
>
> हिंदू राजपूतों के साथ हमारा खून का रिश्ता था। हमारा ताल्लुक एक ही बिरादरी के साथ था। पंचायतों में मुस्लिम और हिंदू राजपूत इकट्ठा बैठ कर तथा निर्णय लेकर उसका ऐलान करते थे। पाकिस्तान के आंदोलन से पहले मुस्लिम और हिंदू के बीच कोई अंतर नहीं था, अंतर अगर था तो वह राजपूतों और गैर-राजपूतों के बीच था। राजपूत (हिंदू एवं मुस्लिम) अपने आप को श्रेष्ठ मानते थे और यकीनन वो थे भी, क्योंकि उनके ही पास सारी जमीन थी. . . मगर, जैसे-जैसे पाकिस्तान का आंदोलन तेजी पकड़ता गया, हिंदू-मुस्लिम द्वेष भी बढ़ता गया। एक गाँव में कुछ राजपूत लड़कों ने मस्जिद को आग लगा दी। उनके बुजुर्ग बहुत दुखी हो गए। एक पंचायत बुलाई गई जिसमें हिंदुओं और मुस्लिमों दोनों ने शिरकत की। हिंदू बुजुर्गों ने माफी मांगी और मस्जिद की मरम्मत की पेशकश की। इसलिए एक बार फिर भाईचारा बहाल हो गया। एक हिंदू राजपूत ने भावुक हो कर कहा, 'हम एक ही माँ की संतान हैं। एक क्रांति आई और हमने अलग-अलग राह पकड़ ली (मतलब कुछ मुस्लिम बन गए और कुछ हिंदू बने रहे)। अब एक और क्रांति आने वाली है, क्यों न हम फिर एक हो जाएँ? आप अपने एक ही लहू वाले

> रिश्तेदारों को छोड़कर दूसरे मुल्क में क्यों जाना चाहते हैं? यह अपील बहुत यथार्थता के साथ से की गई थी. . . हमारे कुछ बुजुर्ग जो कट्टर मुस्लिम थे मगर पुरानी रवायतों और शिष्टाचार का भी बराबरी से ख्याल रखते थे, उनको कहा, 'भाइयों हम आपके निमंत्रण के बारे में सोचेंगे और बाद में जवाब देंगे।' मेरे स्वर्गवासी बड़े भाई तब उठे और बुजुर्गों से पूछा, 'क्या आप अपना मजहब बदलने की सोच रहे हैं?' उन्होंने जवाब दिया 'नहीं'। तब उसने कहा, 'तब इस मामले पर सोचने की क्या जरूरत है?' उसने पंचायत के सामने कहा कि चूंकि दोनों लोगों के लिए मजहब बहुत प्यारा है 'न तो हम अपना मजहब बदलेंगे और न ही उम्मीद करते हैं कि आप ऐसा करेंगे।' (राशिद, 2010: 15–19)।

चौधरी मुहम्मद बशीर

'मेरा जन्म 1932 में मक्खनपुर तहसील पठानकोट जिला गुरदासपुर में हुआ। हमारा गाँव आधा मुस्लिम और आधा हिंदू था। हमारा एक प्रमुख अराइन मुस्लिम परिवार था। हमारे गाँव में मुस्लिम गूजर भी रहते थे। हिंदू या तो ब्राह्मण या खत्री थे। हम एक दूसरे की हर मुमकिन मदद करते थे। हमारे बीच कभी कोई मन–मुटाव नहीं हुआ। दूसरी तरफ हमारे बीच सच्चा प्यार और हमदर्दी थी। मुझे खास तौर पर अपना नजदीकी पड़ोसी पंडित बुआ दित्ता याद है। वह एक साहूकार था मगर उसका दिल सोने का था। एक बार किसी अलर्जी की वजह से मेरी आँखें सूजकर लाल हो गईं थीं। मैं रो रहा था। उन्होंने मुझे रोते हुए छत से सुना। पंडित जी ने कहा, "बेटे रो मत। मैं तेरी मदद करूंगा।" वे कोई दवाई लेकर आ गए, जो उन्होंने मेरी आँखों में डाल दी और मैं जल्द ही ठीक हो गया। मैंने पाकिस्तान में बहुत कामयाबी पाई है मगर मेरा दिल अभी भी अपने गाँव भारत में है।'

राणा मुहम्मद रशीद

'मेरा ताल्लुक राजपूत बिरादरी से है। मेरा जन्म 21 दिसंबर 1928 को मेरे नौनिहाल के घर में हुआ जो मौजा मुघिया राजपूत, जिला होशियारपुर में था। हमारा गाँव पूरा मुस्लिम था और अराइन बिरादरी सबसे ज़्यादा संख्यक थी, मगर हम ज़्यादातर जमीन के मालिक थे और हमें चौधरी कहा जाता था। मैं कपूरथला की तहसील बंगा में पढ़ा। ज़्यादातर विद्यार्थी और शिक्षक हिंदू थे। जब हम अपने मैट्रिक के इम्तिहान की तैयारी कर रहे थे, हमारे शिक्षक पंडित श्याम स्वरूप ने मुझे कहा कि अगर हम पाँच या छः लड़के इकट्ठा हो जाते हैं तो वे हमें *कोचिंग* देंगे। इसलिए, हम पाँच सारे मुस्लिम एक साथ हो लिए। वे कोई पैसा नहीं लेते थे। मास्टर जी रोज सुबह आते और हमको

दोपहर तक पढ़ाते रहते। उनके घर और हमारे गाँव के बीच एक कब्रगाह था जहां हम मिलते थे। मैं जब बँटवारे के बाद पाकिस्तान पहुँच गया, मैंने उनको चिचावतनी से एक खत लिखा और सफर के दौरान अपने माँ-बाप की हुई मौत और अपने बेसहारेपन के बारे में बताया। बीस दिन बाद, मुझे एक जवाब मिला जिसमें मास्टर जी ने लिखा कि जब उनकी माँ ने हम पर जो बीती थी, उसके बारे में सुना तो उन्होंने सारा दिन खाना नहीं बनाया।'

अहद मलिक

'मेरा जन्म 1936 में जालंधर शहर में हुआ। मेरे पिता असल में तहसील दसुया, जिला होशियारपुर की डोगर बिरादरी से ताल्लुक रखते थे। मेरी माँ जालंधर के एक अराइन परिवार से थी। हम मोहल्ला इकरार खान कूचा हाशिमपुरा में रहते थे। मैं एक ऐसे शहर में बड़ा हुआ जिसमें सियासी सरगरमियां बहुत ज़्यादा थीं। हिंदू और मुस्लिम अलग मोहल्लों में रहते थे। लाला बिहारीमल का हमारे मोहल्ले में दूध का व्यवसाय था। जालंधर को दूध भेजने वाला वह खास प्रदायक था। वह एक बहुत अच्छा इंसान था और हमारे साथ बहुत अच्छा सलूक करता था। वह एक दवाई रखता था जिसे किसी को दाँत का दर्द होने पर वह देता था। वह उसे रुई के एक टुकड़े पर डालकर मंसूड़े पर लगा देता। करिश्माई तौर पर दर्द गायब हो जाता। रमज़ान के दौरान यदि मुस्लिम परिवार का कोई गरीब बच्चा उसकी दुकान पर जाता तो वह उसे बिना पैसे लिए दूध दे देता। वह वास्तव में भगवान से बहुत ही डरने वाला इंसान था। उनका बेटा रक्षा विभाग में किसी वरिष्ठ पद पर नियुक्त था। मेरे पिता द्वितीय विश्व युद्ध के दौरान फिलिस्तीन में सेवारत थे। मेरी माँ बहुत चिंतित थी और उन्होंने उनका तबादला करवाने के लिए, बिहारी लाल के बेटे की मदद मांगी। इसकी उसने कुछ दिनों के अंदर ही व्यवस्था कर दी। कुछ अन्य अच्छे हिंदू भी थे। उनमें से कुछ मेरे बड़ों के करीबी दोस्त थे, जैसे कि प्रेम सहगल जो महान गायक के.एल. सहगल के भाई थे।

'लेकिन ज़्यादातर हिंदू हमसे दूरी बना कर रखते थे। जब हम हिंदू दुकानों से मिठाई लेने जाते थे वे हमें छूने से बचते थे। 1945 में हम एक बार फ्रंटियर मेल से लाहौर से वापस आए। हम जब जालंधर पहुंचे तब यह रात का समय था। उन दिनों परिवहन के साधन के रूप में वहाँ केवल तांगे मौजूद थे। एक मुस्लिम तांगे वाले ने जो एक जट्ट था, और हमारे परिवार को जानता था, हमें तांगे पर चढ़ने को कहा। एक युवा हिंदू जोड़ा भी उसी ट्रेन से आया था और तांगे को सिर्फ खुद के लिए किराए पर लेना चाहता था क्योंकि वे मुस्लिमों के साथ यात्रा नहीं करना चाहते थे। तांगे वाले ने उनसे कहा कि उन्हें इसी तांगे पर सवारी करनी होगी या वे पैदल जा सकते हैं। बहुत अनिच्छा से वे सहमत हो गए और हमारे किसी के भी साथ संपर्क से बचने के लिए

सामने बैठे। हालांकि आर्थिक तौर पर शहर में हिंदू सबसे ज़्यादा मजबूत थे और कई कारखानों और व्यापारिक प्रतिष्ठानों के मालिक थे, प्रमुख मुस्लिम परिवार भी मौजूद थे जिनके पास खेती-बाड़ी की जमीन और कई तरह की खाने और फल के बाजारों की मलकीयत थी। मगर, कई मुस्लिम जमींदार हिंदुओं के कर्जे के नीचे डूबे हुए थे।'

सय्यद एजाज हुसैन जाफरी

'मेरा ताल्लुक महतपुर कस्बा, तहसील नकोदर, जिला जालंधर के हकीमों के परिवार से है. . . हमारा एक छोटा शांति प्रिय गाँव था जहां हिंदू, मुस्लिम, सिख, ईसाई–सारे अमन और भाईचारे के साथ रहते थे। कोई दुश्मनी नहीं थी; सिर्फ प्रेम था। हमारे बुजुर्ग आँखों का ऑपरेशन भी कर लेते थे। हमारे गाँव आने वाली किसी भी शादी की बारात का हमारी हवेली में स्वागत किया जाता और वे वहाँ एक दिन के लिए ठहर सकते थे। किसी भी तरह का किराया लेने का सवाल ही नहीं पैदा होता था। हिंदू और सिख मुहर्रम में हिस्सा लेते थे जबकि हम हिंदू और सिख त्यौहारों में। सच तो यह है कि हिंदू और सिख हमारे घरों में खाते थे और हम उनके घरों में।

'बँटवारे के कुछ साल पहले, मेरे वालिद ने मेरे अध्यापक गुरदास राम पंडित से विनती की कि वे मुझे कोई धंधा सिखाने में मदद करें। उन्होंने मुझे लाहौर भेज दिया जहां हरनाम सिंह लाहौर के धर्मपुरा मोहल्ले में रहते थे ताकि मैं घड़ियों की मरम्मत करना सीख लूँ। जब बंटवारा हुआ तब लोगों को पता चला कि भारत के दो टुकड़े होने वाले थे। लाहौर में रहते समय मुझे लगा कि हालात बहुत जल्द बहुत बदतर हो जाएंगे। इसलिए मैं अपने परिवार और रिश्तेदारों को लाहौर ले आने के लिए वापस गया। हालांकि नकोदर एक मुस्लिम बहुसंख्यक तहसील थी मुझे लगा कि लाहौर में मुस्लिम ज़्यादा मजबूत थे और मुझे वह ज़्यादा सुरक्षित लगता था। जब हम गाँव छोड़ रहे थे, हिंदू और सिख आए और मेरे वालिद से कहा, "हकीम साहिब आपको नहीं जाना चाहिए, अगर आपके ऊपर कोई हमला करने आता है तो उन्हे पहले हमें मारना पड़ेगा।" मेरे वालिद ने उनका शुक्रिया अदा किया और कहा कि वे वापस आ जाएंगे जब भड़का हुआ जनूनीपन थोड़ा कम हो जाएगा और कानून और व्यवस्था की बहाली हो जाएगी। अफसोस, यह कभी नहीं हुआ। जब मैं लाहौर पहुंचा तब हरनाम सिंह से मिलने के लिए गया। उसको और उसके परिवार को कुछ ही दिन पहले मार दिया गया था। वह एक अच्छा इंसान था जो हर समय गुरबानी का पाठ करता था और मुझे एक बेटे की तरह मानता था। वे बहुत अच्छे दिन थे और लोग भी बहुत अच्छे थे। मुझे अब भी अपना गाँव याद आता है और मैं लगभग अंधा हो चुका हूँ। मैं वहाँ जाकर उसे दोबारा कभी नहीं देख सकूँगा। मेरी यह चाहत मेरे साथ मेरी कब्र में दफन हो जाएगी।'

मुहम्मद फिरोज दर

'हम दरअसल वजीराबाद से हैं जहां मेरे दादा 1870 में कश्मीर से आ गए थे मगर मेरे वालिद रेलवे के मुलाजिम थे और उनकी तैनाती रावलपिंडी में थी जहां 1 अप्रैल 1936 को मेरा जन्म रेलवे कॉलोनी में हुआ। मेरे वालिद एक इंजन ड्राईवर थे। मेरे तीन बड़े भाई और दो बड़ी बहनें थीं। रेलवे कॉलोनी स्टेशन के बेहद करीब थी। हम सारे एक परिवार की तरह रहते थे–हिंदू, मुस्लिम, सिख, ईसाई और यहाँ तक कि अंग्रेज भी। सारे समुदायों के लोग एक दूसरे को धार्मिक त्यौहारों के मौकों पर मिठाईयाँ भेजते थे। मेरे भाइयों के दोस्त हिंदू और सिख हमारे घर आते थे और फर्क का कोई एहसास नहीं था। सिर्फ एक नियम का पालन सब करते थे कि हिंदुओं की रसोई में न जाया जाए। मैं अपने हिंदू, सिख और ईसाई दोस्तों को ईद के मौके पर मस्जिद ले जाता था और सारे बच्चों को मिठाई मिलती थी। हम क्रिसमस के मौके पर चर्च जाते थे और हमें चॉक्लेटें दी जातीं। उसी तरह बच्चे मंदिर और गुरद्वारे जाते और त्यौहारों के मौके पर उन्हें मिठाइयाँ मिलतीं।

'एक चाचा शेर सिंह थे और उनकी पत्नी लीला कौर थीं जो हमारे सबसे नजदीक के पड़ोसी थे। लीला चाची अक्सर हमारे घर आती थीं और वह एक बड़ी बहन की तरह थीं। चाचा शेर सिंह की तबीयत ठीक नहीं थी। मेरे वालिद और मैं उनसे लाहौर के रेलवे अस्पताल में मिले। हम उनके बहुत करीबी थे। लीला कौर अस्पताल के गलियारे में खाना पका रही थीं। एक बाबू श्री राम थे। उनका लड़का हमेश मेरा करीबी दोस्त था। जब मैं उनके घर जाता उनकी रसोई से दूर ही रहता। आपको सुन कर हैरानी होगी कि उसकी माँ मुझसे कहती थी कि "फौजी तुम जब मीट बनाते हो तो हमेश को भी दिया करो। उसको तगड़ा बनना है।" मैंने यह बात माँ को बताई और कभी-कभी हमेश हमारे घर में मीट खा लेता था।

'जब मेरी माँ की मौत हुई, सारे समुदाय के लोग अपना दुख जाहिर करने आए और उसके बाद एक लंबे समय तक हिंदू और सिख औरतें जो मेरी माँ को जानती थीं मुझे रोकतीं, मेरे सिर पर हाथ फेरतीं और मेरे साथ हमदर्दी दिखातीं। वे हमेशा मेरी माँ के बारे में दुखी होकर बातें करतीं। यह बात मैंने कभी नहीं सोची थी कि रावलपिंडी की गलियों में खून बहेगा और हिंदू, सिख हमेशा के लिए चले जाएंगे। 1945 के बाद से ही अजीब चीजें होने लगीं। हम सुनते थे कि भारत आजाद हो जाएगा मगर दूसरे विश्व युद्ध के बाद करिश्माई घटनाओं का उल्लेख होने लगा और यह कहा जाने लगा कि पाकिस्तान नाम का एक मुस्लिम मुल्क बनने वाला है। कभी यह सुनने में आता था कि एक बछड़े का जन्म हुआ था जिसके बदन पर पाकिस्तान लिखा हुआ था; कभी यह सुनने में आता था कि किसी गाँव में एक बच्चे का जन्म हुआ था जिसके सिर पर पाकिस्तान लिखा हुआ था। और एक अजीब चीज यह होने लगी कि हिंदुओं

और सिखों का पूर्वी पंजाब और दूसरी जगहों पर तबादला होने लगा और 1947 तक हमारे कई गैर-मुस्लिम पड़ोसी रावलपिंडी छोड़ कर जा चुके थे। मुझे याद है कि मेरे वालिद सोच रहे थे कि माजरा क्या था। मिसाल के तौर पर बाबू श्री राम और दूसरे हिंदू अफसरों का दिल्ली में तबादला हो गया जबकि अचानक मुस्लिम और अंग्रेज अफसर रावलपिंडी आ पहुंचे थे। मुझे लगता है कि कहीं, किसी को पता था कि क्या होने वाला था। यहाँ तक कि स्कूल के अध्यापक भारत की तरफ जा रहे थे। इन तमाम हरकतों के बावजूद बाद में होने वाली तकसीम और कत्लेआम के बारे में किसी को अंदाजा नहीं था।

'रावलपिंडी के हिंदू और सिख अपनी जायदाद बेच कर जाने लगे। यह 1946 में हुआ। 1945-46 की चुनावी मुहिम का रेलवे कॉलोनी पर कोई असर नहीं हुआ मगर मुझे याद है कि मेरे पिता अपना वोट डालने वजीराबाद गए थे क्योंकि वहाँ हमारी जायदाद थी।'

रक्षत पुरी

'मैं 24 फरवरी 1924 को लाहौर के शाह आलमी गेट इलाके में पैदा हुआ। हम राधास्वामी हैं। हम किसी संगठित धर्म में विश्वास नहीं रखते हैं, मगर इन्सानों को जोड़ने वाली आम इंसानियत और रूहानीयत में यकीन रखते हैं। ब्यास का इलाका राधास्वामी लोगों का गढ़ था जो अब पूर्वी पंजाब में है। जब हमारे समुदाय के बाबाजी ने लाहौर का दौरा किया तब उनके एक तिहाई अनुयायी मुस्लिम थे। जी हाँ सारे मजहबों के लोगों ने राधास्वामी आंदोलन में हिस्सा लिया। हम भक्त कबीर, गुरु नानक, बुल्ले शाह और दूसरे सूफियों द्वारा दी गई शिक्षाओं में यकीन करते थे। जब बंटवारा हुआ, तब बाबाजी ने अपने मुस्लिम अनुयायियों को पाकिस्तान भेज दिया मगर उन्हें हिदायत दी कि वे अपनी पहचान किसी को न बताएं। यह जरूरी था क्योंकि पूर्वी पंजाब में मुस्लिम नाम वाले किसी भी इंसान के लिए हालात बहुत असुरक्षित हो गए थे। हम हिंदू नाम वालों के लिए भी पश्चिमी पंजाब में एक जैसे हालात थे।'

पंजाब में एक और बहुत ही दिलचस्प सहधर्मी आंदोलन हुसैनी ब्राह्मण लोगों का था। हुसैनी ब्राह्मण जिन्हें मोहयाल ब्राह्मण भी कहा जाता है, कभी समूचे पंजाब में पाये जाते थे और उनके मशहूर गोत्र थे: दत्त, बाली, छिब्बर, वैद, भीमवाल, लौ और मोहन। अन्य पंजाबी ब्राह्मणों के विपरीत वे कृषि के क्षेत्र में थे और पुलिस और सैन्य सेवाओं में रोजगार की तलाश करते थे। उनकी पारिवारिक कथा के अनुसार उनके पूर्वज अरब में बसे थे और रहाब सिद्ध दत्त उनके पूर्वजों में से एक थे, जो खुद अपने पुत्रों के साथ, करबला की लड़ाई में पैगंबर मुहम्मद के पोते इमाम हुसैन के पक्ष में 680 ईसवीं में लड़े थे। वे हुसैन के साथ-साथ लड़ते हुए मारे गए। परिवार के कुछ

सदस्य बच गए और पंजाब वापस आ गए। इस कहानी के अलग-अलग संस्करण उस परिवार के तीन लोगों ने मुझे बताए: मुंबई के मशहूर फिल्म स्टार सुनील दत्त, प्रोफेसर वी.एन. दत्ता और साबका पत्रकार जमना दास अख्तर ने। हुस्सैनी ब्राह्मण हिंदू बने रहे मगर करबला की त्रासदी के साथ ताल्लुक रखने वाले रिवाज मनाते रहे। तकसीम से पहले के पंजाब में हुस्सैनी ब्राह्मण की पहचान को इन शब्दों में बयान किया गया:

वाह दत्त सुल्तान,
हिंदू का धर्म,
मुस्लिम का ईमान,
आधा हिंदू आधा मुसलमान

लेखक मशकूर साबरी ने मुझे बताया कि बतौर एक नौजवान वह सालाना रामलीला त्यौहार में नाटक के दौरान, भगवान राम का किरदार निभाते थे जो टोबा टेक सिंह में खेला जाता था। शुरू में कट्टर हिंदू कुछ चिढ़ गए थे मगर उन्होंने किरदार इतने अच्छे तरीके से निभाया कि बाद में उन्हे हर साल राम के लिए चुना जाता था। उत्तरी पंजाब के कैंपबेलपुर (अटक) जिले के एक गाँव में एक स्कूल जिसे उन दिनों धर्मशाला भी कहा जाता था, 1930 के दशक में नूरभरी नाम की एक लड़की पढ़ना-लिखना चाहती थी, मगर उसे बाहर दूसरी हिंदू लड़कियों के साथ बैठना पड़ा क्योंकि वह स्कूल सिर्फ लड़कों के लिए था। उस समय के हिसाब से यह एक गैर-मामूली उपलब्धि थी क्योंकि आमतौर पर लड़कियों और खास कर मुस्लिम लड़कियों के लिए गाँव में शिक्षा हासिल करना किसी ने नहीं सुना था।

बँटवारे के पहले का लाहौर

आगा अशरफ की आत्मकथा *एक दिल हजार दास्तान* (1989: 16-24) लाहौर के अंदरूनी शहर के विस्तृत वर्णन से शुरू होती है, जहां उन्होंने 1920 के दशक में अपना बचपन गुजारा। सारे समुदायों के बच्चे स्थानिक स्कूलों में पढ़ते थे। वे दयाल सिंह स्कूल के कुछ हिंदू और सिख अध्यापकों को देवता तुल्य मानते थे। वे जिक्र करते हैं कि कभी कभार वे अपने हिंदू, सिख और मुस्लिम सहपाठियों के साथ मिल कर कई किस्म की हरकतें करते थे। वे इधर-उधर घूमते रहते और इन मौकों पर लाहौर के सारे मंदिरों में जाते। अंदरूनी लाहौर में शराब पीना, अफीम खाना, जुआ खेलना और इस तरह की दूसरी गंदी हरकतें मौजूद थीं। अशरफ खुद अपने दोस्तों के साथ मिलकर घंटों शराब पीते रहते।

और एक लंबी आत्मकथा *मेरा शहर लाहौर* में यूनस अदीब, ज़्यादातर अंदरूनी लाहौर के समाज के बारे में और 1930 के दशक के आखिरी सालों के बारे में लिखते हैं। वे जिक्र करते हैं कि लड़कपन में वे आराम से कट्टर ब्राह्मणों के घर में

प्रवेश कर जाते थे और अपने से बड़ी पड़ोसी पंडित भगत राम की बेटी के साथ मंदिर जाते थे। वे गौर करते हैं कि लोगों ने अपने अजीब तरीके और उपाय ईजाद कर लिए थे ताकि वे हिंदू, इस्लाम और सिख धर्म के सख्त कानूनों से बच सकें; इस तरह एक मिश्रित और मिला-जुला जीने का तरीका उभर कर आ गया (1991: 36-40)। स्थानिक मोहल्लों में गरीबों और दुखियों को मदद और हमदर्दी मिल जाती थी और पक्षपात को नजरअंदाज कर दिया जाता था हालांकि मजहबी सम्मान किसी धार्मिक समुदाय के सदस्यों को दूसरे समुदाय के लोगों से मदद लेने को रोकता भी था। लाहौर के बहु-संस्कृतिवाद पर टिप्पणी करते हुए वे याद करते हैं कि हिंदू मुहर्रम के जलूस पर फूल फेंकते थे जबकि मुस्लिम बादशाही मस्जिद के पीछे के मिंटो पार्क में राम-लीला का त्यौहार देखने के लिए इकट्ठा होते और उनमें से कई दीवाली और दशहरे की खुशियों का आनंद उठाते। जो समाज के दस्तूर से हट कर दूसरा कुछ खोजते थे उनके लिए सूफी दरगाहें, टक्किया, अखाड़े, हिंदुओं और सिखों के गैर-अनुकूल समूह, तवायफों के कोठे तथा अफीम खाने वाले और दूसरे नशे के अड्डे, कई और संभावनाएं पेश करते थे। मामूली लोगों के इन अड्डों में कट्टर यकीनों, रीति-रिवाजों को नजर-अंदाज कर दिया जाता था। अदीब परंपरागत बहुसंस्कृतिवाद को इन लाजवाब लफ्जों में रूपमान करते हैं:

> मुझे खास तौर पर लाला गणपत राय याद हैं क्योंकि वे एक विशेष किस्म की हिंदू पोशाक पहनते और दिखते थे। वे एक पाजामा के ढंग की तंग पतलून पहनते थे, एक लंबी कमीज, एक वास्कट और सर पर एक काली नुकीली टोपी। उसके चेहरे को देखकर ही लगता था कि वे एक बेहद गरमजोश और दोस्ताना किस्म के इंसान थे। रोज जब वे कूचा दरजियाँ की मस्जिद के पास से गुजरते थे वे रुकते और झुक कर मस्जिद की सीढ़ियों को अपने हाथों से छूते तथा दोनों हाथों को जोड़कर दुआ करते थे। (वही: 163)

मैंने बँटवारे के पहले के लाहौर के अंदरूनी शहर में कभी रहने वाले, एक पुराने निवासी जाने-माने पाकिस्तानी शिक्षाविद् प्रोफेसर शौकत अली से उनके पुत्र के मैंसफील्ड, मैसाचुसेट्स, संयुक्त राज्य अमरीका स्थित निवास पर बात-चीत की।

प्रोफेसर शौकत अली

'मेरा जन्म 1923 में एक बहुत गरीब मुस्लिम परिवार में हुआ जो भट्टी गेट की एक बस्ती में रहता था। हम एक हिंदू प्रबल मोहल्ले, मोहल्ला जल्लोटीयां कूचा नकरचियाँ अंदरूनी शहर लाहौर में रहते थे। हम पाँच भाई-बहन थे और घर में कमाने वाला कोई नहीं था, हमारी माँ के सिवा जो दूसरों के लिए कई तरह के घरों के काम जैसे कि सिलाई, बुनाई करती थीं। उस मोहल्ले में रहने वाले 250 परिवारों में सिर्फ 5 मुस्लिम

थे। हमारे हिंदू पड़ोसी बहुत शालीन और भगवान से डरने वाले लोग थे। लगभग उन सभी लोगों ने घर में एक-एक गाय रखी थी। मेरी माँ एक गरीब लेकिन मेहनती औरत थी और यह जानते हुए वे हमें बिना पैसे लिए दूध, मक्खन और दही दे देते थे। होली और दीवाली के हिंदू त्योहारों के समय हमें उनसे मिठाई प्राप्त हो जाती थी। मुझे एक भी उदाहरण याद नहीं है जब उनके घरों में हमें अनिष्ट समझा जाता हो। केवल प्रतिबंधित जगह वहाँ रसोईघर था जो महिलाओं ने केवल खुद के लिए रखा था और मुस्लिमों के लिए वहाँ जाने की अनुमति नहीं थी। यह उनकी धार्मिक प्रथा का एक हिस्सा था और इसका भेदभाव के साथ कुछ लेना-देना नहीं था। हिंदू महिलाएँ हमारे घर में आतीं और मेरी माँ से घंटों बातें करतीं।

'मैं दयाल सिंह हाई स्कूल में पढ़ा जहां मेरे ज़्यादातर दोस्त हिंदू थे। स्कूल में कोई भेद-भाव नहीं किया जाता था और हमारे अध्यापक भेद-भाव विहीन, बहुत दयालु और मददगार थे। स्कूल सईद मिट्ठा बाजार में स्थित था और भट्टी गेट से मुझे वह दूरी, पैदल तय करनी पड़ती थी। यह मेरी एक बड़ी इच्छा थी कि मैं एक विद्वान बनूँ लेकिन मेरे हालात बहुत ज़्यादा निरुत्साहित करने वाले थे। बहरहाल मेरी मां ने और अधिक काम ले लिया और मेरे मामा जो सईद मिट्ठा बाजार में रहते थे उन्होंने भी मुझे आर्थिक रूप से मदद की ताकि मैं दयाल सिंह कॉलेज में भर्ती हो सकूँ और मैंने अच्छी तरह से पढ़ाई की और धीरे-धीरे बी.ए. (ऑनर्स) वर्ग में दाखिला हासिल कर लिया।

'मेरे दो हिंदू शिक्षकों ने मुझमें खास दिलचस्पी दिखाई तथा और ज़्यादा मेहनत करने को प्रेरित किया। एक थे प्रोफेसर प्रेम कृपाल जो ऑक्सफोर्ड यूनिवर्सिटी में पढ़े थे। उनके पिता, राय बहादुर ईश्वर दास, पंजाब यूनिवर्सिटी के रजिस्ट्रार थे। वे रेस कोर्स रोड पर रहते थे। प्रोफेसर कृपाल अतिरिक्त क्लास लेने के लिए हमें अपने घर बुला लेते थे। अन्य लड़के बहुत अच्छे घरों के होते थे। मैं एक साधारण सलवार-कुर्ता और सिर पर एक तुर्की फेज पहन कर जाता था। हमें पश्चिमी देशों के स्वादिष्ट व्यंजन और कॉफी पिलाई जाती जो हमने पहले कभी नहीं चखे थे। यह बात प्रोफेसर लाजपत राय नय्यर के लिए भी सही बैठती है। मैं उनके घर भी जाता था, जो मोजंग चुंगी के नजदीक मियानी साहिब के पास स्थित था। उन्होंने भी मेरे साथ बहुत दयालु व्यवहार किया।'

कुलदीप कुमार चोपड़ा

मेरे नानाजी (नाना) बली राम खुल्लर कहना कच्चा, जिला लाहौर के एक बड़े जमींदार थे। वे सात गाँवों के मालिक थे। उनके दो चचेरे भाई दौलत राम खुल्लर और जगन्नाथ खुल्लर लाहौर के जाने-माने वकील थे। नानाजी कई सरायों के भी मालिक थे जहां मुसाफिर आराम और बिना पैसे दिए रह सकते थे। वहाँ खाना भी मुफ्त दिया जाता था। हमारी जमीन पर काम करने वाले ज़्यादातर लोग मुस्लिम थे। उन्हें रहने की

जगह, उचित पगार और खाने का सामान दिया जाता था। वे नानाजी की हवेली पर भी काम करते थे। नानाजी अपने मुस्लिम दोस्तों के साथ हुक्का पिया करते थे और कभी-कभी उनके यार-दोस्त हवेली में सारी रात रह जाते और खाते-पीते। मेरी नानी बीमार पड़ गई थीं और मेरी माँ जो उस समय एक दूध-पीती बच्ची थी उसे दूध नहीं पिला पा रही थी इसलिए एक मुस्लिम नौकरानी ने उन्हें दो महीनों तक दूध पिलाया। चूंकि कहना कच्चा सरहद से ज़्यादा दूर नहीं था मेरी माँ का परिवार सकुशल तरीके से अगस्त 1947 में भारत आ गया। मेरे मामाजी इंदर साईं ने 1956 में कहना कच्चा का दौरा किया। हमारी हवेली अब हमारे एक देख-भाल करने वाले किसान के अधीन थी। उसने मेरे मामाजी का इज्जत और प्यार के साथ स्वागत किया और उन्हें वापस आने पर जोर दिया। मेरी माँ जो हंसराज महिला कॉलेज लाहौर में पढ़ती थीं अब भी यह सोचती हैं कि उनका सबसे बेहतर समय लाहौर में गुजरा।

'दूसरी तरफ, मेरे दादा मिलखी राम चोपड़ा की किस्मत काफी खराब रही। वे हाफिजाबाद गुजराँवाला जिले में रहते थे और इंडियन रेलवेज में एक अफसर थे। उन्हें बँटवारे के दंगों के दौरान चाकू मार कर मार डाला गया। उनके बच्चे उनका कत्ल होता देख अलग-अलग दिशाओं में डरकर भागे। उस समय मेरे पिता सिर्फ 18 साल के थे। वे किसी तरह भारत के पंजाब के फिरोजपुर के कैंप तक पहुँच गए। वे महीनों तक सो नहीं सके और उन्हें लगातार दु:स्वप्न आते और वह चिंताग्रस्त रहते। लेकिन फिर भी मेरे परिवार के दोनों तरफों के बुजुर्ग लोग पाकिस्तान के लोगों के लिए कोई गहरी नफरत नहीं रखते थे। उनका मानना था कि यह इतिहास का वह पल था जब जनूनीपन दोनों तरफ हावी हो गया। वे तो अब भी कहते हैं कि बंटवारा नहीं होना चाहिए था।'

सोम आनन्द, *लाहौर: ए लॉस्ट सिटी* के लेखक, बँटवारे के बाद, अपने बैंकर पिता फकीर चंद के साथ पाकिस्तान रह गए थे। मैंने दिल्ली में उनसे बँटवारे के पहले, 1947 और इसके बाद की घटनाओं के बारे में पूछा। यहाँ मैं उनकी किताब के कुछ अंश पेश कर रहा हूँ। वे टिप्पणी करते हैं कि हिंदू और मुस्लिम समुदाय 'दो समानान्तर धाराओं की तरह रहते थे, जो पास-पास बहती हैं मगर कभी किसी बिन्दु पर मिलती नहीं हैं' (1998: 3)। वह और कहते हैं:

> 'मुस्लिमों के अपवित्र स्पर्श से दूर रहने के लिए, हिंदुओं ने अपनी रोजमर्रा की जिंदगी में कई बाड़े लगा कर रखे थे। मिसाल के तौर पर मेरी माँ अपनी रसोई में कभी किसी मुस्लिम को दाखिल नहीं होने देती थी। उनसे पका हुआ किसी तरह का खाना नहीं लिया जाता था। मुझे याद है कि अगर हमारा कोई मुस्लिम पड़ोसी मेरे पिता के लिए कोई खास पका हुआ खाना भेजता तो वह खाना खाने की मेज से ज़्यादा दूर तक नहीं जा सकता था जहां पर वह अपना खाना भी नहीं खाती थीं। खाते समय वह किसी मुस्लिम सहेली

या पड़ोसन के स्पर्श से बचती रहती थीं। मेरे बचपन के दौरान इस तरह की रोक का हिंदू शिक्षित पुरुष सदस्य पालन नहीं करते थे। (औरतें इस मामले में हमेशा ही ज़्यादा संकीर्ण सोच रखती थीं) कुछ दशकों पहले इन नियमों ने एक सख्त आचार संहिता का गठन किया था भले ही कोई इंसान कितना भी पढ़ा और विद्वान क्यों न होता।

इन हिंदू बेतुकी रोकटोक के बावजूद मुस्लिम इनको एक कुदरती कानून की तरह देखते थे। मुस्लिम बुजुर्गों को पता था कि हिंदुओं के साथ रिश्ते की सीमा कितनी दूर तक रखी जाए और उन्हें अपने बर्तनों से पानी देना भी अनुचित समझते थे. . . हिंदू हमेशा से ही मुस्लिम जनूनीपन के बारे में शिकायत करते आए हैं मगर वे कभी इस बात को समझ नहीं पाए हैं कि जो दीवार उन्होंने अपने इर्द-गिर्द खड़ी कर ली है उससे और वे क्या उम्मीद कर सकते थे. . .

पंजाब के हिंदुओं को यह बात समझने में कई शताब्दियाँ लग गईं कि उनका मुस्लिम विरोधी भेद-भाव कितना नुकसानदेह और बेतुका था। इस दिशा में परिवर्तन की पहली लहर को 1920 के दशक के खिलाफत आंदोलन के दौरान महसूस किया गया। हालांकि हिंदू-मुस्लिम सौहार्द ने बाद के सालों में कई उतार-चढ़ाव देखे सामाजिक स्तर पर शहरों के संभ्रांत लोग अपनी आचार संहिता में काफी सुधार लाए। कुछ हद तक इसके लिए पश्चिमी शिक्षा जिम्मेवार थी। इस बदलाव को मेरे पिता की सोच में भी देखा जा सकता था। जब उनकी उम्र कम थी मेरी माँ कहती थी कि अगर बाजार में उनका किसी मुस्लिम से स्पर्श हो जाता तो वे घर वापस आ कर कपड़े बदलते मगर जब मैं मॉडल टाउन में बड़ा हो रहा था तब देखा कि पिता के कई मुस्लिम दोस्त थे और वे मेरी माँ के छुआ-छूत वाली सोच को पिछड़ेपन की निशानी मानते थे (वही: 3-5)।

दीना नाथ मल्होत्रा ने, जिनके पिता राजपाल, विवादित किताब, *रंगीला रसूल* के प्रकाशक थे जिसका जिक्र ऊपर किया जा चुका है मेरे साथ 1940 के दशक के लाहौर के बारे में एक लंबी बात-चीत की। वे सोम आनंद के अवलोकन की पुष्टि करते हैं कि मुस्लिम कुछ हिंदू प्रथाओं से अपमानित महसूस करते होंगे। यहाँ मैं उनकी पुस्तक से अंश पेश कर रहा हूँ:

लाहौर में गर्मियों के महीनों के दौरान अच्छे परिवारों से आए युवा हिंदू स्वयंसेवक निस्बत रोड और अन्य क्षेत्रों में ठंडे पानी की ट्रॉलियों को लाया और ले जाया करते थे। हर राहगीर को शिष्टाचार के साथ चांदी के गिलास में केवड़ा और चन्दन के साथ सुगंधित पानी की पेशकश करते थे। मगर यह सब कुछ हिंदुओं तक ही सीमित होता था। कोई भी मुस्लिम भले ही

> उसने अच्छे कपड़े पहने हो अगर एक गिलास पानी प्राप्त करने के लिए आगे आता तो उसे एक विशेष रूप से आरक्षित अवर गिलास में पानी दिया जाता और वह पानी भी एक गज से भी लंबी एक बांस की कीप से बाहर लाया जाता। यह सबसे शर्मनाक और प्रतिकारक था। इस तरह के कृत्यों ने मुस्लिमों को उनके खिलाफ हो रहे भेदभाव को असरदार तरीके से महसूस करवाया। इन परिस्थितियों में यह अपरिहार्य था कि जिन्नाह के प्रोत्साहन ने मुस्लिम समुदाय के मन पर जबरदस्त प्रभाव डाला (मल्होत्रा, 2004: 59)।

अपनी आत्मकथा, *ट्रुथ, लव एंड ए लिटल मैलीस* में मशहूर सिख लेखक, पत्रकार और इतिहासकार खुशवंत सिंह ने बीसवीं सदी के शुरुआती समय के पंजाबी समाज के बारे में कई झलकियाँ पेश की हैं। उन्होंने लाहौर पर एक पूरा अध्याय लिखा है जब वह वहाँ पर अपनी वकालत जमाने की कोशिश कर रहे थे। खुशवंत सिंह का जन्म झेलम जिले के हडाली गाँव में 1915 में हुआ। उनका गाँव, किसी भी गाँव के मुकाबले पहले विश्व युद्ध में सबसे ज़्यादा सैनिक भेजने के लिए मशहूर था। उनमें से तो कई ने ब्रिटिश वाइसरॉयों के अंगरक्षकों के तौर पर सेवा भी की थी। सिंह जिक्र करते हैं कि 300 के करीब परिवारों में ज़्यादातर मुस्लिम थे और करीब 50 हिंदू और सिख परिवार थे। हिंदू और सिख व्यापार, दुकानदारी और साहूकारी करते थे। उनका खुद का परिवार गाँव में सबसे अमीर था और वे पक्के घर में रहते थे जहां दूसरे लोग मिट्टी से बने कच्चे घरों में रहते थे। वे लिखते हैं:

> 'हडाली में रहने वाले, हम हिंदू और सिख, मुस्लिमों के साथ एक बेचैन करने वाला मगर शांतिपूर्ण रिश्ता रखते थे। हम उनके बड़े-बुजुर्गों को चाचा-चाची कह कर पुकारते और वे भी हमारे बड़ों के साथ ऐसा ही व्यवहार करते; हम शायद ही कभी एक दूसरे के घरों में जाते थे और वो भी शादी-विवाह पर या कोई मौत होने पर' (2002: 5)।

बँटवारे के पहले के लाहौर के बारे में लिखते हुए, खुशवंत सिंह उच्च-मध्यम वर्ग के परिवारों की रोजमर्रा की जिंदगियों के बारे में कई दिलचस्प किस्से बताते हैं। वे गौर फरमाते हैं कि हिंदू और सिख एक दूसरे को दोस्त बना लेते थे और उनके परिवारों के बीच सामाजिक रिश्ते हमेशा ही कायम रहते थे; सिखों या हिंदुओं के करीबी मुस्लिम दोस्त या पारिवारिक ताल्लुक विरले ही होते थे। वे लिखते हैं:

> हमारी मंजूर कादिर के परिवार के साथ दोस्ती के बावजूद, मेरे दिल में मुस्लिम-हिंदू/सिख के बीच की खाई के बारे में कोई संदेह नहीं था। यहाँ तक कि हाई कोर्ट बार असोशिएशन और लाइब्रेरी में भी मुस्लिम वकील हिंदुओं और सिख वकीलों से दूर एक बड़े कमरे और लाइब्रेरी के एक अलग कोने में बैठे रहते थे। शादी-विवाह पर या कोई मौत होने पर कुछ हद तक एक

दिखावटी मेल-मिलाप जरूर होता था मगर यह सिर्फ अपना चेहरा दिखाना मात्र था। मुस्लिम लीग के पाकिस्तान की मांग के प्रस्ताव के बाद यह खाई और चौड़ी हो गई तथा और चौड़ी होती रही (वही: 105)।

प्रेम धवन

प्रेम धवन, मुंबई फिल्म उद्योग के साबका गीतकार और संगीतकार ने मुझे बताया कि एक नौजवान के तौर पर उनका संपर्क लाहौर जेल में क्रांतिकारियों के साथ हुआ था, जहां उनके पिता एक सुपरिंटेंडेंट थे। लाहौर के मशहूर क्रिश्चियन फोरमैन कॉलेज से 1942 में पास होने तक वे एक मार्क्सवादी हो चुके थे। 1930 और 1940 के दशक के लाहौर के बारे में वे टिप्पणी करते हैं:

'एफ.सी. कॉलेज का माहौल एक महानगरी जैसा था। सारे समुदायों से विद्यार्थी आते थे। हम सबके बीच अच्छे रिश्ते थे। लाहौर के दूसरे हिस्सों में भी माहौल इसी प्रकार का था। यह शहर सहिष्णुता और रोशनी का था। मैं 1943 में बंबई चला गया। मुझे यह कभी नहीं लगा कि चार साल बाद हिंदुओं और सिखों को हमेशा के लिए लाहौर छोड़ देना पड़ेगा। इस बारे में कभी पता नहीं चल सका था, क्या चल सकता था?'

सरदार शौकत अली

कॉलेज के दिनों की गर्मजोशी के बारे में वही एहसास पाकिस्तान के स्वर्गीय कम्यूनिस्ट नेता सरदार शौकत अली का था, जो प्रेम धवन के सहपाठी थे और उनके आँसू निकल पड़े जब मैंने उन्हें बताया कि मैं प्रेम धवन से 2001 में मुंबई में मिला था। उन्होंने कहा:

'पांचवी कक्षा से मैं कसूर में पढ़ा। 1939 में, मैंने तहसील अजनाला, अमृतसर के राम सुखदास कॉलेज में दाखिला लिया, जहां मेरा भाई एक रेवेनई अधिकारी था और उसका ओहदा कानूनगो का था। यह एक बहुत अच्छा तजुर्बा था। मुस्लिम मैजारिटी में थे मगर हिंदू और सिख भी मौजूद थे। हम एक ही खाना खाते थे। बाद में मैं एफ सी कॉलेज, लाहौर में भर्ती हो गया और उसी कक्षा में था जिसमें प्रेम धवन थे। मैं और मेरे कुछ दोस्त कम्युनिस्ट आंदोलन की तरफ खिंचे चले गए।'

ताहिरा मजहर अली खान

ताहिरा मजहर अली खान, एक प्रमुख बुद्धिमती और सोशलिस्ट थीं और सर सिकंदर हयात खान की बेटी भी, जो अविभाजित पंजाब के प्रीमियर और यूनियनिस्ट पार्टी के नेता थे। वह कहती हैं:

'मेरा जन्म, उत्तरी पंजाब में हुआ जो हमारा पुश्तैनी कस्बा है मगर मैं लाहौर में पली बड़ी। मैं क्वींस मेरिस स्कूल में पढ़ी जहां पंजाब के उच्च श्रेणी के परिवारों की लड़कियां पढ़ती थीं। हम कभी एक दूसरे को हिंदू या सिख नहीं समझते थे। हम एक दूसरे के त्यौहार मनाते थे। राजा नरेंदर नाथ जो हिंदू महासभा के नेता थे अपने आपको मेरे वालिद का भाई समझते थे और वह बहुत ही अच्छे पारिवारिक मित्र थे। हमारी दो रसोइयाँ थीं एक हिंदुओं और सिखों के लिए और दूसरी मुस्लिमों के लिए। यह बात सच है कि हिंदू हमें अपनी रसोइयों में दाखिल नहीं होने देते थे। बाद में मैं काँग्रेस पार्टी की कम्यूनिस्ट शाखा में शामिल हो गई और वहाँ हमारे सब धर्मों के मित्र थे और किसी मजहबी फर्क का एहसास नहीं था।'

पुष्पा हंस

जानी मानी पंजाबी गायिका और अभिनेत्री पुष्पा हंस की लाहौर के बारे में, यह प्यारी यादें मौजूद थीं :

'हम फेन रोड पर रहते थे। मेरे पिता एक वकील थे। मैंने लाहौर रेडियो स्टेशन से अपने गाने का सफर शुरू किया। लाहौर रेडियो से अक्सर प्रसारित होने वाली एक पंजाबी नाटिका में बॉलीवुड के मशहूर अभिनेता ओम प्रकाश एक मुस्लिम किरदार, फतेह मुहम्मद निभाते थे और एक मुस्लिम सज्जन जिसका नाम मैं भूल चुकी हूँ एक हिंदू का किरदार निभाते थे। यह उस समय का सबसे लोकप्रिय प्रोग्राम था।

'फिरोजपुर के मियां हमीदुद्दीन 13 फेन रोड पर रहते थे। वह एक होशियार वकील थे। उनकी बेटी किश्वर मेरी सबसे पक्की सहेलियों में से थी। मैं उसके साथ रोजे रखती थी। पढ़े लिखे लोगों में धर्म कभी कोई मसला नहीं था। हमारे बीच बहुत अच्छी दोस्ती थी। हम दोनों के बीच एक लंबे अरसे तक संपर्क रहा पर अब मुझे पता नहीं है कि किश्वर इस समय कहाँ है। मुझे उम्मीद है कि वह जिंदा है और तंदरुस्त है।

'जब मैंने मशहूर गाने, "सारी रात तकनियाँ तेरी राह. . ." और "चन्ना कित्थे गुजारी रात वे..." गाए, पाकिस्तानी श्रोताओं ने इनको कई बार ऑल-इंडिया रेडियो पर बजाने के लिए गुजारिश की। सच तो यह है कि एक बार मैं भारतीय फौजी जवानों के लिए प्रोग्राम करने जम्मू सरहद गई थी। सीमा के दूसरी तरफ पाकिस्तानी फौजियों ने गुजारिश की कि एक लाउडस्पीकर को उनकी तरफ मोड़ दिया जाए। ऐसा ही किया गया और हम सबको बड़ा मजा आया।'

संदर्भ

अहमद, एस., *ग्रेट सूफी विस्डम: बुल्ले शाह*, इस्लामाबाद: सईद अहमद, (2004)।

अहमद, आई., 'सिख सेपरटीस्म इन इंडिया एंड द कान्सैप्ट ऑफ खालिस्तान', इन के.आर.

हेल्क्वीस्ट (एड.), *एनआईएएस रिपोर्ट 1990*, कोपेनहैगेन: नोर्डिक इंस्टीट्यूट ऑफ एशियन स्टडीज, (1990)।

अहमद, आई., *स्टेट, नेशन एंड एथ्नीसिटी इन कनटेम्परारी साउथ एशिया*, लंदन एंड न्यूयॉर्क: पिंटर पब्लिशर्स, (1998)।

अहमद, आई., 'साउथ एशिया', इन डेविड वेसटरलेंड एंड इंगवर स्वनबर्ग (संपा.), *इस्लाम आउटसाइड द अरब वर्ल्ड*, पृष्ठ 212-252, रिचमंड: कर्जन प्रैस, (1999)।

अलहक, शुजा, *ए फोर्गोट्टेन विजन: ए स्टडी ऑफ ह्यूमन स्पिरिचुयलिटी इन द लाइट ऑफ द इस्लामिक ट्रडीशन*, चिप्पेंहम, विलटशायर: मिनर्वा बुक्स, (1996)।

अकबर, एम.जे., *इंडिया: द सीज विदिन*, हार्मोण्ड्स्वर्थ: पैंगविन बुक्स, (1985)।

अली, इकराम, *हिस्ट्री ऑफ द पंजाब (1799-1947)*, दिल्ली: लो प्राइस पब्लिकेशन, (1970)।

अली, इमरान, द *पंजाब अंडर इंपीरियलिस्म 1885-1947*, कराची: ऑक्सफोर्ड यूनिवर्सिटी प्रैस, (1989)।

आनन्द, एस., *लाहौर: पोर्ट्रेट ऑफ ए लॉस्ट सिटी*, लाहौर: वेनगार्ड बुक्स लिमिटेड, (1998)।

अशरफ, ए., *एक दिल हजार दास्तान*, लाहौर: आतिश फिशन पब्लिकेशनस, (1989)।

भाटिया, एस., *सोशल चेंज एंड पॉलिटिक्स इन पंजाब: 1898-1910*, नई दिल्ली: ए.के. पब्लिशर्स प्रा. लि. (1987)।

चौधरी, एन., *डेवलपमेंट ऑफ उर्दू एज ओफीसीयल लैंगवेज इन द पंजाब (1849-1974)*, लाहौर: गवर्नमेंट ऑफ द पंजाब, (1977)।

डार्लिंग, एम.एल., द *पंजाब पिजेंट इन प्रोस्परिटी एंड डेट*, नई दिल्ली: मनोहर बुक सर्विस, (1978)।

दत्ता, ओ.पी., 'चकवाल फोंडली रिमेम्बरड', द साउथ एशियन, http://www.the-south-asian-com@July-Aug2000@Chakwal_memories_4.htm, दिल्ली, (7 अगस्त 2000)।

फरकुहर, जे.एन., *मॉडर्न रिलीज्यस मूवमेंट्स इन इंडिया*, दिल्ली: मुंशीराम मनोहरलाल, (1967)।

गरडेजी, एच.एन., *चेंस टू लूस, लाइफ स्ट्रगलस ऑफ ए रेवोलुशनरी: मेमोइर्स ऑफ दादा आमिर हैदर खान*, नई दिल्ली: पैट्रिओट पब्लिशर्स, (1989)।

ग्रेवाल, जे.एस. 'हिस्टॉरिकल ज्योग्राफी ऑफ द पंजाब', *जर्नल ऑफ पंजाब स्ट्डीज*, वॉल. II, सं. 1, स्प्रिंग (2004)।

इब्बेटसन, एस.डी., *पंजाब कास्ट्स*, लाहौर: संग-ए-मील पब्लिकेशन्स, (1994)।

जोंस, के. डबल्यू., *आर्य धर्म: हिंदू कंसियसनेस इन 19थ सेंचुरी पंजाब*, दिल्ली: मनोहर, (1989).

कोहली, एस.एस., द *लाइफ एंड आइडियलस ऑफ गुरु गोबिन्द सिंह*, दिल्ली: मुंशीराम मनोहरलाल, (1986)।

लाहौरी, ताहिर, *सोहणा शहर*, लाहौर: संग-ए-मील पब्लिकेशन्स, (1994)।

ले, एम.एस., द *पंजाब एंड द वार*, लाहौर: गवर्नमेंट प्रिंटिंग प्रैस, (1922)।

महमूद, सलमा, 'ए ग्रेट सन ऑफ द पंजाब', द *फ्राइडे टाइम्स* (2-10 अप्रैल 2010)।

मल्होत्रा, दीना नाथ, *डेयर तो पब्लिश*, नई दिल्ली, (2004)।

मून, पेंडेरल, *डिवाइड एंड क्विट*, नई दिल्ली: ऑक्सफोर्ड यूनिवर्सिटी प्रैस, (1998)।

नगीना, जेड.आई., *गाजी इलाम दीन शहीद*, लाहौर: जंग पब्लिशर्स प्रैस, (1988)।

रशीद राव, *जो मैंने देखा: पाकिस्तान सियासत और हुकुमरानी की हकीकत*, लाहौर: जमहूरी पब्लिकेशन्स (2010).

शेख, एम., 'द 30-इयर रूल ऑफ द "थ्री हकीम्स", *डॉन*, कराची, 25 जून (2005)।

शेख, एम., 'व्हेन द "वाइल्ड" प्रूव्ड मोर एजुकेटेड, *डॉन*, लाहौर एडिशन, 24 जनवरी 2010।

सिंह, जी., *रिलीजन एंड पॉलिटिक्स* इन द *पंजाब*, नई दिल्ली: दीप एंड दीप पब्लिकेशन्स, (1986)।

सिंह, के., *ए हिस्ट्री ऑफ द सिख्स*, वॉल. I, 1469-1839, प्रिंसटाउन: प्रिंसटाउन यूनिवर्सिटी प्रैस, (1963)।

सिंह, के., *ए हिस्ट्री ऑफ द सिख्स*, वॉल. II, 1839-1964, प्रिंसटाउन: प्रिंसटाउन यूनिवर्सिटी प्रैस, (1966)।

सिंह, के., *रणजीत सिंह, महाराजा ऑफ द पंजाब 1780-1839*, नई दिल्ली: ओरिएंट लोंगमन, (1985)।

सिंह, के., *ट्रुथ, लव एंड ए लिटल मेलिस*, नई दिल्ली: वाइकिंग (2002)।

तलहा, एन., *इकनॉमिक फैक्टर्स इन द मेकिंग ऑफ पाकिस्तान*, कराची: ऑक्सफोर्ड यूनिवर्सिटी प्रैस, (2000)।

वराइच, एस., द *ट्रेटर विदिन: द नवाज शरीफ स्टोरी इन हिज ओन वर्ड्स*, लाहौर: सागर पब्लिशर्स, (2008)।

सरकारी दस्तावेज

कार्टर, एल., *पंजाब पॉलिटिक्स 1936-1939, द स्टार्ट ऑफ प्रोविन्सियल औटोनोमी: गवर्नर्स फोर्टनाइटली रिपोर्ट्स एंड अदर की डॉक्युमेंट्स*, दिल्ली: मनोहर, (2004)।

साक्षात्कार

जमना दास अख्तर, दिल्ली, 20 अक्टूबर 1999

प्रेम धवन, मुंबई, 22 अक्टूबर 1999

सुनील दत्त, मुंबई, 20 अक्टूबर 2001

प्रोफेसर शौकत अली, मैनसफील्ड, मस्साचुसेट्स, संयुक्त राष्ट्र अमेरिका, 29 जुलाई 2002

नूर भरी, लाहौर, 17 अप्रैल 2003

चौधरी मुहम्मद बशीर, लाहौर, 18 अप्रैल 2003

राणा मुहम्मद रशीद, लाहौर, 18 अप्रैल 2003

सय्यद इजाज हुसैन जाफरी, लाहौर, 22 अप्रैल 2003

ताहिरा मजहर अली खान, लाहौर, 25 अप्रैल 2003

सरदार शौकत अली, लाहौर, 3 मई 2003

दीना नाथ मल्होत्रा, 15 मार्च 2004

पुष्पा हंस, नई दिल्ली, 31 मार्च 2004

मशकूर साबरी, मुल्तान, 22 दिसंबर 2004

प्रोफेसर चमन लाल अरोड़ा, जालंधर, 4 जनवरी 2005

अमरीक चंद अहलुवालिया, पटियाला, 7 जनवरी 2005

रक्षत पुरी, दिल्ली, 10 जनवरी 2005

प्रोफेसर वी.एन. दत्ता, जाने माने इतिहासकार, नई दिल्ली, 10 जनवरी 2005

बैरोनेस्स, श्रीला फलाथर, बर्कशायर काउंटी, 7 जुलाई 2006

अहद मलिक, स्टॉकहोम, 13 जनवरी 2006

मियां मुस्तफा कमाल पाशा, लाहौर, 14 जनवरी 2005

मुहम्मद फिरोज दर, सोलना, स्वीडन, 18 फरवरी 2007

कुलदीप कुमार चोपड़ा, स्टॉकहोम, 20 जनवरी 2011

3
पंजाब के बंटवारे की उत्पत्ति
1900–1944

व्यापक संदर्भ

1857 का सिपाही विद्रोह जो कंपनी की फौज की बंगाल शाखा में भड़का था उसको सफलतापूर्वक कुचलने के बाद ब्रिटिश इंडिया साम्राज्य सीधे तौर पर ब्रिटिश क्राउन के अधीन आ गया। कुछ असंतुष्ट भारतीय राजा और धार्मिक गुरु भी इस आंदोलन में शामिल हो गए। पंजाब में विद्रोह हुआ लेकिन उसे सफलतापूर्वक निहित कर लिया गया। विद्रोह के दौरान हिंदू-मुसलमान सहयोग स्थापित तो हुआ लेकिन यह तब कम होना शुरू हो गया जब ब्रिटिश सरकार ने संरक्षण की एक प्रणाली तैयार की जो विभिन्न समुदायों को एक दूसरे के खिलाफ प्रतिस्पर्धा करने पर मजबूर करती थी। ब्रिटिश भारतीय साम्राज्य में मुख्य रूप से दो अलग-अलग प्रकार की राजनीतिक व्यवस्थाएँ शामिल थीं–प्रदेश जो सीधे तौर पर ब्रिटिश द्वारा प्रशासित थे और सैकड़ों रियासतें जिन्होंने संधि के तहत ब्रिटिश सर्वोच्चता को स्वीकार कर लिया था। उन्नीसवीं सदी के अंत से हिंदू, मुसलमान और सिख धार्मिक पुनरुत्थानवाद शुरू होने लगा। इसने दोनों समुदायों के बीच अलगाव की भावना को और बढ़ावा दिया।

हिंदू भारतीय जनसंख्या का लगभग दो-तिहाई थे। ऊंची जाति के हिंदू चिंतित थे कि एशिया में कहीं दूसरी जगह पैदा होने वाला अखिल इस्लामवाद भारत में बड़े पैमाने पर न आ जाए और भारतीय मुसलमानों की मदद से उप-महाद्वीप के टुकड़े न कर दे। पहले से ही उन्नीसवीं सदी के अंत में आशंकित हिंदुओं द्वारा एक सुझाव देना शुरू हो गया था कि मुसलमानों को हिंदू धर्म में फिर से परिवर्तित किए बिना एक सुसंगत भारतीय राष्ट्र हासिल नहीं किया जा सकता। कुछ चाहते थे कि मुसलमानों को पश्चिम एशिया से बाहर निकाला जाए लेकिन ज़्यादातर हिंदू चाहते थे कि उनका मजबूरन आत्मसात किया जाए या उनकी शुद्धि की जाए (जोन्स, 1989 बी)। मुसलमान अल्पसंख्यक भारत की कुल आबादी के 24.9 फीसदी थे। उनमें से अधिकांश हिंदू जातियों से धर्मान्तरित थे और ज़्यादातर निचली जातियों और देहाती और किसान जनजातियों से ताल्लुक रखते थे जबकि कुछ दावा करते

थे कि उनके पूर्वज मध्य, दक्षिण-पश्चिम और पश्चिम एशिया से उपमहाद्वीप में आए थे। एक अलग मुसलमान राज्य या कई राज्यों को बनाने का विचार कुछ मुसलमानों के लिए एक आकर्षक अवधारणा थी। सबसे प्रमुख मुसलमान जो एक अलग मुसलमान राज्य की मांग कर रहे थे वे थे अल्लामा इकबाल जो एक कश्मीरी ब्राह्मण मूल के पंजाबी थे जिन्होंने 1930 में ऑल इंडिया मुस्लिम लीग के वार्षिक सत्र में इलाहाबाद में इस मुद्दे को उठाया और अपने प्रसिद्ध भाषण में उन्होंने घोषणा कीः

> भारत के भीतर एक मुसलमान भारत के निर्माण की मुसलमान मांग. . . पूरी तरह से उचित है. . . मैं पंजाब, उत्तर-पश्चिम सीमांत प्रांत, सिंध और बलूचिस्तान एक राज्य में समाए हुए देखना चाहूँगा। ब्रिटिश साम्राज्य के भीतर या ब्रिटिश साम्राज्य के बिना, स्व-निर्णय एक समेकित उत्तर-पश्चिम भारतीय मुसलमान राज्य का गठन मेरे लिए मुसलमानों की कम से कम उत्तर-पश्चिम भारत में अंतिम नियति प्रकट होता है, (पीरजादा, 1970: 159).

चौधरी रहमत अली एक अन्य पंजाबी मुसलमान अलगाववाद के बारे में और ज़्यादा पक्का इरादा रखते थे और निःशक इसके हिमायती थे। 1933 में उन्होंने और दूसरे छात्रों ने कैंब्रिज यूनिवर्सिटी में एक पुस्तिका निकाली जिसका शीर्षक था, *नाउ ओर नेवर*, जिसमें पाकिस्तान नामक एक अलग मुसलमान मुल्क का ख्याल पेश किया गया। यह नाम उत्तर-पश्चिमी भारत के पाँच मुसलमान प्रधान सूबों के नाम को मिला कर बना थाः पंजाब, 'अफगानिया' (एन.डब्ल्यू.एफ.पी.), कश्मीर, सिंध और बलूचिस्तान। रहमत अली ब्रिटिश कनसरवेटिव राजनीतिज्ञों के साथ रसूख बढ़ाने लगे ताकि वे अपने राजनीतिक मनसूबों के लिए समर्थन हासिल कर सकें। उन्होंने 1935 में एक ब्रिटिश साथी को लिखाः

> हम पाकिस्तानी अनंत काल से अपनी जिंदगी अपने तरीके से जीते आए हैं और हमने अपने तर्ज पर अपनी राष्ट्रीय मुक्ति की मांग की है। पाकिस्तान ने अपने अस्तित्व के दौरान, अपने स्वयं के कानून को बरकरार रखा है और अपने धार्मिक, आध्यात्मिक और सांस्कृतिक आदर्शों को सँजो कर रखा है जो हिंदुस्तान के उन आदर्शों से मूल रूप से अलग हैं। बतौर एक मुल्क, उनके साथ हमारा कुछ लेना-देना नहीं है और न ही उनका हमसे। व्यक्तिगत रीति-रिवाजों तथा राष्ट्रीय जीवन के रूप में, हम उन लोगों से मौलिक रूप से भिन्न हैं जैसे – हम दुनिया में किसी भी अन्य सभ्य राष्ट्र से भिन्न हैं (अजीज, 1978: 23-4)।

द गवर्नमेंट ऑफ इंडिया एक्ट 1935

द गवर्नमेंट ऑफ इंडिया एक्ट 1935 जो बाद में 1937 के चुनाव की बुनियाद बना, उससे एक बात तो साफ थी कि अंग्रेज अपना साम्राज्य छोड़ कर जाने की किसी

जल्दी में नहीं थे। मिसाल के तौर पर, द गवर्नमेंट ऑफ इंडिया एक्ट 1935 में दूसरे मुद्दों के अलावा, इन सब का भी प्रावधान था:

1. इंडिया को एक *फैडरेशन* होना था जिसमें सीधे तौर पर प्रशासित सूबों के अलावा शाही रियासतें भी होतीं
2. गवर्नर-जनरल केन्द्रीय प्रशासन का प्रमुख बना रहा
3. सूबों को उन विषयों पर आजादी हासिल थी जो उन्हें सौंपे गए थे
4. प्रांतों के संबंध में, हालांकि पूर्ण निर्वाचित मंत्रालयों का गठन किया जाना था, धारा 93 में प्रावधान था कि अगर राज्यपाल को लगे कि नागरिक प्रशासन मशीनरी संतोषजनक ढंग से कार्य नहीं कर रही है, तब गवर्नर-जनरल (वायसराय) के साथ विचार-विमर्श कर एक संवैधानिक घोषणा कर प्रशासन अपने हाथ में ले सकता था। इस तरह की एक घोषणा छह महीने के संचालन के लिए ही की जा सकती थी मगर ब्रिटिश संसद एक प्रस्ताव पारित कर इसे एक बार और बारह महीनों के लिए लागू कर सकता था।

1937 के प्रांतीय चुनाव

दो मुख्य राजनीतिक दलों भारतीय राष्ट्रीय कांग्रेस (1885 में स्थापित) और ऑल इंडिया मुस्लिम लीग (1906 में स्थापित) ने 1937 के शुरुआती दौर में प्रांतीय चुनाव लड़ा। कांग्रेस ने चुनाव में सभी भारतीयों के प्रतिनिधि होने के अपने दावे का परीक्षण किया और अधिक से अधिक स्व-शासन पर जोर दिया जबकि मुस्लिम लीग ने इस दावे पर चुनाव लड़ा कि वे भारत के मुसलमान समुदाय का प्रतिनिधित्व करते थे। काँग्रेस ने यह भी ऐलान किया कि आजाद भारत में वे जमींदारी प्रथा का खात्मा कर देंगें जिसे बड़े जमींदारों ने पसंद नहीं किया। भारत के उत्तरी पश्चिमी मुसलमान प्रधान सूबों में जैसे – पंजाब में, इस बात से मुसलमान जमींदारों से बहुत परेशान हो गए। बहरहाल, हिंदू बहुसंख्यक राज्यों में काँग्रेस ने काफी अच्छा किया और 1585 में से 711 सीटें जीत लीं। इसने 58 मुस्लिम-आरक्षित सीटों के लिए भी चुनाव लड़ा और सिर्फ 26 सीटें जीतीं। भारत के उत्तर-पश्चिम के मुसलमान प्रधान सूबों मसलन पंजाब, सिंध और एन.डब्ल्यू.एफ.पी. में मुस्लिम लीग का प्रदर्शन बहुत निराशाजनक था – पंजाब में उन्होंने सिर्फ दो सीटें जीतीं जो घट कर एक हो गई जब एक ने दल बदल लिया, सिंध और एन.डब्ल्यू.एफ.पी. में एक भी सीट नहीं जीती। इन प्रदेशों में ज़्यादातर मुसलमान आरक्षित सीटें, मुसलमान प्रबल नेताओं की अगुवाई में क्षेत्रीय पार्टियों ने जीत लीं। दूसरी तरफ, मुस्लिम लीग ने हिंदू बहुसंख्यक सूबों में काफी अच्छा प्रदर्शन किया और 485 मुसलमान आरक्षित सीटों में से 108 सीटें जीतीं (अलाना, 1977: 149)। कांग्रेस ने पहले छह और बाद में आठ प्रांतों में अपनी सरकार का गठन किया। कुछ

सबूत मौजूद हैं कि कांग्रेस और मुस्लिम लीग के बीच एक समझौता हो गया था कि संयुक्त प्रान्त (अब उत्तर प्रदेश के रूप में जाना जाता है) में वे एक गठबंधन सरकार बनाएंगें। मगर समूचे भारत में मुस्लिम लीग की करारी हार के बाद कांग्रेस उस समझौते से मुकर गई। टिप्पणीकारों ने आम तौर पर यह सहमति व्यक्त की कि यह कांग्रेस की ओर से की गई एक बहुत बड़ी भूल थी (जलाल, 1985; सीरवई, 1989; वोलपर्ट, 2002)। सच भले जो भी हो यह शर्तिया तौर पर एक अदूरदर्शिता वाला फैसला था जिसने यह डर पैदा कर दिया कि भविष्य में एक संयुक्त भारत में काँग्रेस एक-पार्टी वाला राज स्थापित करेगी। मुस्लिम लीग ने कांग्रेस सरकारों पर आरोप लगाया कि उन्होंने जिन नीतियों को अपनाया था वे मुसलमानों के हितों और सांस्कृतिक पहचान को प्रतिकूल तरीके से प्रभावित करती थीं, विशेष रूप से संयुक्त प्रांत में और उसने अब एक ठोस नीति पर काम करना शुरू कर दिया ताकि एक अलग मुसलमान राज्य के पक्ष में मुसलमान राय को जगाया जा सके। इसने इस बात पर जोर दिया कि 'हिंदू राज' को सत्ता में आने से रोका जाना चाहिए। जिन्नाह यह तर्क देने लगे कि मुसलमान एक अलग 'कौम' थे न कि एक मजहबी अल्पसंख्यक। अत: उन्हें आत्मनिर्णय का अधिकार मिलना चाहिए। इसके बाद मुस्लिम लीग ने अपने संभ्रांतवादी दृष्टिकोण को छोड़ दिया और जन राजनीति के लिए तैयारी करना शुरू किया। 20 मार्च 1938 को मुस्लिम लीग नैशनल गार्ड की स्थापना की गई जो एक स्वयंसेवक कोर थे। इसके सदस्यों को हरी पोशाक पहननी पड़ती थी जिसके ऊपर एक सफेद बिल्ला होता था और उस बिल्ले के ऊपर अर्ध-चंद्राकार और तारों के निशान होते थे (अलाना, 1977: 175)।

अपनी तरफ से, कांग्रेस ने यह दृष्टिकोण अपनाया कि मुस्लिम लीग ब्रिटिश समर्थक मुसलमान जमींदारों का गढ़ था न कि मुसलमान जनता का। प्रतिनिधित्व करती पार्टी और इसलिए उसने अपना खुद का जवाबी अभियान शुरू कर दिया और मुसलमानों के साथ बड़े पैमाने पर संपर्क स्थापित करने की कोशिश की। काँग्रेस ने मुसलमान राष्ट्रवादी दलों जैसे–जमीयत-उल-उलेमा-ए-हिंद के साथ समझौता कर उनको मुस्लिम लीग के खिलाफ मैदान में तैनात किया और पंजाब में अहरार नामक कट्टरपंथी मुसलमानों को मुस्लिम लीग और ब्रिटिश शासन दोनों के खिलाफ खड़ा किया और मुस्लिम लीग पर एक चापलूसों की पार्टी कह कर हमला किया गया (कोर्ट की जांच की रिपोर्ट, 1954: 254)। लीग द्वारा जवाबी कार्रवाई कांग्रेस के तहत एक हिंदू राज की चेतावनी दोहरा कर की गई। इसके अतिरिक्त इस विचार को बढ़ावा दिया गया कि हिंदू व्यापारियों और साहूकारों द्वारा मुसलमानों की और ज़्यादा बरबादी होगी। 1937 के बाद से जिन्नाह ने एक सतत अभियान शुरू कर जोर दिया कि मुसलमान केवल एक अल्पसंख्यक समुदाय नहीं थे मगर कुल मिलाकर वे हिंदुओं से अलग एक राष्ट्र थे। इस तरह के चरम ध्रुवीकरण का अंतत: मध्य अगस्त 1947 में पंजाब, बंगाल और भारत के विभाजन के रूप में समापन हुआ।

पंजाब

1901 में, पाँच सरहदी जिलों पेशावर, कोहात, बन्नू, हजारा और डेरा इस्माइल खान को पंजाब से अलग कर एक नया प्रदेश एन.डब्ल्यू.एफ.पी. गठित किया गया। दिल्ली का जिला पंजाब से अलग हो गया था जब औपनिवेशिक ताकत 1911 में कलकत्ता से अपनी राजधानी दिल्ली ले गई। तब से 14 अगस्त 1947 तक ब्रिटिश ने पूरे पंजाब के इलाके को पंजाब सूबे से नामित किया जिसमें 'ब्रिटिश प्रदेशों' सहित जिन्हें वे सीधे तौर पर प्रशासित करते थे शाही रियासतें भी शामिल थीं। पंजाब सूबे का कुल क्षेत्रफल 138,105 वर्ग मील था (357,692 वर्ग किलोमीटर)। ब्रिटिश प्रदेशों का कुल क्षेत्रफल 99,089 वर्ग मील था (256,640 वर्ग किलोमीटर) और 1947 में ब्रिटिश शासन की समाप्ति तक इतना ही रहा। ब्रिटिश प्रदेशों की प्रमुख प्रशासनिक इकाइयां, जिन्हें डिवीजन भी कहा जाता था और उनके जिले निम्नलिखित थे:

1. रावलपिंडी डिवीजन, जिसके जिले थे: अटक, रावलपिंडी, झेलम, गुजरात, मियांवाली और शाहपुर
2. मुल्तान डिवीजन, जिसके जिले थे: मोण्ट्गोमरी (अब साहिवाल), लायलपुर (अब फैसलाबाद), मुल्तान, झंग, मुजफ्फरगढ़ और डेरा गाजी खान
3. लाहौर डिवीजन, जिसके जिले थे: गुजरांवाला, लाहौर, शेखूपुरा, सियालकोट, अमृतसर और गुरदासपुर
4. जालंधर डिवीजन, जिसके जिले थे फिरोजपुर, जालंधर, लुधियाना, होशियारपुर और कांगड़ा
5. अम्बाला डिवीजन, जिसके जिले थे अम्बाला, हिसार, रोहतक, करनाल, गुड़गाँव और शिमला

लाहौर और जालंधर डिवीजनों में मध्य के जिले शामिल थे। मुसलमानों की उनमें एक थोड़ी ज्यादा संख्या थी। इन दो डिवीजनों और रावलपिंडी डिवीजन के झेलम और गुजरात जिलों और मुल्तान डिवीजन के लायलपुर जिले में लाहौरी पंजाबी अपने स्थानीय रूपांतरों के साथ बोली जाती थी। सिख इन दो डिवीजनों में केंद्रित थे हालांकि वे एक अच्छी तादाद में मुख्य रूप से मुसलमान बहुसंख्यक रावलपिंडी जिले में भी पाए जाते थे। मुल्तान डिवीजन में स्थानीय मुलतानी या सराइकी भाषा बोली जाती थी और रावलपिंडी डिवीजन में पोटोहरी। यह बहस की बात है कि वे अलग-अलग भाषाएँ हैं या सिर्फ पंजाबी की बोलियां। दूसरी ओर पूर्वी अम्बाला डिवीजन में हिन्दी मुख्य भाषा थी न कि पंजाबी। यहां तक कि रोहतक, हिसार, गुड़गांव और करनाल के मुसलमान जिन्हें मेव कहा जाता था, एक हिंदी ग्रामीण बोली में बात-चीत करते थे और गोमांस नहीं खाते थे। अम्बाला डिवीजन में हिंदु स्पष्ट तौर पर बहुसंख्यक थे।

इस प्रकार, ब्रिटिश प्रदेशों का गठन एक प्रशासनिक इकाई के तौर पर किया गया था न कि पंजाबी बोलने वाले लोगों की एक सुगठित मातृभूमि के रूप में। हिंदुओं को हर जगह पाया जाता था मगर रावलपिंडी और मुल्तान डिवीजनों में उनकी संख्या कम थी। पंजाब ब्रिटिश राज के एक 'वफादार' सूबे के तौर पर मशहूर था। ब्रिटिश प्रशासन ने राज्यपाल को स्थापित धुरी के रूप में रखते हुए धार्मिक समुदायों और जातियों की सीमा को पार कर संरक्षण की एक विस्तृत प्रणाली तैयार की। ग्रामीण वर्गों के पक्ष में एक स्पष्ट पूर्वाग्रह के चलते ऐसी प्रणाली टिकी रही। इस प्रकार 1901 के लैंड एलीअनेशन एक्ट ने पंजाबी जातियों को कृषक और गैर-कृषक में वर्गीकृत किया। इस अधिनियम की शर्तों के तहत गैर-कृषक जातियों द्वारा कानूनी रूप से कृषि भूमि का अधिग्रहण करने पर रोक लगा दी गई। नतीजा यह हुआ कि पंजाब भर में ग्रामीण कृषि जातियों और वर्गों की शक्ति और उनका प्रभाव समेकित हो गया। इसके बदले में उन्होंने अपने प्रभाव से अपने क्षेत्रों से सेना के सैनिकों की आपूर्ति में मदद की। पंजाब भारतीय सेना को लगभग आधा सैनिकों की आपूर्ति कराता था। इसने दोनों युद्धों के दौरान काफी आर्थिक योगदान भी दिया।

पंजाब जनगणना की रिपोर्टें

भारत की जनगणना की रिपोर्टें महत्वपूर्ण जानकारी उपलब्ध कराने और भारत पर अनुसंधान करने के लिए आकर्षक स्रोत सामग्री हैं। इसमें कोई संदेह नहीं है कि ये रिपोर्टें एक औपनिवेशिक नजरिए से लिखी गई थीं लेकिन जो बात पेचीदा लगती है वह यह है कि पंजाब के ब्रिटिश प्रदेशों को एक अलग श्रेणी के रूप में कोई विशेष महत्व नहीं दिया गया है जहां तक विभिन्न धार्मिक समुदायों की आबादी की तुलना अलग-अलग समय के दौरान करने का सवाल है। बल्कि संगत तालिकाएँ केवल पूरे पंजाब या पंजाब सूबे के लिए उपलब्ध हैं। एक इकाई के रूप में ब्रिटिश शासित प्रदेशों से तुलनात्मक आंकड़े खोजने का काम बहुत निराशाजनक है। जनगणना अधिकारियों का यह दृष्टिकोण अजीब है क्योंकि अंग्रेजों की ज़्यादातर गतिविधियां उनके द्वारा सीधे तरीके से प्रशासित प्रदेशों तक सीमित थीं। जोर मुख्य रूप से जाति पर था और विस्तृत विवरण प्रदान किया गया था। यह गौर करने लायक बात है कि जहां तक पंजाब के बँटवारे का सवाल है ब्रिटिश द्वारा सीधे तौर पर प्रशासित प्रदेशों पर ही बात-चीत हुई और बाउंडरी कमीशन के सामने अलग-अलग दावेदारों के बीच उसी पर विवाद हुआ। बहावलपुर और बीकानेर रियासतों को छोड़ शाही रियासतों का प्रतिनिधित्व नहीं किया गया था मगर उनके विचार सिर्फ सिंचाई की प्रणाली और वॉटर हेड्स के संदर्भ में लिए गए जो उनको प्रभावित करते थे। नीचे दिए गए आंकड़े गौर करने लायक हैं:

पंजाब सूबे की आबादी की प्रतिशतता 1901–1941					
साल	मुसलमान	हिंदू*	सिख	ईसाई	अन्य
1901	49.6	41.3	8.6	0.3	0.2
1911	51.1	35.8	12.1	0.8	0.2
1921	51.1	35.1	12.4	1.3	0.1
1931	52.4	30.2	14.3	1.5	1.6
1941	53.2	29.1	14.9	1.5	1.3

स्रोत: *सेंसस ऑफ इंडिया,* 1941, वॉल VI, पंजाब टेबल, पृष्ठ 46। .

*इसमें ऊंची जाति के साथ-साथ एस.सी. हिंदू भी शामिल हैं जिनका ताल्लुक सबसे नीची जतियों से है, और इनमें दलित कहे जाने वाले लोग भी शामिल हैं।

पंजाब के ब्रिटिश इलाकों में मुसलमानों, हिंदुओं और सिखों की आबादी की प्रतिशतता				
साल	मुसलमान	हिंदू*	सिख	ईसाई
1881	51.72	40.29	6.56	–
1931	56.54	26.83	12.99	1.74
1941	57.06	26.56	13.22	1.77

स्रोत: उपरोक्त तालिका दो स्रोतों से तैयार की गई है। एक, *सेंसस ऑफ इंडिया,* 1931, वॉल्यूम XVII पार्ट I जहां पृष्ठ 291 पर मुसलमानों, हिंदुओं और सिखों की 1881 और 1931 के बीच प्रतिशत विविधताओं को दिया गया है और उसके साथ मैंने 1941 की जनगणना के पृष्ठ 65 में दिए गए 'सैंपल टेबल VII, XI और XIII' के आंकड़ों को जोड़ लिया है। 1881 की ब्रिटिश क्षेत्रों की ईसाई आबादी को पाया नहीं जा सका। लेकिन मेरा अनुमान है कि यह पंजाब सूबे में 0.03 प्रतिशत की तुलना में थोड़ा अधिक थी। हिंदुओं के आंकड़े दोनों ऊंची जाति के हिंदुओं और अनुसूचित जातियों को लेकर दिए गए हैं, लेकिन 1931 के बाद से और 1941 की अंतिम जनगणना तक, अछूत वर्गों के लोग अपने आपको अधर्मी के रूप में जनगणना अधिकारियों के साथ खुद को पंजीकृत करने लगे। अधर्मी किसी भी मायने में खुद को हिंदू नहीं समझते थे।

ब्रिटिश इलाकों में मुसलमानों की तादाद बहुत धीरे–धीरे बढ़ी। निम्नलिखित आंकड़े द *पार्टीशन ऑफ द पंजाब 1947* वॉल-I में दिये गए हैं (1993: 151), जो कि मियां मुहम्मद सदुल्लाह द्वारा सरकारी दस्तावेजों का एक संकलन है।

1881	52.75
1891	51.83
1901	52.31
1911	55.29
1921	55.27
1931	56.98
1941	57.06

हम गौर कर सकते हैं कि पंजाब में, 1881 से 1941 तक हिंदुओं का सामुदायिक तौर पर अनुपात तेजी से घटा। मगर इसका मतलब यह नहीं है कि मुसलमानों को शानदार फायदा हुआ जिनकी तादाद धीमी रफ्तार से बढ़ी और वह भी कुदरती तौर पर। हिंदू जनसंख्या में गिरावट की मुख्य वजह थी पंजाब की आबादी में सिखों के अनुपात की तेज वृद्धि। जैसे कि हम पहले भी विचार पेश कर चुके हैं कि हिंदू और सिख पहचान में कोई बहुत ज़्यादा अंतर नहीं था मगर बीसवीं सदी में यह सब बदलने लगा। हिंदुओं के मुकाबले और जिन्हें लाभ हुआ वे थे ईसाई और अधर्मी: दोनों ऐसे आंदोलन थे जिन्होंने अनुसूचित जातियों के तुच्छ और अपमानित लोगों को जिन्हें दलित कहा जाता था अपनी ओर आकर्षित किया। इस सब के बावजूद, मुसलमान समुदाय की थोड़ी जनसंख्या की बढ़ोत्तरी ने हिंदू अल्पसंख्यक समाज को चिंतित कर दिया। पंजाब प्रशासन ने गौर किया कि पंजाब के विभिन्न धार्मिक समुदाय और उनके राजनीतिक संगठन आबादी के अपने अनुपात को बढ़ा-चढ़ा कर दिखा रहे थे। खास कर ऊंची जातियों के हिंदुओं ने आरोप लगाए कि जनगणना के नतीजे पक्षपाती थे और प्रशासन के लोगों ने आंकड़े इकट्ठा करते समय पक्षपाती रुख अपनाया है।

पंजाब के बँटवारे पर विचार

आर्य समाज के नेता लाला लाजपत राय ने लाहौर के द *ट्रिब्यून* में सिलसिलेवार तरीके से नवंबर-दिसंबर 1924 में कई लेख लिखे जिनमें उन्होंने कहा: 'मेरा सुझाव यह है कि पंजाब को दो सूबों में बाँट दिया जाए, पश्चिमी पंजाब जिसमें मुसलमान बहुसंख्यक हो और वह [एक] मुसलमानों द्वारा शासित प्रांत हो, और पूर्वी पंजाब जिसमें हिंदू-सिख बहुसंख्यक हो और वह [एक] गैर-मुसलमानों द्वारा शासित प्रांत हो' (अजीज, 1995: 145)। उन्होंने यह भी सुझाव दिया कि एन.डब्ल्यू.एफ.पी., सिंध और पूर्वी बंगाल को मुसलमान प्रांत बना दिया जाए। कृपाल सिंह के मुताबिक, लाजपत राय एन.डब्ल्यू.एफ.पी. के कोहात में सितंबर 1924 में मुसलमानों द्वारा हिंदुओं पर वहशी हमलों से सदमे में थे। इसके चलते, हिंदुओं और सिखों को उत्तरी पंजाब के रावलपिंडी में शरण लेनी पड़ी थी (1989: 9)। सिंह दावा करते हैं कि लाला लाजपत राय आजाद मुसलमान प्रान्तों की सोच नहीं रखते थे। मगर भारत के अंदर ही किसी किस्म के स्वशासी मुस्लिम-बहुसंख्यक राज्यों के बारे में उनकी सोच थी (सिंह, 1989: 10)। मगर के.के. अजीज दावा करते हैं कि द *ट्रिब्यून* में 14 दिसंबर 1924 में लिखे हुए लेख में लाजपत राय ने स्पष्ट शब्दों में भारत के विभाजन की हिमायत की (अजीज, 1995: 145-146)। जब हिंदू-बहुसंख्यक और हिन्दी बोलने वाले लोगों के अम्बाला डिवीजन की बात है, कुछ प्रमुख मुसलमान इसको पंजाब से अलग करने के हक में थे। ब्रिटिश भी सांप्रदायिक तनाव के मसले का हल निकालने के लिए अम्बाला डिवीजन को पंजाब से अलग कर देना चाहते थे और यह पंजाब

में मुसलमानों को प्रबल बना देता; इकबाल इस विचार के हिमायती थे। दूसरे प्रमुख मुसलमान नवाब सर मोहम्मद शाहनवाज खान (सिंह, 1989: 12) जो इस विचार का समर्थन करते थे। इन सुझावों का न सिर्फ हिंदुओं ने विरोध किया जिनकी संख्या इस योजना के तहत काफी घट जाती, बल्कि सिखों ने भी किया। पहले से ही 1930-1931 में लंदन में आयोजित इंडियन राउंड टेबल कॉन्फ्रेंस में, पंजाब को एक निर्णायक तौर पर मुसलमान बहुल प्रांत बनाने के विचार का सिख प्रतिनिधियों ने निम्नलिखित तर्क द्वारा सामना करने की कोशिश की:

> अगर मुसलमान इस प्रांत में जहां वे एक मामूली बहुमत में हैं उस आबादी को स्वीकार करने से मना करते हैं ताकि वे एक आरक्षित बहुमत की अपनी वर्तमान मांग को मनवा सकें, हम चाहेंगे कि एक क्षेत्रीय पुनर्व्यवस्था के तहत पंजाब से रावलपिंडी और मुल्तान डिवीजनों को अलग कर दिया जाए (मोंटगोमरी और लायलपुर जिलों को छोड़कर)। इन डिवीजनों में मुसलमान भारी संख्या में हैं और नॉर्थ वेस्ट फ्रंटियर के लोगों के साथ इनकी नस्ली समानता भी हैं (वही: 11-12)।

जैसा कि शुरूआत में कहा गया है कि पंजाब की उलझन में सिखों की आकांक्षाओं पर विशेष रूप से ध्यान दिए जाने की जरूरत है क्योंकि पंजाब के तीसरे प्रमुख समुदाय के रूप में और जिनकी पंजाब के साथ पूरी पहचान उनके एक धार्मिक और सांस्कृतिक देश के रूप में थी उनके नेताओं का रुख पंजाब के आकार पर मायने रखता था। उनकी ब्रिटिश भारतीय फौज में एक बड़ी मौजूदगी थी और इसलिए वे सूबे की एक अहम कौम थे। हालांकि 1920 के दशक में हिंदुओं और सिखों के बीच एक विवाद छिड़ गया था। जब आर्य समाज के नेताओं ने सिखों को महज एक हिंदू धार्मिक गुट बताया था। सिखों ने जवाब दिया था कि वे हिंदू नहीं हैं और सियासी तौर पर पंजाब में उनके खास प्रतिद्वंदी मुसलमान हैं। उपनिवेशी दौर में सियासी पार्टियों के विकास का एक अहम पहलू था, दो परस्पर विरोधी राष्ट्रवादी संस्करण रखने वाली, काँग्रेस और मुस्लिम लीग का दो प्रमुख पार्टियों के तौर पर उभर कर आना। काँग्रेस भारत के सारे लोगों की एक धर्म-निरपेक्ष पार्टी होने का दावा करती थी जबकि मुस्लिम लीग सिर्फ मुसलमानों की ही पार्टी थी। भारत के अलग हिस्सों में मजबूत क्षेत्रीय पार्टियां भी मौजूद थीं।

पंजाब यूनियनिस्ट पार्टी और पंजाबियत

पंजाब यूनियनिस्ट पार्टी (जिसे अब से सिर्फ यूनियनिस्ट पार्टी कहा जाएगा) 1923 में स्थापित की गई थी। इसने विभाजन के पहले के पंजाब की सियासत पर 1946 तक प्रभुत्ता कायम रखी। इसके समर्थन का आधार पंजाबियत था। पंजाब को ब्रिटिश

राज की एक वफादार तलवार वाली बाजु कहा जाता था जहां कि कथित 'मार्शियल रेसेस', जिसमें मुसलमानों, हिंदुओं और सिखों की कुछ जातियाँ शामिल थीं उनकी फौज में आधे से ज़्यादा सैनिक देती थीं। इसके संस्थापक सर फजल-ए-हुसैन (मृत्यु : 1936) ने सांप्रदायिक सौहार्द की नींव रखी थी, जिसने मुसलमान और हिंदू जमींदार और किसान वर्ग के हितों की शहरी हिंदुओं के मुकाबले रक्षा की। सिख इसका हिस्सा नहीं थे (ओरेन, 1974: 397; अली, 1970: 425-81)। मैंने सर फजल के बारे में मुस्लिम लीग के सय्यद अफजल हैदर और जाने-माने इतिहासकर वी.एन. दत्ता का दिल्ली में लम्बा साक्षात्कार लिया। दोनों ने इस बात को माना कि सर फजल एक बेमिसाल पंजाबी नेता थे। मैंने लंदन में उनके बेटे आजिम हुसैन का भी इंटरव्यू लिया। उन्होंने जोर देकर कहा कि उनके पिता भारत की अखंडता में विश्वास रखते हुए एक ही साथ पंजाब में मुसलमानों के उत्थान के लिए भी काम कर रहे थे।

सर फजल खुद कोई सामंत या जमींदार नहीं थे और उन्होंने सियासत में एक अहम स्थान अपनी तालीम और योग्यता से हासिल किया था। पंजाब सूबे के शिक्षा मंत्री के तौर पर उन्होंने शैक्षिक स्तर पर पिछड़े मुसलमानों के लिए कुछ प्रमुख शैक्षिक प्रतिष्ठानों में आरक्षण शुरू करवाया। हिंदुओं ने इस बात पर नाराजगी दिखाई मगर सर फजल ने पंजाब लेजिस्लेटिव असेंबली में अपने शानदार भाषणों से अपनी नीति कायम रखने में कामयाबी हासिल की। वह धर्म के राजनीतिकरण और पंजाब के बँटवारे के किसी भी तरह के मशवरे के सख्त खिलाफ थे और इसके चलते उनकी सारे संप्रदायों के लोग बहुत ज़्यादा इज्जत करते थे। उनके बाद आए सर सिकंदर हयात खान जो पंजाब के कुछ सब से बड़े जमींदारों में होने के साथ-साथ एक ज़्यादा धृष्ट राजनीतिज्ञ थे मगर वे भी पंजाब के धर्म के नाम पर बँटवारे के हमेशा खिलाफ रहे (अली, 1970: 425-81)।

1909 के बाद भारतीय मुसलमान जिसमें पंजाबी मुसलमान भी शामिल थे, उन्होंने अलग आरक्षित सीटों के लिए अलग से वोट डाले। 1935 का अधिनियम सूबों में पूरी तरह चुने मंत्रालयों को अस्तित्व में लाया, जो गवर्नर द्वारा पेश किए गए थे और गवर्नर हमेशा एक ब्रिटिश होता था, जिसकी असीम कार्य-पालिका शक्तियां होती थीं। वोट डालने के अधिकार को धीरे-धीरे बढ़ाया गया मगर 1937 में भी यह अधिकार सिर्फ 10 प्रतिशत भारतीय लोगों के पास था। सर सिकंदर हयात खान पंजाब के पहले प्रीमियर के तौर पर चुने गए (कुछ ब्रिटिश शासित सूबों में प्रीमियर होते थे तो कुछ में चीफ मिनिस्टर)। सर सिकंदर काँग्रेस पार्टी के राजनीति के मौलिक सिद्धांतों को तुच्छ समझते थे। काँग्रेस नेता जवाहर लाल नेहरू ने धमकी दी थी कि वह जमींदारी खत्म करने के लिए भूमि सुधार करेंगे, जो यूनियनिस्ट पार्टी को नामंजूर था। सर फजल और सर सिकंदर ने मुस्लिम लीग से भी दूरी बना रखी थी, मगर बाद में काँग्रेस की बढ़ती हुई लोकप्रियता के डर से सर सिकंदर ने 1937 में जिन्नाह-सिकंदर समझौते

पर दस्तखत किए, जिसके तहत पंजाब लेजिस्लेचर में यूनियनिस्ट पार्टी के मुसलमान सदस्य, मुस्लिम लीग के सदस्य बनने को भी राजी हो गए ताकि राष्ट्रीय स्तर की केंद्रीय मुस्लिम लीग का हाथ मजबूत कर सकें। दूसरी तरफ, यूनियनिस्ट पार्टी को आजादी थी कि वह पंजाब में अपनी सियासी प्राथमिकताओं के बारे में फैसला कर सके (कार्टर, 2004: 142-7)।

सर सिकंदर यकीन करते थे पंजाब का सबसे ज़्यादा फायदा ब्रिटिश लोगों के साथ ताल्लुकात बनाए रखने में था। वे कुछ दिनों तक पंजाब के कार्यपालक राज्यपाल भी रहे जो उन ब्रिटिश राज के दिनों की एक दुर्लभ घटना थी। यूनियनिस्ट पार्टी के शासन काल में, सरकारी सेवाओं में मुसलमान अनुपात तेजी से बढ़ रहा था हालांकि 1940 के दशक में हिंदू और सिख उनसे अब भी आगे थे। मगर कुछ अहम सेवाओं जैसे कि पुलिस में मुसलमान अनुपात उनकी पंजाब की आबादी की तुलना में कहीं ज़्यादा था। जब दूसरा विश्व युद्ध शुरू हुआ तब सर सिकंदर मजबूती के साथ ब्रिटिश सरकार के साथ खड़े हो गए। गवर्नर सर हेनरी क्रेक ने वायसराय लिनलिथगो को 13 सितंबर 1939 की पाक्षिक रिपोर्ट में लिखा था कि सर सिकंदर उम्मीद कर रहे थे कि ब्रिटिश युद्ध प्रयासों के लिए भर्ती के लिए पाँच लाख सैनिकों की आपूर्ति की जाएगी। वह उम्मीद कर रहे थे कि उदारवादी पंजाब के हिंदुओं की तरह कांग्रेस भी उनके युद्ध के प्रयास का समर्थन करेगी और इसके तहत वह कांग्रेस के दो सदस्यों को मंत्रालय में शामिल करने का इरादा रखते थे और इस तरह पंजाब में सांप्रदायिक सौहार्द के आधार को व्यापक बनाने में मदद मिलती (वही: 378)। ताहिर लाहौरी गौर करते हैं कि भले ही 1930 के दशक का राजनीतिज्ञ मुस्लिम, सिख या हिंदू होता, वह खुद की ईमानदारी का एक ऊंचा स्तर कायम रखता था। वह टिप्पणी करते हैं:

> वित्त मंत्री महोदय मनोहर लाल थे। उनका इकलौता बेटा बैंक में एक कर्मचारी था। लेकिन वह किसी भी उच्च पद पर आसीन नहीं था। वित्त मंत्री चाहते तो उसे किसी भी उच्च पद बैठा सकते थे। सर छोटू राम मंत्री बनने से पहले छोटी खेती के मालिक थे। जब वह पद उन्होंने छोड़ दिया तब भी उनके पास वही भूमि का टुकड़ा था। सभी नेताओं के चरित्र मजबूत थे। मुसलमान नेता भी पक्के और अनुकरणीय देशभक्ति चरित्र वाले थे। सर सिकंदर हयात का बेटा सेना में एक मेजर था (1994: 223-4)।

राजनीतिक संदर्भ में, यह प्रतीत होता है कि सभी समुदायों के पंजाबी, या कम से कम उनके संभ्रांत, पंजाबियत या पंजाबी एकता के कुछ अस्पष्ट एहसास के लिए प्रतिबद्ध थे जो सांप्रदायिक मतभेद को लांघ जाता था। मगर काँग्रेस पार्टी ने ब्रिटिश युद्ध प्रयास में सहयोगिता न करने का फैसला किया और 1939 में इसके मंत्रियों ने इस्तीफा दे दिया। इसके बाद हालात बदलने लगे जब काँग्रेस पार्टी और मुस्लिम लीग

के राष्ट्रीय स्तर की प्रतिस्पर्धा, लाजमी तौर पर पंजाब की राजनीति को प्रभावित करने लगी। तब तक पंजाबियों पर काँग्रेस पार्टी और मुस्लिम लीग का प्रभाव न के बराबर था।

यूनियनिस्ट पार्टी के तीसरे प्रमुख नेता ऊर्जस्वी हिंदू नेता सर छोटु राम थे जिनका ताल्लुक हिन्दी बोली वाले अम्बाला डिवीजन से था। वे हरियाणा के जाटों के नेता थे और उनकी हमदर्दी पीड़ित किसान वर्ग से थी न कि ऊंची जाति के हिंदुओं के साथ। उन्होंने समाज के ऋणी कृषि क्षेत्र को कानूनी राहत प्रदान करने के लिए कई कदम उठाए (गोपाल, 1988)। ब्रिटिश सरकार ने पहले से ही 1901 में *पंजाब में अलगावकारी भूमि अधिनियम* कायम कर दिया था, जिसके तहत, कृषि भूमि पर साहूकारों और अन्य गैर–कृषि जातियों द्वारा अधिग्रहण पर, कानूनी प्रतिबंध लगा दिया गया था। मगर, यह कदम, दलालों और दूसरी जालसाजियों द्वारा साहूकारों को जमीन पर कब्जा करने से रोक नहीं सका। इस तरह किसान वर्ग साहूकारों के कर्जे के बोझ से बुरी तरह दबा रहा। कम्युनिस्ट पार्टी ऑफ इंडिया (मार्क्सवादी) के जाने–माने नेता हरकिशन सिंह सुरजीत ने उन दिनों के हालातों को इन शब्दों में बताया:

> '1940 के दशक में काँग्रेस पार्टी शहरी हिंदू व्यापारी वर्ग के लोगों का गढ़ थी। ग्रामीण क्षेत्रों में इसका प्रभाव न के बराबर था। 1936 में जब सर छोटु राम ने साहूकारों के कर्ज को अदा करने का एक विधेयक पेश किया तो पंजाब काँग्रेस सरकार ने इसे पारित करने से मना कर दिया। महमूद अली (ट्रोट्स्कीवादी लेखक तारिक अली के चाचा) और मैं दिल्ली आए और मौलाना आजाद से मिले जिन्होंनें पंजाब विधायिका के कांग्रेसी सदस्यों को उस विधेयक को समर्थन देने की आज्ञा दी। उस विधायिका के 13 कांग्रेसी सदस्यों में 7 कम्युनिस्ट थे। उन्होंनें उस विधेयक के समर्थन में वोट डाले मगर जो 6 सदस्य कम्युनिस्ट नहीं थे उन्होंनें वोट नहीं डाले। काँग्रेस के खास सदस्यों के समर्थन के बिना विधेयक पारित हो गया। बेशक ऋण से छुटकारा मिल गया था लेकिन कृषक को हमेशा पैसे उधार लेने की जरूरत पड़ती थी और साहूकारों ने अनौपचारिक तरीके से व्यापार करना जारी रखा।'

पंजाब काँग्रेस

भारतीय राष्ट्रीय काँग्रेस को पंजाब में 1946 के अंतिम चुनाव तक मामूली समर्थन हासिल था। जो भी समर्थन इसे हासिल था वह शहरी इलाकों से था और उसकी तरफ सारे संप्रदायों के राष्ट्रवादी आकर्षित होते थे। हालांकि पंजाब में सांप्रदायिक पुनरुत्थान न कि व्यापक राष्ट्रीय जागृति ने गतिशीलता और राजनीतिकरण की राह तैयार की और यह बात काँग्रेस के लिए भी लागू होती थी। पॉल वैलेस यह तीखी टिप्पणी करते हैं:

> सांप्रदायिक समूहों ने सामाजिक लामबंदी और राजनीतिकरण के शुरुआती बदलाव के प्रतिनिधियों का काम किया न कि राष्ट्रीय आंदोलन के लिए।

> वे कांग्रेस पार्टी के बजाय नेतृत्व और कैडर के थोक उत्पादन में सक्रिय थे और साथ ही उन सांप्रदायिक मुद्दों के प्रति उन्मुख थे जो बीसवीं सदी के पहले दो दशकों के दौरान राष्ट्रवादी राजनीति के मूल तत्वों को तैयार करते थे (1976: 300)।

उन्होंने पंजाब कांग्रेस में दो हिंदू गुटों की पहचान की। पहला था लाला लाजपत राय-भार्गव गुट जो राष्ट्रवादी आंदोलन को हिंदू उन्मुखीकरण से अविभाज्य और मुसलमानों को रियायतें देने को तुष्टीकरण मानते थे और दूसरा था सत्यपाल गुट जो पंजाब में मुसलमानों के साथ निकट सहयोग की मांग करता था ताकि यह राष्ट्रीय स्वतंत्रता के हित में हो। डॉ. सत्यपाल के साथ डॉ. सैफुद्दीन किचलू ने हिन्दुओं, मुसलमानों और सिखों को अमृतसर में 1919 के जलियांवाला बाग हत्याकांड से पहले एक जुट करने में महत्वपूर्ण भूमिका निभाई थी। लाजपत राय-भार्गव गुट पंजाब में हिंदू महासभा के साथ और राष्ट्रीय स्तर पर सरदार पटेल के साथ जुड़ा हुआ था। दोनों हिंदू गुटों की बुनियाद शहरी थी, उसमें ऊंची जाति का प्राधान्य था और वे मध्य पंजाब से आए थे। हिंदू महासभा अपने सदस्यों की भर्ती भी इस तरह के लोगों से करता था।

दूसरी तरफ, सत्यपाल गुट राष्ट्रीय मुसलमानों के साथ मेल बढ़ाने की कोशिश कर रहा था। उनको राष्ट्रीय स्तर पर जवाहर लाल नेहरू और मौलाना आजाद की मदद हासिल थी। बाद में, जब 1928 में लाला लाजपत राय की मृत्यु के बाद कांग्रेस दक्षिणपंथी का नेतृत्व डॉ. गोपी चंद भार्गव ने किया। सत्यपाल की मौत के बाद, भीम सेन सच्चर पंजाब कांग्रेस के वामपंथी नेता बने (वही: 389-402)। भार्गव गुट के कई काँग्रेस सदस्य प्रमुख साहूकार थे और वे वित्तीय गतिविधियों के साथ जुड़े हुए थे।

मगर कांग्रेस ने पूरे भारत में व्यापक तौर पर उपनिवेशवाद विरोधी भावना का प्रतिनिधित्व किया था। इसलिए पूरे पंजाब से उपनिवेश विरोधी मुसलमान जलियांवाला बाग नरसंहार और खिलाफत आंदोलन के मद्देनजर कांग्रेस की तरफ आकर्षित हुए। पंजाब कांग्रेस में कुछ प्रमुख मुसलमान थे: मौलवी अब्दुल कादिर कसूरी (अध्यक्ष), मियां इफ्तिखारुद्दीन (अध्यक्ष), डॉ. सैफुद्दीन किचलू (अध्यक्ष), डॉ. मोहम्मद आलम (महासचिव) और शेख मोहम्मद हयात। शेख मोहम्मद हयात मौलाना अबुल कलाम आजाद के बहुत करीब थे। उनकी बेटी महमूदा बेगम ने दिसंबर 2004 में अपने पिता के कांग्रेस पार्टी के साथ एक लंबे समय तक जुड़े रहने को लेकर, मुझसे एक लंबी बात-चीत की। उस्ताद दामन लोगों के प्रसिद्ध कवि भी पंजाब कांग्रेस के साथ जुड़े हुए थे।

जब मैंने पूरे पाकिस्तानी पंजाब में बुजुर्ग पंजाबियों से बात-चीत की तब मुझे यह जान कर काफी हैरानी हुई कि कई उपनिवेश विरोधी मुसलमान पंजाब के कई जिलों जैसे – झेलम, गुजरात, लुधियाना, अमृतसर, मुल्तान, गुजरांवाला, जालंधर और दूसरे शहरों में कार्यशील थे। इसके अलावा कांग्रेस के सहयोगी दलों में अहरार, देवबंदी

और अहल-ए-हदीस स्कूलों से संबंधित पंजाब के कट्टरपंथी उलेमा शामिल थे। केवल 1940 के *लाहौर प्रस्ताव* के बाद जिसने एक अलग मुसलमान देश पाकिस्तान के सृजन का प्रस्ताव दिया था मुसलमानों के कुछ वर्गों के लोग कांग्रेस छोड़ कर मुस्लिम लीग में शामिल होने लगे। 1930 के दशक के आखिर और 1940 के दशक की विभिन्न गवर्नरों की पाक्षिक रिपोर्टों में कांग्रेस का तिरस्कारपूर्ण तरीके से वर्णन किया गया था व गांधी और नेहरू की यात्राओं को निराशा के साथ देखा गया। हैरानी की बात है कि हैरो से पढ़े नेहरू को राज्यपाल इमर्सन ने गांधी से भी ज़्यादा खतरनाक रूप में वर्णित किया (कार्टर, 2004: 69)।

पंजाब मुस्लिम लीग

पंजाब मुस्लिम लीग का 1938 तक कोई ढंग का दफ्तर नहीं था। उदाहरण के लिए 19 अक्टूबर 1936 को वायसराय लिनलिथगो के लिए लिखी अपनी पहली पाक्षिक रिपोर्ट में, राज्यपाल एमर्सन पंजाब में न मुस्लिम लीग और न ही कांग्रेस का महत्वपूर्ण पार्टियों के रूप में उल्लेख करते हैं। उनका सिर्फ सरसरी उल्लेख किया गया है (कार्टर, 2004: 47–56)। मगर मुस्लिम लीग की अखिल भारतीय स्तर की कुछ प्रमुख हस्तियाँ पंजाब से थीं। सर मुहम्मद शफी एक बड़े जमींदार और एक अग्रणी वकील (1932 में मृत्यु हुई) जिन्नाह के स्तर के एक नेता थे (शाहनवाज, 2002)। शफी दक्षिणपंथी थे जो ब्रिटिश के साथ सहयोग में विश्वास रखने के अलावा दृढ़ता से अलग मतदाताओं का समर्थन करते थे। इकबाल मुस्लिम लीग के एक और अखिल भारतीय स्तर के पंजाबी नेता थे। मगर मुस्लिम लीग पंजाब की राजनीति में तटस्थ बनी रही और 1937 के चुनावों में उसने केवल दो सीटें जीती।

इसके बाद मुस्लिम लीग पूरे भारत में व्यस्त गतिविधियां करने लगी और वास्तव में पंजाब में भी इसने बुद्धिजीवी वर्ग को आकर्षित करना शुरू कर दिया। 1940 में जब मुस्लिम लीग के मंच से एक पृथक राज्य के विचार को जारी किया गया, मुसलमान बुद्धिजीवी और शहरी वर्ग के लोग झुंडों में आने लगे। प्रमुख मुसलमान जमीन मालिक कम से कम 1943 तक पंजाब यूनियनिस्ट पार्टी के साथ बने रहे।

द्वितीय विश्व युद्ध के बाद जब उन्हें लगा कि ब्रिटिश मुस्लिम लीग पर भारतीय मुसलमानों का प्रतिनिधित्व करने वाली एकमात्र पार्टी के तौर पर मान्यता दे रहे थे, तब उन्होंनें तेजी से दल बदले और मुस्लिम लीग के साथ हो लिए (टालबट, 1996)।

सिख पंथी पार्टियां

1919 में सिखों को पृथक मतदान का अधिकार दिया गया और पंजाब की आबादी के उनके अनुपात के मुकाबले उन्हें ज़्यादा सीटें दी गईं (ग्रेवाल, 2000: 132)। सिखों

ने क्रांतिकारी गदर पार्टी के माध्यम से पंजाब की राजनीति में प्रवेश किया, लेकिन यह 1925 में हिंदू पुजारियों से सिख गुरुद्वारों का नियंत्रण प्राप्त करने के लिए जन आंदोलन था जो राजनीतिक क्षेत्र में सबसे अधिक सिखों को लेकर आया और अकाली पार्टी की स्थापना की। अकाली या पंथवादी सिख पार्टी ने सिखों के सांप्रदायिक हितों का प्रतिनिधित्व करना शुरू किया। हालांकि 1942 तक वे कई मुद्दों पर कांग्रेस के साथ सहयोग करते थे। अकालियों के विभिन्न गुट थे और सामूहिक रूप से उन्हें पंथवादी दल कहा जाता था। सिखों ने कांग्रेस पार्टी से नाता तोड़ दिया जब कांग्रेस ने ब्रिटिश भारतीय सेना में भर्ती के खिलाफ एक आंदोलन शुरू कर दिया। सेना में नौकरी सिखों को रोजगार प्रदान करती थी और भारतीय सेना का एक बड़ा हिस्सा सिखों का था जो अकालियों का समर्थन करते थे। 1942 में कांग्रेस द्वारा शुरू किए गए भारत छोड़ो आंदोलन के समय यह संघर्ष बिलकुल खुल कर सामने आ गया। प्रोफेसर कृपाल सिंह ने इस बात पर बल दिया जब मैंने चंडीगढ़ में उनके निवास पर उनके साथ समग्र अविभाजित पंजाब की राजनीति पर चर्चा की (साक्षात्कार कृपाल सिंह)।

छोटे राजनीतिक संगठन और पार्टियाँ

ब्रिटिश-विरोधी मुसलमान जिनमें इस्लामी उत्साह कूट-कूट कर भरा हुआ था उनकी मजलिस-ए-अहरार (1929) कांग्रेस की एक करीबी पार्टी में शामिल होने की प्रवृति थी, जबकि कुछ अन्य लोग अर्द्ध सैनिक संगठन के आधार वाले खाकसार आंदोलन (1931) में शामिल हो गए जो फासीवाद से प्रेरित था लेकिन अन्तर्वस्तु में मूल रूप से ब्रिटिश-विरोधी था (हाफिज, 2001: 167-200; 217-34)। दूसरी ओर, हिंदू महासभा और बाद में राष्ट्रीय स्वयंसेवक संघ (आर.एस.एस.) दोनों भारत-स्तर के संगठन पंजाब में सक्रिय थे लेकिन वे छोटे खिलाड़ी बने रहे। उनका गुस्सा मुसलमानों के खिलाफ था और पंजाब विभाजन के समय आर.एस.एस. प्रांत में आतंकवाद के साथ सक्रिय रूप से जुड़ा हुआ था (अली, 1970: 674-79)। यह बम बनाने में और उनका अंधाधुंध विस्फोट करने में विशेषज्ञ था।

पंजाब के कम्युनिस्ट बतौर कांग्रेस पार्टी के वामपंथी काम करते थे क्योंकि उनकी खुले रूप में गतिविधियों पर प्रतिबंध लगा दिया गया था। 1941 में जब सोवियत संघ पर हिटलर ने हमला किया तब भारत के दूसरे लोगों की तरह पंजाब में कम्युनिस्टों ने भी युद्ध के प्रयास के साथ सहयोग करने का फैसला लिया। बदले में उन्हें एक कार्यालय खोलने और उनकी गतिविधियाँ शुरू करने की अनुमति दे दी गई। सरकार ने हालांकि उनकी गतिविधियों पर पूरी सतर्कता के साथ नजर रखना जारी रखा। पंजाब कम्युनिस्ट (हिंदू, मुस्लिम, सिख और यहां तक कि कुछ ईसाई) लेखकों और रेलवे यूनियन पर कुछ प्रभाव रखते थे (जोश, 1979)।

23 मार्च 1940 का लाहौर प्रस्ताव

हालांकि यह विचार कि मुस्लिम लीग को एक अलग राज्य की मांग करनी चाहिए 1930 में इकबाल द्वारा जारी किया गया था, गंभीरता से इसे 1938 में लिया गया, जब कई प्रस्तावों को मुख्य रूप से पंजाबियों द्वारा प्रस्तावित किया गया और उन पर चर्चा की गई। इसकी परिणति 23 मार्च 1940 के प्रस्ताव में हुई, जिसका पहले ही पिछले एक अध्याय में उल्लेख किया गया है, इसे 'मुस्लिम लीग के वार्षिक सत्र में सार्वजनिक रूप से लाहौर में पेश किया गया' (मलिक, 2001)। यह कहा गया:

> संकल्प किया गया है कि यह अखिल भारतीय मुस्लिम लीग के इस सत्र का माना गया दृष्टिकोण है कि कोई संवैधानिक योजना इस देश में कारगर नहीं होगी या मुसलमानों के लिए स्वीकार्य नहीं होगी, जब तक कि इसे निम्नलिखित सिद्धांत पर बनाया गया हो अर्थात, भौगोलिक दृष्टि से सन्निहित इकाइयों को क्षेत्रों में सीमांकन किया जाए जिनको समूहीकृत कर 'स्वतंत्र राज्यों' को बनाया जाए, जिसमें गठित इकाइयां स्वायत्त और संप्रभु होंगी (अलाना, 1977: 226–7)।

वली खान के मुताबिक सर मुहम्मद जफरुल्ला खान को जो अहमदिया समुदाय के एक प्रमुख दिग्गज और वायसराय की कार्यकारिणी परिषद के सदस्य भी थे, उन्हें लिनलिथगो द्वारा निर्देश दिया गया था कि वे एक ज्ञापन तैयार करें जो मुस्लिम लीग को सलाह दे कि वह एक अलग देश की मांग करे (खान, 1987: 29–30)। उस समय द्वितीय विश्व युद्ध पूरी तीव्रता में था और ब्रिटेन काँग्रेस पर दबाव डालना चाहता था ताकि वे उसके युद्ध के प्रयास में हिस्सा ले, हालांकि काँग्रेस सहयोग नहीं कर रही थी। उस समय अहमदिया समुदाय उनके धार्मिक प्रमुख मिर्जा बशीरुद्दीन महमूद अहमद से हिदायत ले चुका था कि उसके लोग मुस्लिम लीग में शामिल नहीं हों। गवर्नर सर हेनरी क्रेक ने दिनांक 25 मार्च 1940 की पाक्षिक रिपोर्ट में गौर किया:

> आज सुबह मेरी पीर अकबर अली के साथ एक दिलचस्प बात-चीत हुई, जो कि हमारी असेंबली के यूनियनिस्ट पार्टी के एक सदस्य हैं और अहमदिया समुदाय से नाता रखते हैं। पीर अकबर अली ने सूचना के दो मुद्दे दिए जो आपको रोचक लग सकते हैं। उन्होंने कहा कि अहमदी खाकसार आंदोलन को हमेशा एक खतरनाक चीज समझते हैं और एक भी अहमदी खाकसारों के साथ नहीं जुड़ा है। दूसरा मुद्दा यह है कि एक समूह के रूप में, अहमदियों को मुस्लिम लीग में शामिल होने के लिए उनके आंदोलन के धार्मिक प्रमुख द्वारा अनुमति नहीं दी गई है। अकबर अली को खुद यूनियनिस्ट पार्टी के एक सदस्य के रूप में केवल छह महीने की अवधि तक शामिल होने की अनुमति दी गई है। इस सवाल पर कि लीग में शामिल होने के लिए उनके

> अनुयायियों को अनुमति दी जानी चाहिए या नहीं, मुझे लगता है शीघ्र ही समुदाय के प्रमुख द्वारा विचार किया जाना है (कार्टर, 2005: 101)।

बाद में किया गया शोध बताता है कि *लाहौर प्रस्ताव* पंजाब की और समूचे तौर पर भारत की नियति का एक महत्वपूर्ण मोड़ था। एक अलग मुसलमान राष्ट्र के ख्याल के बारे में पंजाबी हिंदुओं और सिखों ने एक बड़ी चेतावनी के साथ प्रतिक्रिया व्यक्त की। इसको हिंदू और सिख समाचार पत्रों द्वारा 'पाकिस्तान प्रस्ताव' बताया गया। दूसरी ओर मुस्लिम लीग की लोकप्रियता में तेजी से वृद्धि हुई (सी.आर. असलम, अहमद बशीर, रामानंद सागर और अमरनाथ सहगल के साथ साक्षात्कार)। ताहिर लाहौरी लिखते हैं कि जब मुस्लिम लीग ने एक मुसलमान मुल्क के सृजन की मांग को लेकर मार्च 1940 में लाहौर प्रस्ताव पारित किया तब से हिंदुओं और मुसलमानों के बीच दूरियाँ बढ़नी शुरू हो गईं। दूसरी ओर मुस्लिम लीग मुसलमानों के बीच बहुत लोकप्रिय हो गया (1994: 224–5)। मगर, शिया और अहमदिया समुदाय के लोग अस्तित्व में आ रहे एक सुन्नी बोलबाले वाले पाकिस्तान के बारे में आशंकित थे। यह जुलाई 1944 के शिया नेता सैयद अली जहीर और जिन्नाह के बीच पत्राचार से स्पष्ट है (अलाना, 1977: 375–9)। *दी काउंसिल ऑफ एक्शन ऑफ द ऑल–पार्टीस शिया कॉन्फ्रेंस* ने 25 दिसंबर 1945 को एक प्रस्ताव पारित करते हुए पाकिस्तान के विचार को खारिज कर दिया (बक्शी, 1997: 848–9)। हालांकि, ज़्यादातर शिया समुदाय के लोगों ने इस उम्मीद में मुस्लिम लीग की तरफदारी की कि पाकिस्तान एक गैर–सांप्रदायिक मुल्क बनेगा। प्रारंभ में अहमदिया लोग भी सावधान थे और एक अलग मुसलमान देश की मांग का समर्थन करने के लिए अनिच्छुक थे। जब सर जफरुल्ला को जिन्नाह ने अपनी ओर कर लिया, तब अहमदियों ने पाकिस्तान के लिए मांग का समर्थन करना शुरू कर दिया। 1947 में विभाजन करने के ठीक पहले ही पाकिस्तान को समर्थन करने का निर्णय लिया गया था (कोर्ट ऑफ इंकव्यारी, 1954: 196)। इसके बाद पाकिस्तान की मांग के पीछे अहमदियों ने हर प्रकार का प्रयास किया। इस तरह के समूहों के लिए जिन्नाह ने आश्वासन दिए थे कि पाकिस्तान सांप्रदायिक देश नहीं होगा।

बहरहाल 23 मार्च 1940 के लाहौर प्रस्ताव के बाद मुसलमान राजनीति का केंद्र निर्णायक रूप से मुसलमान अल्पसंख्यक प्रांतों से स्थानांतरित होकर उत्तर–पश्चिमी भारत के मुसलमान बहुल प्रांतों में चला गया। क्रेक ने वायसराय लिनलिथगो को भेजे 1 अप्रैल 1940 के एक लंबे तार में बताया: 'मुसलमान राय अब कम से कम बाहरी तौर पर भारत के विभाजन के पक्ष में है। केवल एक बहुत ही साहसी मुसलमान नेता अब खुले तौर पर इसका विरोध करने या यहां तक कि इसकी आलोचना करने के लिए आगे आएगा' (कार्टर, 2005: 108–9)।

यह अच्छी तरह से जाना जाता है कि सर सिकंदर हयात खान इस तरह के किसी विचार का विरोध करते थे लेकिन वह भारत के विभिन्न प्रांतों से आए मुसलमान कुलीनों की एक सभा के मुख्य मेजबान थे और इसलिए उस विचार का उन्होंनें स्पष्ट विरोध नहीं किया था। किसी भी सूरत में एक मुसलमान मुल्क के संघर्ष के लिए पंजाब अब एक महत्वपूर्ण प्रांत बन गया था। यह आश्चर्य की बात नहीं थी कि जो समुदाय इस तरह के मुल्क की रचना से अपने हितों का सबसे ज़्यादा नुकसान देख रहा था वह था सिख समुदाय। उन्होंनें मुसलमानों के आसन्न बहुसंख्यकवाद अत्याचार के खिलाफ कोलाहल करना शुरू किया। उन्होंनें पूरे 1940 और 1941 के दौरान अपना आंदोलन और प्रचार जारी रखा और जब सर स्टैफोर्ड क्रिप्स 1942 के शुरू में अपने मिशन के साथ आए तब उन्होंनें 31 मार्च को उसे एक ज्ञापन प्रस्तुत किया और शिकायत की कि अगर ब्रिटिश सरकार ने पाकिस्तान के निर्माण को स्वीकार कर लिया तो सिख हितों का बलिदान दे दिया जाएगा।

उन्होंने शिकायत की कि पंजाब में मुसलमान बहुलता की बात झूठ थी। प्रांत में पश्चिमी क्षेत्र के कुछ इलाकों को प्रशासनिक कारणों के लिए ही शामिल किया गया था। उन्होंनें एक दलील पेश की कि आबादी का हिंदू-सिख अनुपात मुसलमान अनुपात से अधिक था। उन्होंनें लिखा, 'हम हर मुमकिन मायनों द्वारा अखिल भारत संघ से पंजाब के अलग होने को रोकेंगे। हम उन लोगों की दया पर हमारी मातृभूमि को निर्भर होने की अनुमति कभी नहीं देंगें जो इसे त्याग रहे हैं। (मैनसर्घ और लुंबी, 1970: 582-8; कृपाल सिंह, 1972: 26-7)

इस पर सभी सिख दलों की समिति के अध्यक्ष बलदेव सिंह द्वारा हस्ताक्षर किए गए थे और इस पर मास्टर तारा सिंह, जोगेन्द्र सिंह, उज्जल सिंह और मोहन सिंह (भारत के सचिव के पूर्व सलाहकार) के हस्ताक्षर भी थे। उन्होंनें एक नोट भी संलग्न किया भले ही वह कुछ हद तक घटिया था जिसमें उन्होंनें अपने तर्क को और विकसित किया जो भारत के विभाजन की पूरे विरोध के बजाय पंजाब में दो प्रांतों के सृजन का प्रस्ताव रखता था—एक मुसलमान बहुल पश्चिम में प्रांत और रावी नदी के पूर्व में हिंदू-सिख बहुमत प्रांत और रावी नदी एक सीमा के रूप में (वही: 27-31)।

खिजर मंत्रालय

9 अगस्त 1942 को काँग्रेस द्वारा शुरू किए गए भारत छोड़ो आंदोलन का पंजाब पर कोई खास असर नहीं हुआ, मगर दूसरी जगहों की तरह पंजाब में भी इसके नेताओं को पकड़ कर जेल में डाल दिया गया। हैरानी की बात है कि राज्यपाल की पाक्षिक रिपोर्टों में भारत छोड़ो आंदोलन का पंजाब पर प्रभाव का कोई जिक्र नहीं है। इस बीच अदम्य सर सिकंदर की 26 दिसंबर 1942 को हुई अचानक मौत ने एक राजनैतिक

संकट पैदा कर दिया। उनके उत्तराधिकारी सर खिजर हयात खान तिवाना अपने पूर्ववर्ती की तरह, धार्मिक आधार पर भारत के विभाजन के विरुद्ध थे और विशेष रूप से इस तरह के किसी आधार पर पंजाब विभाजन के बारे में किसी भी सुझाव के भी खिलाफ थे। अंग्रेजों के निरंतर राज द्वारा उत्पन्न लाभ में भी उनका एक दृढ़ विश्वास था। मगर उनमें सिकंदर के राजनीतिक कौशल का अभाव था और यूनियनिस्ट पार्टी के भीतर से उन्हें नेतृत्व की चुनौतियों का सामना करना पड़ा (टालबट, 1996)।

खिजर 1943 और 1944 में जिन्नाह के साथ भिड़ गए जब जिन्नाह 1937 जिन्नाह–सिकंदर संधि का उल्लंघन कर पंजाब में अपने प्रत्यक्ष प्रभाव के विस्तार की कोशिश करने लगे। खिजर ने जिन्नाह की बढ़ती हुई सांप्रदायिक बयानबाजी और एक अलग पाकिस्तान के लिए की गई मांग के खिलाफ काफी प्रतिरोध किया। मगर 1943 में सर सिकंदर के बेटे सरदार शौकत हयात द्वारा शुरू की उनके नेतृत्व के खिलाफ पार्टी के भीतर से दी गई चुनौतियों की वजहों से और अन्य शक्तिशाली जमीन मालिकों के दलबदल के बाद खिजर की स्थिति काफी कमजोर हो गई (वही: 113–124)। जैसे–जैसे ब्रिटिश प्रस्थान का पल नजदीक आने लगा जमींदारों ने अपना समर्थन मुस्लिम लीग को दे दिया क्योंकि वे एक संयुक्त भारत में नहीं रहना चाहते थे जिसके शासन की बागडोर कांग्रेस के हाथों में होती, जिसने सत्ता में आने पर एक प्राथमिकता वाले सुधार के रूप में जमींदारी प्रथा के उन्मूलन के बारे में ऐलान किया था।

दूसरी ओर मुस्लिम लीग ने पाकिस्तान का विचार मुसलमानों की सताने वाली सभी आर्थिक और सामाजिक समस्याओं के लिए एक रामबाण के रूप में प्रस्तुत किया (वही)। पहले से ही यहाँ तक कि 1944 में ही पंजाब के राज्यपाल सर बर्ट्रेंड ग्लेनसी ने गौर किया कि ऐसी प्रवृत्ति पंजाब में गति प्राप्त कर रही थी। दिनांक 26 अक्टूबर 1944 की पाक्षिक रिपोर्ट में उन्होंने टिप्पणी की:

> मैं एक मुद्दे पर बहुत ज़्यादा जोर देना चाहूँगा जो हाल ही में, मैंने दिल्ली में देने का प्रयास किया है—और यह पाकिस्तान को लेकर एक अशोधित सिद्धांत द्वारा तीव्र खतरा है। जितना अधिक कोई इस सिद्धांत पर विचार करता है यह और अधिक शानदार तरीके से मुसलमानों के लिए और सभी अन्य हितों के लिए ज़्यादा तबाहकारी प्रतीत होता है। युद्ध के अंत के बाद राजनीतिक अशांति की आशंका से कोई भी इंसान इनकार नहीं कर सकता, लेकिन अब जहां तक पंजाब का सवाल है पाकिस्तान सिद्धांत का पीछा करने से मैं शांति के लिए किसी और ज़्यादा बड़े भयंकर खतरे के बारे में नहीं सोच सकता। पंजाब में इस विचार को कार्यान्वित करने का कोई गंभीर प्रयास, जहां मामूली रूप से मुसलमान बहुलता है और गैर–मुसलमानों के अत्यधिक साहसी तत्व मौजूद हैं, उसका मतलब है कि हम पहले दर्जे की सांप्रदायिक गड़बड़ी की ओर

सीधे तौर पर जा रहे हैं। अतः मुझे लगता है कि हमें प्रयास करना चाहिए कि हम मुसलमानों को मना लें ताकि वे केन्द्र में बराबर या पर्याप्त प्रतिनिधित्व को स्वीकृति दे दें और हिंदुओं को भी मनाने का प्रयास करें ताकि वे एकता और सुरक्षा के लिए इसे मानने के लिए तैयार रहें (कार्टर, 2006: 106–7)।

संदर्भ

अहमद, आई., 'लेट अस नॉट फोरगेट जलियाँवाला बाग', *डेली टाइम्स*, लाहौर (13 अप्रैल 2003)।

अली, आई., *हिस्ट्री ऑफ द पंजाब (1799–1947)*, दिल्ली: लो प्राइस पब्लिकेशन्स, (1972)।

अलाना, जी. (संपा.), *पाकिस्तान मूवमेंट: हिस्टोरीक डॉक्युमेंट्स*, लाहौर: इस्लामिक बुक सर्विस, (1977)।

अजीज, के.के. (संपा.), *कमप्लीट वर्क्स ऑफ रहमत अली*, इस्लामाबाद: नेशनल कमीशन ऑन हिस्टोरीकल एंड कल्चरल रिसर्च, (1978)।

अजीज, के.के., *हिस्ट्री ऑफ पार्टीशन ऑफ इंडिया*, वॉल. I, नई दिल्ली: अटलांटिक पब्लिशर्स एंड डिस्ट्रिब्यूटर्स, (1995)।

बक्शी, एस.आर. (संपा.), 'रेजोल्यूशन अडोपटेड बाइ काउंसिल ऑफ एक्शन ऑफ द ऑल–पार्टिस शिया कॉन्फ्रेंस', हेल्ड एट पूना, 25 दिसंबर 1945, इन द *मेकिंग ऑफ इंडिया एंड पाकिस्तान: आईडेओलोजी ऑफ द हिंदू महासभा एंड अदर पॉलिटिकल पार्टिस*, वॉल. III, नई दिल्ली: दीप एंड दीप पब्लिकेशन्स, (1997)।

बतालवी, ए.एच., *हमारी कौमी जद्दोजहद*, लाहौर: *पाकिस्तान टाइम्स* प्रैस।

गोपाल. एम., *सर छोटू राम: ए पॉलिटिकल बायोग्राफी*, नई दिल्ली: बी.आर. पब्लिकेशन्स, (1988)।

ग्रेवाल, जे.एस., 'पंजाबी मुस्लिम्स एंड पार्टीशन', इन अमरीक सिंह (संपा.), *दी पार्टीशन इन रेट्रोस्पेक्ट*, दिल्ली: अनामिका पब्लिशर्स डिस्ट्रिब्यूटर्स (प्रा.) लिमिटेड, (2000)।

हाफिज, ताकिउद्दीन, *पाकिस्तान की सियासी जमातें और तेहरीकें*, लाहौर: क्लैसिक, (2001)।

हुसैन, ए., *मियां फजल–ए–हुसैन: ग्लीम्प्सेस ऑफ लाइफ एंड वर्क्स 1898–1936*, लाहौर: संग–ए–मील पब्लिकेशन्स, (प्रकाशन की तारीख नहीं दी गई)।

जलाल, आएशा, *दी सोल स्पोकसमैन*, कैंब्रिज: कैंब्रिज यूनिवर्सिटी प्रैस, (1985)।

जोंस, के.डब्ल्यू., *दी न्यू कैंब्रिज हिस्ट्री ऑफ इंडिया: सोसीओ–रिलीजियस रेफोर्म मूवमेंट्स इन ब्रिटिश इंडिया*, कैंब्रिज: कैंब्रिज यूनिवर्सिटी प्रैस, (1989b)।

जोश, भगवान, *कम्युनिस्ट मूवमेंट इन पंजाब (1926–47)*, दिल्ली: अनुपमा पब्लिकेशन्स, (1979)।

खान, वली, *फैक्ट्स आर फैक्ट्स: दी अनटोल्ड स्टोरी ऑफ इंडियास पार्टीशन*, नई दिल्ली: विकास पब्लिशिंग हाउस (प्रा.) लिमिटेड, (1987)।

लाहौरी ताहिर, *सोहणा शहर लाहौर*, लाहौर: संग–ए–मील पब्लिकेशन्स, (1994)।

मलिक, एम.ए., *दी मेकिंग ऑफ द पाकिस्तान रेजोल्यूशन*, कराची: ऑक्सफोर्ड यूनिवर्सिटी प्रैस, (2001)।

ओरेन, स्टीफेन, 'दी सिख्स, काँग्रेस, एंड द यूनियनिस्ट्स इन ब्रिटिश पंजाब, 1937-1945', *मॉडर्न एशियन स्टडीज*, वॉल. VIII, संख्या. III, कैंब्रिज: कैंब्रिज यूनिवर्सिटी प्रैस, (1974)।

पीरजादा, सय्यद शरीफुद्दीन (संपा.), *फाउंडेशन्स ऑफ पाकिस्तान: ऑल-इंडिया मुस्लिम लीग डॉक्युमेंट्स, 1906-1947*, वॉल. II, कराची: नेशनल पब्लिशिंग हाउस लिमिटेड, (1970)।

सीरवई, एच.एम., *पार्टीशन ऑफ इंडिया: लिजेंड एंड रियल्टी*, बम्बई: एमानेम पब्लिकेशन्स, (1989)।

शाहनवाज, बेगम जहानारा, *फादर एंड डॉटर: ए पॉलिटिकल बायोग्राफी*, कराची: ऑक्सफोर्ड यूनिवर्सिटी प्रैस, (2002)।

सिंह, कृपाल, दी *पार्टीशन ऑफ द पंजाब*, पटियाला: पब्लिकेशन्स ब्यूरो, पंजाबी यूनिवर्सिटी, (1989)।

टालबट, इयान, *खिजर तिवाना; दी पंजाब यूनियनिस्ट पार्टी एंड द पार्टीशन ऑफ इंडिया*, रिचमंड, सररे: कर्जन, (1996)।

वैलेस, पॉल, 'कम्यूनलिस्म, फैक्शनलिस्म एंड नेशनल इंटिग्रेशन इन द प्रि-इंडिपेंडेंस पंजाब काँग्रेस पार्टी', इन हरबंस सिंह एंड एन. जेरल्ड बैरियर (मके.), *पंजाब पास्ट एंड प्रेजेंट: एसेस इन ओनर ऑफ डॉ. गंडा सिंह*, पटियाला: पंजाब यूनिवर्सिटी, (1976)।

वोलपर्ट, स्टेनली, *जिन्नाह ऑफ पाकिस्तान*, कराची: ऑक्सफोर्ड यूनिवर्सिटी प्रैस, (2002)।

सरकारी दस्तावेज

कार्टर, एल. (संपा.), *पंजाब पॉलिटिक्स 1936-1939, द स्टार्ट ऑफ प्रोविन्सियल औटोनोमी: गवर्नर्स फोर्टनाइटली रिपोर्ट्स एंड अदर की डॉक्युमेंट्स*, दिल्ली: मनोहर, (2004)।

कार्टर, एल. (संपा.), *पंजाब पॉलिटिक्स 1940-1943, स्टरेन्स ऑफ वार, गवर्नर्स फोर्टनाइटली रिपोर्ट्स एंड अदर की डॉक्युमेंट्स*, दिल्ली: मनोहर, (2005)।

कार्टर, एल. (संपा.), *पंजाब पॉलिटिक्स 1 जनवरी 1944-3 मार्च 1947, लास्ट इयर्स ऑफ द मिनिस्ट्रिस, गवर्नर्स फोर्टनाइटली रिपोर्ट्स एंड अदर की डॉक्युमेंट्स*, दिल्ली: मनोहर, (2006)

सेंसस ऑफ इंडिया, 1931, वॉल. XVII, पंजाब पार्ट 1, लाहौर: सिविल एंड मिलेट्री गजेट प्रैस, (1933)।

सेंसस ऑफ इंडिया, 1941, वॉल. VI, पंजाब, टेब्ल्स, शिमला: मैनेजर ऑफ पब्लिकेशन्स, दिल्ली, (1941)।

मैनसर्घ, एन. एंड लुम्बी, डब्ल्यू.डब्ल्यू.आर. (एड.), *दी ट्रान्सफर ऑफ पावर, जनवरी-अप्रैल 1942*, वॉल. I, लंदन: हर मजेस्टी'स स्टेशनरी ऑफिस, (1970)।

सदुल्लाह, मियां मुहम्मद (संकलक), दी *पार्टीशन ऑफ द पंजाब 1947, वॉल. I, ऑफिशियल डॉक्युमेंट्स*, लाहौर: संग-ए-मील पब्लिकेशन्स, (1993)।

दी पंजाब एलिएनेशन ऑफ लैंड एक्ट, 1901, लाहौर: गवर्नमेंट प्रिंटिंग प्रैस, (1901)।

रिपोर्ट ऑफ द कोर्ट ऑफ एंक्वायरी कोनसटिचयूटेड अंडर पंजाब एक्ट II ऑफ 1954 टु एंक्वायर इंटू द पंजाब डिस्टरबेनसेस ऑफ 1953 (आल्सो नोन एज मुनीर रिपोर्ट), लाहौर: गवर्नमेंट प्रिंटिंग प्रैस, (1954)।

साक्षात्कार

अमरनाथ सहगल, दिल्ली, 20 अक्टूबर 1999

रामानन्द सागर (प्रसिद्ध मुंबई लेखक और फिल्म निर्माता), दिल्ली, 25 अक्टूबर 1999 और मुंबई, 18 अक्टूबर 2001

सी.आर. असलम (जाने माने कम्युनिस्ट नेता), लाहौर, 14 दिसम्बर 1999

अजीज मजहर, लंदन, 18 मई 2002

ताहिरा मजहर अली, लाहौर, 25 अप्रैल 2003

कर्नल (रि.) नादिर अली, 5 अप्रैल 2003

सय्यद अफजल हैदर, लाहौर, 13 अप्रैल 2003

अहमद बशीर, 22 अप्रैल 2003

हरकिशन सिंह सुरजीत, कम्युनिस्ट पार्टी ऑफ इंडिया (मार्क्सवादी) के जनरल सेक्रेटरी, 18 अक्टूबर 1999

महमूदा बेगम, 9 दिसंबर 2004

प्रोफेसर किरपाल सिंह, चंडीगढ़, 2 जनवरी 2005

मौलाना हबीबुर रहमान सानी, लुधियाणा, 4 जनवरी 2005

प्रोफेसर वी.एन. दत्ता, जाने माने इतिहासकार, नई दिल्ली, 10 जनवरी 2005

आजिम हुसैन, (सर फजल-ए-हुसैन के बेटे) लंदन, 6 जून 2005

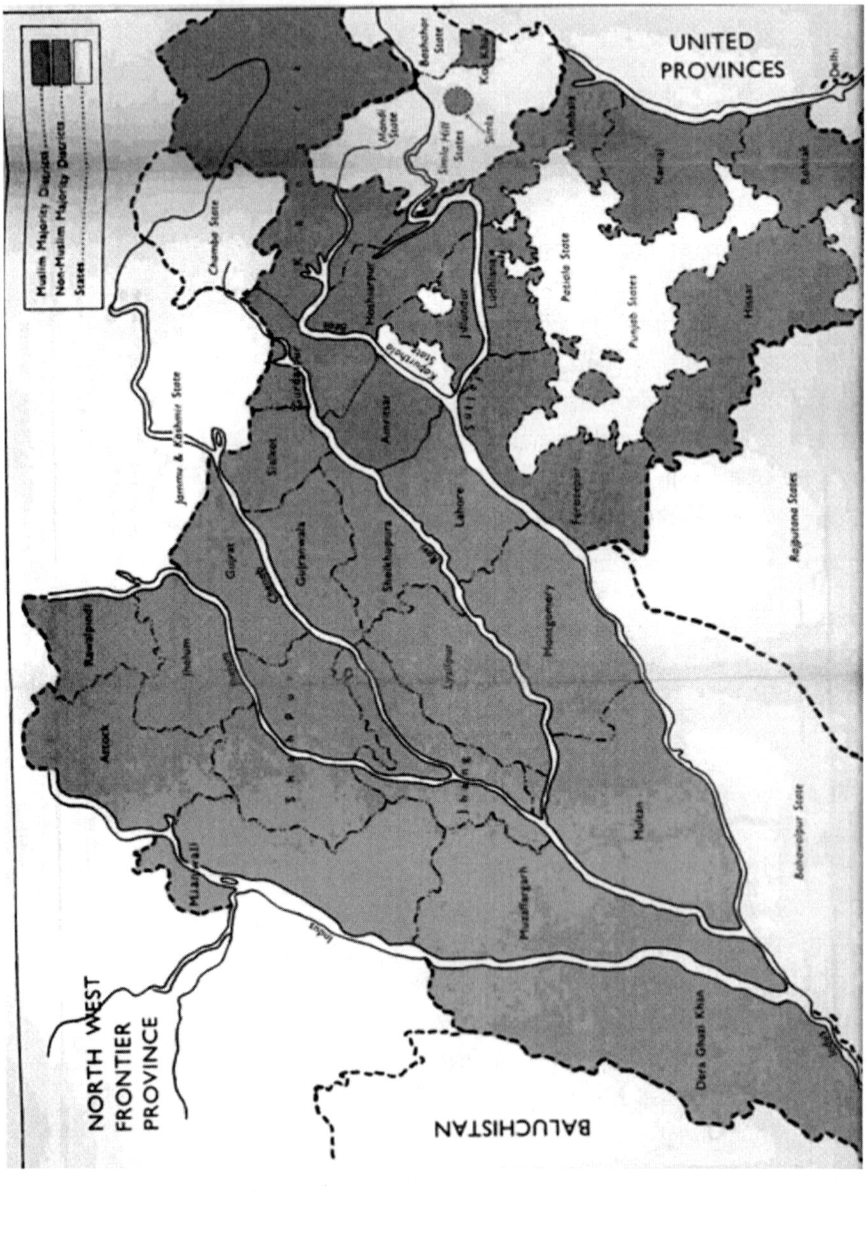
Muslim Majority Districts
Non-Muslim Majority Districts
States
NORTH WEST FRONTIER PROVINCE
BALUCHISTAN
UNITED PROVINCES
Rawalpindi
Attock
Jhelum
Gujrat
Sialkot
Gurdaspur
Amritsar
Lahore
Gujranwala
Sheikhupura
Lyallpur
Montgomery
Multan
Muzaffargarh
Dera Ghazi Khan
Mianwali
Ferozepur
Ludhiana
Jullundur
Hoshiarpur
Ambala
Karnal
Rohtak
Hissar
Patiala State
Punjab States
Kapurthala State
Simla
Simla Hill States
Mandi State
Chamba State
Jammu & Kashmir State
Rajputana States
Bahawalpur State
Delhi

पहला चरण
लहूलुहान पंजाब जनवरी 1945–31 मार्च 1947

परिचय

पंजाब के बँटवारे का पहला चरण जनवरी 1945 से मार्च 1947 तक खिंचा। 20वीं सदी के शुरू से धार्मिक पुनर्जीवन हो रहे थे। इस तरह के पुनर्जीवन सांप्रदायिक भेद-भाव को बढ़ावा देते थे और इसके चलते संप्रदायों के आपसी रिश्ते तनावपूर्ण हो गए। कुछ मामलों में इस तरह के तनाव के चलते हिंसक घटनाएँ हुईं। इस तरह की प्रतिक्रियाओं को 1945 के चुनावी मुहिम के दौरान बढ़ावा मिला। इसकी विशेषता थी मुस्लिम लीग द्वारा एक उग्र सांप्रदायिक अभियान जो मुख्य रूप से पंजाब यूनियनिस्ट पार्टी के खिलाफ निर्देशित था लेकिन हिंदुओं के साथ सिखों को भी खलनायक के रूप में पेश किया जा रहा था। इसने धार्मिक अल्पसंख्यकों के बीच भय और चिंता जबकि मुसलमान बहुसंख्यकों के बीच आत्मतुष्टि की भावना पैदा कर दी। चुनाव परिणाम ने सांप्रदायिक मसले को और उलझा दिया। जबकि मुस्लिम लीग स्पष्ट रूप से मुसलमान मतदाताओं की पसंद बन कर उभरी। अपनी अद्भुत सफलता के बावजूद यह अभी भी सरकार बनाने लायक एक संसदीय बहुमत हासिल न कर सकी। पराजित पंजाब यूनियनिस्ट पार्टी ने पंजाब कांग्रेस और सिखों की पार्टियों के साथ हाथ मिलाया ताकि वे एक गठबंधन सरकार बना सकें। यह मुस्लिम लीग के लिए अस्वीकार्य था और इसने प्रत्यक्ष कार्रवाई करने की धमकी दी। जनवरी 1947 में जब खिजर मंत्रालय ने मुस्लिम लीग नेशनल गार्ड पर प्रतिबंध लगा दिया तब परिणामस्वरूप एक बड़े पैमाने पर प्रदर्शन हुआ जो दिन दुगना, रात चौगुना बढ़ता रहा और अग्रसर होने लगा।

20 फरवरी को ब्रिटिश सरकार ने जून 1948 तक भारत को सत्ता सौंप देने की अपनी इच्छा जाहिर की। खिजर तिवाना को लगा कि इससे बिल्कुल नए हालात पैदा हो गए हैं और इसलिए उन्होंने 2 मार्च को बतौर प्रीमियर इस्तीफा दे दिया। मुस्लिम लीग ने गठजोड़ सरकार के लिए भागीदार खोजने की कोशिश की, मगर उसे कामयाबी नहीं मिली। इसके चलते 4 मार्च को लाहौर में सांप्रदायिक झगड़े हुए। इसी तरह के झगड़े अमृतसर, मुल्तान और रावलपिंडी में हुए। कुछ छोटे पैमाने पर कुछ दूसरे शहर भी सांप्रदायिक दंगों से प्रभावित हुए। जबकि लाहौर और अमृतसर में हुए हिंदुओं-सिखों और मुसलमानों के बीच आंदोलन और शुरुआती मुकाबले बराबरी के थे, मुल्तान में हिंदू मुसलमानों के मुकाबले बहुत कमजोर हाल में थे। रावलपिंडी में शुरुआती मुकाबला बराबरी का था। सच तो यह है कि शहर में सिख मुसलमानों पर हावी हो गए, मगर जब हिंसा गाँवों तक फैल गई तब मुसलमान भीड़ ने सिख गाँवों में त्राहि मचा दी। प्रतीत होता है कि सरकार को कुछ अता-पता नहीं था इसके बावजूद कि खुफिया रिपोर्टों पर आधारित पाक्षिक रिपोर्ट में इस तथ्य के बारे में पंजाब के राज्यपाल और मुख्य सचिव दोनों को हिंदू, मुसलमान और सिख समुदायों द्वारा 'निजी सेनाएं' तैयार करने की चेतावनी दी गई थी। हालांकि, 10-15 दिनों के भीतर सरकार ने कानून और व्यवस्था बहाल कर ली थी मगर सरकार शायद ही साधारण अवस्था या शांति की बहाली कर पाई।

इस अंतरिम अवधि में जो सैकड़ों लोग मारे गए या जख्मी हुए और लूटपाट और आगजनी के माध्यम से जो संपत्ति का विनाश हुआ इसका मतलब यह था कि हिंसा की राजनीति जो अगस्त 1946 में कलकत्ता में शुरू हुई और भारत के अन्य भागों में फैल गई अब पंजाब पहुंच चुकी थी। शुरू से ही इस पहले चरण में पंजाब के विभाजन का अंतर्निहित तर्क शुरू हो गया था: भारत अगर विभाजित होता है तो पंजाब का हश्र भी यही होगा।

पंजाब के विभाजन की सिख मांग का समर्थन करता 8 मार्च का कांग्रेस प्रस्ताव

इस तरह के तर्क को औपचारिक रूप दे दिया गया, जब 8 मार्च 1947 को दिल्ली में आयोजित एक बैठक में कांग्रेस कार्यकरिणी समिति ने पंजाब पर सिख दृष्टिकोण का स्पष्ट रूप से समर्थन करने का फैसला लिया। उसने एक प्रस्ताव पारित किया जिसमें उस प्रांत में दुखद घटनाओं के मद्देनजर एक ऐसा तरीका खोजने पर जोर दिया गया जिसके द्वारा किसी को भी कम से कम मजबूरी का सामना करना पड़े। 'इसके लिए पंजाब का दो सूबों में विभाजन किया जाना जरूरी था ताकि मुख्य रूप से गैर-मुसलमान हिस्से को मुख्य रूप से मुसलमान भाग से अलग किया जा सके' (*पाकिस्तान टाइम्स*, 10 मार्च 1947)।

इस तरह के एक प्रस्ताव के पारित होने के साथ ही, पंजाब का मसला महज एक सूबाई मसला नहीं रहा। न सिर्फ सिख बल्कि अब कांग्रेस भी पंजाब के भविष्य को भारत के भविष्य के साथ अलंघनीय तरीके से जोड़ने वाली थी। हालांकि, पंजाब के भविष्य पर आखरी फैसला होने में कुछ महीने अभी बाकी थे।

4
पंजाब के चुनाव और गठजोड़ सरकार 1945–46

व्यापक संदर्भ

जुलाई 1945 में कंजर्वेटिव पार्टी ब्रिटेन के आम चुनाव हार गई और युद्ध के बाद लेबर पार्टी की सरकार सत्ता में आई। प्रधानमंत्री क्लीमेंट एटली ने इस सच्चाई को मान लिया था कि ब्रिटेन को जल्द ही बोरिया–बिस्तर बांध भारत छोड़ना होगा। इसलिए उन्होंने सत्ता का हस्तांतरण करने के उद्देश्य से प्रस्ताव की प्रक्रिया निर्धारित की, जो भारतीय हाथों में अधिमानतः एकजुट और ब्रिटिश राष्ट्रमंडल के एक सदस्य के रूप में सत्ता देता। अगर यह विफल हो जाता तो भारत और पाकिस्तान को राष्ट्रमंडल में रहने के लिए जोरदार तरीके से सलाह दी जाती। फलस्वरूप भारत के चुनाव के लिए 21 अगस्त को दिल्ली में घोषणा की गई। पूरे भारत में चुनाव प्रचार तुरंत शुरू कर दिया गया। हालांकि काँग्रेस को एक बड़ी प्रतिकूल परिस्थिति का सामना करना पड़ रहा था, क्योंकि महात्मा गांधी के लिए ब्रिटिश सरकार को कांग्रेस को सत्ता हस्तांतरण करने के लिए मजबूर करने की आशा में शुरू किए गए, भारत छोड़ो आंदोलन के तहत इसके नेताओं को सलाखों के पीछे कर दिया गया था। कांग्रेस भारत को संयुक्त रखने के लिए जनादेश की मांग कर रही थी जबकि मुस्लिम लीग एक अलग पाकिस्तान के लिए लड़ रहा था।

चुनाव दो चरणों में हुए – पहला संविधानकारी सभा के लिए और फिर प्रान्तीय सभाओं के लिए। प्रांतीय सभाओं का चुनाव पंजाब के भविष्य के लिए प्रासंगिक था क्योंकि मुस्लिम लीग ने संविधानकारी सभा की कार्रवाइयों में हिस्सा नहीं लिया और अपना ध्यान पाकिस्तान की मांग की ओर दिया। परिणाम दोनों पार्टियों के विरोधात्मक दावों की पुष्टि करता था। कांग्रेस ने कुल 1585 में से 905 जनरल सीटें हासिल कीं जबकि प्रांतों में मुस्लिम लीग की बढ़त और भी अधिक प्रभावशाली थी। इसने मुसलमानों के लिए आरक्षित 495 में से 440 सीटें जीतीं (अलाना, 1977: 396)। इसके बाद एक संवैधानिक सूत्र खोजने के लिए

गहन गतिविधियों को शुरू किया गया जो दो मुख्य विरोधियों कांग्रेस और मुस्लिम लीग को स्वीकार्य होता। यह नामुमकिन साबित होने वाला था।

27 दिसंबर 1945 की अचानक अवरोध के मुकाबले की एक दम गुप्त योजना

खुफिया सेवाएँ और ब्रिटिश भारतीय सेना के प्रधान सेनापति जनरल औचिन्लेक राय रखते थे कि 1946 की गर्मियों तक व्यापक असंतोष फैल सकता है। इसके अलावा वायसराय वेवेल विभिन्न दलों के बीच एक बातचीत से हल के बारे में निराशावादी थे और इसलिए चाहते थे कि सरकार एक संवैधानिक अवार्ड की घोषणा कर दे। 27 दिसंबर 1945 के एक अति-गुप्त संचार द्वारा उन्होंने भारत कार्यालय में भारत के राज्य सचिव, लॉर्ड पेथिक-लॉरेंस को एक 'अचानक अवरोध' योजना भेजी। इसमें इस बात पर जोर दिया गया कि कानून और व्यवस्था की स्थिति एक खतरनाक स्तर तक खराब हो सकती है जिसकी वजह है 'मुस्लिम लीग द्वारा प्रतिनिधित्व और सुरक्षा उपायों की पेश की गई अत्याधिक आवश्यकताएँ; या गवर्नर-जनरल की वीटो शक्तियों के उन्मूलन या उनको कमजोर करने के लिए कांग्रेस द्वारा एक मांग' (मैनसर्घ और मून, 1976: 700)। जो हो रहा था उससे बचने के क्रम में उन्होंने एक योजना का सुझाव दिया, जिसमें सरकार को संवैधानिक समस्या को सुलझाने के लिए एक अवार्ड की घोषणा करने के लिए तैयार होना था। उन्होंने उल्लेख किया:

हमें एक सिद्धान्त के दो पहलुओं पर ध्यान देना होगा:

A. अगर मुसलमान वास्तव में मुसलमान क्षेत्रों में आत्मनिर्णय पर जोर देते हैं तो इसे मान लेना चाहिए।

B. दूसरी तरफ एक बड़ी गैर-मुसलमान आबादी को उनकी मर्जी के खिलाफ पाकिस्तान में रहने को मजबूर नहीं किया जाना चाहिए (वही)।

इसी तर्क पर कायम रहते हुए वेवेल ने गौर किया:

> इन सिद्धांतों का पालन किया जाता है तो, नतीजा यह होगा कि पंजाब की कम से कम दो डिवीजनों [जालंधर और अम्बाला] और कलकत्ता सहित लगभग पूरे पश्चिमी बंगाल को संघ में शामिल होने की अनुमति देनी पड़ेगी [यानी कांग्रेस द्वारा शासित एक भारत। मुसलमानों के लिए पाकिस्तान का आकर्षण काफी हद तक गायब हो जाएगा। जिन्नाह के ही शब्दों में, केवल 'भूसी' बची रहेगी (वही)।

उन्होंने ब्रिटिश सरकार से आग्रह किया कि वह उन्हें वार्ता शुरू करने की अनुमति दे जिसमें वह जिन्नाह को एक ऐसे अवार्ड की घोषणा के साथ धमकी दे सकते थे जो बंगाल और पंजाब दोनों को विभाजित कर देता। और उन्होंने कहा:

> हो सकता है कि जिन्नाह एचएमजी के एक सटीक बयान के लिए दबाव डालेंगे जो 'सही मायने में मुसलमान क्षेत्रों' की हदबंदी दिखाए. . . इस तरह के एक अनुरोध को पूरा करने के लिए हमें चाहिए, मैं सोचता हूँ कि एक विस्तृत सीमांकन के साथ तैयार रहें। यह मुश्किल है और कोई भी रुख लेने से पंजाब में सिख एक गंभीर मुसीबत के साथ जुड़ जाएंगे, मगर शीघ्र ही मैं प्रस्तावों को आगे पेश करूंगा (वही: 701)।

वेवेल ने सोचा कि ऐसी रणनीति जिन्नाह को एक संयुक्त भारत के भीतर सबसे अच्छा काम करने की दिशा में अपने मुसलमान समर्थकों के लिए मुमकिन तौर पर प्रेरित करेगा। पाकिस्तान के सिद्धांत को मानने के साथ-साथ उन्होंने इसके क्षेत्र को अपरिभाषित छोड़ने के विचार का विरोध किया। उन्होंने कहा कि सरकार की ओर से एक अवार्ड दुनिया की नजरों में निष्पक्ष माना जा सकता है लेकिन मुस्लिम लीग द्वारा इसे स्वीकार करने की संभावना नहीं है क्योंकि इसके परिणाम के रूप में गंभीर सांप्रदायिक संघर्ष हो सकता है (वही)।

वेवेल की 7 फरवरी 1946 की सीमांकन योजना

7 फरवरी 1946 को, अपनी अचानक अवरोध योजना के एक अंश के रूप में, वेवेल ने पेथिक-लॉरेंस को अपना विचार पेश किया कि अगर मजबूरन एक अवार्ड देना पड़ता है तो 'सही मायने में मुसलमान क्षेत्रों' में, सीमांकन कर इन इलाकों को शामिल करना चाहिए:

1. (अ) सिंध, एन.डब्ल्यू.एफ.पी., ब्रिटिश बलूचिस्तान, और पंजाब की रावलपिंडी, मुल्तान और लाहौर डिवीजनें, अमृतसर और गुरदासपुर जिले छोड़ कर।
   (ब) बंगाल में चिट्टागोंग और ढाका डिवीजनें, राजशाही डिवीजन (जलपाईगुरी और दार्जिलिंग छोड़ कर), प्रेसीडेंसी डिवीजन के नादिया, मुर्शिदाबाद और जेस्सोर जिले; और आसाम का सिल्हट जिला।
2. इस सीमांकन के तहत पंजाब का केवल एक मुसलमान बहुल जिला पाकिस्तान में शामिल नहीं होगा और वह है गुरदासपुर (51 फीसदी मुस्लिम)। भौगोलिक कारणों के लिए गुरदासपुर को अमृतसर के साथ रखा जाना चाहिए। चूंकि अमृतसर सिखों का एक पवित्र शहर है, इसे पाकिस्तान से बाहर रहना चाहिए। लेकिन इस मामले में, अमृतसर के इस महत्व के लिए पंजाब में सीमांकन प्रभागीय सीमाओं पर हो सकता था। तथ्य यह है कि लाहौर जिले का ज़्यादा हिस्सा अपर बारी दोआब की नहर द्वारा सिंचित है, जिसका हेडवर्क्स गुरदासपुर में है; यह अजीब लग सकता है लेकिन ऐसी सभी कठिनाइयों से बचने का कोई समाधान नहीं है।

3. सबसे बड़ी कठिनाई सिखों की स्थिति के साथ है, जिनकी मातृभूमि और पवित्र स्थान सीमा के दोनों तरफ हैं। इस समस्या का हल पाकिस्तान का कोई भी संस्करण नहीं दे सकता (वही)।

वेवेल ने फिर, पंजाब में शाही रियासतों सहित सिखों की जनसंख्या का आंकड़ा प्रस्तुत किया था, 5,116,000 इनमें से 1,461,000 पाकिस्तान में होते और बाकी भारत में। उन्होंने आगे कहा कि रावलपिंडी 64,000 की एक बड़ी सिख आबादी के साथ और लायलपुर (फैसलाबाद) और मोंटगोमरी जैसी नहर कालोनियों जहां 2,63,000 और 1,75,000 सिख रहते हैं उनको पाकिस्तान में रहना होगा, क्योंकि वे मुसलमान बहुल क्षेत्र हैं। जहां तक बंगाल में कलकत्ता (23 फीसदी मुसलमान आबादी) का सवाल है इसे भी भारत में रहना चाहिए या इसे एक मुक्त बंदरगाह बनाया जा सकता है अगर पार्टियों के बीच वार्ता एक ऐसी व्यवस्था तक सफलतापूर्वक पहुँच सकती है (वही: 913)। वेवेल की योजनाएँ जो एक बातचीत से हल के बजाय एक अवार्ड की घोषणा के माध्यम से मुस्लिम लीग को विभाजन की मांग से हतोत्साहित करना चाहतीं थीं, उन्हें लंदन में ब्रिटिश सरकार ने नजरअंदाज कर दिया। यह कभी नहीं बताया गया कि ऐसा क्यों किया गया।

कैबिनेट मिशन प्लान

कांग्रेस और मुस्लिम लीग के बीच चल रहे गतिरोध का समाधान खोजने के लिए अगले प्रयास स्वरूप एक उच्चस्तरीय ब्रिटिश संसदीय प्रतिनिधिमंडल जो लॉर्ड पेथिक-लॉरेंस सर स्टैफोर्ड क्रिप्स और ए.वी. अलेक्जेंडर जो इन तीन कैबिनेट मंत्रियों से मिलकर बना था 23 मार्च 1946 को भारत पहुंचा। सत्ता के हस्तांतरण के बारे में व्यापक विचार-विमर्श और वार्ता का आयोजन किया गया और अधिमानत: एक संयुक्त भारत की परिकल्पना की गई। आश्चर्य नहीं कि ब्रिटिश मंत्रियों ने कांग्रेस को एक मजबूत केंद्र के साथ संयुक्त भारत के अपने लक्ष्य पर रियायतें देने के लिए तैयार नहीं पाया और मुस्लिम लीग पाकिस्तान की मांग को लेकर प्रतिरोध करती रही। जिसके दो हिस्से वह चाहती थी, एक उप-महाद्वीप के उत्तर-पश्चिम में और अन्य के उत्तर-पूर्वी क्षेत्र में। नतीजतन कैबिनेट मिशन ने 16 मई 1946 को अपनी योजना की घोषणा की। इसने पाकिस्तान की मांग खारिज कर दी क्योंकि इस तरह के एक देश में फिर भी काफी गैर-मुसलमान अल्पसंख्यक रह जाते; उत्तर-पश्चिम में 37.93 प्रतिशत और उत्तर-पूर्वी क्षेत्रों में 48.31 प्रतिशत (मैनसर्घ और मून, 1977: 584)। इसके अतिरिक्त भारत की बाकी 18.8 करोड़ आबादी में 2 करोड़ मुसलमान पीछे छूट जाते। फिर मिशन ने एक छोटे पाकिस्तान के बारे में सोचा जहाँ से पूर्वी पंजाब और पश्चिमी बंगाल के गैर-मुसलमान क्षेत्रों को बाहर रखा जाता। इसने उसे भी खारिज कर दिया और यह निम्न अवलोकन किया:

हम खुद भी आश्वस्त हैं कि कोई भी हल जो पंजाब और बंगाल का मौलिक बंटवारा करता हो जो कि यह करेगा वह वहाँ की आबादी के एक बड़े हिस्से की मर्जी और हितों के खिलाफ होगा। दोनों बंगाल और पंजाब में उनकी अपनी आम भाषाएँ हैं और एक लम्बा इतिहास और परम्पराएँ हैं। इसके अलावा पंजाब का कोई भी विभाजन सिखों को लाजमी तौर पर बाँट देगा और सीमा के दोनों तरफ सिखों की एक बड़ी आबादी रह जाएगी। इसलिए हम इस निष्कर्ष पर पहुँचने के लिए बाध्य हैं कि न तो बड़ा और न ही एक छोटा आजाद देश पाकिस्तान सांप्रदायिक मसले का स्वीकार्य हल प्रदान करेगा (वही: 585)।

रिपोर्ट जारी रहते हुए भारत के विभाजन को खारिज करने के लिए प्रशासनिक, आर्थिक और सैन्य कारण पेश करती है। पाकिस्तान के दो हिस्से 1500 किलोमीटर की दूरी में अलग होने से भारत के साथ युद्ध में पाकिस्तान को अत्यंत संवेदनशील और असमर्थनीय बना देगा। इसके अतिरिक्त रिपोर्ट में इस बात पर जोर दिया गया कि इस तरह के बँटवारे से शाही रियासतों के लिए विभाजित ब्रिटिश भारत के साथ स्वयं को संबद्ध करने में काफी मुश्किल होगी (वही)।

कैबिनेट मिशन प्लान द्वारा पेश किए गए हल में दूसरे मुद्दों के सिवा, निम्नलिखित प्रावधान थे:

1. ब्रिटिश भारत और शाही रियासतों, दोनों को मिला कर भारत का एक संघ होना चाहिए जो विदेश मंत्रालय, रक्षा और संचार का जिम्मा ले और उन सरकारी गतिविधियों के तीन क्षेत्रों के लिए आवश्यक वित्त जुटाने की शक्ति रखे।
2. नीतियों के दूसरे क्षेत्र सूबों को सौंप दिए जाएंगे।
3. रियासतों के पास वे सब शक्तियों होंगी सिवाय उनके जो केंद्र को सौंप दी जाएंगी।
4. प्रांत, कार्यपालिका और विधायिकाओं के साथ समूह बनाने के लिए स्वतंत्र होंगे, और प्रत्येक समूह आम प्रांतीय विषयों को हाथ में लेने का निर्धारण कर सकता है (वही: 587)।
5. संघ और समूह के संविधानों में एक प्रावधान को शामिल करना चाहिए जिससे कोई भी प्रांत, अपनी विधान सभा में एक बहुमत के द्वारा, 10 साल के एक प्रारंभिक अवधि के बाद, संविधान की शर्तों के मामले पर पुनर्विचार के लिए आह्वान कर सकता है और उसके बाद हर दस सालों के अंतराल में' (वही)।
6. तीन समूहों को प्रतिनिधित्व का मौका दिया जाना चाहिए – प्रांतीय लेजिस्लेचर में आम (हिंदू और दूसरे), मुसलमान और सिख प्रतिनिधि, हर समूह अपने सदस्यों का निर्वाचन करेंगे।

7. तीन वर्गों या समूहों को सूबों द्वारा गठित किया जाना चाहिए। समूह ए में हिंदू बहुसंख्यक सूबे, मद्रास, बंबई, यूनाइटेड प्रोविंसेस, बिहार, सेंट्रल प्रोविंसेस और उड़ीसा हों। समूह बी में उत्तर-पश्चिम के मुसलमान बहुसंख्यक सूबे, पंजाब, एन.डब्ल्यू.एफ.पी. और सिंध शामिल हों। समूह सी में उत्तर-पूर्व के मुसलमान बहुसंख्यक सूबे, बंगाल और आसाम शामिल हों।

इसके बाद संविधानकारी सभा में कई खंड शामिल किए गए, जिनके द्वारा परिसंघ के लिए एक संविधान तैयार करना था। 24 मई 1946 के एक प्रस्ताव में कांग्रेस ने कहा कि वे इन प्रस्तावों के लिए सहमत नहीं थे क्योंकि वह चाहती थी कि एक स्वतंत्र भारत के लिए 'जरूरी तौर पर एक मजबूत केंद्रीय प्राधिकारी हो जो दुनिया की परिषदों में शक्ति और गरिमा के साथ देश का प्रतिनिधित्व कर सके' (वही: 679-80)। सिख नेता मास्टर तारा सिंह ने 25 मई 1946 दिनांकित पत्र भारत राज्य के सचिव पेथिक-लॉरेंस के लिए भेजा। जिसमें उन्होंने कहा:

> सिखों को पूरी तरह से मुसलमानों की दया पर छोड़ दिया गया है। समूह बी में पंजाब, एन.डब्ल्यू.एफ.पी. सिंध और बलूचिस्तान शामिल हैं. . . कैबिनेट मिशन 'एक अनंत हिंदू बहुसंख्यक शासन के अधीन मुसलमानों की एकदम वास्तविक और गंभीर चिंता को मान्यता देता है। मगर क्या सिखों में वास्तविक और गंभीर चिंता नहीं है अगर वे अपने आप को एक अनंत मुसलमान बहुसंख्यक शासन के अधीन पाएँ'? अगर ब्रिटिश सरकार सिखों की भावना से अवगत नहीं है तो सिखों को कुछ कदम उठाने पड़ेंगे ताकि सबको सिख चिंता के बारे में यकीन दिलाया जा सके, अगर उन्हें हमेशा के लिए मुसलमान वर्चस्व के नीचे रखा जाता है (वही: 696-7)।

मुस्लिम लीग ने 6 जून 1946 को एक प्रस्ताव पारित किया जिसमें इसने खेद व्यक्त किया कि पाकिस्तान की मांग को पूरी तरह से स्वीकार नहीं किया गया – लेकिन फिर भी उसने प्रस्तावों को स्वीकार कर लिया। क्योंकि 'समूह बी और समूह सी के छह मुसलमान प्रांतों के अनिवार्य समूहीकरण के आधार पर', पाकिस्तान का विचार निहित था (वही: 837)। वह संविधान तैयार करने की प्रक्रिया में भाग लेने के लिए भी सहमत हो गया। 16 जून को कैबिनेट मिशन ने प्रस्ताव पेश किया कि एक अंतरिम सरकार का गठन किया जाना चाहिए। जिन्नाह ने अंतरिम सरकार में मुस्लिम लीग के लिए 50-50 प्रतिनिधित्व की मांग की (मूर, 1983: 556-7)। मगर दो मुख्य पार्टियों के बीच बहुत बड़े मतभेद मौजूद थे; वे एक अंतरिम सरकार के गठन पर सहमत होने में असमर्थ थे। इसके लिए कैबिनेट मिशन ने दो दलों के प्रमुख सदस्यों और कुछ अल्पसंख्यकों को अंतरिम सरकार में शामिल होने के लिए एक निमंत्रण जारी करने का फैसला लिया। इसने यह जोर देकर कहा: '. . .अंतरिम सरकार को किसी भी सूरत में, किसी भी अन्य सांप्रदायिक प्रश्न के समाधान के लिए एक मिसाल के

रूप में नहीं लिया जाना चाहिए। यह आगे रखा एक उपाय है जिसे मौजूद कठिनाई को हल करने के लिए और सबसे अच्छी उपलब्ध गठबंधन सरकार प्राप्त करने के लिए पेश किया गया है (वही: 954)।

25 जून को काँग्रेस पार्टी की कार्यकारिणी समिति ने अंतरिम सरकार बनाने के विचार को खारिज कर दिया मगर संवैधानिक प्रस्तावों को मान लिया और सुझाव दिया कि यह कैबिनेट मिशन प्लान का अपना संस्करण प्रस्तुत करेगी। उसी दिन मुस्लिम लीग ने अंतरिम सरकार बनाने के प्रस्ताव को मंजूरी दे दी। मगर इस विचार को खारिज कर दिया कि काँग्रेस ब्रिटिश योजना का कोई अपना संस्करण पेश करेगी (वही: 1032-49)। 10 जुलाई को बंबई में एक पत्रकार सम्मेलन में नेहरू ने कहा कि काँग्रेस संविधानकारी सभा में 'बिना किसी समझौते की बेड़ियों में और स्वतंत्र रूप में सभी पैदा होने वाली परिस्थितियों का मुकाबला करने' दाखिल होगी (आजाद, 1989: 164)। सरकारी कागजात में दिया गया बयान थोड़ा अलग शब्दों में है (मैनसर्घ और मून, 1979: 25)। जुलाई 29 के एक बयान में मुस्लिम लीग ने नेहरू की एक टिप्पणी के आधार पर जो भारत में अल्पसंख्यकों की भावी स्थिति अनिश्चित बनाती थी खुद को बहुत परेशान घोषित किया। कुछ दिन बाद लीग ने कैबिनेट मिशन प्लान के लिए अपना समर्थन वापस लेने का निर्णय लिया तथा पाकिस्तान हासिल करने के लिए सीधी कार्रवाई करने की धमकी दी (वही: 135-9)। इसने सीधी कार्रवाई करने के लिए 16 अगस्त की तारीख तय की।

मुस्लिम लीग को बहुत आश्चर्य और निराश करते हुए वेवेल ने एक अंतरिम सरकार बनाने के लिए जवाहर लाल नेहरू को आमंत्रित किया। 13 अगस्त को अंतरिम राष्ट्रीय सरकार गठन में उनके सहयोग के लिए नेहरू ने जिन्नाह को पत्र लिख कर आमंत्रित किया।

मगर सीधी कार्रवाई के आह्वान के परिणामस्वरूप सांप्रदायिक दंगों में असाधारण बर्बरता देखने को मिली। इसके चलते एक राष्ट्रीय सरकार का गठन करने में अस्थायी निलंबन हुआ।

कलकत्ता का कत्लेआम

हालांकि कांग्रेस और मुस्लिम लीग के बीच प्रतिद्वंद्विता भारत के विभाजन में निर्णायक थी, सांप्रदायिक दंगों का जनता के मनोविज्ञान पर तथा सामाजिक संबंधों के नृशंसीकरण के मामले में पूरा महत्व और चकनाचूर करते प्रभाव का ठीक से मूल्यांकन नहीं किया गया। हिंदू-सिख और मुसलमान गिरोहों के बीच छिटपुट झड़पें 1946 के चुनावों के समय से हो रहीं थी लेकिन सांप्रदायिक सद्भाव काफी हद तक संरक्षित था। जिन्नाह द्वारा 16 अगस्त को बतौर *सीधी कार्यवाही का दिन* की घोषणा के कुछ

दिन पहले से कलकत्ता में स्थिति बद से बदतर होने लगी थी। पर्याप्त सबूत मौजूद हैं कि दोनों कांग्रेस और मुस्लिम लीग के नेताओं ने भड़काऊ भाषण दिये। बंगाल के प्रीमियर और मुस्लिम लीग के नेता हुसैन शहीद सुहरावर्दी ने 16 अगस्त को एक सार्वजनिक छुट्टी घोषित कर दी जब वह और अन्य नेता एक सार्वजनिक सभा को संबोधित करने जा रहे थे जबकि शहर के केंद्र में कांग्रेस नेता के. रॉय ने हिंदुओं से आग्रह किया कि वे अपनी दुकानें खोलें। सिख नेताओं ने अपने एक बड़ी संख्या वाले सिख समुदाय को उकसाया कि वे मुसलमानों की अच्छे तरीके से पिटाई करें (टकर, 1950: 154-56)। स्थिति अस्थिर और विस्फोटक थी।

16 अगस्त 1946 की सुबह बड़ी संख्या में मुसलमानों ने शहर में प्रवेश करना शुरू किया जबकि हिंदुओं ने आड़ लगा कर उन्हें रोकने की कोशिश की। कुछ मामूली झड़पें हुईं। एक बहुत बड़ी भीड़ *ओकटरलोनी* स्मारक (अब शहीद मीनार) पर एकत्र हुई जहां से सुहरावर्दी और अन्य मुस्लिम लीग नेताओं ने उन्हें संबोधित किया। बैठक के बाद मुसलमानों ने हिंदू दुकानों को लूटना शुरू किया और नजदीक की हिंदू बस्तियों पर हमला किया। हिंदुओं ने शुरू में मुकाबला किया लेकिन बदनाम गुंडों के नेतृत्व में मुसलमान एक हिंसात्मक आचरण पर उतारू हो गए। बाद में हिंदुओं और सिखों ने बहुत क्रूरता के साथ जवाबी कार्रवाई की। जवाबी हमले में अधिक मुसलमानों की मौत हो गई। कुल मिलाकर कोई 2,000-4,000 लोग मारे गए, 15,000 या उससे अधिक घायल और 1,00,000 बेघर हो गए। यह पहला अवसर था जब सभी समुदायों के *अपराधीवर्ग* से आए आपराधिक गिरोहों ने कत्लेआम में हिस्सा लिया (मैनसर्घ और मून, 1979: 239-40; 293-304)। कलकत्ता का कत्लेआम एक छूत की बीमारी साबित हुआ और सांप्रदायिक दंगे भारत के कई हिस्सों में भड़क उठे। मुंबई में मुसलमान और हिंदू भिड़ गए और सैकड़ों की संख्या में दोनों तरफ मौतें हुईं। पूर्वी बंगाल के नोआखाली में मुसलमानों ने हिंदुओं पर हमला किया और 400 को मार डाला।

बिहार में मुसलमानों का नरसंहार

सांप्रदायिक उन्माद अब बिहार तक पहुँच गया जहां मुसलमान अल्पसंख्यक समुदाय पर बदले की भावना से 27 सितंबर को बर्बर हमले किए गए। ये दोबारा 25 अक्टूबर को किए गए और नवंबर के पहले सप्ताह तक जारी रहे। कुछ पर्यवेक्षकों के अनुसार जो हिंदू कार्यकर्ता कलकत्ता में मुसलमान रोष से बच गए थे और बिहार को लौट आए उनके द्वारा ही मुसलमानों पर आक्रमण किया गया। हालांकि बिहार के राज्यपाल सर एच. डो ने बताया कि बिहार में कांग्रेस की सरकार ने नरसंहार को रोकने के लिए बहुत थोड़ा काम किया और दावा किया कि 9 नवंबर तक 2,000 लोग मौत के घाट उतार दिए गए (मैनसर्घ और मून, 1980: 38-9)। बाद में पेथिक-लॉरेंस ने बिहार में 5,000 लोगों के मरने का एक बड़ा आंकड़ा दिया (वही: 188)। लगभग मारे गए

सारे लोग मुसलमान थे। पूर्वी कमान के प्रमुख सर फ्रांसिस टुकेर ने बिहार के हमलों का दु:खद विवरण किया। उन्होंने टिप्पणी की:

> 1946 की सभी भयानक हरकतों में यह डरावना नरसंहार सबसे चौंकाने वाला था। इसका सबसे नृशंस पहलू यह था कि हिन्दुओं की एक बड़ी भीड़ इस कार्य के लिए पूरी तैयारी करके अचानक उपस्थित हो जाती थी और उन मुसलमानों पर टूट पड़ती थी जो खुद अपने पूर्वजों समेत अपनी सारी जिंदगी उन्हीं हिंदू पड़ोसियों के साथ मिल-जुल कर और उन पर भरोसा कर रहते तथा जीते आए थे। इसके बारे में कभी पता नहीं चला कि व्यापक रूप से नियोजित और अच्छी तरह से बनी तबाही की साजिश के आयोजन के पीछे किस का मस्तिष्क था। हम सिर्फ यह जानते हैं कि इसे एक निश्चित योजना और अनुसूची के तहत रचा गया था। अगर ऐसा नहीं होता तो इस तरह की बड़ी भीड़ एक निर्धारित समय में पूरी तरह से हथियारों से लैस होकर एक जगह से दूसरी जगह, इस सपष्ट पैशाचिक आशय से कभी नहीं जा सकती थी (1950: 181-2)।

टुकेर मानते हैं कि इस कत्लेआम के पीछे हिंदू महासभा का हाथ था और जिन मारवाड़ी हिंदुओं के व्यापारों पर कलकत्ता में हमला हुआ था उन्होंने इन हमलों का खर्च उठाया (वही: 182)। नवम्बर के शुरू में नेहरू ने बिहार का दौरा किया। टुकेर के मुताबिक 'पंडित नेहरू के खुद का प्रभाव, उनकी सर्वव्यापकता और जो भाषण उन्होंने दिए इन सब का उन लोगों के बड़े समूहों पर शांत होने लायक असर हुआ जिन्हें उन्होंने समूचे उपद्रवी इलाकों में संबोधित किया (वही: 186)। जिन सैन्य अभियानों को आदेश दिया गया था, उनके संबंध में टुकेर ने उल्लेख किया है कि जिन लोगों ने इस अभियान में कर्नल वेन्निंग की अगुआई में हिस्सा लिया वे 'लगभग सारे हिंदू थे और वे बड़ी बाधाओं के होते हुए, अपने हिंदू सहधर्मियों के खिलाफ बहुत दृढ़ संकल्प के साथ लड़े' (वही: 190)।

गढ़मुक्तेश्वर में मुसलमानों का नरसंहार

6 नवंबर को एक मेले के दौरान मुसलमानों का एक और कत्लेआम पश्चिमी उत्तर प्रदेश के गढ़मुक्तेश्वर में हुआ जो दिल्ली से 100 किलोमीटर दूर स्थित है। मेले में छोटी-छोटी दुकानें लगाने वाले मुसलमान लोगों पर हमला किया गया और हर इंसान को मार दिया गया। 6 नवंबर को रोहतक और हिसार से आए हिंदू जाटों ने पंजाब में मुसलमानों का एक और नरसंहार किया। बाद में पड़ोसी गांवों में दूसरे मुसलमानों पर हमला किया गया। हत्याएँ 15 नवंबर तक जारी रहीं। कारण राजनीतिक नहीं थे; बल्कि धार्मिक त्यौहार ईद-उल-जुहा के समय मुसलमानों द्वारा गायों के कत्लेआम से हिंदू जाट नाराज थे (टकर, 1950: 195)।

15 नवंबर 1946 को जिन्नाह ने मुस्लिम लीग के मुखपत्र, अंग्रेजी भाषा के दैनिक डॉन में लिखा कि तेजी से बिगड़ती स्थिति का एकमात्र समाधान यह था कि 'दो अलग देश, पाकिस्तान और हिन्दुस्तान बना दिए जाएँ'। उन्होंने कहा कि, 'बिहार की इस त्रासदी के बाद जनसंख्या के आदान प्रदान पर जहां तक संभव हो, गंभीरता से विचार करना पड़ेगा' (मैनसर्घ और मून, 1980: 73-5)।

अंतरिम सरकार

इस बीच एक अंतरिम सरकार बनाई गई जिसके उपाध्यक्ष के रूप में जवाहर लाल नेहरू थे जबकि वायसराय उसके मुख्य कार्यकारी अधिकारी बने रहे। इसने 24 अगस्त 1946 को सत्ता संभाली। इसमें शामिल होने के लिए मुस्लिम लीग को समझाने के लिए प्रयासों को नए सिरे से शुरू किया गया। लीग ने मंत्रिमंडल में अपनी सदस्यता एक शर्त की बुनियाद पर ली कि उन्हें भारतीय मुसलमानों के एकमात्र प्रतिनिधि के रूप में मान्यता प्रदान की जाए। इस पर सहमति हो गई और 15 अक्टूबर को लीग ने मंत्रिमंडल में शामिल होने का निर्णय लिया। प्रस्तुत नामों में नवाबजादा लियाकत अली खान (जिनकी उतरा सम्पदा बाद में बनी भारत-पाक सीमा के भारतीय क्षेत्र के अंदर थी), आई.आई. चुंदरिगर (मुंबई), अब्दुर रब निश्तर (एन.डब्ल्यू.एफ.पी.), राजा गजनफर अली खान (पंजाब) और जोगेन्द्र नाथ मंडल (बंगाल की अनुसूचित जाति वाले) थे (वही: 729-30)। 25 अक्टूबर को मंत्रिमंडल का पुनर्गठन किया गया और काँग्रेस, मुस्लिम लीग (उन लोगों का जिक्र किया जा चुका है) और धार्मिक अल्पसंख्यक जिनमें सिख शामिल थे इन सब को लेकर एक सरकार बनाई गई। लग रहा था कि एक संयुक्त भारत की कोशिशों को एक मौका मिल रहा था। मुस्लिम लीग को पाँच कैबिनेट स्तर के पद आबंटिन किए गए जिसमें वित्त का अहम मंत्रालय शामिल था जो लियाकत अली खान को दिया गया।

मगर अंतरिम सरकार के सदस्यों के बीच आपसी संदेह और शत्रुता काफी मजबूत साबित हुए। यद्यपि वे एक ही कैबिनेट के सदस्य थे मुस्लिम लीग और कांग्रेस के मंत्रियों ने विरुद्ध प्रयोजन में काम किया। इस संबंध में बजट प्रस्ताव बनाये जाने का विशेष उल्लेख किया जाना चाहिए जो वित्त मंत्री नवाबजादा लियाकत अली खान द्वारा तैयार किया गया था जो मुस्लिम लीग में जिन्नाह के बाद दूसरे सबसे बड़े नेता थे। बजट को जानबूझकर ऐसा तैयार किया गया कि वह औद्योगिक और वाणिज्यिक हितों पर बहुत बुरा असर डाले और इस तरह का वर्ग काँग्रेस का समर्थक था (आजाद, 1964-94)। केंद्र में सत्ता के बंटवारे के किसी फार्मूले की अनुपस्थिति में भारत का विभाजन लाजमी हो गया और सबसे बड़ी कीमत पंजाब ने चुकाई। पंजाब में हुई घटनाओं को इस पृष्ठभूमि के आधार पर देखा जाना चाहिए।

पंजाब

ब्रिटिश सरकार के इस एलान से कि 1946 के शुरू में चुनाव होंगे पंजाब में इसकी मिली-जुली प्रतिक्रिया हुई। जबकि मुस्लिम लीग उत्साहित और जोश में थी। सत्तारूढ़ पंजाब यूनियनिस्ट पार्टी नहीं। पंजाब प्रीमियर सर खिजर यूरोप में थे क्योंकि वह पेरिस में 29 जुलाई को शुरू हुई मित्र राष्ट्रों के शांति सम्मेलन में भाग लेने के लिए गए हुए थे। उन्होंने विदेश में कई सप्ताह बिताए और वह सितंबर में पंजाब लौटे। कांग्रेस का संगठन एक व्यस्त चुनाव अभियान में भाग लेने के लिए बहुत कमजोर था। इसके नेता, दोनों केंद्रीय और पंजाब के स्तर पर, अगस्त 1942 के बाद भारत छोड़ो आंदोलन शुरू करने के लिए जेलों में बंद थे और इसके अतिरिक्त वह वाम और दक्षिण पंथी की गुटबाजी से ग्रस्त था। पर चुनाव की घोषणा के शीघ्र पहले कांग्रेस पार्टी पर से प्रतिबंध उठा लिया गया। सिख हमेशा की तरह पाकिस्तान की मांग की मुखर रूप से निंदा कर रहे थे। जहां तक पंजाब यूनियनिस्ट पार्टी का संबंध था यह दलबदलुओं से ग्रस्त थी लेकिन इसे सबसे गंभीर आघात 9 जनवरी 1945 को सर छोटू राम की मौत से पहुंचा। उनके बिना अम्बाला डिवीजन के हिंदी भाषी हिंदू जाटों का ठोस समर्थन पक्के तौर पर हासिल नहीं होता। सिख पंथी पार्टी जो सिख पार्टियों के एक समूह से बनी थी और उसका सबसे बड़ा समूह अकालियों का था, उसने चुनाव लड़ते समय अपने सह-धर्म के लोगों से जनादेश की मांग की, ताकि अगर भारत विभाजित किया जाता तो वे एक सिख राज्य की स्थापना करा सकते।

पासा मुस्लिम लीग की तरफ पलट गया

दूसरी तरफ, पासा पूरी तरह मुस्लिम लीग के हक में पलट गया था जिसने काँग्रेस की गैर-मौजूदगी में और यूनियनिस्ट पार्टी के जमींदारों और धार्मिक गुरुओं की इसमें बहुत ज़्यादा शुमारी की बदौलत लीग के लिए लगभग एक खुला मैदान छोड़ दिया था। जहां वे मुसलमानों को यह पैगाम दे सकते थे कि पाकिस्तान के बनने से वे हर किस्म के शोषण और भेद-भाव से आजाद हो जाएंगे। 16 अगस्त 1945 की अपनी पाक्षिक रिपोर्ट में पंजाब के गवर्नर ग्लेनसी ने गौर किया:

> मुस्लिम लीग वाले बहुत ज़्यादा मिथ्या प्रचार और काँग्रेस तथा पंजाब की यूनियनिस्ट सरकार को पूरी तरह कलंकित कर रहे हैं। जिन्नाह और उनके समर्थक आम चुनाव के लिए हल्ला कर रहे हैं जो एक ऐसा मुद्दा है जिसके बारे में काँग्रेस उदासीन है. . . मैं यह बात मानता हूँ कि हालात के बारे में मैं बहुत चिंतित हूँ क्योंकि एक गंभीर खतरा पैदा हो गया है। जहां तक मुसलमानों का सवाल है, चुनाव एक झूठे मुद्दे पर लड़े जाएंगे। एक अर्ध-तैयार पाकिस्तान बेतुका, अपरिभाषित और भारत तथा खास कर मुसलमानों के लिए तबाहकारी

> हो सकता है मगर बतौर एक चुनावी नारा इसकी शक्ति को नकारा नहीं जा सकता है। कम जानकार मुसलमान को कहा जाएगा कि चुनाव में उसको जिस सवाल का जवाब देना है वह यह है कि—क्या तुम एक सच्चे आस्तिक हो (अल्लाह में) या एक काफिर और गद्दार हो? इस नारे का मुकाबला करने लायक यूनियनिस्ट पार्टी के पास युद्ध की पुकार की तरह कोई शानदार जवाब नहीं है. . . अगर पाकिस्तान निकट भविष्य में एक सच्चाई बन जाता है तो हम एक बड़े कत्लेआम की तरफ बढ़ रहे हैं; गैर-मुस्लिम, खास कर सिख झूठ नहीं बोल रहे हैं वे शांति के साथ किसी भी 'मुसलमान राज' के आगे नहीं झुकेंगे। इसलिए यह काफी अहम है कि इससे पहले कि काफी देर हो जाए, कोई कार्रवाई कर पाकिस्तान के सिद्धान्त की हवा निकाल दी जानी चाहिए (कार्टर, 2006: 141-2)।

ग्लैनसी उस ब्रिटिश प्रशासन के साथ नाता रखते थे जो इस बात को बहुत मजबूती से समझता था कि पंजाब को काँग्रेस और मुस्लिम लीग की राजनीति से दूर रहना चाहिए, और यूनियनिस्ट पार्टी की अंतर-सांप्रदायिक नीति को सूबे की एकता और शांति तथा व्यवस्था कायम करने के लिए, सबसे उत्तम सूत्र मानते थे। और उन्होंने कहा:

> चूंकि पंजाब में पाँच में से दो सटी हुईं डिवीजनें ऐसी हैं (अम्बाला और जालंधर), जिसमें एक भी मुसलमान बहुलता वाला जिला नहीं है। इस पूरे इलाके के साथ एक बहुत महत्वपूर्ण जिला अमृतसर जोड़ा जा सकता है। इस अमली मिसाल का जिक्र करना काफी फायदेमंद हो सकता है। इस तरह की सोच पर कार्रवाई करने से यूनियनिस्ट पार्टी को कम से कम पाकिस्तान के खिलाफ कहने को कुछ तो मिलेगा- और जिसे मतदाता जरूर ही सुनेगा। कोई भी पंजाबी भले ही कितना भी कम जानकार हो बिना सोचे समझे अपने ही सूबे के टुकड़े करवाने पर राजी नहीं होगा ताकि पंजाब शब्द ही गायब हो जाए....मैं यह जरूर इसके हक में हूँ कि केंद्र में मुसलमानों का उचित प्रतिनिधित्व हो और उनका हर मुमकिन बचाव किया जाए। मेरे ख्याल में यह सच्चा पाकिस्तान होगा न कि एक कुरूप और शानरहित पाकिस्तान जिसकी जिन्नाह और उनके समर्थक वकालत कर रहे हैं (वही: 142)।

उस समय पंजाब की आबादी के लगभग 11 प्रतिशत लोग वोट डाल सकते थे। इसके अलावा पंजाब के मतदाता एक प्रकार से वोट नहीं डालने वाले थे, मगर असल में अलग समुदायों की तरह क्योंकि मुसलमान और सिख आरक्षित सीटों पर चुनाव लड़ते थे जबकि काँग्रेस को जनरल सीटों के लिए लड़ना था और आरक्षित सीटों के लिए मुसलमान और सिख उम्मीदवार भी खड़े करने थे। शायद गौर करने लायक इससे भी अहम बात यह है कि पंजाब के बँटवारे की संभावना को कभी भी मतदाताओं के सामने नहीं रखा गया। इसलिए यह मुद्दा किसी भी पार्टी के चुनावी घोषणा पत्र में नहीं

आया। हालांकि सिख कई सालों से धमकी दे रहे थे कि अगर पाकिस्तान को मंजूर कर लिया जाता है तो वे पंजाब के बंटवारे की मांग करेंगे। इसलिए भारत के विभाजन के सबसे गंभीर पहलू पर जिस चर्चा या विचार को सार्वजनिक नहीं किया गया और वह था – पंजाब का भी बंटवारा हो सकता है।

इस्लाम एक चुनावी नारे के रूप में

साबका पत्रकार अजीज मजहर के मुताबिक डॉ. मुहम्मद बाकिर एक लेखक और इतिहासकार ने जिन्नाह को सलाह दी कि मुसलमानों के सामूहिक समर्थन को हासिल करने लिए वे इस्लामी नारों का इस्तेमाल करें। श्रमजीवी वर्ग के लेखक कमार यूरिश का विचार था कि डॉ. एम.डी. तासीर वो इंसान थे जिन्होंने यह मशवरा दिया कि मुसलमान जन समूह को मुस्लिम लीग के करीब लाने के लिए इस्लामी नारों का इस्तेमाल किया जाए। उन दिनों जो नारेबाजी अक्सर की जाती थी वह यह थी – 'पाकिस्तान का नारा क्या? ला इलाहा इल्लल्लाह' जिसे सियालकोट पंजाब के एक कवि और शिक्षाविद असगर सोडई ने ईजाद किया था। 1970 के दशक में, इस नारे को पुनर्जीवित किया गया मगर इसके शब्दों में फेर–बदल किया गया, 'पाकिस्तान का नारा क्या? ला इलाहा इल्लल्लाह'।

यह मुमकिन है कि पंजाब के कई मुसलमान बुद्धिजीवियों ने जिन्नाह को यह सलाह दी। पंजाब में शायर इकबाल का बहुत ज़्यादा प्रभाव था और एक लंबे समय तक पंजाबी मुसलमान उनकी कल्पित शायरी पढ़ रहे थे जिसमें अतीत के आदर्शीकरण किए इस्लामी दिनों का जिक्र होता था और जिसे पुनर्जीवित करने की जरूरत बताई जाती थी ताकि उस यश और ताकत को पुनर्स्थापित किया जा सके। नतीजतन जिन्नाह के चेलों ने शायद यह निर्धारित किया कि चुनावी मुहिम में इस्लामी नारों का इस्तेमाल करने से मुस्लिम लीग के आसारों में बढ़ोत्तरी होगी।

हैरान होने की बात नहीं है कि जिन्नाह जो राजनीतिक तीक्ष्णता रखने वाले एक राजनीतिज्ञ थे और जो अब तक पाकिस्तान के लिए अपना चुनावी प्रचार संवैधानिक दलीलों तक ही सीमित रखते थे यह महसूस करने लगे कि जज्बाती इस्लामी अपीलें और नारे मुसलमान जन समूह का समर्थन जीतने में कारगर साबित हो सकते हैं। अजीज मजहर, हुकुम कुरेशी, सय्यद अहमद सईद किरमानी और कई दूसरे जो उस समय युवा छात्र थे और मुस्लिम लीग के अधीन मुसलमान स्टूडेंट फैडरेशन के साथ जुड़े हुए थे, उन्होंने इस बात की पुष्टि की कि 'पाकिस्तान का नारा क्या? ला इलाहा इल्लल्लाह' जैसे नारे जनता की सभाओं और जुलूसों में जोर से चीख कर बोले जाते इसलिए जब चुनावी सभाएं शुरू होतीं तब इस्लामी नारों का भरपूर इस्तेमाल किया जाता। ग्लैनसी ने मुस्लिम लीग की चुनावी मुहिम को इन शब्दों में वर्णन किया:

> मुस्लिम लीग वाले प्रचार के लिए वह सब कुछ कर रहे हैं जो एक कट्टर रुख लेकर किया जा सकता है; और कई स्थानों पर धार्मिक नेताओं और धार्मिक इमारतों का स्वतंत्र रूप से पाकिस्तान की वकालत ले लिए और विपरीत विचार रखने वाले लोगों को गालियाँ देने के लिए, इस्तेमाल किया जा रहा है। मुझे डर है कि सांप्रदायिक भावना निश्चित रूप से बिगड़ रही है। सिख साफ तौर पर पाकिस्तान की संभावना से घबराए हुए हैं और मुझे लगता है कि इसमें कोई संदेह नहीं है कि जबरन एक मुसलमान राज में उन्हें शामिल करने के किसी भी प्रयास का वे विरोध करेंगे (वही: 145)।

ग्लैनसी ने 29 सितंबर की अपनी पाक्षिक रिपोर्ट में चुनावी मुहिम के बारे में एक बहुत तनावपूर्ण और जुझारू जानकारी दी। मुस्लिम लीग ने गठबंधन सरकार पर चुनाव अभियान में हस्तक्षेप करने का आरोप लगाया कि वह मुसलमानों को मतदान करने से हतोत्साहित कर रही है जबकि हिंदुओं ने शिकायत की कि मुसलमान अधिकारी मुस्लिम लीग की ओर से सक्रिय प्रचार में हिस्सा ले रहे हैं। मुस्लिम लीग के लिए शत्रुतापूर्ण दो मुसलमान संगठनों, खाकसारों और अहरारों के संबंध में गवर्नर ने टिप्पणी की: 'खाकसार और अहरार भी उस सूची में शामिल हैं और विशेष रूप से अहरार जिनके पास कुछ बहुत ही प्रभावी वक्ता हैं जो बेरोकटोक मुस्लिम लीग के बारे में निंदापूर्ण बातें कर रहे हैं' (वही: 148)।

ग्लैनसी ने 27 अक्टूबर की अपनी पाक्षिक रिपोर्ट में चुनावी मुहिम के दौरान मुस्लिम लीग द्वारा गैर-मुसलमानों के खिलाफ इस्लामी धमकियों का इस्तेमाल करने के मुद्दे पर चर्चा की:

> सांप्रदायिक रिश्ते बदतर होते जा रहे हैं। हमारे विकास मंत्री बलदेव सिंह ने कुछ दिन पहले मेरे साथ बात-चीत की और मुस्लिम लीग समर्थकों द्वारा एलान के असर के बारे में बताया। जिसमें कहा गया था कि जल्द ही पाकिस्तान एक हकीकत होगा और जल्द ही सिर्फ मुसलमान शरिया कानून लागू किया जाएगा। गैर-मुसलमानों को अपनी शिकायतों का फैसला करने के लिए मस्जिदों में आना पड़ेगा (वही: 151)।

ग्लैनसी ने अपने पहले सुझाव को दोहराया कि सरकार को घोषणा करनी चाहिए कि पंजाब सटे हुए सांप्रदायिक इलाकों के आधार पर विभाजित किया जाएगा। अगर भारत को इस तरह के आधार पर विभाजित किया जाए तो यह 'सबसे उपयुक्त समय वाला और शर्तिया तौर पर एक अपवादविहीन और सुधारात्मक कदम होगा, जो लीग के अधिवक्ताओं द्वारा एक खतरनाक और अत्यधिक कट्टर सिद्धांत, 'इस्लाम खतरे में है' के लिए किए गए प्रचार का सामना कर सकेगा' (वही)। यह दिलचस्प है कि ब्रिटिश सरकार ने इस सुझाव पर कभी कोई प्रतिक्रिया नहीं की। अब तक अंग्रेजों द्वारा

प्रकाशित दस्तावेजों में कोई संचार नहीं पाया जा सका है जिसमें ग्लैनसी की दलीलों की वायसराय वेवेल या लॉर्ड पेथिक-लॉरेंस, भारत और बर्मा के राज्य सचिव की कोई प्रतिक्रिया हो।

जाहिर तौर पर ग्लैनसी ने सर खिजर को खुद ऐसी सलाह देने के लिए कोई कदम नहीं उठाया जो एक सख्त अनुशासन का संकेत हो और जिसे ब्रिटिश पालन करते हों ताकि वे औपनिवेशिक पदानुक्रम में अपने वरिष्ठ अधिकारियों से मंजूरी हासिल कर लें। उसके बाद ही वह भारतीय सहयोगियों को अपने विचार व्यक्त करें। जहां तक पंजाब कांग्रेस का सवाल था ग्लैनसी ने गौर किया कि इसके वक्ता चुनाव अभियान के अलावा अन्य मुद्दों पर अपना समय बर्बाद कर रहे थे। वे बागी इंडियन नेशनल आर्मी (आईएनए) की वकालत में व्यस्त थे जिसे जापानियों द्वारा उन भारतीय सैनिकों को लेकर गठित किया गया था, जिन्हें बर्मा युद्ध में कैदी बना लिया था। कांग्रेस इंडोनेशिया में ब्रिटिश हस्तक्षेप की निंदा में भी व्यस्त थी।

पूर्व में सबसे बड़ी सामंती प्रभुत्त्वों में से एक और यूनियनिस्ट पार्टी के भूतपूर्व प्रमुख सदस्य सर फिरोज खान नून जो 15 सितंबर तक वायसराय की कार्यकारी परिषद में रक्षा का पोर्टफोलियो रखते थे, ने ग्लैनसी से बात की और स्पष्ट रूप से उसे बताया कि वह 'उस पाकिस्तान में विश्वास नहीं रखते जैसा कि मुस्लिम लीग द्वारा प्रचार किए जा रहा था' (वही: 152)। लेकिन उन्होंने, सार्वजनिक रूप से इस तरह का रुख लेने से मना कर दिया।

मगर 27 दिसंबर की पाक्षिक रिपोर्ट से हमें पता चलता है कि नून मैदान में शामिल हो गए और इस्लामी संदर्भ में लीग की तरफ से विनती कर रहे थे:

> मुसलमानों में लीग वाले निर्वाचकों की कट्टरता को प्रभावित करने के लिए अपने प्रयासों को बढ़ा रहे हैं। पीरों और मौलवियों को बड़ी संख्या में शामिल किया गया है ताकि वे प्रांतों का दौरा करें और लीग का विरोध करने वालों पर काफिर होने का आरोप लगा दें। पवित्र कुरान की प्रतिलिपियों को मुस्लिम लीग के एक अजीब प्रतीक के रूप में चारों ओर ले जाया जा रहा है। फिरोज और दूसरे खुले तौर पर उपदेश दे रहे हैं कि लीग के लिए दिया हर वोट पवित्र पैगंबर के पक्ष में डाला गया एक वोट है। जैसा कि मैंने बार-बार यह कहा है कि यह दु:खद रणनीति अपेक्षित थी; और यह भारत के भविष्य की शांति की एक गंभीर भविष्यवाणी प्रदान करती थी। निश्चित रूप से यूनियनिस्टों के लिए इसका मुकाबला करना आसान नहीं था (वही: 160)।

जहां तक दल बदलुओं का सवाल था, ग्लैनसी ने गौर किया:

> एक उदाहरण मशहूर सैन्य ठेकेदार सर मरातिब अली के बेटे सैयद अमजद अली का है जो एक लंबे समय के लिए यूनियनिस्ट पार्टी में सचिव थे और

> उन्हें चुनाव अभियान में पार्टी का समर्थन प्राप्त था। लेकिन वह कुछ हफ्ते पहले मुस्लिम लीग में शामिल हो गए जब उन्हें आश्वासन दिया गया कि फिरोजपुर जिले के निर्वाचन क्षेत्र के लिए उन्हें नामांकित किया जाएगा। इस आश्वासन को मुस्लिम लीग के केंद्रीय संसदीय बोर्ड ने खारिज कर दिया, और वह तुरंत यूनियनिस्ट पार्टी में वापस जाने का प्रयास करने लगे मगर उसमें उन्हें सफलता नहीं मिली (वही)।

उसी पाक्षिक रिपोर्ट से पता चलता है कि कांग्रेस और अकालियों के बीच चुनाव के दौरान हितों के एक सीधे टकराव से बचने के लिए वार्ता हो रही थी मगर कोई नतीजा नहीं निकल रहा था। कुछ निर्वाचन क्षेत्रों में सिख सहमत हुए कि सिर्फ कांग्रेस या अकाली उम्मीदवारों को कम्युनिस्टों के खिलाफ चुनाव लड़ना चाहिए। इसके अलावा हिंदू महासभा का जनाधार लगभग गायब हो गया था। कांग्रेस अब लगभग सभी हिंदुओं द्वारा समर्थन हासिल कर रही थी। इसके अतिरिक्त कांग्रेस ने हिंदू बनियों (व्यापारियों और साहूकारों) के बजाय अम्बाला डिवीजन में हिंदू जाटों को खड़ा करने का फैसला किया। इसका मतलब यह था कि यह सर छोटू राम के निर्वाचन क्षेत्र से समर्थन जुटाने की कोशिश कर रही थी जो पहले पंजाब यूनियनिस्ट पार्टी की धरोहर थी।

पंजाब में मुस्लिम लीग के अभियान में कार्यकर्ताओं के विशिष्ट रूप से तीन समूह शामिल थे। पहला था यूनाइटेड प्रोविंसेस के अलीगढ़ मुस्लिम विश्वविद्यालय से आए मुस्लिम छात्रों का जो स्वयंसेवकों के रूप में बड़ी संख्या में आए थे और कस्बों और गांवों का दौरा कर पाकिस्तान के विचार का प्रचार करते ताकि जातिप्रथा में विश्वास रखने वाले हिंदुओं की गुलामी से मुसलमानों को मुक्त कराया जा सके। जब हमने चौधरी नजीर अहमद विर्क का 30 दिसंबर 2005 को साक्षात्कार लिया तब उनको सही तारीख या महीना याद नहीं था कि कब उन छात्रों ने पश्चिमी पंजाब के शेखूपुरा शहर का दौरा किया मगर उन्हें अच्छी तरह से याद है कि उन्होंने क्या कहा:

> 'एक दिन कोई 200–250 छात्र पजामा और शेरवानी पहन कर अलीगढ़ मुस्लिम यूनिवर्सिटी से शेखूपुरा और मुख्य बाजार में एकत्रित हुए। उन्होंने एक बिगुल बजाया और मुस्लिम लीग नेशनल गार्ड की पोशाक पहन ली। उसके बाद उन्होंने लोगों को संबोधित किया और कहा: "दोस्तों, मैं जिस जगह से आया हूँ, वह पाकिस्तान का हिस्सा कभी नहीं बनेगा मगर शेखूपुरा जरूर पाकिस्तान [का हिस्सा] बनेगा। ओ खिजर तिवाना – तुम मेरी बात सुन लो। हम सिर पर कफन बांध कर शेखूपुरा आए हैं। हम पाकिस्तान ले कर रहेंगे। गोली खाने के लिए हमारे सिर और सीने तैयार हैं"। उस समय धारा 144 लगा दी गई थी और वे दो-दो के समूहों में चले गए। वे एक रेलगाड़ी पर सवार हुए और उन्होंने चीख कर कहा, "ले के रहेंगे पाकिस्तान, देना होगा पाकिस्तान, पाकिस्तान जिंदाबाद"। वे चले गए, मगर हम शेखूपुरा के छात्र

उनके प्रदर्शन से मंत्रमुग्ध हो गए और हम भी वही नारे जोर-जोर से बोलते रहे। हमारे कुछ लड़के गिरफ्तार भी हुए।'

दूसरा समूह मुसलमान कम्युनिस्टों का था जो लीग में तब शामिल हुए जब भारतीय कम्युनिस्ट पार्टी ने निष्कर्ष निकाला कि पाकिस्तान के लिए की गई मांग एक पीड़ित राष्ट्र के लिए आत्मनिर्णय का अधिकार था जो लेनिनवाद के अनुरूप था क्योंकि मुसलमान आर्थिक रूप से एक पिछड़े राष्ट्र की तरह थे। पंजाब प्रांतीय कांग्रेस कमेटी के गतिशील अध्यक्ष मियां इफ्तिखारुद्दीन जो पंजाब कम्युनिस्टों के मुख्य संरक्षक थे 25 अगस्त 1945 को मुस्लिम लीग में शामिल हो गए। दिग्गज पंजाबी कम्युनिस्ट अब्दुल्ला मलिक ने इस विषय पर 19 दिसंबर 2001 को लाहौर में मुझसे लंबी बात-चीत की। उन्होंने कहा कि कम्युनिस्टों ने मुस्लिम लीग की आम सभाओं में भाषण दिया और पाकिस्तान के विचार को लोगों तक पेश किया कि यह मुल्क इंसान द्वारा इंसान के शोषण से मुक्त होगा।

तीसरा और शायद सबसे अहम समूह जिसे मुस्लिम लीग मुसलमान समर्थन हासिल करने के लिए सामने लेकर आई वह था उलेमा और पीरों का समूह। एक मशाईख समिति का गठन किया गया जिसमें कुछ प्रमुख पीर शामिल थे, ताकि वे पाकिस्तान के लिए प्रचार की मुहिम की अगुवाई कर सकें। उनमें थे गोलरा शरीफ के पीर मेहर अली शाह, झेलम जिले के जलालपुर के पीर फजल शाह, तौंसा शरीफ के पीर नजीमुद्दीन, मुल्तान के मखदूम रजा शाह और दूजे। यही नहीं कुछ उभरते राजनेता जैसे कि नवाब ममदोत, मुमताज दौलतना, सरदार शौकत हयात खान और दूसरों ने अपने नामों के साथ पवित्र प्रत्यय जोड़ने के नाटक खेले जैसे कि पीर ममदोत शरीफ के नवाब ममदोत, शौकत हयात बन बैठे वाह शरीफ के सज्जदा नशीं, दरबार सरगोधा शरीफ के फिरोज खान नून और नवाब मोहम्मद हयात कुरैशी बने सरगोधा शरीफ के सज्जदा नशीं (कोर्ट ऑफ इंक्वायरी, 1954: 255)।

इसके अलावा बरेल्वी के सबसे बड़े सुन्नी उप-संप्रदाय के रूढ़िवादी उलेमा जो पीरों के सबसे करीबी सहयोगी थे उन्हें भी मैदान में तैनात किया गया था (गिल्मार्टिन, 1989; टालबोट, 1996)। एक जगह से दूसरी जगह तक, अलग प्रकार के अभियान और प्रचार होते थे हालांकि एक इस्लामी राज्य के गठन पर जोर दिया जाता था। मुस्लिम लीग ने पीरों और मौलवियों की इतनी बड़ी तादाद जुटा ली थी कि यूनियनिस्ट समर्थकों ने मदद के लिए खिजर को उन्मत्त अपील भेजी। मुल्तान से यूनियनिस्ट पार्टी मुख्यालय को भेजे गए एक तार में एक हताश दलील व्यक्त की गई थी: 'कृपया और अधिक मौलवी भेजें', जो उस समय की दुर्दशा व्यक्त करती है (गिल्मार्टिन, 1979: 515)। कई हिंदुओं और सिखों जिनके साथ मैंने बात की उन्होंने बताया कि गैर-मुसलमान को संरक्षण का भुगतान, जजिया देना पड़ता और उन्हें अपराध और दूसरे मामलों के लिए इस्लामी अदालतों में कार्रवाई का सामना करना पड़ता।

मशहूर हिन्दी लेखक भीष्म साहनी ने 23 अक्टूबर 2001 को मेरे साथ रावलपिंडी शहर और करीबी इलाकों के चुनावी प्रचार के दौरान, मुस्लिम लीग की तरफ से पीर मेहर अली शाह की गतिविधियों के बारे में बात-चीत की। पीर मेहर अली शाह ने कहा कि पाकिस्तान एक इस्लामी मुल्क होगा मगर गैर-मुसलमान उसमें जजिया देकर शांति के साथ और सुरक्षित रहेंगे। बरेल्वी उलेमाओं और पीरों को छोड़कर कुछ प्रमुख असंतुष्ट देवबन्दी जैसे कि शब्बीर अहमद उस्मानी और उनके गुट भी मुस्लिम लीग में शामिल हो गए और उन्होंने पाकिस्तान के निर्माण में बहुत जोर-शोर से प्रचार किया। इस प्रकार जिसको भी मुसलमान के रूप में जनगणना के दौरान दर्ज किया गया था उन सभी को लीग ने अपने अभियान के लिए जुटा लिया। यहां तक कि अहमदियों को भी शामिल कर लिया गया जिन्हें रूढ़िवादी सुन्नी और शिया मुस्लिम पाखंडी मानते थे।

यूनियनिस्टों ने चुनावी अभियान में अहरार उलेमा के साथ-साथ खाकसार वक्ताओं की तैनाती द्वारा, जो दोनों समूह अतीत में भले ही उनके विरोधी थे, बहुत देर बाद, धार्मिक आक्रमण का मुकाबला करने की कोशिश की। प्रीमियर सर खिजर ने भी अपने सार्वजनिक भाषणों में कुरान से छंद उद्धृत करना शुरू किया, लेकिन इस तरह की रणनीति का ज़्यादा फायदा नहीं हुआ क्योंकि पार्टी की गैर-सांप्रदायिक विचारधारा चुनावी अभियान में धर्म के इस्तेमाल के साथ मेल नहीं खाती थी (टालबोट, 1996: 147)।

2 फरवरी 1946 को वाइसरॉय को लिखी अपनी पाक्षिक रिपोर्ट में ग्लैनसी ने लिखा:

> एमएल (मुस्लिम लीग) के वक्ता अपने भाषणों में तेजी से कट्टर होते जा रहे हैं। मौलवी, पीर और छात्र प्रांत के चारों तरफ दौरा कर यह उपदेश दे रहे हैं कि लीग के उम्मीदवारों को वोट नहीं देने वाले मुसलमान नहीं रहेंगे; उनके विवाह अब मान्य नहीं होंगे और उन्हें समाज से पूरी तरह बहिष्कृत किया जाएगा.. . . चुनावों के परिणाम क्या होंगे यह उम्मीद करना आसान नहीं है। लेकिन इस बारे में कोई संदेह नहीं है कि जिस निर्मम तरीकों से मुस्लिम लीग ने अपने अभियान 'इस्लाम खतरे में है' का पीछा किया है, उसकी सीटों की संख्या में बहुत वृद्धि होगी और तदनुसार यूनियनिस्ट प्रतिनिधियों की गिरावट होगी (कार्टर 2006, 171)।

28 फरवरी की निम्नलिखित पाक्षिक रिपोर्ट में ग्लैनसी ने एक उर्दू पोस्टर के अनुवाद को दोबारा पेश किया जिसे झेलम तहसील के मुस्लिम लीग के उम्मीदवार राजा खैर मेहदी खान द्वारा परिचालित किया गया था और जो धार्मिक मतभेद के आधार पर वोट मांगता था। यह झेलम के एक खतीब अब्बास अली शाह द्वारा लिखा गया था।

> *मुस्लिम लीग जिंदाबाद. पाकिस्तान जिंदाबाद*
>
> *उसके नाम पर मुसलमानों, तुम्हारे इम्तिहान का वक्त आ गया है।*

इस मजहब और झूठ की जंग में,
आपको दीन या दुनिया को चुनना है।

दीन	दुनिया
एक तरफ सर्वशक्तिमान और अपनी अंतरात्मा की आवाज पर आपका अपना विश्वास है	दूसरी तरफ आपको जागीरें और चौकों की पेशकश की जा रही है
एक तरफ धर्म और सच्चाई हैं	दूसरी ओर से नम्बरदारी और जैलदारी की पेशकश है
एक तरफ अधिकारपूर्ण कारण है	दूसरी तरफ सफेदपोशी है
एक तरफ आपके लिए पाकिस्तान है	दूसरी तरफ कुफरिस्तान है
एक तरफ मुसलमानों को हिन्दुओं की गुलामी से बचाने की समस्या है	इसके विपरीत वहाँ केवल एक आदमी की व्यक्तिगत प्रतिष्ठा का विचार है
एक तरफ आपको उन सभी लोगों को एकजुट करना है जो कलिमा पढ़ते हैं	दूसरी तरफ, मूर्ति पूजा, बिरादरी और जाति-पात की मान्यता है
एक तरफ आप पवित्र मुहम्मद और अली है	दूसरी तरफ बलदेव सिंह और खिजर हयात हैं
एक तरफ सभी मुसलमानों की एकता और भाईचारे का विचार है	दूसरी तरफ नौकरशाही का डंडा और अफसरशाही का आतंक है
एक तरफ मुस्लिम लीग और पाकिस्तान के प्रेमी हैं	दूसरी तरफ काँग्रेस और यूनियनिस्टों के प्रशंसक हैं
एक तरफ हरे झंडे के सम्मान है	दूसरी तरफ खिजर मंत्रालय की सरकार है

इन विचारों के मद्देनजर अपने धर्म के लिए अपनी पार्टियों के झगड़े और आपसी शिकायतें भूलते हुए अपने दीन की मजबूती की खातिर आपको फैसला करना है कि झेलम की तहसील में आपके वोट का सच्चा दावेदार मुस्लिम लीग का उम्मीदवार है अर्थात राजा खैर महदी खान (वही: 174-5)।

खोसला रिपोर्ट में मशहूर पत्रकार ब्रेल्स्फोर्ड द्वारा फरवरी 1946 में *दी ट्रिब्यून* लाहौर में प्रकाशित एक लंबे लेख का जिक्र किया गया है जो इस बात की पुष्टि करता है कि वोट हासिल करने के लिए धर्मान्धता का मुस्लिम लीग ने भरपूर इस्तेमाल किया था। ब्रेल्स्फोर्ड लिखते हैं:

मुसलमान किसानों का सामना तीन महाशक्तियों से हो रहा है वे हैं – सामंती जमींदार, सरकार और लीग। इन तीन में से केवल लीग उनकी भावनाओं तक पहुँच सकती है और इसके लिए मुस्लिम लीग हर जगह कार्रवाई कर रही है।

> इसने एक डर पैदा कर दिया है कि इस्लाम खतरे में है। मौलवी किसानों को बता रहें हैं कि उनके मोक्ष की आशा उनके द्वारा लीग के लिए अपने मतदान पर निर्भर करती है और कभी-कभी इस अपील को लागू करने के लिए वे कुरान की एक प्रतिलिपि के साथ सड़कों पर चलते हैं। मैंने उनकी कारों पर लाउड स्पीकर के माध्यम से ऊंची आवाज में यह नारे सुने हैं 'काफिर हिंदुओं. . . धिक्कार है।' इसका परिणाम यह है कि इस प्रांत के मुसलमानों पर एक सांप्रदायिक भावना की लहर ने पकड़ बना ली है और दुर्लभ अपवादों के साथ वे पाकिस्तान की मांग के लिए लामबंद हो गए हैं (1991: 94)।

हैरान होने की बात नहीं है कि इस तरह के प्रचार ने हिंदुओं और सिखों के दिलों में डर पैदा कर दिया जो पश्चिमी जिलों में अपनी थोड़ी तादाद में चारों तरफ फैले हुए थे। मुझे दिए उनके साक्षात्कारों से यह बात साफ तौर पर उभर कर आती है कि चुनावी मुहिम के दौरान उनको पहली बार यह एहसास हुआ कि उनकी जिंदगियाँ खतरे में हैं। झेलम, गुजरात, मियांवाली, डेरा गाजी खान और अटक के ग्रामीण क्षेत्रों में हिंदू और सिख दुकानदार और व्यापारियों ने अपने व्यापार बेचने शुरू कर दिए और चले गए या अपनी महिलाओं और बच्चों को पूर्वी पंजाब में रिश्तेदारों के पास 1945 के दूसरी छमाही से ही, भेजना शुरू कर दिया। लेकिन ज़्यादातर लोग वहीं टिके रहे और उम्मीद करते रहे कि किसी संवैधानिक समाधान पर नेताओं के बीच सहमति हो जाएगी।

नतीजे

24 फरवरी 1946 को आए चुनावी नतीजों ने गवर्नर के डर को सही ठहरा दिया। 175 सदस्यों वाली पंजाब विधानसभा में मुस्लिम लीग ने 86 मुसलमान आरक्षित सीटों में से 75 सीटें जीतीं और इस तरह विधानसभा में अकेली सबसे बड़ी पार्टी बनी; हालांकि पूर्ण बहुमत से वह अब भी 10 कम थे। बाद में, यूनियनिस्ट पार्टी की तरफ से चुनाव लड़े दो सदस्य अपना दल छोड़ कर मुस्लिम लीग में शामिल हो गए और इस तरह उनकी संख्या 77 हो गई। उनके सारे फायदे सत्ताधारी यूनियनिस्ट पार्टी के नुकसान द्वारा हुए जिसकी सीटों की संख्या अब घट कर 18 रह गई थी। काँग्रेस पार्टी ने भी चुनाव में अच्छा परिणाम हासिल किया और 50 सीटें जीतीं जबकि पंथी सिखों ने 23। निर्दलीयों ने 7 सीटें जीतीं। कम्यूनिस्टों ने अपनी पिछली 4 सीटें खो दीं जबकि अहरार जो काँग्रेस के समर्थन और पैसों से मुसलमान आरक्षित सीटों के लिए लड़े थे एक भी सीट जीत न सके। यह साफ था कि मुसलमान मतदाता मुस्लिम लीग के पीछे खड़े थे, हिंदू (जाटों समेत जो पहले सर छोटु राम की अगुवाई में यूनियनिस्ट पार्टी को वोट देते थे) काँग्रेस का समर्थन कर रहे थे और सिखों ने पंथवादी पार्टियों के लिए वोट डाले जिसमें अकाली सबसे प्रमुख समूह था।

गठजोड़ सरकार का गठन

पंजाब के मुख्य सचिव एच.डी. भनोत (एक भारतीय ईसाई) ने फरवरी के दूसरे अर्ध की 28 फरवरी की पाक्षिक रिपोर्ट में लिखा कि केंद्र के एक मजबूत काँग्रेसी नेता सरदार वल्लभभाई पटेल काफी परेशान थे और उन्होंने टिप्पणी की 'हमारा अब लीग के साथ कुछ लेना-देना नहीं है' (L/P-J/5/249)। किसी भी सूरत में सत्ता को बांटने के लिए मुस्लिम लीग, काँग्रेस और अकालियों के बीच बात-चीत होने लगी मगर यह हैरानी की बात नहीं थी कि गठजोड़ सरकार बनाने के लिए उनके बीच कोई समझौता नहीं हो सका। 7 मार्च 1946 के एक गोपनीय नोट में ग्लैनसी ने खबर दी कि पंजाब मुस्लिम लीग के नेता नवाब ममदोत उन्हें 6 मार्च को सरकार बनाने की संभावना को लेकर मिले थे क्योंकि उनका संप्रदाय पंजाब में बहुसंख्यक था और उसकी पार्टी ने पंजाब असेंबली में सबसे ज़्यादा सीटें जीतीं थीं। उन्होंने गवर्नर को बताया कि सिखों के साथ उनकी बात-चीत इसलिए असफल रही क्योंकि 'पंथवादी पार्टी ने उनको "खालिस्तान" के इलाके को अलग तरह से चिन्हित करने को कहा था – यह ऐसी मांग थी जिसे पूरा करना उनके लिए नामुमकिन था' (वही: 176)। ममदोत ने दावा किया कि उनको पंजाब विधानसभा में 87 सदस्यों का समर्थन हासिल था। इसमें 78 सदस्य उनकी पार्टी के थे, जिसमें तीन वो थे जो उनकी पार्टी में शामिल हुए थे, दो ऊंची जाति के हिंदू जो यूनियनिस्ट पार्टी की टिकट से लड़े थे, चार अनुसूचित जाति के प्रतिनिधि, दो ईसाई और एक सिख।

ग्लैनसी ने ममदोत के दावों पर संदेह जाहिर किया। उन्होंने उसको एक पत्र दिखाया जिसमें दोनों ऊंची जाति के हिंदू हस्ताक्षर द्वारा यह बता रहे थे कि वे यूनियनिस्ट पार्टी में अब भी शामिल थे। जब अनुसूचित जाति के चार प्रतिनिधियों के समर्थन को लेकर ममदोत का सामना किया गया तब उन्होंने स्वीकार किया कि वे उनके समर्थन के बारे में निश्चित नहीं थे। जहां तक भारतीय ईसाईयों का सवाल था वह सिर्फ एक के समर्थन को लेकर निश्चित थे (वही: 176-7)। गवर्नर ने अंदाजा लगाया कि मुस्लिम लीग को सिर्फ 80 सदस्यों का समर्थन हासिल था। दूसरी तरफ जब वे सर खिजर, भीम सेन सच्चर और बलदेव सिंह से मिले तब उन्होंने 94 सदस्यों की एक साफ बहुसंख्यकता का दावा किया। मगर ग्लैनसी को लगा कि यह संख्या बढ़ा कर पेश की गई है और उनकी असल संख्या 90 है जो किसी भी हाल में मुस्लिम लीग की संख्या से 10 ज़्यादा सदस्यों की संख्या है। इसके चलते ग्लैनसी ने खिजर को सरकार बनाने का आमंत्रण दिया।

इस प्रकार 11 मार्च 1946 को एक गठजोड़ सरकार ने सत्ता हासिल की और सर खिजर तिवाना प्रीमियर बने। इसमें तीन यूनियनिस्ट पार्टी के मुसलमान थे (सर खिजर, मुजफ्फर अली किजिलबाश, और मुहम्मद इब्रहीम बर्क); दो काँग्रेसी (भीम

सेन सच्चर और लहरी सिंह) और एक पंथवादी सिख (बलदेव सिंह)। मुस्लिम लीग ने इसका जवाब इस प्रचार के माध्यम से किया कि नई सरकार पंजाब के मौजूदा हालत का प्रतिनिधित्व नहीं करती क्योंकि पंजाब के सबसे बड़े समुदाय का प्रतिनिधित्व करने वाली पार्टी (मुस्लिम लीग) इसका हिस्सा नहीं है। फलस्वरूप, सरकार ने *कोड ऑफ क्रिमिनल प्रोसिड्योर* के तहत धारा 144 लागू कर दी जो पाँच से ज़्यादा लोगों के जमावड़े को आम सभाओं को या बंदूक वगैरह ले जाने की इजाजत नहीं देता था।

8 अप्रैल 1946 को पंजाब सिविल सेवा में एक लंबे अरसे से कार्यरत सर एवन जेनकींस ने पंजाब के गवर्नर पद की बागडोर सर बर्ट्रेण्ड ग्लैनसी से अपने हाथों में ले ली। जेनकींस जो एक दंभी थे अन्य सभी ब्रिटिश प्रशासकों की तरह और अपने पूर्ववर्ती ग्लैनसी सहित कांग्रेस को तुच्छ समझते थे। इस तरह की घृणा तब अत्यधिक हो गई जब कांग्रेस पार्टी द्वारा भारत छोड़ो आंदोलन शुरू किया गया। दूसरी ओर मुस्लिम लीग के बारे में जेनकींस के विचार कानून-व्यवस्था और सांप्रदायिक शांति कायम रखने तक सीमित थे – और वे मानते थे कि दोनों को लीग खतरा पहुंचा रही है। ग्लैनसी की ही तरह वह भी पंजाब का सर्वोत्तम हित संयुक्त रहने में और तीन प्रमुख समुदायों के प्रतिनिधित्व वाली एक गठबंधन सरकार के तहत समझते थे। 15 अप्रैल दिनांकित अपनी पहली पाक्षिक रिपोर्ट में जेनकींस ने टिप्पणी की:

> देहाती इलाकों में एक आम आदमी, राजनीति और पंजाब के भविष्य के बारे में शायद ही कुछ सोचता है मगर लाहौर और अमृतसर में गंभीर उत्पात होता है तो कोई नहीं बता सकता कि कितनी जल्द और कितनी दूर तक यह फैलेगा। सिख खास कर धार्मिक सामूहिक आंदोलन की तकनीक का इस्तेमाल कर (जिसमें गाँव के गाँव शामिल हो जाते हैं) एक राजनीतिक आक्रमण कर सकते हैं (वही: 182)।

हमें उसी रिपोर्ट से यह भी पता चला है कि पंजाब विधानसभा के काँग्रेसी नेता भीम सेन सच्चर यूनियनिस्टों को पसंद नहीं करते थे और मुस्लिम लीग के साथ कोई सौदा पक्का करना चाहते थे मगर यह अफसोस जाहिर किया गया कि ऐसा हो न सका (वही: 183)। मुस्लिम लीग और सिखों के बीच किसी समझौते के बारे में जेनकींस ने लिखा:

> मास्टर तारा सिंह. . . आबादी की अदला-बदली कर खालिस्तान नहीं तो यमुना से लेकर चनाब तक किसी नए सूबे की मांग करते जिसमें उनके मुताबिक, सिखों पर जुल्म नहीं हो सकें: मैंने उन्हें जितना हो सके उतना शांत रहने के लिए कहा और उनसे पूछा (जैसा कि दूसरों से भी मैंने पूछा) कि क्या वे सच-मुच पंजाब को बहुत सारे छोटे टुकड़ों में तोड़ना चाहेंगे – यह एक ऐसा सवाल है जिसका कभी कोई तर्कसंगत उत्तर नहीं मिलता है (वही)।

उसी पाक्षिक रिपोर्ट में उन्होंने जिक्र किया कि हालांकि वरिष्ठ अधिकारी निष्पक्षता कायम रखते थे। निचले स्तर के 80 प्रतिशत मुसलमान मुलाजिमों ने गोपनीय तरीके से मुस्लिम लीग के लिए प्रचार किया था। मगर पुलिस के आई.जी. श्री बेनेट अपने सिपाहियों के मनोबल से संतुष्ट थे, मगर उन्होंने इस बात की तरफ इशारा किया कि 'पुलिस बल समूचे तौर पर 70 प्रतिशत मुसलमान था और गैर-अफसर पदों पर 73 प्रतिशत मुसलमान थे। इसका तात्पर्य काफी स्पष्ट है' (वही: 186)। दूसरे शब्दों में, नए राज्यपाल मुसलमानों के ज़्यादा प्रतिनिधित्व की तरफ इशारा कर रहे थे अगर किसी मोड़ पर पंजाब अस्थिर हो जाता और कानून तथा व्यवस्था की स्थिति खराब हो जाती एक समस्या हो सकती थी। हिंदुओं और सिखों ने भी बाद में शिकायत की कि आंदोलन और दंगों के दौरान मुसलमान पुलिस ने अपने सह-धर्मियों का साथ दिया।

जेनकींस ने मई 2 की अगली पाक्षिक रिपोर्ट में हिसार, करतारपुर (जालंधर जिला), अमृतसर और मुल्तान में सांप्रदायिक घटनाओं के तथ्य की ओर ध्यान आकर्षित किया। उन्होंने कहा: 'कहा जाता है कि सभी समुदाय दंगों के लिए एक बड़े पैमाने पर तैयारी कर रहे हैं और "स्वयंसेवकों" के बारे में ज़्यादा बात हो रही है जो विभिन्न समुदायों द्वारा गठित की गई "निजी सेनाओं" का हिस्सा हैं (वही: 186)। सांप्रदायिक तनाव को बदतर करने में सांप्रदायिक प्रेस की भूमिका को भी नोट किया गया। जहां तक खिजर मंत्रालय में कांग्रेस के मंत्रियों का सवाल है जेनकींस ने टिप्पणी की कि भीम सेन सच्चर और लहरी सिंह खुले तौर पर प्रशासन की आलोचना कर रहे थे। उन्होंने लिखा: 'यहाँ फिर एक बार वे क्या कर रहे हैं उसके राजनीतिक निहितार्थ का एहसास करने में वे विफल रहे हैं। यहाँ पर मुसलमान अधिकारी जिसमें पुलिस का एक बड़ा हिस्सा शामिल है कांग्रेस को नापसंद करता है और मुस्लिम लीग के साथ सहानुभूति रखता है' (वही)। कुल मिलाकर एक स्पष्ट धारणा बन गई है कि मंत्रियों ने एक टीम जैसा आचरण नहीं किया।

मई 27 दिनांकित वेवेल को एक विशेष गुप्त पत्र में जेनकींस ने वायसराय को सूचित किया कि सिख 16 मई की कैबिनेट मिशन प्लान के साथ निराश थे क्योंकि इस योजना के तहत वे समूह बी के प्रांतों के साथ रहेंगे जो एक मुसलमान बाहुल्य क्षेत्र है लेकिन सिख हितों के लिए कोई विशेष बचाव का उपाय नहीं किया गया। सिख नेता बलदेव सिंह ने जेनकींस से कहा कि वे एक मजबूत केंद्र में विश्वास करते है और उन्होंने आशंका जताई कि मुसलमान समूह बी को एक मजबूत संघ बनाने की कोशिश करेंगे जो पाकिस्तान के निर्माण में एक पहला कदम होगा। जिन्नाह ने उनके साथ संपर्क किया था ताकि सिख सहयोग के साथ एक मजबूत 'सामूहिक संविधान' लिखा जा सके और इसके बदले में मुसलमान सिखों को सिविल सेवाओं में उदारपूर्वक हिस्सा देंगे। समूह बी सम्पूर्ण रक्षा सेवाओं के 40 प्रतिशत हिस्से की मांग करेगा और जिन्नाह ने वादा किया कि इस तरह के इंतजाम से सिखों को भी उनका हिस्सा मिलेगा।

लेकिन बलदेव सिंह ने, इस तरह की शर्तों को सिर्फ बाहरी रूप से आकर्षक समझा और सोचा कि सिखों को इस बारे में राजी कराना नामुमकिन होगा क्योंकि उनके दिल में मुसलमान प्रबलता को लेकर आशंकाएँ हैं। गवर्नर ने जोर देकर कहा कि अगर सिख सहयोग नहीं करते तो समूह बी के संविधान पर सहमति व्यक्त नहीं की जा सकती। सिखों और मुसलमानों के बीच किसी भी निपटारे की संभावना तेजी से कम होती जा रही थी क्योंकि सिख नेता अपने समुदाय का प्रतिनिधित्व करने का दावा करने में अनर्गल बयानों द्वारा एक दूसरे से आगे निकल जा रहे थे (वही: 204-7)।

15 जून की पाक्षिक रिपोर्ट में गवर्नर ने खबर दी कि खुफिया संस्थाओं से खबर मिली है कि सिख नेताओं ने 9 और 10 जून को अमृतसर में सभाएं कीं। अकालियों में दो गुटों की पहचान की गई; 'ज्ञानी गुट' के नेता ज्ञानी करतार सिंह और मास्टर तारा सिंह थे और 'नगोके गुट' की अगुवाई उधम सिंह नगोके और इशर सिंह मझैल कर रहे थे। एक तीसरा समूह राष्ट्रवादी या काँग्रेसी सिखों का था। बैठकों से पहले एकता स्थापित करने के लिए प्रयास किया गया लेकिन उनको केवल आंशिक सफलता मिली। कैबिनेट मिशन वक्तव्य की सर्वसम्मति से असाधारण हिंसक भाषणों द्वारा निंदा की गई। अंग्रेजों के खिलाफ गुरिल्ला युद्ध की धमकी की आवाज उठाई गई। कुछ सिख अखबारों ने यह सुझाव दिया कि एक या दो जिलों को सिखों को जब्त करना चाहिए। 'मुझे कोई संदेह नहीं है', राज्यपाल ने निष्कर्ष निकाला कि इस तरह के बेतुके विचार, ऊधम सिंह नागोके और उनके दोस्तों के दिमाग में पैदा हुए हैं (वही: 217)।

अधिक समझदार सिखों ने इंतजार कर देखने का फैसला किया कि घटनाएँ क्या रुख लेती हैं और अंग्रेजों के खिलाफ 'सीधी कार्रवाई' का परिणाम पंजाब सरकार के साथ संघर्ष करने के लिए उन्हें मजबूर करता है और बड़े पैमाने पर सांप्रदायिक गड़बड़ी फैलती है। अंत में, एक सलाहकार समिति स्थापित की गई जो कैबिनेट मिशन, कांग्रेस और मुस्लिम लीग के साथ बातचीत कर सके और अंग्रेजों के खिलाफ एक आक्रमण की तैयारी के लिए एक कार्यकारी परिषद का गठन किया गया। यह तब तक कार्यान्वित नहीं होता जब तक वह सलाहकार समिति सिख हितों की रक्षा के निपटारे तक पहुंचने के लिए, हर मुमकिन कोशिश न कर चुकी होती (वही)।

राज्यपाल ने जून 29 की पाक्षिक रिपोर्ट में लिखा कि 'सिख अपनी निजी सेना तैयार करने में व्यस्त हैं, जिनके रंगरूटों को अपने ही खून से लिखे संकल्प पर हस्ताक्षर करने पड़ते हैं' (वही: 226)। दूसरी ओर, कांग्रेस और मुस्लिम लीग काफी शांत हैं। राज्यपाल ने गौर किया कि पूर्व सैनिकों के बीच असंतोष है, क्योंकि वे रोजगार खोजने में असमर्थ हैं। 15 जुलाई की पाक्षिक रिपोर्ट में जेनकींस ने उल्लेख किया कि सिखों द्वारा सबसे हिंसक प्रकार के भाषण जारी हैं। मगर कांग्रेस के सिख नेता नरिंजन सिंह गिल और प्रताप सिंह कैरों यह कोशिश करेंगे कि सिख कांग्रेस के अनुकूल चले। जहां

तक मुसलमानों का सवाल है, जेनकींस ने गौर किया कि वे कांग्रेस और मुस्लिम लीग के बीच वार्ता टूट जाने से बहुत नाराज थे और महसूस करते है कि मुस्लिम लीग ने कैबिनेट मिशन प्लान को मंजूर कर लिया है, इसे काँग्रेस के बिना ही सरकार बनाने का न्यौता दिया जाना चाहिए। उन्होंने लिखा:

> इसमें, उनको कई ब्रिटिश नागरिकों और सेना के अधिकारियों और कुछ शिक्षित हिंदुओं की सहानुभूति है जो सोचते हैं कि मुस्लिम लीग के साथ बुरा हुआ हालांकि वे इस परिणाम से खुश थे। हिंदू आम तौर पर खुश थे और मानते थे कि जिन्नाह को एक गंभीर हार का सामना करना पड़ा है (वही: 250)।

राज्यपाल की 29 जुलाई की पाक्षिक रिपोर्ट ने पंजाब असेंबली में पार्टियों के दांव-पेंच के बारे में गौर किया। गुजरांवाला में कांग्रेस ने एक आंदोलन छेड़ दिया था जबकि अमृतसर और लाहौर से हड़तालों की खबरें आ रही थीं। पंजाब के मुख्य सचिव भनोत ने जुलाई के पहले अर्ध के बारे में 31 जुलाई की पाक्षिक रिपोर्ट में गौर किया कि मौजूदा हालात की एक मनहूस खासियत यह थी कि आर.एस.एस. और मुस्लिम लीग नेशनल गार्ड की सरगरमियां काफी बढ़ गई थीं। नवंबर के बाद से, आर.एस.एस. की सदस्यता दोगुनी हो गई थी और इसके 28,000 से अधिक होने का अनुमान था। आर.एस.एस. के सदस्य सांप्रदायिक हिंसा में शामिल थे जिनमें हत्या के मामले भी थे। आर.एस.एस. की कुछ शाखाओं को हथियारों से लैस माना गया। 1945 के अंत की 3,000 की संख्या से मुस्लिम लीग नेशनल गार्ड की शक्ति में वृद्धि हुई और यह 10,000 से अधिक तक पहुँच गई। लीग ने ऐलान किया कि साल के बाकी महीनों के अंदर यह अपनी संख्या 5 लाख तक पहुँचाने का इरादा रखती है। इन दोनों संगठनों के ग्रामीण क्षेत्रों सहित कई स्थानों पर शाखाएं थी और इसलिए इन्हें संभावित तौर पर बहुत खतरनाक माना जाता था। भनोत ने उल्लेख किया कि मौलाना दाऊद गजनवी जो एक राष्ट्रवादी मुसलमान थे और प्रांतीय पंजाब कांग्रेस कमेटी के अध्यक्ष भी अपना दल बदल कर मुस्लिम लीग में शामिल हो गए (एल/पी-जे/5/249)।

वेवेल को लिखी 31 अगस्त की एक खास रिपोर्ट में जेनकींस ने नेहरू के बंबई में 10 जुलाई को दिए गए एक भड़काऊ बयान का उल्लेख किया जिसमें उन्होंने ऐलान किया था कि जब संविधानकारी सभा में काँग्रेस दाखिल होगी तब वह किसी भी वचनबद्धता से मुक्त होगी; यह एक ऐसा बयान था जिसने पंजाबी मुसलमानों को नाराज कर दिया था जबकि वे नेहरू द्वारा क्रांतिकारी परिवर्तनों की धमकी से पहले ही चिंतित थे। एक ही साथ उनमें से कुछ मुस्लिम लीग के सदस्य केंद्रीय समिति की 'सीधी कार्रवाई' के फैसले से दुखी थे। ज़्यादातर लोगों ने 'सीधी कार्रवाई के दिन' को स्वीकार कर लिया' और वे कानून तोड़ने के लिए तैयार थे जबकि प्रांतीय मुस्लिम लीग ने फैसला कर लिया था कि प्रदर्शन शांतिपूर्ण होंगे। इस दिवस को धार्मिक स्थलों में

मनाए जाने का विचार था। इसमें खतरा था। 'इस्लाम खतरे में है' के नारे उठाए जाने का और उससे लोगों के भड़कने का डर था। जहां तक काँग्रेस का सवाल है फॉरवर्ड ब्लॉक और सोशलिस्ट आपत्तिजनक भाषा का इस्तेमाल कर रहे हैं।

अगस्त 31 दिनांक पाक्षिक रिपोर्ट में जेनकींस ने वायसराय वेवेल को सूचित किया कि अगस्त के दूसरे अर्ध के दौरान कानून और व्यवस्था की समस्या ने उनका सबसे ज़्यादा समय ले लिया। पता चला है कि मुसलमानों ने शिकायत की कि जब बिहार से जयप्रकाश नारायण जो कांग्रेस के एक समाजवादी थे और दूसरे आंदोलनकारियों ने पंजाब का दौरा किया और ब्रिटिश के खिलाफ उत्तेजक भाषण दिए तब गठबंधन सरकार ने कोई कार्रवाई नहीं की। लेकिन जब मुस्लिम लीग के वक्ताओं ने हिंसक भाषण दिए तब उनके विरुद्ध तुरंत कार्रवाई की गई। उन्होंने आशंका व्यक्त की कि मुसलमानों के बीच असंतोष बढ़ेगा अगर सरकार एक निष्पक्ष आचरण नहीं करती है। मुस्लिम लीग के नेताओं का जिक्र करते हुए उन्होंने लिखा कि: 'हमें यह नहीं भूलना चाहिए कि समूचे तौर पर मुसलमान नेता वे लोग हैं जो इस सरकार और ब्रिटिश अधिकारियों के साथ कई पीढ़ियों से दोस्ताना रिश्ता रखते आए हैं। अगर वे कांग्रेस की तरह पेशेवर आंदोलनकारी होते तो हम अब तक मुसीबत में पड़ गए होते' (वही: 270)।

पंजाब के मुख्य सचिव की दिनांक 31 अगस्त की पाक्षिक रिपोर्ट में जो अगस्त के दूसरे अर्ध के बारे में थी यह गौर किया गया कि 16 अगस्त को मुस्लिम लीग की 'सीधी कार्रवाई दिवस' को पंजाब में शांतिपूर्ण ढंग से मनाया गया और कोई जन आंदोलन शुरू नहीं किया गया लेकिन मस्जिदों से जिहाद के लिए पुकार दी गई थी। सिख काँग्रेस के करीब आ गए थे मगर मास्टर तारा सिंह को जिन्नाह द्वारा दिए गए एक बैठक के निमंत्रण ने दिलचस्पी पैदा कर दी थी। जिन जिलों में यह दो समुदाय लगभग बराबर की संख्या में है वहाँ तनाव प्रत्यक्ष है। कलकत्ता के दंगों की खबर ने हालात और बदतर बना दिए हैं बजाय इसके कि सारे समुदायों के लोग एक साथ बैठ कर झगड़ों के अंजाम के बारे में सोचें, जिससे कत्लेआम और शायद गृह-युद्ध भी हो सकता है (एल/पी-जे/5/249)।

31 अगस्त की ही पंजाब के हालात पर एक खास रिपोर्ट में गवर्नर ने पूरे हालात की समीक्षा की और यह जिक्र किया कि हिंदू-सिख समूहों और मुसलमान समूहों के बीच तेजी से बढ़ रही दूरियाँ जिससे उनमें चिंता और संदेह पैदा हो गया है। मुसलमानों ने केंद्र में काँग्रेस द्वारा अंतरिम सरकार के गठन को हिंदुओं के सामने घुटने टेकने और लोकसभा अभ्यास का पूरी तरह से उल्लंघन समझा क्योंकि एक तरफ काँग्रेस ने कैबिनेट मिशन प्लान को खारिज कर दिया था और मुस्लिम लीग ने मंजूर। मगर जब सरकार बनाने की बात उठी तो काँग्रेस को न्यौता दिया गया न कि मुस्लिम लीग को। उन्हें डर था कि हिंदू अपनी नई प्राप्त शक्ति का इस्तेमाल मुसलमानों को बाकाइदा

दबाने में करेंगे। इस तरह के ब्रिटिश रवैये ने इस संदेह को पैदा कर दिया कि ब्रिटिश और काँग्रेस के बीच मुसलमानों के खिलाफ एक गहरी साजिश थी (वही: 272-3) । कलकत्ता के कत्लेआम ने दोनों के बीच तनावपूर्ण रिश्ते और बदतर बना दिए। कलकत्ता के दंगों के बारे में हिंदू प्रतिक्रिया और मुसलमानों के जवाब के बारे में जेनकींस लिखते हैं:

> कलकत्ता के दंगों पर हिंदू प्रचार उद्यत और असरदार था और इसे अँग्रेजी अखबार *दी स्टेट्समैन* से काफी समर्थन मिला। पंजाबी मुसलमानों को इसमें छापे गए कार्टून बिल्कुल पसंद नहीं आए जिसमें मुस्लिम लीग के नेताओं को खून की होली खेलते, हिंदू औरतों के वक्षों को काट कर अलग करते और दूसरे जुल्म करते दर्शाया गया है; न ही वे यह मानने को तैयार हैं कि इसके लिए पूरी तरह से कलकत्ता के मुसलमानों को जिम्मेवार ठहराया जाए जैसे कि हिंदू प्रेस की खबरें और लेख बता रहे हैं।
>
> हिंदू उल्लासित हैं – दरअसल वे एक खराब विजेता हैं और मुसलमानों को ताने मारने और नीचा दिखाने की हर मुमकिन कोशिश कर रहे हैं। वे इस हद तक मूर्ख हैं और सोचते हैं कि यहाँ पंजाब में ब्रिटिश मदद के साथ वे मुसलमानों को हमेशा के लिए दबा कर रख सकेंगे और इस बारे में काँग्रेसी नेता हल्की-फुलकी बातें कर रहे हैं। काँग्रेस का सिखों के साथ किए गए समझौते का लोग स्वागत कर रहे हैं खास कर मध्य पंजाब में। हिंदू अखबार अहंकारी और पक्के तौर पर सांप्रदायिक हैं। इस गर्जन के नीचे (जैसा कि एक शहरी हिंदू के साथ हमेशा होता है) डर का एक स्रोत मौजूद है; शारीरिक रूप से झगड़े की बुनियाद की वजह इस अहंकार और कायरता के मिश्रण से बढ़कर और कुछ नहीं हो सकती (वही: 273)।

उन्होंने गौर किया कि सिख समुदाय कम से कम तीन गुटों में बंटा हुआ था और हालांकि अब सिख आधिकारिक तौर पर काँग्रेस के साथ जुड़े हुए थे। कुछ प्रभावशाली सिख मुसलमानों के साथ संबंध तोड़ने के खिलाफ थे। मगर आसार तो यह थे कि किसी गंभीर झगड़े के दौरान सिख हिंदुओं का साथ देते। सिख प्रेस और वक्ताओं के शब्द ब्रिटिश और मुसलमानों के खिलाफ थे और सिख वक्ता सबसे ज़्यादा हिंसक वक्ताओं में से थे। उसी समय जेनकींस ने गौर किया: 'एक बड़ी सांप्रदायिक उथल-पुथल के लिए हमारे पास सारा मसाला मौजूद था। मुस्लिम, काँग्रेस हाई कमान की आज्ञा के आगे नहीं झुकेंगे' (वही: 274)।

गवर्नर ने सुझाव दिया कि पंजाब में एक ऐसी सरकार की जरूरत है जो तीनों समुदायों का प्रतिनिधित्व करे, असेंबली में जिसे एक मजबूत समर्थन मिले और जो गाँवों के बारे में ज़्यादा चिंतित हो। इस तरह की सरकार का गठन एक आम हित के लिए

गठजोड़ द्वारा या मजबूत की गई यूनियनिस्ट पार्टी की बहाली से किया जा सकता है। मौजूदा सरकार का कोई आम हित वाला मुद्दा नहीं था और पंजाब विधानसभा में वह एक मामूली रूप से बहुसंख्या में थी (वही)। जेनकींस ने फिर इस बात का जायजा लिया कि प्रशासनिक मशीनरी किस प्रकार एक सांप्रदायिक लड़ाई का सामना करेगी:

> मुसलमान अधिकारियों (जो पुलिस के 70 प्रतिशत हैं) की हमदर्दी मुख्य तौर से मुस्लिम लीग के साथ है और ब्रिटिश अधिकारी काँग्रेस की तरफ से किसी संघर्ष में हिस्सा लेने के बिल्कुल विरुद्ध हैं। यह कहना एकदम नामुमकिन है कि ऊंचे ओहदे वाले और पुलिस में मुसलमान अधिकारियों की वफादारी पर हम कितना भरोसा कर सकते हैं. . . इंडियन सिविल सर्विस या इंडियन पुलिस में काम करने वाले ब्रिटिश अधिकारियों की मानसिक स्थिति को अच्छी तरह समझना चाहिए। वह अपना काम करेगा और अगर मदद मिलती है तो वह किसी भी आपातकालीन स्थिति का सामना करेगा जिसमें किसी तरफदारी की जरूरत न हो। मगर वह किसी ऐसी नीति के साथ नहीं जुड़ेगा जिसको वह अनैतिक और बेईमान समझता है। अगर पंजाब को उसके हाल पर छोड़ दिया जाता है और कोई बाहरी दखलंदाजी नहीं की जाती तो वह अडिग रहेगा; लेकिन अगर ब्रिटिश सरकार हमारी एक बड़ी मुसलमान आबादी को बाकाइदा दबाने को बढ़ावा देती है या मंजूरी देती है तो वह अडिग नहीं रहेगा। इस बारे में थोड़ा संदेह है कि किसी आपातकालीन स्थिति में भारतीय फौज के मुसलमान सिपाही मौजूदा सरकार की कितनी मदद करेंगे। आर.आई.ए.एफ. के मुसलमान एयरमेन द्वारा लीग हिमायती प्रस्ताव की रिपोर्ट को तुरंत इंकार किया गया। मगर गैर-फौजी खुफिया संस्था कई कारण बताती है जो उस इंकार पर सवाल खड़ा करते हैं। यह सब को मालूम है कि कम से कम एक जिले में छुट्टी पर गए मुसलमान सिपाहियों तक पहुँचने की कोशिश की गई थी और वे मुसलमान सिपाही भी प्रभावित हुए जिनकी वफादारी पर कभी संदेह नहीं किया जा सकता। जहां तक मुसलमान सिपाहियों और आम लोगों का सवाल है सबसे बड़ा खतरा तो यह है कि धर्म की पुकार बहुत मायने रखती है; शुक्रवार की जुम्मा नमाज के बाद के प्रवचन और प्रभावशाली पीर इस बात पर जोर देंगे कि इस्लाम अब खतरे में है और इस तरह के आग्रह से बहुत कम मुसलमान ही दूर रह सकते हैं. . . (वही: 276-7)।

प्रशासनिक तौर पर अगर किसी सांप्रदायिक खून-खराबे को रोकना है जैसा कि जेनकींस ने तर्क पेश किया तब काँग्रेस हाई कमान और अंतरिम सरकार को पंजाब की राजनीति और प्रशासन से दूर रहना चाहिए। जहां तक खुद पंजाब का सवाल है मुसीबत को रोका जा सकता है अगर हिंदू-सिख और मुसलमान अखबार और पत्रिकाओं को

उनके एक दूसरे पर सांप्रदायिक प्रचार को कम करने के आदेश देते; हिंसक वक्ताओं के खिलाफ कड़ी कार्रवाई की जाती, भले ही उनका ताल्लुक किसी भी पार्टी से होता; निजी सेनाओं पर रोक लगाई जाती, जिसमें आर.एस.एस. और मुस्लिम लीग नेशनल गार्ड्स प्रमुख थे; और जिले के अधिकारियों को कानून और व्यवस्था बनाए रखने के लिए सहारा दिया जाता। लेकिन अगर इन कदमों को नहीं उठाया गया तो हालात बेकाबू हो जाएँगे। जेनकींस ने समझदारी से गौर किया:

> अगर कोई उथल-पुथल होती है तो यह मेरे विचार में शहरों में एक बेमिसाल पैमाने पर सांप्रदायिक दंगों से होगी। मध्य पंजाब के सिख गाँवों और पूर्वी पंजाब के जाट इसमें जल्द ही शामिल हो जाएंगे और उत्तरी तथा पश्चिमी पंजाब के मुसलमान गाँव वाले इसका अनुकरण करेंगे। एक बहुत अनुभवी खुफिया अधिकारी सोचता है कि मुख्य उथल-पुथल के बाद कई राजनीतिक हत्याएँ होंगी मगर यह एक अपनी सोच का विषय है (वही: 279)।

14 सितंबर की पाक्षिक रिपोर्ट में गवर्नर ने मुल्तान और जालंधर की छोटी सांप्रदायिक झड़पों के बारे में बताया जिन्हें जल्द ही काबू में किया गया था; दूसरी जगहों में हिंसा नहीं भड़की थी हालांकि तनाव बहुत ज़्यादा था। पंजाब मुस्लिम लीग निर्देश का इंतजार कर रही थी ताकि वह एक लंबी सीधी कार्रवाई कर सके हालांकि उनके खुद के विचार काँग्रेसी मॉडल पर आधारित असहयोग के थे जिसकी दिशा सरकार के विरुद्ध थी न कि हिंदुओं और सिखों के (वही: 280)। मगर, भीम सेन सच्चर ने गवर्नर को एक मुसलमान साजिश के तहत 9, 10 और 11 सितंबर को मुसलमानों द्वारा हिंदुओं को मारे जाने की शुरुआत करने की आशंका व्यक्त की। लाहौर काँग्रेस उनको लगातार ऐसी भयानक अफवाहें सुना रही थी (वही)। सच्चर चाहते थे कि आईएनए के सांप्रदायिक सद्भावना के नाटक को सारे जिलों में भेजा जाए ताकि लोग सांप्रदायिक सद्भावना की खूबसूरती की तारीफ कर सकें। इसके अलावा वह चाहते थे कि हर मोहल्ले में एक सुरक्षा समिति का गठन किया जाए जिसकी अगुवाई एक पुलिस इंस्पेक्टर करे। दूसरी तरफ, गवर्नर का यह विचार था कि लीग आईएनए पर काँग्रेस के नर्म रुख का इस्तेमाल कर उसके मुसलमान सिपाहियों को अपनी तरफ करना चाहती है। जेनकींस ने लिखा:

> मैंने भीम सेन सच्चर को भरोसा दिलाया कि हमारी गैर-फौजी खुफिया कार्रवाई बहुत अच्छी है और हालांकि बुरी मुसीबत कभी भी आ सकती है। मुझे नहीं लगता कि लीग के नेता इस बीच सांप्रदायिक दंगे चाहेंगे और हमें लगभग शर्तिया तौर पर किसी गड़बड़ी की विस्तारपूर्वक योजना के बारे में जानकारी होनी चाहिए। मगर पूरा सूबा ही अफवाहों से जल रहा है और हिंदुओं की डर के मारे बेहोश होने की स्थिति है (वही: 3)।

सामयिक मुख्य सचिव ए.ए. मैक्डॉनाल्ड (जो दरअसल पंजाब के गृह सचिव थे) ने 14 सितंबर की पाक्षिक रिपोर्ट में लिखा कि प्रांतीय मुस्लिम लीग की कार्यकारिणी समिति ने 1 और 2 सितंबर को बैठक की और *सिविल डिसओबीडीएन्स मूवमेंट* (सविनय अवज्ञा आंदोलन) के एक अमली रूप पर चर्चा की। जिन विषयों पर चर्चा हुई : कर और राजस्व का भुगतान न करना, नियंत्रण के उपायों और कानून का उल्लंघन, तथा सामाजिक बहिष्कार और गैर-मुसलमान व्यापार और माल थे। इसने घायल और मरे तथा बच कर निकले लोगों पर खर्च के लिए धन इकट्ठा करने और उन लोगों पर निर्भर लोगों, जो जख्मी हो कर अपंग हो गए थे या जेल में थे को सहायता पहुँचाने के बारे में भी चर्चा की तथा प्रांतीय मुस्लिम लीग के अध्यक्ष को उद्धृत ताकत दे दी गई और उनके उत्तराधिकारियों का नामकरण कर दिया गया। इसने एक प्रस्ताव पारित किया जिसने केन्द्रीय मुस्लिम लीग को भरोसा दिया कि यह अंतरिम सरकार को मान्यता नहीं देगा। हर जिले और बड़े शहर में सभाएं आयोजित करने का एक कार्यक्रम तैयार किया गया (L/P-J/5/249)। उसने इस तरफ ध्यान आकर्षित किया कि 'लगभग हर शहर के ज़्यादातर मुस्लिम, मुस्लिम लीग के प्रचार द्वारा बुरी तरह प्रभावित हुए हैं जो मुस्लिम लीग के अखबारों में, आम सभाओं में और मस्जिदों में जारी रहता है।' उन्होंने टिप्पणी की:

> जिहाद की धमकी बढ़ती ही जा रही है और मजहबी उपदेशों को और ज़्यादा प्रत्युत्तर मिल रहा है. . . संगठित खुले प्रचार के साथ-साथ, शांत तरीके से समझने-बुझाने का काम भी चल रहा है और यह खबर आई है कि छुट्टी पर आए सिपाहियों को भी प्रभावित करने की जान-बूझ कर कोशिश की जा रही है। यह भी पता लगा है कि कुछ देहाती इलाकों में एक इंसान से दूसरे इंसान तक संदेशे भेजे जा रहे हैं कि हिंदू सत्ता में हैं और मुसलमानों के साथ दगा हुआ है; इस्लाम खतरे में है और मुसलमानों को इसके लिए लड़ना चाहिए। इन सबके चलते मुसलमानों के इरादे और मजबूत हो गए हैं और वे किसी भी अंजाम के बारे में नहीं सोच रहे हैं (वही)।

30 सितंबर की पाक्षिक रिपोर्ट में, गवर्नर ने गौर किया कि सीधी कार्रवाई की तैयारी को पीछे नहीं धकेला गया और गौर करने लायक बात है कि मुस्लिम लीग के राजा गजनफर अली खान और गुलाम मुस्तफा गिलानी जैसे नेताओं ने राजद्रोही भाषण दिए हैं। राजा गजनफर अली खान के बारे में वह लिखते हैं:

> राजा गजनफर अली खान एक ऐसे इंसान हैं जो भारत में किसी भी दूसरे मुल्क के मुकाबले काफी ज़्यादा तादाद में मिलेंगे जिनका सार्वजनिक क्षेत्र में बने रहना एक स्थायी रूप का आश्चर्य है। यह किसी भी स्वस्थ-चित्त इंसान के लिए उस पर निजी या सार्वजनिक जिंदगी में विश्वास करना नामुमकिन

है; मगर उनकी भाषण देने की और उनकी अपनी ही अपमानजनक घटनाओं को हंसी में उड़ा देने की क्षमता उनको बचाए हुए है और वह लीग के ज़्यादा खतरनाक सदस्यों में से एक हैं। उनकी कटुभाषिता भरे आक्रमण की दिशा ब्रिटिश लोगों की तरफ है जिसके साथ वह तीव्र सांप्रदायिक आक्षेप भी करते हैं। उनके हाल के भाषण कार्रवाई करने लायक हैं मगर प्रीमियर उस पर कोई मुकदमा नहीं चलाना चाहते जब तक उन्हें यह साफ नहीं हो जाता कि मुस्लिम लीग और काँग्रेस के बीच किसी तरह का कोई समझौता मुमकिन नहीं है। इसमें कोई संदेह नहीं कि गजनफर अली और उस किस्म के लोग चाहते हैं कि सीधी कार्रवाई को एक जिहाद की तरह संगठित किया जाए और मुसलमान धार्मिक गुरु इसे मजबूती से समर्थन दें (वही: 284-5)।

हमें यह भी पता चला कि बंगाल मुस्लिम लीग के नेता ख्वाजा नजीमुद्दीन लाहौर आए थे और स्थानीय नेताओं को सलाह दी कि वे सीधी कार्रवाई के लिए तैयार रहें और जिन्नाह के आदेश मिलते ही उस पर कार्रवाई करें (वही: 285)। खिजर यूरोप से वापस आए और 16 सितंबर को शिमला पहुंचे। जेनकींस ने गौर किया:

जब तक यह साफ नहीं होता कि काँग्रेस-लीग में कोई समझौता नहीं होगा वह बुरे मुसलमान वक्ताओं के खिलाफ मुकदमा शुरू करना नहीं चाहते । उसी वजह से वह मुस्लिम लीग नेशनल गार्ड्स और राष्ट्रीय स्वयंसेवक संघ को दबाने के लिए प्रतिबद्ध नहीं हैं और न ही जयप्रकाश नारायण और उनके करीबी साथियों के पंजाब में प्रवेश पर कोई प्रतिबंध (वही: 286) करना चाहते सिर्फ हिसार जिले के हांसी को छोड़ कर।

14 अक्टूबर की गवर्नर की पाक्षिक रिपोर्ट ने गौर किया कि अक्टूबर का पहला अर्ध शांत था। इसमें तीस लोग जख्मी हुए और एक की मौत हुई। पंजाब के दूसरे इलाकों में शांति बनी रही क्योंकि पुलिस बल काफी दृढ़ था और अफसर भी काफी मुस्तैद थे और इसके अलावा फौज के साथ काफी असरदार समझ-बूझ थी। सीधी कार्रवाई के लिए मुस्लिम लीग तैयारी करती रही और जिलों की आम सभाओं में काफी भीड़ इकट्ठा होती थी (वही: 289)। हिंसा भड़कने की स्थिति से निपटने की तैयारी के संदर्भ में जैनकींस की सूचना इस प्रकार थी :

पंजाब में ब्रिटिश सेना की तैनाती वाले स्थानों को लेकर प्रीमियर, मैं और नॉर्थन कमांड के जी.ओ.सी.-इन-चीफ में बात-चीत हुई। मौजूदा योजना के अनुसार चार बटालियनें थीं और इन्हें सियालकोट, लाहौर, फिरोजपुर और जालंधर में तैनात करने का फैसला लिया गया। पंजाब में सोच यह है कि सबसे अहम फौजी स्टेशन रावलपिंडी, लाहौर, जालंधर और अम्बाला हैं। अमृतसर को लाहौर की एक टुकड़ी द्वारा सुरक्षा देने की योजना है जबकि मुल्तान को कराची की

> एक ब्रिटिश टुकड़ी द्वारा और आपातकालीन स्थिति में उन्हें हवाई रास्ते से लाया जा सकता है। जनरल ग्रेसी जो दिल्ली जा रहे थे उन्होंने हमारे विचारों पर गौर किया और कहा कि वह इन्हें पूरा करने की कोशिश करेंगे। खिजर ने कहा कि वह कम से कम दो और ब्रिटिश बटालियनें हासिल करना चाहेंगे ताकि कुल 6 हो जाएँ, मगर इस बारे में बहुत संदेह है कि क्या और ज़्यादा ब्रिटिश फौज हासिल हो सकेगी (वही: 290)।

इसके अलावा, प्रीमियर ने अंतरिम सरकार द्वारा पंजाब के मामलों में दखलंदाजी के लिए तीन बार आपत्ति की है। प्रशासन के साथ एक बैठक में उन्होंने तीन कदम लेने को कहे ताकि 'गृह युद्ध' जैसी बुरी बातों का मुकाबला किया जा सके। एक, ब्रिटिश सरकार या वाइसरॉय को एक बयान अवश्य जारी करना चाहिए कि ब्रिटिश सरकार आखिरकार भारत के प्रति जिम्मेदार है, जब तक किसी पार्लियामेंटरी अधिनियम द्वारा इसकी समाप्ति नहीं की जाती या संविधानकारी सभा नए संविधान का प्रतिपादन करती, और ब्रिटिश सरकार इसे मंजूर करती है। दूसरा, ऊंची सेवाओं में सेवारत दोनों ब्रिटिश और भारतीय सदस्यों की बेचैनी को एक समयानुसार एलान कर कम किया जा सकता है, जिसमें उन शर्तों को बताया जा सके जिसके तहत वे जा सकेंगे और उन शर्तों के बारे में भी जिसके द्वारा प्रांतीय सरकार उनको रखने को तैयार होंगी। प्रीमियर ने सुना था कि ब्रिटिश फौजी अफसर कह रहे थे कि वे तुरंत चले जाएंगे अगर 'नेहरू राज' की स्थापना होती है। गैर-फौजी ब्रिटिश अधिकारी भी ऐसा ही सोच रहे थे (वही: 291)।

मुख्य सचिव ने 14 अक्टूबर की पाक्षिक रिपोर्ट में लिखा कि मुस्लिम लीग प्रचार ने जिहाद की पुकार और तीव्र कर दी है। अंतरिम सरकार को नकारात्मक रूप में पेश किया जा रहा है। इसे एक 'हिंदू सरकार' कहा जा रहा है। चूंकि गर्मी की छुट्टियों के बाद कॉलेज खुले हैं, पंजाब मुसलमान फैडरेशन गार्डों की पलटन के लिए नियम लेकर आई है जो अन्य कर्तव्यों के अलावा मुसलमान छात्रों को अपने जीवन की आहुति देने के लिए तैयार करेगी और अपना गर्व तथा अपने सम्मान की रक्षा पाकिस्तान हासिल कर करेगी। औरतों को भी हरकत में आने के लिए तैयार किया जा रहा है। नर्सों और प्राथमिक चिकित्सा के कोर्स चलाए जा रहे हैं (L/P-J/5/249)। उन्होंने टिप्पणी की:

> जो रिपोर्टें मिली हैं वो भी दर्शाती हैं कि मस्जिदों और सार्वजनिक स्थलों दोनों पर धार्मिक भावनाओं के आधार पर मजबूती से अपीलें की जा रहीं हैं। जिहाद के बढ़ते हुए जिक्र के अलावा कुछ उपदेश देने वाले हिंदू प्रबलता के खतरा का आह्वान कर रहे हैं और कह रहे हैं कि यह सारी मस्जिदों के नाश की तरफ इशारा करता है और इसके चलते बाध्यमूलक तरीके से मुसलमानों का धर्म परिवर्तन कर उन्हें हिंदू बनाया जाएगा (वही)।

मुख्य सचिव ने यह भी गौर किया कि सिख नेता मास्टर तारा सिंह ने एक बयान दिया है कि जिन्नाह को एक ब्रिटिश एजेंट बताए जाने वाला इल्जाम गलत है। इससे यह माना गया कि अकाली मुस्लिम लीग के साथ कोई सौदा करना चाहते है। 'यह विश्वास किया जा रहा है कि अगर हालात संवैधानिक योजना के अनुसार ढलते हैं, सिखों और मुसलमानों को आम हितों के चलते समूह बी में रखा जाएगा, चूंकि दोनों ही जंगी लोग हैं' (वही)। इस तरह के चित्रण से यह साफ है उस समय की पंजाब की राजनीति बदलाव की स्थिति में थी और कोई स्थिर गठबंधन नहीं बना था।

गवर्नर की 31 अक्टूबर की पाक्षिक रिपोर्ट से हमें पता चलता है कि अंतरिम सरकार में मुस्लिम लीग द्वारा शामिल होने की मंजूरी के सकारात्मक पहलू को पूर्वी बंगाल के नोआखाली के उपद्रवों ने बेअसर कर दिया है। इसके अलावा 24 अक्टूबर की दीवाली की रात एक सांप्रदायिक हिंसा भड़क उठी। यह उस रात एक पारंपरिक जुए के खेल से शुरू हुई। एक हिंदू या सिख ने काफी पैसे जीत लिए और उस पैसे को हारने वाले एक मुसलमान ने हमला कर दिया। उसका पीछा किया गया और उसे चाकू मार कर खत्म कर दिया गया। 25, 26 और 27 अक्टूबर को दूसरी घटनाएँ हुईं। इसके चलते 30 लोग जख्मी हुए, जिनमें से 7 की मौत हो गई (कार्टर, 2006: 292-3)।

दूसरी तरफ, डी.ए.वी. और सनातन धर्म कॉलेज के हिंदू छात्रों ने 29 अक्टूबर को 'नोआखाली दिवस' मनाया और लाहौर में एक जुलूस निकाला जिसमें बहुत भड़काऊ नारेबाजी की गई, जिनमें से एक था 'खून का बदला खून'। सर गोकल चंद नारंग पंजाब के भूतपूर्व मंत्री मुसलमान विरोधी भावनाओं को बहुत बढ़ावा दे रहे थे। लाहौर के हिंदुओं को लगता था कि वे झगड़ा शुरू करने के लिए तैयार थे। वे लिखते हैं 'मुझे यकीन नहीं हो रहा कि यह एक सच है; मगर पढ़े लिखे लोगों की गैर-जिम्मेदारी और असंयमता, और मेरे ख्याल में यूनिवर्सिटी के कुछ अध्यापकगण जिसमें शामिल हैं; यह अविश्वसनीय है' (वही: 293-4)।

13/14 नवंबर की पाक्षिक रिपोर्ट में जेनकींस ने लाहौर के बजाए जहां वे आम तौर पर रहते थे सियालकोट से लिखा:

> सांप्रदायिक तनाव अब सबसे बदतर स्थिति में है। मैं आपसे सहमत हूँ महामहिम कि काँग्रेस इसके लिए जिम्मेदार है। सत्ता के तिरस्कार और एक हिंसक मानसिकता को कई सालों से उन्होंने बढ़ावा दिया है और अब भी दे रहे हैं. . . अब एक छोटी सी घटना भी बड़े शहरों में कई गंभीर गड़बड़ियाँ पैदा कर सकती है, और काफी आशंका है कि एक बार गड़बड़ी शुरू हुई तो गैर-सांप्रदायिक गाँव भी इसके लपेट में आ सकते हैं (वही: 296)।

उसी रिपोर्ट में, एक छोटी घटना का जिक्र है जिसमें हिंदू छात्रों ने एक मुसलमान कसाई को पीट दिया जो अपनी साइकल के कैरियर पर एक बकरे का मांस ले जा

रहा था। एकमात्र गंभीर उपद्रव की खबर अम्बाला डिवीजन के रोहतक से आई है। मामला यह है कि कुछ हिंदुओं ने एक मुसलमान दरगाह को नापाक कर दिया और इसके चलते 11 नवंबर को छुरेबाजी हुई। हिंदू जाट एक बड़ी संख्या में कुल्हाड़ियाँ और लाठियाँ लेकर आने लगे। 'उन्होंने एक छोटे से रेलवे स्टेशन पर हमला कर दिया और मुसलमान सहायक स्टेशन मास्टर का खून कर दिया और हिंदू स्टेशन मास्टर को अपने सारे पैसे देने को मजबूर किया (वही: 297)।

जहां तक मंत्रालय के काँग्रेसी सदस्यों का सवाल है, सुना है कि लहरी सिंह ने एक भाषण दिया था जिसमें उन्होंने शेखी मारी थी कि काँग्रेस के मंत्री पंजाब का संचालन कर रहे हैं। पंजाब के अलग-अलग इलाकों के दौरे के दौरान, गवर्नर ने गौर किया कि सरकार के पुराने समर्थक ज़्यादा खुश नहीं हैं। वे सोचते थे कि भविष्य अब उन राजनीतिक पार्टियों के हाथ में था जिन्हें वे नापसंद करते हैं और जिसमें शामिल होने की उनकी कोई इच्छा नहीं है (वही: 298)।

वाइसरॉय वेवेल नवंबर के आखिर में इंग्लैंड गए हुए थे, इसलिए जेनकींस की 30 नवंबर की पाक्षिक रिपोर्ट कार्यकारी वाइसरॉय सर जॉन कोलविल के लिए लिखी गई थी। उस दौरान सबसे अहम घटना 19 नवंबर को *पंजाब पब्लिक सुरक्षा अध्यादेश* का घोषित होना थी। इसे गवर्नर द्वारा तैयार किया गया था और *गवर्नमेंट ऑफ इंडिया एक्ट 1935* के तहत घोषित किया गया था। प्रीमियर ने गवर्नर को सलाह दी कि वह अपनी विशेष ताकतों का इस्तेमाल करें और पंजाब असेंबली के अनुमोदन के लिए न भेजें, जहां विलंब और संशोधन इसके प्रभाव को बर्बाद और बेअसर कर सकते हैं (वही: 302)। नए अध्यादेश के तहत सरकार ने ड्रिल तथा हथियारों को लाने और ले जाने और दूसरी किस्म के लड़ाकेपन पर प्रतिबंध लगा दिया। फलस्वरूप कुछ मुस्लिम लीग नेशनल गार्डों को कहा गया कि वे घर चले जाएँ और अपनी पोशाकें उतार दें और लाहौर में आर.एस.एस. के कुछ सदस्यों को गिरफ्तार कर लिया गया। जेनकींस लिखते हैं, 'शायद यह पहला बड़ा मामला है जिसमें गवर्नर ने मंत्रियों के समर्थन और उत्साहवर्धन द्वारा अपनी ताकतों का इस्तेमाल किया' (वही)।

हमें यह भी पता चलता है कि दिल्ली में उनके दौरे के दौरान, पंजाब के प्रीमियर को सदमा लगा जब उन्होंने अंतरिम सरकार के सदस्यों की सांप्रदायिक दृष्टि को महसूस किया। उनके मुताबिक अंतरिम सरकार को बर्खास्त करना और ब्रिटिश प्राधिकार के तहत एक सख्त सरकार को वापस ले आना एकमात्र हल था। 'आखिरी कदम के तौर पर वे सोचते हैं कि पंजाब को एक डोमिनियन घोषित कर दिया जाए और ब्रिटिश राज के साथ सीधा ताल्लुक रखे' (वही: 303)। शौकत हयात की अश्लीलता के बारे में जेनकींस ने टिप्पणी की कि हाल ही में उसने प्रीमियर के कत्ल करने की बात की है। 'शौकत एक छोटा इंसान है और मैं सोचता हूँ एक बेईमान भी; मगर वह काफी शरारती बन सकता है' (वही)।

नए मुख्य सचिव, अख्तर हुसैन ने पंजाब का जिम्मा लिया और अपनी 30 नवंबर की पाक्षिक रिपोर्ट में गौर किया कि सांप्रदायिक हालात ओर बिगड़ गए हैं। मगर वजह थी पंजाब के बाहर की सांप्रदायिक गड़बड़ी। खासकर हिंदू ज़्यादा उत्तेजक मिजाज में थे क्योंकि गड़बड़ी उन जिलों में हुई थी जिसमें वे बहुसंख्यक थे (रोहतक)। हिंदुओं ने बंदूकों का इस्तेमाल कर कुछ मुसलमानों को मार दिया था। मुसलमानों को जबरदस्ती हिंदू बनाने के भी मामले सामने आए थे। गढ़मुक्तेश्वर के दंगों की खबर सारे जिलों में फैल गई थी। मगर, पंजाब सुरक्षा अधिनियम का एक सकारात्मक प्रभाव पड़ा क्योंकि इसने जुलूस निकालने और हथियार ले जाने पर रोक लगा दी थी। सांप्रदायिक गड़बड़ी रोहतक में कायम रही। दूसरी तरफ, शियाओं का मुहर्रम त्यौहार बिना किसी गंभीर घटना के मनाया गया और सिर्फ एक जगह इसके जुलूस पर पाबंदी लगाई गयी जिसकी वजह थी मुसलमानों के बीच गैर-रजामंदी और सांप्रदायिकता। मुख्य सचिव लिखते हैं 'मुहर्रम की एक संतोषजनक विशेषता यह थी कि अमन कमेटी ने अच्छा काम किया था, और कई जगहों पर हिंदुओं ने मुसलमानों के जुलूसों को नाश्ता-पानी दिया' (एल/पी-जे/5/249)।

मुख्य सचिव ने गौर किया कि *एन.डब्ल्यू.एफ.पी.* के कुछ जिलों में गैर-मुसलमानों के खिलाफ दंगों की वजह से डरे हुए हिंदू एन.डब्ल्यू.एफ.पी. से पंजाब आ गए थे। दूसरी तरफ आर.एस.एस. ने पंजाब के जिलों में अपनी मौजूदगी का प्रभावशाली प्रदर्शन किया जब उनके मुख्य संगठनकर्ता ने उस सूबे का दौरा किया। खुफिया संस्थाओं की विस्तारित रिपोर्ट को एक पुस्तिका, *'आर.एस.एस. इन दी पंजाब'* (पंजाब में आर.एस.एस.) में दिया गया है, जिसे पाकिस्तान सरकार ने 1948 में प्रकाशित किया था। यह गौर किया गया कि:

> राष्ट्रीय स्वयं सेवक संघ की ताकत नवंबर 1946 में जाहिर हो गई थी जब उनके मुख्य संगठनकर्ता और अखिल-भारतीय राष्ट्रीय स्वयं सेवक संघ के प्रमुख, माधव राव गोलवलकर ने सूबे के सारे कोनों का दौरा किया। वह मुल्तान, मोंटगोमेरी, रावलपिंडी, झेलम, धर्मशाला, अमृतसर, होशियारपुर, जगरांव, ल्यालपुर, शेखूपुरा, सियालकोट और लाहौर गए। जिन लोगों ने परेड कर उनका स्वागत किया उनकी तादाद 25,000 आँकी गई थी। इस दौरे के दौरान, कुछ हिंदुओं और सिखों को विशेष निमंत्रण भेजे गए थे ताकि वे रैलियां देख सकें, वे लगभग 40,000 थे। जिन जगहों पर जिला न्यायाधीशों ने अपराधिक कार्यविधि संहिता (*क्रिमिनल प्रोसीजर कोड*) की धारा 144 के तहत, आम सभाओं पर रोक लगा दी, वहाँ गुप्त तरीके से सभाएं की गईं. . . बंगाल और दूसरे इलाकों में हिंदुओं के उत्पीड़न के लिए काँग्रेस को जिम्मेवार बताया गया और इस बात को पक्के तौर पर कहा गया कि अगर

> हिंदुओं को जिंदा बचना है तो उन्हें मुसलमानों के साथ बिना किसी दया भाव के लड़ना पड़ेगा (1948: 5-6)।

पंजाब में आर.एस.एस. की पुरानी गतिविधियों का जिक्र करते हुए वही रिपोर्ट एक दिलचस्प टिप्पणी करती है कि 'आंदोलन सरकार विरोधी नहीं था और इसके कार्यकर्ता 1942 की काँग्रेस सिविल नाफर्मानी में हिस्सा नहीं ले रहे थे' (वही: 5)।

14 दिसंबर की पाक्षिक रिपोर्ट में जेनकींस ने दिल्ली में राजनीतिज्ञों के लगातार झगड़ों से पंजाब के लोगों पर असर के बारे में चिंता व्यक्त की। उन्होंने एक नौकरशाह होने के नाते भावनात्मक रूप में जो लिखा वह असामान्य था: 'एक आम आदमी, चाहे वह मुस्लिम, हिंदू या सिख हो, भविष्य को लेकर काफी चिंतित है–लगता है कि बिना किसी बड़ी गड़बड़ी के कोई फैसला होने वाला नहीं है, जो नेताओं का तो कोई नुकसान नहीं करेगा मगर आम जनता के लिए यह नाशकारी होगा' (कार्टर, 2006: 307)।

उन्होंने रावलपिंडी हल्के का दौरा किया और रावलपिंडी, कंपबेलपुर तथा मियाँवाली गए जहां से ब्रिटिश भारतीय फौज के एक बड़े हिस्से की भर्ती होती थी। सिर्फ रावलपिंडी जिले से 70,000 सैनिक भर्ती होते थे और दूसरे जिलों से 40,000। इन इलाकों में, ब्रिटिश समर्थन अभी भी मजबूत था और लोगों को लगता था कि ब्रिटिश को भारत छोड़ना नहीं चाहिए, 'एक सोच मजबूत हो रही थी कि भारत अराजकता की तरफ बढ़ रहा है, ब्रिटिश को इसके बारे में कुछ करना चाहिए' (वही: 308)।

30 दिसंबर की पाक्षिक रिपोर्ट में जेनकींस ने गौर किया कि काँग्रेस के करीबी सहयोगी अहरार के राष्ट्रवादी मुस्लिम लाहौर में एक सभा में अपनी भविष्य की कार्रवाई के बारे में चर्चा कर रहे थे और खुफिया संस्थाओं के मुताबिक वे काफी बेचैन थे।

> वे राष्ट्रवादी मुसलमान विश्वास करते हैं कि बिहार के कत्लेआम का आयोजन बिहार सरकार ने किया और जयप्रकाश नारायण इसके आयोजकों में से एक थे। उनकी मुस्लिम लीग में शामिल होने की कोई इच्छा नहीं है, मगर उन्हें नहीं लगता कि वे काँग्रेस के साथ बहुत दिनों तक जुड़े रह सकेंगे (वही: 310)।

जहां तक पंजाब मुस्लिम लीग का सवाल है जेनकींस ने गौर किया कि नवाब ममदोत की अगुआई को उसके प्रतिद्वंदियों ने चुनौती दी है और उनमें शौकत हयात खान और फिरोज खान नून शामिल हैं। वह उनको बाहर करने की साजिश रच रहे हैं, मगर अभी तक कामयाब नहीं हुए क्योंकि ममदोत जिले के पदाधिकारियों और संगठनकर्ताओं का समर्थन हासिल करने में कामयाब हो गए है (वही)। सिखों में भी नेतृत्व के लिए इसी प्रकार की प्रतिद्वंदिता चल रही है। गुरुद्वारों के चुनावों में, अकालियों को अति प्रबल बहुमत मिला और करतार सिंह तथा नगोके गुटों के बीच संघर्ष चल रहा था (वही)।

रावलपिंडी हल्के के शाहपुर के एक दौरे के दौरान, जो खिजर तिवाना की बिरादरी का एक गढ़ था। जेनकींस ने कई लोगों से बात-चीत की और पुराने फौजियों के एक बड़े समूह को सम्बोधित किया। उन्होंने टिप्पणी की:

> 'वह किसी हिंदू केंद्र के बोलबाले को सहन नहीं करेंगे; मगर दिल ही दिल वे खास तौर पर पाकिस्तान के लिए इच्छुक नहीं हैं, और न ही वे ब्रिटिश साम्राज्य से जल्द ही अलग होना चाहते हैं। मुझे बार-बार पूछा गया कि हम भारत छोड़ने का पक्का इरादा क्यों बना रहे है और प्रशासन में क्या गलत है कि हमें अचानक इससे अलग होना पड़ रहा है' (वही: 311)। उन्होंने गौर किया कि रावलपिंडी शहर हमेशा से ही एक खतरनाक जगह थी। '1926 के करीब एक भयानक सांप्रदायिक दंगा हुआ और जहां तक मुझे याद है, उस मौके पर देहाती मुसलमानों ने एक बड़ी तादाद में उसमें हिस्सा लिया था' (वही: 311)।

मुख्य सचिव अख्तर हुसैन ने 30 दिसंबर 1946 की अपनी पाक्षिक रिपोर्ट में गौर किया कि राष्ट्रीय गाड्र्स और आर.एस.एस. का महत्व बहुत बढ़ गया था। राष्ट्रीय गाड्र्स की संख्या दिसंबर 1945 में 15,000 थी जो 1946 के अंत तक बढ़ कर 22,000 हो गई। आर.एस.एस. जो दिसंबर 1945 में 14,000 थे; अब उनकी संख्या 46,000 के करीब आँकी जा रही है (एल/पी-जे/5/249)।

एन.डब्ल्यू.एफ.पी. के हजारा जिले में हिंदुओं और सिखों का कत्लेआम

गवर्नर की 14 जनवरी 1947 की पाक्षिक रिपोर्ट ने दिसंबर 1946 के दूसरे अर्ध में उत्तरी पंजाब की सीमा से लगे हुए एन.डब्ल्यू.एफ.पी. के हजारा जिले में हुई गड़बड़ी का जिक्र किया। इसके चलते रावलपिंडी की तरफ सिखों की और कुछ हिंदुओं की भी एक बड़ी कूच हुई। पहले तो खिजर ने उन लोगों को उनके ही हाल पर छोड़ दिया क्योंकि उनकी यह सोच थी कि अगर वे उनकी मदद करेंगे तो उन पर सीमांत हिंदुओं की मदद करने और बिहारी मुसलमानों को नजरअंदाज करने का इल्जाम लगेगा। जिन्होंने उस प्रांत में खूनी दंगे भड़कने के बाद शरण ली थी। मगर गवर्नर ने उन्हें समझाया कि जो लोग पैदल चल कर पंजाब आए हैं और जो बेसहारा हैं उन्हें नजरअंदाज नहीं किया जा सकता। खिजर उनके लिए शरणार्थी कैंप स्थापित करने पर राजी हो गए (वही: 321)।

जहां तक खिजर का सवाल है, जेनकींस ने निराशा प्रकट की कि पंजाब के प्रीमियर ने अप्रैल 1946 से एक भी आम सभा को सम्बोधित नहीं किया जब से वह (जेनकींस) पंजाब के गवर्नर बने थे। उनकी उदासीनता ने गठबंधन सरकार की

प्राधिकारिता काफी कमजोर कर दी थी। दूसरी तरफ खिजर ने ब्रिटिश लोगों के बिना पंजाब की एक निराशाजनक तस्वीर पेश की थी। जेनकींस ने प्रीमियर के विचारों को इन शब्दों में पेश किया:

> उन्होंने उस दिन कहा कि उनके मुताबिक मौजूदा केंद्रीय सरकार निकम्मी थी और देश का प्रशासन चलाने में असमर्थ थी: भारतीय फौज बिना ब्रिटिश अफसरों के बहुत जल्द ढेर हो जाएगी. . . उनके पंजाब को एक डॉमिनियन में बदलने के कुछ धुंधले से विचार हैं और उन्होंने मुझे कहा है कि ऐसा करना मुमकिन है (वही: 323-4)।

अमर सिंह और मदनलाल सिंह

15 मार्च 2004 को मुझे दो सिखों ने शरणार्थियों की हजारा से रावलपिंडी की तरफ कूच की चश्मदीद गवाही दी और वे थे अमर सिंह और मदनलाल सिंह, जिनका असल में घर रावलपिंडी में था और अब वे दिल्ली में बस गए हैं। उन्होंने याद किया:

> 'सिख और हिंदू रावलपिंडी आए और उन्होंने रोंगटे खड़े कर देने वाली अपनी कहानियाँ बतायीं कि किस क्रूर वहशीपन के साथ मुसलमानों ने उनके साथ सलूक किया था। कई बच्चों और औरतों का अपहरण कर लिया था जो कभी वापस नहीं आए। कुछ औरतों के साथ बलात्कार किया गया। कुछ बिल्कुल सदमा पहुँचने वाली घटनाएँ हुईं जिनमें उनके वक्ष काट दिए गए और उनकी योनियों को धातु के तीखे औजारों से भेद दिया गया। हम उन्हें गुरद्वारों और मंदिरों में मदद दे सके और कुछ को सिख-हिंदू मोहल्लों में भी ले जाया गया और वे अपने रिश्तेदारों या बिल्कुल अंजान लोगों के पास भी रहे। सारे लोग रावलपिंडी में नहीं रहे। कुछ पूर्वी पंजाब खास कर अमृतसर और पटियाला, कपूरथला और दूसरी सिख रियासतों में चले गए। बाद में और भी ज़्यादा लोग उनके साथ जाने लगे जब मार्च 1947 में मुसलमानों ने उन पर हमले शुरू किए। जब अगस्त 1947 में सिखों ने बदले की कार्रवाई शुरू की तब हजारा जिले से आए सिख उनमें हिस्सा लेने के लिए सबसे आगे थे।'

संदर्भ

अलाना, जी., *पाकिस्तान मूवमेंट: हिस्टोरीक डॉक्युमेंट्स*, लाहौर: इस्लामिक बुक सर्विसेस, (1977)।

आजाद, एम.ए.के., *इंडिया विंस फ्रीडम*, लाहौर: वेनगार्ड बुक्स प्रा. लि., (1989)।

गिल्मार्टिन, डेविड, 'रिलीज्यस लीडरशिप एंड दी पाकिस्तान मूवमेंट इन द पंजाब', *मॉडर्न साउथ एशियन स्टडीज*, वॉल. XIII, न. 3, कैंब्रिज: कैंब्रिज यूनिवर्सिटी प्रैस।

गिल्मार्टिन, डेविड, *एंपायर एंड इस्लामः पंजाब एंड द मेकिंग ऑफ पाकिस्तान*, दिल्लीः ऑक्सफोर्ड यूनिवर्सिटी प्रैस, (1989)।

खोसला, जी.डी., *स्टर्न रेककोनिंगः ए सर्वे ऑफ द एवेंट्स लीडिंग अप टु एंड फॉलोइंग द पार्टीशन ऑफ इंडिया*, नई दिल्ली : ऑक्सफोर्ड यूनिवर्सिटी प्रैस, (1991)।

मूर, आर.जे., 'जिन्नाह एंड दी पाकिस्तान डिमाण्ड', *मॉडर्न एशियन स्टडीज*, वॉल. XVII, न. 4, पृ. 529–561, कैंब्रिजः कैंब्रिज यूनिवर्सिटी प्रैस, (1983)।

टालबोट, इयान, *खिजर तिवानाः दी पंजाब यूनियनिस्ट पार्टी एंड दी पार्टीशन ऑफ इंडिया*, रिचमंड, सरेः करजन, (1996)।

टुकेर, सर फ्रांसिस, *वाइल मेमोरी सरवस*, लंदनः कैसल एंड कंपनी लि. (1950)।

सरकारी दस्तावेज

कार्टर, एल. (एड.), *पंजाब पॉलिटिक्स 1 जनवरी 1944–3 मार्च 1947, लास्ट इयर्स ऑफ द मिनिस्ट्रिस, गवर्नर्स फोर्टनाइटली रिपोर्ट्स एंड अदर की डॉक्युमेंट्स*, दिल्लीः मनोहर, (2006)

मैनसर्घ, एन. और मून, पी. (संपा.), दी *ट्रान्सफर ऑफ पावर, 1 अगस्त 1945–22 अप्रैल 1946*, वॉल. VI, लंदनः हर मजेस्टी'स स्टेशनरी ऑफिस, (1976)।

मैनसर्घ, एन. एंड मून, पी. (संपा.), दी *ट्रान्सफर ऑफ पावर, 23 मार्च–29 जून 1946*, वॉल. VII, लंदनः हर मजेस्टी'स स्टेशनरी ऑफिस, (1977)।

मैनसर्घ, एन. एंड मून, पी. (संपा.), दी *ट्रान्सफर ऑफ पावर, 3 जुलाई–1 नवंबर 1946*, वॉल. XIII, लंदनः हर मजेस्टी'स स्टेशनरी ऑफिस, (1979।

मैनसर्घ, एन. एंड मून, पी. (संपा.), दी *ट्रान्सफर ऑफ पावर, 4 नवम्बर 1946–22 मार्च 1947*, वॉल. आई IX, लंदनः हर मजेस्टी'स स्टेशनरी ऑफिस, (1980)।

आर.एस.एस. (राष्ट्रीय स्वयं सेवक संघ) इन दी पंजाब, लाहौरः गवर्नमेंट प्रिंटिंग प्रैस, (1948)।

माइक्रोफिल्म

फोर्टनाइटली रिपोर्ट्स ऑफ दी पंजाब चीफ सेक्रेटरी फॉर 1946 (विच आल्सो इंक्लुड रिपोर्ट्स ऑफ द पंजाब गवर्नर) इन द पॉलिटिकल डिपार्टमेंट मिसेलिनियस (आल्सो नोन आस पॉलिटिकल एंड जुड़ीशियल रेकोड्र्स) अंडर द डेसीगनेशन एल/पी–जे/5/249। लंदनः ब्रिटिश लाइब्रेरी।

अखबार

दी पाकिस्तान टाइम्स, लाहौर, 10 मार्च 1947

साक्षात्कार

भीष्म साहनी, दिल्ली, 23 अक्टूबर 2001

अब्दुल्लाह मलिक, लाहौर, 9 दिसंबर 2001

अजीज मजहर, लंदन (लाहौर में बसे), 18-19 मई 2002

अमर सिंह, दिल्ली, 15 मार्च 2004

मदनलाल सिंह, दिल्ली, 15 मार्च 2004

हुकुम कुरेशी, लाहौर, 30 अक्टूबर 2005

सय्यद अहमद सईद किरमानी, लाहौर, 31 अक्टूबर 2005

चौधरी नाजिर अहमद विर्क, शेखूपुरा, 30 दिसंबर 2005

5
डायरेक्ट एक्शन (सीधी कार्रवाई) 24 जनवरी–26 फरवरी 1947

पंजाब के प्रीमियर सर खिजर हयात खान तिवाना मुस्लिम लीग द्वारा उनकी सरकार को दी गई चुनौती का कठोर तरीके से सामना करने में हिचकिचा रहे थे और गवर्नर जेनकींस ने उनके रुख को धीमा और असमंजस वाला बताया। मगर जनवरी 1947 में मुस्लिम लीग द्वारा उनकी सरकार को गिराने के लिए लगातार दी जा रही धमकियों के खिलाफ उनकी सोच में एक नाटकीय परिवर्तन आया। उनके मुताबिक उन्होंने बढ़ते हुए राजविद्रोह को दबाने का फैसला लिया, क्योंकि खबरें आ रही थी कि राजनीतिक पार्टियों की निजी सेनाएँ हथियार इकट्ठा कर रही थीं। दूसरी तरफ पार्लियामेंटरी तौर पर ऐसा कुछ भी नहीं हुआ जो यह संकेत देता कि मुस्लिम लीग अपनी खुद की बहुसंख्यकता हासिल कर चुकी थी, निर्दलीय सदस्यों को अपनी ओर कर लिया था या गठजोड़ के लिए एक साथी ढूंढ लिया था जो उसे बहुसंख्यकता दिला देता। इसी तरह दिसंबर या जनवरी की इसकी कोई भी लोकप्रिय गतिविधियां यह इशारा नहीं कर रही थीं कि यह सीधी कार्रवाई का आदेश देने वाली थी जो यह कई महीनों से शुरू करने की धमकी दे रही थी, ताकि वे पंजाब सरकार को गिरा सकें। बहरहाल, एन.डब्ल्यू.एफ.पी. के हजारा जिले के दंगे होने के बाद खिजर ने महसूस किया कि पंजाब भी इसी दिशा की ओर बढ़ रहा है, इसलिए उन्होंने पहले ही कार्रवाई करने का फैसला किया (मून, 1998: 75)।

24 जनवरी को सरकार ने आदेश जारी कर मुस्लिम लीग राष्ट्रीय गाड्र्स और आर. एस.एस. पर प्रतिबंध लगा दिया। लाहौर स्थित मुस्लिम लीग राष्ट्रीय गाड्र्स के मुख्यालय में पुलिस बल गिरफ्तारी पत्र लेकर पहुंचा। मौजूद नेता चाबियाँ देने ही वाले थे कि मियां इफ्तिखारुद्दीन आ पहुंचे और दरवाजे के सामने खड़े हो गए तथा पुलिस को घुसने की इजाजत नहीं दी। दूसरे नेता भी आ पहुंचे और पुलिस के काम में बाधा पहुंचाई (नवाब ममदोत, मलिक सर फिरोज खान नून, सय्यद अमीर हुसैन शाह, बेगम शाहनवाज, शौकत हयात खान और मियां मुमताज दौलतना)। उन्हें गिरफ्तार कर लिया गया (कार्टर, 2006: 328)।

राष्ट्रीय गाड्र्स के मुख्यालय के अंदर पुलिस को 1000 स्टील की हेल्मेटें मिलीं। पंजाब के गृह सचिव गिरफ्तार हुए नेताओं को मिलने सिविल लाइंस पुलिस थाने गए और पाया कि वे 'कड़वाहट से भरे और नाराज थे और खिजर को किसी भी सूरत में सत्ता से हटाना चाहते थे' (वही)।

मुस्लिम लीग के नेताओं की गिरफ्तारी से पूरे सूबे में साथ ही साथ सिविल नाफरमानी का जन-आंदोलन शुरू हो गया। सीधी कार्रवाई अब एक हकीकत थी। इसकी जवाबी कार्रवाई के रूप में सरकार ने पंजाब के सारे समाचार पत्रों पर, प्रदर्शनों और विरोध की खबरों को छापने पर रोक लगा दी। विरोधों को कुचलने के लिए, इसके पास अपराधिक कार्यविधि संहिता की धारा 144 और पंजाब पब्लिक सुरक्षा अधिनियम पहले से ही मौजूद थे, मगर आने वाले हफ्तों में इस तरह के कदम गड़बड़ी को रोकने में बेअसर साबित होने वाले थे। सूबे की राजधानी लाहौर कुदरती तौर पर मुस्लिम लीग की गतिविधियो का केंद्र बन गई। प्रदर्शन और हड़तालें शहर के कई हिस्सों में होने लगीं। उस दिन मुसलमान छात्र जो मुख्यत: मुस्लिम लीग के गढ़ इस्लामिया कॉलेज से थे एक जुलूस की अगुवाई करने के कारण अनारकली के करीब नीला गुंबद से गिरफ्तार किया गया।

राजा गजनफर अली खान, जो भारत की दिल्ली की अंतरिम सरकार के एक सदस्य थे, गिरफ्तार हुए लोगों से मिले और बाद में टिप्पणी की कि जेल के अंदर का माहौल किसी पिकनिक की तरह था। अंतरिम सरकार के एक और सदस्य ने एक बयान जारी किया: 'मुझे लगता है कि मुस्लिम लीग संगठन को बलपूर्वक मार डालने की यह पंजाब सरकार की एक और कोशिश है। मगर मैं उन्हें बताना चाहूँगा कि खुदा की मेहर से वे इस इरादे में कामयाब नहीं होंगे। मुसलमान कभी इसे चुप-चाप सहन नहीं करेगा' (*डॉन*, 26 जनवरी 1947)। पंजाब मुस्लिम लीग के कार्यकारी प्रधान शेख सादिक हसन ने अमरीका की संबद्ध प्रेस को बताया कि यह संघर्ष गैर-हिंसक और गैर-सांप्रदायिक था। उन्होंनें दावा किया कि उनको उनके नेताओं से हिदायत मिली थी कि जब भी जरूरी हो तो धारा 144 का उल्लंघन किया जाए: 'अगर लोगों को गोलियां भी लगती हैं तो वे पीछे ना हटें' (वही)।

दूसरी तरफ, सरकार को डर था कि मुख्य राजनीतिज्ञों के निजी घरों में हथियार जमा किए जा रहे थे। इसीलिए उसी दिन पुलिस ने पंजाब मुस्लिम लीग राष्ट्रीय गाड्र्स के सलारे-सूबा सय्यद अमीर हुसैन शाह के बर्डवुड रोड स्थित घर को घेर लिया। वे उस घर की तलाशी लेना चाहते थे। पंजाब मुस्लिम लीग महिला कमेटी की सदस्या जैसे – बुजुर्ग लेडी शफी, फातिमा बेगम, लेडी जुल्फिकार अली और बेगम कमालुद्दीन तथा बेगम नसीम अमीर हुसैन शाह समेत अंदर शामिल थीं (*डॉन*, 26 जनवरी 1947) उन्होंने इजाजत नहीं दी। देर तक चले साक्षात्कारों में बेगम नसीम अमीर हुसैन शाह और राजा तजम्मुल हुसैन जो बाहर दूसरे छात्रों के साथ थे, उन्होंने याद किया कि महिलाओं

ने पुलिस को घंटों रोक कर रखा मगर आखिरकार मुस्लिम लीग के कार्यकारी प्रधान शेख सादिक हसन ने उन्हें समझाया कि वे पुलिस को दाखिल होनें दें। इस दौरान, कुछ हथियारों को कपड़ा लपेट कर पिछले दरवाजे से बाहर भेज दिया गया। तजम्मुल हुसैन और एक अन्य छात्र गिरफ्तार हुए।

उसी दिन रावलपिंडी, जालंधर, ल्यालपुर, फिरोजपुर, शिमला और रोहतक में स्थित राष्ट्रीय गाड्र्स और आर.एस.एस. के कुछ नेताओं के दफ्तरों और घरों पर छापे मारे गए, मगर दोषी ठहराने लायक कोई चीज नहीं मिली। अमृतसर में मुस्लिम लीग के दफ्तर से भड़काऊ साहित्य, कुछ छुरे और पोशाकें जब्त की गईं। लुधियाना में भी आपत्तिजनक छपी हुई सामग्री मिली (*डॉन*, 26 जनवरी)। सारे सूबे में विरोध जताए गए और प्रदर्शन जारी रहे। मुसलमान छात्रों को जालंधर में जुलूसों के प्रतिबंध को न मानने और लाउडस्पीकरों के इस्तेमाल के चलते गिरफ्तार किया गया (साक्षात्कार, मलिक अब्दुल अहद)। मुल्तान में मुसलमान छात्रों ने उनके नेताओं को रिहा करने की मांग करते हुए प्रदर्शन किया और दुकानें बंद रहीं। उसी तरह फिरोजपुर में मुसलमानों ने हड़ताल का पालन किया। नवाबजादा लियाकत अली खान ने जो अंतरिम सरकार के एक सदस्य थे, एक बयान जारी किया कि राष्ट्रीय गार्ड्स का निजी फौज के तौर पर कोई भी वर्णन असंगत था और आर.एस.एस. से इसकी तुलना करना पूरी तरह से अनुचित था (*डॉन*, 27 जनवरी; साक्षात्कार मलिक अब्दुल्लाह, खुर्शीद अब्बास गरदेजी)।

कराची से जिन्नाह ने इस पाबंदी की कड़ी निंदा की और लियाकत अली खान के विचार का पूरा समर्थन किया। उन्होंने चेतावनी दी कि मुसलमानों के खिलाफ इस तरह की उद्धृत और अनुचित कार्रवाई के अंजाम पूरे भारत में भयानक होंगे और 'मैं वाइसरॉय से अपील करता हूँ कि वह तुरंत दखल दें और हालात को काबू में करें जो अन्यथा एक गंभीर मोड़ ले सकती है और जिसके लिए पूरी जिम्मेदारी वाइसरॉय और एचएमजी की होगी'। कोई संदेह नहीं है कि इसका असर पंजाब के प्रीमियर पर हुआ उन्होंने 26 फरवरी को नेताओं की रिहाई के आदेश दे दिए। मगर उन्होंने लाहौर जेल को छोड़ने से मना कर दिया जब तक उस मुहिम के दौरान गिरफ्तार हुए दूसरे लोगों और औरतों को नहीं छोड़ा जाता। सरकार ने लगभग उन्हें जेल से बाहर फेंका। ममदोत ने कहा कि मुस्लिम लीग तब तक चैन की सांस नहीं लेगी जब तक राष्ट्रीय गाड्र्स पर लगे प्रतिबंध को बिना किसी शर्त के हटाया नहीं जाता (वही)। महिला नेताओं को भी रिहा कर दिया गया मगर उन्होंने भी विरोध जताया कि दूसरे पुरुषों और महिलाओं को भी रिहा किया जाए। यह साफ था कि कोई बड़ा फायदा उठाए बिना मुस्लिम लीग का आंदोलन वापस लेने का कोई इरादा नहीं था।

इसके बाद, 27-28 जनवरी की रात सरकार ने मुस्लिम लीग के बड़े नेताओं को दोबारा गिरफ्तार किया। 28 जनवरी को राष्ट्रीय गाड्र्स पर से प्रतिबंध हटा दिया गया। मगर मुस्लिम लीग की कार्रवाई कमेटी ने इसके प्रतिकार करती पंजाब सरकार के

खिलाफ गैर-हिंसक जन संघर्ष' को जारी रखने का फैसला लिया (*डॉन*, 30 जनवरी)। और लोग भी गिरफ्तारी पेश करने सामने आए। फिरोज खान नून की ऑस्ट्रीयायी बीवी महिलाओं के एक जुलूस का नेतृत्व करते हुए गिरफ्तार कर ली गई। 28 तारीख की एक तार द्वारा पंजाब के गवर्नर जेनकींस ने वेवेल को वर्णित किया कि क्यों सिर्फ मुस्लिम लीग राष्ट्रीय गाड्र्स और आर.एस.एस. को प्रतिबंधित किया गया था:

> पंजाब में काँग्रेसी स्वयंसेवक संगठित नहीं हैं और प्रतिबंध लगाने लायक नहीं हैं। आर.एस.एस. असल हिंदू निजी सेना है. . . अकाली जत्थे कई सालों से हैं मगर उन्हें जरूरत के मुताबिक तैयार किया जाता है और वे अभी हरकत में नहीं हैं. . . प्रतिबंधों का मकसद एक साथ हरकत करते दो सांप्रदायिक निजी सेनाओं से निपटना थां (कार्टर, 2006: 331)।

पंजाब के प्रशासन के मुताबिक, उस समय तक सिर्फ दो 'निजी सेनाएँ' इतनी ज़्यादा तैयारी की हालत में थीं कि उनकी गिरफ्तारी को जरूरी समझा गया ताकि सांप्रदायिक गड़बड़ी से बचा जा सके। बहरहाल, पूर्वी शहर लुधियाना में हड़तालें और जुलूस जारी रहे, यहां बुर्के में करीब 1,000 औरतों ने हिस्सा लिया। अमृतसर में मंगलवार 28 जनवरी को मुस्लिम लीग के एक जुलूस को काबू करते समय एस.एस.पी. एस.एफ. रॉबिंसन गंभीर रूप से घायल हो गए जब एक आंदोलनकारी ने उन पर झंडे के डंडे से वार कर दिया (कार्टर, 2006: 334); *डॉन*, 30 जनवरी)। इस घटना के बाद अमृतसर में कई गिरफ्तारियाँ हुईं। रावलपिंडी में भी कई बड़े नेता गिरफ्तार हुए और फिरोजपुर में लीग के 57 मुसलमान गिरफ्तार हुए।

अब यह साफ था कि मुस्लिम लीग ने खिजर की सरकार को गिराने का फैसला कर लिया था। इसलिए 30 जनवरी को कई लाख लोगों की भीड़ मोची गेट पर एकत्रित हुई जो लाहौर में इकट्ठा होने की एक मुख्य जगह थी ताकि एक जुलूस तैयार किया जा सके। बेगम शाहनवाज लिखती हैं कि उस सभा के बाद वह और दूसरे नेता सूबे के सिविल सचिवालय गए। उनके साथ एक लाख लोगों की भीड़ थी। वे लोगों को गेट के अंदर ले आए लेकिन तभी यूरोपीय पुलिस भीड़ पर लाठियाँ बरसाने लगी। वह दावा करती हैं कि वह दोनों के बीच में आ गईं और अधिकारियों को यह भरोसा देते हुए कि लोग शांति बनाए रखेंगे और उनके सम्बोधन के बाद चुप-चाप चले जाएंगे हमले को रुकवा दिया। पुलिस इसके बाद हट कर कुछ दूर चली गई और वह याद करती हैं:

> मैं करीब चालीस मिनट तक बोली तथा सरकार, गवर्नर और अधिकारियों का आह्वान किया कि वे मुसलमान राष्ट्र के उत्थान को देख लें और समझें कि ये लोग मुस्लिम लीग के झंडे के नीचे एक-जुट हैं। उन्हें पाकिस्तान देना ही पड़ेगा। मुसलमान कभी हिंदू प्रबल शासन को नहीं सहेंगे क्योंकि वे पिछड़ी जातियों का हिस्सा नहीं बनना चाहते थे (शाहनवाज, 2002: 196)।

बाद में, जमा हुई भीड़ से साठ लोगों ने खुद गिरफ्तारी दे दी और उन्हें इसके बाद सिविल लाइंस पुलिस थाने ले जाया गया। गिरफ्तारियाँ चलती रहीं, बढ़ती रहीं और पंजाब प्रीमियर के चाचा मेजर नवाब मुमताज तिवाना और उनके आध्यात्मिक गुरु पीर साहिब गोलरा शरीफ भी गिरफ्तार हुए। वजीराबाद के मुस्लिम लीग प्रधान भी गिरफ्तार हुए। भलवाल और फिरोजपुर में भी गिरफ्तारियाँ हुईं। लोग खुद-ब-खुद गिरफ्तारियाँ देने लगे।

29 जनवरी को सरकार ने दिल्ली से जारी होने वाले पंजाब में मुस्लिम लीग के मुखपत्र *डॉन* के संचालन छापने पर 15 दिन के लिए रोक लगा दी। 30 जनवरी को तौंसा शरीफ के पीर ख्वाजा शुजाउद्दीन को गिरफ्तार कर लिया। गिलानी पीरों के ताकतवर परिवारों के कुछ प्रमुख सदस्यों को भी गिरफ्तार किया गया और साथ ही शायर इश्क लहर को भी जो मुस्लिम लीग की सभाओं के शुरू में गर्मजोशी से कविताएं पढ़ते थे। जालंधर में हड़ताल आठवें दिन भी चालू रही। गुजरात में खान भुसल और नवाबजादा असघर अली खान गिरफ्तार हुए और यह खबर मिली कि हजारों की तादाद में गाँव वाले अपनी गिरफ्तारी देने के लिए गुजरात की तरफ पैदल जा रहे हैं। पहली मौत की खबर शिमला से आई जहां एक आदमी पुलिस की लाठी लगने से मर गया। जालंधर में अधिकारियों द्वारा बुरे व्यवहार के विरोध में मुस्लिम लीग के कैदी भूख हड़ताल पर चले गए।

एक फरवरी को मरहूम सर सिकंदर हयात खान की बेटी जाहिदा हयात, द्वारा 'खिजर सरकार मुर्दाबाद' जैसे नारों के बीच लाहौर स्थित सरकारी घर के फाटक के ऊपर मुस्लिम लीग के झंडे को लहराना (*दी ट्रिब्यून*, 3 फरवरी) सबसे नाटकीय घटना थी। मुल्तान में गरदेजी पीरों और गिलानी परिवार के सदस्यों को गिरफ्तार किया गया। कम से कम 1,00,000 लोगों ने उनकी गिरफ्तारी के खिलाफ एक विरोध जुलूस में हिस्सा लिया। नवाब मुहम्मद खान लेघारी और कई दूसरे जमींदारों ने और डेरा गाजी खान के प्रमुख लोगों ने गिरफ्तारी दी। इसमें कोई संदेह नहीं कि आंदोलन विस्तारित हो रहा था और मुसलमान प्रमुख जिन्होंने कभी आंदोलनकारी राजनीति में हिस्सा नहीं लिया था अब गिरफ्तारी दे रहे थे। 2 फरवरी को कराची से जारी एक बयान में जिन्नाह ने वायसराय को एक याचिका जारी की और कहा कि पंजाब में नागरिक अधिकारों को बहाल किया जाए। उन्होंने पंजाब के मुसलमान युवाओं को सलाह दी कि वे 'सांप्रदायिक संघर्ष से बचें और आंदोलन को पूरी तरह से शांतिपूर्ण रखें' (*डॉन*, 4 फरवरी)। नागरिक अधिकारों को बहाल करना ही मुस्लिम लीग का खास नारा था। मगर चूंकि सीधी कार्रवाई का एलान कर दिया गया था और संविधान से ऊपर उठकर नए तरीके अपनाने के नए रूप सामने आ रहे थे। लाहौर में प्रदर्शनकारियों ने यातायात को बाधित करना शुरू कर दिया और कुछ मामलों में हिंदू और सिख मोटर वाहकों को अपनी कारों पर मुस्लिम लीग के झंडे लगाने के लिए मजबूर किया गया। कुछ

पास खड़े गैर-मुसलमान लोगों को परेशान किया गया लेकिन समूचे तौर पर आंदोलन शांतिपूर्ण रहा (द *ट्रिब्यून*, 5 फरवरी)।

गुजरात में सय्यद अमीर हुसैन शाह, राष्ट्रीय गाड्र्स के सलार-ई-सूबा की अगुवाई में प्रदर्शनकारियों के गुट स्थानीय न्यायाधीशों के अदालती कमरों में घुस गए और 'सिविल लिबर्टिस जिन्दाबाद!', मुस्लिम लीग जिन्दाबाद' और 'खिजर सरकार मुर्दाबाद' नारेबाजी करते हुए काम ठप्प करवा दिया। रविवार 2 फरवरी को एक बड़े पुलिस दल ने डीएसपी की अगुवाई में सय्यद अमीर हुसैन शाह के गाँव मोइनूद्दीनपुर पर हमला किया ताकि उन्हें गिरफ्तार किया जा सके मगर पुलिस को उनके गाँव के सय्यद बिरादरी के हजारों समर्थकों ने वापस धकेल दिया। अगले दिन पुलिस फिर वापस आई मगर हजारों की तादाद में पुरुषों और औरतों ने उनका रास्ता बंद कर दिया। सय्यद अमीर हुसैन शाह ने इसके बाद समर्पण कर दिया और अपने समर्थकों से आग्रह किया कि वे अपना संघर्ष गैर-सांप्रदायिक और शांतिपूर्ण तरीके से करते रहें (*डॉन*, 6 फरवरी; मोइनूद्दीनपुर गाँव के बुजुर्गों के साथ 5 अप्रैल 2003 को किए गए साक्षात्कार)।

डेरा गाजी खान में बलूच नेता सरदार हाजी जमाल खान लेघारी ने नवाब सर वगैरह उपाधियाँ त्याग दी तथा 60,000 कबीलाई लोगों के जुलूस की अगुवाई की, जिनमें से 1,000 लोग बंदूकों और पिस्तौलों से लैस थे। वे सिविल लाइंस के डिप्टी कमिश्नर के घर के पास से गुजरे मगर अधिकारियों ने उन्हें गिरफ्तार करने की कोई कोशिश नहीं की। खबरें यह भी आईं कि मुसलमान पुलिस औरतों के खिलाफ कोई कार्रवाई करने को मना कर रही थी। फरवरी के पहले हफ्ते तक 13,000 लोग गिरफ्तार हो चुके थे (*डॉन*, 7 फरवरी)। कई पीर आंदोलन के साथ जुड़ गए थे। पीर साहिब सियाल शरीफ को 6 फरवरी को सरगोधा में गिरफ्तार किया गया। जिन शहरों और जिलों में मुसलमान अल्पसंख्यक थे वहाँ भी वे उस आंदोलन के साथ जुड़ गए और गिरफ्तारी के लिए खुद को पेश किया। अम्बाला और गुड़गाँव में मुस्लिम लीग के पदाधिकारी और यहाँ तक कि गुड़गाँव के एम.एल.ए. चौधरी मेहताब खान गिरफ्तार हुए। 6 फरवरी को यह खबर आई कि मुस्लिम लीग के 79 में 74 एम.एल.ए. जेलों में थे। सोनीपत, जालंधर और शिमला के जेलों से भूख हड़ताल की खबरें आईं। 7 फरवरी को जो कि भूख हड़ताल का पंद्रहवाँ दिन था उसे पंजाब में 'शिमला शहीद दिवस' के रूप में मनाया गया ताकि उस शांत पहाड़ी शहर में सिर पर लाठी लगने से एक मुसलमान की मौत का शोक पालन किया जा सके। 6 फरवरी को पंजाब सरकार ने 10 दिन के लिए आंदोलन से जुड़ी सारी खबरों और टिप्पणियों पर पूर्व-पत्रवीक्षता लगा दी। यह 27 जनवरी के पुराने आदेश की जगह लागू हुई जिसने सिर्फ आधिकारिक संचार को छोड़, दूसरे सब संचारों पर पंद्रह दिन की पाबंदी लगा दी थी। नया आदेश लाहौर के सारे अखबारों पर लागू किया गया जिसमें ब्रिटिश का निजी सिविल-मिलिटरी गजेट भी शामिल था (*डॉन*, 9 फरवरी)।

पंजाब के बाहर से मुस्लिम लीग उच्च स्तरीय तीन सदस्यों वाला एक प्रतिनिधि-मण्डल जिसमें ख्वाजा नजीमुद्दीन, मुहम्मद इस्माइल खान और सिद्दिक अली खान शामिल थे, 7 फरवरी को लाहौर आया। इसने खिजर की सरकार के खिलाफ संघर्ष को और बल प्रदान किया। बादशाही मस्जिद में उन्होंने 1,00,000 लोगों के समूह को संबोधित किया। मुस्लिम लीग के आंदोलन के साथ हमदर्दी दिखाते हुए लाहौर कसाई संघ, फल मार्केट संघ और सब्जी मार्केट संघ ने 10 फरवरी सोमवार से अपना कारोबार बंद रखने का फैसला लिया (*डॉन*, 9 फरवरी)। 10 फरवरी के *डॉन* ने जिक्र किया कि पंजाब के अलग-अलग इलाकों में पुलिस ने औरतों, कैदियों और छात्रों पर लाठियाँ बरसाईं थीं। 8 फरवरी को पेथिक-लॉरेंस को भेजे एक तार में जेनकींस ने गौर किया कि लाहौर में भीड़ और आक्रामक हुए जा रही थी। हिंदू और सिख भयभीत थे; उनको लग रहा था कि मुसलमान एक मुसलमान राज की स्थापना करना चाहते है। उन्होंने फिर टिप्पणी की कि आंदोलन सिखों की पंजाब विभाजन की मांग को बढ़ावा देगा:

> यह नामुमकिन है कि कोई भी संप्रदाय पंजाब की इस सरहद को कायम रखते हुए इस पर शासन करे। इसीलिए दूरगामी उपायों में से एक है यूनियनिस्ट सिद्धांतों की ओर वापस चले जाना, जहां मुसलमान प्रबल रहें या विभाजन जो अल्पसंख्यकों के लिए असहनीय समस्याएँ पैदा करेगा। आंदोलन का असर यह होगा कि यह गैर-मुसलमानों पर बाद वाले उपाय थोपेगा और मुस्लिम लीग तथा मुसलमानों की आम तौर पर दूरगामी आशाओं को बुरी तरह प्रभावित करेगा। मुस्लिम लीग दरअसल एक संयुक्त पंजाब में मुसलमान अगुवाई की निश्चितता को विलासी तौर पर उस विभाजन के अनिश्चित अनजाने हितों के आगे अपने हाथों से गंवा रहे हैं जिसकी अब सिख धीरे-धीरे मांग करेंगे। मगर इसको समझने का किसी के पास दिमाग नहीं है (कार्टर, 2006: 343)।

पंजाब के हालात अब साफ तौर पर नियंत्रण के बाहर थे और पंजाब सुरक्षा अधिनियम का साफ तौर पर उल्लंघन किया जा रहा था। छात्र माल पर बैठ गए और 10 फरवरी को वाहनों का आना जाना रुक गया। उसी दिन लाहौर हाई कोर्ट के भवन पर से यूनियन जैक उतार दिया गया। इसकी जगह दो घंटे तक मुस्लिम लीग का झण्डा लहराता रहा। इस घटना के चलते इस्लामिया कॉलेज के प्रिन्सिपल डॉ. ओमर हयात और दूसरे कई छात्रों की गिरफ्तारी हुई। एक मुसलमान छात्र का जनाजा निकला जिसकी बिडन रोड स्थित किसी घर से फेंके गए पत्थर से पिछले दिन मौत हो गई थी; और इस जनाजे में तांगेवालों, औरतों और बच्चों ने मियानी साहिब कब्रस्तान तक शिरकत की। जनाजे की दुआ में 2,00,000 लोगों ने हिस्सा लिया। यह खबर भी आई कि झेलम में एक मुसलमान लड़के मोहम्मद शरीफ की पुलिस द्वारा लाठी मारने से हुए जख्मों के चलते मौत हो गई थी। पंजाब के दूसरे शहरों में हड़तालों का पालन किया गया।

10 फरवरी को, पुलिस कांस्टेबल संख्या 1751, नसीरुद्दीन अपने 50 दूसरे साथियों के साथ लाहौर में पूरी पोशाक में गिरफ्तारी देने आए। उनमें पाँच अनुसूचित जाति के हिंदू भी थे (*डॉन*, 13 फरवरी)। झंग से एक खबर आई कि पश्चिमी पंजाब में एक मुसलमान नौजवान की पुलिस बर्बरता के चलते मौत हो गई थी (वही)। 13 फरवरी को मुस्लिम लीग पंजाब के कार्यकारी प्रधान मालिक शौकत अली की गिरफ्तारी हुई।

12 फरवरी के *सिविल एंड मिलिट्री गजट* के संपादकीय ने गौर किया:

> [मुस्लिम लीग का] आंदोलन. . . भविष्य में जितनी दूर तक देखा जा सकता है, सूबे की शांति और पंजाब सरकार के संविधान की सुरक्षा के लिए. . . खतरनाक है. . .। रोज लोग अपना संतुलन खोते जा रहे हैं और वह समय दूर नहीं है जब आँसू गैस की जगह बंदूक की गोलियां ले लें। सरकार की भटकती नीति आंदोलनकारियों का काम आसान बना रही है और गुंडागर्दी की राह साफ कर रही है।

पंजाब की मुहिम के बारे में अब ऑल-इंडिया मुस्लिम लीग के सचिव नवाबजादा लियाकत अली खान मिसाल के तौर पर जिक्र कर बता रहे थे कि मुस्लिम लीग सर्व-भारतीय स्तर पर क्या कर सकती थी। उन्होंने बताया कि उनका संघर्ष अहिंसक रहेगा। उन्होंने खिजर की सरकार से मुस्लिम लीग को बाहर रखने की निंदा की इस सच के बावजूद कि यह सूबे के सबसे बहुसंख्यक संप्रदाय का प्रतिनिधित्व करती थी और पंजाब विधायिका की अकेली सबसे बड़ी पार्टी थी। उनको उम्मीद थी कि लगातार चलते मुस्लिम लीग के आंदोलन के चलते, सरकार गिर जाएगी (*डॉन*, 15 फरवरी)।

12 फरवरी को वेवेल को भेजे एक तार में गवर्नर ने यह जायजा लिया:

> हिंदू व सिख बहुत ज़्यादा दिनों तक मुस्लिम लीग के आंदोलन को बर्दाश्त नहीं करेंगे। डॉ. गोपी चंद भार्गव ने खुद प्रीमियर को लिख कर कहा है कि अगर वह अपनी सारी ताकतों का इस्तेमाल कर आंदोलन को नहीं दबाते हैं तो हिंदुओं को खुद ही कुछ करना पड़ेगा। तारा सिंह ने प्रेस को एक बयान जारी किया कि सिख गंभीर खतरे में हैं और उन्हें अपनी 'सेना' की उनके अधीन तुरंत बहाली करनी पड़ेगी. . . हम तारा सिंह के बयान को गुप्त रख रहे हैं। मगर हम गैर-मुसलमानों की दखलंदाजी को सिर्फ विलंबित कर सकते हैं जो मेरे ख्याल में अब निश्चित है। लहरी सिंह जिन्होंने मेरे साथ आज सुबह की मुलाकात में कहा कि हिंदुओं को ज़्यादा देर तक शांत नहीं रखा जा सकता था (मैनसर्घ और मून, 1980: 680)।

13 फरवरी को पंजाब प्रदेश काँग्रेस कमेटी के अध्यक्ष डॉ. सैफुद्दीन किचलु ने एलान किया: 'पाकिस्तान गैर-मुनासिब है—यह राजनीतिक, आर्थिक और सामाजिक तौर पर गैर-कार्यशील और असाध्य है' (*पाकिस्तान टाइम्स*, 15 फरवरी)। उन्होंने

दु:ख प्रकट किया कि काँग्रेस ने जवाहरलाल नेहरू की योजना के तहत मुसलमान जन-समूहों के साथ संपर्क स्थापित करने की कोई गंभीर कोशिश नहीं की। उन्होंने दावा किया कि इसके चलते वे मुस्लिम लीग के नजदीक चले गए। एक मुसलमान होने के नाते वे महसूस करते थे कि उसके संप्रदाय का एक संयुक्त भारत में ज़्यादा हित था। उन्होंने मुसलमानों को चेतावनी दी कि वे लीग के इस प्रचार में न पड़ें कि 'इस्लाम खतरे में है'। बल्कि उन्होंने जोर दिया 'अगर इस्लाम अपने गुणों और पवित्रता के बल पर फला-फूला है तो इसे किसी चीज से खतरा नहीं है अपने देश के लोगों से तो कतई नहीं। दरअसल, हमारे धर्म को सबसे बड़ा खतरा गुलामी और साम्राज्यवादी चर्चिल समूह से है' (वही)।

पंजाब में तनाव बढ़ता रहा। 14 फरवरी को पुलिस ने अमृतसर में 1,00,000 लोगों के एक जुलूस पर गोली चलाई। कोई मारा नहीं गया, मगर काफी लोग जख्मी हुए। प्रदर्शनकारी सिविल लाइंस की ओर बढ़ रहे थे जब उन्हें पुलिस ने रोका, मगर कोई लाभ नहीं हुआ। जुलूस आगे बढ़ा ताकि वह डिप्टी कमिश्नर के दफ्तर और जी.पी.ओ. के ऊपर मुस्लिम लीग का झण्डा लहरा सके। दरख्वास्त लिखने वालों के कागज बर्बाद किए गए। पुलिस ने लाठियाँ बरसाईं और इसमें कई दंगाई जख्मी हुए।

16 फरवरी को सिख पंथक बोर्ड कार्यकारी कमेटी ने बैठक की और आंदोलन की निंदा की। क्योंकि इन्हें डर था कि इसे सिख संप्रदाय के खिलाफ किया जा सकता था। इसने मांग की कि सरकार कड़ी कार्रवाई करे। कार्यकारी मुस्लिम लीग प्रधान दाऊद गजनवी ने टिप्पणी की: 'मुझे उम्मीद है अगर सरकार जुलूसों और बैठकों पर लगे प्रतिबंध पर रोक लगा देती है तो आंदोलन रुक जाएगा' (*डॉन*, 18 फरवरी)। 17 फरवरी को पुलिस ने सिर्फ लाठियों और आँसू गैस का इस्तेमाल किया; इसने पाँच बार गोलियां भी चलाईं। कई लोग जख्मी हुए और एक इंसान की मौत हो गई (*डॉन*, 19 फरवरी)। उसी दिन, मुस्लिम लीग के कार्यकर्ताओं ने फ्रंटियर मेल को जान-बूझ कर उड़ा देने की कोशिश की (*सिविल एंड मिलिट्री गजट*, 18 फरवरी)। सियालकोट और गुजराँवाला से दंगो की खबरें आईं।

17 फरवरी को राजा गजनफर अली और ख्वाजा नजीमुद्दीन ने लाहौर में एक संयुक्त संवाददाता सम्मेलन में मुसलमानों को चेतावनी दी कि 'वे अपने आंदोलन को वह रूप न दें जिसकी इजाजत या जिसका अधिकार उनके नेताओं द्वारा उन्हें नहीं दिया गया था' (*डॉन*, 19 फरवरी)। उन्होंने आगे कहा:

> यह लगता है कि पंजाब के कुछ हिस्सों में खासकर गुजरात, झेलम, रावलपिंडी और सरगोधा जिलों में लोगों की एक बड़ी संख्या ने एक मुहिम चलाई है कि रेलगाड़ियों को विलम्ब से पहुंचाया जाए। कहा जा रहा है कि इसको राष्ट्रीय गार्डस करवा रहे हैं और उनकी यह सोच है कि इस तरह की हरकत की आज्ञा सूबाई मुस्लिम लीग ने इस सूबे में सिविल नाफरमानी के तहत दी है।

> हमनें पंजाब मुस्लिम लीग संगठन के मुख्य लोगों से पता लगाया है और यह स्पष्ट कर देना चाहते हैं कि रेलवे ट्रेनों को विलम्ब से पहुंचाने या किसी भी तरह से रेलवे यातायात के साथ हस्तक्षेप अब तक प्रांतीय मुस्लिम लीग या किसी उच्च अधिकारी द्वारा मंजूर नहीं किया गया है (*डॉन*, 19 फरवरी)।

इस बीच लाहौर के मुसलमान समाचार पत्रों के संपादकों, फैज अहमद फैज (*पाकिस्तान टाइम्स*), अख्तर अली खान (जमींदार), हामिद निजामी (नवा-ए-वक्त), नूर इलाही (एहसान) और अब्दुल हमीद (*ईस्टर्न टाइम्स*) ने एक बयान जारी किया और विरोध जताया कि 28 जनवरी के बाद लाहौर अखबारों को सरकार ने निर्देश दिया है कि 'आंदोलन की प्रगति के बारे में वे सरकार की दी गई सामग्री के सिवा और कुछ नहीं छापें-इसे 16 फरवरी को खत्म होना था लेकिन 15 फरवरी की शाम को एक ताजा आदेश पेश किया गया जिसका नतीजा यह था कि जो आदेश सिर्फ 10 दिनों के लिए जारी रहना था उसे अब पूरे एक महीने के लिए लागू कर दिया गया' (*पाकिस्तान टाइम्स*, 19 फरवरी)।

20 फरवरी का ब्रिटिश सरकार का सत्ता हस्तांतरण का एलान

जबकि पंजाब में मुस्लिम लीग की सीधी कार्यवाही पूरे जोरों पर थी ब्रिटिश सरकार ने 20 फरवरी को लंदन में 1948 के मध्य तक भारतीयों को सत्ता हस्तांतरण करने की अपनी योजना की घोषणा की। एक बयान में जोरदार ढंग से खेद व्यक्त किया कि कैबिनेट मिशन प्लान को सरकार के आधार के रूप में इजाजत नहीं दी गई और संविधानकारी सभा एक संवैधानिक फॉर्मूले पर सहमत होने में विफल रही है। इसके अलावा, 'महामहिम की सरकार यह स्पष्ट करना चाहती है कि यह उनका एक निश्चित इरादा है कि वह जरूरी कदम उठाकर जिम्मेदार भारतीय हाथों में सत्ता का हस्तांतरण जून 1948 के पहले कर दे' (मैनसर्घ एंड मून, 1980: 774)।

बयान की प्रतिक्रियाएँ विविध थीं। मुस्लिम लीग यह महसूस कर रही थी कि वह पाकिस्तान की लड़ाई जीतने वाली है जबकि कांग्रेस महसूस कर रही थी कि इस तरह का बयान जिन्नाह और मुस्लिम लीग को और अधिक यथार्थवादी और लचीला बनने के लिए मजबूर करेगा। सिख विशेष रूप से परेशान थे क्योंकि प्रांत पर उनके विशेष दावों के संबंध में उन्हें कोई गारंटी नहीं दी गई थी (द *ट्रिब्यून*, 4 फरवरी)। जहां तक खिजर का सवाल था उन्होंने अपनी निराशा साफ शब्दों में व्यक्त की और उस बयान को 'पागलों का काम' करार दिया। 21 फरवरी को वह पीछे हटते दिखे और बयान को सिर्फ एक ऐसी धमकी का वर्णन दिया जो ब्रिटिश गंभीरता से नहीं ले रहे थे। जेनकींस ने, हालांकि, उन्हें सलाह दी कि वे इसे एक निर्णायक फैसले के रूप में लें जिस पर अमल किया जाने वाला था।

24 फरवरी को अमृतसर में आंदोलन हिंसक हो जाता है

हर गुजरते दिन के साथ सविनय अवज्ञा आंदोलन तेजी से अनियंत्रित होने लगा। कहीं भी यह अमृतसर से अधिक उजागर नहीं था। ख्वाजा इफ्तिखार ने अपनी पुस्तक 'जब अमृतसर जल रहा था' में गौर किया है कि मुसलमान प्रदर्शनकारी पहले एंग्लो ओरिएंटल (माओ) कॉलेज के परिसर में इकट्ठा होते। वहाँ के प्रधानाचार्य दिलावर हुसैन उन सबको मदद और प्रोत्साहन प्रदान करते। एक बार उन्होंने गुस्से में विरोध किया और एक ब्रिटिश पुलिस अधिकारी को कॉलेज छोड़ने के लिए कहा जो इस अवसर पर जुलूस में बाधा डालने आया था। दैनिक जुलूस शहर के चारों तरफ घूमता और रास्ते में पुलिस इसे आँसू गैस द्वारा तितर-बितर करने की कोशिश करती और कई बार लाठियाँ बरसाती। प्रदर्शनकारियों और पुलिस के बीच तनाव बढ़ता ही रहा और जब एक दिन मुसलमान महिलाएँ भी आंदोलन में शामिल होकर जोर-जोर से ब्रिटिश विरोधी और पाकिस्तान समर्थक नारों के साथ चिल्ला रहीं थीं, पुलिस अधीक्षक रॉबिन्सन ने जुलूस पर अपना गुस्सा उतारा। जब कुछ महिला प्रदर्शनकारी टाउन हॉल की ओर आगे जा रही थीं तब रॉबिन्सन ने उन पर जम कर कोड़े बरसाए। एक नौजवान इंसान अयाज महमूद ने उस अपमान पर जवाबी कार्रवाई की। उन्होंने एक पुलिस वाले से एक लाठी छीन ली और लाठी के धातु वाले हिस्से को रॉबिन्सन के सिर पर दे मारा। रॉबिन्सन जमीन पर गिर गया। वह अमृतसर के एक अस्पताल में एक सप्ताह के लिए कोमा में रहा, उसकी खोपड़ी का हिस्सा तोड़ दिया गया था। वह धीरे-धीरे ठीक हो गया। अयाज महमूद पर हत्या का प्रयास करने का इल्जाम लगा। लेकिन 14 अगस्त को जब भारत और पाकिस्तान ने कैदियों की अदला-बदली की, उसे रिहा कर दिया गया (1991: 73-79)।

बहरहाल, आंदोलन बड़े और अक्सर होते रहे। 24 फरवरी को आंदोलन ने निरन्तर सविनय अवज्ञा का एक माह पूरा किया। इसे अधिकतर शहरों में हड़ताल के साथ अमृतसर, जालंधर और रावलपिंडी में गंभीर गड़बड़ी के साथ मनाया गया। अमृतसर में उस दिन हिंसा का स्तर बढ़ गया। जेनकींस 28 फरवरी 1947 की पाक्षिक रिपोर्ट में टिप्पणी करते हैं:

> अमृतसर में घटनाक्रम विशेष उल्लेख के लायक है। प्रदर्शनकारियों की एक बड़ी भीड़ सिविल स्टेशन पर आ गई और पुलिस पर जानलेवा हमले करने लगी। एक सिख कांस्टेबल जो जाहिर तौर पर नाके की ड्यूटी पर था और निश्चित रूप से दंगाइयों के खिलाफ सक्रिय रूप से तैनात नहीं था उसे पीट-पीट कर मौत के घाट उतार दिया और अन्य पुलिस अधिकारियों पर हमला किया गया। 55 पुलिस के लोगों में से एक की मौत हुई और तीन गंभीर तौर पर घायल हो गए। वे कई बार गोलियां चलाने के लिए बाध्य हुए।

> 110 प्रदर्शनकारी जख्मी हुए जिनमें एक की मौत और ग्यारह को रिवाल्वर की गोलियां लगीं। जो आदमी मारा गया वह नीचे गिरे एक पुलिस अधिकारी को मौत के घाट उतारना चाहता था और खुशकिस्मती से उसे गोली मारकर खत्म कर दिया। अतिरिक्त जिला मजिस्ट्रेट (एक मुस्लिम) की खोपड़ी में फ्रेक्चर हो गया। इन घटनाओं के दौरान सैनिकों की एक कंपनी खड़ी रही मगर मुझे लगता है कि उसने कोई कार्रवाई नहीं की (कार्टर, 2006: 365-6)।

सिख कांस्टेबल की बर्बर हत्या के बाद सिख नेता मास्टर तारा सिंह ने मुस्लिम लीग के अभियान को राजनीतिक की अपेक्षा सांप्रदायिक करार दिया। तीन दिन बाद उन्होंने एक गृह-युद्ध के खतरे की चेतावनी दी और मांग की कि ब्रिटिश लोगों को पंजाब को सिख आधिपत्य में लौटा देना चाहिए। पहले से ही खुफिया रिपोर्टें चेतावनी दे रही थीं कि निजी सेनाओं में तेज गति से भर्ती चल रही थी (टालबोट, 2004: 82)। सिख कांस्टेबल की मौत के बारे में ख्वाजा इफ्तिखार ने हत्या के पहले की घटनाओं का एक अलग संस्करण दिया। उन्होंने कहा कि मुसलमानों की भीड़ दिन भर में काफी ज़्यादा हो गई थी और ज़्यादा मुखर और दुस्साहसी भी। प्रशासन को वस्तुत: पीछे हटने पर उन्होंने मजबूर कर दिया; कुछ सरकारी पदाधिकारियों को यहां तक कि प्रदर्शनकारियों द्वारा हाथापाई का सामना करना पड़ा। परिणामस्वरूप पुलिसकर्मियों को दहशतमंद होना पड़ा और प्रदर्शनकारियों को देखने पर वे दूर चले जाते। कुछ झाड़ियों के पीछे से और पेड़ों पर चढ़ कर उन पर गोलियां चलाते। इससे मुसलमानों का हौसला बढ़ गया और वे यूनियन जैक नीचे खींचते और उन्होंने इसकी बजाय मुस्लिम लीग के ध्वज को फहराना शुरू कर दिया। ऐसे ही एक प्रयास में एक युवक मुहम्मद शरीफ अमृतसर जेल की दीवार पर चढ़ गया और उसने मुस्लिम लीग का झंडा लहराना शुरू कर दिया। उसे गोली मार दी गई (इफ्तिखार, 1991: 82-83)। उसकी मौत ने प्रदर्शनकारियों को जुझारू बना दिया। वे चिल्ला कर इधर-उधर जाते रहे '*ले के रहेंगे पाकिस्तान, देना पड़ेगा पाकिस्तान*' और *पाकिस्तान का मतलब क्या? ला इलाहा इल्लल्लाह*'। इस तरह की उत्तेजक स्थिति में इफ्तिखार लिखते हैं कि एक सिख कांस्टेबल ने अपने आप को एक भीड़ द्वारा घिरा हुआ पाया जिसने उसे मार डाला।

न तो गवर्नर और न ही मुख्य सचिव उस मुसलमान की मौत का जिक्र करते हैं जो जेल की दीवार पर चढ़ गया था। मगर कई साक्षात्कार देने वालों – हिंदुओं, मुसलमानों और सिखों – ने याद किया कि अमृतसर जेल की दीवार पर मुस्लिम लीग का झण्डा लहराते समय एक मुसलमान की मौत हुई थी। मगर इसको उन्होंने उस सिख कांस्टेबल की मौत के साथ नहीं जोड़ा; ऐसा सिर्फ इफ्तिखार की किताब में ही लिखा गया है। इसलिए इस निष्कर्ष पर पहुंचना मुश्किल है कि दोनों मौतें एक ही दिन में हुईं, और क्या दूसरी मौत मुहम्मद शरीफ की मौत के तुरंत बाद हुई कोई प्रतिक्रिया थी। संयोग से 30 दिसंबर 2004 को मैंने एक बुजुर्ग व्यक्ति अली बक्श मोची का रंगमहल पुराने

शहर लाहौर में साक्षात्कार लिया। उन्होंने मुझे बताया कि शरीफ का नाता उनकी मोची बिरादरी से था। उन्होंने बताया कि शरीफ पाकिस्तान के लिए अपनी आहुति देने वाले पहले मुसलमान थे मगर उन्हें तारीख याद नहीं थी।

फरवरी 25 को पूर्वी शहर अम्बाला से गंभीर संकट की सूचना मिली, जो पहले शांत था। सैकड़ों पुरुषों और हजारों महिलाओं की भीड़ ने पत्थरों और लाठी के साथ पुलिस पर हमला किया। पुलिस ने गोलीबारी शुरू कर दी और कई प्रदर्शनकारी घायल हो गए। कई पुलिसकर्मी भी हिंसा में घायल हो गए (वही)। 28 फरवरी के *पाकिस्तान टाइम्स* ने सूचना दी कि अम्बाला में लाठी चार्ज के एक परिणाम के रूप में, दो महिलाओं को मार डाला गया था। उसी दिन लाहौर में प्रदर्शनकारियों ने चाकू बाहर खींचे। उनमें से एक ने पुलिस अधीक्षक पर वार करने की कोशिश की लेकिन एक कांस्टेबल ने उसे नीचे गिरा दिया। उसी दिन सचिवालय पर महिलाओं, बच्चों और युवाओं की भीड़ द्वारा हमला किया गया। आंदोलन में भाग लेने वाले युवाओं में से कुछ मोजंग, लाहौर से थे मसलन मियां मुहम्मद सलीम और आरिफ खोखर (साक्षात्कार)।

आंदोलन खत्म करने की कोशिशें

पंजाब में प्रत्यक्ष कार्रवाई के होते हुए और कई महीनों के खिजर हयात और मुस्लिम लीग के नेताओं के बीच मनमुटाव के बावजूद, उन दोनों के बीच संचार पूरी तरह से नहीं कटे थे। मुस्लिम लीग के नए दिग्गजों में कई लोग – मलिक सर फिरोज खान नून, सरदार शौकत हयात, बेगम जहाँआरा शाहनवाज वगैहरा हाल ही में यूनियनिस्ट पार्टी के प्रमुख सदस्य थे और मुसलमान जमींदार आपस में एक व्यक्तिगत स्तर पर एक दूसरे के साथ सौहार्दपूर्ण संबंध बनाए रखते थे। हालांकि, एक राजनीतिक गतिरोध बना हुआ था। इसे हल करने के लिए ख्वाजा नजीमुद्दीन, एक बंगाली मुसलमान जिसके खिजर के साथ अनुकूल संबंध थे, की सेवाएँ ली गईं। हालांकि 18 और 19 फरवरी को उनसे प्रधानमंत्री नहीं बल्कि राज्यपाल मिले थे। उन्होंने विभिन्न संभावनाओं पर लंबी चर्चा की। 28 फरवरी की पाक्षिक रिपोर्ट में राज्यपाल ने कहा: 'हमारी पहली चर्चा में ख्वाजा नजीमुद्दीन ने खुलकर स्वीकार किया कि पाकिस्तान का मतलब उन्हें नहीं पता था और मुस्लिम लीग में भी कोई नहीं जानता था। लीग के लिए भी बहुत मुश्किल था कि वे अल्पसंख्यकों के साथ लंबे समय तक बातचीत करे' (कार्टर, 2006: 366–7)। मगर दोनों सहमत थे कि एक समझौता संभव हो सकता था यदि पंजाब सार्वजनिक सुरक्षा अध्यादेश को एक दूसरे कानून के द्वारा बदल दिया जाए और बैठकों पर निषेध हटा दिया जाए (वही: 367)। हालांकि, प्रीमियर संकोच कर रहे थे और वार्ता बिना किसी फैसले के समाप्त हो गयी।

इस बीच पुलिस के उप-महानिरीक्षक जेनकींस ने फिरोज खान नून से एक पत्र प्राप्त किया जिससे उसे पता लगा कि ममदोत और नून एक ऐसी स्थिति में थे कि वे

मुस्लिम लीग की ओर से एक समझौता कर सकते थे। प्रधानमंत्री के प्राधिकरण देने के बाद जेनकींस कसूर उप-जेल गए जहां उनकी मुलाकात ममदोत और नून के साथ हुई। वे ठीक-ठाक लग रहे थे मगर वे चाहते थे कि दौलतना उपस्थित रहें। दौलतना को लाहौर लाया गया और वे सभी जेनकींस के घर पर मिले। दौलतना ने अधिक सख्त रुख अख्तियार किया और दूसरे दोनों को अपने साथ ले गए ताकि वे पूरी पंजाब मुस्लिम लीग परिषद की बैठक की मांग कर सकें। यहां तक कसूर उप-जेल में इसका इंतजाम भी कर दिया गया जहां पर परिषद ने 20 फरवरी को बैठक की तथा फैसला किया कि मौलाना दाउद गजनवी जो गिरफ्तार नहीं हुए थे उन्हें जिन्नाह के पास हिदायत लेने के लिया भेजा जाए (*पाकिस्तान टाइम्स*, 25 फरवरी)।

24 फरवरी को जिन्नाह ने एक सार्वजनिक बयान जारी कर पंजाब विवाद के एक समझौते पर सुझाव दिया। उन्होंने पंजाब मुस्लिम लीग की इस मांग का समर्थन किया कि सार्वजनिक बैठकों और जुलूसों पर प्रतिबंध हटा देना चाहिए व पंजाब पब्लिक सुरक्षा अध्यादेश को विधानमंडल के समक्ष रखा जाए; और अभियान शुरू होने के बाद उन सभी लोगों को जो गिरफ्तार कर लिये गए थे, हिरासत में थे, कैद थे या दोषी ठहराये गए थे, रिहा किया जाना चाहिए। उन्होंने कहा कि मुस्लिम लीग यह जोर नहीं दे रहा कि तत्काल जुलूस पर प्रतिबंध हटाया जाए लेकिन घोषणा की कि अगर पंजाब में स्थिति सामान्य करनी है। सरकार के आगे अन्य तीन मुद्दे महत्वपूर्ण हैं, जिन्हें सुलझाया जाए, उन्होंने कहा कि जिस निपटारे की पेशकश उन्होंने की थी वह संगत थी (*पाकिस्तान टाइम्स*, 26 फरवरी)। जिन्नाह ने वही पेशकश की थी जिसके बारे में पहले राज्यपाल जेनकींस और नजीमुद्दीन ने चर्चा की थी।

26 फरवरी को आंदोलन खत्म कर दिया गया

विभिन्न पहल कदमियों के चलते 25 फरवरी को देर से एक समझौता सामने आया लेकिन इसकी घोषणा 26 तारीख को ही की गई थी। आंदोलन को तुरंत खत्म कर दिया गया। इसके बाद खिजर ने जारी एक बयान में कहा कि राजनीतिक गतिविधियों को सीमित करने के लिए उनकी सरकार की मंशा कभी नहीं थी और वह यह सुनिश्चित करना चाहते थे कि इसके चलते सांप्रदायिक तनाव और संघर्ष प्रस्फुटित न हो। पंजाब पब्लिक सुरक्षा अध्यादेश को इसलिए लागू किया गया था कि जिस सांप्रदायिक हिंसा ने कलकत्ता, पूर्वी बंगाल, बिहार, पश्चिमी संयुक्त प्रांत और पूर्वी पंजाब में रोहतक में रक्तपात करवाया था, उससे बचा जा सके। इसके अलावा ब्रिटिश सरकार की 20 फरवरी की घोषणा ने जो जून 1948 से भारत छोड़ने के इरादे को जाहिर करती है; पूरी तरह से एक नई स्थिति पैदा कर दी जिसमें सभी दलों और समुदायों के नेताओं को एक स्थिति में होना चाहिए कि एक दूसरे के साथ सलाह कर सकें और पंजाब के भविष्य का सामना कैसे करना चाहिए यह तय कर सकें (*पाकिस्तान टाइम्स*, 27 फरवरी)।

इस प्रकार आंदोलन 24 जनवरी से 26 फरवरी तक 34 दिन चला। सरकार ने 27 फरवरी से मुस्लिम लीग के नेताओं को रिहा करना शुरू कर दिया। मगर वहाँ से चले जाने के बजाय उन्होंने कसूर में ही एक जनसभा को संबोधित करने का फैसला लिया। यह उनके लिए बढ़ते हुए मुसलमान समर्थन और उनके उद्देश्य के लिए एक बड़ी अभिव्यक्ति साबित हुई। यह घोषणा की गई कि 2 मार्च को पंजाब भर में मुस्लिम लीग विजय दिवस के रूप में मनाया जाएगा। 28 फरवरी को अमृतसर में मियां इफ्तिखारुद्दीन ने एक बड़ी सभा को संबोधित किया। उन्होंने खिजर को इस्तीफा देने और ताजा चुनाव कराए जाने की मांग की। खिजर के इस्तीफे के कारण दूसरे लोग भी उनके साथ हो लिए।

प्रीमियर खिजर का इस्तीफा

आंदोलन ने पंजाब प्रीमियर के धैर्य और उत्साह को झकझोर कर रख दिया। 2 मार्च को ही आधी रात से पहले उन्होंने इस्तीफा दे दिया और राज्यपाल सर इवान जेनकींस ने पंजाब मुस्लिम लीग के नेता नवाब इफ्तिखार हुसैन ममदोत को आमंत्रित किया कि वह संसदीय बहुमत की तलाश करें और एक सरकार बनाएं। ममदोत ने कांग्रेस और सिख पंजाब विधानसभा के सदस्यों के साथ वार्ता शुरू की लेकिन उनकी आशंका दूर करने में विफल रहे। वे किसी भी हाल में मुस्लिम लीग को सत्ता में आने नहीं देना चाहते थे। नईयॉर्क टाइम्स के रिपोर्टर को 28 फरवरी को दिए गए एक साक्षात्कार में अमृतसर में सिख नेता मास्टर तारा सिंह निश्चित रूप से जुझारू लग रहे थे। उन्होंने खुलासा किया कि सिख अपनी निजी सेना तैयार कर रहे हैं और कहा:

> मुझे नहीं दिख रहा कि हम गृह युद्ध से कैसे बच सकते हैं। कोई समझौता नहीं हो सकता अगर मुसलमान पंजाब पर शासन करना चाहते हैं। हम किसी भी परिस्थिति में मुसलमानों पर भरोसा नहीं कर सकते। सिखों में पूर्वी पंजाब से मुसलमानों को बाहर रखने की क्षमता थी लेकिन हम वहाँ तक ही क्यों रुकें? हम उन्हें पूरी तरह से पंजाब से बाहर कर देंगे (*पाकिस्तान टाइम्स* में उद्धृत, 2 मार्च)।

मुस्लिम लीग की सीधी कार्रवाई के बारे में सोच

27 फरवरी के एक संपादकीय में लाहौर के *पाकिस्तान टाइम्स* ने इस समझौते को आम आदमी की नागरिक आजादी की जीत बताया। कांग्रेस समर्थक हिंदू अखबार मिलाप ने दूसरी तरफ इस राजनीतिक आंदोलन जिसके चलते एक समझौता हुआ उसे 'गुंडों के एक आंदोलन के रूप में चित्रित किया, जो बहुत उकसावे के बावजूद किसी भी हिंदू और सिख प्रतिक्रिया से बचा रहा' (*पाकिस्तान टाइम्स*, 1 मार्च)। न तो राज्यपाल की

गुप्त रिपोर्टों ने और न ही मुस्लिम लीग के सूत्रों का उल्लेख मौजूद है कि आंदोलन के दौरान किस तरह के नारे उठाए गए। हिंदुओं, मुसलमानों और सिखों के साथ मेरे साक्षात्कार में उन लोगों ने उस समय पर लाहौर में निम्न नारों को याद किया:

'पाकिस्तान का नारा क्या? ला इलाहा इल्लल्लाह'

(जैसा कि पहले जिक्र किया गया है, कभी-कभी यह नारा बोला जाता था 'पाकिस्तान का मतलब क्या?')

'सीने पर गोली खाएँगे, पाकिस्तान बनाएँगे'

'ले के रहेंगे पाकिस्तान, जैसे लिया था हिंदुस्तान'

'खून से लेंगें पाकिस्तान'

'मारेंगे मर जाएंगे पर पाकिस्तान बनाएँगे'

प्रीमियर खिजर के खिलाफ पंजाबी बोलचाल की भाषा में कुछ बेहद गंदे नारे बोले गए:

'खिजर दल्ला! हाय! हाय!'

'खिजर कंजर! हाय! हाय!'

'खिजर कुत्ता अपनी माँ नाल सुत्ता'

रिटायर हो चुके ले.क. नादिर अली के मुताबिक, खिजर की बेइज्जती करने के लिए, गुजरात में नारे इस हद को भी पार कर गए। वो यह थे:

'चलो भई चलो, एक चीज मिलेगी. . . क्या भई क्या?. . . खिजर की बेटी. . . .वाह भई वाह!'

मुसलमान औरतें जो ज़्यादातर बुर्के में होती थीं, प्रदर्शनों में शामिल हुईं। एक मौके पर लेडी शफी और कुछ दूसरी औरतें प्रीमियर के घर आ पहुंची और उन्होंने सियापा (मौत के शोक का पंजाबी रिवाज) किया। मगर मुसलमान प्रदर्शनकारियों के मिजाज में एक उल्टी नाटकीय तबदीली आई जब खिजर ने 2 मार्च को इस्तीफा दिया। अब गलियों में जो नारेबाजी हो रही थी वो कुछ इस तरह होने लगी 'ताजा खबर आई है, खिजर साड्डा भाई है'।

मुझे साक्षात्कार देने वाले मुसलमानों के मन में कोई संदेह नहीं था कि उन्हें मुस्लिम लीग को सत्ता में आने की उम्मीद थी। लोकप्रिय धारणा तो यह थी कि पाकिस्तान का बनना एक जादुई पल होगा जब जातीय उत्पीड़न और आर्थिक शोषण से आजादी मिलेगी और एक नए इस्लामी न्याय और एकता के एक युग का आविर्भाव होगा (साक्षात्कार देने वाले: मियां मुहम्मद सलीम, आरिफ खोखर, सलीम शाहीद, अजीज मजहर, हुकुम कुरेशी, सय्यद अहमद सईद किरमानी)। दूसरी तरफ, हिंदुओं और सिखों ने मुस्लिम

लीग के आंदोलन को आने वाले दिनों में पाकिस्तान में मुस्लिम लीग के धर्मान्धों द्वारा उनके खिलाफ आतंक के एक शासन की परिकल्पना के रूप में याद किया (साक्षात्कार देने वाले: अजमेर सिंह, हरबंस कुमार अरोड़ा, यश देव कपूर, गोपीनाथ शर्मा)। एस.जी.पी.सी. रिपोर्ट में सरदार गुरबचन सिंह तालिब लिखते हैं: 'ये सारे नारे जैसा कि सिख नेताओं ने सही बताया है दरअसल हिंदू और सिख अल्पसंख्यकों के खिलाफ थे जो आखिरी व्यक्ति तक एक "इस्लामी गणतन्त्र पाकिस्तान" के खिलाफ थे' (एस.जी.पी.सी., 1991: 59)।

खोसला टिप्पणी करते हैं: 'बाहरी तौर पर आंदोलन खिजर के खिलाफ था मगर चूंकि इस सरकार को काँग्रेस और अकाली पार्टियों का समर्थन हासिल था इसने एक सांप्रदायिक रूप ले लिया' (1989: 96)। वह भीड़ के कुछ हिंसक नारों का जिक्र करते हैं जिसको हमने पहले बताया है। दूसरी तरफ वह बताते हैं कि प्रशासन उनके खिलाफ नरमी दिखाता था; उन्हें लाहौर के बाहर भगा कर फिर छोड़ दिया जाता था। किसी भी हाल में 24 फरवरी को अमृतसर में एक सिख कांस्टेबल की मौत के बाद मास्टर तारा सिंह ने मुस्लिम लीग के आंदोलन को राजनीतिक की अपेक्षा साम्प्रदायिक बताया। एक सम्मेलन में उन्होंने चेतावनी दी कि पंजाब में एक गृह-युद्ध छिड़ सकता है। उन्होंने मांग की कि पंजाब को सिखों के हाथ में वापस लौटा देना चाहिए क्योंकि जब ब्रिटिश ने इसे जीता था तब सिख पंजाब के शासक थे (टालबोट, 2004: 82)। वह मुसलमानों के खिलाफ बदले की कार्रवाई की भी धमकी देने लगे (कार्टर, 2006: 350)।

एक ईसाई पंजाबी एफ.ई.चौधरी ने जो *पाकिस्तान टाइम्स* के एक अनुभवी प्रैस फोटोग्राफर थे, मुस्लिम लीग की सीधी कार्रवाई को कुछ इस तरह याद किया:

> '*पाकिस्तान टाइम्स* का पहला अंक 5 फरवरी 1947 को प्रकाशित हुआ, मगर हमने मुस्लिम लीग के आंदोलन की तस्वीरें बिल्कुल शुरू से ही ली थीं। 24 जनवरी को जब पुलिस लक्ष्मी चौक के मुस्लिम लीग के दफ्तर में घुसने की कोशिश कर रही थी तब मियां इफ्तिखारुद्दीन सामने आ खड़े हुए और रास्ते में अवरोध पैदा किया। इसके चलते गरमा-गरमी हुई और उन्होंने एस.एस.पी. को एक थप्पड़ जड़ दिया। मैंने उस घटना की तस्वीर ली। इसको 5 फरवरी के गजट में छापा गया। आंदोलन मुख्यत: शांत था। हर दिन इसमें लोगों की संख्या बढ़ने लगी और यह साफ था कि पाकिस्तान अब बनने ही वाला था। पंजाब विधानसभा के स्पीकर एस.पी. संघा ने मुस्लिम लीग और काँग्रेस-सिख राजनीतिज्ञों के बीच मध्यस्था की काफी कोशिश की, मगर 3 मार्च के बाद जिस दिन मास्टर तारा सिंह ने अपनी किरपाण लहराई हालात बेकाबू हो गए। उस शुरुआती दौर में किसी ने भी यह कल्पना नहीं की थी

कि अंत में इतने ज़्यादा लोग मारे जायेंगे, अपंग होंगे और उन्हें अपना घर-बार छोड़ना पड़ेगा। एक ब्रिटिश सी.आई.डी. अफसर सैवेज था जो मुसलमानों को हिंदुओं पर और हिंदुओं को मुसलमानों पर हमला करने को उकसाता था।'

आंदोलन पर गवर्नर के विचार

15 फरवरी 1947 की पाक्षिक रिपोर्ट में, गवर्नर ने मुस्लिम लीग की सीधी कार्रवाई का एक गहरा जायजा लिया। कुछ मुद्दों पर उन्होंने अपने पहले विचारों को ही दोहराया। 1941 की पंजाब की जनगणना की मदद से उन्होंने एक आसान सी तालिका पेश की जिसने ब्रिटिश प्रशासित पंजाब सूबे की पाँच डिवीजनों की विभिन्न संप्रदायों की आबादी का निम्नलिखित खाका दिखाया:

1941 में पंजाब की आबादी (मिलियन)		
डिवीजनें	मुस्लिम	अन्य
रावलपिंडी और मुल्तान	9	2
लाहौर (अकेले)	4	3
जालंधर और अम्बाला	3	7
कुल: संप्रदाय के आधार पर	16	12
पंजाब की कुल आबादी (ब्रिटिश पंजाब) : 28		

इसके बाद उन्होंने लिखा:

> इन आंकड़ों से साफ है कि कोई भी संप्रदाय समूचे पंजाब पर, इसकी मौजूदा सरहद कायम रखते हुए बिना इसको जीते कब्जा नहीं कर सकता। इसका शांतिपूर्ण दूसरा रास्ता यह है कि संयुक्त पंजाब सरकार का गठन हो जिसमें मुस्लिम, हिंदू और सिख हिस्सा लें या इस सूबे का दो या मुमकिन तौर पर तीन हिस्सों में विभाजन कर दिया जाए। मुस्लिम लीग का पक्का इरादा है; जहां तक उनकी सार्वजनिक की गई नीति का सवाल है – वह पूरे पंजाब पर मुसलमान शासन लागू करेंगे। इसे सब की मर्जी से तो हासिल नहीं किया जा सकता और मुझे बहुत संदेह है कि इसे किसी विजय द्वारा हासिल किया जा सकता है। निजी बात-चीत के दौरान मुस्लिम लीग के नेता नीतिगत विचारधारा के मुकाबले बहुत उदार मानसिकता रखने वाले लगते हैं। मगर यह एक सच है कि 1946 के चुनाव वे पाकिस्तान की एक उग्र मांग को ले कर लड़े थे और उस दिन से अभी तक उन्होंने हिंदुओं और सिखों को भरोसा दिलाने के लिए एक भी शब्द का प्रयोग नहीं किया है। उदार मानसिकता रखने वाले उनके लोग भी यह रुख रखते हैं कि एक पूरी तरह से मुस्लिम शासन बना लेने के बाद वे अल्पसंख्यकों के लिए उदारवादी बन जाएंगे।

> आम चुनावों के बाद सत्ता में नहीं आ सकने की मुस्लिम लीग की असफलता उनके दृढ़ सांप्रदायिक दृष्टिकोण के कारण थी न कि और किसी वजह के चलते। मेरा मानना है कि स्थानीय काँग्रेस, कैबिनेट में एक राष्ट्रीय मुसलमान को शामिल करने के मुद्दे पर उनसे दूर हो गई (जिक्र मुस्लिम लीग द्वारा विरोध के बारे में है जब काँग्रेस एक राष्ट्रवादी मुसलमान को अंतरिम सरकार में मनोनीत करना चाहती थी) (कार्टर, 2006: 345)।

दूसरी तरफ, जेनकींस का यह विचार था कि मुस्लिम लीग और सिखों के बीच बात–चीत के दौरान मुस्लिम लीग द्वारा पेश की गई शर्तें स्वीकार करने योग्य थी मगर इसने सिखों के भविष्य के बारे में या कोई भरोसा देने के बारे में रूखेपन से मना कर दिया। सिखों ने महसूस किया कि वे एक ऐसी पार्टी को समर्थन नहीं दे सकते जो उन्हें एक मुसलमान देश में दूसरे दर्जे का नागरिक बना कर रखेगी (वही: 345–6)। गवर्नर ने गौर किया कि जब वे 29 में से 25 जिलों में गए और लोगों से बातें की तो उन्हें पता लगा कि मुस्लिम लीग के जिला और स्थानीय स्तर के नेता यह शिकायतें कर रहे थे कि खिजर की सरकार ने चुनाव मुहिम के दौरान उनका उत्पीड़न किया। इस शिकायत में कुछ सच्चाई हो सकती है मगर ज़्यादा संख्या में मुसलमान अधिकारी मुस्लिम लीग का समर्थन करते थे। लीग इतनी शानदार तरीके से जीती थी कि यह एक प्रमाण था कि खिजर की कथित दखलंदाजी नतीजों को बिलकुल प्रभावित नहीं कर सकी। इसलिए गवर्नर ने दावा किया कि यह इल्जाम मंजूर करने लायक नहीं था कि मुस्लिम लीग की नागरिक आजादी पर लगी रोक ने, इसके राजनीतिक समर्थन के फैसले पर एक अहम भूमिका अदा की थी।

16 फरवरी की एक अतिरिक्त बहुत खुफिया टिप्पणी में जेनकींस ने यह जायजा लिया:

> तीन पार्टियां मौजूद हैं – मुस्लिम लीग जो ज़्यादातर मुसलमानों का प्रतिनिधित्व करती है, और जिनका घोषित उद्देश्य पूरी तरह से मुसलमान शासन स्थापित करना है; पंथक सिख जो पूरी तरह के मुसलमान शासन का पूरी तरह से विरोध करेंगे; और आखिर में है कांग्रेस जो मुस्लिम लीग की तरह एक अखिल भारतीय संगठन का हिस्सा हैं लेकिन प्रांतीय रूप में सिखों के साथ होंगे। कोई भी समुदाय पंजाब पर इसकी वर्तमान सीमाओं के कायम रहे बिना इसको जीतकर शासन नहीं कर सकता और केवल शांतिपूर्ण विकल्प हैं – (अ) सभी दलों के द्वारा एक गठबंधन या एक गैर सांप्रदायिक पार्टी द्वारा सरकार का गठन (ब) एक विभाजन। यदि पंजाब को एक अलग तरीके से निपटा जाता तो विभिन्न दलों को इन विकल्पों में से एक या दूसरे पर मनाना संभव हो सकता था यह समझाते हुए कि यथासमय में, सर्वदल की

> या गैर सांप्रदायिक सरकार अंग्रेजों से पदभार संभालेगी या विभाजित राज्य की सरकारें ऐसा करेंगी। लेकिन बयान [20 फरवरी के जून 1948 से सत्ता हस्तांतरण के लिए] पंजाब के लिए यह असंभव बना देता कि वह अपना खुद का कोई रुख ले सके और मुस्लिम लीग और कांग्रेस को प्रोत्साहित भी करे कि वे प्रांतीय हितों के खिलाफ अखिल भारतीय हितों का माहौल तैयार करे। पंजाब मुस्लिम लीग को मुस्लिम लीग हाई कमान द्वारा प्रोत्साहित किया जाएगा कि मुसलमान अल्पसंख्यकों वाले सूबों में सौदेबाजी की शक्ति को बढ़ाने के लिए वे कोई समझौता ना करें; और उम्मीद लगाई जा सकती है कि पंजाब काँग्रेस (जहां तक मुमकिन है) एक ऐसी सरकार को बनाने का काम करेगी जिसमें हिंदू बहुसंख्यकता हो (वही: 353)।

इसमें कोई संदेह नहीं है कि कुछ महीनों बाद यह जायजा पंजाब के विभाजन को भारत के विभाजन के साथ जोड़ता। मगर जेनकींस ने बहुत सही अंजाजा लगा लिया था कि क्या मुसीबतें आने वाली थी; जब जून में भारत के विभाजन का फैसला लिया गया; इसके चलते बंगाल और पंजाब का भी विभाजन हुआ। उन्होंने लिखा:

> एचएमजी का एक निर्धारित तारीख को भारत छोड़ने का फैसला एक 'विनाशकारी' फैसला था, जिसके चलते हमने सब कुछ गँवा दिया जो कई सालों से बनाया था। यह एक बहुत खतरनाक फैसला है जो अलग-अलग झगड़ते गुटों को जंग करने का न्यौता देता है। यह एक असंभव सा फैसला है अगर अधिकारी जिनको 1948 में सत्ता मिलनी है उनकी अभी साफ तौर पर पहचान नहीं की गई और उन्हें इस काम के लिए तैयार नहीं किया गया (वही: 354)।

दूसरे शब्दों में, गवर्नर यह कह रहे थे कि 1948 में सत्ता हस्तांतरण के समय संयुक्त या विभाजित भारत में एक कारगर सरकार का होना जरूरी था ताकि पंजाब में रक्तपात को रोका जा सके। हमें अब पता चलेगा कि घटनाक्रम उस संभावना को खारिज कर देगा। सीधी कार्रवाई के खत्म होने के तुरंत बाद भेजी गई 28 फरवरी की पाक्षिक रिपोर्ट में जेनकींस ने गौर किया कि आंदोलन ने एक तरफ मुसलमानों और दूसरी तरफ हिंदुओं और सिखों के बीच खाई और चौड़ी कर दी थी। 27 फरवरी को सरदार स्वर्ण सिंह के साथ बात करने के बाद जेनकींस ने अपनी सोच के बारे में यह टिप्पणी की:

> सिख, मुसलमानों की पूरे पंजाब पर कब्जे की जाहिर ख्वाहिश से काफी हिल गए हैं और वे उनको ऐसा नहीं करने देंगे। इस आंदोलन ने पाकिस्तान की नंगी तस्वीर पेश कर दी है और यह एक अच्छी मिसाल है कि अल्पसंख्यक जिनमें सिख भी शामिल हैं, मुसलमान उग्रवादियों से क्या उम्मीद कर सकते

> हैं। उन्होंने [स्वर्ण सिंह ने] माना कि गृह-युद्ध से चारों तरफ दुर्गति होगी मगर वह यह नहीं देख पा रहे थे कि बिना किसी असरदार अनुमोदन के किस तरह सिख मुसलमानों के साथ भागीदारी करेंगे। वे पंजाब के विभाजन के विचार को नापसंद करते हैं मगर महसूस करते हैं कि सारे नुकसान होते हुए भी यही एकमात्र इलाज हैं (वही: 369)।

जेनकींस का विचार था कि खिजर और मुस्लिम लीग के बीच किसी समझौते के हो जाने से, हिंदू और सिख संतुष्ट हो जाएंगे क्योंकि तीनों समुदायों के प्रतिनिधित्व द्वारा ही पंजाब में शांति कायम रह सकती थी। दूसरी तरफ, प्रीमियर खिजर यह मानते थे कि सिखों को साथ में लिया जा सकता था अगर काँग्रेस कोई मुश्किल नहीं पैदा करती, मगर मुस्लिम लीग कुछ अनुसूचित जतियों के सदस्यों को लेकर अकेले ही चलना चाहती थी। खिजर मानते थे कि पंजाब मुस्लिम लीग जिन्नाह के बिना कोई फैसला नहीं लेगी; वह आजाद नहीं थी। खिजर ने एक आपसी दोस्त के माध्यम से ममदोत को सलाह दी थी कि वह सिखों को उत्तेजित करने से परहेज करें लेकिन उनको यकीन था कि मुस्लिम लीग उनकी सलाह पर ध्यान नहीं देगी (वही: 370)।

हालांकि जेनकींस ने गौर किया कि आंदोलन उतना भी सफल नहीं था जितना कि मुस्लिम लीग ने दावा किया था और कई 'जिलों ने व्यावहारिक रूप से कोई परेशानी नहीं दी और गंभीर संकट आधा दर्जन जिलों में विशेष रूप से गुजरात, लाहौर, अमृतसर और जालंधर तक ही सीमित था। आंदोलन अनिवार्य रूप से सांप्रदायिक था-और ज़्यादातर आम लोग यह मान कर चल रहे थे कि वे एक मुसलमान राज स्थापित करने वाले थे' (वही: 368)।

मुख्य सचिव अख्तर हुसैन की टिप्पणी

फरवरी के दूसरे अर्ध पर 4 मार्च 1947 की अपनी पाक्षिक रिपोर्ट में मुख्य सचिव अख्तर हुसैन ने लिखा कि आंदोलन ने सभी जिलों को प्रभावित किया और कुछ स्थानों में गंभीर स्थितियाँ बन गईं थीं: 'यह अभियान जानबूझकर अवज्ञा और कानून की अवज्ञा करने का है और इसका एक निश्चित, आयोजित, अलोकतांत्रिक, राजनीतिक मकसद है' (एल/पी-जे/5/250)। 24 मार्च की रिपोर्ट में (मार्च के पहले अर्ध के बारे) उन्होंने टिप्पणी की : 'हालांकि लीग की रणनीति की अश्लीलता और व्यवहार से कई हैरान थे, आंदोलन को बेशक ज़्यादातर मुसलमानों की सहानुभूति हासिल थी (वही)। राष्ट्रवादी मुसलमान और खाकसार अभियान के विरोधी बने रहे, जबकि कांग्रेसी समाजवादियों ने इन्हें ब्रिटिश चमचों के एक सर्कस के रूप में उपहास किया। उन्होंने उल्लेख किया:

> सभी प्रतिक्रियाओं में, हालांकि, सबसे ज़्यादा चिह्नित और सबसे खतरनाक है सिखों की प्रतिक्रियाएँ। उनके असंतोष में कड़वाहट है और लीग के उद्देश्य

> से तथा सिखों के खिलाफ घटनाओं से उनकी भावनाएँ ज्वलंत हो रही हैं; जिसे उन्होंने सिख समुदाय के खिलाफ बड़े पैमाने पर मुसलमान दुश्मनी के सबूत के रूप में स्वीकार किया (वही)।

अख्तर हुसैन ने अमृतसर के मुसलमानों को खास तौर पर सिखों के खिलाफ उनके धृष्ट आक्रामक रुख के लिए दोषी ठहराया। वह कहते हैं :

> मुसलमानों ने अपनी बेवकूफी से सिखों की बेअदबी की, सिख पुलिस वालों को अपने हमलों के लिए चुना और एक सिख कांस्टेबल का बेरहमी से कत्ल किया। इसका असर बेहद गंभीर हुआ और जैसा कि पहले ही कहा गया है मुसलमानों और सिखों के बीच सांप्रदायिक कलह होना लाजमी था अगर लीग का अवज्ञा आंदोलन जारी रहता (वही)।

अलग-अलग वृतांतों से पता चलता है कि पंजाब के हालात बहुत भड़काऊ थे, मगर इतने भी खराब नहीं थे कि अगर तीनों समुदायों के नेता चाहते तो कोई इंतजाम कर समझौता न हो पाता। मुस्लिम लीग और कांग्रेस के मामले में कुछ भी तय करने की आजादी पर उनके उच्च स्तरीय आदेशों द्वारा गंभीर रूप से कटौती की गई थी। किसी भी परिस्थिति में सिख मुसलमान वर्चस्व को स्वीकार नहीं करने वाले थे और इसलिए मुस्लिम लीग को सिखों को रिझाने के लिए एक रणनीति विकसित करनी थी।

संदर्भ

इफ्तिखार, ख्वाजा, *जब अमृतसर जल रहा था*, लाहौर: ख्वाजा पब्लिशर्स, (1991)।

पेंडेरल मून, *डिवाइड एंड क्विट*, नई दिल्ली: ऑक्सफोर्ड यूनिवर्सिटी प्रैस, (1998)।

टालबोट, इयान, 'वायोलेन्स, माइग्रेशन एंड रिसेटलमेंट: दी केस ऑफ अमृतसर', इन इयान टेलबोट एंड शिंदर थंडी (सं.), *पीपल ऑन दी मूव: पंजाब कोलोनियलिस्म, एंड पोस्ट-कोलोनियल माइग्रेशन*, कराची: ऑक्सफोर्ड यूनिवर्सिटी प्रैस, (2006)।

खोसला, जस्टिस जी.डी., *स्टर्न रेकोनिंग*, (1989)।

तालिब, एस. गुरबचन सिंह, *मुस्लिम लीग अटैक ऑन सिख्स एंड हिंदुस इन द पंजाब 1947*, नई दिल्ली: वॉइस ऑफ इंडिया, (1991)।

सरकारी दस्तावेज

कार्टर, एल. (एड.), *पंजाब पॉलिटिक्स 1 जनवरी 1944-3 मार्च 1947, लास्ट इयर्स ऑफ द मिनिस्ट्रिस, गवर्नर्स फोर्टनाइटली रिपोर्ट्स एंड अदर की डॉक्युमेंट्स*, दिल्ली: मनोहर, (2006)

मैनसर्घ, एन. एंड मून, पी. (संपा.), *दी ट्रान्सफर ऑफ पावर, 4 नवम्बर 1946-22 मार्च 1947, वॉल. आई IX*, लंदन: हर मजेस्टीस स्टेशनरी ऑफिस, (1980)।

माइक्रोफिल्म

एफआरएस ऑफ पंजाब चीफ सेक्रेटरी फॉर 1947; IOR L/P&J/5/250

अखबार

डान, दिल्ली 1947

दी पाकिस्तान टाइम्स, लाहौर, 1947

दी ट्रिब्यून, लाहौर, 1947

मिलाप, लाहौर, 1947

दी सिविल एंड मिलिट्री गजट, लाहौर, 1947

साक्षात्कार

अजीज मजहर, लंदन, 18-19 मई 2002

मियां मुहम्मद सलीम, लाहौर, 4 अप्रैल 2003

आरिफ खोखर, लाहौर, 4 अप्रैल 2003

एफ.ई. चौधरी, लाहौर, 23 अप्रैल 2003

बेगम नसीम आमिर हुसैन शाह, 25 अप्रैल 2003

राजा तजम्मुल हुसैन, 27 अप्रैल 2003

हुकुम कुरेशी, लाहौर, 30 अक्टूबर 2005

सय्यद अहमद सईद किरमानी, 31 अक्टूबर 2005

अहद मलिक, स्टॉकहोम, 13 जनवरी 2006

6

मार्च 1947 के दंगे

लाहौर

लाहौर हमेशा से पंजाब का प्रमुख शहर था, कम से कम सोलहवीं शताब्दी से तो था ही जब मुगलों ने इसे अपनी प्रांतीय राजधानी बनाया। इसकी जड़ें पुरातनता के समय से हैं; पौराणिक कथा के अनुसार यह लव, भगवान राम के एक बेटे द्वारा स्थापित किया गया था। यह 1799 में महाराजा रणजीत सिंह द्वारा स्थापित सिख साम्राज्य की राजधानी भी थी। शहरी नियोजन और विकास में लाहौर शहर ब्रिटिश राज के 1857 के बाद के दौर में बेशक सबसे शानदार उपलब्धि थी। राज्यपाल और वरिष्ठ नागरिक और सैन्य अधिकारी लाहौर में रहते थे। यह इसलिए ब्रिटिश सत्ता और प्रतिष्ठा का शहर था। ब्रिटिश संरक्षण के तले लाहौर ने प्राचीन दीवारों वाले शहर के बाहर तेजी से विस्तार किया। पहले के समय से एक खाई ने पुराने शहर को घेर रखा था लेकिन ब्रिटेन ने इसकी बाहरी जगहों पर पार्क और उद्यानों की एक हरी पट्टी सी बना दी। शहर के विस्तार के साथ-साथ कई आसपास के गांव और बस्तियां इसमें समा गईं। सबसे आधुनिक और आलीशान इलाका सिविल लाइंस था। अग्रणी शैक्षिक संस्थानों में पंजाब विश्वविद्यालय और कई कला, विज्ञान, वाणिज्य, इंजीनियरिंग और मेडिकल कॉलेज शामिल थे। मॉल और अनारकली, खरीदारी और वाणिज्यिक क्षेत्रों के रूप में पनप रहे थे। इसके अलावा, भोजन, अनाज और फल के बाजार वहाँ थे और मुगलपुरा में रेलवे कार्यशाला स्थित थी।

एक नवोदित फिल्म उद्योग भी उभर कर आया था और इसे बंबई और कलकत्ता में स्थित स्टूडियो का प्रतिद्वंद्वी माना जा रहा था (साक्षात्कार, बी.आर. चोपड़ा 4 जनवरी 1997)। ब्रिटिश लाहौर का एक प्रेसीडेंसी की तरह पुनर्गठन पर विचार कर रहे थे जैसे अन्य आधुनिक शहरी केन्द्रों, दिल्ली, बम्बई और मद्रास को किया गया था (देक्सेल, 2004: 26-27)। पूरे पंजाब भर से आए सफल लोग लाहौर में बस गए। राजसी परिवारों ने प्रांतीय राजधानी में अपने महलों को बनाए रखा। कई सेवानिवृत्त अधिकारियों, सफल व्यापारियों और व्यवसायियों ने इस प्रमुख शहर में अपने घर स्थापित किए।

लाहौर शहर और जिले दोनों आबादी के प्रतिशत में साफ तौर पर मुसलमान बहुलता थी लेकिन लाहौर शहर एक आकस्मिक आगंतुक पर आसानी से यह छाप छोड़ सकता था कि वहाँ हिंदू बहुमत था क्योंकि लगभग 75 प्रतिशत संपत्तिः भवनों, कारोबार और नई विकास योजनाओं के मालिक हिंदू थे। यहां तक कि शहर में छोटे सिख अल्पसंख्यक समूह के लोग आर्थिक रूप से मुसलमानों की तुलना में बेहतर थे (अहमद, 1999: 127)। कई लाहौरी हिंदू यह मानते थे कि सिखों को साथ लेकर वे बहुमत में थे। लाहौर जिले में भी मुसलमानों को स्पष्ट बहुमत हासिल था हालांकि सिख गांवों में पर्याप्त संख्या में मौजूद थे। इस प्रकार हिंदू जबकि अनिवार्य रूप से एक शहरी समुदाय का हिस्सा थे मुसलमान दोनों शहरी और ग्रामीण क्षेत्रों में वितरित थे और सिख मुख्य रूप से एक ग्रामीण समुदाय थे। जिला प्रशासन, डिप्टी कमिश्नर श्री जे.सी.डब्ल्यू.यूस्टेस के अधीन था।

1941 की जनगणना के अनुसार जनसंख्या का चित्र		
लाहौर शहर की कुल जनसंख्या (लाहौर नगरपालिका और छावनी को लेकर)	संख्या	हिस्सा (%)
सारे समुदाय	6,71,659	100.0
मुसलमान	4,33,170	64.5
हिंदू, अनुसूचित जातियों को लेकर	1,88,222	28.0
सिख	34,021	5.0
अन्यः ईसाईयों, अधर्मियों, जैन और पारसियों को लेकर	14,245	2.5
लाहौर जिला	संख्या	हिस्सा (%)
सारे समुदाय	16,95,375	100.0
मुसलमान	10,27,772	61.0
हिंदू, अनुसूचित जातियों को लेकर	2,87,351	17.0
सिख	3,10,646	18.0
अन्यः ईसाईयों, अधर्मियों, जैन और पारसियों को लेकर	69,606	4.0

2 मार्च 1947 : विजय दिवस और खिजर का इस्तीफा

खिजर मंत्रालय और मुस्लिम लीग के बीच 26 फरवरी के निपटारे के बाद पंजाब में हालात, फिर सामान्य नहीं रहे। दोनों हिंदू और सिख नेता बुरी तरह से हिल गए थे और कुछ सप्ताहों से चिंता और भय काफी बढ़ गया था। जैसे-जैसे मुस्लिम लीग की सरकार बनने की संभावनाएँ और अधिक आसन्न हो गईं। पर दूसरी ओर शहरी क्षेत्रों में मुस्लिम, जहां सविनय अवज्ञा आंदोलन पिछले कुछ सप्ताहों से जोर पकड़ चुका

था, महसूस कर रहे थे कि उनको कोई संदेह नहीं था कि पाकिस्तान अस्तित्व में आ जाएगा: यह 'यदि' के बजाय 'कब' की बात थी। जबकि उनके नेता कुछ कम आश्वस्त थे मगर वे इस बात से उत्तेजित थे कि पाकिस्तान की मांग के पीछे इतनी बड़ी संख्या में लोग मौजूद थे और वे अपनी तरफ से दबाव कम करने के खिलाफ थे। बहरहाल लाहौर अस्थिर रहा और व्यस्त राजनीतिक सक्रियता जारी रही। गठबंधन सरकार अभी भी सत्ता में थी और मुस्लिम लीग इससे बाहर थी। इसलिए प्रत्यक्ष कार्रवाई शुरू होने के बाद भी काफी हद तक कुछ नहीं बदला था। 2 मार्च 1947 दिन रविवार था और मुस्लिम लीग ने इसे 'विजय दिवस' के रूप में मनाने का निश्चय किया।

मियां मकसूद अहमद, मियां मुहम्मद सलीम और आरिफ खोखर उस समय युवा पुरुष थे। मेरे साक्षात्कार के दौरान सीधी कार्रवाई के जन-आंदोलन द्वारा मुसलमानों में आत्मविश्वास के संचार का उन्होंने एक ज्वलंत ब्यौरा दिया। मुसलमान छात्र संघ ने दोनों 1945-46 के चुनाव अभियान और सीधी कार्रवाई में एक महत्वपूर्ण भूमिका अदा की। मैंने उस संगठन की एक प्रमुख हस्ती अजीज मजहर का साक्षात्कार लिया। 1947 में वह इस्लामिया कॉलेज छात्र संघ के संयुक्त सचिव थे। बाद में मेरी ओर से अहमद सलीम ने सैयद अहमद सईद किरमानी का साक्षात्कार लिया जो 1947 में मुसलमान स्टूडेंट फेडरेशन के संगठन सचिव थे और बाद में वह पाकिस्तान में पंजाब कानून मंत्री बने। दोनों ने इस बात की पुष्टि की कि पाकिस्तान की स्थापना मुसलमान युवाओं में जलते हुए जुनून की तरह था। मगर उस समय कोई भी यह आशंका नहीं कर सकता था कि सांप्रदायिक दंगे और रक्तपात के कारण सैकड़ों मौतें होंगी और हजारों लोगों को सुरक्षित ठिकानों की तलाश में पलायन करना पड़ेगा। इसके अलावा उन्होंने मुझे बताया कि छात्रों के बीच यह चर्चा कभी नहीं थी कि लाहौर और पाकिस्तान से हिंदुओं और सिखों को बाहर भगा दिया जाएगा। वहीं दूसरी ओर उन्होंने स्वीकार किया कि इस्लामी नारेबाजी करना उनके विरोध जताते हुए जुलूसों की एक नियमित विशेषता थी।

लोगों ने अंदरूनी शहर से बाहर प्रत्यक्ष कार्रवाई की महान सफलता का जश्न मनाने के लिए मोची गेट पार्क में इकट्ठा होना शुरू किया। यह रविवार का दिन था। उत्साहित मुसलमानों का एक विशाल जनसमूह वहाँ उपस्थित था जब मुस्लिम लीग के नेताओं ने पिछले सप्ताहों के सफल जन-आंदोलन के बारे में उन्हें बताया और कहा कि पाकिस्तान को प्राप्त करने की दिशा में यह पहला कदम था। उनके बीच भीड़ को सम्बोधित करते हुए, दो अनुसूचित जाति के नेताओं, सरदार हरि सिंह निर्भय और चौधरी सुखलाल ने मुसलमानों को अपने समर्थन का आश्वासन दिया। मियां इफ्तिखारुद्दीन, फिरोज खान नून, शौकत हयात, बेगम शाहनवाज और यहां तक कि भारत की अंतरिम सरकार के स्वास्थ्य मंत्री राजा गजनफर अली खान ने भीड़ को संबोधित किया। गजनफर ने कहा कि जहां तक मुसलमानों का सवाल है वे चाहते है कि ब्रिटिश जून 1948 के बजाय जून 1947 में भारत छोड़ कर चले जाएँ (*पकिस्तान टाइम्स*, 4 मार्च)। वक्ताओं ने

भविष्य के पाकिस्तान में अल्पसंख्यकों को समुचित सुरक्षा का आश्वासन दिया। शाम में मुसलमान घरों, दुकानों और संस्थानों को विजय दिवस मनाने के लिए शानदार ढंग से प्रज्ववलित किया गया (*पकिस्तान टाइम्स*, 4 मार्च)।

खिजर ने 2 मार्च की सुबह में जेनकींस से मुलाकात की और उन्हें बताया कि उनकी अहमदिया समुदाय के एक प्रमुख सदस्य सर जफरुल्ला खान के साथ बातचीत हुई जो उस समय लाहौर में थे। दोनों ने महसूस किया कि मुस्लिम लीग को सीधी कार्रवाई से उत्पन्न स्थिति की गंभीरता को महसूस करना चाहिए। खिजर ने बाद में कांग्रेसी नेता भीम सेन सच्चर और सिख नेता स्वर्ण सिंह से मुलाकात की और उन्हें अपने इस्तीफा देने के इरादे के बारे में सूचित किया। वे दोनों हैरान और निराश हुए। सच्चर ने जेनकींस को बताया 'कांग्रेस तब तक मुस्लिम लीग के साथ सहयोग नहीं कर सकती जब तक यह स्पष्ट नहीं हो जाता कि वे अल्पसंख्यकों के साथ बराबरी का सलूक करेंगे या उन्हें हीन समझेंगे' (कार्टर, 2007: 51)। उसी दिन रात को 22:15 बजे खिजर राज्यपाल को मिले और अपने सहयोगियों और खुद का त्यागपत्र दे दिया। उन्होंने इस बात को दोहराया कि एचएमजी के 20 फरवरी के बयान ने एक नई स्थिति बना दी और पंजाब के नेताओं और उनकी पार्टियों को प्रांत के भविष्य के लिए नए सिरे से विचार-विमर्श करने की जरूरत है (*पकिस्तान टाइम्स*, 4 मार्च)।

3 मार्च : मास्टर तारा सिंह की धमकी

खिजर के इस्तीफे की खबर का लाहौर के मुसलमानों ने अगले दिन बहुत उत्साह के साथ स्वागत किया। पिछले दिनों के भद्दे अपमान की बजाय अब वे यह नारों का जाप अलापने लगे 'ताजा खबर आई है, खिजर साड्डा भाई है'। काफी समय से मुस्लिम लीग के भीतर एक आंतरिक संघर्ष चल रहा था जिसमें एक तरफ फिरोज खान नून और शौकत हयात थे जो नवाब ममदोत के हाथों से सत्ता हथियाने की कोशिश कर रहे थे लेकिन उन्हें पंजाब में मुस्लिम लीग के कार्यालयों के अधिकांश पदाधिकारियों और अन्य नेताओं का समर्थन हासिल था। नतीजतन वह सर्वसम्मति से दुबारा मुस्लिम लीग विधानसभा पार्टी के नेता चुने गए। शौकत हयात और मियां नुरुल्लाह को क्रमशः उपनेता और सचिव चुना गया। गर्वनर ने ममदोत को सरकार बनाने के लिए आमंत्रित किया। ममदोत ने पंथक असेंबली पार्टी के नेता सरदार स्वर्ण सिंह का दरवाजा खटखटाया और एक मुस्लिम-सिख गठबंधन बनाने में सहयोग करने के लिए कहा। उन्होंने हिंदुओं और सिखों को आश्वासन दिया और कहा कि मुस्लिम लीग का गैर-मुसलमानों पर वर्चस्व थोपने का इरादा कभी नहीं था, 'यह हमारा प्रयास होगा कि हम सबका सहयोग हासिल कर सकें ताकि एक सुखी और समृद्ध पंजाब का निर्माण हो सके' (*पकिस्तान टाइम्स*, 5 मार्च)।

राज्यपाल जेनकींस द्वारा वेवेल के लिए 5 मार्च को लिखे एक टेलीग्राम में उल्लेख किया कि एक गठबंधन बनाने के लिए ममदोत पंजाब विधानसभा के अनुसूचित जाति और ईसाई सदस्यों के समर्थन पर निर्भर थे। राज्यपाल ने महसूस किया कि इस तरह की एक सरकार कांग्रेस और सिखों के कड़े विरोध का सामना करेगी जो एक सविनय अवज्ञा आंदोलन शुरू कर देंगे और पूरे पंजाब में सांप्रदायिक गड़बड़ी फैल जाएगी (कार्टर, 2007a: 57)।

मुस्लिम लीग और सिखों के बीच बातचीत कहीं आगे नहीं बढ़ी। पंजाब कांग्रेस ने एक संयुक्त भारत में अपने विश्वास की पुनः पुष्टि की और 'सांप्रदायिक या अनुभागीय वर्चस्व के आधार पर किसी भी सरकार के आगे न झुकने के अपने दृढ़ संकल्प' की घोषणा की (*पकिस्तान टाइम्स*, 5 मार्च)। विधान सभा के सिख सदस्यों ने भी बैठक की और मुस्लिम लीग के साथ काम नहीं करने का निर्णय लिया। मुस्लिम लीग इन गुटों में से किसी एक के बिना भी पंजाब विधान सभा में एक स्थिर बहुमत हासिल करने में सक्षम नहीं थी।

मुसलमानों की भीड़ ने इमारत को बाहर से घेर लिया और वे नारे लगा रहे थे कि मुस्लिम लीग को हर कीमत पर सरकार बनानी चाहिए। स्थिति बद से बदतर हो गई जब सिख नेता मास्टर तारा सिंह अन्य सिख नेताओं के साथ विधानसभा की सीढ़ियों तक बाहर आये और भीड़ का सामना करते हुए उन्होंने अपनी धार्मिक तलवार कृपाण को म्यान से निकाला और उसे हवा में लहराया। कृपाण लहराने की उस प्रसिद्ध घटना को लगभग उन सभी लोगों ने बताया जो वहाँ मौजूद थे तथा जिनका मैंने जो साक्षात्कार लिया है। मास्टर तारा सिंह ने ठीक-ठीक क्या कहा उसके विभिन्न संस्करण हैं मगर पाकिस्तान की अस्वीकृति करने का संदेश एकदम स्पष्ट था। न्यायाधीश खोसला (1989: 99) का कहना है कि मास्टर ने चिल्ला कर कहा '*कट के देंगे अपनी जान, मगर नहीं देंगे पाकिस्तान।*' 4 मार्च के *ट्रिब्यून* में अलग दृश्य वर्णित है:

> मास्टर तारा सिंह पार्टी के कमरे से बाहर आए और जोर से 'पाकिस्तान मुर्दाबाद' और 'सत श्री अकाल' चीखते हुए पंजाब विधानसभा भवन के मुख्य प्रवेश द्वार से बाहर आए और वहाँ से वे चले गए। सिख विधायक मास्टर तारा सिंह के नेतृत्व में उनके नारों का साथ देने लगे और इसके जवाब में उन्होंने विधानसभा भवन के सामने खड़ी मुसलमानों की एक उग्र भीड़ ने उनका सामना किया तथा वे जवाबी नारेबाजी करने लगे। उनमें से एक बड़ी संख्या ने सिख नेताओं के खिलाफ शत्रुतापूर्ण प्रदर्शन किए और उनमें से कुछ ने अनुचित विशेषणों का प्रयोग किया। पुलिस ने हस्तक्षेप किया और इसके अलावा विभिन्न नारेबाजी करने वालों को एक दूसरे से दूर रखा। इस बीच मियां इफ्तिखार-उद-दीन और मियां मुमताज दौलतना हाजिर हो गए

> और उन्होंने सफलतापूर्वक मुसलमान भीड़ को वहाँ से चले जाने और विरोधी प्रदर्शनों को न करने को कहा (*दी ट्रिब्यून*, 4 मार्च)।

पंजाब विभाजन की पूरी गाथा में कोई अन्य पल अधिक नाटकीय रूप में वर्णित नहीं किया गया जितना कि पंजाब विधानसभा के बाहर मास्टर तारा सिंह की धमकी का। मुसलमान, हिंदू, सिख, ईसाई सभी जो उस प्रकरण के गवाह थे और मुझसे बात की उन्होंने यह गवाही दी कि सिख नेता की नाट्य भावनाएँ एक ऐसी वज़ह साबित हुई जिसने लोगों की जंगली भावनाओं को जगा दिया जिन्हें तब तक प्रशासन द्वारा नियंत्रण में रखा गया था। नानक सिंह ब्रोका सिर्फ संयोग से उस मौके पर उपस्थित होने वाले लोगों में से थे। एक बड़ी मुसलमान भीड़ मॉल रोड पर जमा हुई थी। लोग मास्टर तारा सिंह के खिलाफ नारे लगा रहे थे लेकिन किसी ने उनकी सिख पहचान के बावजूद उन्हें परेशान नहीं किया।

आश्चर्य नहीं कि एस.जी.पी.सी. रिपोर्ट मुख्य अध्यायों में इसके बारे में कोई भी उल्लेख नहीं करती और इसकी कई सौ पृष्ठों की रिपोर्ट साफ तौर पर पक्षपातपूर्ण तरीके से लिखी गई थी क्योंकि इसका उद्देश्य मुसलमानों और मुस्लिम लीग पर सभी अपराधों के आरोप लगाने थे। फिर भी पंजाब के विभाजन की अग्रणी प्रक्रिया में इस घटना का ऐतिहासिक महत्व इतना महान है कि लेखक इसका उल्लेख एक अतिरिक्त अध्याय 'उपसंहार' में करते हैं लेकिन वह भी ममदोत के खिलाफ लगे, पंजाब मुस्लिम लीग के धन के भ्रष्टाचार और गबन के आरोप के एक मामले से संबंधित, एक पाकिस्तानी अदालत में जिरह के दौरान दिए गए सबूत के हिस्से के रूप में (1991: 446)।

दी ट्रिब्यून 3 मार्च की घटनाओं के वर्णन को जारी रखते हुए गौर करता है कि जल्द ही विधानसभा भवनों में हंगामे के तुरंत बाद वकील विधायक सरदार दलीप सिंह ने पार्टी के द्वारा अपना लिए गए एक संकल्प की घोषणा की जिसमें उन्होंने हर संभव साधन के द्वारा सूबे में एक मुस्लिम लीग सरकार की स्थापना के विरोध करने का संकल्प किया, जब तक इसका उद्देश्य पाकिस्तान या प्रांत में मुसलमान वर्चस्व स्थापित करना था – जो सिखों की मातृ-भूमि थी (*दी ट्रिब्यून*, 4 मार्च)।

बाद में उस दिन हिंदू और सिख कपूरथला हाउस के मैदान पर एकत्र हुए जो पुरानी अनारकली के पास था ताकि वे अपने नेताओं को सुन सकें। भाषण कटु थे। मास्टर तारा सिंह ने कहा:

> हे हिंदुओं और सिखों! आपका परीक्षण इंतजार कर रहा है। जापानियों और नाजियों की तरह आत्म विनाश के लिए तैयार रहो। हमारी मातृभूमि रक्त की पुकार दे रही है और हम खून के साथ हमारी माँ की प्यास को संतुष्ट करेंगे। हमने मुघलिस्तान कुचल दिया था और हम पाकिस्तान को रौंद डालेंगे. . . दुनिया हमेशा अल्पसंख्यकों द्वारा शासित की गई है। मुसलमानों ने हिंदुओं से

> राज्य छीन लिया और सिखों ने इसे मुसलमानों के हाथों से छीन लिया और सिखों ने अपनी पूरी ताकत से मुसलमानों के ऊपर शासन चलाया और सिख अब भी उन पर शासन करेंगे। हम उन पर शासन करेंगे और लड़कर सरकार हासिल करेंगे। मैंने बिगुल बजा दिया है, मुस्लिम लीग का खात्मा कीजिए (*दी पार्टिशन ऑफ दी पंजाब*, वॉल्यूम II, 1993: 138)।

एक और सिख नेता, ज्ञानी करतार सिंह ने कहा, 'आज के दिन धर्मयुद्ध शुरू होता है। एक सौ साल पहले लाहौर के किले पर हमारे केसरी झंडे लहरा रहे थे। यही झंडा एक बार फिर से लहराएगा। हमारा फरसा तय करेगा कि मुसलमान राज कर सकेंगे या नहीं। सिख कभी गुरु गोबिंद सिंह के नाम का अपमान नहीं करेंगे' (वही: 351)। एक हिंदू नेता चौधरी कृष्ण गोपाल दत्त ने घोषणा की 'हमारी माँ की गोद से हमें छीनने की और ममदोत की गोद में बैठाने की हिम्मत किस आदमी में है? इस तरह का एक माहौल बनाएँ कि लीग के लिए एक सरकार बनाना असंभव हो जाए' (वही: 35)।

3 मार्च की शाम को कांग्रेस के नेता भी कपूरथला हाउस की बैठक में उपस्थित थे। अपने संबोधन में वे मुस्लिम लीग सरकार का विरोध करने में कोई कम दृढ़ नहीं थे, हालांकि वे सांप्रदायिक गालियों का सहारा नहीं ले रहे थे। इस प्रकार, उदाहरण के लिए कांग्रेस के वरिष्ठ नेता तथा विधायक डॉ. गोपी चंद भार्गव ने सभी पंजाबियों का आह्वान किया जो पाकिस्तान की विचारधारा का समर्थन नहीं करते थे कि वे पाकिस्तान विरोधी दिवस मनाने के लिए अपनी दुकानों और व्यावसायिक परिसरों को बंद रखें और सार्वजनिक बैठकों का आयोजन करें और राष्ट्रीय ध्वज फहराएं (*पकिस्तान टाइम्स*, 5 मार्च)। यह भी घोषणा की गई कि 11 मार्च को पाकिस्तान विरोधी दिवस के रूप में मनाया जाए।

अंदरूनी शहर लाहौर में घूमते हुए, मुझे और अहमद सलीम को हाजी अब्दुल रहमान गिल के साथ संपर्क करने के लिए, शाहालमी गेट के निवासी एक बुजुर्ग सज्जन ने इत्तला दी कि यह परिवार विभाजन से पहले उसी जगह पर रहता था। हमने 30 दिसंबर 2004 को गिल से मुलाकात की और बाद में उनके दावों के स्पष्टीकरण के लिए मेरी ओर से अहमद सलीम ने उनसे 29 सितम्बर 2005 और फिर 15 अक्टूबर 2005 को मुलाकात की। पता चला कि गिल लाहौर में 1947 की घटनाओं के एक अहम गवाह हैं। उन्होंने जोर देकर कहा कि लाहौर में होने वाले दंगे के हमलावर हिंदू और सिख थे। उनके द्वारा पेश कहानी कालक्रम के अनुसार कई अध्यायों में पेश की गई है। जून के अंत में लाहौर से हिंदुओं और सिखों को निकाल बाहर करने के लिए शाहालमी गेट पर आग लगाने की साजिश में गिल खुद शामिल थे।

हाजी अब्दुल रहमान गिल

'3 मार्च 1947 को मास्टर तारा सिंह ने पंजाब विधान सभा की सीढ़ियों पर पाकिस्तान के खिलाफ नारेबाजी की और अपनी कृपाण लहराई; बाद में उन्होंने एक आम सभा को सम्बोधित किया जिसमें दूसरे हिंदू और सिख नेताओं ने भड़काऊ भाषण दिए। उसके बाद हिंदुओं और सिखों ने एक जुलूस निकाला और उत्तेजक नारेबाजी करते हुए वे हिंदू-सिख गढ़ शाहालमी की ओर बढ़े। जब वे बाँसावाला बाजार पहुंचे उन्होंने बाँस और लंबे डंडे बेचने वाली दुकाओं को लूट लिया। उनको हथियार की तरह इस्तेमाल करते हुए उन्होंने मुसलमान, कुम्हारों और सब्जी बेचने वालों पर हमला कर दिया जिनकी दुकानें शाहालमी गेट के बाहर पार्क में स्थित थीं। फिर वे गेट के अंदर घुसे और पापड़ मंडी की तरफ मुड़े। राशन डिपो का एक मालिक नवाब बट्ट और कुछ मजदूर आटे की बोरियां उतारने में व्यस्त थे। दंगाइयों ने हमला किया और नवाब बट्ट को मार दिया। मजदूर और बैलगाड़ी वाला बुरी तरह जख्मी हो गए।

'भीड़ ने फिर नवां बाजार में एक पकौड़े वाले पर हमला कर दिया जो उबलते हुए तेल को उनके ऊपर फेंक कर भाग खड़ा हुआ। इसको मुझे कई चश्म-दीद लोगों ने बताया। मैं एक और हमले का चश्म-दीद हूँ जो एक तांगे वाले के ऊपर हुआ। मैं रंग महल मिशन हाई स्कूल से वापस आ रहा था और मेरे साथ उसी स्कूल में पढ़ रहे मेरे छोटे भाई भी थे। तांगे वाला मछी-हट्टा की तरफ जा रहा था मगर हिंदू उस पर टूट पड़े और उसे कई बार चाकू मारा। वह रास्ते पर ही गिर गया। मैं अब भी अपनी मन की आँखों में उसकी तस्वीर देख सकता हूँ-वह औंधे मुंह सड़क पर लेटा हुआ था। तीसरा कत्ल एक संगीतकार का हुआ जो चौड़ा खू के गाना बजाने वाला (एक पेशेवर म्यूजिक बैंड जो शादी-ब्याह के मौकों पर बुलाया जाता था) का एक सदस्य था। इस प्रकार 3 मार्च 1947 को तीन मुसलमान शहीदी प्राप्त कर गए। अब पूरा इलाका उपद्रवी था। मैंने देखा कि नवां बाजार के मुसलमान नौजवान नवाब बट्ट और संगीतकार की लाशों को लेकर मायो हॉस्पिटल जा रहे थे। उन्होंने जख्मी मजदूरों को भी आपातकालीन वार्ड ले जाने में मदद की। मुझे यह नहीं मालूम कि तांगे वाले की लाश का क्या हुआ।

'मेरे वालिद बिल्ला जट्ट शाहालमी गेट के बाहर अपने डेरे पर थे। वे कई सांप्रदायिक झगड़ों में शामिल थे और हिंदू उन्हें बतौर एक खतरा महसूस करते थे हालांकि उनके सबसे करीबी मित्र भी हिंदू थे। बहरहाल लाहौर में बढ़ती सांप्रदायिक अशांति के चलते कुछ हिंदुओं ने उन्हें खत्म करने का फैसला किया। उनमें से एक ने अपने घर की छत से चिल्ला कर कहा: "बिल्ले पहलवान, मुझे तुमको बताते हुए दुख हो रहा है कि तुम्हारे परिवार का कत्ल हो गया है।" मेरे वालिद ने चीख कर जवाब दिया, "अगर मेरे बच्चे मारे गए हैं तो कोई हिंदू मां या बाप अपने बच्चों को जिंदा नहीं पाएगा।" तब तक मेरे चाचे-ताऊ और मामे हमारे डेरे पर इकट्ठा हो गए थे।

'हिंदू उनको झांसा देकर गेट के अंदर वापस ले आना चाहते थे जहां एक हथियारबंद दल उनको मारने के लिए इंतजार कर रहा था। वालिद ने खतरा भाँप लिया और वे इसके बजाय करीब में मोची गेट की पुलिस चौकी पहुँच गए ताकि वे ओ.सी. दिलदार शाह से बात कर सकें। दिलदार शाह एक बहुत अच्छा और बहादुर इंसान था जो हमेशा मुश्किल में पड़े लोगों की मदद करता था। वालिद यह पता लगाना चाहते थे कि अगर वे शाहालमी गेट के अंदर दाखिल होते तो इसके लिए क्या उन्हें पुलिस हिफाजत मिल सकती थी या नहीं। वे हर तरह की सावधानी लेना चाहते थे क्योंकि वह कई जुर्म के मामलों में शामिल थे जिसमें कत्ल भी था; लेकिन अब उनका एक परिवार था और छोटे-छोटे बच्चे थे, वह अब कानून से टकराना नहीं चाहते थे। दिलदार शाह ने कहा कि इस समय उनके पास राइफल से लैस पर्याप्त पुलिस वाले नहीं हैं। यह सुन कर वालिद डेरे पर वापस आ गए। तब तक मोची गेट से आए तगड़े मुसलमान नौजवान पार्क में इकट्ठा हो गए। मेरे वालिद ने कहा कि वे शाहालमी के अंदर जा रहे हैं क्योंकि उनके पूरे परिवार का कत्ल हो गया है; क्या वे उनके साथ जाएंगे? कोई तैयार नहीं था।

'इसलिए मेरे पिता और मेरे चाचे-ताए और मामा सबसे बुरी खबर के लिए तैयार होने लगे। उन्होंने अपने सिरों पर दस्तारें बांध ली और डंडे तथा दूसरे हथियार तैयार कर लिए। उसी समय दो हिंदू जो मेरे वालिद के जिगरी यार थे; हंस राज सिगरेट बेचने वाला और लाला चुनी लाल एक अचारफरोश आए और वालिद के आगे विनती की कि वह इतनी बड़ी गलती न करें। कुछ हिंदू उनको मारना चाहते हैं। उन्होंने कहा, "यह हमारा फर्ज है कि हम पता लगाएँ कि तुम्हारे परिवार और रिश्तेदारों पर क्या बीती है मगर तुम्हें अंदर नहीं जाना चाहिए।" मेरे वालिद ने उन्हें कोशिश करने को सहमति दे दी। वे हमारे घर आए और जोर से चिल्ला कर बोले, "काका, तुम ठीक हो?" मैंने जवाब दिया, "हाँ, चाचा जी मगर मेरे वालिद कहाँ हैं?" उन्होंने जवाब दिया कि वालिद भी ठीक-ठाक हैं। इस बीच मेरे वालिद और चाचाओं ने फैसला कर लिया कि किसी भी कीमत पर वे अंदर जाएंगे मगर शाहालमी गेट के अंदर दाखिल होने के पहले ही दिलदार शाह द्वारा भेजी गई एक हथियारबंद पुलिस पार्टी आ पहुंची। उन्होंने हवा में गोलियां चलाईं और लोग अपने बचाव में इधर-उधर भागे। मेरे वालिद और चाचा हमारे घर पहुंचे और हमें जिंदा देखकर उन्होंने चैन की सांस ली।

'3 मार्च की रात, 4 मार्च को सारे दिन और 5 मार्च की शाम तक हम अपने घर में रहे। 3 तारीख को रात का कर्फ्यू लगा दिया गया। मगर 5 तारीख से यह दिन में भी लागू था। 5 मार्च को वे दोनों हिंदू दोपहर को आए और वालिद से कहा कि हमारे मोहल्ले कटरा सुसियाँ पर हमले की साजिश रची गई है और इसलिए हमें अपना घर खाली कर दूसरी किसी जगह चले जाना चाहिए जब तक हालात सामान्य नहीं हो जाते। मेरे वालिद ने जो एक निडर और हठी इंसान थे जवाब दिया कि पहले उन्हें मारना पड़ेगा और तब ही कोई उनके बच्चों को हाथ लगा सकता है। जब उन्हें

लगा कि मेरे पिता उनकी सलाह नहीं मानेंगे तो वे मेरे दादा चौधरी फजल दीन के पास गए जो नजदीक के घर में रहते थे। उन्होंने अपनी टोपी उनके पैरों पर रख दी और विनती की "बिल्ले को कहिए कि वह घर खाली कर दे और आप सबको ले जाए" मेरे वालिद मेरे दादा का कभी अनादर नहीं करते थे और जब उन्होंने घर खाली करने का आदेश दिया तो मेरे वालिद मान गए। अस्र (दोपहर की नमाज) के समय हमने अपने घरों पर ताला मारा और अपने नजदीक में नवां बाजार के मुसलमान बहुल इलाके में अपने रिश्तेदारों के साथ रहने के लिए चले गए। हमने जो कपड़े पहने थे उन्हीं में निकल गए इस उम्मीद के साथ कि हम एक-दो दिन में लौट आएंगे। मगर हमारी कई महीनों तक वापसी मुमकिन नहीं हुई जब तक पाकिस्तान नहीं बन गया। इस प्रकार हम शाहालमी गेट के पहले शरणार्थी थे!'

मैंने गिल के सामने इस बात का जिक्र किया कि सरकारी सूत्रों और लाहौर के अखबारों से 4 मार्च का हवाला मिलता है जब झड़पें शुरू हुईं। न तो एस.जी.पी.सी. रिपोर्ट और न ही खोसला रिपोर्ट 3 मार्च का कोई जिक्र करती है। गिल ने वर्णन दिया कि दोनों तरफ के आंदोलनकारियों में लगातार झगड़े 4 मार्च से होने लगे, मगर 3 मार्च को पुरानी अनारकली में आम सभा से लौटते हुए हिंदू और सिख भीड़ ने कुछ मुसलमानों पर हमले कर कुछ लोगों को मार दिया और कई को जख्मी कर दिया। उनको संदेह था कि लोहारी गेट पुलिस थाने के थानेदार पंडित देवी दास ने शायद एफ.आई.आर. दर्ज नहीं की और इसलिए उन कत्लों की जानकारी वरिष्ठ अधिकारियों को नहीं थी। यह सैद्धांतिक तौर पर संभव है क्योंकि पंजाब के दंगों के आंकड़े इकट्ठा करते समय यह देखा गया है कि जो आंकड़े लोगों को याद थे, वे पुलिस रिपोर्टों और पाक्षिक रिपोर्टों के मुकाबले कहीं ज़्यादा थे।

दूसरी तरफ नीचे जिक्र की गई पंजाब के गवर्नर द्वारा वाइसरॉय वेवेल को 5 मार्च को भेजी तार यह इशारा करती है कि कर्फ्यू 4 मार्च को लगाया गया था न कि एक दिन पहले। आखिरकार मुझे वह अविवादित सबूत मिल गया कि गिल जिस घटना का जिक्र कर रहे थे वह 4 मार्च को हुई थी। 4 मार्च के जेनकींस द्वारा लिखे ममदोत के साक्षात्कार का जिक्र करते एक नोट में वह लिखते हैं:

> खान इफ्तिखार हुसैन ममदोत इस शाम विनती कर 6 बज कर 5 मिनट पर मिले। दोपहर में खबरें आईं थी कि शहर के लोहारी गेट और शाहालमी गेट पर दंगे हुए। यकीन किया जा रहा है कि कई मुसलमान मारे गए हैं लेकिन तथ्य अभी मालूम नहीं हैं। पुलिस दस्ते अंदर गए हैं और सेना कोतवाली तक पहुँच रही है। शहर के इलाकों पर रात 8 बजे से सुबह 7 बजे तक, कर्फ्यू लागू कर दिया है (कार्टर, 2007: 232-3)।

यह हो सकता है जब अतीत की घटना को कोई इंसान आधी शतब्दी के बाद याद करता है। तो यह संभव है कि गिल तारीख के मामले में गलती कर रहे हों।

और एक व्याख्या यह हो सकती है कि 3 मार्च को दंगों की शुरुआती तारीख बता कर साक्षात्कार देने वाला झड़पों की शुरुआत करने का आरोप हिंदुओं और सिखों पर लगाना चाहता हो। इस तरह की चाहत को नकारा नहीं जा सकता। बहरहाल मैंने तीनों मुमकिन व्याख्याएँ पेश की हैं। मगर इसमें कोई संदेह नहीं कि तारीख को छोड़ कर गिल द्वारा पेश कहानी भरोसेमंद है क्योंकि हम इसकी पड़ताल अलग-अलग समय पर उनके साथ मुलाकात कर करते आए हैं और मूल कहानी को हम सच मान सकते हैं।

4 मार्च को सांप्रदायिक झगड़े भड़क उठते हैं

4 मार्च 1947 की सुबह बिना किसी संदेह के पंजाब में सुलगती निराशाओं और आक्रमकताओं को खुले तौर पर बाहर ले आई। 3 मार्च की शाम को हिंदुओं और सिखों की सभाओं में यह ऐलान कर दिया गया कि अगले दिन छात्र गोल बाग पर एकत्रित होंगे, जो जिला अदालत और गवर्नमेंट कॉलेज के पास था ताकि वे अपनी नाराजगी प्रकट कर सकें। जेनकींस ने भारत और बर्मा के सेक्रेटरी ऑफ स्टेट, लॉर्ड पेथिक-लॉरेंस को एक तार भेजा जिसकी एक प्रतिलिपि वेवेल को दी गई:

> कल 3 मार्च को लाहौर के मुसलमान उल्लासित थे और शोर मचा रहे थे। गैर-मुस्लिम, खास तौर पर सिख उतने ही क्रुद्ध थे और रात में एक बहुत बड़ी गैर-मुसलमानों की सभा का आयोजन हुआ जिसमें काँग्रेस और सिख नेताओं ने काफी हिंसक भाषण दिए।
>
> आज 4 मार्च को काफी सांप्रदायिक हिंसा हुई है। सुबह मुख्यत: हिंदू छात्रों के जुलूस ने पुलिस के साथ झगड़ा किया और बाद में पुलिस दफ्तर पर हमला कर संपत्ति बर्बाद की। 30 पुलिसवालों को जख्मी किया जिनमें अब तक दो की मौत हो चुकी है। पुलिस ने गोली चलाई और सुना है कि तीन प्रदर्शनकारियों को गोलियां लगीं हैं। आज दोपहर को लाहौर शहर में सांप्रदायिक हिंसा भड़क उठी है। अब तक 6 आम लोगों के मारे जाने और 59 अस्पताल में इलाज करवा रहे लोगों की खबर मिली है जिनमें से 20 गंभीर रूप से घायल हैं। पुलिस अब भी मुठभेड़ कर रही है और मेरी रिपोर्ट अभी अधूरी है। सेना तैयार खड़ी है।
>
> कांग्रेस और सिख मुसलमान शासन का विरोध करने का फैसला कर चुके हैं। ममदोत ने अब भी कोई गठबंधन बनाने में प्रगति नहीं की है और वह अब चाहते हैं कि मुट्ठी भर अनुसूचित जाति और भारतीय ईसाइयों द्वारा समर्थित एक मुसलमान मंत्रालय बना लें। स्थिति गंभीर है और बिना गठबंधन के बड़े पैमाने पर सांप्रदायिक मुसीबत अपरिहार्य लगती है। मैंने ममदोत को बताया है कि इससे पहले कि मैं उसे सरकार बनाने का न्यौता देने पर विचार

> करूँ उसे मुझको एक पक्के संसदीय बहुमत के द्वारा राजी कराना होगा, और उसकी मुसलमान सरकार अल्पकालिक हो सकती है; उसे सरकार बनाने का आमंत्रण देना बिलकुल असंभव हो सकता है। वैकल्पिक धारा 93 है जो संतोषजनक नहीं हो सकती लेकिन संभवत: इसे, आम तौर पर पंजाबियों द्वारा पसंद किया जा सकता है (कार्टर, 2007a, 55)।

विमल इस्सर जो उस समय एक स्कूल की छात्रा थीं को याद आया कि वह अन्य हिंदू लड़कियों के साथ तांगे पर सवार होकर अंदरूनी शहर से स्कूल जाने के लिए रोज की तरह निकलीं मगर आंदोलन शुरू हो गया था और उन्हें वापस भेज दिया गया। इसी तरह इकबाल सिंह जब दयाल सिंह कॉलेज के रास्ते पर थे तब वह झड़पों में फंस गए लेकिन किला गुर्जर सिंह के अपने घर में सुरक्षित रूप से लौटने में कामयाब रहे। अमरनाथ सहगल गवर्नमेंट कॉलेज के अंदर थे जब पुलिस ने हिंदू और सिख प्रदर्शनकारियों पर गोली चलाई।

वेवेल को एक टेलीग्राम में अगले दिन जेनकींस ने सूचना दी कि लाहौर में रात 8 बजे से सुबह 7 बजे तक कर्फ्यू लगा दिया था और सार्वजनिक बैठकों, जुलूस, पांच या उससे अधिक आम लोगों के इकट्ठा होने पर प्रतिबंध लगा दिया था। 4 और 5 मार्च की रातें शांत थीं, लेकिन 5 की सुबह को सांप्रदायिक दंगें फिर भड़क उठे। लाहौर के बाहर कमॉके के पास एक हिंदू-सिख भीड़ ने गुजरांवाला जिले में एक ट्रेन को रोक दिया और संकेत केबिन जला दिया। उसी टेलीग्राम में उन्होंने वाइसराय को सूचित किया कि अमृतसर में 6 और 7 को गड़बड़ी की आशंका थी जो कि होली और होला त्यौहारों के दिन थे और सिखों ने आक्रामक प्रदर्शनों की योजना बनाई थी। मुल्तान से भी गंभीर सांप्रदायिक दंगों की खबरें आ रहीं थीं।

5 मार्च 1947 की *दी ट्रिब्यून* की खबर है कि पिछले दिन–जो पंजाब पर एक कथित सांप्रदायिक बहुमत शासन के खिलाफ अल्पसंख्यकों के प्रदर्शन का एकदम पहला दिन था – पुलिस ने सात बार गोलियां चलाई और एक दर्जन बार प्रदर्शनकारियों पर लाठी चार्ज किया। रत्तन चंद जो दयानंद एंग्लो-वैदिक कॉलेज (डीएवी) के चौथे वर्ष की कक्षा के छात्र थे और छात्रावास के कमरे में खड़े थे पुलिस की गोली लगने से मारे गए। शाम में पुलिस ने लाजपत राय हॉल के सामने से गोलीबारी शुरू कर दी। गोल बाग क्षेत्र में एक अन्य छात्र का गोली लगने से अस्पताल में निधन हो गया, जहां पुलिस ने पांच बार गोलियां चलाईं। लगभग घायल हो गए 60 व्यक्तियों में से 27 को मेयो और सर गंगाराम अस्पताल में भर्ती कराया गया। चौक मट्टी के पास हिंदू और सिख प्रदर्शनकारियों के एक जुलूस पर हमला हुआ; और एक लड़ाई हुई जिसमें लाठी, कुल्हाड़ियों, चाकू और ईंट-बल्ले इस्तेमाल किये गए। लगभग 60 से 70 घायल हुए व्यक्तियों में से बाद में 6 की अस्पताल में मृत्यु हो गई। सूचित किया

गया कि दो कांस्टेबल भी मारे गए। शाम में सांप्रदायिक स्थिति कुछ सुधरी जब जिला मजिस्ट्रेट (उपायुक्त भी) श्री यूस्टेस ने घोषणा की कि अगले दस दिन तक रात 8 बजे से सुबह 7 बजे तक बीच कर्फ्यू लागू रहेगा। श्री यूस्टेस ने आधी रात से थोड़ी देर पहले *दी ट्रिब्यून* के प्रतिनिधि को बताया कि स्थिति 'अच्छी तरह से नियंत्रण में' है। तैयार खड़ी सेना शाम को बुलाई गई।

खोसला ने अन्य ब्यौरा दिया है। उन्होंने लिखा है कि 4 मार्च को सुबह 10 बजे, हिंदू-सिख छात्र अनारकली बाजार से एक जुलूस में गोल बाग जाने के लिए निकले और वे 'पाकिस्तान मुर्दाबाद' चिल्ला रहे थे। पुलिस ने पहले से ही जिला अदालतों के प्रवेश को घेर लिया था। जब उन्हें अदालतों में प्रवेश नहीं मिला तो छात्रों ने गवर्नमेंट कॉलेज के सामने चौक में एक हड़ताल का आयोजन करने के लिए इकट्ठा होना शुरू किया। प्रधानाचार्य श्री बुखारी ने पुलिस को बुलाया और उसने कॉलेज की भीड़ पर गोलीबारी शुरू कर दी जिससे वहाँ कई लोगों की मौत हो गई। गैर-मुसलमानों का एक और जुलूस दोपहर नेशनल गार्ड के साथ भिड़ गया। बाद में शहर के विभिन्न भागों में गैर-मुसलमानों पर छुरेबाजी की गई और दंगे शुरू हो गए। अंदरूनी शहर के सुआ बाजार और चौक रंग महल में कई हिंदू दुकानों को आग के हवाले कर दिया गया। शाम तक मेयो अस्पताल में गैर-मुसलमानों के 37 हताहतों की संख्या के मामले दर्ज किए। (खोसला, 1989: 101)।

5 मार्च को गवर्नर का शासन लागू किया गया

वेवेल के साथ सलाह कर, जेनकींस ने भारतीय सरकार अधिनियम 1935 की धारा 93 के तहत जिसमें आपातकालीन हालातों में, कानून और व्यवस्था का भंग होने समेत गवर्नर के शासन को लागू करने का प्रावधान था, सीधे तौर पर पंजाब का नियंत्रण अपने हाथों में ले लिया। पंजाब ब्रिटिश शासन के अंत तक धारा 93 के तहत शासित रहा। मुस्लिम लीग को सरकार बनाने के लिए अनुमति देने के लिए जेनकींस द्वारा इंकार को लेकर काफी विवाद घिरा हुआ है। राज्यपाल का रुख यह था कि मुस्लिम लीग के नेता नवाब ममदोत उसे समझाने में विफल रहे कि पंजाब विधानसभा में उन्हें बहुमत हासिल था। ममदोत और जेनकींस के बीच 5 तारीख को पत्राचार तेज हो गया और ममदोत राज्यपाल को समझाने की कोशिश कर रहे थे कि उनको अस्सी मुस्लिम लीग विधायकों, चार अनुसूचित जाति के सदस्यों, एक यूरोपीय और दो भारतीय ईसाइयों का समर्थन हासिल है। उन्होंने दावा किया कि विधायिका का सत्र फिर से शुरू होने से पहले उनका समर्थन करने के लिए 100 सदस्यों तक बढ़ने की संभावना है। जेनकींस ने उनसे उत्तर में कहा कि सरकार चलाने के लिए वह एक स्थिर बहुमत दिखाएं। उन्होंने मांग की कि ममदोत अपने समर्थकों के नाम लिख कर पेश करें; जो ममदोत

की पार्टी से नहीं थे वे उनकी सरकार का समर्थन करने के लिए लिखित प्रतिज्ञाएं दें कि वे उनकी सरकार को आत्मविश्वास के सभी सवालों पर समर्थन देंगे (कार्टर, 2007a: 57)। ममदोत लगातार यही कहते रहे कि उनको 90 से अधिक सदस्यों का समर्थन हासिल है और यह भी कहा कि उसके 100 के ऊपर जाने की संभावना है। राज्यपाल ने 5 मार्च को जवाब दिया:

> मेरा अपना विचार यह है कि कोई भी सरकार जिसमें सारे पंजाबियों का आम तौर पर विश्वास नहीं है हमारी मौजूदा समस्या का हल नहीं कर सकती और इस बारे में आपको सोचना है कि क्या इस उपलब्ध समय में आपको दूसरे समुदायों के लोगों से बात-चीत नहीं करनी चाहिए। इस विषम स्थिति में मैं आपको सुझाव दूँगा कि आपके और हिंदू-सिख नेताओं द्वारा जारी किए गए बयानों द्वारा मौजूदा सांप्रदायिक हिंसा की निंदा का एक बेहतरीन असर होगा। मुझे विश्वास है कि आपकी पहल द्वारा इस तरह के बयान को बहुत अच्छे तरीके से लिया जाएगा (कार्टर, 2007a, 238)।

ममदोत ने इसका तुरंत पालन किया और शांति के लिए अपील की। इसके बाद मियां इफ्तिखारुद्दीन और मुमताज दौलतना ने भीम सेन सच्चर और स्वर्ण सिंह से मुलाकात की ताकि जनता की राय के सभी वर्गों का प्रतिनिधित्व करने वाली एक शांति समिति की नींव रखी जा सके। वे सहमत हो गए। वे पंजाब विधानसभा के स्पीकर और ईसाई नेता दीवान बहादुर एस.पी. सिंघा, के निवास पर 6 मार्च को मिले। दूसरे सदस्य थे मास्टर तारा सिंह और डॉ. गोपी चंद भार्गव। सी.ई. गिब्बोन (एंग्लो-इंडियन विधायक) को समिति के दूत का काम करने के लिए मनोनीत किया गया ताकि वे अमृतसर जाएँ और तारा सिंह से मिलें। मगर पुलिस ने उन्हें खबर दी कि अमृतसर में गंभीर फसादों की वजह से उन्हें मिलना संभव नहीं है। बाद में तारा सिंह लाहौर आए और शांति समिति से मुलाकात की मगर जो दूरियाँ मुस्लिम लीग, काँग्रेस और सिखों के बीच पैदा हो गईं थी कम न हो सकीं। बाद के दिनों में वेवेल को जेनकींस द्वारा भेजे गए टेलीग्राम में बात की गई थी कि स्थिति को नियंत्रण में लाया जा रहा है। छुरेबाजी के अलग-अलग मामले सामने आए। पहले से ही 6 मार्च को लाहौर एरिया कमांडर ने दो ब्रिटिश बटालियनों को 14.00 बजे इस निर्देश के साथ भेजा कि वे शहर में व्यवस्था बहाल और दंगाइयों को काबू करें। उन्होंने खबर दी कि फौज को देखते ही दंगाई भाग गए। कर्फ्यू को लगातार 48 घंटे तक जारी रखा और जिस मुद्दे पर सब से ज़्यादा जोर दिया गया वह यह था कि 34 दिन तक चली मुस्लिम लीग की सीधी कार्रवाई के दौरान मुसलमान बहुल पुलिस ने एक भी गोली नहीं दागी जबकि लाहौर में गैर-मुसलमान छात्रों पर पहले ही दिन गोलियां चला दी गईं जिसमें लोग जख्मी हुए और मारे भी गए।

किसी भी मामले में 5 मार्च के बाद अंदरूनी शहर लाहौर के कई हिस्सों में हिंसा फैल गई। किनारी बाजार, कसेरा बाजार और रंग महल में दुकानों को लूटना और जलाना शुरू हो गया। जब गैर-मुसलमानों ने प्रतिरोध किया तब पुलिस पार्टी के साथ एक मुसलमान सब इंस्पेक्टर घटनास्थल पर पहुंचे और गोलीबारी शुरू की। जब उस सब-इंस्पेक्टर को एक हिंदू युवा ने रोकने की कोशिश की तो उसके उसने गोली मार दी और वह मर गया (खोसला, 1989: 102)। नतीजतन सभी तरफ तनाव और चिंता में वृद्धि हुई। स्कूलों को बंद कर दिया गया और माता-पिता द्वारा बच्चों को घर पर रखा गया। 11 मार्च को विरोध दिवस के रूप में मनाने के लिए सिख-कांग्रेस निर्णय अमल में नहीं लाया जा सका क्योंकि सरकार ने सभी जुलूसों पर प्रतिबंध लगा दिया था। संघर्ष और सहवर्ती हिंसा और रक्तपात के होते हुए भी लाहौर के ज़्यादा हिस्सों में शांति बनी रही। विभिन्न इलाकों में बुजुर्गों ने मुलाकात की और आपसी हिंसा नहीं करने पर सहमत हुए। कई हिंदुओं ने मिलकर लाहौर में निम्नलिखित अपील जारी की:

> हम कूचा मेला राम, भट्टी गेट के अंदर लाहौर के अधोहस्ताक्षरी हिंदू निवासी पिछले मंत्रालय के इस्तीफे और फलस्वरूप 4 मार्च 1947 के बाद हिंदुओं, मुसलमानों और सिखों के बीच राजनीतिक मतभेद के नतीजतन, रक्तपात और आगजनी के द्वारा पैदा हालातों की निंदा करते हैं। हम अपने मुसलमान पड़ोसियों का धन्यवाद करते हैं कि उन्होंने हमें अपने क्षेत्रों में सुरक्षित रखा। हालांकि हम अल्पमत में हैं, हम सुरक्षित हैं। उन्होंने हमें वे सभी सुविधाएं प्रदान की हैं जिनकी हमें जरूरत है। हम उम्मीद करते हैं कि भविष्य में भी वे ऐसी ही उदारता का सबूत देंगे जहाँ भी वे बहुमत में हैं।
>
> हम अपने हिंदू और सिख भाइयों से अपील करते हैं कि उन्हें भी मुसलमान अल्पसंख्यकों को संरक्षण देना चाहिए। यह व्यवहार और उपचार केवल समुदाय के लिए ही फायदेमंद नहीं होगा, लेकिन यह हिंदू-मुस्लिम-सिख एकता को बढ़ावा भी देगा और इस प्रकार हमारे प्रांत की प्रगति के लिए राह दिखाएगा।
>
> (हस्ताक्षर) मनोहर लाल, बनारसी लाल, राम रतन आनंद, विश्व सूरी, मदन गोपाल, झंडू राम, सरदारी लाल चड्ढा, राम लुभाया सूरी, मूल चंद और अन्य (*पकिस्तान टाइम्स*, 8 मार्च)

मुस्लिम लीग के नेताओं ने शांत रहने की जरूरत को एक बार फिर से दोहराया और अल्पसंख्यकों को आश्वासन दिया कि उनकी सुरक्षा सर्वोपरि है और मुसलमान उनकी रक्षा करेंगे। इस खबर का कि 8 मार्च को दिल्ली में कांग्रेस कार्यसमिति ने पंजाब के विभाजन की सिख मांग के पीछे खड़े होने का फैसला किया है स्वाभाविक रूप से पंजाबी नेताओं ने मिश्रित भावनाओं द्वारा स्वागत किया। पंजाब मुस्लिम लीग ने इसे सिर्फ एक दबाव की रणनीति और एक चुनौती माना। लाहौर में दूसरी ओर कांग्रेस

और सिख नेताओं ने पाकिस्तान की मांग पर अपना विरोध व्यक्त करने के लिए एक मजबूत बयान जारी किया। एक संयुक्त बयान में उन्होंने कहा कि वे 'किसी भी हालत में मुस्लिम लीग द्वारा एक मंत्रालय के गठन के लिए थोड़ा सा भी आश्वासन या समर्थन देने की मंशा नहीं रखते' और वे 'किसी भी आकार या रूप के पाकिस्तान के खिलाफ थे' (कार्टर, 2007a, 71)। 14 मार्च को, नेहरू और बलदेव सिंह लाहौर आए और प्रभावित क्षेत्रों का दौरा किया। उन्होंने पंजाब की राजधानी में बढ़ती हिंसा पर काफी चिंता जाहिर की।

संदर्भ

अहमद इश्तियाक, 'दी 1947 पार्टिशन ऑफ पंजाब: आर्गुमेंट्स पुट फोर्थ बिफोर दी पंजाब बाउंडरी कमिशन बाई दी पार्टिस ईन्वोल्व्ड;, (में) इयन टेलबोट एंड गुरहरपाल सिंह (सं.), *रीजन एंड पार्टिशन: बेंगाल, पंजाब एंड दी पार्टिशन ऑफ द सब्कोंटीनेंट*, कराची: ऑक्सफोर्ड यूनिवर्सिटी प्रैस, (1999)।

देक्सेल, मारकस, 'डीअरबनाईजिंग दी सिटी: कोलोनियल कोग्नीशन एंड द पीपल ऑफ लाहौर' (में) टेलबोट एंड शिंदर थंडी (सं.), *पीपल ऑन दी मुव: पंजाब कोलोनियलिस्म, एंड पोस्ट-कोलोनियल माइग्रेशन*, कराची: ऑक्सफोर्ड यूनिवर्सिटी प्रैस, (2004)।

गुजराल, एस, *ए ब्रश विद लाइफ: एन ऑटोबायोग्राफी*, दिल्ली: वाइकिंग बुक्स, (1997)।

खोसला, जस्टिस जी.डी., *स्टर्न रेकोनिंग*, (1989)।

तालिब, एस. गुरबचन सिंह, *मुस्लिम लीग अटैक ऑन सिख्स एंड हिंदुज इन द पंजाब 1947*, नई दिल्ली: वॉइस ऑफ इंडिया, (1991)।

सरकारी दस्तावेज

मैनसर्घ, एन. एंड मून, पी. (संपा.), दी *ट्रान्सफर ऑफ पावर 1942-47, 4 नवम्बर 1946-22 मार्च 1947,* वॉल. IX, लंदन: हर मजेस्टी'स स्टेशनरी ऑफिस, (1980)।

कार्टर, एल. (एड.), *पंजाब पॉलिटिक्स 3 मार्च 1947-31 मई 1947, एट दी एबीस, गवर्नर्स फोर्टनाइटली रिपोर्ट्स एंड अदर की डॉक्युमेंट्स,* दिल्ली: मनोहर, (2007a).

सेंसस ऑफ इंडिया, 1941, वॉल. XI, पंजाब, शिमला: गवर्नमेंट ऑफ इंडिया प्रैस, (1941)।

अखबार

दी पाकिस्तान टाइम्स, लाहौर, 1947

दी ट्रिब्यून, लाहौर, 1947

साक्षात्कार

बी.आर. चोपड़ा, मुंबई, 4 जनवरी 1997

अमरनाथ सहगल, दिल्ली, 20 अक्टूबर 1999

नानक सिंह ब्रोका, मुंबई, 23 अक्टूबर 1999

मियां मकसूद अहमद, लाहौर, 3 अप्रैल 2003

मियां मुहम्मद सलीम, लाहौर, 4 अप्रैल 2003

आरिफ खोखर, लाहौर, 4 अप्रैल 2003

हाजी अब्दुल रहमान गिल, 30 दिसंबर 2004; 29 सितंबर 2005; 15 अक्टूबर 2005

हुकुम कुरेशी, लाहौर, 20 मार्च 2005

सय्यद अहमद सईद किरमानी, 21 मार्च 2005

विमल इस्सर, दिल्ली, 30 अक्टूबर 2005

इकबाल सिंह, दिल्ली, 31 अक्टूबर 2005

7

मार्च 1947 के दंगे

अमृतसर और जालंधर

बँटवारे के पहले अमृतसर पंजाब का दूसरा सबसे बड़ा शहर था। लाहौर के बाद यह सबसे बड़ा व्यापारिक केंद्र था। एक सौ साल पहले इसके रहने वालों की तादाद लाहौर से ज़्यादा थी। ऐतिहासिक और धार्मिक दृष्टि से यह सिख धर्म का सबसे अहम शहर है क्योंकि सबसे पवित्र स्थान स्वर्ण मंदिर यहाँ स्थित है। सिख शहर के आसपास के गांवों में बड़ी संख्या में पाये जाते थे. हिंदुओं और सिखों की शहर की दीवारों के अंदर बहुलता थी जबकि मुसलमान फाटकों के आसपास और रेलवे लाइन के पास शरीफपुरा जैसे बड़े इलाकों में रहते थे। हालांकि हिंदू और सिख अमीर समुदाय थे मुसलमान व्यापारी भी प्रमुख थे और इसलिए आर्थिक संतुलन तो पूरी तरह से गैर-मुसलमानों के पक्ष में झुका हुआ नहीं था। इस प्रकार हिंदू-सिख समूह संख्या में लगभग बराबर थे, जबकि मुसलमान पूरे तौर पर जिले में एक अल्पसंख्यक समुदाय थे। लाहौर डिवीजन में यह एकमात्र जिला था जो एक गैर-मुसलमान बहुमत रखता था। दोनों शहरों के बीच की दूरी लगभग 30 मील या 48 किलोमीटर से थोड़ा अधिक थी। तेज सड़क और रेल यातायात के माध्यम से उन दोनों के बीच नियमित व्यापार और वाणिज्य कायम था। मार्च 1947 में, अमृतसर जिले का प्रशासन जे.डी. फ्रेजर के अधीन था।

2 मार्च को पंजाब मंत्रालय के गिरने की खबर और अगले दिन मास्टर तारा सिंह द्वारा पंजाब विधानसभा के बाहर अपनी कृपाण लहराने की नाटकीय खबर उसी दिन अमृतसर पहुंच गई जब लाहौर में काम के सिलसिले में गए लोग अपने दिन के काम के बाद लाहौर से लौटे। सिख जो मुसलमानों की तरह एक बेहद भावुक और उत्तेजनीय लोग हैं, कई हफ्तों से सड़कों पर मुसलमान ताकत का प्रदर्शन बड़ी चिंता के साथ देख रहे थे। अब जबकि मास्टर तारा सिंह ने मुसलमानों से सीधी टक्कर करने का आह्वान किया तो स्थिति एकदम उफान पर पहुंच गई। अब सिर्फ जरूरत थी एक उत्तेजना की ताकि दोनों समूह आपस में भिड़ जाएं। इस तरह का एक अवसर 4 मार्च को आ

1941 की जनगणना के अनुसार जनसंख्या का चित्र		
अमृतसर शहर की कुल जनसंख्या (अमृतसर नगरपालिका और छावनी को लेकर)	संख्या	हिस्सा (%)
सारे समुदाय	3,90,930	100.0
मुसलमान	1,83,850	47.0
हिंदू, अनुसूचित जातियों को लेकर	1,44,010	36.8
सिख	58,76	15.0
अन्य: ईसाईयों, अधर्मियों, जैन और पारसियों को लेकर	4,319	1.1
अमृतसर जिला	संख्या	हिस्सा (%)
सारे समुदाय	14,13,876	100.0
मुसलमान	6,57,695	46.5
हिंदू, अनुसूचित जातियों को लेकर	2,16,778	15.3
सिख	5,10,845	36.1
अन्य: ईसाईयों, अधर्मियों, जैन और पारसियों को लेकर	28,540	2.0

गया जब कुछ अकाली एक तांगे में बैठ कर चारों ओर अमृतसर के मुख्य चौराहों पर नगाड़ा पीटते हुए घूमने लगे। इफ्तिखार (1991: 95) के मुताबिक, जिनका परिचय मैंने पहले अध्याय में कराया है और जिन्होंने 1947 के अमृतसर के बारे में एक बड़ी कृति लिखी है, सिख चिल्ला कर कह रहे थे:

जो मांगे पाकिस्तान
उसको देंगे कब्रिस्तान
नहीं बनेगा पाकिस्तान
बन के रहेगा सिखिस्तान

जब वे शहर के मुख्य केंद्र हाल बाजार की गोल हट्टी पहुंचे उन्होंने फिर अपना नगाड़ा बजाया और एक भीड़ इकट्ठा हो गई। इसके बाद एक व्यक्ति ने मुसलमानों के खिलाफ भाषण दिया। एक दुकान का मालिक जो कृपाण बनाने में निपुण था वह उन्हें सिखों में बांटने लगा। मुसलमानों ने इन नारों द्वारा जवाब दिया:

बन के रहेगा पाकिस्तान
ले के रहेंगे पाकिस्तान

इसका अंजाम यह हुआ कि दोनों समुदायों के बीच कई मुठभेड़ों में से पहली मुठभेड़ गोल हट्टी चौक में हुई। मुसलमानों ने पत्थर, ईटें और सोडा पानी की बोतलें फेंकी, जबकि सिखों ने अपनी कृपाणों के साथ हमला किया। पुलिस आई और

बाजार को बंद करने का निर्देश दिया। मगर अफवाहें फैल रही थीं कि सिखों ने सात मुसलमानों को एक अलग जगह फौवारा चौक पर मार दिया और स्वर्ण मंदिर के पास एक मुसलमान तांगे वाले की बांह काट दी। जबकि इस तरह की अफवाहें फैल रही थीं एक मुसलमान राहगीर को हिंदू धर्मान्धों ने मार दिया। इस खबर ने मुसलमानों को व्यथित कर दिया। नतीजतन, मेहराज दीन उर्फ भोला, अनवर मिंटो, मूस पहलवान, नसीर खान, बशीर पहाड़िया, मौलवी हसन, रफीक गोटेवाला, जावा, गोगी और गामी बदला लेने की फिराक में थे। एक खुल्लम-खुल्ला टक्कर हुई जिसमें ईंटों, चाकू, तलवार और सोडा-पानी की बोतलों का प्रयोग हुआ। इफ्तिखार के अनुसार गैर-मुसलमानों को दूर भगा दिया। मुसलमान बाहुबलियों ने अपने सह-धर्मियों के शवों को वापस लिया जिन्हें सिखों ने मार डाला था। जब वे लौट रहे थे उनका सामना सिख और हिंदू समकक्षों से हुआ तथा एक और फसाद शुरू हो गया। इस समय मुसलमानों ने अपने सह-धर्मियों की मौतों और चोटिल हुए लोगों का बदला ले लिया। गैर-मुसलमानों के शवों को कुओं में फेंक दिया या ठेलों पर रख दिया और बैजनाथ हाई स्कूल के पास एक धारा में फेंक दिया (वही: 97)।

महान सिंह गेट और चौक फरीद पर मुकाबले

अमृतसर अब सशस्त्र मुसलमान और हिंदू-सिख गिरोहों के बीच आखरी मुकाबले के लिए तैयार था। बंदूकों और खंजर के साथ हथियारों से लैस फूला सिंह बुर्ज के अकालियों द्वारा 5 मार्च को महान सिंह गेट के मुसलमानों पर हमला किया गया लेकिन कटरा महान सिंह, कूचा डबग्रान और छील मंडी के मुसलमानों के संयुक्त प्रयासों के चलते इसे पीछे हटा दिया गया। दोनों पक्षों को मौतों और चोटों का सामना करना पड़ा लेकिन सिखों को कथित तौर पर इफ्तिखार के अनुसार अधिक नुकसान उठाना पड़ा। अगले दिन चौक फरीद के मुसलमानों पर सिखों ने हमला कर दिया। जाने-माने अकाली नेता ऊधम सिंह नगोके और अमृतसर के प्रसिद्ध हिंदू बाहुबली बिजली पहलवान के बेटे मदन ने बंदूकों, भालों और अन्य हथियारों से लैस होकर स्वर्ण मंदिर से हमले का नेतृत्व किया। मुसलमान पक्ष की ओर से भी पूर्ण प्रतिरोध किया गया जिसमें महिलाओं ने भी भाग लिया। दोनों पक्षों को मौतों और चोटों का सामना करना पड़ा। चौक फरीद में मुकाबले से लौट रहे सिखों और हिंदुओं ने कटरा जैमल सिंह में मुसलमानों की दुकानों और अन्य इमारतों को आग लगा दी। लाखों रूपए की क्षति हुई (इफ्तिखार, 1991: 100-107)। इयान टैलबोट जिन्होंने कुछ साल पहले अमृतसर में शोध किया उन्होंने घटनाओं का विस्तृत वर्णन किया है। इफ्तिखार और एक अन्य लेखक चौधरी मोहम्मद दोनों का जिक्र करते हुए, टालबोट ने जिक्र किया कि 6 मार्च तक अमृतसर आग से जल रहा था। (2004: 83-4)।

एस.जी.पी.सी. रिपोर्ट

एस.जी.पी.सी. रिपोर्ट ने घटनाओं का एक अलग कालक्रम प्रस्तुत किया है। यह दावा किया गया है कि अमृतसर मुस्लिम लीग के मुसलमानों ने 3 मार्च को एक समिति का गठन किया था ताकि घायलों को प्राथमिक चिकित्सा उपलब्ध करायी जा सके। यह आखिरी मुकाबले के लिए एक लंबी चलने वाली योजना बनाने का संकेत था। इसके अलावा यह भी कहा गया कि मुसलमान हथियार और पेट्रोल इकट्ठा कर रहे थे। तथा पुलिस अन्य सरकारी पदाधिकारियों द्वारा सहायता प्रदान की गई थी। मुसलमान सिखों का उनके सबसे महत्वपूर्ण शहर में मनोबल तोड़ देना चाहते थे। अगर ऐसा होता तो बल द्वारा पाकिस्तान की स्थापना के बड़े लक्ष्य के लिए प्रतिरोध कमजोर और विफल हो जाता। रिपोर्ट ने आरोप लगाया कि मुस्लिम लीग द्वारा हमले के लिए तैयारी 4 मार्च को पूरी कर ली गई थी और हिंसा फैलाने के लिए दी गई तारीख 5 मार्च थी। रिपोर्ट दावा करती है कि तीन या चार सिख शिरोमणि अकाली दल की ओर से चारों ओर यह घोषणा कर रहे थे कि शाम को एक जनसभा आयोजित की जाएगी जो मुस्लिम लीग के पाकिस्तान की स्थापना के आह्वान पर चर्चा करेगी। उन पर मुसलमानों ने चौक मोनी पर पत्थरों से हमला किया और एक सिख भाई मंगल सिंह मारा गया (1991: 144-6)। रिपोर्ट में यह भी आरोप लगाया गया है कि मुसलमान हजारों की तादाद में सारे शहर में छोटी इकाइयों के रूप में गठित होने लगे और शहर में सभी प्रवेश की जगहों को बंद कर दिया।

4:00 बजे (संभवत: दोपहर में) शकहीन हिंदुओं और सिखों, हॉल बाजार एवं मुख्य व्यवसाय केंद्र पर मुसलमानों ने हमला किया और वहाँ कईयों की मौत हो गई। इसके बाद मुसलमानों ने हर जगह संपत्ति लूटना शुरू किया। पुलिस खड़ी रही हालांकि जो कुछ हुआ वह पुलिस कोतवाली के बिल्कुल करीब था। बाद में 5:00 बजे कई सिख श्रमिकों को मार गिराया गया जब वे कारखानों से बाहर आये। पहले मारे गए लोगों के अलावा कुल अठारह शव मुर्दाघर भेजे गए लेकिन कई शवों को जला दिया गया या कुओं और गंदे तालाबों में फेंक दिया गया (वही: 147-8)।

एस.जी.पी.सी. रिपोर्ट में यह दावा किया गया है कि चूंकि हिंदू और सिख शहर के केंद्र में रहते थे उन्हें शहर के बाहरी इलाकों में रहने वाले मुसलमानों ने घेर लिया था। इसलिए जब गड़बड़ी फैली तब फंसे हुए हिंदुओं और सिखों पर हमले करने के लिए मुसलमान बेहतर हालात में थे। इसके अलावा जिन्होंने हमले में हिस्सा लिया उन्होंने मुस्लिम लीग नेशनल गाड्र्स की पोशाकें और हेलमेटें पहनी हुई थी। और तो और, अमृतसर के प्रशासन ने जो डाक्टरों और दूसरे स्टाफ समेत मुख्यत: मुसलमान था उन्होंने उनके पास आए जख्मी गैर-मुसलमानों का उपचार करने से इंकार कर दिया।

रेलगाड़ी पर हमला

अमृतसर के थोड़ा बाहर शरीफपुरा नामक मोहल्ले के करीब आती हुई रेलगाड़ी पर भयंकर हमला हुआ जिसमें हिंदुओं और सिखों के टुकड़े कर दिए गए। मार्च के शुरु में इसने अमृतसर में सांप्रदायिक हिंसा की चिंगारी का काम किया। रेलगाड़ी में हुए कत्लेआम के बारे में मैंने अमृतसर और लाहौर में कई लोगों से बात-चीत की। उनको याद था कि यह घटना शरीफपुरा में हुई थी जो अमृतसर शहर से बाहर का इलाका था और जिसकी वजह से आने वाले दिनों में हिंसा को बढ़ावा मिला था हालांकि आश्चर्य की बात है कि इसका किसी सरकारी रिपोर्ट जैसे कि गवर्नर की रिपोर्ट या मुख्य सचिव की रिपोर्ट में जिक्र तक नहीं है। एस.जी.पी.सी. रिपोर्ट ने ट्रेन पर हमले की तारीख 6 मार्च बताई है। यह इल्जाम लगाया है कि मुसलमानों ने न सिर्फ हिंदू और सिख पुरुषों को बल्कि बच्चों और औरतों को भी मार दिया (पृ. 151)। जस्टिस खोसला (पृ. 102) और लाहौर के *दी ट्रिब्यून* (8 मार्च 1947) ने भी 6 मार्च की तारीख बताई है जिस दिन यह अत्याचार हुआ।

इफ्तिखार ने ट्रेन की घटना का विस्तृत ब्यौरा दिया है। उनके मुताबिक यह मुसलमानों के खिलाफ 6-7 मार्च की रात को चौक प्रागदास में हुए एक बड़े हमले का बदला था (इफ्तिखार, 1991: 110)। लेकिन जब वह ट्रेन के हमले से पहले की घटनाओं का जिक्र करते हैं तो लगता है कि वह चौक प्रागदास की घटना को छोड़ कर गैर-मुसलमानों द्वारा दूसरी किसी घटना का जिक्र कर रहे हैं। वह दावा करते हैं कि शरीफपुरा के मुस्लिम रेलवे लाइन के पास फौजी ड्रिल और लड़ने की प्रक्रिया का अभ्यास करते थे ताकि वे करीब के शरीफपुरा मोहल्ले की हिफाजत कर सकें। उन्होंने लिखा है कि जब डेरा बाबा नानक से यह गाड़ी शरीफपुरा के पास आ रही थी हमीद नामक व्यक्ति गाड़ी पर चढ़ गया और उसने गाड़ी के आपातकालीन लीवर को खींचा और गाड़ी रुक गई। पास में ही अभ्यास कर रहे मुसलमानों को उसने चीख कर कहा कि कुछ डब्बों में वे हिंदू और सिख थे, जिन्होंने डेरा बाबा नानक स्टेशन पर मुसलमानों के खिलाफ हिंसा की थी। यह सुन कर वे गाड़ी में कूद कर चढ़ गए और एक ने ड्राईवर के शरीर में भाला घुसेड़ दिया जबकि दूसरे मुस्लिम डेरा बाबा नानक के हिंदू और सिख दोषियों का कत्ल करने लगे। इफ्तिखार यह भी कहते हैं कि इस्लामी बहादुरी की रवायतों के मुताबिक औरतों और बच्चों को छोड़ दिया गया (1991: 135-6)।

मैं डेरा बाबा नानक में मुसलमानों पर हमले के किसी भी संदर्भ को खोज निकालने में असमर्थ रहा हूँ; और न ही साक्षात्कार देने वाले किसी इंसान को यह घटना याद है। उपरोक्त विवरण के अनुसार, कुछ निश्चितता के साथ हम इस नतीजे पर पहुँच सकते हैं कि ट्रेन पर हमला चौक प्रागदास पर हमले के पहले 6 मार्च को हुआ। यह संभव

है कि इफ्तिखार तिथियों को लेकर उलझन में हों। यह भी हो सकता है कि हिंसा के भड़काने के लिए वह हिंदुओं और सिखों पर दोष मढ़ने का प्रयास हो।

चौक प्रागदास पर मुसलमानों का नरसंहार

बहरहाल अमृतसर में तेजी से बिगड़ती स्थिति में अगली घटना जिसने हिंसा को बढ़ा दिया वह थी मुसलमानों का चौक प्रागदास नरसंहार। इफ्तिखार ने लिखा कि शेख सादिक हसन मुसलमान लीग के अमृतसर के प्रमुख की अध्यक्षता में 5 मार्च को माओ कॉलेज में एक आपात बैठक आयोजित की गई थी। यहाँ शहर के सभी कुलीन मुसलमान उपस्थित थे। यह निर्णय लिया गया कि हिंदू और सिख बहुल इलाकों में रहने वाले मुसलमानों को सुरक्षित क्षेत्रों में ले जाना चाहिए। कई परिवारों ने सलाह मान ली और उन्होंने शरीफपुरा में स्थानांतरित होने का निर्णय लिया। उनमें वे लोग भी थे जो चौक प्रागदास और चौक मन्ना में रहते थे और जो हिंदू और सिख इलाकों से घिरे थे। मगर मौलवी मुहम्मद यूसुफ ऊंची मस्जिद के इमाम और कुछ अन्य लोगों ने अपने घर छोड़ने से इंकार कर दिया क्योंकि उन क्षेत्रों में शांति बनाए रखने के लिए उन्होंने हिन्दुओं और सिखों के साथ एक समझौता किया था। ये लोग राष्ट्रवादी थे जो मजलिस-ए-अहरार से नाता रखते थे और गैर-मुसलमानों के साथ उनके अच्छे संबंध थे (1991: 105-6)।

इफ्तिखार इल्जाम लगाते हैं कि स्थानीय शांति समिति के सदस्य दो सिख महिंदर सिंह और ध्यान सिंह ने विश्वासघात किया। वे मुसलमानों को उनके हथियार समर्पित करने के लिए समझाने में सफल हो गए। सिखों ने उन मुसलमानों के घरों में तलाशी भी ली जिन्हें वे अविश्वसनीय मानते थे। नतीजा यह हुआ कि चौक प्रागदास के मुसलमानों के पास अपनी रक्षा के लिए कोई हथियार नहीं बचा। बाद में हिंदुओं और सिखों ने बैठक का आयोजन किया जिसमें पिछले दो दिनों में मुसलमानों के साथ लड़ाइयों में पराजयों पर चर्चा की गई और कुछ वक्ताओं ने पहले के समय में मुसलमान शासन के दौरान हिंदुओं और सिखों द्वारा क्रूरताओं का सामना करने की बातें सुनाई। नतीजतन मूर्ख भावनाओं ने भीड़ के आक्रोश को आसमान पर पहुंचा दिया। 7 मार्च के शुरुआती घंटों में हिंदुओं और सिखों ने जिनके बीच सिख रियासतें और भूतपूर्व सैनिक जैसे स्वयंसेवक भी थे चौक प्रागदास के मुसलमानों पर पूरी तैयारी के साथ हमला किया (इफ्तिखार, 1991: 110)। बंदूकें, खंजर, भाले और कृपाणों का इस्तेमाल किया गया और मुसलमानों के घरों में आग लगा दी गई। बहुत से मुसलमानों को गोली मारी गई या छुरा घोंपा गया जबकि अन्य को जला कर मार दिया गया। यहां तक कि बुजुर्ग महिलाओं को भी नहीं बख्शा गया। कुछ मुसलमान महिलाओं को नग्न अवस्था में सड़कों पर घुमाया गया और बाद में उनके टुकड़े कर दिए गए। दूसरों ने सिखों के छूने के बजाय खुद को मार डाला। इसी तरह चौक मन्ना सिंह के मुसलमानों ने भी

चरम बर्बरता का सामना किया। कुल मिलाकर 55 जले शवों को विभिन्न क़ब्रिस्तानों में दफन किया गया (वही: 120)।

इंसानियत की कुछ मिसालें

मगर इफ्तिखार के अनुसार गैर-मुसलमानों में कुछ इंसानियत जिंदा थी और उन्होंने काफी खतरा उठा कर मुसलमानों की जान बचाई। उनमें से एक थे बावा घनशाम सिंह, भारत की कम्युनिस्ट पार्टी से संबंधित एक सिख। उन्होंने अपने घर में सैकड़ों मुसलमानों को छुपा कर बचा लिया। एक और कृपा करने वाली थीं बेबे डाक्टरनी जो एक बुजुर्ग सिख चिकित्सक की पत्नी थी जिन्होंने कई लोगों का जीवन बचाया (वही: 118-9)। हालांकि वे विभिन्न अस्पतालों के हिंदू और सिख कर्मचारियों को दोषी मानते हैं कि वे घायल मुसलमानों की पीड़ा पर बेरहम थे और इसका उन पर कोई असर नहीं था, वह कृतज्ञता के साथ दो हिंदू डॉक्टर भाईयों डॉ. पुरुषोत्तम दत्त और डॉ. नारायण दास के आचरण का सम्मान करते हैं। वे लिखते हैं कि उन दोनों ने अपनी बंदूकें उठा लीं और मुसलमानों पर हमला करने वाली हिंदू-सिख भीड़ को रोका जिनका अस्पताल में इलाज किया जा रहा था। डॉ. दत्त ने शरारती तत्वों को निम्नलिखित शब्दों में संबोधित किया:

> तुम लोगों का व्यवहार बहुत डरपोक लोगों जैसा है। सांप्रदायिक धर्मांधता और राजनीतिक दुश्मनी ने तुम्हें पागल बना दिया है। तुम भूल चुके हो कि इस दुनिया में इंसानियत नाम की भी कोई चीज है। तुम इतना गिर चुके हो कि तुम पीड़ा में और बीमार लोगों के ऊपर हमला करना अपनी मर्दानगी का अपमान नहीं समझते। तुम्हें अपने अपमानजनक व्यवहार से शर्म आनी चाहिए। एक दिन तुम्हें अपने व्यवहार का अफसोस होगा मगर इंसानियत तुम्हें कभी माफ नहीं करेगी। तुम अब भी इसका अफसोस कर सकते हो और जा सकते हो नहीं तो जब तक हम दो भाई जिंदा हैं और हमारी राइफलों में गोलियां हैं, हम तुम्हें कभी इस अस्पताल के मुसलमान मरीजों को छूने नहीं देंगे (1991: 140-41)।

इफ्तिखार दो सिख लड़कियों के बारे में बताते हैं जो हाथी गेट के मुसलमानों के हाथ लग गईं थीं और जिन्हें अमृतसर मुस्लिम लीग के साधारण सचिव मीर अनवर सईद ने बचाया था। अमृतसर के अधिकारी बार-बार हो रही और बढ़ती हुई हिंसा से काफी व्यग्र थे। इसलिए अगले दिन, सारे समुदायों के नेताओं को बुलाया गया ताकि हालत का जायजा लिया जा सके। वे और एक कहानी का जिक्र करते हैं जिसका ताल्लुक एक मुसलमान डॉक्टर से है जिनका नाम अब्दुर रौफ था और जो कटरा करम सिंह के रहने वाले थे उन्होंने गैर-मुसलमानों की जान बचाने का एक बराबर का प्रशंसनीय किरदार निभाया। इफ्तिखार लिखते हैं:

> डॉ. साहिब ने उस इलाके के मुसलमानों को फौज की निपुणता वाले अभ्यास में महारत हासिल करने में एक अहम किरदार निभाया। उनका घर मुजाहिदीन संगठन का एक केंद्र था। एक दिन 200 गैर-मुसलमान मर्दों, औरतों और बच्चों को उनके घर के सामने मुजाहिदीनों ने घेर लिया। उस मोहल्ले के रहने वालों में एक विवाद खड़ा हो गया कि बंदी बनाए गए गैर-मुसलमानों के साथ कैसा सलूक किया जाए। इस मसले को डॉ. साहिब के पास लाया गया। उन्होंने एक निर्णय दिया कि उन्हें स्वतंत्र किया जाए, उनके सामान और पैसों को हाथ न लगाया जाए और न ही उनकी औरतों और बच्चों को परेशान किया जाए। मुजाहिदीनों ने विरोध किया कि गैर-मुसलमानों की गिरफ्त में आए मुसलमानों के साथ पाशविक सलूक किया गया था। इसलिए उन्हें गैर-मुसलमान सुंदर महिलाओं के बलात्कार की अनुमति दी जाए। डॉ. साहिब ने उन्हें मिसाल कायम करने लायक इस्लामी नैतिक आचरण के पालन और दरियादिली की हिदायत दी। नतीजतन, उनके आक्रोश के बावजूद उन्होंने गैर-मुसलमानों का कोई नुकसान नहीं किया (1991: 141-2।

मास्टर तारा सिंह की हत्या की साजिश में बाल-बाल बचना

इफ्तिखार ने लिखा है कि मीर अनवर सईद दोनों सिख लड़कियों को अपने साथ बैठक में ले आए जहां उनके पिता ठाकुर ग्यान सिंह भी मौजूद थे। वे उन्हें जिंदा देख कर हैरान हुए और सईद का उनकी बेटियों को बचाने का शुक्रिया अदा किया। मगर मास्टर तारा सिंह उस समय उस बैठक में आ पहुंचे और स्थिति का फायदा उठाने की कोशिश की, मगर वे लड़कियां इस बात पर कायम रहीं कि उन्हें न तो छेड़ा गया और न ही उनके साथ कोई बद-सलूकी की गई। साथ ही साथ कई मुसलमान नेता भी आ पहुंचे। एक जिंदादिली बात-चीत हुई जिसमें दोनों पक्षों ने अगुआ की गईं औरतों और लड़कियों की हिफाजत के साथ वापसी पर फैसला लिया। इसे कामयाबी के साथ हासिल किया गया और दोनों तरफ की बंदी महिलाएं रिहा हो गईं।

जब बैठक समाप्त हुई और तारा सिंह जाने की तैयारी कर रहे थे तो अब्दुल्लाह खान ने चालाक तरीके से मीर अनवर सईद को यह सुझाव दिया कि वे किसी तरह तारा सिंह को समझाएँ कि वे उनकी मोटरगाड़ी में लिफ्ट ले लें। मगर मधी घी वाले ने साथ ही साथ जवाब दिया कि किसी भी हाल में वे अपने 'प्यारे नेता' को किसी मुसलमान के हाथों में नहीं पड़ने देंगे। इफ्तिखार टिप्पणी करते हैं कि 'नतीजतन, अब्दुल्लाह खान का मनसूबा नाकामयाब हो गया; वरना मुसलमानों के प्रमुख कातिल का उसी दिन काम तमाम कर दिया जाता' (वही: 122)।

इस तरह की गद्दारी पर इफ्तिखार कोई टिप्पणी नहीं करते और उनकी किताब सदमा पहुंचाती घटनाओं से भरी पड़ी है जिसमें मुसलमानों के भयंकर व्यवहार को लगभग एक मनोरंजन की भाषा में पेश किया गया है। इस बात की भी निंदा करते हैं कि बाद में जल्द ही नेहरू ने अमृतसर का दौरा किया और खुद चौक प्रागदास की भयानकता को देखा मगर हमदर्दी दिखाने के बजाय, उन्होंने तथाकथित तौर पर कहा कि सारे समुदायों के लोग इस तरह के घृणित जुर्मों के दोषी थे। उन्होंने अमृतसर के प्रशासन पर भी इल्जाम लगाया कि उसने पक्षपाती अधिकारियों पर कोई कार्रवाई नहीं की (वही: 144-46)।

एस.जी.पी.सी. रिपोर्ट में चौक प्रागदास के अत्याचार पर संकेत

जैसा कि पहले गौर किया गया है एस.जी.पी.सी. रिपोर्ट अमृतसर में मुसलमान अत्याचार के बारे में काफी कुछ बताती है मगर मुसलमानों पर हुए एक ही प्रकार के निर्लज्ज अत्याचारों को तोड़-मरोड़ कर पेश करती है। अत: यह रिपोर्ट चौक प्रागदास की घटना का वर्णन इन शब्दों में करती है:

> हमले के पहले दिन कई मुसलमानों को एक ऐसे इलाके में क्रुद्ध सिख भीड़ द्वारा मार दिया गया जो मुसलमान और गैर-मुसलमान क्षेत्रों का एक सीमा-स्थल था और सिखों के सबसे प्रभावशाली केंद्र के करीब था। एक सौ से भी ज़्यादा मुसलमान औरतें, बच्चे जिनके पुरुष रिश्तेदारों को मार दिया गया या जो अपनी जान बचाने के लिए भाग गए थे, सिखों के हाथों लग गए। सिखों ने उन्हें सुरक्षित रखा और दो तीन दिनों तक खाना खिलाया जब मार-पीट चल रही थी और शहर में संचार ठप्प हो गया तब बाद में सुरक्षा प्रदान करते हुए उन्हें शहर की पुलिस कोतवाली में छोड़ दिया। इन औरतों ने सिखों की उनके प्रति शूरवीरता और भद्रता का इकरार किया (1991: 156)।

यह 'पहले दिन के हमले' का जिक्र है। एस.जी.पी.सी. के नजरिए से यह अंदाजा लगाया जा सकता है कि यह मुसलमानों पर सिख-हिंदू द्वारा किया गया पहला पक्का हमला था।

मार्च के दंगों के चश्मदीद गवाह

प्रोफेसर वी.एन.दत्ता

'मैं गवर्नमेंट कॉलेज के नए हॉस्टल में था, जब तारा सिंह ने पंजाब असेंबली के बाहर कृपाण उठाई। मेरे मुसलमान दोस्तों ने मुझे बताया था कि अब मुसीबत आएगी। मोजंग में एक आदमी का निधन हो गया था, ज़िसके शरीर में किसी ने एक चाकू

घुसेड़ दिया था। मैं प्रोफेसर सिराजुद्दीन के पास गया जिनके पिता मेराज दीन अमृतसर में हमारे परिवार के करीबी परिचित इंसान थे। वे एक बिस्तर पर लेटे हुए थे और उनके पास एक पठान खड़ा था। उन्होंने मुझसे पूछा कि मैं क्यों आया था। मैंने उनसे कहा कि ट्रिब्यून ने बताया है कि हॉल बाजार और आसपास के इलाकों को जला दिया गया है और मैं अमृतसर जाना चाहता हूँ, क्योंकि उस जगह के पास मेरा घर है, लेकिन धारा 144 लगा दी गई है। "मैं क्या करूँ? क्या आप मेरी मदद करेंगे?" मैंने पूछा।

वह एक पल के लिए चुप रहे और फिर कहा, "हम सिखों को कभी माफ नहीं करेंगे जो उन्होंने किया है। विश्वा मैंने जब तुमको देखा तो मुझे काफी गुस्सा आ गया। चले जाओ अगर अपनी जिंदगी को जोखिम में डालना नहीं चाहते हो।"

'पठान की आँखें नफरत से भरी हुई थीं और इसने मेरे बदन में सिहरन पैदा कर दी। मैं दुखी और निराश हो गया। मैं अपने एक मुसलमान दोस्त याकूब के पास गया। वह मुझे छात्र संघ ले गया जहां से मुझे एक रेड क्रॉस का बिल्ला मिला जिसे मैंने अपने सीने पर लगा लिया और स्टेशन के पास गया और फ्रंटियर मेल पकड़ी जो 09:15 बजे चलती थी। मैं अमृतसर पहुंचा और देखा कि हमारे पास का घर बुरी तरह से जला दिया गया था। मैं अपने पिता को नहीं खोज पा रहा था। मैंने एक वकील ग्यान चंद कपूर से मुलाकात की जिन्होंने मुझे बताया कि वे सुरक्षित हैं। मैं अपनी बहन के घर गया और पाया कि मेरे पिता वहां मौजूद हैं। उन्होंने मुझे बताया कि एक जूते की दुकान का मालिक बब्बो, जो उनका एक मुसलमान दोस्त था कई इमारतों की छतों को रेंगते हुए हमारे घर आया था। उन्होंने मेरे पिता से कहा कि उनके जीवन को खतरा है और उन्हें अपना घर छोड़ देना चाहिए लेकिन पिता ने मना कर दिया। बाद में दिलावर हुसैन (विभाजन के बाद लाहौर के माओ कॉलेज के प्रिंसिपल) मेरे पिता के पास आये। वे उनके एक करीबी दोस्त थे। उन्होंने पिता को सलाह दी कि "कृपा कर चले जाओ अन्यथा मंटो और मट्टो दो मुसलमान गुंडे तुमको जिंदा नहीं छोड़ेंगे। हिंदुओं का सरगना था बिजली पहलवान। मजीठिया रोड पर मेरी बहन रहती थी जिसने अपने पति को पिताजी को लाने के लिए भेजा। इसके अलावा राय बहादुर बद्रीनाथ, एसपी ने मेरे पिता के पास कुछ पुलिस वाले भेजे और उन्हें ले आया गया। कटरा शेर सिंह और हाल बाजार के इलाके पूरी तरह जल गए थे। कुछ जाने-माने वकील वहाँ रहते थे। हाल रोड पर मेरे पिता का व्यापार था।'

रिपुदमन सिंह

'अमृतसर में मुसीबत 4 मार्च को शुरू हुई जब कुछ सिख एक ढोल पीटते हुए इधर-उधर जाने लगे और उन्होंने पाकिस्तान की मांग का विरोध करने के लिए सिखों से आग्रह किया। पहले से ही उस दिन कुछ लोग हताहत हुए थे और पूरे शहर में

दहशत फैली हुई थी। हिंसा घंटा दर घंटा बढ़ती जा रही थी और हत्या और रक्तपात की खबरें सभी दिशाओं से आ रही थीं। निश्चित रूप से अन्य पक्षों द्वारा की गई क्रूरता पर अतिशयोक्तियां बयान की जा रही थीं। हालांकि, मैं चौक प्रागदास के नरसंहार का गवाह था। यह सच है कि मुसलमानों का कत्ल किया गया और बूढ़े, महिलाएं या बच्चों को कोई रहम नहीं दिखाया गया। कुख्यात अकाली नेता जैसे कि ऊधम सिंह नगोके और हिंदू-सिख आपराधिक गिरोह उन अत्याचारों में शामिल थे। इसमें कोई संदेह नहीं है कि अमृतसर सभी प्रमुख समुदायों के आपराधिक गिरोहों का एक गढ़ था। अतीत में वे एक दूसरे के साथ सहयोग करते थे और आपसी संघर्ष से बचते थे। यह लग रहा था कि उनकी गतिविधियों के लिए शहर में विभिन्न क्षेत्रों के विभाजन के बारे में उन दोनों के बीच कुछ निहित समझ थी। इसलिए, एक बार जब उन्हें अपने धर्म और अपने समुदायों के सम्मान की रक्षा के लिए इकट्ठा किया गया तब वे सबसे खराब प्रकार के जंगली जानवर साबित हुए और क्रूरता में एक दूसरे को नीचा दिखाने की कोशिश करने लगे जब वे 'दुश्मन' के उन असहाय, पूरी तरह से निर्दोष लोगों को अपने काबू में लेकर उन पर टूट पड़े। मैंने 5 और 6 को कुछ हिंदुओं और सिखों के क्षत-विक्षत शव देखे पर इसके मुकाबले चौक प्रागदास पर मुसलमानों के साथ जो हुआ वह हद से बढ़ कर था। यह वास्तव में एक खूनखराबा था। इसकी विस्तार से योजना बनाई गई थी। मुझे पक्के तौर पर मालूम नहीं मगर मैंने सुना है कि चौक प्रागदास के हमले में रियासतों के कुछ सिख सैनिक शामिल थे।

'अकालियों ने किसी भी मुसलमान लड़की और महिला को नहीं बचाया था। बल्कि वे पूरे ऑपरेशन के मामले में सबसे आगे थे। यह कम्युनिस्ट पार्टी के एक सिख नेता बावा घनशाम सिंह थे जो कई मुसलमान पुरुषों, महिलाओं और बच्चों की जान बचाने में कामयाब रहे। एक गली में कुल 300 मुसलमानों को बचा लिया गया।

'उन दिनों मैं एक जवान लड़का था। चौक प्रागदास की घटनाओं का मेरे ऊपर एक गहरा आघात पहुंचा क्योंकि मैंने मानवता को सबसे बदतर तरीके से आधारच्युत होते देखा। मैंने जो देखा था, उसका मैं कई महीनों तक सामना नहीं कर सका। अंत में, मार्क्सवाद द्वारा प्रस्तुत मानवता के धर्मनिरपेक्ष दृष्टिकोण में मुझे आध्यात्मिक शरण मिली। मैं कम्युनिस्ट पार्टी में शामिल हो गया और अब भी इसका एक सदस्य बना हुआ हूँ। निर्दोष मनुष्य की हत्या, किसी भी परिस्थिति में माफ नहीं की जा सकती।

'मैं आपको यह भी बता सकता हूँ कि अमृतसर में सरदार पटेल के गुप्त धन के माध्यम से बम कारखाने स्थापित किए गए थे। मुझे यकीन नहीं है कि अन्य कांग्रेसी नेता इसके बारे में जानते थे लेकिन सरदार पटेल की भागीदारी पर किसी को संदेह नहीं है। मैं कई लोगों से मिला हूँ जिन्होंने इस बात की पुष्टि की है कि वे इस तरह के बम के कारखानों को वित्त प्रदान करते थे। मैंने हमेशा सोचा है कि विभाजन के दंगों से निपटने के लिए ब्रिटिश इतनी बुरी तरह तैयार क्यों थे। इसमें कोई संदेह नहीं

कि प्रशासन के भारतीय सदस्य पक्षपातपूर्ण हो गये थे; बजाय मुसीबत में लोगों की मदद करने के उनमें से कुछ ने अन्य समूहों के खिलाफ अपराधों में सक्रिय रूप से भाग लिया।'

देवी दास मँगत

'चौक प्रागदास के मुसलमानों पर हमला 4 मार्च की शाम से मुसलमानों द्वारा जो कुछ किया जा रहा था उसकी एक जवाबी कार्रवाई के रूप में किया गया था। सबसे बुरी घटना अमृतसर स्टेशन पर ट्रेन पर हमला था। पुरुषों, महिलाओं और बच्चों को जो ट्रेन में सिर्फ यात्री थे उनका उग्रवादी मुसलमानों ने कत्ल कर दिया था। जब यह खबर हम तक पहुंची तो हिंदुओं और सिखों के क्रोध की कोई सीमा नहीं रही। हमारे बुजुर्ग अब निश्चित थे कि अगर वे अब कोई कार्रवाई नहीं करते तो हमारे खिलाफ अब अत्याचार कई गुना बढ़ जाएगा। मुसलमान एक बहुत ही आक्रामक मिजाज में थे। मैं राष्ट्रवादी मुसलमानों के साथ महेन्द्र सिंह और ध्यान सिंह के किसी समझौते के विश्वासघात के बारे में नहीं जानता हूँ कि मुसलमानों को हाथ नहीं लगाया जाएगा; लेकिन सच यह है कि यह एक असामान्य लड़ाई थी। जो मुसलमान उनके मुहल्लों में बने रहे और बाहर नहीं गए वे एक आसान लक्ष्य बन गये। महिलाओं, बच्चों और वृद्धों के साथ क्या सलूक किया गया, इसे बताते हुए मुझे शर्म आ रही है। आपको पता होगा कि जिस तरह से हम हमारे अपने बड़ों को बुलाते थे हम मुसलमान समुदाय के बड़ों को भी चाचा या चाची एक ही रूप में हमेशा संबोधित करते थे। समूचे तौर पर अमृतसर के लोग एक-दूसरे के साथ दोस्ताना व्यवहार करते थे यहां तक कि अपराधी भी बड़ों को सम्मान दिखाते थे और महिलाओं से छेड़छाड़ करने वालों को गंभीर रूप से उनके द्वारा दंडित किया जाता था। मगर एक बार जब सांप्रदायिक युद्ध शुरू हो गया तब मनुष्य जंगली जानवरों में तब्दील हो गया था।'

मोहन सिंह राही

'गड़बड़ी 4 मार्च 1947 को शुरू हुई जब कुछ सिख ढ़ोल पीटते हुए इधर-उधर जाकर पाकिस्तान की मांग के प्रतिरोध का आह्वान करने लगे। 6 मार्च को होली का दिन था और जब हिंदू और सिख अपने उत्सव को शुरू करने के लिए तैयारी कर रहे थे रेलवे कार्यशालाओं में सिख कार्यकर्ताओं पर मुसलमानों ने हमला कर दिया और कुछ की मौत हो गई। एक ट्रेन पर भी हमला हुआ था जिसमें अमृतसरी मुसलमानों ने निर्दयता से निर्दोष हिंदुओं और सिखों की हत्या कर दी। बाद में, मुसलमानों ने हिंदू-सिख इमारतों को आग लगा दी और प्रतिशोध स्वरूप सिखों और कुछ हिन्दुओं ने चौक प्रागदास के मुसलमानों पर हमला कर दिया। एक दिन पहले मुसलमानों ने पास से गुजर रहे हिंदुओं और सिखों पर लोट्टे फेंक दिए थे। सिखों ने वास्तव में

कृपाणों और चाकुओं के साथ मुसलमानों पर हमला किया और काफी क्रूरता से पेश आए।'

गुरचरण दास अरोड़ा

'मुस्लिम लीग का पंजाब से हिंदुओं और सिखों का सफाया करने का इरादा था लेकिन अमृतसर में उन्हें बहुत मजबूत प्रतिरोध का सामना करना पड़ा। यह सच है कि शत्रुता 4 मार्च को शुरू हुई जब उत्साहित सिख एक ढ़ोल पीट कर इधर-उधर जाने लगे और मुस्लिम लीग का विरोध करने के लिए लोगों को आमंत्रित करने लगे लेकिन यह एक प्रतिक्रिया थी जिसकी उम्मीद की जा सकती थी। 1946 के चुनावों में शानदार जीत के बाद मुस्लिम लीग का लाहौर नेतृत्व लगातार दो शहरों के बीच आया-जाया करता था। एक ऐसी स्थिति पैदा करने के लिए जिम्मेदार वे ही थे जिसके चलते लोग मारे गए और आगजनी हुई। चौक प्रागदास पर हमला मुसलमानों द्वारा अमृतसर के बाहर एक ट्रेन में हिंदू और सिख यात्रियों के कत्लेआम के बाद हुआ। मुसलमान बदमाश निर्दोष लोगों को घात लगा कर निर्दयता से उन्हें मार डालते। उन्हें अंततः एक भारी कीमत चुकानी पड़ी लेकिन मार्च में मुकाबला बराबरी का था।'

अफतार सिंह जज

'मैं अमृतसर में पैदा हुआ, लेकिन गवर्नमेंट कॉलेज, लाहौर में शिक्षित हुआ। हमारा घर अमृतसर में मोहल्ला प्रागदास में स्थित था। हमारे पड़ोसी कश्मीरी मुसलमान थे, जिनको लखरा कहा जाता था (जिनके पास 1,00,000 रुपये या उससे अधिक होते थे)। उन्होंने शाल व्यापार में बहुत सारा पैसा बनाया था। अमृतसर के कुछ मुसलमान काफी धनी थे। दंगाई लखरा के विशाल घर को आग लगाने आए। मेरे दादा जो एक बहुत धार्मिक इंसान थे, उन्होंने इसका विरोध किया और कहा "आप अगर उनका घर जला देंगे तो मेरे घर में भी आग लगेगी। बेहतर तो यह है कि तुम कुछ न करो और उन्हें जाने दो।"

'दंगाई फिर चौकियां, कुल्हाड़ियों, भाले जैसे हथियारों से लैस होकर आए लेकिन मेरे चाचा सुजान सिंह मुसलमानों को अपने घर ले आए थे और वे बच गए लेकिन उनका घर नष्ट हो गया था।'

ख्वाजा इफ्तिखार की पुस्तक उन मुसलमानों के साथ किए गए व्यापक साक्षात्कारों पर आधारित है, जो लाहौर और पाकिस्तान में अन्य स्थानों पर आ कर बस गए थे। इसे मुस्लिम लीग के विचार का समर्थन करती एक किताब के तौर पर देखा जा सकता है। मैंने इस किताब में उल्लेख किये गए कई लोगों के साथ बात-चीत की। उन्होंने उन घटनाओं के बारे में इफ्तिखार के संस्करण के साथ सहमति व्यक्त की। उनके कुछ विचलन महत्वपूर्ण नहीं हैं और विशेष घटनाओं की जानकारी के साथ ताल्लुक रखते हैं।

नीचे दो और साक्षात्कार पेश किए जा रहे हैं, पहला अहरार पार्टी के एक मुसलमान के साथ जो पाकिस्तान की धारणा के साथ सहानुभूति नहीं रखते थे और दूसरा एक गैर–राजनीतिक व्यक्ति के साथ।

कमार यूरिश

'यह सच है कि 4 मार्च को सिखों ने एक झड़प को उकसाया मगर मुस्लिम लीग की तरफ से काफी समय से उकसाहट पैदा की जा रही थी जिसने मुसलमान अपराधियों को चुनावी मुहिम में शामिल कर लिया था। जनवरी में गैर–मुसलमानों के खिलाफ आक्रामकता और हर गुजरते दिन बढ़ती हुई घटनाओं ने गैर–मुसलमानों में एक धमकी भरा अहसास पैदा कर दिया। हम एक गैर–मुसलमान इलाके में रहते थे मगर कभी भी हमें किसी धमकी या बेइज्जती का सामना नहीं करना पड़ा। 4 मार्च के बाद अमृतसर की भव्य पुरानी उपनिवेशवाद विरोधी मजबूत परंपराओं पर सांप्रदायिकता हावी हो गई। मार्च के प्रारंभ में हिंदुओं, मुसलमानों और सिखों की हत्या मुस्लिम लीग द्वारा महीनों के भड़काव का नतीजा था। लाहौर से मुस्लिम लीग के नेता अक्सर शहर में आते थे और अमृतसर के मुसलमानों के लिए केवल एक ही संदेश दिया जाता : हिंदुओं और सिखों को चुनौती दो और उन्हें मात दे दो'।

शेख अब्दुल वहाब

'हम एक मिश्रित इलाके में रहते थे। सारे बड़े इस बात पर सहमत थे कि भले ही कुछ भी हो जाए वे एक दूसरे का साथ नहीं छोडेगें और किसी भी घुसपैठियों को हमारे बीच में हिंसा पैदा नहीं करने देंगे। मार्च में हुए दंगों के दौरान सब पक्षों के बदमाश शामिल थे। वे आम तौर पर पूरी तरह से निर्दोष लोगों पर हमला करते; कुछ रोजमर्रा के काम करने वाले थे जो आसपास के गांवों और कस्बों से आते थे और क्या हो रहा था उसके बारे में उन्हें कोई सुराग नहीं था। मेरा एक ईसाई मित्र, आर्थर था जो लगभग हर रोज मुझे मिलने आया करता था। उसे मुसलमान अपराधियों ने मार डाला हालांकि वह मिन्नतें करता रहा कि वह एक ईसाई है। किसी भी पक्ष ने कोई बहादुरी नहीं दिखाई। हमारे मोहल्ले में कोई भी नहीं मारा गया लेकिन आर्थर की हत्या एक गली में कर दी गई थी जो हमारे मोहल्ले को एक हिंदू मोहल्ले के साथ जोड़ती थी। उनके पिता एक मिशन स्कूल में काम करते थे। मुझे अब भी याद है कि उसके माता–पिता बहुत ज़्यादा आतंकित हो गए थे। वे क्या करें उन्हें पता नहीं था। वे गुरदासपुर से अमृतसर आए थे और उनकी मृत्यु के बाद वापस चले गए। उन्हें 6 या 7 मार्च को मार दिया गया था। मैंने अपने आप को कसूरवार महसूस किया और अब तक मैं इस सदमे से उबर नहीं पाया हूँ। मुस्लिम लीग 1946 के चुनाव के बाद से ही

हिंदुओं और सिखों को उत्तेजित कर रही थी। यह आश्चर्य की बात नहीं थी कि मार्च में खूनखराबा हुआ। हमारा परिवार मूलत: गुजरांवाला से था, इसलिए जून के अंत में हम अपने शहर वापस आ गए।'

अमृतसर के बारे में जेनकींस का ब्यौरा

दिनांक 6 मार्च को एक टेलीग्राम द्वारा जेनकींस ने पंजाब के अलग-अलग हिस्सों में हिंसक घटनाओं के बारे में वेवेल को सूचित किया। अमृतसर के बारे में उन्होंने गौर किया कि स्थिति 'बहुत गंभीर थी और मुख्य कारोबार की सड़कें आग की लपटों में थीं; दंगाइयों द्वारा आग्नेयास्त्रों का प्रयोग हो रहा था और वे लूटपाट कर रहे थे। आज 10:30 बजे तक (शायद रात के) जो अनुमान है उसके मुताबिक 65 लोगों के हताहत होने की खबर है, जिसमें 10 मृत हैं' (कार्टर 2007: 59)। 8 मार्च को वह फिर वेवेल को तार भेज कर बताते हैं कि अमृतसर तब भी उपद्रवी हाल में था और पूरी तरह से बेतरतीब भी। दंगों के बाद भेजी गईं दो ब्रिटिश बटालियनें अब भी वहाँ मौजूद थीं (वही: 68-9)। 9 मार्च को लिखी एक लंबी रिपोर्ट में उन्होंने बताया कि सिविल सर्जन ने अमृतसर में 100 लोगों को मृत गिना था: मुसलमान 64, सिख 31, हिंदू 4 और ईसाई 1 (वही: 73)। 13 मार्च को जेनकींस ने अमृतसर का दौरा किया। उन्होंने कहा: 'मैंने अमृतसर का इस दोपहर को दौरा किया। कर्फ्यू के तहत शहर शांत था। नुकसान व्यापक था और मलबे को दूर करने के लिए असुरक्षित इमारतों को ध्वस्त करने और लावारिस संपत्ति का ख्याल रखने के लिए विशेष संगठन को तैयार करना आवश्यक हो जाएगा। अमृतसर में हताहत लोगों में अब तक 127 लोग मारे गए हैं और 175 गंभीर रूप से घायल हुए हैं' (वही: 78)।

चौक प्रागदास का कोई उल्लेख 30 अप्रैल तक नहीं है: 'पहले हुए दंगे के दौरान, चौक प्रागदास नामक एक इलाके की मस्जिद को जला दिया गया था और 'वहां कई मुसलमानों की हत्या कर दी गई थी' (कार्टर, 2007: 152)।

जालंधर

मेरे शोध ने मुझे जालंधर में मार्च में हुई कुछ प्रमुख घटनाओं को खोजने में मदद की। जालंधर शहर और छावनी 59 प्रतिशत मुसलमान बहुल था। एस.जी.पी.सी. की 1991 की रिपोर्ट में एक प्रमाण पत्र के 20 और 21 पन्नों के बीच कथित तौर पर मुस्लिम लीग द्वारा जारी एक सर्टिफिकेट का फैक्स शामिल है जो दर्शाता है कि एक महिला ने न सिर्फ एक नेशनल गार्ड स्वयंसेवक के रूप में प्रशिक्षण पूरा कर लिया मगर ड्रिल और आग्नेयास्त्रों सहित लड़ाई में प्रशिक्षण भी प्राप्त किया था। यह मुस्लिम लीग का एक गढ़ था हालांकि कांग्रेस और राष्ट्रीय स्वयंसेवक संघ दोनों यहाँ अच्छी

तरह से संगठित और सक्रिय थे। उस शहर के एक भूतपूर्व निवासी मुहम्मद अयूब खान ने जालंधर में हुई घटनाओं को अपनी पुस्तक, तारीख-ए-पाकिस्तान और जालंधर में दर्ज किया है। अयूब खान के अनुसार 3 मार्च 1947 को मास्टर तारा सिंह के भाषण के बाद जालंधर में स्थिति तुरंत बिगड़ गई। 4 मार्च की रात को हिंदुओं और सिखों ने जालंधर में एक जुलूस निकाला। वे मुसलमान क्षेत्रों से हो कर गुजरे और पाकिस्तान तथा मुस्लिम लीग के खिलाफ 'जो कोई मांगेगा पाकिस्तान उस को मिलेगा कब्रिस्तान' और 'राज करेगा खालसा, आकी रहे ना कोई' जैसे नारे लगा रहे थे (खान, 2002: 258)।

उन्होंने कहा कि उस समय मुसलमान सो रहे थे और उन्होंने अपने आप को शांत रखा। अगले दिन उकसावा जारी था। एक बस जिसमें इस्लामिया कॉलेज की मुसलमान छात्रायें यात्रा कर रही थीं उस पर हिंदू और सिख छात्रों द्वारा घेरकर पत्थरों से आक्रमण और अभद्र भाषा का इस्तेमाल किया गया। लड़कियाँ और ड्राइवर समेत कई लोग घायल हो गए लेकिन वे सिविल अस्पताल तक पहुंचने में कामयाब रहे। हिंदू डॉक्टर ज़्यादा मददगार नहीं थे लेकिन जल्द ही मुसलमान डॉक्टर वहाँ पहुंचे और घायल लोगों की मदद की। लड़कियों को कई तरह की चोटों का सामना करना पड़ा। जालंधर के मुसलमान युवक इसका बदला लेना चाहते थे, लेकिन बड़ों ने इस तरह की कार्रवाई न करने के लिए समझाया। बाद में उस दिन शरारती तत्वों ने कई मुसलमानों को मार डाला (वही: 259-60)।

लाभ सिंह का कत्ल

हालांकि, जालंधर के अकाली सिख नेता सरदार लाभ सिंह ने अन्य अकाली नेता दरबारा सिंह के साथ मुसलमान बस्तियों का, दौरा किया। वह चारों ओर गए और सिखों के शर्मनाक व्यवहार के लिए मुसलमानों से माफी मांगी। उन्होंने कई मुसलमान इलाकों का दौरा किया और अपनी संवेदना व्यक्त की। सिखों के खराब व्यवहार के लिए माफी की विनती की। लाभ सिंह को मारने की साजिश की खुफिया जानकारी पुलिस को मिली थी, लेकिन वह समय से कार्रवाई करने में विफल रही। लाभ सिंह को एक मुसलमान युवक बशीर जुलाहा ने मार डाला। पुलिस ने कई मुसलमानों को इस आरोप में गिरफ्तार किया और निचली अदालत ने उन पर मुकदमा चलाया और उन्हें मौत की सजा सुनाई। एक अपील लाहौर में उच्च न्यायालय के समक्ष दर्ज की गई लेकिन किसी निर्णय देने के पहले ही देश का विभाजन हो गया। उन सभी लोगों को रिहा कर दिया गया जब दोनों सरकारों के बीच कैदियों का आदान-प्रदान हुआ।

लाभ सिंह की हत्या का 10 मार्च की एक टेलीग्राम में उल्लेख किया गया है जो जेनकींस ने वेवेल के लिए भेजी थी। उन्होंने लिखा कि जालंधर में एस.जी.पी.सी. के भूतपूर्व अध्यक्ष लाभ सिंह की हत्या के बाद जब दो पुलिस अधिकारी अमृतसर में मास्टर तारा सिंह से मिले तब उन्होंने उनको एक बहुत ही उत्तेजित अवस्था में पाया।

मास्टर तारा सिंह ने दावा किया कि 'गृह युद्ध' पहले से ही शुरू हो गया है। उन्होंने पुलिस स्टेशनों पर छापे और एक बड़े पैमाने पर सिख विद्रोह की धमकी दी (कार्टर, 2007a: 76)।

संदर्भ

इफ्तिखार, ख्वाजा, *जब अमृतसर जल रहा था*, लाहौर: ख्वाजा पब्लिशर्स।

खान, मुहम्मद अयूब, *तारीख-ए-पाकिस्तान और जालंधर*, लाहौर: असतइर, (2002)।

खोसला, जी.डी., *स्टर्न रेकोनिंग*, दिल्ली: ऑक्सफोर्ड यूनिवर्सिटी प्रैस, (1989)।

टालबोट, इयन, 'वायोलेन्स, माइग्रेशन एंड रिसेटलमेंट: दी केस ऑफ अमृतसर', इन इयन टालबोट एंड शिंदर थंडी (सं.), *पीपल ऑन दी मूव: पंजाब कोलोनियलिस्म, एंड पोस्ट-कोलोनियल माइग्रेशन*, कराची: ऑक्सफोर्ड यूनिवर्सिटी प्रैस, (2004)।

तालिब, एस. गुरबचन सिंह, *मुस्लिम लीग अटैक ऑन सिख्स एंड हिंदुज इन द पंजाब 1947*, नई दिल्ली: वॉइस ऑफ इंडिया, (1991)।

सरकारी दस्तावेज

कार्टर, लिओनेल (एड.), *पंजाब पॉलिटिक्स 3 मार्च 1947-31 मई 1947, एट दी एबीस, गवर्नर्स फोर्टनाइटली रिपोर्ट्स एंड अदर की डॉक्युमेंट्स,* दिल्ली: मनोहर, (2007a).

सेंसस ऑफ इंडिया, 1941, वॉल. VI, पंजाब, शिमला: गवर्नमेंट ऑफ इंडिया प्रैस, (1941)।

अखबार

दी पाकिस्तान टाइम्स, लाहौर, 1947

दी ट्रिब्यून, लाहौर, 1947

साक्षात्कार

ख्वाजा इफ्तिखार, लाहौर, 17 अप्रैल 2003

गुरचरण दास अरोड़ा, अमृतसर, 24 मार्च 2004

मोहन सिंह राही, अमृतसर, 25 मार्च 2004

देवी दास मँगत, अमृतसर, 25 मार्च 2004

रिपुदमन सिंह, अमृतसर, 26 मार्च 2004

शेख अब्दुल वहाब, लाहौर, 24 दिसंबर 2004

कमार यूरिश, लाहौर, 26 दिसंबर 2004

अफतार सिंह जज, दिल्ली, 10 जनवरी 2005

प्रोफेसर वी.एन.दत्ता, 10 जनवरी 2005

8

मार्च 1947 के दंगे

मुल्तान

तीसरा प्रमुख शहरी केंद्र जिसने बर्बर सांप्रदायिक दंगे देखे वह था प्राचीन शहर मुल्तान। दक्षिणी पंजाब में स्थित इस शहर की स्थलाकृति उस शुष्क रेगिस्तान पट्टी का हिस्सा है, जो सिंध के साथ-साथ इसके विपरीत भारत तक फैली हुई है और जो वर्तमान भारतीय राज्य राजस्थान को भी समेटती है। मौसम अनिवार्य रूप से गर्म और शुष्क है। माना जाता है कि प्राचीन काल में महाभारत युद्ध के समय में मुल्तान एक साम्राज्य की राजधानी रहा है। पंजाब के कई अन्य कस्बों और शहरों की तरह मुल्तान को भी युद्ध के एक बड़े केंद्र के रूप में देखा गया है जहां ग्रीस, अरब और मध्य एशिया से आए हमलावरों ने इतिहास के पृष्ठों में छाप छोड़ी है। माना जाता है कि होली के प्रसिद्ध हिंदू त्यौहार की उत्पत्ति भी मुल्तान में हुई थी। आठवीं सदी के शुरू में सिंध के साथ मुल्तान पर मुहम्मद बिन कासिम के नेतृत्व में अरबों ने विजय प्राप्त की थी। कुछ समय तक शिया समुदाय के इस्माइली संप्रदाय की यहाँ सरकार बनी थी। ग्यारहवीं शताब्दी में मुल्तान पर सुन्नी तुर्क-अफगान महमूद गजनी ने कब्जा कर लिया। बाद में कई अफगान और बलूच जनजातियों ने भी मुल्तान और आसपास के क्षेत्रों में अपनी उपस्थिति दर्ज की। मुल्तान को बहुत ज़्यादा प्रसिद्धि तब प्राप्त हुई जब एक बड़ी संख्या में सूफियों की वहाँ उपस्थिति हो गई जब वे वहाँ आ बसे और अपने निवासों की स्थापना की। मुल्तान में कई सूफी धार्मिक स्थल पाये जाते हैं। मुगल शासन के दौरान मुल्तान ने शांति और समृद्धि का आनंद लिया। यह महाराजा रणजीत सिंह के (1799-1839) और ब्रिटिश के अधीन भी समृद्ध बना रहा।

अंग्रेजों ने कई सिंचाई की नहरें खोदीं और वॉटरवर्क्स की स्थापना की। अतः मुल्तान जिले में कृषि में काफी समृद्धि हुई। पूर्वी जिलों के ज़्यादा आबादी वाले इलाकों और उत्तरी पंजाब से एक बड़ी संख्या में लोग आकर यहाँ बस गए और उन्हें इस जिले की नहरी कॉलोनियों में जमीन दी गई जिसमें मोंटगोमेरी (साहिवाल) सबसे मशहूर था।

स्थानीय लोग सराइकी बोलते थे जो कुछ लोगों के मुताबिक एक अलग भाषा है जबकि दूसरे सोचते हैं कि यह एक पंजाबी बोली है। पंजाबी बोलने वाले लोग ब्रिटिश शासन के दौरान और विभाजन के बाद भी मुल्तान में आकर बस गए जब हिंदू और सिख भारत चले गए और मुसलमान सरहद पार कर पाकिस्तान आए। रावलपिंडी डिवीजन की तरह, मुल्तान डिवीजन भी धार्मिक तौर पर एक बड़ा मुसलमान बहुल था। मुल्तान में 5 मार्च को दंगे शुरू हुए। मुख्यत: मुसलमानों ने हिंदुओं और सिखों पर हमला किया। हमले शहर तक सीमित थे हालांकि बस्ती नौ नामक एक बाहरी इलाके पर हमला किया गया। हिंदुओं को काफी जानी और माली नुकसान पहुंचाया गया। शहर में बहुत कम सिख थे। जिले का प्रशासन प्रमुख डिप्टी कमिश्नर ए.जे.बी. आर्थर, ICS था।

1941 की जनगणना के अनुसार जनसंख्या का चित्र		
मुल्तान शहर की कुल जनसंख्या (मुल्तान छावनी को लेकर)	संख्या	हिस्सा (%)
सारे समुदाय	1,42,768	100.00
मुसलमान	81,383	57.00
हिंदू, अनुसूचित जातियों को लेकर	56,258	39.41
सिख	2,665	1.87
अन्य: ईसाईयों, अधर्मियों, जैन और पारसियों को लेकर	2,462	1.72
मुल्तान जिला	संख्या	हिस्सा (%)
सारे समुदाय	14,84,333	100.0
मुसलमान	11,57,911	78.00
हिंदू, अनुसूचित जातियों को लेकर	2,42,987	16.37
सिख	61,628	4.15
अन्य: ईसाईयों, अधर्मियों, जैन और पारसियों को लेकर	21,727	1.46

मुल्तान के हिंदू शांति प्रिय लोग थे और उनमें उग्रवाद नाममात्र नहीं था। आर.एस.एस. उनमें सक्रिय था मगर उसके सदस्य बहुत कम थे। इसलिए मार्च के दंगे एक-तरफा थे। न तो *पाकिस्तान टाइम्स* और न ही *दी ट्रिब्यून* ने मुल्तान की घटनाओं का विस्तृत ब्यौरा दिया। खोसला और एस.जी.पी.सी. रिपोर्टों और सरकारी रिपोर्टों को बाद में पेश किया गया। घटनाओं का परिचय साक्षात्कारों के माध्यम से दिया गया है। पहले मुल्तान में अभी रहने वाले मुसलमानों ने साक्षात्कार दिए गए हैं और उसके बाद उन हिंदुओं ने जो उस शहर को छोड़ कर भागे।

मुसलमानों के साक्षात्कार

सय्यद खुर्शीद अब्बास गरदेजी

'1947 के दंगों के पहले मुल्तान में स्थिति काफी शांतिपूर्ण थी। मुल्तान की कुल आबादी सिर्फ 90,000 थी (जाहिर है, गरदेजी साहब शायद एक बड़ा अंदाजा लगा रहे थे)। मुल्तान में बहुत कम सिख थे। हालांकि व्यापार हिंदू केन्द्रित थे तथा मुसलमान जो बहुसंख्यक थे इस शहर की राजनीतिक और तहजीबी जिंदगी पर हावी थे। स्थानीय तहजीब की मजबूत सूफी रवायतें आपसी आदर और शांतिप्रिय तरीके से एक साथ रहने को प्रेरित करती थीं। हिंदू, मुसलमानों की तरह ही मुसलमान मजारों के दर्शन करने जाते थे। मुसलमान जमींदारों के पास हिंदू हिसाब रखने वाले होते थे जिन्हें दुंबीर कहा जाता था। वे हमेशा हमें बड़ी श्रद्धा के साथ पुकारते और कई मान देने वाली उपाधियाँ देते जैसे कि "पीरजी"। कुछ बड़े हिंदू जमींदार भी थे और कुछ किराए के खेतिहर भी। मुसलमान जमींदार हिंदू महाजनों के ऋणी थे। हिंदू बड़े मकान बनाने में और शादियों में बेतहाशा खर्च करते थे। इस चलन का मुसलमान नकल करते और इस तरह के अतिव्यय से अपने आप को बर्बाद कर लेते थे। मगर कुछ बेहद कामयाब मुसलमान व्यापारी भी थे। इस प्रकार मुल्तान में न सिर्फ बड़े मुसलमान जमींदार और मजहबी मजारों के रखवालों ने प्रभाव डाला; बल्कि मुसलमानों में एक व्यापक व्यापारी समुदाय भी था।

'मुल्तान में राजनीतिक हरकतों की शुरुआत को 1946 के चुनाव से जोड़ा जा सकता है। उसके पहले मुसलमान जमींदार पंजाब यूनियनिस्ट पार्टी के सदस्य थे जो ब्रिटिश सरकार के वफादार थे। फिर 1945 के किसी समय, मुस्लिम लीग में शामिल होने की होड़ लग गई और 1947 तक शायद ही कोई ऐसा बड़ा जमींदार था जो मुस्लिम लीग से बाहर था। हमारी गरदेजी बिरादरी शिया संप्रदाय से ताल्लुक रखती है मगर हमारी जड़ें सूफीवाद में हैं। हम दूसरे शिया लोगों की तरह, मुस्लिम लीग में शामिल हो गए क्योंकि जिन्नाह एक शिया थे और हम यकीन करते थे कि पाकिस्तान एक गैर-सांप्रदायिक मुल्क होगा। मुल्तान की लगभग 25 प्रतिशत आबादी शिया थी। मुल्तान में काँग्रेस की पकड़ मजबूत नहीं थी।

'मार्च 1947 में मैं इमर्सन कॉलेज में पढ़ता था। प्रिया वराट और अशोक कुमार खुराना मेरे दो हिंदू सहपाठी थे जिनका मैं करीबी था। वे अच्छे सुशील इंसान थे। उनमें से कुछ हलाल किया गया मीट खा लेते थे। एक प्रमुख हिंदू दुकानदार था जो बकरों को इस्लामी रीत के मुताबिक कटवा कर ही खाता था। उस समय डिप्टी कमिश्नर एक अंग्रेज था जिसका नाम आर्थर था। मुल्तान की पुलिस में ज़्यादातर पंजाबी मुसलमान थे जो पंजाब के दूसरे हिस्सों से आए थे। हमारी स्थानीय भाषा और सभ्यता की

बुनियाद सराइकी है जिसे मुल्तानी भी कहा जाता है। पुलिस में बहुत कम सराइकी बोलने वाले थे।

'लाहौर में पंजाब असेंबली के बाहर जब तारा सिंह ने अपनी कृपाण को म्यान से निकाल कर लहराया तब मुल्तान में बेचौनी फेल गई। पहली झड़प बोढ़ गेट के पास हुई जहां गरदेजी बसे हुए हैं। पाकिस्तान के खिलाफ नारेबाजी करते हुए, हिंदुओं का एक जुलूस आया। अब्दुल करीम जो बर्फ की सिल्लियाँ बेचता था एक और आदमी मुश्तकीन और अल्लाह दीवा कुम्हार ने प्रदर्शनकारियों को चुनौती दी। एक कसाई मुहम्मद रमजान उस जगह छुरे लेकर पहुँच गया और एक खूनी संघर्ष हुआ। दो विरोधी मार गिराए गए। एक सिख एक मरे हुए इंसान की तरफ इशारा कर पागलों की तरह चिल्लाने लगा, "तू जिंदा है, जिंदा है!" इस प्रतिक्रिया ने दंगे को और तीव्र कर दिया। चूंकि हिंदू बड़े घरों के मालिक थे जिनकी अंदर से उन्होंने किलेबंदी कर ली थी मुसलमान आगजनी करने लगे और हिंदुओं की संपत्ति को आग लगा दी। नतीजतन कई लोग मारे गए। हिंदुओं ने भी कुछ मुसलमान संपत्ति को आग लगा दी। मिसाल के तौर पर प्रमुख मुसलमान ख्वाजगन व्यापारी परिवार जो चमड़े का व्यापार करता था उनकी इमारतों को हिंदू गिरोहों ने आग लगा दी। हिंदुओं ने अपने गढ़ों में मुसलमानों पर हमले कर उन्हें भी मार डाला था। दूसरी तरफ हिंदुओं और मुसलमानों ने एक दूसरे की मदद भी की मगर हालात कभी सामान्य नहीं हुए। मुझे यह जरूर कहना चाहिए कि स्थानीय मुल्तानियों को कभी समझ में नहीं आया कि कौन दंगों को चालाकी से चला रहा था या इसके पीछे दिमाग किस का था। लगता है इसके पीछे कोई "छिपा हुआ हाथ" था जिसने स्थिति को और खराब होने दिया। वास्तव में मार्च की आगजनी और दंगों में हिंदुओं ने बहुत संपत्ति खो दी। कुछ हिंदू मुसलमान बन गए। उन्हें दीनदार मुसलमान कहा जाता है।'

अताउल्लाह मलिक

'1940 के दशक के पहले मुल्तान में कोई मसला नहीं था। हिंदू शहर में केन्द्रित थे मगर पूरे मुल्तान की बहुलता मुसलमानों की थी। हम शांति और भाईचारे के साथ रहते थे। दीवाली और अन्य त्यौहारों के समय हिंदू हमें मिठाइयाँ भेजते और हम मुसलमान त्यौहारों के दौरान इसका दोस्ताना जवाब देते। मुसलमान जागीरदार ब्रिटिश के प्रति वफादार थे और राज को चुनौती देते किसी भी आंदोलन का विरोध करते थे। कांग्रेस की यहां उपस्थिति थी लेकिन सबसे अधिक सक्रिय ब्रिटिश विरोधी संगठन था *मजलिस-ए-अहरार* जिसके साथ सभी राष्ट्रवादी मुसलमानों का ताल्लुक था। हमें विश्वास था कि कांग्रेस और मजलिस-ए-अहरार का औपनिवेशिक शासन के खिलाफ होने का एक आम कारण था। जागीरदार आमतौर पर हिंदू साहूकारों के कर्जदार थे

और कई मामलों में उनकी संपत्ति हिंदू नियंत्रण में थी। सर छोटू राम के सुधारों ने साहूकारों की पकड़ को कमजोर कर दिया था लेकिन वे मुसलमान दलालों के माध्यम से अपने सौदे कर लेते थे। 1945–46 के चुनाव अभियान के दौरान मुस्लिम लीग ने बरेल्वी मौलवियों को मैदान में उतार दिया। उन्होंने इन नारों को जैसे कि "पाकिस्तान का नारा क्या, ला इलाहा इल्लल्लाह" लोकप्रिय बना दिया। वे ढोल पीटते, और "अल्लाह-हो-अकबर" की पुकार से लोगों को इकट्ठा कर पाकिस्तान का प्रचार करते। यह कुछ नया था। बरेल्वी हमेशा राजनीति से दूर रहते थे और पीरों और जागीरदारों के द्वारा दिए गए वेतन से गुजारा करते थे। अब, वे मुसलमान मतदाताओं को स्वर्ग और पूरी पृथ्वी दिलाने का वादा कर रहे थे और हिंदुओं और सिखों को काफिरों के रूप में पेश कर रहे थे। वे भविष्य के पाकिस्तान को इस्लाम के गढ़ के रूप में वर्णित कर रहे थे जहां से जिहाद शुरू होकर सम्पूर्ण पृथ्वी पर सच्चे इस्लाम की स्थापना करता। यह सब शुद्ध जालसाजी थी क्योंकि अतीत में वे ब्रिटिश राज और जमींदार वर्गों की अधीनता की वकालत करते थे।

'कई जागीरदार जैसे कि अली हुसैन गरदेजी, मुमताज दौलताना और आलमदार हुसैन गिलानी (यूसुफ रजा गिलानी के पिता जो बाद में पाकिस्तान के प्रधानमंत्री बने) मुस्लिम लीग में शामिल हो गए, लेकिन कुछ यूनियनिस्ट पार्टी में बने रहे। केवल इब्राहिम बर्क जो एक मामूली जमींदार थे यूनियनिस्ट पार्टी की टिकट पर निर्वाचित किए गए थे, लेकिन उन्होंने मुल्तान जिले से सुरक्षित मुसलमान सीट पर चुनाव लड़ा था, शहर से नहीं। अन्य सभी सीटों पर मुस्लिम लीग उम्मीदवार विजयी रहे। मुस्लिम लीग द्वारा राष्ट्रवादी मुसलमानों द्वारा प्रतिरोध को कुचलने के लिए गुंडा रणनीति का इस्तेमाल किया गया। यह सच है कि अहरार वक्ताओं ने इस्लाम के प्रतिनिधि के रूप में मुस्लिम लीग की साख को चुनौती दी। हमारा नज़रिया यह था कि जागीरदारों ने उपनिवेशवाद विरोधी संघर्ष में कभी भाग नहीं लिया और अब राज के खिलाफ हिंदू-मुसलमान एकता के नाश के लिए मैदान में उतारे गए थे बजाए इसके कि इस्लामी शिक्षाओं के अनुसार एक समतावादी समाज को बनाया जाए।

'मैं 1947 में एमर्सन कॉलेज में एक छात्र था। यह एक सह-शिक्षा संस्था थी। 5 मार्च को बोढ़ गेट पर गैर-मुसलमान प्रदर्शनकारियों पर पहले हमले में मुसलमानों ने एक सिख नानक सिंह को मार डाला। प्रदर्शनकारियों ने पाकिस्तान विरोधी नारेबाजी की। जनवरी 1947 में सविनय अवज्ञा आंदोलन के दौरान मुस्लिम लीग ने बेरोकटोक या बिना बाधा के कांग्रेस के खिलाफ सांप्रदायिक नारे बोले। किसी हिंदू या सिख की आवाज उठाने की हिम्मत नहीं थी। अब जब गैर-मुसलमान खिजर की सरकार के गिरने के विरोध में सड़कों पर उतरे तब मुस्लिम लीग के समर्थकों ने झट से हिंसा का सहारा ले लिया।'

सेठ कल्याण दास का कत्ल

अताउल्लाह मलिक अपना कथन जारी रखते हैं, मार्च 1947 में सबसे अफसोसजनक और शर्मनाक हत्या एक प्रमुख हिन्दू और जमींदार सेठ कल्याण दास की हुई। वह रेलवे स्टेशन के पास रहते थे। उनके मुसलमानों के साथ अच्छे संबंध थे। उन्हें सभी समुदायों का सम्मान हासिल था। कभी-कभी मुसलमान समुदाय के भीतर विवाद की मध्यस्थता करने के लिए मुसलमानों द्वारा उनसे संपर्क किया जाता था। लेकिन मार्च में मुस्लिम लीग नेशनल गार्ड, कई पूर्व पुलिस दलाल और अपराधियों ने उन सभी रिश्तों पर पानी फेर दिया। उन्होंने उनके घर को घेर लिया और निर्दयता से उन्हें और उनके पूरे परिवार को मार डाला।

'उस समय पंजाब के कांग्रेस अध्यक्ष डॉ. सैफुद्दीन किचलु आए हुए थे और शहर में सेठ के साथ रह रहे थे। किसी ने किचलु को पहचान लिया और कहा कि वह एक मुसलमान हैं। उनको कोसना शुरू कर दिया लेकिन उन्हें मारने में संकोच कर रहे थे। उनको खतना किया गया था या नहीं यह सुनिश्चित करने के लिए उनसे कपड़े उतारने के लिए कहा। उनसे कहा कि अगर वे मुस्लिम लीग की सदस्यता फार्म पर हस्ताक्षर कर दें तो उन्हें बख्शा जाएगा अन्यथा वे मारे जायेंगे। उसी पल हम राष्ट्रवादी मुसलमान घटनास्थल पर पहुंचे। सेठ कल्याण दास और उनके परिवार के शव खून में लथपथ पड़े हुए थे। यह वास्तव में एक भयंकर नजारा था। हमने पाया कि ठग डॉ. किचलु की जांच कर रहे थे। वह पूरी तरह से नग्न थे और उनके साथ तर्क-वितर्क कर रहे थे। घटनास्थल पर हमारे आने से उनकी जान बच गई। हम राष्ट्रवादी और मुस्लिम लीग के लोग एक दूसरे को जानते थे क्योंकि कुछ भी हो उन दिनों मुल्तान एक छोटा सा शहर था। कुछ मुस्लिम लीग के सदस्य पहले अहरार के साथ थे। हमारे कुछ बुजुर्ग राष्ट्रीय गार्ड को समझाने में सफल हो गए कि एक मुसलमान को मारने की अनुमति इस्लाम में नहीं है। इस तरह डॉ. किचलु के जीवन को बचा लिया गया। (इस लेखक को यह घटना, डॉ. किचलु के बेटे, तौफीक किचलु द्वारा भी सुनाई गई थी जो 2005 में दिल्ली के बाहरी इलाके में रहते थे। डॉ. सैफुद्दीन किचलु भारत में बने रहे और 1963 में उनकी मृत्यु हो गई)।

'मुल्तान शहर के बाहर बस्ती नौ में बड़ी संख्या में हिंदू मारे गए। उस क्षेत्र में कम से कम 10-20 बड़ी भूमि के मालिकों ने अपनी जाने गंवा दी। हिंदुओं ने भी जवाबी कार्रवाई की। आर.एस.एस हिंदू क्षेत्रों में सैन्य ड्रिल अभ्यास कराते थे। कुछ मुसलमान आर.एस.एस द्वारा मारे गए। मुस्लिम लीग की ओर से मियां अब्दुल्ला अराइन और जानु शाह ने हिंदुओं और सिखों पर हमले की अगुवाई की। बाद में नेहरू ने जल्द ही मुल्तान का दौरा किया। वह पहले एक मुसलमान शिविर में आए जहां एक युवक ने उन्हें कोसा। उन्होंने धैर्यपूर्वक सब कुछ सुना और फिर अपने मेडिकल स्टाफ को आदेश

दिया, उसे हर प्रकार की मदद दी जाए। फिर उन्होंने हमले के बाद खूनी भीड़ द्वारा जीवित बचे हिंदू लोगों के लिए स्थापित शिविर का दौरा किया। एक युवा हिंदू लड़की अपने समुदाय को पाशविकता और अपमान की स्थिति का सामना करने पर मजबूर होने के लिए उन पर चिल्लायी। उन्होंने सिर झुका कर बात सुनी और चुपचाप चले गए।'

अरशद मुलतानी

'विभाजन से पहले समुदायों के बीच कोई वास्तविक परेशानी नहीं थी। मुल्तान में कई हिंदू परोपकारी थे जबकि मुसलमान सामंती प्रभुत्व अपने विशेषाधिकारों के संरक्षण में दिलचस्पी रखते थे। मुसीबत मार्च 1947 में शुरू हुई। मुझे याद है कि पहला इंसान जो मारा गया वह एक सिख था हालांकि हमारे शहर में सिख ज़्यादा नहीं थे। यहाँ ज़्यादातर हिंदू थे। उनमें से अधिकांश सूफियों के भक्त थे और सूफी धार्मिक स्थलों का दौरा करते थे। यह सच है कि सबसे अधिक संपत्ति हिन्दुओं के पास थी। यही कारण है कि उन पर हमला करने के पीछे बहुत ही मजबूत प्रेरणा थी। मुझे लगता है कि पुलिस हिंदुओं पर हमलों को भड़काने में शामिल थी। वे लूट का एक हिस्सा लेते थे। चूंकि मुल्तान में हिंदू अल्पसंख्यक थे वे खुद को दूषित होने से शुद्ध रखने के अपने रीति-रिवाजों के अवलोकन के बारे में बहुत सख्त नहीं थे। लेकिन यह सच है कि हम एक साथ बैठ कर खाना नहीं खाते थे। 1947 के दंगों से पहले मुल्तान एक बेहतर जगह थी।'

मुल्तान के पूर्व हिंदू निवासी

प्रेमचंद खन्ना

'मुल्तान स्नेह और अच्छे लोगों से भरा एक शांतिपूर्ण शहर था। सराइकी भाषा और संस्कृति सुंदर हैं। कभी एक पल के लिए हम यह विश्वास नहीं कर सकते थे कि एक दिन यह सब सूफी शील के इस शहर से हमारे बाहर निकलने के साथ खत्म हो जाएगा। हमारे बुजुर्ग मुल्तान के मूल निवासी थे जो कई सदियों से मुसलमान शासकों के अधीन रहते थे, लेकिन 1947 में जो कुछ हुआ सिवाए मुसलमान आक्रमणकारियों के कभी कभार की ज़्यादतियों के उसकी कोई समानता नहीं थी, हमारे मुसलमान पड़ोसियों के साथ अच्छे संबंध थे। हम एक साथ खाना भी खाते थे। मेरे पिता का मुसलमान पीरों में बहुत विश्वास था और नियमित रूप से सूफी धार्मिक स्थलों का दौरा करते थे। मैं उस समय एक कांग्रेसी कार्यकर्ता था। 1946 के चुनाव अभियान तक मुल्तान में तनावपूर्ण माहौल नहीं था लेकिन यूनियनिस्टों के खिलाफ अभद्र भाषा का इस्तेमाल करना मुसलमानों ने शुरू किया। वे गैर-मुसलमानों के खिलाफ भीड़ को उत्तेजित करने के लिए सार्वजनिक बैठकों के दौरान मौलवियों का इस्तेमाल करने लगे।

मैंने 5 मार्च को मुल्तान में जुलूस में भाग लिया। इस जुलूस में भाग लेने वाले ज़्यादातर हिंदू छात्र थे। यह सच है कि हमारे बीच कुछ तत्वों ने "कायदे आजम मुर्दाबाद जैसे नारे लगाए"। बोढ़ गेट पर एक हिंसक टकराव हुआ जिसमें मुसलमानों ने चाकुओं और कुल्हाड़ियों का इस्तेमाल किया। कुछ लोग घायल हो गए और कुछ की मृत्यु हो गई। सारा नुकसान हमारा हुआ। मुसलमान अत्यंत क्रोध में इधर-उधर गए और हिंदू दुकानों को आग लगा दी और कई जल कर स्वाह हो गईं। कल्याण दास की हत्या ने हलचल पैदा कर दी और कुछ अच्छे घरों के हिंदुओं ने अपने परिवारों को पूर्वी पंजाब में स्थानांतरित करने का फैसला किया। हमने अप्रैल में मुल्तान छोड़ा और आकर जालंधर में बस गए। मैं हमेशा ही वापस जाकर मुल्तान देखना चाहता हूँ लेकिन मार्च 1947 में उत्पन्न हुआ डर अभी भी मुझे सताता है।'

गिरधारी लाल कपूर

'आज भी मैं अपनी आंखों के सामने नानक सिंह और कुछ हिंदू छात्रों के शवों को देख सकता हूँ जिनकी क्रूरता से बोढ़ चौक पर हत्या कर दी गई थी। मेरे पिता की उस क्षेत्र में एक दुकान थी और हम दुकान के पीछे एक गली में रहते थे। जब हिंदू और सिख शांतिपूर्ण ढंग से लाहौर की सरकार के पतन के खिलाफ विरोध कर रहे थे कुछ कुख्यात मुसलमान अपराधी उन पर टूट पड़े। मैंने 5 मार्च के जुलूस में हिस्सा नहीं लिया था लेकिन जब हमला हुआ तब भगदड़ मच गई। हिंदू और सिख सब आसपास की सड़कों पर भाग गये। मैं और मेरा चचेरा भाई अमृत लाल भी उन लोगों के साथ भाग गए क्योंकि मुसलमान सभी हिंदुओं का पीछा कर रहे थे। यह बहुत ही भयावह था लेकिन कुछ मुसलमानों ने हमें छिपा कर हमारी मदद की। पुलिस निश्चित रूप से हिंदुओं और सिखों की विरोधी थी और उसने हमलावरों को रोकने के लिए कुछ भी नहीं किया।

'फिर मार्च के मध्य से स्थिति में सुधार हुआ जब सभी समुदायों के बड़ों ने आपस में मुलाकात की और शांति बनाए रखने के लिए एक समझौता किया। मगर शुरुआती हमलों के बाद हिंदू और सिख अल्पसंख्यक इस बारे में हमेशा चिंतित रहते थे कि अगर पाकिस्तान अस्तित्व में आया तो क्या होगा। वे जानते थे कि मुल्तान डिवीजन और मुल्तान जिला मुख्य रूप से मुसलमान प्रबल थे और अगर पंजाब बांटा गया तो वे विरोधी सीमा में होंगे। उनमें से कुछ ने उनके परिवारों को पंजाब के पूर्वी भाग के सुरक्षित स्थानों पर भेजना शुरू कर दिया। मेरी माँ, मेरी दो बहनों और मुझे अप्रैल के शुरू में, पुराने पंजाब की सीमा के बगल में सहारनपुर भेज दिया। मेरे पिता और चाचा रुके रहे। वे जुलाई का अंत में आए। मगर, हमारे कुछ रिश्तेदार, अगस्त में मारे गए।'

भोला नाथ गुलाटी

'हमारी बोढ़ बाजार के करीब एक खुदरा दुकान थी। हमारे ग्राहकों में ज़्यादातर मुसलमान थे। महिलायें हमारी दुकान के अंदर पूरे पर्दे में आती थीं लेकिन वहाँ अंदर वे अपना चेहरे दिखाने के लिए संकोच नहीं करतीं। हम उन्हें "बीबीजी" कह कर पुकारते क्योंकि उनमें से कई पीर परिवारों से नाता रखती थीं। उनमें से एक ने मेरे पिता को राखी बांधी थी। उसकी कोई औलाद नहीं थी और अक्सर मेरे पिता से कहती कि वे मुझे गोद लेना चाहती हैं। पिता जी जवाब देते, "बीबीजी, यह आपका ही बेटा है।" 5 मार्च को अचानक एक बहुत बड़ा हंगामा हुआ। मैं उस समय अपनी दुकान में था। थोड़ी देर बाद मैंने चीखें और रोने की आवाजें सुनीं। मुझे इसके बारे में कोई सुराग नहीं था कि यह मेरी जिंदगी का सबसे दुखद दिन होगा। मैं एक शिशु था जब मेरी मां की मृत्यु हो गई थी और मैं अपने माता-पिता की इकलौती संतान था। किसी ने मेरे पिता को मार डाला था हालांकि वह जुलूस में भाग लेने के लिए नहीं गए थे। वह सिर्फ यह देखने के लिए बाहर गए थे कि माजरा क्या है। मेरा एक मुसलमान दोस्त सरवर एक दूत साबित हुआ। वह मुझे अपने घर ले गया। उनके पिता मेरे पिता को जानते थे और इसलिए उन्होंने मेरा ख्याल रखा लेकिन मेरे पिता के छोटे भाई किशन चाचा ने जो रेलवे में थे और लुधियाना में तैनात थे जब गड़बड़ी के बारे में सुना तब वह मुल्तान आए। हमने अपनी दुकान बेच दी और अप्रैल के शुरू में मुल्तान छोड़ दिया। मैंने मुसलमानों पर हमलों में हिस्सा नहीं लिया लेकिन मुझे पता है कि कई हिंदू और सिख लोगों ने जो उजड़ कर आकर लुधियाना में बसे थे उन्होंने मुसलमान मुहल्लों पर छापे मारने में एक बड़ा हिस्सा लिया था। उन्होंने कहा कि वे उनके परिवारों के खिलाफ किए गए जुल्मों का बदला लेना चाहते हैं। मैंने हिस्सा नहीं लिया क्योंकि खून खराबे से मुझे डर लगता है। कभी-कभी मैं मुल्तान और विशेष रूप से मेरे पिता को सपने में देखता हूँ। वह एक पगड़ी पहनते थे और मुझे बहुत प्यार करते थे। मैं 13 वर्ष का था जब मुल्तान में दंगे हुए। मैं अभी भी सराइकी में बात कर सकता हूँ क्योंकि मेरे चाचाजी उस भाषा में मेरे साथ बात-चीत करते थे।'

खोसला और एस.जी.पी.सी. रिपोर्टें

खोसला रिपोर्ट भी मुल्तान में गैर-मुसलमानों पर हुए हमलों पर व्यापक रोशनी डालती है और दावा करती हैं कि 5 मार्च को हिंदू और सिख छात्रों ने एक शांतिमय जुलूस निकाला ताकि एक दिन पहले लाहौर में हिंदू-सिख छात्रों पर गोली चलाने का वे विरोध कर सकें। जहां तक मुल्तान में खास तौर पर हुई घटनाओं का सवाल है हिंदू परोपकारी सेठ कल्याण दास का बेरहम कत्ल और उनके मेहमान और पंजाब काँग्रेस कमेटी के मुसलमान प्रधान डॉ. किचलु का खास जिक्र किया गया है (1989:

104-5)। एस.जी.पी.सी. रिपोर्ट मुल्तान की घटनाओं का खास जिक्र नहीं करती है (शायद इसलिए क्योंकि उस जिले में बहुत कम सिख रहते थे) मगर यह जिक्र करती है कि मुसलमानों द्वारा की गई हिंसा में प्रभावित हुए इलाकों में मुल्तान भी था।

गवर्नर जेनकींस

जेनकींस ने 6 मार्च को भेजी एक तार में वेवेल को खबर दी कि 100 लोग मारे गए थे और एक बड़ी तादाद में लोग जख्मी हुए थे। दो दिन बाद, 8 मार्च को वे जिक्र करते हैं कि मुल्तान में 100 लाशें बरामद की जा चुकीं हैं मगर डिप्टी कमिश्नर ने अंदाजा लगाया कि यह संख्या 200 मृत और 500 जख्मी के करीब है (कार्टर, 2007: 69)। 10 मार्च को गवर्नर ने मुल्तान का दौरा किया और बताया कि हालात शांत हैं। मुल्तान के पास के गाँवों से कुछ वारदातों की खबरें आईं। बाद के दिनों में उन्होंने खबर दी कि मुल्तान में गड़बड़ी फिर पनप रही है। 14 मार्च की पाक्षिक रिपोर्ट में उन्होंने मुल्तान के बारे में लिखा, 'मुल्तान के हालात भी खराब हैं मगर देहाती इलाकों में हालात बेहतर हैं और कल या एक दिन पहले भारतीय फौज की एक छोटी टुकड़ी को एक भीड़ ने घेर लिया और उन्हें हालात की गंभीरता के कारण गोली चलानी पड़ी, जिसने काफी लोगों को ढेर किया। इसका काफी असर पड़ना चाहिए' (कार्टर, 2007: 81)। 17 मार्च को उन्होंने वेवेल को लिखा, 'मुल्तान में गड़बड़ी तब फैली जब गैर-मुसलमान छात्रों द्वारा अचानक एक जुलूस निकाला गया जिसमें वे चिल्ला कर कह रहे थे "काएद-ए-आजम मुर्दाबाद"। दोपहर 12 बजे से लेकर 3:15 के बीच, यह अनुमान लगाया गया कि 150 लोग – लगभग सारे हिंदू – अपनी जान गंवा बैठे। काफी आगजनी हुई मगर अमृतसर के मुकाबले यह कम है' (वही: 85)। इसके बाद गवर्नर ने मुल्तान में हालात सुधरने की खबर भेजना शुरू किया। माउंटबैटन को भेजी 31 मार्च की पाक्षिक रिपोर्ट में, जेनकींस ने खबर दी कि सूबा अब नियंत्रण में है।

संदर्भ

खोसला, जी.डी., *स्टर्न रेकोनिंग*, दिल्ली: ऑक्सफोर्ड यूनिवर्सिटी प्रैस, (1989)।

तालिब, एस. गुरबचन सिंह, *मुस्लिम लीग अटैक ऑन सिख्स एंड हिंदुस इन द पंजाब 1947 (एस.जी.पी.सी. रिपोर्ट)*, नई दिल्ली: वॉइस ऑफ इंडिया, (1991)।

सरकारी दस्तावेज

कार्टर, लिओनेल (एड.), *पंजाब पॉलिटिक्स 3 मार्च 1947-31 मई 1947, एट दी एबीस, गवर्नर्स फोर्टनाइटली रिपोर्ट्स एंड अदर की डॉक्युमेंट्स*, दिल्ली: मनोहर, (2007a)।

सेंसस ऑफ इंडिया, 1941, वॉल. VI, पंजाब, शिमला: गवर्नमेंट ऑफ इंडिया प्रैस, (1941)।

अखबार

दी पाकिस्तान टाइम्स, लाहौर, 1947

दी ट्रिब्यून, लाहौर, 1947

साक्षात्कार

सय्यद खुर्शीद अब्बास गरदेजी, मुल्तान, 21 दिसंबर 2004

अरशद मुल्तानी, मुल्तान, 22 दिसंबर 2004

अताउल्लाह मलिक, मुल्तान, 22 दिसंबर 2004

प्रेमचंद खन्ना, दिल्ली, 9 जनवरी 2005

गिरधारी लाल कपूर, दिल्ली, 9 जनवरी 2005

भोला नाथ गुलाटी, दिल्ली, 9 जनवरी 2005

9

मार्च 1947 के दंगे

रावलपिंडी और इसके करीबी देहाती इलाके

उत्तरी पंजाब के पोटोहर पठार में स्थित रावलपिंडी उत्तरी-पश्चिम के पहाड़ों से भारतीय उप-महाद्वीप के सीधे राह पर पड़ता है। इतिहास गवाह है कि मध्य एशिया से पूरब और दक्षिण की ओर हुए ज़्यादातर हमले उसी पथ पर चल कर हुए हैं। पुरातत्व खोजों से पता लगा है कि वैदिक और बुद्ध धर्म की सभ्यताएं पोटोहर क्षेत्र में फली-फूलीं। प्रसिद्ध बुद्ध शिक्षा केंद्र तक्षशिला रावलपिंडी से बस 20 किलोमिटर दूर है। अत: रावलपिंडी का एक तहजीबी, रणनीतिक और फौजी महत्व पूरे इतिहासकाल में रहा है भले ही यह एक छोटा शहर लगता हो।

मगर इसका महत्व काफी बढ़ गया जब ब्रिटिश सरकार ने इसे उत्तरी-पश्चिम भारत का मुख्य सैनिक गढ़ बना लिया और इसे उत्तरी कमांड के मुख्यालय के रूप में स्थापित किया। कबीलाई इलाकों, अफगानिस्तान और मध्य एशिया में अपना प्रभाव डालने के लिए ब्रिटेन, रूस और दूसरी बड़ी ताकतों के बीच *ग्रेट गेम* खेली जा रही थी। रावलपिंडी ने खुफिया जानकारी हासिल करने के मुख्य केंद्र का काम किया। 1947 में कई सौ ब्रिटिश भारतीय फौज का एक बड़ा दस्ता रावलपिंडी में मौजूद था। 1941 की जनगणना के मुताबिक रावलपिंडी शहर की कुल 1,85,042 की आबादी का एक बड़ा हिस्सा दो छावनियों में रहता था; रावलपिंडी और चकलला छावनी में 49,000 फौजी थे। यह साफ तौर पर पता नहीं है कि क्या मार्च 1947 में ही कोई औपचारिक फैसला ले लिया गया था कि किसी भी सांप्रदायिक दंगे को रोकने के लिए फौज का इस्तेमाल नहीं किया जायगा। इस बारे में पक्का फैसला तब लिया गया था जब फील्ड मार्शल औचिन्लेक ने माउंटबैटन को इस बारे में 26 जून 1947 को एक "नोट" लिखा। जिन्नाह की इस चाहत का जिक्र करते हुए कि ब्रिटिश फौज को बहुत जल्द नहीं हटाना चाहिए; वह चाहते थे कि सरकार मुस्लिम लीग के नेता को यह बिल्कुल स्पष्ट कर दे कि 'सांप्रदायिक गड़बड़ी के दौरान, ब्रिटिश सेना उपलब्ध

नहीं होगी' (मैनसर्घ एंड मून, 1982: 660-61)। यह मुमकिन है कि मार्च में पहले से ही कोई खुफिया या चुपचाप समझौता कर लिया गया हो कि उनका मुख्य उद्देश्य ब्रिटिश और दूसरी यूरोपी लोगों की जिंदगियों की रक्षा करना था अगर कोई बड़े पैमाने पर हिंसा भड़कती। उस समय रावलपिंडी में कई सौ ब्रिटिश और यूरोपी परिवार थे।

रावलपिंडी शहर नागरिक प्रशासन के विभागीय और जिला मुख्यालय के रूप में भी सेवा प्रदान करता था। रावलपिंडी डिवीजन का सांप्रदायिक खाका अति प्रबल रूप से मुसलमान था और यह बात रावलपिंडी जिले के लिए भी सही बैठती थी। मगर रावलपिंडी शहर में हिंदुओं और सिखों की बहुलता थी। सिख सबसे अमीर समुदाय था। ज़्यादातर व्यापार, व्यवसाय और साहूकारी का काम उनके हाथों में था और दुकानों, व्यावसायिक इमारतों और रिहाइशी मोहल्लों के मालिक भी सिख थे। वे कुछ ही पुश्तों पहले हिंदू खत्री और अरोड़ा उपजातियों से सिख धर्म के अनुयायी बने थे। पूर्वी पंजाब के सिख उन्हें 'भाप्पा' कह कर पुकारते थे। अधिकांश हिंदू छोटे व्यापारी थे हालांकि उनमें कई सोनार थे। रावलपिंडी शहर के मुसलमान गरीब और ज़्यादातर कारीगर या कम आमदनी वाले मजदूर थे।

यह गौर करना दिलचस्प होगा कि ब्रिटिश भारतीय सेना में भर्ती की जा रही पंजाब की 'फौजी जातियों' के मुसलमान भाग में रावलपिंडी डिवीजन और खास कर रावलपिंडी जिले की राजपूत, घक्कर और अवान जातियों/कबीलों के लोग शामिल थे (टैन, 2005)। शहर और जिले में लिए गए साक्षात्कारों के दौरान मुझे पता चला कि सेना में काम करना ही वहाँ के लोगों का एकमात्र पेशा था क्योंकि कृषि, जिंदगी बसर करने के जरिए के तौर पर पूरी तरह से विकसित नहीं हुई थी। पोटोहर की पथरीली, बंजर और कठिन जमीन की सिंचाई करने का मुख्य साधन बारिश थी जो कभी-कभार ही एक उत्तम पैदावार के लिए काफी होती थी। इसके अलावा जमीन छोटे-छोटे टुकड़ों में बंट चुकी थी। कुछ लोगों ने मुझे बताया कि ब्रिटिश नहीं चाहते थे कि यह इलाका विकसित हो क्योंकि उन्हें सेना को मुहैया करवाने के लिए लगातार सैनिकों की भर्ती की जरूरत थी। कुछ मौकों पर जब बांध बनाने और सिंचाई व्यवस्था विस्तारित करने पर विचार किया गया तब फौज के दबाव के चलते इन योजनाओं को रद्द करना पड़ा। देहाती इलाकों में दुकानें और व्यापार मुख्यत: सिखों और कुछ हिंदुओं के हाथों में था। रावलपिंडी शहर और जिले के मुसलमान सिख साहूकारों के भारी कर्ज में दबे हुए थे।

1947 तक, रावलपिंडी डिवीजन के फौज से बर्खास्त किए गए सैनिक हजारों की संख्या में दक्षिण-पूर्व एशिया, मध्य पूर्व और दूसरी जगहों से लौट रहे थे। कुछ अब भी बाहर सेवारत थे। जो वापस आए उन्होंने देखा कि आर्थिक कठिनाइयाँ घटने के बजाय बढ़ गईं थीं। इसलिए कई भूतपूर्व सैनिक रावलपिंडी में काम की तलाश में और जीविका उपार्जन के दूसरे तरीकों के लिए भटकते रहते (साक्षात्कार: फिरोज

दर)। उनमें कईयों ने रावलपिंडी जिले और पास के कैंपबेलपुर जिले (अब जिसका नाम अटक है) के सिख गाँवों पर किए गए हमलों में हिस्सा लिया।

1941 की जनगणना के अनुसार जनसंख्या का चित्र		
रावलपिंडी शहर की कुल जनसंख्या (रावलपिंडी नगरपालिका, छावनी और चकलाला छावनी को लेकर)	संख्या	हिस्सा (%)
सभी समुदाय	1,85,042	100.00
मुसलमान	81,038	43.79
हिंदू, अनुसूचित जातियों को लेकर	62,397	33.72
सिख	32,054	17.32
अन्य: ईसाईयों, अधर्मियों, जैन और पारसियों को लेकर	9,957	5.38
रावलपिंडी जिला	संख्या	हिस्सा (%)
सभी समुदाय	7,85,231	100.00
मुसलमान	6,28,193	80.00
हिंदू, अनुसूचित जातियों को लेकर	82,453	10.50
सिख	64,127	8.17
अन्य: ईसाईयों, अधर्मियों, जैन और पारसियों को लेकर	10,448	1.33

पंजाब के अन्य भागों के विपरीत रावलपिंडी पहले से ही शरणार्थियों की एक बाढ़ के साथ निपटा था जब दिसंबर 1946 में, पास के पश्चिमोत्तर सीमांत प्रांत के हजारा जिले से एक बड़ी संख्या में हिंदू और सिख आ गए थे। लाहौर में दिए गए मास्टर तारा सिंह द्वारा हथियार उठाने के आह्वान की खबर 3 मार्च की शाम रावलपिंडी पहुँची। इसने मुस्लिम, हिंदू और सिख मोहल्लों में उकसाहट बढ़ा दी और गतिविधियां तेज हो गईं। पड़ोस में कुछ झड़पें 4 मार्च को हुईं लेकिन शहर के केंद्र में पहली बार टकराव 5 मार्च को हुआ। 10 मार्च के *पाकिस्तान टाइम्स* ने सूचना दी कि हजारा जिले की एक मुस्लिम भीड़ ने मरी पहाड़ियों झिक्का गली, घोडा गली और लोअर टोपा के बाजारों पर हमला कर दिया था। 12 मार्च को यह सूचना दी कि कहुता, गुज्जर खान और मानद्रा क्षेत्रों में आगजनी घटित हुई थी। इसके अलावा, गड़बड़ी फतेहजंग, हस्सनअबदाल और कैंपबेलपुर में फैल गई थी। 7 मार्च के *दी ट्रिब्यून* ने रावलपिंडी में संघर्ष की सूचना दी और इसके बाद लगभग रोज 14 मार्च तक रावलपिंडी शहर और इसके बाहर के उपनगरों पर भीड़ द्वारा छापे की सूचना दी। मार्च 1947 में जिला प्रशासन की अध्यक्षता डिप्टी कमिश्नर सी.एल. कोट्स, ओ.बी.ई. कर रहे थे।

दिसंबर 2004 में अहमद सलीम और मैंने रावलपिंडी शहर और जिले में कई दिन बिताए और उन लोगों के साथ बात की जो मार्च 1947 की घटनाओं के गवाह थे। उनमें वयोवृद्ध शिक्षाविद् ख्वाजा मसूद अहमद, एक तांगा चालक, दो दुकानदार और वे दो सिख थे जिन्हें मैं दिल्ली में मार्च 2004 में मिला था। एक और इंटरव्यू एक खाकसार के साथ था जो मार्च 1947 में एक कार्यकर्ता थे। मैंने उनसे मई 2002 में लंदन में विश्व पंजाबी सम्मेलन के दौरान मुलाकात की।

ख्वाजा मसूद अहमद

'मैं 1947 में गॉर्डन कॉलेज में एक जवान, नव-विवाहित गणित का लैक्चरर था। 5 मार्च को हिंदू-सिख और मुसलमान भीड़ शहर के मध्य में भिड़ गईं। शाम में प्राचार्य डॉ. स्टुअर्ट (एक अमेरिकी) उपायुक्त श्री सी.एल. कोट्स से मिलने के लिए गए मगर उसने उनसे मिलने से इन्कार कर दिया। डॉ. स्टुअर्ट बहुत चिंतित होकर वापस आये और कर्मचारियों को बताया कि सरकार मदद करने को तैयार नहीं है। अगले दिन एक आर.एस.एस. कार्यकर्ता चारों तरफ चिल्ला कर कहने लगा कि इस बार होली (6 मार्च 1947) एक खूनी होली होगी। मैं कॉलेज से बाहर आया और मरी रोड के एक ओर मुसलमानों को पाया और दूसरी ओर हिंदुओं और सिखों को। दोनों पक्ष भाले और लंबे चाकुओं के साथ सशस्त्र थे। वे उत्तेजक नारेबाजी कर रहे थे और चूंकि मैं एक कॉलेज शिक्षक था वे मुझे जानते थे तथा किसी ने मुझे परेशान नहीं किया। मैं उन दोनों के बीच से निकल गया और कम्युनिस्ट पार्टी के कार्यालय पहुंचा। कॉमरेड गुरबख्श सिंह और दूसरों ने मुझे सावधान नहीं होने के लिए डांटा। बाद में गुरबख्श मुझे घर ले गए। कई दिनों तक हमारे पास खाना नहीं था क्योंकि दुकानें बंद थीं और लोग घर के अंदर रहना ही सुरक्षित समझ रहे थे। कॉमरेड विश्वनाथ सहगल जो रावलपिंडी के सबसे धनी हिंदू परिवारों में से एक थे, अपने घर से हम दोनों के लिए खाना लाने लगे।

'05-06 मार्च को शहर में अचानक कुरान के पृष्ठ चारों तरफ बिखरे पाए गए। एक खाकसार ने उन्हें एकत्र किया और एक कुएं में डाल दिया। यह कॉलेज के बिल्कुल बाहर हुआ। उनके हिंदू और सिख अच्छे दोस्त थे। तो वह एक हिंदू-सिख मोहल्ले के अंदर चला गया। एक जोर से चीख सुनाई दी। किसी ने उसे चाकू मारा था। उसे खून के साथ लथपथ मृत पाया गया। इसमें कोई संदेह नहीं कि आर.एस.एस. के लोग इस जघन्य अपराध के पीछे थे, इसने दंगे, आगजनी, लूटपाट और छुरेबाजी शुरू कर दी जो शहर के कई हिस्सों में हुई थी। केवल अपवाद छावनी क्षेत्र थे जहां उच्च वर्ग के लोगों के घर थे।

'यद्यपि रावलपिंडी राजनीतिक रूप से एक जीवंत जगह थी समुदायों के बीच हिंसा दुर्लभ थी। सभी समुदायों के बड़े लोगों के एक दूसरे के साथ अच्छे संबंध थे और

उनका प्रभाव व उनकी सद्‌भावना लोगों के बीच संबंधों को सामान्य बनाए रखने के लिए प्रेरित करता था। गॉर्डन कॉलेज सांस्कृतिक और बौद्धिक विविधता की एक उत्तम जगह थी। बुद्धिजीवी, शिक्षाविद, पत्रकार और अन्य सामाजिक तौर पर जागरूक लोग हर दिन कॉलेज कैंटीन में इकट्ठा होते और उत्साही चर्चाएँ होतीं। सभी मुख्य राजनीतिक पार्टियों के समर्थक उपस्थित होकर विचारों के आदान-प्रदान में शामिल होते लेकिन चूंकि वे एक-दूसरे को अच्छी तरह जानते थे, उनमें कोई कटुता पैदा नहीं होती। इसके अलावा कॉलेज वास्तव में बहु-धार्मिक था। शिक्षक और छात्र दोनों अलग-अलग धर्मों के थे। कॉलेज के छात्रावास में काफी हिंदू, मुसलमान और सिख छात्र रहते थे। मैं कम्युनिस्ट पार्टी का एक सदस्य था। 1946 में मशहूर भारतीय अभिनेता बलराज साहनी ने जो रावलपिंडी के रहने वाले थे, लेकिन बंबई में रह रहे थे अपने गृहनगर का दौरा किया। वह हमारी गतिविधियों से बहुत प्रभावित थे। वह खुद भी एक मार्क्सवादी थे। हम यकीन करते थे कि भारत जल्द ही स्वतंत्र होगा और हम अपने लोगों के लिए एक प्रगतिशील भविष्य की रूपरेखा तैयार करेंगे। मार्च 1947 के दंगों के बाद भी हम विश्वास नहीं करते थे कि भारत विभाजित किया जाएगा।'

शेख नूर दीन

'मैं अपनी सारी जिंदगी एक तांगा चालक रहा हूँ। हिंसा तब भड़की जब सिखों ने एक जुलूस का आयोजन किया और वे पाकिस्तान विरोधी नारे लगा रहे थे। रावलपिंडी के बाहुबली चौधरी मौला के बेटे ने सिखों को उत्तेजक भाषा का उपयोग बंद करने के लिए कहा लेकिन उन्होंने उसकी बात नहीं सुनी। हाथापाई हुई। एक सिख ने उस पर कृपाण के साथ हमला कर दिया और उसकी जांघ पर गहरा जखम हो गया। जब चौधरी को इस बात का पता चला, तो वह अपने आदमियों के साथ उस जगह पर जल्दी ही आ गया। इसके बाद कई दिनों तक दंगे चलते रहे। कई लोग मारे गए या घायल हो गए। काफी संपत्ति के नुकसान के साथ-साथ लूटपाट और आगजनी हुई। मुझको यह बिल्कुल नहीं पता कि किस पक्ष का कितना नुकसान हुआ लेकिन सिख निश्चित रूप से बेहतर हथियारों से लैस थे और बंदूकें चला रहे थे।

'बाद में निश्चित रूप से गैर-मुसलमानों को यहां से पलायन करना पड़ा लेकिन शुरु में मुकाबला बराबरी का था। मैंने रावलपिंडी में अपनी सारी जिंदगी बतौर एक तांगा चालक गुजारी है। 1947 के दंगों से पहले इस जगह बहुत बड़ी हिंदू और सिख आबादी थी। वे आम तौर पर अच्छे और दयालु लोग थे। दत्त ब्राह्मणों का एक परिवार हमेशा मेरे तांगे में सवारी करता था और उनकी एक महिला मुझे अपना भाई कह कर पुकारती थी। वे हमेशा मुझे हिंदू और मुसलमान त्योहारों के समय तोहफे दिया करते थे।'

शेख मुहम्मद इशाक

'मेरे पूर्वज कुछ पुश्तों पहले अरोड़ा की थापर उप जाति से इस्लाम में परिवर्तित हुए थे। 1947 में शहर के केंद्र में हमारी एक दुकान थी। हमारे व्यापार के ताल्लुकात पूरे पंजाब में फैले हुए थे और मैं व मेरे पिता हमारी खुदरा दुकान के लिए माल इकट्ठा करने के लिए पूर्वी जिलों की यात्रा करते थे। जब तक 1946 के चुनाव नहीं हुए इस शहर में कोई वास्तविक राजनीतिक गतिविधि नहीं थी। यूनियनिस्ट पार्टी मुख्य पार्टी थी जबकि कांग्रेस पार्टी ब्रिटिश विरोधी तत्वों का गढ़ था। खाकसार और आहरार भी सक्रिय थे। कम्युनिस्टों का एक छोटा समूह था। आर.एस.एस. की भी कुछ उपस्थिति थी। 1945-46 के किसी समय चुनावों के दौरान मुस्लिम लीग ने पैर जमा लिए।

'4 तारीख की शाम को गड़बड़ी फैल गई हालांकि ज़्यादातर यह नारेबाजी के रूप में ही थी। पहला टकराव 5 को हुआ जब एक सिख-हिंदू जुलूस मुस्लिम लीग के समर्थकों के साथ भिड़ गया। गुरुवार 6 मार्च हिंदू त्यौहार होली का दिन था। सामान्य उत्सव के बजाय पिछले दिन की गड़बड़ी जारी रही और नेहरू रोड (अब गजनवी सड़क कहा जाता है) पर गोलियां चलीं। दोनों पक्षों ने एक दूसरे पर गोलीबारी की। दूसरी जगहों पर भी घटनाएं हुईं। करतारपुरा में सिखों और हिंदुओं ने कुछ मुसलमानों पर गोलियाँ चलाईं। कुछ लोगों की मृत्यु हुई। दूसरी ओर रत्ता में कुछ सिख मारे गए थे, ढोक में उनका जबरन मजहब बदल दिया गया और उनके बाल और दाढ़ी काट दिए गए। उनमें विरोध करने वाले कुछ लोगों को मुसलमान भीड़ द्वारा मार दिया गया था। दूसरी ओर बाग सरदारां में, जो एक सिख गढ़ था मुसलमानों के साथ भयानक अत्याचार किए गए। सिखों ने बंदूकों और कृपाणों का इस्तेमाल किया। रावलपिंडी में लड़ाई अनिवार्य रूप से मुसलमानों और सिखों के बीच थी। हालांकि रावलपिंडी के आसपास के गांवों में गैर-मुसलमानों के साथ सबसे क्रूरता से व्यवहार किया गया। उनमें से कुछ बच गए और रावलपिंडी आ गए। तब हमें उनकी दुखदायी आप बीती के बारे में पता लगा।'

हाजी शेर अहमद

'5 मार्च को सिख पड़ोसियों ने यहाँ राजा बाजार में हमें अपनी दुकानें न खोलने के लिए चेतावनी दी क्योंकि गड़बड़ी की आशंका थी उनके समुदाय के कुछ लोग वापसी कार्रवाई के लिए योजना बना रहे थे अगर मुसलमान हिंसा का सहारा लेते थे। 6 मार्च को झड़पें अधिक गंभीर थीं। मुसलमानों ने जामा-ए-मस्जिद के अंदर से गोलियाँ दागीं और सिखों ने सड़क के विपरीत दिशा से इसका जवाब दिया। कुछ लोगों की मौत हो गई। यह सच है कि ढोक जैसे कुछ इलाकों में सिखों और हिंदुओं को धर्म परिवर्तित कर इस्लाम कबूल करने के लिए मजबूर किया गया। उनकी दाढ़ी और केश जबरन

मूंढ दिए गए। वे इस शर्मनाक हादसे को सहन नहीं कर सके और धार्मिक प्रतीकों को अपवित्र होते देख कुछ सिखों ने आत्महत्या कर ली। अधिकांश दंगे जल्द ही थम गए, लेकिन रावलपिंडी के बाहर गांवों में हिंसा का स्तर काफी ज़्यादा था। कई हिंदू और सिख, गांवों से भाग कर रावलपिंडी आ गए। उनकी स्थिति वास्तव में दयनीय थी। उनके साथ किया गया यह सलूक सच्ची इस्लामी शिक्षाओं के अनुरूप नहीं था।'

राशिद निसार

'रावलपिंडी में गड़बड़ी दोनों पक्षों द्वारा नारेबाजी के साथ शुरू हुई थी। 6 मार्च को रावलपिंडी के एक मोहल्ले लाल कुर्ती में सभी समुदायों के बड़ों द्वारा एक शांति समिति का गठन किया गया। हालांकि मुसलमान सदस्यों में से एक शेख बरकत, विश्वासघाती साबित हुआ। 7 मार्च को शेख बरकत के कमरे में एक बैठक आयोजित की गई। जब हिंदू और सिख सदस्य पहुंचे तब उन पर एक दुष्ट हमला किया गया और एक हलवाई सुंदर सिंह ने भागने की कोशिश की लेकिन कुल्हाड़ियों को ले जा रही एक भीड़ ने उसका पीछा किया। उन्होंने एक स्थानीय मस्जिद में शरण मांगी और मुसलमान बनने और कलिमा पढ़ने के अपने इरादे की घोषणा की। मगर भीड़ ने उन्हें फर्श पर फेंक दिया, जहां इबादत करने वाले नमाज अदा करने से पहले अपने हाथ मुंह धोते थे। उन्होंने कुल्हाड़ियों और लंबे चाकुओं से उसके टुकड़े कर दिए। उसकी जीभ बाहर निकाल दी, दाढ़ी के बाल काटे और उसका मृत शरीर घसीट कर मस्जिद से बाहर ले गए। खून कुंड के पानी के साथ घुलमिल गया। जब लाश को सड़क पर बाहर घसीटा गया तब धूल के साथ खून के मिश्रण की वजह से एक घना भूरा पेस्ट बन गया। यह एक भयंकर दृश्य था। आज तक मुझे वह जुल्म याद है। पुलिस को इस बैठक के बारे में पता था और यह लगता है कि वे गैर-मुसलमानों को मारने की इस योजना के बारे में जानते थे। इसलिए बजाय इसके कि वे पीड़ितों की मदद के लिए हस्तक्षेप कर हत्याओं को रोकते उन्होंने यह पक्का किया कि हत्यारे अपना काम किसी भी बाधा के बिना कर लें।

'हमारे पड़ोसी सिख परिवार ने हमारे घर में शरण ली। एक भीड़ बाहर एकत्र हो गई और चाहती थी कि हम उन्हें उसे सौंप दें लेकिन हमने इंकार कर दिया। मेरा परिवार खाकसार आंदोलन के साथ ताल्लुक रखता था। हमारे नेता अशरफ खान ने एक व्रत लिया था कि हम संकट में पड़े किसी भी इंसान की रक्षा करने के लिए वह सब कुछ करेंगे जो हमसे संभव होगा। इसलिए खाकसार हमेशा सबसे आगे थे और हमने कई गैर-मुसलमानों को बचाया। इस तथ्य के बावजूद हमने यह किया कि 5 मार्च को एक हिंदू मोहल्ले में एक खाकसार की हत्या कर दी गई थी। शायद निश्चित रूप से आर.एस.एस. इस भीषण हत्या के पीछे था लेकिन हमने अपने नेता के पास प्रतिज्ञा की थी कि हम अपने जीवन को खतरे में डालकर संकट में लोगों की मदद करेंगे।

हमने पंजाब विभाजित होने के बाद भी इस तरह की सेवाओं को करना जारी रखा। विभाजन के बाद भी रावलपिंडी में कुछ हिंदू और सिख मौजूद थे। हम उन्हें शरणार्थी शिविरों तक ले गए। हमारी गतिविधियाँ शहर तक ही सीमित थीं। जो कुछ गांवों में हुआ वह हमारी पहुंच से परे था।'

हरकिशन सिंह मेहता

'हमारा ताल्लुक कोंटरीला, तहसील गूजर खान से था मगर जब मैं छोटा था हम रावलपिंडी आकर बस गए। हम माई वीरो दी बानी नामक एक गली में रहते थे जो खालसा हाई स्कूल के पास थी। हमारा घर वास्तव में मार्च 1947 में बना था। विशेष रूप से यह एक हिंदू-सिख क्षेत्र था। मुझे याद है कि मार्च में हुए दंगों में दोनों पक्षों की ओर से बंदूकों का इस्तेमाल किया गया। वास्तविक हत्याएँ रावलपिंडी के आसपास के गांवों में हुईं। मुझे याद है कि हजारा से आए शरणार्थियों को हमारे इलाके में आश्रय दिया गया था। मेरे पिता रेलवे में टीटीई थे। वह एक भीड़ से घिर गए थे जो उनके बाल और दाढ़ी की हजामत करना चाहती थी मगर एक मुसलमान कबीले के प्रमुख गुल्लू ने उनकी जान बचाई। गुल्लू उन्हें रावलपिंडी ले आए। वह मियांवाली के एक सशस्त्र जनजाति के प्रमुख थे। हम जून में दिल्ली आ गए'।

अमर सिंह

पंजाब विधान सभा के बाहर मास्टर तारा सिंह के भाषण की खबर रावलपिंडी में उसी दिन शाम पहुँच गई और उससे तनाव में वृद्धि हो गई। 5 मार्च एक तरफ हिंदू-सिख प्रदर्शनकारियों और दूसरी तरफ मुसलमानों के बीच खुले संघर्ष का पहला दिन था। हिंदू-सिख प्रदर्शनकारी पंजाब में एक मुस्लिम लीग सरकार के गठन के खिलाफ नारे लगा रहे थे जबकि चौधरी मौला के बेटे ने उन्हें चुनौती दी। पहले मुकाबले में सिखों और हिंदुओं को भारी नुकसान का सामना करना पड़ा लेकिन 6 की शाम को हमने मुसलमानों को भागने पर मजबूर कर दिया। हमने महान साहस के साथ जवाबी लड़ाई लड़ी। एक मामले में इरोज सिनेमा के सिख मालिकों ने तीस से भी अधिक मुसलमानों को गोली मार दी। दूसरी जगहों से भी मुसलमानों को पीछे धकेल दिया गया। शहर में हमारी मजबूत उपस्थिति थी।

'पुलिस में काम करने वाले एक हिंदू ने मुझे बताया कि उसने मुसलमान सहयोगियों की यह बात सुन ली थी कि ब्रिटिश ने उन्हें तीन दिन दिये थे और कहा था कि वे गैर-मुसलमानों के खिलाफ जो कुछ भी करने चाहते हो कर लो। मगर हमारे पास बंदूकें और गोला बारूद था और मुसलमानों को दंगे भड़काने के लिए अपने जीवन के साथ बहुत भारी कीमत चुकानी पड़ी। जब वे शहर में लड़ाई नहीं जीत सके, तब उन्होंने

अपने क्रोध को गांवों की ओर केन्द्रित किया। ग्रामीण क्षेत्रों में मुसलमानों के मुकाबले सिख और हिंदू बहुत ही कम संख्या में थे। इसलिए उन हमलो में, सिखों और हिंदुओं का नरसंहार हुआ। हालांकि, मैं खाकसारों को श्रद्धांजलि देना चाहूँगा विशेष रूप से उनके नेता, अशरफ खान को। उन्होंने और उनके साथियों ने कई सिखों और हिंदुओं को बचाया। हालांकि वे एक अपवाद थे। मुस्लिम लीग के गुंडों ने गांवों में पूरी तरह से असहाय लोगों के प्रति कोई दया नहीं दिखाई।

'मुझे यह बात मान लेनी चाहिए कि अंत में मुसलमानों ने उनके द्वारा रावलपिंडी में सिखों के खिलाफ किए गए जुर्मों की एक बहुत भारी कीमत अदा की। अगस्त 1947 के मध्य में पूरे पूर्वी पंजाब में मुसलमानों के खिलाफ हमलों में मैंने भाग लिया। कृपया मुझसे विस्तार वर्णन न पूछें मगर हम बदला लेना जायज समझते थे क्योंकि मुसलमानों ने हमारे लोगों के साथ वहशियाना सलूक किया था।'

मदन लाल सिंह

'6 मार्च निश्चित रूप से वह दिन था जब रावलपिंडी खूनी दंगों का आयोजन स्थल बन गया। कल्याण दास मंदिर के पास सिखों और मुसलमानों के बीच गोलियों की एक टक्कर में दोनों पक्षों की भारी क्षति हुई। सिख शहर में खुद के बचाव की एक अच्छी स्थिति में थे और वास्तव में उन्होंने साबित कर दिया कि वे बेहतर लड़ाके थे। मुसलमान उपद्रवियों के नेता चौधरी मौला और उनके भाई चौधरी हक्का थे। सिखों ने उनके सिर के लिए पचास हजार रुपए की पुरस्कार राशि की घोषणा की थी और मुसलमानों ने सिख नेता के सिर के लिए एक ही तरह की घोषणा की थी। यह सच है कि खाकसारों ने वह सब कुछ किया जो कुछ भी वे जीवन के नुकसान को रोकने के लिए कर सकते थे लेकिन मुसलमान पुलिस निष्क्रिय बनी हुई थी और सिर्फ जब सेना तैनात की गई तब हालात नियंत्रण में आए।

'जब रावलपिंडी में गड़बड़ी शुरू हुई तब सिखों ने एक मुसलमान दरगाह के पास गुप्त जगह में बम बनाने का काम शुरू किया। महान स्वतंत्रता सेनानी भगत सिंह के एक साथी, बाबा गुरबख्श सिंह, गतिविधि में शामिल थे। एक दिन किसी डिवाइस पर काम करते समय उसमें विस्फोट हो गया, जिससे उनका पेट फट कर खुल गया और उनकी आंते बाहर आ गईं। वह बहुत दर्द में थे लेकिन पुलिस द्वारा गिरफ्तार होना नहीं चाहते थे। उन्होंने मेरे पिता, राम सिंह को उन्हें मार देने को कहा लेकिन पिता ऐसा करने के लिए हिम्मत जुटा नहीं सके। तो गुरबख्श सिंह ने अपने ही सीने में अपनी कृपाण को जोर से घुसा दिया और वे मर गए।'

एस.जी.पी.सी. रिपोर्ट में निम्नलिखित पैरा स्पष्ट रूप से यह तथ्य बताता है कि रावलपिंडी शहर के हिंसक मुकाबले की शुरुआत में सिखों का पलड़ा भारी था:

> 5 मार्च 1947 को लाहौर में हिंदू और सिख छात्रों पर फायरिंग की खबर सुनने के बाद, रावलपिंडी के हिंदू और सिख छात्रों ने पंजाब में एक सांप्रदायिक (मुस्लिम लीग) मंत्रालय के गठन के मुसलमान प्रयास के खिलाफ और अहिंसक हिंदू और सिख छात्रों के जुलूस पर पुलिस गोलीबारी का विरोध जताते हुए, एक जुलूस निकाला। इस जुलूस पर मुस्लिम लीग के लोगों ने हमला कर दिया। एक खुली लड़ाई हुई जिसमें मुसलमानों को मुँह की खानी पड़ी। फिर ग्रामीण इलाकों से एक विशाल मुसलमान भीड़ जिसे इस क्षेत्र के एक मुसलमान धार्मिक प्रमुख गोलरा के पीर द्वारा उकसाया गया था शहर पर टूट पड़ी। लेकिन हिंदुओं और सिखों ने अपने मुहल्लों से खाइयों में रह कर लड़ाई की और मुसलमान फिर यह लड़ाई हार गए (पृ. 78)।

गांवों पर हमला

शहर के बाहर स्थिति पूरी तरह से मुसलमानों के पक्ष में थी। इस प्रकार उदाहरण के लिए 9 मार्च के *दी ट्रिब्यून* ने सूचना दी कि 7 मार्च को तक्षशिला रेलवे स्टेशन पर मुसलमान दंगाईयों द्वारा एक ट्रेन को रोक दिया गया था। उन्होंने 22 हिंदुओं और सिखों को मार डाला। इसी घटना का जिक्र एस.जी.पी.सी. रिपोर्ट में किया गया है (1991: 86)। एक पुलिस रिपोर्ट में भी ट्रेन पर हुए हमले का उल्लेख है (1995: 87)। इस प्रकार रावलपिंडी शहर का एक 'संतुलित मुकाबला' रावलपिंडी, कैंपबेलपुर (नाम बदल कर अटक) और झेलम जिलों के गांवों में हिंदुओं और सिखों पर लगभग एक तरफा हमले में बदल गया। आम तौर पर यह स्वीकार किया गया है कि सिख गांवों पर हमलों ने मुसलमानों और सिखों के बीच एक ऐसी खाई पैदा की जिसे आने वाले हफ्तों और महीनों के उलटफेर के बावजूद भरा नहीं जा सका।

रावलपिंडी दंगों पर न्यायाधीश मुनीर की टिप्पणी

पंजाब सीमा आयोग के समक्ष मुस्लिम लीग का प्रतिनिधित्व करने वाले न्यायाधीश मुहम्मद मुनीर और बाद में जिन्होंने पाकिस्तान के सुप्रीम कोर्ट में मुख्य न्यायाधीश के रूप में कार्य किया रावलपिंडी में हुए दंगों के बारे में अपनी किताब *फ्रोम जिन्नाह टु जिया* में निम्नलिखित बातें लिखीं:

> रावलपिंडी जिले और आसपास के क्षेत्रों में मार्च 1947 में गड़बड़ी छिड़ गई और आक्रमणकारी मुसलमान थे। मैंने कायदे आजम (जिन्नाह) से इस बारे में बात की और कहा कि यह एक बुरा अपशकुन है और पिंडी के लिए या तो खुद उन्हें जाना चाहिए अन्यथा मुस्लिम लीग के कुछ जिम्मेदार सदस्य भेजने चाहिए ताकि वे अल्पसंख्यकों को आश्वस्त करें कि अगर

> कभी पाकिस्तान स्थापित होता है, तो नए राज्यों के स्वतंत्र नागरिक के रूप में मुसलमानों के साथ उनके बराबर अधिकार होंगे। उन्होंने मेरे साथ सहमति व्यक्त की और हालांकि 5 जून 1947 को योजना की घोषणा [3 जून होना चाहिए था – लेखक] या विभाजन के निर्णय के पहले था, उन्होंने एक साहसिक अंदाज में और विश्वासपूर्वक तरीके से कहा, 'मुझे सत्ता की कुर्सी पर बैठने दें और उसके बाद आपको किसी भी तरह की बकवास नहीं सुननी पड़ेगी। मगर, उन्होंने इस उद्देश्य के लिए व्यक्तिगत रूप से वहाँ जाने के लिए ममदोत को आदेश दिया। रावलपिंडी गड़बड़ी के बाद सिखों ने हिंदुओं के सहयोग से एक योजना की तैयारी शुरू कर दी जिसे सिख योजना कहा जाता है ताकि पंजाब में मुसलमानों का विनाश किया जा सके (1980: 17)।

यह ध्यान देने लायक बात है कि न तो जिन्नाह ने और न ही किसी अन्य प्रमुख मुस्लिम लीग सदस्य ने रावलपिंडी में हुए अत्याचार की निंदा करते हुए कोई सार्वजनिक बयान जारी किया। मैंने मुख्य अंग्रेजी भाषा के समाचार पत्रों, *पाकिस्तान टाइम्स* और *दी ट्रिब्यून* की जाँच की और रावलपिंडी के दंगों पर किसी भी मुसलमान नेता द्वारा कोई वक्तव्य नहीं पाया। जिन्नाह पेपर्स में भी रावलपिंडी में हुए दंगों का कोई जिक्र नहीं है; और न ही मुस्लिम लीग के किसी पंजाब स्तर के नेता ने इसकी कोई निंदा की थी। लंबे समय में, इस तरह की उदासीनता सिख कभी नहीं भूल पाये और बाद में दो समुदायों के बीच मैत्रीपूर्ण संबंधों को विकसित करने की पहल विफल रही – एक बुनियादी अविश्वास की जड़ें गहरी हो गईं थीं। मेजर जनरल (सेवानिवृत्त) शाहिद हामिद ने उस तथ्य की कई महीने बाद निंदा की। 13 सितम्बर 1947 को, जब पूर्वी पंजाब में मुसलमानों का नरसंहार सबसे बदतर चरण में था, 'सिखों ने रावलपिंडी के कत्लेआम का बदला लेने के लिए, भारत में हर मुसलमान को मारने की कसम खाई है' (हामिद, 1986! 248)।

खोसला, एस.जी.पी.सी. और अन्य रिपोर्टें

रावलपिंडी जिले और आसपास के क्षेत्रों में सिखों के जीवन के भारी नुकसान को एस.जी.पी.सी. और खोसला रिपोर्टों में बहुत अच्छी तरह से दर्ज किया गया है। एस.जी.पी.सी. रिपोर्ट कम से कम 7,000 मृतकों का एक आंकड़ा देती है जबकि खोसला रिपोर्ट सरकार के अनुमान की तरह 2,000 का उल्लेख करती है। ज्ञानेंद्र पांडे जिक्र करते हैं कि अप्रैल के अंत तक, पहले से ही करीब 80,000 हिंदू और सिख शरणार्थियों ने, विशेष रूप से रावलपिंडी डिवीजन से, मध्य और पूर्वी पंजाब में और यहां तक कि पूरी दिल्ली और उत्तर प्रदेश में शरण मांगी थी (2001: 24)। उन्होंने

यह भी कहा कि हिंदू महासभा के कागजात में मुसलमानों के हिंसक हमलों के बारे में पुलिस के साथ पंजीकृत जांच रिपोर्ट की तीन प्रतियां उन्होंने देखीं। उन रिपोर्टों में रावलपिंडी जिले के मुगल, बेवल और बसाली गांवों में हुए अत्याचारों का जिक्र है। सैकड़ों बुजुर्ग और कमजोर लोगों को बच्चों सहित मार दिया गया था। पीड़ितों के नाम दिए गए हैं और कुछ मामलों में, उन स्थानीय लोगों के नाम भी जो हमलावरों के साथ शामिल हो गए थे (वही: 74–9)। तस्वीरों के एक संग्रह वाली एक पुस्तिका जिसका शीर्षक *दी रेप ऑफ रावलपिंडी* था हिंदुओं और सिखों की एक समिति द्वारा प्रकाशित किया गया था जिसमें क्रूरता काफी विस्तार से प्रदर्शित की गई है। सरकार ने तुरंत इसका संचलन बंद कर दिया क्योंकि आशंका जताई गई थी कि यह पूर्वी पंजाब में मुसलमानों के खिलाफ प्रतिशोध को उत्तेजित कर देती।

यह सच है कि सिखों ने बड़ी संख्या में महिलाओं और बच्चों को खुद ही गला काट कर, गोली मार कर या आग लगाकर मार डाला। मगर इसका एस.जी.पी.सी. और खोसला की रिपोर्ट द्वारा उल्लेख नहीं किया गया है। क्या वे मुसलमानों के हाथ लग जाते तो बिना जबरन धर्म परिवर्तन किये उन्हें छोड़ दिया जाता? यह बेशक एक विवादास्पद मुद्दा है। किसी भी मामले में रावलपिंडी में प्रारंभिक संघर्ष हिंदू–सिख प्रदर्शनकारियों द्वारा 5 मार्च 1947 को उकसाया गया था; इस तथ्य का इन दो रिपोर्टों में कोई उल्लेख नहीं है। अखिल भारतीय कांग्रेस समिति का एक दल प्रभावित क्षेत्रों में पहुंचा और जानकारी एकत्र की। उसने यह गौर किया :

> ये दंगे नहीं बल्कि जानबूझकर संगठित सैन्य अभियान थे। गड़बड़ी छिड़ने से काफी पहले, मस्जिदों में सैयद अकबर खान (शाह?) पूर्व विधायक, कहुता के कैप्टन लाल खान, तहसीलदार और पुलिस उप निरीक्षक कहुता, मौलवी अब्दुल रहमान और काला खान विधायक, की अगुवाई में गुप्त बैठकें आयोजित की गई थीं, जिसमें अल्पसंख्यकों के खिलाफ जिहाद की घोषणा की गई थी और ग्रामीण क्षेत्रों से स्वयंसेवकों को इकट्ठा करने के लिए बाहर दूतों को भेज दिया गया. . . हथियारों से लैस जिस भीड़ ने कहुता, थोआ खालसा, और नारा वगैरह, पर हमला किया उसका नेतृत्व घोड़े की पीठ पर बैठे पूर्व सैनिक कर रहे थे. . . और जो टॉमीगनें, पिस्तौलें, राइफलें, हथगोलों, कुल्हाड़ियाँ, पेट्रोल के कनस्तर और यहाँ तक कि दूरबीनों से भी लैस थे. . .
>
> भीड़ को इन (निम्न चार श्रेणियों) हिस्सों में बांटा गया था 1. बंदूकों के साथ लैस; 2. ताला तोड़ने वाले; 3. पेट्रोल और केरोसिन तेल के साथ आए लोग; 4. गदहे, ऊंट आदि लेकर चलते लोग लूटी संपत्ति ले जाने के लिए. . .

> सभी अल्पसंख्यकों को पहले स्थानीय पुलिस द्वारा पवित्र कुरान पर शपथ लेकर शांतिपूर्ण इरादों के आश्वासन देकर निरस्त्र किया जाता। यह हासिल करने के बाद असहाय और निहत्थे अल्पसंख्यकों पर हमला किया जाता। जब उनका प्रतिरोध ढह जाता, तब ताला तोड़ने वाले और लुटेरे खच्चरों, गदहों और ऊंटों के परिवहन के साथ हरकत में आ जाते। फिर पेट्रोल के कनस्तरों के साथ 'मुजाहिदीन' आते और लूटी दुकानों और घरों को मिट्टी का तेल लगाकर आग लगा देते। किसी भी तरह कत्ल और बलात्कार से भाग निकले लोगों का धर्म परिवर्तन करने के लिए, इसके अलावा वहाँ नाइयों के साथ-साथ मौलवी भी मौजूद रहते। नाइयों का काम था पीड़ितों के बाल और दाढ़ी की हजामत करना और उन्हें खतना करना। मौलवी कलिमा पढ़ते और जबरन शादी समारोहों का आयोजन करते। इसके बाद, लुटेरे आते, जिसमें महिलाएं और पुरुष दोनों शामिल होते (टालबोट, 2008: 425)।

हमले 6 मार्च की शाम को शुरू हुए तब मुसलमान शहर से दूर हट गए क्योंकि सिख भारी हथियारों से लैस थे और इसके बजाय मुसलमानों ने आसपास के गांवों की ओर रुख किया। 11-14 दिसंबर 2004 के बीच अहमद सलीम और मैंने रावलपिंडी जिले के कुछ गांवों का दौरा किया जहां 1947 में हमला किया गया था। हमने थोआ खालसा का दौरा न करने का फैसला किया, जिसकी कहानी को अपने उत्तम कार्य द *अदर साइड ऑफ साइलेंस* (2000) में उर्वशी बुटालिया ने अविस्मरणीय बना दिया है। थोआ खालसा कहुता के पास स्थित है जहां पाकिस्तानी परमाणु संवर्धन संयंत्र स्थित है। *फ्रीडम एट मिडनाइट* में लैरी कोलिन्स और डोमिनिक लेपियर ने कहुता की व्यथा जो 2,000 हिंदुओं और सिखों तथा 1,500 मुसलमानों का तुलनात्मक तौर पर बड़ा गाँव था, निम्नलिखित शब्दों में दर्शाया है:

> भेड़ियों के एक झुंड की तरह एक मुसलमान भीड़ कहुता आ पहुंची तथा पेट्रोल की बाल्टियों के साथ सिख तथा हिंदू घरों और रिहाइशी जगहों को आग लगाने लगी। मिनटों में ही पूरा क्षेत्र आग से घिर गया और पूरे परिवार जो दयापूर्ण तरीके से मदद के लिए गुहार लगा रहे थे आग की लपटों में समा गए। उनमें जो बच गए उन्हें पकड़ कर एक साथ बांध दिया गया और पेट्रोल से लथपथ कर मशालों की तरह जिंदा जला दिया गया। आग पूरी तरह से नियंत्रण के बाहर चली गई और मुसलमान रिहाइशी जगहों को अपनी जकड़ में ले लिया और इस प्रकार कहुता का सम्पूर्ण विनाश हो गया। कुछ हिंदू और सिख महिलाएं, जिन्हें उनके बिस्तरों से झटके के साथ खींच कर बलात्कार किया गया और उनका मजहब बदल कर मुसलमान बना दिया गया, वे बच गईं; दूसरी औरतें उनको बंदी बनाने वालों की गिरफ्त से निकल कर

> उस आग में वापस कूद गईं और अपने परिवार के दूसरे सदस्यों के साथ-साथ आग में विलीन हो गईं (1975: 139)।

क्षेत्र विदेशियों के लिए वर्जित है। पुलिस और खुफिया एजेंसियों की वहाँ एक मजबूत उपस्थिति है। मेरी पाकिस्तानी जड़ें होते हुए भी एक स्वीडिश नागरिक के तौर पर मैंने ऐसे संवेदनशील क्षेत्र में प्रवेश न करना ही बुद्धिमता समझी। मगर, जब हमने एक और गाँव *डुबेरान* का दौरा किया जो आजाद कश्मीर के साथ सीमा पर स्थित है और जहां सिख आबादी की लगभग पूर्ण तबाही हुई थी हमने पाया कि यहाँ भी सुरक्षा एजेंटों और पुलिस की एक बहुत बड़ी उपस्थिति थी। इसलिए हमने वहाँ कोई भी साक्षात्कार नहीं करने का फैसला किया।

थमाली का नरसंहार (धमाली)

मैं फिर भी, थमाली का दौरा करने का बहुत उत्सुक था (धमाली विभाजन से पहले पंजाब की कहुता तहसील का एक गाँव)। मैंने वहाँ के कत्लेआम के बारे में खोसला और तालिब की रिपोर्टों में पढ़ा था। मार्च 2004 में मेरी एक सेवानिवृत्त भारतीय राजनयिक मोनी चड्ढा के साथ दिल्ली में इंडिया इंटरनेशनल सेंटर में मुलाकात हुई। मोनी ने रावलपिंडी और थमाली की अपनी यात्रा के बारे में मुझे निम्नलिखित कहानी बताई :

> '1983 में मैंने इस्लामाबाद में सार्क बैठक के लिए एक भारतीय प्रतिनिधिमंडल का नेतृत्व किया। यह यात्रा मुझे वापस उन स्थानों पर ले आई जहां से मेरा नजदीकी परिवार 1947 में बच निकला था। मेरे कई रिश्तेदारों की बेरहमी से हत्या कर दी गई थी लेकिन मैं उन स्थानों को कभी नहीं भूल सका जहां हम कभी मुसलमानों के साथ शांति और सौहार्द में रहते थे। सौभाग्य से भारत में पाकिस्तान हाई कमिशन के काउंसलर श्री रियाज खोखर ने मुझे मेरे पैतृक गांवों – कल्लर, थमाली और गुज्जर खान की यात्रा करने के लिए अनुमति प्राप्त करने में मदद की। मैं 1947 में केवल एक छोटा सा लड़का था लेकिन उसी धरती पर पैर रखते ही कई यादें लौट आईं।

'मैं जहाँ भी गया लोगों ने हद से ज़्यादा मदद की। उनकी गर्मजोशी वास्तविक और सहज थी। मगर आई.एस.आई. की एक कार मैं जहां भी जाता वह मेरा पीछा करती और जहां भी मैं रुकता वहीं रुक जाती। जब मैंने पढ़ा कि साइनबोर्ड के ऊपर 'थमाली' लिखा था तब मैं रुक गया और वहाँ की कुछ तस्वीरें लेने की कोशिश की और इस पर वे नाराज हो गये और आपत्ति की और मुझसे पूछा कि क्या इस क्षेत्र की यात्रा करने की अनुमति मेरे पास थी। तब मैंने श्री खोखर द्वारा जारी किए गए कागज उन्हें दिखाए कि मुझे ऐसा करने की अनुमति थी। वह निराश हुए हालांकि इसके बाद

उन्होंने मुझे परेशान नहीं किया लेकिन वे मेरा पीछा करते रहे। आम लोगों का रवैया और राज्य के पदाधिकारियों के रवैये का फर्क बहुत ज़्यादा था।

'कल्लर सईदाँ में खुशकिस्मती से एक बूढ़े आदमी (वह 90 साल का था) से मिला जो मेरे परिवार को जानता था; उसे उनके नाम याद आ गये और गांव में मुझे उनके घरों को दिखाया। उन्होंने मुझे बताया कि सिखों पर हमला करने वाले दंगाई बाहर से आये थे। जब मैं कुछ समय के बाद वहाँ से जाने लगा, तब उसने मुझे गले लगा लिया, और उसकी आँखों में आँसू थे।'

बाद में, हमारी बातचीत के दौरान मोनी ने उसके एक रिश्तेदार रंजीत सिंह भसीन के बारे में मुझे बताया जो थमाली के कत्लेआम से बच गए थे। उन्होंने उनके साथ बात-चीत करवाने में मेरे लिए व्यवस्था करने की पेशकश की अगर मैं कपूरथला की यात्रा के लिए तैयार था जो अब भारत के पंजाब राज्य में था और कभी कपूरथला रियासत की पूर्व राजधानी था जहां वो बुजुर्ग सिख सज्जन रहते थे। मैं अगले दिन स्टॉकहोम के लिए जा रहा था लेकिन मेरी अगली यात्रा के दौरान, उस मकसद को पूरा करने के लिए मैंने एक मजबूत इच्छा व्यक्त की। बाद में दिसंबर 2004 में मैं पाकिस्तान में था और फिर कोई दो हफ्ते बाद भारत का भी दौरा किया। मैंने कपूरथला में श्री भसीन से बात करने से पहले थमाली की यात्रा करने का फैसला किया।

हम 14 दिसंबर 2004 की देर दोपहर को थमाली पहुंचे। यह एक बड़ा गांव था जहाँ पक्की लेकिन संकरी गलियां थीं। सड़कों के दोनों तरफ ईंटों के पक्के घर थे और लगता था कि वे एक लंबे समय पहले बनाये गए थे। हम प्रधानाध्यापक से मिलने गांव के स्कूल गए जिनको उस क्षेत्र में सरकारी चिकित्सक डॉ. जुल्फिकार, जो रावलपिंडी में हमारे मुख्य संपर्क अली सफदर के एक रिश्तेदार थे उन्होंने हमारी यात्रा के बारे में पहले सूचित कर दिया था। हमें पता लगा कि थमाली के अधिकांश वर्तमान निवासी कश्मीर से आए मुसलमान शरणार्थी थे तथा उन्हें उस संपत्ति का आवंटन किया गया था, जिसे सिखों और हिंदुओं द्वारा छोड़ दिया गया था। हालांकि, विभाजन से पूर्व के कुछ मुसलमान परिवार वहाँ अभी भी रहते थे। हमसे बात करने के लिए विभाजन से पूर्व के रह रहे दो मुसलमान सज्जनों से बात-चीत करवाने का इंतजाम करने की, प्रधानाध्यापक ने बहुत कृपा की।

हाजी शेर खान

'मैं थमाली में 1931 में पैदा हुआ और इसी स्कूल में पढ़ा। जनरल टिक्का खान भी इसी स्कूल में पढ़े। 1947 में थमाली में बहुत कम मुसलमान रहते थे महज तीन या चार परिवार मगर हमारी एक मस्जिद थी। यह एक बड़ा और खुशहाल गाँव था जिसमें करीब दो हजार लोग, ज़्यादातर सिख रहते थे। यहाँ बड़ी-बड़ी कई मंजिला ईटों

की इमारतें थीं और मध्य में एक बड़ा गुरुद्वारा था। हमारे और सिखों के बीच और कुछ हिंदुओं के साथ भी बड़े दोस्ताना ताल्लुकात थे। हम गरीब थे और कर्जदार थे। सिख बहुत अमीर थे। मुख्य सड़क के बाजार में कई दुकानें थीं जिसमें सोनारों की भी दुकानें थीं। इस इलाके में आस-पास की जगहों से लोग आते और खरीद-फरोक्त करते।

'बाहर से आए लोग गाँव के आस-पास कुछ दिन पहले इकट्ठा होने लगे, मगर एक बहुत बड़ा हमला 12 या 13 मार्च को हुआ। तब तक हजारों लोगों ने गाँव को घेर लिया था। हमलावरों के पास कई किस्म के हथियार थे मगर ज़्यादातर लोगों के पास लंबे डंडे और भाले थे। सिखों के पास ज़्यादा हथियार नहीं थे। उन्होंने हमलावरों के साथ सुलह का एक सौदा करना चाहा। सुलह के समझौते की मध्यस्थता राजा मुहम्मद इकबाल ने की जो जनरल टिक्का खान के वालिद थे। इसे लिखा गया और दस्तखत किए गए। इसके तहत सिखों को अपने सारे हथियारों का समर्पण करना था और इसके बदले उन्हें गाँव से सुरक्षित निकल जाने दिया जाता। कुछ हिंदुओं और सिखों ने यहाँ तक कि पैसे दिए और उन्हें जाने दिया गया। मगर ज़्यादातर सिख इस उम्मीद के साथ टिके रहे कि सरकार कोई मदद भेजेगी।

'समझौते के बावजूद 12 की शाम को एक भीड़ ने गाँव पर हमला किया। इसलिए यह समझौते का एक उल्लंघन था। हमारा घर एक तरफ एक गली में था। हम गांव में इसलिए रहे क्योंकि सिखों के साथ हमारे संबंध बहुत अच्छे थे। वे सभी मेरे पिता का सम्मान करते थे। बंदूक की गोलियों और लोगों के चिल्लाहट भरे नारे सुने जा सकते थे तथा बच्चों और महिलाओं की जोर-जोर से रोने की आवाजें आ रही थीं। सिखों ने कुछ समय के लिए खुद का बचाव किया लेकिन वे एक बड़ी तादाद के आगे टिक न सके। उनमें से ज़्यादातर ने अपने जीवन खो दिये। दो सिख लड़के हमारे घर की ओर भागते हुए आए और शरण मांगी। मेरे पिता ने उन्हें छिपा दिया। इस बीच गांव के कुछ भागों में और फिर गुरुद्वारे में भी आग लग गई। कई जोर के धमाके हुए मानो बम फट रहे हों। 12 तारीख को दिन भर लड़ाई चलती रही।

'जब अगले दिन फौज पहुंची हमने उन लड़कों को उनके हवाले कर दिया। ज़्यादातर सिपाही हिंदू गोरखा थे। वे हमें मार देना चाहते थे मगर सिख लड़कों ने कहा, "उन्हें मत मारो; इन्होंने हमारी जान बचाई है।" सिखों ने अपनी ज़्यादातर औरतों और अपने बच्चों को मार डाला था। वहाँ एक सिख सूरत सिंह था जिसकी एक बहुत ही सुंदर पत्नी थी। इस क्षेत्र के मुहम्मद शरीफ नामक एक गुंडे ने उस पर कब्जा कर लिया था। उसने उसे एक मुसलमान बनने और शादी करने को कहा लेकिन उसने मना कर दिया और कहा कि वह इसके बजाय मरना पसंद करेगी। मगर शरीफ ने शायद उसे इसलिए नहीं मारा क्योंकि वह इतनी सुंदर थी। जब सेना आई तब वह अन्य लोगों के साथ चली गई। कुछ सिखों और हिंदुओं ने इस्लाम में अपना धर्म परिवर्तित कर लिया और यहाँ रह गए लेकिन ज़्यादातर यह जगह छोड़ कर भारत चले गए। मार्च 1947 के

बाद थमाली में कोई गैर-मुसलमान नहीं बचा। मेरा मानना है कि सबसे बदतर हमला यहाँ थमाली में हुआ। कल्लर सईदाँ जो यहाँ से केवल 2-3 किलोमीटर की दूरी पर है वहाँ शायद एक या दो सिख मारे गए थे। कई साल बाद, 1962 में उन दो सिख लड़कों ने जिन्हें मेरे पिता वजीर खान ने बचाया था गांव का दौरा किया और वे उन्हें मिलने के इच्छुक थे लेकिन कुछ साल पहले उनका निधन हो गया था। मैं दूर था और उस समय सेना में सेवारत था। जो लोग हमारे घर पर रह रहे थे, उनको उन्होंने कुछ पैसे दिए। यह मेरे पिता की दया को सम्मान देने का निश्चित रूप से एक संकेत था।'

जानदाद खान

'मैं 1933 में थमाली में पैदा हुआ था। यह 2,500 से 3,000 लोगों से भरा एक बड़ा गांव था। गैर-मुसलमान मुख्य रूप से सिख और कुछ हिंदू बहुमत में थे; और केवल चार मुसलमान परिवार यहाँ रहते थे। मेरा परिवार भूमि के स्वामित्व वाला था और हम कर्ज में डूबे हुए नहीं थे। थमाली के आसपास के गांवों में मुख्य रूप से मुसलमानों की आबादी थी। हमारे और गैर-मुसलमानों के बीच संबंध दोस्ताना थे। गैर-मुसलमानों की सिर्फ दुकानें ही नहीं थीं लेकिन कुछ घोड़ा गाड़ी और साइकिल पर सवार होकर आसपास के क्षेत्र में गांवों के चारों ओर माल बेचने के लिए जाते। कुछ सिखों की नियुक्ति सेना में अधिकारी पदों पर थी जबकि कुछ दूसरे पुलिस में उपाधीक्षक और अधीक्षक के पद पर आसीन थे। वे दो और तीन मंजिला ईंट की इमारतों में रहते थे। पैसा उधार देने का कारोबार एक व्यापक पैमाने पर प्रचलित था। कई लोग उनसे उधार में सामान खरीदते थे। इस तरह बहुत से मुसलमान उनके कर्जदार बन गए।

'मैंने इस विद्यालय में अध्ययन किया जो 1947 में एक मात्र प्राथमिक स्कूल था। मैं यह दावा नहीं करता कि हम करीबी दोस्त थे लेकिन सिख लड़कों के साथ हमारे अच्छे संबंध थे। हम गरीब थे जबकि वे अमीर थे। वे कल्लर सईदाँ में खालसा हाई स्कूल में पढ़ने जाते जबकि हमने सरकारी हाई स्कूल में पढ़ाई की। हमारे स्कूल में कुछ हिंदू छात्र भी थे। मैं मार्च में 8 वीं कक्षा में था जब गड़बड़ी शुरू हुई। क्या हो रहा था हमें कुछ पता नहीं था। हमारे ज़्यादातर शिक्षक हिंदू थे। वे पाकिस्तान के आंदोलन के बारे में कक्षा में बात नहीं करते थे। वे अच्छे लोग थे।

'जब गड़बड़ी शुरू हुई, तब हम दूर खेतों में भाग गये। जिन लोगों ने हमला किया वे बाहरी थे। हम हमलावरों और गैर-मुसलमानों दोनों से डर रहे थे। हमने इस तरह के कुछ नारे सुने जैसे कि "अल्लाह-हो-अकबर"। सिखों के पास कोई भी हथियार नहीं था। उन्होंने अपनी ही संपत्ति को आग लगा दी और अपनी खुद की महिलाओं और अपने बच्चों को मार डाला। हमारा गांव इस क्षेत्र में आखरी गाँव था जिस पर हमला किया गया। मैं आपको सही तारीख नहीं बता सकता कि कब हमलावर आये थे।'

रणजीत सिंह भसीन

मैंने कपूरथला में रणजीत सिंह भसीन का साक्षात्कार उनके निवास पर 3 जनवरी 2005 को देर दोपहर के दौरान लिया। श्री भसीन का एक मामूली मोटर स्पेयर पार्ट्स का व्यापार था। उनकी लंबी दाढ़ी थी और उन्होंने अन्य सिख प्रतीक पहने हुए थे। हमने उनके साक्षात्कार से पहले सुल्तानपुर लोधी का दौरा किया जो कपूरथला से करीब 30 किलोमीटर की दूरी पर स्थित एक शहर था क्योंकि इसके पूर्व निवासियों में से एक मौलाना मुजाहिद अल-हुसैनी को मेरे द्वारा एक वादा किया गया था कि मैं वहाँ जाकर उनके लिए कुछ तस्वीरें ले आऊँ। हम जब दो घंटे बाद लौटे तब काफी अंधेरा हो गया था। श्री भसीन ने अपनी कथा अपनी पैतृक पोटोहरी-पंजाबी में शुरू की:

'थमाली करीब 500 परिवारों का एक शांत गांव था। यहाँ मुख्य रूप से कंधारी, गांधी, गुजराल, भसीन, साहनी और कुछ अन्य खत्री जाति के सिखों की आबादी थी। कुछ हिंदू ब्राह्मण और तीन या चार मुसलमान परिवार भी थे। गांव के बीच एक गुरुद्वारा था जो एक केंद्रीय स्थान था जहां हम एकत्र होते थे। थमाली प्राथमिक स्कूल, गांव के पूर्वी बाहरी इलाके में था। मैंने वहां 6 वर्ग तक अध्ययन किया। बाद में मैं कल्लर के (अब कल्लर सईदाँ कहा जाता है) एक स्कूल में पढ़ने जाता था जो थमाली से केवल लगभग 1-2 किलोमीटर की दूरी पर था। मैं स्कूल या तो पैदल या कभी-कभी एक गधे की पीठ पर सवार होकर जाता। मैंने कभी असुरक्षित महसूस नहीं किया। मेरा एक मुसलमान सहपाठी था जिसका नाम नसीरुद्दीन हैदर था। मुझे अब किसी अन्य छात्र का नाम याद नहीं है।

'हम शांति से रहते थे और मुसलमानों के साथ हमारे बहुत अच्छे संबंध थे। मेरे दादा के पास काफी जमीन थी जो उन्हें विरासत में मिली थी। यह बंधक के तहत कब्जा की गई मुसलमान संपत्ति नहीं थी। हम पैसे उधार देने का काम नहीं करते थे। मेरे परिवार के सदस्यों ने सेना में सेवा की और इन सेवाओं के एवज में उन्हें भूमि देकर सम्मानित किया गया। इस क्षेत्र में मुसलमान बकरी और भैंस बेचने का काम करते थे। हमारा एक बाग था जिसमें मुसलमानों को काम करने के लिए नियुक्त किया जाता था।

'हमलावरों का पहला दस्ता 6 मार्च की शाम को गांव के आसपास पहुंचा। कोई चेतावनी नहीं थी हालांकि यह हमने सुना था कि एक या दो दिन पहले रावलपिंडी में गड़बड़ी शुरू हो गई थी। गांव पर पहला हमला पीछे उत्तर से हुआ न कि दक्षिण में सड़क की ओर से। शुरू में केवल कुछ सौ लोगों ने हमले में भाग लिया लेकिन जल्द ही उनके साथ दूसरे लोग भी शामिल हो गए। उनकी संख्या लगातार बढ़ती ही रही। वे ढ़ोल पीट रहे थे और "अल्लाह हो अकबर" चिल्ला रहे थे। कुछ घोड़ों पर थे लेकिन अधिकांश पैदल थे। हमारे बुजुर्गों ने छत पर मोर्चा संभाल लिया और यह दिखावा किया कि हम अच्छी तरह से हथियारों से लैस थे लेकिन वास्तव में हमारे

पास केवल तीन दोनाली बंदूकें थीं और लगभग कोई गोला बारूद नहीं था। शुरुआती हमले ज़्यादातर पत्थरबाजी की घटनाएं थीं जो रुक-रुक कर 12 तारीख तक होती रहीं और फिर कई हजार लोगों ने थमाली को घेर लिया।

'इस बीच, किसी समझौते तक पहुंचने के लिए प्रयास किया जा रहा था ताकि शत्रुता समाप्त की जाए। 12 तारीख को अंत में एक समझौता हो गया। मेरे पिता सूबेदार दीवान पाल सिंह दंगों से केवल छह महीने पहले सेवानिवृत्त हुए थे। उन्होंने और सेवानिवृत्त पुलिस अधीक्षक बाल मुकुंद ने जो एक ब्राह्मण थे हमारी ओर से प्रतिनिधित्व किया। मुसलमानों की तरफ से सूबेदार लाल खान और कुछ अन्य गणमान्य लोगों ने उनका प्रतिनिधित्व किया। समझौते की शर्त यह थी कि हम अपने हथियारों का समर्पण कर देंगे, तो वे हमें सुरक्षित रूप से गांव फरावां तक अनुरक्षण देंगे जहां से हम कश्मीर में पुंछ के लिए सड़क लेने में सफल हो जायेंगे। वार्ता के दौरान हमलावरों को यह एहसास हुआ कि हमारे पास ज़्यादा हथियार नहीं थे। तो सभी नैतिक और धार्मिक सिद्धांतों के खिलाफ उसी शाम एक बड़े पैमाने पर हमला हुआ। बाल मुकुंद और कुछ अन्य ब्राह्मणों ने पहले से ही एक गुप्त समझौते के तहत लाल खान के गांव में पनाह ले ली थी। एक ब्राह्मण जगन नाथ को मारा दिया गया था क्योंकि उसकी एक राइफल थी और मुसलमानों ने उसे उन पर गोलियां चलाते देखा था। हमारे गांव के 10-12 सिख कलोहा गांव चले गए और वे बच गए।

'सिखों ने आत्मसमर्पण नहीं करने का फैसला किया। उनमें से कुछ बाहर चले गए और खेतों में लड़े लेकिन यह स्पष्ट था कि हम कभी न जीत सकने वाली एक लड़ाई लड़ रहे थे। महिलाओं को गुरुद्वारे में ले जाया गया। वे अपने मूल्यवान वस्तुएँ साथ ले आईं। फिर एक आग जलाई गई और निर्णय लिया गया कि हम मुसलमानों को हमारी महिलाओं को छूने नहीं देंगे। मेरी दादी, मां और मेरी एक बहन उस आग में जल कर मर गईं। मेरे भाई की पत्नी, उसके पिता, और उसके शिशु बेटे और उसकी बेटी भी को भी जला कर मार दिया गया। मेरे पिता के चाचा, उनके दो बेटों और उनकी अपनी पत्नियां और हमारे विस्तारित परिवार के एक दर्जन से अधिक बच्चों की भी मौत हो गई। किसी कारण मेरी भाभी ने मुझे गुरुद्वारे से बाहर भेज दिया।

'मेरे पिता बाहर खेतों में लड़ते हुए मारे गए। हिंसा छिड़ने से पहले कुछ मुसलमानों ने मेरे पिता और हमारे परिवार को बचाने के लिए पेशकश की बशर्ते हम उनके पास शरण मांगते लेकिन मेरे पिता ने यह कह कर इंकार कर दिया कि अगर आप हमें बचाना चाहते हैं तो पूरे गांव को बचायें। कुछ लोग अपने घरों में बने रहे और गुरुद्वारे नहीं गए। उनमें से अधिकांश को हमलावरों ने खोज लिया और सबको एक खुले मैदान में लाया गया। मुझे और कुछ बच्चों को भी उस स्थान तक भगा कर लाया गया। तब तक 13 मार्च की सुबह हो गई थी। अब हम में से करीब 15-20 एक खुले मैदान

में इकट्ठे कर दिए गए थे। हम मुख्य रूप से युवा थे लेकिन कुछ बुजुर्ग आदमी भी इकट्ठा किए गए।

'मुसलमानों ने हमें जोर से "अल्लाह, अल्लाह" का जाप करने के लिए आदेश दिया। वहाँ एक सेवानिवृत्त पुलिसकर्मी राम सिंह था जो उस समय 70 साल का जरूर होगा। वह जोर से "अल्लाह, अल्लाह" दोहरा रहा था लेकिन एक आदमी ने उसके गंजे सिर पर एक कुल्हाड़ी के साथ वार किया। वह जमीन पर गिर गया। फिर उसने मुझे मारा। मेरे कंधे पर एक वार हुआ। मुझे फिर मेरे दाहिनी तरफ भुजा के नीचे मारा गया (श्री भसीन ने अपनी कमीज उठा कर मुझे अपने भयंकर घाव दिखाये)। मैं जमीन पर गिर गया और लहूलुहान हो गया। मुझे बहुत दर्द हो रहा था लेकिन मैंने अपनी सांस रोक ली और चुपचाप रहा। हमलावरों ने बबूल के पेड़ से कांटों को एकत्र किया और जमीन पर पड़ी लाशों के ऊपर डाल दिए और खेतों में आग लगाना शुरू कर दिया। किसी ने कहा, "आप उन्हें जला क्यों रहे हैं? वे अल्लाह, अल्लाह का जाप कर रहे थे। इसलिए उन्होंने अपना धर्म बदल लिया था!"। किसी कारण से यह तर्क हावी हो गया और आग बुझा दी गई। इसने मुझे और मृत होने का नाटक कर रहे दूसरे कुछ अन्य लोगों को बचा लिया।

'सेना 13 तारीख की सुबह 11.30 के करीब पहुंची। यह इस क्षेत्र में कुछ समय से मौजूद थी लेकिन निष्क्रिय बनी रही। सैनिक यह खोजने के लिए जोर-जोर से चिल्लाए कि कोई जीवित था या नहीं। तब हम में से एक ने उत्तर दिया,"आप जब तक कांटों को दूर नहीं हटाएँगे तब तक हम कैसे उठेंगे?" उन्होंने ऐसा ही किया। हम कुल मिलाकर लगभग 12-15 लोग बचा लिये गए थे। सैनिक हिंदू थे; मैंने उनमें किसी भी सिख को देखा या नहीं मुझे याद नहीं है और न ही उनके बीच वहाँ कोई अंग्रेज था। मैं और मेरी तीन बहनें बच गए। उनमें से एक पूरी तरह से सदमे में थी और पागल हो गयी। एक अन्य जल गई थी, लेकिन बच गई। तीसरी को एक मुसलमान ने बचाया था, जिसको उसने एक दिन बाद मेरे फूफा को लौटा दिया। एक सिख परिवार अपने घर में बना रहा और गुरुद्वारे में नहीं आया था उनके बारे में किसी को पता नहीं चला और वह बच गया। एक मुसलमान ने एक जवान औरत का अपहरण करने की कोशिश की, जिसने उसके साथ जाने से इंकार कर दिया (शायद यह वही औरत है जिसको मुहम्मद शरीफ नामक गुंडे ने धर्म परिवर्तित कराकर शादी करने की कोशिश की)। सेना जब आई तब वह औरत भी सुरक्षित रूप से जाने में कामयाब हो गई। वह बाद में लखनऊ में बस गई। मैं उससे मिला हूँ। मुझे यह नहीं मालूम कि वह अभी भी जिंदा है या नहीं।

'मुझे रावलपिंडी छावनी अस्पताल में भर्ती कराया गया जहां मेरे घाव सिले गए और पट्टी की गई थी। 40 दिन के बाद हम थमाली में सेना की सुरक्षा द्वारा वापस

आए ताकि दाह संस्कार के साथ जुड़े धार्मिक संस्कार कर सके। हमने हड्डियों और शरीर के अन्य भागों को एकत्र किया जो अभी भी चारों तरफ बिखरे पड़े थे। सिख तथा हिंदू संस्कारों के अनुसार उनका अंतिम संस्कार किया। किसी स्थानीय व्यक्ति को हमारे पास आने की अनुमति नहीं थी। हमारी भी गांव में प्रवेश करने की कोई इच्छा नहीं थी। सब कुछ नष्ट कर दिया गया था।'

...'हमारे पशुओं के अलावा, थमाली एक विदेशी जगह बन गई'

श्री भसीन ने कहना जारी रखा, 'अचानक थमाली एक परदेस और शत्रुतापूर्ण जगह बन गई थी सिर्फ हमारे पशुओं को छोड़ कर। जाहिर है वे इधर उधर घूम रहे थे और किसी ने उनका ध्यान नहीं रखा था। उन्होंने हमें पहचान लिया और सैनिकों ने उन्हें दूर करने की कोशिश की लेकिन तब वे नहीं जा रहे थे। थोड़ी देर के बाद हमें ट्रकों पर चढ़ने के लिए कहा गया। जैसे ही वाहनों ने चलना शुरू किया गायों और भैंसों ने इनके साथ-साथ दौड़ना शुरू कर दिया औए वे हमें छोड़ नहीं रही थीं। मगर, ट्रकों की गति तेज हो गई और कुछ ही मिनटों में जानवरों को दूर, बहुत दूर पीछे छोड़ दिया। यही थमाली की मेरी आखरी स्मृति है।'

यहाँ आकर, श्री भसीन बच्चों की तरह रोने लगे। कुछ देर बाद जब मैंने उनसे पूछा कि क्या थमाली अब भी उनकी यादों में बसता था। उन्होंने अपने पर काबू पा लिया और कहा:

'मैं कभी वापस नहीं जाना चाहता। लगभग हमारा पूरा परिवार ही खत्म कर दिया गया था; जो बच गए वे उन दिनों की पीड़ा और सदमे से कभी उभर नहीं सके। मगर, मेरे सपनों में थमाली आता रहता है जैसे कि कोई भूत मेरा पीछा नहीं छोड़ना चाहता हो, जब तक कि मैं जिंदा हूँ। हर साल मार्च में मैं अपने परिवार के सदस्यों की पुण्यतिथि की याद में पाठ का आयोजन करवाता हूँ। हमारे गाँव के कुछ लोग जो बच गए, वो दिल्ली चले गए और भोगल के इलाके में बस गए। उनके साथ मेरा कोई संपर्क नहीं है। एक और बात यह है कि लोग अक्सर सोचते हैं कि कल्लर के सिख और हिंदू कैसे बच गए। मुझे कुछ बुजुर्गों से पता चला कि कल्लर का पुलिस ओसी छुट्टी पर था। उनका सहायक एक हवलदार साजिश में शामिल होने वाला इंसान नहीं था। उन्होंने भीड़ के सिर के ऊपर से कुछ गोलियां चलाईं और वे भाग खड़े हुए। केवल एक कोल्हू को आग लगा दी गई।

'मैंने सीमा सुरक्षा बल में 28 साल सेवा की। सेवानिवृत्ति के बाद मैं कपूरथला में बस गया। मेरे तीन बेटे और तीन बेटियां थी। एक बेटा जब वह केवल 21 का था तब मर गया। आप चाहते हैं कि मैं आपको यह सिद्धांत बताऊँ कि क्यों सिख गांवों पर पूरे एक हफ्ते के लिए हमला करने की अनुमति दी गई थी और फिर सेना पहुंची

और उसने कत्लेआम रोका। मेरी धारणा है कि 1947 की समस्या अंग्रेजों द्वारा बनायी गई थी। आप इस तथ्य की व्याख्या कैसे करेंगे कि सैनिकों को प्रभावित गांवों में आने के लिए इतना ज़्यादा समय लगा जब कि वे रावलपिंडी में सेना मुख्यालय से केवल एक या दो घंटे की दूरी पर थे?'

'अल्लाह, अल्लाह' या पूर्ण कलिमा?

साक्षात्कार के बाद मैंने श्री भसीन से एक स्पष्टीकरण का अनुरोध किया कि क्या उन्हें और अन्य जीवित बचे लोगों को इस्लाम में धर्म परिवर्तन घोषित करने के लिए, सिर्फ 'अल्लाह' शब्द का या पूरे सूत्र 'ला इलाहा इल्लल्लाह मुहम्मद उर रसूल अल्लाह' का जाप करने के लिए मजबूर किया गया। उन्होंने बिल्कुल निश्चित तौर पर कहा कि पीड़ितों को लगातार सारे समय केवल 'अल्लाह' का जाप करने को कहा जा रहा था यह कई शोधकर्ताओं द्वारा उल्लेख किया गया है कि ग्रामीण इलाकों में इस्लामी आस्था का पालन का मतलब यह नहीं है कि वहाँ अल्पविकसित इस्लाम का भी समुचित ज्ञान हो, और यह तथ्य कि हमलावर अनिश्चित थे कि शवों को जलाया जा सकता था या नहीं इस संदेह की पुष्टि करता है कि वे सचमुच नहीं जानते थे कि ऐसी स्थिति में कैसे एक उचित इस्लामी तरीके से निपटा जाए।

चोआ खालसा के दंगे

हमने जिस दूसरे गाँव का दौरा किया वह था चोआ खालसा और 1947 में वहाँ रहने वाले कुछ मुसलमानों के साथ साक्षात्कार दर्ज किए।

सैयद नजीर हुसैन शाह

'चोआ खालसा 1947 के रूप में करीब 3,000 लोगों का एक बड़ा और समृद्ध गांव था। रावलपिंडी की दूसरी जगहों की तरह मुसलमान गरीब थे जबकि सिख और हिंदू अमीर थे और व्यापार को नियंत्रित करते थे। हिंदुओं और सिखों की एक समान संख्या थी। उनमें से कुछ सैन्य और नागरिक प्रशासन में उच्च पदों पर आसीन प्रमुख लोग थे। हालांकि आम तौर पर हम एक दूसरे के घरों में नहीं जाते थे कुछ परिवार एक दूसरे के बहुत करीब थे। गैर-मुसलमान विशेष रूप से हिंदू मुहर्रम के प्रति गहरा सम्मान दिखाते थे। हिंदू और सिख बहुत उत्साह के साथ अपना पवित्र दिन मनाते थे। मुझे विशेष रूप से राम लीला का त्यौहार याद है जिसमें हम भी भाग लेते थे। चोआ खालसा एक बहुत ही शांतिपूर्ण जगह थी।

'मैं मार्च 1947 में भारतीय सेना में था। जो मैं आपको बता रहा हूँ वह बात मेरी पत्नी और भाई ने मुझे बताई थी। हमलावर चोआ खालसा के आसपास के गांवों से

आए मुसलमान थे। गांव के स्कूल के प्रधानाध्यापक ठाकुर दास पुरी एक पुण्यात्मा थे। शायद ही कोई मुसलमान होगा जो उनकी बहुत श्रद्धा न करता हो। वे सभी विद्यार्थियों के साथ बहुत स्नेह करते थे। वह बिना किसी पूर्वाग्रह के हिंदू, मुसलमान और सिख छात्रों की मदद करते थे। दुर्भाग्य से हमलावर उनके साथ बेरहमी से पेश आए लेकिन एक मुसलमान शिक्षक मास्टर शेर जमान ने उन्हें बचा लिया और बाद में वह भारत सुरक्षित रूप से जाने में सफल हुए। जब गड़बड़ी शुरू हुई तब सिख दुकानदारों ने ऊंची इमारतों में अपने परिवारों को इकट्ठा करना शुरू कर दिया। महिलाओं और बच्चों को मार डाला गया या आग में फेंक दिया गया। जिन्होंने ऐसा नहीं किया उन्हें हमलावरों द्वारा मार डाला गया। एक या दो सिख और हिंदू परिवार मुसलमान बन गये। वे पास के खनाडा गांव में रहते हैं। जिन मुसलमानों ने हमले में भाग लिया वे जंगली प्रकार के थे। वे सिर्फ गैर-मुसलमानों के धन को लूटना चाहते थे। उनके आचरण में ऐसा कुछ भी नहीं था जिससे इस्लामी धर्मपरायणता और दया परिलक्षित होती हो।'

राजा मुहम्मद रियासत

'मैं चोआ खालसा की केंद्रीय परिषद का नाजिम (अध्यक्ष) हूँ। मार्च 1947 में हिंदुओं और सिखों की आबादी चोआ खालसा में मुसलमानों की आबादी से अधिक थी लेकिन आसपास के गांवों में मुसलमान बसे हुए थे। हिंदू और सिख मोहल्ले मुसलमानों के मोहल्लों से अलग थे। फिर भी, वहाँ कभी किसी की किसी से दुश्मनी नहीं थी। तीनों समुदायों के लोगों द्वारा बड़ों का सम्मान किया जाता था और हर किसी समुदाय के लोग उनकी सलाह मानते और उन लोगों से मार्गदर्शन लेते। तीन या चार मंदिर थे और उतने ही गुरुद्वारे और मस्जिदें। शहर में लगभग 3,000–4,000 निवासी थे। हालांकि शादियों या मृत्युओं के मौकों पर सभी समुदाय के लोग भाग लेते थे, सिख और हिंदू हमारे साथ नहीं खाते थे। मुसलमान गरीब थे। शादियों और अन्य समारोहों पर दिल खोलकर खर्च करने की वजह से मुसलमान आमतौर पर हिन्दुओं और सिखों से भारी कर्ज लेते जो चक्रवृद्धि ब्याज लगा देते। इस तरह से गैर-मुसलमानों ने मुसलमान भूमि का अधिग्रहण शुरू किया। यूनियनिस्ट मंत्री सर छोटू राम ने भूमि के हस्तांतरण बंद कर दिये थे और सुधारों की शुरुआत की थी लेकिन हिंदुओं और सिखों ने भूमि खरीदने के लिए मुसलमान सहयोगियों का प्रयोग किया। विभाजन के बाद हमें हमारी भूमि वापस नहीं मिली: यह कश्मीर और पूर्वी पंजाब से आए शरणार्थियों को दे दी गई।

'6 या 7 मार्च को मुसलमानों के पहले दस्ते ने चोआ खालसा पर हमला शुरू कर दिया। कुछ हिंदुओं और सिखों की मौत हो गई, लेकिन हमलावर मुख्य रूप से दुकानें लूटना चाहते थे। परिणामस्वरूप समुदाय के नेताओं ने मुख्य मस्जिद में मुलाकात की और सहमति व्यक्त की कि वे एक दूसरे पर हमला नहीं करेंगे। मगर 12वीं या 13वीं

को मुसलमानों की एक और भीड़ आई। वे संख्या में इतने ज़्यादा थे कि हमें अभिभूत कर दिया। गैर–मुसलमानों को एक विकल्प दिया गया कि या तो वे इस्लाम कबूल करें या मार दिए जाएँ। सिखों ने विशेष रूप से मुसलमान बनने से मना कर दिया। दो सिख भाई जो अपने समुदाय के प्रमुख थे उन्होंने अपनी ही महिलाओं और बच्चों को मारना और उन्हें आग में फेंकना शुरू किया। उनमें से एक बलवंत सिंह के नाम से जाना जाता था। दोनों भाइयों की अंततः मृत्यु हो गई लेकिन बलवंत सिंह का बेटा बच गया और बाद में सुरक्षित रूप से यहाँ से जाने में कामयाब रहा। मेरा मानना है कि कुल 150 सिखों की मौत हो गई। मुझे याद है कि उनके सिर कटे शव सुलग रहे थे।

'मैं अपने पिता, दादा और कुछ अन्य लोगों समेत गाँव के मध्य देखने के लिए गया था कि क्या हो रहा है। हमने एक घर में एक सिख शिक्षक के जले शरीर को देखा। उनका नाम शायद रणजीत सिंह था। मैंने अन्य लाशों को भी देखा। मेरे दादा जो एक जैलदार थे और मेरे चाचा दंगे को रोकने के लिए, गड़बड़ी की मुख्य जगहों के पास गये मगर गोरखा रेजिमेंट के सैनिकों ने जो वहाँ पहुँच गए थे गोली चला दी। मेरे चाचा की मौत हो गई जबकि दादा का हाथ उड़ा दिया गया था। हिंदुओं के बीच जीवन की हानि काफी कम थी केवल 10 के आस–पास। दो सौ या अधिक आस–पास के इलाके स्थानांतरित होकर मोहरा हीरा, चले गए थे।। उन्होंने मुसलमान बनने की इच्छा व्यक्त की थी। हालांकि जब सेना आई तब उन्होंने भी इस जगह को छोड़ने का फैसला किया। कुछ दूसरे लोगों को मुसलमानों द्वारा संरक्षित किया गया।

'जिन लोगों ने जुल्म सहन किया उनमें से सबसे ज़्यादा अपमान का सामना मेरे प्रिय शिक्षक मास्टर ठाकुर दास पुरी को करना पड़ा जो बेहद शर्मनाक था। हमलावरों ने उन्हें जमीन पर फेंक दिया और उन्हें लात मारी लेकिन मास्टर शेर जमान ने उन्हें बचाया। मास्टर ठाकुर दास साहिब एक बहुत ही दयालु और महान आत्मा थे। शायद ही कोई मुसलमान छात्र था जिसने उनसे मदद प्राप्त नहीं की। मैं अभी भी उनके बारे में कभी–कभी सोचता हूँ। मुझे पता है कि वह सुरक्षित रूप से भारत पहुंच गए।'

इस पल पर राजा मुहम्मद रियासत के आँसू गाल से नीचे गिरने लगते हैं। वह जारी रहते हैं: 'मैं एक स्कूल शिक्षक बन गया और बाद में इसी स्कूल में पच्चीस सालों तक पढ़ाया। कुछ हिंदुओं और सिखों ने बाद में चोआ खालसा का दौरा किया था। कुछ मेरे पिता को लिखा करते थे। एक हिंदू चिकित्सक ने जो 1947 में सिर्फ एक बच्चा था कुछ साल पहले इस गांव का दौरा किया और मेरे पिता से मुलाकात की। मैंने भी उनसे मुलाकात की। वह दिल्ली में चोआ खालसा शरणार्थियों की एसोसिएशन के अध्यक्ष थे। उन्होंने हमें बताया कि उनके बड़े अपने पुराने वतन को याद करते थे और अक्सर पुराने समय की काफी पुरानी यादों की चर्चा करते'।

अहमद सलीम और मैंने 11 दिसंबर 2004 को मुसलमान राजपूतों के एक गांव चक बेली खान का दौरा किया। फिर दो दिन बाद हमने अटक जिले के परियाल गांव का भी दौरा किया।

अमीर खान

'मार्च 1947 में गांव में मुसलमानों और सिखों की बराबर संख्या थी। सभी मुसलमान किसान थे। चक बेली खान में कुछ हिंदू जौहरी थे। कुछ सिख छोटे किसान थे लेकिन उनमें ज़्यादातर व्यापारी और साहूकार थे। ज़्यादातर दुकानों के मालिक सिख थे। उनकी बड़ी दुकानें थीं। मुसलमानों की भूमि सिखों के पास गिरवी थी। कारण यह है कि किसानों का व्यय उनकी अपनी आय की तुलना में हमेशा ज़्यादा होता है। दूसरी ओर सिख मितव्ययी थे। जितना बड़ा मुसलमान जमींदार होता था वह सिख साहूकारों का उतना ही बड़ा कर्जदार होता था। हमारे पिता की 8 कनाल (लगभग 505 वर्ग मीटर प्रति कनाल) जमीन सिखों के पास गिरवी थी लेकिन सर छोटू राम ने एक भूमि कानून पेश किया जिसने निर्धारित किया कि एक निश्चित समय तक गिरवी रखने के बाद, जमीन को इसके मूल मालिकों को लौटा दिया जाए। यही कारण है कि हमारी जमीन हमें वापस मिल गई। हमारे गांवों में हिंदू गरीब थे; सभी सिख सेठ थे। उनके प्रति हमारी कोई दुश्मनी नहीं थी और इसके बजाय बहुत सद्‌भावना थी और भाईचारे की भावना प्रबल थी। जो सिख मुसलमानों की भूमि रख लेते थे वे उनकी सेवा करते और कई तरह की सेवाओं को प्रदान करते, ताकि मुसलमान उनके खिलाफ न जाएँ। धार्मिक मतभेद के कारण, हम एक साथ खाना नहीं खाते थे लेकिन वे मुसलमानों के लिए बिना पका हुआ भोजन भेजते थे। सिख और हिंदू एक कुएं से पानी लेते थे जबकि मुसलमान दूसरे से। गांव में केवल दो कुएं थे। हम इसको लेकर ज़्यादा कुछ नहीं सोचते थे। यहां से अधिकांश लोग सेना में भर्ती होने की कोशिश करते थे, कुछ सिख भी और हिंदू सेना में उनसे भी कम थे। मैं सेना में वायरलेस सेवा में था। हिंदू, सिख और मुसलमान एक ही यूनिट में थे।

'यह सब अफवाहों के साथ शुरू हुआ। मैं अब भी समझ नहीं पाया कि अफवाहें फैलाने वाला कौन था। अफवाह यह थी कि सिख किसी जगह एकत्रित हुए थे और वे मुसलमानों पर हमला करने वाले थे। जब यह अफवाह हम तक पहुंची तो मुसलमानों ने सिखों और हिंदुओं पर हमला शुरू कर दिया। कुछ मुसलमानों ने उन्हें संरक्षण दिया। पुरुष चले गए और अपनी महिलाओं को भरोसेमंद दोस्तों के साथ पीछे छोड़ दिया। बाद में पाकिस्तान बनने के बाद, वे पाकिस्तानी और भारतीय सेना के साथ वापस आये और उन्हें वापस ले गए। उन महिलाओं के साथ बदसलूकी नहीं की गई। यहां कोई हत्या नहीं हुई। मेरे पिता चौधरी बेली खान और उनके भाई चौधरी महबूब खान, अली

सफदर के पिता (गांव में हमारे संपर्क-लेखक) ने कई सिखों और हिंदुओं को बचाया। उन्होंने यह भी सुनिश्चित किया कि उनके घरों को नष्ट नहीं किया जाए। इस प्रकार कोई हमला नहीं हुआ, लेकिन रात के दौरान सिख दुकानों को लूट लिया गया था।'

हाजी मुहम्मद हनीफ

'मैं चौथी कक्षा में था। मैं अपने चाचा के साथ, जो एक स्कूल में शिक्षक थे अपनी छात्रवृत्ति की परीक्षा में भाग लेने के लिए फतेहजंग जिला अटक गया हुआ था। परीक्षा के बाद हम रावलपिंडी दोपहर में वापस आये यह शायद मार्च की शुरुआत थी। उन दिनों केवल एक ही बस लियाकत बाग से दोपहर को हमारे गांव के लिए चलती थी। जब हमारे गांव में गड़बड़ी शुरू हुई, तब सिख और हिंदू एक बड़ी इमारत में एकत्र हो गए। लोग भाले, चाकू और बड़े डंडे ले जा रहे थे। गैर-मुसलमानों की दुकानों को लूटा जा रहा था। यह सब कुछ यहाँ हुआ इस चक बेली खान में लेकिन कोई हत्या नहीं हुई। सेना के आने से पहले दुकानों को लूट लिया गया। सिखों और हिंदुओं को इस्लाम स्वीकार करने के लिए कहा गया। मुझे याद है कि वे एक कतार में खड़े थे और उन्हें मस्जिद में छोटे समूहों में ले जाया गया जहां उन्हें कलिमा पढ़ कर सुनाना पड़ा। उनके बाल और दाढ़ी के बाल काटे गए। जब सेना आई तब वे चले गए। सारी गड़बड़ी अफवाहों का परिणाम थी। मुस्लिम लीग इस क्षेत्र में थी। शायद वे ही अफवाहें फैला रहे थे।'

एक ही गांव से इन दो वर्णनों में हमें विभिन्न संस्करण सुनने को मिले कि मार्च 1947 में चक बेली खान में क्या हुआ। हालांकि, दोनों साक्षात्कार देने वालों ने यह कहा कि कोई हत्या नहीं हुई।

परियाल

हाजी मुहम्मद शरीफ

परियाल में दंगे तब भड़के जब हमने सुना कि पूर्वी पंजाब में मुसलमानों को हजारों की संख्या में मारा जा रहा है (शायद बिहार में नवंबर 1946 में हुई हत्याओं के साथ भ्रमित हैं – लेखक)। बाबू करम सिंह हमारे शिक्षक थे। वह अकेले अंग्रेजी पढ़ सकते थे। वह एक महान इंसान थे। रमजान के एक दिन के दौरान बहादुर खान नामक एक आदमी ने उनसे पूछा, "आप पानी या कुछ और पीना चाहते हैं?" बाबू करम सिंह ने कहा, "हे बहादुर खान तुम यह कह कर सच में मेरी तौहीन कर रहे हो। मैंने रमजान के दौरान पानी कभी नहीं पीया है यहां तक कि अपने घर में भी।"

'गांव के बुजुर्गों में एक समझौता हुआ कि अगर गाँव पर हमला हुआ तो सब मिल कर इसकी रक्षा करेंगे। एक पड़ोसी गांव से मुसलमान ढ़ोल पीटते आए और वे

तलवारें और भाले जैसे हथियारों से लैस थे। वे हमारे सिखों और हिंदुओं पर हमला करना चाहते थे लेकिन हमने उन्हें वापस भेजा। हालात बेकाबू हो गए जब पूर्वी पंजाब से मुसलमान पहुंचे और स्थानीय लोगों को अपनी पीड़ा के बारे में बताया। जो हमारे गांव से सेना में थे उनमें कुछ लोगों को हाल ही में घर भेज दिया गया। वे इससे पहले, पटना तथा बिहार में तैनात थे। फजल बेग, खान मोहम्मद, और लाला शान मुहम्मद ने हमले की योजना बनाई है। उनके पास हथगोले और अन्य गोला बारूद था। सिखों ने अपने गुरुद्वारों में गोला बारूद जमा किया था मुसलमानों ने मस्जिद की इमारत पर चढ़ कर गुरुद्वारे पर जो एकदम करीब था, हथगोले फेंकने का फैसला किया। सभी हमलावर पुरुष हमारे गांव से थे।

'सरकारी सेवा से अवकाश ग्रहण करने से पहले मैंने सिंध में काम किया और पाया कि जिन गांवों में हिंदुओं का बहुमत था निम्न जाति के साथ वे बहुत बुरी तरह पेश आते थे। हमने जब एक भील को चाय की पेशकश की तो वह उसकी नीचे दर्जे की वजह से झिझका। पाकिस्तान के अस्तित्व में आने का असली कारण यह था कि इस्लाम बराबरी के लिए है जबकि हिंदू जाति व्यवस्था मनुष्य को अपमानित करती है। मुसलमान और गैर मुसलमान दो अलग-अलग लोग हैं। सिखों ने हिन्दुओं के साथ मिलकर मुसलमानों को बहुत पीड़ा पहुंचाई। इस बात से कोई फर्क नहीं पड़ता है कि मेरे पूर्वज हिंदू राजपूत थे असली फर्क धार्मिक विश्वास से पैदा होता है।'

फैज जमान

'मैं 1929 में पैदा हुआ। मैंने पाकिस्तान सेना में सारा जीवन सेवा की और सेवानिवृत्ति के बाद वापस परियाल आ गया। गुरुद्वारे में ग्रेनेड फेंकने वाला आदमी अकबर खान था जिसने सेना छोड़ दी थी। जब यह हुआ था तब मैं बाबू करम सिंह की कक्षा में पढ़ रहा था। अकबर खान ने चिल्ला कर कहा "नारा-ए-तकबीर, अल्लाह हो अकबर।" कई अन्य लोगों ने भी इसके बाद नारेबाजी शुरू कर दी। फिर लोगों ने गैर-मुसलमानों की संपत्ति को लूटना शुरू कर दिया। बाबू करम सिंह मुझे अपने घर ले गए। मेरे मामा और बाबू करम सिंह वास्तविक भाइयों की तरह थे। हम उनके घर में खाते थे और वे हमारे घर में। उन्होंने अपनी बेटियों को मेरे साथ मेरे मामा के घर जाने को कहा। लड़कियां छोटी थीं। मैंने देखा कि लोगों ने आग लगाना शुरू कर दिया। आगजनी करने वाले बाहरी नहीं थे। वे परियाल से ही थे। दो दिनों के लिए आग जलती रही। मैंने एक युवा लड़की को एक गड्ढे में छुपा हुआ देखा। हमने उसे बाहर निकाला और कलिमा पढ़ने को कहा। उसने मना कर दिया। उसने खुद को आग लगा ली। बाबू करम सिंह को बचा लिया था; उनकी पत्नी और बेटियों को भी बचा लिया था। वे मेरे मामा के घर पर रुके थे। किसी ने उन पर हमला नहीं किया। सेना 4 दिन बाद आई। विदाई के समय जब बाबू करम सिंह ने मामा को कहा "मेरे पास

जो पैसे हैं ले लो", लेकिन मेरे चाचा ने कहा, "मैंने आपको भाई कहा है, मैं आपके पैसे कैसे ले सकता हूँ?" उन्होंने करम सिंह से कहा, "तुम मुसलमान बन जाओ, और मैं आपको यह आश्वासन दे सकता हूँ कि कोई भी आपका नुकसान नहीं करेगा"। लेकिन उन्होंने मना कर दिया और फिर परियाल से चले गए। उनकी पत्नी और तीन बेटियों को भी बचा लिया।

'एक सिख यहीं रह गया। वह मुसलमान बन गया। बाद में उसकी काफी ज़्यादा उम्र में मौत हुई। वह बहुत जोर-जोर से कलिमा पढ़ता था। कुछ सिख बहुत अमीर थे। सेवा सिंह उनमें से एक था। जब उसकी बेटी की शादी हुई मेरे वालिद ने उसे 100 रुपए दिए। सिख हमें कपड़े दिया करते थे। इस गाँव के और कुछ आस-पास के गावों के सिख एक दो बार यहाँ आए जब उन्होंने हसन अबदाल स्थित पंजा साहिब का दौरा किया।

'लगभग 300 परिवारों का सफाया हो गया। सिर्फ कुछ लोग बच पाए। मुसलमान गरीब थे। उन्होंने सब कुछ लूट लिया। कुल मिला कर 1,000 या इससे ज़्यादा लोग मार दिए गए। हमने कभी नहीं सोचा कि हमने कुछ गलत किया था। हमारे गाँव में वे अल्पमत में थे जबकि उनके 300 परिवार थे। पीर मुकीम ने हमलों से पहले परियाल का दौरा किया। वे आए और हम लोगों से कहा, "आप कुछ भी नहीं कर रहे हैं और उधर पूर्वी पंजाब में मुसलमानों को सिखों और हिंदुओं द्वारा मारा जा रहा है।" इसने शर्तिया तौर पर हम लोगों को उत्तेजित कर दिया। बाद में, उनका बेटा पीर करम शाह *इस्लामिक आइडियोलोजी काउंसिल ऑफ पाकिस्तान* का एक सदस्य बना।'

यह गौर करने की बात है कि जहां तक परियाल में हुए कत्लेआम के समय की बात है कुछ भ्रम है। यह मुमकिन है कि यह अगस्त में हुआ न कि मार्च 1947 में। यह मुझे तब महसूस हुआ, जब मैंने दोनों कथित साक्षात्कार देने वालों को और उन बुजुर्गों को सुना, जो वहाँ बात-चीत के दौरान मौजूद थे।

झेलम के एक कैंप में रह चुके स्वयंसेवक, अत्याचारों का जिक्र करते हैं

डॉ. जगदीश चंद्र सरीन, जिनका साक्षात्कार मैंने पहले 24 अक्टूबर 1999 में लिया था जब मैं शुरू-शुरू में पंजाब के बँटवारे का जुबानी इतिहास इकट्ठा कर रहा था, वे रावलपिंडी डिवीजन के गाँवों से बेघर हुए लोगों के लिए, झेलम में स्थापित एक कैंप में स्वयंसेवक थे।

उन्होंने मुझे बताया, 'मैं मार्च 1947 में लाहौर में तैनात था। मैंने अन्य दो डाक्टरों के साथ उन कैंपों में जाने की पेशकश की जिन्हें झेलम के बाहर दंगो में बचे लोगों के लिए स्थापित किया गया था। यह एक दयनीय दृश्य था। मैंने कई अपंग और विकृत

लोगों को देखा। कुछ मामलों में असाधारण बर्बरता के साथ विकृतियां की गईं थीं। मैं एक पैथोलॉजिस्ट होने के बावजूद बुरी तरह से हिल गया था। हमलावरों ने महिलाओं के स्तन काट दिये थे और उनके साथ कई बार बलात्कार किया था। पुरुषों को भी इस तरह के वहशी कृत्यों द्वारा कुरूप कर दिया गया था। कुछ बच्चों को, यहां तक कि शिशुओं को तेज भाले-जैसी चीजों के साथ भेद दिया गया था और उनके शरीर हवा में लहराये गए थे। उनमें से केवल कुछ ही बच पाये। जब मैंने बच गए कुछ लोगों से बात की तो उन्होंने बताया कि हमलावरों को उन लोगों से प्रेरणा मिली थी जो उत्तर प्रदेश और बिहार से आए थे। जो मुसलमान सैनिक बर्खास्त हुए थे और द्वितीय विश्व युद्ध में विभिन्न मोर्चों पर सेवा देने के बाद लौटे थे लगता था कि पूरे ऑपरेशन की योजना उन्होंने ही बनाई थी।'

उत्तरी पंजाब में हुए हमलों पर आधिकारिक रिपोर्ट

संख्या 560 का संलग्नक

जनरल मेसेरवी द्वारा नोट

उत्तरी पंजाब में गड़बड़ी पर कुछ टिप्पणियाँ

1. वजहें

पहला कारण राजनीतिक-धार्मिक था। मुस्लिम लीग हालांकि एक राजनीतिक दल है कुछ समय से धार्मिक आधार पर इसका मुख्य प्रचार तैयार किया जा रहा था। इसका निःसंक पंजाब में सभी मुसलमानों पर एक बड़ा प्रभाव पड़ा। पाकिस्तान और इस्लाम एक साथ तुलनात्मक रूप से अशिक्षित मुसलमानों के मन पर एक बड़े पैमाने पर अनूठा बल प्रदान करते हैं। जब गहन मुस्लिम लीग अभियान यूनियनिस्ट पंजाब सरकार के इस्तीफे के लिए उसे मजबूर करने में सफल रहा और मास्टर तारा सिंह और अन्य सिख नेताओं द्वारा उग्र पाकिस्तान विरोधी बयानों को जारी किया गया तो इन सबने मुसलमान भावनाओं को धर्मांधता की सीमा तक पहुंचा दिया। धार्मिक जुनून की उग्र आग भड़काने के लिए केवल एक चिंगारी की जरूरत थी। इसे पाकिस्तान विरोधी, बैठकों और जुलूस द्वारा प्रदान किया गया जो लाहौर, अमृतसर, मुल्तान और रावलपिंडी जैसे स्थानों में हुए। मुल्तान में हिंदू-सिख जुलूस वाले लोग भी तो मूर्ख थे कि उन्होंने 'काएद-ए-आजम मुर्दाबाद' जैसी गुहार लगाई। मुख्य रूप से यह आग रावलपिंडी और मुल्तान डिवीजनों के ग्रामीण मुस्लिम इलाकों में तेजी से फैली।

दो अन्य छोटे कारण भी हैं। पहला मुद्दा – आर्थिक है। कपड़े और चीनी जैसी भोजन की कुछ वस्तुओं की कमी का निस्संदेह हिंदू-सिख बनिया समुदाय द्वारा फायदा लिया गया ताकि वे मुनाफाखोरी कर सकें और कालाबाजारी भी। सरकार का नियंत्रण

ज़्यादातर सिख या हिंदू एजेंटों और क्लर्कों के हाथों में था। मुसलमान किसान और मजदूर इस समय के लिए तैयार थे कि उसे कब मौका मिले और वे इसका बदला लें। दूसरा कारण है – 'गुंडा' तत्व जो हर समुदाय में हमेशा इस तरह की गड़बड़ी का पूरा फायदा उठाने के लिए तैयार रहता है ताकि वे आगजनी, लूट और डकैती कर सकें।

2. गड़बड़ी का क्रम

शहरों में घटनाओं का आम क्रम हमें कई वर्षों से अच्छी तरह मालूम था लेकिन हमले कहीं ज़्यादा भयानक, अचानक और बर्बर थे। ग्रामीण क्षेत्रों में हमले मुसलमान किसानों की बड़ी भीड़ द्वारा शुरू किये गये जो कई बस्तियों और गांवों से आकर एकजुट हुई थी ताकि वे अपने क्षेत्र में सिखों और हिंदू की दुकानों और घरों को लूट सकें और नष्ट कर सकें। कुछ क्षेत्रों में आगजनी और लूट मुख्य उद्देश्य थे और हिंदू–सिख समुदाय के ज़्यादा लोग हताहत नहीं हुए थे। दूसरों में एक चरम सीमा दिखाई गई थी और पुरुषों, महिलाओं और बच्चों को काट दिया गया था, पीट–पीट कर मार दिया गया था, अगर उन्हें उनके ही घरों में जिंदा नहीं जलाया गया। महिलाओं के अपहरण और पुरुषों के जबरन धर्मांतरण के कई मामले सामने आए। ज़्यादातर पंजाब में और पंजाब सैनिकों के साथ 34 साल की सेवा के बाद मैं कभी कल्पना नहीं कर सकता था कि यह आंदोलन, सामान्य रूप से उदार और सभ्य पी.एम. [पंजाब मुस्लिम] किसान को इस तरह की उन्मादी बर्बरता तक भड़का सकता था जो व्यापक रूप से यहाँ दिखी। इस बर्बरता को निःसंक जानबूझकर उन अफवाहों द्वारा तीव्र किया गया था जिनमें एक आम अफवाह यह थी कि एक बड़ी सिख सेना द्वारा एक हमला आसन्न था। यह दिलचस्प है कि किसी भी मौके पर जहां तक खबर मिली है किसी भी गांव पर या किसी भी गांव के क्षेत्र पर कोई दूसरा बड़ा हमला नहीं हुआ। भीड़ का जुनून ही खत्म हो जाता और जीवित बचे लोगों को आम तौर पर नहीं सताया जाता। यह भी एक बड़े पैमाने पर लोगों की ख्वाहिश थी कि कुछ क्षेत्रों से सिखों और हिंदुओं को पूरी तरह से हमेशा के लिए हटा दिया जाए। उनके कुछ घरों की नीवें उखाड़ दी गई थीं।

3. रावलपिंडी डिवीजन में शरणार्थी

रावलपिंडी डिवीजन में शरणार्थियों बेघर और काफी हद तक बेसहारा व्यक्तियों की संख्या कोई 40,000 तक पहुँचने की संभावना है। यह बहुत बड़ी समस्या है। हम आखिरकार, वाह और कला (झेलम के पास) में शिविरों को बनाकर सारे लोगों को ले जाने की योजना बना रहे हैं। अन्य एक समान संख्या के शरणार्थियों को या तो अपने घरों को लौटने के लिए राजी कराया जाएगा या कस्बों और बड़े गांवों में अन्य सिख-हिंदू समुदायों के पास बसने को कहा जाएगा। 4,000 लोगों को पहले से ही रावलपिंडी शहर में रख लिया गया है।

4. पंजाब के अन्य जिलों में हिंसा फैलने का निवारण

मैंने पंजाब में सभी उपलब्ध सैनिकों को इकट्ठा कर लिया है। फ्लैग मार्च और गश्त, व्यापक रूप से वहाँ लगाई जा रही है जहां तनाव सबसे ज़्यादा है। लेकिन यह स्पष्ट रूप से समझ में आ जाना चाहिए कि इस तरह की निवारक कार्रवाई केवल एक उपशामक है। हम रोग के लक्षणों को लेकर काम कर रहे हैं और सैन्य कार्रवाई से रोग उन्मूलन नहीं कर सकते। रोग सभी दलों के राजनीतिक नेताओं से आता है। पूरी तरह से इलाज केवल यह है कि वे किसी समझौते पर राजी हो जाएँ। सिख और मुसलमान नेताओं के बीच, किसी भी समझौते से पंजाब में तत्काल शांति हो जाएगी। यह आकस्मिकता संभावना सफल न होने पर भड़काऊ बयान से बचाव और उनके अनुयायियों को रक्तपात से बचने की आवश्यकता और अल्पसंख्यकों की रक्षा करने के लिए प्रभावित करना ही केवल एक आसरा है।

एफ. डब्ल्यू. मेसेरवी (ले.ज.)

जी.ओ.सी. इन चीफ, नॉर्थन कमांड

यह गौर किया जा सकता है कि जनरल मेसेरवी ने बाद में पाकिस्तान की बतौर कमांडर-इन-चीफ सेवा की।

जेनकींस की रिपोर्टें

पंजाब के राज्यपाल ने वायसराय वेवेल के लिए लगभग दैनिक तौर पर टेलीग्रामें भेजीं और इशारा किया कि ग्रामीण क्षेत्रों में झड़पों का दर्जा ही कुछ अलग है जिसकी तुलना पंजाब में अन्यत्र किसी भी जगह पर मार्च 1947 में हुई किसी भी घटना के साथ नहीं की जा सकती। चूंकि पंजाब में हुए दंगों पर उनकी रिपोर्ट रावलपिंडी पर पूरी तरह केन्द्रित है और लेफ्टिनेंट जनरल मेसेरवी की विशेष रिपोर्ट पर काफी हद तक आधारित है जिसे ऊपर उद्धृत किया गया है, यहां दोहराने का कोई मतलब नहीं है। जनरल मेसेरवी के अलावा जो रावलपिंडी में नॉर्थन कमांड मुख्यालय के जी.ओ.सी. इन चीफ थे, रावलपिंडी डिवीजन के कमिशनर सी. किंग थे, पुलिस उप महानिरीक्षक जे.ए. स्कॉट थे और डिप्टी कमिश्नर सी.एल. कोट्स थे। जेनकींस के साथ पुलिस महानिरीक्षक श्री बेनेट थे, जब 9 मार्च को रावलपिंडी में इन अधिकारियों के साथ वह मिले (कार्टर, 2007a: 69-70)। दिनांकित अप्रैल 16 की एक विशेष रिपोर्ट में वायसराय माउंटबेटन को जेनकींस ने लिखा कि रावलपिंडी में अकेले एक पुलिस स्टेशन में मार्च में हुए दंगों के दौरान 500 तक हत्या के मामले दर्ज किए गए थे। इसी रिपोर्ट में उन्होंने 3,500 मृतकों का एक अनुमान प्रस्तुत किया, हालांकि अप्रैल के मध्य में यह गिनती 3,000 से नीचे थी। उन्होंने टिप्पणी की :

> सांप्रदायिक अनुपात सही रूप में नहीं बताया गया है, लेकिन मुझे कहना चाहिए कि मृतकों में हर मुसलमान के लिए 6 गैर-मुसलमान हैं। श्री लियाकत अली खान शायद ही ग्रामीण नरसंहार की भयानक प्रकृति का एहसास कर सकते हैं। मेरी परेशानियों में से एक है पंजाब में लीग के नेताओं की चरम बेपरवाही जो दरअसल यह कह रहे हैं कि 'लड़के तो आखिरकार लड़के ही रहेंगे'। इसमें कोई संदेह नहीं है कि शहरों में गैर-मुसलमान उत्तेजक थे लेकिन मुसलमान अपने आंदोलन के दौरान उतना ही उत्तेजक थे और उन्होंने विशेष रूप से अमृतसर में एक सिख कांस्टेबल की हत्या कर दी थी (वही: 137)।

जेनकींस ने भी उल्लेख किया था कि रावलपिंडी पुलिस प्रमुख श्री जे.ए.स्कॉट ने अपने जिले में हुए दंगों पर एक संवाददाता सम्मेलन के दौरान सार्वजनिक रूप से अपनी नाराजगी व्यक्त की (वही: 138)। 17 मार्च दिनांकित पाक्षिक रिपोर्ट में जेनकींस मार्च में हुए दंगों का और ब्यौरा देते हैं लेकिन मुख्य जोर उत्तरी पंजाब के रावलपिंडी डिवीजन की घटनाओं पर है। कुछ अंश नीचे उद्धृत किए गए हैं:

> लगता है कि रावलपिंडी में लाहौर की तरह दंगा करने के तरीके का पहले हुए सांप्रदायिक दंगों का अनुसरण है। मैं रावलपिंडी शहर गया तो नहीं हूँ मगर आकाश से देखने पर यह नहीं लगता है कि ज़्यादा इमारतों को जलाया गया है। काफी लोग हताहत हुए थे।
>
> गंभीर रूप से प्रभावित ग्रामीण क्षेत्रों में चरम बर्बरता हुई। तक्षशिला-मरी-गुजर खान त्रिकोण में गैर-मुसलमानों का विशेष रूप से सिखों का नियमित नरसंहार हुआ। लगता है कि क्रूरता और कपट आम हो गया है। जनरल मेसेरवी ने मुझे बताया कि उन्होंने अस्पताल में एक बच्चे को देखा था जिसके हाथ काट दिए गए थे; कम से कम दो अच्छी तरह से प्रलेखित घटनाएँ हैं, जहां गैर-मुसलमानों को फंसा कर 'शांति समितियों' में बुलाया गया और उसके बाद उनकी हत्या कर दी गई; एक गांव ससाली में सिखों के एक समूह के साथ वादा किया गया कि हमलावरों के समक्ष आत्मसमर्पण करने पर उनके जीवन को बख्श दिया जाएगा मगर इसके विपरीत उनकी हत्या कर दी गई। लगता है कि सबसे क्रूर हत्याएँ उस त्रिकोण में की गईं हैं जिसका मैंने जिक्र किया है मगर इसके बाहर भी भयंकर अत्याचार हुआ है और हर जिले में हर जगह लूटपाट और आगजनी आम हो गई है।
>
> अटक में, चौंटरा क्षेत्र जो रावलपिंडी के बहुत करीब है, लगभग इसी तरह प्रभावित हुआ। लगता है कि जिले के बाकी हिस्सों में रावलपिंडी की तुलना में कम हत्याएँ हुईं लेकिन आगजनी और लूटपाट एक समान थी। हमले की एक आम विधि यह थी कि किसी गांव में मुसलमान उनके घरों

पर सफेद झंडे लगा कर पड़ोसी गांवों के मुसलमानों को आमंत्रित करते थे कि ऐसे घरों के ऊपर हमला करें जो इस प्रकार चिह्नित नहीं थे।

झेलम जिले के चकवाल पड़ोस में एक बड़ा गांव धुदियाल को बर्बाद किया गया, लेकिन पुलिस और सैनिक हमलावरों की भारी क्षति करने में सफल हुई।

मुल्तान में हत्या, आगजनी और लूटपाट लगभग रावलपिंडी डिवीजन के जिलों की तरह ही थी लेकिन प्रभावित क्षेत्र (सदर पुलिस स्टेशन और शुजाबाद तहसील के हिस्से) अपेक्षाकृत सपाट है और नियंत्रित करने के लिए आसान है। लगता है सैनिकों ने प्रारंभिक चरण में एक भारी संख्या में भीड़ को हताहत किया और जीवन तथा संपत्ति का काफी नुकसान हुआ होगा लेकिन यह रावलपिंडी जिले की तुलना में निश्चित रूप से कम है।

रावलपिंडी डिवीजन के प्रभावित जिलों का परिचालन अब 7 वीं इंडियन डिवीजन (मेजर जनरल लोवेट) के नियंत्रण में है। कामचलाऊ व्यवस्था के तहत मुझे लगता है कि डिवीजन में अब छह ब्रिगेड के साथ दो स्वतंत्र बल शामिल हैं। यह उत्तर में कैंपबेलपुर और रावलपिंडी से दक्षिण में झेलम-चकवाल-तलागंग की रेखा तक परिचालित है, और यह दक्षिण की ओर शाहपुर में और पश्चिम की ओर मियांवाली में अपने परिचालन का विस्तार कर रही है।

इस असाधारण हिंसक ग्रामीण आंदोलन की वजह बताना बहुत मुश्किल है। जनरल मेसेरवी का मानना है कि संगठन और साजिश के कुछ संकेत मिल रहे हैं – रावलपिंडी के कुछ हिस्सों में हिंसा लगभग एक साथ भड़की थी और मरी पर हुआ हमला जिसका जिक्र मैंने अपने 9 मार्च के पत्र में किया है प्रतीत होता है कि उसे सावधानी से योजना बना कर अमल में लाया गया था। प्रभावित जिलों में सभी मुसलमान आंदोलन में शामिल हैं या इसके लिए सहानुभूति रखते हैं। 7 डिवीजन के कमांडर ने जब मैंने उनके साथ कल मुलाकात की तो बताया कि गैर मुसलमानों पर हमले के कुछ मामलों में सेना से सेवानिवृत्त अधिकारियों द्वारा नेतृत्व किया गया था – उनमें से कुछ तो पेंशनरत होने के साथ-साथ मानद कमीशन रैंक भी रखते हैं। स्थानीय कुलीन लोगों के मुसलमान अनुभाग जिनके साथ मैंने कल कैंपबेलपुर में बात-चीत की, वे बेहद उदास थे और उनमें कुछ यद्यपि भयभीत होना शुरु हो गए हैं वे मानते हैं कि इसमें कोई संदेह नहीं है कि आंदोलन अपरिहार्य है और वे इसका विरोध करने के लिए तैयार नहीं हैं। सबसे संभावित सिद्धांत यह है कि 1943 के बाद से पाकिस्तान के विचार में बढ़ोत्तरी, 1945-46 के चुनाव अभियान की चरम सांप्रदायिकता, इसके बाद की हताशा, गठबंधन मंत्रालय के खिलाफ प्रचार, मुस्लिम लीग का आंदोलन, 20 फरवरी का एचएमजी

> का बयान और खिजर के इस्तीफे ने मिल-जुल कर उस विस्फोटक मिश्रण को चिंगारी देने का काम किया, जो बन कर तैयार बैठा था। मुसलमानों का कहना है वे उत्तर की ओर जा रही एक बड़ी सिख सेना की अफवाहों से प्रभावित थे; कि यह आंदोलन गैर-मुसलमानों द्वारा कालाबाजारी के खिलाफ विस्फोट बन कर आया। अधिक संभावना यह है कि वे अब गैर-मुसलमानों को भगा कर अपने जिलों में एक सुरक्षित आधार तैयार कर सकेंगे ताकि समय आने पर, वे अन्य समुदायों के खिलाफ अभियान के लिए तैयार रहेंगे। कोई भी शिक्षित आदमी सिख सेना के बारे में यथोचित कहानी पर विश्वास नहीं कर सकता। हालांकि मौके का फायदा उठाया गया ताकि आर्थिक दूरियों का सफाया किया जा सके, लेकिन मुझे नहीं लगता कि गैर-मुसलमानों के द्वारा मुसलमानों का इस्तेमाल कर पैसे बनाने के तरीके और उनके आर्थिक नियंत्रण के चलते फैले असंतोष की वजह से, तत्काल गड़बड़ी हुई।
>
> गैर-मुसलमान नागरिक सेवाओं के खिलाफ और विशेष रूप से पुलिस के खिलाफ बहुत कड़वाहट रखते हैं. . . सैनिकों के खिलाफ पक्षपात की शिकायतें की गई है – 7वीं इंडियन डिवीजन के कमांडर ने राज्यपाल को बताया कि शिकायतों में एक न्यायसंगत थी। अब यह मांग की गई कि दंगा प्रभावित इलाकों से मुसलमान अधिकारियों की बदली की जाए।
>
> अमृतसर और मुल्तान में संपत्ति को असाधारण नुकसान पहुंचा था-. कानूनी तौर पर मुझे लगता है कि सरकार नागरिक हंगामों द्वारा पहुंचाए गए नुकसान के लिए उत्तरदायी नहीं है और मुझे नहीं लगता है कि धारा 93 के तहत नुकसान ठीक से पंजीकृत है या नहीं इसके अलावा, मैं ज़्यादा कुछ कर सकता हूँ और मैं लोकप्रिय मंत्रालय पर छोड़ रहा हूँ कि अगर देना है तो क्या मुआवजा दिया जाए।
>
> जब मैं कल रावलपिंडी में था, शरणार्थियों की कुल संख्या लगभग 30,000 का अंदाजा लगाया गया था और रावलपिंडी डिवीजन से हमें और 35,000 या ज़्यादा लोगों को लेने के लिए तैयार रहना चाहिए (वही: 85-90)।

माउंटबेटन के लिए भेजी गई, 31 मार्च की पहली पाक्षिक रिपोर्ट में, राज्यपाल ने अन्य बातों के अलावा, जो कहा वह निम्नलिखित हैं:

> सतह के नीचे विभिन्न तरह के कंपन की आवाजें आ रही हैं, और किसी भी समय गंभीर संकट की दोबारा पुनरावृत्ति हो सकती है। मुसलमान बुद्धिहीन तौर पर संतुष्ट हैं। वे कहते हैं कि वे आक्रमणकारी नहीं थे; मास्टर तारा सिंह के हिंसक बयान के साथ यह सब शुरू हुआ; और कहते हैं कि अब भी सिख अपनी कृपाणों की एक बड़ी नुमाइश कर रहे हैं और उन्हें धार्मिक

आधार पर यह छूट मिली हुई है। मस्जिदों में बुरे भाषण दिए जा रहे हैं और खुफिया रिपोर्टों का सुझाव है कि मुस्लिम लीग के कम से कम कुछ सदस्यों को आगे गड़बड़ी पैदा होने से खुशी होगी।

हिंदू और सिख कुछ समय से एक-जुट होकर काम कर रहे हैं। मेरा विचार है कि उन्हें लगता है कि मार्च 3 को दिए गए उनके भाषण विवेकहीन थे; लेकिन उनकी यह बात बिल्कुल ठीक है कि रावलपिंडी डिवीजन में हुए सामान्य नरसंहार का कोई औचित्य नहीं था। वे पंजाब के एक विभाजन पर अमादा हैं और मुसलमानों के साथ किसी भी सुलह के लिए इच्छुक नहीं हैं (वही: 102)।

संदर्भ

चंद्रा, प्रबोध (संकलक), *रेप ऑफ रावलपिंडी*, लाहौर: दी पंजाब रायोट्स सफ्फरर्स रिलीफ कमेटी, (1947)।

कोल्लिंस, लेरी एंड लेपियर, डोमिनिक, *फ्रीडम एट मिडनाइट*, न्यूयॉर्क: एवन बुक्स, (1975)।

हमीद, शाहिद (मे.ज. रिटा.), *डिजआसट्रस ट्वीलाइट*, लंदन: ली कूपर, (1986)।

खोसला, जी.डी., *स्टर्न रेकोनिंग, ए सर्वे ऑफ द इवेंट्स लीडिंग अपटु एंड फॉलोइंग द पार्टिशन ऑफ इंडिया*, नई दिल्ली: ऑक्सफोर्ड यूनिवर्सिटी प्रैस, (1989)।

मुनीर, मुहम्मद, *फ्राम जिन्नाह टु जिया*, लाहौर: वैनगार्ड बुक्स (प्रा.) लिमिटेड, (1980)।

पाण्डे, ज्ञानेन्द्र, *रिमेंबरिंग पार्टिशन*, कैंब्रिज: कैंब्रिज यूनिवर्सिटी प्रैस, (2001)।

तालिब, एस. गुरबचन सिंह, *मुस्लिम लीग अटैक ऑन सिख्स एंड हिंदुस इन द पंजाब 1947 (एस.जी.पी.सी. रिपोर्ट)*, नई दिल्ली: वॉइस ऑफ इंडिया, (1991)।

टैलबोट, इयन, 'दी 1947 पार्टिशन ऑफ इंडिया', (में) डैन स्टोन (सं.), *दी हिस्टोरीओग्राफी ऑफ जेनोसाइड*, हाउंडसमिल, बेसिंगस्टोक, हेम्पशायर: पालग्रेव मैकमिलन, (2008)।

सरकारी दस्तावेज

कार्टर, लिओनेल (संपा.), *पंजाब पॉलिटिक्स 3 मार्च 1947-31 मई 1947, एट दी एबीस, गवर्नर्स फोर्टनाइटली रिपोर्ट्स एंड अदर की डॉक्युमेंट्स,* दिल्ली: मनोहर, (2007a).

सेंसस ऑफ इंडिया, 1941, वॉल. VI, पंजाब, शिमला: गवर्नमेंट ऑफ इंडिया प्रैस, (1941)।

मैनसर्घ, निकोलस एंड मून, पेंडेरल (संपा.), *दी ट्रान्सफर ऑफ पावर 1942-7, वॉल. XI, दी माउंटबेटन वाइसरॉयल्टी, अनाउंसमेंट एंड रिसेप्शन ऑफ द 3 जून प्लान, 31 मई-7 जुलाई 1947*, लंदन: हर मजेस्टी'स स्टेशनरी ऑफिस, (1982)।

समाचार-पत्र

दी पाकिस्तान टाइम्स, लाहौर, 1947

दी ट्रिब्यून, लाहौर, 1947

साक्षात्कार

जगदीश चंद्र सरीन, दिल्ली, 24 अक्टूबर 1999

रशीद इशाक, लंदन, 18-19 मई 2002

अमर सिंह, दिल्ली, 14 मार्च 2004

मदनलाल सिंह, दिल्ली, 14 मार्च 2004

हरकिशन सिंह मेहता, चंडीगढ़, 20 मार्च 2004

मोनी चड्ढा, नई दिल्ली, 28 मार्च 2004

अमीर खान, चक बेली खान, जिला रावलपिंडी, 11 दिसंबर 2004

हाजी मुहम्मद हनीफ, चक बेली खान, जिला रावलपिंडी, 11 दिसंबर 2004

ख्वाजा मसूद अहमद, रावलपिंडी, 12 दिसंबर 2004

शेख नूर दीन, रावलपिंडी, 12 दिसंबर 2004

हाजी मुहम्मद शरीफ, परियाल, जिला अटक (कैंपबेलपुर), 13 दिसंबर 2004

फैज जमान, परियाल, जिला अटक (कैंपबेलपुर), 13 दिसंबर 2004

सय्यद नजीर हुसैन शाह, चोआ खालसा, 14 दिसंबर 2004

राजा मुहम्मद रियासत, चोआ खालसा, 14 दिसंबर 2004

हाजी शेर खान, थमाली, 14 दिसंबर 2004

जान दाद खान, थमाली, 14 दिसंबर 2004

हाजी शेर अहमद, रावलपिंडी, 15 दिसंबर 2004

शेख मुहम्मद इशाक, रावलपिंडी, 15 दिसंबर 2004

रणजीत सिंह भसीन, कपूरथला, 3 जनवरी 2005

दूसरा चरण
अंतिम खेल का खुलासा 24 मार्च 1947–14 अगस्त 1947

परिचय

पंजाब के विभाजन के दूसरे चरण की शुरुआत दिल्ली में वाइसरॉय के स्थानान्तरण के साथ हुई और 15 अगस्त 1947 को भारत और पाकिस्तान को सत्ता देने के साथ खत्म हुई। जहां तक पंजाब का सवाल था इसका भी विभाजन हुआ और दो अलग सूबों का गठन हुआ जिसका प्रशासन भी अलग था। इस दौरान, हिंसा धीरे-धीरे लाहौर और अमृतसर के बाहर फैल गई और दूसरे शहरों में तथा अंततः देहाती इलाकों में पहुँच गई।

माउंटबेटन ने वाइसरॉय वाले कार्यकाल में सरकार के स्तर पर उन प्रक्रियाओं को कार्यान्वित किया जिनका समापन भारत के विभाजन के साथ-साथ बंगाल और पंजाब के विभाजन में हुआ। औपनिवेशिक राज्य स्तर पर हुई घटनाओं की श्रृंखला में पंजाब के राज्यपाल सर इवान जेनकींस और वायसराय माउंटबेटन, अखिल भारतीय और पंजाब स्तर के नेताओं के बीच बातचीत और विभाजन से संबंधित निर्णयों को लागू करने के लिए सरकारी आयोगों को स्थापित करना शामिल था। जमीनी स्तर पर, हिंसा, उसके प्रसार और गहनता की पुनरावृति ने अपनी एक अलग ही गतिशीलता पैदा कर दी थी हालांकि दोनों प्रक्रियाओं का एक दूसरे पर असर पड़ा और चाहे तथा अनचाहे नतीजों पर असर डाला।

वाइसराय और गवर्नर-जनरल की भूमिका ग्रहण करने के पश्चात माउंटबेटन आश्वस्त हो गए कि भारत का विभाजन करना होगा। भारतीय नेताओं के साथ वार्ता और परामर्श कर वह यह सुनिश्चित करना चाहते थे कि दक्षिण एशिया में ब्रिटिश सामरिक हितों पर प्रतिकूल प्रभाव न पड़े या कम से कम बुरी तरह से प्रभावित न हों। विचार विमर्श के दौरान उन्होंने यह घोषणा कर भारतीय नेताओं के सामने एक धमाका प्रस्तुत किया कि सत्ता का हस्तांतरण 1947 के अगस्त के मध्य में कर दिया जाएगा न कि जून 1948 को जैसा कि मूल योजना थी। उनका यह निर्णय सबसे विवादास्पद बना हुआ है लेकिन यह केवल विवादास्पद नहीं था: उनके आग्रह पर बाउंडरी अवार्ड (सीमा की हदबंदी) की घोषणा, पाकिस्तान और भारत के खुद को स्वतंत्र घोषित करने के कुछ दिनों के बाद की गई थी, न कि पहले।

यह धारणा कि पंजाब के विभाजन के बाद आबादी की अदला-बदली आवश्यक नहीं होगी पूरी तरह अवास्तविक थी – पंजाब के राज्यपाल यह चेतावनी दे रहे थे कि विभाजन हिंसक हो जाएगा। अप्रैल के बाद हिंसा फिर से भड़क उठी और मई के दूसरे सप्ताह से प्रत्येक दिन और खराब होने लगी। खुफिया संस्थाएँ सूचना दे रही थीं और इसके आधार पर पंजाब के राज्यपाल दिल्ली को टेलीग्रामों और रिपोर्ट के

माध्यम से खबरें भेज रहे थे। लेकिन लगता है कि इससे माउंटबेटन बेफिक्र थे। जो प्रशासनिक उपाय किए गए थे जिसमें पंजाब सीमा बल की स्थापना शामिल थी निहायत अपर्याप्त साबित हुए। सिख चेतावनी दे रहे थे कि वे ऐसी किसी एक विभाजन योजना को स्वीकार नहीं करेंगे जो उनकी मांगों के अनुरूप न हो। मुसलमान नेता आत्मतुष्ट बने रहे क्योंकि ज़्यादातर टक्करों में उनके जातीय कार्यकर्ता और आपराधिक तत्व हावी रहे थे। हिंदू मुख्य रूप से दुकानदार और व्यापारी थे जो हिंसा से दूर रहते थे। अपवाद राष्ट्रीय स्वयंसेवक संघ और पूर्वी पंजाब के हिंदी भाषी क्षेत्र थे, जहां के हिंदुओं में किसान वर्ग प्रबल थे, हिंसा पर उतारू हो जाते थे और हिंसा का सहारा भी लेते थे।

जहां तक पंजाब का सवाल है अप्रैल से जून अंत तक, मुख्य रूप से लाहौर और अमृतसर में हिंसा और आतंकवाद लगातार बने रहे। समूचे तौर पर स्थिति अस्थिर और विस्फोटक बनी रही यद्यपि प्रांत के अधिकांश हिस्सों में एक असहज शांति कायम थी। मगर जब तक जेनकींस सत्ता में बने रहे प्राधिकरण की संरचना का पालन ऊपरी तौर पर होता रहा। यह पक्षपाती अफसरशाही के साथ-साथ उन हथियारबंद लोगों को जो आक्रमण करने के लिए लक्ष्यों को ढूंढते हुए इधर-उधर घूमते थे उन दोनों पर लगाम लगाता था। नतीजतन सरकारी आंकड़ों के अनुसार मौत की गिनती कुछ हजारों में थी; यह आंकड़े संभवत: वास्तविक मौत की संख्या से कम हैं। अप्रैल के दौरान उत्तरी और पश्चिमी पंजाब में मुसलमान बहुल जिलों से हिंदुओं और सिखों का पूर्व की ओर जाना जारी रहा और लाखों की तादाद में हिंदू-सिख सुरक्षित इलाकों में चले गए। दूसरी ओर पूर्वी पंजाब से मुसलमानों का बड़ी तादाद में दूसरी दिशा की तरफ जाना केवल अगस्त के दूसरे सप्ताह में शुरू हुआ। कारण यह था कि ज़्यादातर हमले मुसलमान बहुल क्षेत्रों में हो रहे थे। यह भी गौर करने लायक है कि पंजाब के ग्रामीण इलाके काफी हद तक अप्रभावित थे और ज़्यादातर अपराध शहरों और कस्बों में हुए थे। मगर आबादी का बड़ा हिस्सा अपने स्थान पर कायम रहा।

इसलिए, हालांकि भय और गुस्सा कई गुना बढ़ रहा था, जब तक सरकार को पूरी तरह पक्षपाती और आक्रामक नहीं समझा जा रहा था, लोग अपने घर छोड़ कर जाने को तैयार नहीं थे।

10
पंजाब में ब्रिटिश नीति
24 मार्च–30 जून 1947

24 मार्च को लॉर्ड लुइस माउंटबैटन को भारत के नए वाइसरॉय और गवर्नर जनरल की शपथ दिलाई गई। उनको जून 1948 तक एक संयुक्त या विभाजित भारत को ब्रिटिश सत्ता का हस्तांतरण करने के लिए एक निश्चित आदेश दे दिया गया था। बेशक सबसे कठिन और नाजुक काम था पंजाब के मसले का हल खोजना जहां सिख आबादी के सिर्फ 13.2 प्रतिशत थे, मगर वे एक महत्वपूर्ण और ताकतवर समुदाय थे। उनकी भारतीय फौज में एक अच्छी मौजूदगी थी और वे बहुत मजबूती के साथ कृषि क्षेत्र के साथ जुड़े हुए थे (खास कर पश्चिमी पंजाब की नहरी कॉलोनियों में)। इसके अलावा, रावलपिंडी शहर और जिले में वे साहूकारों के रूप में प्रबल थे और उनकी जायदाद काफी थी।

सिखों के बारे मे जेनकींस की राय

वायसराय को भेजे गए सिखों पर एक अति गुप्त अदिनांकित नोट (शायद अप्रैल के शुरू में लिखा गया था) में, पंजाब के राज्यपाल जेनकींस ने सिखों की राजनीति का एक ऐतिहासिक खाका प्रदान किया जो बीसवीं सदी के शुरू से एक आंदोलन के मद्देनजर सभी गुरुद्वारों को रूढ़िवादी सिखों के नियंत्रण में लाने से लेकर एस.जी.पी.सी. के गठन के बारे में था। शिरोमणि अकाली दल जिसे एक सैनिक समूह के रूप में स्थापित किया गया था कई वर्षों के बाद एक लोकलुभावन राजनीतिक पार्टी बन गया था। जेनकींस मुसलमानों के खिलाफ एक अंतिम संग्राम के लिए, सिखों की तैयारियों का वर्णन करते हैं। इस तरह के उपायों के अंतर्गत जत्थों की स्थापना भी शामिल है। सैंकड़ों जत्थों की स्थापना की गई थी। सिखों का लक्ष्य था ब्रिटिश लोगों के चले जाने के बाद अपने मुल्क की स्थापना करना। मास्टर तारा सिंह पर लाहौर में 3 मार्च को एक भड़काऊ भाषण देने का आरोप लगाते हुए गवर्नर ने अपनी पहले

कही गई इस बात को दोहराया जो सिखों और मुसलमानों के बीच सुलह के लिए निर्णायक साबित हुई:

> बदकिस्मती से मुसलमानों ने खास कर रावलपिंडी डिवीजन में लगता है सिखों की राह में एक बड़ा अवरोधक खड़ा कर दिया है; और इसमें कोई संदेह नहीं है कि सिख नेता बदले की तैयारी कर रहे हैं। यह पता लगा है कि वे सिख रियासतों के शासकों के साथ संपर्क साधे हुए हैं और कुछ दिन पहले ज्ञानी कर्तार सिंह ने 300 जत्थेदारों की एक सभा को संबोधित किया और उन्हें आदेश दिया कि वे अपने समुदाय की रक्षा की तैयारियां करें (कार्टर, 2007a: 111)।

जेनकींस ने उल्लेख किया कि सिखों के बीच गुटबाजी व्याप्त थी। हालांकि मास्टर तारा सिंह और बलदेव सिंह (केंद्रीय अंतरिम सरकार में रक्षा मंत्री) उनमें सबसे महत्वपूर्ण थे, राज्यपाल ने तीन मुख्य समूहों की पहचान की: मास्टर तारा सिंह के नेतृत्व में मुख्य धारा वाले अकाली सिखों (गैर-कृषक) और ज्ञानी करतार सिंह (कृषक)। राज्यपाल ने उल्लेख किया, 'हाल ही में हुई गड़बड़ी के पहले तक करतार सिंह सिखों और मुसलमानों के बीच गठबंधन के पक्ष में इच्छुक थे' (कार्टर, 2007a: 111)। फिर वहाँ एक अल्पसंख्यक अकाली गुट, ऊधम सिंह नगोके और इश्शर सिंह मझेल की अध्यक्षता में था जो दोनों अमृतसर जिले के कृषक थे। तीसरा समूह कांग्रेस समर्थक सिखों को लेकर था जिसके नेता प्रताप सिंह कैरों (किसान) और सुरजीत सिंह मजीठिया, एक जमींदार रईस थे। चौथा समूह था कम्युनिस्ट सिखों का, जिन्हें अकालियों द्वारा तुच्छ समझा जाता था। उन्होंने यह भी उल्लेख किया कि सिख राजनीति में जाति के समूह भी महत्वपूर्ण थे। कृषि करते जाट सिख सबसे अधिक थे हालांकि नेतृत्व गैर कृषकों के हाथों में था। सिखों के अन्य नेताओं में सरदार स्वर्ण सिंह और सरदार उज्जल सिंह शामिल थे। सिख नेतृत्व की गुणवत्ता के बारे में जेनकींस ने टिप्पणी की:

> सिख समुदाय के साथ मेरी बातचीत में जिन लोगों को मैंने महत्वपूर्ण समझा वे हैं: मास्टर तारा सिंह, ज्ञानी करतार सिंह और सरदार बलदेव सिंह; आखिरी व्यक्ति इसलिए क्योंकि वह अमीर हैं और गवर्नर-जनरल की परिषद के एक सदस्य के रूप में उनकी एक पहचान है। सिखों से स्पष्ट जानकारी या फैसले को पाना शायद ही कभी संभव होता है – एक हद तक सिख नेता चतुर आयोजक लगते हैं; लेकिन वे बड़े मुद्दों पर कमजोर हैं और उनके दृष्टिकोण अत्यंत संकीर्ण है (वही: 112)।

> माउंटबेटन के लिए भेजे गए 9 अप्रैल के एक अलग गुप्त पत्र में जेनकींस ने एक अहस्ताक्षरित *पैम्फलेट* पर चिंता व्यक्त की जिसके चलते रावलपिंडी डिवीजन में उनके खिलाफ अत्याचार अतिरंजित हो गया और जिसमें मुसलमानों

> के साथ एक आखिरी टक्कर की तैयारी करने के लिए सिखों का आह्वान किया गया था। इसके अलावा एक अपील पर कथित रूप से, अठारह प्रमुख सिखों, सरदार बलदेव सिंह और कई सिख विधायकों द्वारा, हस्ताक्षर होने की बात का जिक्र था जिसमें एक सिख 'युद्ध कोष' में 50 लाख रुपये दान करने के लिए कहा गया था (वही: 117)।

यह टिप्पणियां महत्वपूर्ण हैं। एक रक्षा मंत्री एक ऐसी अपील में हिस्सा लेते हैं जो युद्ध और इसके लिए एक कोष की बात कर रही थी; यह संकेत देता है कि वैध सरकार की सामान्य प्रक्रियाओं और प्रथाओं का पालन नहीं किया जा रहा था और इसके बावजूद औपनिवेशिक सरकार अपनी पकड़ खो रही थी हालांकि औपचारिक रूप से यह अभी भी कायम थी। और भी रिपोर्टें मिल रहीं थीं कि अंतरिम सरकार के मंत्री पंजाब आकर खुले तौर पर अपने सह-धर्मियों के साथ सहानुभूति दिखा रहे थे। औपनिवेशिक राज्य तंत्र बिखरना शुरू हो गया था।

12 अप्रैल को आयोजित वायसराय के कर्मचारियों की एक बैठक में एक गैर-प्रचलित रिपोर्ट में माउंटबेटन ने खुलासा किया कि सत्ता के हस्तांतरण के संबंध में वे दो मुख्य योजनाओं के बारे में सोच रहे हैं। योजना 'यूनियन' के तहत, भारत को *कैबिनेट मिशन प्लान* के एक संशोधित संस्करण द्वारा संयुक्त रखना है जबकि योजना 'बाल्कन' के तहत हर प्रांत को अपने स्वयं के भविष्य के लिए चुनाव की आजादी होगी और परिणाम के रूप में एक छोटा सा पाकिस्तान अस्तित्व में आएगा। हालांकि इसके लिए जून 1948 तक (दिल्ली में) एक केंद्र की आवश्यकता होगी ताकि रक्षा और सशस्त्र बल की देखभाल की जा सकेगी (मैनसर्घ एंड मून, 1981: 207-9)।

अप्रैल 14 दिनांकित एक और बैठक में, जेनकींस ने माउंटबेटन और अन्य वरिष्ठ ब्रिटिश अधिकारियों को बताया कि मुसलमानों का उद्देश्य पूरे पंजाब पर हावी होना है जबकि यदि आवश्यक हुआ तो लड़ाई के द्वारा। सिखों ने मुसलमान योजना को हताश करने का फैसला किया है, उन्होंने कहा कि पंजाब में तीन विकल्प हैं (क) यूनियनिस्ट जैसी अंतर-सांप्रदायिक सरकार की वापसी; (ख) विभाजन; या (ग) गृह युद्ध। अगर सरकार (क) या (ख) को स्वीकार नहीं करा सकती, तो ब्रिटिश को चले जाना चाहिए व मुसलमानों और सिखों को आपस में लड़ कर फैसला करने के लिए छोड़ देना चाहिए (वही: 231-2)।

अप्रैल 15 को जारी की गई गांधी-जिन्नाह अपील

माउंटबेटन ने अपने प्रभाव का इस्तेमाल कर गांधी और जिन्नाह को, यह उम्मीद रखते हुए, मनाने की कोशिश की कि वे हिंसा का त्याग करने के पक्ष में एक संयुक्त बयान जारी करें, ताकि तनाव कम हो जाए। उन्होंने गौर किया कि जिन्नाह को इस

बात पर सहमत होने के लिए दो दिन तक दबाव देना पड़ा जबकि गांधी ने तुरंत इस प्रस्ताव को स्वीकार कर लिया। अब एक समस्या उठ खड़ी हुई क्योंकि कांग्रेस चाहती थी कि उसकी ओर से उसके अध्यक्ष आचार्य कृपलानी दस्तखत करें जो जिन्नाह को मंजूर नहीं था। वे तब ही दस्तखत करते अगर गांधी के हस्ताक्षर उस पर होते। वार्ता तीन दिन तक चली। आखिरकार केवल गांधी और जिन्नाह ने अपील पर अपने नाम दिए। 15 अप्रैल 1947 को जारी हुई अपील में यह लिखा गया था:

> हम बहुत गंभीरता के साथ, हाल ही में हुई अराजकता और हिंसा की निंदा करते हैं, जिसने भारत के स्वच्छ नाम को कलंकित किया है और निर्दोष लोगों को सबसे ज़्यादा दुखित किया है चाहे हमलावर और शिकार कोई भी थे। हम सभी, राजनीतिक उद्देश्यों को प्राप्त करने के लिए बल प्रयोग की निंदा करते हैं और हम भारत के सभी समुदायों का आह्वान करते हैं भले ही उनका अनुनय कुछ भी हो, न सिर्फ वे हिंसा और अव्यवस्था के सभी कृत्यों से परहेज करें, बल्कि इस तरह के कृत्यों का दोनों भाषण और लेखन में, बढ़ावा देने से बचें (कार्टर, 2003: 85-6)।

अपील पूरे भारत के लिए की गई थी लेकिन यह निश्चित रूप से पंजाब में स्थिति के बारे में चिंताओं को दर्शाता थी जहां मार्च के दंगों ने खतरे की एक घंटी बजा दी थी, जिसकी प्रशासन और अधिक अनदेखी नहीं कर सकता था। इस अपील का हालांकि मौजूदा स्थिति पर कोई प्रभाव नहीं पड़ा और पंजाब में मुख्य रूप से लाहौर और अमृतसर में हिंसा का विस्फोट होना जारी रहा।

माउंटबेटन के लिए लियाकत अली खान का पत्र

15 अप्रैल को माउंटबेटन को लिखे एक पत्र में अंतरिम सरकार में वित्त मंत्री लियाकत अली खान ने सर इवन जेनकींस को शिकायत की कि पंजाब में सरकार बनाने के लिए मुस्लिम लीग के अधिकार को गलत तरीके से नकार दिया गया था। मुस्लिम लीग पंजाब विधानसभा में सबसे बड़ी पार्टी थी और जनसंख्या के 57 प्रतिशत का प्रतिनिधित्व करती थी। लियाकत के विचार में:

> राज्यपाल द्वारा एक बहाना बनाया गया था कि पंजाब एक गड़बड़ी वाला राज्य है ताकि प्रांत में धारा 93 को लगाया जा सके, इस तथ्य के बावजूद कि मुस्लिम लीग पार्टी के नेता ने अपने संवैधानिक अधिकार का दावा पेश किया था कि वह राज्यपाल द्वारा सरकार बनाने के लिए उसे आमंत्रित करने के बाद सदन का सामना करेंगे।
>
> धारा 93 के लगाने के बाद पंजाब में घटनाक्रम ने यह स्पष्ट कर दिया है कि वर्तमान प्रशासन ने मुसलमानों को दबाने, धमकाने और विवश करने

> की एक नीति बना ली है और लगता है कि राज्यपाल ने इसे अपना एक निजी मसौदा बना लिया है कि वे पंजाब के बहुसंख्यक समुदाय को सूबे में उचित हिस्सेदारी करने को रोकने के लिए जो कुछ मुमकिन हो सकेगा, वे करेंगे (वही: 256-7)।

माउंटबेटन ने जेनकींस के लिए उस पत्र की एक प्रति भेजी जिसमें प्रतिक्रिया करते हुए, वायसराय के लिए एक लंबा नोट लिखा जिसमें उन्होंने उनके और उनके प्रशासन के खिलाफ लगाए गए आरोपों का खंडन किया। उन्होंने पंजाब में मुस्लिम लीग के 'डायरेक्ट एक्शन' को परेशानी की जड़ बताया जिसका उद्देश्य एक ऐसी सरकार को गिराने का था, जिसका पंजाब विधानसभा में बहुमत था। इसके बाद भीड़ द्वारा कानून और व्यवस्था का उल्लंघन किया गया और परिणामस्वरूप हिंसा और आतंकवाद का प्रसार हो गया। रावलपिंडी डिवीजन में हुई हिंसा के बारे में उन्होंने लिखा:

> रावलपिंडी और अटक जिलों में और बाद में झेलम जिले के हिस्से में गैर-मुसलमानों का एक निरपेक्ष नरसंहार था। कई गांवों में उन्हें समूहों व घरों में घुसाकर जिंदा जला दिया गया। कई सिखों के बाल और उनकी दाढ़ी काट दी गई और जबरन खतना करने के कुछ मामले भी हुए हैं। कत्लेआम से बची कई सिख महिलाओं का अपहरण कर लिया गया।
>
> मुस्लिम लीग ने शांति बनाए रखने के लिए कोई प्रयास नहीं किया और ममदोत ने एक मंत्रालय के गठन का कोई गंभीर प्रयास नहीं किया। उस समय उसके पास कोई बहुमत नहीं था और उनको देखकर मुझे यह धारणा हुई कि हिंसा के गंभीर प्रकोप के दमन के लिए, जिम्मेदारी लेने के लिए वह उत्सुक नहीं थे. . . मृतकों की कुल संख्या ज्ञात नहीं है। नवीनतम आंकड़ा 3,000 से कुछ कम का है, और मेरा मानना है कि अंतिम आंकड़ा 3,000 हो सकता है। सांप्रदायिक अनुपात सही रूप में नहीं बताया गया है लेकिन मुझे कहना चाहिए कि मृतकों में हर मुसलमान के लिए 6 गैर-मुसलमान हैं (कार्टर, 2007a: 137)।

जेनकींस यह जिक्र करते हैं कि पंजाब सेवाओं में कार्यकर्ता मिश्रित थे और इसलिए यह सुनिश्चित करना असंभव था कि वरिष्ठ नियुक्तियों की हिस्सेदारी सम्पूर्ण तौर पर मुसलमानों की थी; वह वरिष्ठ ब्रिटिश या गैर-मुसलमान अधिकारियों को नजरअंदाज नहीं कर सकते थे। 29 जिलों में से 10 नियुक्तियाँ ब्रिटिश अधिकारियों के अधीन थीं, 9 मुसलमानों की और 10 हिंदुओं या सिखों की। इसके अलावा एक मुसलमान आयुक्त था, लेकिन वह छुट्टी पर था। दूसरी ओर मुख्य सचिव एक मुसलमान था। इसके अलावा जेनकींस ने कहा कि यह झूठ है कि ब्रिटिश अधिकारी मुसलमानों के लिए शत्रुतापूर्ण रवैया रखते हैं। उन्होंने टिप्पणी की:

> वे ग्रामीण क्षेत्रों में किए गए अत्याचारों और लीग की बेपरवाही द्वारा गंभीर रूप से सदमे में हैं। रावलपिंडी का डीआईजी स्कॉट एक अच्छा सेनानी है लेकिन राजनेता नहीं है। उसने किसी पत्रकार को एक साक्षात्कार दिया और उसमें उसने मूर्खतापूर्ण अपनी घृणा व्यक्त की (वही: 138)।

जेनकींस ने इस बात से इंकार किया कि सेंसरशिप को जानबूझकर पक्षपात करने के लिए लागू किया जा रहा है। उन्होंने दावा किया:

> पंजाब में खुद व ब्रिटिश अधिकारी किस मकसद के लिए, 'अराजकता को बढ़ावा' दे रहे हैं मैं नहीं जानता। पंजाब की आई.सी.एस. [भारतीय सिविल सेवा] और आई.पी. [भारतीय पुलिस] में हर ब्रिटिश अधिकारी, मुझे लेकर, इसे कल ही छोड़ने पर बहुत खुश होगा। दो या तीन संभावित अपवाद के अलावा कोई भी ब्रिटिश अधिकारी सत्ता के हस्तांतरण के बाद पंजाब में रहने का इरादा नहीं रखता है। छह महीने पहले की स्थिति बिल्कुल भिन्न थी; लेकिन अब हमें महसूस हो रहा है हम उन लोगों के साथ काम कर रहे हैं जो खुद को बर्बाद करने पर तुले हुए हैं और उनके बीच किसी उचित समझौते के अभाव में एक आम अधिकारी को अपनी जिंदगी एक सांप्रदायिक गृहयुद्ध में गुजारनी पड़ रही है। (वही: 138)।

अप्रैल 16 दिनांकित वायसराय को एक अलग शीर्ष गुप्त पत्र में जेनकींस ने तर्क दिया कि अगर पंजाब का विभाजन अपरिहार्य हो जाता है तो कई अन्य के अलावा निम्नलिखित कदमों को लिया जाना चाहिए। सबसे पहले यह घोषणा की जानी चाहिए कि पंजाब को दो भागों में विभाजित किया जाएगा – एक मुसलमान बहुल जिलों से मिलाकर और दूसरा गैर मुसलमान बहुमत को लेकर। और उन्होंने कहा 'जहां तक तहसीलों का ताल्लुक है समझौते के द्वारा फेर-बदल किया जा सकता है, अगर वे मुसलमान या गैर-मुसलमान हिस्सों से सटीं हुईं हैं और उनमें मुसलमान और गैर-मुसलमान बाहुल्य है' (वही: 134)। दूसरा एक सीमा आयोग को कायम किया जाए जो उन्हें फेर-बदल को लागू कर सके और यह निर्धारित कर सके कि गैर मुसलमान प्रांत के किन भागों को 'अलग कर एक जाट प्रांत बनाया जा सके, (यानी हिंदी भाषी अम्बाला डिवीजन जहां मुख्य रूप से हिंदू जाट बसते हैं) (वही)।

कांग्रेस का कुछ गवर्नरों की निष्पक्षता पर संदेह

अप्रैल 17 को माउंटबेटन ने कांग्रेस पार्टी के कृष्णा मेनन से मुलाकात की, जिन्होंने यह विचार व्यक्त किया कि उनकी पार्टी 'एन.डब्ल्यू.एफ.पी., पंजाब, बिहार, और सिंध के गवर्नरों को गंभीरतम संदेह की नजर से देखती है'। हालांकि जेनकींस पर कांग्रेस विरोधी पूर्वाग्रह का आरोप जानबूझकर नहीं लगाया गया, मगर मेनन 'उन्हें इस बात

के लिए जिम्मेदार ठहरा रहे थे कि उन्होंने गंभीर स्थिति पैदा होने दी जिसके चलते सरकार धारा 93 के तहत आ गई।' (मैनसर्घ एंड मून, 1981: 310)।

30 अप्रैल को सिख नेताओं, करतार सिंह, हरनाम सिंह और उज्जल सिंह ने पंजाब की स्थिति पर चर्चा करने के लिए *लॉर्ड इस्मे*, वायसराय के स्टाफ प्रमुख से मुलाकात की। इस्मे ने अपनी स्थिति कुछ इस तरह अभिव्यक्त की:

> उनके प्रतिनिधित्व का मुख्य कारण लाहौर डिवीजन और विशेष रूप से लाहौर शहर का मुद्दा है उन्होंने माना कि मुसलमान बहुमत में हैं मगर यह सिखों के लिए जिंदगी और मौत की बात है कि डिवीजन एक अंतरिम व्यवस्था के रूप में भी मुसलमानों को न सौंपा जाए वे अब इस बात पर जल्द ही लड़ कर मर जाना चाहते हैं (वही: 490)।

1 मई को जेनकींस ने माउंटबेटन को एक लंबा पत्र लिखा जिसमें उन्होंने बताया कि वह पंजाब के एक संभावित विभाजन के लिए सुरक्षा व्यवस्था पर चर्चा करने जा रहे थे और इसलिए उन्होंने सेना के कमांडर, लाहौर एरिया कमांडर और पुलिस महानिरीक्षक को एक साथ बुलाया है। उन्होंने वायसराय को सुझाव दिया कि उन्हें भारतीय नेताओं को कैबिनेट मिशन योजना स्वीकार करने के लिए मनाने की कोशिश करनी चाहिए और अगर यह विफल हो जाती है तो उन्हें और एच.एम.जी. को लोगों के लिए रेडियो प्रसारण द्वारा बताना चाहिए कि अगर भारत का विभाजन हुआ, तो बंगाल और पंजाब भी मुसलमान और गैर-मुसलमान बहुल क्षेत्रों में विभाजित हो सकते हैं। इस तरह की घोषणा 15 मई से पहले नहीं की जानी चाहिए लेकिन बाद में किसी भी समय इसका ऐलान किया जा सकता है। उन्हें शायद अग्रिम में 48 घंटे से अधिक पहले पता नहीं लगेगा जब ऐसी एक घोषणा कराई जाएगी। इसके बाद वे पंजाब के नेताओं से मुलाकात करेंगे ताकि उन्हें एक गठबंधन मंत्रालय बनाने के लिए राजी कराया जा सके जबकि विभाजन की प्रक्रिया और तरीके को तय किया जा रहा होगा। मगर पंजाब के राज्यपाल को पंजाब के विभाजन के शांतिपूर्ण होने की उम्मीद नहीं थी। उन्होंने अन्य बातों के अलावा लिखा:

(क) पंजाब का एक शांतिपूर्ण विभाजन बिल्कुल असंभव है। मुसलमान लगभग पूरे पंजाब को चाहते हैं; सिख जमुना से रावी तक सभी जिले चाहते हैं और संभवत: चिनाब तक; हिंदुओं द्वारा सिखों का अनुसरण करने की संभावना है।

(ख) प्रारंभिक सीमाबंदी से गैर मुसलमानों को अम्बाला और जालंधर डिवीजनों के साथ-साथ अमृतसर मिलेगा और मुसलमानों को रावलपिंडी और मुल्तान डिवीजनों के साथ साथ बिना अमृतसर वाली लाहौर डिवीजन।

(ग) यह बयान सभी मुसलमानों और सिखों में उत्तेजना पैदा करेगा और उनमें से उन लोगों और हिंदुओं में डर पैदा करेगा जो सीमा के दूसरे तरफ होंगे। हम

> इस बयान की कोई तर्कसंगत समीक्षा की उम्मीद नहीं कर सकते; और न ही विभाजन के खिलाफ हुई किसी भी एकजुट प्रतिक्रिया की (कार्टर, 2007a: 160)।

बंगाल और पंजाब के बारे में जिन्नाह का रुख

1 मई 1947 के अखबार डान में जिन्नाह के एक बयान ने समूचे पंजाब और बंगाल, एन.डब्ल्यू.एफ.पी., सिंध, बलूचिस्तान और असम की मांग की। इस मांग की बुनियाद दो-राष्ट्रों का सिद्धान्त थी। मगर जहां तक बंगाल और पंजाब का ताल्लुक था उनका विचार था कि इन सूबों के विभाजन की मांग 'किसी मजबूत सिद्धान्त के ऊपर आधारित नहीं थी सिवाय इसके कि पंजाब और बंगाल में हिंदू अल्पसंख्यक इन सूबों के टुकड़े करना चाहते हैं और अपने ही लोगों को इन सूबों में दो हिस्सों में बाँट लेना चाहते हैं' (मैनसर्घ एंड मून, 1981: 543)। जिन्नाह ने यह भी कहा कि किसी समय, आबादी की अदला-बदली करवानी पड़ेगी:

> यह स्पष्ट है कि अगर पाकिस्तान के हिंदू अल्पसंख्यक इस मुल्क को छोड़ अपनी मातृ-भूमि हिंदुस्तान जाना चाहते हैं तो उन्हें पूरी आजादी होगी और इसी तरह जो मुसलमान हिंदुस्तान छोड़ कर पाकिस्तान जाना चाहते हैं वे ऐसा कर सकते हैं; अभी या बाद में आबादी की अदला-बदली करनी पड़ेगी और भारत और पाकिस्तान की *कोंसटिचयूएंट असेंबलियां* इस मुद्दे को उठा सकती हैं और बाद में पाकिस्तान और भारत की सरकारें असरदार तरीके से आबादी की अदला-बदली करवा सकेंगी, जहां यह आवश्यक और संभव हो सके।
>
> कांग्रेस के प्रचार का इरादा एक सौहार्दपूर्ण समाधान के रास्ते को बाधित करना, उसमें बाधाएं डालना, अवरोधों और कठिनाइयों को पैदा करना है। यह काफी स्पष्ट है उन्होंने बंगाल में हिंदू महासभा और पंजाब में सिखों को हरकत में ला दिया है और कांग्रेस प्रेस सिखों को उकसाने और उन्हें गुमराह करने का काम कर रहा है। पंजाब के विभाजन से सिखों को कुछ हासिल नहीं होगा बल्कि वे दो भागों में विभाजित हो जाएंगे। उनकी जनसंख्या के आधे से अधिक हिस्से को पाकिस्तान में ही रहना होगा भले ही पंजाब का विभाजन उनकी इच्छा के मुताबिक हो जबकि पाकिस्तान में रहने से जैसा कि पाकिस्तान मुस्लिम लीग द्वारा प्रस्तावित किया गया है, वे एक ठोस अल्पसंख्यक के रूप में एक बहुत बड़ा किरदार निभाएंगे। हम हमेशा हर उचित तरीके से उनसे मिलने के लिए इच्छुक हैं (वही: 544)।

जिन्नाह के इस रुख ने कि भारत के दो देशों में विभाजन की तुलना बंगाल और पंजाब के गैर-मुसलमान अल्पसंख्यकों की उनके प्रांतों विभाजन करने के लिए मांग

नहीं की जा सकती पंजाब के गैर–मुसलमान नेताओं को आश्वस्त नहीं किया। यह पंजाब के राज्यपाल और वायसराय को प्रभावित करने में भी विफल रहा। 1 मई 1947 को लिखी एक व्यक्तिगत रिपोर्ट में माउंटबेटन ने टिप्पणी की:

> पंजाब के विभाजन के बारे में जेनकींस के साथ मैंने एक लंबी बातचीत की। विवाद दो नदियों, रावी और सतलुज के बीच के क्षेत्र को लेकर होने जा रहा है, और यह बहुत मुश्किल पैदा करने वाला है कि ऐसा कोई सीमांकन किया जाए जो दोनों पार्टियों को स्वीकार्य हो। एक असली 'सिखिस्तान' प्राप्त करने के लिए, अपने प्रयासों में सिख, उस क्षेत्र के एक बड़े हिस्से को लेने के लिए उत्सुक हैं जहां उनकी मलकीयत सबसे अधिक है लेकिन वहाँ मुसलमान आबादी प्रबल है। इसका मैं पूरी तरह से विरोध कर रहा हूँ (उन्होंने यह जोर देकर कहा)। सिख अपने पवित्र स्थानों को भी अपने लिए संरक्षित करना चाहते हैं जिसमें लाहौर शामिल है जिसे पाकिस्तान की राजधानी नामित किया गया है! लेकिन यह महत्वपूर्ण है कि जब सिख प्रतिनिधिमंडल ने मेरे साथ मुलाकात की और विशेष रूप से कहा कि मुझे यह फैसला नहीं करना चाहिए कि सिख, पाकिस्तान या हिन्दुस्तान में शामिल होंगे, क्योंकि उन्होंने अभी इसका फैसला नहीं किया है कि वे किस तरफ जाना चाहते हैं (वही: 537)।

माउंटबेटन की टिप्पणी महत्वपूर्ण है क्योंकि आम तौर पर उन पर कांग्रेस का साथ देने और मुस्लिम लीग के खिलाफ होने का आरोप लगाया जाता है। उपर्युक्त अवलोकन इंगित करता है कि सिख हितों के लिए उनकी उपेक्षा भी कम नहीं झलकती। इसके अलावा वह पहले से ही लाहौर का उल्लेख पाकिस्तान की एक नामित राजधानी के रूप में करने लगे। यह भी समान रूप से महत्वपूर्ण है कि उस समय सिख दो मन में थे कि वे भारत या पाकिस्तान, किस देश में शामिल हों। जैसा कि बाद की घटनाओं से पता चलता है कि हिंदू और सिख यह विश्वास करते रहे कि लाहौर भारत को दिया जाएगा।

सिखों और जेनकींस की मुलाकात

एक प्रतिनिधिमंडल ने जिसमें स्वर्ण सिंह, हरबंस सिंह और भीम सेन सच्चर थे, 2 मई को जेनकींस से मुलाकात की और इस बात को दोहराया कि पंजाब में विभाजन के लिए चिनाब नदी को चुना जाना चाहिए जो भारत और पाकिस्तान पंजाबों के बीच सीमा के रूप में काम करे। उन्होंने सिर्फ जनसंख्या के आधार पर पंजाब में क्षेत्र के आवंटन के लिए कई आपत्तियाँ जताईं। गर्वनर ने टिप्पणी की: 'लगता है कि यह विभाजन का मसौदा नियंत्रण से बाहर हो रहा है' (कार्टर, 2007a, 162)। अगर विभिन्न समुदाय विभाजन के किसी सूत्र के लिए सहमति प्रकट नहीं करते तो निकट

भविष्य में परेशानी होनी ही थी। अगर एक सरकारी अवार्ड के माध्यम से बल द्वारा प्रांत विभाजित किया जाता तो इसे लागू करने के लिए सैनिकों की एक बहुत बड़ी तादाद जरूरी होती। चूंकि इतने सैनिक उपलब्ध नहीं थे इसलिए यह अव्यावहारिक था। अगर इस तरह के बलपूर्वक लागू समाधान को हासिल कर भी लिया जाता है: 'यह किसी भी मामले में [एक] मुश्किल और अप्रिय कदम होगा जिसके परिणामस्वरूप दो सरकारों की स्थापना होगी जो नरसंहार कर शासन करने के लिए मजबूर होगी' (वही)। दिनांक मई 2 को जेनकींस ने गौर किया कि सिख नेताओं ने जनगणना के दर्ज आंकड़ों को अविश्वसनीय माना। उनके लिए सबसे अहम मुद्दा लाहौर डिवीजन था; उन्होंने जोरदार तर्क दिया:

> कि गुरदासपुर एक गैर-मुसलमान जिला था; कि अमृतसर निश्चित रूप से गैर-मुसलमानों को मिलना चाहिए. . .; लाहौर शहर के बाहर लाहौर जिले में काफी सिख रहते हैं; और मुसलमानों ने लाहौर शहर के विकास में एक बहुत छोटा हिस्सा लिया हैं. . .; कि उन्हें उम्मीद है कि ऐसा कुछ नहीं किया जाएगा कि सिखों को मुसलमान वर्चस्व और उत्पीड़न के सुपुर्द कर दिया जाए' (वही: 165)।

एक अदिनांकित प्रसारण बयान के (मई के प्रारंभ में तैयार) मसौदे में जिसे वाइसराय द्वारा विभाजन योजना की घोषणा करने के लिए बनाया गया था ब्रिटिश लोगों की वापसी की तारीख जून 1948 बताई गई है (मैनसर्घ एंड मून, 1981: 545)। इस प्रकार मई की शुरुआत में अंग्रेजों ने वह तारीख मध्य अगस्त 1947 तक आगे लाने का फैसला नहीं किया। हम अब यह जानेंगे कि 9 मई के आसपास माउंटबेटन ने अपने कर्मचारियों के साथ 1947 में ही सत्ता के हस्तांतरण के अपने विचार साझा करने शुरू कर दिए।

पंजाब पर जनमत संग्रह

पंजाब यूनियनिस्ट पार्टी के नेता और पूर्व प्रधानमंत्री सर खिजर तिवाना ने 3 मई को वाइसराय से मुलाकात की। वायसराय ने अपने एक विचार के बारे में खिजर को बताया, जिसके मुताबिक पंजाब में एक जनमत संग्रह आयोजित किया जाना चाहिए। खिजर ने सुझाव दिया कि मतदाताओं के लिए चार विकल्प पेश किए जाने चाहिए :

1. एक मुक्त पंजाब, और रक्षा के लिए, हिन्दुस्तान तथा पाकिस्तान के साथ एक समझौता या समझौते;
2. पंजाब पाकिस्तान में शामिल होने के लिए;
3. पंजाब हिंदुस्तान में शामिल होने के लिए;
4. पंजाब विभाजित किया जाना है।

खिजर ने अपनी इस मजबूत धारणा पर बल दिया कि पंजाब के विभाजन का मतलब एक गृह-युद्ध होगा (वही: 590)।

माउंटबेटन ने बाद में एक जनमत संग्रह पर जेनकींस की राय मांगी; जिसने इसे बेकार घोषित कर दिया। उनकी दलील थी कि जबकि मुसलमान पूरे प्रांत को पाकिस्तान में शामिल किए जाने के लिए मतदान करेंगे तथा हिंदुओं और सिखों द्वारा इसका कड़ा विरोध किया जाएगा; वे एक धार्मिक आधार पर इसके विभाजन के लिए मतदान करेंगे। परिस्थितियों के तहत उन्होंने तर्क दिया कि जनमत संग्रह द्वारा एक सहमति वाला समाधान नहीं मिलेगा (वही: 605-6)।

मई 4 को जिन्नाह और लियाकत के साथ एक बैठक में माउंटबेटन ने मुसलमान नेताओं को बताया कि सिखों के मन की स्थिति आक्रामक रूप से विद्रोही थी, उन्होंने यह धारणा तब बनाई जब वह पटियाला के महाराजा के साथ एक बैठक में शामिल हुए। वायसराय ने इस तथ्य की सराहना की कि जिन्नाह महाराजा से मिलने जा रहे थे (वही: 613)।

पंजाब के 'काल्पनिक बँटवारे' पर सिख आशंकाएं

जब सिखों को पता चला कि सरकार जिलों में सांप्रदायिक बहुमत और अल्पसंख्यकों के एक 'काल्पनिक आधार' पर पंजाब को विभाजित करने की सोच रही है (मतलब गुरदासपुर सहित 17 जिलों को पश्चिम पंजाब में रखा जाएगा और पूर्व में 12) वे चिंतित होने लगे कि इस तरह का एक बंटवारा अंतिम विभाजन के आधार के रूप में काम करेगा। 5 मई को लिखे एक पत्र में माउंटबेटन ने बलदेव सिंह को आश्वासन दिया कि 'काल्पनिक विभाजन' की जरूरत थी:

> यह सिर्फ, विभाजन या एकता के व्यापक सवाल पर, मतदान प्रयोजन के लिए दो विधान सभाएं बनाने के क्रम में किया गया है। यह किसी भी तरीके से बाद में बनने वाले सीमा आयोग के काम पर प्रतिकूल प्रभाव नहीं डालेगा जिसे अभी स्थापित किया जाना है ताकि पंजाब के दो भागों की वास्तविक सीमा की हदबंदी की जा सके (वही: 619-20)।

6 मई दिनांकित एक अन्य साक्षात्कार में माउंटबेटन ने बलदेव सिंह को चेतावनी दी कि यदि सिखों ने कोई गंभीर संकट पैदा किया या एक सांप्रदायिक युद्ध छेड़ा, 'तो मैं उन्हें अपने पास उपलब्ध पूरी ताकत के साथ कुचल दूंगा और उन्हें रक्षा मंत्री होने के नाते हिदायत दूँगा कि वह उनके खिलाफ लड़ने के लिए सेना और वायु सेना का प्रयोग करें' (वही: 632)। इसके अलावा, बलदेव सिंह ने मांग की कि गुरदासपुर, अमृतसर और लाहौर जिलों को पूर्वी पंजाब में शामिल किया जाना चाहिए। माउंटबेटन ने जिलों पर जेनकींस की सलाह ली जिसने 7 मई को उत्तर दिया: 'अन्य सिखों की

तरह बलदेव सिंह यह समझने में काफी असमर्थ लगते हैं कि सिख एकमात्र समुदाय नहीं हैं जिनके बारे में चर्चा हो रही है। उनका किसी भी जिले में खुद का पूर्ण बहुमत नहीं है और नया राज्य जिसके बारे में वे सोच रहे हैं वास्तव में एक सिख राज्य नहीं है बल्कि एक गैर-मुसलमान राज्य है' (वही: 643)।

औपनिवेशिक प्रशासन की मुश्किलें

मुस्लिम लीग, सिख और कांग्रेस के पहलुओं पर समीक्षा से यह स्पष्ट है कि औपनिवेशिक प्रशासन की निष्पक्षता के बारे में संदेह को अब उच्चतम स्तर पर व्यक्त किया जा रहा है। भारतीय नेताओं के साथ माउंटबेटन की बेहद निजी किस्म की बातचीत, शायद औपनिवेशिक राज्य की उनके बीच मौजूद परस्पर विरोधी हितों की ईमानदार मध्यस्थता करने की क्षमता की चिंता को छुपा रही थी। हालांकि ऐसे नेता प्रांतीय गवर्नरों की भूमिका के बारे में अधिक मुखर हो रहे थे।

पंजाब के संबंध में, जेनकींस ने मुस्लिम लीग का पूरा खंडन किया और शायद, कांग्रेस और सिख गलतफहमियों के साथ भी ऐसा ही किया गया होगा; महत्वपूर्ण मुद्दा यह है कि औपनिवेशिक प्रशासन का प्राधिकार और प्रतिष्ठा अब ह्रासमान हो गए और सत्ता के हस्तांतरण की तारीख और नजदीक आने के साथ-साथ और ह्रासमान हो जाते।

राष्ट्रमंडल में भारत को रखने की बात

ब्रिटिश राष्ट्रमंडल के भीतर एक संयुक्त या विभाजित किया गया भारत रखा जाए इस बारे में माउंटबेटन को एक और संक्षिप्त विवरण दिया गया। उन्होंने इस उद्देश्य को प्राप्त करने के लिए अपने सभी कौशल लगा दिए और ऐसा लगता है कि वह इस उद्देश्य को विशेष रूप से महत्वपूर्ण मानते थे। ब्रिटिश सरकार ने यह नहीं सोचा था कि जिन्नाह पाकिस्तान की ब्रिटिश राष्ट्रमंडल में सदस्यता का विरोध करेंगे। इसके विपरीत, जिन्नाह ने चुनौती दी कि पाकिस्तान को राष्ट्रमंडल से बाहर कैसे रखा जा सकता था। माउंटबेटन द्वारा जिन्नाह का उद्धरण:

> 'सभी मुसलमान शुरू से ही ब्रिटिश के प्रति वफादार रहे हैं। हमने दोनों युद्धों में लड़ने वाली सेना में एक उच्च अनुपात में आपूर्ति की है। हमारे किसी भी नेता को कभी देशद्रोह के लिए जेल जाना नहीं पड़ा है। संविधानकारी सभा में मुस्लिम लीग का एक भी सदस्य मौजूद नहीं था जब एक आजाद गणराज्य के लिए प्रस्ताव [22 जनवरी 1947] पारित किया गया था। हम में से एक ने भी राष्ट्रमंडल से निष्कासन करने के लिए ऐसा कुछ भी नहीं किया था। हमारी इच्छा के खिलाफ हमें बाहर फेंका जाए, इसके लिए क्या अन्य उपनिवेश सहमत होंगे? क्या *वेस्टमिन्स्टर* अधिनियम में कोई प्रावधान

है जिसके चलते राष्ट्रमंडल के कुछ हिस्सों को लात मारकर बाहर फेंका जा सकता है और वह भी इसलिए क्योंकि पड़ोसी मुल्क जो इसका सदस्य हुआ करता था अब सदस्य नहीं रहना चाहता? श्री चर्चिल ने मुझे आश्वासन दिया है कि ब्रिटेन के लोग इस बात पर अड़े रहेंगे कि हमें कभी निष्कासित नहीं किया जाएगा' (कार्टर, 2003: 127)।

माउंटबेटन ने जिन्नाह को जवाब दिया कि हालांकि वे भावनात्मक रूप से उनके साथ सहमत थे लेकिन अगर सिर्फ एक हिस्सा राष्ट्रमंडल में कायम रहता है और उस आधार पर ब्रिटिश अधिकारियों को बरकरार रखता है और ब्रिटिश सहायता प्राप्त करता है तो यह एक अजीब स्थिति पैदा करेगा। ऐसी स्थिति असंभव हो जाएगी अगर यह राष्ट्रमंडल से बाहर निकले अन्य भाग के साथ युद्ध करने लगा। उसने जिन्नाह को चेतावनी दी कि अगर राष्ट्रमंडल में भारत शामिल नहीं होता तो वे पाकिस्तान की सदस्यता की मनाही के लिए तैयार रहें। इस तरह के एक उत्तर पर माउंटबेटन के अनुसार जिन्नाह बोले कि वे महामहिम के शासनाध्यक्षों के मुकाबले राष्ट्रमंडल की अपील की शक्ति पर भरोसा करेंगे; जिन्नाह को पूरा भरोसा था कि उन्हें ब्रिटिश लोगों से समर्थन प्राप्त होगा (वही)।

दूसरी ओर, कांग्रेस ने अब तक इस प्रकार के राष्ट्रमंडल के विचार का विरोध किया था और पूर्ण संप्रभुता और स्वतंत्रता के अधिकार का दावा किया। हालांकि उन पर डाला गया तीव्र दबाव उन पर हावी हो गया और मई 1947 तक कांग्रेसी नेता एक-एक कर आने लगे। 7 मई की वायसराय स्टाफ की 27वीं बैठक की रिपोर्टों में यह कहा गया था कि सरदार पटेल से यह विचार मंजूर करवा लिया था और नेहरू भी सहमत होने वाले थे (मैनसर्घ एंड मून 1981: 659)।

1947 में सत्ता का हस्तांतरण

वायसराय की एक अदिनांकित रिपोर्ट के विवरण (शायद मई के प्रारंभ में) में जिसका ताल्लुक वायसराय की 29वीं कर्मचारियों की बैठक से था यह दर्ज किया गया। 'महामहिम वाइसरॉय ने कहा कि यह सबसे अधिक वांछनीय है कि अगर भारत को डोमिनियन का दर्जा जून 1948 से पहले देना है तो इसे 1947 के दौरान दे देना चाहिए' (वही: 702-3)। माउंटबेटन ने हिसाब लगाया था कि अगर कांग्रेस पार्टी भी भारत के राष्ट्रमंडल में रहने की सहमति व्यक्त करती है तो पहले सत्ता हस्तांतरण करना ब्रिटिश हित में होगा; वास्तव में 1947 में ही और इस तरह से आगे ढुलमुल रवैये से बचा जा सकेगा।

जल्द डोमिनियन दर्जा देने के व्यावहारिक फायदों में से एक यह था कि यह सभी ब्रिटिश सैनिकों को यथासंभव जल्द से जल्द देश छोड़ने के लिए सक्षम बनाए;

लेकिन कुछ को अंतरिम अवधि के लिए रहना ही पड़ेगा (वही: 703)। इसी रुख पर चलते हुए रिपोर्ट बताती है:

> महामहिम वाइसराय ने कहा कि उनकी राय में ठोस फायदे जो यूनाइटेड किंगडम को होंगे वे यह हैं:
>
> (i) शक्ति के जल्द हस्तांतरण से उसे जबरदस्त सुनाम हासिल होगा।
>
> (ii) इस तरह के एक हस्तांतरण से वर्तमान जिम्मेदारियों की समाप्ति होगी।
>
> (iii) भारत द्वारा राष्ट्रमंडल में रहने के लिए एक अनुरोध द्वारा दुनिया की आँखों में ब्रिटिश प्रतिष्ठा की अत्यधिक वृद्धि होगी। यह पहलू अकेले ही सर्वोपरि महत्व रखता था।
>
> (iv) इस तरह के एक अनुरोध से वर्तमान ब्रिटिश सरकार की प्रतिष्ठा के लिए, देश की आँखों में सबसे बड़ा लाभ पहुंचेगा।
>
> (v) साम्राज्य की रक्षा के मद्देनजर, राष्ट्रमंडल के भीतर भारत की मौजूदगी, दुनिया की रणनीति के पूरे ढांचे के अनुकूल है; एक तटस्थ भारत एक ऐसी खाई पैदा कर देगा जो समस्या को काफी जटिल बना देगा; एक शत्रुतापूर्ण भारत का मतलब यह होगा कि ऑस्ट्रेलिया और नईजीलैंड वस्तुत: अलग-थलग पड़ जाएंगे (वही: 703-4)।

उस समय तक ब्रिटिश सरकार भी इस विचार तक पहुँच गई थी कि विभाजन अपरिहार्य था। रिपोर्ट आगे लिखती है:

> महामहिम वाइसराय ने कहा कि उन्हें पूरी तरह से कठिनाइयों का एहसास था जो 1947 में एक डोमिनियन स्टेटस के आधार पर सत्ता के हस्तांतरण में शामिल थीं। उन्हें कोई संदेह नहीं था, हालांकि, इन कठिनाइयों को उसी तरह से दूर किया जा सकता था जिस तरह युद्ध के दौरान जाहिर तौर पर, दुर्गम कठिनाइयों को काबू पाने के लिए किया गया था। मुख्य कठिनाइयों में से एक, निस्संदेह रूप से, पाकिस्तान को चलाने के लिए एक प्रशासनिक मशीनरी और वहाँ सत्ता प्राप्त करने के लिए एक संवैधानिक मशीनरी को तैयार करना था। लेकिन, वहाँ, बिना किसी सवाल के, इन कठिनाइयों को कम करने के तरीके मौजूद थे (वही: 704)।

सत्ता के जल्द हस्तांतरण के बारे में नेहरू को बताया गया

अपने कुछ कर्मचारियों के साथ वायसराय की एक विविध बैठक जो 10 मई को शिमला में हुई जिसमे नेहरू भी मौजूद थे एक शीर्ष गुप्त दस्तावेज दर्ज किया कि सुधारों के आयुक्त वी.पी. मेनन भारत में माउंटबेटन के आने से बहुत पहले सत्ता के

जल्द हस्तांतरण पर काम कर रहे हैं। वी.पी. मेनन ने जाहिर तौर पर एक दिन पहले नेहरू को इस योजना के बारे में बताया था और चार महीने पहले पटेल को (वही: 731)। इस पर कोई अनुवर्ती नहीं था और इसलिए हमारे लिए पता लगाने का कोई तरीका नहीं है कि वी.पी. मेनन इस तरह का काम किस के विचार से कर रहे थे। इसी रिपोर्ट में यह कहा गया कि नेहरू अब राष्ट्रमंडल में भारत के रहने का खुले तौर पर समर्थन करने लगे थे।

ब्रिटिश सेना का पाकिस्तान पर ज्ञापन तैयार करना

विभिन्न कर्मचारियों की 12 मई 1947 को लंदन में आयोजित और आर.ए.एफ. मार्शल लॉर्ड टेडर की अध्यक्षता में सशस्त्र बलों की शाखाओं के प्रमुखों की एक बैठक और फील्ड मार्शल मोंटगोमरी और लॉर्ड इस्मे की उपस्थिति में भारत के विभाजन के लिए अंतिम प्रस्तावों पर चर्चा की गई। विभाजन को अब राजनीतिक समाधान का आधार मान लिया गया। यह उम्मीद थी कि पाकिस्तान में सिंध, बलूचिस्तान, उत्तर पश्चिम सीमांत प्रांत, पश्चिमी पंजाब और असम शामिल होंगे और शायद बंगाल का एक हिस्सा भी। यह भी उम्मीद की जा रही थी कि जिन्नाह:

> राष्ट्रमंडल के भीतर रहने के लिए मुसलमान एक आवेदन पेश करेंगे। रियासतों के कई राजा भी ऐसा कर सकते हैं। दूसरी ओर हिंदुस्तान कांग्रेस के एक मुक्त संप्रभु राज्य होने के घोषित इरादे पर कायम रह सकती है हालांकि संकेत है कि कांग्रेस के कुछ नेताओं को कुछ ब्रिटिश सलाहकारों और प्रशासन के बिना काम जारी रखने की अपनी क्षमता पर संदेह था (वही: 788)।

इस दस्तावेज से पता चलता है कि सेना के प्रमुखों को यह पूरी जानकारी नहीं थी कि काँग्रेस को इस बात के लिए मना लिया गया कि भारत राष्ट्रमंडल का सदस्य बना रहेगा। मोंटगोमरी ने दावा किया कि 'यह एक जबरदस्त परिसंपत्ति होगी अगर पाकिस्तान विशेष रूप से उत्तर-पश्चिम राष्ट्रमंडल के भीतर बना रहे (वही: 791)। सेना के प्रमुख इस बात पर सहमत हुए कि उनके विचार प्रधानमंत्री तक जाने चाहिए। उन्होंने सहमति व्यक्त की कि:

> 'सामरिक दृष्टि से देखने से, पश्चिमी पाकिस्तान का राष्ट्रमंडल के भीतर रहने के पक्ष में पलड़ा काफी भारी है, जैसे कि हमें चाहिए कि महत्वपूर्ण रणनीतिक सुविधा हासिल कर लें, जिसमें कराची के बंदरगाह, हवाई अड्डों और भविष्य का मुसलमान जनशक्ति समर्थन शामिल हैं. . . राष्ट्रमंडल में पश्चिमी पाकिस्तान को स्वीकार कर हासिल करने के लिए सब कुछ मौजूद। इस तरह के एक आवेदन को रद्द करने का मतलब है कि हम ब्रिटिश राष्ट्रमंडल से वफादार लोग को बाहर खदेड़ रहे हैं और शायद हम भारत

> में कभी भी कहीं भी मिल रही सामरिक सुविधा के सभी अवसरों को खो देंगे और एक ही साथ मुसलमान दुनिया के बाकी हिस्सों में अपनी प्रतिष्ठा को चकनाचूर कर लेंगे। एक सैन्य दृष्टि से देखने से इस तरह के परिणाम भयावह होंगे' (वही: 791-2)।

यह भी बल दिया गया कि रियासतों और बंगाल को राष्ट्रमंडल की सदस्यता प्राप्त करने के लिए प्रोत्साहित किया जाना चाहिए। इसलिए यह जरूरी था कि उन सभी क्षेत्रों को जो शामिल होना चाहते है उन्हें सदस्यता के लिए आवेदन करने की सलाह दी जानी चाहिए।

पंजाब का एक 'काल्पनिक विभाजन' के लिए मतदान

माउंटबेटन की अध्यक्षता में और जेनकींस तथा नेहरू की उपस्थिति में 11 मई को आयोजित एक बैठक में वायसराय ने बताया कि ब्रिटिश प्रशासन को 'काल्पनिक विभाजन के लिए, मुसलमान और गैर-मुसलमान जिलों के आधार पर काम करने की जरूरत पड़ेगी। लेकिन इसका बाद में बनने वाले एक सीमा आयोग के काम करने पर कोई प्रतिकूल प्रभाव नहीं पड़ेगा' (वही: 759)। नेहरू इस बात पर सहमत हुए कि संपत्ति के स्वामित्व के सिद्धांत पर जैसा कि सिख बल दे रहे हैं इसे यथोचित तौर पर क्षेत्रों के आवंटन का आधार नहीं बनाया जा सकता 'लेकिन मुख्य रूप से मुसलमान क्षेत्रों में, कुछ सिख धार्मिक स्थल भी है। इस मुद्दे को दिमाग में रखना चाहिए' (वही)।

जेनकींस की हालांकि यह राय थी कि यद्यपि पश्चिमी पंजाब में कई सिख धार्मिक स्थल हैं, 'असली सिख पवित्र भूमि अमृतसर है जो किसी भी रूप में सिखों को मिलेगी' (वही)। जेनकींस यह भी देख पा रहे थे कि गुरदासपुर और लाहौर दोनों जिलों को सीमा आयोग द्वारा विभाजित किया जा सकता है। उस बैठक में नेहरू ने एक अफवाह का उल्लेख किया कि विदेश से पंजाब में हथियारों की तस्करी की जा रही है। जेनकींस ने इंकार किया कि ऐसा कुछ हो रहा है लेकिन स्वीकार किया कि 'कुछ हथियार पश्चिमोत्तर सीमांत प्रांत से लाए गए। सरकार इस मामले की छान-बीन कर रही है' (वही)।

इस बीच पंजाब का विभाजन करने की पद्धति पर चर्चा शुरू हो गई। 'काल्पनिक विभाजन' के विचार द्वारा एक रूपरेखा की स्थापना करना था जिससे पता लगा कि पंजाबियों के प्रतिनिधि यानी कि जो पंजाब विधान सभा में निर्वाचित होकर गए थे, समूचे तौर पर, आम लोगों के मुकाबले उनके प्रांत के विभाजन करने के बारे में क्या सोचते हैं। जिलों को एक इकाई के रूप में इस्तेमाल करने के बारे में विचार किया गया ताकि कल्पना की दृष्टि से, प्रांत के 29 जिलों का, मुसलमान और गैर मुसलमान बहुल प्रांतों में समूहीकरण किया जा सके। इस तरह के विचारों को दिनांक 13 मई

के भाषण के द्वारा भारत के लोगों को भारत के विभाजन के बारे में बताया जाना था, एक मसौदे में विकसित किया गया। बयान के मसौदे पर जिन्नाह ने एक टिप्पणी करते हुए घोषित किया कि मुस्लिम लीग ने निश्चित रूप से *कैबिनेट मिशन प्लान* को किसी भी रूप में स्वीकार नहीं करने का फैसला किया है लेकिन दोहराया कि बंगाल और पंजाब का विभाजन पूरी तरह से अस्वीकार्य है (वही: 852)। मगर माउंटबेटन ने जिन्नाह के साथ कई विचार विमर्श के दौरान जोर देकर कहा कि पूरे भारत के विभाजन के रूप में, इन प्रांतों के विभाजन के लिए भी, एक ही तरह के सिद्धांतों का इस्तेमाल किया जाएगा। 17 मई के एक और संशोधित मसौदा बयान में एक परिशिष्ट शामिल किया गया, जिसमें पंजाब के 17 मुसलमान बहुमत वाले और 12 हिंदू-सिख बहुल जिलों में, 1941 की जनगणना के आधार पर 'काल्पनिक' तौर पर विभाजित किया गया (वही: 887)।

जिन्नाह और महाराजा पटियाला के बीच बैठक

माउंटबेटन ने जिन्नाह को राजी किया कि वे पटियाला के महाराजा से मिलें और पता लगाएँ कि मुसलमानों और सिखों को; क्या किसी फार्मूले पर सहमत किया जा सकता है ताकि पंजाब को एकजुट रखा जा सके। बैठकें 15-16 मई को दिल्ली में आयोजित की गईं। 18 मई के *पाकिस्तान टाइम्स* और *दी ट्रिब्यून* दोनों ने खबर दी कि महाराजा ने इस तथ्य पर जोर दिया है कि जिन्नाह आश्वासन दे कि पाकिस्तान में अल्पसंख्यकों को संरक्षित किया जाएगा हालांकि उन्होंने कोई सटीक प्रस्ताव या फार्मूला नहीं दिया। भारत के साथ अन्तर्राष्ट्रीय सीमा के संबंध में महाराजा ने सिख प्रस्ताव दोहराया कि इसे चिनाब नदी पर रेखांकित किया जाए, जबकि जिन्नाह इसे सतलुज नदी तक सीमित रखना चाहते थे। मगर, लग यह रहा है कि सीमा के रूप में, रावी नदी ही एक समझौते वाला समाधान होगा।

वाइसराय के प्रधान सचिव, सर एरिक मिवील ने 20 मई को माउंटबेटन को टेलीग्राम द्वारा सूचना दी कि जिन्नाह और पटियाला के महाराजा आपस में मिले थे, और महाराजा के अनुसार, 'उनकी [महाराजा पटियाला] जिन्नाह के साथ एक लंबी बातचीत हुई। उन्होंने जिन्नाह को भारत के विभाजन के लिए की गई मांग के विनाशकारी परिणाम का एहसास कराने की कोशिश की लेकिन उन्होंने जिन्नाह को इस मामले में मताग्रही और अटल पाया' (वही: 915)। उसी तार में मिवील ने कहा:

> सिख पंजाब का विभाजन आवश्यक मानते हैं और प्रांत का कोई भी विभाजन जो सिख समुदाय की संपत्ति, अन्य परिसंपत्तियों, उनके पवित्र मंदिरों के अधिकारों का ध्यान नहीं रखता और सिख समुदाय के एक बड़े हिस्से के लिए एक राष्ट्रीय स्थल सुरक्षित नहीं रखता तो उसका कड़ा विरोध होने की संभावना है. . . यदि पंजाब का विभाजन महज आबादी तथा राष्ट्रीय संपत्ति

> में विभिन्न समुदायों के हिस्से, प्रांत की समृद्धि के लिए उनके योगदान और विभाजित इकाइयों को आत्म-तुष्ट बनाने की चाहत वगैरह के आधार पर किया जाता है तो यह सिख और हिन्दु, दोनों पर बहुत बड़ा अन्याय होगा (वही)।

इसके अलावा महाराजा महसूस करते थे कि अधिकारी विशेष रूप से पुलिस बल में मुसलमान समर्थक नीति का पालन करते थे। उन्होंने वकालत की कि अगर सत्ता एक विभाजित भारत को हस्तांतरित की जाती है तो एच.एम.जी. और वायसराय को 'पंजाब के विभाजन की एक ऐसी बुनियाद की व्यवस्था करनी चाहिए, जो सिखों के लिए, निष्पक्ष और न्यायसंगत हो (वही)।

सिखों को जिन्नाह की पेशकश

ऊपर्युक्त वृतांत जिन्नाह और पटियाला के महाराजा के बीच हुई बैठकों का पूरा ब्यौरा पेश नहीं करता। जानकार पाकिस्तानियों के साथ अनेक साक्षात्कारों द्वारा मुझे पता चला कि जिन्नाह ने सिखों को बहुत उदार शर्तों की पेशकश की कि अगर भारत का विभाजन होता है वे पंजाब के विभाजन की मांग न करें। स्व. महाराजा पटियाला के इस लेख ने जिसका शीर्षक है '*आई रिमेम्बर जिन्नास ऑफर ऑफ ए सिख स्टेट*' 'मुझे एक सिख राज्य के लिए जिन्नाह का प्रस्ताव याद है' और जो 19 जुलाई 1959 के *दी ट्रिब्यून* द्वारा प्रकाशित हुआ। इसने इस दावे की पुष्टि की है। जाहिर है लार्ड माउंटबेटन, लियाकत अली खान और उनकी पत्नी भी उपस्थित थे। कुछ अंश नीचे दिए गए हैं:

> हमने एक जाम लिया और खाना खाने के लिए चले गए। वार्ता शुरू हुई, श्री जिन्नाह ने इस धरती पर मौजूद हर चीज की पेशकश की अगर मैं उनकी योजना के साथ सहमत हो जाता, के दो पहलू थे। एक राजस्थान के विचार पर आधारित था और दूसरा – पूरे पंजाब को लेकर जिसमें दक्षिण के एक या दो जिलों को छोड़कर अलग सिख राज्य के बारे में था। मैंने मास्टर तारा सिंह, ज्ञानी करतार सिंह और अन्य सिख नेताओं के साथ लंबे समय तक बातचीत की और सिखों की ओर से सभी वार्ताओं की जानकारी मेरे पास थी। दरअसल कुछ मायनों में इस बारे में मुझे ही बहुत कुछ करना पड़ा। मैंने श्री जिन्नाह को बताया कि मैं उनके दोनों में से किसी भी प्रस्ताव को स्वीकार नहीं कर सकता और उन्हें बहुत कुछ बताया जो मेरे दिमाग में था। लियाकत अली और बेगम लियाकत अली मेरे लिए बहुत मनमोहक थे और मुस्लिम लीग की ओर से बोधगम्य सब कुछ पेशकश करने की उन्होंने हर मुमकिन कोशिश की। मुझे इस नए सिख राज्य का पटियाला के रूप में ही प्रमुख बनाया जा रहा था। सिखों की अपनी स्वयं की सेना होनी थी वगैरह-वगैरह।

यह सभी बातें बहुत आकर्षक लग रही थीं लेकिन व्यावहारिक रूप में मैं उन्हें स्वीकार नहीं कर सकता था और न ही मैं उस समय जिस मिजाज में था अपनी प्रतिबद्धता को बदल सकता था। वार्ता मध्य रात के बाद तक चली। लार्ड माउंटबेटन एक धैर्यपूर्ण श्रोता थे और कभी-कभी भाग लेते। उन्होंने अंत में कहा कि शायद श्री जिन्नाह और मैं फिर से किसी सुविधाजनक तारीख को मिल सकते हैं (सिंह 1991 में उद्धरित: 86)।

इसके बाद, महाराजा जिन्नाह द्वारा उन्हें, उनके औरंगजेब रोड, दिल्ली के आवास पर चाय के लिए आमंत्रित किए जाने का जिक्र करते हैं। वहाँ उनका बहुत गर्मजोशी के साथ स्वागत किया गया। सुश्री फातिमा जिन्नाह मौजूद थीं और बाद में लियाकत अली खान आए। उन्होंने दो दिन पहले बात-चीत में उठाए गए मुद्दों पर फिर चर्चा की, लेकिन कोई सफलता हासिल नहीं हुई।

पटियाला के पूर्व प्रधानमंत्री, हरदित सिंह मलिक भी मुस्लिम लीग और सिख नेताओं के बीच बातचीत में शामिल थे। नीचे दिए गए संदर्भ में अन्य बैठक का भी जिक्र है जब महाराजा के अलावा अन्य सिख नेता भी उपस्थित थे। पंजाब विभाजन के दिग्गज सिख इतिहासकार कृपाल सिंह ने हरदित सिंह का सिखों के साथ बैठक के बारे में इंटरव्यू लिया था। उन्होंने हरदित सिंह से निम्नलिखित प्रश्न पूछे:

प्रश्न: "आप श्री जिन्नाह और लियाकत आली खान के साथ बात-चीत करने सिख नेताओं के साथ गए थे। क्या आप इस पर रोशनी डालेंगे? यह असफल क्यों हुई?"

उत्तर: "आपको मालूम होगा कि उस समय तक पाकिस्तान की मांग स्वीकार नहीं हुई थी। जिन्नाह सिखों का समर्थन हासिल करने के लिए बहुत उत्सुक थे और उन्होंने महाराजा पटियाला के साथ एक बैठक करने के लिए उन्हें संदेश भेजा। महाराजा ने मेरी सलाह ली औए मैंने कहा "किसी भी सूरत में बैठक तो जरूर करें मगर उन्हें बुला लीजिए। हम उनसे मिलने क्यों जाएँ? उनको आपसे कुछ चाहिए। इसलिए उन्हें आकर आपसे मिलना चाहिए।"

"इसलिए हमने यह संदेश जिन्नाह को भेजा और हमें जवाब मिला कि जिन्नाह ऐसा नहीं कर सकते मगर हम किसी निरपेक्ष जगह पर मिल सकते हैं। हम मान गए और आखिरकार मेरे भाई के घर नई दिल्ली स्थित 4 भगवान दास रोड, पर मिले। उस बैठक में जिन्नाह खुद, महाराजा पटियाला, मैं, मास्टर तारा सिंह और ज्ञानी करतार सिंह मौजूद थे। मैं सिखों का प्रवक्ता था।

"जिन्नाह ने यह कहते हुए शुरू किया कि वह सिखों को पाकिस्तान के लिए सहमत होने के लिए बहुत उत्सुक हैं और वह उन्हें वह सब कुछ देने के लिए तैयार है, जो वे [सिख] चाहते हैं बशर्ते वे पाकिस्तान को स्वीकार

कर लें। मैंने उनसे कहा, "श्री जिन्नाह आप बहुत उदार हो रहे हैं लेकिन हम जानना चाहेंगे कि वास्तव में हमारी स्थिति क्या होगी? आपकी एक सरकार होगी, आपकी एक पार्लियामेंट होगी और आप के रक्षा बल होंगे, इन सब में सिखों का क्या हिस्सा होगा? उन्होंने जवाब दिया "श्री मलिक, क्या आप, मिस्र में जो कुछ हुआ उससे परिचित हैं? मैं सिखों के साथ वही करूंगा जो जघलुल पाशा ने काप्ट लोगों (ईसाई अल्पसंख्यकों) के साथ किया, जब मिस्र स्वतंत्र हुआ। "फिर, वह हमें वह कहानी बताने लगे। जिन्नाह के अनुसार जब काप्ट पहली बार जघलुल पाशा से मिले तब उन्होंने उनके आगे कुछ मांगों को रखा। उन्हें सुनने के बाद पाशा ने उन्हें सलाह दी कि वे वापस जाएँ पूरी बात को फिर से सोचें और एक कागज पर अपनी सभी मांगों को समाहित करते हुए उनके पास फिर आयें। उन्होंनें ऐसा ही किया। जघलुल पाशा ने उनके पास से वह कागज लिया और इसे बिना पढ़े इस पर लिख दिया,"मैं मानता हूँ।" श्री जिन्नाह ने कहा, "मैं सिखों के साथ ऐसा ही करूंगा।"

"इसने हमें एक अजीब स्थिति में डाल दिया। हमने फैसला किया कि किसी भी परिस्थिति में हम पाकिस्तान को स्वीकार नहीं करेंगे और यहां यह मुसलमान नेता हमें सब कुछ देने की पेशकश कर रहा है। क्या करें?

तो फिर मुझे एक प्रेरणा मिली और मैंने कहा, "श्री जिन्नाह आप बहुत उदार दिख रहे हैं। लेकिन कल्पना करें भगवान न करे जब आपके इन वादों को पूरा करने का समय आए है और तब आप नहीं रहे हैं तो?"

"उनका जवाब चौंकाने वाला था. . . उन्होंने कहा, "मेरे दोस्त, पाकिस्तान में मेरे लफ्ज परमेश्वर के वचन की तरह हैं। कोई भी उससे नहीं हटेगा।"

"इस के बाद कहने लायक कुछ भी नहीं था और बैठक समाप्त हो गई" (वही: 87)।

जिन्नाह ने पाकिस्तान के लिए कॉरिडोर की मांग की

21 मई को रायटर ने जिन्नाह द्वारा इस मांग के बारे में रिपोर्ट दी:

मुस्लिम लीग सबसे पहले, हिंदुस्तान के माध्यम से उत्तर-पश्चिमी और उत्तर-पूर्वी भारत में पाकिस्तान के प्रांतों के दो समूहों को जोड़ने के लिए एक कॉरिडॉर (गमन मार्ग) की मांग करेगी। दूसरा, लीग पंजाब और बंगाल के विभाजन के खिलाफ कड़ी लड़ाई करेगी। तीसरा, पाकिस्तान और ब्रिटेन के बीच एक 'वास्तव में लाभकारी' रिश्ते की स्थापना की जा सकती है। चौथे, पाकिस्तान और हिंदुस्तान के बीच संबंधों को 'दोस्ताना और पारस्परिक

> होने चाहिए. . . सभी सशस्त्र बलों को पूरी तरह से विभाजित किया जाना चाहिए। मैं पाकिस्तान और हिंदुस्तान के बीच गठबंधन, समझौता या संधि की कल्पना करता हूँ, जो और किसी भी बाहरी आक्रामक शक्ति के खिलाफ दोनों की आपसी भलाई में है' (वही: 929-30)।

ब्रिटिश सरकार आश्वस्त हो जाती है कि कैबिनेट मिशन प्लान काम नहीं करेगा

22 मई को, ब्रिटेन के प्रधानमंत्री क्लीमेंट एटली ने भारतीय नीति पर एक ज्ञापन जारी करते हुए, अफसोस के साथ बताया, हालांकि माउंटबेटन को कैबिनेट मिशन के बारे में बता दिया गया था कि वह प्लान के तहत सत्ता के हस्तांतरण के लिए बातचीत करें, वायसराय आश्वस्त थे कि यह काम नहीं करेगा। लंदन में ब्रिटिश सरकार अभी भी जून 1948 को सत्ता के हस्तांतरण की तिथि के रूप में बता रही थी (वही: 949)। भारत के सशस्त्र बलों के संबंध में मई 27 दिनांकित एक विस्तृत नोट में जो भारत में ब्रिटिश कमांडर-इन-चीफ, फील्ड मार्शल सर क्लाउड ओकिनलेक द्वारा तैयार किया गया था – जो विभाजन के विचार के मुखर विरोधी और विशेष रूप से भारतीय सेना को विभाजित करने के – सेना को विभाजित करने की भारी कठिनाइयों पर प्रकाश डाला (वही: 1004-8)। उसी दिन गांधी ने चेतावनी दी कि भारत को विभाजित करने के समय, सबसे खराब प्रकार की हिंसा भड़कने की आशंका है और ब्रिटिश सरकार के लिए सबसे अच्छी बात यह है कि कैबिनेट मिशन प्लान के तहत 16 मई को वे सत्ता का हस्तांतरण कर चले जाएँ (वही: 1037)। कांग्रेस अध्यक्ष, आचार्य कृपलानी ने पंजाब की एक यात्रा के बाद 28 मई को एक बयान जारी किया जिसमें उन्होंने कहा कि कांग्रेस भारत के विभाजन के विरुद्ध है मगर यह होता है तो:

> देश के इस तरह के विभाजन की जिम्मेवारी प्राथमिक तौर पर मुस्लिम लीग और फिर ब्रिटिश सरकार की होगी। और अगर विभाजन होना ही है तो, इसे निष्पक्ष होना चाहिए। किसी भी परिस्थिति में कांग्रेस तथाकथित पाकिस्तान में गैर-मुसलमान क्षेत्रों के समावेश की अनुमति नहीं देगी (वही: 1038)।

3 जून 1947 की विभाजन योजना

19 मई के बाद माउंटबेटन यूनाइटेड किंगडम में ब्रिटिश कैबिनेट और भारत कार्यालय के साथ विचार-विमर्श के लिए गए और 30 मई तक भारत वापस नहीं आए। जो उन्होंने कैबिनेट से कहा सभी प्रांतीय राज्यपालों को लिखे 31 मई के एक टेलीग्राम में सूचित किया:

> मेरे लिए यह स्पष्ट है कि अगर हम हिंदुस्तान और पाकिस्तान, दोनों के संविधानों के बनाए जाने तक और विभाजन के बारे में सभी वार्ताओं के निकले हल तक इंतजार करें, तो एक बहुत लंबा समय निकल जाएगा और हालात आसान होने के बजाए और अधिक मुश्किल हो जाएगें। जून 1948 में अराजकता होने की आशंका होगी. . . इसलिए मैंने दबाव डाला कि अगर लोग विभाजन के पक्ष में मत डालते हैं तो एच.एम.जी. जल्द एक कानून लाए और दो अधिराज्य सरकारों की स्थापना करे, प्रत्येक में *गवर्नमेंट ऑफ इंडिया एक्ट 1935* के आधार पर एक संविधान हो लेकिन किसी भी समय एक नए संविधान को तैयार करने का अधिकार हो (मैनसर्घ एंड मून, 1982: 29)।

फिर 2 जून को माउंटबेटन ने भारतीय नेताओं से मुलाकात की। इस नवीनतम बयान की प्रतियां उन्हें सुबह 10 बजे सौंप दी गईं और उनसे अनुरोध किया गया कि अगले दिन आधी रात तक वे अपने जवाब और टिप्पणियाँ दे दें लेकिन यह बयान अंतिम था। पाठ की ज़्यादातर जानकारी वास्तव में विभिन्न संशोधित रूपों में भारतीय नेताओं के साथ साझा की गई, लेकिन सत्ता के हस्तांतरण के लिए तारीख को पहले ले आने का उल्लेख नहीं किया गया। मगर माउंटबेटन एक दस्तावेज बांटने लगे जिसका शीर्षक '*दी एड्मिनिस्ट्रेटिव कोंसीकुएंसेस ऑफ दी पार्टिशन*' था, जिसमें पहली बार उन्होंने अपनी योजना का खुलासा किया कि अगर विभाजन पर सहमति हो जाती है तो भारत से ब्रिटिश बहुत जल्दी वापसी करेंगे, उन्होंने लिखा: 'यह मेरा इरादा है कि इस अधिनियम को कानून बनाकर जल्द से जल्द संभव तारीख में लागू किया जाना चाहिए। किसी भी मामले में 15 अगस्त 1947 के बाद नहीं' (वही: 53)। भारत और पाकिस्तान दोनों को डोमिनियन का दर्जा दिया जाना था। उस पत्र में विभाजन को लागू करने के लिए एक व्यापक योजना का उल्लेख किया गया।

मुद्दों में शामिल थे: सीमाओं का अंतिम सीमांकन; भारतीय सशस्त्र बलों की संरचनाएं, इकाइयों और कर्मियों का विभाजन; और केंद्रीय नागरिक विभागों के कर्मचारियों, संगठनों और अभिलेखों का विभाजन और भारत सरकार की परिसंपत्तियों और देनदारियों का विभाजन (वही: 53-4)। जहां तक सत्ता के हस्तांतरण के लिए नवीनतम तारीख 15 अगस्त का संबंध था वायसराय ने टिप्पणी की: 'इसने मौजूद हर किसी को जो गंभीर झटका दिया, वह रोचक होता अगर यह दुखद बात नहीं होती' (वही: 163)।

इस तरह की टिप्पणी बहुत खुलासा करती है क्योंकि यह भारतीय नेताओं पर प्रभाव को दर्शाती है। जैसा कि ऊपर बताया गया है नेहरू और पटेल को उपमहाद्वीप से एक जल्द ब्रिटिश वापसी के बारे में पहले से ही विश्वास में ले लिया गया था और वे खुद इसके पक्ष में थे। वापसी के हालांकि सटीक दिन को मौलिक तौर पर इतना आगे लाया जा रहा था, हो सकता है उन्हें सूचित नहीं किया गया हो। इसमें कोई संदेह

नहीं कि मुस्लिम लीग, सिखों और संभवत: अन्य कांग्रेसी नेताओं को केवल 2 जून को इसके बारे में पता लगा हो और उन्हें तो और ज़्यादा झटका लगा होगा। उपमहाद्वीप का विभाजन कभी भी आसानी से होने वाला काम नहीं था; ग्यारह सप्ताह से कम में इसे करना तो असीम रूप से अधिक मुश्किल होता क्योंकि प्रशासनिक मशीनरी को इसके लिए तैयार नहीं किया गया था।

विभाजन की योजना की घोषणा

महीनों के व्यस्त और गहन विचार-विमर्श तथा वार्ता जिसमें लंदन में ब्रिटिश सरकार, भारत सरकार, और एक भारतीय राय रखने वाले व्यापक क्षेत्र शामिल थे – और साथ में, इस खेल के केंद्र में मौजूद थे कांग्रेस, मुस्लिम लीग और सिख प्रतिनिधि – इन सबका समापन 3 जून की शाम को आल इंडिया रेडियो पर विभाजन योजना की माउंटबेटन की घोषणा से हुआ। लंदन में प्रधानमंत्री एटली ने दोपहर 3.30 बजे हाउस ऑफ कॉमन्स में एक बयान दिया। यह भारत में रेडियो पर प्रसारित किया गया था। अपने संबोधन में माउंटबेटन ने कहा:

> एक सौ से अधिक वर्षों से आप 40 करोड़ लोग एक साथ रह चुके हैं और इस देश को एक इकाई के रूप में प्रशासित किया गया है। इसके चलते संचार, रक्षा, डाक सेवाएँ और मुद्रा एकीकृत हुए हैं; शुल्कों और सीमा शुल्क बाधाओं का खात्मा हुआ है और एक एकीकृत राजनीतिक अर्थव्यवस्था का आधार बना है। मेरी बड़ी उम्मीद है कि सांप्रदायिक मतभेद इन सबको नष्ट नहीं करेगा।
>
> मेरा पहला कदम मेरे सारे विचार विमर्श के दौरान यह है कि राजनीतिक नेताओं से आग्रह करूँ कि वे 16 मई 1946 की कैबिनेट मिशन प्लान को स्वीकार कर लें। मेरे विचार में यह योजना भारत के सभी समुदायों के हितों को पूरा करने के लिए तैयार की जा सके, सबसे अच्छी व्यवस्था प्रदान करती है। यह मेरे लिए एक बड़े अफसोस की बात है कि या तो कैबिनेट मिशन प्लान पर या किसी भी अन्य योजना के तहत किसी समझौते की प्राप्ति असंभव हो गई है जो भारत की एकता की रक्षा कर सके। लेकिन किसी भी बड़े क्षेत्र में जहां एक समुदाय बहुसंख्यक है उन्हें उनकी मर्जी के खिलाफ ऐसी सरकार के अधीन मज़बूर कर रखने का कोई सवाल ही नहीं उठता जहां अन्य समुदाय का बहुमत है और ऐसी मजबूरी का एकमात्र विकल्प विभाजन है।
>
> मगर जब मुस्लिम लीग ने विभाजन की मांग के लिए कॉंग्रेस ने तब एक जैसी दलीलें दी कि इस सूरत में कुछ सूबों का भी विभाजन किया जाए। मेरे

> अनुसार यह दलील अभेद्य है। सच तो यह है कि कोई भी पक्ष अपना एक बड़ा इलाका दूसरे समुदाय की सरकार के अधीन नहीं देना चाहता है जहां उस का खुद का समुदाय बहुसंख्यक है। मैं सूबों के विभाजन का उतना ही विरोधी हूँ जितना कि भारत के विभाजन का और वजहें भी एक जैसी ही हैं।
>
> मुझे लगा जैसे कि एक भारतीय चेतना जिसे सांप्रदायिक मतभेद पर हावी होना चाहिए, उसी प्रकार मैं मानता हूँ कि एक पंजाबी और बंगाली चेतना भी है, जिसने उनके प्रांतों के लिए उनमें एक वफादारी पैदा की है।
>
> इसलिए मुझे यह जरूरी लगा कि भारत के लोग खुद इस विभाजन के प्रश्न पर फैसला करें।
>
> पंजाब, बंगाल और असम के हिस्से के लोगों की इच्छाओं को सुनिश्चित करना जरूरी हो गया है ताकि मुसलमान बहुल क्षेत्रों और शेष क्षेत्रों के बीच की सीमाओं को तय किया जा सके लेकिन मैं यह स्पष्ट कर देना चाहता हूँ कि आखिरकार सीमाओं को एक सीमा आयोग द्वारा तय किया जाएगा और लगभग निश्चित रूप से यह उसकी तरह नहीं होगा, जिसे एक प्रावधिक रूप में अपनाया गया है।
>
> हमने सिखों की स्थिति पर सावधानी से विचार किया है। यह बहादुर समुदाय पंजाब की जनसंख्या का आठवां हिस्सा है मगर वे इस तरह वितरित हैं कि इस प्रांत का किसी भी प्रकार का विभाजन, अनिवार्य रूप से उन्हें विभाजित कर देगा। हम में से सब में, जिनके दिल में सिख समुदाय की भलाई की भावना है उन्हें यह सोच कर बहुत खेद होता है कि पंजाब का विभाजन जो उनकी खुद की इच्छा है उन्हें बंटने से रोक नहीं सकता, अधिक या कम हद तक। विभाजन की सटीक माँग को सीमा आयोग पर छोड़ दिया जाएगा, जिसमें उनके प्रतिनिधि भी होंगे (वही: 86-7)।

ब्रिटिश सरकार द्वारा प्रकाशित 3 जून के बयान में, निम्नलिखित प्रावधानों का भी जिक्र था:

> बंगाल और पंजाब की प्रांतीय विधान सभाओं (यूरोपीय सदस्य को छोड़कर) को. . . प्रत्येक को दो भागों में मिलने को कहा जाएगा, एक मुसलमान बहुल जिलों और दूसरा प्रांत के बाकी लोगों का प्रतिनिधित्व करने वाला। जिलों की आबादी के निर्धारण के प्रयोजन के लिए 1941 की जनगणना के आंकड़े को आधिकारिक रूप में लिया जाएगा। इन प्रांतों के मुसलमान बहुल जिलों को इस घोषणा के परिशिष्ट में दिया गया है।
>
> प्रत्येक विधानसभा दो भागों के सदस्यों को अलग से बैठा कर, उन्हें वोट करने के लिए सशक्त किया जाएगा ताकि वे फैसला कर सकें कि प्रांत विभाजित

> किया जाना चाहिए या नहीं। अगर किसी भी हिस्से का एक साधारण बहुमत विभाजन के पक्ष में फैसला लेता है तो विभाजन होगा और इसके मुताबिक इंतजाम किए जाएंगे. . .
>
> विभाजन के मुद्दे पर निर्णय लेने के तत्काल प्रयोजन के लिए बंगाल और पंजाब की विधान सभाओं के सदस्य दो भागों में बैठेंगे (परिशिष्ट में निर्धारित रूप में) मुसलमान बहुल जिलों और गैर-मुसलमान बहुल जिलों के अनुसार। यह एक विशुद्ध रूप से अस्थायी प्रकृति का केवल एक प्रारंभिक कदम है जैसा कि यह स्पष्ट है कि इन प्रांतों के अंतिम विभाजन के प्रयोजनों के लिए सीमा के प्रश्न पर विस्तृत जांच की जरूरत होगी और जैसे ही किसी भी प्रांत के विभाजन से जुड़ा कोई फैसला लिया जाएगा, गवर्नर-जनरल द्वारा एक सीमा आयोग स्थापित किया जाएगा जिसकी सदस्यता और संदर्भ की शर्तों को उनके साथ संबंध रखने वालों के परामर्श से तय किया जाएगा। इसे यह भी निर्देश दिए जाएंगे कि पंजाब के दो हिस्सों की सीमाओं को चिह्नित करने के लिए सन्निहित मुसलमानों और गैर-मुसलमानों के बहुमत वाले क्षेत्रों का पता लगाये। इसे अन्य वजहों को ध्यान में रखने के भी निर्देश दिए जाएंगे। इसी तरह के निर्देश बंगाल सीमा आयोग को दिए जाएंगे। जब तक सीमा आयोग की रिपोर्ट को कार्यान्वित नहीं किया जाता तब तक, परिशिष्ट में संकेत अनंतिम सीमाओं का इस्तेमाल किया जाएगा (वही: 90-1)।

परिशिष्ट की बुनियाद, 1941 की जनगणना में दर्ज जिलेवार बहुमत के आधार पर थी। इससे पता चलता है कि पंजाब के पांच में से तीन प्रशासनिक डिवीजनों (प्रभागों) मे मुसलमान बहुमत में थे:

1. रावलपिंडी डिवीजन: अटक, गुजरात, झेलम, मियांवाली, रावलपिंडी, शाहपुर।
2. मुल्तान डिवीजन: डेरा गाजी खान, झंग, ल्यालपुर, मोंटगोमरी, मुल्तान, मुजफ्फरगढ़।
3. लाहौर डिवीजन: गुजरांवाला, गुरदासपुर, लाहौर, शेखूपुरा और सियालकोट जिले (वही: 94)।

अमृतसर जो लाहौर डिवीजन में था, उसका एक गैर-मुसलमान बहुमत था और इसलिए परिशिष्ट में इसे, मुसलमान बहुल क्षेत्रों में शामिल नहीं किया गया। अमृतसर जिले के अलावा, जिन डिवीजनों और जिलों में हिंदुओं और सिखों का बहुमत था, वे निम्नलिखित हैं:

1. जालंधर डिवीजन: लुधियाना, फिरोजपुर, जालंधर, होशियारपुर, कांगड़ा।
2. अम्बाला डिवीजन: गुड़गांव, रोहतक, हिसार, करनाल, अम्बाला, शिमला।

माउंटबेटन के संबोधन के बाद, नेहरू, जिन्नाह और बलदेव सिंह ने भाषण दिए और भारत के एक राजनीतिक समाधान के आधार के रूप में, 3 जून के बयान की पुष्टि की।

4 जून को माउंटबेटन ने दिल्ली में एक संवाददाता सम्मेलन किया, जिसमें उन्होंने अन्य मुद्दों के अलावा, निम्नलिखित टिप्पणियां कीं:

> यहाँ इस योजना में दो मुख्य पार्टियां हैं, कांग्रेस और मुस्लिम लीग, लेकिन एक और समुदाय जो संख्या में बहुत कम है लेकिन काफी महत्व रखता है वह है – सिख समुदाय – जिसके बारे में निश्चित रूप से विचार किया जाएगा। मैंने मुख्य रूप से पाया कि सिख समुदाय के अनुरोध पर ही कांग्रेस ने पंजाब के विभाजन के प्रस्ताव को आगे रखा था और आपको याद होगा कि उस प्रस्ताव की भाषा में पंजाब को मुख्य रूप से मुसलमान और गैर-मुसलमान क्षेत्रों के बीच विभाजित करने की उनकी कामना थी। इसलिए उस प्रस्ताव के चलते जिसके लिए सिखों द्वारा प्रायोजित किया गया था, इस विभाजन को प्रदान किया गया है। जब यह सुझाव दिया गया था मुझे सभी विवरणों के बारे में पता नहीं था लेकिन जब मैंने नक्शा देखा और इस प्रस्ताव के तहत सिख आबादी के वितरण का अध्ययन किया मुझे कहना पड़ेगा कि मैं चकित था कि जो योजना उन्होंने तैयार की थी उसके तहत उन्होंने अपने समुदाय को लगभग दो बराबर भागों में बाँट दिया था। मैंने यहाँ और इंग्लैंड दोनों जगह यह देखने के लिए काफी समय दिया है कि क्या ऐसा कोई समाधान नहीं है जो सिख समुदाय को एक-जुट रख सकता हो, बिना आसानी से समझे और व्यापक सिद्धांत से हटते हुए, एक ऐसा सिद्धांत जिसकी एक तरफ मांग हो रही हो और दूसरी तरफ इसे स्वीकार किया जाए। मैं एक चमत्कार करने वाला इंसान नहीं हूँ और मुझे वह समाधान नहीं मिला है (वही: 112)।

अगला महत्वपूर्ण कदम 12 जून को एक विभाजन समिति की स्थापना था। माउंटबेटन की अध्यक्षता में कांग्रेस के प्रतिनिधि सरदार पटेल और डॉ. राजेंद्र प्रसाद और मुस्लिम लीग के, नवाबजादा लियाकत अली खान और सरदार अब्दुल रब निशतर शामिल थे (वही: 284)।

विभाजन योजना पर जेनकींस की टिप्पणियाँ

पंजाब के राज्यपाल इवन जेनकींस ने 15 जून की अपनी पाक्षिक रिपोर्ट में उल्लेख किया कि विभाजन योजना सामान्य रूप में पंजाबियों को बिलकुल पसंद नहीं आई जबकि राजनेता इस ऐलान पर अपनी चालें चल रहे थे:

> विभाजन की योजना को लेकर उत्साह का एक पूर्ण अभाव है – कोई खुश नहीं लग रहा है और कोई इसको लागू करने के बारे में नहीं सोच रहा है। योजना का सांप्रदायिक संबंधों पर कोई प्रत्यक्ष प्रभाव नहीं पड़ा है, वे जैसे थे वैसे ही हैं। कोई विशेष चिंता, या डोमिनियन दर्जे के खिलाफ दुश्मनी का कोई संकेत नहीं है (कार्टर, 2008b: 74)।

उन्होंने यह भी गौर किया कि अलग-अलग कारणों से राजनीतिक दल विभाजन के विचार से सहमत हो गये हैं। मुस्लिम लीग वाले यह सोच रहे हैं कि अब पाकिस्तान अस्तित्व में आ जाएगा क्योंकि जिन्नाह ने इसे स्वीकार कर एक बहुत बड़ी बाजी जीत ली है जबकि कांग्रेस नेताओं का मानना है कि बंगाल और पंजाब के विभाजन पर जोर देकर पाकिस्तान को सुर्खियों से दूर कर दिया गया है। मियां इब्राहिम बार्क (गिर चुकी खिजर कैबिनेट में मंत्री) ने यह सुनने का दावा किया कि कांग्रेस के कद्दावर सरदार पटेल कह रहे हैं कि अगर भारत के लिए पाकिस्तान किसी भी मुसीबत की जड़ बनेगा तो, भारत आसानी से अपने मुसलमान निवासियों का अंत कर सकता है। जेनकींस ने लिखा: 'यह काफी बड़ा झूठ हो सकता है लेकिन यह कहानी हिंदुओं की आशा और मुसलमानों के डर को पेश करती है जो पटेल पर निर्भर है।' जहां तक सिखों का सवाल है वे सीमा आयोग पर अपनी उम्मीदें लगाए हुए है। वे उन जिलों में काफी अच्छी तरह से संगठित है जिन्हें वो महत्वपूर्ण समझते हैं और यह काफी संभावना है कि विभाजन के साथ वे बहुत ज़्यादा सहमत नहीं हों, जब तक कि उन्हें यह नहीं पता लगता कि सीमा कहाँ से होकर गुजरेगी। वे संपत्ति और जनसंख्या दोनों की अदला-बदली की मांग कर रहे हैं (वही)।

राज्यपाल ने उल्लेख किया कि ब्रिटिश सिविल सेवक पंजाब में सेवा करने के लिए उत्साही नहीं है भले ही यह एक ,डोमिनियन क्यों न रह जाए। दूसरी ओर मुसलमान सिविल सेवक और अधिक आकर्षक पाकिस्तान नियुक्तियों को आपस में बाँटने का कार्य कर रहे हैं जबकि गैर-मुसलमानों को नहीं लगता कि वे पश्चिमी पंजाब में सुरक्षित रह सकते हैं और आशा कर रहे हैं कि उन्हें 'हिन्दुस्तान' में समायोजित किया जा सके।

पंजाब विधानसभा के सदस्यों द्वारा पंजाब के विभाजन पर मतदान

विभाजन योजना के तहत यह निर्धारित किया गया कि पंजाब विधानसभा के सदस्यों को पश्चिमी और पूर्वी हिस्सों में बांटकर पंजाब के विभाजन के मुद्दे पर अलग-अलग मतदान कराया जाएगा। तदनुसार पश्चिमी खंड (स्पीकर दीवान बहादुर एस पी सिंघा की अध्यक्षता में) और पूर्वी खंड में (डिप्टी स्पीकर सरदार कपूर सिंह की अध्यक्षता में) के सदस्यों ने 23 जून 1947 को मतदान किया।

जहां तक मतदान का संबंध है, पूर्वी पंजाब के 72 सदस्य एक अलग सत्र में मिले। उन्होंने 22 के मुकाबले 50 मतों से मुस्लिम लीग नेता ममदोत के प्रांत को एकजुट रखने के प्रस्ताव को खारिज कर दिया। दूसरी तरफ पश्चिम पंजाब अनुभाग में पंजाब के विभाजन के लिए एक प्रस्ताव पेश किया गया जिसे 27 के मुकाबले 69 मतों से खारिज कर दिया गया। सांप्रदायिक संदर्भ में 88 मुसलमानों ने जिसमें खिजर तिवाना सहित यूनियनिस्ट पार्टी के 7 अन्य सदस्यों, 2 भारतीय ईसाइयों और एक एंग्लो-इंडियन सदस्यों ने एक संयुक्त पंजाब के लिए मतदान किया; हिंदू, सिख और अनुसूचित जातियों के प्रतिनिधियों को मिलाकर 77 सदस्यों ने पंजाब को विभाजित करने के लिए मतदान किया (वही: 567)। यह उल्लेख करना प्रासंगिक होगा कि रिपोर्टों के अनुसार विधानसभा का सभ्य वातावरण आसपास लाहौर में और अन्य प्रभावित शहरों के हिंसक, दुखद नरसंहार को झुठला रहा था जिसे हिंसक सांप्रदायिकता ने पहले ही स्पष्ट कर दिया था।

पंजाब बाउंडरी कमिशन (सीमा आयोग)

माउंटबेटन ने पंजाब सीमा आयोग की संरचना के बारे में भारतीय नेताओं के साथ विचार-विमर्श शुरू किया। यह सहमति हुई कि इस आयोग में एक स्वतंत्र अध्यक्ष और चार अन्य व्यक्तियों को शामिल करना चाहिए। दो कांग्रेस द्वारा नामांकित किए जाने थे (जिनमें से एक को सिख होना था) और दो मुस्लिम लीग द्वारा। यदि संभव हुआ सभी चारो नामजद सदस्यों को उच्च न्यायिक प्रतिष्ठा वाला होना था। कांग्रेस ने जस्टिस मेहर चंद महाजन और न्यायमूर्ति तेजा सिंह को नामजद किया जबकि मुस्लिम लीग ने न्यायमूर्ति दीन मोहम्मद और न्यायमूर्ति मुहम्मद मुनीर को। जस्टिस मेहर चंद महाजन के इस प्रस्ताव को कि न्यायमूर्ति दीन मोहम्मद जो उनमें से सबसे वरिष्ठ थे आयोग के सत्र की अध्यक्षता करें दूसरों द्वारा स्वीकार कर लिया गया। 27 जून को यह सहमति हुई कि सर सिरिल रैडक्लिफ अंग्रेजी बार के एक सदस्य इस आयोग की अध्यक्षता करेंगे। रैडक्लिफ दिल्ली में ही रहने वाले थे और पंजाब सीमा आयोग के सत्र में सीधे तौर पर हिस्सा नहीं लेने वाले थे। कार्यवाही के रिकॉर्ड हवाई रास्ते से उन्हें भेजे जाने थे।

संदर्भ

सिंह, किरपाल (सं.), *सिलैक्ट डॉक्युमेंट्स ऑन पार्टिशन ऑफ पंजाब-1947: इंडिया एंड पाकिस्तान, पंजाब, हरियाणा एंड हिमाचल, इंडिया एंड पंजाब-पाकिस्तान*, दिल्ली: नेशनल बुक शॉप, (1991)।

सरकारी दस्तावेज

कार्टर, लिओनेल (एड.), *माउंटबेटन्स रिपोर्ट ऑन दी लास्ट वाइसरॉयलिटी (23 मार्च-15 अगस्त 1947)*, दिल्ली: मनोहर (2003)।

कार्टर, लिओनेल (एड.), *पंजाब पॉलिटिक्स 3 मार्च 1947-31 मई 1947, एट दी एबीस, गवर्नर्स फोर्टनाइटली रिपोर्ट्स एंड अदर की डॉक्युमेंट्स*, दिल्ली: मनोहर, (2007a).

कार्टर, लिओनेल (एड.), *पंजाब पॉलिटिक्स 3 मार्च 1947-31 मई 1947, एट दी एबीस, गवर्नर्स फोर्टनाइटली रिपोर्ट्स एंड अदर की डॉक्युमेंट्स*, दिल्ली: मनोहर, (2007b).

मैनसर्घ, निकोलस एंड मून, पेंडेरल (संपा.), दी *ट्रान्सफर ऑफ पावर 1942-7, वॉल. X, दी माउंटबेटन वाइसरॉयल्टी, फोरमुलेशन ऑफ ए प्लान, 22 मार्च-30 मई 1947*, लंदन: हर मजेस्टी'स स्टेशनरी ऑफिस, (1981)।

मैनसर्घ, निकोलस एंड मून, पेंडेरल (संपा.), दी *ट्रान्सफर ऑफ पावर 1942-7*, वॉल. *XI*, दी *माउंटबेटन वाइसरॉयल्टी, अनाउंसमेंट एंड रिसेप्शन ऑफ द 3 जून प्लान, 31 मई-7 जुलाई 1947*, लंदन: हर मजेस्टी'स स्टेशनरी ऑफिस, (1982)।

सदाउल्लाह, मियां मुहम्मद (संकलन), दी *पार्टिशन ऑफ द पंजाब 1947*, चार *वॉल्यूम्स, (ऑफिसियल डॉक्युमेंटस कंपाइल्ड फॉर द नेशनल डॉक्युमेंटेशन सेंटर, लाहौर)*, लाहौर: संग-ए-मील पब्लिकेशन्स।

11

लाहौर और अमृतसर के लिए युद्ध 1 अप्रैल-30 जून 1947

धीरे-धीरे दिल्ली के उच्च राजनीतिक स्तर पर विभाजन के नाटक का खुलासा हो रहा था, जबकि पंजाब में वास्तविक स्थिति बुरी बनी हुई थी। हालांकि मार्च 1947 के दौरान हुए अत्याचार उसी महीने के मध्य से कम होने लगे लेकिन हालात कभी सामान्य नहीं हुए। अप्रैल के पहले सप्ताह के दौरान *पाकिस्तान टाइम्स* और *दी ट्रिब्यून* ने प्रांत के विभिन्न भागों में घात और व्यक्तियों पर हमला करने के अलग मामलों की खबरें छापीं। सांप्रदायिक भीड़ द्वारा अमृतसर में गड़बड़ी फिर भड़की जब 11 अप्रैल को मुसलमानों की एक बड़ी भीड़ चौक प्रागदास की उस मस्जिद में शुक्रवार की नमाज अदा करने के लिए एकत्र हुई जहां मार्च में मुसलमानों का एक नरसंहार हुआ था। नमाज के बाद मुसलमान एक मुख्य रूप से गैर-मुसलमान क्षेत्र से हिंदुओं और सिखों के खिलाफ नारेबाजी करते हुए गुजरे। जवाब में छतों से उन पर हिंदुओं और सिखों द्वारा ईंटें फेंकी गई। मुसलमानों ने जवाबी कार्रवाई की और राज्यपाल जेनकींस द्वारा 30 अप्रैल की पाक्षिक रिपोर्ट के अनुसार उस लड़ाई में 32 लोग मारे गए- 7 मुस्लिम, 6 हिंदू और 19 सिख – जबकि 103 लोग जख्मी हुए।

जेनकींस ने गौर किया कि पूरे पंजाब में 'गृह युद्ध' का अहसास प्रबल था। छुरेबाजी के छिटपुट मामले विशेष रूप से लाहौर से आ रहे थे। देशी प्रकार के बम – सोडा पानी की बोतलों का डब्बों के रूप में इस्तेमाल – खुले-आम निर्मित किए जा रहे थे। सांप्रदायिक शरारतों के चलते कई जगहों पर आग लगा दी गई थी। शहरों में लोग जिन सड़कों और जिन गलियों में वे रहते थे उनकी रक्षा करने के लिए बाड़े खड़े कर रहे थे। अमृतसर तेजी से कई किलेबंदी किए हुए क्षेत्रों में विभाजित हो रहा था। हथियारों के लिए होड़ लगी हुई थी और सिख नंगी कृपाणों के साथ घूम रहे थे। मुसलमान इस पारंपरिक सिख हथियार के पक्ष में छूट के खिलाफ सख्ती से विरोध कर रहे थे। जहां तक मार्च के रावलपिंडी में हुए दंगों का सवाल है जेनकींस लिखते हैं:

दौलतना ने हाल ही में अटक जिले में दौरा किया और विश्वसनीय सबूत मौजूद हैं कि कम से कम एक गांव में लोगों को उन्होंने कहा कि अगर वे एक पखवाड़े या तीन सप्ताह के लिए इसे झेल लेते हैं तो उनके खिलाफ सारी कार्रवाही को वापस ले लिया जाएगा और जिन अधिकारियों ने गड़बड़ी को दबा दिया था उनकी खैर नहीं (कार्टर, 2007a: 153)।

अमृतसर और लाहौर में दंगे और तीव्र हुए

अप्रैल के दूसरे अर्ध में और मई के प्रारम्भ में भीड़ द्वारा की गई हिंसा फिर से थम गई, लेकिन 9 मई को अमृतसर में पुनरावृत्ति हुई। 10 मई के *दी पाकिस्तान टाइम्स* और *दी ट्रिब्यून* ने खबर दी कि छुरेबाजी के चलते पांच लोगों की मौत हो गई है और बारह घायल हुए हैं। आगजनी और बम विस्फोट की भी खबरें आईं हालांकि कोई जान-माल का नुकसान नहीं हुआ। अगले दिन यह स्थिति और बिगड़ी जब सिखों और हिंदुओं का एक समूह एक मृत शिशु की लाश को लेकर दायमगंज के हिंदू शमशान जा रहा था तब मियां मेहराज दीन के आदेश पर मुसलमानों ने उन पर हमला किया। शोक मनाने वालों में से सात की मौत हो गई और पांच घायल हो गए। इस घटना के बारे में विवादास्पद तौर पर ख्वाजा इफ्तिखार का दावा है कि अंतिम संस्कार में जा रहे लोग एक मुसलमान बहुल क्षेत्र में विनय के साथ नहीं गुजरे और एक आम तौर पर अभिमानी ढंग से व्यवहार किया। इस कारण वे कहते हैं – वे मुसलमान जो चौक प्रागदास के जुल्म को नहीं भूले थे क्रोधित हो गए। शोकाकुल लोगों के शवों पर पेट्रोल छिड़का गया और उन्हें जला दिया गया। घायलों को बहुत बुरी हालत में अस्पताल ले जाया गया। हालांकि यहां तक कि ऐसे मौके पर भी लाभी नामक एक औरत को बख्शा गया। जब पुलिस ने एक पहचान परेड की व्यवस्था की तब एक हमलावर मेहराज दीन ने, अपनी दाढ़ी काट ली थी। लाभी उसे पहचान न सकी और किसी दूसरे आदमी की तरफ इशारा किया। इस प्रकार उन मुसलमानों के खिलाफ जिन्हें हिरासत में रखा गया मामला खारिज हो गया (1991: 143-6)।

इफ्तिखार यह विचार पेश करते हैं कि अमृतसर में मुसलमान हावी थे। वह कई अन्य हिंसक गतिविधियों के बारे में काफी विस्तार से बताते हैं यहाँ तक कि वे प्रत्येक दिन मुसलमान डॉक्टरों और अन्य मेडिकल स्टाफ द्वारा प्रदान गैर-मुसलमान हताहतों का 'स्कोर' (क्रिकेट से एक अभिव्यक्ति) बताते हैं। इफ्तिखार प्रशासन को मुसलमान विरोधी होने के लिए दोषी मानते हैं और हिंदू पुलिस अधिकारियों के नामों का उल्लेख करते हैं जिन पर मुसलमानों को शिकार बनाने का आरोप लगाया गया था जैसे कि थानेदार कुंदन लाल मेहता। वे कई बार दोहराते हैं कि गैर-मुसलमानों पर मुसलमानों की जीत एक पहले से जाना हुआ निष्कर्ष था क्योंकि काफिरों के लिए सच्चे मुसलमानों की बहादुरी का मुकाबला करना मुमकिन नहीं था (वही: 146-9)।

अंतिम संस्कार पार्टी पर बेरहम प्रकृति वाले हमले की खबर 11 मई के पाकिस्तान समर्थक *मुस्लिम लीग टाइम्स* और *ट्रिब्यून* दोनों ने पहले पन्ने पर मोटे अक्षरों में छापी। पंजाब के मुख्य सचिव अख्तर हुसैन. ने मई के पहले अर्ध की अपनी पाक्षिक रिपोर्ट में लिखा: 'कुछ प्रतिबद्ध कृत्य अपनी निरी क्रूरता द्वारा चौंकाने वाले थे और एक बच्चे के अंतिम संस्कार के समूह पर एक हमले में जिसमें छह सिख और एक हिंदू मारे गए थे मुसलमान अत्याचारों की एक पहले से ही अधिक-लंबी सूची में इजाफा किया।' उसी रिपोर्ट में उन्होंने जिक्र किया कि हिंदू और सिख देसी बम बना रहे थे जिनमें ज़्यादातर हालांकि बनाते हुए ही फट जा रहे थे और जिनको वे पीड़ित बनाना चाहते थे उनकी तुलना में वे खुद ज़्यादा जख्मी हो रहे थे।

पाकिस्तान टाइम्स और *दी ट्रिब्यून* दोनों ने सूचित किया कि 11 मई को अमृतसर में आगजनी के मामले बढ़ गए हैं। *दी ट्रिब्यून* ने दस आगजनी के मामलों और दस छुरेबाजी की घटनाओं का आंकड़ा दिया। 12 मई को, 'अमृतसर में प्रतिद्वंदियों के बीच नियमित घमासान युद्ध' *दी ट्रिब्यून* में पहले पन्ने की मुख्य खबर थी। यह गौर किया गया कि वहाँ देसी बमों का खुल कर इस्तेमाल किया गया। *पाकिस्तान टाइम्स* ने उस शहर में गंभीरता से बिगड़ती स्थिति की सूचना दी। अधिकारियों ने 13 मई को 48 घंटे का पूरा कर्फ़्यू लगा दिया।

लाहौर

अमृतसर की अंतर-सांप्रदायिक हिंसा, 13 मई को लाहौर में फैल गई। 14 मई 1947 के *पाकिस्तान टाइम्स* ने 11 मई रविवार और 13 मई मंगलवार के बीच गोलियां चलने और छुरेबाजी की पांच घटनाओं की सूचना दी। 15 मई के ट्रिब्यून ने छुरेबाजी के सत्रह मामलों की सूचना दी जिसमें से बारह लोगों की मौत हुई। इसने गौर किया:

> इन छुरेबाजी के मामलों के बाद स्कूलों और कॉलेजों को बंद कर दिया गया और बच्चों को तेजी से अपने घरों के लिए वापस जाते देखा और कई मामलों में लोग वापस अपने दफ्तरों में नहीं गए जबकि ज़्यादातर कार्यालयों को पहले से बंद कर दिया गया था। अनारकली समेत कई बाजारों में और व्यापार के अन्य स्थानों पर, दुकानों को बंद कर दिया गया था।

मेरे बड़े भाई मुश्ताक अहमद और पंजाबी लेखक मुस्तन्सर हुसैन तरार उन दिनों दोनों स्कूली छात्र थे। उन्होंने स्कूलों के बंद करने को निम्नलिखित शब्दों में याद किया:

मुश्ताक अहमद

'मेरा स्कूल चौबुर्जी के करीब पंजाब विश्वविद्यालय मैदान के पास स्थित था (शायद लेक रोड पर)। यह एक अंग्रेजी माध्यम का स्कूल था। यह अप्रैल का महीना होगा

जब कक्षाएं शुरू ही हुईं थीं कि हमारे स्कूल में कुछ शरारती तत्वों द्वारा आग लगा दी गई। हिंदू स्टाफ जिसमें ज़्यादातर महिला अध्यापिकाएँ थीं दहशत में भाग गईं। कुछ बड़े बच्चे अपने दम पर अपने घर चले गए जबकि अन्य बच्चों को उनके घरवाले ले गए जब उन्हें गड़बड़ी का पता चला। मुझे क्या करना था पता नहीं था इसलिए मैं बिल्कुल अकेला, स्कूल के गेट के बाहर बैठा था। मैं उस समय केवल छह साल का था और वापस घर जाने का रास्ता मुझे पता नहीं था। स्कूल टेंपल रोड स्थित हमारे घर से कई मील दूर था। कुदरती तौर पर अब्बाजी (पिता) पड़ोस में किसी सरकारी काम के लिए आए हुए थे। उनका कार्यालय वहाँ से ज़्यादा दूर नहीं था। उन्होंने मुझे देखा और मुझे घर ले आए। स्कूल फिर कभी नहीं खुला। हमें तब तक इंतजार करना पड़ा जब तक पाकिस्तान अस्तित्व में नहीं आया और इसके बाद फिर से स्कूल में पढ़ाई शुरू हुई।'

मुसतनसर हुसैन तरार

'1947 में मैं सिर्फ आठ साल का था। मैं रंग महल मिशन स्कूल में पढ़ता था। मुझे याद् नहीं मगर यह अप्रैल का महीना था जब हमारी अध्यापिका ने हमें घर चले जाने को कहा क्योंकि कर्फ्यू लागू कर दिया गया था। मैं गवालमंडी से स्कूल आया करता था। सारे अध्यापक चले गए थे। मुझे लेने कोई नहीं आया। मैं अपने घर वापस जाने को निकला। मोची गेट के पास सर्कुलर रोड पूरी तरह से सुनसान थी। मैं कुदरती तौर पर भयभीत था और दौड़ने लगा। तभी मैंने सड़क के मध्य में एक आदमी को पड़ा हुआ पाया। जब मैं उसके करीब पहुंचा तो पाया वह लहू से सराबोर था। मुझे नहीं पता कि वह एक हिंदू था या मुसलमान। यह पहला मौका था जब मैंने लहू देखा। मैं रोने लगा। खुशकिस्मती से मेरे मामा अहमद अली उधर से गुजर रहे थे। वह मुझे घर ले आए। हम चैम्बरलेन रोड पर रहते थे जो एक हिंदू प्रबल इलाका था। मेरे वालिद ने हमारे घर पर हमेशा मौजूद रहने के लिए दो कांस्टेबलों का इंतजाम किया। रात में हिंदू मुसलमान इलाकों की तरफ गोलीबारी करते। दोनों कांस्टेबल भी छत पर जाते और कुछ गोलियां चला कर हिंदुओं को चेतावनी देते कि वे दूर रहें। हर शाम "अल्लाह-हो-अकबर" और "हर हर महादेव" की चीखें जोर से सुनी जा सकती थीं'

चूड़ियाँ-मेहंदी का प्रकरण

एक किस्सा जो मैं सुनते हुए बड़ा हुआ था वह यह था कि लाहौर के मुसलमान बदमाशों ने अपने अमृतसर के मुसलमान समकक्षों से एक पैकेट प्राप्त किया जिसमें चूड़ियाँ जो महिलाएँ पहनती हैं और मेहंदी थी, जो उनको उनकी गैर-मर्दानगी और कायरता के लिए ताना मारने का काम था क्योंकि वे हिंदुओं और सिखों पर हमला नहीं कर रहे थे भले ही लाहौर एक मुसलमान बहुल शहर था (खोसला, 1989: 114)। इस

अपमान का उचित प्रभाव पड़ा और एक कम समय के भीतर ही लाहौर के बदमाश छुरेबाजी और हत्या की एक होड़ में लीन हो गए। 16 मई के *दी ट्रिब्यून* की रिपोर्ट:

> लाहौर जिलाधिकारी श्री यूस्टेस के शब्दों में लाहौर एक समझदार लोगों की जगह थी और एक लंबे समय तक बेहतर सोच प्रबल रही। लेकिन इस सूचना के आधार पर जो उनको मिली थी श्री यूस्टेस ने बताया कि गड़बड़ी एक बार फिर से शुरू हो गई थी क्योंकि अमृतसर के बदमाशों ने लाहौर में अपने भाइयों के लिए पहनने के लिए चूड़ियां भेजी। इसका उद्देश्य था उनको गुंडागर्दी करने के लिए भड़काना।
>
> श्री यूस्टेस के अनुसार 'लाहौर के बदमाश' इससे परेशान हो गए और उन्होंने गड़बड़ी शुरू करने का फैसला किया। लेकिन इसके बिना जिला मजिस्ट्रेट विश्वास करते हैं कि लाहौर में दोबारा कोई मुसीबत पैदा नहीं हुई।

यूस्टेस जो एक उपायुक्त भी थे उन्होंने संवाददाता सम्मेलन में मेंहदी का उल्लेख नहीं किया लेकिन यह चूक महत्वपूर्ण नहीं है। 17 मई के *दी ट्रिब्यून* ने इस कहानी की छानबीन की और राज्यपाल उपायुक्त और पुलिस महानिरीक्षक से आग्रह किया कि वे लाहौर के इस 'चूड़ी कारोबार' की जांच करें। 16 मई 1947 के *पाकिस्तान टाइम्स* ने इस कहानी का कोई सीधा उल्लेख नहीं किया लेकिन सूचना दी कि हिंसा में वृद्धि होने के परिणामस्वरूप 14 मई को बाईस व्यक्तियों का निधन हो गया था। कलेब अली शेख ने पहेली को समझाया कि कैसे लाहौर के लोगों के लिए चूड़ियों को प्रस्तुत किया गया: 'कुछ [लोग] अमृतसर से काम करने के लिए लाहौर दैनिक रूप से आते थे। वे ट्रेन लेते या बसों पर यात्रा करते। जब गड़बड़ी शुरू हुई तो अमृतसर के गुंडों ने अक्सर लाहौर आना शुरू कर दिया। लाहौर के मुसलमान वास्तव में अमृतसरियों की तरह हिंसा करने की मानसिकता नहीं रखते थे। मई में एक दिन मॉल पर एक मुस्लिम लीग जुलूस तैयार हो रहा था या कुछ लोग इकट्ठा हो रहे थे। तभी अमृतसरियों ने लाहौरियों से संपर्क किया और कहा "यह हमारी तरफ से एक तोहफा है"। इसके बाद मुसलमान आक्रामक व्यवहार की क्रूरता के स्तर में एक स्पष्ट अंतर देखा जा सका। यह अच्छी तरह से जाना जाता है कि कुछ मुस्लिम लीग के नेता जैसे कि सरदार शौकत हयात अमृतसर और लाहौर दोनों के गुंडा तत्वों से जुड़े हुए थे। इस तरह का एक ताल्लुक हिंदुओं और सिखों पर और तेज हिंसक तरीकों से हमले संचालित करने लगा।' इफ्तिखार ने भी उसी घटना का वर्णन निम्नलिखित शब्दों में किया है:

> सांप्रदायिक हिंसा में संयुक्त पंजाब के शहरों और गांवों में फैल गई। लेकिन यह एक अजीब तथ्य है कि इस तरह का एक जीवंत शहर [लाहौर] जो न सिर्फ हमेशा राजनीतिक आंदोलनों का अगुआ होता था लेकिन यहाँ सभी आंदोलनों ने जन्म लिया और लोकप्रियता हासिल की, इस बार पूरी तरह से

> शांत था। अमृतसर के कुछ शरारती मुसलमानों ने लाहौर के लिए दैनिक चलने वाली बाबू ट्रेन द्वारा (अपना संदेश) भेजा; (उन्होंने) लाहौर के मुसलमानों के लिए एक डब्बे में मेंहदी और चूड़ियों को भेजा। इसका मकसद था बदला लेने के लिए, लाहौर के मुसलमानों को लड़ाई के मैदान में उतारना ताकि मुसलमानों के खिलाफ किए गए जुल्मों का बदला ले सकें। इस खबर को कि अमृतसर के मुसलमानों ने लाहौर के मुसलमानों के लिए मेंहदी और चूड़ियां भेजी थीं लाहौर समाचार पत्रों द्वारा एक प्रमुख ढंग से प्रकाशित किया गया था। परिणामस्वरूप लाहौर के मुसलमानों के राष्ट्रीय गौरव को उकसाया गया था। अमृतसरियों के सहयोग के साथ उन्होंने लाहौर के शाह आलम बाजार को आग लगा दी [हिंदू बहुल शाहालमी गेट इलाका। पाकिस्तान बनने के बाद यह नाम शाह आलम बाजार दिया गया – लेखक] (1991: 192)।

शाहालमी गेट पर हमला बहुत बाद में हुआ। इफ्तिखार तारीखों को लेकर उलझन में थे। बहरहाल शुक्रवार 16 मई की आधी रात से शनिवार 17 मई की सुबह तक 14 मई के बाद से मारे गए लोगों की कुल संख्या 55 बताई गई है और घायलों की 128 (*पाकिस्तान टाइम्स*, 18 मई)। इसके बाद स्थिति में ठहराव आया जब गोरखा सैनिकों को अशांत इलाकों में गश्त लगाने के आदेश दिए। लाहौर कांग्रेस नेता भीम सेन सच्चर और हिंदू महासभा के नेता सर गोकल चंद नारंग ने पंजाब के राज्यपाल को एक टेलीग्राम भेजा जिसमें उन्होंने इस बात को जोर देकर कहा: 'लाहौर की स्थिति अत्यंत गंभीर है। दृढ़ता से 24 घंटे के कर्फ्यू को लागू किए जाने और व्यापक पैमाने पर सैनिकों को बुलाने का आग्रह करता हूं। केवल तुरंत की गई कार्रवाई ही हालत को और बदतर होने से रोक सकती है' (*दी ट्रिब्यून*, 17 मई)।

हालांकि, राष्ट्रीय स्वयंसेवक संघ भी लाहौर में सक्रिय था और मुसलमानों के खिलाफ हिंसा हुई थी। मुझे डॉ. हफीज अहमद मुगल ने बताया कि उनके खालू (मौसा) चनन दीन जो 1939 में कलकत्ता से वापस रंग महल के पास बिल्ला कबूतर बाज स्ट्रीट में अंदरून शहर में आ गए थे उन्हें कसेरा बाजार में 16 मई 1947 को चाकू मार कर मौत के घाट उतार दिया गया था। हत्यारों का तथापि पता नहीं लगाया जा सका। डॉ. मुगल ने मुझे यह भी बताया कि पत्थर फेंकने की और अजनबियों को घात लगाने की घटनाएं आम बात हो गई थीं और इस प्रकार दीवारों से घिरे शहर में गड़बड़ी वाली जगहों पर कर्फ्यू लगाने की आवश्यकता होती थी।

दीवारों से घिरे शहर में भभकती आगे

18 मई 1947 के *पाकिस्तान टाइम्स* ने सूचना दी कि शुक्रवार 16 मई की रात से, दीवारों से घिरे शहर में कई जगहों पर आग लगी हुईं है। स्थिति ने खराब होना तब

शुरू किया जब सुबह 8:00 बजे कर्फ्यू में ढील दी गई और छुरेबाजी होने लगी। दोपहर तक प्रतिद्वंद्वी सांप्रदायिक समूहों के बीच यक्की गेट और तक्षाली गेट तक के एक इलाके में लड़ाई लड़ी जा रही थी। जो आग दिन के मध्य में शुरू हुई तेजी से फैल गई और बड़े क्षेत्र जैसे कि चौक वजीर खान अकबरी मंडी और कूचा वनवटटन इसकी गिरफ्त में आ गए। गोरखा सैनिकों को सर्कुलर रोड पर गश्त करने के आदेश दिए थे। शनिवार की सुबह तक 55 लोगों की मौत और 128 के घायल होने की खबरें आईं।

राजगढ़ के मुसलमान इलाके पर हमला

18 मई को राजगढ़ के मुसलमान इलाके को हिंदुओं और सिखों के एक संगठित हमले का सामना करना पड़ा। राजगढ़ कई हिंदू बहुल मोहल्लों से घिरा हुआ था जैसे कि शाम नगर, प्रेम नगर और मुख्य गढ़ कृष्ण नगर। अख्तर हुसैन मई के दूसरे अर्ध की अपनी रिपोर्ट में गौर करते हैं कि 11 अप्रैल के बाद से अमृतसर में 460 लोग या तो मारे गए या घायल हो गए थे; 9 मई के बाद से हिंसा के नए प्रकोप में लाहौर में 325 लोग मृत या घायल हुए थे। उन्होंने गौर किया:

> बेहतर संगठित घटनाएँ, इन दो शहरों के अंदर और बाहर, दोनों जगह हुई हैं। सबसे अच्छे उदाहरण मई की 18वीं और 19वीं को लाहौर के पास राजगढ़ और सिंघपुरा पर और 24 तारीख को अमृतसर के पास रसूलपुरा पर हुए हमले हैं। राजगढ़ और रसूलपुरा आधुनिक हथियार के साथ सशस्त्र सिखों और हिंदुओं द्वारा मुसलमानों पर बड़े पैमाने के सुनियोजित आक्रमण के दृश्य थे जो हथगोले और बम से लैस थे। सिंघपुरा एक अलग तरह का हमला था जिसने अकारण आक्रमण होने का कोई सबूत प्रस्तुत नहीं किया लेकिन इसने सिख संगठन की किसी भी आपात स्थिति का मुकाबला करने की और क्रूर तौर पर असरदार जवाबी कार्रवाई की तैयारियों का सबूत पेश किया। इन सभी तीन मामलों में जिसमें मुसलमानों को पहुंची भारी क्षति की जांच की जा रही है और दिलचस्प खुलासे की संभावना है। पहले से ही, यह विश्वास करने का कारण मौजूद है कि राजगढ़ के हमलावरों में राष्ट्रीय स्वयं सेवक संघ के लोग शामिल थे। यह ज्ञात है कि संघ के सदस्यों के, शहर के अंदर एक संगठन के साथ संबंध रहे हैं, जो कि एक रक्षा समिति के नियंत्रण में कार्य कर रहा है जो पंजाब राहत समिति का हिस्सा है (20 जून 1947, पी.ओ.आई. 8501/47)।

रिपोर्ट आगे बताती है कि लाहौर और अमृतसर को छोड़ सबसे गंभीर सांप्रदायिक गड़बड़ी गुड़गाँव जिले में हुई। गड़बड़ी जाहिर तौर पर 25 मई को तब फैली जब हिंदू अहीरों ने एक मुसलमान गाँव पर हमला किया जिसमें कई लोग हताहत हुए तथा

संपत्ति को क्षति पहुंची। अगले दिन एक और मुसलमान गांव पर हमला किया गया, लेकिन मुसलमानों से उन्हें प्रतिरोध का सामना करना पड़ा। जिला सांप्रदायिक युद्ध का सामना कर रहा था जिसे अधिकारी नियंत्रण में लाने में विफल रहे थे। कुल 50 गांवों को नष्ट कर दिया गया और बड़ी संख्या में लोग मारे गए या घायल हो गए। अहीरों का मुकाबला मुख्यत: मुसलमान मेओ समुदाय के लोगों ने किया। पुलिस और सेना ने शांति को पुन: स्थापित करने के लिए 1,000 राउंड गोलियां चलाईं। दोनों पक्षों से बरामद हथियारों में कुछ स्थानीय रूप से निर्मित मजबूत मोर्टार शामिल थे (वही)।

पंजाब के राज्यपाल ने 31 मई को अलग से यह सूचना दी कि फरीदकोट और नाभा के सिख राज्यों से लाहौर में आए सशस्त्र दलों की सूचना मिली थी जहां उसने डर फैला दिया था। इसके बाद उन्हें चेतावनी दी गई थी कि बिना अनुमति के वे ब्रिटिश पंजाब में सशस्त्र लोगों या सेवा के वाहनों को नहीं भेजें (कार्टर, 2007: 222)।

डॉ. मुगल

डॉ. मुगल को वह भयावह रात बहुत अच्छी तरह से याद है। उन्होंने मुझे लिखा: 'मैं अपने देश के अस्तित्व में आने के समय चौदह साल और छ: महीने का था (जन्म 2 जनवरी 1933) और केंद्रीय मॉडल स्कूल 9 वीं कक्षा में पढ़ रहा था और मेरा रहन-सहन मोजंग में था. . . भारतीय सेना की एक बटालियन ने – राजगढ़ में रहने वाले मुसलमानों पर हमला किया। एक बड़ी संख्या में महिलाओं और बच्चों सहित लोग मारे गए। हमारी आंखों के सामने बेगम रोड से होकर जीपों में सैनिक गुजरे। यह रात का समय था, हम हमला किए गए लोगों का रोना सुन सकते थे और आग तथा जलती हुई झोपड़ियों का धुआं देख सकते थे।'

13 जनवरी 2005 को राजगढ़ का दौरा

राजगढ़ विभाजन से पहले लाहौर का बाहरी इलाका एक मुसलमान इलाका था। यह हिंदू सिख मोहल्लों से घिरा हुआ था उनमें से शाम नगर, राम नगर तथा प्रेम नगर और हिंदू गढ़ कृष्ण नगर थे। यह निकटतम मुसलमान गढ़ मोजंग से कुछ दूरी पर था।

अहमद सलीम और मैं जब राजगढ़ पहुंचे तब आसमान में सर्दी का सूरज जल्दी से ढल रहा था। थोड़ी देर बाद हमने कुछ स्थानीय लोगों से मुलाकात की जिन्होंने हमें उन बुजुर्गों के साथ संपर्क में ला दिया, जो 18 मई 1947 की घटनाओं को याद कर, उन्हें हमारे साथ साझा कर सकते थे।

गुलाम हैदर

'अपराधी शाम नगर और कृष्ण नगर के हिंदू बहुल इलाके से आये थे। उनके पास आधुनिक आग्नेयास्त्र और विस्फोटक थे। उन्होंने कुछ बम विस्फोट किए और मुसलमान बंजारों की फूस की झोपड़ियों में आग लगा दी और गुर्जरों के डेयरी फार्म पर भी हमला किया। उन्होंने मेरे चाचा और उनकी साली को मार डाला। इन घटनाओं के बाद उनका परिवार इचरा के मुसलमान इलाके में चला गया और केवल पाकिस्तान के निर्माण के बाद ही घर लौटा। डी.एस.पी. टेक सिंह राजगढ़ पर हमला करने की साजिश में शामिल था।'

मुहम्मद मुनीर

'मैं उस समय केवल 10 या 12 साल का था। हमलावर देर शाम को आये थे। कुछ बम विस्फोट हुए थे और कई मुसलमान मारे गए या घायल हो गए। हमलावरों ने गाम नाई के दोनों पैर काट दिये। हमने मोजंग के अपने रिश्तेदारों के पास पनाह की मांग की। बाद में बेगम शाहनवाज सहित कई मुसलमान नेताओं ने राजगढ़ का दौरा किया। तब सेना और पुलिस आई और कुछ हिंदुओं और सिखों को अपराध के संदेह में पकड़कर मोजंग पुलिस द्वारा थाने ले जाया गया। राजगढ़ पर हमला करने वाले कृष्ण नगर के हिंदू थे। कुल पाँच से सात मुसलमानों की मौत हो गई। मेरे चाचा जलाल दीन उनकी पत्नी गुलाम फातिमा और उनके बेटे मुहम्मद यूसुफ की मौत हो गई। उनकी कुछ भैंसे भी मार दी गईं। मियां अहमद दीन को गोली दागी गई लेकिन वह बच गया।'

नंबरदार मियां मुहम्मद हनीफ

'मैं इस गांव के लंबरदारों के परिवार से नाता रखता हूँ। मैं 1947 में 16 वर्ष का था। मुसलमान अराइनों का मेरा परिवार राजगढ़ में सबसे प्रमुख था। मेरे बुजुर्गों को महाराजा रणजीत सिंह द्वारा एक जागीर (संपत्ति) प्रदान की गई थी। राजगढ़ की मुख्य सड़क, पीर बख्श रोड, मेरे दादा के नाम पर है। राजगढ़ को छापे के लिए इसलिए चुना गया, क्योंकि हिंदू-सिख क्षेत्रों से घिरा हुआ यह एकमात्र मुसलमान बहुल इलाका था। राजगढ़ सिर्फ एक ओर पश्चिम में संदयान में किसी और एक मुसलमान इलाके के साथ जुड़ा था।

'निश्चित रूप से हमले की अच्छी तरह से योजना बनाई गई थी। खबरें मिली थीं कि कुछ रियासतों के सिखों और कृष्ण नगर के हिंदुओं ने इस हमले में भाग लिया। हमलावर अंधेरे में पहुंचे और कई बम विस्फोटों द्वारा अधिकतम डर पैदा किया। उस समय केवल दो मुसलमानों, बाऊ अमीन और मेहर फिरोज के पास बंदूकें थीं लेकिन उन्होंने जवाबी तौर पर गोलियां इसलिए नहीं चलाईं क्योंकि इससे हिंदुओं और सिखों के

एक बेहतर बल द्वारा उनकी तरफ ध्यान आकर्षित हो जाता। लोगों ने घर के अंदर ही रहना बेहतर समझा। इसके अलावा उस समय कर्फ्यू लागू किया गया था। कई बंजारों और गुर्जरों की मौत हो गई और उनकी झोपड़ियां को जला दिया गया।

'उस समय तक पुराने शहर में भी आग लगाना शुरू किया जा चुका था। कृष्ण नगर में केवल एक मुसलमान इमारत चिराग बिल्डिंग थी। हिंदुओं ने इसको आग लगाने की कोशिश की लेकिन सफल नहीं हो सके। राजगढ़ के कुछ मुसलमानों ने कृष्ण नगर के हिंदुओं के साथ संघर्ष में हिस्सा लिया। विभाजन के बाद अधिकांश हिंदू और सिख चले गए हालांकि 1948 में किसी समय तक कृष्ण नगर में उनमें से कुछ मौजूद थे।'

लाहौर के लिए लड़ाई का तीव्र होना

18 मई को सार्वजनिक सुरक्षा अधिनियम के तहत सरकार ने सांप्रदायिक गड़बड़ी की खबरें छापने पर प्रतिबंध लगा दिया उन खबरों को छोड़ जिन्हें सरकार खुद छापने को कहती। पत्रकारों द्वारा एकत्र की कोई खबर या चित्र को सीधे तौर पर प्रकाशित नहीं किया जा सकता था। राजगढ़ पर हमले से मुसलमानों के बीच डर पैदा होने के बावजूद ताकत का समग्र संतुलन मई के मध्य तक उनके पक्ष में चला गया। जेनकींस ने खबर दी कि आगजनी की अधिकांश घटनाओं और करीब दो-तिहाई लोगों के मरने के लिए मुसलमान जिम्मेदार थे। वायसराय को भेजे 21 मई के एक टेलीग्राम में उन्होंने लिखा: 'लगता है कि आगजनी कर लाहौर के बाहरी हिस्से से मुसलमान हिंदुओं और सिखों को निकाल देना चाहते हैं और अधिक से अधिक आग लगाने पर ध्यान केंद्रित कर रहे हैं। हिन्दू और सिख इसका बदला ले रहे हैं लेकिन व्यक्तिगत प्रतिशोध के लिए वे हथियारों के अधिग्रहण पर मुख्य रूप से ध्यान केंद्रित कर रहे हैं' (कार्टर, 2007ए: 207)। उन्होंने इस बात पर जोर देकर कहा कि सरकार पुलिस को अधिकतम ताकत उपलब्ध करवाने में कार्यरत थी लेकिन यह बिगड़ती स्थिति से निपटने के लिए पर्याप्त नहीं थी। उन्होंने अतिरिक्त सैनिकों के लिए अनुरोध किया। चौथी भारतीय डिवीजन के अलावा जिसे पहले से ही तैनात किया जा रहा था लाहौर के बाहरी इलाके के लिए ही एक अतिरिक्त पूरी ब्रिगेड जरूरी थी।

दी ट्रिब्यून में छपे एक लेख में जिसका शीर्षक था '*सम सजेसंस टु पंजाब गवर्नर*' (पंजाब के राज्यपाल के लिए कुछ सुझाव) लाहौर में अधिक सैनिकों को तैनात करने के लिए अनुरोध किया गया; शहर में मिश्रित पुलिस बलों को तैनात किया जाए (ज़्यादातर स्थानीय पुलिसकर्मी मुसलमान थे) और फायर ब्रिगेड के साथ सैनिकों को बुलाया जाए अन्यथा गुंडे और अन्य बदमाश उन पर पत्थरबाजी कर उनके काम में बाधा डालेंगे (*दी ट्रिब्यून*, 20 मई)।

मई का अंत

मई की समाप्ति समूचे तौर पर भारत और पंजाब के विभाजन के निर्णायक चरण में पहुँचने के साथ हुई। वाइसरॉय द्वारा एक ऐलान होने वाला था और मुख्य शहरों और कस्बों में भारत के पढ़े-लिखे लोग इसका इंतजार कर रहे थे। जहां तक कानून और व्यवस्था का सवाल है पंजाब में गड़बड़ी कायम रही और हिंसा अब लाहौर और अमृतसर में बीमारी की तरह फैल गई थी, और दूसरे हिस्सों में भी इसमें बढ़ोतरी हुई थी।

युवराज कृष्ण

युवराज कृष्ण जो पुरानी अनारकली के एक हिंदू इलाके में रहते थे उन्होंने याद किया कि मई के अंत में हिंदू इलाकों में आग चारों तरफ लगी हुई थी। वे याद करते हैं:

'लाहौर में गड़बड़ी 3 मार्च को मास्टर तारा सिंह के भाषण के साथ शुरू हुई जो उन्होंने कुड़ी बाग पुरानी अनारकली और हमारे घर के पास दिया। परिणामस्वरूप सांप्रदायिक हिंसा और पुलिस की गोलीबारी हुई जिसमें मुख्य रूप से हिंदुओं को जिंदगी का नुकसान उठाना पड़ा। इसके बाद हर दिन किसी को घात लगाने और लूट या छुरा घोंपने की खबरें आने लगीं। शाम को स्थिति और भी खराब हो गयी। सांप्रदायिक दुश्मनी को जुझारू नारे के रूप में व्यक्त किया जाने लगा और घरों की छतों से युद्ध की पुकार दी जाने लगीं। मुसलमान चिल्ला कर कहते "नारा-ए-तकबीर, अल्लाह हो अकबर"। इसका जवाब हिंदू देते "हर, हर महादेव" और सिख चीखते "जो बोले सो निहाल सत श्री अकाल"। प्रत्येक कोरस को लंबा खींचा जाता और फिर एक और खतरनाक तौर पर दूसरे पक्ष द्वारा हथियारों के लिए धार्मिक पुकार का आगाह किया जाता। इसने गहरी भय और असुरक्षा की भावना को उत्पन्न कर दिया। मई में हमले और अधिक संगठित आधार पर होने लगे तथा हिंदुओं और सिखों पर उन जगहों पर हमले होने लगे जहां वे अल्पसंख्यक थे और हिंदू-सिख गिरोहों ने मुसलमानों पर हमला किया जिन क्षेत्रों में वे अल्पमत में थे।

'जब गड़बड़ी शुरू हुई मेरे पिता कुल्लू चले गए जहां हमारा पुश्तैनी घर था। मैं अपने बड़े भाई और एक चचेरे भाई के साथ अपने धोबी मंडी स्थित घर में एक साथ रहता था। 27 मई की रात मुसलमानों ने पापड़ मंडी को आग लगा दी जो दीवारों से घिरे शहर का एक हिंदू इलाका था। जब हिंदुओं ने बाहर आने की कोशिश की तो पुलिस ने उन्हें वापस जाने का आदेश दिया क्योंकि उस समय कर्फ्यू लागू था। रात में 2:00 बजे हम अपने घर की छत से आग की लपटों को देख सकते थे जो पुराने शहर की दिशा से उठ रहीं थी। इस सब ने हमें गंभीर रूप से हतोत्साहित और डरा दिया। लाहौर की पुलिस में मुसलमानों की संख्या बहुत भारी थी। इसने उस अवधि के दौरान बहुत पक्षपातपूर्ण भूमिका निभाई। हमने राज्य के प्रशासन में विश्वास खो दिया।

जब एक हिंदू या सिख मदद माँगने के लिए पुलिस स्टेशन गया तो औपचारिक रूप से नहीं होने पर भी व्यवहारिक तौर पर उसे मना कर दिया जाता।'

श्रीमती विमल इस्सर

नई दिल्ली में इंडिया इंटरनेशनल सेंटर के रेस्तरां में मैं था जब लोगों का एक समूह वहाँ आया जो किसी भी तरह एक मेज खोज रहा था जहां बैठ कर वे खाना खा सकें उनमें दूरदर्शन टेलीविजन से सेवानिवृत्त हुईं एक वरिष्ठ अधिकारी विमल इस्सर थीं। श्रीमती इस्सर लाहौर की निकलीं। उन्होंने बाद में कुछ बहुत ही रोचक साक्षात्कार लेने में मेरी मदद की। जब मैंने उनका 13 मार्च 2004 को साक्षात्कार लिया तब उन्होंने मुझे यह बताया:

'मैं लाहौर के दीवारों से घिरे शहर कूचा मेला राम में पैदा हुई। मेरे पिता हरबंस सिंह सूरी का एक समृद्ध खेल के सामान का कारोबार था। हम पूरे पंजाब भर के कई क्लबों के लिए खेल की सामग्री और उपकरणों की आपूर्ति करते थे। मेरे पिता एक आधुनिक मनुष्य थे जो जाति नियमों के छुआ-छूत के पालन करने में विश्वास नहीं रखते थे। इसलिए हमारे घर पर मुसलमान स्वतंत्र रूप से खाना खाते थे। वहाँ कभी कोई समस्या नहीं थी। कुछ हिंदू महिलाएँ हमेशा इन मामलों में पुरुषों की तुलना में अधिक चिंतित होती थीं। एक संकरी गली हमारे घर से होकर हीरा मंडी के रेड लाइट इलाके में जाती थी। हमारे कई मुसलमान कर्मचारी थे। एक मुसलमान धोबी मेरी माँ को भाभी कह कर पुकारता था। हमारा फर्नीचर गुल मुहम्मद द्वारा तैयार किया गया था जो एक बहुत ही कुशल कारीगर था।

'मार्च के बाद से लाहौर में गड़बड़ी फैल गई, लेकिन हमारे ऊपर हमारे पड़ोसियों ने कभी हमला नहीं किया। हमने उन हिंदुओं और सिखों के बारे में सुना था जिन्हें रावलपिंडी में इस्लाम कबूल करने के लिए कहा गया था लेकिन हम उस समय डरे नहीं थे। मैं यूनिवर्सिटी ग्राउंड के पास एक स्कूल में अध्ययन करने जाया करती थी। सलमा एक मुस्लिम मेरी सहपाठिनी थी। मेरा भाई हैले कॉलेज में था और छोटा भाई गवर्नमेंट कॉलेज में था। मार्च के प्रारंभ में पुलिस ने गोल बाग में हिंदू छात्रों पर गोली चलाई जब छात्र आंदोलन शुरू किया गया था। मेरा भाई तेज कुमार वहां मौजूद था। पुलिस ने गोलीबारी शुरू कर दी लेकिन वह बच निकलने में भाग्यशाली रहा। इन सारी गड़बड़ियों के बावजूद हमने वहीं रहने का फैसला किया क्योंकि हमारे पड़ोसी बहुत अच्छे लोग थे और हम असुरक्षित महसूस नहीं कर रहे थे।

'मगर मई तक आग शहर के दीवारों से घिरे शहर समेत कई हिस्सों में लगी हुई थी। हमारे धोबी ने हमें स्थानांतरित होने के लिए चेतावनी दी क्योंकि उसने यह सुना था कि हमारे घर पर एक हमले की योजना बनाई गई है। मेरे पिता ने फैसला किया कि

हम मोहनी रोड चले जाएँ, जो सिर्फ मुख्य सड़क के पार थी। यह एक हिंदू मोहल्ला था। मोहनी रोड पर हम लाहौर के अन्य भागों में गड़बड़ियों की खबरों को घबराहट के साथ सुनते रहे। फिर एक दिन एक भीड़ मोहनी रोड पर "या अली, या अली" चिल्लाते हुए आई। इसने मेरे माता-पिता को डरा दिया। हमारी छत से आग देखी जा सकती थी। आग फैल रही थी। हमारे सियालकोट से रिश्तेदार पहले से ही उत्तर प्रदेश के लिए चले गए थे। मेरे पिता ने मुझे और बड़े भाई को मथुरा उत्तर प्रदेश भेज दिया जहां हमारे रिश्तेदार थे। मेरी मां और छोटा भाई जुलाई में आया और बताया कि हमारा घर जला दिया गया था। मेरे पिता ने मध्य अगस्त से कुछ पहले लाहौर को छोड़ दिया। हमारे तत्काल परिवार में से कोई न तो जख्मी हुआ और न ही कोई मारा गया।'

अमृतसर

अमृतसर में छुरेबाजी और आग लगाना सारे शहर में लोगों के जीवन को धमकी दे रहा था। स्थिति और अधिक नियंत्रण से बाहर हो गई जब अधिकांश लोग हिंसा में फंस गए जिसे मुख्य रूप से आपराधिक गिरोहों द्वारा एक दूसरे के खिलाफ बढ़ावा दिया गया। उस समय तक ज़्यादातर लोग मिश्रित क्षेत्रों से भाग गये थे और फिर से उन इलाकों में एकजुट हुए जहां उनके सह-धर्म के लोग बहुमत में थे। 5 मार्च और 16 मई के दौरान अमृतसर में अधिकारियों ने 209 मृतों और 422 घायलों की गिनती की। कथित तौर पर आगजनी, हत्या, लूटपाट के 2,062 मामलों की लिखित शिकायतें और 4 करोड़ 20 लाख रुपये के नुकसान को पुलिस ने दर्ज किया। अधिकारियों के अनुसार, अमृतसर में 319 आरोपित अपराधी थे। उनमें से कई छुप गए थे (*दी ट्रिब्यून*, 27 मई)। पंजाब का दूसरा हिस्सा जो मई के दौरान गड़बड़ी वाला इलाका रहा, वह अम्बाला डिवीजन में गुड़गांव जिला था। तीस गांवों को जहां ज़्यादातर मुसलमानों का निवास था, जला दिया गया (*दी ट्रिब्यून*, 31 मई)। *पाकिस्तान टाइम्स* ने भी पंजाब के सबसे पूर्वी जिले में मुसलमानों की दुखद दुर्दशा पर प्रकाश डाला।

जून

छिटपुट हिंसा जून के पहले सप्ताह में जारी रही। 2 जून के *दी ट्रिब्यून* में पिछले दिन अमृतसर में भीड़ द्वारा आपसी संघर्ष की सूचना छपी। शहर के विभिन्न भागों से आगजनी, छुरेबाजी और अन्य क्रूर हमलों के मामलों की खबरें आई। 8 जून से शत्रुता में स्पष्ट तौर पर वृद्धि हुई; लाहौर, अमृतसर और गुड़गांव से कई लोगों की मृत्यु की सूचना, राज्यपाल जेनकींस द्वारा वाइसराय को एक टेलीग्राम से भेजी गई (कार्टर, 2007b: 61-2)। जून के दूसरे सप्ताह में बम फेंकने, आगजनी और छुरेबाजी की घटनाओं की पुनरावृति देखी गई जो प्रांत के कई हिस्सों में होने वाली मौतों और चोटों की वजह थी।

गुजरांवाला में जून की शुरुआत के बाद से ही गड़बड़ी हो रही थी। गुजरात, गुरदासपुर, जालंधर, लुधियाना और अम्बाला से भी हिंसक घटनाओं की सूचनाएं आ रही थीं। 10 जून दिनांकित जेनकींस को भेजी, एक टेलीग्राम के अनुसार मोंटगोमरी में सिखों द्वारा छह मुसलमानों की हत्या कर दी गई थी (कार्टर, 2007बी: 67–8)।

पाकिस्तान टाइम्स जो मई 19 और जून 11 के दौरान प्रकाशित नहीं किया गया था 12 जून को फिर से छापा गया, जिसने खबर दी कि 60 घंटे का कर्फ्यू लागू किया गया है और लाहौर की दीवारों से घिरे शहर के अंदर मोची गेट में आगजनी, छुरेबाजी और बम फेंकने की घटनाएँ बेरोकटोक जारी रहीं। अमृतसर में स्थिति में कुछ हद तक सुधार हुआ, लेकिन एक बार फिर 17 जून को आगजनी के साधन, ग्रेनेड और देसी बम प्रतिद्वंदी गिरोहों द्वारा इस्तेमाल किये जा रहे थे। शेख सादिक हसन विधायक, और अमृतसर में मुस्लिम लीग के अध्यक्ष ने राज्यपाल को तार भेजा और उन्हें बताया कि करीब 14,000 बेरोजगार मुस्लिम, जिनमें वे भी शामिल हैं जिनके घरों को नष्ट कर दिया गया है, भुखमरी के कगार पर हैं और सरकार से उन्हें तत्काल राहत की जरूरत है (*पाकिस्तान टाइम्स*, 17 जून)।

लछमन दास अस्पताल, शाहालमी, लाहौर पर 16 जून को बम हमले

16 जून को जेनकींस ने वायसराय को एक टेलीग्राम में रिपोर्ट भेजी:

> सबसे खराब बम विस्फोट तब हुआ जब पुलिस दल इससे पहले शहर के शाहालमी गेट के बाहर अस्पताल में विस्फोट की जांच करने के लिए गया [15 जून]। उन पर एक बम फेंका गया जिसमें कुल 44 लोग हताहत हुए, एक की मौत हो गई और 3 पुलिसकर्मी समेत कई गंभीर रूप से जख्मी हुए जिनमें एक गम्भीर रूप से घायल हो गया। बाकी जनता के सदस्य थे (कार्टर, 2007बी: 88)।

हाजी अब्दुल रहमान गिल, जिनका जिक्र पहले ही, शाहालमी गेट पर हुई मार्च की हिंसा के सिलसिले में किया गया है 16 जून की घटना के गवाह थे। वे याद करते हैं:

‘लाहौर कांग्रेसी नेता भीम सेन सच्चर ने लाला लछमन दास अस्पताल के परिसर में एक जनसभा को संबोधित किया जो शाहालमी गेट के ठीक बाहर था। मैं उस समय डेरे में अपनी दूध की दुकान पर बैठा था। तीन मुसलमान लड़के मोची गेट की दिशा से आये। वे खुले तौर पर जनसभा में लोगों पर आग लगाने वाले उपकरणों को फेंकने की एक योजना के लिए चर्चा कर रहे थे। एक को सामने बाजार से हो कर जाना था दूसरे को पार्क से आगे बढ़ना था और तीसरे को अस्पताल के पीछे जाकर बम डालना था। मैंने उनमें से एक को विस्फोटक उपकरण फेंकते देखा जो ग्रेनेड हो सकता था।

परिसर की दीवार उसके पास से केवल 8 फुट दूर थी। बम विस्फोटित हुआ और इसकी वजह से कई हताहत हुए। जिला मजिस्ट्रेट मोहम्मद गनी चीमा (वास्तव में सिटी मजिस्ट्रेट) जो करीब में थे, हिंदुओं को विस्फोटक सामग्री रखने और ग्रेनेड फेंकने के लिए भी दोषी ठहराया। उन्होंने हिंदुओं के खिलाफ एक मामला दायर किया।'

पंजाब में स्थिति तेजी से नियंत्रण से बाहर हो रही थी। पंजाब पुलिस के रिकार्ड बताते हैं कि पश्चिमी जिलों से पूर्व में सुरक्षा की दृष्टि से हिंदुओं और सिखों का जाना निरंतर जारी रहा जबकि मुस्लिम मुख्य रूप से गुड़गांव से लेकिन कुछ अमृतसर और लुधियाना से भी पश्चिम की ओर जा रहे थे (*डिसटरबेनसेस इन द पंजाब 1947*: 234)। एक ही समय में मध्य और पूर्वी जिलों और सिख राज्यों में सिख लामबंदी की सूचना मिली थी।

लाहौर, अमृतसर, गुजरांवाला, गुजरात, जालंधर और अम्बाला की गड़बड़ी वाले इलाके में शुमारी रही और वहाँ हिंसा बढ़ती रही। 21 जून के *दी ट्रिब्यून* के अनुसार– अमृतसर में प्रतिद्वंद भीड़ द्वारा 100 बम एक दूसरे पर फेंके गए तथा मोजंग और लाहौर में मुसलमान उपद्रवियों से 20 बम जब्त किए गए। लेकिन सबसे नाटकीय बदलाव लाहौर में हुआ जिसने शहर पर पकड़ रखने की हिंदुओं और सिखों की इच्छा शक्ति को तोड़ दिया। यह थी हिंदू इलाके शाहालमी गेट को लगाई गई वह भयानक आग। इस मोड़ तक, जबकि सिखों ने मुसलमान प्रेरित (मार्च, रावलपिंडी प्रभाग में) अत्याचार का खामियाजा वहन किया था, हिंदुओं ने लाहौर में अपनी उपस्थिति बनाए रखने को लेकर विश्वास बनाया हुआ था, भले ही दीवारों से घिरे शहर में कुछ भी हो जाता।

सब्जी मंडी पर बम हमला

22 जून के *दी पाकिस्तान टाइम्स* और *दी ट्रिब्यून* में पिछले दिन पर सब्जी मंडी (सब्जी बाजार) में दो बम के विस्फोट की सूचना छपी जिसमें 18 लोग मारे गए और 55 घायल हुए। बाजार अनिवार्य रूप से एक मुसलमान व्यापार क्षेत्र था और इसलिए मारे गए और घायल हुए लोगों में से ज़्यादातर मुसलमान थे। बम विस्फोटों के एक मुसलमान गवाह मियां मुहम्मद शरीफ ने निम्नलिखित गवाही दी:

'मैं कुछ खरीदने में अपने चाचा खुदा बख्श की मदद कर रहा था कि अचानक सब्जी मंडी में जोर से धमाके हुए। मेरा मानना है कि एक से अधिक बमों का विस्फोट हुआ। यह जब हुआ तब सुबह का समय था और बाजार में कई लोग मौजूद थे। मैंने जले शवों को देखा जो बिल्कुल पहचानने योग्य नहीं थे। चारों ओर शरीरों के अंग फैले हुए थे। लोग पूरे आतंक और दहशत में चारों ओर भाग गए। कोई नहीं जानता था कि क्या करना था। एक दर्जन से अधिक लोगों की मौत हो गई और कई अन्य घायल हो गए। यह एक भयानक दृश्य था। बमों को निश्चित रूप से, हिंदुओं द्वारा

विस्फोटित किया गया। वे बाजार के आसपास बड़ी संख्या में रहते थे और इसलिए वे पास की गवालमंडी या निस्बत रोड से आए होंगे।

दीना नाथ मल्होत्रा

विभाजन से पहले हिंदू–मुसलमान संबंधों के बारे में मल्होत्रा के विचार पहले एक अध्याय में दिये गए हैं। वे मेवा मंडी में बम विस्फोट का जिक्र करते हैं लेकिन अखबार और सरकारी रिकॉर्ड सब्जी मंडी (सब्जी बाजार) का उल्लेख करते हैं। मेवा मंडी में बम के विस्फोट का कोई रिकॉर्ड नहीं है। उन्होंने मुझे निम्न ब्यौरा दिया:

'मई के अंत से लाहौर में किसी न किसी हिस्से में हमेशा आग को भभकते हुए देखा जा सकता था। हम निस्बत रोड के हिंदू गढ़ में रहते थे। दीवारों से घिरे शहर से उठता हुआ धुआँ देखा जा सकता था और हिंदू बाजी हारने की ओर अग्रसर हो रहे थे। मैं सर गोकल चंद नारंग के हिंदू नेतृत्व के तहत "दंगों के पीड़ितों के लिए राहत समिति" में शामिल हो गया। एक रविवार की सुबह हमें पता लगा कि पांच हिंदू युवकों को शाहालमी गेट के अंदर हवेली नकाइन में बच्चों वाली के आसपास के क्षेत्र में गोली के घाव से बुरी तरह घायल कर दिया था। उन्हें तत्काल अस्पताल ले जाने की जरूरत थी। मैं अगर गलत नहीं हूँ तो यह जून का कोई दिन था। हमने एक बड़ी एम्बुलेंस चलाई जो हमने खरीदी थी। मैं और मेरे दोस्त विद्यारतन यात्रा पर निकले जब सड़कें सुनसान थीं क्योंकि तब कर्फ्यू लागू था (हमें यात्रा करने की अनुमति थी)। चारों तरफ आग लगी हुई थी। पुलिस मुख्य रूप से मुस्लिम थी तथा खुले तौर पर मुसलमान अपराधियों के साथ पक्षपात कर रही थी और बहुत ज़्यादा असुरक्षा थी। हम बहुत ज्यादा कठिनाई से उन घायलों के पास पहुँच पाये। एक मर गया था। हमने अन्य चार को एम्बुलेंस में ले लिया। पुरुषों में से एक की मां पागलों जैसे रो रही थी। वह भी एम्बुलेंस में सवार हुई। बहुत मुश्किल से हम शाहालमी गेट से बाहर निकलने में कामयाब हुए लेकिन फिर उस मां की चीखों ने हमें रोकने पर मजबूर कर दिया। उसका बेटा मर चुका था। हमने दुर्भाग्यपूर्ण महिला को सांत्वना देने के लिए अपनी तरफ से पूरी कोशिश की। तब फ्ला. लेफ्टिनेंट रूपचंद जो एक प्रमुख दीवान परिवार थे, वहाँ एक स्टेशन वैगन में दिखाई दिये। फिर वह अन्य तीन लड़कों को सर गंगा राम अस्पताल ले गए।

'दो दिन बाद राहत समिति की एक बैठक आयोजित की गई और आग्नेयास्त्रों का अधिग्रहण करने का फैसला किया गया। श्री एन.डी. कपूर इस काम के प्रभारी थे। उन्होंने कहा कि रावलपिंडी ऑर्डिनेन्स डिपो से कुछ तोपों की खरीदने की व्यवस्था की जाए। मैं और एक दोस्त महिंदर रावलपिंडी गए और 12 रिवाल्वर लेकर वापस आए जिन्हें हमने बस के सामने की पंक्ति की सीट कवरों में छिपाकर रखा और उन्हें

ठीक से सिलाई कर दिया। इस तरह हम उन बंदूकों को श्री कपूर को देने में कामयाब हुए।

'एक दिन मुझे अपनी एक दुकान का कब्जा लेने के संबंध में जिसे हमारा एक किरायेदार मुसलमान दर्जी जो कई महीनों से निस्बत रोड नहीं आ रहा था और प्रयोग नहीं कर रहा था उसकी अनुमति के लिए गवालमंडी पुलिस स्टेशन जाना पड़ा। पुलिस थाने में रीडर कुछ कागजी काम में व्यस्त था तो मैंने एक सीट ले ली और उससे बात करने के लिए अपनी बारी का इंतजार करने लगा। मेवा मंडी में बम धमाके के बाद जिसमें आठ जानें गईं थीं और बीस से ज़्यादा घायल हो गये थे, पुलिस कुछ हिंदू युवकों को पकड़ लाई थी। ऐसे अवसरों पर पुलिस इकबालिया और जानकारी प्राप्त करने के लिए बहुत क्रूरता का उपयोग करती है। एसएचओ ने प्रकाश का नाम जोर से चिल्ला कर पुकारा, जबकि वह एक नौजवान की पूछताछ कर रहा था। मैं जानता था कि प्रकाश को बम विस्फोट स्थल के निकट से पुलिस द्वारा पकड़ा गया था। प्रकाश की आवाज कांप रही थी और उसने बम विस्फोट में शामिल लोगों के साथ-साथ मेरा नाम भी उगल दिया।

'जब मैंने अपना नाम सुना तो डर के मारे मेरे पैरों तले जमीन खिसक गई। रीडर अब भी अपने कागजी काम में मशगूल था। मैं चुप-चाप उठा और शांति से पुलिस स्टेशन से निकल गया; तब जब अपनी गली में घुसा तो बेतहाशा तौर पर घर पहुँचने के लिए भागा। घर पर मेरी मां और भाई ने फैसला किया कि लाहौर में मेरा रहना खतरनाक है। मेरा भाई मुझे गाड़ी में अपनी आर्य प्रैस तक ले आया और शाम को मुझे लाहौर के बजाय मोघलपुरा स्टेशन ले आया जहां से मैंने पंजाब मेल पकड़ी और लाहौर छोड़ दिया। यह जून के अंत का समय होगा मगर पक्की तारीख मुझे याद नहीं है।'

डॉ. जगदीश चंद्र सरीन

डॉ. जगदीश चंद्र सरीन जिनका जिक्र पहले उत्तरी पंजाब में हिंदुओं और सिखों पर हमलों को लेकर किया गया है याद करते हैं कि उसी दिन दीवारों से घिरे शहर के हिंदू मोहल्लों में आग लगी हुई थी:

'21 जून को लाहौर के पापड़ मंडी वाले हिंदू इलाके को आग लगा दी गई थी। उसके बाद मच्छी हट्टा और फिर शाहालमी को भी आग के सुपुर्द कर दिया गया। चीमा नाम के एक मैजिस्ट्रेट थे जो खुद गैर-मुसलमानों पर हमलों की अगुवाई कर रहे थे। वो दमकल के लोगों को अपना काम नहीं करने देते थे। अगर हिंदू और सिख उस जगह से भागने की कोशिश करते तो वे उन्हें वापस भेज देते। उन दिनों मैं अपने काम के लिए मोंटगोमरी पार्क स्थित अपने घर से निकलता और प्लाजा सिनेमा जाता और फिर क्वींस रोड स्थित बालकरम मेडिकल कॉलेज पहुंचता। हम रोज किसी के

मारे जाने या गंभीर रूप से जख्मी होने के बारे में सुनते। अगर किसी दिन सात हिंदू मारे जाते तो अगले दिन सात या आठ मुसलमानों के मारे जाने की खबर आती। हमारे खुद के इलाके में जहां तक मुझे ठीक-ठीक पता है स्थानीय मुसलमानों ने हमारे ऊपर हमला नहीं किया। एक दिन दो बुरी तरह जले हुए लोग अस्पताल आए। शायद पक्का लग रहा था कि वे आर.एस.एस. के काडर थे जो एक बम बनाने की कोशिश कर रहे थे। इसका विस्फोट हो गया था और इसने उन्हें बहुत गंभीर जख्म पहुंचाए।

'मेरा एक दोस्त आया और मुझे बताया कि पिछली रात हिंदू इलाके मोहल्ला सरीन पर हमला हुआ था और 17 नौजवानों को मार दिया गया था। अपनी रक्षा करने के लिए उनके पास कोई हथियार नहीं थे। जख्मी हुए लोगों की मदद के लिए एक डॉक्टर की जरूरत थी। मैंने वहाँ जाकर उन लोगों की मदद करने की पेशकश की। मैं सरस्वती इन्शुरेंस कंपनी के मुख्यालय गया जिसके मालिक हिंदू महासभा के नेता सर गोकल चंद नारंग थे। यह लाहौर रिलीफ सोसाइटी का भी मुख्यालय था जो दरअसल हिंदू उग्रवादियों की गतिविधियों को ढकने का काम करती थी। वहाँ हमें प्रथम चिकित्सा का बुनियादी सामान मिला और एक 0.303 राइफल और कुछ कारतूस भी। मैंने पहले कभी किसी हथियार का इस्तेमाल नहीं किया था और इसको ले जाने के विचार ने ही मुझे बहुत डरा दिया। एक मराठी जिसने 1940 के दशक के सोशलिस्ट आंदोलन में हिस्सा लिया था मुझे अमोनिया की बोतलें दीं और साथ में ब्रोमीन के कैप्सुल भी। उन्होंने मुझे बताया कि अगर मुझ पर हमला होता है और मैं अगर भीड़ को तितर बितर करना चाहता हूँ तो मुझे इन्हें जमीन पर फेंक देना होगा। लपटें पैदा होंगी और भीड़ तितर बितर हो जाएगी। हमने राइफल को एक स्ट्रेचर में छुपा लिया और दूसरी चीजों को रुई के बंडल में और सर गोकल की बड़े बुईक्क मोटर गाड़ी में मोहल्ला सरीन पहुंचे।

'हम शाहालमी गेट घुसे फिर रंग महल। वहाँ कई लोग इकट्ठा हुए थे। वे चीख रहे थे "और आगे मत जाओ। आगे आग लगी हुई है।" मगर हम आगे बढ़ते रहे और कश्मीरी बाजार में दाखिल हुए। हमने मोहल्ला सरीन के सामने गाड़ी रोकी। हम अंदर गए और कुछ देर ठहरे उन्हें वो सामान दिया जो हम लेकर आए थे और शाही मोहल्ले से होकर निकल गए। हमें यह पता लगा कि मुसलमान नौजवान मोहल्ले में एक छोटे से गेट से घुसने की कोशिश कर रहे थे ताकि मोहल्ले को आग लगाई जा सके जब कि हिंदू नौजवान अंदर से लाठियों और पत्थरों की मदद से उन्हें रोकने की कोशिश कर रहे थे। लगता है दोनों गुटों के पास कोई हथियार नहीं थे। अगले दिन लाहौर रिलीफ सोसाइटी के सात सदस्य जो दरअसल आर.एस.एस. से नाता रखते थे वहाँ गोलियां देने गए। उन्हें पुलिस ने गिरफ्तार कर लिया और बाद में उनको यातनाएँ दी।

'इसके बाद दीवारों से घिरे शहर में बहुत बड़ी आग लगी और पूरे हिंदू इलाके को जला कर राख में परिवर्तित कर दिया। यह बेरोकटोक चलता रहा मगर किसी भी मायने में यह अब पक्का नहीं था कि लाहौर पाकिस्तान का एक हिस्सा होगा।

एक दिन मैंने डॉ. गोपी चंद भार्गव जो एक काँग्रेसी नेता थे से कहा, "डॉ. साहिब, आपको लाहौर छोड़ देना चाहिए। यहाँ आपकी जिंदगी को खतरा है।" उन्होंने जवाब दिया, "नहीं, मैं गांधी का अनुयायी हूँ। अगर कोई आता है और मुझे मार देता है तो मैं शांतिमय तरीके से मर जाऊंगा।" एक अन्य व्यक्ति मोहनलाल ने मजाक में कहा, "डॉ. साहिब, हर कोई अपनी संपत्ति बेच रहा है। क्या आपका बेचने लायक कुछ है? मैं खरीद लूँगा।" दरअसल, लाहौर के हिंदू नेता बहुत आश्वस्त थे कि लाहौर भारत का एक हिस्सा बना रहेगा। डॉ. गोपी चंद भार्गव को यकीन था कि लाहौर कभी भी पाकिस्तान का हिस्सा नहीं बनेगा।'

इससे पहले 3 जनवरी 1997 को मुंबई के एक दौरे के दौरान मैं जाने माने भारतीय फिल्म निर्माता बी.आर. चोपड़ा को उनके मुंबई स्थित दफ्तर में मिला और उनके लाहौर के दिनों पर एक लंबी बात-चीत की। उन्होंने मुझे बताया कि उनका परिवार गवालमंडी के चैंबरलेन रोड पर रहता था और यह मोहल्ला शाहालमी से ज़्यादा दूर नहीं था। यह एक हिंदू बहुल इलाका था। बाद में वे पंजाब लेजिस्लेटिव असेंबली के पीछे के इलाके में चले गए। बात-चीत के दौरान मैं यह सोच रहा था कि क्या उनके दिल में कभी दोबारा लाहौर जाने का विचार आया। उन्होंने मुझे बताया कि वे अक्सर गवर्नमेंट कॉलेज लाहौर में बिताए अपने समय के बारे में सोचते थे जो उनकी जिंदगी के कभी न भूल पाने वाले दिन थे और वास्तव में उनका अपने पुराने मित्रों के साथ संपर्क कायम था। उनके पुराने दोस्त शेख अब्दुल रशीद का निधन हो गया था मगर उनके बच्चे कभी कभार उनको लिखते थे। उन्होंने स्वीकार किया कि लाहौर जाने की उनकी एक बहुत गहरी ख्वाहिश थी मगर उनकी पत्नी इस विचार को सहमति नहीं देंगी और वजह थी शाहालमी की आग, जिसने उस मोहल्ले के हिंदू समुदाय में त्राहि मचा दी थी। वे सीधे तौर पर उस घटना के चलते सदमे में थीं। हालांकि वे सकुशल बच गईं थीं मगर उनके कई रिश्तेदार उस आग में मारे गए थे।

शाहालमी की आग

पुराने दिनों के मुसलमान भी जब 1947 के साल और विभाजन का मुद्दा उठता है तो वे शाहालमी का जिक्र हमेशा एक ऐसे मोड़ की तरह करते हैं जब हिंदू और सिख लाहौर में अपने टिके रहने की इच्छा शक्ति को खो देते हैं। लाहौर के हिंदुओं के साथ मेरी कई सालों की बात-चीत से दो मुद्दों का जिक्र बार-बार हुआ है – शाहालमी की आग और शहर के मजिस्ट्रेट मुहम्मद गनी चीमा पर लगाया गया यह इल्जाम कि उन्होंने इस आग को लगवाने में एक अहम भूमिका निभाई। इसलिए मैं खास कर पता लगाना चाहता था कि लाहौर में उस मौके पर सही-सही क्या हुआ था?

हाजी अब्दुल रहमान भी शाहालमी गेट की आग की भी आँखों देखी सूचना देने में समर्थ थे क्योकि वह इस साजिश में शामिल थे। जो ब्यौरा उन्होंने दिया, वह उस घटना

की रिपोर्ट से काफी करीब से मेल खाता था जो 24 जून 1947 के *पाकिस्तान टाइम्स* में छपी थी। 30 दिसंबर 2004 को मैंने जब उनका साक्षात्कार लिया। मैं खासतौर पर पक्की तारीख जानने को उत्सुक था मगर यह उनको याद नहीं थी और उन्होंने सिर्फ यह कहा कि यह एक भीषण गर्मी वाली रात थी। मैं 24 जून 1947 के *पाकिस्तान टाइम्स* में छपी रिपोर्ट के हूबहू शब्द पेश करता हूँ:

'100 दुकानों के अलावा करीब 100 घर, एक आग में पूरी तरह तबाह हो गए, जो लाहौर में, शाहालमी गेट के अंदर, पापड़मंडी और कूचा हवागरान में रविवार सुबह (22 जून) को भड़की। बाजार के दोनों तरफ की इमारतें पूरी तरह राख होकर ढह गईं। गिरे हुए मलबे ने बाजार की राह को अवरोधित कर दिया है। कई लाख रुपयों का नुकसान होने का अंदेशा है। स्थानीय सोना-चांदी के व्यापारिक केंद्र, करियाना मार्केट और गोदाम इन्हीं इलाकों में स्थित हैं।

'आग शाहालमी गेट के अंदर, रविवार की सुबह-सुबह लगाई गई और बाद में यह पापड़ मंडी, जोढ़ मोरी और बाल माता स्ट्रीट तक फैल गई।

'निगम का अग्नि-शामक दल और दो फौजी दमकल इंजन पहुंचे, जो बहुत देर तक निष्क्रिय रहे क्योंकि पानी की सप्लाई में खराबी पैदा हो गई थी। रविवार सुबह, गोलियां चलने की आवाजें आती रहीं और आग से पैदा हुई इस उथल-पुथल तथा भ्रम की स्थिति में, फौज तथा पुलिस द्वारा कर्फ्यू तोड़ने वालों पर 100 राउंड गोलियां दागने की खबर मिली है।

'शाहालमी गेट के अंदर रविवार सुबह तीन बम फटे जब एक स्थानीय मैजिस्ट्रेट प्रभावित इलाकों का दौरा कर रहे थे। एक फौजी अफसर और दो पुलिस अधिकारियों को मामूली चोटिल होने की खबरें मिली हैं।

'पुलिस और फौज ने इलाके की घेराबंदी कर दी और 150 लोगों को हिरासत में लिया जिसमें एक औरत भी शामिल है।'

उसी पृष्ठ के नीचे और एक खबर दी गई थी: 'शाम को सर इवन जेनकींस ने सर जे.एम.टी बेनेट, पुलिस के इंस्पेक्टर जनरल के साथ जलाए गए इलाकों, शाहालमी गेट, पापड़ मंडी और कूचा हवागरान और मोजंग का भी' दौरा किया।'

हाजी अब्दुल रहमान गिल

'मैजिस्ट्रेट चीमा हमारे डेरे में आकर मेरे वालिद के साथ बात किया करते थे। वह हमारी तरह एक जाट (जट्ट) थे और मेरे वालिद को अच्छी तरह जानते थे। मैं हमेशा अपने वालिद के साथ रहता था क्योंकि उनको दौरे पड़ते थे और उनको जल्द मदद देनी पड़ती थी; इसलिए मुझे वह सब कुछ मालूम है जो उन दिनों में हुआ। वे

कुम्हारों की दुकानों के बाहर बैठते और बात करते। एक दिन कुछ हिंदुओं ने शाहालमी के अंदर लाल मस्जिद की एक मीनार को गिराने की कोशिश की। मेरे वालिद अंदर जाकर शरारती लोगों को सजा देना चाहते थे। एक ब्रिटिश सार्जेंट जो एक लॉरि दस्ते की अगुवाई कर रहा था इसको लेकर इस इलाके में था। चीमा ने उस लॉरि को रोका और उस सार्जेंट को अपना परिचय पत्र दिखाया जिसने उसे सैल्युट किया। चीमा के निर्देश पर सार्जेंट ने अपने सिपाहियों को लॉरि से उतर कर मस्जिद को अपवित्र करने वालों पर गोली चलाने को कहा। अफरा-तफरी फैल गई और लोग सुरक्षा के लिए इधर-उधर भागे। कुछ हिंदुओं ने चौड़े नाले की कतारों में खुद को छुपा लिया जबकि दूसरे भाग खड़े हुए।

'हमारे घर के बिल्कुल पीछे, एक और हिंदू मोहल्ला, कूचा बाल माता था। उस मोहल्ले के हिंदुओं ने मेरे दादा के घर की ऊपरी मंजिल पर आग लगा दी मगर आग बजाय नीचे जाने के हिंदू घरों की तरफ फैलने लगी। किसी तरह हिंदुओं की इस भड़काहट ने मेरे वालिद को और क्रोधित कर दिया। 3 मार्च से मियांवाली की मुसलमान पुलिस को शाहालमी के बाहर तैनात कर दिया था। सहायक दारोगा करमदीन था। मियांवाली के पुलिस वाले लंबे और रौबदार थे जिनकी लंबी मूंछे थीं। शाहालमी के पहले आगजनी के मामले में उन्होंने एक अहम किरदार निभाया। मेरा अंदाजा है कि चीमा ने भाँप लिया था कि चूंकि हमारे घरों को आग लगाई गई थी और वालिद गुस्सा थे उनको आसानी से हिंदुओं पर पूरे हमले के लिए तैयार किया जा सकता था। इसलिए एक बहुत गर्मी वाली शाम को जब हम सारे डेरे पर बैठे हुए थे चीमा ने मेरे वालिद से कहा "बिल्ले मुझे कुछ आदमी दे, मैं शाहालमी को जला देना चाहता हूँ।" यह मशहूर शाहालमी आग का उद्भव था।

'मेरे वालिद हिचकिचा रहे थे क्योंकि हमारा एक बड़ा परिवार था और मुझे छोड़ कर सारे बच्चे छोटे थे। उन्होंने चीमा से कहा, "मैं इस तरह की हरकत में हिस्सा नहीं ले सकता क्योंकि अब मेरी कई जिम्मेदारियां हैं। 1927, 1935 और 1937 का समय कुछ और था अब मुझे अपने बच्चों की भलाई के बारे में जरूर सोचना चाहिए"।[1] चीमा ने कहा कि वे सब कुछ समझते हैं लेकिन वो शाहालमी को आग लगाने का पक्का इरादा रखते हैं। मेरे वालिद को जरूरी सुरक्षा प्रदान करने के लिए ताकि वे इस साजिश में शामिल हों उन्होंने सहायक दारोगा करमदीन को निर्देश दिया कि वह उन्हें पुलिस चौकी ले जाए और पुलिस रिकार्डों में यह दिखाए कि धारा 107 और 151 के तहत मैजिस्ट्रेट चीमा ने उसे पुलिस हिरासत में रखा था। फिर उन्होंने कहा, "अब तो मुझे वे आदमी दो जो मुझे चाहिए।" यह सुनकर वालिद ने कहा, "ठीक है चौधरी।"

'वालिद ने चीमा को कहा, "मुझे एक पुलिस कांस्टेबल दें और मैं आपकी मदद करूंगा।" मैं, मेरे वालिद और वह कांस्टेबल तब मोची गेट के सीरियाँवाला बाजार के लिए निकल पड़े जहां मेरा चचेरा भाई मुहम्मद शफी रहता था जिसे शफी इट्टी या शफी

नैनावाला भी कहा जाता था। सीरियाँवाला बाजार वही मोहल्ला है जहाँ इलामुद्दीन शहीद रहा करते थे। वालिद ने लतीफ के साथ बात की और उसे कहा कि उन्हें शाहालमी को आग लगाने के लिए कुछ सामग्री चाहिए। उस ने कहा, "ठीक है पाजी, आप दो घंटे बाद आयें।" हम दो घंटों बाद लौटे। उसने दो पीपों में तेल जैसी एक केमिकल वस्तु का प्रबंध किया जिसे सोलुशन कहा जाता था। ऐसी वस्तु का प्रयोग जूतों और कई अलग-अलग चीजों को बनाने में होता है। इसे जब किसी चीज पर लगा दिया जाता है यह उससे चिपक जाता है और आसानी से इसमें आग लगती है मगर एक बार जब आग लग जाती है तो इसे बुझाना बहुत मुश्किल होता है।

'उनके करीबी दोस्तों में से दो अब्दुल लतीफ या टिफा तरखान और लावा कानकट्टा कश्मीरी उनके साथ थे। यह लगभग रात के 10 बजे का समय था और कर्फ्यू की वजह से सड़कों पर सब कुछ पूरी तरह से शांत था। जल्द ही हम उस जगह पहुंच गए, जहां चीमा और पिता उनके लिए इंतजार कर रहे थे। पुलिस बल का एक सिख जिसे हिंदू हमेशा अपने इलाके में तैनात किया जाना चाहते थे शाहालमी में रात्रि की ड्यूटी पर था। वह शाहालमी गेट के पास एक चारपाई पर सो रहा था। उस दिन चीमा ने करमदीन को आदेश दिया था कि वह उसे ड्यूटी पर न डाले। चीमा ने एक पुलिसकर्मी को इस आदेश के साथ एक भरी हुई बंदूक के साथ तैनात किया कि अगर उस सिख ने उठकर कोई शोर किया तो उसे वह गोली मार दे। थोड़ी देर बाद चीमा ने हमें अपना काम शुरू करने का आदेश दिया। पिता और चीमा बाहर बने रहे। दो-दो के दो समूहों का गठन किया गया। दोनों समूह शाहालमी के बिल्कुल दूर विपरीत दिशा में चले गए और दुकानों के दरवाजों और थारों पर सोलुशन लगाने लगे जो उन दिनों हमेशा ही लकड़ी से बने होते थे। हवेली लाला लछमन राम के पास एक छोर पर हिंदुओं ने एक चौबचा बनाया था और इसे पानी से भर दिया था और ड्रमों को भी पानी के साथ ऊपर तक भर दिया था। यह एक एहतियात के रूप में किया गया था कि अगर आग लगती तो उसे रोका जा सके। हवेली एक किले की तरह थी। यह व्यापक रूप से माना जाता था कि हिंदुओं ने अंदर हथियार और गोला बारूद की काफी मात्रा इकट्ठा कर ली थी।

'अन्य समूह पार्टी मोहल्ला परीमल की ओर चले गए। दोनों समूहों ने दरवाजे और थारों को पदार्थ के साथ लेप दिया और चौबचे और पानी से भरे ड्रम में भी इसे डाल दिया। जब सरकारी कॉलेज में बड़ी घड़ी में एक बजा तब चीमा ने आग जलाने का निर्देश दिया। हम सब से अधिक दूर के छोर से चलते हुए शाहालमी गेट की ओर बढ़े। कुछ ही मिनटों में आग एक सत्य नरक में बदल गई।

'सत्तावन साल के बाद अब आग के बारे में बात करना और अपनी आंखों से इसे देखना जब यह लगी हुई थी दो बहुत अलग बातें हैं। उस दृश्य के साथ-साथ रोने और चिल्लाने की आवाजों को कभी भी भुलाया नहीं जा सकता। जला दिये जाने

की तुलना में अधिक दर्दनाक पीड़ा कुछ भी नहीं है। एक दूरी से भी गर्मी असहनीय थी। जब कि हर जगह के आसपास अंधेरा था शाहालमी मानों रोशनी में नहा रहा था। यह दृश्य इतना शानदार था कि यह असत्य लग रहा था। जवाहर लाल नेहरू के पिता मोतीलाल नेहरू द्वारा निर्मित मोती मंदिर अभी हाल तक यहाँ खड़ा था। अब यह नष्ट हो गया है। मंदिर एक पानी की नहर के पास था जो दीवारों वाले शहर को पूरी तरह घेरे हुए थी। दीवारों वाले शहर के आसपास के बगीचे में पानी की आपूर्ति के उद्देश्य के लिए इस नहर को अंग्रेजों द्वारा बनाया गया था।

'अग्नि शामक दल तुरंत आ गया और मोती मंदिर के नीचे तैनात हो गया। इंजनों को नहर से पानी चूसने और जलती इमारतों पर पानी फेंकने के लिए शुरू किया गया लेकिन चीमा ने दमकल के कर्मियों को आदेश दिया कि वे पाइपों की नोक वापस नहर की ओर कर दें। परिणाम था कि आवाज से यह लग रहा था कि अग्नि शामक दल पूरी ताकत के साथ पानी फेंक रही थी जबकि वास्तव में पानी वापस नहर में जा रहा था। दमकल के कर्मी मुसलमान थे और किसी भी मामले में वे एक सिटी मजिस्ट्रेट के आदेश की अवहेलना नहीं कर सकते थे। जब आग पूरी तरह प्रज्वलन कर रही थी चीमा ने मेरे पिता से कहा, "बिल्ले, अब मैं गुड़ वाले चावल और मसूर चावल खाना चाहता हूँ।" ये व्यंजन तुरंत पकाये गए और हम कूचा डोगराँ के एक घर में बैठे और उन्हें खाया।

'मुझे याद है कि आग जल रही थी और मसाले बेचने वाली कई दुकानें जल रही थीं। जलते मसालों से अजीब खुशबू आती है। कुछ से अच्छी खुशबू आती है लेकिन जब लाल मिर्च ने जलना शुरू किया तो लोगों ने छींकना शुरू कर दिया। मैंने उस रात को एक चमत्कार देखा। जब भी आग एक मुसलमान के घर तक पहुंचती तो यह एक और दिशा ले लेती। एक मुसलमान वेश्या लाल मस्जिद के बगल में रहती थी। आग ने उसके घर को अछूता छोड़ दिया। जब यह पापड़ मंडी पहुंची तो मुसलमान शेखों के घर पर रुक गई। वैसे भी उनका घर अच्छी तरह से पानी में लथपथ था। एक हिंदू थानेदार पंडित देवी दास और उनके दो मुसलमान कांस्टेबल जिन्हें हम सज्जा और खब्बा (दाएं और बाएं) कहते थे कूचा डोगराँ आए जो एक मुसलमान इलाका था। ये मुसलमान कांस्टेबल वास्तविक बदमाश थे और देवी दास के जासूस के रूप में काम करते थे। उन्होंने कूचा डोगराँ के मुसलमानों से कहा "मेरे क्षेत्र में कोई कर्फ्यू नहीं है इसलिए जाओ और आग बुझाओ।" उसके निर्देश का पालन करने के बजाय मोहल्ले के मुसलमानों ने सभी तीनों को खत्म करने की सोची। नतीजतन उन्हें शेख के घर की सीढ़ियों से ऊपर चढ़ने का लालच दिया गया कि वे वहाँ से देखें कि माजरा क्या है। योजना थी कि जब वे सबसे ऊपरी मंजिल तक पहुँचे उन्हें नीचे फेंक दिया जाए। देवी दास कुछ ही कदम ऊपर चला और फिर उसे लगा कि कुछ गलत है। तो वह और दो कांस्टेबल दूर भाग गये और यहां तक कि पुलिस स्टेशन भी वापस नहीं आए।

'आग पूरे 12 घंटे तक जलती रही। यह रात को एक बजे लगी थी और दूसरे दिन दोपहर को 1 बजे बुझी। मुझे यह नहीं मालूम कि कितने लोग मारे गए; शायद उनकी संख्या एक सौ से कम थी क्योंकि ज़्यादातर लोग भाग गए। वो लोहारी मंडी होते हुए मोती बाजार से निकले और फिर लाहौरी बाग पहुंचे और ऐसा लग रहा था कि एक बड़ा मेला लगा हुआ था मगर यह एक ऐसा मेला था जिसमें दुखी लोग भरे पड़े थे न कि मजा और आनंद लेने आए लोगों का। तांगे वाले रेलवे स्टेशन पहुँचाने का हर इंसान से 100 रुपये ले रहे थे। उस समय यह एक बहुत बड़ी रकम थी; आम तौर पर हर मुसाफिर का किराया एक रुपये से भी कम था। पूरा शाहालमी इस आग में नहीं जला था; कई इमारतों पर कोई असर नहीं हुआ और हिंदू तथा सिख शाहालमी के कुछ हिस्सों में रह गए। इन इमारतों को बाद में जुलाई में जला दिया गया परन्तु यह दूसरे लोगों का काम था।

'हिंदुओं द्वारा पुलिस में दर्ज एफआईआर में सिर्फ मेरे वालिद का नाम था। पुलिस के वरिष्ठ अफसर अब भी ब्रिटिश थे। उन्होंने मेरे वालिद की जोर-शोर से तलाश शुरू कर दी। उन्होंने पहले एक रिश्तेदार के पास तोपखाना बाजार में पनाह ली जिसने उसे एक दुकान में छुपा दिया। फिर वह चुँग चले गए जो लाहौर के बाहर का एक जंगल था। सदियों से यह उन लोगों के लिए एक सुरक्षित जगह थी जो अधिकारियों से बच कर दूर रहना चाहते थे। मेरा एक रिश्तेदार पहले से ही चुँग में बसा हुआ था और उसका काफी प्रभाव था। जब तक वह चुँग में रहे उसने मेरे वालिद को सुरक्षा प्रदान की।

'मुझे और मेरे चाचा को पूछ-ताछ के लिए लोहारी गेट पुलिस थाने ले जाया गया। मगर मुस्लिम लीग के नेता और पंजाब असेंबली के लाहौर से सदस्य मशहूर खलीफा शुजाऊद्दीन जिन्हें मेरे वालिद चुनाव के दिनों में मदद पहुंचाया करते थे उन्हें बहुत चाहते थे। उन्होंने अपने प्रभाव का इस्तेमाल किया और हमें पुलिस की हिरासत से रिहा करा लिया। मगर मेरा एक भाई काफी बीमार पड़ गया जिसे वालिद बहुत प्यार करते थे तथा उसे देखने से अपने को रोक नहीं सके। किसी ने उनके आने के बारे में अधिकारियों को बता दिया और उनको गिरफ्तार करने पुलिस साथ ही साथ आ गई। वालिद ने अपने आपको नवां बाजार के बाहर एक तांगा स्टैंड की एक खुरली में छुपा लिया जहां से एक गंदा नाला बहता था और इस तरह अपने आप को बचा लिया। इस तरह जब घोड़े घास खा रहे थे वालिद एक गट्ठर के नीचे बैठे हुए थे। पुलिस चली गई। मेरे वालिद हमसे मिलने फिर जुलाई में आए लेकिन दोबारा किसी ने पुलिस को बता दिया और एक छापा पड़ा लेकिन मेरे वालिद एक गुज्जर के घर में गोबर के उपलों में छुप कर बच गए। हमारा एक रिश्तेदार दुल्ला एक जट्ट और जो खुद भी एक बिल्ली आँखों वाला था उसे गलती से पुलिस पकड़कर ले गई। मेरे वालिद की बिल्ली जैसी आँखों का जिक्र 1927 से एक निशानी के तौर पर पुलिस रिकार्डों में दर्ज था। उन्होंने एक और बिल्ला कारीगर को भी पकड़ लिया। उन्होंने इसे छोड़ दिया

मगर दुल्ला बिल्ला को पकड़े रखा जो बहुत कम बोलने के लिए बदनाम था और घंटों चुप रह सकता था। उन्होंने उसे लाहौर मेंटल हॉस्पिटल भेज दिया।

'हम बहुत चिंतित हो गए क्योंकि दुल्ला बेकसूर था और एक जट्ट भी। इसलिए हम चौधरी कलीम-उद-दीन के पास गए जो खुद भी एक जट्ट थे और साथ-साथ लाहौर के एक प्रमुख मुस्लिम लीग नेता। नतीजतन नवाब ममदोत, दौलतना, शौकत हयात, अब्दुल हमीद दस्ती और चौधरी कलीम-उद-दीन ने उनको खोजने के लिए सारे पुलिस थानों और जेलों का दौरा किया मगर वह इनको नहीं मिला। तब एक मुसलमान पुलिस वाले ने हमें बताया कि उसे एक मानसिक अस्पताल भेज दिया गया था। अस्पताल गए और उसे एक चारपाई के साथ जंजीरों में जड़ा हुआ पाया; किसी वजह से उसको जमीन में एक बड़ा सा गड्ढा खोदने पर मजबूर किया था। उन्होंने उसको रिहा करा लिया।

'बाद में शहर के हिंदू मोहल्लों जैसे कि मोहल्ला सरीन, मोहल्ला वनवट्टन और शाहालमी के दूसरे हिस्सों में लगी आग दूसरे मुसलमान नौजवानों की हरकत थी। इनमें भट्टी, लोहारी, मोची गेट और पूर्वी पंजाब से आए शरणार्थी लड़के शामिल थे। उन्होंने दुकानों और घरों के ताले तोड़े और उन्हें लूट लिया। मगर हमारे द्वारा लगाई हुई आग ने लाहौर में पासा पलट दिया। इसके पीछे चीमा का दिमाग था और मेरे वालिद ने आग लगाने की सामग्री और आग लगाने वाले लोगो को देकर जरूरी मदद दी।

'वालिद चुँग में रहे जब तक पाकिस्तान अस्तित्व में नहीं आ गया था। उसके बाद पुलिस पर ब्रिटिश नियंत्रण समाप्त हो गया और पाकिस्तानी अफसरों ने जिम्मेदारी ले ली। तब भी वालिद निश्चित रूप से नहीं जानते थे कि अफसर उनके साथ कैसा बरताव करेंगे। वे हमारे शाहालमी के घर में लौटने से पहले जो हमें 5 मार्च को खाली करना पड़ा था जब हम इसे छोड़ कर अपने रिश्तेदारों के पास रहने नवां बाजार चले गए थे, उचित राहत और इजाजत ले लेना चाहते थे। इसलिए 22 अगस्त 1947 को हमने अदालत को एक अर्जी पेश की।'

अर्जी में यह लिखा था:

कार्यकारी मैजिस्ट्रेट के लिए

लाहौर.

महाशय,

पूरे सम्मान के साथ मैं निवेदन करना चाहूँगा कि हम अधोहस्ताक्षरकर्ता शाहालमी के सूचियाँ क्वार्टर में रहा करते थे जब सांप्रदायिक दंगों के दौरान हमें अपने घरों को खाली करना पड़ा क्योंकि उस इलाके के हिंदू हमें धमकियाँ दिया करते थे। अब हम अपने घरों में लौटना चाहते हैं लेकिन एक तरफ हिंदुओं के घर अभी भी दुरुस्त हैं और उन पर ताले लगे हुए हैं

हमारे घरों को बर्बाद कर दिया गया है और लूट लिया गया है। हमने अपनी संपत्ति के बर्बाद होने और नुकसान बारे पहले ही कई अर्जियाँ पेश की हैं।

हम आपको यह सूचना दे रहे हैं कि आज 22 अगस्त से हम अपने घरों में लौट रहे हैं।

आपके आज्ञाकारी

(दस्तखत)

पीर बक्श वल्द फजल दीन (जातिः जट्ट), निवासी कटरा सुसियाँ, लाहौर

बहाग दीन वल्द उमर दीन (जातिः जट्ट), निवासी कटरा सुसियाँ, लाहौर

मुहम्मद बूटा वल्द मौला बक्श (जातिः जट्ट), निवासी कटरा सुसियाँ, लाहौर

खुदा बक्श वल्द इलाही बक्श (जातिः जट्ट), निवासी कटरा सुसियाँ, लाहौर

नूर मुहम्मद वल्द करीम बक्श (जातिः जट्ट), निवासी कटरा सुसियाँ, लाहौर

गुलाम हुसैन वल्द फजल दीन (जातिः जट्ट), निवासी कटरा सुसियाँ, लाहौर

रहीम बक्श वल्द सौदागर (जातिः जट्ट), निवासी कटरा सुसियाँ, लाहौर

दीन मुहम्मद वल्द गुलाम मुहम्मद (जातिः जट्ट), निवासी कटरा सुसियाँ, लाहौर

अहमद सलीम ने लाहौर के एक वयोवृद्ध वकील श्री हुकुम कुरैशी का 1947 के लाहौर की स्थिति के संबंध में साक्षात्कार लिया। उनकी गवाही ने इस आम तस्वीर की पुष्टि की कि हिंसा की समग्र घटनाओं में अस्थायी गिरावट आने के बावजूद लाहौर मार्च 1947 के बाद से गड़बड़ी वाला शहर रहा। एम.जी.चीमा की भूमिका के बारे में उन्होंने जो कहा वह निम्नलिखित था:

हुकुम कुरैशी

'मजिस्ट्रेट एम.जी. चीमा एक स्टील का हेलमेट पहना करते थे। उन्होंने लाहौर से सभी हिंदुओं को निष्कासित करने का फैसला किया था। वास्तविक आग लगने से पहले मुसलमान सोडा पानी की बोतलें भरते। फिर उन्हें शाहालमी में फेंका जाता। उनका विस्फोट होता और वे मौत और चोट का कारण बनतीं। बदले के रूप में हिंदू उनके घर में ऊपर से गोलियां चलाते। हिंदुओं के बीच कोई बदमाश नहीं थे। सभी बदमाश मुसलमान थे। शाहालमी की आग से कुछ दिन पहले चौक रंगमहल से शाहालमी की सीवरेज की नालियों को अवरुद्ध किया गया। इसके बजाय मिट्टी का तेल और पेट्रोल मिश्रित कर उन नालियों में बहा दिया गया। हिंदुओं ने अपने शाहालमी के गढ़ में पूरी तरह से किलेबंदी कर ली थी लेकिन जब उनके घरों और दुकानों में आग लगा दी गई तो वे असहाय थे। यह सब चीमा द्वारा रचा गया था।'

सुलेमान चीमा

हाजी अब्दुल रहमान के साक्षात्कार के बाद हमने मजिस्ट्रेट चीमा पर सामग्री के लिए खोज शुरू कर दी। उनकी बहुत पहले मृत्यु हो चुकी थी लेकिन हमको पता लगा कि उनके बेटे सुलेमान चीमा लाहौर में रहते थे हालांकि फिलहाल वह दूर संयुक्त राज्य अमेरिका में हैं। भारत में बीस से अधिक हिंदुओं और सिखों के साक्षात्कारों में चीमा का नाम हमेशा आया था। 13 अक्टूबर 2005 को कई महीनों के बाद मैं अंत में टेलीफोन पर सुलेमान चीमा से संपर्क करने में सफल रहा। उन्होंने मुझसे कहा कि वह विभाजन के बाद पैदा हुए थे और इसलिए उन दिनों की उन्हें कोई व्यक्तिगत स्मृति नहीं है। हालांकि उन्होंने इस बात की पुष्टि की कि हिंदुओं और सिखों ने उनके पिता की हत्या करने वाले किसी भी व्यक्ति को 125,000 रुपये के एक पुरस्कार की पेशकश की थी। उनके पिता ने कभी यह जिक्र नहीं किया था कि वह शाहालमी गेट को जलाने की घटना में शामिल थे। दूसरी ओर सुलेमान चीमा ने मुझे बताया कि कुछ समय पहले, भारत से कोई व्यक्ति उनके बड़े चचेरे भाई से मिलने आया था और उस मदद के लिए धन्यवाद देना चाहता था जो उनके परिवार के लिए मजिस्ट्रेट चीमा द्वारा प्रदान की गई थी ताकि वे भारत के लिए सुरक्षित रूप से बच निकले।

अपने पिता का अब भी इंतजार करता एक चीमा सिख

2006 में किसी समय मैंने एक सिख सज्जन से एक ईमेल प्राप्त किया जिन्होंने लाहौर से प्रकाशित *डेली टाइम्स* में मेरे एक साप्ताहिक कॉलम को पढ़ा था जिसमें मैंने भारतीय फिल्म निर्माता रामानंद सागर के बारे में लिखा था। इसमें मैंने उल्लेख किया था कि मैं और सागर दोनों मोजंग के इलाके के थे। (दुर्भाग्य से ईमेल खो गया है, लेकिन इसके संदेश ने मुझे बुरी तरह हिला दिया)। सिख सज्जन ने जो मुझे लिखा था मैंने अच्छी तरह इसके बारे में सोचा और फिर इसे पुनः पेश कर रहा हूँ:

'क्या आप मुझे मेरे पिता का पता लगाने में मदद कर सकते हैं? आप को बताऊँ कि जब हमने लाहौर छोड़ने की कोशिश की, हम एक छोटी सी कंपनी द्वारा दवाओं का उत्पादन करते थे। हमने वाघा मार्ग से निकाल जाने की कोशिश की लेकिन यह बहुत खतरनाक था। इसलिए हम वापस आ गये। मेरे पिता एक मुसलमान मजिस्ट्रेट की मदद लेने के लिए मोजंग गए, जो हमारी तरह एक चीमा जट्ट था। वह कभी नहीं लौटे। मैं उस समय 11 साल का था और अब मैं लगभग 70 साल का हूँ और अब भी उनके वापस आने का इंतजार कर रहा हूँ। मैं सिर्फ यह जानना चाहता हूँ कि उनके साथ क्या हुआ। क्या आप मेरी मदद कर सकते हैं?' मैंने यह जवाब लिखा कि उन्हें इस सच्चाई को मान लेना चाहिए कि अगर उनके पिता इतने सालों में घर वापस नहीं आए तो पूरी आशंका है कि वह मजिस्ट्रेट चीमा को मिलने जाते समय रास्ते में मार

दिए गए होंगे। मैं हमेशा सोचता हूँ कि जिस मजिस्ट्रेट का जिक्र चीमा सिख कर रहे थे वो कहीं एम.जी. चीमा तो नहीं थे।

सिकंदर लाल बग्गा

3 दिसंबर 2005 को मैंने एक वयस्क सज्जन सिकंदर लाल बग्गा का दिल्ली में साक्षात्कार लिया। उन्होंने मुझे यह वजह बताई कि क्यों मैजिस्ट्रेट चीमा हिंदुओं के खिलाफ हो गए थे: 'एम.जी. चीमा लाहौर के एक जिला मैजिस्ट्रेट थे। मई 1947 के दौरान उसे कृष्ण नगर के हिंदुओं ने कृष्ण नगर में तहकीकात करने में विघ्न पहुंचाया। उन्होंने यहाँ तक उनको जान से भी मार देने की धमकी दी। मैंने सुना है कि उनको मार देने का एक प्रयास भी किया गया था मगर वह बच गए। 3 जून 1947 के एलान के बाद जब दंगे, आगजनी और दूसरी किस्म की हिंसा बढ़ गई और हिंदू अवरोध ढहने लगा तब मैजिस्ट्रेट चीमा ने अपना बदला लिया।'

किसी भी सूरत में शाहालमी गेट को आग लगाने की साजिश के बारे में गिल से लिया गया साक्षात्कार स्पष्ट रूप से स्थानीय दबंगों, पुलिस और दूसरे अधिकारियों और राजनीतिज्ञों के बीच की नजदीकियों को दर्शाता है। मशहूर उर्दू लेखक, अहमद बशीर, जो लाहौर के दंगों के एक चश्मदीद थे उनका साक्षात्कार इस लेखक ने अप्रैल 2003 को लिया। उन्होंने कई घटनाओं को याद किया और जिक्र किया कि उन्होंने अपने उपन्यास *दिल भटकेगा* में भी वर्णन किया है कि किस तरह लाहौर के बदमाशों ने पुलिस और मुस्लिम लीग के नेताओं के साथ दलबंदी कर हत्याएं और लूटपाट की (2003:313)। सच में बिना ऐसे रिश्तों के जातीय शुद्धीकरण को अमल में लाना बहुत मुश्किल होता।

जबकि पंजाब जल रहा था और लोग अपनी जिंदगियाँ गंभीर संकट में देख रहे थे या उन पर और उनकी संपत्ति पर हुए बे-रोक-टोक हमलों के खतरे का सामना कर रहे थे, पंजाब लेजिस्लेटिव असेंबली के सदस्य, जो पूर्वी ओर पश्चिमी गुटों में बँटे हुए थे, उन्होंने 23 जून को पंजाब के विभाजन का फैसला करने के लिए मतदान किया। *दी ट्रान्सफर ऑफ पावर*, वॉल. XI रोयटर्स की एक रिपोर्ट है, जो हालत का वर्णन करती है:

> जहां लाहौर के बड़े हिस्से और सूबे में बहुत सारे गाँव जला कर खंडहरों में तब्दील कर दिए गए थे, पंजाब लेजिस्लेटिव असेंबली के 168 सदस्य हंसी मजाक कर रहे थे और पंजाब को विभाजित किया जाए या नहीं, इसका फैसला करने व अपने वोट दर्ज करने के लिए जाते हुए असेंबली की इमारत की लॉबियों में हाथ मिला रहे थे।

> असेंबली की इमारत के दाखिले कंटीली तारों वाले बाड़ों द्वारा अवरोधित थे और आस-पास में भारी पुलिस बंदोबस्त था। आम जनता को अंदर जाने नहीं दिया गया लेकिन विदेशी और स्थानीय अखबार वालों ने प्रैस गैलरी भर दी थी (मैनसर्घ एंड मून, 1981: 566-7)।

25 जून के *दी ट्रिब्यून* ने 4 मार्च 1947 से लेकर अब तक पंजाब में मारे गए लोगों का आंकड़ा 3,749 दिया। इसने यह भी खबर दी कि लोहारी गेट के पास शीतला मंदिर के पास एक पुलिस दस्ते पर जिसमें एक मैजिस्ट्रेट भी शामिल था, एक बम फेंका मगर कोई जख्मी नहीं हुआ। 2004 में दिल्ली में मैंने श्री हरिदेव शौरी से बातचीत की जो उस समय एक ड्यूटी मैजिस्ट्रेट थे और हमले का निशाना थे। उन्होंने मुझे बताया: 'मैं और एक पुलिस दल दीवारों से घिरे शहर के लोहारी गेट से बाहर निकल रहे थे तब किसी ने हम पर शीतला मंदिर के करीब एक बम फेंका। खुश किस्मती से यह कुछ दूरी पर फटा और कोई जख्मी नहीं हुआ। जब हम लोहारी गेट के बाहर एक पार्क में आए मानों लोगों का एक समुद्र उमड़ पड़ा हो, जो उन हमलों से किसी भी तरह बचना चाहता था। ये लोग हिंदू और सिख थे। वे लाहौर रेलवे स्टेशन तक जाने का कोई साधन ढूँढ रहे थे। तांगे वाले अत्यधिक किराया ले रहे थे। मैंने व्यवस्था कायम करने की कोशिश की, मगर तब ही मैजिस्ट्रेट मुहम्मद घनी चीमा अपने पुलिस दल समेत आ पहुंचे और मुझे जाने को कहा। यह एक दिल दहला देने वाला नजारा था जहां भयभीत पुरुष और महिलाएं और बच्चे मदद की गुहार लगा रहे थे मगर उनकी मदद करने वाला कोई नहीं था। मुझे बताया गया कि बाद में डोगरा दस्ता आया और हालत पर काबू पा लिया गया। कई हिंदू और सिख जून के अंत तक लाहौर छोड़ कर पहले ही जा चुके थे, मगर कुछ वहाँ टिके रहे जहां वे बहुसंख्यक थे। मोडेल टाउन जैसे ऊंचे दर्जे के इलाकों में अगस्त के मध्य तक हालात काफी शांत रहे। इसके बाद वहाँ भी हिंदुओं और सिखों पर हमले बढ़ गए और हम सब को लाहौर छोड़ना पड़ा।'

23 जून 1947, सोमवार को पंजाब के मुस्लिम लीग, काँग्रेस और अकाली पार्टी के नेता मिले ताकि तेजी से बदतर हो रहे सांप्रदायिक हालात को काबू में लाया जा सके (*पाकिस्तान टाइम्स*, 25 जून)। बाद में वे 26 जून बृहस्पतिवार को टाउन हाल में मिले (*पाकिस्तान टाइम्स*, 27 जून) ताकि शांति की बहाली के लिए असरदार कदम ले सकें। 27 जून के *दी ट्रिब्यून* ने खबर दी कि गुड़गाँव, पश्चिमी पंजाब और एन.डब्ल्यू.एफ.पी. से दिल्ली में 75000 शरणार्थी पहुँच चुके थे। अगले दिन के *दी ट्रिब्यून* ने खबर दी कि 26 बदमाशों को लाहौर में गिरफ्तार किया गया था और सारे समुदायों के नेताओं की अपील का सकारात्मक असर हुआ। इसलिए लाहौर की सड़कें और गलियाँ शांत थीं मगर शाहालमी की आग ने शहर के उस हिस्से से पलायन की तरफ एक झुकाव पैदा कर दिया था। कार्यकारी जिला मैजिस्ट्रेट श्री विलियम्स ने गौर किया कि 'शहर में स्थिति शांत थी' (*दी ट्रिब्यून*, 28 जून)। 30 जून के *दी ट्रिब्यून* में

खबर छपी कि यूनाइटेड प्रोविंसेस के मुख्यमंत्री पंडित गोबिन्द बल्लभ पंत ने खुलासा किया था कि 100,000 की संख्या में शरणार्थी [हिंदू और सिख] उनके सूबे में रह रहे थे। 30 जून को जालंधर के पास एक गाँव मंदाली में 2 धमाके हुए। हालांकि कोई मौत नहीं हुई 100 से ज़्यादा लोग जख्मी हुए। धमाका एक मुसलमान मजार के पास हुआ जहां लोग एक सालाना मेला में शामिल होने आए थे (*दी ट्रिब्यून*, 2 जुलाई)।

माउंटबेटन को 25 जून को भेजी एक विशेष रिपोर्ट में गवर्नर जेनकींस ने पंजाब के हालात का विस्तृत ब्यौरा दिया। दूसरी रिपोर्टों की तरह ज़्यादा ध्यान लाहौर और अमृतसर पर केन्द्रित था। उन्होंने जोर देकर कहा कि अब तक की आगजनी की घटनाओं के पीछे मुसलमानों का हाथ था। जून के शुरू तक, बमों को फेंकने में हिंदू और सिख काफी बेअसर साबित हुए थे, हालांकि यह बदल रहा था। उन्होंने 21 जून को मुसलमान बहुल सब्जी मंडी में बम फेंके जाने और 22 जून की सुबह शाहालमी को जलाने के बीच एक दिलचस्प मेल देखा और दावा किया कि शाहालमी की घटना एक बदले का कार्य था (कार्टर, 2007सी: 100)।

इसके अलावा जेनकींस ने स्वीकार किया कि कानून और व्यवस्था को बनाए रखने के लिए जिम्मेदार कई प्रभारी अधिकारी निष्पक्ष काम नहीं कर रहे थे। जो निष्पक्ष तरीके से काम करने की कोशिश कर रहे थे उन पर विरोधी समूहों और उनके नेताओं द्वारा पक्षपात का आरोप लगाया गया। इसके अलावा राजनीतिक संगठन खुद कुछ जुल्मों में शामिल थे। पैसे देकर हमलावरों द्वारा आपराधिक कृत्यों को कराया जा रहा था। इस प्रकार एक भारतीय ईसाई और कुछ पुरबिया हिंदुओं को हिंदू संपत्ति को आग लगाने के लिए पैसो का भुगतान किया था। दूसरी ओर हिंदुओं द्वारा किए गए बम हमलों के पीछे आर.एस.एस. था और उनके संगठन के प्रमुख अत्यधिक सम्मानित हिंदू सज्जन थे। मगर, राज्यपाल की सलाह पर पंजाब के मुख्य नेताओं ने शांति के लिए एक अपील जारी की और जून के अंतिम सप्ताह में लाहौर में हिंसा में गिरावट देखी जा सकी (वही: 98–101)। लेकिन अमृतसर में मुसलमानों के बीच यह एहसास बढ़ रहा था कि वे 'बर्बाद होने वाले थे और पलायन करने या नाश होने से पहले जितना ज़्यादा नुकसान वे कर सकते थे, कर लें' (वही: 100)।

जून 30 दिनांकित पाक्षिक रिपोर्ट में, जेनकींस ने गौर किया कि जून की समाप्ति हिंसा में कुछ हद तक गिरावट के साथ हुई लेकिन स्थिति अभी भी गंभीर रूप से खराब थी। लाहौर और अमृतसर के बाहर, ज़्यादातर गड़बड़ी गुड़गांव में हुई थी। सांप्रदायिक हमले जालंधर और होशियारपुर जिलों में भी हुए थे (वही: 110–11)।

संदर्भ

बशीर, अहमद, *दिल भटकेगा*, लाहौर, फिरोजसंस, 2003।

इफ्तिखार, ख्वाजा, *जब अमृतसर जल रहा था*, लाहौर: ख्वाजा पब्लिशर्स, (1991)।

खोसला, जी.डी., *स्टर्न रेकोनिंग*, दिल्ली: ऑक्सफोर्ड यूनिवर्सिटी प्रैस, (1989)।

तालिब, स. गुरबचन सिंह, *मुस्लिम लीग अटैक ऑन सिख्स एंड हिंदूस इन द पंजाब 1947*, नई दिल्ली: वॉइस ऑफ इंडिया, (1991, पहली बार 1950 में प्रकाशित)।

सरकारी दस्तावेज

कार्टर, लिओनेल (एड.), *पंजाब पॉलिटिक्स 1 जून 1947–14 अगस्त 1947, ट्रेजेडी, गवर्नर्स फोर्टनाइटली रिपोर्ट्स एंड अदर की डॉक्युमेंट्स,* दिल्ली: मनोहर, (2007a).

कार्टर, लिओनेल (एड.), *पंजाब पॉलिटिक्स 3 मार्च 1947–31 मई 1947, एट दी एबीस, गवर्नर्स फोर्टनाइटली रिपोर्ट्स एंड अदर की डॉक्युमेंट्स,* दिल्ली: मनोहर, (2007b).

मैनसर्घ, निकोलस एंड मून, पेंडेरल (संपा.), *दी ट्रान्सफर ऑफ पावर 1942–7, वॉल. XI, दी माउंटबेटन वाइसरॉयल्टी, अनाउंसमेंट एंड रिसेप्शन ऑफ द 3 जून प्लान, 31 मई–7 जुलाई 1947*, लंदन: हर मजेस्टी'स स्टेशनरी ऑफिस, (1982)।

माइक्रोफिल्म

फोर्टनाइटली रिपोर्ट्स ऑफ पंजाब चीफ सेक्रेटरी: IOR L/P&J/5/250

साक्षात्कार

बी.आर. चोपड़ा, मुंबई, 4 जनवरी 1997

युवराज कृष्ण, दिल्ली, 21 अक्टूबर 1999

डॉ. जगदीश चंदर सरीन, दिल्ली, 24 अक्टूबर 1999

मुश्ताक अहमद, स्टॉकहोम, 12 अप्रैल 2002

विमल इस्सर, नई दिल्ली, 13 मार्च 2004

दीना नाथ मल्होत्रा, नई दिल्ली, 15 मार्च 2004

हरि देव शौरी, नई दिल्ली, 16 मार्च 2004

मुस्तन्सर हुसैन तरार, लाहौर, 17 दिसंबर 2004

कलेब अली शेख, लाहौर, 25 दिसंबर 2004

हाजी अब्दुल रहमान गिल, लाहौर, 30 दिसंबर 2004; 29 सितंबर 2005; 15 अक्टूबर 2005

गुलाम हैदर (75), लाहौर, 13 जनवरी 2005

मुहम्मद मुनीर, लाहौर, 13 जनवरी 2005

लंबरदार मियां मुहम्मद हनिफ, लाहौर, 13 जनवरी 2005

मियां मुहम्मद शरीफ, 14 जनवरी 2005

सुलेमान चीमा, लाहौर (टेलीफोन द्वारा स्टॉकहोम के 15:35 बजे), 13 अक्टूबर 2005

हुकुम कुरेशी, लाहौर, 30 अक्टूबर 2005

सिकंदर लाल बग्गा, दिल्ली, 3 दिसंबर 2005

डॉ. हफीज अहमद मुगल, लाहौर, ईमेल द्वारा इंटरव्यू, 16 जनवरी 2006

टिप्पणी

1927 की गडबड़ी तब हुई जब राजपाल को बहुत हल्की सजा दी गई; 1935 में मस्जिद शहीद्गंज को लेकर विवाद खड़ा हुआ था और 1937 में गवर्नमेंट ऑफ इंडिया एक्ट 1935 के तहत, सूबाई चुनाव किए गए।

12
बंटवारे की मशीनरी और कार्यवाहियाँ, 1 जुलाई–14 अगस्त 1947

पंजाब विभाजन समिति ने 1 जुलाई को मुलाकात की जिसमें पंजाब के राज्यपाल को अध्यक्ष के रूप में चुना गया तथा जिसमें चार सदस्य और थे: पश्चिम पंजाब के दो प्रतिनिधि, मुमताज दौलतना और जाहिद हुसैन और पूर्वी पंजाब से दो प्रतिनिधि डॉ. गोपी चंद भार्गव और और सरदार स्वर्ण सिंह। समिति का मुख्य काम था विभाजन के कार्यान्वयन के लिए मशीनरी को संगठित करना। एक मुस्लिम, सैयद याकूब शाह और एक हिंदू एम.आर.सचदेवा को लेकर एक संचालन समिति को स्थापित किया गया जिसका काम समिति और विभिन्न सरकारी विभागों के बीच संबंध स्थापित करना था। इसी तरह प्रत्येक विभाग में एक वरिष्ठ मुसलमान और गैर-मुसलमान अधिकारी का चयन किया गया ताकि वे विभागीय समितियों का गठन कर सकें। कुछ विशेषज्ञ समितियों को भी स्थापित किया गया था (मैनसर्घ एंड मून, 1982: 454-55)।

जुलाई के शुरू में पंजाब को एकजुट रखने के लिए शायद कुछ ब्रिटिश सिविल सेवकों द्वारा शायद अंतिम प्रयास किया गया था लेकिन वे भी असफल रहे। सर पेंडरल मून जो पंजाब के एक पुराने जानकार हैं और मुसलमान बहुलता वाले दक्षिण-पश्चिमी पंजाब की बहावलपुर रियासत में एक मंत्री के रूप में सेवारत थे और मेजर शॉर्ट जो सिखों के लिए अपनी सहानुभूति के लिए जाने जाते थे, उन दोनों ने इसकी पहल की। शॉर्ट उस समय ब्रिटेन में थे लेकिन उन्होंने सिख नेताओं के साथ लगातार पत्राचार बनाए रखा और वे मून के साथ संपर्क में थे। दोनों व्यक्तियों ने मुस्लिम लीग और सिखों को पंजाब को एकजुट रखने के लिए राजी कराने की कोशिश की, जहां सिखों को पंजाब के कुछ केंद्रीय जिलों में स्वायत्तता दी जाती और पाकिस्तान के हिस्से के रूप में शामिल होने वाले अन्य प्रांतों का दर्जा दिया जा रहा था। लेकिन जहां एक तरफ सिख मुस्लिम लीग के नेताओं पर विश्वास नहीं करते थे, दूसरी तरफ मुस्लिम लीग के नेताओं ने उनके डर को दूर करने के लिए कुछ नहीं किया। मून को एक

प्रमुख सिख नेता से एक प्रतिघात प्राप्त हुआ जिसका वे नाम नहीं बताते और उनके मुताबिक जिन्नाह का रवैया भी उदासीनता का था (मून, 1998: 84–7)।

पाकिस्तान का गवर्नर जनरल बनने के बारे में जिन्नाह की घोषणा

विभाजन प्रकरण के अंतिम चरण में उच्च राजनीति के स्तर पर शायद कोई अन्य घटना नहीं है जिस पर अधिक ध्यान दिया जाना चाहिए जितना कि जिन्नाह की माउंटबेटन की पाकिस्तान के गवर्नर जनरल के रूप में अस्वीकृति। वायसराय की 4 जुलाई 1947 की व्यक्तिगत रिपोर्ट संख्या 11 में विवरण दिया गया है। सामान्य समझ यह थी कि माउंटबेटन भारत और पाकिस्तान दोनों के लिए गवर्नर जनरल होंगे। जिन्नाह ने यह बता कर माउंटबेटन को हैरान कर दिया कि सिंध को छोड़कर सभी पाकिस्तानी प्रांतों में ब्रिटिश राज्यपालों और रक्षा बलों के प्रमुखों को बनाए रखेंगे, जबकि वे खुद पाकिस्तान के गवर्नर जनरल होंगे। माउंटबेटन ने जिन्नाह को मनाने की असफल कोशिश की कि राष्ट्रमंडल के दोनों उपनिवेशों के लिए एक गवर्नर जनरल होने के फायदे होंगे। उन्होंने उल्लेख किया कि फायदों में एक था वास्तविक और न्यायोचित विभाजन (वही: 839–42)। जिन्नाह अड़े रहे। खीझ में माउंटबेटन ने उनसे कहा 'क्या आप समझ पा रहे हैं कि इसका क्या खामियाजा होगा?' जिन्नाह ने जवाब दिया, 'इसकी लागत कई करोड़ रुपयों की संपत्ति में हो सकती है'। माउंटबेटन ने मुंहतोड़ जवाब दिया 'इसकी कीमत आपकी पूरी संपत्ति और पाकिस्तान का भविष्य हो सकता है' (वही: 899–900)।

पाकिस्तान के गवर्नर जनरल के रूप में माउंटबेटन की जिन्नाह द्वारा अस्वीकृति काफी विवादित रही है। यह संभव है कि उन्हें माउंटबेटन पर भरोसा नहीं था और इसलिए उन्हें गवर्नर जनरल का शक्तिशाली ओहदा न देने का फैसला किया। माउंटबेटन ने एक और स्पष्टीकरण दिया:

> मैंने उन्हें बताया कि अगर वह एक संवैधानिक गवर्नर जनरल के रूप में सत्ता में आते हैं तो उनकी शक्तियां प्रतिबंधित हो जाएंगी लेकिन प्रधानमंत्री के रूप में वह वास्तविक तौर पर पाकिस्तान को चला सकते हैं और जिन्नाह के अनुसार, इस तथ्य के बारे में कोई संदेह नहीं है कि उनके प्रधानमंत्री वही करेंगे जो वह कहेंगे। 'मेरी स्थिति में मैं ही हूँ जो सलाह दूगाँ, और दूसरों को इसका अमल करना पड़ेगा' (वही: 898–99)।

मशहूर पाकिस्तानी पत्रकार हमीद अख्तर की राय थी कि जिन्नाह ने एक बुरा निर्णय लिया। उनकी यह आशंका थी कि विभाजन के दंगे काफी हद तक दोनों देशों

के बीच और वास्तव में विभाजित पंजाब के बीच जनसंख्या के हस्तांतरण की निगरानी के लिए आम नेतृत्व की कमी के परिणाम थे। मैंने पाकिस्तान में कई अन्य लोगों को निजी तौर पर एक ही विचार व्यक्त करते सुना है हालांकि कोई भी खुले तौर पर यह कहने की हिम्मत नहीं रखता। पाकिस्तान में आम सोच यह है कि चूंकि माउंटबेटन भारत समर्थक थे और अधिनियम 1935 के तहत सर्व-शक्तिमान राज्य के प्रमुख न बन जाएँ इसलिए जिन्नाह ने उन्हें पैंतरेबाजी कर दूर हटा दिया। हालांकि सच तो यह है कि जब 1 अगस्त 1947 को भारतीय सैन्य सेवाओं के विभाजन को लेकर बातचीत करने के लिए एक बैठक आयोजित की गई जिसमें माउंटबेटन, कांग्रेस और मुस्लिम लीग के प्रतिनिधि थे वायसराय माउंटबेटन ने सैनिकों और सैन्य इकाइयों तथा आयुध उपकरण और अन्य सुविधाओं के वितरण के लिए एक फार्मूला प्रस्तुत किया जिसे काँग्रेस ने पसंद नहीं किया क्योंकि यह आम परिसंपत्तियों के एक हिस्से के रूप में पाकिस्तान को (लगभग 70: 30) के अनुपात में दे रहा था (मैनसर्घ एंड मून, 1983: 446-7)।

इस बीच, सीमा आयोग के अध्यक्ष सर सिरिल रैडक्लिफ, 8 जुलाई को दिल्ली पहुंचे। वह इससे पहले भारत कभी नहीं आए थे। वह 10 जुलाई को कलकत्ता और लाहौर की यात्रा के लिए दिल्ली चले गए। 11 जुलाई को सिख नेताओं जत्थेदार मोहन सिंह और सरदार हरनाम सिंह (बाद में पंजाब सीमा आयोग के समक्ष सिख हक के लिए वकालत करने वाले) के साथ एक साक्षात्कार में राज्यपाल जेनकींस ने गौर किया कि सिख आबादी की अदला-बदली करना चाहते थे:

> आबादी के एक बहुत बड़े हिस्से की अदला-बदली ही एकमात्र समाधान थी। अगर यह नहीं होता तो सिख पूर्वी पंजाब में मुसलमानों के नरसंहार द्वारा इसे करने के लिए प्रेरित होते। मुसलमानों ने पहले से ही रावलपिंडी डिवीजन के सिखों से छुटकारा पा लिया था और वहाँ की काफी जमीन और संपत्ति पूर्वी पंजाब के मुसलमानों को उपलब्ध कराई जा सकती थी। इसके विपरीत सिख पूर्व में इसी तरह मुसलमानों से छुटकारा पा सकते थे और उन स्थानों को लेने के लिए पश्चिम से सिखों को आमंत्रित कर सकते थे (वही: 103)।

उस साक्षात्कार में समान्य रूप से एक दिलचस्प बात यह थी कि सिख, कांग्रेस पार्टी और हिंदुओं पर अविश्वास करते थे। उन्हें डर था कि हिंदू पंजाब में उनके प्रभाव को खत्म करने की कोशिश करेंगे। इसलिए वे एक बड़ी योजना बना रहे थे कि पूरा बल लगाकर पूर्वी पंजाब में मुसलमानों को निर्मूल कर उनकी जगह सिखों को लाकर बसाया जाए ताकि पंजाब में एक समग्र सिख एकाग्रता बनाई जा सके जो उनके खिलाफ कांग्रेस और हिंदू साजिश को विफल कर सके (वही)। 16 जुलाई को सर इवान जेनकींस ने बाउंडरी अवार्ड की तिथि और सामग्री के बारे में प्रारंभिक जानकारी का अनुरोध किया। उन्होंने कहा 'सावधानी बरतना आवश्यक होगा, विशेष रूप से उन जिलों में जिनके प्रभावित होने की संभावना है खास कर मध्य पंजाब में'

(वही: 191)। सत्ता के हस्तांतरण के लिए अग्रणी अंतिम संवैधानिक आवश्यकता यह थी कि एक बिल पेश किया जाय जो भारत और पाकिस्तान की ब्रिटिश राष्ट्रमंडल के भीतर दो डामिनियनों के रूप में स्वतंत्रता की घोषणा करे।

इंडिया इंडिपेंडेंस एक्ट (भारत स्वतंत्रता अधिनियम), 18 जुलाई 1947

माउंटबेटन दोनों राष्ट्रीय और प्रांतीय स्तर के भारतीयों के साथ स्वतंत्रता विधेयक पर बातचीत का आयोजन कर रहे थे और उन लोगों से पत्र और लिखित बयान प्राप्त किये थे। विधेयक के विभिन्न मसौदों की भी ब्रिटिश संसद में चर्चा की गई थी। विपक्ष के नेता विंस्टन चर्चिल ने 1 जुलाई को संसद में दावा किया कि वह भारतीय हाथों में सत्ता हस्तांतरण का समर्थन करने के लिए इस शर्त पर सहमत हुए थे कि दो स्वतंत्र राज्यों के बजाय उपनिवेश अस्तित्व में आएंगे। इसलिए उनके विचार में बिल के लिए उपयुक्त शीर्षक 'भारतीय उपनिवेश विधेयक, 1947' होगा या 'भारत स्व-सरकारी विधेयक' (मैनसर्घ एंड मून, 1982: 812-3)। लेबर पार्टी की सरकार ने, हालांकि, इसे इंडिया इंडिपेंडेंस एक्ट 1947 (भारत स्वतंत्रता अधिनियम) का नाम देने का फैसला किया और इसे इस तरह के रूप में 18 जुलाई को अपनाया गया। बिल में कहा गया: 'अगस्त के पन्द्रहवें दिन, उन्नीस सौ सैंतालीस को भारत में दो स्वतंत्र डामिनियनों को स्थापित किया जाएगा और जिन्हें क्रमश भारत और पाकिस्तान के नाम से जाना जायेगा' (मैनसर्घ एंड मून, 1983: 234)। पंजाब के संबंध में निम्नलिखित प्रावधान किया गया:

4. (1) नियत दिन से –

(a) पंजाब सूबा जिसे गवर्नमेंट ऑफ इंडिया एक्ट 1935 के तहत गठित किया गया था उसका अस्तित्व समाप्त हो जाएगा; और

(b) दो नए सूबों का गठन किया जाएगा जिन्हें क्रमश पश्चिमी पंजाब और पूर्वी पंजाब कहा जाएगा।

(2) तथाकथित नए सूबों की सीमाएं ऐसी होंगी जिन्हे नियत दिन से पहले या बाद में एक बाउंडरी कमिशन द्वारा तय किया जाएगा जिसे नियुक्त किया गया है या गवर्नर इस कार्य के लिए उसे नियुक्त करेंगे, लेकिन जब तक इन सीमाओं का निर्धारण नहीं किया जाता–

(a) इस अधिनियम की दूसरी अनुसूची में जिक्र किए गए जिलों को ऐसे इलाके माना जाएगा जिन्हें नए पश्चिमी पंजाब सूबे का हिस्सा होना है।

(b) इस अधिनियम को जारी करने की तारीख के दिन, पंजाब के बाकी बचे हिस्से को वह हिस्सा माना जाएगा जिन्हें नए पूर्वी पंजाब सूबे का हिस्सा होना है।

(3) इस अधिनियम के तहत, बाउंडरी कमिशन के संबंध में, "अवार्ड" शब्द का मतलब उस कमीशन की कार्रवाई के बाद गवर्नर जनरल को पेश की गई रिपोर्ट में उस कमीशन के अध्यक्ष द्वारा दिये गए फैसले हैं (वही: 236)।

पश्चिम पंजाब के नए प्रांत में जिन जिलों को दूसरी अनुसूची के तहत प्रावधिक रूप में शामिल किया गया था वे 3 जून की काल्पनिक विभाजन योजना की दृष्टि से शामिल उन जिलों की तरह थे। रावलपिंडी, मुल्तान और लाहौर डिवीजन के सभी जिलों, गुरदासपुर समेत लेकिन अमृतसर को छोड़ कर पश्चिमी पंजाब में शामिल किया गया। लेकिन अधिक महत्वपूर्ण तथ्य यह था कि सीमा आयोग के अध्यक्ष अकेले बाउंडरी अवार्ड को देने का विशेषाधिकार रखते थे।

पंजाब बाउंडरी फोर्स (पीबीएफ)

जैसा कि पहले ही उल्लेख किया गया है कि पंजाब सरकार ने लगातार अराजकता से निपटने के लिए अधिक सैनिकों के लिए कई बार अनुरोध किया था लेकिन दिल्ली सरकार ने प्रतिक्रिया व्यक्त की थी कि इस तरह के अतिरिक्त सैनिक उपलब्ध नहीं थे। मगर अब जब कि पंजाब का विभाजन करना था माउंटबेटन ने महसूस किया कि अस्थिर स्थिति से निपटने के लिए जो निश्चित रूप से पैदा होगी सशस्त्र सैनिकों की जरूरत थी। यह निर्णय लिया गया कि बंगाल के लिए सशस्त्र सैनिकों की कोई विशेष आवश्यकता नहीं थी लेकिन पंजाब को थी। 17 जुलाई को पंजाब बाउंडरी फोर्स की स्थापना का फैसला पार्टीशन काउंसिल द्वारा लिया गया था। मेजर जनरल रीस 4 डिवीजन के कमांडर पीबीएफ के लिए प्रभारी अधिकारी बनने वाले थे और उनके सैनिक पंजाब के गड़बड़ी वाले जिलों में 7 या 8 अगस्त तक परिचालित होने वाले थे। 15 अगस्त के बाद नागरिक शक्तियों की सहायता में सैनिकों का उपयोग करने के कानून में कोई परिवर्तन नहीं होने जा रहा था (वही: 206-7)।

प्रारंभ में जिन जिलों को गड़बड़ी वाला इलाका माना गया था वे थे सियालकोट, गुजरांवाला, शेखुपुरा, ल्यालपुर, मोंटगोमेरी, लाहौर, अमृतसर, गुरदासपुर, होशियारपुर, जालंधर और फिरोजपुर। रीस के पास कुल पांच इनफैनट्री (पैदल सेना) ब्रिगेडें और एक बख्तरबंद ब्रिगेड थी। बख्तरबंद ब्रिगेड के टैंकों को पूरे इलाके में वितरित किया जाना था जिसको उपद्रवी के रूप में सीमांकन किया गया था (वही: 272)। बाद में पार्टीशन काउंसिल में चर्चा के बाद लुधियाना को भी इस सूची में जोड़ा गया। जनरल रीस को ब्रिगेडियर दिगंबर सिंह बराड़ (भारत) और कर्नल अयूब खान (पाकिस्तान) द्वारा सलाह दी जानी थी (वही: 326-7)। इस प्रकार कुल मिलाकर बारह जिले जो 'मध्य पंजाब' का गठन करते थे और लाहौर तथा जालंधर डिवीजनों से संबंधित थे उन पर पीबीएफ द्वारा नजर रखी जा रही थी। पीबीएफ तैनात होने की तारीख जो पहले

07–08 अगस्त होने की सिफारिश की गई थी अब बदल दी गयी और इसको आगे कर 1 अगस्त को लाया गया था। अन्य ब्रिटिश सैनिकों की 14 अगस्त के बाद कोई परिचालन जिम्मेदारी नहीं होनी थी। ब्रिटिश अधिकारियों को व्यावहारिक रूप से प्रत्येक पीबीएफ इकाई के साथ उपस्थित रहना था (वही: 404)।

गड़बड़ी वाले जिलों का क्षेत्र स्कॉटलैंड और वेल्स के संयुक्त क्षेत्रफल से अधिक था। इस क्षेत्र में 26 शहर और 17,000 गांव शामिल थे और इसका क्षेत्रफल 37,000 वर्ग मील (97,125 वर्ग कि.मी.) था। जेनकींस ने 8 अगस्त को माउंटबेटन को एक पत्र लिखा और बताया कि पीबीएफ के पास केवल पांच ब्रिगेड समूह थे जिनके पास औसतन 1,500 असरदार राइफलें थीं। इस प्रकार पुलिस के अलावा इसके पास 7500 सिपाही थे। अन्य 1,500 सिपाहियों को प्रशिक्षण केंद्रों और स्थिर सैनिकों का उपयोग करके तैयार किया जा सका था। और अधिक से अधिक 9,000 सैनिकों को बारह जिलों को नियंत्रित करने के लिए उपलब्ध कराया जा सका था जहां की आबादी कम से कम 1 करोड़ 20 लाख थी। राज्यपाल ने रीस के और अधिक सैनिकों और पंजाब की निगरानी के लिए अगर संभव होता तो एक सामरिक टोही स्क्वाड्रन या कम से कम कुछ विमान के अनुरोध का समर्थन किया (कार्टर, 2007बी: 219)।

9 अगस्त को वायसराय की 69वीं स्टाफ बैठक के दौरान अधिक सैनिकों और एक टोही स्क्वाड्रन के अनुरोधों पर चर्चा हुई और कमांडर-इन-चीफ फील्ड मार्शल औचिन्लेक ने इस पर गौर करने के लिए सहमति जताई। चूंकि पीबीएफ की सभी इकाइयां मिश्रित थीं सिख सैनिकों की वफादारी के बारे में संदेह व्यक्त किया गया (मैनसर्घ एंड मून, 1983: 611–2)। अपनी 12 अगस्त की भेजी तार में जेनकींस ने कहा, 'पंजाब बाउंडरी फोर्स सीमा की शक्ति वर्तमान और भविष्य के कार्य के लिए पर्याप्त नहीं है। मैंने पहले ही इस बारे में सूचना दी है' (कार्टर, 2007बी: 226)। अगले दिन जेनकींस ने पीबीएफ को सौंपे असंभव कार्य की और अधिक जानकारी दी। उन्होंने हिसाब लगाया कि बारह जिलों की वास्तव में जनसंख्या 1 करोड़ 45 लाख थी जो 17,932 से अधिक शहरों और गांवों में फैली हुई थी जबकि जनरल रीस के पास 9,000 सिपाही थे (वही: 230–1)। 14 अगस्त को जनरल स्टाफ के प्रमुख सर आर्थर स्मिथ ने वायसराय के निजी सचिव सर जॉर्ज एबेल को एक पत्र लिखा, कि एक सप्ताह में भारत और पाकिस्तान दोनों को तीन-तीन बटालियनें प्रदान करेंगे। (मैनसर्घ एंड मून, 2007बी: 721)। औचिन्लेक ने 15 अगस्त को लिखा कि 'दो और ब्रिगेडों (भारत से एक और पाकिस्तान से एक) और एक मिश्रित बख्तरबंद स्क्वाड्रन को पंजाब सीमा बल को सुदृढ़ करने के लिए भेजा जा रहा था लेकिन सैनिकों की कोई भी संख्या, दोनों पक्षों द्वारा जो अंधाधुंध नरसंहार प्रतीत हो रहा है उसे रोक नहीं सकेंगी (वही: 736)।

हालांकि जनरल रीस को आम तौर पर निष्पक्ष काम करने वाले इंसान के रूप में देखा जाता है उनके आदेश के तहत मौजूद पीबीएफ के सैनिक सांप्रदायिकता से संक्रमित थे। कृपाल सिंह दावा करते हैं कि बलूच रेजिमेंट जो पूरी तरह से एक मुसलमान बल था उसने पश्चिम पंजाब के शेखूपुरा जिले में हिंदुओं और सिखों के नरसंहार में भाग लिया (वही)। रॉबिन जेफरी ने इस विषय में लिखा है और उनके निष्कर्ष इस दावे की पुष्टि करते हैं। शेखूपुरा के साथ-साथ पूर्वी पंजाब में हिंदू और सिख सैनिकों द्वारा मुसलमानों की हत्या के बारे में चश्मदीद गवाहों के वर्णनों को बाद में प्रस्तुत किया जाएगा। इतना ही कहना काफी है कि संयुक्त रक्षा परिषद जिसमें भारतीय और पाकिस्तानी सरकारों के प्रतिनिधि शामिल थे उन्होंने दिल्ली में मुलाकात की और एक निर्णय के परिणामस्वरूप 31 अगस्त 1947 की आधी रात से पीबीएफ को भंग कर दिया गया। इसके बाद भारत और पाकिस्तान ने संयुक्त इकाइयों का गठन किया जिसे पंजाब सीमा के दोनों ओर संचालित किया गया ताकि वे जिंदगियों को बचाने की कोशिश करें और शरणार्थियों के कारवां को हिफाजत दे सकें।

पंजाब बाउंडरी कमीशन (सीमा आयोग) की कार्यवाही

पंजाब के विभाजन की निगरानी के लिए स्थापित की गईं सभी समितियों और परिषदों में किसी का भी इतना विशिष्ट महत्व नहीं था जितना कि पंजाब बाउंडरी कमीशन (सीमा आयोग) का। ज्योंही इसकी घोषणा की गई त्यों ही सभी पक्ष उनके मामलों का समर्थन करने के लिए तर्क और साक्ष्य हासिल करने के लिए बेचैन गतिविधियों में व्यस्त हो गए। दोनों पक्षों ने बाउंडरी अवार्ड को उनके द्वारा स्वीकार किये जाने की सहमति व्यक्त की थी। माउंटबेटन ने घोषणा की थी कि वे कार्यवाही में या अवार्ड के परिणाम में हस्तक्षेप नहीं करेंगे।

आयोग की कार्यवाही के सरकारी दस्तावेजों और प्रतिलिपियों का संकलन एक आकर्षक स्रोत सामग्री है। चार वॉल्यूम वाले *दी पार्टिशन ऑफ पंजाब (पंजाब का विभाजन) 1947* (1993 में प्रकाशित) में निम्नलिखित शामिल हैं: राजनीतिक दलों, उनके स्थानीय नेताओं और प्रवक्ताओं, सरकारी पदाधिकारी, रियासतों के शासकों और उनके मंत्रियों द्वारा लिखे पत्र, टेलीग्राम, याचिकायें, बयान और विवादित पक्षों के सलाहकारों के ज्ञापन और मौखिक प्रस्तुतियों के साथ-साथ पंजाब सीमा आयोग के सदस्यों के बयान और टिप्पणियां।

मेरे द्वारा किया गया एक विस्तृत अध्ययन जिसका शीर्षक था *दी 1947 पार्टिशन ऑफ द पंजाब: आर्गुमेंट्स पुट फोर्थ बिफोर द पंजाब बाउंडरी कमीशन बाई द पार्टीज इन्वोल्व्ड*, (पंजाब का विभाजन: इसमें शामिल पार्टियों द्वारा पंजाब बाउंड्री कमीशन के सामने पेश किए गए ताकि) जो उपर्युक्त में जिक्र किए गए चार वॉल्यूम के प्रकाशन पर आधारित है, उस अध्ययन का एक संक्षिप्त संस्करण नीचे पेश किया गया है।

जैसा कि जिक्र किया गया है पंजाब बाउंडरी कमीशन में अध्यक्ष सर सिरिल रैडक्लिफ के अलावा चार और सदस्य थे: दो जिनको मुस्लिम लीग द्वारा मनोनीत किया गया, जस्टिस दीन मुहम्मद और जस्टिस मुहम्मद मुनीर और काँग्रेस द्वारा मनोनीत दो थे मेहर चंद महाजन और जस्टिस तेजा सिंह। कमीशन ने लाहौर में 21 जुलाई और 31 जुलाई 1947 के बीच सात दिनों तक बैठक की (27 जुलाई, रविवार को छोड़कर) मगर अध्यक्ष किसी सत्र में उपस्थित नहीं थे। यह इंतजाम किया गया कि कार्यवाही के कागजातों को हवाई मार्ग द्वारा, उनके अवलोकन के लिए दिल्ली पहुंचाया जाए।

'दूसरी वजहों' को लेकर विवाद

हालांकि सीमा रेखा के निर्धारण के मुख्य आधार समीप रहते मुसलमान और गैर–मुसलमान क्षेत्र थे, 'दूसरी वजहों' को कमीशन की विचार योग शर्तों में शामिल करने से इस चर्चा को और व्यापक बना दिया। इस प्रकार अनिवार्य रूप से ऐतिहासिक, सामाजिक, भौगोलिक, धार्मिक और आर्थिक पहलुओं को चर्चाओं में लाया गया। यही कारण है कि मुसलमान बहुल रावलपिंडी डिवीजन पाकिस्तान को मिले और गैर–मुसलमान बहुल अम्बाला डिवीजन भारत को आवंटित किया जाए इसको लेकर संबंधित पक्षों ने कोई विवाद नहीं किया। दूसरी ओर, परस्पर लाहौर, मुल्तान और जालंधर डिवीजनों के कुछ हिस्सों और भागों को लेकर, दोनों पक्षों द्वारा परस्पर विरोधी दावों को पेश किया गया (अहमद, 1993: 123)। सलाहकारों ने आयोग के सामने लिखित ज्ञापन और मौखिक प्रस्तुतियों को पेश किया।

कांग्रेस प्रकरण

एम.सी. सीतलवाड़ ने अपनी पैरवी संदर्भ की शर्तों पर जोर देते हुए की जिनको पंजाब सीमा आयोग के दावों का पता लगाने के लिए लागू किया गया था, जो इसके सामने विभिन्न पार्टियों को पेश करना था और जो दो तरह के निर्देशों पर आधारित था: सन्निहित बहुमत क्षेत्रों के सिद्धांत के अनुसार सीमाओं की हदबंदी करना और 'दूसरी वजहों' पर विचार करना। उन्होंने इस बात पर जोर दिया कि 'सटे क्षेत्रों' की एक बड़ी इकाई के रूप में व्याख्या करनी चाहिए। इसकी व्याख्या, एक अतिसूक्ष्म छोटी इकाई नहीं हो सकती। जहां तक 'दूसरी वजहों' का सवाल है, इसका पता एक सामान्य तरीके से नहीं लगाया जा सकता; वे एक क्षेत्र से दूसरे क्षेत्र तक अलग हो सकती हैं और सीमा के कुछ हिस्सों के बीच। इसके अलावा यह कहने के पीछे कोई सनद नहीं कि 'दूसरी वजहों' का बराबर स्थान नहीं हो और न ही यह कि 'दूसरी वजहें' ऐसी हों कि जो सिर्फ 'केवल स्थानीय विचलन' के रूप में वर्णित की जाएं (वही: 124)। और वह कहते हैं:

> यह सोचने की बहुत बड़ी वजह है कि अगर यह एक बात केवल सन्निहित बहुल इलाकों का पता लगाने की है तो इस काम को इस वजनदार और महत्व वाले एक आयोग को सौंपे जाने की जरूरत नहीं थी; उस मामले में एक नक्शे को रेखांकित किया जा सकता था, जहां एक हाथ में जनगणना के आंकड़े होते और कोई भी उपायुक्त सन्निहित बहुमत क्षेत्रों के आधार पर एक सीमा रेखा खींच देता (वही)।

1941 की जनगणना के आंकड़ों की विश्वसनीयता के बारे में, सीतलवाड़ ने जोर देकर कहा कि 1911 की जनगणना के समय से ही, जब पृथक मतदान शुरू किया गया था, हर समुदाय ने और अधिक सुरक्षित होने के क्रम में, अपनी संख्या को बढ़ा-चढ़ा कर बताना शुरू कर दिया था ताकि वह और ज़्यादा सीटों को हासिल कर सके; 1941 में ऐसी प्रवृत्ति एक पूरे प्रहसन में बदल गई थी। दूसरी वजहों पर बहुत जोर देते हुए उन्होंने कहा कि पश्चिमी पंजाब के पूर्व रेगिस्तानी इलाकों, लायलपुर और मोंटगोमरी की नहर कालोनियों को मुख्यत: उन लोगों द्वारा विकसित किया गया था जो प्रांत के पूर्वी और मध्य हिस्सों से इन क्षेत्रों में भूमि आवंटित करने के बाद आए थे। सिख जट्ट सबसे प्रमुख समूह थे जिन्हें उन कालोनियों में जमीन आवंटित की गई थी। वे ज़्यादातर भूमि के साथ-साथ व्यापार और वाणिज्य के मालिक थे। इसलिए, यदि ल्यालपुर-सरगोधा और मोंटगोमरी जिलों की कालोनियों को पश्चिमी पंजाब को दे दिया गया तो कई सिख और हिंदू भारत में बसने चले जाएंगे क्योंकि एन.डब्ल्यू.एफ.पी (पश्चिमोत्तर सीमांत प्रांत) और उत्तरी पंजाब में हिंदू विरोधी और सिख दंगों ने पहले से ही उनके बीच बहुत बड़ी असुरक्षा पैदा कर दी है (वही)।

लाहौर

कांग्रेस के वकील ने बहुत दृढ़ता से इस बात पर बल दिया कि गैर मुसलमानों की लाहौर में गहरी सांस्कृतिक जड़ें थीं। उन्होंने कॉलेजों और पुस्तकालयों का निर्माण किया था और जिले में उनके असाधारण आर्थिक हित थे। हालांकि 1941 की जनगणना के अनुसार (कांग्रेस द्वारा विवादित) आंकड़े 60.62 प्रतिशत मुसलमान और 39.38 प्रतिशत गैर-मुसलमान आबादी को दिखाते थे, भू-राजस्व के भुगतान के लिए मुसलमान केवल 5,81,235 रुपये देते थे जबकि गैर-मुसलमान 12,63,830 रुपये। इसके अलावा, मुसलमान केवल 5,11,867 एकड़ जमीन के मालिक थे जबकि गैर-मुसलमान 11,50,450 एकड़ के (वही: 127)। इस प्रकार पंजाब के विभाजन के आर्थिक पहलुओं को भी विचार में रखा जाना चाहिए। लाहौर शहर के बारे में, उन्होंने टिप्पणी की:

> आपको याद रखना चाहिए कि जहां तक इस शहर का सवाल है कि 1941 की जनगणना के अनुसार मुसलमानों और गैर-मुसलमानों की जनसंख्या का

> अनुपात और भी अधिक है; जिले की तरह 61 और 39 नहीं, बल्कि 64 और 36। लेकिन. . . आप निश्चित रूप से यह पाएंगे कि भूमि का बड़ा अनुपात गैर-मुसलमानों के हाथों में है. . . और एक पहलू जो इसके साथ जुड़ा हुआ है, वह शहरी क्षेत्रों और जिले के कुछ ग्रामीण क्षेत्रों से ताल्लुक रखता है। यहाँ फिर पाएंगे कि कुछ क्षेत्रों में मुसलमान बहुमत में हैं, लेकिन स्थिति यह है कि व्यापार, उद्योग और कारखाने वगैरह लगभग पूरी तरह से गैर-मुसलमानों के हाथों में हैं (वही)।

'उन्होंने दावा किया कि विचार करने के लिए एक और बात, परिवहन और सड़क व्यवस्था होगी' 'कोई ऐसा विभाजन मंजूर नहीं होगा जो रेलवे और सड़क परिवहन को असाध्य भागों में काटे। इसके अलावा, पंजाब के पूर्वी भाग के लिए रेलवे लाइन की मरम्मत और रख रखाव के लिए सुविधाओं की आवश्यकता यह है कि मुघलपुरा की वर्कशापें (लाहौर के बाहरी इलाके में स्थित) पूर्वी भाग के लिए उपलब्ध होनी चाहिए ताकि उस हिस्से में रेलवे कार्य करने में सक्षम हो' (वही)। गैर-मुसलमानों द्वारा जमीन और संपत्ति के स्वामित्व के आधार पर दावे लाहौर डिवीजन के अन्य जिलों में भी किए गए थे।

सिख समुदाय के विशेष अधिकार और ननकाना साहिब

सिख समुदाय पर टिप्पणी करते हुए सीतलवाड़ ने जोर दिया कि प्रांत में उनके अधिकारों का उनके द्वारा पंजाब को प्रदान की गई ऐतिहासिक सेवाओं के आधार पर मूल्यांकन किया जाना चाहिए। वे एक जंगी कौम थे जो ब्रिटिश विजय करने से पहले प्रांत में सत्तारूढ़ समुदाय थे। बाद में ब्रिटिश विलय होने पर सिखों ने भारतीय सेना के सैनिकों की एक बड़ी संख्या में आपूर्ति की है और प्रांत के विकास के लिए असाधारण योगदान दिया था। अधिक महत्वपूर्ण बात 'काल्पनिक सिद्धांत' के अनुसार ननकाना साहिब सिख धर्म के संस्थापक का जन्म स्थान, पश्चिमी पंजाब में आ गया था। यह अस्वीकार्य था। इसलिए सीमांकन में आवश्यक समायोजन किया जाना चाहिए ताकि सिख इतिहास और संस्कृति दो अलग-अलग राज्यों के बीच विभाजित न हो (वही: 127-8)।

जिला गुरदासपुर

महत्वपूर्ण गुरदासपुर जिले पर आते हुए जो चार तहसीलों को मिलाकर बना था (एक तहसील एक जिले की एक प्रशासनिक उप-इकाई है) गुरदासपुर, शकरगढ़, बटाला और पठानकोट, सीतलवाड़ ने कहा कि 1921 तक गुरदासपुर जिले में एक गैर-मुसलमान बहुमत बरकरार था। 1931 में, हालांकि, मुसलमानों को 15,534 के

बहुमत के रूप में दर्ज किया गया था जबकि 1941 में यह बहुमत 26,435 के रूप में दर्ज किया गया था। इस प्रकार 1941 की जनगणना के अनुसार पूरे जिले में 5,63,588 गैर-मुसलमानों के मुकाबले में 5,89,923 मुसलमान दर्ज थे: 50.6 मुसलमानों और 49.4 गैर मुसलमान। मुसलमान बहुलता इसलिए बहुत ही संकीर्ण थी। चार तहसीलों की धार्मिक संरचना इस प्रकार थी: गुरदासपुर, 50.5 प्रतिशत मुसलमान; शकरगढ़, 51.3 प्रतिशत मुसलमान; बटाला, 53 प्रतिशत मुसलमान और पठानकोट 65 फीसदी गैर-मुसलमान। बहरहाल गुरदासपुर जिले को 'काल्पनिक विभाजन' के आधार पर पश्चिमी पंजाब में रखा गया था।

सीतलवाड़ ने बहस की कि गुरदासपुर व्यापार और संचार नेटवर्क के चलते, अमृतसर जिले के साथ अभिन्न रूप में एकीकृत था। अमृतसर, गुरदासपुर के निर्यात और आयात के लिए एक निकासी घर था। इसके अलावा रेल और सड़क संपर्क इस तरह का था कि यह लाहौर से अमृतसर तक के लिए आता है और उसके बाद गुरदासपुर चला जाता है और कांगड़ा घाटी और जिले को अमृतसर और लाहौर के साथ जोड़ता है। इसलिए अमृतसर और गुरदासपुर को एक इकाई के रूप में रखा जाना चाहिए। दोनों को मिलाकर एक गैर-मुसलमान बहुमत तैयार होता है और इसलिए इसे पूर्वी पंजाब के लिए दे देना चाहिए। एक अन्य प्रमुख विचार जो पूर्वी भाग में गुरदासपुर को रखने के लिए था कि सिख इतिहास के साथ इसके अंतरंग संबंध थे। कई प्रसिद्ध सिख धार्मिक स्थल वहाँ स्थित थे (वही: 129)।

पूर्वी पंजाब के लिए क्षेत्र की हद का दावा

इस धारणा पर आगे बढ़ते हुए कि पंजाब के विभाजन के चलते, विशाल जनसंख्या को इधर से उधर जाना पड़ेगा कांग्रेस के ज्ञापन ने दावा किया कि पूर्वी पंजाब के लिए निम्नलिखित क्षेत्रों को शामिल किया जाए:

1. पूरा अम्बाला डिवीजन।
2. पूरा जालंधर डिवीजन।
3. पूरा लाहौर डिवीजन।
4. लायलपुर जिला।
5. मोंटगोमरी जिला।
6. इस तरह के अन्य आस-पास के जुड़े हुए क्षेत्रों पर विचार करना आवश्यक हो सकता है अगर नहर और कॉलोनी की दृष्टि से जरूरत पड़े।

सीतलवाड़ ने तर्क दिया, पंजाब का इस तरह का एक बंटवारा, पूर्वी पंजाब की सिखों की कुल आबादी 37,57,401 से कुल 34 लाख सिखों को इकट्ठा कर देगा (वही: 130)।

सिख प्रकरण

सिख वकील, सरदार हरनाम सिंह ने संदर्भ की शर्तों की सीतलवाड़ द्वारा की गई व्याख्या के साथ सहमति व्यक्त की। उन्होंने जोर देकर कहा कि 'दूसरी वजहों' के महत्व को, यहां तक कि मुस्लिम लीग द्वारा भी माना गया था भले ही वे सन्निहित मुसलमान बहुलता पर जोर दे रहे थे। इस प्रकार इसने गैर-मुसलमान बहुल पठानकोट तहसील के कुछ भागों पर दावा किया था जहां रावी नदी पर स्थित माधोपुर बांध स्थित था और जहां से अपर बारी दोआब नहर उत्पन्न हुई थी (वही: 132)।

हरनाम सिंह ने तर्क दिया कि सिख मुख्य रूप से किसान-मालिक थे जो दोनों धार्मिक और आर्थिक संदर्भ में पंजाब की मिट्टी में निहित थे। ऐसे लोगों को कहीं और हस्तांतरण करना लगभग असंभव था। दूसरी तरफ ब्रिटिश पंजाब में 1931 की जनगणना के अनुसार 1,49,29,896 की कुल मुसलमान जनसंख्या में से 46,95,957 की संख्या फकीरों, भिखारी, बुनकरों, चरवाहों, मोची, कुम्हारों, मुसल्लियों (अछूत इस्लाम में धर्मान्तरित), बढ़ई, मालिश वाले, भाट, नाइयों, लोहार, धोबी, कसाई और मिरासियों (मनोरंजन के साथ जुड़ी एक निम्न जाति) की थी – निपटान रिपोर्ट में जो लोग भूमिहीन और नौकर लोगों के रूप में वर्णित हैं। ये एक 'चलते फिरते लोग थे' और इसलिए उन्हें आसानी से स्थानांतरित किया जा सकता था (वही: 132)।

पंजाब पर सिख समुदाय के विशेष धार्मिक सांस्कृतिक दावे

पंजाब में सिख समुदाय की विशेष स्थिति के विषय पर आते हुए हरनाम सिंह ने कहा कि यहां तक कि मुस्लिम लीग ने अपने ज्ञापन में जोर देकर माना था कि सिख, विशेष विचार के हकदार थे। फिर उन्होंने कहा: 'मैं निवेदन करता हूँ कि अति प्राचीन काल से पंजाब की मध्य डिवीजनें सिखों के राष्ट्रीय घर की तरह गठित हैं। यह सवाल कि वे संख्या में कम या बहुत ज़्यादा हैं इस दृष्टि से काफी अप्रासंगिक है कि कोई विशेष क्षेत्र या एक विशेष पथ उनकी मातृभूमि है या नहीं' (वही: 133)।

अब अगर भारत हिन्दुओं की मातृभूमि है और पाकिस्तान मुसलमानों की मातृभूमि है तो सिंह ने जोर देकर कहा कि चिनाब और ब्यास नदियों के बीच का क्षेत्र सिखों की मातृभूमि है (यहां उन्होंने कई किताबों और सरकारी दस्तावेजों का जिक्र किया, जिनमें पंजाब के माझा क्षेत्र को जिसके मध्य मे अमृतसर था सिख देश के रूप में वर्णित किया गया था)। इस प्रकार जब एक निश्चित क्षेत्र में एक समुदाय के देश के रूप में मान्यता दी गई थी उसके अधिकारों में सिर्फ इस आधार पर इंकार नहीं किया जा सकता कि दूसरे समुदाय की संख्या अधिक थी। उदाहरण के लिए बाल्फोर घोषणा के रूप में फिलिस्तीन यहूदियों की मातृभूमि के रूप में वर्णित है हालांकि वे 1917 में उसमें अल्पसंख्यक थे (वही)। हरनाम सिंह ने टिप्पणी की:

> इसलिए मेरा निवेदन है कि आप जब इस सवाल पर विचार कर रहे हैं सिख समुदाय की विशेष सुविधाओं को ध्यान में रखा जाना चाहिए। मैं सभी धार्मिक संप्रदायों के लिए और हर किसी की भावनाओं के प्रति बहुत ज़्यादा सम्मान रखता हूँ। लेकिन पिछले दो दशकों से मैंने कई बार मुसलमान लड़कों को गाते सुना है "या रब मक्का मदीना ले चल मुझे"। वे पश्चिम की ओर देख रहे हैं। वे कहते हैं हम एक अजीब देश में रह रहे हैं एक विदेशी देश में हमारा कोई राष्ट्रीय घर नहीं है। हमारा राष्ट्रीय घर अरब में है। मैं अपने हिंदू भाइयों की भावनाओं को आहत नहीं कर रहा हूँ जब मैं कहता हूँ कि वे अपनी तीर्थ यात्रा के लिए हरिद्वार और बनारस की तरफ देखते हैं और मुसलमान मक्का और मदीना की ओर। लेकिन सिखों के लिए अमृतसर शहर, शेखूपुरा जिले में ननकाना साहिब शहर, गुरदासपुर जिले की शकरगढ़ तहसील में करतारपुर शहर, उनके मक्का-मदीना और उनके हरिद्वार तथा बनारस हैं (वही)।

सिंह ने इस बात पर जोर दिया कि मुसलमानों द्वारा दोबारा सताये जाने की सिख आशंका ऐतिहासिक अनुभव पर आधारित है। उन्होंने कई रचनाओं का आह्वान किया, जिसमें सम्राट जहांगीर द्वारा लिखित तुजुक-ए-जहांगीरी, से उद्धरण था, ताकि गुरू अर्जन के खिलाफ स्वीकृत उत्पीड़न को साबित किया जा सके। उनका तर्क मूलतः यह था कि मुसलमान शासकों ने आम तौर पर सिखों के खिलाफ एक असहिष्णु नीति का पालन किया था (वही)। आगे बढ़ते हुए, हरनाम सिंह ने जोर देकर कहा कि सिखों ने स्पष्ट रूप से पाकिस्तान में न रहने की इच्छा व्यक्त की थी। इन तथ्यों को सिख ज्ञापन में विस्तार से उल्लेखित किया गया था और जिसे पंजाब विधानसभा के 33 सदस्यों में से 32 द्वारा हस्ताक्षर किया गया था और बाद में 33वां भी समूह में शामिल हो गया था (वही)।

भाषा का प्रश्न

सिख वकील ने इस बात पर जोर दिया कि पूरा पंजाब प्रांत पंजाबी नहीं बोलता। करनाल, रोहतक, हिसार, डेरा गाजी खान, इसाखेल और मियांवाली में लोग पंजाबी में बात नहीं करते थे। यहाँ तक कि मुल्तान में वे पंजाबी नहीं लेकिन मुल्तानी (आज कल सराइकी कहा जाता है) बोलते थे। इसी तरह कांगड़ा में एक अलग भाषा बोली जाती थी। पंजाबी प्रांत के मध्य क्षेत्रों में बोली जाती थी – जैसे कि लाहौर और जालंधर डिवीजनों और कॉलोनी क्षेत्रों में।

झंग और मुल्तान जिलों से लेकर और झेलम पार इलाकों को महाराजा रणजीत सिंह ने विजय द्वारा अधिग्रहण कर लिया था और प्रशासनिक सुविधा के लिए ब्रिटिश द्वारा इसे बनाए रखा गया। इस प्रकार दिल्ली की सीमा से लेकर झेलम के किनारे तक,

झंग और मुल्तान जिलों को छोड़कर, जनसंख्या इस प्रकार थी:

मुस्लिम	1,07,61,560
सिख और अन्य	11,184,886

इस प्रकार दिल्ली की सीमा से लेकर चिनाब के किनारे तक, झांग और मुल्तान जिलों को छोड़कर, जनसंख्या इस प्रकार थी:

मुस्लिम	91,91,618
सिख और अन्य	1,18,85,834 (वही: 134–5)

पूर्वी पंजाब में पंजाबी का संरक्षण

उन्होंने आगे तर्क दिया कि जनगणना की रिपोर्ट में बताया गया कि मुसलमान और ज़्यादा संख्या में अपनी मातृभाषा के रूप में उर्दू को दर्ज कर रहे हैं जब कि हिंदू हिंदी को; केवल सिख पंजाबी के लिए दृढ़ बने हुए हैं:

> पूर्वी पंजाब में मुख्य रूप से हिंदू क्षेत्रों को हिंदुस्तानी बोलने वाले क्षेत्रों के साथ मिलाया जा सकता है। एक विभाजन तथा एक और विभाजन मेरा तर्क है।
>
> इसलिए मैं कह रहा हूँ कि अगर आप लोगों की भाषा और संस्कृति की रक्षा के लिए जा रहे हैं तो पाकिस्तान में उन्हें शामिल करने से ऐसा नहीं कर सकते जहां लोग संस्कृति को नष्ट करने के लिए तुले हुए हैं। यह मार्च 1947 की हाल की घटनाओं की बात नहीं है। यह बात पिछले दो दशकों से चल रही है। यह फिर से एक खास बात है जिसके चलते, सिखों को विशेष संरक्षण मिलना चाहिए (वही: 135)।

लाहौर और ननकाना साहिब

हरनाम सिंह ने सिखों के लिए लाहौर का दावा करने के लिए एक विशेष प्रयास किया। उसने संकेत किया कि न सिर्फ अमृतसर और गुरदासपुर जिलों में कई पवित्र सिख धार्मिक स्थल हैं बल्कि लाहौर जिला भी सिख धार्मिक और सांस्कृतिक इतिहास का स्वाभाविक हिस्सा है। 'चौथे गुरु रामदास, जो बाद के सभी सिख गुरुओं के पूर्वज थे उनका जन्म लाहौर में हुआ था' (वही: 136)। पांचवें गुरु अर्जन का स्मारक लाहौर में उसी जगह स्थित था जहां उन्हें शहीद किया गया था। शहर 'गुरुओं के पालने' के रूप में प्रसिद्ध था। जहां तक शेखूपुरा जिले में ननकाना साहिब का संबंध है सिख वकील ने जोर देकर कहा कि इसे पंजाब के पूर्वी भाग में जाना चाहिए, क्योंकि सिख धर्म के संस्थापक यहाँ पैदा हुए थे और यह सबसे पवित्र सिख स्थान था। उनकी

सांप्रदायिक एकता और सांस्कृतिक निरंतरता बनाए रखने के लिए एकमात्र समाधान यह होगा कि पूर्वी पंजाब में सिखों को एकत्र किया जाए (वही)।

जैल (गांवों के समूह की राजस्व इकाई) को मुख्य प्रादेशिक इकाई पकड़ते हुए और उस पर अपनी गणना का आधार रखते हुए हरनाम सिंह ने कहा कि एक सन्निहित गैर-मुसलमान बहुल क्षेत्र शहीदी बार से आगे तक बढ़ता था जिसकी शुरुआत लायलपुर के नहरी क्षेत्रों से और शेखूपुरा और गुजरांवाला जिलों के कुछ भागों को लाहौर जिले में चुनिआं तहसील के कुछ भागों को अगर पूर्वी जिलों के साथ मिलाया जाता (वही: 137)। इसके अलावा सिख वकील का यह दावा था कि मोंटगोमरी जिले में और मुल्तान की खानेवाल और मैलसी तहसीलों में, व्यापार और वाणिज्य पूरी तरह से सिखों के हाथों में था। उन्होंने सियालकोट जिले का भी दावा किया क्योंकि उनके अनुसार यह सिख पवित्र इतिहास का एक हिस्सा था (वही)। यह दावा किया गया 'पूर्वी पंजाब की सीमा चिनाब तक पहुंचनी चाहिए' (वही)।

पूर्वी पंजाब के लिए सिखों द्वारा क्षेत्र की हद का दावा

सिख ज्ञापन ने आबादी के लाजमी तौर पर इधर-उधर होने पर और सिख समुदाय को पूर्वी पंजाब में इकट्ठा करने पर जोर दिया। इसने पूर्वी पंजाब के लिए निम्नलिखित क्षेत्रों का दावा पेश किया:

1. अम्बाला डिवीजन।
2. जालंधर डिवीजन।
3. लाहौर डिवीजन।
4. मुल्तान डिवीजन का लायलपुर जिला।
5. मोंटगोमरी जिला और मुल्तान डिवीजन की खानेवाल, विहारी और मैलसी तहसीलें।

इस तरह के विभाजन का मतलब यह था कि पूर्वी पंजाब में सिख अपनी कुल 37,57,401 आबादी में से 34 लाख वहाँ इकट्ठा हो जाते (वही: 137-8)।

मुस्लिम लीग प्रकरण

सर मुहम्मद जफरुल्ला खान ने सन्निहित मुसलमान और गैर-मुसलमान बहुल क्षेत्रों के सिद्धांत के साथ 'दूसरी वजहों' को कांग्रेस-सिखों द्वारा एक बराबर देखने के मुद्दे को लिया। उन्होंने तर्क दिया कि अगर धार्मिक भावनाओं, निहित हितों, एकड़ जमीन के मालिकाना हक, बैंकिंग और बीमा कंपनियों के स्वामित्व, कारखानों में पूंजी निवेश को भारत को विभाजित करने के लिए तर्क के तौर पर पेश किया जाए तो यह सफल

नहीं होगा। इसके अलावा, पूरे भारत में मुसलमान धार्मिक स्थल थे लेकिन उनके साथ मुसलमानों की कितनी भावना जुड़ी थी इसे मापना असंभव था। इसी तरह यह गैर–मुसलमानों की उनके धार्मिक स्थलों से जुड़ी धार्मिक भावनाओं को मापना असंभव था। मुस्लिम लीग की भारत के विभाजन की मांग का एकमात्र आधार उपमहाद्वीप के कुछ क्षेत्रों में एक मुसलमान बहुलता थी (वही: 138)।

खान ने जोर देकर कहा कि ब्रिटिश सरकार के बयान को अमल में लाने वाला हिस्सा, जिसने सीमा आयोग के कार्यों को परिभाषित किया है मुसलमान और गैर–मुसलमानों के लिए बहुलता वाले सटे क्षेत्रों का पता लगाने का जिक्र करता है। जहां तक 'दूसरी वजहों' का सवाल है यह केवल स्थानीय संदर्भ का जिक्र करता है। कुछ असाधारण मामलों में बहुमत के सिद्धांत व स्थानीय खासियतों को समायोजित करने के लिए मरोड़ा जा सकता है (वही: 139)।

सिखों द्वारा पंजाब के विभाजन की मांग

सिखों के विशेष वर्ताव की मांग का जवाब देते हुए मुस्लिम लीग के वकील ने इस बात पर जोर दिया कि उनके द्वारा इसके लिए दो मुख्य कारणों को पेश किया गया था। एक, यह आरोप कि मुगल काल के दौरान सिखों और उनके धार्मिक नेताओं पर मुसलमानों द्वारा अत्याचार किया गया और सताया गया था। अगर उन्हें फिर से मुसलमान शासन के अधीन कर दिया गया तो उन्होंने आशंका जताई कि हो सकता है इतिहास दोहराया जाए। दूसरा मुसलमानों के हाथों रावलपिंडी और मुल्तान जिलों में सिखों की समकालीन हत्यायें (वही: 140)। खान ने इन दोनों आरोपों का खंडन किया। कई आधिकारिक सिख और अन्य प्रकाशनों का जिक्र करते हुए उन्होंने इस बात पर जोर दिया कि वास्तव में मुगल सिख गुरुओं के संरक्षक थे। मुसलमान शासकों ने भूमि का अनुदान दिया था और सिख धर्म का सम्मान किया और रक्षा की। दरबार साहिब और ननकाना साहिब सहित कई पवित्र सिख धार्मिक स्थलों को मुसलमानों द्वारा दिए गए दान से बनाया गया था (वही)। गुरू अर्जन को बादशाह जहांगीर द्वारा दंडित इसलिए किया गया था क्योंकि उन्होंने शहजादा खुसरो की मदद की थी जिसने बादशाह के खिलाफ विद्रोह किया था। कुछ अन्य मामलों में जब सिख गुरुओं को मुगलों द्वारा सताया गया था यह हिंदुओं का काम था जिन्होंने शासकों को गंभीर सजा देने के लिए उन्हें उकसाया था। दूसरी ओर गुरु गोबिंद सिंह के समय सिखों ने मुसलमानों के खिलाफ नफरत का प्रचार किया और उनके खिलाफ विद्रोह भड़काया (वही: 140–41)।

हाल ही हुई हत्याओं के बारे में मुस्लिम लीग के वकील ने जोर देकर कहा कि इसके लिए मुसलमानों को दोषी नहीं ठहराया जा सकता। मुस्लिम लीग का सविनय अवज्ञा आंदोलन जो जनवरी 1947 के अंत में शुरू हुआ, जो पांच सप्ताह चला, और

जो 28 फरवरी को खत्म हुआ काफी हद तक एक व्यवस्थित आंदोलन था। मंत्रालय ने 2 मार्च को इस्तीफा दे दिया था लेकिन सार्वजनिक रूप से यह केवल अगले दिन ही ज्ञात हुआ था। मास्टर तारा सिंह ने सिखों को हिंसा के लिए उकसाया था जब वह एक नंगी कृपाण के साथ पंजाब विधानसभा से बाहर आये और चिल्लाए, 'पाकिस्तान मुर्दाबाद, सत श्री अकाल'। बाद में उस दिन उन्होंने और हिंदू नेताओं ने और अधिक भड़काऊ भाषण दिये। इस तरह के सांप्रदायिक रूप से उत्तेजित हालात में यह जोर देकर कहा गया कि दंगे, हिंसा और रक्तपात लाहौर और पंजाब के बाकी हिस्सों में भड़क उठे (वही: 142)।

अपने दावे को मजबूत करने के लिए कि सिख नेताओं ने हाल ही में मुस्लिम-सिख संबंध के विचारों को बदला था, खान ने मास्टर तारा सिंह के कई बयानों का जिक्र किया। अगस्त 1946 की गुरमुखी पत्रिका, संत सिपाही में सिख नेता ने लिखा था:

> धार्मिक सिद्धांतों के संबंध में सिख हिंदुओं की तुलना में मुसलमानों के करीब हैं लेकिन उनके सामाजिक ताल्लुकात हिंदुओं के साथ मजबूत रहे हैं। हिंदुओं के बीच एक गुट है जो हमारी अलग पहचान को खत्म कर देना चाहता है। मुसलमानों के साथ हमारे संबंध मजबूत नहीं हैं लेकिन इसके अलावा हमें उन लोगों से कम डर है। मैं मुसलमानों के साथ एक समझौता करने और उनके साथ बेहतर संबंधों को बढ़ावा देने के पक्ष में हूँ। ऐसे भी हिंदू हैं जो साजिश और कूटनीति के माध्यम से सिखों को भस्म करना चाहते हैं। हिंदुओं के संबंध में हमारी नीति यह होनी चाहिए: हमें उनसे इतना दूर नहीं होना चाहिए कि हम उनसे स्थायी रूप से बिछुड़ जाएँ और हमें उनके इतना पास नहीं होना चाहिए कि हम अपना अस्तित्व ही खो दें। हिंदुओं को इस स्थिति का एहसास होना चाहिए। यदि वे हमें अवशोषित करने के प्रयास और इच्छा छोड़ दें तो उनके साथ रिश्ता मजबूत करने हम नहीं डरेंगे। लेकिन पिछले रिकॉर्ड और अतीत इतिहास हमारे अन्दर कोई विश्वास नहीं जगाता। हमें सतर्क रहना पड़ेगा।
>
> कांग्रेस हमारी सहानुभूति और सहायता प्राप्त करने के लिए बाध्य है लेकिन अतीत में हमारे संगठन को तितर-बितर करने के लिए इसने कोशिश की है और भविष्य में भी ऐसा ही करेगी। यह हमारे अलग राजनीतिक अस्तित्व को स्वीकार नहीं करता क्योंकि सैद्धान्तिक रूप से हम इसका विरोध कर रहे हैं। इसलिए मन में वहन किया जाना चाहिए कि कांग्रेस और हिंदू हमारा अलग राजनीतिक अस्तित्व नष्ट करने की कोशिश करेंगे। पिछले चुनाव के दौरान इसके लिए बहुत प्रयास किया गया था लेकिन अंत में हमने खुद को बचा लिया। अगर पंजाब विधानसभा के लिए जो सिख चुने गए थे वे सभी कांग्रेस

के टिकट पर निर्वाचित हुए होते तो हमें एक समुदाय के तौर पर मर जाना चाहिए था (वही: 141–2)।

विभाजन की आर्थिक वजहें

जफरुल्ला खान ने मुस्लिम लीग के दृष्टिकोण को प्रस्तुत किया कि भारत के विभाजन की असली वजह, निहितार्थ से पंजाब की भी जो एक ओर अमीर हिंदुओं व सिखों और दूसरी ओर बेसहारा मुसलमानों के बीच की मौजूद आर्थिक असमानता थी। ब्रिटिश काल के दौरान मुसलमानों का हिंदुओं और सिखों द्वारा किया गया आर्थिक शोषण उनके बीच व्यापक गरीबी का कारण बना था। भले ही 1900 में पंजाब लैंड एलिनियेशन अधिनियम ने हिंदू और सिख साहूकारों द्वारा मुसलमान कृषि की जमीन अधिग्रहण धीमा कर दिया था। विभिन्न अन्य तरीके उपलब्ध थे जिनके माध्यम से कर्ज में डूबे मुसलमानों को गैर-मुसलमानों द्वारा, उनकी हिस्सेदारी से अलग किया जाना जारी रहा (वही: 143)।

जहां तक किसान की जमीन और उस मिट्टी से लगाव का सवाल था जफरुल्ला खान ने दावा किया कि किसान-मालिक और काश्तकार मुसलमान गैर-मुसलमानों से बहुत ज़्यादा थे और भूमि में उतने ही निहित थे, भले ही सिखों ने निस्शक पंजाब के विकास के लिए बहुमूल्य योगदान दिया था और पंजाब की कुल जनसंख्या में उनके प्रतिशत के मुकाबले एक बहुत बड़े अनुपात में कृषि करने वाली संपत्ति उनके पास थी। मुसलमान, सिखों की तुलना में आम तौर पर छोटी जोत के मालिक थे लेकिन वे निरपेक्ष संख्या में और अधिक गिनती रखते थे (वही: 143–4)।

नहरी कालोनियां

नहर कालोनियों पर टिप्पणी करते हुए मुस्लिम लीग के वकील ने कहा कि यह भूमि मूल रूप से मुसलमान खानाबदोश और देहाती लोगों की मातृभूमि है। इससे भी महत्वपूर्ण बात क्राउन द्वारा आवंटित नहर कालोनियों के क्षेत्र में भी मुसलमान बहुलता विद्यमान थी। इस प्रकार ल्यालपुर, मांटगोमेरी, मुल्तान, शेखूपुरा, झंग, शाहपुर और गुजरात कॉलोनियों के क्षेत्रों को कुल मिलाकर 42,99,663 एकड़ जमीन आवंटित की गई। इनमें से मुसलमान 27,40,814 हिंदू 3,79,001 पर; सिख 11,46,432 पर; ईसाई 22,786 और दूसरे 10,635 एकड़ जमीन पर खेती करते थे, अनुपात इस प्रकार हैं: मुसलमान 64 फीसदी; हिंदू 9 प्रतिशत; सिख 26 फीसदी; और ईसाई और दूसरे 1 फीसदी (वही)।

महत्वपूर्ण लायलपुर जिले के बारे में जिसके विकास के लिए सिखों के योगदान पर विपक्ष ने इतना जोर दिया, खान ने गौर किया कि लायलपुर में मुसलमान आबादी

का प्रतिशत 62.8 थे; वे इस क्षेत्र के 62 फीसदी जमीन का स्वामित्व रखते थे; भू-राजस्व का 57 फीसदी भुगतान करते थे और जिले में मालिकों के 69 फीसदी थे। इसके अलावा, अराइन मुसलमान (खेती करने वाली एक जाति) ने भी कृषि उत्पादन के लिए योगदान दिया है और न सिर्फ सिख जट्टों ने (वही)।

दावे समीप तहसीलों के आधार पर किये जाने चाहिए

जफररुल्ला खान ने तर्क दिया कि मुसलमान और गैर-मुसलमान क्षेत्रों का निर्धारण करने के लिए तहसील को इकाई होना चाहिए क्योंकि पंजाब के इतिहास में यह मौलिक प्रशासनिक और राजस्व इकाई के रूप में लगातार अस्तित्व में थी। वहाँ दूसरी ओर नए जिलों का निर्माण किया गया था और पुराने जिलों को भंग कर दिया गया था। एक तहसील से छोटा कुछ भी जैसे कि एक गांव या गांवों का समूह जिसे जैल कहा जाता है, या पुलिस थाना उपयोगी नहीं होगा क्योंकि ये परस्पर-व्याप्त होते हैं और इनके समय-समय पर समायोजन होने का खतरा रहता है (वही: 139)। इस प्रकार समीपता का पता लगाने के लिए अगर तहसील को एक इकाई के रूप में अपनाया जाता है तो यह पता चलेगा कि गुरदासपुर जिले में केवल पठानकोट तहसील में गैर-मुसलमान बहुमत है। पर दूसरी ओर अन्य तीन तहसीलों शकरगढ़, गुरदासपुर और बटाला में मुसलमान बहुमत में हैं। इसी तरह अमृतसर जिले की अजनाला तहसील में मुसलमान बहुमत में हैं। जालंधर जिले में मुसलमान जालंधर और नकोदर तहसीलों में बहुमत में हैं। फिरोजपुर जिले में फिरोजपुर तथा जीरा तहसीलों में मुसलमान बहुलता थी। एक साथ ये तहसीलें, पश्चिमी पंजाब के लिए उन्हें जोड़ने के लिए एक सन्निहित क्षेत्र बनाती हैं (वही)।

खान ने गौर किया कि काँग्रेस और सिखों द्वारा प्रस्तावित चिनाब नदी तक अंतर्राष्ट्रीय सीमा रेखा पाकिस्तान को भारत की आक्रामकता की चपेट में ले आएगी। पाकिस्तान की रक्षा ले लिए यह आवश्यक है कि इसकी मुख्य संचार लाइनों और शहरों को दूसरे पक्ष द्वारा आसान हमले से रक्षा प्रदान की जाए। मुसलमान बहुमत के क्षेत्रों की सुरक्षा के लिए पश्चिमी पंजाब की सीमा का सतलुज तक तय होना आवश्यक है (वही: 140)।

अमृतसर पाकिस्तान में रहना चाहिए

हालांकि लाहौर और गुरदासपुर मुसलमान बहुल जिले थे और उन्हें 'काल्पनिक विभाजन' की बुनियाद पर पश्चिमी पंजाब में रखा गया गैर मुसलमान बहुल अमृतसर जिला, लाहौर डिवीजन में नहीं था। खान ने पाकिस्तान को अमृतसर में रखने के लिए दो तर्क दिए।

पहला लाहौर, अमृतसर और गुरदासपुर जिले सन्निहित थे और उनकी एक साथ 42,62,762 की आबादी थी। इनमें से मुसलमान 22,75,390 थे जिसका मतलब 2,88,018 का एक मुसलमान बहुमत था। इसलिए, उन्हें पाकिस्तान को दे देना चाहिए (वही: 145)।

दूसरा कि यद्यपि अमृतसर जिले के अमृतसर और तरनतारन तहसीलों में एक गैर–मुसलमान बहुमत था वे मुसलमान बहुल तहसीलों से घिरी हुईं थीं (पश्चिम में अमृतसर जिले की अजनाला तहसील से, दक्षिण में फिरोजपुर जिले की जीरा और फिरोजपुर तहसीलों से, पूर्व में मुसलमान बहुल कपूरथला रियासत से और उत्तर में गुरदासपुर जिले की बटाला और गुरदासपुर तहसीलों से) और इसलिए वे पूर्वी पंजाब के साथ सन्निहित नहीं थे। इसी तरह फिरोजपुर, झिरका और नूह तहसीलें थीं जो कि अम्बाला डिवीजन के गैर मुसलमान बहुल गुड़गांव जिले की मुसलमान बहुल तहसीलें थीं, लेकिन उन्हें पश्चिमी पंजाब में शामिल होने से अवरुद्ध किया गया क्योंकि वे मुसलमान बहुल क्षेत्रों से सटे नहीं थे। मुसलमानों को चाहिए कि वे इस बात को मान लें कि फिरोजपुर, झिरका और नूह तहसीलों को पूर्वी पंजाब के लिए छोड़ा जा रहा है और गैर–मुसलमानों को इस बात को मान लेना चाहिए कि अमृतसर और तरनतारन तहसीलों को पश्चिमी पंजाब के लिए छोड़ा जा रहा है (वही)।

'दूसरी वजहों' के आधार पर

पठानकोट तहसील के भाग के लिए दावा

तहसील को इकाई के रूप में मानते हुए जिस पर दावों को आधारित होना चाहिए, मुस्लिम लीग इस रुख से हट गई जब खान ने 'दूसरी वजहों' की बुनियाद पर गैर–मुसलमान बहुल पठानकोट तहसील को पश्चिमी पंजाब में शामिल किए जाने के लिए तर्क किया:

> अपर बारी दोआब नहर प्रणाली के हेडवर्क्स गुरदासपुर जिले की पठानकोट तहसील [गैर मुसलमान बहुल] के माधोपुर में स्थित हैं. . . अपर बारी दोआब की पूरी सिंचाई प्रणाली उन क्षेत्रों के लिए है जो पश्चिमी पंजाब में शामिल होंगे; सिर्फ हेडवर्क्स और कुछ मील तक नहर पूर्वी पंजाब के अंदर होंगे. . . यह इसलिए प्रस्तुत किया गया है. . . कि गुरदासपुर जिले के पठानकोट तहसील के हिस्से को पश्चिमी पंजाब में शामिल करना चाहिए जो माधोपुर पर एक बिंदु से तैयार की गई दो मील की दूरी वाली उस रेखा के पश्चिम में हो जो अपर बारी दोआब नहर के पूर्व की तरफ उस बिन्दु तक जाए जहां पठानकोट तहसील गुरदासपुर तहसील में मिलती हो (वही)।

पश्चिमी पंजाब के लिए मुस्लिम लीग द्वारा क्षेत्रों का दावा

कांग्रेस और सिखों के दावों के विपरीत जिन्हें उनके संबंधित ज्ञापन के अंत में स्पष्ट रूप से कहा गया था, मुस्लिम लीग ने न ही ज्ञापन में एक सूची के रूप में और न ही मौखिक प्रस्तुति में इस तरह का कदम लिया। इसके बजाए अपने दावे के लिए, इसने कई अनुच्छेदों को पेश किया। जफरुल्ला खान ने दलील दी कि पश्चिमी पंजाब के सत्रह जिलों में जो प्रांत के दो भागों में 'काल्पनिक विभाजन' पर आधारित हैं पठानकोट को छोड़कर सभी तहसीलों में मुसलमानों का बहुमत था। इसलिए उन्हें पाकिस्तान में शामिल होना चाहिए। उन्होंने 'दूसरी वजहों' के तहत पठानकोट तहसील का दावा किया जो पश्चिमी पंजाब के लिए पानी की आपूर्ति के लिए महत्वपूर्ण थी। इसके अलावा पूर्वी पंजाब के गैर-मुसलमान बहुल जिलों फाजिल्का और मुक्तसर, होशियारपुर, जगरांव, लुधियाना, समराला, रूपर, ऊना, मोगा, गढ़शंकर, नवांशहर और फिलौर के मुसलमान बहुल भागों पर दावा किया गया क्योंकि वे गुरदासपुर, लाहौर और मोंटगोमरी के मुसलमान बहुल क्षेत्रों से सटे हुए थे। होशियारपुर जिले की दसुया तहसील पर एक मुस्लिम-ईसाई बहुमत के आधार पर दावा किया गया। जफरुल्ला खान ने दावा किया कि ईसाई (अहल-ए-किताब या 'पुस्तक के लोग') भारत में रहने के बजाए पाकिस्तान में रहना पसंद करेंगे। इस प्रकार मुस्लिम लीग का दावा सतलुज नदी की घाटी तक पहुँच गया (वही: 146)।

जफरुल्ला खान ने कांग्रेस-सिख थीसिस को खारिज कर दिया कि विभाजन होने पर, जरूरी तौर पर पंजाब में आबादी की बड़े पैमाने पर सीमा के आर-पार अदला-बदली होगी। भले ही ऐसा हुआ है तो पूर्वी पंजाब में आने वाले हिंदुओं और सिखों की तुलना में, ज्यादातर मुसलमान पूर्वी भाग को छोड़ कर जाएंगे (वही: 472-3)। ज्ञापन में यह जोर देकर कहा गया कि मुस्लिम लीग के सुझाव के मुताबिक पंजाब का विभाजन करने का मतलब था कि पश्चिमी पंजाब की 2,04,27,946 की कुल जनसंख्या का 69.86 प्रतिशत वहाँ मुसलमान होंगे; 12.75 प्रतिशत सिख, 12.24 प्रतिशत ऊंची जाति के हिंदू; 2.68 फीसदी अनुसूचित जाति और अधर्मी; और 2.47 प्रतिशत ईसाई तथा अन्य (वही)। अतः मुस्लिम लीग की यह दलील कि सतलुज को सीमांकन की एक रेखा बनाया जाए पूरी तरह से उचित थी।

छोटे समूहों के तर्क

श्री बनर्जी जो नेशनल क्रिश्चियन एसोसिएशन का प्रतिनिधित्व करते थे उन्होंने तर्क दिया कि 'काल्पनिक विभाजन' के अनुसार ज़्यादातर ईसाई पश्चिम पंजाब में रह जाएंगे। चूंकि ईसाई अखिल भारतीय स्तर पर संगठित थे वे चाहेंगे कि ऐसे क्षेत्रों को भारत में शामिल किया जाए। उनकी साख को एस.जी. दत्ता द्वारा चुनौती दी गई जो पंजाब

क्रिश्चियन लीग के नेता होने का दावा करते थे। बद्री दास (अनुसूचित जातियों के प्रतिनिधि) ने पंजाब विधानसभा के आठ अनुसूचित जाति के सदस्यों और कान्स्टीच्युएंट असेंबली के दो सदस्यों के समर्थन का दावा किया और इस बात पर जोर दिया कि अनुसूचित जाति के लोग खुद को हिंदू समाज का एक हिस्सा मानते थे और भारत के साथ विलय पर अपना समर्थन व्यक्त करना चाहते हैं। दरबारा सिंह ने तर्क दिया कि मजहबी और रमदसिया सिख – जो सिखों की तथाकथित अछूत जतियों से संबंधित सिख–पदनाम थे – सिख समाज का एक अभिन्न अंग थे। इसलिए इस तरह के क्षेत्रों को पूर्वी पंजाब में शामिल किया जाना चाहिए (वही: 147)।

पंजाब के प्रसिद्ध ईसाई नेता एस.पी. सिंघा (संयुक्त ईसाई बोर्ड का प्रतिनिधित्व करने वाले) ने इस बात पर जोर दिया कि राष्ट्रीय क्रिश्चियन एसोसिएशन नाम की कोई वस्तु नहीं थी और इसलिए ईसाइयों का प्रतिनिधित्व करने का बनर्जी का कोई अधिकार नहीं था। ईसाई कुलीन लोगों की एक लंबी सूची का नामकरण और वास्तविक ईसाई संगठनों का प्रतिनिधित्व करने का दावा करते हुए उन्होंने तर्क दिया कि ईसाई कैबिनेट मिशन प्लान के अनुसार एक संयुक्त देश चाहेंगे लेकिन यदि पंजाब को विभाजित किया जा रहा है तो पाकिस्तान में वे बेहतर वर्ताव की उम्मीद कर सकते हैं न कि एक हिंदू बहुल, जाति–ग्रस्त भारत में। श्री गिब्बन (एंग्लो–इंडियनों का प्रतिनिधित्व करने वाले) ने आयोग को सूचित किया कि एंग्लो–इंडियन पाकिस्तान में रह कर खुश हैं। वे लाहौर और पश्चिमी पंजाब को अपनी मातृभूमि मानते हैं (वही)।

बशीर अहमद (अहमदिया समुदाय के प्रतिनिधि) ने तर्क दिया कि गुरदासपुर जिले के बटाला तहसील की कादियां को पाकिस्तान में शामिल किया जाना चाहिए क्योंकि यह अजनाला और नारोवाल की मुसलमान बहुल तहसीलों के साथ सटा था। उन्होंने कहा कि सिख अमृतसर और ननकाना साहिब में पवित्र धार्मिक स्थलों को लेकर एक बड़ा मामला बना रहे हैं। एक ही तर्क से इस बात पर जोर दिया जा सकता है कि अहमदिया समुदाय के संस्थापक को बटाला तहसील के कादियां में दफनाया गया था। यह पवित्र स्थान इसलिए पाकिस्तान में होना चाहिए (वही: 147–8)। इसके अलावा यह सिर्फ सिख नहीं थे जिन्होंने ब्रिटिश साम्राज्य के लिए सराहनीय सेवाएं प्रदान की हैं। अहमदिया समुदाय इसे सेवा प्रदान करने में सर्वोपरि है। दोनों, प्रथम और द्वितीय विश्व युद्धों में अहमदियों ने सेना में सेवा की। इस प्रकार, '. . .यहां तक कि पिछले महान युद्ध में भी इसके 199 सदस्यों ने किंग्स कमिशन हासिल किया और वे बहुत उच्च और जिम्मेदार पदों पर आसीन हुए' (वही: 148)।

यह ध्यान दिया जाना चाहिए कि गुरदासपुर जिले की कुल जनसंख्या 11,53,511 थी। जिले की आबादी में हिंदू और सिख कुल 5,04,453 थे और मुसलमान 5,89,923। बाकी अधर्मी, ईसाई, जैन और अन्य मामूली अल्पसंख्यक थे। मतलब यह कि 85,470

या एक मामूली "एक" प्रतिशत मुसलमान बहुमत था। वह बहुमत संभवत: मुसलमान आबादी के साथ अहमदिया संप्रदाय को शामिल किए जाने से बना था। अहमदियों को उस जिले में, विशेष रूप से बटाला तहसील के कादियां में काफी संख्या में पाया जाता था जहां उनके संप्रदाय के संस्थापक को दफनाया गया था। 1974 में अहमदियों को पाकिस्तान नेशनल असेंबली द्वारा गैर-मुसलमान घोषित कर दिया गया था।

सालिग राम ने जो पाकिस्तान अनुसूचित जाति महासंघ के अनुसूचित जाति और मजहबी सिखों का प्रतिनिधित्व कर रहे थे (उनकी साख को उन समुदायों के अन्य सदस्यों द्वारा चुनौती दी गई थी कि वह खुद उनसे उत्पन्न नहीं हुए थे) तर्क दिया कि जिन आठ विधायकों ने अनुसूचित जाति क्षेत्रों को भारत में जाने के लिए मतदान किया था, वे उन दलित वर्गों और जातियों के लोगों के हितों का प्रतिनिधित्व नहीं करते थे। इसके अलावा क्योंकि अस्पृश्यता को इस्लाम में मान्यता प्राप्त नहीं थी, अनुसूचित जातियों के लोगों का मुसलमान गांवों में अच्छे वर्ताव का अनुभव था। इसलिए मुसलमानों के साथ संबद्ध बनाए रखने में उनकी भलाई थी (वही)। इसके अलावा 'जहां तक मजहबी सिख अछूतों का संबंध है उनके अलग मंदिर हैं, अगर उनका कोई मंदिर है भी; उनको एक अलग तरह का अमृत मिलता है और उनका बाकी सिखों के साथ कुछ भी एक नहीं है (वही)। आर.सी. सोनी जो बीकानेर रियासत का प्रतिनिधित्व कर रहे थे और जफरुल्ला खान जो बहावलपुर रियासत का भी प्रतिनिधित्व कर रहे थे ने उन रियासतों से होकर गुजरती नदी और नहर के पानी के बंटवारे और उनसे जुड़े वाटरवर्कस को लेकर विवाद खड़ा किया।

आयोग के सदस्यों की रिपोर्टें

पंजाब सीमा आयोग के चार नामित सदस्य एक सर्वसम्मत निर्णय तक नहीं पहुँच सके और इसलिए उन्होंने अलग रिपोर्टों को प्रस्तुत किया।

न्यायाधीश दीन मुहम्मद

दीन मुहम्मद ने विशेष अधिकारों के लिए सिख मांग को 'सबसे अनुचित, सबसे बेसबब और सबसे हास्यास्पद' तौर पर वर्णित किया (वही: 149)। उन्होंने ऐलान किया कि हिंदू-सिख पक्ष द्वारा पेश किए गए नक्शे भ्रामक थे। उन्होंने क्षेत्रों के आवंटन के लिए मुख्य मापदंड के रूप में संख्यात्मक बहुमत और समीपता को माना लेकिन इस तरह के दावे के लिए संपत्ति के स्वामित्व को एक वैध आधार बनाने को खारिज कर दिया। दूसरी ओर सुरक्षा और आर्थिक स्थिरता सहित नहर हेडवर्क्स के आवंटन को उनके द्वारा महत्वपूर्ण 'दूसरी वजहों' के रूप में विचार किया गया। मगर हिंदू-सिख मांग के विपरीत उन्होंने पाया कि मुसलमान मांग को, 'यथोचित और संयमित तरीके से

तैयार किया गया था न कि सौदेबाजी करने के नजरिए से। यह आबादी की खासियत के साथ उचित तरीके से जुड़ी हुई थी' (वही)।

न्यायाधीश मुहम्मद मुनीर

मुनीर के अनुसार सिखों का उनके धार्मिक स्थलों के आधार पर विशेष अधिकारों के लिए दावा कोई प्रत्यक्ष प्रासंगिकता नहीं रखता। मुसलमानों के भी पूरे पंजाब भर में धार्मिक स्थल थे। और न ही भाषा को लेकर उनका दावा वैध था क्योंकि लहंडा महज पंजाबी की एक बोली थी। उन्होंने इस आरोप का भी खंडन किया कि मुसलमान शासकों ने सिखों को सताया था और इसके बजाए कई सिख स्रोतों का जिक्र किया जो मुसलमानों के खिलाफ घृणा और संघर्ष का आग्रह करते थे (वही)। सिखों की कड़ी मेहनत और नहर कालोनियों के विकास के लिए अनन्य योगदान करने के दावे को भी उन्होंने गलत बताते हुए खारिज कर दिया। लायलपुर में न केवल सिख जट्टों ने लेकिन मुसलमान अराइनों ने भी विकास में एक बड़ी भूमिका निभाई थी (वही)। एक अलग मुसलमान राज्य की मांग के पीछे हिंदुओं और सिखों द्वारा मुसलमानों का आर्थिक शोषण असली कारण था। इसलिए पंजाब में अधिक संपत्ति के स्वामित्व को क्षेत्रों के आवंटन के लिए एक स्वीकार्य वजह नहीं माना जा सकता था। (वही: 149–50)।

सुरक्षा के सवाल की जांच करते हुए मुनीर ने विचार प्रकट किया कि मुस्लिम लीग का प्रस्ताव सही था। समीपता ही सही उपाय के रूप में तहसील को उचित रूप में नियोजित किया जा सकता है। इसलिए, उन्होंने निष्कर्ष निकाला: '. . .दो देशों के बीच सीमा मुस्लिम लीग के सुझाव के अनुसार होनी चाहिए'। उन्होंने गैर–मुसलमानों को आश्वासन दिया कि पाकिस्तान में डरने की कोई बात नहीं है क्योंकि इस्लाम से सभी नागरिकों के साथ समान रूप पेश आता है (वही)।

न्यायाधीश तेजा सिंह

तेजा सिंह ने एक मुसलमान सरकार के तहत रहने की सिखों की आशंका पर बड़ा जोर दिया। उन्होंने मुगल काल के दौरान मुस्लिम–सिख दुश्मनी के सिख वकील के संस्करण को दोहराते हुए समकालीन घटनाओं पर बहुत विस्तार से चर्चा की। यूनियनिस्ट मंत्रालय के खिलाफ मुस्लिम लीग के आंदोलन पर टिप्पणी करते हुए सिंह ने कहा कि यह न सिर्फ हिंसक था बल्कि गैर–मुसलमानों के खिलाफ साफ तौर पर प्रतिकूल नारेबाजी भी जैसे:

ऐसे लेंगे पाकिस्तान
जैसे लिया था हिंदुस्तान

सिंह के अनुसार अधिकारियों ने एक उंगली तक नहीं उठाई जब मुस्लिम लीग का आंदोलन जारी था लेकिन जब सिख और हिंदू छात्रों ने 4 मार्च 1947 को एक जुलूस निकाला तो उन पर डंडे बरसाए गए। गड़बड़ी लाहौर से पंजाब के अन्य भागों में फैल गई। कैंपबेलपुर, रावलपिंडी, झेलम, अमृतसर, मुल्तान के जिलों में और बाद में गुड़गांव में गंभीर सांप्रदायिक दंगे हुए। रावलपिंडी, झेलम के ग्रामीण क्षेत्रों में और एक हद तक मुल्तान में सिखों को मुसलमान भीड़ ने लूट लिया (वही)। इसके अतिरिक्त, 'कुछ स्थानों पर दंगाइयों की तादाद 5–10 हजार तक थी और वृद्ध, कमजोर, महिलाओं और बच्चों सहित लगभग पूरी सिख आबादी को या तो मार दिया या जिंदा जला दिया। लोगों की एक बड़ी संख्या को जबरन धर्म परिवर्तित कराया गया, बच्चों का अपहरण कर लिया और युवा महिलाओं का अपहरण कर खुले तौर पर बलात्कार किया गया' (वही: 150–51)।

सिंह ने इशारा किया कि अहमदिया समुदाय जिसने मुस्लिम लीग द्वारा लिये गए रुख का समर्थन किया है और जिस समुदाय से सर मुहम्मद जफरुल्लाह खान ताल्लुक रखते हैं उसने भी अपने समुदाय की एकजुटता के संरक्षण की आवश्यकता पर बल दिया था (वही: 151)। इसके अलावा उन्होंने इस बात को दोहराया कि क्योंकि सिखों के कई पवित्र धार्मिक स्थल और ऐतिहासिक स्थल लाहौर, अमृतसर, गुरदासपुर, गुजरांवाला और शेखूपुरा जिलों में स्थित हैं उन्हें पूर्वी पंजाब को दिया जाना चाहिए। अंत में, उन्होंने पंजाब के एक विभाजन की सिफारिश की जो मोटे तौर पर हालांकि पूरी तरह से नहीं, सिखों की मांग के साथ मेल खाती थी। उन्होंने कहा, 'मैंने आंकड़ों की गणना नहीं की है लेकिन मैं यह मानता हूँ कि यह पूरे ब्रिटिश पंजाब के 37 लाख सिखों से पूर्वी पंजाब में सिखों की संख्या को 31 लाख कर देगा (कांग्रेस और सिख योजनाओं के मुताबिक पूर्वी पंजाब में उनकी कुल जनसंख्या 34 लाख थी)' (वही: 152)।

न्यायाधीश मेहर चंद महाजन

यह बात स्वीकार करते हुए कि सन्निहित मुसलमान और गैर–मुसलमान क्षेत्रों को अलग कर दिया जाए और क्रमशः भारत और पाकिस्तान के लिए आवंटित किया जाए। महाजन ने गौर किया कि 'दूसरी वजहों' को आयोग के विवेक पर छोड़ दिया गया था। उन्होंने यह दिलचस्प अवलोकन किया:

> मैं आश्वस्त हूँ कि एक सरल मुसलमान के लिए एक निश्चित रेखा लेकर यह संभव है कि पूरे पंजाब को एक सन्निहित मुसलमान बहुल क्षेत्र बना दे और इसी तरह एक सरल गैर–मुसलमान के लिए, एक दूसरी रेखा लेकर यह संभव है कि वह पंजाब प्रांत को झेलम नदी तक एक गैर–मुसलमान क्षेत्र बना दे। वह यहां तक कि रावलपिंडी शहर तक पहुँच सकते हैं (वही)।

एक अपेक्षाकृत तटस्थ और स्वतंत्र रुख लेकर बढ़ते हुए महाजन ने कांग्रेस और सिख सुझाव को खारिज कर दिया कि चिनाब नदी को भारत और पाकिस्तान के बीच एक सीमा के तौर पर होना चाहिए। उन्होंने कहा:

> इस सुझाव से मुस्लिम लीग के जनसंख्या के आधार के दावे पर गंभीर प्रतिकूल प्रभाव पड़ेगा और विभाजन के मुख्य सिद्धांत के साथ इसका टकराव होगा क्योंकि पूर्वी पंजाब के अंदर मुसलमानों का एक विशाल बहुमत शामिल किया जाएगा जो मुख्य रूप से मुसलमान क्षेत्रों में रहने वाले हैं। इस मामले में ऐसी कोई वजह नहीं हैं जो जनसंख्या की वजह से ज़्यादा अहम हों (वही)।

सतलुज नदी पर सीमा तय करने के लिए मुस्लिम लीग की दलील के बारे में महाजन ने पाया कि सटे क्षेत्रों के सीमांकन के लिए तहसील को एक इकाई के आधार पर इस्तेमाल किया गया। इसे आसानी से उलटा जा सकता था और उसके बाद तहसील के गैर-मुसलमान भागों को जोड़कर गैर मुसलमान बहुल सटे क्षेत्रों को बनाया जा सकता था और यह पश्चिमी पंजाब के काफी अंदर तक ले जाया जा सकता था (वही: 153)। दूसरी ओर, दो प्रमुख नहर प्रणालियों और लायलपुर तथा मोंटगोमरी की नहर कालोनियों के वितरण में महाजन ने दोनों पक्षों की भरपाई के लिए आह्वान किया। इसलिए लायलपुर का अधिकांश हिस्सा शहीदी बार के बड़े हिस्सों सहित पश्चिमी पंजाब को दिया जाना चाहिए, मोंटगोमरी को पूर्वी पंजाब में शामिल किया जाना चाहिए (वही)। जहां तक लाहौर का संबंध था, महाजन ने सभी समुदायों के आम दावों को स्वीकार किया और कहा कि एक ऐसी व्यवस्था को प्राथमिकता दी जाए जिसके तहत इसे एक 'मुक्त शहर' बनाया जा सके। जिसकी संयुक्त रूप से भारत और पाकिस्तान द्वारा देखरेख की जा सके (वही: 197)। दूसरी ओर, उन्होंने महसूस किया कि ननकाना साहिब को भारत में शामिल किया जाना चाहिए। उन्होंने निष्कर्ष में कहा:

> मेरे विचार में भारत और पाकिस्तान की सीमा का रावी के पश्चिम में सीमांकन किया जाना चाहिए और उस नदी के आस-पास क्योंकि रणनीतिक रूप से यही केवल व्यावहारिक फ्रंटियर है जिसे इन दो राज्यों के बीच निर्धारित किया जा सकता है जो एक धार्मिक आधार पर विभाजित किये जा रहे हैं (वही)।

पंजाब सीमा के सदस्यों के बीच कुल असहमति को देखते हुए फैसले का निर्धारण करने के लिए आयोग के अध्यक्ष का अकेला विशेषाधिकार और भी अधिक महत्वपूर्ण बन गया। पंजाब के नेताओं को रैडक्लिफ अवार्ड के बारे में 16 अगस्त को सूचित किया गया, हालांकि पाकिस्तान और भारत को, क्रमशः 14 और 15 अगस्त को आजादी हासिल हो गई। अवार्ड को 17 अगस्त 1947 को प्रकाशित किया गया।

पंजाब बाउंडरी कमीशन (सीमा आयोग) की कार्यवाही की यादें

मैं आयोग की बैठकों के कुछ गवाहों का पता लगाने के लिए बहुत उत्सुक था। सौभाग्य से हमें दो लोग मिल गए और हमने उनका साक्षात्कार लिया।

सैयद अफजल हैदर

'वास्तव में मुस्लिम लीग ने एक सीमा आयोग के समक्ष अपनी अपील के मामले में कोई तैयारी नहीं की थी। कारण यह था कि कोई भी नहीं मानता था कि पाकिस्तान अस्तित्व में आ जाएगा। अत: जब सरकार ने घोषणा की कि एक आयोग पाकिस्तान और भारत के बीच की सीमाओं के बारे में बहस की सुनवाई करेगा तब विद्वतापूर्ण और कानूनी कौशल का धनी एक ही आदमी जो पाकिस्तान के मामले की पेशकश कर सकता था, वह था सर जफरुल्ला खान। जफरुल्ला खान को मामला तैयार करने में सहायता प्रदान करने वालों में मेरे पिता सैयद मुहम्मद शाह, साहिबजादा नवाजिश अली, शेख निसार अहमद, मियां अब्दुल बारी, शेख करामत अली और अहमद सईद किरमानी शामिल थे। एक वरिष्ठ प्रशासनिक अधिकारी ख्वाजा अब्दुर रहीम को सरकार द्वारा कार्यवाही के दौरान मुस्लिम लीग की सहायता के लिए नियुक्त किया गया था। वह जनसंख्या, संपत्ति और अन्य खासियतों पर आंकड़ों की एक बोरी भर कर लाए और सर जफरुल्ला को दे दी। उनका संग्रह बहुत उपयोगी साबित हुआ। एक हिंदू नागरिक अधिकारी सहायता करने के लिए कांग्रेस को सौंपा गया था।

'सैयद मरातिब ने एक स्टेनोग्राफर और लेखन सामग्री की व्यवस्था की और दिन के दौरान हमें भोजन भी प्रदान किया। सर जफरुल्ला ने हमें बताया कि जिन्नाह ने उन्हें आश्वासन दिया है कि सब कुछ तैयार है और उन्हें सिर्फ जाकर मामला पेश करना है, लेकिन मेरे पिता और ख्वाजा अब्दुर रहीम द्वारा आपूर्ति किए गए कागजात और सैयद मरातिब अली द्वारा भोजन और अन्य सुविधाओं को छोड़कर मुस्लिम लीग या मुस्लिम लीग के साथ जुड़े वकीलों की बिल्कुल कोई तैयारी नहीं थी।

'कभी कभार पाकिस्तान समर्थक उर्दू अखबार नवा-इ-वक्त के संपादक हामिद निजामी आया करते थे। नहीं तो मुस्लिम लीग नेतृत्व से कभी किसी ने पंजाब सीमा आयोग की कार्यवाही में भाग नहीं लिया। मैं किताबें और कागजात लेकर चलता था मेरे पिता और सर जफरुल्ला मेरे आगे आगे चलते और इस तरह हम लाहौर उच्च न्यायालय के परिसर तक पहुंचते जहां आयोग के सामने बहस की सुनवाई होती थी। अगर मुझे सही ढंग से याद है दौलतना, मियां इफ्तिखारुद्दीन एक या दो बार आये थे, शौकत हयात, कभी नहीं। गजनफर अली भी एक बार आये थे। वे सब सर जफरुल्ला से यह कहते कि वे इन लोगों से ज़्यादा काबिल थे और वे उनकी मदद नहीं कर सकते थे।

'सर जफरुल्ला कहा करते थे "कृपा कर मुझे जितना संभव हो मजबूत रूप से मामला तैयार करने में मदद करें। मैं यह नहीं सुनना चाहता कि एक कादियानी (अहमदी) ने मुस्लिम लीग का मामला पेश किया और कुछ खास नहीं कर सका।" दलीलें मेरे पिता और टीम के अन्य सदस्यों द्वारा तैयार की गई थीं लेकिन मामला जफरुल्ला ने पेश किया। उन्होंने मुस्लिम लीग के दावे को पेश करने में कोई कसर नहीं छोड़ी। जब दलीलें पेश की जा चुकीं थी सीतलवाड़ ने जफरुल्ला से कहा, "सर मुहम्मद मुझे कहना चाहिए कि आप जीत गए। आपने कितने पैसे लिए?" सर जफरुल्ला ने जवाब दिया "एक पैसा भी नहीं"। सीतलवाड़ ने टिप्पणी की "तब तो मुझे काँग्रेस के सात लाख रुपये लौटा देने चाहिए जो मैंने उनसे लिए हैं"।'

सैयद अहमद सईद किरमानी

'मुस्लिम लीग का मामला तैयार करने वाले दल में मैं सबसे कम उम्र का सदस्य था। उपस्थिति विशेष पासों द्वारा नियंत्रित थी – इसलिए कार्यवाही में ज़्यादा लोगों ने भाग नहीं लिया। उस समय लाहौर में कर्फ्यू लागू था। मुझे कर्फ्यू कार्ड मिला हुआ था और मैं पुस्तकों के लिए पंजाब लाइब्रेरी लिए जाने में सक्षम था और मैं वहाँ जाने लगा। ख्वाजा अब्दुर रहीम और साहिबजादा नवाजिश अली के बिना सरकारी कागजात खोजने में हमें बहुत कठिनाई होती। कार्यवाही बहुत उत्साहपूर्ण थी। कादियानी नेता मिर्जा बशीरुद्दीन महमूद भी सत्र में सुनने के लिए आया करते थे। उन्हें जफरुल्ला के साथ बात–चीत करते देखा जा सकता था जो उनके एक प्रबल अनुयायी थे। पर एक अवसर पर मिर्जा को न्यायमूर्ति दीन मोहम्मद द्वारा प्रताड़ित किया गया लेकिन जफरुल्ला ने वापस चले जाने की धमकी दी। उन्होंने दावा किया कि किसी से भी वे परामर्श कर सकते है। ईसाई नेताओं सिंघा और गिब्बन ने भी पूरी भावना से पाकिस्तान के पक्ष में बात की। हामिद निजामी आया करते थे। मुझे याद नहीं कि मुस्लिम लीग का कोई भी नेता वहाँ आया। सीतलवाड़ और टेक चंद, जफरुल्ला के मुकाबले में कुछ भी नहीं थे। उन्होंने पंजाब पर पाकिस्तानी दावों की महान क्षमता के साथ वकालत की। मैं यह सब ईमानदारी के साथ कहता हूँ हालांकि मैं एक कादियानी नहीं हूँ।'

राज्यपाल जेनकींस द्वारा कोई टिप्पणी नहीं

यह ध्यान देने लायक एक दिलचस्प बात है कि पंजाब सीमा आयोग के विचार–विमर्श के संदर्भ में जेनकींस ने कुछ नहीं कहा। अपनी 13 अगस्त दिनांकित अंतिम पाक्षिक रिपोर्ट में उन्होंने पंजाब विभाजन समिति को लेकर 11 अगस्त की बैठक का उल्लेख किया था लेकिन पंजाब सीमा आयोग पर उन्होंने कुछ भी नहीं कहा। समाचार पत्र भी महत्वपूर्ण टिप्पणी से परहेज करते रहे।

रैडक्लिफ अवार्ड

प्रादेशिक अवार्ड युक्त अपनी रिपोर्ट में रैडक्लिफ ने लिखा कि राय का विचलन 'अपने सहयोगियों के बीच इतना व्यापक था कि सीमा समस्या का एक सहमति द्वारा समाधान प्राप्त नहीं किया जा सकता था' (मैनसर्घ एंड मून, 1983: 745)। उन्होंने आगे कहा:

> पंजाब में एक सीमा परिसीमन का कार्य मुश्किल है। संबंधित पार्टियों के दावे एक विस्तृत क्षेत्र को लेकर हैं लेकिन मेरे फैसले में सही मायने में अंत में इस बहस का मुद्दा, एक ओर ब्यास और सतलुज नदियों के बीच के चारों ओर के क्षेत्रों को लेकर है, और दूसरा रावी नदी के। इस क्षेत्र में एक सीमा के निर्धारण को नहर प्रणाली ने और जटिल बना दिया था जो पंजाब के जीवन के लिए बहुत महत्वपूर्ण है लेकिन इसे एक ही प्रशासन की अवधारणा के तहत रहने के लिए ही विकसित किया गया था और सड़क और रेल संचार की प्रणाली को भी उसी तरह की योजना से बनाया गया था।
>
> मैं लंबे समय तक सतलुज नदी के पूर्व के उन विचारहीन क्षेत्रों और ब्यास और सतलुज नदियों के कोण में जिसमें मुसलमान बहुमत में पाए जाते हैं, उनको लेकर झिझक रहा था। लेकिन पूरे तौर पर मैं इस निष्कर्ष पर पहुंचा हूँ कि यह किसी भी राज्य के सच्चे हित में नहीं होगा कि पश्चिमी पंजाब के क्षेत्रों का विस्तार सतलुज के उस पार एक पट्टी तक किया जाए और कई इस तरह की स्थितियाँ हैं जैसे कि रेलवे संचार और पानी की व्यवस्था के विघटन जैसे उदाहरण जो सन्निहित बहुमत के प्राथमिक दावों को विस्थापित कर सकते हैं. . .
>
> मैंने यह संभव नहीं पाया कि अपर बारी दोआब नहर सिंचाई प्रणाली की रक्षा अविभाजित रखकर कर सकूँ, जो पठानकोट तहसील के माधोपुर से लाहौर जिले की पश्चिमी सीमा तक फैली हुई है, हालांकि मैंने लाहौर-अमृतसर जिले की सीमा के छोटे समायोजन किए हैं ताकि इस विच्छेद के परिणामों को कुछ कम किया जा सके. . . (वही: 746-47)।

13 अगस्त को अवार्ड तैयार (16-17 अगस्त को घोषणा की गई)

रैडक्लिफ अवार्ड 13 अगस्त को तैयार कर लिया गया था, हालांकि इसे 16 अगस्त को राजनीतिक नेताओं और बाद में 17 अगस्त को सार्वजनिक किया गया था – इसके दो दिन पहले भारत और पाकिस्तान अपनी स्वतंत्रता का जश्न मना चुके

थे! सामान्य तौर पर लोगों को केवल 17 अगस्त को इसके बारे में पता चला। सीमा अवार्ड का सबसे विवादास्पद पहलू यह था कि गुरदासपुर जिले की चार तहसीलों में से तीन जो ऊझ नदी के पूर्व में थी (जो आगे थोड़ा नीचे जाकर रावी में मिल जाती है) – गुरदासपुर, बटाला तथा पठानकोट तहसीलों को भारत को दे दिया गया और पाकिस्तान को केवल शकरगढ़। हालांकि, काफी दिलचस्प है कि बजाए सीमांकन के लिए ऊझ–रावी नदियों को चुनने के, 'तहसील की सीमा न कि ऊझ नदी का वास्तविक बहाव, पूर्व और पश्चिम पंजाब के बीच की सीमा बनेगी। इस तरह की व्यवस्था ने भारत और पाकिस्तान दोनों को एक दूसरे की जमीन पर पैर जमाने दिया और सीमा काफी अनियमित हो गई।

इसके बाद सीमा ने अमृतसर की अजनाला तहसील और लाहौर की मौजूद सीमा और अमृतसर की तरन–तारन तहसील और लाहौर की सीमा का रुख लिया। इसे आगे वहाँ तक जाना था जहाँ तक लाहौर जिले की कसूर तहसील, लाहौर तहसील और तरन–तारन तहसीलें मिल जाती थीं। इसके अलावा कसूर तहसील का कुछ हिस्सा भारत को दे दिया गया। इसके बाद यह दक्षिण की तरफ गई और बड़े पैमाने पर सतलुज के साथ–साथ चली, जब तक यह बहावलपुर रियासत नहीं पहुंची।

रैडक्लिफ अवार्ड : एक विश्लेषण

रैडक्लिफ अवार्ड एक काफी विवादित मुद्दा रहा है। भारत और पाकिस्तान दोनों के स्वतंत्र होने के बाद इसकी घोषणा के लिए यह कारण दिया गया है कि माउंटबेटन – अंतर्राष्ट्रीय सीमा से उत्पन्न संघर्ष को लेकर सभी पक्षों – सिख, मुस्लिम लीग और कांग्रेस से भयंकर प्रतिक्रियाओं की आशंका कर रहे थे चूंकि उन्हें दोनों देशों के स्वतंत्रता दिवस समारोह में भाग लेना था, उन्होंने यह उचित समझा कि सरकारी समारोहों के बाद अवार्ड को सार्वजनिक किया जाना चाहिए (टैन एंड कुदसिया, 2000: 96)। इस आरोप पर काफी साहित्य उपलब्ध है कि माउंटबेटन ने मूल अवार्ड को बदलवा दिया ताकि पूरा गुरदासपुर जिसमें मुसलमानों की एक बहुत ही मामूली बहुलता थी पाकिस्तान को नहीं दिया जाए। गुरदासपुर जिले की चार तहसीलों में से तीन को पूर्व पंजाब को दे दिया गया। यह आरोप लगाया जाता है कि ऐसा करने का कारण – भारत को पठानकोट के रास्ते कश्मीर जाने का मार्ग मिल जाना। दूसरी ओर जवाबी तर्क यह है कि पठानकोट एक हिंदू–सिख बहुमत तहसील था और किसी भी मामले में उसे भारत को दिया जाता अगर सन्निहित मुसलमान और गैर–मुसलमान क्षेत्रों के अंकन के लिए तहसील को इकाई के रूप में अपनाया जाता। इस तरीके से प्रभावी ढंग से पाकिस्तान की कश्मीर पहुँच को अवरुद्ध कर दिया जाता (अहमद, 1999: 156)।

पाकिस्तानी सूत्रों के मुताबिक फिरोजपुर जिले की जीरा और फिरोजपुर तहसीलों को मूल रूप से पाकिस्तान को दिया गया था। मगर आखिरकार इन्हें भारतीय पंजाब में शामिल किया गया। न्यायमूर्ति मुहम्मद मुनीर ने जो पंजाब सीमा आयोग के एक सदस्य थे, दावा किया कि रैडक्लिफ ने सहमति व्यक्त की थी कि फिरोजपुर और जीरा तहसीलों और फाजिल्का के कुछ भागों और मुक्तसर तहसील के साथ-साथ फिरोजपुर हेडवर्क्स को पाकिस्तान को आवंटित किया जाए (मुनीर, 1973: 55)। उन्होंने यहां तक दावा किया कि गैर-मुसलमानों ने उन्हें रिश्वत देने की कोशिश की थी ताकि वे मोंटगोमरी को भारत में शामिल होने दें और रैडक्लिफ भारत को लाहौर देने का भी विचार रखते थे लेकिन उन्होंने (मुनीर) इसका प्रबल विरोध किया था और इसके चलते उन्होंने अपना मन बदला (वही: 50-55)। इसी तरह चौधरी मुहम्मद अली ने जो बाद में पाकिस्तान के प्रधानमंत्री बने और जो माउंटबेटन की अध्यक्षता में विभाजन परिषद की दो सदस्यीय संचालन समिति के सदस्य थे इस बात पर जोर दिया कि ब्रिटिश स्पष्ट रूप में सिखों के पक्षपाती थे। इसलिए मुसलमान बहुल गुरदासपुर, फिरोजपुर, अमृतसर और जालंधर जिलों की मुसलमान बहुल तहसीले भारत को दे दीं (अली: 210-21)।

कृपाल सिंह ने माना कि सबूत मौजूद हैं कि फिरोजपुर और जीरा की तहसीलों को माउंटबेटन के सचिव सर जॉर्ज एबेल द्वारा तैयार किए गए एक मानचित्र में शामिल किया गया था और इसे जेनकींस के लिए भेजा गया था। हालांकि सिंह का दावा है कि यह एक अनौपचारिक नक्शा था जो चल रही वार्ता को दर्शाता था न कि अंतिम परिणाम को (सिंह, 1989: 99-103)। वह यह भी दावा करते हैं कि सीमा आयोग के मुसलमान प्रतिनिधि न्यायमूर्ति दीन मुहम्मद और जस्टिस मुनीर यह जानते थे कि गुरदासपुर भारत में शामिल होग। वह 26 अप्रैल 1960 के *दी ट्रिब्यून* के मुनीर द्वारा दिए गए एक बयान का जिक्र करते हैं (तब यह अम्बाला छावनी से प्रकाशित होता था):

> आज मुझे इस बात का खुलासा करने में कोई झिझक नहीं है. . . यह बात मुझे और श्री दीन मोहम्मद को रैडक्लिफ के साथ शुरुआती बात-चीत से स्पष्ट तौर पर पता थी कि गुरदासपुर भारत को मिलने वाला था और हमारी आशंकाएँ मुस्लिम लीग के उन लोगों को बता दी गईं थीं जिन्होने हमें मदद करने के लिए नियुक्त किया था (1997: 61-72)।

लेकिन एलिस्टेयर लैम्ब ने दावा किया है कि नक्शा छप चुका था इसलिए 8 अगस्त तक आधिकारिक था। फिर कुछ ब्रिटिश अधिकारियों ने माउंटबेटन से निर्देशों के तहत इसके साथ छेड़छाड़ की और इसे वेवेल योजना के अनुसार बदला गया जिसे कांग्रेस समर्थक वी.पी.मेनन द्वारा तैयार किया गया था। परिवर्तन सिखों को रिझाने के लिए परिवर्धित किया था जिन्होंने 8 अगस्त से हिंसा को बढ़ा दिया था क्योंकि उस तारीख को उन्हें नक्शा हासिल हो गया था (1997: 61-72)।

पंजाब सीमा आयोग की बातचीत को गहराई से अवलोकन के बाद एक और प्रसंग को सामने रखा जा सकता है: रैडक्लिफ अवार्ड मूल रूप से मुसलमान और गैर–मुसलमान बहुल समीपता के सिद्धांत पर आधारित था और इसने एक वैध आधार के रूप में संपत्ति के दावों को मान्यता नहीं दी। विशेष रूप से लायलपुर और मोंटगोमरी तथा दूसरी नहरी कालोनियों और लाहौर पर कांग्रेस–सिख दावे जो इन स्थानों में भारी संपदा अधिकारों के स्वामित्व पर आधारित थे उन्हें जनसंख्या की वजह को रद्द करने के लिए वैध नहीं माना गया। इसलिए इन क्षेत्रों को जहां विशेष रूप से सिखों के पास सबसे अधिक भूमि थी और ज़्यादातर शहरी संपत्ति हिंदुओं और सिखों के अधीन थी, पाकिस्तान में शामिल कर दिया गया। इस अर्थ में इसलिए रैडक्लिफ अवार्ड कांग्रेस और सिखों की तुलना में मुस्लिम लीग के दावों के साथ ज़्यादा सहानुभूति रखता था।

दूसरी ओर यह तर्क दिया जा सकता है कि सात मुसलमान बहुल तहसीलों को पूर्वी पंजाब को दे देना रैडक्लिफ द्वारा एक पर्याप्त मात्रा में सिखों की पूर्वी पंजाब में उन्हें समेकित करने की मांग को पूरा करने के लिए एक निष्पक्ष फैसला करने का ख्याल था। इस तरह का एक अनुमान मुमकिन है क्योंकि ब्रिटिश सरकार के विभिन्न सार्वजनिक बयानों में सिखों के लिए एक विशेष दर्जा देने के विचार का उल्लेख किया गया था। अगर रैडक्लिफ इसे खुले तौर पर स्वीकार कर लेते तो शायद उनके फैसले को घेरने को लेकर इतने सारे षडयंत्र के सिद्धांत जन्म नहीं लेते।

रैडक्लिफ अवार्ड लगभग वेवेल की सीमांकन योजना की तरह

गौर करने के लिए सबसे दिलचस्प बात यह है कि रैडक्लिफ अवार्ड लगभग 7 फरवरी 1946 की सीमांकन योजना के लगभग एक जैसा था जिसे वायसराय वेवेल ने अपनी 27 दिसम्बर 1945 की शीर्ष गुप्त जन–ठहराव योजना के एक हिस्से के रूप में तैयार किया था। वेवेल ने तर्क दिया था कि अमृतसर भारत के पास जाना चाहिए क्योंकि यह सिखों का सबसे पवित्र शहर है। इसके अलावा गुरदासपुर जिले को भारत को दिया जाना है अन्यथा अमृतसर उत्तर और पश्चिम में पाकिस्तान से घिर जाएगा जो इसकी सुरक्षा को खतरे में डाल देगा। दक्षिण में फिरोजपुर जिले में एक गैर–मुसलमान बहुलता थी हालांकि इसकी जीरा और फिरोजपुर तहसीलों में मुसलमान बहुमत था। उस समय वेवेल सबसे निश्चित रूप से सीमांकन के लिए सन्निहित जिलों को एक इकाई के रूप में सोच रहे थे तहसीलों को नहीं। रैडक्लिफ ने भारतीय पूर्वी पंजाब में कसूर तहसील के कुछ भागों को जोड़ा। हालांकि मुसलमान उस तहसील में बहुमत में थे। कसूर तहसील में अनुसूचित जातियों सहित 34,591 हिंदू थे; 2,37,036 मुसलमान; और 1,23,446 सिख (जनगणना पंजाब, 1941: 61)।

रैडक्लिफ अवार्ड ने जाहिर तौर पर वेवेल की सोच को स्वीकार कर लिया भले ही यह संभव है कि माउंटबेटन ने रैडक्लिफ पर दबाव का प्रयोग किया ताकि वे अवार्ड के पहले संस्करण में परिवर्तन करें। यह बहस की जा सकती है कि पूरे तौर पर फिरोजपुर एक गैर मुसलमान बहुल जिला था और हो सकता है कि किसी समय जीरा और फिरोजपुर तहसीलों को पाकिस्तान में शामिल किया गया था। यह शायद गुरदासपुर जिले की मुसलमान बहुल बटाला और गुरदासपुर तहसीले भारत को देने के फैसले को संतुलित करने का तरीका था। मगर जीरा और फिरोजपुर तहसीलों को पाकिस्तान को नहीं दिया गया। रैडक्लिफ ने इसका स्पष्ट रूप से उल्लेख नहीं किया लेकिन लगता है मुख्य विचार यह है कि अमृतसर को उत्तर, पश्चिम और दक्षिण दिशा तीन तरफ से पाकिस्तानी क्षेत्रों से घिरने से रोकने के लिए ऐसा किया गया हो। कसूर तहसील के हिस्से भारत को दिए गए ताकि लाहौर और अमृतसर के बीच सीमा समान दूरी पर बनी रहे। इस प्रकार इसे पाकिस्तान की तरफ से वाघा और भारत की ओर से अटारी के बीच में खींचा गया।

संदर्भ

अहमद इश्तिआक, 'दी 1947 पार्टिशन ऑफ द पंजाबः आर्गुमेंट्स पुट फोर्थ बिफोर द पंजाब बाउंडरी कमिशन बाइ द पार्टिस ईन्वोल्व्ड', इन इयान टेलबोट एंड गुरहरपाल सिंह (सं.), *रीजन एंड पार्टिशनः बेंगाल, पंजाब एंड द पार्टिशन ऑफ द सब्कोंटीनेंट*, कराचीः ऑक्सफोर्ड यूनिवर्सिटी प्रैस, (1999)।

अली, चौधरी मुहम्मद, *दी एमरजेंस ऑफ पाकिस्तान*, लाहौरः रिसर्च सोसाइटी ऑफ पाकिस्तान, (1998)।

जेफरी, रॉबिन, 'दी पंजाब बाउंडरी फोर्स एंड द प्रोब्लेम ऑफ ऑर्डर, अगस्त 1947', *मॉडर्न एशियन स्टडीज*, वॉल. VIII, सं. 4, कैंब्रिज, कैंब्रिज यूनिवर्सिटी प्रैस, (1974)।

लैम्ब, अलसटैर, *इनकमप्लीट पार्टिशनः दी जेनेसिस ऑफ द कश्मीर डिसप्यूट 1947–1948*, हार्टिंगफोर्डबर्ग, हर्टफोर्डशायरः रोक्सफोर्ड बुक्स, (1997)।

मुहम्मद, चीफ जस्टिस मुनीरः *हिज लाइफ, राइटिंग्स एंड जजमेंट्स*, लाहौरः रिसर्च सोसाइटी ऑफ पाकिस्तान, (1973)।

सिंह, किरपाल, *सिलैक्ट डॉक्युमेंटेशन ऑन पार्टिशन ऑफ पंजाब–1947*, दिल्लीः नेशनल बुक शॉप, (1991)।

सिंह, किरपाल, *दी पार्टिशन ऑफ द पंजाब*, पटियालाः पंजाब यूनिवर्सिटी, (1989)।

टैन, टी.वाई. एंड कुदेसिया, जी., *दी आफ्टरमथ ऑफ पार्टिशन इन साउथ एशिया*, लंदनः रूटलेज, (200)।

सरकारी दस्तावेज

कार्टर, लिओनेल (एड.), *पंजाब पॉलिटिक्स 3 मार्च 1947–31 मई 1947, एट दी एबीस, गवर्नर्स फोर्टनाइटली रिपोर्ट्स एंड अदर की डॉक्युमेंट्स*, दिल्ली: मनोहर, (2007b)।

सैनसस ऑफ इंडिया, 1941, वॉल. VI, पंजाब, शिमला: गवर्नमेंट ऑफ इंडिया प्रैस, (1941)।

मैनसर्घ, निकोलस एंड मून, पेंडेरल (संपा.), दी *ट्रान्सफर ऑफ पावर 1942–7*, वॉल. XI, दी *माउंटबेटन वाइसरॉयल्टी, अनाउंसमेंट एंड रिसेप्शन ऑफ द 3 जून प्लान, 31 मई–7 जुलाई 1947*, लंदन: हर मजेस्टी'स स्टेशनरी ऑफिस, (1982)।

मैनसर्घ, निकोलस एंड मून, पेंडेरल (संपा.), दी *ट्रान्सफर ऑफ पावर 1942–7*, वॉल. XII, दी *माउंटबेटन वाइसरॉयल्टी, प्रिंसेस, पार्टिशन एंड इंडिपेंडेंस, 8 जुलाई–15 अगस्त 1947*, लंदन: हर मजेस्टी'स स्टेशनरी ऑफिस, (1982)।

सदुल्लाह, मियां मुहम्मद (संपादक), दी *पार्टिशन ऑफ द पंजाब 1947*, चार वॉल्यूम, (नेशनल डॉक्युमेंटेशन सेंटर, लाहौर के लिए संग्रहीत आधिकारिक दस्तावेज), लाहौर: संग-ए-मील पब्लिकेशन्स।

अखबार

दी पाकिस्तान टाइम्स, लाहौर, 1947

दी ट्रिब्यून, लाहौर, 1947

साक्षात्कार

हमीद अख्तर, लंदन, 19 मई 2002

सय्यद अफजल हैदर, लाहौर, 13 अप्रैल 2003

सय्यद अहमद सईद किरमानी, लाहौर, 31 अक्टूबर 2005

पंजाब बँटवारे के शिकार

लेखक तथा बी.आर. चोपड़ा, मुंबई, 4 जनवरी 1997

लेखक, रामानन्द सागर तथा उनका परिवार, मुंबई, 18 अक्टूबर 2001

राज बब्बर तथा लेखक मुंबई, 18 अक्टूबर 2001

सुनील दत्त तथा लेखक मुंबई, 20 अक्टूबर 2001

चौधरी मुहम्मद सिद्दीकी, लाहौर, 27 अप्रैल 2003

चौधरी रौशन दीन, 15 दिसंबर 2004

मुजाहिद ताज दीन

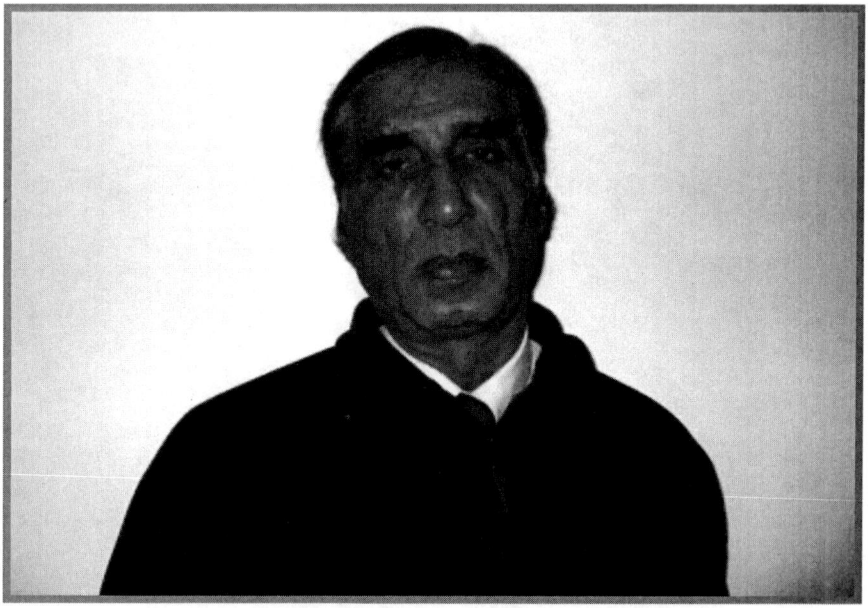

चौधरी अब्दुल वाहिद, 20 दिसंबर 2004

ख्वाजा इफ्तिखार और लेखक, 17 अप्रैल 2003

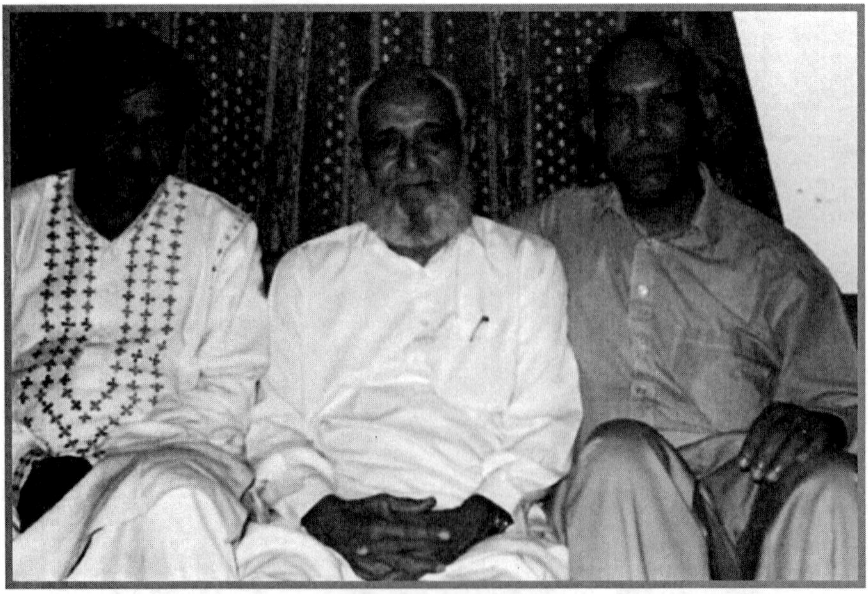

अहमद सलीम, राणा मुहम्मद रशीद और लेखक, 18 अप्रैल 2003

लेखक और चौधरी मुहम्मद बशीर, 18 अप्रैल 2003

कर्नल राज चोपड़ा, पुष्पा हंस और लेखक

प्रोफेसर प्रेम किरपाल और लेखक, 14 मार्च 2004

हाजी अब्दुल रहमान गिल, 30 दिसंबर 2004

हाजी शेर खान, 14 दिसंबर 2004

हितेश गोसाईं और तेजा सिंह

अताउल्लाह मलिक, 22 दिसंबर 2004

मुजाहिद अल-हुसैनी, 19 दिसंबर 2004

शमशाद, 21 दिसंबर 2004

कमार यूरिश, 27 दिसंबर 2004

राजा रियासत, 15 दिसंबर 2004

अहमद सलीम, जमान शरीफ, हाजी शरीफ और अली सफदर, 15 दिसंबर 2004

लाहौर शहर के अंदर, 28 दिसंबर 2004

शेख हबीब, 26 दिसंबर 2004

सईद खुर्शीद अब्बास गरदेजी, 22 दिसंबर 2004

अमरीक चंद अहलुवालिया, 7 जनवरी 2005

बाबू खान, 4 जनवरी 2005

उमा वासुदेव तथा लेखक

रंजीत सिंह भसीन, 3 जनवरी 2005

रंजीत सिंह उर्फ अजीत सिंह, 4 जनवरी 2005

शमशेर जीत सिंह, 7 जनवरी 2005

करनैल सिंह तथा देशराज, 4 जनवरी 2005

सेठ लाजपत राय तथा विमल इस्सर, 10 जनवरी 2005

चौधरी अब्दुल शकूर और डॉ. निजाम दीन, 4 जनवरी 2005

विमल इस्सर, विमला विरमानी तथा लेखक, 7 जनवरी 2005

हितेश गोसाईं, वीरेंदर सिंह तथा आदमपुर के निवासी

गुज्जरवाल गाँव में, दायें से: अजाइब सिंह तथा हरमैल सिंह, 29 दिसंबर 2005

नसीब कौर, 29 नवंबर 2005

नसीब कौर अपने परिवार के साथ, 29 नवंबर 2005

प्राण नेविल और युवराज किशन, 9 जनवरी 2005

पंडित मोहन लाल बालो, 7 जनवरी 2005

रघबीर सिंह साहनी, 7 जनवरी 2005

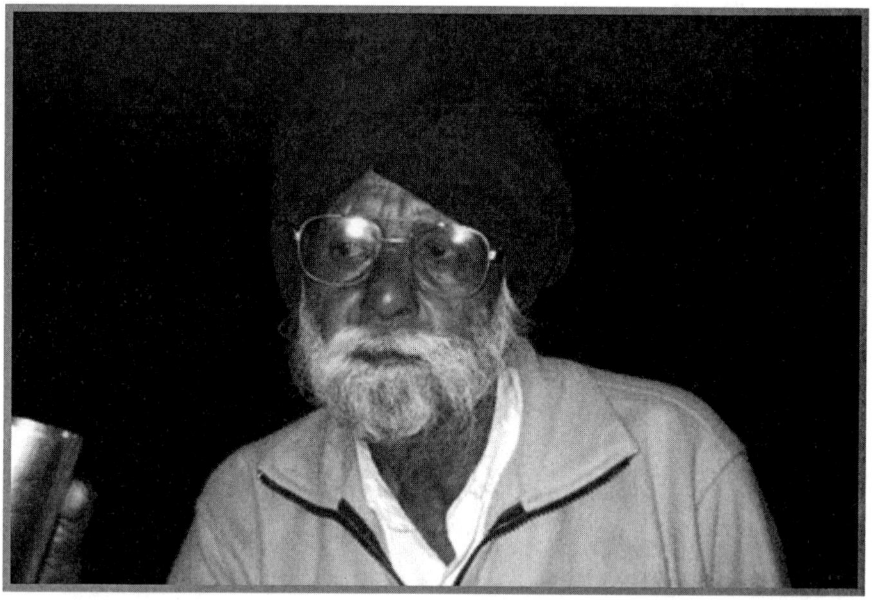

अमर सिंह, 29 नवंबर 2005

राजदूत मोनी सिंह चड्ढा, 6 दिसंबर 2005

रेजीनाल्ड मसीह, 5 जुलाई 2006

खड़े: ख्वाजा वकास, लेखक, ख्वाजा तारिक मसूद
बैठे: डा. हसन अमीर शाह, अली हारून शाह

कुलदीप कौर चोपड़ा तथा निर्मल सिंह चोपड़ा, 20 अप्रैल 2011

रियाज अहमद चीमा और मुश्ताक अहमद

बी.के. बख्शी, 21 फरवरी 2011

कलेब अली शेख, 18 अप्रैल 2011

नसीम हसन, 12 अप्रैल 2011

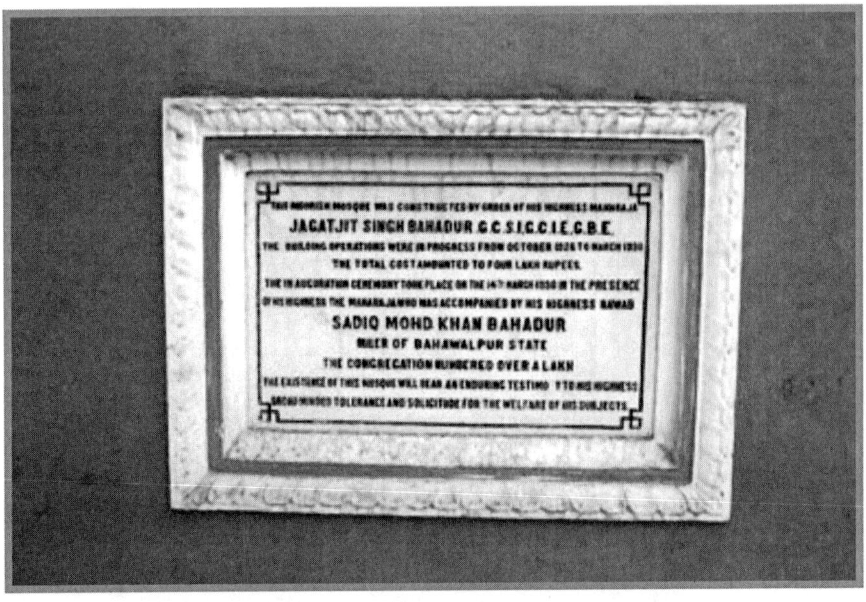

मूरिश मस्जिद की संगमरमर की प्लेट, 3 जून 2005

मूरिश मस्जिद, 3 जून 2005

बैठे हुए: जमीला, हरभजन, जुबैदा, खड़े: खुर्शीद, रिजवान, इकबाल (बाला)

राणा मुहम्मद अजहर खान

पंडित लाला हरचरन दास

आजम खान (बिलकुल बाएं) तथा सरदार शरणा (पगड़ी पहने हुए)

एक छोटे राणा मुहम्मद अजहर खान अपने बड़ों के साथ
(पहली पंक्ति में बैठे, दायें से दूसरे)

13
विखंडित होता पंजाब, 1 जुलाई–14 अगस्त 1947

जुलाई 1947 का आगाज एक झूठी शांति से हुआ जब लाहौर में जून के अंतिम सप्ताह में शुरू की गई शांति की पहल अन्यत्र गूँजी और शांति समितियों को स्थापित किया गया। 1 जुलाई को अमृतसर में एक केंद्रीय शांति समिति का गठन किया गया। काला केशो राम सेखरी, मुहम्मद इस्माइल ईसा और मियां गुलाम महमूद ने सांप्रदायिक शांति और सद्भाव बनाए रखने की जरूरत पर बल देते हुए भाषण दिए। यह भी निर्णय लिया गया कि मोहल्ला स्तर पर शांति समितियों पर गठन किया जाना चाहिए (*पाकिस्तान टाइम्स*, 3 जुलाई)। 4 जुलाई को रावलपिंडी की बार एसोसिएशन के दो वकीलों, टी.आर. भसीन और ए.आर. चंगेज ने एक बयान जारी किया कि एच.एम.जी. के 3 जून के बयान के बाद हत्या का नंगा नाच जारी रखने का कोई मतलब नहीं है। उन्होंने कहा: 'कोई कारण नहीं है कि हिंदुस्तान और पाकिस्तान दोनों में अल्पसंख्यक समुदायों के अधिकारों की विधिवत रक्षा नहीं की जाएगी' (*पाकिस्तान टाइम्स*, 5 जुलाई)।

पिछले महीने से चला आ रहा कर्फ्यू लाहौर, अमृतसर, रावलपिंडी, और गुजरांवाला में जारी रखा गया और गड़बड़ी वाले नए इलाकों तक इसे लागू कर दिया गया। खुफिया रिपोर्टों ने गौर किया कि पूर्वी जिलों में सिख संगठित हो रहे थे, गृह-युद्ध के लिए हथियारबंदी कर रहे थे अगर पंजाब की सीमाबंदी उनकी उम्मीदों के अनुरूप नहीं हुई होती। जुलाई के दूसरे सप्ताह के बाद अमृतसर, गुरदासपुर और होशियारपुर जिलों के ग्रामीण इलाकों में सिख गिरोह घूमने लगे और गंभीरता से मुसलमानों के जीवन को खतरा पैदा करना शुरू कर दिया। होशियारपुर जिले के शहर और कुछ गांवों से झड़पों की खबरें आ रही थीं मगर स्थिति तेजी से बिगड़ी जब राइफलों, हथगोले और कृपाणों से लैस सिखों ने पठान मजदूरों पर हमला किया और उनमें से कईयों को मार डाला। यह जिले में कई स्थानों पर दोहराया गया था। दूसरी ओर गुजरांवाला में मुसलमानों को कई जगह आग शुरू करने और सिखों व हिंदुओं की हत्या के लिए दोषी ठहराया गया था।

सिखों द्वारा गड़बड़ी पैदा करने का प्रण

रायटर ने 8 जुलाई को सूचना दी कि पंजाब और दिल्ली में सिख समुदाय के लोग विभाजन के विरोध में हाथों पर काली पट्टियाँ पहने हुए थे। गुरुद्वारे की संगत ने एक संकल्प लिया, 'किसी भी विभाजन की घोषणा जो सिखों की अखंडता और एकता को सुरक्षित नहीं करती, वह स्वीकार्य नहीं होगी और एक मुश्किल स्थिति पैदा करेगी। और भी सूचना मिली थी कि अंतरिम सरकार के रक्षा मंत्री सरदार बलदेव सिंह ने कहा कि सिखों को किसी भी बलिदान के लिए तैयार रहना चाहिए अगर सीमा आयोग का फैसला उनके खिलाफ जाता है' (मैनसर्घ और मून, 1983: 17-18)।

7 जुलाई दिनांकित पाक्षिक रिपोर्ट में मुख्य सचिव ने उल्लेख किया कि ट्रिब्यून सहित हिंदू प्रेस, हिंसा का सहारा लेने के लिए सिखों को उकसा रहा था ताकि वे सीमा आयोग से उनकी मांगों को मनवा सके। दूसरी ओर मुस्लिम लीग समर्थक अखबारों ने, पंजाब के विभाजन का विरोध करना जारी रखा और विशेष रूप से अमृतसर को भारत में शामिल करने को लेकर। इसके अलावा ममदोत और नून सिख मांग की खिल्ली उड़ा रहे थे कि गुरदासपुर को भारत में शामिल होना चाहिए। उन्होंने सिखों को मुसलमानों के साथ एक समझौता तलाश करने और पंजाब को संयुक्त रखने की सलाह दी (आईओआर एल/पी-जे/5/250)।

लाहौर में रेलवे कर्मचारियों में झड़प

सांप्रदायिक हिंसा ने अब तक लाहौर के रेलवे कर्मचारियों पर असर नहीं डाला था क्योंकि मोटे तौर पर उनके बीच कम्युनिस्ट नेतृत्व वाला ट्रेड यूनियन आंदोलन मजबूती से उपस्थित था। लेकिन 10 जुलाई को सर्वहारा एकजुटता के इस गढ़ पर सांप्रदायिकता का पागलपन सवार हो गया (*पाकिस्तान टाइम्स*, 11 जुलाई)। 14 जुलाई की जेनकींस की पाक्षिक रिपोर्ट ने घटना की जानकारी प्रदान की। इसके अनुसार वर्कशॉप क्षेत्र में एक कैंटीन के बाहर बम या पटाखे का विस्फोट किया गया जिसका मालिक एक सिख था। इस विस्फोट में किसी को चोट नहीं लगी थी लेकिन मुसलमानों और सिखों के बीच विवाद ने जल्द ही मारा-मारी का रूप ले लिया जिसमें कृपाणों और चाकुओं का इस्तेमाल किया गया। परिणामस्वरूप आठ सिखों की मौत हो गई, पैंतीस व्यक्ति घायल हो गए जिनमें बत्तीस सिख थे, दो हिंदू और एक मुसलमान। पाक्षिक रिपोर्ट ने यह आरोप लगाया कि मुसलमानों ने इस घटना को उकसाया था। उन्होंने कथित तौर पर सिखों को उनकी ही कृपाणों के साथ वार किया। एक ही पाक्षिक रिपोर्ट में जेनकींस ने अमृतसर जिले के गांवों में हुई कई हत्याओं और एक या दो हमलों की सूचना दी। इनमें अधिकांश मामलों में सिख हमलावर थे (वही)। 16 जुलाई के *पाकिस्तान टाइम्स* ने खबर दी कि सिख अपनी उम्मीदें 'दूसरी वजहों' पर टिकाये बैठे हैं और स्वर्ण सिंह चाहते थे कि सीमा चिनाब तक हो – एक ऐसा रुख था जिस पर सिख नेतृत्व कायम

था जब से पंजाब के विभाजन का विचार उन्होंने 1940 के दशक से लाया था। इस बीच सरकार खुद को प्रांत के विभाजन के बाद होने वाली अपरिहार्य अव्यवस्था और अराजकता के लिए तैयार करने लगी।

इस अवधि के दौरान *पाकिस्तान टाइम्स* और *ट्रिब्यून दैनिक* रूप से लाहौर और अमृतसर में छुरेबाजी और जलाने के मामलों की सूचना देते रहे हालांकि इन शहरों में जुलाई के पहले तीन सप्ताह अपेक्षाकृत कम क्रूर थे। मुसलमान उपवास का महीना, रमजान, जुलाई के तीसरे सप्ताह में शुरू हुआ और धर्मपरायण लोगों का जीवन आसान करने के लिए कर्फ्यू की अवधि को पूरी रात से कम कर चार घंटे रात 11 बजे से सुबह 3 बजे तक कर दिया गया (*पाकिस्तान टाइम्स*, 19 जुलाई)। प्रशासन ने गौर किया कि पंजाब की स्थिति समूचे तौर पर 'स्थिर' थी। पंजाब गृह सचिव ए.ए. मैकडोनाल्ड ने गौर किया कि रावलपिंडी, झेलम, गुजरात, मुल्तान, जालंधर और यहां तक कि अमृतसर भी दोबारा 'सामान्य' हो रहे हैं। केवल मियांवाली में गड़बड़ी पनप रही है जहां '8,000 हथियारबंद पठान इकट्ठा हो गए हैं' (वही)।

ऐसा आशावाद असाध्य साबित हुआ। लाहौर में राष्ट्रीय स्वयंसेवक संघ ने एक ठोस बमबारी का अभियान शुरू किया हालांकि खुफिया पुलिस ने इशारा किया कि बमों की उच्च पद के अकाली सिखों द्वारा आपूर्ति की गई है (*आर.एस.एस. इन दी पंजाब*, 1948:18-19)। 18 जुलाई को इसके कट्टर कार्यकर्ताओं ने सांडा रोड पर स्थित कारखाने से जो हिंदू गढ़ कृष्ण नगर से ज़्यादा दूर नहीं है निकलते हुए कुछ मुसलमान मजदूरों की ओर एक बम फेंक दिया जिससे बारह श्रमिक घायल हो गए (*पाकिस्तान टाइम्स*, 19 जुलाई)। इसके बाद 20 जुलाई को भट्टी गेट के मुसलमान इलाके के एक सिनेमा घर में एक बम विस्फोट किया गया जिसमें तीन लोग मारे गए और चौबीस घायल हुए। अगले दिन लाहौर के बाहर मुगलपुरा रेलवे स्टेशन पर ट्रेन के एक डिब्बे में बम फेंक दिया गया और मुख्य लाहौर रेलवे स्टेशन के प्लैटफार्म संख्या 9 पर भी बम फेंका गया (*पाकिस्तान टाइम्स*, 22 और 23 जुलाई)। अमृतसर में भी बम विस्फोटों में प्रचुर मात्रा में बढ़ोत्तरी हो गई; अपराधी ज़्यादातर हिंदू और सिख थे। जुलाई 21 दिनांकित पाक्षिक रिपोर्ट में मुख्य सचिव ने गौर किया कि सिख महसूस करने लगे हैं कि प्रांत के विभाजन पर जोर दे कर उन्होंने गंभीरता से सिख पंथ की एकता और एकजुटता को क्षतिग्रस्त कर लिया है। उन्होंने चेतावनी दी कि एक गंभीर स्थिति पैदा हो सकती है अगर नहर कालोनियों को पूर्वी पंजाब में शामिल नहीं किया जाएगा (आईओआर एल/पी-जे/5/250)।

पंजाब विभाजन के बारे में चिंता और निराशा की आवाजें

ऐसे अराजक हालात के बीच प्रांत के विभाजन के प्रभाव के बारे में चिंता और निराशा की आवाजें उठनी शुरू हो गईं। सिख पंजाब के विभाजन की मांग करने वाले

प्रथम लोग थे लेकिन काल्पनिक विभाजन के बाद जब उन्होंने देखा कि पश्चिमी पंजाब में सत्रह जिलों को रखा गया था और पूर्व में केवल बारह तब उन्हें यह डर सताने लगा कि उनका समुदाय दो भागों में विभाजित हो जाएगा और इन दो हिस्सों में उनकी संख्या लगभग बराबर होगी। 26 जुलाई को सिख नेता ज्ञानी करतार सिंह ने घोषणा की कि उनके सह-धर्मी एक अन्यायपूर्ण अवार्ड को स्वीकार नहीं करेंगे। उन्होंने मांग की : 'हमें ननकाना साहिब जैसे हमारे धार्मिक स्थल मिलने चाहिए'। आम सिख शिकायतों को दोहराते हुए उन्होंने जोर देकर कहा कि पंजाब में अंतर्राष्ट्रीय सीमा का निर्धारण करने के लिए सटे मुसलमान और गैर-मुसलमान बहुमत वाले इलाकों की तरह 'दूसरी वजहें' भी समान रूप से महत्वपूर्ण हैं (*दी ट्रिब्यून*, 28 जुलाई)। दूसरी ओर मुसलमान प्रांत को संयुक्त रखने का एक अभियान चला रहे थे और जुलाई के दौरान पूरे पंजाब भर में मुस्लिम लीग द्वारा एक अभियान छेड़ा गया जिससे शहरी समितियों के माध्यम से सरकार के लिए याचिकाएं भिजवाई गई ताकि वह प्रांत का विभाजन न करे।

एक दिलचस्प पत्र 23 जुलाई को *पाकिस्तान टाइम्स* में छपा जिसने विभाजन के बाद, पूर्वी पंजाब में बचे हुए मुसलमानों की दुर्दशा के बारे में आशंका व्यक्त की थी। इसमें बैरिस्टर महमूद अली ने डर जाहिर किया कि अगर मुसलमान अधिकारी पूर्वी पंजाब के बारह गैर-मुसलमान बहुल जिलों में नहीं रहेंगे तो मुसलमानों को पूरी तरह से एक गैर-मुसलमान प्रशासन की दया पर निर्भर रहना पड़ेगा। और उन्होंने कहा:

> पाकिस्तान मुसलमान अधिकारियों का प्रवासन न तो अच्छी समझ है और न ही अच्छी राजनीति और यह अच्छी देशभक्ति भी प्रतीत नहीं होती है। मैं कुछ मुसलमान अधिकारियों को जानता हूँ जो हिंदुस्तान में उनके भविष्य के बारे में परेशान हैं लेकिन क्या वे इस बात के लिए इतनी ताकत नहीं जुटा सकेंगे कि वे अपने लाखों भाइयों की सेवा कर सकें जिन्हें उनकी आज के मुकाबले ज़्यादा सहायता की आवश्यकता होगी (*पाकिस्तान टाइम्स*, 23 जुलाई)।

जुलाई 2002 में, वाशिंगटन डी.सी. में मैंने पूर्वी पंजाब के जिला लुधियाना के जगराओं के अबुल फजल महमूद का साक्षात्कार लिया। उन्होंने मुझे बताया कि जिन्नाह ने मुसलमानों के लिए एक अपील जारी की थी कि वे भारत में पीछे छूटे मुसलमान अल्पसंख्यकों की मदद करने के लिए पूर्वी पंजाब में टिके रहें। उन्होंने कहा एक विनम्र अनुयायी होने के चलते उन्होंने उनकी बात मानी लेकिन वह असंभव साबित हुआ क्योंकि गैर-मुसलमान क्रोधावेश में थे और उनके हाथों लगने वाले हर मुसलमान को मार डालना चाहते थे। मैं जिन्नाह की अपील को उनके (जिन्नाह) पेपर्स में या 1946-48 की अवधि के उनके भाषणों के संग्रह में खोजने में असमर्थ रहा हूँ न तो *पाकिस्तान टाइम्स* और न ही *दी ट्रिब्यून* में ऐसी किसी भी अपील का जिक्र है।

बहरहाल, प्रशासन पंजाब के विभाजन को ठीक-ठाक तरीके से करवाने के लिए काफी चिंतित हो रहा था। जेनकींस ने अपनी 14 जुलाई की पाक्षिक रिपोर्ट में लिखा:

> सीमा का मसला हर किसी के दिमाग में सर्वोच्च स्थान रखता है. . . इसमें कोई संदेह नहीं कि गैर-मुसलमान पश्चिमी पंजाब में और मुसलमान पूर्वी पंजाब में सेवा के बारे में बहुत परेशान हो रहे हैं। इंडियन सिविल सर्विस का एक भी हिंदू या सिख पश्चिम पंजाब में सेवा करने को राजी नहीं है और केवल एक मुसलमान (जिसे लगता है कि मुस्लिम लीग उसे कष्ट पहुंचायेगी) पूर्व में सेवा करने के लिए सहमत हो गया है। मुझे बताया गया कि अन्य सेवाओं की स्थिति भी इसी तरह की है। जिस प्रकार की उनकी भावनाएं हैं यह आश्चर्य की बात नहीं है कि सीमा का मुद्दा काफी जीवंत है और यह दोनों डोमिनियनों के बीच युद्ध भी करा सकता है। सीमा आयोग के अध्यक्ष आज लाहौर में आए और मुझे लगता है कि उनका मानना है कि 15 अगस्त से पहले आयोग के अवार्ड को देना संभव हो जाएगा। अगर यह अवार्ड दिया जाता है तो मुझे लगता है कि भारतीय स्वतंत्रता विधेयक की धारा 4 के तहत, अवार्ड द्वारा निर्धारित सीमा "काल्पनिक" सीमा से अधिक प्रबल होगी और 15 अगस्त को सत्ता के हस्तांतरण के लिए इसे अपनाया जाना चाहिए। अगर यह दृष्टि सही है तो काफी भ्रम पैदा हो सकता है। हमने जरूरी तौर पर "काल्पनिक" सीमा के आधार पर योजना बनाई है और इसके किसी भी महत्वपूर्ण परिवर्तन के लिए जरूरी समायोजन करने में थोड़ा समय लगेगा. . . यह बहुत संभव है कि सत्ता के हस्तांतरण के साथ-साथ गड़बड़ी फैलेगी लेकिन यह 15 अगस्त के पहले या बाद में पैदा होगी और कितनी गंभीर होंगी यह बताना असंभव है। सिख निश्चित रूप से स्वयं एक उपद्रव करने का इरादा रखते हैं; उनसे किसी भी सीमा की मंजूरी की उम्मीद नहीं की जा सकती और अब मुझे लगता है कि वे कांग्रेस के बारे में उतने ही संदिग्ध हैं जितने मुसलमानों के (कार्टर, 2007बी: 160)।

पूर्वी पंजाब के सचिवालय को शिमला जाने का निर्देश

22 जुलाई को माउंटबेटन लाहौर में थे। उन्होंने कहा कि पूर्वी पंजाब के सचिवालय को निर्देश दिया जाए कि वह 10 अगस्त तक शिमला स्थानांतरित हो जाए और 'पश्चिमी भाग को. . . पश्चिमी पंजाब के किसी भी जगह चले जाने के लिए तैयार किया जाए, अगर सीमा आयोग पूर्वी पंजाब को लाहौर दे देता है' (*दी ट्रिब्यून*, 23 जुलाई)। हालांकि यह बयान लाहौर के भविष्य पर तटस्थ था हिंदुओं और सिखों ने यह एक संकेत समझा कि चूंकि पूर्वी पंजाब सचिवालय को लाहौर से दूर एक शहर में स्थानांतरित करने के

लिए सलाह दी गयी है जबकि पश्चिमी पंजाब के सचिवालय को नहीं इसलिए जाहिर तौर पर लाहौर पाकिस्तान को दिया जा रहा है। मगर लाहौर शहर और जिले के दोनों में एक स्पष्ट मुसलमान बहुमत के बावजूद बहुत गैर-मुसलमान 'दूसरी वजहों' के आधार पर अंत तक यह विश्वास करते रहे कि यह भारत को दिया जाएगा।

मुझे साक्षात्कार देने वाले कई हिंदुओं और सिखों ने महसूस किया कि माउंटबेटन के 22 जुलाई के बयान ने हिंदू-सिख कूच को पूरब की ओर और तेज कर दिया। उनकी जनवरी 1947 की 3 लाख की संख्या तेजी से घट रही थी। सबसे पहले कूच करने वाले, फरवरी के अंत से ही जाने लगे, मगर मार्च के दंगों और फिर मई और खास कर जून की आगजनी ने कूच को और तीव्र कर दिया। 22 जुलाई के बाद सूबाई राजधानी को छोड़ कई और लोग पूरब की सुरक्षित जगहों में चले गए।

जुलाई के अंत की ओर औपनिवेशिक सरकार की ताकत का एक बड़े पैमाने पर उल्लंघन होना शुरू हो गया लेकिन बढ़ती हुई हिंसा व रोष अधिकांश तौर पर अब भी शहरी क्षेत्रों तक ही सीमित था; केवल अमृतसर जिले में आयोजित सिख शक्ति का एक प्रदर्शन उभरना शुरू हुआ जब जत्थों ने मुसलमान गांवों पर छापा मारा और भयभीत मुसलमानों को अमृतसर के मुसलमान गढ़ों में शरण लेने के लिए मजबूर किया। लाहौर के दी *पाकिस्तान टाइम्स* और *दी ट्रिब्यून* ने लाहौर में छुरेबाजी, आगजनी और बम फेंकने की एक नई लहर की सूचना दी। अतीत की तरह यह लहर लाहौर और अमृतसर की घटनाओं से शुरू हुई। 26 जुलाई रविवार को लाहौर छावनी के पास धरमपुरा में एक जोरदार विस्फोट सुना गया। कई लोगों को चोटें लगीं लेकिन कोई मारा नहीं गया। गोलियों की आवाजें आयीं और अफरा-तफरी फैल गई। पश्चिमी पंजाब के नामित पुलिस महानिरीक्षक, कुर्बान अली खान, जिला मजिस्ट्रेट यूस्टेस, वरिष्ठ पुलिस अधीक्षक राइस और छावनी मजिस्ट्रेट शेख गुलाम अहमद गड़बड़ी वाले स्थल पर पहुंचे और कुछ गिरफ्तारियां की गईं (*पाकिस्तान टाइम्स*, 29 जुलाई)।

अमृतसर में पलड़ा हिंदुओं और सिखों के पक्ष में झुकना शुरू हो गया था। मुसलमान विशेष रूप से ग्रामीण क्षेत्रों में हिंसा के शिकार हो रहे थे और सिख जत्थे आगजनी और कत्लेआम करते रहे। गांवों पर लगभग सभी छापों में महिलाओं का अपहरण किया जा रहा था। इस प्रकार उदाहरण के लिए तरनतारन में एक जोरदार विस्फोट सुना गया था। जिला मजिस्ट्रेट जी.एम. ब्रांडर, ब्रिगेडियर स्टुअर्ट, पुलिस अधीक्षक एल.वी. डीन, अतिरिक्त उपायुक्त जे.डी. फ्रेजर और एक पुलिस दल ने तहसील मुख्यालय पर छापा मारा और एक छोटे बम कारखाने का पता लगाया। जाहिर है बम गलती से फट गया था। 31 जुलाई के *पाकिस्तान टाइम्स* ने गौर किया कि अमृतसर प्रशासन ने जिले को एक बार फिर से गंभीर रूप से गड़बड़ी वाला इलाका बताया जो तेजी से नियंत्रण से बाहर हो रहा था।

जुलाई नाटकीय रूप से समाप्त हो गया जब अमृतसर में कांग्रेस पार्टी के खिलाफ हिंदुओं का गुस्सा खुल कर बाहर आया। आर.एस.एस. कांग्रेस नेतृत्व, विशेष रूप से गांधी और नेहरू के खिलाफ एक लंबे समय से प्रचार कर रहा था। खुफिया एजेंसियों ने रिपोर्ट दी कि बैठकों में न केवल जिन्नाह, मुस्लिम लीग और आम तौर पर मुसलमानों को अपमानित किया जा रहा था लेकिन कांग्रेस के इन दो नेताओं को पंजाब के हिंदुओं को निराश करने के लिए दोषी ठहराया गया था क्योंकि वे भारत के विभाजन के लिए सहमत हो गए थे। 31 जुलाई को जब महात्मा गांधी एक ट्रेन में कश्मीर की तरफ जा रहे थे और जब उनकी ट्रेन अमृतसर स्टेशन पर रूकी तब हिंदू छात्रों और अन्य कार्यकर्ताओं की एक भीड़ ने उनका काले झंडे के साथ स्वागत किया। उन्होंने 'गांधी वापस जाओ', 'गांधी मुर्दाबाद' और 'कांग्रेस मुर्दाबाद' के नारे बोले। मजिस्ट्रेट रियाज कुरैशी ने रेलवे पुलिस को आंदोलनकारियों को वापस धकेलने का आदेश दिया (*पाकिस्तान टाइम्स*, 1 अगस्त)।

30 जुलाई की पाक्षिक रिपोर्ट में, जेनकींस मुगलपुरा रेलवे कार्यशाला की घटना का उल्लेख करते हैं और हिंसा की वृद्धि का व्यापक विवरण प्रदान करते हैं, जो लाहौर-अमृतसर क्षेत्र के बाहर गुरदासपुर जिले में फैल गई थी और वहाँ से जालंधर-होशियारपुर तक। बम विस्फोट 19 जुलाई के आस-पास से लगभग दैनिक हो रहे थे। अपराधी हिंदू और सिख थे। लाहौर और अमृतसर के आसपास के गांवों पर एक आवर्ती आधार पर छापा मारा जाने लगा। सिख नेताओं ने अपने समुदाय के लोगों को जुलाई 27 पर शेखूपुरा जिले में ननकाना साहिब में इकट्ठा होने का आह्वान किया था। कम से कम 1,500 सिखों ने बैठक में भाग लिया। इस अवसर पर भाषण में एक सविनय अवज्ञा आंदोलन शुरू करने के लिए कहा गया। हालांकि उप-आयुक्त ने उन्हें शांतिपूर्वक तरीके से तितर-बितर होने के लिए राजी कर लिया (कार्टर, 2007बी: 177-9)। पंजाब की समग्र स्थिति पर जेनकींस ने उल्लेख किया कि:

> आमतौर पर विभाजन के लिए कोई उत्साह नहीं है-मुसलमान पाकिस्तान की स्थापना पर स्वाभाविक रूप से खुश हैं; लेकिन पंजाबियों के रूप में वे पूरे पंजाब को चाहते थे; दूसरी तरफ हिंदू और सिख आशंकित हैं और लाहौर छोड़ने के लिए बहुत अनिच्छुक हैं। छह हफ्तों में 3 करोड़ लोगों के क्षेत्र का विभाजन करना काफी मुश्किल होगा जो 98 सालों से एक इकाई के रूप में नियंत्रित किया गया है भले ही सभी का संबंध दोस्ताना था और प्रगति करने के लिए सभी उत्सुक थे (वही: 179)।

जुलाई में लाहौर को छोड़कर जाने वालों की चश्मदीद गवाही

डॉ. जगदीश चंद्र सरीन

डॉ. सरीन के मार्च 1947 में हुए दंगों और जून में लाहौर में हुई घटनाओं के विवरण पहले दिये गए हैं। उन्होंने लाहौर छोड़ने का अपना निर्णय जुलाई में लिया। उन्होंने याद किया:

'मैंने 9 या 10 जुलाई को जालंधर जाने के लिए लाहौर छोड़ा क्योंकि हमें कुछ दोस्तों ने चेतावनी दी थी कि हमारे घर पर हमला किया जाएगा। उन्होंने मुझे वापस आने के लिए तब कहा जब सामान्य स्थिति बहाल कर दी गई। मेरे परिवार के बाकी सदस्य पहले ही चले गए थे। कई हफ्तों के बाद हम एक-दूसरे का पता लगाने में कामयाब हो सके। मैंने वास्तव में 11 अगस्त को लाहौर के लिए अपनी वापसी यात्रा शुरू कर दी थी क्योंकि अगले दिन मुझे ड्यूटी पर हाजिर होना था। मगर रास्ते में मैंने हजारों की संख्या में भाग रहे हिंदुओं और सिखों को देखा। यह मेरे लिए स्पष्ट हो गया था कि लाहौर की ओर लौटने का सवाल ही नहीं था। मैंने इसलिए समर्पण कर दिया।

'मेरे एक चाचा और चचेरे भाई को छुरा मार दिया गया था और उन्हें मायो अस्पताल ले जाया गया। उन्होंने मेरा नाम मेरे एक सहयोगी डॉ. मुहम्मद नाजिर को बताया जो ड्यूटी पर थे। उन्होंने उनकी इस तरह देखभाल की मानो वे उनके खुद के चाचा हों।'

डॉ. रामानंद सागर

मशहूर बॉलीवुड लेखक, निर्देशक, फिल्म और टेलीविजन निर्माता डॉ. रामानंद सागर ने मुझे लाहौर में अपनी एक जीवंत तस्वीर पेश की। संयोग से वह मेरे पैतृक घर से एक किलोमीटर से भी कम दूर टेंपल रोड पर बड़े हुए जहां मेरा 24 फरवरी 1947 को जन्म हुआ था।

'मैं लाहौर के बाहरी इलाके में असल-गुरु-की नामक एक छोटे से गांव में 29 दिसंबर 1917 को पैदा हुआ था। मेरे पिता के कश्मीर में व्यापारिक रिश्ते थे लेकिन मैं अपने दादा-दादी के साथ बड़ा हुआ जो चा पिछवारा, लिंटन रोड, मोजंग रोड, लाहौर में रहते थे। मेरा बचपन मोजंग में गुजरा। उन दिनों सभी समुदायों के बच्चे एक साथ खेलते थे और बड़े एक दूसरे की मान्यताओं और परंपराओं का सम्मान करते थे। एक नौजवान के रूप में, मैं कभी-कभी अपने मुसलमान दोस्तों के साथ मस्जिद में जाता और उनके साथ उनकी प्रार्थना में शिरकत करता। मैं यह याद नहीं कर पा रहा हूँ कि हमारे इलाके के अलग-अलग परिवारों के बीच कोई तनाव था।

'बाद में हम निस्बत रोड स्थित एक घर में आ गए। मैं डी.ए.वी. स्कूल, लाहौर में पढ़ा। मुस्लिम लीग द्वारा मार्च 1940 के अपने लाहौर अधिवेशन में एक अलग मुल्क के लिए आह्वान करने के बाद शहर के अन्यथा बहुत सौहार्दपूर्ण माहौल में कुछ सांप्रदायिक तनाव का एहसास किया जा सकता था लेकिन उस समय कोई भी यह कल्पना नहीं कर सकता था कि हिंदुओं को इस शहर को त्यागना पड़ेगा। हम आश्वस्त थे कि लाहौर भारत का हिस्सा बना रहेगा। लाहौर के विकास के लिए हिंदुओं और सिखों का भौतिक और सांस्कृतिक योगदान इतना ज़्यादा था कि हमें यह कभी नहीं लगा कि इसे हमसे ले लिया जाएगा।

'कोंग्रेसी नेताओं ने हमें अपने घर खाली न करने को कहा। मगर, हिंदुओं और सिखों के खिलाफ रोज हमले होने लगे। हमें जुलाई के अंत में लाहौर छोड़ भागना पड़ा जब हालात बद् से बदतर हो गए। हमने सियालकोट तक की यात्रा की और वहाँ से जम्मू और फिर श्रीनगर तक। महान उर्दू शायर फैज़ अहमद फैज़ जो मेरे एक करीबी मित्र थे अगस्त में गुलमर्ग कश्मीर आए और हमारे लाहौर छोड़ने के बाद होने वाली घटनाओं के बारे में बताया।

'अगस्त के अंत में पठानों द्वारा कश्मीर पर आक्रमण करने के बाद हम श्रीनगर से दिल्ली के लिए विमान में सवार होने में कामयाब हो गए। मैंने कुछ समय दिल्ली में काम किया लेकिन उसके बाद मैं बम्बई आ गया। मैं अब लगभग 52 साल से इस शहर में हूँ। मैंने फिल्म उद्योग में उत्कृष्ट सफलता हासिल की है लेकिन अभी भी एक शरणार्थी की तरह महसूस करता हूँ। एक शरणार्थी होने का एहसास कभी भी आपका पीछा नहीं छोड़ता। यह किसी भी इंसान के अस्तित्व का एक हिस्सा बना रहता है। लाहौर मेरे दिल में हमेशा रहता है लेकिन मुझे लगता है कि मैं कभी भी इसका दौरा नहीं करूंगा। मुझे बताया गया है कि यह काफी बदल गया है। मैं विभाजन से पहले के लाहौर की स्मृति सँजो कर रखना चाहता हूँ। यह वास्तव में प्रेम और सौहार्द का एक शहर था। अब जब उन घटनाओं को फिर देखता हूँ जिसके चलते विभाजन हुआ। मैं पहले से और भी ज़्यादा आश्वस्त हूँ कि भारत के विभाजन के पीछे असली दिमाग ब्रिटिश था। किसी बहुत दुष्ट तरीके से वे हमें स्वतंत्रता की मांग करने के लिए दंडित करना चाहते थे। इससे अधिक संतोषजनक क्या हो सकता था कि जिन लोगों ने उनकी बादशाहत को चुनौती दी उनका खून बहाया जाए? मैंने विभाजन पर अपना संस्करण, अपने उपन्यास, '*और इंसान मर गया*' में लिखा है।'

यह ध्यान दिया जाना चाहिए 1980 के दशक के अंत में रामानंद सागर हिंदू धार्मिक विषयों पर काम करने लगे। रामायण महाकाव्य को एक धारावाहिक के रूप में पेश किया और भारतीय टेलीविजन चैनलों पर दिखाया गया। उन्होंने इसी तरह के अन्य धारावाहिकों को भी बनाया। जब मैंने उनसे पूछा कि क्या एक धर्मनिरपेक्ष मानवतावादी से एक हिंदू तक का परिवर्तन उन्हें परेशान करता है तो उन्होंने मुझे बताया कि अच्छे

और बुरे के बीच संघर्ष अनन्त है और अब वे हिंदू विषयों का इस्तेमाल करके अपना यह संदेश प्रसारित कर रहे है कि अच्छा करना बेहतर है।

अगस्त : हिंसा का ग्रामीण क्षेत्रों में फैल जाना

और अंततः अगस्त का महत्वपूर्ण महीना आ गया। अब कुछ ही दिनों का समय बाकी था जब पंजाब विभाजित होना था। पंजाब सीमा बल ने कानून और व्यवस्था बनाए रखने का काम 1 अगस्त से शुरू किया लेकिन तब तक दंगे सभी दिशाओं में फैल गए थे। अमृतसर के भीतरी क्षेत्रों में 1 अगस्त की शाम 6 बजे से, 36 घंटे का निरंतर कर्फ्यू शहर के अधिकांश इलाकों पर लगा दिया। सिख जत्थों ने गांवों पर अपने छापे तेज कर दिए, लेकिन कुछ स्थानों पर मुसलमानों ने कड़ा प्रतिरोध किया। पंजाब सीमा बल के जवानों को इन गांवों में तुरंत भेजा गया और उन्होंने हमलावरों को तितर-बितर किया।

4 अगस्त दिनांकित माउंटबेटन के लिए एक विस्तृत ज्ञापन में जेनकींस ने इस इल्जाम पर प्रश्न उठाया कि उनकी सरकार पंजाब की गड़बड़ी को नियंत्रित करने में विफल रही। विशेष रूप से उन्होंने इन आरोपों का खंडन किया कि ब्रिटिश अधिकारी कठोर और अक्षम थे। हालांकि वे आंशिक रूप से सहमत हुए कि दमकल सेवाएँ, विशेष रूप से लाहौर और अमृतसर में, असरहीन और अक्षम थीं। जेनकींस ने इस बात पर जोर दिया कि मार्शल लॉ भी मददगार साबित नहीं हुआ (कार्टर, 2007b: 194-211)। उन्होंने 2 अगस्त 1947 तक कुल हताहतों की संख्या को कुछ इस तरह प्रस्तुत किया :

(क) शहरी	**मारे गए**	**गंभीर रूप से जख्मी**
लाहौर	382	823
अमृतसर	315	666
मुल्तान	131	230
रावलपिंडी	99	171
कुल	**927**	**1,890**
(ख) देहाती	**मारे गए**	**गंभीर रूप से जख्मी**
रावलपिंडी	2,164	167
अटक	620	30
झेलम	210	2
मुल्तान	58	50
गुड़गाँव	284	125

अमृतसर	110	70
होशियारपुर	51	19
जालंधर	47	51
दूसरे जिले	44	36
कुल	**3,588**	**550**
कुल (शहरी और देहाती)	**4,515**	**2,440**

जेनकींस ने माना कि ये आंकड़े अधूरे थे, खास तौर पर गुड़गाँव के जहां मारे गए या जख्मी लोगों को उनके परिवार या पार्टी के सदस्यों द्वारा हटा लिया गया था। इसलिए उनके मुताबिक कम से कम कुल 5,000 लोग (शायद 5,200 से ज़्यादा नहीं) मारे गए थे और गंभीर रूप से जख्मी 3,000 से ज़्यादा नहीं हुए थे (वही: 200-201) । जहां तक हताहत हुए लोगों के संप्रदाय का सवाल था जेनकींस ने अंदाजा लगाया कि रावलपिंडी, अटक, झेलम और मुल्तान के देहाती इलाकों में मारे गए लगभग सारे लोग गैर-मुसलमान थे। दूसरी जगहों पर मारे गए लोगों के दो तिहाई लोग मुसलमान हो सकते थे। इसीलिए हताहत हुए लोगों का सांप्रदायिक आंकड़ा कुछ इस प्रकार है :

(क) शहरी	**मारे गए**	**गंभीर रूप से जख्मी**
मुसलमान	522	1,011
गैर-मुस्लिम	522	1,012
कुल	**1,044**	**2,023**
(ख) देहाती	**मारे गए**	**गंभीर रूप से जख्मी**
मुसलमान	357	201
गैर-मुस्लिम	3,021	349
कुल	**3,378**	**550**
कुल (शहरी और देहाती)	**मारे गए**	**गंभीर रूप से जख्मी**
मुसलमान	879	1,212
गैर-मुस्लिम	3,543	1,361
कुल	**4,422**	**2,573**

इस आधार पर, जेनकींस ने तर्क दिया कि चूँकि गुड़गांव में हताहतों की संख्या सबसे अधिक मुसलमानों की थी, मारे गए 5,000 व्यक्तियों में शायद 1,200 मुसलमान थे और 3,800 गैर-मुसलमान, जबकि गंभीर रूप से घायल 3,000 व्यक्तियों में 1,500 प्रत्येक समुदाय से थे (वही: 202)। जो भी सटीक आंकड़े हों इस मोड़ के बाद से

हालात तेजी से खराब हो गए। लाहौर में कर्फ्यू 15 अगस्त तक राज्यपाल ने बढ़ा दिया था, मगर शहर के कई हिस्सों से बम फेंकने और आगजनी के छिट-पुट मामले 1 अगस्त शुक्रवार और 2 अगस्त शनिवार दोनों को आए। फिरोजपुर जिले में एक गांव कोकरी अरायान पर 4 अगस्त को हुए एक सशस्त्र हमले में 19 लोगों की मौत हो गई। हमलावरों ने आग्नेयास्त्रों का इस्तेमाल किया और ज़्यादातर मौतें बंदूक की गोली के घाव से हुई (*पाकिस्तान टाइम्स*, 6 अगस्त 1947)। अब लायलपुर और जालंधर से भी बम फेंकने की सूचना मिलने लगी। सभी मामलों में कुछ लोगों की मृत्यु हुई और कुछ को चोटें लगीं।

जहां तक लाहौर में विशेष रूप से आगजनी का मामला है उन्होंने 14 अप्रैल और 14 जुलाई के बीच का यह आंकड़ा दिया :

आग की किस्म	मुसलमान संपत्ति	गैर-मुसलमान संपत्ति
कोशिश	58	112
'छोटी'	38	149
'बड़ी'	20	112
कुल घटनाएँ	116	373
समूचे तौर पर कुल: 611 (वही, 208)		

उन्होंने गौर किया :

> इन तीन महीनों के दौरान, 611 घटनाएँ हुईं (सबसे बदतर दौर में कभी-कभी 20 या 30 एक दिन में) जिनमें 357 पर काबू पा लिया गया था और 254 पर नहीं। मुसलमान इमारतों पर आग काबू करने का अनुपात हिंदुओं की इमारतों के मुकाबले काफी ज़्यादा है। मुसलमानों ने लाहौर नहीं छोड़ा और वे अपनी संपत्ति की हिफाजत करने में बहुत ज़्यादा सक्रिय थे। हिंदुओं ने एक बड़ी संख्या में अपनी इमारतों को त्याग दिया और इसके चलते हिंदू संपत्ति पर लगी आगें बेकाबू हो गईं, इसके पहले कि इसका पता चलता (वही)।

मुसलमान संपादकों की पूर्व पंजाब में हमलों के बारे में शिकायतें

हालांकि लाहौर में और पश्चिमी पंजाब में मुसलमानों का पलड़ा भारी था हिंदू-सिख बहुल जिलों में स्थिति उनके खिलाफ होनी शुरू हो गई। लाहौर में मुस्लिम लीग समर्थक अखबार के संपादकों, शायर फैज़ अहमद फैज़ (*पाकिस्तान टाइम्स*), हामिद निजामी (नवा-ए-वक्त), नूर इलाही (अहसान), इनायातुल्लाह (शाहबाज) और मौलाना

अख्तर अली (जमींदार) ने हस्ताक्षर किए और एक टेलीग्राम माउंटबेटन को भेजा, जिसमें उन्होंने सूचना दी:

> अत्यधिक सशस्त्र गिरोहों द्वारा पूर्वी पंजाब के जिलों के मुसलमान गांवों में संगठित हमलें जारी हैं। सरकारी मशीनरी मुसलमान अल्पसंख्यकों को सुरक्षा देने के काबिल नहीं है। आपसे व्यक्तिगत रूप से हस्तक्षेप करने की प्रार्थना है और निर्दोष लोगों के नरसंहार को रोकने के लिए कठोर उपायों को सुनिश्चित करें (*पाकिस्तान टाइम्स*, 10 अगस्त)

संपादकों ने हो रहे जुल्मों को रोकने में मदद करने के लिए मुस्लिम लीग के नेताओं से अनुरोध किया। उन्होंने सरदार शौकत हयात खान को विशेष रूप से अपील की जिन्हें पूर्वी पंजाब से निर्वाचित किया गया था (हालांकि उनका नाता उत्तर-पश्चिमी पंजाब के अटक से था) कि वे पूर्वी जिलों का दौरा कर मुसलमानों को बचाने के लिए कुछ करें। इसके अलावा वे चाहते थे कि मुसलमानों के नेता होने के नाते नवाब ममदोत, डॉ. गोपी चंद भार्गव और सरदार स्वर्ण सिंह को आगाह करें कि अगर इस तरह की संगठित गुंडागर्दी जारी रही तो पश्चिमी जिलों में उनके सह-धर्मियों पर बदले की कार्रवाई की जाएगी (वही)।

अगस्त के घटनाक्रम पर सलीम ताहिर का विवरण

लाहौर के एक मुसलमान युवा सलीम ताहिर का एक विस्तृत ब्यौरा हामिद हमदानी द्वारा वर्णित किया गया है जिसने दो बार दूर मियांवाली जिले से ट्रेन गाड़ी में गोला बारूद राइफलों के साथ भरे हुए पांच बक्सों को लाहौर लाने के दुस्साहसी अभियान में हिस्सा लिया। सलीम ताहिर ने उन्हें बताया कि हथियारों की खरीद के लिए ममदोत द्वारा उसे पैसे दिए गए और उन्हें पूर्वी पंजाब के लिए भेजा जाना था जहां मुसलमान, मुस्लिम लीग ने महसूस किया कि मुश्किलों से घिरे हुए थे और हिंदू व सिख गिरोहों ने खुद को संगठित करना शुरू कर दिया था। आखिरी अभियान उन्होंने 11 अगस्त को किया जब वे लाहौर से मियांवाली की तरफ निकले लेकिन 13 अगस्त को वापसी यात्रा में उन्हें सामान्य से ज़्यादा समय लगा।

पकड़े जाने की संभावना बहुत ज़्यादा थी क्योंकि भारत के लिए रवाना हिंदू व सिख अधिकारी और सैनिक उन्हीं ट्रेनों में यात्रा कर रहे थे और रेलवे अधिकारी प्रत्येक डिब्बे की जाँच कर रहे थे। लेकिन मुसलमान पुलिस और रेलवे पदाधिकारियों की मदद से वे अपने प्रेषण के साथ 13 अगस्त की शाम लाहौर में वापसी करने में सफल हुए। बक्से 14 अगस्त को मुस्लिम लीग के नेशनल गार्ड के कर्नल तजमुल को सौंप दिये गए (हमदानी, 2003: 146-54)। सलीम ताहिर ने लाहौर रेलवे स्टेशन पर एक गोलीबारी की घटना का वर्णन किया :

> इस शूटिंग को बलूच रेजिमेंट के सैनिकों द्वारा किया जा रहा था। इस रेजिमेंट को पाकिस्तान को दिया गया था। इसके सभी अधिकारी और सैनिक मुसलमान थे। पाकिस्तान के रास्ते में उन्होंने (पूर्वी पंजाब में मुसलमानों का) नरसंहार देखा था। उन्होंने मुसलमानों को बचाने की कोशिश भी की थी और उसके लिए उन्हें काफी लोगों से प्रशंसा हासिल की थी। उन सैनिकों ने छोटे-छोटे मुसलमान बच्चों की भालों और कृपाणों के साथ हत्या होते देखा था और महिलाओं को बलात्कार और फिर उनको मारे जाते भी देखा था; कोई सैन्य संहिता या कानून उनके गुस्से को नहीं रोक सकता था। बलूच सैनिक अब ब्रिटिश सरकार के नहीं मगर अल्लाह के कर्मचारी थे।
>
> जब बलूच रेजिमेंट लाहौर पहुंची तो हजारों की तादाद में हिंदू तथा सिख और भारतीय सैनिक भारत जाने के लिए एकत्र हुए थे। और कुछ गाड़ी के डब्बों में बैठे थे। पुलिस उन्हें बचाने के लिए उपस्थित थी। लेकिन बलूच रेजिमेंट के सैनिकों के लिए उनकी मां और बहनों और बच्चों की हत्या (एक प्रतीकात्मक अभिव्यक्ति) उनकी आंखों के सामने हुई थी। उन्होंने यह भी देखा था कि पाकिस्तान की तरफ हजारों भूखे और प्यासे मुसलमान जा रहे थे। जब मुसलमान सैनिकों ने इन सारे हिंदुओं और सिखों को देखा उन्होंने अपनी इंद्रियों पर नियंत्रण खो दिया और उनके अधिकारी उनको रोक नहीं सके। उनके पास राइफलें और गोला बारूद था। वे स्टेशन पर चारों तरफ फैल गए और तीव्रता से गोलियां दागनी शुरू कर दी। उन्होंने न तो हिंदू रेलवे स्टाफ और न ही किसी अन्य हिंदू या सिख, सैन्य या नागरिक पर कोई दया दिखाई (वही: 151)।

सलीम ताहिर की लाहौर वापसी की ज़्यादा संभावित तिथि 14 अगस्त होनी चाहिए न कि 13 क्योंकि हिंदुओं और सिखों की बलूच रेजिमेंट द्वारा गोली मारने की घटना शाम को हुई थी और हमारे पास युवराज कृष्ण का एक विस्तृत ब्यौरा है जिन्होंने 13 अगस्त को शाम 8:30 बजे लाहौर छोड़ा था जिसमें उन्होंने रेलवे स्टेशन पर हिंदुओं और सिखों के नरसंहार का उल्लेख नहीं किया है। दूसरी ओर वह एक ट्रेन के आने का वर्णन करते हैं जिसमें डरी हुई मुसलमान महिलाओं के साथ बच्चे मौजूद थे और यह अमृतसर से आईं थीं और पुरुषों का निश्चित रूप से कत्ल कर दिया गया था। खोसला रिपोर्ट भी यह बताती है कि बलूच रेजिमेंट द्वारा गोलीबारी 14 अगस्त को हुई थी (खोसला, 1989: 122)।

अश्विनी कुमार

अश्विनी कुमार जो लाहौर में पुलिस के एक सहायक अधीक्षक थे जालंधर के लिए अपने स्थानांतरण के आदेश का इंतजार कर रहे थे। उन्होंने मुझे निम्न कहानी बताई:

'उन दिनों मुस्लिम लीग के नेशनल गार्ड ने हिंदुओं और सिख शरणार्थियों को लाहौर रेलवे स्टेशन पर लूटना शुरू कर दिया था। एक अवसर पर मैंने देखा कि प्रसिद्ध हॉकी खिलाड़ी अली इक्तिदार शाह दारा लुटेरों की एक टीम का नेतृत्व कर रहे थे। मैंने उनसे कहा, "शाह साहिब आप क्या कर रहे हैं? यह आपकी गरिमा से गिरी हुई हरकत है।" वह शर्मिंदा हुए और कहा कि वह उन्हें नियंत्रित करने के लिए उन लोगों के साथ थे, ताकि जीवन की हानि को न्यूनतम रखा जा सके।'

मोजंग में हुई कुछ घटनाएं

मैं मोजंग के जिस इलाके में पैदा हुआ था वहाँ अगस्त में काफी खून-खराबा देखा गया था। उस समय के कई लोगों की स्मृति पर दो घटनाओं ने एक अमिट छाप छोड़ दी है; एक पुराने सिख बढ़ई की नृशंस हत्या और एक सिख गुरुद्वारे पर संगठित हमला। इन दो कहानियों को बार-बार बताया गया है और जब तक वे बुजुर्ग जीवित हैं इन्हें दोहराये जाने की संभावना है। गुरुद्वारे के नरसंहार को मुजाहिद ताज दीन के साथ साक्षात्कार में वर्णित किया गया है जो उस कुख्यात हमले में एक भागीदार था। यह साक्षात्कार बाद के हिस्से में दिया गया है। मेरी माँ सितारा बानो ने मुझे दूसरी घटना सुनाई थी। उनकी 1990 में मृत्यु हो गई। मैंने बाद में अपने पिता और अन्य बड़ों के साथ इस विवरण की जाँच की है और उन्होंने उनकी कहानी की पुष्टि की है। मेरी मां, सितारा बानो का बयान निम्नलिखित है :

'अगस्त के दूसरे सप्ताह में लाहौर में बहुत गंभीर तौर पर गड़बड़ी फैल गई थी मगर चूंकि मोजंग एक मुसलमान बहुल इलाका था, इसे सुरक्षित समझा जाता था। 12 अगस्त को कुदरती तौर पर मैं अपने टेंपल रोड के घर की खिड़की के बाहर झांक रही थी। कुछ लोफर और मुजरिम किस्म के लोग टेंपल रोड और भुंडपुरा स्ट्रीट के मोड़ पर खड़े थे। देख कर लग रहा था कि वे कुछ गड़बड़ी करना चाहते थे। मैंने देखा कि एक लंबा तगड़ा सिख अपनी मोटर साइकल पर चला आ रहा था। जब वह चौक भुंडपुरा पर पहुंचा तो गुंडों ने उस पर हमला करने की कोशिश की। उसने एक बंदूक निकाली और वे जल्द तितर-बितर हो गए। आधे घंटे बाद एक और सिख जो एक दुबला-पतला और बुजुर्ग बढ़ई था, उसी सड़क पर अपनी एक पुरानी साइकिल पर चला आ रहा था।

'दूसरे दिहाड़ी मजदूरों की तरह वह अपना दोपहर का खाना एक पोटली में बांध कर ले जा रहा था जिसे उसने अपनी साइकल के हैंडल से लटका रखा था। वह हर दिन की तरह अपने काम पर जा रहा था और उस समय की बड़ी राजनीतिक उथल-पुथल से बेखबर था। इस बार बदमाशों ने उस पर झपट्टा मारा। उनमें से एक ने उसे चाकू मारा। वह जोर से चीखा और फिर भागने की कोशिश की। पास में एक

तांगा देख कर, उसने उस पर चढ़ने की कोशिश की। तांगे वाले ने उसे एक लात मारी और वह जमीन पर गिर पड़ा। हमलावरों ने अब उसे दबोच लिया तथा उस पर और प्रहार किए। वह मदद और दया की गुहार लगाते हुए मर गया।'

गैर-मुसलमानों के खिलाफ सबसे बदनाम हमलों में से एक हमारे टेंपल रोड स्थित घर से 300 मीटर की दूरी पर हुआ। यह उस ऐतिहासिक गुरुद्वारे पर संगठित हमला था जिसे सिखों के छठे गुरु, गुरु हरगोबिन्द ने बनाया था। जिस आदमी ने इस हमले की अगुवाई की उसने उस मौके पर क्या हुआ था इसकी अंदरूनी जानकारी दी :

मुजाहिद ताज दीन

'भारत के विभाजन के समय मैं मोजंग में रह रहा था। जिज्ञासु स्वभाव का होने के नाते मैं मस्जिद में दिन में पाँच बार प्रार्थना करने के अलावा हिंदू मंदिरों, सिख गुरुद्वारों, ईसाई चर्चों में जाया करता था। मैं जानना चाहता था कि अन्य धर्मों से संबंधित लोग किस तरह रहते हैं और अपने धार्मिक स्थानों पर कैसे अपने धर्मों का प्रचार करते हैं। अब मैं जब उन वर्षों को याद करता हूँ तो मैं यह कह सकता हूँ कि अंग्रेजों ने किसी भी अन्य लोगों की तुलना में मानव जाति के लिए और अधिक सेवा का काम किया है।

'मैं खाकसार आंदोलन का एक बहुत पक्का और सक्रिय सदस्य था। जब एक इस्लामी राज्य बनाने के लिए पुकार दी गई जिसका नाम पाकिस्तान होना था हममें से कई इससे मोहित हो गए थे। मैंने हिंदुओं और सिखों के खिलाफ लड़ाई में सक्रिय भाग लिया। मैंने ऐचीसन कॉलेज के पास चार सिखों की हत्या कर दी और जब शाहालमी गेट और दूसरे हिंदू-सिख इलाकों को जला दिया गया तब हिंदुओं और सिखों की हत्या लूटपाट और जलाने में मैंने हिस्सा लिया।

'सिख गुरुद्वारे छेवीं पातशाही पर हमले के पीछे मोजंग पुलिस स्टेशन के थानेदार मलिक मकसूद का दिमाग था। उन्होंने चार दिनो में हम में से कुछ को प्रशिक्षित किया। जब विभाजन की घोषणा हो गई तब हमें महत्वपूर्ण हिंदू और सिख स्थानों पर कब्जा करना था। उन्होंने कहा कि अगर हम गैर-मुसलमानों के खिलाफ लड़ते हुए मर गए तो हम शहीद बन जाएंगे और अगर हम बच गए तो हम गाजी (अल्लाह के सैनिकों) बन जाएंगे। उन्होंने हमें बताया कि भारत में हमारे मुसलमान भाइयों और बहनों को मारा जा रहा है और प्रशिक्षण का मुख्य उद्देश्य मुसलमानों की रक्षा करना और बदला लेना है।

'हमें मोजंग के हिंदुओं और सिखों के हमले से रक्षा के लिए एक सुरक्षा योजना दी गई थी। इस प्रकार हमने मोजंग अड्डा, सफाँ वाला चौक, मोजंग चुंगी और कनक मंडी पर अपने मोर्चों की स्थापना की। मेरे अलावा जिसने प्रशिक्षण में भाग लिया वे जहूर दीन खाकसार, नसीर, बाव अमानत, हुसैन गंजा (एक कबड्डी खिलाड़ी), बशीर, रशीद, आलमगीर बलूच और शाह दीन थे।

'यह रमजान (13 अगस्त) का 26वां दिन था जब हमने सिख मंदिर पर धावा बोल दिया। पांच अन्य लोगों के साथ-साथ मैंने अग्रिम दल का गठन किया। कुल मिलाकर हम 25 या 30 लोग होंगे। हमने मंदिर की ऊंची दीवार पर चढ़ कर इसमें प्रवेश किया। हमने बाहर आने के लिए सिखों को एक ललकार दी। किसी ने भी जवाब नहीं दिया। उस समय पूरा अंधेरा था। हमने सामने के दरवाजे को तोड़ दिया और मंदिर में प्रवेश किया। सिखों ने फर्श पर गर्म सरसों का तेल डाल दिया था और हम जब उस पर चले, हमारे पैर फिसल गए। तो फिर हमने माचिस की एक तीली जलायी और तेल ने जलना शुरू कर दिया।

'मैंने मुख्य तख्त को कब्जे में ले लिया। हम "पाकिस्तान जिंदाबाद" चिल्लाकर सिखों को बाहर आने की चुनौती दे रहे थे। अचानक उनमें से एक तख्त के नीचे दिखाई दिया और उसके हाथ में एक तलवार थी। उसने मेरे ऊपर वार किया जो मेरे हाथ पर लगा और मेरी कलाई पर एक गहरा घाव हो गया। मैं उसके हाथ से तलवार छीनने में सफल रहा और उसे मार डाला। इस बीच कई अन्य लोग गुरुद्वारे में घुस आए थे। अब सिख जो छुपे हुए थे बाहर आ गए और अंधेरे में हम उनके खिलाफ मुकाबला करने लगे। तलवारों, छुरों और डंडों का इस्तेमाल किया गया। पिस्तौल से कुछ गोलियां भी दागी गईं। किसी ने पेट्रोल छिड़काव कर आग लगा दी। मुझे यह संदेह है कि थानेदार मलिक मकसूद ने हमारे समूह में किसी को पेट्रोल प्रदान किया था। इसके बारे में सूचित नहीं किया गया था। कुछ दिन पहले वहाँ 200 से अधिक सिख थे लेकिन ज़्यादातर चले गए थे। जब हमने हमला किया तब मंदिर में 20 या 30 से अधिक सिख पुरुष और महिलायें नहीं थे। वे सब उस आग में मारे गए। हमारी ओर से हमने नसीर को खो दिया।

'हमें कहा गया था कि पाकिस्तान एक इस्लामी राज्य बनेगा जहां अल्लाह और उसके पैगंबर द्वारा स्थापित निजाम को फिर से पुनर्जीवित किया जाएगा। उस लक्ष्य को हासिल करने के लिए हिंदू और सिख काफिरों को या तो मौत के घाट उतारना था या उन्हें पाकिस्तान से बाहर निकाल देना था। उसके बाद ही यह एक सफल इस्लामी मुल्क बन सकता था। एक बार जब पाकिस्तान अस्तित्व में आ गया तब मैं कई अन्य लोगों की तरह सच्चे और न्यायोचित इस्लामी देश और समाज के पुनरुद्धार का उत्सुकता से इंतजार करने लगा। जनरल अयूब खान की अवधि के दौरान मुझे विशेष रूप से उम्मीद थी कि हालात बदलेंगे। मैंने उन्हें और पंजाब के गवर्नर नवाब अमीर मोहम्मद खान कलाबाघ को पत्र लिखा और उनके बहुत करीब हो गया। बाद में मेरी उम्मीदें जनरल जिया-उल-हक पर टिकीं थीं। मैंने ईरान के शाह और दुनिया के अन्य कई मुसलमान शासकों के साथ भी पत्राचार किया इस उम्मीद में कि वे इस्लाम की महिमा और मुसलमानों के उत्थान के लिए कुछ करें। (जिस कमरे में साक्षात्कार चल रहा था, उसमें गणमान्य व्यक्तियों के कई प्रमाण पत्र और मंदिर के उस सिख से छीन

ली गई रक्तरंजित तलवार कमरे की दीवारों पर प्रदर्शित किए गए थे)। हालांकि, हमें अपना इस्लामी राज कभी नहीं मिला। हर शासक ने हमें लूटा। पाकिस्तान एक बहुत ही भ्रष्ट समाज है। अगर यही सब कुछ होना था तो हमें वह सब करने को क्यों कहा गया जो हमने किया?

'1968 में मैं वार्षिक धार्मिक त्यौहार उर्स में भाग लेने के लिए पाकिस्तान के एक प्रतिनिधिमंडल के साथ दिल्ली में हजरत निजामुद्दीन औलिया गया। सीमा पर सिखों ने हमारा स्वागत किया। उन्होंने हमें दो संतरे और एक सेब दिया। जब मैं दिल्ली में था तब कभी अनारकली लाहौर में रहने वाले एक हिंदू ने मुझे पहचान लिया। वह बहुत दयालु था तथा अपनी मदद और सेवाओं की पेशकश की। यह कई बार होता है कि मैं अल्लाह से दुआ करता हूँ कि वह मुझे उन सिखों और हिंदुओं की हत्या के लिए माफी दे दे। मुझे यह एहसास है कि अल्लाह मुझे समझता है और उसने मुझे माफ कर दिया है। हमारे नेताओं ने हमें गुमराह किया और हमारा इस्तेमाल किया।'

मुजाहिद ताज दीन एक और नरसंहार में शामिल था, जिसका उसने मेरे सामने कभी उल्लेख नहीं किया। मोजंग से एक और दिग्गज शायर सलीम शाहिद ने मुझे बताया कि पुलिस ने उसका और कुछ अन्य लोगों का इस्तेमाल एक बस से भरे निहत्थे हिंदू और सिख कैदियों के कत्लेआम में किया जिन्हें दिखावे के तौर पर लाहौर जेल से जिला अदालतों की ओर ले जाया जा रहा था। लेकिन इंजन की विफलता का दिखावा कर बस को लिंटन रोड पर रोका गया। कैदियों को बाहर ले आया गया; सबको मार कर गुलु दी पैली के मैदान क्षेत्र में फेंक दिया गया।

अमृतसर

हालांकि कम से कम जुलाई के मध्य के बाद सत्ता का संतुलन हिंदुओं और सिखों के पक्ष में झुकना शुरू हो गया था। अमृतसर के मुसलमान यह विश्वास करते रहे कि अमृतसर पाकिस्तान को दिया जायेगा। 3 जून की विभाजन योजना के तहत 'काल्पनिक विभाजन' द्वारा उत्पन्न उस तथ्य को जिसने 'पूर्वी पंजाब में अमृतसर जिले को दिया था, लगता था कि उस शहर के मुसलमानों ने नहीं माना था। लग रहा था कि उनके नेता एक सम्मोहित स्थिति में चले गए थे। प्रशासन के किसी एक वरिष्ठ अधिकारी द्वारा पहला स्पष्ट पक्षपातपूर्ण कार्य पुलिस के नए अधीक्षक और एक कश्मीरी ब्राह्मण पंडित अवतार किशन कौल द्वारा हुआ। मौखिक निर्देश के माध्यम से और उनके वरिष्ठ ब्रिटिश अफसर के अनुमोदन के बिना कौल ने अमृतसर के मुसलमान पुलिसकर्मियों को आदेश दिया कि वे अपने हथियारों का समर्पण कर दें (मैनसर्घ एंड मून, 1983: 667; 826)। इस आदेश में चलते बड़े पैमाने पर मुसलमान सिपाही भाग खड़े हुए। 10 अगस्त को कराची के लिए दिल्ली से पहली पाकिस्तान विशेष ट्रेन को पूर्व पंजाब

में भटिंडा के पास एक बम विस्फोट द्वारा पटरी से उतार दिया गया (वही: 648)। केवल एक महिला और बच्चे की मौत हो गई लेकिन खबर तेजी के साथ फैल गई और गाड़ियों पर हमले काफी बढ़ गए। अनुमान है कि मास्टर तारा सिंह ने मुसलमानों को पाकिस्तान ले जाने वाली ट्रेनों को उड़ाने की साजिश की अगुवाई की (*नोट ऑन दी सिख प्लान*, 1948: I और III)।

13 अगस्त को पंजाब सीमा बल ने अमृतसर जिले के मजीठा क्षेत्र में एक बड़ा अभियान चलाया। इसने 61 हथियारबंद लोगों को गोली मार दी जो मोर्टार, ब्रेन-गनों और स्टेन-गनों तथा अन्य आधुनिक हथियारों से लैस थे। अमृतसर शहर में अस्तित्व के लिए एक सच्ची लड़ाई चल रही थी। जब कि सिख नेता मास्टर तारा सिंह और सरदार ईश्वर सिंह मझैल जाहिर तौर पर ग्रामीण क्षेत्रों में शांति और व्यवस्था बहाल करने में मदद करने के लिए एक दौरे पर गए थे, अमृतसर के मुख्य मुस्लिम लीग नेता और पंजाब मुस्लिम लीग के उपाध्यक्ष, शेख सादिक हसन अपनी पत्नी के साथ लाहौर के लिए रवाना हो गए थे ताकि अमृतसर में हिंसा को रोकने के लिए अपने प्रभाव का उपयोग कर सकें (*पाकिस्तान टाइम्स*, 15 अगस्त)।

सर एवन जेनकींस द्वारा भेजी गईं टेलीग्रामें

1 से 14 अगस्त के बीच सर एवन जेनकींस द्वारा माउंटबेटन को भेजी गईं टेलीग्रामें तथा जिनकी प्रतिलिपियाँ, भारत के राज्य सचिव को भी भेजी गईं थीं, एक तस्वीर पेश करती हैं कि किस तरह पंजाब पूरी अराजकता में विघटित हो रहा था। 1 से 11 अगस्त की टेलीग्रामें लाहौर और पश्चिमी जिलों में हिंदुओं और सिखों के खिलाफ तथा अमृतसर, गुरदासपुर और फिरोजपुर तथा दूसरे पूर्वी जिलों में बढ़ती हिंसा का उल्लेख करती हैं। 12 अगस्त की सुबह 9:10 बजे की पहली टेलीग्राम लाहौर में विस्तृत हिंसा का जिक्र करती है और जोर देती है कि यह अत्याचार, बेशक पाकिस्तान स्पेशल ट्रेन को पटरी से उतार देने के लिए अमृतसर में सिखों द्वारा की गई ज्यादितियाँ तथा वहाँ के पुलिसवालों को निरस्त्र करने के बदले में किया गया। जेनकींस आगे लिखते हैं: 'लाहौर शहर में एहसास अविश्वसनीय रूप से बुरा है और आई.जी. ने मुझे बताया है कि मुस्लिम लीग नेशनल गार्ड अपनी वर्दी में दिख रहे हैं और पुलिस बिल्कुल अस्थिर है' (कार्टर, 2007बी: 226)।

रात को 11 बजे भेजी एक दूसरे तार में उल्लेख किया कि लाहौर के दक्षिण-पूर्व में कहना कच्चा के पास 11-12 अगस्त की रात को एक ट्रेन पर दूसरा हमला किया गया। सिख यात्रियों ने संचार की रस्सी खींच दी थी और पांच मुसलमानों को मार डाला तथा अन्य पांच को घायल कर दिया। अमृतसर जिले में एक ही दिन पच्चीस मुसलमानों और सात सिखों की हत्या की खबरें आईं। गुरदासपुर जिले से सूचना मिली

कि बटाला के पास कई लोगों के मारे जाने की खबर है। पश्चिम में सियालकोट, गुजरांवाला, लायलपुर और पूरब में फिरोजपुर और अम्बाला से भी लोगों की मौतों की खबरें आईं। एक ही तार में राज्यपाल ने सूचना दी कि 'कई जिलों में बड़े पैमाने पर मुसलमानों का पलायन हो रहा है' (वही: 227)। एक तीसरा टेलीग्राम जिसे रात 11 बजे भेजा गया था, उसमें घोषणा की:

> लाहौर और अमृतसर में पुलिस अब अविश्वसनीय थी। आज भर्ती प्रशिक्षण केंद्र लाहौर में गंभीर अनुशासनहीनता थी लगभग 300 या 500 की संख्या में सिपाहियों को आपातकालीन ड्यूटी के लिए इस्तेमाल नहीं किया जा सकता। मैं अब भी अमृतसर के राज्य और ग्रामीण स्तरीय पुलिस स्टेशनों की खबर का इंतजार कर रहा हूँ जिनमें कुछ ने कथित रूप से कामकाज करना बंद कर दिया है। हमारे पास व्यवस्था बहाल करने के लिए आवश्यक सैनिकों और पुलिस की कोई शक्ति हासिल नहीं है और जब तक सेना पूर्ण रेलवे सुरक्षा का जिम्मा नहीं ले लेती, रेलगाड़ियां चलाना सुरक्षित नहीं होगा। मुस्लिम लीग नेशनल गार्ड अब लाहौर शहर में बहुत सक्रिय हैं और गैर-मुसलमानों के खिलाफ निहायत लड़ाकू रवैय्या रखते हैं (वही: 227-8)।

13 अगस्त को, रात 10:40 बजे जेनकींस ने सूचना दी कि लाहौर गंभीर रूप से गड़बड़ी वाला इलाका है। 12 अगस्त को चालीस लोग मुख्य रूप से छुरों से हताहत हुए और इनमें 34 गैर-मुसलमान थे। 'इसके अलावा मुसलमानों ने छावनी के निकट सिंध एक्सप्रेस पर हमला किया जिसमें 9 यात्रियों की मौत हो गई और लगभग 30 गैर-मुसलमान घायल हो गए'। अमृतसर के संबंध में मुसलमानों पर सभी दिशाओं से हमला हो रहा है: पठान मजदूरों की एक टोली के ग्रैंड ट्रंक रोड पर छेहरटा पर हमला किया और 30 को मार डाला। पंजाब सीमा बल के कमांडर ने मुझे बताया कि जंडियाला के पास एक गांव में, सिखों ने 200 मुसलमान मार दिए। उसकी टैंक की एक टुकड़ी को लजीठ के पास, सिखों के जत्थों का सामना करना पड़ा और गोलीबारी में 61 की मौत हो गई और 9 लोग घायल हो गए। हताहतों की खबरें, सियालकोट, गुरदासपुर, लुधियाना और फिरोजपुर से भी आई। इसके साथ ही एक और तार रिपोर्ट ने खबर दी: 'लाहौर शहरी क्षेत्र और अमृतसर जिला नियंत्रण से बाहर हैं'। उन्होंने यह भी आदेश दिया कि डेरा साहिब गुरुद्वारा में तलाश की जाए, क्योंकि 'सिख वहाँ से गोलीबारी कर रहे हैं'। इसके अलावा, 'मजीठा जत्थे को दी गई गंभीर सजा का अमृतसर में निवारक प्रभाव हो सकता है। पंजाब सीमा बल के कमांडर ने मुझे बताया कि उन्हें दो ब्रिगेडों द्वारा प्रबलित होने की उम्मीद है' (वही: 233)।

13 अगस्त 1947 दिनांकित गवर्नर की अंतिम पाक्षिक रिपोर्ट

अपनी अंतिम पाक्षिक रिपोर्ट में सर एवन जेनकींस ने उन घटनाओं का ब्यौरा दिया जिन्हें उन्होंने संक्षेप में अपनी 1–13 अगस्त की टेलिग्रामों में बताया था। उन्होंने खुले-दिल से स्वीकारा:

> मैंने हालात पर दैनिक रिपोर्टों को पेश किया है। शर्तिया तौर पर पूरी नहीं हैं क्योंकि हमले और कत्ल अब इतने ज़्यादा हो रहे हैं कि उन सबका हिसाब रखना मुश्किल है, और सत्ता के हस्तांतरण के पहले की कार्रवाई के रूप में सेवाओं को एकबद्ध करने से भी हमारा संगठन सुधरा नहीं है और न ही रिपोर्टों का संग्रह और उनका विश्लेषण।

उन्होंने अपने पहले के रुख को दोहराया और कहा कि पंजाब सीमा बल को कम से कम 20,000 प्रभावी लड़ाकुओं की जरूरत है और इसके पास मौजूद 7,500 लोगों से निपटान नहीं होगा (यह संख्या 9,000 के ऊपर तक जा सकती है अगर प्रशिक्षण केंद्रों के स्थिर सैनिकों को शामिल किया जाए)। उन्होंने कुछ सामान्य बातों पर भी रोशनी डाली:

1946 तक मुझे नहीं लगता कि भारत में कभी हमने शहरों के बाहर किसी भी बड़े सांप्रदायिक उथल-पुथल का सामना किया हो – मोपला विद्रोह ही शायद इस सामान्य बयान का एक अपवाद है। 1947 की पंजाब की गड़बड़ी से एक सबक यह मिलता है कि जब सभी ग्रामीण इलाकों के मिले-जुले समुदायों में लड़ाई शुरू हो जाए तो उपाय केवल यह है कि सैनिकों की एक बहुत बड़ी संख्या का इस्तेमाल किया जाए। मुझे कहना चाहिए कि अमृतसर जिले में इस समय दो पूर्ण शक्ति वाली ब्रिगेडों को पुराने पुलिस बल के अलावा तैनात किया जाना चाहिए। यहाँ वास्तव में एक कमजोर ब्रिगेड और एक ऐसा पुलिस बल है जो काफी हद तक विघटित कर दिया गया है।

> भविष्य के बारे में निश्चित रूप से कुछ भी कहना असंभव है। सिखों के मन में शायद दो उद्देश्य हैं – वे रावलपिंडी के नरसंहार का बदला लेना चाहते हैं और वे सीमा के सवाल पर अपना दावा जोर से रखना चाहते हैं। किसी भी तरह से उनके आचरण का बचाव करना असंभव है लेकिन मुसलमान रावलपिंडी प्रसंग की वजह से पैदा हुए आतंक को समझने में नाकाम रहे हैं और लगता है कि वे सोच रहे हैं कि प्रतिशोध द्वारा वे सिखों के मन को कम हिंसक बना देंगे। मुझे इस बात की बहुत ज़्यादा शंका है – मुझे लगता है कि लाहौर में प्रतिशोध सिखों की नाराजगी को केवल बढ़ावा देगा, और यह सिलसिला चलता रहेगा।
>
> हिंदू घबराए हुए हैं और पूरब से मुसलमान कूच को पश्चिम से हिंदुओं की एक ऐसी ही कूच संतुलित कर रही है। हम कुछ पल के लिए मुख्य

> हिंदू-सिख बम विस्फोट की साजिश को खारिज कर देते हैं और हिंदू किसी भी और चीज की तुलना में, लाहौर से बाहर निकलने को लेकर अधिक चिंतित हैं।
>
> कई मुसलमान उल्लेखनीय रूप से आत्मसंतुष्ट हैं। वे कह रहे हैं कि जैसे ही ब्रिटिश देश को छोड़ कर चले जाएंगे शांति बहाल हो जाएगी। लंबे समय से यह अफवाह फैली हुई है कि दौलतना और उसके किस्म के लोग सत्ता के हस्तांतरण से पहले के कुछ हफ्तों के दौरान ज़्यादा से ज़्यादा गड़बड़ी पैदा करना चाहते हैं ताकि ब्रिटिश शासन को बदनाम किया जा सके। अगर ऐसा है तो शायद इस बात की सराहना नहीं होगी कि यदि 15 की सुबह लाहौर में सभी मुसलमानों द्वारा किए जा रहे जुल्म पर रोक लग जाएगी तो व्यावहारिक रूप से यह बात साफ हो जाएगी कि स्थानीय नरसंहार का आयोजन खुद उन नेताओं के द्वारा किया गया. . . कुछ मुसलमान सबसे ज़्यादा असहज लग रहे हैं और एक बहुत अच्छा मुसलमान पुलिस अधिकारी हाल में ही इस्तीफा दे चुका है। मुझे बताया गया कि वह एक पूरी तरह से सांप्रदायिक शासन में सेवा करने में असमर्थ महसूस कर रहा है (वही: 231)।

पाक्षिक रिपोर्ट एक जज्बाती तौर पर समाप्त होती है: 'यह, मुझे लगता है, एक ब्रिटिश वायसराय को पंजाब के एक ब्रिटिश गवर्नर द्वारा भेजा जा रहा आखिरी पत्र है। यह महामहिम के लिए इसके साथ मेरी बहुत शुभकामनाएं ले जा रहा है' (वही: 232)।

अंतिम टेलीग्राम

जेनकींस ने अपने कार्यालय के अंतिम दिन में पंजाब को कुल अराजकता और अव्यवस्था में गिरते देखा। 14 अगस्त को 9 बज कर 10 मिनट पर भेजी आखिरी टेलीग्राम में जेनकींस ने लाहौर शहर और अमृतसर जिले में स्थिति को बेहद असंतोषजनक बताया। रावलपिंडी में दो गाड़ियों पर शायद मुसलमानों द्वारा हमला किया गया है जो मध्य पंजाब में सिख गतिविधियों का प्रतिशोध लेना चाहते हैं। अंतिम वाक्य कुछ इस प्रकार है: 'नई सरकार को अब स्थिति के साथ निपटना होगा' (वही: 234)।

15 अगस्त 1947 से पहले मजबूर प्रवास

न तो जेनकींस और न ही अख्तर हुसैन भारत या पाकिस्तान के स्वतंत्र होने से पहले अपने घरों से भाग गए हिंदुओं, मुसलमानों और सिखों की संख्या का कोई अनुमान देते हैं। पूर्वी पंजाब में मुसलमानों पर आयोजित हमले जुलाई तक शुरू नहीं हुए थे। जेनकींस ने उल्लेख किया कि मुसलमानों का पहला बड़े पैमाने का पश्चिमी जिलों की तरफ प्रवास 12 अगस्त को हुआ (वही: 227)। वहीं दूसरी ओर हिंदुओं और सिखों ने

उस समय से पहले ही सुरक्षित स्थानों की तरफ जाना शुरू कर दिया था जब 1945 का चुनाव अभियान वास्तविक रूप में जोर-शोर में आया और मुस्लिम लीग द्वारा हिंदुओं और सिखों के खिलाफ उग्रवादी नारेबाजी की गई। पश्चिमोत्तर सीमांत प्रांत के हजारा जिले में और मार्च के दंगों के बाद मुल्तान से और विशेष रूप से रावलपिंडी डिवीजन के कुछ जिलों से सिखों ने मध्य और पूर्वी पंजाब में सुरक्षित जगहों पर जाने के लिए एक बड़ी संख्या में इन्हें छोड़ा। मेजर जनरल फजल मुकीम खान ने मार्च में हुए दंगों के लिए निम्नलिखित अनुमान दिया है:

> वसंत के दौरान पंजाब में कुछ स्थानों में 1947 की गडबड़ी के बाद कुल दो से तीन लाख सिखों और हिंदुओं ने स्वेच्छा से पश्चिमी पंजाब, सीमांत प्रांत और बलूचिस्तान छोड़ दिया क्योंकि उन्हें शंका थी कि इन इलाकों को पाकिस्तान में शामिल किया जाएगा। इन प्रवासियों का बड़ी चतुराई से मुसलमानों के खिलाफ नफरत पैदा करने के लिए इस्तेमाल किया गया। झूठी कहानियों को फैलाया गया जुनून को उजागर करने के लिए, तत्पश्चात वास्तविक घटनाओं पर आधारित नाटकों को नियमित रूप से खेला गया (खान, 1963: 62)।

और 2 लाख लोग, अगर ज़्यादा नहीं, शर्तिया तौर पर वसंत के दंगों के बाद भाग गए थे। इसका मतलब यह है कि कम से कम 5 लाख हिंदू और सिख पूर्वी पंजाब या उन हिस्सों में पहुँच गए थे जो आजादी के बाद भारत में थे।

लाहौर छोड़ने वाले लोग

प्रसिद्ध भारतीय चित्रकार सतीश गुजराल अबबोट रोड पर निशात सिनेमा के पास रहते थे, जो जाहिर तौर पर एक सुरक्षित क्षेत्र था जहां कई हिंदू इलाके आस–पड़ोस में थे। लेकिन अगस्त में हिंदुओं या सिखों के लिए कोई जगह सुरक्षित नहीं थी। वह लिखते हैं :

> अभी मेरे पास सिर्फ इतना ही पर्याप्त समय था, इससे पहले कि गुंडे आकर मेरा बचा-खुचा सामान लें, मैं निकल भागता। मैं केवल एक सुरक्षित जगह के बारे सोच पा रहा था वह था लाजपत राय भवन जहां मेरे पिता के दोस्त लाला अचिंत राम और *सर्वेन्ट्स ऑफ दी पीपल सोसाइटी* के साथ जुड़े दूसरे लोग रह रहे थे। मैंने पांच किलोमीटर की दूरी लगातार दौड़ते हुए तय की। वहाँ कई जगह भागती दौड़ती मुसलमान भीड़ थी जो हिंदू और सिख जीवन और संपत्ति पर अपना रोष निकाल रही थी (गुजराल, 1997: 73)।

सतीश गुजराल पंजाब के हिंदुओं को मुसलमानों के खिलाफ अस्पृश्यता अभ्यास के लिए दोषी मानते हैं। उन्होंने कहा कि झेलम में उनके पिता ने दोनों समुदायों को एक साथ लाने के लिए अपनी पूरी कोशिश की लेकिन 'कांग्रेस में जो हिंदू थे वे

राष्ट्रीय स्वतंत्रता की पुकार से बहुत उत्साहित थे लेकिन वे मुसलमानों के साथ दोस्ती या अछूतों के प्रति अपने दृष्टिकोण में बदलाव के लिए तैयार नहीं थे' (वही: 77)। उन्होंने झेलम में कबीलाई पठानों द्वारा हिंदुओं और सिखों पर हमला करने की घटनाओं का उल्लेख किया। भारत की तरफ वह मुसलमानों पर अत्याचारों के गवाह थे। वह लिखते हैं :

> उनमें सबसे बदतर अमृतसर में एक मुसलमान लड़कियों के छात्रावास पर किया गया हमला था (यह 15 अगस्त 1947 को हुआ)। छात्राओं को नग्न किया गया और हॉल बाजार में, जो शहर का मुख्य बाजार था उन्हें जुलूस में चलने को मजबूर किया गया। फिर, लड़कियों का सामूहिक बलात्कार और उनके साथ सबसे विकृत वरताव किया गया जो कोई क्रूर संभोग संबन्धित कल्पना कर सकता था और फिर उनका कत्ल कर दिया गया (वही: 80)।

कुमार चंद

प्रोफेसर अंजलि गेरा रॉय जो खुद लायलपुर से मूल रूप से एक हिंदू अरोड़ा परिवार से हैं, और मैं काफी कुछ समय से सिंगापुर में विभाजन के मुद्दे पर चर्चा कर रहे थे। 2010 में एक दिन वह मुझे कुमार और मीरा चंद को मिलाने उनके निवास सिंगापुर में ले गईं। मैंने उनकी कहानी पहले सुनी थी लेकिन प्रकाशन से पहले इसकी पुष्टि फोन पर की। कुमार चंद ने 1947 में लाहौर से उनके भागने के बारे में निम्नलिखित कहानी बताई :

'हम एक सिंधी व्यापारिक परिवार 1940 के दशक में लाहौर आ बसे थे। अलग-अलग स्थानों में रहने के बाद हम किला गुर्जर सिंह में बसे जहां पर हिंदुओं, मुसलमानों और सिखों की एक मिश्रित आबादी थी। लाहौर में कई हफ्तों से दंगे फैले हुए थे। मेरी माँ और बहनों को पहले से ही सुरक्षा के लिए एक हिल स्टेशन भेज दिया गया था। अगस्त में एक दिन एक भीड़ शाम के समय हमारे क्षेत्र में पहुंची। वे लोगों को मारने और लूटने लगे। इसने हमारे दिलों में आतंक भर दिया। हम पिछले दरवाजे से गली में बाहर भाग गये। इसने हमें बचा लिया क्योंकि हमलावर घर की लूटपाट में व्यस्त हो गये। जल्द ही हालांकि कुछ लोग तेजी से हमारे पीछे दौड़े लेकिन हम मुख्य सड़क पर बाहर आने में कामयाब रहे और फिर हमें लाहौर रेलवे स्टेशन के पास स्थापित एक शिविर में शरण मिली। मैं कभी मौत के साथ उस सामने को भूल नहीं सकता हूँ।'

प्राण नेविल

'मैं 1946 में दिल्ली में सरकारी सेवा में भर्ती हुआ था लेकिन मेरे माता-पिता लाहौर में थे जब दंगे शुरू हुए। जून में एक दिन मेरे पिता मुगलपुरा घूम कर एक तांगे से वापस आ रहे थे। एक मुसलमान भीड़ ने उनकी पगड़ी बांधने के लहजे से पहचान लिया कि वह एक हिंदू हैं। जब वे उन पर हमला करने ही वाले थे तब उनमें से किसी ने उन्हें पहचान लिया जो उनका एहसानमंद था। ऐसा करने के लिए उसने दूसरों को रोका। वास्तव में वह उनके साथ उनको छोड़ने बीडन रोड तक गया, जो एक सुरक्षित जगह थी। हालांकि मेरे परिवार के करीबी सदस्य सुरक्षित रूप से लाहौर को छोड़ सके मेरे कई स्कूल अध्यापकों और प्रोफेसरों की मौत हो गई।

मेरे पिता डाक विभाग में थे। उन्होंने वास्तव में पाकिस्तान के लिए काम करना चुना। जब हालात वास्तव में बुरे हो गए उनके मुसलमान मित्रों ने उन्हें लाहौर छोड़ने के लिए राजी किया। उन्होंने कहा, 'पंडित जी आप कुछ समय के लिए लाहौर छोड़ दें और तब लौटें जब कानून और व्यवस्था बहाल हो जाए'। '14 अगस्त को वह अमृतसर के लिए ट्रेन में सवार हुए। उनके दोस्त रेलवे स्टेशन तक उनके साथ आए और उन्हें तथा मेरी माँ को एक डिब्बे में सीटें दिलवाईं जहां कई यूरोपीय बैठे थे। वे सुरक्षित रूप से अमृतसर आ गये लेकिन तीन सप्ताह के लिए हमें उनके ठिकाने के बारे में कुछ भी पता नहीं था। मेरे पिता लाहौर छोड़ने के सदमे से कभी उभर नहीं सके। उन्हें अम्बाला छावनी में तैनात किया गया था जहां वह 1954 में 58 साल की उम्र में एक टूटे हुए दिल को लेकर इस दुनिया से चल बसे।'

निर्मल तेज सिंह चोपड़ा

'भारत में पंजाब की राजधानी लाहौर में, 1947 के विभाजन से पहले के दिनों में हमारे जीवन और उस दौरान हुई घटनाओं को याद करना बहुत पीड़ादायक है; लाहौर हत्या, बलात्कार, आगजनी, लूटपाट और अन्य सभी घृणित अपराधों की जगह बन गया था।

'हम कूचा मोता सिंह में एक बहुत ही संकीर्ण गली में रहते थे जो दीवारों से घिरे शहर के मध्य का आंतरिक स्थान था, शाहालमी दरवाजे के अंदर, और यह शहर का वह हिस्सा था जो मुख्य रूप से एक हिंदू क्षेत्र था। सड़क मुख्य बाजार (सड़क) से हट कर थी और इसे मेरे परदादा के नाम पर रखा गया था। हमारा पुश्तैनी घर एक पांच मंजिला काफी उच्च और बड़ी इमारत थी जो दो सड़कों तक फैली हुई थी। उसमें अठारह कमरे थे (ज़्यादातर कमरों की बहुत ऊँची छतें थीं), जिसमें मैं मेरे तीन बड़े भाई और मेरी दो बड़ी बहनों का जन्म हुआ और हम पले तथा बड़े हुए। अपने घर की छत से हम पूरे शहर को देख सकते थे।

'मेरे पिता जो सैन्य लेखा के उप नियंत्रक के रूप में सेवानिवृत्त हुए थे उनका हमारे मोहल्ले में रहने वाले सभी परिवारों द्वारा अत्यधिक सम्मान किया जाता था। वहां दस अन्य घर और एक काफी बड़ी हवेली थी जिसमें मुख्य रूप से हिंदू परिवार रहते थे, तीन घरों को छोड़कर, जिनमें मुसलमान परिवार रहते थे। केवल हमारा परिवार सिख था न सिर्फ अपनी गली में बल्कि आस-पास की सड़कों को लेकर भी। लेकिन हम सब हिंदू, सिख और मुसलमान सही सामंजस्य में रहते थे। दीवाली और ईद तथा होली जैसे सभी त्यौहारों पर एक साथ उत्सव मनाते थे। त्यौहारों पर उपहारों और खाद्य पदार्थ का लेना-देना तथा अन्य अवसरों जैसे कि शादियों पर भी इनका आदान-प्रदान होता था। सभी घर, बड़े और छोटे हमारे मोहल्ले में एक दूसरे से सटे हुए थे और अन्य घर भी इसी रूप में दीवारों से घिरे शहर के अन्य आंतरिक हिस्सों में जुड़े हुए थे।

'मेरे तीन बड़े भाई भारतीय रक्षा बलों में सेना के अधिकारी थे और बड़े दोनों भाइयों की शादी हो चुकी थी और उनके बच्चे भी थे। मेरे अविवाहित भाई ब्रिटिश भारतीय सेना के साथ सिंगापुर में सेवारत था। 1947 में मैं 17 वर्ष का था और एफ. सी. कॉलेज लाहौर में बी.ए. कर रहा था और हमारे लाहौर के घर में अपने माता-पिता और बहन के साथ रह रहा था।

'घटनाक्रम ने मार्च/अप्रैल 1947 से एक द्वेषपूर्ण मोड़ ले लिया। लाहौर में हिंदुओं और मुसलमानों के बीच बड़े पैमाने पर सांप्रदायिक दंगे शुरू हो गए। हम सबने आसानी से खराब नहीं होने वाली आवश्यक वस्तुओं का भंडारण शुरू कर दिया। इस घोषणा के बाद कि ब्रिटिश भारत को स्वतंत्रता दे रहे हैं और देश को दो देशों, भारत और पाकिस्तान में विभाजित किया जाएगा तथा पंजाब दो भागों में विभाजित किया जाएगा और भारत में शामिल करने के लिए पूर्वी पंजाब और पाकिस्तान के लिए पश्चिमी पंजाब शामिल करने को लेकर, तनाव बहुत अधिक बढ़ गया। पंजाब में किसी भी वास्तविक अंतर्राष्ट्रीय सीमांकन रेखा के अभाव में, प्रदर्शन, विरोध प्रदर्शन, हड़ताल वगैरह लाहौर और आसपास के कई शहरों और क्षेत्रों में होने लगे।

'मगर, हमें अभी भी ताजा सब्जियां, फल, दूध और अन्य खराब नहीं होने वाली चीजें, बहुत ऊंचे दामों पर बाजार से खरीदनी पड़तीं थीं जब कर्फ्यू में ढील दी जाती थी। कर्फ्यू ज़्यादातर रात में लगाया जाता था। हमारी गली के प्रवेश द्वार पर, हमारा एक बहुत ही पुराना, मजबूत, मोटा और लंबा गेट था। उन दिनों हम इसे अंदर से बंद कर लेते थे, विशेष रूप से रात में और कभी-कभी दिन में जब हम हमारी गली के पास किसी भीड़ द्वारा हलचल सुनते। सटी हुई सड़कें भी काफी संकीर्ण थीं और हमारी गली के बाहर सड़क एक तरह का आम रास्ता था जहां होकर दीवारों से घिरे शहर के कई अन्य भागों तक हम जा सकते थे। मैं अब भी डर जाता हूँ और काँप उठता हूँ, जब मैं उन घटनाओं का उल्लेख करता हूँ जो हम अपने घर की दूसरी और

तीसरी मंजिल की खिड़कियों से जून, जुलाई और अगस्त 1947 के महीनों के दौरान लगभग हर दिन देखते थे।

'मैंने अपनी गली के गेट के बाहर, पुरुषों, महिलाओं और बच्चों को निर्दयता से हृदयहीन भीड़ द्वारा मारे जाते देखा है। कभी-कभार हत्यारे लाशों को हटा कर नजदीक की एक खुली जगह ले जाते थे लेकिन कुछ लाशों को एक छोटे कुंए में फेंक देते थे जो हमारी गली के बाहर था। कभी-कभी हम हिंदुओं को गुजरते मुसलमानों को मारते देखते थे, मगर ज़्यादातर मौकों पर मुसलमान गुंडे बेकसूर लोगों को मारते थे और उन पर जुल्म करते थे।

'मैंने मुसलमान जवानों को बेशर्मी के साथ छोटी लड़कियों का उनके रोते हुए माता-पिता के सामने बलात्कार करते देखा है, जिन्हें उस गिरोह के सदस्यों द्वारा कस के पकड़ रखा जाता था और फिर उन शिकार हुई लड़कियों का कत्ल कर दिया जाता था। कुछ मामलों में औरतों को मारने से पहले उनके वक्ष कट दिए जाते थे। हम गुजरते हुए लोगों से सुनते थे कि इस तरह की घटनाएँ पूरे शहर में हो रही थीं।

'मेरा मानना है कि कोई भी मुसलमान या हिंदू अपने होश-हवास में इस तरह के क्रूर और वहशी जुल्मों में हिस्सा नहीं लेता। यह एक पूरा जनूनीपन था जिसने कुछ हिंदुओं और मुसलमानों को धर्म के नाम पर और राजनीतिक मकसद के चलते इस प्रकार के सांप्रदायिक दंगों में हिस्सा लेने के लिए प्रेरित किया।

'जून और जुलाई 1947 में शहर में इधर-उधर इमारतों पर आग लगाने की गतिविधियां तेज हो गईं। रात में आग के गोलों को जिन्हें पुराने कपड़ों को पेट्रोल या किरासिन तेल में भिंगो कर बनाया जाता था घरों की छतों से इधर-उधर उड़ते और निशाने वाले घरों पर गिरते और उन्हें आग में समेटते, देखा जा सकता था।

'हम में से कई लोग इस बात पर आश्वस्त थे कि इन बदमाशों और गुंडों को कुछ स्थानीय मुसलमान पुलिस अफसर बढ़ावा दे रहे हैं और उन्हें सुरक्षा प्रदान कर रहे हैं ताकि हिंदू आबादी को भगाया जा सके। अब मुझे उनका नाम याद नहीं है मगर कुछ नामों का खुले आम जिक्र हो रहा था। मगर उन अफसरों के खिलाफ उच्च स्तरीय अधिकारियों द्वारा कोई कार्रवाई नहीं की गई।

'हमारी गली के मुसलमान परिवारों में से रफीक नाम का एक युवक था। वह एक दबंग किस्म का इंसान था। मुझे लगता है कि इस वजह के चलते हमारी गली में किसी भी घर के ऊपर आग का गोला नहीं फेंका गया था और हमारी गली एक प्रकार से संरक्षित थी। हाँ, रफीक ने उन दिनों में भी हमारी रक्षा की क्योंकि हम पड़ोसी थे। दूसरी ओर मेरे पिता हमारी गली में मुसलमान परिवार की रक्षा किया करते थे। लेकिन जून के अंत तक मुसलमान परिवार हमारे मुख्य रूप से हिंदू मोहल्ले में

असुरक्षित महसूस कर रहे थे और वे मुसलमान क्षेत्रों में रहने के लिए चले गए। हिंदू परिवारों में से भी कुछ ने सुरक्षित इलाकों में रहने के लिए हमारी गली को छोड़ दिया।

'हमारा परिवार अपने मोहल्ले में बहुत ही असुरक्षित और अलग-थलग महसूस करने लगा। हमारी गली में या आसपास कोई टेलीफोन नहीं था। हमारे जीवन खतरे में थे, लेकिन हम कुछ नहीं कर सकते थे। हम केवल भगवान से प्रार्थना कर सकते थे और सुरक्षित बच जाने की उम्मीद लगाए इंतजार कर सकते थे।

'मेरे भाई कर्नल गुरचरण सिंह चोपड़ा, जो नई दिल्ली में रक्षा बलों के मुख्यालय में काम कर रहे थे उन्होंने आधिकारिक तौर पर अपने ब्रिटिश अधिकारियों की मदद से, सशस्त्र ब्रिटिश सैनिकों को बतौर सुरक्षा कर्मचारी लेते हुए एक सैन्य स्टेशन वागन की व्यवस्था की ताकि लाहौर से हमें निकाला जा सके। सभी प्रकार के खतरों और जोखिम का सामना करते हुए मेरे भाई 2 अगस्त 1947 को हमारे बचाव के लिए आए। हमारी गली के बाहर मुख्य सड़क पर वाहन को रोक कर सशस्त्र अंग्रेज सैनिकों के साथ वह घर आए और तुरंत उनके साथ चले जाने को हमें कहा। उन्होंने कहा कि समय बहुत कम है और एक मिनट का इंतजार करना भी बहुत असुरक्षित है। एक बहुत भारी मन से मेरे माता-पिता के साथ, मेरी बहन और मैंने उन्हीं कपड़ों में घर छोड़ दिया जो हमने पहने थे, और हम अपने साथ लगभग कुछ भी न ले जा सके।

'जब हम अच्छी तरह से संरक्षित स्टेशन वागन में यात्रा कर रहे थे जिसमें टॉमी-बंदूकें ले कर ब्रिटिश सैनिक बाहर सवार थे हमने सड़क पर और सड़क के दोनों किनारों पर अनियंत्रित भीड़ को देखा। शाहालमी दरवाजे पर इधर-उधर इमारतें जल रही थीं। दंगाई अभी भी केवल सशस्त्र सैन्य लोगों से डरते थे विशेष रूप से ब्रिटिश अधिकारियों से जो टॉमी बंदूकें लेकर घूमते थे। हमारे ब्रिटिश ड्राइवर ने इधर और उधर इकट्ठा भीड़ के बीच से होते हुए बहुत तेजी से गाड़ी चलाई और अंत में हम दिल्ली सुरक्षित पहुंचे।

'हमने लाहौर में अपनी सभी जंगम और अचल संपत्ति को खो दिया। अचानक मेरे पिता दरिद्र और बेघर हो गये और हम सभी शरणार्थी बन गए। फिर भी हम भगवान के आभारी थे क्योंकि हम सब जीवित और एक साथ थे। हम भाग्यशाली थे कि मेरे भाई, कर्नल चोपड़ा ने हमें आखिरी पल में बचाया और नई दिल्ली, भारत में अपने बंगले में शरण दी।'

हरकिशन सिंह सुरजीत

'अगस्त 1947 में मैं लाहौर में था। हम में से जो राजनीतिक रूप से जागरूक थे उनको यह स्पष्ट था कि लाहौर पाकिस्तान को दिया जाएगा क्योंकि अमृतसर से और वाघा के बाद मुसलमान बहुमत में थे और लाहौर में एक स्पष्ट मुसलमान बहुमत था। मैंने 12 अगस्त को लाहौर छोड़ दिया और अपने पुश्तैनी शहर जालंधर में लौट

आया। दूसरे कामरेड जैसे कि सोहन सिंह जोश कुछ दिन पहले ही चले गए थे। तेजा सिंह स्वतंत्र विभाजन के कुछ दिन बाद आए। जब मैं 1946 से पहले पश्चिमी पंजाब के विभिन्न भागों में अपने रहने के बारे में याद करता हूँ, तो तीन समुदायों के बीच दुश्मनी के किसी भी निशान को मैं याद नहीं कर पा रहा हूँ। मगर हालात जल्दी से बदल गए। एक दूसरे को जिस तरह से लोग देख रहे थे, वह बहुत अलग था। कोई भी सुरक्षित नहीं था। मैं लाहौर नहीं छोड़ना चाहता था लेकिन मेरे दोस्तों ने कुछ समय के लिए जाने के लिए मुझे सलाह दी। कई बार हाल के वर्षों में मैं लाहौर की यात्रा करना चाहता था लेकिन उग्रवादी खालिस्तानी सिखों के खतरे के चलते (1980 के दशक के बाद से लाहौर में जिनके अड्डे हैं) ऐसा करने से मुझे रोकते थे।'

सुरजीत ने दूसरे कम्यूनिस्टों के साथ मार्च 2005 में पाकिस्तान का दौरा किया। वे न सिर्फ अपने पुराने कम्यूनिस्ट दोस्तों से मिले जिनमें सबसे मशहूर सी.आर. असलम थे मगर उस प्रतिनिधिमंडल के साथ राष्ट्रपति परवेज मुशर्रफ भी मिले, जिन्होंने उनके मार्फत भारतीय सरकार को यह संदेश भेजा कि भारत और पाकिस्तान के बीच रिश्तों को सामान्य करने की जरूरत है।

ज्ञानी महिंदर सिंह

'मैं साधारण स्थानीय गुरुद्वारा कमेटी का प्रधान था जो लाहौर में महाराजा रणजीत सिंह की समाधि के पास थी। मुझे लाहौर के हिस्सों से सिखों को बचाने के लिए एक स्टेशन वागन दिया गया था जहां उन पर हमला किया जा रहा था। 12 अगस्त तक लाहौर में हिंदू और सिख मुश्किलों से घिरे हुए थे। 12 (13) अगस्त को प्रसिद्ध ऐतिहासिक सिख गुरुद्वारा छेवीं पातशाही को आग लगा दी गई। आक्रमण सुबह के समय हुआ था। सरदार स्वर्ण सिंह, सरदार कपूर सिंह, सरदार संपूरण सिंह और डॉ. गोपी चंद भार्गव उस समय लाहौर में थे। मैंने उन लोगों से निवेदन किया कि वे सेना के पास जाकर मदद मांगें। हमने पंजाब सीमा बल के जनरल रीस से बात की। उन्होंने स्पष्ट रूप से हमें बताया कि उनकी बातें अब कोई नहीं मान रहा है।

'जब हम मोजंग गुरुद्वारे पहुंचे तो पाया कि कोई सिख जिंदा नहीं बचा था। लाहौर के सिखों ने मुझे मदद के लिए दिल्ली भेजा। यह फैसला किया गया कि मैं दिल्ली जाकर सरदार बलदेव सिंह से मदद की मांग करूँ। ज्ञानी कर्तार सिंह भी दिल्ली में थे। सरदार बलदेव सिंह हमें सरदार पटेल के पास ले गए। पटेल एक सोफे पर लेटे हुए थे। उन्होंने कहा, "कत्ल कर दो"। मैंने जवाब दिया, "सरदार जी यह कैसी सलाह है? यह हम हैं जो मिटा दिये जाएंगे अगर कोई मदद नहीं पहुँचती है न कि मुस्लिम। लाहौर एक हारी हुई बाजी है।" मेरा मानना है कि लाहौर की स्थिति के बारे में पटेल को कुछ पता नहीं था और वे एक बेहोशी की हालत में बात कर रहे थे।

'मैं कभी लाहौर वापस नहीं जा सका क्योंकि पाकिस्तान अस्तित्व में आ गया था। मेरे बच्चों को पहले से ही अमृतसर भेजा गया था। सिख कोई विभाजन नहीं चाहते थे लेकिन अगर ऐसा होता तो वे पूरी तरह से अपने अधिकारों की रक्षा करना चाहते थे। पटियाला के महाराजा जिन्नाह के साथ एक समझौता करना चाहते थे लेकिन मास्टर तारा सिंह इसके खिलाफ थे। पंजाब अगर विभाजित किया जाता तो वे एक अलग सूबा चाहते थे। हमारा सबसे ज़्यादा नुकसान हुआ लेकिन वास्तव में मुसलमान नेता पाकिस्तान में सिखों को रखने के लिए इच्छुक नहीं थे।'

युवराज कृष्ण

'अगस्त के शुरू तक कई हिंदू और सिख शायद पूर्वी भाग की तरफ चले गए थे, लेकिन उनका इरादा हमेशा के लिए चले जाने का नहीं था। यह कहना पड़ेगा कि जिन्नाह समेत सभी दलों के राजनीतिक नेताओं ने अल्पसंख्यकों को आश्वासन दिया था कि उन्हें चले जाने की जरूरत नहीं है मगर चूंकि देश के विभाजन की भी परिकल्पना की गई थी, सेवाओं को विभाजित किया गया और प्रशासन को "काल्पनिक" तौर पर विभाजित किया गया था और अब यह एक एकीकृत राज्य के प्रति निष्ठावान नहीं था। इस प्रकार अधिकारी और पदाधिकारी खुले तौर पर अपने सह-धर्मियों के पक्ष में फैसले लेने लगे। लाहौर में हिंदुओं और सिखों को लगा कि मुसलमान समुदाय के आपराधिक तत्वों के खिलाफ उनके पास कोई सुरक्षा नहीं थी।

'चूंकि मैंने भारत में सेवा करने का फैसला किया था मुझे जालंधर जाकर 14 अगस्त को अपना पद संभालना था। अभी तक रैडक्लिफ अवार्ड की घोषणा नहीं हुई थी मगर "काल्पनिक सीमा" कारगर तौर पर पूर्वी और पश्चिमी पंजाब की हदबंदी करती थी। हममें से ज़्यादातर लोगों को पता था कि कौन सा इलाका मुसलमान बहुल था और कौन सा हिंदू-सिख बहुल। हमें लग रहा था कि लाहौर पाकिस्तान को मिलेगा और जालंधर भारत को। अमृतसर भी भारत का हिस्सा बनने वाला था। गैर-मुस्लिम खास कर सिख उम्मीद कर रहे थे कि "दूसरी वजहों" की बुनियाद पर वे लाहौर को जीत लेंगे।

'13 अगस्त को मैं कर्फ्यू लागू होने के बस थोड़ी देर पहले शाम 6 बजे लाहौर रेलवे स्टेशन पहुंचा ताकि जालंधर के लिए ट्रेन पकड़ सकूँ। उस समय शाम छह बजे कर्फ्यू चालू होता था। हमारी ट्रेन 8:30 बजे चलने वाली थी। मेरे साथ मेरा बॉस एक दक्षिण भारतीय ईसाई भी था। वह एक अलग सैलून में यात्रा करने का हकदार था और चाहता था कि मैं उसके साथ सफर करूँ। ट्रेन हालांकि विलंबित हो गई। एक घंटे बाद 9.30 पर सैलून वाला डब्बा आ गया लेकिन जो ट्रेन हमें ले जाने वाली थी वह अभी तक नहीं आयी थी। मेरा चपरासी (अर्दली) एक हिंदू जो एक पूर्व सेना का

आदमी था हमारे साथ था। उसने कहा कि हमें सैलून में नहीं बैठना चाहिए क्योंकि ऐसा करना खतरनाक है। जो लोग सैलून लाए थे वे इसे खींच कर वापस यार्ड ले गए जब उन्हें लगा कि हम इसमें नहीं बैठने वाले। मुझे लगता है इसने हमें बचा लिया। 14 अगस्त से पहले रेलवे स्टेशन के मुख्य प्लेटफॉर्मों पर हत्याएँ नहीं होती थीं मगर अलग-अलग यार्डों और साइडिंगों में होती थीं जहां रेल के डिब्बों पर काम होता था।

'मुझे याद है कि जब हम इंतजार कर रहे थे, मुसलमान शरणार्थियों से भरी एक गाड़ी अमृतसर से आई। उनमें से अधिकांश महिलाएं थीं। कईयों ने अपनी बाहों में बच्चों को पकड़ा हुआ था। मेरा अनुमान है कि पुरुषों को मार डाला गया था लेकिन महिलाओं को बख्श दिया गया था। अब बावन साल हो चुके हैं और मेरी स्मृति शायद धोखा दे रही है लेकिन मैं 13 अगस्त की उस शाम को देखे उन महिलाओं के भयभीत चेहरों को साफ तौर पर याद कर पा रहा हूँ। मुझे एहसास हुआ कि अब लाहौर में और अधिक जवाबी हिंसा होगी जैसे-जैसे विभिन्न दंगों और हमलों की खबरें पश्चिमी पंजाब के विभिन्न भागों में पहुंचेगी। एक ट्रेन आखिरकार देर रात वहाँ से चली। 14वीं की बिल्कुल सुबह मैं जालंधर शहर पहुंचा।'

खुशवंत सिंह

प्रसिद्ध सिख लेखक खुशवंत सिंह ने विभाजन की 50वीं वर्षगांठ पर एक लेख लिखा था '*लास्ट डेज इन लाहौर : फ्राम दी ब्रिटल सेक्यूरिटी ऑफ एन एलिट रूफटोप, ए व्यू ऑफ ए सिटी बर्निंग*'। उनके अनुसार, दंगों में वृद्धि जून के मध्य में हुई। उन्होंने दर्ज किया:

> स्कोर, निरपवाद रूप से मुसलमानों के पक्ष में था और मुसलमानों का पलड़ा भारी होने का मुख्य कारण यह था कि अंपायर मुसलमान थे। पंजाब पुलिस के अस्सी प्रतिशत सेवारत लोग मुसलमान थे; राज्य सरकार मुसलमान बहुल थी। पूरे पश्चिमी पंजाब की कहानी एक जैसी थी। हिंदू और सिख, मुसलमान बहुल इलाकों को छोड़कर लाहौर जाने लगे। और लाहौर को समान रूप से असुरक्षित पाकर, वे अमृतसर और पूर्वी पंजाब के शहरों की तरफ जाने लगे, जहां हिंदुओं और सिखों की संख्या मुसलमानों से ज़्यादा थी।
>
> 1947 के जून की एक दोपहर मेरे मन में हमेशा के लिए बनी हुई है। मैं उच्च न्यायालय से लौटा था और तब मैंने एक हंगामा सुना। मैं अपने घर की छत पर दौड़ कर चढ़ा। सूरज शहर पर जमकर गर्मी बरसा रहा था। शहर के मध्य से घने, काले धुएं का विशाल बादल दिखाई दे रहा था। मुझे अनुमान नहीं लगाना पड़ा; शाहालमी का हिंदू-सिख मोहल्ला आग की लपटों में था। मुसलमान गुंडों ने गैर-मुसलमान प्रतिरोध की कमर तोड़ दी थी। शाहालमी के

बाद हिंदुओं और सिखों के हाथ से लड़ाई बाहर चली गई। हम मूक दर्शक बन, मुस्लिम लीग के समर्थकों के अनुशासित झुंडों द्वारा यह जाप सुनते रहे 'पाकिस्तान का नारा क्या? ला इलाहा इल्लल्लाह'।

उथल पुथल का लॉरेंस गार्डेन्स (आज के बाग-ए-जिन्नाह) के आसपास, और लाहौर के पूर्वी छोर में नहर के दोनों तरफ रहने वाले संभ्रांत लोगों पर कम असर पड़ा। हम अपनी मोटर कारों में अपने कार्यालयों में जाते, शाम कॉस्मोपॉलिटन या जिमखाना क्लब में टेनिस खेल कर गुजारते, रात में खाने की दावतों का आनंद उठाते, जहां पर स्कॉच प्रति बोतल 11 रुपये में मिलती थी और यह रावी के पानी की तरह बहायी जाती। कुलीन आवासीय क्षेत्रों में, हिंदू-मुसलमान भाईवाद की पुरानी खुशमिजाजी जारी थी. . .

हालात तेजी से बदलने लगे। हिंदुओं और सिखों ने संपत्तियों को बेचना और पूर्वी पंजाब की ओर निकल जाना शुरू किया। एक दिन मैंने पाया कि मेरे पड़ोसी ने एक तरफ उर्दू हस्तलिपि के बड़े हर्फों में रंग से लिख दिया था – पारसी का मकान। दूसरी तरफ, एक सफेद रंग द्वारा एक बड़े क्रॉस को बनाया गया था। अगोचर हिंदू-सिख घरों को इस प्रकार बाहर चिह्नित किया गया। हम मोजंग से कुछ कदमों की दूरी पर थे, जो मुसलमान गुंडों का एक केंद्र था. . .

जुलाई 1947 तक पूर्वी पंजाब में मुसलमानों के खिलाफ हिंसा की कहानियां लाहौर में फैल गईं और कुछ शरणार्थियों का पश्चिम की ओर गमन शुरू हुआ। इसने मुसलमान रोष को और बढ़ा दिया. . . स्वतंत्रता से एक सप्ताह पहले पंजाब में सी.आई.डी. के प्रमुख क्रिस एवरेट ने मुझे लाहौर से निकल जाने की सलाह दी। छह बलूच कांस्टेबलों के अनुरक्षण में मेरी पत्नी और मैंने कालका के लिए ट्रेन ली ताकि हम अपने बच्चों के साथ हो लेते, जिन्हें पहले ही उनके दादा-दादी के पास कसौली भेज दिया गया था. . . मैं 13 अगस्त, 1947 को दिल्ली पहुंचा (वही)।

अमृतसर छोड़कर जा रहे मुसलमान

अगस्त की शुरुआत से संबंधित एक चश्मदीद गवाह के निम्नलिखित कुछ अंश जिनके मार्च 1947 के बाद की घटनाओं के वृतांत पहले पेश किए गए हैं अच्छी तरह से खुलासा कर रहे हैं।

चौधरी मोहम्मद सैद

'मुसलमानों का 10 अगस्त तक मनोबल ऊंचा रहा और कमजोरी का कोई नामो-निशान नहीं था मगर आक्रामकता की हिम्मत मुसलमान खो बैठे थे जब माउंटबेटन ने संविधान के संशोधन और पंजाब के 'काल्पनिक विभाजन' की घोषणा की (जिसने अमृतसर जिले को पूर्वी पंजाब में शामिल किया था क्योंकि इसमें हिंदू-सिख बहुलता थी)। 10 अगस्त को पुलिस के मुसलमान कांस्टेबलों को अमृतसर के पुलिस अधीक्षक श्री कौल के सामने पेश होने और यह बताने का हुक्म दिया गया कि वे भारत या पाकिस्तान में सेवा करना चाहते थे। यहां तक कि उन रिजर्व बलों को जिन्हें अन्य जिलों से लिया गया था ऐसा ही करने का आह्वान किया गया। जो हाजिर हुए और पाकिस्तान के लिए सेवा करनी चाही, उन्हें अपने हथियार आत्मसमर्पण करने के आदेश दिए गए और उन्हें पुलिस लाइन में रहने को कहा गया। कुछ ने इंकार कर दिया. . . मुसलमान कांस्टेबलों की जगह नए लोगों की भर्ती की गई और बताया गया था कि वे आई.एन.ए के सदस्य थे। वास्तव में, वे राष्ट्रीय स्वयंसेवक संघ और पंथक पार्टी के सदस्य थे. . . इन लोगों ने शहर में पहली ही रात को मुसलमानों पर अंधाधुंध गोलीबारी से बहुत कहर ढाया और इसने सिख व अन्य गैर-मुसलमान भीड़ का नेतृत्व किया जिसने योजनाबद्ध तरीके से मुसलमान क्षेत्रों पर छापा मारा।

इसके साथ ही मुसलमान क्षेत्रों में तैनात पुलिस चौकियों को कांस्टेबलों की कमी के बहाने वापस ले लिया गया। शहर में तैनात सेना ने दंगाइयों यहां तक कि 'फर्जी सैन्य' के साथ साजिश कर मुसलमानों को आतंकित किया। इसने मुसलमान जनता के मनोबल को पूरी तरह से तोड़ दिया। वे कई मुसलमान इलाकों से आतंकित होकर शरीफपुरा या रेलवे स्टेशन की ओर भाग गए और काफी लोगों की रास्ते में मौत हो गई. . . एक बहुत बड़ा आश्रय महान सिंह गेट पर *मिशन हॉस्पिटल फॉर वुमेन* में मिस एटकिंसन द्वारा प्रदान किया गया। करीब 5,000 लोगों ने वहाँ शरण ली और अंततः उन्हें अमृतसर कैंट स्थानांतरित कर दिया गया. . .

14 (अगस्त) को शहर के अन्य सभी उपनगर क्षेत्रों से लोग शरीफपुरा आते रहे। जनसंख्या तुरंत लगभग एक लाख (1,00,000) हो गई. . . गांवों से आने वाले लोगों ने युवा महिलाओं के अपहरण संबंधित कहानियाँ बताईं जिन्हें कपूरथला और पटियाला के राज्य सैन्य की सहायता से इन राज्यों से विशेष रूप से लाए वाहनों पर सिख उन्हें ले गए। विभिन्न गांवों से लगभग 600 ऐसे मामले शरीफपुरा में हमारे संज्ञान में लाये गए. . . अपहरण के मामले यहां तक कि शहर में भी हुए। महान सिंह गेट से शरीफपुरा आने वाली कुछ महिलाओं को जबरन दिन-दहाड़े अपहरण कर बुर्ज भाई फूला सिंह ले जाया गया। इसे राय बहादुर बद्री दास, अधीक्षक सीआईडी, को बताया

गया जिन्होंने 15 तारीख को शरीफपुरा का दौरा किया और वादा करने के बावजूद उन्होंने उन लड़कियों को बचाने के लिए कुछ नहीं किया' (सैद, 1993: 143–8)।

शेख अरशद हबीब

'मेरा परिवार अमृतसर के प्रमुख व्यापारी परिवारों में से एक था। सारे समुदाय अमन से एक साथ रहते थे और कुछ शरारती लोगों के अलावा बाकी लोग बहुत दोस्ताना और सहयोगी रुख रखते थे। इसके अलावा पंजाब की दूसरी जगहों से अलग यहाँ मुसलमान आर्थिक तौर पर हिंदुओं और सिखों से पीछे नहीं थे। हमारे 18 मकान और तीन हौजरी आदि के कारखाने थे। मेरे पिता एक कट्टर काँग्रेसी थे। मगर मुस्लिम लीग का यह प्रचार कि अमृतसर पाकिस्तान को मिलेगा इतना असरदार था कि वह भी इसमें विश्वास करने लगे कि ऐसा ही होगा। मार्च के बाद से लाहौर और अमृतसर के बीच मुस्लिम लीग के नेता निरंतर चक्कर लगा रहे थे। उनमें से मुझे खासकर सरदार शौकत हयात याद हैं जो अक्सर आया करते थे। अमृतसर के मुसलमानों को कहा गया कि पाकिस्तान के लिए अमृतसर को जीतने में उन्हें एक ऐतिहासिक भूमिका निभानी है। व्यवहारिक रूप से इसका मतलब यह था कि पहले से ही एक प्रारंभिक तिथि से आपराधिक तत्वों जिनका गढ़ चौक फरीद था, अमृतसर मुस्लिम लीग के नेतृत्व और लाहौर के कुछ लोगों के बीच एक नेटवर्क का अस्तित्व मौजूद था। मुस्लिम लीग ने धर्म का इस्तेमाल कर गरीब जनता को लामबंद किया जिन्हें कहा गया था कि अगर पाकिस्तान अस्तित्व में आया तो वे हिंदू लालाओं और सिखों की दुकानों और घरों के मालिक बन जाएंगे।

'एक बार जब मार्च में हिंसा शुरू हो गई इसने अमृतसर को कभी शांति में नहीं रहने दिया। लगभग रोजाना किसी न किसी छुरेबाजी की घटना की खबर आ रही थी। अमृतसर में एक ब्रिटिश डिप्टी कमिश्नर और एक पुलिस का प्रमुख था। यह कहना बिल्कुल गलत होगा कि उन्होंने हिंदुओं का साथ दिया। दरअसल अमृतसर की पुलिस मुसलमान बहुल थी। जब तक ब्रिटिश अफसर मौजूद थे उन्होंने जुर्म करने वाले हर इंसान को गिरफ्तार किया। हैरान होने की बात नहीं है कि पुलिस हमेशा मुसलमान इलाकों में मुजरिमों की तलाश में घूमती थी। ऐसा उन्होंने हिंदू और सिख मोहल्लों में भी किया।

'हमने लाहौर के लिए 10 अगस्त को अमृतसर छोड़ा, क्योंकि उस समय प्रशासन में एक परिवर्तन हो गया था और अब मुख्य रूप से एक गैर-मुसलमान प्रशासन आ चुका था और अपने सह-धर्मियों की तरफदारी कर रहा था। तब से मुसलमान परिवार लाहौर की ओर बढ़ने लगे। मेरे पिता पहले हमें लाहौर ले आए और फिर वे लौट आए लेकिन अंत में 22 अगस्त को वह वापस लाहौर आ गए। उस समय तक सत्ता का संतुलन मौलिक रूप से बदल गया था और मुसलमान गाजर मूली बन चुके थे। उन्हें

सिखों और हिंदुओं के सशस्त्र गिरोहों द्वारा मारा जा रहा था। लाहौर के रास्ते हमने कई शवों को देखा। यह सब बिल्कुल अनावश्यक था। पंजाब कभी भी अपनी पुरानी शांति वापस नहीं पा सका'

चौधरी मुहम्मद सिद्दीक

'मैं अमृतसर शहर के भीतरी हिस्सों के वड्डी गली अराइना दी में पैदा हुआ था। वहाँ एक छोटी गली अराइना दी भी थी। हमारे और हिंदुओं व सिखों के बीच कोई समस्या कभी नहीं थी। बगल में गली तिवारियाँ पूरी तरह से हिंदू थी। उन दिनों दरवाजे खुले रहते थे और सभी समुदायों के बीच पूरा आपसी विश्वास था। तीन समुदायों के बुजुर्ग हमेशा यह देखा करते थे कि किसी को कोई भी नुकसान नहीं पहुंचाया जाए और न ही किसी को परेशान किया जाय। हर कोई सुरक्षित महसूस करता था। जब अमृतसर में दंगे भड़क उठे और जारी रहे, तब भी हमारे पड़ोसियों ने कभी हम पर हमला नहीं किया। उसी तरह हमने अपराधियों को हमारे हिंदू और सिख पड़ोसियों का नुकसान नहीं करने दिया। बाहरी लोगों या घुसपैठियों ने माहौल खराब कर दिया। पूरी तरह से अनजान लोग वहाँ आते, आग के गोले फेंकते और फिर भाग जाते। 10 अगस्त के बाद अमृतसर में मुसलमानों का रहना मुश्किल हो गया क्योंकि प्रशासन बदल गया था और अब यह हिंदुओं और सिखों के नियंत्रण में था। इसके अलावा सशस्त्र जत्थों ने अमृतसर पर छापे मारने शुरू कर दिए।

'हम 13 अगस्त को चले गए। मेरे दादा मियां चानन दीन पीछे रह गए और मेरे वालिद से आग्रह किया कि उन्हें पहले महिलाओं और बच्चों को एक सुरक्षित स्थान पर ले जाना चाहिए और फिर उनको वापस लेने के लिए वे आयें। हम ताराँवाला बाजार होकर हाथी दरवाजा आए। हम करीब 300 परिवार थे। तब मेरे पिता मियां अब्दुल गनी मेरे दादा को लाने के लिए वापस मुड़े लेकिन अफसोस किसी ने उन्हें मार डाला था। इसके अलावा, रेलवे स्टेशन की तरफ जाते हुए, मेरी एक खाला मरियम की गोली मारकर हत्या कर दी गई थी। मैं उनका खास प्यारा भांजा था और आज तक मैं उन्हें और अपने दादा को याद करता हूँ। दोनों संत आत्माएँ थीं

'रेलवे स्टेशन पर नाटकीय तौर पर गोलीबारी में बढ़ोत्तरी हो गई थी। निश्चित तौर पर भागते हुए मुसलमानों पर हिंदू और सिख गोलियां बरसा रहे थे। मैंने कई लोगों को जमीन पर गिरते हुए देखा। पूरा स्टेशन दुखी मानवों से भरा हुआ था। यह एक पूरा अफरा-तफरी का माहौल था। हम जिस ट्रेन में चढ़े, उसमें इतने ज़्यादा लोग थे कि हमारा परिवार एक साथ नहीं रह सका और हमें अलग-अलग डिब्बों में जगह खोजनी पड़ी। लाहौर के रास्ते जाते हुए खालसा कॉलेज के पास पड़े मृत शरीरों को देखा जा सकता था। लाहौर स्टेशन पर स्थिति समान रूप से अराजकता भरी थी। मुझे याद है

कि लाशें प्लेटफार्मों पर और स्टेशन के बाहर बिखरी पड़ी थीं। सड़क पार करने के लिए, हमें उन पर से होकर चलना था। 14 अगस्त को लाहौर में यह स्थिति थी।'

उमर सईद

'हमारे परिवार का ताल्लुक मूल रूप से उत्तरी पंजाब के गुज्जर खान से था और 1920 के दशक के अंत में, मेरे दादा अमृतसर आकर बस गए। वह एक सरकारी कर्मचारी थे जो अमृतसर में एक लंबे समय तक तैनात थे और उन्होंने वहीं पर रहने का फैसला किया। हम जलियांवाला बाग के करीब रहते थे। अमृतसर राजनीतिक रूप से बहुत सक्रिय हुआ करता था। खाकसार और अहरार अपने जुलूस निकाला करते थे तथा सिख और हिंदू भी काफी संगठित थे। कांग्रेस की भी एक मजबूत उपस्थिति थी। अनेक प्रमुख मुसलमान जैसे – डॉ. सैफुद्दीन किचलु इसके सदस्य थे। हमारा परिवार मूल रूप से गैर–राजनीतिक था, लेकिन मुस्लिम लीग में सहानुभूति रखता था और मेरे पिता का एक प्रबल विश्वास था कि सिर्फ एक मुसलमान राज्य में सबको न्याय मिलेगा। मुसीबत पहले से ही 1945 के चुनाव अभियान के दौरान शुरू हो गई थी। तब मैं माओ कॉलेज में प्रथम वर्ष का एक छात्र था। मार्च के प्रारंभ में यहाँ सिखों ने पहला टकराव उकसाया। इसके बाद हालात कभी सामान्य नहीं हुए। मेरे हिंदू और सिख मित्र थे। बलराज बावा, प्रेमचंद वोहरा और निखाल सिंह और मेरा परिवार एक ही गली में रहते थे। वहाँ मेरे मित्र हसन बख्श और मुहम्मद सरवर भी थे जो हॉल बाजार के पास रहते थे। हम एक करीबी समूह थे जो एक साथ फिल्में देखने जाना पसंद करते और हम संगीत और गानों के भी शौकीन थे। आप विश्वास नहीं करेंगे कि हत्या और गंभीर चोटों के कुछ भीषण कृत्य हमारी आंखों के सामने हुए फिर भी हमारे समूह के सदस्यों के बीच कोई आपसी दुश्मनी नहीं थी।

'हमारे समूह के सदस्य आपस में मिलते रहे हालांकि हालात बदतर हो गए थे और फिर मई के अंत में मेरे हिंदू और सिख दोस्त आए और हमें सलाह दी कि हम वहाँ से चले जाएँ क्योंकि आर.एस.एस. और कुछ उग्रवादी अकाली मुसलमान मोहल्लों पर हमले की योजना बना रहे थे। फिर भी मेरे वालिद अपना मोहल्ला छोड़ने का मन नहीं बना पा रहे थे क्योंकि हमारे इलाके में उनके एक वरिष्ठ हिंदू सहकर्मी रहते थे जिन्हें हम मेहता अंकल कह कर पुकारते थे। वह और मेरे वालिद एक साथ डाक विभाग में थे और हमारे परिवार एक दूसरे से मिला करते थे। मुझे वह पल याद है जब उनकी बेटी पार्वती की शादी हो रही थी। उसने मेरे माता–पिता के भी पैर स्पर्श किए जब वह शादी की रात अपना मायका छोड़ रही थी। यह 1946 के शुरुआती दिनों की बात है।

'जून के शुरू में हम शरीफपुरा स्थानांतरित होकर आ गए जहां हमारे साथ अमृतसर में बसे गुज्जर खान का एक परिवार भी था। अगस्त की शुरुआत में मुसलमान वहाँ से

भाग रहे थे। अमृतसर के बाहर के गांवों से मुसलमान महिलाओं को एक बड़ी संख्या में अगुआ किया जा रहा था और हर रोज सदमे में पुरुष, महिलाएँ और बच्चे शरीफपुरा पहुँच रहे थे। मुझे पता चला कि कई बुजुर्गों को गांवों में छोड़ दिया गया था, क्योंकि उनके लिए चलना या दौड़ना असंभव था। मुझे एक जवान लड़की के बारे में याद है जिसका चेहरा बर्बाद कर दिया गया था और उसके स्तनों पर बुरी तरह से जख्म कर दिए गए थे। उसने सिखों का प्रतिरोध किया था और उनके द्वारा उस पर कृपाणों से हमला किया गया था जब तक ब्रिटिश अधिकारियों के नेतृत्व में सैनिक वहाँ पहुंचते। जब हम 12 अगस्त को वहाँ से चले उसके पहले ही उसकी मौत हो गई। उसके पिता को पहले ही मार डाला गया था। कई अन्य लोग वहाँ थे जिन्होंने शरीफपुरा में शरण ले रखी थी। दूसरे सैकड़ों लोग थे जिन्होंने पट्टियों को लगा रखा था और कुछ ने शरीर का एक अंग खो दिया था। दर्द और डर में इतने सारे लोगों को देखना एक बहुत भयानक नजारा था। शरीफपुरा में रहने की स्थिति बहुत खराब थी लेकिन लोगों ने एक दूसरे की मदद की। महिलाएँ सब समय कुरान का जाप करतीं जबकि मर्द बारी-बारी से शरीफपुरा पर हमलों से रक्षा करते। कई बार सिख जत्थों ने छापा मारा लेकिन उन्हें वापस धकेल दिया गया।

'12 अगस्त को मेरे मामा एक ट्रक के साथ पहुंचे। उसका सबसे अच्छा दोस्त एक पूर्व सैनिक था जो गुज्जर खान में हिन्दुओं द्वारा छोड़ दिए गए एक ट्रक पर कब्जा करने में कामयाब हो गया। हम देर रात वहाँ से चले गए। कई लोग हमारे साथ आना चाहते थे लेकिन केवल हम में से कुछ मुख्य रूप से दो गुज्जर खान परिवार और एक अन्य रावलपिंडी से ट्रक में सवार हो सकते थे। रास्ते में अंधेरा था इसलिए मुझे कोई सुराग नहीं मिला कि कब हम लाहौर पहुंचे। आग लाहौर में फैली हुई थी और हम वहाँ केवल कुछ ही घंटे रुके और फिर गुज्जर खान के लिए सफर शुरू किया। मेरे पिता और उसके दोस्त 1950 के दशक तक एक-दूसरे को खत लिखते रहे। जीवन में कई बार मैं यह जानना चाहता था कि मेरे हिंदू और सिख दोस्त कहाँ हैं लेकिन कभी उस विचार पर मैं अमल नहीं कर सका। अब मैं बहुत बूढ़ा और बीमार हूँ। इसीलिए अमृतसर और उन दोस्तों की यादों को मेरे ख्यालों में ही रहना पड़ेगा; उस दिन तक जब मैं इस दुनिया को छोड़ दूँगा।'

अली बख्श

'मैं मोची बिरादरी का हूँ। यह हमारी जाति का एक युवक था जिसने फरवरी 1947 में सीधी कार्रवाई के दौरान अमृतसर जेल की दीवारों पर मुस्लिम लीग का झंडा फहराया। उसकी पुलिस द्वारा गोली मारकर हत्या की गई थी। हमारे मोहल्ले में वहाँ पूरा मुसलमान वर्चस्व था और हमारे युवा लोगों ने हिंदू और सिख मोहल्लों पर

कई छापों में हिस्सा लिया। दोनों पक्ष सशस्त्र थे और एक दूसरे को मारने के लिए तैयार थे, उन्होंने कोई दया नहीं दिखाई। अमृतसर के मुसलमान नेता सभी मुसलमानों को आश्वस्त करते कि अमृतसर न केवल पाकिस्तान में होगा बल्कि ब्रिटिश और हिंदू शासन से मुक्ति के लिए संघर्ष का नेतृत्व करेगा।

'पाकिस्तान बनने से एक महीने पहले सिख जत्थे बहुत सक्रिय हो गए और अमृतसर के बाहरी इलाके में मुसलमान क्षेत्रों पर छापे मारना शुरू कर दिए। प्रत्येक दिन दबाव बढ़ता गया और पड़ोसी गांवों से मुसलमानों ने अमृतसर में पहुंचना शुरू किया जहां उन्होंने उनके खिलाफ क्रूरता की दु:खद कहानियां बताईं। 13 अगस्त को हमारे पूरे मोहल्ले ने फैसला लिया कि हमें लाहौर में शरण लेनी चाहिए। कुछ युवकों ने हथियार ले लिए लेकिन हम सभी के पास हथियारों के तौर पर, हमारे व्यावसायिक उपकरण थे। इसलिए रेलवे स्टेशन तक के सफर में हम सिखों को दूर रख सके। मगर हम पर गोलियां चलाई गई और हमारे 500 लोगों के समूह से कुछ की मौत हो गई। उनमें मेरा दोस्त असलम था। यह एक भयानक हत्या थी। बंदूक की गोली उसकी गर्दन में आ लगी। जिस आघात का उसे सामना करना पड़ा वह उसके मृत चेहरे और उसकी आंखों में देखा जा सकता था। वह एक अच्छा गायक हुआ करता था और हम एक दूसरे के करीब थे।

'रेलवे स्टेशन पहुंचने से पहले ही हमारे समूह के करीब आधा दर्जन लोग मारे जा चुके थे। उनके शव को एक उचित इस्लामी दफन के बिना ही छोड़ दिया गया। हम क्या कर सकते थे? रेलवे स्टेशन पर कयामत थी। सदमे में पुरुष, महिलायें और बच्चे दर्द में थे क्योंकि जख्म, भूख और प्यास उन्हें सता रही थी। लाहौर के लिए ट्रेन पर चढ़ने के लिए कई झड़पें हुईं और बदसूरत दृश्य देखने को मिले। हम अपने चाकू और अन्य उपकरणों को दिखाते हुए तथा अन्य लोगों को दूर हटाते हुए गाड़ी में जगह पाने में कामयाब हो गए। लाहौर तक की यात्रा धीमी और पीड़ादायक थी। कई घंटों के बाद हम लाहौर पहुंचे। यह 14 अगस्त था और लाहौर स्टेशन पर हिंदुओं और सिखों के शव चारों तरफ बिखरे पड़े थे।

'हम शहर के अंदरूनी हिस्से तक पैदल चलते रहे जहां हमारे कुछ रिश्तेदार थे। शाहालमी और दूसरे हिंदू मोहल्लों को जला कर खाक कर दिया गया था। हर जगह मोटी कालिख थी। मेरे नजदीकी परिवार में से कोई नहीं मरा हालांकि मैं आश्वस्त हूँ कि पाकिस्तान बनाने के लिए हजारों लोग मारे गए। मुझे यह पक्के तौर पर नहीं पता कि क्या इस तरह का एक पाकिस्तान हम चाहते थे। अमृतसर में हम एक गरीब कामकाजी समुदाय थे और लाहौर में आकर हमारी किस्मत किसी भी तरह नहीं बदली; लेकिन फिर भी हम पाकिस्तान से प्यार करते हैं।'

संदर्भ

गुजराल, सतीश, *ए ब्रश विथ लाइफ: एन ऑटोबायोग्राफी*, नई दिल्ली: वाईकिंग, (1997)।

हमदानी, हमीद, 'लाहौर जल रहा था', (में) हाकिम मुहम्मद तारिक महमूद अबकारी मुजदीदी चुघतई (संकलनकर्ता और संपादक), *1947 के मुजलिम की कहानी खुद मुजलूमों की जबानी*, लाहौर: इल्म–ओ–इरफान पब्लिशर्स, (2003)।

सैद, चौधरी मोहम्मद, 'ए ब्रीफ अकाउंट ऑफ हप्पेनिंग्स इन अमृतसर', (द्वारा) चौ. मोहम्मद सैद एम.ए., एल.एल.बी., भूतपूर्व टर्मिनल टैक्स अधीक्षक, म्यूनिसिपल कमेटी, अमृतसर, मौजूदा पता: 3/30, निस्बत रोड, *लाहौर, दी जरनी टू पाकिस्तान: ए डॉक्युमेंटेशन ऑन रेफुजीस ऑफ 1947*, इस्लामाबाद: नेशनल डॉक्युमेंटेशन सेंटर।

सिंह, खुशवंत, 'लास्ट डेज इन लाहौर: फ्रम द ब्रिटल सेकुरिटी ऑफ एन एलिट रूफटोप, ए व्यू ऑफ ए सिटी बर्निंग', *आउटलुक*, दिल्ली (28 मई 1997)।

तालिब, एस.जी.एस., *मुस्लिम लीग अटैक्स ऑन सिख्स एंड हिंदुस इन द पंजाब इन 1947*, दिल्ली: वॉइस ऑफ इंडिया, (1991)।

सरकारी दस्तावेज

कार्टर, लिओनेल (एड.), *पंजाब पॉलिटिक्स 1 जून 1947-14 अगस्त 1947: ट्रेजेडी, गवर्नर्स फोर्टनाइटली रिपोर्ट्स एंड अदर की डॉक्युमेंट्स*, नई दिल्ली: मनोहर, (2007).

फोर्टनाइटली रिपोर्ट्स ऑफ चीफ सेक्रेटरी फॉर 1947, IOR L/P–J/5/250, (माइक्रोफिल्म पर), लंदन: ब्रिटिश लाइब्रेरी।

खान, फजल मुकीम (मेजर जनरल), *दी स्टोरी ऑफ द पाकिस्तान आर्मी*, कराची: ऑक्सफोर्ड यूनिवर्सिटी प्रैस, (1963)।

मैनसर्घ, एन. और मून, पी. (सं.), *दी ट्रांसफर ऑफ पावर 1942-47, भाग 8 जुलाई–15 अगस्त 1947*, लंदन: हर मजेस्टिस स्टेशनरी ऑफिस, (1983)।

नोट ऑन दी सिख प्लान, लाहौर: गवर्नमेंट प्रिंटिंग प्रैस, (1948)।

अखबार

दी पाकिस्तान टाइम्स, लाहौर, 1947

दी ट्रिब्यून, लाहौर, 1947

साक्षात्कार

सितारा बानो (लेखक की माता) ने इस घटना को अपनी जिंदगी में, 1990 में उनकी मृत्यु से पहले, कई बार बताया

प्राण नेविल, दिल्ली, 18 अक्टूबर 1999

हरकिशन सिंह सुरजीत, दिल्ली, 21 अक्टूबर 1999

युवराज कृशन, दिल्ली, 21 अक्टूबर 1999

डॉ. जगदीश चंदर सरीन, दिल्ली, 24 अक्टूबर 1999

रामानन्द सागर (मशहूर मुंबई लेखक और फिल्म निर्माता), दिल्ली, 25 अक्टूबर 1999 और मुंबई, 18 अक्टूबर 2001

मुजाहिद ताज दीन, लाहौर, 2 तथा 25 फरवरी 2000

सलीम शाहिद, लाहौर, 5 अप्रैल 2003

चौधरी मुहम्मद सिद्दिकी, लाहौर, 27 अप्रैल 2003

गियानी महिंदर सिंह, अमृतसर, 27 मार्च 2004

उमर सईद, लाहौर, 27 दिसंबर 2004

शेख अरशद हबीब, लाहौर, 27 दिसंबर 2004

अली बक्श, लाहौर, 30 दिसंबर 2004

अश्विनी कुमार, दिल्ली, 2 दिसंबर 2005

कुमार चंद, सिंगापुर, 10 मई 2010

निर्मल तेज सिंह चोपड़ा, सिंगापुर (ईमेल द्वारा) 5 जनवरी 2011

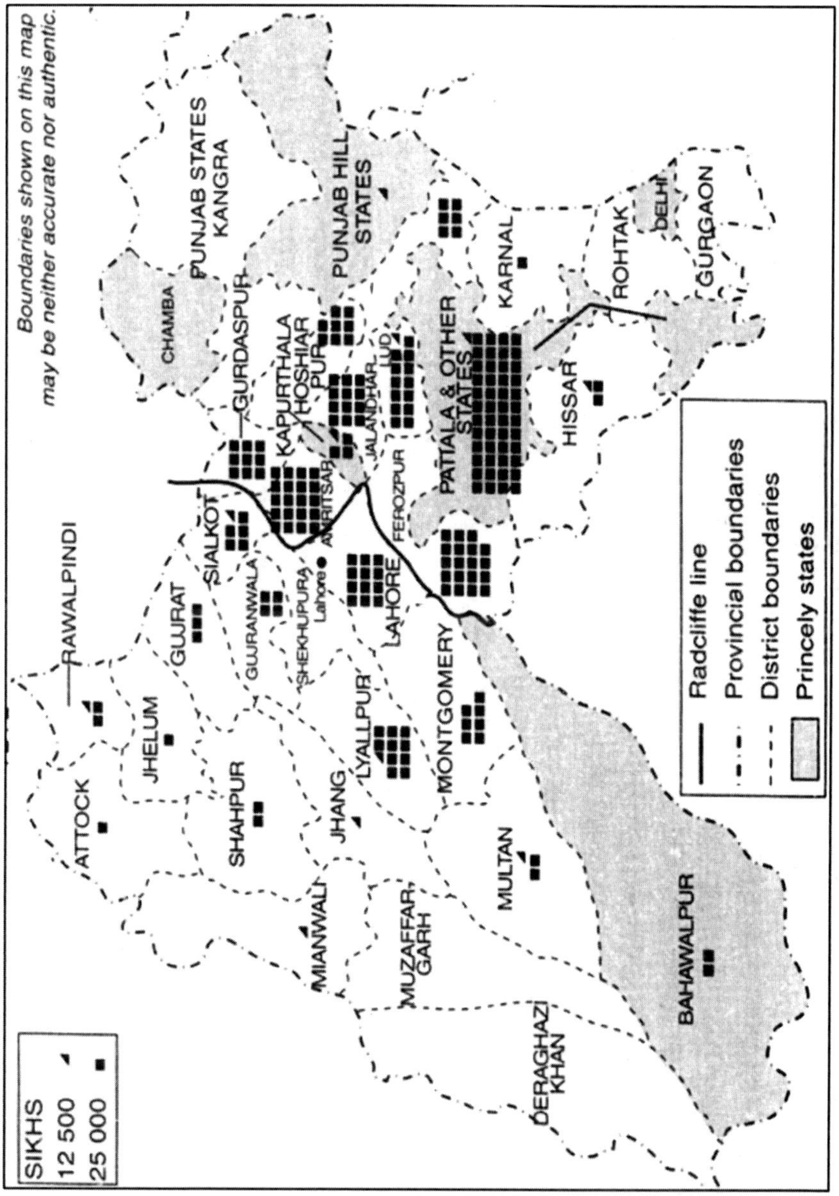

मानचित्र : 1947 में पंजाब में सिखों का वितरण।

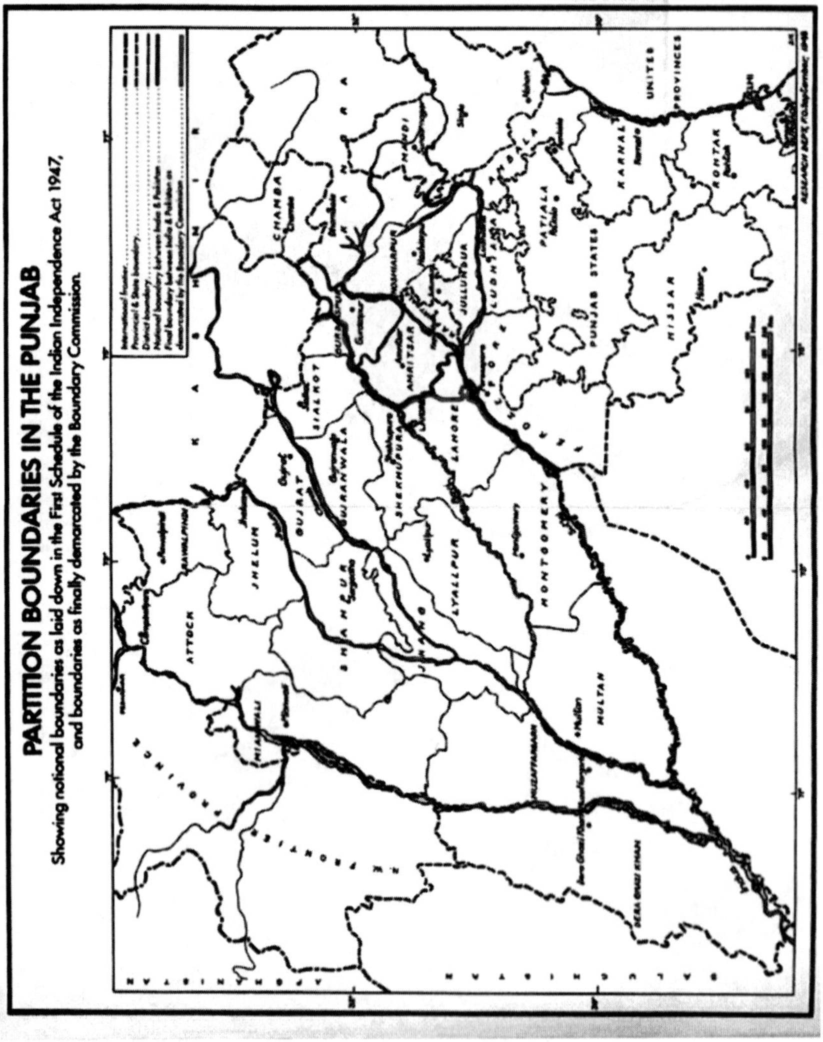

मानचित्र : पंजाब में बंटवारे की सीमाएं।

तीसरा चरण

जातीय शुद्धिकरण, 15 अगस्त 1947–31 दिसम्बर 1947

परिचय

15 अगस्त को पूर्वी और पश्चिमी पंजाब की सरकारों को सत्ता का हस्तांतरण कर दिया गया था। पूर्वी पंजाब में सी एम त्रिवेदी गवर्नर (राज्यपाल) बने और लाहौर के पूर्व काँग्रेसी नेता डॉ. गोपी चंद भार्गव चीफ मिनिस्टर (मुख्यमंत्री) बने। पश्चिमी पंजाब में सर फ्रांसिस मुडी गवर्नर बने और नवाब इफ्तिखार हुसैन ममदोत मुख्यमंत्री बने। दोनों प्रशासनों को कानूनी उपक्रमों और अनौपचारिक समझ से बाध्य किया गया कि अल्पसंख्यकों की रक्षा करने के लिए वे एक दूसरे के साथ सहयोग करेंगे। अब जब ब्रिटिश सर्वोच्च शक्ति और अधिकार के मालिक नहीं थे दोनों प्रशासन अब केवल उनकी राष्ट्रीय सरकारों के प्रति जवाबदेह थे। पहले से ही अपने सह-धर्मियों के पक्ष में तरफदारी के संकेत 1945 के चुनाव अभियान के समय से प्रकट होने लगे थे। इस तरह की एक प्रवृत्ति बाद की अवधि में और मजबूत हो गई। 15 अगस्त के बाद, सत्ता का दुरुपयोग नियम न कि अपवाद बना, हालांकि कुछ अपवाद भी थे।

आश्चर्य की बात नहीं है कि दोनों प्रशासनों ने एक-दूसरे पर आरोप लगाया कि वे अल्पसंख्यकों की रक्षा के अपने कर्तव्य में असफल रहे हैं। संयुक्त समितियों में से कुछ जिन्हें विभाजन नजर रखने के लिए स्थापित किया गया था उन्होंने आपस में मुलाकात की और जानकारी के साथ-साथ अभियोगों का भी आदान-प्रदान किया। मुडी ने पश्चिमी पंजाब से हिंदुओं और सिखों को बाहर कर देने की जरूरत के बारे में गवर्नर-जनरल जिन्नाह को 5 सितंबर 1947 को लिखा :

> मैं हर किसी को यह बता रहा हूँ कि मुझे परवाह नहीं है कि सिख किस तरह सीमा पार करते हैं बड़ी बात यह है कि कितनी जल्दी उनसे छुटकारा पाया जा सकता है। लायलपुर के 3 लाख (3,00,000) सिखों के जाने का कोई संकेत ही नहीं मिल रहा है, लेकिन अंत में उन्हें भी जाना होगा (सिंह, 1989: 145)।

यह पत्र मूल रूप से खोसला रिपोर्ट (1989: 169) में प्रकाशित किया गया था लेकिन कृपाल सिंह जिनका पंजाब विभाजन पर काम पहले ही उल्लेखित किया गया है, जस्टिस खोसला से यह पता लगाने के लिए संपर्क किया कि क्या यह प्रामाणिक है। जस्टिस खोसला ने उत्तर दिया कि उन्हें उस पत्र की एक फोटो प्रति दी गई थी जो पूर्वी पंजाब की खुफिया एजेंसियों ने जब्त की थी। बाद में कृपाल सिंह ने पत्र की जानकारी की पुष्टि खुद सर फ्रांसिस मुडी से मिलकर की (वही, फुटनोट, 145-61) । अगली कड़ी के तौर पर मैंने इस बात की पुष्टि स्वयं प्रोफेसर कृपाल सिंह से की,

जब मैने उनके चंडीगढ़ स्थित घर पर 2 जनवरी 2005 को उनका साक्षात्कार लिया। इस पत्र को षड़यंत्रपूर्ण नहीं माना जाना चाहिए। बल्कि यह उस समय की वास्तविक स्थिति का आकलन है। पत्र का स्वर ही इसकी पुष्टि करता है।

4 दिसंबर के *पाकिस्तान टाइम्स* ने खबर दी कि सिख नेता तारा सिंह ने हिंदुओं और सिखों की पाकिस्तान वापसी का विरोध किया और वे चाहते थे कि भारतीय मुसलमान पाकिस्तान चले जाएँ। उन्होंने कहा:

पाकिस्तान लौटने की उनकी गैर-जिम्मेदाराना सलाह खतरों से भरी थी। पाकिस्तान के हिंदुओं और सिखों के लिए मेरी सलाह यह है कि उन्हें वह डोमिनियन झट से छोड़ देना चाहिए और जो तुरंत ऐसा नहीं करते, उन लोगों को निश्चित रूप से दु:ख का सामना करना पड़ेगा। कोई सिख या हिंदू पाकिस्तान के प्रति वफादार नहीं हो सकता जिसका अर्थ है एक मुसलमान देश. . . इसी तरह, भारतीय मुसलमानों की पाकिस्तान के साथ सहानुभूति होगी और उन सभी लोगों पर भरोसा करना क्षमा न करने लायक मूर्खता होगी।

पश्चिमी पंजाब में मुसलमानों का तांता

13 अगस्त के *पाकिस्तान टाइम्स* ने खबर दी कि पिछले तीन दिनों में कम से कम 5,000 शरणार्थी गुरदासपुर जिले से लाहौर आ पहुंचे हैं। 24 अगस्त को उसने सूचना दी कि आंकड़ा 1,50,000 तक पहुंच गया है; 8 सितंबर को इसने यह उल्लेख किया कि हर दिन 50,000 लोग शहर पहुंच रहे हैं। 14 सितंबर को यह संख्या 12 लाख तक पहुँच गई। लाहौर में वाघा से 5,00,000, लाहौर जिले के कसूर से होकर 4,00,000 तथा सियालकोट जिले के नारोवाल से होकर 2,00,000 लोग पहुंचे, जबकि लगभग 1,00,000 लोग सुलेमंकी पुल से पैदल होते हुए पाकिस्तान पहुंचे। उनको बसाने के बारे में यह बताया गया कि मोंटगोमरी और मुल्तान जिले ने 3,50,000 और लाहौर जिले ने 1,00,000 को अवशोषित किया। बाकी, झंग, सरगोधा, गुजरात, गुजरांवाला और शेखूपुरा जिलों में बस गये थे। 15 अक्टूबर को *पाकिस्तान टाइम्स* ने पूर्वी पंजाब से 5.4 लाख मुसलमान शरणार्थियों के पश्चिम पंजाब की अलग-अलग जगहों में बसाने के आंकड़े दिए। इसने 4,95,000 हिंदुओं और सिखों के आंकड़ों का भी उल्लेख किया जो भारत में चले गए थे। 7 नवंबर के *पाकिस्तान टाइम्स* के अनुसार वाल्टन समूह के शिविरों में 1,17,712 मुसलमान शरणार्थियों के होने के बारे में सूचित किया गया। 6 नवंबर को जिन्नाह ने वाल्टन शिविरों का दौरा किया और देखा कि लोगों का मनोबल ऊँचा था।

9 नवंबर के *पाकिस्तान टाइम्स* ने खबर दी कि पंजाब सरकार के शरणार्थी और पुनर्वास मंत्री, मियां इफ्तिखारुद्दीन ने पश्चिमी पंजाब में दोबारा बसाए गए 18,81,939 मुसलमानों का आंकड़ा दिया। पाकिस्तान के सैन्य निकासी संगठन कमांडर, ब्रिगेडियर

एफ.एच. स्टीवंस ने कहा कि 3,50,000 मुसलमान अभी भी पूर्वी पंजाब में फंसे हुए हैं और निकासी का इंतजार कर रहे हैं (*पाकिस्तान टाइम्स*, 22 दिसंबर)। *पाकिस्तान टाइम्स* ने 25 दिसंबर को सूचना दी 10 दिसंबर तक, 46,80,000 शरणार्थियों (मुस्लिम) को निकाला जा चुका है।

पूर्वी पंजाब में हिंदुओं और सिखों का तांता

29 अगस्त के *दी ट्रिब्यून* ने हजारों हिंदुओं और सिखों के पश्चिम पंजाब से भागने की बात की थी। 1 अक्टूबर को यह सूचना मिली थी कि पूर्वी पंजाब सरकार, पश्चिमी पंजाब से शरणार्थियों को निकालने के लिए 1,500 ट्रक और सेना की दो बटालियनें उपलब्ध कराने का फैसला ले चुकी थी। 4 अक्टूबर को *दी ट्रिब्यून* ने रिपोर्ट दी कि 14,31,600 हिंदू और सिख, अभी भी निकासी की प्रतीक्षा कर रहे। एक ही तिथि पर, इसने सूचना दी कि 1,15,000 शरणार्थी भारत की ओर जा रहे हैं। 7 अक्टूबर को इसने 50,000 हिंदुओं और सिखों की दुखद दुर्दशा की बात को उठाया जिन्हें पाकिस्तान सरकार द्वारा बलोकी पर हिरासत में रखा गया था। पूर्वी पंजाब सरकार अमृतसर में फंसे लाखों शरणार्थियों को स्थानांतरित करने के लिए मुश्किल में थी। 8 अक्टूबर के *ट्रिब्यून* ने खबर दी कि लायलपुर के हिंदुओं और सिखों के काफिलों पर भीड़ द्वारा हमले किए जा रहे थे जबकि पूर्वी पंजाब के मंत्री सरदार ईश्वर सिंह मझैल ने घोषणा की कि मुसलमान काफिलों पर सशस्त्र जत्थों द्वारा छेड़छाड़ की अनुमति नहीं दी जाएगी। अन्य सिख नेताओं ने पाकिस्तान के लिए रवाना होते मुसलमानों पर हमला नहीं करने के लिए अपीलें जारी कीं। 10 अक्टूबर को *दी ट्रिब्यून* ने सूचना दी कि और अधिक भारतीय सैनिकों को लायलपुर और शेखूपुरा में अभी भी मौजूद हिंदुओं और सिखों को भारत के लिए भागने की मदद करने के लिए, रवाना कर दिया गया था। अपने 12 अक्टूबर के अंक में इसने एक आंकड़ा दिया कि 10,000 हिंदू और सिख सिर्फ झेलम शहर में ही मदद का इंतजार कर रहे हैं।

16 अक्टूबर को *दी ट्रिब्यून* ने खबर दी कि भारत सरकार ने यूनाइटेड किंगडम से 12 डकोटा विमान किराए पर लिए थे जो हर उड़ान में 57 यात्रियों को ले जाने में सक्षम थे ताकि पाकिस्तान के दूर-दराज स्थानों से हिंदुओं और सिखों को निकाला जा सके। 18 अक्टूबर को इसने सूचना दी कि अभी भी पश्चिमी पंजाब और एन.डब्ल्यू.एफ.पी. में 20 लाख हिंदू और सिख फंसे हुए थे और उन्हें निकालने की जरूरत थी। इसके अलावा, पैदल काफिले बलोकी हैडवर्क्स को पार कर भारत में आ रहे थे। काफिले जिनकी संख्या 16, 17, 18 और 19 थी, आ चुके थे : प्रत्येक में लोगों की औसतन संख्या 40,000 से 50,000 थी। 29 अक्टूबर को यह खबर आई कि पाकिस्तानी सेना के सैनिकों ने रावलपिंडी, सरगोधा और मियांवाली जिलों के भीतरी इलाकों से

हिंदुओं और सिखों को इस बहाने पर निकालने से इंकार कर दिया कि हिंदू और सिख पाकिस्तान छोड़ना नहीं चाहते। यह दावा किया गया कि अभी भी 80,000–1,00,000 हिंदू और सिख उन क्षेत्रों में हैं। 16 नवंबर के *दी ट्रिब्यून* ने सूचना दी कि 6 नवंबर तक 32 लाख हिंदू और सिख पश्चिमी पाकिस्तान से भारत में आ गए हैं। इनमें से 29 लाख पश्चिमी पंजाब और एन.डब्ल्यू.एफ.पी. से थे। दस लाख लोगों को अभी भी निकालना बाकी था।

पंजाब बाउंडरी फोर्स को भंग किया गया

यह दोहराया जा सकता है कि पंजाब बाउंडरी फोर्स (पीबीएफ) का जुलाई में गठन किया गया और यह 1 अगस्त से कार्य करने लगा। इसे मध्य पंजाब के जिलों में शांति के संरक्षण का कार्य दिया गया था। पंजाब के विभाजन के बाद इसका मतलब था पश्चिम पंजाब में लाहौर, गुजरांवाला, सियालकोट, शेखूपुरा, लायलपुर और मोंटगोमरी जिलों तथा पूर्वी पंजाब में अमृतसर, गुरदासपुर, होशियारपुर, जालंधर, फिरोजपुर और लुधियाना जिलों की निगरानी करना। पंजाब बाउंडरी फोर्स में कुल 9,000–15,000 सैनिक शामिल थे। मेजर जनरल फजल मुकीम खान ने दावा किया कि पीबीएफ शुरू से ही निष्क्रिय हो चुका था क्योंकि इसे एक इतना बड़ा कार्य दिया गया था जिसे यह नहीं संभाल सका; इसके अलावा, इसके सैनिक और कुछ मामलों में तो उनके अधिकारी भी दंगों से प्रभावित हो गए थे जिससे उनकी निष्पक्षता पर असर पड़ा। इससे भी महत्वपूर्ण बात यह थी कि पूर्वी पंजाब की सिख रियासतों में पंजाब बाउंडरी फोर्स का कोई अधिकार नहीं था जहां मुसलमानों का सबसे बुरा नरसंहार हुआ। सेना को भंग कर देने के बाद दोनों देशों की सरकारों ने उनकी आपसी सेनाओं के समन्वित प्रयासों के माध्यम से शरणार्थी समस्या समाधान के प्रबंधन पर सहमति व्यक्त की। जनरल फजल मुकीम खान लिखते हैं :

> पंजाब बाउंडरी फोर्स के उन्मूलन के बाद पाकिस्तानी सेना की इकाइयों को उनकी सीमा के अंदर वापस लाया गया और भारतीय सेना को उनकी सीमा के अंदर। जो इकाइयां अभी भी पंजाब बाउंडरी फोर्स का हिस्सा थीं और मिश्रित भी थीं उनको अलग कर दिया गया। यह भी सहमति हुई थी कि मुसलमान सैनिकों को पूर्वी पंजाब में मुसलमान शरणार्थियों की रक्षा के लिए इस्तेमाल किया जाएगा और विपरीतता से। इन सैनिकों को एक डोमिनियन दूसरे डोमिनियन को सेवा करने के लिए देगा और वे उन दूसरे डोमिनियन के क्षेत्रों के सैन्य कमांडरों की कमान के तहत काम करेंगे. . . जिन काफिलों को सेना द्वारा अनुरक्षण दिया गया था उन्होंने कभी-कभार ही गिरोहों के छापा मारने से किसी शरणार्थी को खोया (वही: 67-73)।

आसफ अली शाह ने जिनके साथ मैं अपने *दी डेली टाइम्स* में साप्ताहिक कॉलम के संबंध में पत्राचार करता था मुझे मशवरा दिया कि मुझे लेफ्टिनेंट जनरल आफताब अहमद खान से संपर्क करना चाहिए जिन्होंने पंजाब बाउंडरी फोर्स में और बाद में समन्वित सेना व्यवस्था दोनों में कार्य किया था ताकि मैं उनसे सीधे तौर पर जानकारी हासिल कर सकूँ। तदनुसार मैंने लेफ्टिनेंट जनरल (सेवानिवृत्त) आफताब अहमद खान जो उस समय एक मेजर थे को एक पत्र लिखा। 2 फरवरी 2007 को लिखे एक जवाब में आफताब खान ने जोर देकर बताया कि पंजाब बाउंडरी फोर्स की रचना लगभग पूरी तरह से भारतीय और पाकिस्तानी सैनिकों से की गई और इसके साथ केवल कुछ ही वरिष्ठ कमांडरों के रूप में ब्रिटिश थे। उन्होंने इस बात की पुष्टि की कि सेना बुरी तरह कम सैनिकों की मौजूदगी से त्रस्त है और इसके पास जटिल और विस्फोटक स्थिति से निपटने के लिए कोई स्पष्ट योजना नहीं है। इन बाधाओं के बावजूद लाखों जिंदगियों को बचा लिया गया और यह एक पक्की बात है कि जहां भी सेना का एक अनुरक्षण है बहुत कम लोग मारे गए। लेफ्टिनेंट जनरल आफताब खान के अनुसार काफिले कभी-कभी 20-30 मील लंबे थे और इसमें 1,50,000 'मनुष्य, बैलगाड़ियाँ, ट्रक, पशु, पुरुष, महिलाएँ, बच्चे, बीमार और बूढ़े' सब शामिल थे। उन्होंने मुसलमानों और गैर-मुसलमानों दोनों के जीवन को बचाने के अपने प्रयासों का उदाहरण दिया है।

न तो मेजर जनरल फजल मुकीम खान ने अपनी पुस्तक में और न ही लेफ्टिनेंट जनरल आफताब अहमद खान ने मेरे सामने अपनी गवाही में शेखूपुरा में 25 और 26 अगस्त को हिंदुओं और सिखों को मार डालने में बलूच रेजिमेंट के मुसलमान सैनिकों की सक्रिय भागीदारी को याद किया – जिसके चलते पंजाब बाउंडरी फोर्स का विघटन हुआ। नरसंहार में भाग लेने वाले मुसलमानों ने बाद में तर्क दिया कि गैर-मुसलमानों ने उन पर गोलीबारी की थी लेकिन इसे उस इकाई के हिंदुओं द्वारा चुनौती दी गई थी। सैनिकों के आचरण के ऊपर की जा रही जांच को पाकिस्तान के अधिकारियों द्वारा रद्द कर दिया गया था जब पंजाब बाउंडरी फोर्स को भंग कर दिया गया (जेफ्री, 1974: 516)। समस्या यह थी कि पंजाब बाउंडरी फोर्स के मुकाबले पूरे पंजाब भर में घूम रहे दंगाई ज़्यादा सशस्त्र थे। इसके अलावा अगस्त के अंत तक पंजाब बाउंडरी फोर्स के सैनिकों ने एक दूसरे पर फायरिंग शुरू कर दी थी जब उनके सहधर्मियों की पीड़ा उनके आपसी संबंधों को प्रभावित करने लगी (मरस्टोन, 2009: 496)।

इसके बाद भारत और पाकिस्तान की सेनाओं ने संयुक्त बचाव इकाइयों को गठन करने पर सहमति व्यक्त की। लेफ्टिनेंट जनरल आफताब अहमद खान उन लोगों में थे जिन्होंने हजारों हिंदुओं और सिखों को भारत तक सुरक्षित रूप से सीमा पार करने में मदद की। वे विशेष रूप से मोंटगोमेरी (साहीवाल क्षेत्र) में सक्रिय थे। पाकिस्तानी सेना के एक अन्य अधिकारी थे: मेजर जनरल (सेवानिवृत्त) सैयद वजाहत हुसैन। उन्होंने जालंधर, लुधियाना और कपूरथला राज्य में किए गए अपने प्रयासों का ब्यौरा दिया है।

उन्होंने लिखा है कि पूर्वी पंजाब के मुसलमानों की निकासी सितंबर 1947 के दूसरे अर्ध से शुरू हुई (हुसैन, 2010: 54–73)। 1947 के अंत तक दोनों पक्षों की ओर से सभी शरणार्थियों को नहीं निकाला जा सका था। यह प्रक्रिया 1948 के प्रारंभिक महीनों में भी जारी रही। हिंसा 15 अगस्त और 15 नवंबर के मध्य सबसे बदतर दौर में थी। मौखिक इतिहास से यह स्पष्ट पता चलता है कि लोग आम तौर पर अपना चूल्हा और घर छोड़ने के लिए तैयार नहीं थे लेकिन उन्हें पाशविक बल द्वारा भगा दिया गया। कई लोग अपने घरों में कानून और व्यवस्था की बहाली के बाद लौटने की उम्मीद कर रहे थे। शायद उन्हें यह समझ में नहीं आया कि अब दो अलग देश बन गए थे जिनके अलग हथियारों से लैस सेना, पुलिस और सीमा गश्ती दल थे। अब पंजाब की अंतर्राष्ट्रीय सीमा के पार लोगों का आना-जाना सत्ता में सरकारों के हित के अनुसार विनियमित किया जाना था। अपने पुराने घरों को लौटने के अधिकार की कोई भी उम्मीद तब खत्म हो गई जब अल्पसंख्यकों की सुरक्षा और अधिकारों के बारे में 8 अप्रैल 1950 को भारत और पाकिस्तान की सरकार के बीच एक समझौते पर दस्तखत हुए जिसे लियाकत-नेहरू/नेहरू-लियाकत समझौते के रूप में भी जाना जाता है। पंजाब के संबंध में इस समझौते ने हालांकि पंजाब, लौटने के अधिकार को स्पष्ट रूप से खारिज नहीं किया था – मानव अधिकारों की सार्वभौम घोषणा में इसे एक मानव अधिकार के रूप में मान्यता प्राप्त है (1948)। लेकिन इसने मान लिया कि अल्पसंख्यकों को नागरिकता की पूरी समानता दी जाएगी धर्म पर ध्यान दिए बिना।। यह उल्लेख किया गया था कि दोनों देशों की सरकारें यह सुनिश्चित करेंगी कि प्रत्येक देश के भीतर नागरिकों के जीवन, संस्कृति, संपत्ति और व्यक्तिगत सम्मान की सुरक्षा होगी तथा कानून और नैतिकता के तहत, उनको व्यवसाय, भाषण और पूजा की स्वतंत्रता मिलेगी' (*मिडिल ईस्ट जर्नल*, 1950: 344)। इस मुद्दे को और मजबूत इस बयान ने बनाया: 'दोनों सरकारों ने इस बात पर जोर देने की इच्छा व्यक्त की कि अल्पसंख्यकों को उस देश के प्रति वफादारी दिखानी चाहिए जिसके वे नागरिक हैं और उनकी शिकायतों के निवारण के लिए भी उन्हें अपने देश की तरफ देखना चाहिए' (वही)। यह काफी स्पष्ट था कि पंजाब का विभाजन अपरिवर्तनीय था।

संदर्भ

हुसैन, सय्यद वजाहत, *मेमोरीस ऑफ ए सोल्जर: 1947 – बिफोर, डियूरिंग आफ्टर*, लाहौर: फिरोजसंस (प्राइवेट) लिमिटेड (2010)।

जेफ्री, रॉबिन, 'दी पंजाब बाउंडरी फोर्स एंड दी प्रोब्लम ऑफ ऑर्डर, अगस्त 1947', *मॉडर्न आसियान एशियन स्टडीज*, वॉल. VIII, संख्या 4, कैंब्रिज: कैंब्रिज यूनिवर्सिटी प्रैस, (1974)।

मारस्टन, डेनियल पी., 'दी इंडियन आर्मी, पार्टिशन, एंड द पंजाब बाउंडरी फोर्स, 1945-1947', *वार इन हिस्ट्री*, वॉल. XVI, संख्या 4, लंदन: सेज पब्लिकेशन्स।

सिंह, किरपाल, *दी पार्टिशन ऑफ द पंजाब*, पटियाला: पंजाबी यूनिवर्सिटी, (1989)।

खान, फजल मुकीम खान (मेजर जनरल), *दी स्टोरी ऑफ द पाकिस्तान आर्मी*, कराची, लाहौर: ऑक्सफोर्ड यूनिवर्सिटी प्रैस, (1963)।

खोसला, गोपाल दास (पहली बार 1949 में प्रकाशित), *स्टर्न रेकोनिंग: ए सर्वे ऑफ द इवेंट्स लीडिंग अप टु एंड फॉलोइंग दी पार्टिशन ऑफ इंडिया*, नई दिल्ली: ऑक्सफोर्ड यूनिवर्सिटी प्रैस, (1989)।

सरकारी दस्तावेज

'एग्रीमंट बिट्वीन इंडिया एंड पाकिस्तान ऑन माइनॉरिटिज: जवाहरलाल नेहरू एंड लियाकत अली खान', *मिडिल ईस्ट जर्नल*, वॉल. IV, संख्या 3, जुलाई, वॉशिंग्टन डीसी (1950)।

अखबार

दी पाकिस्तान टाइम्स, लाहौर, 1947

दी ट्रिब्यून, लाहौर, 1947

साक्षात्कार

किरपाल सिंह, चंडीगढ़, 2 जनवरी 2005

आसफ आली शाह, लाहौर (ईमेल द्वारा) 3 जनवरी 2006

ले. जनरल आफताब अहमद खान, लाहौर (ईमेल द्वारा) 2 जनवरी 2007

पश्चिमी पंजाब से कूच

14
लाहौर डिवीजन

लाहौर डिवीजन का ताल्लुक मध्य पंजाब से था। इसमें लाहौर, अमृतसर, गुरदासपुर, सियालकोट, गुजरांवाला, और शेखूपुरा जिले थे। सभी जिलों में, अमृतसर को छोड़कर एक मुसलमान बहुमत था लेकिन डिवीजन में हिंदुओं और सिखों की लगभग 37 फीसदी की पर्याप्त अल्पसंख्यकता थी। जून 1947 के 'काल्पनिक विभाजन' के मुताबिक अमृतसर पूर्वी पंजाब का एक हिस्सा था और रैडक्लिफ अवार्ड ने इसकी पुष्टि की। मगर गुरदासपुर जिले को जिसमें एक मामूली मुसलमान बहुलता थी विभाजित कर दिया गया और इसकी शकरगढ़ तहसील जो रावी नदी के पश्चिमी तट पर थी उसे पाकिस्तान को दिया गया। 15 अगस्त 1947 को पश्चिमी पंजाब के ज़्यादातर हिंदू और सिख अभी भी अपने पैतृक निवासों में रह रहे थे, हालांकि कम से कम मार्च 1947 के उत्तरी पंजाब में दंगों के बाद से पूर्वी जिलों की ओर बढ़ रही शरणार्थियों की लहरें साफ तौर पर दिख रहीं थीं। 17 अगस्त के बाद से जिन क्षेत्रों को पूर्वी पंजाब में शामिल किया गया था वहाँ मुसलमानों पर हमले तेज हो गये। परिणामस्वरूप लाखों की तादाद में मुसलमान पश्चिमी पंजाब में आने लगे। फलस्वरूप उन हिंदुओं और सिखों पर जो अभी भी पश्चिमी पंजाब में थे जवाबी हमले तीव्र हो गए।

गुरदासपुर जिले की शकरगढ़ तहसील

रावी नदी के पश्चिमी तट पर शकरगढ़ तहसील, नदी के दूसरे किनारे पर कुछ छोटे क्षेत्रों तक जुड़ी हुई थी; जिन्हें पाकिस्तान को दे दिया गया। इस प्रकार तहसील की स्थापित प्रशासनिक इकाई न कि प्राकृतिक सीमा जो नदी द्वारा गठित थी उसे अंतरराष्ट्रीय सीमा के रूप में चिह्नित किया गया था। यह अजीब व्यवस्था दूसरी दिशा में भी लागू थी और भारत को भी पश्चिमी तट पर पैर जमाने के लिए जगह मिल गई थी। 15 दिसंबर 2006 को मैंने चौधरी अनवर अजीज से मुलाकात की जो पाकिस्तान में दो बार संघीय मंत्री बने एक बार जुल्फिकार अली भुट्टो की कैबिनेट में, और बाद में मोहम्मद खान जुनेजो की।

चौधरी अनवर अजीज

'जुलाई 1947 में हम होशियारपुर में थे। जुलाई में मेरे परिवार के सदस्यों में से ज़्यादातर सियालकोट चले गए क्योंकि होशियारपुर में गड़बड़ी शुरू हो गई थी जबकि मैंने शकरगढ़ तहसील में अपने पैतृक गांव मेरीपुर जाने का निश्चय किया। हमारा नाता गुर्जर कबीले से है और हमारा आसपास के गांवों में काफी प्रभाव था। मुझे लगता है कि यह 14 अगस्त एक शुक्रवार था (वास्तव में शुक्रवार 15 अगस्त को था) और यह रमजान का महीना था और मैं मुख्य मस्जिद में नमाज अदा करने के लिए पास के गांव चला गया। वहाँ कई गांवों से लोग इकट्ठा हुए थे। क्या हो रहा था यह समझाने के लिए मुझे एक भाषण देने को कहा गया। मैंने उन्हें आतंकित नहीं होने को कहा। हमारे क्षेत्र में तीन समुदायों के बीच एक समझौते हुआ था कि वे एक दूसरे के बीच शत्रुता का सहारा नहीं लेंगे। हिंदू ब्राह्मणों का एक गांव था रेहल। वहां के ब्राह्मण अपने पांडित्य और शील के लिए जाने जाते थे। वे बिना किसी शुल्क के मानव जाति के साथ-साथ पशुओं को भी सुविधाएँ प्रदान करते थे और सभी समुदायों द्वारा उनका बहुत ज़्यादा सम्मान किया जाता था। उनमें से एक थे राम सरन शर्मा जिन्होंने फारसी व्याकरण पर एक पाठ्य पुस्तक लिखी थी जिसे स्कूलों और कॉलेजों में पढ़ाया जाता था। बाद में जब पाकिस्तान अस्तित्व में आ गया तब किसी मुसलमान ने लेखक के रूप में अपना ही नाम लिखवा दिया और उसी किताब को प्रकाशित किया। मैंने मास्टर शर्मा से फारसी की पढ़ाई की। वह सही मायने में ज्ञान वाले एक व्यक्ति थे।

'गुरदासपुर जिले के बारे में काफी भ्रम था कि यह अंततः पाकिस्तान या भारत में शामिल होगा। रैडक्लिफ अवार्ड ने गुरदासपुर जिले को विभाजित किया हालांकि इसमें एक मुसलमान बहुमत था लेकिन शकरगढ़ को पाकिस्तान में रखा गया था। उस समय एक भारी पैमाने पर हिंसा फैल गई। ब्राह्मण मेरे वालिद के पास आए और मदद के लिए गुहार लगाई। वे रोने लगे हमारे बुजुर्ग भी क्योंकि उनके साथ हमारे बहुत ही अच्छे और करीबी संबंध थे। दोनों पक्षों की महिलाओं ने भी रोना शुरू कर दिया। उन्होंने उनकी रक्षा के लिए एक इनाम के रूप में अपने गहनों की पेशकश की लेकिन मेरे पिता ने उन्हें चिंता नहीं करने को कहा। तो उन्होंने उनकी सात युवा लड़कियों को जो सभी बहुत ही सुंदर, परिष्कृत और शिक्षित थीं हमारे संरक्षण में रखने का निर्णय लिया, जबकि हम में से लगभग बीस युवा पुरुषों और कुछ बड़ों ने अन्य महिलाओं और पुरुषों को अपने साथ ले लिया ताकि नदी में दूसरे तट तक उनके लिए एक मार्ग खोज सकें। रावी उस समय पूरे उफान पर थी लेकिन नावों का दोनों दिशाओं में एक तेज यातायात जारी था। नदी के उस पार लोगों को लेने के लिए नाव मालिक अत्यधिक किराया वसूल रहे थे। हमारे तट पर एक नाव बुरी तरह से घायल हो गए मुसलमानों को लाई जिसमें दो महिलाओं के स्तन काट दिये गए थे और वे बहुत दर्द में थीं। जब

उनके पुरूषों ने एहसास किया कि हम हिंदुओं को सुरक्षित रूप से दूसरी तरफ ले जा रहे थे, वे बहुत क्रोधित हो गये और उन पर हमला करने की कोशिश की लेकिन हम इस तरह के किसी भी आक्रोश के खिलाफ एक दीवार बन कर खड़े हो गए। हमने उन्हें बताया कि जो हिंदू हमारी सुरक्षा में थे उन्हें उनके सह-धर्मियों द्वारा किए गए जुल्मों के लिए दोषी नहीं ठहराया जा सकता। इसके अलावा हम उनकी तुलना में बेहतर हथियारों से लैस थे और कोई खराब काम नहीं हुआ तथा ब्राह्मणों को सुरक्षित तरीके से दूसरी तरफ पहुंचा दिया गया।

'ब्राह्मण लड़कियां सात महीने तक हमारे साथ रहीं। हालांकि वे विनम्र और सम्मानजनक थीं उन्होंने हमारा भोजन खाने के लिए या हमारे बर्तन का उपयोग करने के लिए मना कर दिया। इसलिए हमें उनके लिए एक अलग रसोईघर और अन्य सुविधाओं की व्यवस्था करनी पड़ी। उन्होंने यहाँ तक कि हमारे आंगन में पूजा के लिए एक मिट्टी का मंदिर बनाया और दीयों को जलाने के लिए तेल उधार लिया जैसी उनकी रीति थी। एक दिन उनको खोजते हुए भारतीय सेना वहाँ आई। किसी ने उन्हें गलत तरीके से सूचित किया था कि लड़कियों को उनकी इच्छा के विरुद्ध हमारे द्वारा रखा गया था। तो सेना ने हमारे घर को घेर लिया और ब्रेन-बंदूकों तथा अन्य हथियारों को हमारी तरफ इशारा करते हुए मोर्चा संभाल लिया। उनमें एक कप्तान था जिनको मैंने कहा, "आपकी समस्या क्या है? आप हमारी तरफ बंदूकों का निशाना क्यों लगा रहे हैं? उन्होंने जवाब दिया, "हमने सुना है कि तुम्हारे घर में हिंदू लड़कियाँ पकड़ कर रखी गईं हैं?" इसलिए मैंने उन्हें खुद लड़कियों से बात करने के लिए कहा। स्थिति बहुत तनावपूर्ण बन गई थी। उसी समय उन लड़कियों से संबंधित दो हिंदू पुरुष उनकी छिपी हुई जगहों से निकले और हमारे दरवाजे पर आ गए। वे फिर से रोने लगे जब वे हमारे बुजुर्गों से मिले और हमारे बुजुर्गों की आँखों में भी आँसू आ गए। कप्तान ने शर्मिंदगी महसूस की और माफी मांगी जब लड़कियों ने इस बात की पुष्टि की कि उनके साथ बहुत अच्छा सलूक किया गया है। हमने वह जेवर लौटा दिए जो उनके बुजुर्गों ने मेरे वालिद के पास जमा किए थे। तब वे चले गए। वास्तव में वह बुरा समय था।'

लाहौर शहर

प्राण नेविल अपनी रचना *लाहौर : ए सेंटीमेंटल जरनी* में अपने जन्म और जवानी के दिनों के शहर को याद करते हैं; दिल खोलकर इसके खुश-मिजाज और उद्दाम निवासियों की प्रशंसा करते हैं – हिंदुओं, मुसलमानों और सिखों की एक समान मजेदार और घोटाले की कई कहानियाँ बताते हैं। उन्होंने 1947 में लाहौर छोड़ गए हिंदुओं और सिखों की करुणा और आघात भरे अनुभवों को निम्नलिखित शब्दों में व्यक्त किया:

यह हमारे, प्यारे लाहौर को हमेशा के लिए छोड़ना और उस सीमा के पार शरण मांगना जिसे उपमहाद्वीप को विभाजित करने के लिए बनाया गया था एक हृदय विदारक अनुभव था। उस शहर में जो सदियों से हमारे प्रियजनों का घर था कोई भी नहीं बचा था जिसे हम मुड़ कर देख सकें। अचानक, लाहौर एक परायी जमीन बन गयी थी (1993: 18)।

सोम आनंद

एक और लाहौरी हिंदू सोम आनंद भी भारी नुकसान के एहसास को व्यक्त करते हैं जब हिंदुओं को लाहौर से पलायन करने के लिए मजबूर किया गया :

> सांप्रदायिक दंगे मार्च 47 के बाद और अधिक तीव्र हो गये और यह लग रहा था कि मुसलमान नेतृत्व शहर के गैर-मुसलमान निवासियों का सफाया कर देना चाहता था। इसका तात्पर्य यह नहीं है कि लाहौर में हर मुसलमान जो कुछ हो रहा था उससे खुश था। वहां कुछ लोग थे जो शहर से हिंदुओं और सिखों की हमेशा के लिए चले जाने की संभावना से डरते थे। लेकिन ऐसे लोग अपनी भावनाओं को व्यक्त नहीं कर सकते थे (1998: 36)।

उन्होंने उन दुर्भाग्यपूर्ण अगस्त के दिनों का निम्न ब्यौरा दिया:

'हम मॉडल टाउन में एक उच्च मध्यम वर्ग के इलाके में रहते थे जहां ज़्यादातर हिंदू और सिख थे। रविवार का दिन था। मेरे पिता के एक दोस्त श्री बी.पी.एल. बेदी (अंतरराष्ट्रीय स्तर पर प्रसिद्ध अभिनेता कबीर बेदी के पिता) जो लाहौर में एक प्रसिद्ध कम्युनिस्ट नेता थे हमसे मिलने आए और मेरे पिता से कहा "लाला जी, मुझे कुछ पैसों की जरूरत है।" मेरे पिता लाला फकीर चंद आनंद ने जो एक बैंकर थे, जवाब दिया, "बेदीजी आज रविवार है, बैंक बंद हैं।" लेकिन उन्होंने जोर दिया और कहा कि चूंकि उनके पास चाबियाँ हैं, वे जाकर पैसे ला सकते हैं। मेरे पिता सहमत हुए और वे चले गए।

'हमारा एक रिश्तेदार उस समय हमारे साथ रह रहा था। वह मुझसे कोई चार-पांच साल बड़ा था। हमने एक परिचित से मिलने का फैसला किया। हमारी गैर-हाजरी के दौरान, कुछ अफरीदी पठानों ने हमारे घर पर छापा मारा। उस समय कई पठान गिरोह आदिवासी क्षेत्रों से उतर कर लाहौर आ गए थे। वे इधर-उधर जाकर गैर-मुसलमानों को लूटते थे। उनमें से कुछ दस, बारह लोग तांगे में हमारे घर आए।। बस उसी पल, हमारे एक मुसलमान पड़ोसी मौलवी साहिब जो कांग्रेस पार्टी के एक समर्थक थे आ पहुंचे। हमारे परिवारों के घर के सामने का बरामदा साझा था। जब उन्होंने पठानों को देखा वे आ गए और उन्होंने उन्हें चेताया, और उन्हें बताया कि अपने कुकर्मों के लिए वे भगवान के क्रोध का भय करें। इस कारण वे नाराज हो गए और उन पर चिल्लाए

कि वे हिंदुओं का बचाव कर रहे हैं। इसी हंगामे के दौरान एक बुजुर्ग सिख सज्जन करतार सिंह जो हमारे घर के बिल्कुल सामने रहते थे माजरा क्या है जानने के लिए हमारे घर की ओर आये। उनका पूरा परिवार चला गया था और वह अपनी भैंस को ले जाने के लिए एक ट्रक का इंतजार कर रहे थे। जब पठानों ने उन्हें देखा तो उन्होंने गोली मार कर उनकी जान ले ली।

'लोगों ने हत्यारों को यह शिकायत करते सुना कि उन्हें एक गोली बर्बाद करनी पड़ी; छुरे के एक हमले से ही काम सस्ते में निपटा जा सकता था।

'मेरे पिता सभी हत्याओं के बावजूद लाहौर में रुके हुए थे। उन्होंने एक मुसलमान महिला से शादी कर ली। वह एक बैंक के प्रबंध निदेशक थे और पाकिस्तान सरकार को उनकी सेवाओं की जरूरत थी। जब 1957 में उनकी मृत्यु हुई तब मैं भारत से उनके अंतिम संस्कार समारोह में भाग लेने के लिए गया। एक ब्राह्मण जो लाहौर में रह रहा था और एक सरकारी कर्मचारी था उसने अंतिम संस्कार की रस्में अदा करवाईं हालांकि वह एक पेशेवर पुजारी नहीं था।'

वे विशेष रूप से उर्दू साहित्यिक पत्रिका, *'अदबी दुनिया'* के संपादक मौलाना सलाहुद्दीन अहमद और लोकप्रिय पंजाबी कवि उस्ताद दमन को श्रद्धांजलि पेश करते हैं, जो दोनों लाहौर से गैर-मुसलमानों के चले जाने से बहुत दुखी थे (वही)। वे गौर करते हैं कि हालांकि हिंदुओं और सिखों को यह एहसास होना शुरू हो गया था कि लाहौर पाकिस्तान में जा सकता है, इसका मतलब यह नहीं था कि वे आसानी से एक ऐसी नियति को स्वीकार कर लेते। उनके नेताओं में से कई लोग मानते थे कि उस शहर पर भारी आर्थिक दावों के आधार पर उन्हें लाहौर हासिल हो जाएगा। दूसरे उनके पिता सहित यह तर्क दे रहे थे कि भले कुछ भी हो गैर-मुसलमान पाकिस्तान में रहना जारी रखेंगे। मगर सांप्रदायिक हिंसा ने इस विकल्प को लगभग असंभव बना दिया। वे मानते हैं कि हिंदुओं और सिखों ने भी मुसलमानों के खिलाफ आतंकवाद में हिस्सा लिया। लाहौर के एक उपनगर राजगढ़ पर मुसलमानों पर हमले ने स्थिति को विस्फोटक बना दिया। राष्ट्रीय स्वयंसेवक संघ और अन्य उग्रवादी हिंदू संगठन इस तरह की गतिविधियों के पीछे थे (1998: 29)।

मैंने अक्टूबर 1999 में दिल्ली में उनसे बात करते हुए एक शाम बिताई और कई अन्य कहानियों को बताने के अलावा उन्होंने प्रोफेसर बृज नारायण की दुखद हत्या के बारे में बताया जो पंजाब विश्वविद्यालय में अर्थशास्त्र के प्रोफेसर थे तथा जिन्होंने एक हिंदू होने के बावजूद पाकिस्तान की मांग का बचाव किया और एक परिष्कृत आर्थिक तर्क विकसित किया ताकि यह साबित किया जा सके कि यह एक व्यवहार्य देश होगा। सोम आनंद ने मुझसे कहा :

'प्रोफेसर बृज नारायण पाकिस्तान विचार के प्रबल समर्थक थे। वह अखबारों में लेख लिखते और अर्थशास्त्र के अपने विशाल ज्ञान के द्वारा यह साबित करते कि पाकिस्तान एक सफल और व्यवहार्य राज्य होगा। यह कहा जाता है कि जिन्नाह ने उन्हें रहने के लिए कहा था और उन्होंने पाकिस्तान की सेवा करने के लिए खुद को पूरी तरह से समर्पित करने के लिए अपना मन बना लिया था। वह ईमानदारी से मानते थे कि जिन्नाह एक लोकतांत्रिक देश बनाना चाहते थे जहां गैर–मुसलमानों को समान अधिकार होता। कम से कम मई 1947 के बाद से हिंदू बड़ी संख्या में जा रहे थे और 15 अगस्त तक केवल 10,000 के आसपास अभी भी थे जो यह विश्वास कर रहे थे कि हालात ठंडे पड़ जाएंगे और वे पाकिस्तान में रहना जारी रखने में सफल हो जाएंगे जहां उनकी जड़ें थीं। लेकिन जैसे ही रैडक्लिफ अवार्ड की घोषणा की गई आपराधिक तत्वों द्वारा हत्या और लूटपाट की एक होड़ सी लग गई। इसने उन लोगों की उम्मीदों को पूरी तरह से चकनाचूर कर दिया जो जिन्नाह की धर्मनिरपेक्षता में विश्वास करते थे लेकिन प्रोफेसर नारायण अपनी सोच पर टिके रहे; अडिग रहे, कहते रहे कि पाकिस्तान उनकी असली मातृभूमि थी और इसलिए वहाँ से जाने का कोई कारण नहीं था।

'जहां वह रहते थे उस क्षेत्र में एक भीड़ पहुंची। वे खाली छोड़ दिए गए हिंदू और सिख घरों को जला रहे थे व लूट रहे थे। नारायण उनके पास गए और उन्हें सलाह दी कि वे ऐसा न करें क्योंकि अब यह पाकिस्तानी संपत्ति है। उनके तर्क ने पहले गुट को आश्वस्त कर दिया और वे तितर–बितर हो गए। मगर जल्द ही कुछ और बदमाश आ पहुंचे और लूटना तथा जलाना शुरू किया। फिर से वे उनके पास चले गए और एक ही तर्क प्रस्तुत किया। लेकिन उनमें से एक चिल्लाया "वह एक काफिर है, उसे मार डालो।" भीड़ उस पर टूट पड़ी और पाकिस्तान के सबसे प्रबल हिंदू वक्ता को निर्दयता से मार दिया गया। जब उस घटना की खबर फैली, तब शायद ही कोई हिंदू या सिख था जो यह विश्वास कर रहा होगा कि अब जिन्नाह का पाकिस्तान उनके लिए सुरक्षित होगा। उनमें से लगभग सभी ने तुरंत लाहौर छोड़ दिया।'

मुझे प्रोफेसर के एक रिश्तेदार से पता लगा कि वह निकोल्सन रोड, लाहौर पर रहते थे। एक ही घटना का लाहौर पर एक और प्रसिद्ध पुस्तक में उल्लेख किया गया है जो गोपाल मित्तल द्वारा लिखित है, *लाहौर का जो जिक्र किया: आप बीती*। मित्तल मूल रूप में मलेरकोटला पूर्वी पंजाब के थे। वे एक पत्रकार, लेखक और कवि थे जिन्होंने लाहौर को अपना घर बना लिया था और उन्होंने अपने मुसलमान सहयोगियों के साथ, अपना ज़्यादा समय बिताया। वे वहीं रहना चाहते थे लेकिन बृज नारायण की हत्या के चलते, उन्होंने अपना मन बदल दिया। उन्होंने लिखा है:

> प्रोफेसर बृज नारायण एक अंतरराष्ट्रीय स्तर के प्रशंसित अर्थशास्त्री थे। जबकि ज़्यादातर अर्थशास्त्री यह मानते थे कि पाकिस्तान आर्थिक रूप से स्थायी नहीं

होगा और इसलिए इसका अस्तित्व अस्थिर हो जाएगा। प्रो. नारायण ने कई लेख लिखे थे और इस विचार का समर्थन किया कि पाकिस्तान आर्थिक रूप से पूरी तरह से सक्षम हो जाएगा और आत्मनिर्भर भी। उन्होंने पाकिस्तान में रहने का फैसला किया था और सबसे कट्टर मुस्लिम लीग के समर्थक भी आश्वस्त थे कि वह बिना किसी पूर्वाग्रह वाले इंसान थे (मुसलमानों और पाकिस्तान के खिलाफ)। उनकी हत्या ने मुझे झकझोर कर रख दिया। वह मेरे शिक्षक थे और मेरे व्यक्तित्व के गठन में उन्होंने एक महत्वपूर्ण भूमिका निभाई थी। मेरा परिवार पहले से ही पाकिस्तान में मेरे रहने के खिलाफ था लेकिन अब पाकिस्तान में रहने के लिए मेरे संकल्प ने भी डगमगाना शुरू किया। जब बसों का आखिरी कारवां लाहौर से अमृतसर के लिए रवाना हुआ मैं एक बस में चढ़ा और निकल गया (2003: 143–4)।

रतन चंद

19 अक्टूबर 1999 को मैंने, दरियागंज, दिल्ली में उनके घर पर रतन चंद से मुलाकात की और इस दुःखद कहानी को दर्ज किया :

'मैं लाहौर रेलवे स्टेशन के पार एक इलाके में अपने परिवार के साथ रहता था, लेकिन ऑस्ट्रेलिया बिल्डिंग के पास मेरी फोटोग्राफी का कारोबार था। जुलाई 1947 तक सांप्रदायिक हमले और ज़्यादा होने लगे। अगस्त के शुरुआत में हमारे आसपास नरक जैसे हालात हो गए। खून की प्यासी भीड़ ने रेलवे स्टेशन के आसपास रहने वाले हिंदुओं और सिखों पर हमला किया। हममें से कईयों ने एक हिंदू छात्रावास में शरण ली। मुझे अब उसका नाम याद नहीं है लेकिन यह एक आसान लक्ष्य साबित हुआ। इसलिए हम में से करीब 50 पुरुषों, महिलाओं और बच्चों ने पास के नौलखा चर्च में शरण मांगी। मगर हम छात्रावास के एक तहखाने में अपना कीमती समान छोड़ आए। ईसाई पुजारी हिंदू धर्म से परिवर्तित हुआ था और उसका नाम एक हिंदू था। उसने हमें सुरक्षा दी; उसके पास जो कुछ थोड़ा खाने को था हमारे साथ बांटा। उसने अधिकारियों के साथ संपर्क किया और मदद के लिए अपने प्रभाव का इस्तेमाल किया। गोरखा सैनिकों को लेकर एक सैन्य ट्रक आया जो हमें एक सुरक्षित जगह लाहौर छावनी ले गया।

'इस अवधि के दौरान एक सिख महिला जिसके पति को कुछ दिन पहले मार डाला गया था और जिसने अपने बच्चे को खो दिया था उसका मेरी पत्नी और मेरे साथ काफी नजदीकी रिश्ता हो गया। वह हमेशा अपनी गोद में हमारी छोटी बच्ची को रखती थी। हम दोनों को उसे देखकर बहुत दुख होता था। उसने मुझे छात्रावास के तहखाने तक वापस जाकर उसके सामान को ले आने की विनती की। मैं भी अपना ट्रंक ले आना चाहता था। 15 अगस्त को मैं वापस छात्रावास गया लेकिन सब कुछ

लूट लिया गया था। इससे भी खराब यह हुआ कि अचानक मैंने खुद को एक भीड़ से घिरा पाया। वे मुझे मारना चाहते थे। स्थानीय कसाई उनके बीच में थे। वे हवा में अपने चाकू लहरा रहे थे। मैंने अपने जीवन के लिए दौड़ लगाई। उन्होंने मेरे पीछा किया। मुझे लगा कि मौत आसन्न थी। अचानक मैंने एक पुलिस थाने के सामने अपने आप को पाया। मैं इसकी कम ऊंची दीवार के ऊपर से कूद गया। उसके अहाते में एक ब्रिटिश पुलिस अधिकारी अपने मुसलमान स्टाफ से घिरा हुआ एक कुर्सी पर बैठा हुआ था।

'मैंने अंग्रेज के चरणों पर अपने आपको फेंक दिया और अपनी जिंदगी बचाने के लिए उससे विनती की। वह टस से मस नहीं हुआ और उसने कुछ नहीं किया। मैंने अब दूसरे पुलिस अधिकारियों को अपने जीवन को बचाने के लिए गुहार लगाई। उन्होंने मुझे गालियाँ दी, मुझे बुरे नामों से बुलाया, मुझे डांटा और अपनी राइफलों के पिछले हिस्सों के साथ मुझे मारा। उन्होंने कहा कि कोई मुझे नहीं मारने वाला था और इसलिए मुझे इस तरह के कोलाहल करने की जरूरत नहीं थी। पुलिस स्टेशन की दीवार के बाहर भीड़ मेरा इंतजार कर रही थी। मुझे लगा कि किसी भी क्षण मेरी एक हिंसक और दर्दनाक मौत होगी और वहाँ से बचने का मैंने एक और प्रयास किया। मैं पुलिस स्टेशन से उस दिशा में भागा जो खाली लग रहा था। भीड़ तेजी से मेरे पीछे दौड़ी। मुझे लगा कि मेरा अंत आ गया है। मृत्यु के भय की तुलना में और कुछ नहीं है। मैं अब सड़क के बीच में दौड़ रहा था। अचानक सिख कर्मचारियों के साथ एक फायर ब्रिगेड ट्रक कहीं से दिखाई दिया। मैं जमीन पर इसके सामने लेट गया। भीड़ तितर-बितर हो गई जब उसने वर्दी में सिखों को देखा। सिख मुझे छावनी में वापस सुरक्षित रूप से ले आए जहां अपने परिवार के साथ मेरा मेल हो गया।

'हमने 16 अगस्त को भारत में प्रवेश किया। हमें कई कठिनाइयों से गुजरना पड़ा। हमने सब कुछ खो दिया था। किस तरफ रुख करते कुछ भी नहीं था। अंतत: मैं दिल्ली पहुंचा। यहाँ मैंने एक मुसलमान के स्वामित्व वाली एक कैमरे की दुकान में काम करना शुरू किया। श्री अहमद हसन, मालिक, ने 1948 में पाकिस्तान के लिए विस्थापित होने का निर्णय लिया। मैं एक बार फिर कड़ी मेहनत के माध्यम से सफल हो गया। मैं दिल्ली फोटोग्राफर एसोसिएशन का अध्यक्ष बना था। कुछ साल पहले मैंने काम से संन्यास ले लिया। मुझे अपने लाहौर के दिन याद हैं। सभी समुदाय शांति और एकता के साथ रहते थे। अब भी लाहौर और कराची में मेरे मुसलमान मित्र हैं। उनमें से कुछ मुझसे मिले हैं। उन्होंने अपने बच्चों की शादियों के लिए मुझे आमंत्रित किया है लेकिन भीड़ द्वारा मुझे मारने के लिए मेरा पीछा करने की याद ने मुझे हमेशा के लिए एक घाव दे दिया है। मैं वापस जाकर लाहौर देखना चाहता हूँ लेकिन शायद ऐसा कभी नहीं करूंगा।'

राम प्रकाश कपूर

लाहौर छोड़ कर जाने वाला एक और हिंदू परिवार जो एक उच्च वर्ग से नाता रखता था और जिसके मुस्लिम लीग के नेताओं के साथ घनिष्ठ संबंध थे उनकी कहानी राम प्रकाश कपूर ने मुझे सुनाई:

'मैं पाठ्य पुस्तक प्रकाशकों के एक जाने माने परिवार में 1924 में पैदा हुआ था। हमारी फर्म का नाम अत्तर चंद कपूर एंड संस था। इसे मेरे परदादा ने स्थापित किया था। मेरे दादा के 1925 में निधन के बाद मेरे पिता लाला राम जवाया कपूर और उनके भाई व्यापार संभालते थे। निशात सिनेमा के पीछे हमारी एक बड़ी सी प्रेस थी। प्रेस को 1927 में बनाया गया था और 1928 में सिनेमा को। मेरे पिता ने दिन-रात अथक रूप से काम किया और वह ब्रिटिश प्रकाशकों के स्तर और मानक तक फर्म को ले आए। 1927 में उन्हें लाहौर के नगर निगम के आयुक्त के रूप में नामित किया गया था। वह ब्रिटिश राज्यपाल के इतने करीब थे कि वह उनसे फोन कर सलाह लेते कि किस हिंदू को एक मंत्री के रूप में मनोनीत किया जाए। उस समय चुनावों की शुरुआत नहीं हुई थी।

'मेरे पिता के मुसलमान नेताओं के साथ भी बहुत अच्छे रिश्ते थे। सर सिकंदर हयात, सर अब्दुल कादिर, सर शहाबुद्दीन, मुमताज दौलतना और कई दूसरे अक्सर हमारे घर आया करते थे। फिरोज खान नून, नवाब ममदोत और शौकत हयात मेरे पिता के करीबी मित्र थे। न सिर्फ अभिजात वर्ग में बल्कि आम स्तर पर भी हिंदुओं और मुसलमानों के बीच कोई तनाव नहीं था।

'14 अगस्त की सुबह शौकत हयात और नवाब ममदोत मेरे पिता के पास आए। पंजाब में बनी नई मुस्लिम लीग सरकार में शौकत एक मंत्री थे और ममदोत मुख्यमंत्री। उन्होंने मेरे पिता को लाहौर से नहीं जाने को कहा। उन्हें पाकिस्तान में रह कर अपने व्यापार को जारी रखना था और भारत के साथ व्यापार संबंधों को कायम रखना था। उन्होंने कहा कि वे उन्हें पूर्ण सुरक्षा प्रदान करेंगे। जब मेरे पिता ने सुना कि नए पाकिस्तान के नेता उन्हें पूरी सुरक्षा देंगे तो उन्होंने लाहौर नहीं छोड़ने का फैसला किया। हमारा घर 10 एगर्टन रोड पर था। इसे ढाई एकड़ जमीन पर बनाया गया था। हमारा लाहौर में एक बहुत ही सफल और जम चुका व्यापार था। इसलिए उन्होंने वहाँ से भारत चले जाने के लिए कोई कारण नहीं देखा।

'लेकिन 16 अगस्त के बाद से लाहौर में सांप्रदायिक उन्माद भड़का, विशेष रूप से भीतरी शहर में। हमारे अपने क्षेत्र में तब तक कुछ भी अनहोनी नहीं हुई थी। मेरे पिता एक मानद मजिस्ट्रेट थे। डिप्टी कमिश्नर के लाहौर कार्यालय के श्री विलियम्स ने उन्हें स्थिति का निरीक्षण करने के लिए गड़बड़ी की जगह जाने को कहा। मेरे पिता निर्देश के मुताबिक वहाँ चले गए। उस समय वहाँ एक सिटी मजिस्ट्रेट श्री चीमा हुआ करते

थे। उन्होंने मेरे पिता से कहा: "आपका यहाँ आने का मकसद क्या है? पाकिस्तान बन गया है और मैं अब यहाँ प्राधिकारी हूँ।" मेरे पिता ने जवाब दिया : "नहीं, मुझे श्री विलियम्स द्वारा निर्देश दिया गया है कि मैं यहाँ आकर स्थिति का मुआइना करूँ। अगर वे कहते हैं तो मैं फिर से नहीं आऊँगा।" अब यह आदमी चीमा घोर हिंदू विरोधी था। वे विलियम्स को मना करवाने में कामयाब हो गया और अगले दिन उन्होंने मेरे पिता को एक फोन कॉल किया और कहा कि उन्हें वहाँ पर दौरा करने नहीं जाना चाहिए क्योंकि उनका जीवन खतरे में पड़ सकता है। मेरे पिता ने नवाब ममदोत को फोन किया और पूरी स्थिति के बारे में बताया। ममदोत ने जवाब दिया कि उनकी जान को कोई खतरा नहीं था और इस बारे में चिंता करने के लिए कुछ भी नहीं है।

'इस बीच पूर्वी पंजाब में बड़े पैमाने पर दंगे भड़क उठे। असल में पश्चिमी पंजाब में 3 मार्च के बाद से ही दंगे शुरू हो गए थे। मेरा मानना है कि लोगों को यह विश्वास करने के लिए उकसाया गया था कि पाकिस्तान में एक इस्लामी राज्य की स्थापना होने जा रही है और इसलिए गैर-मुसलमानों को इससे निष्कासित किया जाना है, अन्यथा एक उचित इस्लामी राज्य स्थापित नहीं किया जा सकेगा। जब मुसलमान नेताओं ने आह्वान किया कि 'इस्लाम खतरे में है'; तब लोग इससे मोहित हो गए। बहरहाल हम लाहौर में कुछ और दिन तक रुके रहे।

'5 सितंबर को ममदोत और शौकत हयात ने फिर से मेरे पिता के साथ मुलाकात की। उन्होंने बहुत खेद व्यक्त किया कि हालात नियंत्रण से बाहर हो गए हैं और इसलिए वे अब हमारी रक्षा नहीं कर सकते। मेरे पिता ने कहा, "अब हम कैसे जा सकते हैं? 14 अगस्त तक मुझे दूसरों से मदद मिल सकती थी जो जा रहे थे। अब मेरा सामान ले जाने के लिए मेरे पास न तो कोई ट्रक है न और कोई साधन।" उन्होंने कहा, "आपके व्यवसाय की परिसंपत्तियों को पाकिस्तान में ही रहना पड़ेगा। मगर अपना निजी और घरेलू सामान आपके साथ जा सकता है। हम आपके लिए परिवहन की व्यवस्था कर देंगे और उचित पुलिस संरक्षण भी देंगे ताकि आप सुरक्षित रूप से सीमा पार कर भारत जा सकें।"

'उन्होंने हमें तीन ट्रक दिये। हम सेना में किसी को जानते थे। उसने वादा किया कि वह हमें एक या दो ट्रक उधार देगा। 7 सितंबर को हमारे और मेरे चाचा के परिवारों ने अपने एगर्टन रोड स्थित घर को छोड़ दिया। बाघबानपुरा होते हुए, सीमा की ओर हमारे रास्ते पर एक पुलिस इंस्पेक्टर ने हमें रोका। उन्होंने कहा: "आप अपने साथ इतनी सारी चीजें नहीं ले जा सकते हैं। यह सब अब पाकिस्तान की संपत्ति हैं। यहाँ सब कुछ छोड़ दें।" मगर, ममदोत ने हमें सुरक्षित रूप से सीमा पार और हमारे सामान के साथ मदद करने के लिए एक पुलिस अधीक्षक को साथ जाने का आदेश दिया था। उसने पुलिस निरीक्षक से पूछा : "आपने इन लोगों को क्यों रोका है? मुख्य मंत्री ने आदेश दिया है कि वे अपने सामान के साथ भारत जा सकते हैं"। निरीक्षक ने कहा : 'आप कौन हैं?

यह सब चीजें पाकिस्तान के लोगों की हैं। पुलिस अधीक्षक ने इंस्पेक्टर को समझाने की कोशिश की कि वह मुख्यमंत्री का फैसला लागू कर रहे हैं और अगर वह उसे बाधित करेगा तो उसे निलंबित करने के लिए उसके पास प्राधिकरण था। निरीक्षक ने उसकी उपेक्षा की। अंत में पुलिस अधीक्षक ने इंस्पेक्टर को उसकी बेल्ट और बिल्ला खोल कर उनके हाथों में देने का आदेश दिया। पुलिस अधीक्षक अब हमारी गाड़ी के पास आया और कहा, "जब आप भारत के लिए पाकिस्तान की सीमा पार करेगें, तब कृपया सरकार के ट्रकों को खाली कर उन्हें वापस भेज दें।" मेरे पिता ने बिल्कुल ऐसा ही किया और जब हम अमृतसर पहुंच गए ट्रकों को वापस पाकिस्तान भेजा गया। विभाजन के दंगों की जिम्मेदारी जिन्नाह की थी। वह हर हालत में पाकिस्तान चाहते थे। हमारे कांग्रेसी नेता इतने मूर्ख थे कि वे उनकी बातों में आ गए।

'हमारे परिवार में किसी ने अपनी आँखों से हिंसा नहीं देखी क्योंकि हम कभी पुराने शहर या अन्य गड़बड़ी वाली जगहों पर नहीं गए। हमारा एक उच्च वर्ग का क्षेत्र था। लोहारी और शाहालमी फाटकों, अनारकली, इचरा, चौबुर्जी और यहां तक कि किला गुर्जर सिंह में जो हमारे घर के बहुत करीब था, दंगे हुए। हमारे कारखाने के कर्मचारियों की सबसे अधिक संख्या मुसलमानों की थी। सभी मशीन चलाने वाले और किताब बांधने वाले मुसलमान थे। वे पूरी तरह से मेरे पिता के प्रति समर्पित थे। उनमें से किसी ने हमारे लिए कोई भी गड़बड़ी या परेशानी पैदा नहीं की।

'हमने लाहौर डिवीजन के स्कूलों के इंस्पेक्टर शेख नूर इलाही के बेटे की जिम्मेदारी में अपनी संपत्ति छोड़ दी। वह और मेरे पिता भाइयों की तरह थे। हमारी एक पेंट फैक्टरी थी जिसका नाम था क्रिसेंट पेंट और वार्निश फैक्टरी जो नहर के किनारे स्थित थी। मेरे पिता ने उसे वह कारखाना सौंपा और कहा : "कृपया इसे अपनी जिम्मेदारी में रखें। अगर हमारी वापसी होती है तो हमें यह वापस मिल सकता है। अगर हम नहीं लौटते हैं, तो यह आप रखें या किसी और को यह मिले कोई फर्क नहीं पड़ता।"

'प्रेस और अन्य संपत्तियों को मेरे सबसे छोटे चाचा ने संभाला जो अपने एक दोस्त मीर हुसैन सानी के साथ रह गए जो टैम्पल रोड पर रहते थे। मेरे चाचा मधुमेह की बीमारी से गंभीर रूप से प्रभावित थे। उनका परिवार भारत में आ चुका था लेकिन वह लाहौर में हमारी संपत्ति को बनाए रखने की उम्मीद कर रहे थे क्योंकि सब कुछ संयुक्त रूप से मेरे पिता और उनके भाई के स्वामित्व में था। दो साल बाद वह भी भारत आ गए लेकिन जिस दिन वह अमृतसर पहुंचे उनका देहांत हो गया। मेरे पिता अमृतसर से दिल्ली पहुंचे।

'उन दिनों के दौरान क्या हुआ मैं आपको बताता हूँ। 14 अगस्त से बिल्कुल पहले नेहरू लाहौर में थे। वह भीम सेन सच्चर के आवास पर कई कुलीन हिंदू लोगों के साथ मिले। बैठक में जो लोग उपस्थित थे, उन सभी ने कहा कि परिस्थितियाँ ऐसी

हैं कि कोई हिंदू पाकिस्तान में रह नहीं पाएगा। पंडित जी ने उत्तर देते हुए कहा कि अतीत में हिंदू मुगलों के अधीन रहते थे और वे पाकिस्तान के मुसलमान शासकों के तहत अब भी ऐसा कर सकते हैं। मेरे पिता ने कहा, 'पंडित जी, उस समय हिंदू एक अविभाजित भारत में रहते थे और मुगलों ने एक अविभाजित भारत पर शासन किया। वे इस तरह के एक देश से सारे हिन्दुओं को बाहर नहीं फेंक सकते थे। अब स्थिति पूरी तरह से अलग है। आप पूरी तरह से भारत का एक हिस्सा काट कर पाकिस्तान को दे रहे हो। यहाँ वे एक इस्लामी मुल्क की स्थापना करना चाहते हैं न कि एक महज मुसलमान राज्य की। इस तरह के देश में हिंदू कभी सुरक्षित नहीं रहेंगे। आपको भारत के विभाजन के लिए सहमत नहीं होना चाहिए था।" पंडितजी ने चिड़चिड़ाहट के स्पष्ट संकेत दिखाये और कहा: "आप लोगों को कुछ भी समझ में नहीं आता है। आप नहीं चाहते हैं कि ब्रिटिश यहाँ से जाएँ।"

'नेहरू के साथ समस्या यह थी कि वह गहराई में जाना नहीं चाहते थे। इसके अलावा वह प्रधानमंत्री बनना चाहते थे। इसलिए उन्होंने पाकिस्तान के विचार को स्वीकार लिया और गांधी को भी ऐसी मांग के लिए राजी करा लिया। मैं कभी-कभी सोचता हूँ कि हालांकि ममदोत और शौकत मेरे पिता के अच्छे दोस्त थे, लगता है कि लाहौर में दंगे नहीं हुए होते अगर वे इन्हें रोकना चाहते। किसी मोड़ पर आकर, हिन्दुओं पर हमले जरूर उनकी मिली भगत से हुए। वे गैर-मुसलमानों द्वारा चुनौती विहीन पाकिस्तान पर शासन करना चाहते थे।'

डॉ. प्रेम सोबती

डॉ. प्रेम सोबती भारत के राष्ट्रपति के निजी चिकित्सक ने मुझे 31 अक्टूबर 2001 को विभाजन के दुर्भाग्यपूर्ण दिनों के अनुभवों का ब्यौरा दिया। उन्होंने पुष्टि की कि कई हिंदू ऐसा मानते थे कि लाहौर भारत का एक हिस्सा होगा। उन्होंने कहा :

'लाहौर सांप्रदायिक शांति और सद्भाव की एक मिसाल था। यहां तक कि जब राजनेता अपनी विभाजनकारी रणनीति के साथ व्यस्त थे और धीरे-धीरे हालात बदलने लगे किसी ने भी कल्पना नहीं की थी कि पंजाबी एक दूसरे का कत्ल करेंगे; लेकिन मैंने अपनी आँखों से इसे होते देखा। विभाजन से दो सप्ताह पहले मैं गाइनेकोलॉजी पर अध्ययन करने के लिए मुंबई चला गया क्योंकि लाहौर में इस विषय पर बहुत कम शोध होता था, क्योंकि आम तौर पर इस तरह की समस्याओं के उपचार के लिए महिलायें अस्पताल नहीं जाती थीं। मैंने कॉलेज खत्म करने के बाद काम शुरू किया था और सामान्य से कुछ साल बाद मेरी चिकित्सा शिक्षा खत्म हुई। हिंदू आश्वस्त थे कि लाहौर का भारत में शामिल होने का एक बहुत अच्छा मौका है; इसलिए मैं विशेष रूप से चिंतित नहीं था कि मैं बंबई में था जबकि मेरे माता-पिता लाहौर में। मगर जब घोषणा

की गई कि लाहौर पाकिस्तान के लिए दिया गया है और दंगे शुरू हो गए, मैं सब कुछ छोड़ कर दिल्ली आया, लाहौर के लिए एक ट्रेन पकड़ने की उम्मीद लेकर। मेरे भाइयों में से दो पाकिस्तान में ही थे। मेरे पास उस समय केवल 50 रुपये थे। शायद यह 19 अगस्त था जब हम लाहौर के लिए निकले। अमृतसर तक पहुंचने के लिए 22 घंटे लग गए। तो फिर मैं अमृतसर के मेडिकल कॉलेज में मदद के लिए पहुंचा। वहाँ मुझे पता लगा कि मैं लाहौर तक सुरक्षित रूप से केवल मदद के सहारे से ही जा सकता था। सरकार के लिए काम करने वाले एक दोस्त ने मुझे फिरोजपुर जाने की सलाह दी क्योंकि वहाँ से लाहौर तक पहुँचना आसान हो सकता था।

'फिरोजपुर में पश्चिमी पंजाब से आए शरणार्थियों को इंजेक्शन देने और पट्टी करने की मैंने इच्छा जाहिर की। इसके बाद एक मुसलमान नाम परवेज के तहत मैं पाकिस्तान में दाखिल हुआ। होशियारपुर से एक बहुत ही खूबसूरत जवान मुसलमान लड़की ने, जो शायद केवल बीस साल की थी मुझे अपने साथ लाहौर ले जाने की मिन्नत की क्योंकि उसके माता-पिता की हत्या कर दी गई थी और उसके भाई ने उसे छोड़ दिया था। उसने शिकायत की कि शरणार्थी शिविर में पुरुषों ने उसके साथ पहले से ही छेड़छाड़ शुरू कर दी थी तथा उसे और ज़्यादा बुरे सलूक का डर था। मैंने उससे कहा कि मैं एक ईसाई था और कोई मुस्लिम एक मुसलमान लड़की को मेरे साथ जाने की अनुमति नहीं देगा। इसलिए मैंने उसे शिविर के महिलाओं के वर्ग में शामिल होने की और वहाँ मदद मांगने की सलाह दी।

'मैं मेडिकल कॉलेज के कुछ मुसलमान छात्रों से मिला जिन्होंने मुझे पहचान लिया। मैं डर गया था लेकिन उनमें से एक ने मुझे एक सिख फौजी अफसर से बात करने को कहा जो एक मुसलमान अधिकारी के साथ शरणार्थियों के प्रवाह की निगरानी के काम एक साथ कर रहे थे। वे मेरे एक दोस्त के बड़े भाई निकले। उन्होंने पर्याप्त सशस्त्र गार्ड के साथ मिलकर लाहौर में एक सैन्य वाहन में मुझे भेजने की कृपा की। मैं पहुंचा तो हमारे घर पर कोई नहीं था। मुसलमान पड़ोसियों से पूछताछ करने पर पता लगा कि उन्हें डी.ए.वी. कॉलेज शरणार्थी शिविर स्थानांतरित कर दिया है। उन्होंने स्वयं के एक तांगे में उन्हें डी.ए.वी. कॉलेज भेजा था। शरणार्थी शिविर में मुझे पता चला कि हिंदुओं और सिखों से भरे तीन ट्रकों को अमृतसर के लिए सुबह रवाना किया गया था लेकिन दो वापस लौट रहे थे क्योंकि उन पर हमला किया गया था और जीवन का एक भारी नुकसान हो चुका था। तीसरे ने सीमा पार कर ली थी क्योंकि पुलिस इसे बचाने के लिए समय पर आ गई थी। दो ट्रक वापस आ गये। यह एक चौंकाने वाला नजारा था। किसी को भी बख्शा नहीं गया था। महिलाओं, बच्चों, बूढ़े लोगों के क्षत-विक्षत शव मैं देख सकता था। मेरे माता-पिता उनके बीच नहीं थे। तो फिर से उस सिख अधिकारी की मदद से मैं वागा पहुंचा जहां से मैं अमृतसर आने में कामयाब रहा।

'वहाँ मैंने मृत मुसलमानों से भरी हुई एक ट्रेन को स्टेशन पहुँचते देखा। यह और भी अधिक भयानक नजारा था। लगभग सभी को मौत के घाट उतार दिया गया था। एक बुजुर्ग आदमी जिंदा था जिसने मुझे बताया कि सिखों ने ट्रेन पर हमला किया था और दया दिखाये बिना सब लोगों को मार डाला था। अगले दिन मैंने पाकिस्तानी पंजाब में कहीं से हिंदुओं और सिखों से भरी एक ट्रेन को अमृतसर स्टेशन पर पहुँचते देखा। लोग दर्द में तड़प रहे थे। लगभग आधे यात्रियों की मौत हो गई थी और बाकी बुरी तरह से घायल थे। मेरे उस दोस्त ने जिसने पहले मुझे फिरोजपुर आ जाने की सलाह दी थी मुझे अम्बाला पहुँचाने में मदद की। मैं दिल्ली जाना चाहता था क्योंकि वहाँ हमारे रिश्तेदार थे और मुझे यकीन था कि मेरे माता-पिता अगर वे अभी भी जिंदा हैं तो दिल्ली आ गए होंगे। सौभाग्य से अम्बाला में मुझे अर्जन सिंह से मदद मिल गई जो बाद में भारत के प्रसिद्ध एयर मार्शल बन गये। वे गवर्नमेंट कॉलेज लाहौर में मुझसे दो साल जूनियर थे। उन्होंने मुझे यात्रा करने के लिए बहुत कृपा कर दिल्ली तक के लिए एक वाहन की व्यवस्था करा दी। दिल्ली में मैं अपने माता-पिता से मिला। बाद में मेरे भाई भी भारत आ गए।

'कुछ दिनों के बाद मैंने लाहौर का एक दूसरा दौरा किया जब हम में से कुछ जो कुछ चिकित्सा प्रशिक्षण पा चुके थे बुरी तरह से घायल हिंदुओं और सिखों की मदद करने के लिए स्वेच्छा से आगे आए जिनका प्रसिद्ध सर गंगा राम अस्पताल में इलाज किया जा रहा था। वह भी भयानक नजारा था। पैर, हाथ, और भुजाएँ काट दी गईं थीं। महिलाओं का गिरोहों ने सामूहिक बलात्कार किया था। यह एक ऐसा दृश्य था जिसका मैं वर्णन नहीं कर सकता। इसके बाद हमने किंग एडवर्ड मेडिकल कॉलेज का दौरा किया जहां हमारे शिक्षकों ने हमें मनाने की कोशिश कि हम वहाँ रह कर अपना अध्ययन पूरा करें। जब हम कॉलेज में थे कोई आया और हमें बताया कि हमारी एक सहपाठिनी शांति जिसने लाहौर में ही रहने और अपनी मेडिकल डिग्री को पूरा करने का फैसला किया था, उसकी हत्या कर दी गई है। तो फिर हमने जल्दी से कॉलेज छोड़ दिया। अंत में एक मैडिसिन के प्रोफेसर डॉ. शाह और उनकी बेटी की मदद से जो मेरे लिए एक बहन की तरह थी मैं एक रिश्तेदार के लिए बैंक की तिजोरी से कुछ आभूषण एकत्र करने लिए चला गया। उसके बाद मैं दिल्ली लौट आया। यह अगस्त के अंत का समय होगा। मैंने दोनों तरफ नरक जैसे हालात देखे।'

जुलाई 2002 में मैंने अमरीका का दौरा किया और उस मौके का फायदा उठाते हुए, मैंने कई लाहौरियों के साक्षात्कार दर्ज किए जो अब अमरीका में बस चुके हैं। नीचे दो साक्षात्कार पेश हैं; दूसरा एक विशेष कत्ल की पुष्टि करता है और मुजरिम का ब्यौरा भी देता है।

कांता सिंह लूथरा

'मैं 1935 में पैदा हुई थी। मेरी माँ मियांवाली की एक गरीब औरत थी और जब मैं बहुत छोटी थी तब मेरे पिता की मृत्यु हो गई। मेरे चाचा मदन गोपाल सिंह जिसे मैं अपने पिता के रूप में मानती थी पंजाब विश्वविद्यालय, लाहौर के रजिस्ट्रार थे। हम विश्वविद्यालय द्वारा प्रदान निवास में रहते थे। मैं हिंदू लड़कियों के लिए सर गंगा राम स्कूल में पढ़ने जाती थी। मेरे पिता के कई मुसलमान दोस्त थे। मुझे अब भी याद है कि मुल्तान से अब्दुल रहमान हमें मिलने आया करते थे। एक लड़की जिसका नाम मुमताज था मेरी बहुत प्रिय सहेली थी। हम बच्चे उन दिनों धार्मिक वर्ज्य की कभी परवाह नहीं करते थे। वे अच्छे दिन थे।

'मदन गोपाल सिंह न केवल साहित्य के एक प्रसिद्ध विद्वान थे, बल्कि धर्म के भी। उन्होंने हमें सभी धर्मों का सम्मान करना और एक ईश्वर में विश्वास करना सिखाया। उन्होंने मेरी मां और बच्चों को जालंधर भेज दिया लेकिन रिकॉर्ड के हस्तांतरण को पूरा करने और अन्य औपचारिकताओं को समाप्त करने के लिए वे वहाँ पर रुक गए, क्योंकि पंजाब विश्वविद्यालय को भी बांटा जाना था और इसे पूर्वी पंजाब में फिर से स्थापित करना था। मैं अभी भी 31 अगस्त 1947 के उस दिन को याद कर सकती हूँ, एक दिन पहले हम जालंधर आए थे और सरकारी आराम गृह में रह रहे थे। यह शाम का समय था जब सेना का एक ट्रक आया। हमें एक अधिकारी कप्तान वर्मा ने सूचित किया कि हमारे पिता को विश्वविद्यालय में उनके कार्यालय में सुबह के समय मार डाला गया।

'हम लाहौर वापस गए, हालांकि मेरी माँ मुझे साथ नहीं ले जाना चाहती थी लेकिन मैं अपने पिता के आखरी दर्शन करने के लिए लगातार रोती रही। हम सर गंगा राम अस्पताल गए और उनकी लाश देखी। उन्हें चौदह बार छुरा मारा गया था। हमें बताया गया कि अपनी मृत्यु से पहले उन्होंने कलिमा पढ़ा था। जालंधर में मैंने एक ही प्रकार की नफरत देखी; वही जुनूनीपन। वह नजारा हमेशा के लिए मेरे मन में अंकित हो गया। एक दिन मैंने हिंदुओं और सिखों का एक गिरोह देखा जो चीख रहे थे, "हर हर महादेव" और "वाहे गुरु जी दी फतह"। वे भाले और लाठियों के साथ दो जवान अर्धवस्त्र मुसलमान महिलाओं को डरा रहे थे। लहूलुहान लड़कियां अपने घुटनों पर गिर गईं और दया के लिए विनती करने लगीं। उनके साथ क्या हुआ कोई भी अनुमान लगाया जा सकता है। उस दिन मैं सोच रही थी कि क्या भगवान की मृत्यु हो गई है या उसने कोई शामक औषधि ले ली है जबकि उनके बच्चों ने उसके खिलाफ विद्रोह कर दिया है और शैतान के साथ हाथ मिला लिया है।

सत्येंद्र कुमार

'हम कश्मीरी पंडित हैं। जब 1789 में फ्रांसीसी क्रांति हुई तब मेरे पूर्वज उसी वर्ष दिल्ली के लिए चले गए। वे मुगलों के सामंतों के साथ सेवारत हो गए। फारसी, अरबी और उर्दू के साथ अच्छी तरह से वाकिफ होने के नाते उनकी सेवाओं की उस समय के प्रधानों द्वारा मांग की जाती थी जो हमेशा ही एक दूसरे के साथ संघर्ष कर रहे होते थे तथा उन्हें संधियों और अन्य समझौतों को तैयार करने के लिए विशेषज्ञों की जरूरत पड़ती थी। उनमें से एक गंगा राम, रंजीत सिंह के निमंत्रण पर पंजाब आ गए। उन्हें लाहौर के दीवारों से घिरे शहर में प्रसिद्ध वजीर खान मस्जिद के पास एक हवेली दी गई। उनके पुत्र दीवान अयोध्या प्रसाद ने सिख सेना में सेवा की तथा वह बाघबानपुरा के प्रसिद्ध अराइन परिवार के मियां इलाही बख्श के एक सहयोगी थे। लाहौर के मियां इलाही बख्श एक तोपखाने के कमांडर थे और मियां परिवार की उस शाखा को तोपची के खिताब से नवाजा गया था। मेरे दादा राजा नरेन्द्र नाथ वजीर खान मस्जिद के मदरसे में शिक्षित किये गए। वे कुरान के साथ पूरी तरह से परिचित थे और इसे सुना सकते थे। जब उनकी मृत्यु हुई तो मुसलमान आग्रह कर रहे थे कि उन्हें दफन किया जाए क्योंकि वह एक हाफिज थे (जो स्मृति से पूरी कुरान सुना सकते थे)। मगर दूसरों ने कहा कि वह एक ब्राह्मण थे और इसलिए उनका अंतिम संस्कार हमारे पैतृक संस्कार के अनुसार किया जाना चाहिए।

'हमारे परिवार का नेहरू परिवार से संबध है क्योंकि एक छोटा समुदाय होने के नाते, सभी कश्मीरी पंडित एक दूसरे के रिश्तेदार हैं। जवाहरलाल नेहरू की मां एक लाहौरी कश्मीरी पंडित परिवार से थीं। मेरी बुआ रामेश्वरी की जवाहरलाल के चचेरे भाई बृजलाल [अमेरिका के पूर्व राजदूत बी.के. नेहरू के पिता] से शादी हुई थी। सर तेज बहादुर सप्रू, उत्तर प्रदेश से एक और प्रसिद्ध कश्मीरी पंडित, कहा करते थे कि मेरे चाचा यानी कि राजा साहब हिंदू महासभा के नेता हैं मगर जब वह गुस्से में होते हैं तो वह अरबी की गालियों का उपयोग करते हैं।

'राजा नरेन्द्र नाथ हिंदू महासभा के अखिल भारतीय नेता थे। क्या इसके चलते वे एक सांप्रदायिक मानसिकता रखते थे? वास्तव में नहीं। कारण यह था कि वह एक बहुत अमीर आदमी थे और सोचते थे कि उनके वर्ग के हितों का प्रतिनिधित्व कांग्रेस के बजाए हिंदू महासभा करेगी। उनके कई बहुत करीबी मुसलमान दोस्त थे और उनमें कई पंजाब के मुसलमान नेता भी थे। उनके करीबी मुसलमान पारिवारिक दोस्तों में लाहौर में बाघबानपुरा का मियां परिवार, सर सिकन्दर हयात और खिजर हयात तिवाना के पिता मलिक उमर हयात तिवाना भी थे। दिसम्बर 1942 में सिकंदर की मृत्यु के बाद पंजाब का प्रमुख बनने में उन्होंने खिजर हयात की मदद की। नरेंद्र नाथ की 1943 में मृत्यु हो गई। राजाजी नरेंद्र नाथ के बारे में एक दिलचस्प किस्सा है जो मैं

आपके साथ साझा करना चाहता हूँ। एक बार पंजाब के राज्यपाल ने उनसे पूछा कि वह क्या कर रहे हैं? उन्होंने कहा कि वह उर्दू में जॉन स्टुअर्ट मिल की *ऑन लिबर्टी* का अनुवाद कर रहे हैं। यही कारण है कि राज्यपाल ने जो काफी चिंतित हो गए होंगे जल्दी से उन्हें रिझाने के लिए अपनी सलाहकार परिषद का सदस्य बनाया। मेरे पिता दीवान आनंद कुमार एक शिक्षाविद् थे। उन्होंने राजनीति में हिस्सा नहीं लिया। वे वारिस रोड पर फेयरफील्ड्स (वर्तमान लेखक केवल कुछ 400 मीटर की दूरी पर टैम्पल रोड पर पैदा हुआ था और उस क्षेत्र में एक भव्य हवेली के रूप में फेयरफील्ड्स को याद किया जाता है) पर रहते थे।

'विभाजन के समय मैं 17 साल का था। पहले हम भारत में उत्तर प्रदेश के देहरादून सुरक्षित पहुंचे। सर तेज बहादुर सप्रू ने मुझसे पूछा कि क्या हम सुरक्षित रूप से आ गए हैं। मैंने कहा कि हम सुरक्षित आं गए हैं और जो कुछ हम अपने साथ ला सकते थे उसे हम सुरक्षित रूप से ले आए। सब कुछ का मतलब मेरे लिए था फर्नीचर, दो संगमरमर के काकातुआ और मेरी बंदूकें क्योंकि मुझे शिकार का शौक था। परिवार की महिलाओं ने वास्तव में मई 1947 में लाहौर छोड़ दिया था। जब शाहालमी को आग लगा दी गई थी उसके बाद मैं चला आया लेकिन भारत और पाकिस्तान के बीच नई सीमाओं का निर्धारण नहीं किया गया था। सच्चाई तो यह है कि हमें कभी धमकी नहीं दी गई। हमारे किरायेदार आए और दंगों के दौरान हमारी रक्षा की। हमने खतरा तब महसूस किया जब आस-पास के मेसन रोड पर रहने वाले मौलवी मुहम्मद शफी जो मेरे पिता के एक दोस्त थे उन्होंने एक संदेश भेजा कि भूंडपुरा जो एक मुसलमान बहुल क्षेत्र था वहाँ के लफंगे एक छापा मारने वाले हैं। हमारे नौकर युसुफ का बेटा भूंड्पुरा में रहता था और हालांकि उसने कहीं और हमलों में भाग लिया था उसने यह सुनिश्चित कर दिया कि हम सुरक्षित बने रहें। इसलिए हमारे निवास पर कोई हमला नहीं हुआ।

'मेरे पिता विभाजन के बाद तब गए जब दीवारों से घिरे शहर में एक हिंदू को पीट-पीट कर और उसकी हड्डियों को निर्दयता से तोड़ते हुए उनके एक मौलवी दोस्त की मां ने देखा तथा उन्होंने अपने बेटे को कहा 'सत्येंद्र को तुरंत चले जाने को कहो'। भारत में हालात उतने ही बुरे हैं। सोलन से नीचे जाते हुए, कालका के पास एक रेलवे क्रॉसिंग पर, उन्होंने एक मुसलमान जिंदा बचे इन्सान को देखा जो उस गाड़ी से उतरने में कामयाब था जिस पर हमला किया गया था और पाकिस्तान जा रहे ज़्यादातर मुसलमान शरणार्थियों का कत्लेआम कर दिया गया था। वह उसे कालका के एक अस्पताल ले गए जहां कुछ हिंदुओं ने उनके द्वारा एक मुसलमान की मदद करने पर आपत्ति की। तब उन्होंने कहा 'मरीज का कोई मजहब नहीं होता'। इससे उस मुद्दे का निपटारा हो गया और डॉक्टरों ने उस इंसान की मदद की।

'एक युवा लड़के के रूप में मैं अक्सर इलाका नवाब साहब नामक एक जगह जो नवाब किजिलबाश की भूमि थी के पास एक गांव बीर तक घोड़े की पीठ पर सवार होकर जाता था। हम मुख्य रूप से मुसलमान लेकिन कुछ सिख किरायेदार-किसानों को भी अपनी जमीन किराए पर देते थे। गांव के कई लड़के मेरी शिकार की टीम का हिस्सा हुआ करते थे। मेरे परिवार ने कभी किरायेदारों के साथ बदसलूकी नहीं की। यह कहा जाता था कि नवाब किजिलबाश को हमेशा खुद की रक्षा करने के लिए अंगरक्षकों की जरूरत पड़ती थी लेकिन हम हिंदू ब्राह्मणों को कभी भी इस तरह की जरूरत महसूस नहीं हुई. . . मैं मानता हूँ कि आम लोग वफादार और दयालु होते हैं अगर उनके साथ अच्छी तरह से व्यवहार किया जाए।

'मैं हमेशा लाहौर की यात्रा करना चाहता था जहां मैंने अपने जीवन के सबसे आनंदमय साल बिताए थे। ऐचीसन कॉलेज लाहौर में मेरे कई दोस्त थे। पहला अवसर 1998 में आया: उसी वर्ष भारत और पाकिस्तान दोनों ने अपने परमाणु उपकरण विस्फोटित किए थे। लोगों ने मुझे नहीं जाने के लिए चेतावनी दी थी लेकिन मैं चिंतित नहीं था। लाहौर की मेरी याददाश्त केवल बहुत खुश दिनों की थी। लाहौर की धरती पर पैर रखते ही हम तो कई साल पहले पहुँच गए जिसका मैं वर्णन नहीं कर सकता हूँ। मैं गया और दीवारों से घिरे शहर में हमारे पुराने घर को भी देखा। मैंने फेयरफील्ड भी देखा, लेकिन एक दूरी से। यह डॉक्टरों का अध्ययन कर रही लड़कियों के लिए फातिमा जिन्नाह महिला छात्रावास बन गया था। उनका कॉलेज जो सर गंगा राम द्वारा निर्मित था कुछ ही मिनटों की दूरी पर था। दूसरी बार जब मैं 1999 में गया तब बसंत का समय था। पुरानी पतंग उड़ाने की यादें ताजा हो गईं और यह एक बहुत भावुक पल था।

'मैंने अपने जैसे एक पुराने ऐचीसन कॉलेज से पढ़े अपने पाकिस्तानी मेजबान के 8 वर्षीय बेटे अजहर के साथ बीर का दौरा किया। मैंने काफी पुराने समय की तरह गाँव के चौक पर बैठे और बात कर रहे कुछ बुजुर्ग लोगों को देखा। मैं उनमें शामिल हो गया और उनसे पूछना शुरू कर दिया कि एक पुराना बरगद का पेड़ था कहाँ गया और 80 एकड़ वाला आमों का बाग कहाँ गया [बीर में कुल लगभग 1500 एकड़ जमीन थी]। पुराने लोगों ने याद किया कि आमों का बाग मूल रूप से हमारे राजाओं के परिवार का था लेकिन जब 1947 में वे भारत चले गए तब वह भूमि भारत से आए किसी को दे दी गई थी। उन्होंने कहा कि उसने आम के बाग को कटवा दिया और एक कॉलोनी बनवाई और उसने लाहौर के बाहरी इलाके में उस जगह पर जौहर टाउन नामक एक नए आलीशान इलाके का गठन किया। उनमें से एक ने कहा कि वह राजा साहब के पोते चीकू साहिब (मेरा उपनाम) के साथ शिकार के दौरे पर जाया करता था। तब मैंने अजहर से पूछा कि मेरा नाम क्या था और जब उसने मुझे चीकू अंकल के नाम से बुलाया तो उस इंसान को एहसास हुआ कि मैं कौन था। अचानक कई पुराने लोग मुझे गले लगाने लगे और मेरा स्वागत करते हुए, आशीर्वाद

देने लगे (मैं खुद 71 वर्ष का हो चुका था)। हम पुराने समय को याद करने लगे और अचानक अतीत में चले गए जब हम एक साथ खेला करते थे और हमने एक बहुत ही उम्दा समय गुजारा था। उस शाम सैकड़ों लोग मेरे साथ बात करने के लिए एकत्र हुए। यह एक बहुत ही भावनात्मक अवसर था।

'2001 में मेरी बेटी गार्गी लाहौर गई। वह हमारे दीवारों से घिरे शहर को देखने के लिए गई। एक बूढ़ी औरत ने जो मूल रूप से अमृतसर की थी उसे गले लगा लिया और जोर-जोर से रोना शुरू कर दिया। उसकी बेटी अमृतसर में मारी गई थी और मुझे लगता है वह अपने सीने से एक भारी वजन हटा देना चाहती थी और गार्गी की उपस्थिति ने उसे अपने गहरे दु:ख को व्यक्त करने का अवसर प्रदान कर दिया था। गार्गी बीर भी गई जहां उसके साथ एक बेटी की तरह व्यवहार किया गया और उसे कई तोहफे दिए गए। वह फेयरफील्ड् भी जाकर अंदर से हमारे पुराने घर को देख सकी और उसकी तस्वीरें भी ले सकी। यह पहला मौका था जब मेरा परिवार फेयरफील्ड देख सका था और यहां तक कि वह कमरा भी जहां मैं पैदा हुआ था। हमारे लिए लाहौर हमेशा हमारे जीवन का हिस्सा बना रहेगा।'

विशारदा हून

'हालांकि हमारा परिवार लाहौर से है, मेरा जन्म 20 जून 1926 को शेखूपुरा में हुआ था, जो लाहौर से 150 किलोमीटर दूर है जहां मेरे पिता राय साहिब स्वामीदास बतौर पी.डब्ल्यू.डी के एक एग्जीक्यूटिव इंजीनियर तैनात थे। 1927 में लाहौर फिर से उनका तबादला हो गया जहां उन्होंने उपनगरीय मॉडल टाउन में एक विशाल घर बनाया। यह मेरी मां के नाम पर 'विद्या निवास' कहलाया। मेरी माँ उनकी दूसरी पत्नी थी। मेरे दो बड़े सौतेले भाई थे लछमन दास और रोशन दास। लछमन मुझसे 20 से ज़्यादा साल बड़े थे मेरे लिए एक और पिता समान थे। मेरी माँ ने चार बच्चों को जन्म दिया। वह पंजाबी, हिंदी, उर्दू और अंग्रेजी से अच्छी तरह से वाकिफ थीं। उनकी कोई औपचारिक डिग्री नहीं थी हालांकि वह उन भाषाओं को पढ़ सकती थीं और उनमें लिख भी सकती थीं।

'जीवन धीमा था। हमारे पास बहुत ज़्यादा स्वतंत्रता थी। हम तैराकी, खेल, योग और नृत्य के शौकीन थे। हमारे पिछवाड़े में एक दूधिया रोशनी वाला बैडमिंटन कोर्ट था। जब भी रेडियो, रिकॉर्ड प्लेयर या फ्रिज जैसा कोई भी नया उत्पाद बाजार में आता हम इसे पाने के लिए सुनिश्चित हो जाते। हम अक्सर अपने पिता की पुरानी विंटेज एसेक्स कार में लाहौर जाकर फिल्में देखते और मेलों में हिस्सा लेते। मैं अपनी चाची अमर कुमारी वर्मा द्वारा चलाये गए महिलाओं के लिए पंजाब कॉलेज में 1941 में दाखिल हो गई। वह भारतीय इतिहास में महत्वपूर्ण साल थे। इसके कुछ प्रसिद्ध छात्रों में

शामिल हैं पूर्व प्रधानमंत्री गुजराल की पत्नी सुशीला, अभिनेता आई.एस. जौहर की पत्नी रमा हून और कांग्रेस समाजवादी पार्टी के नेता प्रेम भसीन की पत्नी कमला आहूजा।

'9 दिसंबर 1942 को मैंने लाहौर और अनारकली बाजार में हड़ताल और जुलूस में भाग लिया। हम पर लाठियाँ बरसाई गई और हमें लाहौर सेंट्रल जेल भेज दिया गया। यह मेरे लिए एक नया अनुभव था। मैं केवल 16 साल की थी। जेल में उन चार दिनों ने मुझे बहुत कुछ सिखाया। कांग्रेस समाजवादी पार्टी (सीएसपी) के तिलक राज चड्ढा, प्रेम भसीन, अच्युत पटवर्धन, अशोक मेहता, राम मनोहर लोहिया, जयप्रकाश नारायण और रामनंदन मिश्र मेरे आका थे। जयप्रकाश नारायण और रामनंदन मिश्र हजारीबाग जेल से भाग गए थे। वे हमारे नायक थे। सीएसपी ने कांग्रेस की तुलना में अधिक युवाओं को आकर्षित किया। मैंने रैलियों, कॉलेज की हड़तालों में भाग लेना शुरू किया और जल्द ही महिलाओं के लिए छात्रों की शाखा की एक सचिव बन गई। सांप्रदायिक प्रचार ने मुझे बहुत ज़्यादा प्रभावित नहीं किया था। मेरे करीबी दोस्तों में कुछ मुसलमान थे। मुझे विशेष रूप से सीमांत प्रांत से अजीज याद है। मॉडल टाउन में एक विषम उपनिवेश था और मेरे कई करीबी मुसलमान दोस्त थे। वास्तव में हमारे मुसलमान दोस्तों ने दंगों के दौरान हमारी मदद की। हम नहीं चाहते थे कि विभाजन हो। हम जाने के लिए तैयार नहीं थे। कोई भी यह प्रत्याशा नहीं कर रहा था कि पाकिस्तान में हिंदुओं की कोई जगह नहीं होगी।

'इस बीच बी.ए. पूरा करने के बाद मैं गवर्नमेंट कॉलेज लाहौर में दाखिल हो गई और एम.ए. के लिए मनोविज्ञान विषय चुना। जब हालात तीव्र हो गए और विस्थापित लोगों ने आंतरिक पश्चिमी पंजाब से लाहौर में पहुंचना शुरू कर दिया मेरे माता-पिता एकदम घबरा गए। यह निर्णय लिया गया कि हमें कुछ समय के लिए देहरादून जाना होगा। मेरे चाचा दून स्कूल में एक हाउसमास्टर की हैसियत से काम करते थे। मेरी चाची भी एक ही स्कूल में एक मैट्रन के रूप में काम करती थी। हम इस आशा में मई 1947 में देहरादून पहुंचे कि दंगों के रुकने के बाद हम अपने घर वापस चले जाएंगे। मैं केवल अपनी किताबें और कपड़े ले कर आई थी।

'14 अगस्त 1947 को हमारे रिश्तेदारों में से एक की लाहौर स्टेशन पर मुसलमानों द्वारा गोली मारकर हत्या की गई। घर की देखभाल करने वापस गए मेरे भाईयों ने एक कार ली और सब कुछ पीछे छोड़ कर सीमा पार कर इस तरफ आ गए। चारों तरफ पूरी अराजकता थी और नव परिभाषित सीमा के दोनों तरफ़ बड़े पैमाने पर नरसंहार शुरू हो गया था। देहरादून से मेरे माता-पिता दिल्ली स्थानांतरित होकर आ गए क्योंकि सारा शरणार्थी पुनर्वास का काम वहीं हो रहा था। मैं अपनी पढ़ाई और एम.ए. की परीक्षाओं के बारे में चिंतित थी। पंजाब विश्वविद्यालय आंशिक रूप से शिमला के पास सोलन में स्थानांतरित कर दिया गया था और एक शिविर कॉलेज दिल्ली में खोला गया। अंततः अप्रैल 1948 में मैंने एम.ए. की परीक्षा दी और प्रथम श्रेणी में पास किया।

'इस बीच मेरी शादी रणजीत सिंह हून, मेरी चाची के सौतेले बेटे, के साथ तय की गई थी। हम एक साथ बड़े हुए थे। आप इसे एक प्रेम विवाह कह सकते हैं क्योंकि मैं जानती थी कि मैं उनसे शादी करूंगी। उन्होंने इतिहास में एम.ए. किया था और लाहौर में एक आंतरिक सजावट का व्यापार करते थे। हमने 30 जनवरी 1948 को एक दोस्त के घर में शादी कर ली जिस दिन महात्मा गाँधी की हत्या हुई थी। लगभग 100 मेहमानों ने समारोह में भाग लिया। शाम 5.05 बजे पर महात्मा गाँधी की गोली मारकर हत्या हुई थी। पांच मिनट के भीतर खबर हम तक पहुंच गई।

'शादी के बाद मैंने अपनी राजनीतिक गतिविधियों को बंद कर दिया क्योंकि हम आजीविका की तलाश कर रहे थे। मेरे श्वसुर काफी रूढ़िवादी थे और युवा पुरुषों के साथ मेरा मेल-जोल पसंद नहीं करते थे। मैं भी अपने पहले बच्चे की माँ बनने वाली थी। 1949 में हम कलकत्ता चले गए जहाँ रंजीत ने रद्दी लोहे का व्यवसाय शुरू किया। 1952 में एक हिंदी शिक्षक के रूप में मैंने लड़कियों के लिए बिड़ला के एक स्कूल में शिक्षण कार्य शुरू किया। अब तक मेरे दो बच्चे हो चुके थे। जल्द ही चेन्नई में परिवार के कारोबार की एक शाखा शुरू करने की जरूरत पड़ी। तो हमने कलकत्ता छोड़ा और 1953 में चेन्नई आ गए। मेरी तीसरी संतान विनीता तब छह महीने की थी। मैं तब से चेन्नई में रह रही हूँ और इस शहर में पंजाब संघ के साथ जुड़ी हुई हूँ। मुझे इस बात का बहुत संतोष है कि मैंने अपने जीवन के अधिकांश समय तक एक शिक्षक और शिक्षाविद के रूप में समाज सेवा की है।

'मैं पाकिस्तान का फिर कभी दौरा नहीं कर सकी। मैंने कुछ पाकिस्तानी महिलाओं को अपनी सहेलियाँ बना लिया और उन्हें अंतर्राष्ट्रीय सम्मेलनों में मिली। कुछ साल पहले मैंने अपने पुराने घर की तस्वीरें देखीं जिस पर मेरे पिता का नाम और 'विद्या निवास' अभी भी लिखा हुआ था। मैं मोडेल टाउन का दौरा करना पसंद करूंगी लेकिन वहाँ रहना नहीं क्योंकि मैं अब उस जगह के लिए बिल्कुल अजनबी बन चुकी हूँ।'

उपेंद्र पंडित

'जन्म की लॉटरी ने लाहौर के कश्मीरी पंडित समुदाय के एक परिवार में मुझे रखा। मेरे पिता दयाल सिंह कॉलेज लाहौर में रसायन विज्ञान के प्रोफेसर थे। मेरी माँ की शिक्षा हाई स्कूल स्तर पर खत्म हुई। शायद इस कारण से वह चाहती थीं कि उनके बच्चों [दो लड़के और दो लड़कियां] को शिक्षा का उच्चतम स्तर प्राप्त हो। उसकी मेहनत और प्रयास द्वारा उस महत्वाकांक्षा की प्राप्ति हुई। दयाल सिंह कॉलेज का आदर्श वाक्य था: "पूर्व और पश्चिम की बुद्धिमता इकट्ठा करो"। मेरे पिता ने धर्मनिरपेक्ष सिद्धांतों का अनुकरण किया और अच्छी शिक्षा पर काफी महत्व रखा। इस नजरिये के चलते उन्होंने लाहौर में लड़कियों को सेक्रेड हार्ट कॉन्वेंट और लड़कों को सेंट एंथनी

हाई स्कूल भेजा। हम बीडन रोड पर एक घर में रहते थे और पुराने शहर के दौरे का विशेष रूप से अनारकली बाजार का आनंद लिया करते थे। मॉल के साथ-साथ चलते हुए लॉरेंस गार्डन जाना और रावी नदी पर नौका विहार हमारी पसंदीदा गतिविधियां थीं। लाहौर में जीवन सहज था सभी तरीके से उत्तेजक और भविष्य के लिए आशा से भरपूर।

'जैसे ही 1947 शुरू हुआ युवा सपनों के क्षितिज पर काले बादल छाने लगे। लाहौर में सांप्रदायिक गड़बड़ी मई में शुरू हुई। मुझे तारीख याद नहीं है लेकिन पहली बार उस दिन पुराने शहर में लगी आग से हमने आकाश में प्रकाश की एक चमक देखी। आने वाले हफ्तों और महीनों में इस चमक का विस्तार हुआ और मैंने इसे कभी बुझते नहीं देखा। हम अक्सर शहर की सामान्य दिशा से बदलती हुई आवाज की तीव्रता में अल्लाह-हो-अकबर के नारे सुनते।

'मेरे पिता यह मानते थे कि देश के होने वाले औपचारिक विभाजन के बाद स्थिति सामान्य हो जाएगी। मुस्लिम, सिख और हिंदू, पड़ोसियों के रूप में एक साथ रहते आए हैं और कोई कारण नहीं है कि वे विभाजन के बाद इसे क्यों जारी नहीं रख सकते।

'हमारे लिए पहली सदमे वाली खबर जुलाई के मध्य में आई जब हमने अपनी माँ के चचेरे भाई [शम्मी] की हत्या की खबर सुनी। शम्मी मेरे लिए एक रोल मॉडल थे और मुझे विशेष रूप से उनकी मोटर साइकिल पर की गई सवारी याद है। थोड़े समय बाद, हमने सुना कि अपने पिता के चचेरे भाई [कुमार] की हत्या कर दी गई है। उनकी कई बार चाकू द्वारा प्रहारित लाश, जहां वह रहते थे उसके पास के एक खुली पानी की टंकी में पायी गई। तब तक लाहौर में रहने का डर लोगों के दिल में समा चुका था। पता चला कि दीवारों से घिरे शहर के विभिन्न भागों में आगजनी शुरू हो गई थी: शाहआलमी बाजार, चुन्ने मंडी, अकबरी मंडी और अन्य क्षेत्रों में। हर गली को जला दिया गया था और नष्ट कर दिया गया था; जबकि पुलिस खड़ी रही और उसने कुछ नहीं किया – हमें बताया गया। जुलाई के अंत तक हम समझ गए कि पुराने शहर को हिंदुओं और सिखों से जातीय रूप से शुद्ध किया गया था। उस अवस्था में मैं, मेरी मां और तीन बच्चे कुछ रिश्तेदारों के साथ रहने के लिए दिल्ली रवाना हो गए।

'एक घटना है जिसने मुझे और मेरे पिता को हिलाकर रख दिया था और वह एक आदमी की हत्या का दृश्य था जिसके चाकू से काट कर टुकड़े कर दिए गए। हमने पूरी घटना उस बैंक की खिड़की से देखी और सुनी जहां हम पैसे इकट्ठा करने के लिए गए थे। एक दूसरी व्यक्तिगत घटना – जो मेरी स्मृति में अंकित हो चुकी है वह थी दिल्ली में अपने परिवार को सूचित करने के लिए एक टेलीग्राम भेजने का मेरा प्रयास कि मेरे पिता और मैं ठीक थे (यानी जिंदा थे)। उस समय प्रक्रिया के अनुसार कागज पर मसौदा तैयार कर संदेश के तार संचरण के लिए टेलीग्राफ कार्यालय

में प्रस्तुत किया जाता था। मैंने इस कार्य को पूरा करने के लिए अपने पिता को वादा किया। तदनुसार मुख्य टेलीग्राफ कार्यालय तक लिखित संदेश के साथ चला गया। जैसा कि मुझे याद है, हम जहाँ रहते थे वहाँ से यह बहुत दूर नहीं था। उस कार्यालय का चुनाव भी चयनित पैदल मार्ग की कल्पित सुरक्षा पर आधारित था। टेलीग्राफ कार्यालय में मैं इस कार्य में शामिल लोगों की कई कतारों में से एक में शामिल हो गया। लाइन में खड़े रहते हुए मैं अपनी खुद की लाइन और अलग-अलग लाइनों में खड़े लोगों के बीच जोर-जोर से की जा रही बातचीत सुन सकता था। बातचीत का सार – पूरी तरह से मुसलमान पुरुषों के एक समूह में – मुझे बहुत धमकी वाला माहौल महसूस हुआ। उनमें से तो कुछ इतने नाराज थे कि वे खुले तौर पर हिंदुओं और सिखों को खोज कर उन्हें मारने की अपनी मंशा व्यक्त कर रहे थे। मुझे यह पता था कि पगड़ी के बिना मुझे सिख तो नहीं समझा जा सकता था। लेकिन जब मैं मेज पर क्लर्क के लिए तार दूँगा तो वह मेरे नाम से मेरी बतौर हिंदू पहचान कर लेगा और इसलिए मैं बहुत चिंतित था। जैसे-जैसे कतार आगे बढ़ने लगी, टेलीग्राम भेजूँ या नहीं भेजूँ इस मानसिक संघर्ष ने एक अशुभ चरित्र ग्रहण कर लिया। मैंने अपने आप को एक दोधारी तलवार के ऊपर पाया जिसके एक तरफ जीवन को धमकी देता एक वातावरण था और दूसरी तरफ आगे बढ़ती हुई वह कतार। इतने वर्षों के बाद मुझे याद नहीं है कि कतार में मेरे आगे कितने लोग थे जब मैंने महसूस किया कि टेलीग्राम को पेश करना बेहद खतरनाक होगा। नतीजतन एक कायरतापूर्ण कृत्य में, दूसरों का ध्यान आक्रर्षित नहीं करते हुए मैंने बहुत चुपचाप तरीके से उस कतार से अपने आप को अलग किया और घर लौटने के लिए टेलीग्राफ कार्यालय के बाहर चला गया। मैंने पिता को यह बताने में बहुत शर्मिदिगी महसूस कि मैं तार नहीं भेजा सका था। मगर जब मैंने उन्हें परिस्थितियों के बारे में विस्तार से बताया तो वह समझ गये कि मैंने इस तरह क्यों किया। बाद के दिनों में और दुखद घटनाएं हुईं जिन्होंने नई परिस्थितियों में "सामान्य जीवन" की संभावनाओं की एक आम निराशाजनक तस्वीर तैयार की।

'हमारे मोहल्ले में 'एक डेयरी के मालिक का पुलिस के साथ संपर्क था। वह सुरक्षा के मुद्दे की जानकारी पड़ोसियों को दिया करता था। 25 अगस्त को उन्होंने कहा कि पुलिस अब हमारी कोई रक्षा नहीं कर सकती और हमें अब जाने के लिए तैयार रहना चाहिए। 27 अगस्त को हमारे मोहल्ले के छह हिंदू और सिख परिवारों के साथ, मेरे पिता और मैं – एक छोटा सा सूटकेस और चावल, दाल की एक बोरी लेकर – लाहौर छावनी स्टेशन के लिए तांगे के एक कारवां में चले गए। यहाँ से अमृतसर के लिए जा रही एक ट्रेन पाने की हमें उम्मीद थी।

'छावनी रेलवे स्टेशन में पूरे भ्रम और अराजकता के एक दृश्य का सामना करना पड़ा। वहाँ बैग, बंडलों, आधे तैयार बिस्तर, बर्तन और यहां तक कि कुछ लकड़ी के कोयले की अँगीठियों के ढेर के बीच पुरुष, महिलाएँ, बच्चे इधर उधर भटक रहे थे।

मुमकिन है, एक लंबे समय से कुछ लोग वहाँ थे। किसी भी रेलवे प्राधिकारी या ट्रेन की किसी समय सारिणी का कोई सवाल ही नहीं था।

'जब भी कोई चिल्ला कर कहता कि प्लैटफार्म X से कोई ट्रेन अमृतसर जा रही थी तो उस आवाज़ पर लोग विश्वास कर एक समूह में उस प्लैटफार्म X की दिशा में दौड़ते। ऐसे ही एक घोषणा के बाद मेरे पिता और मैंने बताई गई ट्रेन में प्रवेश करने का फैसला किया। वाघा सीमा सिर्फ 15 मील [24 किलोमीटर] दूर था। हम उस 15 मील का अंदाजा नहीं लगा सके कि वह कितना लंबा सफर था जैसे कि बाद में घटनाओं के खुलासे से पता चला। लोगों की धारा में शामिल होते हुए हम ट्रेन तक पहुंच गए। मुझे सही याद है मेरे पिता ने गाड़ी की एक खिड़की से मुझे अंदर धक्का दिया और खुद दरवाजे से प्रवेश किया। यह लकड़ी के सीटों वाला एक तीसरी श्रेणी का डिब्बा था। कुछ ही लोग बैठ सकते थे क्योंकि जगह के मुकाबले बहुत ज़्यादा लोगों ने प्रवेश किया था। ट्रेन बहुत धीरे धीरे, दोपहर में चली – कोई भी एक बड़ी आसानी से इसके बराबर की गति से चल सकता था। जहाँ-तहां यह रुक जाती – किसी स्पष्ट कारण के बिना। एक समय जब हम रूके हुए थे हमने गोलियों की आवाज सुनी। इनमें से कुछ गाड़ी की खिड़कियों के पास से आ रही थीं। लोग खिड़कियों से दूर रहकर या नीचे पूर्ण रूप से झुक कर संरक्षण पाने की कोशिश कर रहे थे। जब ट्रेन फिर से चली हम दूर से आ रही मनुष्य की चीखें सुन सकते थे जैसा मैंने पहले कभी नहीं सुना और न ही बाद में कभी सुना है। किसी की भी खिड़कियों से बाहर देखने की हिम्मत नहीं थी। मैंने अपनी सुविधाजनक जगह से एक इंसान को देखा जो अर्ध नग्न और खून से लथपथ था तथा अपनी दुर्दशा को संप्रेषित करने के लिए एक विफल इशारे में अपने हाथों को हिला रहा था। अब समय बीतने के साथ-साथ वे चीखें दबी हुई है, लेकिन मैं उन्हें कभी भुला नहीं सकता। उनकी स्मृति विशेष रूप से अगर रात में आ जाती है तो यह मुझे एक निद्राहीन शून्य में ले जाती है।

'जब हम सोच ही रहे थे कि हम वाघा के करीब हैं हम एक बार फिर रुक गए; तब हमने इंजन को अलग होते देखा और कुछ ही क्षणों के बाद हमें वह विपरीत दिशा में जाता हुआ दिखा। वहाँ हम अंधेरे में एक "इंजन-विहीन" ट्रेन में बैठे थे। यह ध्यान देने योग्य है कि लोग ज़्यादा बातें नहीं कर रहे थे। हर कोई अपने सामने के अज्ञात या अपने व्यक्तिगत डर से लड़ने की कोशिश कर रहा था। जल्द ही अंधेरा हो गया और बाहर की खतरनाक दुनिया में क्या हो रहा है कोई भी नहीं देख सकता था। समय में किसी बिंदु पर आकर दिन की संचित थकावट मेरे ऊपर हावी हो गई और मैं सो गया। कितनी देर के लिए मुझे नहीं पता चला मगर कुछ घंटों के लिए तो जरूर ही। क्योंकि जब मैं उठा तब ट्रेन आगे बढ़ रही थी और दिन के हल्के शुरुआती प्रकाश में मैं रेल गाड़ी की खिड़की के फ्रेम से प्रेत जैसे पेड़ देख सकता था। गाड़ी चलती रही, बिल्कुल धीरे-धीरे और तब हम लोगों ने ट्रेन ट्रैक के करीब इकट्ठा लोगों के

समूह को देखा। मेरी पहली प्रतिक्रिया तीव्र आशंका भरी थी। हालांकि यह जल्द स्पष्ट हो गया कि लोग ट्रेन और उसके मानव माल को देखकर लहरा रहे थे और खुशी से चिल्ला रहे थे। मैंने अपने पिता को यह कहते हुआ सुना और जिसके साथ मैंने तीव्र राहत की भावना को जोड़ा – "हम भारत पहुँच गए हैं"।'

'मैं उस दिन के बाद से लाहौर कभी नहीं लौटा हूँ।'

प्रोफेसर शौकत अली

कांता लूथरा से मिलने के कुछ दिन बाद 29 जुलाई को मैं प्रोफेसर एमेरिटस शौकत अली, एक अनुभवी पाकिस्तानी शिक्षाविद् को मिलने मैन्सफील्ड, मैसाचुसेट्स में उनके बेटे डॉ. सलीम अली के घर गया। विभाजन से पहले के लाहौर और वहाँ के हिंदू शिक्षकों के ऊपर उनका विवरण पहले से ही अध्याय 2 में प्रस्तुत किया गया है। साक्षात्कार के बाद का हिस्सा 1947 की घटनाओं के बारे में है। मुझे बहुत आश्चर्य से उन्होंने मदन गोपाल सिंह की हत्या की पुष्टि की और उस आदमी की पहचान भी की जिसने उनका कत्ल किया था। उन्होंने मुझे यह बताया:

'मई के बाद से दीवारों से घिरे शहर में हमेशा उपद्रव होता रहता था। पुरानी चैन की जीवनशैली काफी बदल गई थी और लोग अचानक होने वाले हमलों के भय में रहते थे। भट्टी गेट शांतिपूर्ण रहा तब भी जब ठेठ हिंदू इलाकों, पापड़ मंडी और शाहालमी में काफी लंबे समय से आग लगी हुई थी। अधिकांश प्रदर्शन और सामूहिक आंदोलन मॉल और शहर के अन्य आधुनिक भागों तक ही सीमित थे। मुझे मुस्लिम लीग प्रदर्शनों में "पाकिस्तान का मतलब क्या? ला इल्लाहा इल्ललल्लाह" जैसे नारे बोले जाने और खिजर सरकार के खिलाफ अश्लील गालियाँ याद हैं। इससे कुछ दिन पहले, 14 अगस्त को मोहल्ला जलोट्टियाँ में जहां हम मुसलमान अल्पमत में थे और ज़्यादातर हिंदुओं के घर थे, मकानों को षडयंत्रकारियों द्वारा चिह्नित किया गया। अचानक वहाँ हिंदू निवासों पर चित्रित संकेत थे लेकिन हमारे और अन्य मुसलमानों के घरों को छोड़ दिया गया था। इसने आतंक फैलाया और कुछ हिंदू अपने घरों को छोड़ कर चले गए लेकिन अधिकांश साधारण निम्न मध्यम तबके से थे और उनके पास जाने के लिए कोई जगह नहीं थी। एक शाम उनके घरों को आग के हवाले कर दिया गया और अचानक भयानक चीखें सुनी जा सकतीं थीं। जलती हुई त्वचा से एक बदबू आ रही थी। यहां तक कि अब भी मैं, अपनी नींद में विचलित हो जाता हूँ और आवाजें मुझे परेशान करती हैं।

'आप कांता लूथरा की कहानी का उल्लेख कर रहे थे। उन्होंने जो आपसे कहा था वह बिल्कुल सच है। मदन गोपाल सिंह एक उच्च सम्मानित विद्वान और विश्वविद्यालय में एक सबसे ज़्यादा समर्पित रजिस्ट्रार थे। उनकी हत्या उनके स्टेनोग्राफर द्वारा कर

दी गई थी जो उनके बगल में कार्यालय में बैठता था। अब मैं उसका नाम याद नहीं कर पा रहा हूँ (*उसका नाम गुलाम हसन था:* कौशिक 2011)। भारत का विभाजन बिल्कुल अनावश्यक था। एक हजार साल की एकीकृत प्रक्रियाओं को कुछ हफ्तों और दिनों में शून्य के समान कर दिया गया। कोई भी यह नहीं देख पा रहा था कि पंजाब प्रलय की राह पर था। मैं खुश हूँ कि मेरे आदरणीय शिक्षक प्रेम किरपाल सुरक्षित रूप से भारत के लिए चले गए लेकिन प्रोफेसर नैयर.के साथ क्या हुआ मुझे पता नहीं है। मुझे उम्मीद है कि वह भी बच गये होंगे। दोनों महान आदमी थे और मैं हमेशा उन्हें अपने सच्चे संरक्षकों के रूप में याद रखूँगा।'

कलेब अली शेख

इससे पहले कलेब अली शेख की मदद से मई 1947 की चूड़ियों और मेंहदी की घटना की पृष्ठभूमि को प्रस्तुत किया गया है। लाहौर में अगस्त 1947 के दूसरे अर्ध में क्या हुआ, यह बताने के लिए उनके पास और भी कुछ था:

'अगस्त 1947 में लाहौर एक जलता हुआ नरक था। अधिकांश हिंदू और सिख भाग गए; लाहौर में रहने की उनकी इच्छा टूट गई थी। लेकिन कुछ नहीं जा रहे थे। वे ऐसा दिखा रहे थे जैसे कि कुछ हुआ ही नहीं था। मैंने तीन पुरुषों का अपनी आँखों से कत्ल होते देखा। एक युवा सुंदर अच्छी तरह कपड़े पहने हुआ सिख था जो लाहौर रेलवे स्टेशन के पीछे हमारे घर के पास आत्मविश्वास से अपनी साइकिल की सवारी कर रहा था। यह उस जगह से परिचित लगता था और एक इत्मीनान से सवारी कर रहा था। अचानक गुंडों का एक समूह उस पर टूट पड़ा। उन्होंने पीछे से उसे एक लंबी छड़ी के साथ मारा। वह जमीन पर गिर गया और उसके बाद उन्होंने उसके शरीर में छुरे घुसेड़ दिए। दर्द में छटपटाते हुए उसकी मृत्यु हो गई। दूसरा मामला हमारे पड़ोस के एक हिंदू दुकानदार का था। वह खाना पकाने का तेल बेचा करता था। वह शायद तेल लाने के लिए जा रहा था और उसकी साइकिल के साथ पीपे बंधे थे। उसका भी छुरे मारकर कत्ल कर दिया गया। हत्यारे उसके पैसे लेना चाहते थे। उन्होंने उसका बटुआ छीन लिया और भाग गये। तीसरा व्यक्ति एक अजनबी था जो खून से लथपथ, मृत पड़ा हुआ था। मुझे पता नहीं लगा कि वह एक मुसलमान था या हिंदू। तीन हत्याएँ तब हुईं जब कर्फ्यू लागू था। जाहिर है यह पेशेवर अपराधियों का काम था जिन्होंने कानून तोड़ने का जोखिम लिया और ऐसे गंभीर अपराध किए। लाहौर में गंभीर हत्याओं के मामले 17 अगस्त के बाद शुरू हुए जब हजारों की संख्या में अमृतसर के मुस्लिम लाहौर आए। उनमें वे लोग थे जिनकी गिनती अमृतसर के सबसे खराब कानून तोड़ने वालों में होती थी। वे निश्चित रूप से प्रशासन से जुड़े हुए थे। कुछ उस समूह का हिस्सा थे जिसे सरदार शौकत हयात ने अमृतसर में नियमित रूप से किए गए दौरों के दौरान संगठित किया था। उनमें से कईयों को बाद में अनारकली में

दुकानों और मकानों का आवंटन किया गया, जिन्हें हिंदुओं और सिखों ने पीछे छोड़ दिया था।

'लाहौर रेलवे स्टेशन में दैनिक तौर पर रेलगाड़ियां, पूर्वी और पश्चिमी जिलों से आ रहीं थीं और उनमें लाशें भरी होती थीं। एक दिन मेरे पिता जो रेलवे पुलिस में कांस्टेबल थे वापस घर आये और मेरी माँ को बताया कि हालांकि लाहौर रेलवे स्टेशन पर ट्रेनों दोनों पूर्वी और पश्चिमी जिलों से रोजाना मृत शरीरों को लेकर आ रहीं थीं, उन्हें पता लगा कि एक ट्रेन जो उत्तरी पंजाब के कमॉके से आ रही थी उस पर हमला किया गया और एक भी हिंदू या सिख नहीं बच पाया था (इस घटना को बाद में कुछ विस्तार से इस अध्याय में प्रस्तुत किया गया है)। इसलिए ट्रेन को साफ करने के लिए एक वॉशिंग शेड भेजा गया था। लग रहा था कि वह इस क्रूरता को विशेष महत्व दे रहे थे। हालांकि यह जोर देना महत्वपूर्ण है कि विभाजन के बाद के शुरुआती दिनों के दौरान लाहौर में प्रशासन का डर अभी भी कानून तोड़ने वालों के दिल में था। इसकी एक वजह यह थी कि पुलिस में कई अधिकारी अभी भी ब्रिटिश थे। इसके अलावा पुलिस के नए इंस्पेक्टर जनरल कुर्बान अली खान असाधारण अखंडता के एक अधिकारी थे।'

लाहौर जिला

सरदार शौकत अली

हालांकि मैंने लाहौर शहर से बहुतायत में कहानियों को एकत्र किया है ग्रामीण क्षेत्रों में क्या हुआ इसका ब्यौरा हासिल करने के लिए, लोगों से मिलना आसान नहीं था। तथापि, 3 मई 2003 को मैंने, नई गार्डन टाउन में उनके घर में वयोवृद्ध कम्युनिस्ट नेता सरदार शौकत अली से बात की। उन्होंने वह घटनाएँ बताई जो लाहौर जिले में उनके गांव के चारों ओर हुईं :

'रैडक्लिफ अवार्ड के बाद हमलावरों और लुटेरों के गिरोहों को चारों ओर घूमते देखा जा सकता था। कॉमरेड गुलाम नबी भुल्लर को कम्युनिस्ट पार्टी द्वारा प्रतिनियुक्त किया गया था ताकि वे पाकिस्तान की तरफ सतलुज और ब्यास के पार से मुसलमानों को ले आएँ और दूसरी तरफ हिंदुओं और सिखों को जाने के लिए, अनुरक्षण दें। मैंने खुद कई हिंदुओं और सिखों को अपनी तरफ से नदी पार कराने में मदद की। मेरा एक सिख कामरेड जोगिंदर सिंह था। एक दिन वह और उसका भाई कुरान की प्रतिलिपियों से भरी एक बोरी के साथ हमारे गांव में पहुंचा जो भागते हुए मुसलमानों ने पीछे छोड़ दी थी।

'सतलुज से केवल 8-10 मील की दूरी पर एक गांव के सिखों का एक कारवां इसे पार करने की कोशिश कर रहा था। बारिश पड़ चुकी थी और हर जगह पानी का

स्तर बढ़ रहा था, नदी, जलधाराओं में, नदियों और नहरों में। यह एक बड़ा कारवां था और ज़्यादातर सिखों को तैरना नहीं आता था तथा उन्हें मदद करने के लिए, केवल कुछ नावों को ही लाया जा सकता था। उन पर मुसलमान दंगाईयों द्वारा एक शातिर हमला किया गया। कई मारे गए। महिलाओं ने अपने शरीर पर अपने गहने बांध रखे थे। हमलावर आभूषण छीन रहे थे और कभी-कभी कान और गर्दन शरीरों से अलग कर दिए जाते। मंडी उसमानवाला नामक एक जगह है। वहां वहाबी मौलवियों ने गहनों को लूटने में सक्रिय भाग लिया। उन्होंने कई सिखों को भी मार डाला।

'लाहौर शहर में हमले इसलिए हुए क्योंकि गुंडों और बदमाशों को नेताओं द्वारा समर्थन दिया जा रहा था। दो गुट थे। मुस्लिम लीग के कुछ ऐसे नेता थे जो गुंडों के साथ निकट संपर्क रखते थे। मियां अमीरुद्दीन का बसेरा इस तरह की गतिविधियों का एक केंद्र था। लेकिन मुस्लिम लीग में कुछ सभ्य लोग भी थे। शेख मुहम्मद रफीक कम्युनिस्ट पार्टी के एक सदस्य थे लेकिन पार्टी के निर्देश पर मुस्लिम लीग में शामिल हुए थे। उन्होंने और अहमद सईद किरमानी जो मुस्लिम लीग के एक छात्र नेता थे हिंदुओं और सिखों पर हमलों को हतोत्साहित करते थे। मियां इफ्तिखारुद्दीन, दनियाल लतीफी, सोहन सिंह जोश, टिक्का राम सोहन वरिष्ठ कामरेड थे जिन्होंने अपने समुदायों पर अपने प्रभाव का इस्तेमाल किया ताकि वे हत्याओं और लूटपाट में लिप्त न हों। शमीम अशरफ मलिक और मैं पार्टी के युवा मुसलमान कार्यकर्ता थे और हमने जरूरत में लोगों की मदद करने की भरपूर कोशिश की जितना हम कर सकते थे। उन दिनों के दौरान देखी हिंसा और पागलपन अब भी मुझे परेशान करता है। एक धार्मिक आधार पर भारत को तोड़ने का विचार बहुत बुरा विचार था। इसने धार्मिक कट्टरपंथियों को मान्यता और महत्व दिया और उन्होंने उस अवसर का इस्तेमाल धार्मिक घृणा का प्रचार करने के लिए किया'

18 मार्च 2004 को मैंने और विक्की ने पूर्वी पंजाब के जिला मोगा के तुलनात्मक रूप में एक बड़े गाँव किशनपुरा कलाँ का दौरा किया। हमें यह सुराग मिला था कि लाहौर जिले के कुछ शरणार्थी यहाँ और आस-पास के जिलों में आकर बसे थे।

प्यारा सिंह नौलख

'मेरा नाम प्यारा सिंह वल्द कुन्दन सिंह नौलख है। हमारे गाँव को नौलखा बुंगा कहते थे, जो तहसील चुनियां, जिला लाहौर में था। यह मुसलमानों, सिखों और हिंदुओं का एक मिला-जुला गाँव था। हम शांति से रहते थे और सभी समुदायों के बीच काफी प्रेम था। केवल 1947 में ही मुस्लिम लीग के कार्यकर्ताओं ने हमारे गांव का दौरा किया। फकीरीया नाम के एक दर्जी को उन्होंने अपने साथ मिला लिया। वे आए और उसके साथ रहे लेकिन कोई अनहोनी घटना नहीं घटी। सिख नेता बलदेव सिंह

ने हमारे पास एक संदेश भेजा था कि अगर हम पर हमला किया जाए या हमें छोड़ने के लिए मजबूर किया तो वे हमारी मदद करने के लिए सैनिकों को भेजेंगे। हमें बताया गया कि चुनियाँ तहसील जो लाहौर जिले में थी और फिरोजपुर जिले में सतलुज के विपरीत दिशा में जीरा तहसील को लेकर एक विवाद था। जीरा में मुसलमान बहुमत में थे जबकि चुनियाँ में हिंदुओं और सिखों का बहुमत था। हमें बताया गया था कि अगर जिन्नाह चुनियां को चाहते थे तो हमें जाना होगा और अगर वह जीरा चाहते हैं तो फिर हम वहाँ पर रह सकेंगे। हम यह मानते हैं कि जिन्नाह ने जीरा को छोड़ दिया क्योंकि पाकिस्तान के साथ इसे जोड़ने का कोई रास्ता नहीं था; सतलुज नदी पंजाब के उस हिस्से की सीमा बन गई थी।

'एक दिन हमें पता लगा कि पाकिस्तान अस्तित्व में आ गया था। हमारे मुसलमान पड़ोसियों ने किसी भी धमकी और हिंसा के खिलाफ हमें सुरक्षा प्रदान करने का वादा किया था। 15 अगस्त के कुछ दिनों बाद की बात होगी जब जोरदार शोर और गोलियों की आवाजों ने हमें अचानक जगा दिया जब हम अपने घरों की छतों पर गहरी नींद में थे। हमें कहा गया कि हमारे गांव पर हथियारबंद लोगों के एक बड़े समूह ने हमला किया है। इसीलिए मिनटों में हम एक केंद्रीय स्थल पर इकट्ठे हुए और सतलुज की दिशा में चलना शुरू कर दिया। वे हमें डराना चाहते थे ताकि हम चले जाएँ। हम पर रास्ते में घात लगाकर हमला किया गया और कुछ लोग मारे गए। यह रात का समय था और सुरक्षा के लिए कौन किधर भाग रहा था किसी को पता नहीं था। लेकिन सेना ठीक समय पर आ पहुंची और जीवन के किसी भी बड़े नुकसान को रोका। मुझे लगता है कि हमारे गांव के पचास से अधिक लोगों की मृत्यु नहीं हुई। हमारे गांव के पास पूरी तरह से मुसलमान गाँव सटोकी और मीर ममदा थे। हमलावर यहाँ के नहीं थे। वे बाहर से एक हिंसात्मक रुख लेकर आए थे और वे ज़्यादातर अपराधी थे जो लोगों को लूटना चाहते थे।

'अन्य मुख्य रूप से हिंदू-सिख कारवां कम भाग्यशाली थे। हमारे पीछे एक काफिले पर मुसलमान सैनिकों और पुलिस ने हमला किया। कुल 200-250 लोगों को मशीन गनों द्वारा मार डाला गया। महिलाओं और बच्चों को उनके साथ आए लुटेरों द्वारा दूर ले जाया गया। उनमें से कुछ हमारे कारवां में शामिल होने और उनके साथ क्या हुआ उसे बताने में कामयाब हुए। हमें मार्गरक्षण दे रहे भारतीय सेना के जवान घबरा गए जब उनको एहसास हुआ कि वे संख्या में बहुत कम हैं। प्रशिक्षित तथा सैनिकों व लड़ाकों से लड़ने के लिए निम्न रूप में सशस्त्र थे। यह हम थे जिन्होंने उन्हें नैतिक समर्थन दिया और उनका उत्साहवर्धन किया। हमारे गांव के बहुत अच्छे घुड़सवार हमारे साथ थे जिन्होंने कारवां के अनुरक्षण में सेना की मदद की और कारवां की संख्या कई हजार और बढ़ गई थी; शायद 50,000 तक।

'हम अंत तक जंबर में स्थित शिविर तक पहुंच गए। फिर सितंबर के शुरू में हमने सीमा पार की। हमने किसी को भी पीछे नहीं छोड़ा। जो बुजुर्ग पैदल नहीं चल सकते थे, उन्हें *चारपाई* पर डाल दिया गया, छोटे बच्चों के साथ महिलाओं को और गर्भवती महिलाओं को भी *चारपाई* पर डाल दिया गया। हम पहले अमृतसर गये और उसके बाद जीरा आए और तब किसी ने हमें किशनपुरा में जाने के लिए बताया। वहाँ गाँव में पाँच पट्टियाँ थीं; चार हिंदुओं और सिखों की और एक मुसलमानों की। हम मुसलमान पट्टी में बसे जहां के अराइन पाकिस्तान चले गए थे।'

शेखूपुरा

शेखूपुरा निःसंदेह, धार्मिक दृष्टि से पश्चिमी पंजाब में सिखों के लिए सबसे महत्वपूर्ण जिला था। किसी भी अन्य जगह से भी अधिक वे चाहते थे कि इसे पूर्वी पंजाब में शामिल किया जाए क्योंकि उनके धर्म के संस्थापक बाबा गुरू नानक इस जिले के तलवंडी गांव में पैदा हुए थे। बाद में इसे ननकाना साहिब के रूप में जाना गया। लेकिन जनसंख्या का आंकड़ा मुसलमानों की तरफ भारी था। 8,25,508 की कुल आबादी में मुसलमान 6,41,448 के साथ बहुमत में थे (63.62) फीसदी, मगर सिख 1,06,706 (18.85 प्रतिशत) की आबादी होने के कारण एक महत्वपूर्ण अल्पसंख्यक समुदाय थे जबकि हिंदू, अनुसूचित जाति सहित 77,740 (9.12 प्रतिशत) थे। प्रारंभ में रैडक्लिफ अवार्ड की घोषणा के बाद और पाकिस्तान को शेखूपुरा दिए जाने पर भी सिख वहाँ जमे रहे। इसके अलावा, मुसलमानों द्वारा उन्हें और हिंदुओं को निष्कासित करने के लिए तत्काल कोई प्रयास नहीं किया गया। लेकिन जब पूर्वी पंजाब से मुसलमान शरणार्थियों ने आना शुरू कर दिया स्थिति बहुत तेजी से बदल गई।

पश्चिमी जिलों में सबसे खराब जुल्मों में से एक शेखूपुरा में हुआ। एस.जी.पी.सी. की रिपोर्ट इस पर बल देकर कहती है:

> शेखूपुरा के हिंदू और सिख, रावलपिंडी और मुल्तान के बाद शायद, पाकिस्तानी कट्टरता और ठंडे कलेजे से किए गए जानलेवा उन्माद के हाथों बुरी तरह पीड़ित थे। उन पर अचानक झटका लगा और 10,000 से 20,000 के बीच लोगों को तेजी से मार डाला गया (1991: 167)।

खोसला रिपोर्ट ने कत्लेआम के सबसे बुरे कृत्यों में से कुछ का विवरण दिया है। खोसला पूरे मुसलमान प्रशासन को नरसंहार का दोषी मानते हैं; अंग्रेजी उपायुक्त सी. एच.डिज्नी की तरफ भी इशारा करते हैं कि वह साजिश में शामिल था; और जिसने पाकिस्तान में ही रहने का फैसला किया था। रिपोर्ट के अनुसार यह 24 अगस्त को शाम 6 बजे से अगली सुबह 6 बजे तक कर्फ्यू लगाने के साथ शुरू हुआ हालांकि तब तक शेखूपुरा किसी भी हिंसक संघर्ष से मुक्त था।

जो घटनाएं सिर्फ शुरू हुईं थीं, 21 अगस्त से लाहौर और लायलपुर के बीच ट्रेनों में हिंदुओं और सिखों पर किए गए हमले। खुले-आम गड़बड़ी 25 अगस्त को भड़क उठी जब हिंदू और सिख घरों को आग लगा दी गई। सेना और पुलिस जो पहुंची उसने अपने घरों से बाहर निकलते हुए लोगों को गोली मारना शुरू कर दिया। गड़बड़ी 26 अगस्त को चोटी पर थी (1989: 126-9)।

उन दो दिनों में शेखूपुरा में हुई घटनाओं के बारे में बता सकने वाले उन लोगों का मैंने पता लगाया। खुशकिस्मती से मेरी मुलाकात 8 मार्च 2004 को दिल्ली में एक सज्जन से हुई जिन्होंने विभाजन के समय उस शहर में क्या हुआ इसका निम्नलिखित ब्यौरा दिया। बाद में मैंने उनसे 30 जनवरी 2006 को टेलीफोन के माध्यम से स्पष्टीकरण मांगा।

केवल कृष्ण तुली

'मैं शेखूपुरा में 6 दिसंबर 1936 को पैदा हुआ था। हम शेखूपुरा शहर में अवाना दी गली में रहते थे। यह एक बंद गली थी। हमारा घर एक मुसलमान अधिवक्ता के घर के बगल में था जिसका नाम अब मैं याद नहीं कर पा रहा हूँ। हालात बहुत ही शांत और दोस्ताना थे। हम सड़क और मुहल्लों में खेलते और वास्तव में धार्मिक मतभेदों के बारे में कोई ज़्यादा नहीं सोचता था। मेरे पिता लाला राम रक्खामल थे जो एक थोक व्यापारी थे। हमारा कारोबार काफी अच्छा था। गड़बड़ी अचानक शुरू कर दी गई। यह पंजाब सीमा बल की बलूच रेजिमेंट थी जिसे मुसलमानों ने उकसाया कि वे पूर्वी पंजाब में हिंदुओं और सिखों द्वारा किए गए अपराधों का बदला लेने के लिए कुछ करें। अचानक आतंक फैल गया जब चारों ओर गिरोह लूटपाट करने लगे और हिंदुओं तथा सिखों को छुरेबाजी का शिकार बनाते रहे। यह वास्तव में एक बहुत भयानक अनुभव था जब भीड़ द्वारा पुरुषों और महिलाओं का पीछा किया गया और उन्हें निर्दयता से मार डाला।

'हमने अगली सुबह अपना घर छोड़ दिया और एक सुरक्षित जगह खोजने लगे। हमने हिंदुओं और सिखों को रेलवे स्टेशन की ओर या सरदार आत्मा की राइस मिल की ओर जाते देखा। यह एक बड़े परिसर के साथ एक बड़ी जगह थी। मुझे अंदाज है कि हजारों लोगों ने उसमें शरण ले रखी थी। मिलिट्री ने मिल को घेर लिया और मशीन गनें मिल की तरफ तान दी। उन्होंने हिंदुओं और सिखों को अपने हथियार समर्पण करने के लिए कहा। उन्होंने यह देखने के लिए कि किसी ने कोई हथियार तो नहीं छुपा रखा है जांच भी की। फिर उन्होंने हमें अपना सारा सोना, चांदी और नकदी समर्पण करने को कहा। हमें कहा गया कि अगर हम सहयोग करते हैं तो वे हमें एक शिविर ले जाएंगे, जिसे हिंदुओं और सिखों के लिए स्थापित किया गया है। सोने और चांदी के गहनों का एक ऊंचा ढेर जिसे एकत्र किया गया था, उसे वे दूर ले गए।

'फिर कुछ आपराधिक तत्व युवा महिलाओं के साथ छेड़छाड़ करने लगे। एक सैनिक ने एक सिख लड़की को दूर खींचने की कोशिश की, तब उसके भाई उस सैनिक पर टूट पड़े और उसे मार डाला। इसके चलते मशीन गनें हरकत में आ गईं। लोग जहां खड़े थे वहीं गिर गए। चारों तरफ दहशत फैल गई। लोग चारों दिशाओं में भागे। मैं और मेरी माँ मेरी छह महीने की छोटी बहन को लेकर मेरे पिता से एक अलग दिशा में रेलवे स्टेशन की ओर भागे। अन्य सैकड़ों लोगों के साथ-साथ उनकी भी हत्या कर दी गई। भीड़ किसी को भी नहीं बख्श रही थी। मगर किसी ने भी मेरी नन्ही बहन को मारने की कोशिश नहीं की। वह जमीन पर लेटी रही और चारों ओर पड़े हुए खून को चाटते हुए बच गई! किसी ने उसे उठाया और उसे अमृतसर ले आया जहां वह हमें फिर मिल गई। अब वह भारतीय वायु सेना में कार्यरत है।

'मेरी माँ और मेरा कुछ पुरुषों द्वारा पीछा किया जा रहा था जब एक मुसलमान सज्जन जो खुद पूर्वी पंजाब से एक शरणार्थी थे ने हस्तक्षेप किया और हमें बचाया। उन्होंने हमें मारने नहीं दिया। बाद में वह हमें शरणार्थी शिविर ले गए। कम से कम 15,000 लोग उस छापे में मारे गए थे। सरदार आत्मा सिंह की मिल और उसके परिसर के चारों ओर और बाहर देखे मृत लोगों के शवों को मैं अभी भी याद कर पाता हूँ। मशीन गनों की बौछार ने खून को पानी की तरह बहा दिया। हम शरणार्थी शिविर में थे जब पंडित जवाहर लाल नेहरू शेखूपुरा में आए। उन्होंने अपनी आँखों के साथ हुई पूरी तबाही को देखा। बाद में हमें एक ट्रेन में बिठा दिया गया जिसमें सैकड़ों लोग थे, जिनमें कई गंभीर रूप से घायल लोग बैठे हुए थे। यह एक धीमी गति की यात्रा थी। हम पहले लाहौर पहुंचे और फिर आखिरकार कई घंटे के सफर के बाद ट्रेन अमृतसर पहुंची।

'अमृतसर में हमने चारों ओर अपने पिता को खोजा। किसी ने कहा कि उसने, उन्हें रेलवे स्टेशन की ओर जाते देखा था। दूसरों ने कहा कि उन्होंने उन्हें मृत देखा था। अमृतसर में पूरी अफरा-तफरी थी। हमने उन्हें फिर कभी नहीं देखा। मैं अभी भी उनके बारे में बहुत सोचता हूँ। वह मुझे बहुत प्यार करते थे। वह एक दयालु इंसान थे और उनका मुसलमानों द्वारा भी सम्मान किया जाता था। लेकिन हमें मेरी बहन मिल गई, आखिर तब कुछ सांत्वना मिली। जो मैंने लोगों से सुना है वह यह है कि हमारे क्षेत्र में हमले, मुसलमान अराइनों द्वारा संगठित किए गए थे। मैं उस कत्लेआम को कभी नहीं भूल सकता।'

चौधरी नजीर अहमद विर्क

चूंकि शेखूपुरा में हिंदुओं और सिखों के खिलाफ आक्रोश सामूहिक हत्या का एक कुख्यात मामला था हम एक मुसलमान गवाह की खोज कर रहे थे ताकि वह हमें यह

बता सके कि क्या हुआ। चौधरी नजीर अहमद विर्क ने यह घटना एक लड़के के रूप में देखी थी। अहमद सलीम ने 30 दिसंबर 2005 को शेखूपुरा में उनका साक्षात्कार लिया। यहाँ उनकी कहानी पेश है:

'मैं पुराने शहर में 18 जनवरी 1935 को शेखूपुरा में पैदा हुआ था। 1947 में मैं सरकारी हाई स्कूल में 7 वीं कक्षा में था। यह एक छोटा सा शहर था। यहाँ कभी भी कोई विवाद नहीं। कोई सांप्रदायिक आंदोलन नहीं। हमारी जट्ट विर्क बिरदारी के एक बुजुर्ग चौधरी इब्राहिम विर्क शेखूपुरा की नगर समिति के अध्यक्ष थे। स्वामी नंद सिंह एक सिख इस समिति के सदस्य थे। जब लाहौर और अमृतसर में आग लगी हुई थी तब वे दोनों एक तांगे पर बैठ कर शहर में चारों तरफ यह घोषणा करने लगे "हे भाइयों! शेखूपुरा एक छोटा सा शहर है। हम एक साथ शांतिपूर्ण तरीके से रह रहे हैं। हमारे शहर को सांप्रदायिक संघर्ष के जहर से बचाने के लिए प्रयास करें। अगर कोई लड़ने का उत्सुक है तो उसे लाहौर या अमृतसर चला जाना चाहिए। हम उसको किराया दे देंगे लेकिन भगवान के लिए शेखूपुरा में सौहार्दपूर्ण संबंधों को खराब नहीं करें।"

'एक दिन हम एक मस्जिद के पीछे खेल रहे थे जब इमाम दीन नामक एक आदमी जो रेलवे स्टेशन के पास काम करने वाला एक मोची था हमारे पास आया और कहा "शवों के साथ भरी एक ट्रेन पूर्वी पंजाब से आई है। महिलाएँ हैं जिनके स्तनों को काट दिया गया है और बच्चों के टुकड़े-टुकड़े कर दिए गए हैं। पूरी ट्रेन खून से भरी हुई है। वहाँ कोई भी जीवित नहीं है।" हम ट्रेन को देखने के लिए दौड़े। यह 25 या 26 अगस्त का दिन था। अहमदपुरा मोहल्ला के लड़के कुल्हाड़ियाँ और बल्लम लेकर आ गए और कुछ सिख जो बाजार में खरीदारी कर रहे थे उनके टुकड़े कर दिए। अगले दिन दोपहर 12 या 1 बजे एक सैन्य जीप में एक सूबेदार और तीन अन्य सैनिकों के साथ आया। उन्होंने चीख कर कहा, "क्या तुम लोग सो रहे हो? क्या तुम्हें नहीं पता है कि पूर्वी पंजाब में तुम्हारे भाइयों के साथ क्या हुआ है? हमारे साथ शामिल हों और हमारे सह-धर्मियों के साथ हुए अन्याय का हम बदला लेंगे।" मेरे रिश्तेदारों में से एक चौधरी मुहम्मद शफी और उसका किरायेदार मुहम्मद बलूच उस जीप के साथ-साथ भागे। सूबेदार ने उन्हें कहा कि उनके पास जो भी बंदूकें हैं उन्हें वे ले आएँ। मोहल्ले में उस समय केवल एक बंदूक उपलब्ध थी।

'डिप्टी कमिश्नर के रसोइये अता मुहम्मद अवान के पास एक सिंगल बैरल बंदूक थी। वह उसे ले आया। सैनिकों ने भीड़ से मिट्टी का तेल भी लाने के लिए कहा। मिट्टी के तेल से भरा एक ड्रम एकत्र किया गया। रामगढ़ के सामने लुंडा गेट के पास, जो एक हिंदू-सिख मोहल्ला था सैनिक जमीन पर लेट गए और रेलवे लाइन के पास मोर्चा संभाल लिया। उन्होंने लोगों को बागरा सिंह के कारखाने में आग लगाने का आदेश दिया। यह किया गया। कारखाने के अंदर सिख छत पर चले गए जहां से

उन्होंने गोली चलाना शुरू कर दिया क्योंकि उनके पास बंदूकें थीं। सैनिकों ने इसका जवाब दिया और उन्हें एक एक कर मार दिया।

'फिर आग पुराने शहर में फैल गई। उन्होंने संतोख सिंह के घर में भी आग लगा दी। इसके बाद तुंढ़पुरीयां मोहल्ला भी आग के हवाले कर दिया गया। उस शाम हर कोई भयभीत महसूस कर रहा था। अगले दिन सुबह यह घोषणा की गई कि एक शिविर की स्थापना की गई है जिसमें सभी हिंदुओं और सिखों को वहाँ चले जाना चाहिए। इसलिए वे अपने घरों से बाहर आए और जंदाया रोड पर आत्मा सिंह के कारखाने के पास उस शिविर में चले गए। वे हजारों की संख्या में वहां एकत्र हुए। फिर टैंक लाए गए जिनके ऊपर मशीनगनें लगी हुईं थीं। उन्होंने उनको गोलियों का शिकार बना कर मार गिराया।

'यहां तक कि नेहरू को इस नरसंहार वाले हमले की खबर मिली। उन्होंने शेखूपुरा की यात्रा करने का फैसला किया। जब पुलिस को इस यात्रा का पता लगा वे कुछ अछूत लोगों को ले आए ताकि वे लाशों को दूर हटा सकें और उन्हें जला या छुपा दें। कुछ को कुओं या गड्ढों में फेंक दिया गया और कुछ को दूर ले जाकर खेतों में फेंक दिया गया। लेकिन इतने ज़्यादा लोगों की हत्या हुई थी कि शव रेलवे लाइन और लाहौर-शेखूपुरा सड़क पर पड़े हुए थे। जब नेहरू आए और उनको उन्होंने देखा। वह कार से आए और कहा, "तुम लोग बेरहम और क्रूर हो।" एक आदमी जिसकी लंबी सी दाढ़ी थी जो शायद एक मौलवी था उसने जवाब दिया "नहीं, आप और अधिक पक्षपातपूर्ण हैं क्योंकि नरसंहार पहले आपकी तरफ से शुरू हुआ। अब आप क्यों चिल्ला रहे हैं?

'कई सिख और हिंदुओं ने इस्लाम कबूल कर लिया। एक काका सिंह थे जो मुसलमानों के करीब थे। वह कुछ दिन रुके लेकिन जब शरणार्थी जाने लगे तब वह भारत चले गए। दो पुलिसकर्मी और कुछ गुंडे हमारे दरवाजे पर दो लड़कियों के साथ आये और उन्हें रखने के लिए हमें कहा। उन्होंने कहा कि जब वे लौटेंगे तो वे उन्हें बाद में ले जाएंगे। वे इधर-उधर लूटपाट कर रहे थे। लगभग 10 मिनट बाद एक सिख और उसकी पत्नी अपने छोटे बच्चों के साथ हमारे दरवाजे पर आए और मदद की गुहार लगाई। उन्होंने कहा "हम आपके भाई और बहन हैं। हम इस एक ही शहर के हैं और हमेशा यहाँ रह चुके हैं। कृपया हमारी मदद करें।" हमने उन्हें भी रख लिया। लड़कियां एक ही परिवार की थीं। उन्होंने एक दूसरे को गले लगा लिया और वे एक साथ होने से बहुत खुश थे। लेकिन वे सभी बहुत भयभीत थे। तब पुलिसकर्मी और गुंडे आए और मांग की कि लड़कियों को उन्हें सौंप दिया जाए। हमने इंकार कर दिया तो वे चले गए। एक सिख मुसलमान बन गया और लड़कियों ने भी कुरान सीखना शुरू कर दिया लेकिन जब उन्हें एहसास हुआ कि लोग उन्हें संदेह की नजर से देखते

हैं तब एक महीने बाद जब भारतीय सेना जीवित बचे लोगों को ले जाने के लिए आई तब वे भी भारत के लिए रवाना हो गईं।

'अच्छे सम्मानजनक परिवारों के लोगों ने हत्याओं और लूटपाट में हिस्सा नहीं लिया। पूर्वी पंजाब के मुसलमानों का कारवां जब शेखूपुरा पहुंचता तो वे जमीन पर लेट जाते और जाप करना शुरू करते, "पाकिस्तान का मतलब क्या? ला इल्लाहा इल्लल्लाह।" कुछ हिंदू और सिख गड़बड़ी खत्म होने के बाद आए थे। अब भी यहां सिख हर साल आते हैं। इसमें कोई संदेह नहीं है कि वे कत्लेआम एक प्रलय की तरह था। लेकिन लोगों ने यह सब कुछ अचानक किया और गैर-मुसलमानों का कोई पूर्व नियोजित वध नहीं किया गया। कुछ सिखों ने यहां शेखूपुरा में भी मुसलमानों को मार डाला। उन दिनों के दौरान लोग जंगली जानवर बन गए थे। शेखूपुरा में 20,000 लोग मारे गए होंगे।'

जवाहर लाल नेहरू का शेखूपुरा दौरा

खुर्रम अली शफीक द्वारा संकलित *दी क्रॉनिकल ऑफ पाकिस्तान* के सितंबर के महीने में खबर दी कि भारत और पाकिस्तान के प्रधानमंत्रियों जवाहर लाल नेहरू और लियाकत अली खान ने एक समझौते के तहत विभाजित पंजाब के विभिन्न भागों में सांप्रदायिक हिंसा के प्रभाव को देखने के लिए खुद दौरा किया गया था। बुधवार 3 सितंबर 1947 को दोनों ने लाहौर में आयोजित एक प्रेस कॉन्फ्रेंस में हिस्सा लिया जिसमें उन्होंने 'दोनों केंद्रीय और प्रांतीय सरकारों के संकल्प को दोहराया कि कानून और व्यवस्था की तुरंत बहाली करनी चाहिए और सभी अराजकता को दबा दिया जाए और इससे संबंधित लोगों को सजा दी जाए। यह भी कहा गया था संपत्ति की अवैध जब्ती को मान्यता नहीं दी जाएगी और दोनों सरकारें कदम उठाएंगी कि शरणार्थियों की संपत्ति की देखभाल की जा सके और इन्हें इनके वास्तविक मालिकों को बहाल किया जा सके।'

उन्होंने अमृतसर, बटाला, होशियारपुर, लाहौर, और शेखूपुरा का दौरा किया और शरणार्थी शिविरों में लोगों की पीड़ा से बहुत प्रभावित हुए जहां दोनों तरफ के हजारों की संख्या में लोग भारी संख्या में पलायन या पुनर्वास का इंतजार कर रहे थे। शेखूपुरा के एक पुराने किसान ने कहा: 'इस देश ने कई शासकों के बदलाव देखे हैं। वे आए और चले गए। लेकिन यह पहली बार है कि शासकों के एक परिवर्तन के साथ-साथ प्रजा को भी बदलने के लिए मजबूर किया जा रहा है।' एक बुजुर्ग हिंदू महिला ने नेहरू को कहा 'विभाजन सभी परिवारों में होता है। संपत्ति इस हाथ से उस हाथ चली जाती है, लेकिन इस सब की शांतिपूर्ण ढंग से व्यवस्था की जाती है। लेकिन यह नरसंहार, लूट और अपहरण क्यों? क्या आप इसे एक समझदार तरीके से नहीं कर सकते थे जैसा कि परिवार विभाजित होते समय करते हैं?' (*क्रॉनिकल*, सितम्बर 1947)।

शेखूपुरा का नरसंहार और पंजाब बाउंडरी फोर्स (पीबीएफ) का विघटन

रॉबिन जेफरी के अनुसार 25 और 26 अगस्त को हिंदुओं और सिखों को गोलियों से मारे जाने में बलूच रेजिमेंट की सक्रिय भागीदारी थी जिसके चलते पंजाब बाउंडरी फोर्स के विघटन का सूत्रपात हुआ। कई ईमानदार प्रयासों के बावजूद यह हिंसा रोकने में विफल रही। लेकिन जब शेखूपुरा की घटनाओं ने इसके सदस्यों में से कुछ के पक्षपातपूर्ण व्यवहार को उजागर किया तो दोनों पक्ष इसको भंग करने के लिए सहमत हो गए। इसमें मौजूद मुसलमानों द्वारा दावा किया गया था कि गैर-मुसलमानों ने उन पर गोलीबारी की थी लेकिन पीबीएफ में उस समय जो हिंदू थे, उन्होंने इस बात को चुनौती दी। बलूच सैनिकों के आचरण के मामले की जांच के आदेश दिए गए थे लेकिन बाद में इसको भंग कर देने के बाद पाकिस्तान के अधिकारियों ने खारिज कर दिया (1974: 516)।

सिख सम्मान रक्षा हेतु हत्या (ऑनर किलिंग)

एक दिन जब मार्च 2004 में विक्की और मैं लुधियाना में थे हम एक सिख पुलिस निरीक्षक से मिले जिसने हमें बताया कि अपने गांव से रवाना होने से पहले उनके परिवार के पुरुषों ने अपने ही परिवार की सभी महिलाओं को मार डाला था ताकि वे मुसलमान पुरुषों के हाथों में न आ जाएँ। जब अगले साल जनवरी में मैंने फिर से भारत का दौरा किया तब हम हरियाणा में उनके गांव गए। परिवार में एक शादी का आयोजन किया जा रहा था इसलिए सही मायनों में, हमें यह काफी अजीब लग रहा था कि हम वहाँ आकर अतीत की मौतों और हत्याओं के बारे में बात करें लेकिन यह हमारे लिए सीधे उनसे ऑनर किलिंग के बारे में सुनने का एकमात्र मौका था और बड़ों ने बहुत मेहरबानी करते हुए हमें एक साक्षात्कार दिया। हम दोपहर में लखमरी गांव पहुंचे, जो हरियाणा राज्य के कुरुक्षेत्र जिले में है। परिवार विर्क जट्टों का था और जो पहले कथियाला विरकां (इसे कथियाला विर्क भी कहते हैं), मुरीदके तहसील, जिला शेखूपुरा, पश्चिमी पंजाब में रहता था। हम शमशेरजीत सिंह विर्क से मिले, जो बहुत आकर्षक पुरुष लगते थे। उनके चचेरे भाई ने उन्हें हमारी यात्रा के बारे में सूचित कर दिया था।

सरदूल सिंह विर्क

'मेरा नाम सरदूल सिंह है। मैं 1928 में पैदा हुआ था। मैंने 1944 में अपनी मैट्रिक परीक्षा पास की और फिर लाहौर में फोरमैन क्रिश्चियन कॉलेज में दाखिल हो गया और 1947 तक अध्ययन किया। हमारा एक बड़ा गांव था जहां लगभग 400 सिख और 6,000 मुसलमान रहते थे लेकिन लगभग सारी जमीन हम विर्कों के पास थी।

मुसलमान हमारे लिए किरायेदार-किसान के रूप में काम करते थे। मार्च 1947 के शुरुआती समय तक जीवन आसान और शांतिपूर्ण रहा। फिर रावलपिंडी और पश्चिमोत्तर सीमांत प्रांत से, सिखों और कुछ हिंदू शरणार्थियों का पहला समूह हमारे क्षेत्र में आ गया और पंजाब में बढ़ते तनाव के बारे में हमें पता लगा। लेकिन रैडक्लिफ अवार्ड की घोषणा तक हमारा गांव पूरी तरह से शांतिपूर्ण रहा। हम, एक दूरबीन की मदद से दूर लाहौर, गुजरांवाला और शेखूपुरा की आगों को देख पा रहे थे। लेकिन हम आश्वस्त बने रहे कि ननकाना साहिब पूर्वी पंजाब को दिया जाएगा और हम हर कीमत पर वहाँ रहने को तैयार थे।

'22 अगस्त को स्टेशन हाउस अधिकारी मुहम्मद गौरी, एक भगवान से डरने वाले व्यक्ति ने सभी हिंदुओं, मुसलमानों और सिखों की एक बैठक बुलाई। उन्होंने हमसे कहा कि वह हमें अब सुरक्षा की गारंटी नहीं दे सकते और अब हमें जाने की तैयारी करनी चाहिए। मुसलमान गुरदासपुर जिले से आ रहे थे और वे अपने साथ शोकमय कई कहानियाँ लेकर आए थे। हालात जल्द ही नियंत्रण से बाहर हो सकते थे इसलिए गैर-मुसलमानों को चाहिए कि जितनी जल्दी हो सके वे चले जाएँ। दरअसल हिंसा हमारे क्षेत्र में भी बढ़ रही थी और पड़ोसी गांवों से सिख और हिंदू, हजारों की संख्या में या तो हमारे गांव या आसपास के खेतों में सो रहे थे। 25 अगस्त को हजारों लोग इकट्ठा हो गए। हमारे साथ बंदूकें थीं। कारवां आगे बढ़ने लगा और जब हम शायद 3-4 किलोमीटर की दूरी तक चले गए, हमें पठानों ने घेर लिया। रात हो चुकी थी जब कुछ लोग भाग खड़े हुए और दूसरे गाँव लौट आए। हम जो वहाँ टिके रहे डर में रात बिताई। हमारे कुछ लोग गांव में वापस चले गए। कुछ मुसलमान बन गए लेकिन हम विर्क आत्मसमर्पण करने को तैयार नहीं थे। हमारी महिलाओं को मुसलमानों के हाथों लगने के बजाए हमने उन्हें मारने का फैसला किया। वे भी हमलावरों द्वारा अपवित्र होने के बजाए मर जाना चाहती थीं। हमने अपनी 33 महिलाओं को मार डाला। उनके सिर को धड़ से अलग कर दिया गया। कुछ तो बिल्कुल बच्चियाँ थीं।'

फकीर सिंह विर्क

जब साक्षात्कार जारी था तब परिवार के एक और वरिष्ठ सदस्य, फकीर सिंह विर्क इसमें शामिल हो गए। उन्होंने निम्नलिखित ब्यौरा दिया:

'हमारा कथियाला विरकां में एक अग्रणी परिवार था। हम जैलदार थे। अधिकांश जमीन हमारी थी। गांव में एक प्राथमिक स्कूल था। एक हिंदू और एक मुसलमान शिक्षक था। दोनों बहुत अच्छे आदमी थे। मुसलमानों के बीच सबसे सम्मानित व्यक्ति मौलवी महबूब आलम थे जो गांव की मस्जिद में नमाज की अगुवाई करते थे। वह एक पुण्य आदमी थे। पीर मकबूल शाह पास के गांव जुनियांवाला में रहते थे। वह

भी एक बहुत अच्छे इंसान थे। वह अपने घोड़े की सवारी करते हुए, हमारे गांव का दौरा करते थे। हमारे परिवार से कोई सदस्य रकाब पकड़ता और तब वह घोड़े से उतरते। यही एक परंपरा थी और हम सभी समुदायों के बड़ों और आध्यात्मिक लोगों का काफी सम्मान करते थे।

'मुझे लगता है कि यह 25 अगस्त का दिन था जब सैकड़ों और शायद हजारों सशस्त्र लोगों ने हमारे गांव के आसपास आना शुरू कर दिया। हममें से कुछ दूर भाग गए और अपने आप को खेतों में छिपा लिया। मुझे और कुछ अन्य लोगों को पीरां दित्ता अराइन ने बचा लिया जो हमें अपने घर ले गया और हमें वहाँ रखा। उन दिनों भारी बारिश हो रही थी और एक सप्ताह के लिए हम पानी पीने के लिए भी बाहर कदम नहीं रख सके थे। मैं तीन महीने तक उसके साथ रहा। वह हमारी भूमि पर खेती करने का काम किया करता था और एक बहुत अच्छा आदमी था। हमलावरों में अधिकांश बाहर से थे लेकिन गांव से कुछ लोग भी उनके साथ शामिल हो गए। हमने सुना कि उनमें से कई बटाला से आए थे। कई हिंदुओं ने भी हमारे गाँव में शरण ली थी। मगर हम हमलावरों से अभिभूत थे। कुल 300-400 लोग मारे गए थे। सिखों ने अपनी महिलाओं को खुद मार डाला। हमारे परिवार में 33 बुजुर्ग, जवान महिलाओं और बिल्कुल छोटी लड़कियों को परिवार के पुरुषों ने कृपाणों से मार दिया। हमने सुना था कि पाकिस्तान की सेना गांव पर छापा मारने आ रही थी और उनके खिलाफ हम अपनी महिलाओं की रक्षा किसी भी अवस्था में नहीं कर सकते। तब हमारे बुजुर्ग गुरबख्श सिंह ने फैसला किया कि हमें अपनी सभी महिलाओं और लड़कियों को मार देना चाहिए। उनमें से कुछ भयभीत होकर रो रही थीं लेकिन सबने उस निर्णय को स्वीकार कर लिया और चुपचाप अपने जीवन के एक महान अंत के लिए खुद को पेश कर दिया।

'1995 में लगभग 50 वर्षों के बाद मैंने फिर से गांव का दौरा किया और स्थानीय लोगों ने खुली बाहों से स्वागत किया। वे यह जानना चाहते थे कि हम लोग जो सुरक्षित रूप से भारत में सीमा पार कर सके थे उनका क्या बना। मैं पीरां दित्ता अराइन और मौलवी महबूब आलम की कब्रों पर अपनी श्रद्धांजलि देने के लिए गया। मैंने उस आदमी से मुलाकात की जिसको मैंने एक हिंदू की हत्या करते देखा था। मैंने उसे अपने शिकार का पीछा करते और एक कुल्हाड़ी के साथ उसे मारते देखा था। मगर इस अवसर पर उसने मेरे प्रति बहुत दोस्ताना व्यवहार किया। एक बूढ़ी औरत जिसे हम बुआ (फूफी) कहा करते थे यह जानना चाहती थी कि शमशेर जीत सिंह जो उस समय सिर्फ चार साल के थे वे बच पाए या नहीं। उसने कहा "वह कितना सुंदर सा बालक था"।'

तब फकीर सिंह विर्क ने रोना शुरू कर दिया और हमने साक्षात्कार खत्म कर दिया। मैंने फकीर सिंह से पूछा कि क्या वह उस आदमी का नाम बताना चाहेंगे जिसने

उस हिंदू को मार डाला था मगर उन्होंने मना कर दिया और कहा कि जो हुआ सो हुआ। 'वो ऐसा समय था,' उन्होंने कहा, 'जब इंसान वहशी जानवर बन गया था।' परिवार के एक और युवा सदस्य सूरत सिंह ने हमें बताया कि वह घायल हो गया था लेकिन एक कुम्हार परिवार ने उसे और उसके परिवार को बचाया। उन्हें मस्जिद ले जाया गया और इस्लाम कबूल करने के लिए उन्हें आमंत्रित किया गया। कुछ लोगों ने ऐसा ही किया मगर बाद में जब भारतीय सेना आई तो वे भारत के लिए रवाना हो गए। एक हिंदू जो उसी घर में रह रहा था हमले में मारा गया। उसकी पत्नी कुएं में कूद गई लेकिन उन्हें बचा लिया गया। उप निरीक्षक घोरी ने कई सिखों को बचाया था। 'भगवान उसे आशीर्वाद दे' फकीर सिंह ने कहा।

शमशेर जीत सिंह जिन्होंने हमारे साथ पहले मुलाकात की और मुलाकात का इंतजाम किया था वह भी उस घटना के समय मौजूद थे। उनकी मां उनमें थीं जिन्हें मार दिया गया था। मैं सोच रहा था कि सिर्फ चार साल की उम्र में अनाथ हो जाने पर उन्हें कैसा महसूस हो रहा होगा। उन्होंने बताया कि 1998 में उन्होंने गांव का दौरा किया और मुझे बताया था कि उन्होंने बुआ (फूफी) को खोजा लेकिन वह उस समय कहीं और गई हुईं थीं। उसे याद रखने के लिए उसका शुक्रिया अदा करने के लिए, उनके लिए उन्होंने कुछ उपहार छोड़ दिये। हमने जाने से पहले परिवार के वरिष्ठ सदस्यों से पूछा कि जब सैनिक पहुंचे तो क्या हुआ। दुखद विडंबना यह है कि यह पता चला कि गांव तक आई हुई इकाई भारतीय सैनिकों की थी न कि कोई बलूच रेजिमेंट। अगर सिखों ने अपनी महिलाओं को नहीं मार दिया होता तो उनमें से कुछ शायद आज भी जिंदा होतीं।

चौधरी तव्वाकुल्लाह विर्क

कथियाला विरकां के सिखों द्वारा अपनी महिलाओं और बच्चों की हत्या, पाकिस्तान में उस क्षेत्र के लोगों के लिए चर्चा का विषय बनी रही। हमने भी उस पर शेखूपुरा के एक प्रमुख सांसद से बात की जिस दिन हमने 30 दिसंबर 2005 को नजीर अहमद विर्क का साक्षात्कार लिया:

'मेरा नाम चौधरी तव्वाकुल्लाह विर्क है। मैं 5 जुलाई 1937 को अपने पैतृक गांव चंडीकोट में पैदा हुआ था जो पहले तहसील ननकाना साहिब में था जो शेखूपुरा का एक हिस्सा थी, लेकिन यह तहसील अब जिला ननकाना साहिब बन चुकी है। मैं 1970 में पाकिस्तान पीपुल्स पार्टी में शामिल हो गया और हमेशा पीपीपी का सदस्य बना रहा। मैं एक बार पंजाब विधान सभा और दो बार पाकिस्तान नेशनल असेंबली के लिए सदस्य चुना गया हूँ। शेखूपुरा जिले में विर्क जट्टों की एकाग्रता सबसे ज़्यादा थी जिनमें से 10 प्रतिशत मुसलमान और 90 प्रतिशत सिख थे। सिख सामरिक लोग थे।

मेरे परिवार की 15,000 एकड़ जमीन थी और विर्कों में हमारा बहुत ज़्यादा सम्मान था। सिख विर्क और हम महसूस करते थे कि हम एक ही बिरादरी के हैं। हममें एक साथ खाते समय कोई भेद नहीं था। बर्बरता पहले पूर्वी पंजाब में शुरू हुई और जब शरणार्थियों ने पाकिस्तान आना शुरू किया तो प्रतिक्रिया शुरू हो गई।

'इस क्षेत्र में हमारे हिंदुओं के साथ भी बहुत अच्छे संबंध थे। अधिकांश सिख और हिंदू इस जगह से सुरक्षित रूप से चले गए। हमारे मुंशी (लेखाकार) सोहन सिंह ने सीमा पार की और हमसे संपर्क कायम है। उनका बेटा भी है जिसकी अमृतसर में किताबों की दुकान है। वह हमें खत लिखते हैं। हमारी बिरादरी के विर्क सिख कभी-कभी हमसे मिलने आते हैं और हमारे अब भी उनके साथ संपर्क हैं। जब वे ननकाना साहिब आते हैं, वे हमेशा हमसे मिलते हैं।

'1947 में सिख हमारे घर आए। मेरे पिता चौधरी खुशी मुहम्मद ने उन्हें इस्लाम कबूल करने के लिए आमंत्रित किया। हम नहीं चाहते थे कि वे चले जाएँ। वे निमंत्रण से प्रभावित हुए लेकिन यह कहते हुए उन्होंने प्रस्ताव को अस्वीकार कर दिया कि यह सिख धर्म के साथ विश्वासघात होगा। कथियाला विरकां की कहानी कुछ इस तरह से है। उस गांव के सिख काफी गर्व के साथ रहते थे। उन्होंने इस डर से कि उनकी महिलाएँ दुष्ट पुरुषों के हाथों न लग जाएँ उनको मार दिया। ज़्यादातर शवों को बक्सों में रख दिया गया। शायद कुछ का अंतिम संस्कार किया गया। जब शरणार्थी आए तब उन्होंने घरों में महिलाओं के शवों को पाया, कुछ को बक्सों में। एक लंबे समय के लिए इस क्षेत्र में लोग कथियाला विरकां के दु:खद दृश्यों के बारे में चर्चा करते रहे।'

गुरबचन सिंह टंडन

गुरबचन सिंह टंडन की कहानी 1947 की सबसे अजीब और दुखद घटनाओं में से एक है। मैंने उनके बारे में, अमृतसर की गुरु नानक देव यूनिवर्सिटी के राजनीतिक विज्ञान विभाग के प्रोफेसर गुरनाम सिंह से सुना। साक्षात्कार 29 मार्च 2004 को दिल्ली के समीप नोएडा में उनके निवास पर, टेप पर रेकॉर्ड किया गया।

'मैं 25 जुलाई 1934 को गाँव तपियाला दोस्त मुहम्मद, तहसील शाहदरा, जिला शेखूपुरा में पैदा हुआ। यह लाहौर और गुजरांवाला की रेलवे लाइन के बीच स्थित है। मेरे माता-पिता हिंदू थे जिनका नाता खत्रियों की टंडन उप-जाति से था मगर मुझे एक सिख की तरह बड़ा किया गया। पश्चिमी पंजाब के हिंदू खत्रियों में एक बेटे को सिख की तरह बड़ा करना एक आम बात थी। मेरे मामले में मुझे सिख बनाने के फैसले के पीछे एक विशेष वजह थी। मेरे माता-पिता की सिर्फ बेटियाँ थीं मगर उन्हें एक बेटे की चाहत थी। उन्होंने एक पवित्र कसम खाई थी कि अगर भगवान उन्हें एक बेटा देगा था तो वे उसे सिख धर्म के मुताबिक बड़ा करेंगे; इसलिए मेरी सिख पहचान बनी।

'हमारा गाँव सांप्रदायिक सौहार्द की एक मिसाल था। सारे समुदायों के बड़ों की इज्जत की जाती थी और उनकी ज़ुबान से निकले लफ्ज ही काफी होते थे। तपियाला दोस्त मुहम्मद में दो-तिहाई मुसलमान और एक-तिहाई हिंदू घर थे। हमें लाला कहा जाता था जो हिंदू व्यापारियों का एक तकिया-कलाम था। मगर गाँव के खत्री जमीनों के भी मालिक थे। हमारा एक बड़ा बाग था और 25-30 एकड़ जमीन भी। मुसलमान जमींदारों को चौधरी कहा जाता था।

'1947 में मैं 8वीं कक्षा में पढ़ता था। गाँव के स्कूल में सभी समुदायों के बच्चे थे। हमारी धार्मिक आस्थाएँ दोस्ती के बीच कोई दीवार नहीं होती थी। इसी तरह गाँव की गतिविधियों को आम तौर पर इकट्ठा तैयार किया जाता था। ताश खेलने वालों की अक्सर बैठकें होती थीं और अखाड़ों में दंगल।

'बढ़ते हुए सांप्रदायिक तनाव और दंगों की खबरें हमारे गाँव आने लगीं। गाँव में एक या दो बैटरी से चालित रेडियो थे और कुछ लोग *नवा-ए-वक़्त*, *वीर भारत* और *मिलाप* अखबार रखते थे, मगर 15 अगस्त के बाद जब पाकिस्तान की आजादी का जश्न लाहौर में मनाया गया हमारे गाँव के शांत माहौल में हालात बदलने लगे। कुछ लोगों ने मुस्लिम लीग के झंडे तले गाँव में बैठकों का आयोजन किया। मेरा मानना है कि वे ज़्यादातर बाहरी लोग थे। उनके साथ भाले, कुल्हाड़ियाँ और लंबे हथियार थे। मुसलमान बुज़ुर्गों ने साथ ही साथ मामला अपने हाथों में ले लिया और उन्हें कोई भी गड़बड़ी न मचाने को कहा। खास कर चौधरियों ने यह साफ कर दिया कि वे किसी भी गैर-मुसलमान का नुकसान नहीं होने देंगे। एक अमन कमेटी का गठन किया गया। मुझे दो नाम अब भी याद हैं – चौधरी मुयाफ अली और शेख मुहम्मद बशीर जो उस कमेटी के सदस्य थे।

'मगर अगस्त के मध्य के बाद से हम लाहौर में लगी आग अपने गाँव से देख सकते थे जो 25 किलोमिटर दूर था। यह कभी न खत्म होने वाली शाम की लाली की तरह थी। अमृतसर और पंजाब के दूसरे भागों से हत्या और आगजनी की खबरें हमारे गाँव में फैल गईं। मगर जिंदगी अपनी रफ्तार से चलती रही। गाँव के पेड़ के नीचे ताश की बाजियां चलती रहीं और पहलवान अखाड़ों में अपनी ताकत की आजमाइश करते रहे। जल्द ही हमारे इलाके में एक बड़ी संख्या में गुरदासपुर से शरणार्थी आने लगे। तब हमारे गाँव की शांति में खलल पहुंचा। वे इस बात पर नाराज थे कि एक तरफ उन्होंने अपने परिवार के सदस्यों और घरों को खो दिया और भागने को मजबूर हुए वहीं खत्री अब भी कैसे पाकिस्तान में रह रहे हैं?

'उन्होंने तपियाला दोस्त मुहम्मद के आस-पास के 12 से 13 गाँवों में लोगों को इकट्ठा करना शुरू कर दिया ताकि वे हमारे गाँव पर हमला कर सकें। यह खबर किसी तरह अमन कमेटी के लोगों तक पहुँच गई। उन्होंने साजिश करने वालों से कहा कि पहले वे उनको मार दें अगर वे हिंदुओं या सिखों को मारना चाहते हैं। बहरहाल 25-26

अगस्त को 1,500 लोगों की एक बड़ी भीड़ ने हथियारों समेत हमारे गाँव पर अचानक हमला कर दिया। जैसे ही यह खतरे की खबर फैली सारे खत्री दो बड़ी दो-मंजिला पक्के मकानों की तरफ दौड़े जिनके मालिक प्रमुख हिंदू थे। मैं, मेरा छोटा भाई, दो बहनें और मेरी माँ ने मनोहर लाल के घर में शरण ली। अमन कमेटी के सदस्यों ने अवरोध तो किया मगर हमलावर उन पर हावी हो गए और उन दो घरों को घेर लिया जिसमें 60 हिंदू परिवारों ने शरण ली थी। हमलावरों ने मनोहर लाल से कहा कि उसे और उसके परिवार को छोड़ दिया जाएगा अगर वह अपनी राइफल का समर्पण कर दें। वे मान गए और हमें दूसरे घर में जाने को कहा। हमने ऐसा ही किया।

'भीड़ उस घर का दरवाजा तोड़ कर उस में घुसना चाहती थी। हमारी तरफ से किसी ने उन पर एक ईंट फेंक दी। उन में से एक की मौत हो गई। इसने उनको और भड़का दिया और वे बदला लेने के लिए चिल्लाने लगे। उन्होंने उस घर को आग लगा दी जिसमें हम ठहरे हुए थे। मुझे याद है कि भयंकर गर्मी और ऊंची होती आग की लपटों की वजह से घर काँपने लगा। यह फैसला लिया गया कि भीड़ के हाथों पड़ने के बजाए औरतों को मार दिया जाए। एक छोटी लड़की का मेरे सामने गला काट दिया गया। तब तक घर में बहुत कोलाहल हो रहा था। घर के पिछवाड़े में एक दरवाजा बाहर को जाता था और किसी ने हमें सलाह दी कि अपना सब कुछ समान भूल कर, हम यहाँ से निकल जाएँ। हम में से 10-12 लोगों ने इस तरह की कोशिश की। मैं और मेरा भाई उन के पीछे था। मगर हत्यारे हमारा इंतजार कर रहे थे। मैंने अपने भाई को प्रहार द्वारा गिरते देखा। और फिर मेरे ऊपर कुल्हाड़ी का एक वार हुआ (स. टंडन ने मुझे अपने सिर पर एक गहरा जख्म दिखाया। उन्होंने अपनी कोहनी और कंधे पर भाले द्वारा किए गए भद्दे दाग भी दिखाए।

'मैं सिर पर वार होने के कारण बेहोश हो गया। यह सुबह 11 का समय होगा जब यह सब हुआ। कई हिंदू मारे गए। शाम को छह बजे, हमारे गाँव के मुसलमान लाशों को खींचने लगे, ताकि वे उन्हें डाके नाले में फेंक सकें। जब किसी ने मेरी टांग खींची तो मैंने अपनी आँखें खोलीं। वो आदमी आश्चर्यचकित हो गया और कहा, "यह लालों का बेटा है।" मैंने कहा, "पानी।" वह मुझे घर ले गया और मुझे पीने को मीठा दूध दिया और फिर कुछ पानी। वह फिर मुझे गाँव की मस्जिद में ले गया जहां दूसरे हिंदुओं को भी शरण दी गई थी। बचने वालों में मुझे मेरी माँ और बहनें भी मिल गईं। बाद में मेरे पिता और दादा जो खेतों में छुप गए थे हमारे साथ हो लिए। लेकिन मेरा छोटा भाई मार दिया गया।

'हमने रात मस्जिद में गुजारी। बाद में हमें एक घर ले जाया गया जहां हम 10-12 दिन तक रहे। हम पर तीन और हमले किए गए लेकिन हमारे गाँव के मुसलमान भाइयों ने अब तक अच्छी तैयारी कर ली थी और हमारा कोई नुकसान नहीं हुआ। बाद में

फौज आई। हमें 10 सितंबर के करीब लाहौर ले जाया गया जहां हम चार दिन तक कैंप में रहे जिसे गवर्नमेंट कॉलेज में स्थापित किया गया था। उस कैंप पर भी हमले हुए।

'हम 14 सितंबर को अमृतसर पहुंचे। मेरे जीजा जी पहले से ही वहाँ थे। हमें पता चला कि हमारा एक बहनोई जो खालसा कॉलेज के पास, शहर के बाहर एक गाँव गोपा राय में रहता है अगले दिन हमारे गाँव जाने की योजना बना रहा था ताकि वह पता कर सके कि हम पर क्या बीती है। वह फौज में एक सूबेदार था और एक फौजी ट्रक में जाकर हमें खोजना चाहता था। मेरे माता-पिता उसे रोकना चाहते थे क्योंकि हम पहले से ही अमृतसर आ चुके थे। वह अगले दिन सुबह 4 बजे पैदल निकले। रास्ते में उन्हें एक ब्राह्मण मिला जो एक मेडिकल क्लीनिक चलाता था। उसने उनसे पूछा "आप कौन हैं और आप कहाँ जा रहे हैं?" मेरे पिता ने उससे कहा कि वे पाकिस्तान से आए हैं और वे लाल शाह के घर जा रहे हैं। उसने मेरे माता-पिता को सलाह दी कि वह जी टी रोड पर पैदल न चलें क्योंकि पाकिस्तान की फौज गश्त लगा रही है। उन्हें खेतों से होकर राह ले लेनी चाहिए। यह एक जाल था। वह एक ऐसी जगह पहुंचे जहां चार सिख जट्ट डाकू उनका इंतजार कर रहे थे। उन्होंने उनको अपना सब कुछ दे देने को कहा। उनके पास सिर्फ सात रुपए थे। उन्होंने पैसे तो ले लिए मगर उनको यह एहसास हुआ कि उनके जुर्म के बारे में पता लग जाएगा क्योंकि लाल शाह एक मशहूर इंसान था; तब उन्होंने उनका कत्ल कर दिया। यहाँ आकर श्री टंडन फूट फूट कर रोने लगे। उनकी पत्नी और बेटियाँ भी रोने लगीं। मैंने साक्षात्कार खत्म करने का फैसला किया।'

गुजरांवाला

गुजरांवाला शहर और जिले में बहुत ज़्यादा मुसलमान प्रभाव था जो जनसंख्या का 70.4 प्रतिशत थे जबकि हिंदुओं और सिखों की कुल 22.7 प्रतिशत संख्या थी। सिख ऐतिहासिक दृष्टि से गुजरांवाला एक महत्वपूर्ण शहर था जहां पंजाब के अंतिम स्वदेशी शासक महाराजा रणजीत सिंह उस क्षेत्र के रहने वाले थे। विभाजन के समय गुजरांवाला की सामाजिक-आर्थिक स्थिति पंजाब के दूसरे हिस्सों की तरह थी उद्योग और व्यापार आम तौर पर गैर मुसलमानों के हाथों में थे।

हाफिज ताकि-उद-दीन जो उस समय गुजरांवाला के एक निवासी थे उन्होंने मार्च 1947 से शुरू से बाद तक की अवधि के दौरान सांप्रदायिक हिंसा में वृद्धि देखी। जुलाई से शहर गड़बड़ी वाला इलाका घोषित किया गया था और अगस्त 15 के बाद आगजनी और हत्याएँ तेजी से बढ़ गईं और हिंदुओं तथा सिखों को वहाँ से भागना पड़ा। खोसला और एस.जी.पी.सी. रिपोर्टें डॉ. तेज भान और उनके परिवार की पुलिस द्वारा हत्या का उल्लेख करती हैं। ताकि-उद-दीन हमें उस हत्या की जानकारी प्रदान करता

है और उस घटना के मुख्य नायक, थानेदार चौधरी इलम दीन घटनाओं की श्रृंखला का वर्णन करते हैं जिनके चलते भान परिवार की हत्या हो गई। इलम दीन के अनुसार वह और एक कांस्टेबल उनके घर वगैरह की जांच करने के लिए गए थे कि क्या वहाँ हथियार इकट्ठा किए गए थे। उन्हें कुछ भी नहीं मिला। मगर कई गलतफहमियां हो गईं, इस अफवाह सहित कि उनकी और कांस्टेबल की मौत हो गई थी और इसके चलते पुलिस ने उस घर पर हमला कर दिया। 27 अगस्त को वहां मौजूद परिवार के सभी बारह सदस्यों को मार दिया गया (1999: 285-6)। इसके चलते गुजरांवाला से हिंदुओं और सिखों का पलायन हो गया।

लेकिन हाफिज ताकि-उद-दीन के अनुसार गुजरांवाला में गड़बड़ी तब शुरू हुई जब एक दिन एक अफवाह फैल गई कि दल बाजार इलाके में जो एक मुख्य रूप से गैर-मुसलमान क्षेत्र था वहाँ एक मस्जिद को आग लगा दी गई। तुरंत हिंदुओं और सिखों ने घोषणा की कि आग लगाने में उनका कोई हाथ नहीं था। उन्होंने एक प्रतिज्ञा की कि वे अपने स्वयं के धन के साथ पूरी तरह से मस्जिद को बहाल करेंगे। बाद में यह पता चला था कि मस्जिद के प्रवेश द्वार के पास कपड़े रंगने का काम करने वाला एक मुसलमान कारीगर कर्फ्यू के समय से पहले जल्दी चला गया था और पानी उबालने के लिए इस्तेमाल किए जाने वाले स्टोव को बुझाना भूल गया था। इसके चलते आग फैल कर मस्जिद तक चली गई। लेकिन, गुजरांवाला में बदमाश सक्रिय थे और वे यह दावा करते रहे कि यह हिंदुओं द्वारा जान बूझ कर की गई आगजनी की एक घटना थी। इसके अलावा, चाकू, लंबे ब्लेड और अन्य तरह के हथियार गुजरांवाला में चारों तरफ उपलब्ध होने लगे। फिर एक दिन एक बहुत सुंदर युवा मुस्लिम सरदार शाह जो अहरार पार्टी का समर्थक था एक मुसलमान बहुल क्षेत्र में मृत पाया गया। इस हत्या के लिए भी गैर-मुसलमानों को दोषी ठहराया गया, हालांकि इसका कोई सबूत नहीं था। सांप्रदायिक संबंध अब और भी खराब हो गए। हिंदुओं और सिखों को अपनी सुरक्षा के लिए डर महसूस होने लगा।

अहरार नेता पीर सैयद फैज-उल-हसन को अध्यक्ष के रूप में और कांग्रेसी नेता नरिंजन दास बग्गा को लेकर एक शांति समिति स्थापित की गई। मुस्लिम लीग, अकाली सिख और खाकसार भी शांति समिति के सदस्य थे। एक दिन एक मुसलमान मजदूर के शरीर को मोहल्ला रेतांवाला में पाया गया। वह एक बाहरी व्यक्ति था; स्थानीय नहीं था। अफवाह यह फैल गई कि एक मुसलमान को हिंदुओं द्वारा मार डाला गया। बग्गा उस मोहल्ले में अपना दु:ख व्यक्त करने के लिए खाली सर और नंगे पांव एक गंभीर मुद्रा में आए। लेकिन घर की छतों से लोगों ने उनके ऊपर पत्थरबाजी की और बहुत खून बहने से उनका निधन हो गया। तब पीर फैज-उल-हसन आए। उन्होंने खुद शरीर को उठाया और व्यक्तिगत रूप से नरिजंन दास बग्गा के परिवार को वापस कर दिया। उस हत्या ने वास्तव में गुजरांवाला के सभी सभ्य लोगों का दिल तोड़ दिया।

पीर फैज-उल-हसन और अन्य राष्ट्रवादी मुसलमानों ने अंतिम संस्कार की रस्म में भाग लिया। लेकिन उस समय के बाद हालात बेकाबू हो गए। उस समय गुजरांवाला के उप-आयुक्त सुंदर दास मिधा थे। इसके तुरंत बाद उनको जालंधर में तैनात किया गया जहां उन्होंने मुसलमानों पर हमले के लिए लोगों को उकसाया (वही: 289-92)।

केदार नाथ मल्होत्रा

मैंने 10 मार्च 2004 को दिल्ली में केदार नाथ मल्होत्रा से मुलाकात की। वह गुजरांवाला से अगस्त 1947 के अंत में भागे थे और उन्होंने निम्नलिखित शब्दों में अपने निकल भागने पर चर्चा की:

'पुलिस और नेशनल गार्ड ने 17 अगस्त के बाद से गुजरांवाला में इधर-उधर जाना शुरू किया तथा हिंदुओं और सिखों पर कई हमले किए। विशेष रूप से डॉ. तेज भान की हत्या ने हिंदुओं और सिखों के बीच आतंक फैला दिया। वे भगवान से डरने वाले इंसान थे और सभी समुदायों के लोगों की मदद किया करते थे। मुझे लगता है कि उस परिवार में दस से भी ज़्यादा लोग थे। यहां तक कि बुजुर्गों को भी नहीं बख्शा गया। इसने मेरे पिता के वहाँ रहने के संकल्प को तोड़ कर रख दिया। गुजरांवाला शहर में हमारी एक सामान्य व्यापार की दुकान थी। मेरे पिता मानते थे कि पाकिस्तान गैर-मुसलमानों के लिए कोई विशेष समस्या पैदा नहीं करेगा क्योंकि जिन्नाह एक प्रबुद्ध नेता हैं। इसके अलावा मेरे पिता के बहुत अच्छे मुसलमान दोस्त थे। उन्होंने मेरे पिता को आश्वासन दिया था कि हमारा कोई नुकसान नहीं होगा। लेकिन एहतियात के तौर पर उन्होंने मेरी मां, बहन और छोटे भाई को जालंधर जाने दिया जहां मेरे दादा दादी रहते थे। उस समय मैं 20 साल का था और लाहौर में एक छात्र था। अगस्त में मैं गुजरांवाला में था। मैं भी गुजरांवाला नहीं छोड़ना चाहता था।

'मुझे लगता है कि यह 27 अगस्त था या एक दिन आगे या पीछे जब डॉ. भान और उसके परिवार की हत्या कर दी गई। हम एक गुरुद्वारे चले गए जहां सिख और हिंदू दोनों संरक्षण के साथ भारत जाने की उम्मीद में इकट्ठा हुए थे। देर दोपहर भालों और कुल्हाड़ियों को लेकर पुलिस, नेशनल गार्ड और अन्य लोगों ने गुरुद्वारे पर हमला किया। गुरुद्वारे के अंदर कुछ लोग बंदूकों से लैस थे लेकिन ज़्यादातर लोगों के पास या तो कृपाणें थीं या कुछ भी नहीं। इंजीनियर विजय शर्मा, लाला किशोरी लाल खन्ना और अन्य कई हिंदू भी वहाँ थे। सब लोग प्रार्थना कर रहे थे।

'पानी की आपूर्ति पहले ही काट दी गई थी और बच्चे तथा बीमार बहुत संकट में थे। जब पहला हमला हुआ तो महिलाओं ने जोर-जोर से रोना शुरू कर दिया। कुछ पुरुषों ने हमलावरों का सामना किया और उन्हें वापस खदेड़ा। मुझे एक युवा सिख के बारे में याद है जो बहादुरी से लड़े लेकिन लड़ते हुए उन्होंने वीर गति प्राप्त की। उनके

मृत शरीर को गुरुद्वारे में लाया गया। कुछ लोगों का सुझाव था कि महिलाओं और बच्चों को मुसलमानों के हाथों में पड़ने के बजाए उन्हें मार देना चाहिए। मगर कोई फैसला नहीं लिया जा सका जबकि दूसरे यह तर्क देते रहे कि हमें तब तक रुकना चाहिए जब तक कोई मदद नहीं पहुँचती। कुछ बड़े अधिकारियों से मदद की तलाश में गए हुए थे। समस्या यह थी कि हिंदू और सिख पुलिसकर्मी या तो भारत चले गए थे या उन्हें मार डाला गया था।

'शाम को कुछ लोग पास की गलियों में भागने में सफल रहे। उन पर क्या बीती? मेरे पास कोई सुराग नहीं है लेकिन मेरे पिता गुरुद्वारा छोड़ने के लिए तैयार नहीं थे। उन्होंने मदद के लिए अपने दोस्त रमजान के लिए एक संदेश भेजा। रमजान चाचा किसी सिलसिले में कुछ दिन पहले उनके परिवार में शोक की घटना के चलते कमॉके चले गए थे। उन्होंने हमें गुरुद्वारे से ले आने के लिए अपने बेटे जावेद को भेजा। मेरे पिता ने जोर देकर मुझे कहा कि मुझे चले जाना चाहिए लेकिन उन्होंने कहा कि वह गुरुद्वारे में ही रहेंगे; इस तरह से हममें से कम से कम एक का जिंदा बचने का 50-50 प्रतिशत मौका था। मैं रोया और उनसे कहा कि मैं उन्हें नहीं छोड़ूँगा लेकिन उन्होंने जोर दिया कि मुझे जाना चाहिए। शाम को लगभग 7 बजे मैंने गुरुद्वारे को छोड़ दिया। मुझे लगता है कि केवल आधे घंटे के बाद गुरुद्वारे को आग लगा दी गई और लगभग 150 लोग या तो मारे गए या जला दिए गए। रमजान चाचा, मनोहरलाल (मेरे पिता) को गुरुद्वारे में छोड़ने के लिए मुझसे और जावेद के साथ बहुत गुस्से में थे। लेकिन कुछ भी नहीं किया जा सका। उन्हें बचाने में बहुत देर हो चुकी थी।

'मैं कुछ दिनों के लिए रमजान चाचा और उनके परिवार के साथ रहने लगा। वह हर तरह से बहुत दयालु इंसान थे। मुझे केवल शाकाहारी भोजन दिया जाता था और उनके घर के पानी के पंप से सीधे पानी पी सकता था। रूढ़िवादी हिंदू होने के नाते एक मुसलमान के घर में रहने और खाने का यह मेरा पहला अनुभव था। जावेद और मैं बहुत करीब हो गए। वह मुझसे कुछ साल छोटा था। सितंबर के शुरू में भारतीय सेना गुजरांवाला आई और मैं अन्य शरणार्थियों के साथ उनकी सुरक्षा द्वारा अमृतसर आ सका। रास्ते में मैंने कई शवों को देखा। वाघा और अमृतसर के बीच सड़क पर शव बिखरे पड़े थे। मुझे लगता है कि वे मुसलमानों के होंगे। मैं जालंधर पहुंचा जहां मेरे परिवार के बाकी लोग पहले से ही रह रहे थे। जालंधर में तब भी मुसलमान रह रहे थे लेकिन ज़्यादातर मुसलमान मुहल्ले सुनसान थे। यह स्पष्ट है कि उन्हें काफी नुकसान उठाना पड़ा था। हमें जिंदगी ठीक करने में बहुत कठिन संघर्ष करना पड़ा। मैंने अपनी पढ़ाई छोड़ दी और जालंधर में एक आम व्यापार की दुकान खोली। मेरी माँ अपने पति को खोने के सदमे से कभी उबर नहीं सकी। उनकी 1950 में मृत्यु हो गई। मेरे भाई और बहन अब भी जालंधर में रहते हैं लेकिन मैं दिल्ली चला आया जहां मेरे बेटे और बेटी रहते हैं। अक्सर मैं गुजरांवाला के अपने घर और पड़ोस के बारे में

सोचता हूँ जहां रमजान चाचा रहते थे। अब मैं 81 का हूँ और जावेद 79 या 78 का। मैं अपनी प्रार्थनाओं में हमेशा उस परिवार को याद करता हूँ।'

सुदर्शन कुमार कपूर

'मैं 31 जुलाई 1931 को पैदा हुआ था। मेरा परिवार मूलत: जलालपुर जतन, जिला गुजरात से है। 14 मार्च 1947 को हमने अपना शहर छोड़ा जिसकी आबादी 17,000 थी; एक-तिहाई हिंदू थे और बाकी मुस्लिम। मेरे पिता को एक मुसलमान दोस्त मुहम्मद हुसैन दर ने बता दिया था कि जलालपुर जतन के ऊपर हमला होने वाला है। यह हमला मार्च में नहीं बल्कि अगस्त में हुआ। उस समय के दौरान मैं अपनी मैट्रिक परीक्षा की तैयारी कर रहा था लेकिन हमें अपना घर छोड़ कर सुरक्षा के लिए भागना पड़ा। हम गुजरांवाला जिले से अकालगढ़ चले गए जहां मेरे नाना-नानी रहते थे। हम पाँच महीने वहाँ रहे। अगस्त के पहले सप्ताह में मुसलमानों ने अकालगढ़ के हिंदुओं पर हमला किया। उन्होंने आगजनी, लूटपाट की और पास के राम नगर पर भी हमला किया और पूरी हिंदू आबादी को वहाँ से पलायन करना पड़ा। हिंदुओं ने अकालगढ़ आर्य समाज मंदिर में शरण मांगी। स्थानीय हिंदुओं और सिखों ने हर तरह की मदद की पेशकश की। शहर के प्रमुख मुसलमानों ने उन्हें जीवन की पूर्ण सुरक्षा का आश्वासन दिया और किसी भी परिस्थिति में वहाँ से नहीं जाने के लिए उनसे आग्रह किया। अकालगढ़ के हिंदू और सिख, गुरद्ववारे में एकत्र हुए और एक शपथ ली कि वे उस जगह को नहीं छोड़ेंगे। लेकिन, इस प्रतिज्ञा से उन्होंने हमें छूट दे दी क्योंकि हमारा वहाँ से नाता नहीं था। हमें सभी जगहों पर जाने के लिए अनुमति दी गई जो हमें पसंद थी।

'14 अगस्त को मैं अकालगढ़ नगर समिति परिसर में आयोजित समारोह में उपस्थित था जब पाकिस्तान के जन्म का जश्न मनाने के लिए इमारत के ऊपर पाकिस्तान के झंडे को फहराया गया। 18 अगस्त को हमें पता चला कि गुजरांवाला में और अपने शहर जलालपुर जतन में दंगे शुरू हो गए हैं। 100 से अधिक हिंदुओं की मौत हो गई। मैं दर चाचा का आभारी हूं जिनकी चेतावनी ने हमें बचा लिया और हमने समय से जलालपुर जतन छोड़ दिया था। वह इस्लामी पवित्र गीत नाट के एक अच्छे गायक थे। 22 अगस्त को हम एक ट्रक में सवार हुए जिसे डोगरा सैनिकों द्वारा संरक्षण दिया जा रहा था और इस तरह भारतीय सीमा के लिए हमारी एक लंबी और कठिन यात्रा शुरू हुई। हम कुछ दिन लाहौर में रुके थे और उसके बाद सीमा पार कर भारत में दाखिल हुए। बाद में बद्री नाथ कपूर से हिंदी के प्रसिद्ध कोशकार जिनका परिवार अकालगढ़ से था मुझे पता चला कि शहर में 7 सितंबर 1947 को हुए हमले में लगभग सभी हिंदुओं और सिखों को मार डाला गया था। पूर्व पंजाब में हमने हजारों की संख्या में उसी क्रूरता के साथ, मुसलमानों को मारे जाते देखा था।'

कमोके में ट्रेन पर नरसंहार

गाड़ियों पर हमले पहले ही मार्च 1947 में शुरू हो गए थे। प्रारंभ में दर्जनों लोग इन अत्याचारों में मारे गए थे। हालांकि, अगस्त की शुरुआत से वहां इस तरह के हमलों में बढ़ोत्तरी हो गई थी और 14 अगस्त के बाद इन हमलों में हजारों लोगों की जानें चली गईं। मुझे एक सेवानिवृत्त पाकिस्तानी सेना के एक वरिष्ठ अधिकारी ने कहा कि उन्होंने 1948 की शुरुआत में भारत के लिए जा रही एक ट्रेन पर शवों को देखा था लेकिन नवंबर 1947 के अंत में इस तरह के हमलों में काफी कमी हुई थी। किसी ट्रेन पर हिंदुओं और सिखों के सबसे बुरे नरसंहार में से एक 25-26 सितम्बर पर कमॉके में हुआ। इससे पहले इस अध्याय में उल्लेख किया गया है कि कलेब अली शेख, जिनके वालिद रेलवे पुलिस में सेवा करते थे एक दिन घर आये और कमॉके पर नरसंहार के बारे में बात की थी। *दी ट्रिब्यून* अखबार जो लाहौर से हटकर पूर्व पंजाब से अब छपने लगा था उसने इस अत्याचार को अपने 1 अक्टूबर 1947 के प्रकाशन में छापा और इसकी तारीख 30 सितम्बर बताई जो गलत है। खोसला और एस.जी.पी.सी. दोनों रिपोर्टों में इसका उल्लेख है। बहरहाल ट्रेन झेलम जिले के एक गांव पिंड दादन खान से भारत के लिए रवाना हुई। इस पर गुजरांवाला जिले में कमॉके पर हमला किया गया था। *दी ट्रिब्यून* के अनुसार, 3,500 हिंदुओं और सिखों में उस नरसंहार के बाद, सिर्फ 150 बच पाए। 2 अक्टूबर का *दी ट्रिब्यून* बताता है कि जीवित बचे लोगों के अनुसार बाद में ट्रेन का लाहौर सफर जारी रखने के बजाए इसे धोकर साफ करने के लिए, एक शेड ले जाया गया। मैंने 29 मार्च 2004 को दिल्ली के समीप नोएडा में श्रीमती सावित्री दत्त-छिब्बर से मुलाकात की जिन्होंने मुझे बताया कि पिंड दादन खान में उनके रिश्तेदार रहते थे। उसकी बुआ और उसके पति सहित उनमें से कई उस ट्रेन में सवार थे। हमले में कोई भी नहीं बच पाया। खोसला रिपोर्ट भी कमॉके नरसंहार का उल्लेख करती है। मारे गए लोगों की संख्या शायद उतनी ज़्यादा नहीं थी जितना *ट्रिब्यून* ने उल्लेख किया है क्योंकि 600 महिलाओं और लड़कियों का, इस रिपोर्ट के अनुसार, दंगाइयों द्वारा अपहरण कर लिया गया था (1989: 151-2)। पंजाब पुलिस की 27 सितंबर 1947 दिनांकित खुफिया रिपोर्टों के सार के अनुसार, 'गुजरांवाला के करीब कमॉके पर, 408 हिंदू और सिख मारे गए थे; 50 गंभीर रूप से घायल हो गए और 537 हल्का घायल. . . महिलाओं की एक बड़ी संख्या में अपहरण किए जाने की खबर है' (*डिस्टरवेंसेस इन दी पंजाब* 1995: 384)। एक ही रिपोर्ट में यह खबर है कि सिखों ने सीमा को पार किया और कसूर और अन्य जगहों पर मुसलमानों पर हमला किया। समाचार यह भी मिला था कि सीमा पार मुसलमान महिलाओं का जत्थों द्वारा अपहरण किया जा रहा था जबकि ऑफिसर कमांडिंग मेजर दलजीत सिंह ने इसे रोकने के लिए कुछ नहीं किया (वही: 384-5)।

एक चश्मदीद का बयान

एक वरिष्ठ पाकिस्तानी अधिकारी जो अपनी पहचान उजागर नहीं करना चाहते है मुझे कमॉके पर नरसंहार की यह निम्न कहानी बताई :

'मेरे पिता दिल्ली में रुक गए थे क्योंकि उन्हें माउंटबेटन की अध्यक्षता में विभाजन परिषद की वार्ता में शामिल किया गया था। हम और अन्य छह पाकिस्तानी परिवार पालम हवाई अड्डे के पास रहते थे। बलूच रेजिमेंट को उस क्षेत्र की रखवाली का कार्य सौंपा गया था लेकिन एक दिन मेरे पिता ने देखा कि डोगरा और गोरखा सैनिकों से उन्हें बदल दिया था। यही कारण है कि वह आशंकित हो गए। शाम को एक भीड़ गुस्से में नारेबाजी करते हुई हमारे क्षेत्र में आ गई। हमारे पास कोई आग्नेयास्त्र नहीं था। मेरे पिता और मेरे बड़े भाई जो 14 साल के थे केवल लाठियाँ लेकर बाहर गए। बाकी परिवार को पलंग के नीचे छुप जाने को कहा। सौभाग्य से भीड़ ने हमला नहीं करने का फैसला किया, लेकिन अगले दिन मेरे पिता ने वायसराय माउंटबेटन से मुलाकात की और कहा कि वे तो वहाँ टिके रहेंगे मगर उनके परिवार को पाकिस्तान भेजा जाना चाहिए।

'तब हमें एक चार्टर्ड विमान में बैठा दिया गया। पायलट को जो एक अंग्रेज था जब यह पता लगा कि हमारा परिवार मूलत: जालंधर से है, वह विमान को काफी नीचे ले आया और कहा 'देखें आप एक-दूसरे के साथ क्या वरताव कर रहे हैं'। नीचे दृश्य भयावह था। मृत शरीर इधर-उधर पड़े हुए थे। मकान जल रहे थे। यह एक चौंकाने वाला नजारा था। जो भी हो हम लाहौर में उतरे जहां हम कुछ दिन रहे। फिर हमें रावलपिंडी के लिए ट्रेन द्वारा भेजा गया था।

'एक डिब्बे में हम सब खुद के भरोसे बैठे थे। दरवाजे अंदर से बंद कर दिए गए थे ताकि घुसपैठियों को दूर रखा जा सके। रास्ते पर ट्रेन कमॉके पर रुकी जो लाहौर से कुछ 50 किलोमीटर उत्तर में है। मेरी माँ ने खिड़की की झिलमिली को ऊपर उठाया और वहाँ एक भयंकर दृश्य था। मुझे विशेष रूप से ट्रेन के बाहर गुलाबी कपड़ों में पड़ी हुई एक जवान औरत याद है। वह एक नव विवाहिता दुल्हन की तरह लग रही थी। उसकी बिना किसी दया के हत्या की गई थी। ऊपरी पंजाब से आ रही एक ट्रेन के हिंदू और सिख यात्रियों को मौत के घाट उतार दिया गया था। मृत शरीर चारों ओर फैले हुए थे। मेरे पिता गाड़ी से नीचे उतरे और अकस्मात ही अपने चचेरे भाई से उनकी मुलाकात हुई जो एक पुलिस अधीक्षक थे और वहाँ तैनात थे। उनके चचेरे भाई ने उन्हें बताया कि केंद्रीय मंत्रीपरिषद ने आदेश जारी किया है कि उस ट्रेन को रोका जाए और गैर-मुसलमानों को मार दिया जाए क्योंकि पूर्वी पंजाब में मुसलमानों के खून खराबे को रोकने के लिए यह एकमात्र रास्ता था। मैंने जो सुना है उसके

मुताबिक बाद में पाकिस्तान की तरफ पूर्वी पंजाब से आ रही गाड़ियों पर हिंदुओं और सिखों ने और हमले नहीं किए।'

वजीराबाद के बारे में एक ईमेल

वजीराबाद गुजरांवाला जिले का एक शहर है। विभाजन से पहले यह विभिन्न प्रकार के चाकू और कटलरी के निर्माण के लिए प्रसिद्ध था। कारखाने के मालिक मुख्य रूप से हिंदू थे। विभाजन के समय वजीराबाद के हिंदू और सिख अल्पसंख्यकों पर भारी हमला हुआ। वजीराबाद छोड़ सियालकोट के लिए जा रही एक ट्रेन पर हुए हिंदू और सिख यात्रियों का कुख्यात वध इस बात को दर्शाता है और हर जगह की तरह वहाँ भी दोस्ती और घनिष्ठ संबंध के उदाहरण थे जब कई निर्दोष लोगों की जान बचाने में मदद की गई। मेरे साथ 14 दिसंबर 2004 को एक ईमेल द्वारा दविंदर भारद्वाज ने मेरे साथ संपर्क किया और एक किस्सा बताया कि किस तरह उनके नाना शहर से भाग निकले:

'मेरे नानाजी पंडित बसंत राम वजीराबाद के एक प्रमुख व्यक्ति थे। वह नगरपालिका में सक्रिय थे और वजीराबाद के सबसे धनी पुरुषों में से एक थे। उनका जीवन एक वफादार मुसलमान दोस्त ने बचाया था। उनको जम्मू-कश्मीर राज्य से होकर एक घुमावदार मार्ग लेना पड़ा था और जब वह जम्मू पहुंचे, उनके पैर सूज गए थे और उनमें छाले पड़ चुके थे। उनके उसी दोस्त ने जिसने उन्हें एक जानलेवा भीड़ से उन्हें बचाया था, बाद में उन्हें उनका सारा सामान वजीराबाद से भेजा जिसे जलाया नहीं गया था जब उनके घर और पूरी गली जहां हिंदू रहते थे वहां आग लगा दी गई। मेरे दादा ने वजीराबाद में अपने दोस्तों को खत लिखना जारी रखा। यह सिलसिला चलता रहा जब तक उनकी मृत्यु नहीं हुई। लगभग हर दिन वह वजीराबाद के बारे में बातें करते। कुछ मायने में समय उनके लिए रुक सा गया था। वह मानसिक रूप से और भावनात्मक रूप से अपने पुराने शहर के साथ हमेशा जुड़े रहे।'

दविंदर भारद्वाज जो लाहौर में एक पाकिस्तानी को जानते थे उसके साथ मेरा संपर्क करा दिया जो उस कहानी के बारे में जानते थे और उस परिवार को भी जानते थे जिन्होंने भारत के लिए सुरक्षित रूप से बच निकलने में पंडित बसंत राम की मदद की थी। जिस व्यक्ति की बात की जा रही है वह एक पुरानी जान-पहचान वाला इंसान था जिसके साथ मैंने कई साल पहले स्टॉकहोम में मुलाकात की थी। अकरम वराइच पाकिस्तान लौट गए थे और पंजाबी सांस्कृतिक और साहित्यिक गतिविधियों में सक्रिय थे। उन्होंने मुझे 22 दिसंबर 2004 को निम्न जानकारी भेजी:

'विभाजन पर हजारों कहानियां मौजूद हैं। मिस्त्री नसीर ने पंडित जी की जान बचाई। मिस्त्री साहिब का कुछ साल पहले निधंन हो गया है लेकिन उनके बेटे जो

चक्षुविहीन हैं पंडित बसंत राम और उनके पिता के बीच की दोस्ती के बारे में जानते हैं। हालांकि वह नेत्रहीन हैं वह पाकिस्तान पीपुल्स पार्टी के एक कट्टर कार्यकर्ता के रूप में वजीराबाद में प्रसिद्ध है। वह तानाशाही और फौजी शासन के खिलाफ प्रदर्शनों में भाग लेता है। वह पुलिस से पिटने से नहीं डरता। आपको यह जानकारी प्राप्त करने के लिए उसका साक्षात्कार लेना होगा कि किस तरह उनके पिता ने पंडित जी के जीवन को बचाने में मदद की।'

सियालकोट

प्राचीन शहर सियालकोट में एक स्पष्ट मुसलमान बहुमत था हालांकि हिंदू और सिख शहर की आर्थिक गतिविधियों में प्रमुख थे विशेष रूप से खेल के सामान के निर्माण में। 1941 की जनगणना के अनुसार पूरे जिले की कुल आबादी 12 लाख से थोड़ी कम थी जिसमें मुसलमान 62.90 प्रतिशत थे; हिंदू 19.41 प्रतिशत और सिख 11.71 प्रतिशत। दूसरी जगहों की तरह जिले में मुसलमानों और गैर-मुसलमानों के बीच संबंध सौहार्दपूर्ण थे लेकिन अगस्त के मध्य के बाद दंगे भड़क उठे और कई लोगों की मृत्यु हुई, मुख्य रूप से हिंदुओं और सिखों की (खोसला, 1989: 142-6, एस.जी.पी.सी., 1991)। सियालकोट जम्मू के पास सीमा पर है और विभाजन के दंगों के बाद, यहाँ जम्मू और कश्मीर राज्य से शरणार्थियों की एक बड़ी संख्या आई। मैंने 9 मार्च 2004 को दिल्ली में संपूरण सिंह नामित एक बुजुर्ग सिख से मुलाकात की जो कभी सियालकोट शहर के एक निवासी थे। सियालकोट में क्या हुआ, उसके बारे में उन्होंने मुझे निम्नलिखित कहानी बताई:

'मैं खत्रियों से संबंधित सचदेव उप-जाति के एक सिख परिवार में सियालकोट में 1921 में पैदा हुआ था। मैंने और मेरे परिवार ने गुरुद्वारा बावली साहिब में शरण ली जहां कई सिख इकट्ठे हुए जब गड़बड़ी शुरू हुई थी। हमला पाकिस्तान बनने के बाद हुआ। हमने सियालकोट में रहने का फैसला किया था। मेरे पिता एक डाकिया थे और सभी समुदायों द्वारा उनका बहुत सम्मान किया जाता था। वह एक पारंपरिक औषधि रखते थे और किसी को भी जब दांत का दर्द होता था, वह उसे मुफ्त में दे देते। इसीलिए उनकी बहुत ज़्यादा मांग रहती थी। हमले का नेतृत्व पुलिस ने किया था और उसमें भाग लेने वाले कुछ लोग मुस्लिम लीग नेशनल गार्ड की वर्दी पहने हुए थे। वे इस तरह के नारे लगा रहे थे "अल्लाह-हो-अकबर" और "या अली मदद"। बदले में, सिखों ने भी नारेबाजी की लेकिन हम काफी कम संख्या में थे और चारों तरफ से घिरे हुए थे। हमने मुकाबला किया लेकिन आग और गोलीबारी हम पर बहुत भारी साबित हुई। कुछ लोगों ने गुरुद्वारे से बाहर भागना शुरू कर दिया। मेरे पिता और मैं बाहर आने में कामयाब रहे; हमने एक दूसरे का हाथ पकड़ा हुआ था लेकिन मेरे

पिता बुजुर्ग थे और तेजी से नहीं भाग सकते थे और साथ में मेरी माँ और बहनें भी थीं। पुरुषों में से कुछ हमारी ओर हमला करने आए, लेकिन एक बदमाश जिसका नाम शायद बशीरा था चिल्लाया "उन्हें मत मारो"। वे मेरी सुरक्षा के तहत हैं।, भीड़ रुक गई। वह हमारे क्षेत्र से था और पिता ने एक बार उसके दांत का दर्द कम करने के लिए उसे अपनी दवा दी थी। यही कारण है कि हमारा जीवन बच गया लेकिन हमले के दौरान मेरी माँ और बहनों को जिंदा जला दिया गया। मैं अभी भी अपनी माँ के बारे में सोचता हूँ। वह मुझे बहुत ज़्यादा प्यार करती थी। वह बहुत ही पवित्र थी और उसके कई मुसलमान सहेलियाँ थीं। मेरी छोटी बहन की सर्दियों में शादी होने वाली थी जबकि उससे छोटी स्कूल जाती थी। वे सब मार दी गईं। कम से कम 50 लोग इस हमले में मारे गए।

'हम कई महीनों तक एक शिविर में रुके। अंत में सेना आई और नवंबर की शुरुआत में जम्मू तक हमें ले गई। मेरे पिता का दिल टूट गया और अपनी पत्नी और बेटियों को खोने के दु:ख से कभी उबर नहीं सके। वह और दस साल तक जीवित रहे। मैंने काफी देर से शादी की और दिल्ली चला आया। अब दिल्ली में हमारे पड़ोसी मुसलमान हैं। वे अच्छे लोग हैं और हमारे संबंध विनम्र हैं लेकिन मेरे दिल का जख्म कभी नहीं भरेगा। जो कुछ हुआ, मैं उसे अपने बच्चों को बताने की कोशिश नहीं करता लेकिन यह लगता है कि उन्हें अतीत के बारे में जानने में कोई दिलचस्पी ही नहीं है।'

कर्नल (सेवानिवृत्त) हंस राज चोपड़ा

खोसला और एस.जी.पी.सी. की रिपोर्टें सियालकोट से भागते हुए हिंदुओं और सिखों पर दु:खद हमलों की कई घटनाओं का उल्लेख करती हैं। विशेष रूप से ट्रेनों पर किए गए हमलों को प्रमुखता से उनमें बताया गया है। मैं वजीराबाद से सियालकोट आ रही खून से लथपथ एक ट्रेन जिसमें क्षत-विक्षत शव थे, उस पर हमले के एक प्रत्यक्षदर्शी का पता लगाने में सफल हुआ। 31 मार्च 2004 को, डिफेंस कॉलोनी नई दिल्ली में अपने आवास पर एक साक्षात्कार में कर्नल चोपड़ा ने मुझे बताया कि क्या हुआ था और यह भी बताया कि वे सियालकोट से कैसे बच निकले:

'मैं 16वीं पंजाब रेजिमेंट से नाता रखता हूँ (जिसके सैनिक पंजाबी मुसलमान थे)। हमने द्वितीय विश्व युद्ध के दौरान बर्मा में सेवा की। मार्च 1947 में मैं रावलपिंडी में तैनात था। वहाँ हुए दंगे यह संकेत दे रहे थे कि सब कुछ सही नहीं था। इसके बाद अगस्त में मुझे सियालकोट भेजा गया जहां हालात काबू से बाहर हो गए। सैकड़ों मौतें हुईं ज़्यादातर हिंदुओं की और सिखों की लेकिन मुसलमानों के भी जवाबी हमले में, स्वाभाविक रूप से कुछ लोग मारे गए। यहाँ तक कि छावनी क्षेत्र में भी कुछ घटनाएँ

हुईं। मेरे एक अंग्रेज वरिष्ठ अधिकारी ने रात में लगभग बारह बजे मुझे बुलाया और कहा कि मुझे हिंदू और सिख शरणार्थियों के लिए जो शरणार्थी शिविरों में एकत्रित किये गए थे, एक शिविर कमांडर नियुक्त किया था। मैंने खुद अपनी आँखों से (14 अगस्त को) देखा कि एक ट्रेन सियालकोट से दो या तीन किलोमीटर की दूरी पर पटरी से उतर गई थी। यह वजीराबाद से चली थी जिसमें सैकड़ों हिंदू और सिख, इस उम्मीद से सवार थे कि वे सियालकोट होते हुए जम्मू पहुंचेंगे। यह एक भयानक दृश्य था। सभी डब्बों से रक्त बह रहा था, जो शवों से भरे पड़े थे। मुझे कहना होगा कि इस तरह के एक कत्लेआम को देखकर झटका लगा, उन हत्याओं से बहुत अलग था जो युद्ध के दौरान हमने बर्मा में देखा था। मेरे चाचा चेत राम चोपड़ा जम्मू के राज्यपाल थे। मैंने उन्हें बताया कि मैं उन्हें शरणार्थियों को भेज रहा हूँ।

'मेरी पत्नी पुष्पा हंस (एक प्रसिद्ध पंजाबी लोक-गायिका) चाहती थी कि मैं पाकिस्तान को चुनूँ क्योंकि उसकी जड़ें लाहौर में थीं और उसको विश्वास था कि हालात सामान्य हो जाएंगे जैसे ही दोनों सरकारों को पूरी ताकत मिल जाएगी; लेकिन एक मुसलमान दोस्त ने मुझे चेतावनी दी कि कुछ अपराधी मुझे मारने की योजना बना रहे हैं और यह सुनिश्चित नहीं किया जा सकता कि मेरा जीवन छावनी क्षेत्र में भी सुरक्षित रहेगा या नहीं। मैंने इस मुद्दे की अपने वरिष्ठ अधिकारी के साथ चर्चा की जिन्होंने मुझे कहा कि भारत या पाकिस्तान को चुनने की बजाए मैं चुपचाप अपनी जिंदगी को बचाने के लिए सीमा पार कर जम्मू में चला जाऊँ। उन्होंने मुझे सियालकोट-जम्मू सीमा तक अनुरक्षण दिया और फिर मुझे जम्मू के लिए अपना रास्ता खुद देखना पड़ा। मैंने वहाँ भारतीय सैन्य अड्डे पर ड्यूटी के लिए हाजरी दी। उनके पास भारत में मेरे चयन के बारे में कोई कागजात नहीं था लेकिन मैं उन्हें मुझे स्वीकार करने के लिए राजी करने में सफल रहा और इस तरह से मैं भारत सेना में फिर से शामिल हो गया। ब्रिटिश लोगों ने कोई गंदा खेल नहीं खेला। उन्होंने व्यवस्था बनाए रखने के लिए अपनी सर्वश्रेष्ठ कोशिश की लेकिन अगस्त के मध्य में स्थिति नियंत्रण से बाहर थी और अपराधियों को निहत्थे और असहाय आम लोगों की हत्या तथा लूटपाट रोकने के लिए, कुछ नहीं किया जा सका।'

सियालकोट के ग्रामीण क्षेत्र

मैंने जनवरी 2005 के शुरू में बटाला और गुरदासपुर में बसे सियालकोट ग्रामीण क्षेत्रों से कई विस्थापित परिवारों से मुलाकात की। कुछ भारत में सीमा पार कर किसी भी हानि के बिना जम्मू पहुंच गए जबकि दूसरों को जीवन का भारी नुकसान उठाना पड़ा। यहां कांग्रेस पार्टी बटाला के कार्यालय सचिव श्री भगवान दास द्वारा 3 जनवरी 2005 दिनांकित एक बयान पेश है।

भगवान दास

'मैं सियालकोट जिले की तहसील पसरूर थाना किला शोभा सिंह मियां हरपाल गांव में पैदा हुआ था। यह एक बड़ा गांव था जिसमें सभी समुदायों के एक दूसरे के साथ बहुत अच्छे संबंध थे। वहाँ ब्राह्मण, खत्री और सिख जट्टों के साथ-साथ मुसलमान और ईसाई भी थे। हमारे गांव के अधिकांश मुसलमान लोहार थे जो लाहौर में काम करते थे। जमींदार सिख जट्ट थे। हम रमदसिये हैं। मेरे पिता चौधरी जगत राम कांग्रेस में थे और वे इसकी गतिविधियों में भाग लेते थे। यह गांवों में असामान्य था लेकिन राजनीतिक जागरूकता ने ग्रामीणों पर प्रभाव डालना शुरू कर दिया था। मैं स्कूल जाता था जो हमारे गांव से कुल 5 किलोमीटर की दूरी पर था। यह केवल चौथी कक्षा तक ही था। शिक्षक ब्राह्मण और मौलवी होते थे। दोनों बहुत अच्छे थे। स्नेह और देखभाल के साथ हमारे साथ पेश आते थे। जब गड़बड़ी शुरू हुई तो गांव के हिंदुओं और सिखों ने प्रतिज्ञा की कि अगर हमलावर उनके समुदाय के होंगे तो वे उनका सीधा मुकाबला करेंगे और मुसलमानों ने कहा कि यदि हमलावर मुसलमान होंगे तो वे उनका सामना करेंगे। फिर एक दिन अफवाह फैल गई कि सिख जत्थे हमारे गांव की ओर आ रहे थे। तो हमारे गांव से हिंदू और सिख उनसे मिलने के लिए आगे चले गए लेकिन यह अफवाह गलत साबित हुई। इसके बजाए पास के पहगोवाल गांव में मुसलमानों द्वारा उन पर हमला किया गया और कई लोग मारे गए। कुछ खेतों में भाग गए और खुद को बचाया। फिर हमारे गांव के दूसरे सिख उन हमलावर मुसलमानों पर हमला करने के लिए चले गए जिन्होंने उनके साथियों पर घात लगाकर हमला किया था; लेकिन वे सिखों के मुकाबले ज़्यादा मजबूत साबित हुए और सिख वापस अपने गांव में लौट आए। एक दिन लोगों के एक बड़े समूह ने हमारे गांव पर हमला किया। हमारे गाँव के कुछ दुश्चरित्रों ने दरअसल हमलावरों को न्यौता दिया था। उनमें से एक था अब्दुल तेली।

हमलावरों का नेता मेहदी शाह अलीपुर सय्यदाँ से था जो उस क्षेत्र का एक प्रमुख मुसलमान गांव था। उसने कई हिंदुओं और सिखों की हत्या कर दी। अलीपुर सय्यदाँ के दूसरे शाह अच्छे इंसान थे। एक दूसरा बदमाश जिसने हमले में हिस्सा लिया वह था चक कुरेशियाँ का कैम बरवाला। हमलावर घोड़े की सवारी कर आए थे। हमारे गांव के मुसलमानों ने हमले को रोकने की कोशिश की लेकिन वे अभिभूत हो गए। असंख्य हिंदुओं और सिखों की हत्या कर दी गई और मेहदी शाह ने सबसे ज़्यादा अत्याचार किए। दो सिख भागने में सफल रहे और कर्वाले में तैनात भारतीय सेना से संपर्क किया। यह पाकिस्तान की ओर नहर पर है। तब भारतीय सेना आई और हमें कर्वाले ले आई। महिलाओं, बूढ़े और बच्चों को ट्रकों में लाया गया। मुख्य रूप से सिख मारे गए, हमारे गांव से कुल 150 – कुछ महिलाओं और बच्चों को भी मार दिया गया।'

रिछ्पाल सिंह

मैंने यह पता लगाने के लिए आदमपुर सरहिंद के निकट एक गांव फतेहगढ़ साहिब जिले (जो पहले पटियाला रियासत में था) का दौरा किया कि उस गांव में मुसलमानों के एक कुख्यात नरसंहार के बारे में वहाँ के लोगों को क्या याद है; जिसे मैंने दिसंबर 2004 को कल्लर सय्यदाँ, रावलपिंडी जिले में चौधरी रोशन दीन के साथ एक साक्षात्कार में दर्ज किया। हितेश गोसाई और वीरेंद्र सिंह मेरे साथ थे। सियालकोट से कई सिख इस गांव में बड़ी संख्या में बसे थे हालांकि स्थानीय लोग अभी भी आसपास थे। गांव के सरपंच (मुखिया), रिछ्पाल सिंह ने हमें निम्नलिखित कहानी दी:

> 'मैं सियालकोट के पास एक गांव में पैदा हुआ था। हालांकि दूसरे इलाकों में फैली गड़बड़ी ने हजारों जाने ले ली थीं सितंबर के मध्य तक हमारे क्षेत्र में जीवन शांतिपूर्ण था। बाहर से एक हमला हुआ लेकिन हमारे गाँव के मुसलमान युवाओं ने एक मानव दीवार का गठन किया और हमलावरों से कहा कि अगर वे सिखों और हिंदुओं को नुकसान पहुंचाना चाहते हैं तो पहले उन्हें मारना पड़ेगा। इससे खतरा टल गया और दोबारा किसी ने वापस आने की हिम्मत नहीं की। तब वे हमें डसका तहसील में शरणार्थी शिविर के लिए ले गए। हमने अक्टूबर के शुरू में शिविर छोड़ दिया। 80–85 गांवों की सिख और हिंदू आबादी ने कारवां का गठन किया और जम्मू के निकट सीमा की ओर पैदल सफर कर रास्ता तय किया। हमारे गांव के लोगों और कुछ दोस्ताना मुसलमानों ने तब तक हमारा साथ दिया जब तक हमने सीमा पार नहीं कर ली। उनमें से जो नाम मुझे याद हैं वे हैं: चौधरी फतेह दाद और उनके बेटे सादिक, गुलाम हसन चीमा और फतेह दीन मैटला। वे बहादुर लोग थे, जिन्होंने भाइयों की तरह हमारी रक्षा की। उनमें से कई हमारे जैसे जट्ट थे और हमें सुरक्षित रखने के लिए, यह भी एक कारण होगा; लेकिन यह हर जगह सच नहीं था। मुझे जो कुछ याद है हम में से कोई भी नहीं मारा गया। हम भारत में सीमा पार करने वाले 20,000 से अधिक लोग थे। हमें पहले कपूरथला भेजा गया और फिर आदमपुर में यहां भूमि आवंटित की गई। सीमा के इस पार मैंने जो देखा मैं बता नहीं सकता। यह एक कत्लेआम था।'

संदर्भ

आनंद, सोम, *लाहौर: पोर्टरेट ऑफ ए लॉस्ट सिटी*, लाहौर: वेनगार्ड बुक्स प्रा. (लि.), (1998)।

जेफ्री, रॉबिन, 'दी पंजाब बाउंडरी फोर्स एंड दी प्रोब्लेम ऑफ ऑर्डर: अगस्त 1947', *मॉडर्न एशियन स्टडीज*, वाल. VIII, सं. 4, (1974)।

कौशिक, आर.के., 'कोम्प्लीमेंट्स रिटर्ण्ड', *दी ट्रिब्यून*, चंडीगढ़, 31 अगस्त 2011।

खान, फजल मुकीम खान (मेजर जनरल), *दी स्टोरी ऑफ द पाकिस्तान आर्मी*, कराची, लाहौर: ऑक्सफोर्ड यूनिवर्सिटी प्रैस, (1964)।

खोसला, गोपाल दास, *स्टर्न रेकोनिंग: ए सर्वे ऑफ द एवेंट्स लीडिंग अप टु एंड फॉलोइंग द पार्टिशन ऑफ इंडिया*, नई दिल्ली: ऑक्सफोर्ड यूनिवर्सिटी प्रैस, (1989)।

मित्तल, जी., *लाहौर का जो जिक्र किया: आप बीती*, लाहौर: बुक होम, (2003)।

नेविल, प्राण, *लाहौर: ए सेंटीमेंटल जरनी, देलही एंड कराची*, अलाइड पब्लिशर्स लिमिटेड, (1993)।

शफिक, खुर्रमअली (संकलनकर्ता) *दी क्रॉनिकल ऑफ पाकिस्तान*, http://www.therepublicofrumi-comèkchronicle/1947_09.htm (13 दिसंबर 2010 को देखा)।

सिंह, किरपाल, *दी पार्टिशन ऑफ द पंजाब*, पटियाला: पंजाबी यूनिवर्सिटी, (1989)।

ताकि-उद-दिन, एच., *तारीख की अदालत में*, गुजराँवाला: जीने दो पब्लिकेशन्स, (1999)।

तालिब, एस.जी.एस., *मुस्लिम लीग अटैक्स ऑन सिख्स एंड हिंदुस इन द पंजाब इन 1947*, नई दिल्ली: वॉइस ऑफ इंडिया, (1991)।

सरकारी दस्तावेज

डिसटरबेनसेस इन द पंजाब, इस्लामाबाद: नेशनल डॉक्युमेंटेशन सेंटर, (1995)।

साक्षात्कार

सोम आनंद, नई दिल्ली, 18 अक्टूबर 1999

रत्तन चंद, दिल्ली, 19 अक्टूबर 1999

राम प्रकाश कपूर, नई दिल्ली, 20 अक्टूबर 1999

डॉ. प्रेम सोबती, भारत के राष्ट्रपति के निजी डाक्टर, दिल्ली, 31 अक्टूबर 2001

श्रीमती कांता सिंह लूथरा, सलेम, ओरेगॉन, 15 जुलाई 2002

प्रोफेसर एमेरिटस शौकत अली, मेंसफील्ड, मैसाच्युसेट्स, 29 जुलाई 2002

सरदार शौकत अली, लाहौर, 3 मई 2003

केवल कृशन तुली, नई दिल्ली, 8 मार्च 2004; 30 जनवरी 2006 को टेलीफोन द्वारा स्पष्टीकरण

संपूरण सिंह सचदेव, दिल्ली, 9 मार्च 2004

किदार नाथ मल्होत्रा, दिल्ली, 10 मार्च 2004

प्यारा सिंह नौलख, किशनपुरा कलाँ, जिला मोगा, पूर्वी पंजाब, 18 मार्च 2004

गुरबचन सिंह टंडन, नोएडा, 29 मार्च 2004

श्रीमति सावित्री दत्त-छिब्बर, नोएडा, 29 मार्च 2004

कर्नल हंस राज चोपड़ा, दिल्ली, 31 मार्च 2004

दविंदर भारद्वाज, ईमेल द्वारा अमरीका से, 14 दिसंबर 2004

अकरम वराइच, ईमेल द्वारा लाहौर से, 22 दिसंबर 2004

कलेब अली शेख, लाहौर, 25 दिसंबर 2004

भगवान दास, बटला, 3 जनवरी 2005

सरदूल सिंह विर्क, लखमरी, जिला कुरुक्षेत्र, हरियाणा, 8 जनवरी 2005

फकीर सिंह विर्क, लखमरी, जिला कुरुक्षेत्र, हरियाणा, 8 जनवरी 2005

शमशेरजीत सिंह विर्क, लखमरी, जिला कुरुक्षेत्र, हरियाणा, 8 जनवरी 2005

रिछ्पाल सिंह, आदमपुर, 28 नवम्बर 2005

सुदर्शन कुमार कपूर, पुराना गुड़गाँव, दिल्ली के बाहर, 1 दिसंबर 2005

चौधरी अनवर अजीज, लाहौर, 15 दिसंबर 2005

चौधरी तव्वाकुल्लाह विर्क, शेखूपुरा, 30 दिसंबर 2005

चौधरी नजिर अहमद विर्क, शेखूपुरा, 30 दिसंबर 2005

सत्येंद्र कुमार, गुड़गाँव, 17 मार्च 2013

विशारदा हून, चेन्नई से ईमेल द्वारा, 13 मई 2013

प्रोफेसर (डॉ.) उपेंद्र पंडित, ईमेल द्वारा, एम्स्टर्डैम, नीदरलैंड्स, 12 जुलाई 2014

15
रावलपिंडी डिवीजन

रावलपिंडी डिवीजन में प्रभाग के उत्तरी और उत्तर-पश्चिमी जिलों को शामिल किया गया जैसे – गुजरात, शाहपुर, झेलम, रावलपिंडी, अटक (कैंपबेलपुर) और मियांवाली। यहाँ मुसलमान बहुत ज़्यादा थे; हिंदुओं और सिखों की फीसदी इसकी जनसंख्या की केवल 14 थी। इसे पाकिस्तान को दिया गया। मैंने पंजाब के विभाजन पर अपने अध्ययन की व्यापक तस्वीर तैयार करने के प्रयास और दुखद व भयानक पहलू को पेश करने में यहाँ से कई कहानियाँ एकत्र की हैं।

रावलपिंडी शहर

हालांकि मार्च 1947 में रावलपिंडी शहर और आसपास के ग्रामीण क्षेत्रों ने सबसे शातिर सांप्रदायिक हिंसा देखी जो सिख गांवों और आबादी पर अनिवार्य रूप से एक तरफा हमले थे, स्थिति तब से स्थिर हो गई थी। मगर अगस्त में स्थिति फिर बिगड़ी, हालांकि उपायुक्त शेख अनवर-उल-हक ने 'स्थिति को नियंत्रित करने के लिए बहादुरी के साथ प्रयास किया लेकिन उन्हें अपने सहकर्मियों या पुलिस से कोई सहायता प्राप्त नहीं हुई' – जैसा कि खोसला रिपोर्ट में उल्लेख किया गया है (1989: 196)। मुहम्मद फिरोज दर, जिनकी रावलपिंडी की स्थिति के बारे में कहानी को पहले के एक अध्याय में प्रस्तुत किया गया है, जुलाई-सितंबर 1947 की अवधि को याद किया, जो 11 साल के एक लड़के के लिए, विशेष रूप से दर्दनाक थी।

मुहम्मद फिरोज दर

'यह जुलाई का अंत था या अगस्त की शुरुआत जब रावलपिंडी में फिर से निरंकुश हत्या और लूटपाट परिवर्धित हुई। हम ऑफिसर कॉलोनी से रेलवे मजदूरों के क्वार्टर स्थानांतरित हो गए थे जहां मुसलमान बहुलता थी। एक दिन सुबह मैं दूध खरीदने के लिए गया। कुछ लड़के इकट्ठा हुए थे और मुझे बताया कि कई लोगों की भयानक तरीके से हत्या की गई है और उनके शव, रेलवे कॉलोनी में मस्जिद से करीब 200

मीटर की दूरी पर पड़े हुए हैं। यह एक सबसे चौंकाने वाला नजारा था जो मैंने पहले या बाद में कभी नहीं देखा। छोटे शिशुओं की खोपड़ियाँ को दीवारों पर मार कर तोड़ दिया गया था। बड़ों के शव खुले व फटे थे या उनके टुकड़े कर दिए गए थे।

'फिर रास्ते पर वापस आते समय मैंने ऑफिसर्स कॉलोनी में एक घर को जलते देखा जो दो प्रमुख रेलवे एथलीटों और हिंदू भाइयों ओम और प्रकाश का था। उन्हें और उनके परिवारों को एक ब्रिटिश पुलिस अधिकारी दूर ले जा रहा था। उसके मुसलमान दोस्त, हनीफ, रजा और बाऊ रफी खड़े थे और दुखद दृश्य देख रहे थे; ये सारे भी एथलीट थे। उन्होंने कहा कि उन्होंने गुंडों को आगजनी से रोकने की कोशिश की थी। लेकिन मुझे एक और झटका लगना बाकी था।

'हजारों मुसलमान शरणार्थी भारत से रावलपिंडी आने लगे। उनके साथ सबसे ज़्यादा बेरहमी से बर्ताव किया गया था। हमें बताया गया कि उनकी जीवन की हानि सर्वाधिक थी। रेलवे विभाग ने हिंदुओं और सिखों की भारत जाने की व्यवस्था की थी और रावलपिंडी से भारी संख्या में गैर-मुसलमानों के बड़े पैमाने पर पलायन के लिए विशेष ट्रेनों की व्यवस्था की गई। मुझे याद नहीं कि किसी भी हिंदू या सिख ने जिन्हें हम जानते थे दोबारा यहाँ रावलपिंडी का दौरा किया। मगर हाँ, मैं भी तो चालीस से अधिक वर्ष से पाकिस्तान से दूर हूँ।'

कमला सेठी

'मेरे पिता सर गोकल चंद नारंग पंजाब में हिंदू महासभा के एक नेता थे। 1937 में एक सेना अधिकारी से मेरी शादी हुई थी। हम अलग-अलग स्थानों पर तैनात थे। उनकी 1945 में रावलपिंडी में पोस्टिंग हुई जहां हम 3 अक्टूबर 1947 तक रहे। उन दो वर्षों के दौरान कुछ तनाव महसूस किया लेकिन सैन्य बंगले में शायद ही हमने कभी कुछ भी असामान्य देखा हो। नौकर कभी-कभी गुस्से में आए आंदोलनकरियों और सांप्रदायिक हिंसा की कहानियों को बताते थे। मुझे याद है कि कुछ समय के लिए, मार्च के दौरान, रावलपिंडी में गड़बड़ी थी और हिंदुओं और सिखों को विशेष रूप से गांवों में मुसलमान भीड़ द्वारा की गई चरम हिंसा का सामना करना पड़ा था लेकिन छावनी क्षेत्र में हमने कभी खतरा महसूस नहीं किया। फिर विभाजन आया और मेरे पति जिन्होंने भारत का चयन किया था उन्हें दिल्ली में तैनात किया गया लेकिन वास्तविक स्थानान्तरण बाद में हुआ।

'कितना ज़्यादा सौहार्द था। एक अधिकारी, गुलशेर अली नून पहले से ही तबादले के चलते भारत से पाकिस्तान चले आए। उनके और हमारे परिवार ने कई महीनों तक एक ही घर में निवास किया। उन्होंने आधे हिस्से को लिया था और हमने दूसरे आधे को। छावनी में अंग्रेजों की भी एक बड़ी संख्या थी। अगस्त में और फिर बाद में

रावलपिंडी में बहुत हत्याएँ हुईं। हमारे ब्रिटिश दोस्तों में से एक, बिल ग्राहम, जिनके साथ हम क्लब में ब्रिज खेला करते थे, एक दिन देर शाम आए और जोर-जोर से दरवाजा खटखटाने लगे। कुछ शरारती तत्वों ने पड़ोस के घरों पर हमला किया था। वह जानना चाहते थे कि क्या हमें मदद की जरूरत थी। यही एकमात्र समय था जब हमने असुरक्षित महसूस किया। पंजाब का विभाजन सभी पंजाबियों के लिए एक बड़ी त्रासदी थी। यह केवल हिंदुओं का परंपरागत निम्न मध्यम वर्ग था जो मुसलमानों के खिलाफ अस्पृश्यता का अभ्यास करता था। शिक्षित वर्गों ने इस तरह के विचारों को बहुत पहले छोड़ दिया था। मेरे पिता ने 1932 में एक भाषण में चेतावनी दी थी कि भारत के विभाजन से सभी समुदायों के जीवन का भारी नुकसान होगा। वास्तव में यही है जो हुआ।'

भीष्म कुमार बक्शी

'हम रावलपिंडी में सैदपुर रोड पर रहते थे। मैं अगस्त 1947 में ग्यारह साल का था। मार्च में हुए दंगे तीव्र थे। शहर में मुसलमानों और हिंदुओं-सिखों की जनसंख्या 50-50 थी। मैं उस दिन लाल कुर्ती स्थित स्कूल में था। आसपास के गांवों से आई एक भीड़ हमारी ओर आई लेकिन हमारे मोहल्ले पर हमला नहीं किया। वो दंगे दस दिन तक चलते रहे। फिर हम जम्मू आ गए, जहां मेरे नाना-नानी रहते थे और हम कुछ महीने वहां रुके। सिख पहले चले गए और हिंदू टिके रहे। फिर दिल्ली और अन्य क्षेत्रों से मुसलमान रावलपिंडी आने लगे। मेरे पिता राधा कृष्ण बख्शी ने पाकिस्तान का चयन किया था। वह विश्वास करते थे कि हम वहाँ टिके रहेंगे। मेरी दादी हमारे पैतृक गांव मटोर में थी। गांव के हमारे मुसलमान पड़ोसियों ने किसी भी हमलावरों को उन्हें छूने नहीं दिया। इसके बाद जब पाकिस्तान अस्तित्व में आ गया तो उन्हें एक बस में चढ़ा दिया गया और रावलपिंडी भेजा गया। जब 1986 में मैंने अपने गांव का दौरा किया तो पुराने लोगों ने मुझसे पूछा कि क्या वह सुरक्षित रूप से रावलपिंडी पहुँच गईं थीं। हमारे परिवार से किसी को नहीं मारा गया था। रावलपिंडी के खाकसारों ने दंगों के दौरान हिंदुओं और सिखों को बचाने में एक बहुत ही गौरवशाली भूमिका निभाई।

'डॉ. बुध सिंह ने 29 अगस्त को एक विमान किराए पर लिया था। मेरे पिता ने पहले मुझे विमान से दिल्ली भेजा। इसके बाद मेरी बहन सिख सैनिकों के साथ एक ट्रेन में आई। इसने अम्बाला तक पहुंचने में कुल 10-12 दिन लगा दिए। मेरे पिता अक्टूबर में आए। मैं, मेरी माँ और मेरी बहन मेरठ में थे। हमें नहीं मालूम था कि कौन कहाँ था। इस साल बहुत बारिश हो रही थी। फिर हमने एक दूसरे के बारे में रेडियो पर सुना और अक्टूबर के मध्य आपस में मुलाकात की।

'मेरे पिता एक बहुत धर्मनिरपेक्ष और प्रबुद्ध व्यक्ति थे। उन्होंने हमारे गांव में एक कुआँ खुदवाना शुरू किया। हमारे ब्राह्मण रिश्तेदार आए और कहा कि यहाँ से पानी केवल ब्राह्मण लें। जब मेरे पिता ने यह बात सुनी तो उन्होंने आदेश दिया कि खुदाई बंद कर दी जाए और इसे मिट्टी से भर दिया जाए। इससे ब्राह्मणों का मन बदल गया और बाद में इस कुएं का गाँव में हर किसी हिंदू, मुसलमान और सिख ने इस्तेमाल किया। यह कुआँ अभी भी वहाँ है। 1992 में मैं अपनी पत्नी के साथ रावलपिंडी गया था। हमारा तांगा चालक खान बहादुर एक बहुत अच्छा इंसान था। हमने उसके बारे में पूछताछ की लेकिन उसका कई साल पहले निधन हो गया था। उसका छोटा भाई रमजान अभी भी जिंदा था। वह बचपन से मेरा एक बहुत ही करीबी दोस्त था। रमजान ने अपने सभी रिश्तेदारों को एकत्र किया और हमारे लिए एक बड़ी दावत की व्यवस्था की। वहां उन्होंने अपने सभी रिश्तेदारों को बताया, "ये लोग जो हमारे मेहमान हैं एक बहुत ही उच्च वर्ग के हिंदू परिवार से हैं। एक दिन मैं इन सज्जन के लिए बाहर बरामदे में (मेरे लिए चर्चा करते हुए) इंतजार कर रहा था। उसके पिता आये और मुझे अंदर ले गए और हम दोनों ने एक साथ चाय पी। इससे पता चलता है कि वे बहुत अच्छे लोग थे।"

'मैंने अपनी पत्नी से कहा "देखो, इन लोगों को बहुत बुरा लगा होगा जब हिंदुओं ने उनके प्रति अस्पृश्यता का व्यवहार किया होगा।" हिंदू नजरिए ने संबंधों में कड़वाहट पैदा करने में एक बहुत बड़ी भूमिका निभाई। मुसलमानों ने अस्पृश्यता को इनायत के साथ स्वीकार कर लिया। 1986 में हम गांव गए लेकिन 1991-92 में नहीं क्योंकि गांव में जाने के लिए हमारे पास वीजा नहीं था। भारतीय राष्ट्रीय सेना के जनरल शाह नवाज खान हमारे गांव से थे और वे हमारे पड़ोसी थे।'

रावलपिंडी के ग्रामीण क्षेत्र

कैंपबेलपुर, रावलपिंडी और झेलम डिवीजन से सिखों की एक बड़ी संख्या पंजाब के दंगों के बाद, मध्य और पूर्वी पंजाब स्थानांतरित हो गई थी। वे जो छोटे इलाकों में अभी भी चारों ओर थे चुपचाप चले जा रहे थे और अगस्त 1947 में ज़्यादातर जा चुके थे और जो रुक गए थे उन पर दोबारा हमला किया गया। बचे हुए लोग फिर भागे, हालांकि पूर्वी पंजाब तक का सफर खतरों से भरा हुआ था।

गुजरात

गुजरात में मुसलमानों का 85.58 प्रतिशत का भारी बहुमत था जबकि हिंदू और सिख इसकी जनसंख्या के 14 प्रतिशत थे। गुजरात शहर की ज़्यादातर दुकाने हिंदुओं के स्वामित्व में थीं हालांकि कुछ सिख व्यवसायी और दुकानदार भी थे। सिखों और

हिंदुओं की मार्च की हत्याओं ने रावलपिंडी में मुख्य रूप से और कुछ हद तक झेलम जिले को प्रभावित किया लेकिन अगस्त 1947 के मध्य के बाद से गुजरात में गैर-मुसलमानों पर हमलों में तेजी से वृद्धि हुई। कई बुजुर्ग पुरुषों ने मेरे सामने माना कि उन्होंने उन हमलों में भाग लिया था। निम्नलिखित बयान एक ज्वलंत चित्र प्रदान करता है कि वहाँ क्या हुआ:

कर्नल (सेवानिवृत्त) नादिर अली

'हमारा परिवार हमेशा से गुजरात में कांग्रेस पार्टी का समर्थक था। यह एक गलत धारणा है कि मुसलमान कांग्रेस पार्टी में शामिल होने के खिलाफ थे। जो भारत की स्वतंत्रता में विश्वास करने वाले थे वे या तो कांग्रेस पार्टी में थे या किसी इस्लामी आंदोलन अहरार या खाकसार के साथ। कुछ बेशक साम्यवाद से प्रभावित थे। गुजरात में कांग्रेस पार्टी ने एक बड़ा नेटवर्क तैयार कर लिया था जिसमें हिंदू, मुसलमान और यहां तक कि कुछ सिख सक्रिय थे। मेरे पिता कांग्रेस के एक सक्रिय सदस्य थे। मुस्लिम लीग शुरू से ही चरम नारेबाजी कर रही थी और इसमें जो लोग थे, वे अतीत में ब्रिटिश राज के प्रति वफादार थे और मुसलमानों के लिए एक अलग मुल्क चाहते थे। गुजरात में बड़े पैमाने पर लामबंदी का पहला दौर जनवरी 1947 में हुआ। परिणामस्वरूप समाज के सभी वर्गों में सांप्रदायिक जहर फैल गया। लेकिन गैर-मुसलमानों के खिलाफ हिंसक गतिविधियां विभाजन से केवल कुछ दिन पहले ही शुरू कर दी गईं। मुझे याद है कि शहर में मुख्य खरीद्दारी बाजार पर लफंगों ने हमला कर दिया था। यह लगभग पूरी तरह से हिन्दुओं के स्वामित्व में था। वे ईमानदार और बहुत ही सभ्य लोग थे। हमलों का नेतृत्व करने वाले लोगों में थुर्रे शाह था, जो मोइनूद्दीनपुर का एक सैयद था। उसने कई हिंदुओं को छुरा घोंपा और उनकी दुकानों को लूट लिया। उन्होंने गिरोहों का गठन किया और गुजरात से भागने वाले निर्दोष गैर-मुसलमानों पर घात लगाई। उन्होंने जलालपुर जतन शहर पर भी छापा मारा जहां एक बड़ी संख्या में हिंदू मारे गए थे। उन अपराधों में शामिल अपराधियों में से किसी पर कभी भी कोई मुकदमा नहीं चला।'

महिंदर नाथ खन्ना

मैं 3 जनवरी 2005 को अमृतसर के मोहन होटल की लॉबी में एक बुजुर्ग हिंदू सज्जन से मिला। वे गुजरात के थे। उन्होंने अगस्त 1947 में गुजरात में हिंदुओं और सिखों के नरसंहार का मेरे लिए एक सबसे चौंकाने वाला वृतांत सुनाया:

'मैं 30 मई 1926 को गुजरात में पैदा हुआ। मेरे पिता की मुख्य बाजार में एक दुकान थी। हम कपड़े बेचते थे, लेकिन पैसे उधार देने का कारोबार भी करते थे। ज़्यादातर दुकानों के मालिक हिंदू खत्री थे। मेरे पिता अस्थमा से पीड़ित थे। हमारा एक

बड़ा परिवार था। दादा दादी हमारे साथ रहते थे। हम छह बच्चे थे, तीन लड़के और तीन लड़कियां। मेरी माँ की बहन विधवा हो गई थी और वह भी हमारे साथ रहती थी। मगर हम काफी समृद्ध परिवार से थे। हमारे रिश्तेदार गुजरात के पास गाँवों में रहते थे और मेरे मामा गुजरात में राजस्व विभाग में काम करते थे लेकिन उनका घर शहर के दूसरे हिस्से में था। मुसलमानों के साथ हमारे संबंध बहुत अच्छे थे। वास्तव में हमारे ग्राहक मुख्य रूप से मुसलमान थे और उनके साथ कभी कोई समस्या नहीं हुई। मैं स्थानीय सरकारी स्कूल में पढ़ता था। सभी समुदायों के बच्चे वहाँ एक साथ अध्ययन करते थे। पहली बार हमने कोई तनाव तब महसूस किया गया जब मुस्लिम लीग ने 1940 में लाहौर में अपनी बैठक आयोजित की। मुझे याद है कि इस पर बाजार में चर्चा हुई थी और कुछ लोग आशंकित थे कि अगर एक मुसलमान देश बन जाएगा तो उनका कारोबार और जीवन सुरक्षित नहीं होगा। लेकिन कोई भी नहीं घबराया और जीवन सामान्य रूप से चलता रहा।

'एक मुसलमान युवती हमारी दुकान से होकर गुजरती थी। हालांकि वह एक बुर्का पहनती थी, कभी-कभी वह अपना चेहरा देखने देती थी। वह बहुत सुंदर थी और उसने भी गौर किया कि मैं भी हमेशा उसे देखता था। मैं अब भी कभी-कभी उसके बारे में सोचता हूँ। मुझे लगता है कि उसके माता-पिता का स्वास्थ्य अच्छा नहीं था क्योंकि उसकी माँ लंगड़ा कर चलती थी और उसके पिता एक छड़ी की मदद से चला करते थे। "वे बहुत समृद्ध नहीं होंगे,"; ऐसा मैं सोचता था। लेकिन उन दिनों एक लड़की के साथ संवाद स्थापित करने का कोई सवाल ही नहीं था जो एक करीबी रिश्तेदार नहीं थी। कोई एक हिंदू लड़की से भी बात नहीं कर सकता था, इसीलिए एक हिंदू लड़के का एक मुसलमान लड़की से बात करने का तो सवाल ही नहीं पैदा होता था।

'जनवरी 1947 के अंत में मुसलमानों ने गुजरात में एक जन आंदोलन शुरू किया। हालांकि कोई हिंसा नहीं हुई आंदोलनकारियों ने गुस्से में नारेबाजी की और हिंदुओं और सिखों पर इस्लामी कानून लागू करने की धमकी दी। मुझे याद है कि यह हिंदुओं के बीच, बड़ी चिंता का विषय बन गया। यह भी निर्णय लिया गया कि मुख्य हिंदू मंदिर की किसी भी हमले के खिलाफ रक्षा की जानी चाहिए। बाजार में हम बहुमत में थे लेकिन असुरक्षा की भावना विकसित होने लगी। कुछ लोगों ने अपनी दुकानें बेच दीं और कहीं और रिश्तेदारों के साथ रहने के लिए चले गए, लेकिन हमारे सारे रिश्तेदार गुजरात में थे। मेरे पिता भविष्य के बारे में बहुत चिंता करते थे, क्योंकि मैं ज्येष्ठ था और केवल 20 बीस साल का, मेरी छोटी बहन 1947 में सिर्फ सात साल की थी। लेकिन हमारे पास जाने के लिए कोई जगह नहीं थी और घर में उस विकल्प पर चर्चा नहीं हुई।

'जुलाई में हिंसा के कुछ कृत्य हुए और चारों ओर एक अफवाह फैल गई कि मुसलमान हम पर हमला करने वाले हैं। फिर अगस्त में स्वतंत्रता के कुछ दिन पहले यह खबर आई कि बाजार पर एक हमला हुआ है। कुछ दुकानदार मारे गए हैं। इसके चलते वास्तव में दहशत फैल गई। क्योंकि मेरे पिता अस्थमा से पीड़ित थे और मेरी दादी बूढ़ी और बीमार थी इसने हमारा और कहीं जाना मुश्किल बना दिया। अधिकांश हिंदू पहले हमले के बाद जाने लगे। फिर ईद (बुधवार 20 अगस्त) के दो दिन बाद हमारे घर पर हमला कर दिया गया। यह एक हिंदू क्षेत्र था लेकिन अधिकांश निवासियों ने उस जगह को छोड़ दिया था और कुछ ही सक्षम शरीर वाले पुरुष हमारी रक्षा करने के लिए वहाँ थे। हमलावर उस क्षेत्र के गुंडे थे। हम उन सबको जानते थे लेकिन उस दिन वे एक शत्रुतापूर्ण मिजाज में थे।

'मेरे पिता उनसे बात करने के लिए बाहर चले गए। वे चाहते थे कि हम अपने सोने और चांदी और रुपयों को उन्हें सौंप दें। मेरे पिता उन्हें सब कुछ देने के लिए सहमत हुए, बशर्ते वे हमारा कोई नुकसान नहीं करें। उन्होंने हमें तुरंत चले जाने को कहा। हमने रेलवे स्टेशन की ओर चलना शुरू कर दिया जो काफी दूर था। गुंडे थोड़ी देर के लिए हमारे साथ रहे, लेकिन फिर अन्य घरों को लूटने के लिए, वापस लौट गए। रास्ते में कुछ अन्य हिंदुओं और सिखों ने हमारे साथ शामिल होकर चलना जारी रखा। गुजरात जल रहा था और चारों ओर शव थे। मेरी दादी चल नहीं सकती थी और इसलिए उसने मंदिर में रहने का फैसला किया। मेरे दादा ने भी जाने से मना कर दिया और हमें चले जाने को कहा। मेरे पिता रोये और उन लोगों को साथ चलने की मिन्नतें की, लेकिन वे चल ही न सके।

'हम रेलवे स्टेशन पहुंचने ही वाले थे कि एक भीड़ जो "या अली, या अली" चिल्ला रही थी भाले और तलवारें लेकर आ पहुंची और हिंदुओं तथा सिखों पर टूट पड़ी जो संख्या में कम से कम 500 रहे होंगे। अपनी रक्षा के लिए हमारे पास कुछ भी नहीं था। मैंने अपने पिता को एक भाले से मारे जाते देखा। मेरी माँ उनकी मदद करने के लिए गई लेकिन किसी ने एक हथौड़ा उनके सिर पर दे मारा। मैंने उनको गिरते और उनकी खोपड़ी को फटते देखा। मैं रेलवे स्टेशन की ओर भाग गया। इसके अलावा कुछ अन्य लोग भी सफल रहे लेकिन मेरे भाई, बहनें और अधिकांश अन्य बच्चे, महिलाएं और बुजुर्ग लोग सफल नहीं हो सके। उस दिन गुजरात में, वास्तव में एक नरसंहार हुआ।

'हम में से कुछ ज़्यादातर युवा पुरुष एक जुट हो गए और एक गाड़ी के डब्बे पर कब्जा कर लिया जो उत्तर की दिशा से आई थी। यह लाहौर जा रही थी। सौभाग्य से कुछ अंग्रेज भी ट्रेन में थे। इसलिए यह लाहौर सुरक्षित रूप से, बिना किसी हमले का सामना किए पहुँच गई। लाहौर में रेलवे स्टेशन के हालात भी खराब थे लेकिन हमारी कुछ गोरखा सैनिकों से मुलाकात हुई जो हमें डी.ए.वी. कॉलेज तक सुरक्षित

ले गए जहां शरणार्थियों की मदद करने के लिए एक शिविर स्थापित किया गया था। शिविर में स्थिति भयावह थी। लगभग हर किसी ने एक करीबी रिश्तेदार खो दिया था और यह लग रहा था हम सभी एक अंतिम संस्कार में इकट्ठे हुए थे। हम सितंबर के पहले सप्ताह तक लाहौर में रुके। हर दिन मैं चारों ओर जाकर लोगों से पूछता कि गुजरात से किसी के आने की खबर है या नहीं। कुछ परिवार आए लेकिन उनमें मेरा कोई करीबी नहीं था। मुझे बाद में पता चला कि जिस हिंदू मंदिर में मेरे दादा दादी ने शरण ली थी उसे जला दिया गया और अंदर सभी लोग मारे गए।

'हम अमृतसर पहुंचे जहां मुसलमान मुसीबत में थे। हमारे सब के दिल में बहुत दर्द था। हम में से अधिकांश ने अपने करीबी रिश्तेदारों को खो दिया था। तब किसी ने हमें बताया कि मुसलमानों से बदला लेना हमारा कर्तव्य था। मैं यह मानता हूँ कि मैंने और गुजरात समूह के कई दूसरों ने मुसलमानों पर हमलों में हिस्सा लिया। हमने कितने मारे? मुझे लगता है कि एक कुल्हाड़ी के साथ पहला शिकार मारने के बाद मैंने गिनना छोड़ दिया था। यह सब हुए बहुत समय बीत चुका है। यह काफी अनावश्यक था लेकिन यह सब हुआ था। मैंने कभी शादी नहीं की क्योंकि मैं अपने दु:ख से कभी उबर नहीं सका। मेरा जीवन अगस्त 1947 में बिखर गया था।'

गुजरात के ग्रामीण क्षेत्र

जगन नाथ

'मैं गुजरात शहर के पश्चिम में स्थित कीरोवल नामक एक गांव में 1926 में पैदा हुआ था। हमारे पिता की मुख्य बाजार में एक कपड़े की दुकान थी। वहां तीस हिंदू परिवार थे, बाकी सैयद मुसलमान थे। उनके साथ हमारे उत्कृष्ट संबंध थे। पूरा गांव एक बड़ा परिवार था जिसमें सभी समुदाय एक-दूसरे के उत्सव के मौकों पर और एक दूसरे की खुशियों और दु:ख में भाग लेते थे। हालांकि हमने गुजरात में गड़बड़ी होने के बारे में सुना था लेकिन गांव में किसी भी तनाव का कोई निशान नहीं था। लेकिन अचानक ईद के मौके पर जो सोमवार 18 अगस्त को था घोषणा की गई कि मुसलमानों पर हमला करने के लिए सिख जत्थे आ रहे हैं। यह हम पर हमला करने का एक बहाना था। हम में से अधिकांश ने दुकानों को किराए पर लिया था और मालिक मुसलमान थे। हमले के वक्त हिंदू अपनी दुकानों को खुला छोड़ कर भाग गए। हमारे गांव पर हमला करने वाले बाहरी लोग थे। गांव के लोगों ने हम पर हमला नहीं किया। सईदों ने हम पर हमला नहीं किया। जब स्थिति खराब हो गई तब उन्होंने हमें मुसलमान बनने के लिए किया। कुछ दिनों के लिए हमने ऐसा ही किया लेकिन जब सेना आई हमें गुजरात शहर के एक शिविर में ले जाया गया। मेरे करीबी परिवार में कोई नहीं मारा गया था। हमने 25 सितंबर को गुजरात छोड़ा। यात्रा धीमी और बहुत

थकानेवाली थी। हमने गुजरांवाला में एक रात बिताई और फिर नहर के पास सेना के एक और कप्तान हमारे साथ थे।

'वे हमें ननकाना साहिब ले आए जहां हम दो रात रुके थे। फिर कुछ दिन हम लाहौर डी.ए.वी. कॉलेज में रुके। आर.एस.एस. शिविर में मौजूद था और उसने हमें भोजन और अन्य सहायता प्रदान की। हम अंत में 2 अक्टूबर को अमृतसर पहुंचे। हमारे गांव का लंबरदार गुलाम कादिर था। मुजम्मिल शाह और गौस शाह मेरे अच्छे दोस्त थे। वे सुन्नी थे। हमारा गांव सुन्नी था। मुझे अभी भी गांव की सड़कें याद है। मेरा एक दोस्त बशीर अहमद था जिसका नाता नाई बिरादरी से था। वह मुझे खत लिखा करता था। हिंदुओं पर हुए हमले मौलवियों ने उकसाये थे लेकिन जिन लोगों ने छापों में भाग लिया, वे बाहरी थे। हमें भारत में बड़ी कठिनाइयों का सामना करना पड़ा लेकिन हमारा करीबी परिवार सुरक्षित था। अपने कदम जमाने और एक उचित आजीविका कमा सकने में, हमें बहुत समय लगा। कीरोवल हमेशा मेरे विचार में बसता है। मेरी मुसलमानों के खिलाफ कोई दुर्भावना नहीं है। 1947 में जो कुछ हुआ उसके लिए उन्हें दोषी नहीं ठहराया जा सकता है। दोनों पक्षों में बुरे और क्रूर लोग थे।'

मैंने प्रसिद्ध पंजाबी लेखक और कवि, प्रोफेसर मुहम्मद शरीफ कुंजही से 20 अप्रैल 2003 को गुजरात में बात की, जिन्होंने 1947 में गुजरात में हुई घटनाओं के बारे में एक दिलचस्प ऐतिहासिक तस्वीर पेश की जो विभाजन के वास्तविक दंगों के पहले तनाव पर अंतर्दृष्टि प्रदान करती है।

प्रोफेसर मुहम्मद शरीफ कुंजही

'मेरा जन्म 13 अक्टूबर 1915 को गुजरात जिले में एक महत्वपूर्ण बाजार कुंजह में हुआ था। आसपास के गांवों से लोग यहाँ माल खरीदने और बेचने आते थे। 1903 के बाद हमारा एक हाई स्कूल और एक डाकखाना था। सभी समुदायों से आए लड़के स्कूल में एक साथ अध्ययन करते थे। हमारे शिक्षक, हिंदू और मुसलमान दोनों बहुत दयालु और पुण्य लोग थे। कुंजह एक अच्छी तरह से गठित एक छोटा कस्बा था। कुंजह में सांप्रदायिक प्रभाव तब शुरू हुआ जब एक सिख नेता खड़क सिंह ने 1927-28 को एक बयान जारी किया कि सिखों को मुसलमानों से मांस नहीं खरीदना चाहिए क्योंकि इसे एक इस्लामी रीति के अनुसार बलि किया गया है। उसने एक झटका मांस की दुकान का उद्घाटन समारोह किया जहां जानवर एक ही झटके में मारे जाते थे। इसका सांप्रदायिक संबंधों पर बुरा प्रभाव पड़ा। मौलवी अब्दुल्ला ने फिर 1930 में एक अलग मुसलमान स्कूल खोला। हिंदू और सिख हमारे स्कूल में अध्ययन करने आ सकते थे और कुछ आए भी।

'12वीं कक्षा पास करने के बाद मैंने काम की खोज की लेकिन कोई नहीं मिल सका। इसी कारण मैं अंग्रेजों के खिलाफ हो गया। मैं कांग्रेस पार्टी की तरफ आकर्षित हो गया था जिसकी गुजरात में और साथ ही कुंजह में एक उपस्थिति थी। मैं मजलिस-ए-अहरार का भी एक सदस्य था। हालांकि काँग्रेस में ज़्यादातर हिंदू थे, साम्राज्य विरोधी मुसलमान भी इसके सदस्य थे। हमें गांवों में जाने के निर्देश दिए गए और हमें वहाँ औपनिवेशिक शासन से मुक्ति का प्रचार करना था। कांग्रेस पार्टी अस्पृश्यता के खिलाफ थी लेकिन कुंजह में हिंदू अपवित्रता के नियमों का पालन करते थे। उदाहरण के लिए, कुंजह में एक हिंदू हलवाई था और कभी-कभी हम लस्सी पीने उसकी दुकान पर जाते थे। हलवाई मुसलमानों के लिए अलग मग रखता था और बाद में हमारे पीने के बाद उसे अच्छी तरह से धोता था। मुझे नहीं पता कि साधारण किसान इसके बारे में कैसा महसूस करते थे लेकिन मैं इसे पसंद नहीं करता था। मुसलमानों को यह भी जलन थी कि न केवल हिंदू बल्कि सिख भी आर्थिक रूप से उनसे और अधिक उन्नत थे। वे ईंट के पक्के घरों में रहते थे, जबकि मुसलमान मिट्टी के घरों में।

'लेकिन गहरी दोस्ती भी संभव थी। मेरा जय चंद नैयर नामक एक दोस्त था जिसकी शादी हो रही थी। हमें शादी के लिए वजीराबाद जाना था। मैंने उससे कहा कि बेहतर यह होगा कि मैं न जाऊँ क्योंकि वहां मुझे अलग से खाना दिया जाएगा। वह चला गया और उसने अपनी मां को बताया। उन्होंने कहा "इन मूर्ख हिंदू प्रथाओं का बुरा नहीं मनाते हैं। तुम दोनों एक साथ बैठोगे और एक ही साथ खाओगे और हम देखेंगे कि क्या होता है।" हमने वास्तव में ऐसा ही किया। किसी ने कुछ बुरा नहीं माना और सब कुछ ठीक-ठाक हो गया। अगर हिंदुओं ने समय के अनुसार अपनी आदतों को बदल लिया होता तो हालात अलग होते। अब भारत में कोई अंतर नहीं है। ऐसे मतभेद का नेताओं द्वारा शोषण किया गया। अंग्रेजों ने भी समुदायों के बीच इस तरह के विरोधाभास का उपयोग कर धौंस जमाई।

'बाबा सुंदर दास कुंजह के एक मात्र डॉक्टर थे। वह खुद रोगियों तक उनका इलाज करने पहुँच जाते। उनकी फीस बहुत मामूली थी और वह गरीबों का इलाज मुफ्त करते थे। लेकिन विभाजन के समय फिर एक सामूहिक पागलपन ने लोगों को अपनी गिरफ्त में ले लिया। इस क्षेत्र में कुछ हिंदू और सिख अभी भी थे जब पाकिस्तान अस्तित्व में आया। अपराधियों की भीड़ और मुस्लिम लीग नेशनल गार्ड के कुछ सदस्यों ने गैर मुसलमानों पर हमले में भाग लिया। कुंजह में हमले 18 अगस्त को ईद दिन हुए। यह एक बड़े पैमाने पर हमला हुआ था और भीड़ चारों तरफ लूटपाट, आगजनी और हत्या कर रही थी। बदमाश गांव में इधर-उधर घूम रहे थे। कुछ महिलाओं का अपहरण कर उन्हें दूर ले जाया गया। यहाँ तक कि सीमांत प्रांत से पठान लूट की तलाश में आये थे। उन्होंने सबसे जघन्य अपराध किए। मैं अभी भी याद कर सकता हूँ कि किस तरह पूरी तरह से निर्दोष मनुष्यों को मेरी आँखों के सामने पशुओं की तरह मारा जा रहा

था। 500 से अधिक हिंदुओं और सिखों को केवल कुंजह में ही मार दिया गया होगा। दूसरी जगहों पर भी हालात इतने ही बुरे थे।

'एक ब्राह्मण बेलीराम ने भारत जाने से पहले अपनी चाबियाँ मुझे दे दीं। उसके तीन घर थे। बाद में उनका बेटा पुलिस के साथ आया। उन्होंने अपने घर के नीचे सोना और जेवरात गाड़ कर रखे थे। उसने सोना और गहने इकट्ठा किए और चला गया। सांप्रदायिक कलह के बीज बोने के लिए सरकारी संस्थाएं जिम्मेदार थीं। वे गड़बड़ी फैलाने के लिए शरारती तत्वों का इस्तेमाल करती थीं। अहरार कभी पथभ्रष्ट नहीं हुए। यह भी सच है कि यूनियनिस्ट पार्टी ने मुसलमानों की मदद की। विभाजन अपरिहार्य नहीं था।'

(प्रोफेसर कुंजही की 20 जनवरी 2007 को मृत्यु हो गई)।

सैयद आफताब हसन

एक अन्य ज्वलंत वृतांत सैयद आफताब हसन द्वारा प्रदान किया गया, जिनके साक्षात्कार को मैंने प्रोफेसर कुंजही के साक्षात्कार के बाद गुजरात में दर्ज किया था। उन्होंने निम्नलिखित कहानी सुनाई:

'मैं गुजरात के पास जमना नामक गांव में 1 मार्च 1939 को पैदा हुआ। लेकिन विभाजन के समय मेरे पिता जो एक डाकिया थे एक कस्बे शादीवाल में तैनात थे। यहाँ हिंदू और मुसलमान दोनों निवासी थे जो शांति और सौहार्द में रहते थे। हिंदू अन्य छोटे व्यवसाय भी करते थे जैसे कि अचार और घी बनाना जिसे दूर दराज इलाकों तक बेचा जाता था। हमारा एक कपड़ा बाजार भी था। मेरे पिता सैयद फजल हुसैन शाह एक शिया इमाम भी थे। उनका सभी समुदायों द्वारा सम्मान किया जाता था। वह एक हिंदू बहुल इलाके में रहना पसंद करते थे और उन्हें कभी खतरा महसूस नहीं हुआ। हिंदू, आम तौर पर बहुत सभ्य, शिक्षित और शांतिप्रिय लोग थे। हम एक किराए के मकान में रहते थे। हमारे पड़ोसियों में चाचा दीवान चंद और उनकी पत्नी चन्नन बाई हमारे बहुत करीब थे। अगर वह अपने बेटे के लिए कुछ खरीदतीं तो वह मेरे लिए भी वही चीज खरीदतीं।

'पाकिस्तान अस्तित्व में आ गया था और यह ईद का दिन था। मेरे पिता ईद की नमाज का नेतृत्व करने गए थे। एक अफवाह फैल गई कि सिखों ने जमा हुए लोगों पर हमला किया है और मेरे पिता की हत्या की गई है। प्रतिक्रिया में मुसलमान बाहर आये और पास के नहर के पुल के पास एक टकराव हुआ। तीन सिख मारे गए। उस रात मुसलमान अपराधियों ने शादीवाल पर एक बड़े हमले का आयोजन किया। कुल साठ हिंदुओं की मौत हो गई। उन्होंने मृत शरीरों को नहर में फेंकने की कोशिश की लेकिन शव को ले जा रहे जानवर चल नहीं पा रहे थे क्योंकि उन पर बहुत ज़्यादा वजन डाल दिया गया था।

'मेरे पिता ने अगले दिन स्थिति का जायज़ा लिया और हिंदुओं को हमारे घर आकर रहने के लिए आमंत्रित किया। एक मुसलमान भीड़ पहुंची और मांग की कि उन सबको उन्हें सौंप दिया जाए। मेरे पिता ने उन्हें कहा कि पहले उन्हें और उनके बीवी बच्चों को मारना पड़ेगा। "मैंने उन्हें शरण दी है। जिन्हें हम शरण देते हैं, उन्हें हम कभी निराश नहीं करते हैं।" हमलावरों में से कुछ ने अपने चेहरे को रुमालों से ढक कर रखा था। वे वास्तव में शादीवाल के थे और सिर्फ लूटपाट करने के लिए बदमाशों के साथ शामिल हो गए थे। उन्होंने अपने चेहरे का पर्दाफाश किया और भीड़ को छोड़ दिया। इसके परिणामस्वरूप बाकी भी गांव छोड़कर चले गए। तीन दिन के बाद हिंदू वापस अपने घरों को चले गए। जब भारतीय सेना आई और वे उनके साथ चले गए।

'एक हिंदू साधु राम आसरा जो हिंदू श्मशान क्षेत्र में रहा करता था उसने यह घोषित कर दिया कि वह एक मुसलमान बनना चाहता था। तदनुसार उसका नाम अल्लाह आसरा रख दिया गया। एक दिन वह गली में चल रहा था और उसकी जेब में एक दस रुपये का नोट था। मेरे पिता उस समय डाक का वितरण कर रहे थे। किसी ने आसरा को मार डाला। हमारा मानना है कि सिर्फ उस धन के लिए उसकी हत्या कर दी गई। उसे दफन नहीं किया गया था। उन्होंने उसे हिन्दुओं के एक कुएं में फेंक दिया जिसका हिंदू पहले पानी बाहर निकालने के लिए इस्तेमाल किया करते थे। बाद में एक हिंदू ने जो एक पहले हमले में बच गया था, जिसमें उनके 60 लोगों को मार डाला गया था, अपनी कहानी एक भारतीय अखबार में लिखी। मेरे पिता ने इसके बारे में पढ़ा और हमें इसके बारे में बताया।

'हरियाणा के कुछ मुसलमान आए और शादीवाल में बस गए। वे अपने साथ हिंदू जाटों और सिखों के हाथों हुए जुल्मों की अपनी दुख की कहानियाँ लेकर आए। एक लड़के ने मुझे बताया कि लाहौर के बाहर मुसलमानों द्वारा वाल्टन शरणार्थी केंद्र में उसका यौन शोषण किया गया था। उसे पूर्वी पंजाब से भागते समय जो सदमा पहुंचा, उसके मुकाबले वह इस अनुभव से कहीं ज़्यादा सदमे में था।'

खोसला रिपोर्ट एक मुसलमान अधिकारी मेजर असलम का उल्लेख करती है जिसने अपने कर्तव्य का अत्यंत ईमानदारी के साथ पालन किया और मंडी बहाउद्दीन में, जो गुजरात का महत्वपूर्ण व्यापार था, सैकड़ों हिंदुओं और सिखों की जानें बचाई (1989: 156)।

झेलम

इस उत्तरी जिले में 89 प्रतिशत का एक भारी मुसलमान बहुमत था। हिंदुओं और सिखों की आबादी इसकी 11 प्रतिशत थी। बर्बरतापूर्ण हरकतें पहले से ही मार्च 1947 में झेलम जिले के गांवों में हो चुकी थीं और उस समय झेलम शहर में एक शरणार्थी

शिविर स्थापित किया गया था। मार्च में कई हिंदू और सिख अपने गांवों को छोड़, पूर्व की ओर सुरक्षित स्थानों के लिए या झेलम शहर चले गए थे जहां एक सैन्य टुकड़ी स्थायी रूप से तैनात थी। अगस्त शांति से कुछ हद तक पार हो गया लेकिन सितंबर के शुरू में हिंसा फिर से भड़क उठी।

सुनील दत्त

प्रसिद्ध भारतीय फिल्म स्टार, सुनील दत्त, जो मूल रूप से खुर्द गांव के है जो झेलम शहर से करीब 20 किलोमीटर की दूरी पर स्थित है, 20 अक्टूबर 2001 को मुंबई में उनके निवास पर मुलाकात के दौरान, मुझे यह कहानी सुनाई:

'मेरा जन्म 6 जून 1929 को खुर्द नामक एक छोटे से गांव में हुआ था जो झेलम शहर से ज़्यादा दूर नहीं था। यहाँ हिंदू (मुख्य रूप से हमारी जाति के दत्त ब्राह्मण) और मुसलमान दोनों निवासी तथा कुछ सिख रहते थे। दत्त ब्राह्मणों की एक बड़ी मझाइल जाति का हिस्सा हैं जो मानते हैं कि उनका पूर्वज राहब सिद्धू दत्त था जो कर्बला की त्रासदी के दौरान अरब में थे, जहां पैगंबर के पोते इमाम हुसैन और उनके अनुयायियों का छोटा समूह मार दिया गया था। राहब दत्त और उनके सात बेटे इमाम हुसैन की ओर से लड़े और लड़ाई में उनकी मृत्यु हो गई। इसलिए उम्र भर हमारे बुजुर्गों ने कर्बला की त्रासदी और इस घटना के साथ जुड़े हुए अनुष्ठानों को मनाया है, हालांकि हम हिंदू बने रहे हैं।

'मैं केवल पाँच साल का था जब मेरे पिता की मृत्यु हो गई और मेरा छोटा भाई सोम केवल बच्चा था। हम अपने तायाजी द्वारा बड़े किए गए। लेकिन हमारी सामाजिक और आर्थिक स्थिति अच्छी थी क्योंकि हमारा परिवार गांव का मुख्य जमींदार परिवार था। विभाजन के समय मैं पंजाब सीमा के भारतीय हिस्से में था लेकिन मेरे परिवार के बाकी लोग गाँव में थे। सेना का एक ट्रक उस क्षेत्र से हिंदुओं को झेलम में मुख्य शरणार्थी शिविर ले जाने के लिए पहुंचा। यह सितंबर की शुरुआत या शायद दूसरे सप्ताह का समय होगा। मेरे परिवार के सभी सदस्य ट्रक पर चढ़ गए लेकिन तायाजी पीछे बने रहे क्योंकि उस समय लोग सोचते थे कि शायद हालात पुनः सामान्य हो जायेंगे। जाने के थोड़ी देर पहले, मेरी माँ ने उन्हें बताया कि उन्होंने घर में सोने के गहने छोड़ दिए हैं, क्योंकि इन्हें इकट्ठा करने के लिए उनके पास समय नहीं था। उन्होंने इन्हें कहाँ रखा था, उन्होंने बता दिया।

'जब दूसरों ने गाँव छोड़ दिया तब तायाजी ही गांव में एकमात्र हिंदू बचे थे। जैसा कि रिवाज था वे गाँव के कुएं पर गए जहां यह रीति थी कि लोग एक दूसरे से मिलते और हुक्का पीते थे। सब कुछ ठीक लग रहा था। लेकिन एक शुक्रवार धर्मोपदेश में मौलवी ने आश्चर्य जताया कि गांव में एक हिंदू क्यों टिका हुआ है। इसलिए, उनके

कुछ दोस्तों ने उन्हें चले जाने की सलाह दी। उन्होंने चिंतित नहीं होने का नाटक किया और अगली शाम को भी कुएं पर गए। लेकिन फिर वह घर आये, गहने एकत्र किए और एक दूसरे गांव नवांकोट गए तथा मेरे पिता के पुराने सहपाठी याकूब से मदद की तलाश की। उन्होंने उनसे कहा कि उनकी जान खतरे में है तथा उनके साथ मेरी माँ के गहने थे। याकूब ने उन्हें चिंता करने से मना किया, "अगर कोई आपको मारना चाहेगा तो पहले मुझे और मेरे भाईयों को मारना पड़ेगा और तब ही आपके ऊपर कोई उंगली उठा सकेगा।"

'लोगों को गांव से उनके भागने का उनके जाते ही पता चल गया था। शत्रुता रखने वाले तत्वों ने भाँप लिया कि वह अवश्य याकूब से मदद लेने गए होंगे क्योंकि वहाँ से पैदल भागने का कोई उपाय नहीं था। उनमें से कुछ याकूब के पास आए और मेरे तायाजी को उन्हें देने की मांग की। लेकिन याकूब और उनके भाईयों ने अपनी बंदूकें तान लीं और कहा कि उन्हें उनका मेहमान उनकी अपनी जिंदगियों से ज़्यादा प्यारा है। तब वे लोग वापस चले गए। मगर, एक पीर ने याकूब को संदेश भेजा कि वे उनसे यह पता करने को मिलने आ रहे थे कि वे एक नास्तिक की रक्षा क्यों कर रहे थे। अब याकूब ने मेरे तायाजी को तुरंत चले जाने को कहा और सवारी करने के लिए एक घोड़ा दिया ताकि वे झेलम पहुँच सके। वे मध्य रात में चले और झेलम के शरणार्थी शिविर पहुंच गये। दो दिन बाद याकूब ने यह पता लगाने के लिए शिविर का दौरा किया कि तायाजी सुरक्षित रूप से शिविर पहुंचे था या नहीं। इस तरह हमारा परिवार खुर्द से सुरक्षित निकल कर आ गया।'

(सुनील दत्त की 25 मई 2005 में मृत्यु हो गई, उनकी पत्नी नरगिस एक प्रतिष्ठित अभिनेत्री, मुसलमान महिला थीं)

रघबीर सिंह साहनी

'मैं गांव गुजियाल, तहसील चकवाल, जिला झेलम, थाना दुमन में 1926 में पैदा हुआ। हमारे गांव के सभी सिख साहनी उप-जाति से थे। बाकी मुसलमान थे। हम साहूकार थे और हमारी कई दुकानें भी थीं। भारत के प्रधानमंत्री मनमोहन सिंह हमारे जिले से हैं। मुसलमानों के साथ हमारे अच्छे संबंध थे। वे हमारा बहुत सम्मान करते थे। जब हम पर बाहर के लोगों ने हमला किया तब हमारे गांव के मुसलमानों ने हमारी जान बचाई। हमारी फिटकी गाँव में एक दुकान थी जो पास में था। शाह मुहम्मद ने दुकान से मेरे पिता को ले लिया और हमारे गांव उन्हें सुरक्षित ले आए। हमारे गांव से कई लोग सेना में शामिल हो गए थे। मेरे चाचा जी सेना में थे। हमारे गांव में एक मुसलमान परिवार में सात भाई थे। युद्ध के दौरान उन्हें जर्मन लोगों ने पकड़ लिया था। हम उनके वेतन और संपत्ति की देख-भाल करते थे और वे जब लौटे तब उन्हें पता लगा कि हमने उनके हितों की अच्छी देखभाल की थी। हमने उनसे संपत्ति भी खरीदी थी।

'हम पर हमला करने वालों को उन सात जवानों ने पीछे धकेल दिया। उनकी माँ ने उन्हें कहा, "तुम मेरे दूध की लाज तब रखोगे जब तुम इन्हें बचाओगे"। उनमें से एक का नाम बोसतन खान था। वे सब हमारी छत पर चढ़ गए। उस समय हमारे घर में लगभग 9-10 सिख परिवार थे करीब 60-70 लोग। जब हमलावरों ने हमला किया तब उन भाइयों ने उन्हें गोली मारने की चेतावनी दी और वे भाग गए। सेना बुलायी गई और हम सभी चले गए। मेरा भाई केवल चालीस दिन का था। फिर हम चकवाल आए। हम कलेके में रुके। पाकिस्तान बनने के कुछ पंद्रह दिन के बाद हम पटियाला चले गए। मेरे पिता मेरे दादा और चाचा लौटे और अपना सब कुछ वापस ले आए। हमने सिर्फ बकाया कर्ज खो दिया जो हमें मुसलमानों से मिलना था। हम बहुत ही कम ब्याज लेते थे। प्रति 100 रुपये के लिए हम चवन्नी या अठन्नी लेते थे।'

तिलक राज ओबरॉय

'मैं हासिल, झेलम जिले की चकवाल तहसील के एक बड़े गांव से हूँ। हमारे मुसलमानों के साथ बहुत अच्छे संबंध थे। मुख्य सड़क की ओर हमारे घर की एक खिड़की खुलती थी। हमारे घर से इसका इस्तेमाल हर समय लोगों के साथ संपर्क करने के लिए होता था। मार्च 1947 में मैं रावलपिंडी में इम्पीरियल बैंक में था। वहाँ गांव पर एक हमला हुआ था, लेकिन हमारे परिवार और अन्य हिंदुओं को हमारे मुसलमान पड़ोसियों द्वारा संरक्षित किया गया। हासिल में कोई प्रमुख अप्रिय घटना नहीं हुई। हालांकि, अगस्त में हालात किसी के नियंत्रण में नहीं थे। स्थानीय लोग अगर चाहते भी तो हमारी मदद नहीं कर सकते थे। यह स्पष्ट था कि अब जो जगह पाकिस्तान बन गई है उसमें हिंदुओं और सिखों के लिए कोई जगह नहीं थी। मेरे माता-पिता और भाई-बहन अटक में गए और कई महीनों के लिए वहां रुके रहे। यह करीब 2,00,000 लोगों का एक बड़ा शरणार्थी शिविर था। इसके बाद उन्हें सेना के एक अनुरक्षण के साथ भारत लाया गया। मैं रावलपिंडी में था लेकिन कुछ समय के लिए मैं नहीं जानता था कि मेरा परिवार कहाँ है। मैं अक्टूबर में भारत आया था। हमारी ट्रेन में भी सेना का एक अनुरक्षण था और इसलिए हम पर कोई हमला नहीं हुआ।'

शाहपुर जिला

शाहपुर जिला जिसमें आधुनिक शहर सरगोधा शामिल था पश्चिम में रावलपिंडी डिवीजन का एक भारी मुसलमान बहुल क्षेत्र था। शाहपुर जिले में हिंदुओं और सिखों की कुल मिलाकर लगभग 15 प्रतिशत आबादी थी। 30 नवंबर, 2005 को पानीपत का दौरा करते समय हितेश गोसाईं मुझे गाड़ी में पानीपत ले गए जहां हमने अपनी दोपहर प्रोफेसर नरेंद्र मोहन वैद्य के साथ गुजारी जिन्होंने अपने पिता के मुल्तान डिवीजन के

बूरेवाला से सुरक्षित निकलने के बारे में बताया; तथा मेरे मेजबान चमन लाल आहूजा से मिलने भी ले गए। उन्हें जब पता चला कि मैं पाकिस्तान से था तो वे रोने लगे। वह सरगोधा में एक स्वतंत्रता सेनानी थे और मियां इफ्तिखारुद्दीन के साथ उन्होंने जेल में समय गुजारा था, जिन्हें वह एक महान नेता और इंसान मानते थे। श्री आहूजा ने मुझे बताया कि सरगोधा में ज़्यादातर लोग दोस्त किस्म के थे और बाद में गड़बड़ी अगस्त 1947 में ही शुरू हुई। मैंने हितेश गोसाई की मां का भी साक्षात्कार लिया जो मूल रूप से शाहपुर जिले की थीं, लेकिन 1947 में वह भेरा में रह रही थीं, जो एक बड़ी हिंदू उपस्थिति वाला एक छोटा सा शहर था।'

राज रानी गोसाई

'हम पंजाबी ब्राह्मण हैं। मैं सरगोधा शाहपुर जिले में जनवरी 1918 में पैदा हुई। हम ब्लॉक दो में रहते थे। मेरा 9 मई 1930 को मियानी के गोसाई कृष्ण लाल के साथ विवाह हुआ। गोसाई परिवार का पैतृक घर झिक्की गली, मियानी में था और मलकवाल में उनकी कृषि करने वाली भूमि थी। मेरे पति एक कम्पाउंडर थे। मेरी शादी के बाद हम विभिन्न स्थानों में जैसे सरगोधा, फुलरवाँ आदि में रहे थे, जहां मेरे पति को तैनात किया गया था। 1947 में हम भेरा में थे। मेरे पति वहाँ के सिविल अस्पताल में काम कर रहे थे। विभाजन की बात चलने से पहले हिंदुओं और मुसलमानों के बीच संबंध पूरी तरह से सामान्य थे। दीवाली जैसे त्योहारों पर हम शहर और मोहल्ले के प्रमुख मुसलमान परिवारों को मिठाइयाँ भेजा करते थे। इसी तरह, मुसलमान ईद पर मिठाई आदि कुछ हिंदुओं या हिंदू दुकानों के माध्यम से हमें भेजते थे।

'लेकिन विभाजन से पहले स्थिति ने बिगड़ना शुरू कर दिया। मुसलमानों द्वारा हिंदुओं पर हमला व लूटपाट करने और हिंदू पुरुषों, महिलाओं और बच्चों की हत्याओं की अफवाहें फैल गईं। जुलाई के अंत में स्थिति बहुत तनावपूर्ण थी। हम महिलाएँ मिर्च का पाउडर, पत्थर और पानी से भरी बाल्टियाँ और ड्रम घर में हमेशा तैयार रखती थीं। पानी छत पर रखा गया था ताकि अगर मुसलमान भीड़ हमारे घरों में आग लगाती तो हम उसे बुझा सकें। पुरुष खंजर तैयार रखते थे। महिलाओं को निगलने के लिए जहर के पैकेट दिए गए थे अगर पुरुष लड़ते हुए मर जाते। हमारी इज्जत खोने से मरना बेहतर था। जबकि हमारे इलाके में कोई हमला नहीं हुआ, दो भयावह उदाहरण थे।

'एक बार मोहल्ले की सभी महिलाएँ एक घर के तंदूर में रोटियां सेकने गई थीं। अचानक, "आ गए, आ गए" की चीखें सुनाई दीं और हम सभी आसपास के बर्तन, आटा और रोटी छोड़ कर इधर-उधर भागे। हम सभी अपने-अपने घरों के अंदर गए और दरवाजे बंद कर लिये और छत पर सभी सामग्री के साथ तैयार हो गए जैसा कि मैंने पहले बताया है। सौभाग्य से कोई भीड़ हमारे मोहल्ले की तरफ नहीं आई।

'जुलाई के बाद से मेरे पति दो पुलिस कर्मियों के अनुरक्षण में अस्पताल जाते थे। इसी तरह दो पुलिसकर्मी उन्हें वापस छोड़ने आते थे। ये पुलिसकर्मी मुसलमान थे लेकिन सुरक्षा के मामले में भरोसेमंद थे। तथापि अगस्त में अस्पताल में एक पुलिस उप-निरीक्षक ने मेरे पति को उसका हुक्का भरने और जलाने को कहा। मेरे पति ने जवाब दिया कि वार्ड बॉय आकर उनका यह काम कर देगा। उप निरीक्षक नाराज हो गया और कहा, "दंगे एक बार शुरू हों, मैं पहली गोली तुम्हारे सीने में दागूंगा।" मेरे पति ने जवाब दिया, "देखा जाएगा"।

'मलकवाल से रक्तपात की बहुत अफवाहें आने लगीं। इसलिए मेरे पति के बड़े भाई (गोसाई बैज नाथ) और उनके परिवार के साथ-साथ मेरी बहन (लाजवंती) और उसका परिवार हमारे पास भेरा में आ गया। विभाजन के समय हमारे घर में परिवार के उन्नीस सदस्य रहते थे। हालांकि, मेरे पति के छोटे भाई गोसाई सालिग राम उस समय मियानी में हमारे झिक्की गली स्थित घर में थे। विभाजन से एक हफ्ते पहले हमें खबर मिली कि मियानी में कई हिंदुओं को मार डाला गया है और जीवित बचे लोग भेरा की तरफ आ रहे है। मेरे पति और उनके बड़े भाई तुरंत रेलवे स्टेशन की तरफ गए और रोते हुए थोड़ी देर बाद वापस आये। बचे हुए लोगों ने बताया कि सालिग राम की मुसलमानों द्वारा हत्या कर दी गई है। उसने हमारे घर से बच कर पास के घर में घुसने की कोशिश की, जिसे सुथरायां दी धर्मशाला के रूप में जाना जाता था। यह घर खाली था लेकिन हमेशा खुला रहता था और इसमें एक कुंआ था जिससे लोग पानी निकालते थे। कुंए के बगल में एक बड़ा पेड़ था। सालिग राम रबर के सोल वाले जूते पहने हुए थे और वह पेड़ पर चढ़ने की कोशिश कर रहा था ताकि बगल के घर में जा सकें और तभी उसका पैर फिसल गया। तब तक हमलावर वहाँ आ चुके थे और उन्होंने उसे पकड़ लिया और मार डाला। उस दिन दस या बारह लोगों की हत्या की खबर आई। बचे हुए लोगों ने कहा कि बाद में उन्होंने चुन्नी लाल वासन के काठ गोदाम में उन लोगों का सामूहिक संस्कार किया।

'हमें बाद में पता चला कि मियानी में एक और घटना हुई थी। वहां दीवान जगदीश हमारी बिरादरी का एक छोटा और पतला व्यक्ति रहता था। उसके पास काफी जमीन थी और उसका बहुत सम्मान किया जाता था। उसका घर बस हमारे मियानी के घर के पीछे था। दोनों घर दो मंजिला थे। दीवान जगदीश की चार बेटियां थीं लेकिन कोई बेटा नहीं था। वह अपने मुसलमान खेतिहर मजदूरों के साथ बहुत स्नेह करते थे। जब तनावपूर्ण दौर अपनी चोटी पर था तब पूर्वी पंजाब से आए मुसलमान शरणार्थियों ने उनके घर का दरवाजा खटखटाया। दीवान जगदीश से पूछताछ करने पर उन्होंने विनम्रता से बाहर से जवाब दिया बाउजी हम आप से ही मिलने आए हैं। उन पर भरोसा करते हुए दीवान जगदीश ने दरवाजा खोला और वह वहीं पर मार डाला गया। उसका शरीर

मिला और उसका सर मिट्टी के एक बड़े बर्तन के अंदर था। सौभाग्य से उस समय उनकी पत्नी और बेटियाँ पास के हमारे रिश्तेदारों में से एक के घर में थीं। वे इस कहानी को बताने के लिए बच गईं।

'भेरा में एक प्रभावशाली सज्जन थे जिन्हें दीवान साहिब कहा जाता था। उन्होंने एक अंग्रेजी महिला से शादी की और विभाजन के समय वे दिल्ली में थे। यह कहा जाता है कि किसी ने उससे कहा कि वह दिल्ली में शांति से रह रहा है जबकि उसका प्रिय भेरा मुसीबत में है। कहा जाता है कि उसने एक मराठा बटालियन संगठित की ताकि भेरा से लोगों को मंडी बहाउद्दीन तक निकाला जा सके, जहां से लोगों को अमृतसर के लिए ले जाने के लिए, उन्नीस ट्रकों का प्रबन्ध किया गया। कुछ दिन के बाद 14 अगस्त को हम बहुत कम सामान के साथ समूहों में भेरा रेलवे स्टेशन गए, हम व्यक्तिगत रूप से बहुत थोड़ा सामान ले जा पाए। सौभाग्य से हम नकदी और गहने ले सके। हमने अपने घर बंद कर दिए और बाबा रहमानी अस्पताल में वार्ड-सेवक को चाबी का गुच्छा दे दिया। हमने उसे बताया कि अगर हम वापस आ सके तो चाबियां वापस ले लेंगे अन्यथा सभी घरेलू सामान उनका था। बाबा रहमानी और मोहल्ले के अन्य मुसलमान परिवारों ने कामना की कि अराजकता समाप्त होने पर हम सब जल्द ही वापस आ जायेंगे। लेकिन ऐसा कभी नहीं होना था।

'हम भेरा स्टेशन गए और ट्रेन में सवार हुए। ट्रेन चली लेकिन थोड़ी देर बाद फिर रुक गई। इसे भेरा स्टेशन वापस लाया गया था। हर कोई तनाव में था। मराठा सैनिकों ने विभिन्न दिशाओं में अपनी मशीनगनें तान लीं लेकिन सौभाग्य से थोड़ी देर बाद ट्रेन ने फिर से चलना शुरू कर दिया। हम मंडी बहाउद्दीन पहुंच गये। हम सब एक बड़े फाटक से गुजर कर एक किलेनुमा जगह पहुंचे। हम अपने साथ घर में बनी खाने की सामग्री काफी मात्रा में लेकर आए थे। अगले दिन अफवाहें आईं कि परिसर के बाहर खाद्य सामग्रियों और पानी में स्थानीय मुसलमान गुंडों ने जहर मिला दिया है। हममें से किसी ने बाहर का कुछ भी नहीं खाया। परिवारों ने घर में बने भोजन को बाँट कर खा लिया। जल का इंतजाम परिसर के अंदर किया गया। ट्रक तीसरे दिन पहुंचे। हम एक साथ बाहर निकले। हम जो चीजें उठा सकते थे, उसे ही हमें लेने की अनुमति दी गई। अधिकांश लोगों ने पीछे अपना कुछ सामान छोड़ दिया। स्थानीय पुलिसकर्मी रिश्वत के रूप में प्रति व्यक्ति 100 रुपये ले रहे थे। वे अन्य तरीकों से भी पैसा बना रहे थे। ट्रकों को फिर मराठा बटालियन द्वारा सुरक्षित ले जाया गया जिसने यात्रा के दौरान, हमें अपने सिर नीचे रखने को कहा। हम बिना किसी भी घटना के अटारी पहुंच गये। थोड़ी देर बाद ट्रक रुक गए और एक खुले मैदान में एक चक्र की भांति खड़े हो गए। हर कोई उस चक्र के बीच में था। हमें लेट जाने को कहा गया अगर कोई हमला होता है। सैनिक पूरी रात चौकस रहे। अगले दिन ट्रेन आई। उन दिनों सभी गाड़ियों में

सवारी मुफ्त थी। हम सभी अमृतसर सुरक्षित पहुंचे और स्वर्ण मंदिर गए। अमृतसर में बहुत सारे शरणार्थी थे। हमने हैजा के लक्षण के साथ कुछ लोगों को देखा था। हमें पता चला कि हमारे बहनोई अमृतसर कभी नहीं पहुँचे क्योंकि उन्हें लाहौर में मार डाला गया था। हम तुरंत एक और ट्रेन में सवार हुए और जालंधर आ गए। एक जानकार ने हमें खाना दिया। हम रेलवे स्टेशन पर सोये और अंत में लुधियाना होकर कुरुक्षेत्र के लिए एक ट्रेन में चढ़े जहां हमारे कई रिश्तेदार भी आने में कामयाब हुए थे।

'हाँ कई मुसलमान परिवार थे जिनके साथ हमारे बहुत नजदीकी रिश्ते थे। भेरा में उनमें से एक था मिर्जा परिवार। श्री मिर्जा भी मेरे पति की तरह एक कम्पाउंडर थे। उनकी पत्नी एक बहुत अच्छी महिला थी और हम सहेलियाँ थीं। उसका दादा एक हिंदू था और उनके कई रिवाज हमारी तरह थे। उनकी दो प्यारी बेटियाँ थीं-मुमताज और सुरैया। उनकी उम्र मेरी बेटियों स्वराज, सविन्दर और दया जितनी ही थी। लड़कियां एक साथ खेलतीं और एक दूसरे के घर में आजादी के साथ खातीं। हालांकि हम बड़े हो चुके लोग मुसलमान घरों में नहीं खाते थे, बच्चों को यह स्वाधीनता चुप-चाप दे दी जाती थी। सच तो यह है कि मुसलमान इस बात का कोई बुरा नहीं मनाते थे कि हम उनके घर का खाना नहीं खाते थे या पानी नहीं पीते थे, क्योंकि हम एक दूसरे के रिवाजों का सम्मान करते थे।'

मियांवाली

मियांवाली में लगभग 14 प्रतिशत हिंदू-सिख अल्पसंख्यक थे, जो मुख्य रूप से हिंदू थे। खोसला रिपोर्ट बताती है कि 26 अगस्त तक मियांवाली में गैर-मुसलमानों पर कोई बड़ा हमला नहीं हुआ, जब एक सिख सेना अधिकारी कैप्टन ग्रेवाल की पाइखेल रेलवे स्टेशन पर हत्या कर दी गई, तब उप-आयुक्त ने 30 अगस्त को जिले से गैर-मुसलमानों को बाहर ले जाने की योजना की घोषणा की। जाहिर है इसने मुसलमानों को गैर-मुसलमानों पर हमला करने के लिए प्रोत्साहित किया। पहला हमला 2 सितंबर को हुआ और उसके बाद हमलों में तेजी हो गई (1989: 204-8)। एस.जी.पी.सी. रिपोर्ट दावा करती है कि मियांवाली में 3,500 हिंदुओं और सिखों को मार डाला गया था (1991: 197)।

8 जून 2006 को मैं ईलिंग ब्रॉडवे भूमिगत स्टेशन के बाहर खड़ा था तथा गलती से गलत ट्यूब ट्रेन ले ली थी और मार्गदर्शन के लिए मैं एक बुजुर्ग सिख के पास गया। वह एक बहुत दोस्ताना और मददगार व्यक्ति निकले। हमने एक साथ चाय पी और मेरे अनुरोध पर वह उनके और उनके परिवार की पुराने पंजाब के दूरदराज भाग मियांवाली में हुई अग्नि परीक्षा को मेरे द्वारा नोट करने पर राजी हो गए।

जसपाल सिंह कोहली

'हम मूल रूप से झेलम जिले के गांव दीना से हैं। मेरे पिता जो पुलिस में एक सब-इंस्पेक्टर थे वह 1947 में मियांवाली में तैनात थे। मैं उस समय कक्षा 6 में था। मेरे दादा-दादी तथा नाना-नानी दीना में थे। मेरे नाना-नानी अपने गाँव गह जो चकवाल में था वहां से यहाँ आ गए थे क्योंकि मार्च 1947 में उस गाँव पर हमला हुआ था और कई गैर-मुसलमानों का कत्लेआम कर दिया गया था। मेरी शादीशुदा बहन जो झेलम से थी वह भी किसी धार्मिक अवसर के चलते गाँव में थी। मेरे पिता ने पाकिस्तान को चुना था और उनके सहयोगियों ने उनके विचार का स्वागत किया। लेकिन सितंबर के अंत से पूर्वी पंजाब से मुसलमान शरणार्थियों ने मियांवाली की ओर आना शुरू किया। वे और सेवानिवृत्त सैनिक गैर-मुसलमानों पर हमले संगठित करने लगे। हमारी एक सिख परिवार के रूप में आसानी से पहचान की जा सकती थी।

'शायद यह एक रविवार था और सब लोग घर पर थे जब मुस्लिम लीग नेशनल गार्ड के एक गिरोह ने हमारे घर पर हमला किया। उस क्षेत्र के स्थानीय सिख भी हमारे घर में इकट्ठे हुए थे क्योंकि मेरे पिता पुलिस में थे और इस घर को एक सुरक्षित जगह माना जा रहा था। मेरे पिता ने अपने घर पर रिवाल्वर रखी हुई थी। इसलिए शुरू में हमलावर घर के करीब आने के लिए संकोच कर रहे थे। लेकिन एक छोटी सी भीड़ बढ़कर कई हजारों में तब्दील हो गई और उनमें से कुछ निश्चित रूप से बंदूकों के साथ सशस्त्र सैनिक थे। मेरे पिता हमारे पड़ोसी संतोख सिंह और उसके दो बेटे घर के बाहर विभिन्न कोनो से रखवाली कर रहे थे, हालांकि मेरे पिता के पास केवल एक रिवाल्वर था। जब अंधेरा हुआ तो फिर हमला हुआ और सभी पुरुषों की मेरे पिता सहित मौत हो गई। सरगना युवा लड़कियों को दूर ले गए लेकिन किसी कारणवश उन्होंने बच्चों और बुजुर्ग महिलाओं को बख्श दिया। मेरी माँ ने मुझे अपने पीछे छुपा लिया। सुबह हमारे इलाके के कुछ बुजुर्ग मुसलमान हमारे घर आये और हमें उनके साथ शरणार्थी शिविर जाने को कहा। मैं मानता हूँ कि उनके चलते हम बच गए।

'हम एक शिविर पहुंचे जहां से हमें ट्रकों में अमृतसर लाया गया। इस सफर में कई दिन लग गए। हम अक्टूबर के शुरू में अमृतसर पहुंचे। मेरे नाना-नानी और मेरी बहन का परिवार इतना खुशकिस्मत नहीं था। वे दीना में मारे गए। मैं 1959 में इंग्लैंड आ गया। मैं कभी-कभी दीना और झेलम के लोगों से मिलता हूँ लेकिन मियांवली के लोगों से बहुत कम। यह एक अजीब अहसास होता है जब आप पंजाबी की अलग-अलग बोलियाँ सुनते हैं। मैं अपने पिता को कभी नहीं भूला। वे एक लंबे और खूबसूरत इंसान थे। वो लड़ते हुए मारे गए। इसी तरह दूसरे पुरुष भी मारे गए। मेरा मानना है कि 10 या 12 पुरुष मारे गए और कोई पाँच युवा लड़कियों का अपहरण हुआ। जिंदगी ने हम पर कई जुल्म किए हैं लेकिन जिंदगी को तो चलना है।'

संदर्भ

खोसला, गोपाल दास, *स्टर्न रेकोनिंग: ए सर्वे ऑफ द एवेंट्स लीडिंग अप टु एंड फॉलोइंग द पार्टिशन ऑफ इंडिया*, नई दिल्ली: ऑक्सफोर्ड यूनिवर्सिटी प्रैस, (1989)।

तालिब, एस.जी.एस., *मुस्लिम लीग अटैक्स ऑन सिख्स एंड हिंदुस इन द पंजाब इन 1947*, नई दिल्ली: वॉइस ऑफ इंडिया, (1991)।

साक्षात्कार

सुनील दत्त (फिल्म स्टार), 20 अक्टूबर 2001, मुंबई

प्रोफेसर मुहम्मद शरीफ कुंजही, गुजरात, 20 अप्रैल 2003

सय्यद आफताब हसन, गुजरात, 20 अप्रैल 2003

कर्नल (रि.) नादिर अली, लाहौर, 5 अप्रैल 2003

कमला सेठी, दिल्ली, 7 मार्च 2004

जगन नाथ, दिल्ली, 8 मार्च 2004

रघबीर सिंह साहनी, पटियाला, 7 जनवरी 2004

तिलक राज ओबेरॉय, चंडीगढ़, 2 जनवरी 2005

महिंदर नाथ खन्ना, अमृतसर, 3 जनवरी 2005

चमन लाल आहूजा, पानीपत, 30 नवम्बर 2005

राज रानी गोसाईं, नोएडा, 2 दिसंबर 2005

जसपाल सिंह कोहली, लंदन, 8 जून 2006

भीषम कुमार बक्शी, ईमेल द्वारा दिल्ली से, 5 मार्च 2007

मुहम्मद फिरोज दर, स्टॉकहोम, 18 फरवरी 2008

16
मुल्तान डिवीजन और बहावलपुर रियासत

विभाजन से पहले के पंजाब के सुदूर दक्षिण में मुल्तान डिवीजन थी। इसमें मोंटगोमेरी (साहीवाल), लायलपुर (फैसलाबाद), झंग, मुल्तान, मुजफ्फरगढ़, डेरा गाजी खान जिलों के साथ ही बलूच सीमा पार का इलाका था। इसमें सबसे महत्वपूर्ण नहर कालोनियां – लायलपुर और मोंटगोमरी शामिल थे। हिंदू और सिख, इसकी जनसंख्या के 22 फीसदी थे। ज़्यादातर सिख पूर्वी जिलों के गांवों से थे और जब नहर कालोनियों को विकसित किया गया था, तब उन्हें वहाँ भूमि आवंटित की गई थी। खोसला और एस.जी.पी.सी. की रिपोर्टें, हिंदुओं और सिखों दोनों ही पर हमलों के विवरण प्रदान करती हैं।

मुल्तान शहर

मार्च 1947 के दंगों ने पहले से ही मुल्तान जिले के हिंदू समुदाय की कमजोर स्थिति को उजागर किया था। सिखों की संख्या और भी कम थी। मार्च में हिंदुओं का पलायन हुआ था लेकिन यह एक छोटे पैमाने पर था। ज़्यादातर हिंदू मुल्तान में ही थे जब सीमा अवार्ड की घोषणा की गई। वे उम्मीद कर रहे थे कि कानून और व्यवस्था की बहाली हो जायेगी और वे शहर और गांवों में रहने में सफल होंगे। मगर यह एक भ्रम साबित हुआ क्योंकि जब पूर्वी पंजाब से आने वाले शरणार्थियों ने बदला लेने के लिए हमलों को उकसाया, तब गड़बड़ी फिर फैल गई और परिणामस्वरूप अल्पसंख्यक हिंदू और सिख जीवन तथा संपत्ति की अपार हानि हुई। जबर्दस्ती लोगों के धर्म परिवर्तन किए गए लेकिन जब सैन्य सहायता पहुंची तब दूसरी जगहों की तरह गैर–मुसलमान भारत के लिए रवाना हो गए। खोसला रिपोर्ट में घटनाओं का आंकड़ा दिया गया है जब रेलगाड़ियां समयानुसार नहीं चल रही थीं या ट्रैक क्षतिग्रस्त हो गये थे और हजारों लोग फंसे हुए थे। गांवों से हत्याओं की भी खबरें आई थीं।

लाजपत राय सेठ

'मैं मुल्तान के मध्य में हनु छज्जा के पास मोहल्ला पीपलथला में पैदा हुआ था। मेरा परिवार अनाज व्यापार में था और हम पंजाब की सभी जेलों को आपूर्ति करते थे। हमारे पूर्वज जो मूल रूप से मुल्तान से थे उनके धर्म को भले ही बरकरार रखा, यहाँ सदियों से मुसलमान शासन था। हिंदू शहर के मध्य रहते थे और अधिकांश मुसलमान शहर के बाहरी क्षेत्रों में बसे थे। अनुसूचित जाति के हिंदू भी शहर के मुख्य और मध्य इलाके के बाहर रहते थे। हमारे धोबी खुदा बख्श से मेरी माँ ने राखी बांध कर भाई और बहन का रिश्ता बना लिया। जियाउद्दीन हमारे सबसे भरोसेमंद व्यापार सहयोगियों में से एक था। वह अक्सर हमें हमारी दुकान में मिला करते थे। उसके हमारे साथ व्यापार हित थे और ग्राहकों को भी ले आता था और उसे कमीशन मिलता था। हम मांस खाते थे और यहां तक कि मुसलमानों के साथ खाना भी खाते थे। समुदायों के बीच बहुत घनिष्ठ और मैत्रीपूर्ण संबंध थे।

'मार्च में हुए दंगों से हिंदू पहले ही घबराए हुए थे। हिंदुओं की संपत्ति जलाने और हत्या के कई मामले हुए थे लेकिन हिंसा कम हो गई और अगस्त के दूसरे अर्ध तक यह नहीं भड़की। लेकिन हर कोई आशा कर रहा था कि पाकिस्तान बनने के बाद यह सब कुछ कम हो जाएगा। 14 अगस्त को मैंने पाकिस्तान के निर्माण का जश्न मनाने के लिए चौक बाजार में झंडा फहराने की रस्म में भाग लिया। लेकिन जल्द ही बाद में गांवों से हिंदुओं का मुल्तान आना शुरू हुआ। मुसलमान शरणार्थी भी बड़ी संख्या में आ रहे थे। मुझे याद है कि मेरे पिता और अन्य बुजुर्ग मुल्तान के विभिन्न भागों में हुई घटनाओं की चर्चा कर रहे थे। तब गांवों में हिंदुओं और सिखों पर हमले बढ़ गए। अचानक हजारों व्याकुल और घबराए हुए मनुष्य मुल्तान में थे। कई लोगों ने अपने परिवारों को खो दिया था और बाध्यमूलक धर्म परिवर्तन के मामले सामने आ रहे थे। मैं उस समय केवल 13 साल का था। मैंने किसी भी हिंसा को खुद नहीं देखा था पर मेरे पिता का एक मुसलमान दोस्त मोची दया जो उनके साथ हुक्का पिया करते थे उन्हें हिंदुओं ने मार डाला और उसके शरीर को एक कुएं में फेंक दिया। यहाँ तक कि हिंदुओं ने जानलेवा हमलों में भाग लिया। हिंदू इलाकों में जो मुसलमान प्रवेश करते थे उन्हें बख्शा नहीं जाता था, लेकिन निस्संदेह मुसलमानों का पलड़ा भारी था। अगस्त के अंत तक यह काफी स्पष्ट था कि हम मुल्तान में अब नहीं रह सकते थे।

'हमारे मोहल्ले में एक युवा हिंदू सदानंद रहते थे जो उन दिनों की गंभीर स्थिति के बावजूद क्वेटा ड्यूटी पर वापस लौटे। वह रेलवे विभाग में कार्यरत थे। हर किसी ने उन्हें रोकने की कोशिश की लेकिन उन्होंने नहीं सुनी। उन्होंने अपने साथ अपनी पत्नी और बच्चों को ले लिया। क्वेटा में उसके घर पर हमला किया गया था। उसने एक कमरे में अपनी पत्नी और बच्चों को बंद कर दिया। हमलावरों ने उसे मार डाला

और जल्दी से चले गए। लेकिन उसकी पत्नी और बच्चे बच गए और बाद में उन्हें दिल्ली ले जाया गया।

'हमने रेलगाड़ी से यात्रा न करने का फैसला किया था क्योंकि यह बहुत असुरक्षित था। तीन बार हमने मुल्तान हवाई अड्डे तक पहुंचने की कोशिश की लेकिन हर बार लौटना पड़ा क्योंकि हवाई अड्डे तक जाने की सड़क को सशस्त्र मुसलमान गिरोहों द्वारा नियंत्रित किया गया था। तब जियाउद्दीन ने हमें हवाई अड्डे तक जाने में मदद की और हमने अम्बाला के लिए उड़ान भरी। यह सितंबर के शुरू का समय था लेकिन मुझे सही तारीख याद नहीं है। हमारे परिवार का कोई करीबी मारा नहीं गया। अम्बाला में हमारी स्टेशन मास्टर श्री कपूर ने मदद की थी। वह मुल्तान से थे। उन्होंने हमें रेलवे क्वार्टर में कुछ कमरों पर कब्जा करने की अनुमति दी। हमने मुसलमानों के शवों को इधर उधर देखा और वे सड़ रहे थे। मुसलमान शरणार्थियों का कारवां भी हमारे रेलवे क्वार्टर से होकर गुजरता जहां हम ठहरे थे। कुछ हफ्तों के बाद जियाउद्दीन मुल्तान से उन दो सूटकेसों के साथ आए जिन्हें हमने पीछे छोड़ दिया था। वे इतने दयालु और दुस्साहसी थे कि उन्होंने अक्टूबर में दिल्ली आकर हमें सूटकेस देने का जोखिम लिया।

'भारत में जीवन एक बड़ा संघर्ष था। हम एक समृद्ध परिवार थे लेकिन विभाजन ने हमें दरिद्र बना दिया। मुझे शिक्षा प्राप्त करने के लिए, छात्रवृत्ति और अन्य मदद पर निर्भर होना पड़ा। भगवान हमारे लिए दयालु रहा है और अब हम फिर तरक्की कर रहे हैं लेकिन मेरी सबसे बड़ी इच्छा मरने से पहले यह है कि कम से कम एक बार मैं मुल्तान यात्रा कर सकूँ।'

उसके बाद वह रोने लगे और मैंने साक्षात्कार खत्म कर दिया।

मुल्तान के ग्रामीण क्षेत्र

मैं अपने दोस्त हारून शाह की पत्नी शिरीन के लिए कुछ खरीद्दारी करने के लिए दिल्ली की एक सुपरमार्केट में गया था जहां से मैंने लाहौर के लिए एक टेलीफोन कॉल किया, यह पता करने के लिए कि कुछ फैंसी कांच की चूड़ियां खरीदने के लिए मैं सही दिशा पर जा रहा हूँ या नहीं। जिस दुकान से मैंने फोन किया उसके मालिक श्री गुलाटी थे। उसने और मैंने वार्तालाप करना शुरू कर दिया जब उन्हें पता लगा कि मैं पाकिस्तान से आया एक पंजाबी हूँ। उन्होंने मुझे मुल्तान के एक गांव के बारे में एक कहानी बताई जहां हिंदुओं का नरसंहार हुआ था।

त्रिलोक कुमार गुलाटी

'मैं खान बेला गांव तहसील शुजाबाद जिला मुल्तान में 10 अक्टूबर 1946 को पैदा हुआ। मेरी माँ ने सितंबर के शुरू में हमारी अग्निपरीक्षा की इस कहानी को बताया

जब हमारे और अन्य पड़ोसी गांवों से सैकड़ों शायद हजारों लोगों को मार डाला गया था। कोई नहीं जानता कि वास्तव में कितने मारे गए। हमारे परिवार की मुख्य खुदरा दुकान थी और मेरे पिता लाला नरेश कुमार गांव के एक इज्ज़तदार इंसान थे। आबादी का बहुमत मुसलमानों का था लेकिन हिंदुओं की भी एक बड़ी संख्या वहाँ थी। जब हमला हुआ लोग सभी दिशाओं में भाग गये। मेरी माँ जो मुझे ले जा रही थी उन्हें गांव के मौलवी की बेटी से संरक्षण मिला। मेरी माँ और वह बहुत करीबी सहेलियाँ थीं; वे हमेशा साथ रहती थीं। उसने हमें मस्जिद के पिछवाड़े में रखा जबकि दंगाई जिनमें कई बाहरी लोग थे चारों ओर हिंदुओं के खिलाफ अकथ्य अत्याचार कर रहे थे। मुझे और मेरी माँ को छोड़कर कोई भी नहीं बचा। बाद में शाम को हमें उस क्षेत्र में कुछ सेना के लोगों के पास ले जाया गया। मेरी मां और मौलवी साहब की बेटी बुर्का पहने हुए थी। उनका भाई जो खुद भी एक बहुत अच्छा आदमी था हमारे साथ था इसलिए हम चलते हुए अपराधियों के पास से गुजर गए जो राह में हर जगह थे।

'मेरी मां ने मुझे बताया कि उन्होंने चारों ओर गांवों को जलते और खेतों में पड़ी लाशों को देखा। उन्हें और उनके साथ पड़ोसी गांवों से कुछ अन्य बचे लोगों को ट्रक पर चढ़ा दिया गया। कई घंटों के लिए सड़क पर उन्होंने हर जगह तबाही देखी। हम 12 घंटे की यात्रा के बाद मुल्तान पहुंचे। मेरी माँ को तीन दिन तक भोजन नहीं मिला। फिर कुछ राहत पहुंची। उसके बाद हमें एक सैन्य अनुरक्षण के साथ एक रेलगाड़ी में चढ़ा दिया गया। वे हमें लाहौर ले कर आए और वहाँ से हम सीमा पार कर भारत में आ गए। मेरे पिता उस समय केवल 30 साल के थे। वह और मेरे दादा मारे गए। केवल मेरी माँ के बड़े भाई जो पास के किसी और गांव में रहते थे बच गए। हमारे सभी रिश्तेदार मारे गए। हम कुछ समय के लिए पंजाब में रहे लेकिन फिर मेरी माँ दिल्ली में आ गई जहां मेरे मामा बसे थे। हमारे लिए जीवन बहुत ही मुश्किल रहा है।'

खोसला रिपोर्ट में मुल्तान जिले के खान बेला, खाजी वाला, जलालपुर पीरवाला, बूढ़े और कई दूसरे गाँवों में हुए नरसंहार की कुछ हद तक विस्तृत जानकारी दी गई है (1989: 184-9)।

लायलपुर (फैसलाबाद)

लायलपुर जिला एक 'नहर कॉलोनी' थी जिसका नामकरण ब्रिटिश राज के दौरान ल्याल नमक एक ब्रिटिश गवर्नर पर किया गया था। इसकी जनसंख्या का तीस प्रतिशत हिंदू और सिख थे। दूसरी ओर शहर की कुल 69,930 आबादी में हिंदू-सिखों की 62 फीसदी का बहुमत था। शहर में पूरे पंजाब भर से आए लोग बसे हुए थे। यह एक सुनियोजित और अच्छी तरह से रखरखाव वाला शहर था। कई उद्योगों, विशेष रूप से कपास की ओटाई और बुनाई के कारखानों की स्थापना की गई थी। दूसरी जगहों की

तरह मालिक हिंदू या सिख थे। हालांकि इस जिले की जनसंख्या में मुसलमानों की भारी बहुलता थी, हिंदू-सिख वकील ने इस जिले को भारतीय पंजाब में शामिल किए जाने के लिए, पंजाब सीमा आयोग के समक्ष एक बहुत ही सशक्त लेकिन असफल मामला पेश किया। अगस्त से पहले सांप्रदायिक हिंसा की बहुत कम घटनाएँ हुईं। दूसरी ओर कुछ हिंदुओं और सिखों ने मई के बाद पहले से ही शहर से पलायन शुरू कर दिया था। श्रीमती विमला विरमानी, पंजाब हिंदू महासभा के नेता सर गोकल चंद नारंग की बेटी अपने पति के साथ वहाँ रहती थीं।

विमला विरमानी

'मैं लाहौर में पैदा हुई और कीनेर्ड कॉलेज में अध्ययन किया। मेरे पिता, सर गोकल चंद नारंग, हिंदू महासभा पंजाब के नेता थे। वे खूबसूरत दिन थे। अच्छे परिवारों की सभी समुदायों की युवा लड़कियां एक साथ उठती-बैठतीं और कोई भी धार्मिक हठधर्मिता के बारे में ज़्यादा परेशान नहीं थीं। मेरे पति एबटाबाद के एक अग्रणी खत्री परिवार से थे लेकिन लायलपुर में हमारी काफी संपत्ति थी। पहले हम कराची में रहते थे लेकिन बाद में लायलपुर आ गए। हमारा घर उच्च वर्ग के सिविल लाइंस इलाके में उप-आयुक्त कार्यालय के बहुत करीब था। यह एक बहुत अच्छा शहर था। सब कुछ अच्छी तरह चल रहा था। हम मुसलमान परिवारों के साथ उठते-बैठते और उस उच्च वर्ग के क्षेत्र के सभी लोग एक दूसरे के साथ सामाजिक रिश्ता रखते थे। मैं पियानो बजाया करती थी और कभी-कभी मुसलमान महिलाएँ भी आकर मुझे पियानो बजाते देखतीं। हालात वास्तव में बहुत अच्छे थे। कभी-कभी एक मुसलमान उपायुक्त जिसका नाम अब मुझे याद नहीं है हमारे घर आते और मजाक में कहते कि जब पाकिस्तान अस्तित्व में आएगा तब वह अपना निवास बदल कर हमारा घर ले लेंगे। लेकिन पंजाब में हर जगह स्थिति बिगड़ रही थी। हर रोज लाहौर में दंगे हो रहे थे और रोज छुरेबाजी तथा आगजनी के मामले अधिक से अधिक होने लगे। यह मई का अंत था या जून की शुरुआत जब हमने लायलपुर छोड़ दिया और मसूरी हिल स्टेशन चले गए। हमने लायलपुर में काफी संपत्ति छोड़ दी लेकिन उस समय विशेष रूप से जून में आबादी का एक स्थायी प्रवास घटित होगा, कोई भी विश्वास नहीं कर सकता था। परन्तु यही था जो वस्तुत: घटित हुआ। मैंने खुद कोई हिंसा नहीं देखी लेकिन जब पंजाबी हिंदू भारत आये तब वे अपने साथ बलात्कार, हत्या और चोटिल होने की दु:खद कहानियां साथ में लाए। हिंदुओं और सिखों के खिलाफ, सितंबर में (फैसलाबाद) में वास्तविक रूप से हमले होने शुरू हुए। मुझे यह बाद में पता चला जब वहाँ से कई परिवार इधर आए। विभाजन ने एक बहुत खुशहाल और शांतिपूर्ण पंजाब को तबाह कर दिया। मेरे पिता दिल्ली में कभी खुश नहीं थे और लाहौर के लिए उनकी हमेशा चाहत बनी रही। मेरे श्वसुर और दूसरे बड़ों की भी यही अनुभूति थी।'

नक्श लायलपुरी

मैंने 2 जनवरी 1997 को मुंबई में मशहूर बॉलीवुड गीत लेखक नक्श लायलपुरी से मुलाकात की। पुराने पंजाब और विशेष रूप से अपने गृहनगर के लिए उनकी पुरानी यादें, काफी स्पष्ट थीं जब उन्होंने अपने बचपन और जवानी के शुरुआती दिनों को याद किया। उन्होंने इस संबंध में कहा :

'विभाजन के वक्त मैं लाहौर में एक पत्रकार के रूप में काम कर रहा था। मुझे बहुत तेजी से वापस लायलपुर जाना पड़ा। हम हिंदुओं और सिखों को मिलाकर बने एक लंबे कारवां में शामिल हो गए। कई अन्य मामलों की तरह विभाजन भीड़ की बुरी हिंसक प्रकृति को बाहर ले आया और हमें इसका सामना करना पड़ा लेकिन इसके साथ-साथ, मानव दया और एकजुटता के कुछ शानदार उदाहरण भी देखने को मिले। हमें इतनी भूख लगी थी कि मैंने जोखिम लिया और भोजन की तलाश में एक गांव चला गया। मैंने एक किसान से मुलाकात की और मुझे कुछ खाना देने के लिए उससे विनती की। वह मुझे अपने घर ले गया। मैं बहुत डर गया था क्योंकि मैं अब बिल्कुल अकेला था, मेरे साथ कुछ भी हो सकता था। मेरा डर निराधार साबित हुआ। जब मैंने उसे बताया कि हमारे साथ शिशु भी थे वह मेरे लिए सब्जियां, गेहूं का आटा और दूध भी लाया। उसका नाम इनायत अली था। रास्ते में हम पर कई बार हमला किया गया लेकिन हमारे काफिले में सशस्त्र सिख थे। उन्होंने सबसे खतरनाक हमलों को असफल कर दिया। रास्ते में हमने हजारों लाशें देखीं। बुरी बदबू आ रही थी। भारतीय तरफ दृश्य कम दुःखद नहीं थे। मुझे नहीं लगता कि 1947 में जो कुछ हुआ उसके लिए किसी भी एक समुदाय को दोषी ठहराया जा सकता है।'

गुलाम रसूल तनवीर

'मैं 1924 में लायलपुर में पैदा हुआ। मैंने इस्लामिया हाई स्कूल और फिर 1942-46 के दौरान खालसा कॉलेज, लायलपुर में अध्ययन किया। यह एक सिख शैक्षिक संस्था थी लेकिन हिंदू और कुछ मुसलमानों ने भी उसमें अध्ययन किया। बाद में मैंने गवर्नमेंट कॉलेज, लाहौर से एम.ए. किया तथा अंग्रेजी अध्यापन शुरू कर दिया। मैं फैसलाबाद कृषि विश्वविद्यालय से अंग्रेजी के प्रोफेसर के रूप में सेवानिवृत्त हुआ। फैसलाबाद जो लायलपुर के रूप में तब जाना जाता था पुराना शहर बिल्कुल नहीं था। बल्कि यह नहर कॉलोनियों में से एक था। नतीजतन लगभग सभी निवासी नए लोग थे जो कई अन्य क्षेत्रों से आए थे। मेरा अपना परिवार पूर्वी पंजाब में लुधियाना जिले से आया था। लायलपुर जिले के चकों में, पूर्व पंजाब के जिले के पूरे के पूरे गांव उठकर कालोनियों में आ बसे थे। इसलिए जहां लायलपुर शहर के निवासियों को नए ताल्लुकातों और रिश्तों को स्थापित करना पड़ा था, गांवों में हालात अधिक या कम पहले की तरह ही थे।

'नतीजतन शहर में एक खुला और प्रगतिशील सामाजिक लोकाचार था। जब मैं कॉलेज में था तब पाकिस्तान आंदोलन पूरे जोरों पर था। वातावरण अनुकूल और सौहार्दपूर्ण था लेकिन सांप्रदायिक संवेदनशीलता काफी ज़्यादा हो गई थी और परिणाम यह हुआ कि किसी समुदाय के सदस्य द्वारा दूसरे समुदाय के प्रति एक मामूली सी अविवेकता भी उनकी भावनाओं को भड़का सकती थी। यहाँ तक कि तुच्छ चीजों को महत्व दिया जा रहा था। लेकिन मुसलमान गरीब थे और केवल मुंशी मोहल्ला मुख्य रूप से मुसलमान था। बाकी हिंदू और सिख मोहल्ले थे। वे मुसलमानों को कारोबार में प्रवेश करने की अनुमति नहीं देते थे। वहां केवल पांच या छह मुसलमान दुकानें थीं। इसलिए हिंदुओं और सिखों का पूरा आर्थिक एकाधिकार था। हिंदुओं ने मुंशी मोहल्ला भी खरीदना शुरू कर दिया था। तो फिर मुसलमान लायलपुर के दूसरे भाग में स्थानांतरित होने लगे। यह एक नई कॉलोनी जिसे मुस्लिम लीग के नेता मियां अब्दुल बारी के बड़े भाई मियां गुलाम बारी ने विकसित करनी शुरू की थी।

'केवल एक ही क्षेत्र था जहां मिले-जुले समुदाय थे। यह मोहल्ला वकीलाँ था जहां मेरा जन्म हुआ। यहां लोग शिक्षित हुआ करते थे। वहाँ कुछ हिंदू बहुत ही सभ्य और सौम्य थे। डॉ. डोडी, लायलपुर के मुख्य दंत चिकित्सक और उनकी पत्नी बहुत उच्च विचारों वाले लोग थे। वे मूल रूप से कुंजह, गुजरात के थे। हम उनकी रसोई में चले जाते थे और वे अपने घर में खाने-पीने के मामले में गैर-हिंदुओं के बारे में किसी भी प्रदूषण संहिता का पालन नहीं करते थे। वे हमारे घर आकर खाना खा लेते थे। इतना ही नहीं, जब डॉ. डोडी और उनकी पत्नी कोई फिल्म देखने के लिए जाते, तब वे अपने बच्चों को, एक छोटा लड़का और एक बिल्कुल नन्हीं बच्ची को, हमारे घर छोड़ जाते। वे सही मायने में उदार थे लेकिन उनके रिश्तेदार उनके खुले विचारों का विरोध करते थे।

'विभाजन के समय, लायलपुर शहर में शायद ही कोई गंभीर दंगे हुए थे। उपायुक्त श्री अब्दुल हमीद ने सख्त रूप से निष्पक्षता का प्रयोग किया और इसलिए गैर-मुसलमानों ने सुरक्षित रूप से इस शहर को छोड़ दिया। यहां तक कि सितंबर के अंत में लायलपुर में एक बड़ी संख्या में हिंदू और सिख रह रहे थे। मगर मुझे एक घटना याद है। पाकिस्तान अस्तित्व में आ गया था और जल्द ही एक दिन उपायुक्त घंटा घर के प्रसिद्ध ऐतिहासिक स्थान पर सभी समुदायों की एक जनसभा को संबोधित कर रहे थे और उन्होंने अपनी प्रतिबद्धता पर जोर देकर कहा कि अगर हिंदुओं और सिखों की पाकिस्तान में रहने की इच्छा है तो वे रह सकते है। जब वह बोल रहे थे कि अचानक शोर-गुल होने लगा क्योंकि कुछ हमलावरों ने कुछ लोगों को चाकू मारा, जिसमें कुछ गैर-मुसलमान घायल हो गए और शायद उनकी मृत्यु भी हो गई। यह एक विशाल सभा थी लेकिन उस घटना के बाद लोग जल्दी से तितर-बितर हो गए और यह एक बुरे तरीके से खत्म हुई।'

खोसला रिपोर्ट मानती है कि उपायुक्त आगा अब्दुल हमीद ने अपना फर्ज निष्पक्षता से निभाया और हजारों गैर-मुसलमान जिन्दगियों को बचा लिया, लेकिन रिपोर्ट इल्जाम लगाती है कि आखिर में उनके अधिकार का उल्लंघन किया जाने लगा और स्थिति नियंत्रण से बाहर हो गई। विशेष रूप से सिखों को चुना गया और उन्हें बर्बर प्रतिशोध का सामना करना पड़ा क्योंकि उनके सह-धर्मी मुसलमानों के साथ पूर्वी पंजाब में ऐसा ही हो रहा था (खोसला, 1989: 166)। सबसे बुरी घटनाएँ ग्रामीण क्षेत्रों में हुईं।

लायलपुर (फैसलाबाद) के ग्रामीण क्षेत्र

अब्दुल बारी

'हम अराइन हैं। हमारा परिवार 1898 में होशियारपुर से टोबा टेक सिंह तहसील के एक गांव से आकर बस गया। हमारा एक मुसलमान गांव था लेकिन हिंदू खत्री जो मूल रूप से बोधोवाला के थे, उनकी कुछ दुकानें थीं। हिंदू शिक्षित थे। हमारे उन लोगों के साथ अच्छे संबंध थे लेकिन वे हमें अपनी रसोई में जाने की अनुमति नहीं देते थे और हमारा पकाया खाना नहीं खाते थे। हमारे क्षेत्र में कई सिख गांव थे। पाकिस्तान पहले से ही अस्तित्व में आ गया था तथा हिंदू और सिख यह जगह छोड़ कर नहीं जा रहे थे। तो मुसलमानों ने उन पर हमला शुरू कर दिया। उन छापों में कई सिख मारे गए। उनके युवा खेतों में छिप गए और तब तक छिपे रहे जब तक सेना नहीं आ गई थी और फिर उन्हें बचाया गया। हमलों में भाग लेने वाले मुसलमान झंग से आए थे। सिख, हमारी तरह पूर्वी पंजाब से आकर यहाँ बसे थे।

'गुरबचन सिंह मेरे साथ अध्ययन करने वाला एक सिख दोस्त था। वह पास के एक गांव में रहता था। उनके पिता हाकिम सिंह एक कर्नल के रूप में सेवानिवृत्त हुए थे। वह हाल ही में सेवानिवृत्त हुए थे, केवल दो महीने पहले और वे भारत चले गए थे। लेकिन गुरबचन सिंह ने अपने माता-पिता की तमाम दलीलों के बावजूद उस जगह को छोड़ने के लिए मना कर दिया। मुझे बताया गया कि वह मुझसे मिलने आया था लेकिन मैं उस समय दूर झंग में किसी काम पर गया हुआ था। हमारे गांव के लोगों ने उसे कहा, "तुम अब्दुल बारी के एक दोस्त हो, इसलिए हम आपका कोई नुकसान नहीं करेंगे। आप चले जाएँ।" तब वह चला गया लेकिन टोबा टेक सिंह में मारा गया। मैं कभी-कभी उसे याद करता हूँ और मेरी आँखों में आँसू आ जाते हैं। वह एक बहुत ही सभ्य व्यक्ति था। टोबा टेक सिंह क्षेत्र में अक्सर हिंदुओं का कोई नुकसान नहीं पहुंचाया गया लेकिन सिखों को हजारों की तादाद में मारा गया था। उसका कारण यह था कि चारों ओर पूर्वी पंजाब में मुसलमानों पर भयंकर अत्याचार किए जाने की खबरें आ रही थीं। सिख महिलाओं को भी अगुवा कर लिया गया था; कुछ बरामद हुईं, लेकिन सभी नहीं।'

'लायलपुर जिले में गांवों के रूप में एक महत्वपूर्ण सिख उपस्थिति थी क्योंकि वे नहर कालोनियों में शुरू की गई कृषि भूमि आवंटन योजनाओं में प्रमुख लाभार्थियों में से एक थे। यद्यपि हिंसा उन गांवों में हुई समूचे तौर पर ग्रामीण क्षेत्रों और लायलपुर शहर में सिख और हिंदू आबादी को अन्य जिलों की तुलना में, जीवन का नुकसान कम हुआ। यह मेरी आम धारणा है और नीचे प्रस्तुत कुछ साक्षात्कारों से शायद इस सच का संकेत मिलता है। विक्की हमारे ड्राइवर नानक सिंह और मैंने मार्च 2004 के दौरान लुधियाना जिले के कई गांवों का दौरा किया। हमने पाया कि लायलपुर के गांवों से कई सिख लुधियाना आ गए थे। कुछ चश्मदीद गवाहियाँ नीचे पेश हैं।

'एक और तथ्य जो स्पष्ट रूप से उभर कर आता है कि जब शरणार्थियों के कारवां को सेना की सुरक्षा दी गई तब मुसलमान गिरोहों द्वारा हमलों में जीवन की हानि काफी कम हुई लेकिन जब कोई सैन्य अनुरक्षण नहीं होता था तब कारवां के बहुत बड़े, उनके पास गोलाबारूद होने के बावजूद, हमलों का सामना करना पड़ा। नीचे एक उदाहरण है कि सैन्य अनुरक्षण के बिना 15 अगस्त को जा रहे एक कारवां और एक सैन्य अनुरक्षण के साथ सितंबर में जा रहे एक ही मार्ग से भारत तक पहुँचने से पहले दूसरे कारवां में, इस वजह से कितना बड़ा फर्क पड़ा।'

नशत्तर सिंह

'मैं चक 275, लायलपुर तहसील और जिले में पैदा हुआ। वहाँ हम सभी आकर बसे थे। केवल कुछ मुसलमान तेली वहाँ थे लेकिन कोई जमींदार परिवार वहाँ नहीं था। पड़ोसी गांवों के मुसलमानों के साथ हमारे संबंध बहुत अच्छे थे। वे विर्क और गिल जट्ट थे और हम ग्रेवाल। 15 अगस्त को लायलपुर छोड़ कर भारत जाने वाला हमारा पहला कारवां था। जल्दी जाने का कारण यह था कि कुछ विर्कों तथा गिल्लों ने हमें चेतावनी दी थी कि झंग और अन्य पड़ोसी जिलों के मुसलमानों ने हमले की योजना बनाई है। आसपास के गांवों से अनेक लोगों ने हमारे साथ चले जाने का फैसला किया लेकिन वहाँ कई ऐसे भी लोग थे जो हमारा मजाक उड़ा रहे थे कि हम इतनी जल्दी घबरा गए। जैसे-जैसे हम आगे बढ़ते रहे सिख गांवों से लोग हमारे साथ शामिल होते गए। कारवां इतना लंबा था कि इसके अलग-अलग हिस्सों में क्या हो रहा था, किसी को पता न था। मुझे बाद में पता लगा कि कारवां 32 मील लंबा था। इसमें 50,000 से अधिक लोग शामिल थे। हम किसी भी सैन्य अनुरक्षण के बिना रवाना हो गए। जराँवाला में हमें एक बड़ी और गहरी नहर पार करनी थी। वहाँ हमारा सामना पाकिस्तानी सेना की कुछ इकाइयों से हुआ। उन्होंने हमें आदेश दिया कि हम अपने हथियारों का समर्पण कर दें। कई सेवानिवृत्त सैनिक अधिकारी भी कारवां में उपस्थित थे। हमारे पेंशन याफ्ता कप्तान आगे आए और उन्होंने कहा कि वे अपने हथियार नहीं देंगे। पाकिस्तानी सैनिकों ने बलपूर्वक इन्हें लेने की कोशिश की और कुछ राइफलें

छीन लीं। उनके और हमारे बीच गोलियां चलीं। दो महिलाओं, एक आदमी और दो बच्चों की गोली मारकर हत्या कर दी गई। हमारी ओर से वापसी फाइरिंग हुई तथा छह मुसलमान मारे गए और सातवें पर कब्जा कर लिया। हमने 3,000 गोलियों के राउंड बरामद किए जो हम से ले लिए गए।

'कारवां बीच में ही रुक गया और दोनों पक्षों के हथियारबंद लोगों ने नहर के किनारे बंदूकें तान लीं। अगर हम नहर में पानी लेने के लिए जाते तो पुलिस या सेना हम पर गोलियां चलाती। उनके पास ब्रेन-बंदूकें और अन्य स्वचालित हथियार थे। हम नहर पर 18 दिन इंतजार करते रहे। हमें जो मिला हमने खा लिया। बारिश शुरू हो गई और हैजा तथा मलेरिया फैल गया। इसके चलते पाकिस्तानी सैनिकों द्वारा की गई फायरिंग के मुकाबले ज़्यादा मौतें हुईं। फिर एक दिन भारतीय सेना के डोगरा सैनिक कहीं से दिखाई दिये। वे हमें बल्लोकी हेडवर्क्स ले गए। कई लोग गंभीर रूप से बीमार थे। जो लोग कारवां का नेतृत्व कर रहे थे उनका अनुमान है कि 1,000 से अधिक लोग उस यात्रा के दौरान मारे गए। सीमा पार कर भारत प्रवेश करते समय हमने पूर्व पंजाब से कुछ मुसलमान कारवां को नहर पार करते देखा। हमें एक दूसरे से दूर रखा गया था। अन्य सात दिनों में हम पूर्वी पंजाब के खेमकरण पहुंचे।

'आप मुझसे यह न पूछें कि मैंने उस उस तरफ क्या देखा। पुरुषों, महिलाओं और बच्चों के शव चारों तरफ पड़े हुए थे। कुत्ते और गिद्ध शवों को खा रहे थे। मानव शव इधर-उधर पड़े हुए थे। हजारों की मृत्यु हो गई थी लेकिन ज़्यादातर लोग भारी बारिश और उस भयानक मानसून के दौरान फैले रोगों की वजह से मारे गए थे।'

गुरदेव सिंह

'मैं 1922 में लायलपुर के 68 संख्यक चक में पैदा हुआ। हम नंबरदार और जैलदार थे। बुध सिंह हमारे बुजुर्ग थे जो दो नंबरदारों में से एक थे। बिशन सिंह जैलदार थे। हमारे गाँव में कारीगर जाति के मुसलमान रहते थे। वहाँ तेली, जुलाहे और लोहार भी थे। हमारा गाँव झंग की दिशा में था। अकाली नेता ज्ञानी करतार सिंह हमारे इलाके से थे। वह हमारे लायलपुर छोड़ कर चले जाने के हक में नहीं थे मगर हमें वहाँ से मजबूरन जाना पड़ा। दरअसल 15 अगस्त के बाद ज़्यादा हत्याएँ नहीं हुईं थीं। मगर इसके बाद हमने सुना कि सरगोधा के हिंदुओं और सिखों पर हमला किया गया और उन्हें भागना पड़ा था। जिस इलाके से वे जा रहे थे, वहाँ तारिकाबाद के मुसलमानों द्वारा हमला किया गया। कई लोग मारे गए। फिर ज्ञानी करतार सिंह आए और हमें सबसे बदतर अंजाम के लिए तैयार रहने को कहा। हमने एन.डब्ल्यू.एफ.पी. के मुसलमानों से बंदूकें खरीदीं और हमारे पास अपनी लाइसेंस वाली बंदूकें भी थीं। मुसलमान थानेदार ने हमें कहा कि उन्हें हथियारों को जब्त करने का आदेश मिला हुआ है और उसने हमें अपने हथियार छुपा कर रखने को कहा। उसका नाम बहादुर शाह था। वह एक

अच्छा इंसान था, जिसे पता था कि हथियारों के बिना हम उन हथियारबंद हमलावरों का मुकाबला नहीं कर सकते जो लगातार तैयारियां कर रहे थे। हम चक 40 गए और ज्ञानी करतार सिंह के पिता भगवान सिंह से मिले जिन्होंने हमें अपने घोड़े को तैयार रखने को कहा। मगर ज्ञानी करतार सिंह ने हमें तब तक हिलने को मना किया जब तक कि फौज नहीं आ जाती। चक संख्या 9 के गिल्ल भी हमारे कारवां में शामिल हो गए।

'हम गोरखा और डोगरा सैनिकों के साथ, जिन्हें हमारी मदद करने के लिए भेजा गया था, 30 सितंबर को चले। हमें सड़क पर ही रहना था क्योंकि 90 से 100 गांव कारवां में शामिल थे। मुझे लगता है वे चक 1 से 100 तक के शरणार्थी थे जो पैदल चलते लोगों के उस विशाल स्तंभ में शामिल हो गए। सबसे कठिन समस्या यह थी कि कई बुजुर्ग, बीमार व विकलांग लोगों के साथ-साथ गर्भवती महिलाओं और बच्चों को लेकर चलना था। यह व्यथित और डरे हुए मानवों का एक समूह था। हम उन गांवों को छोड़ कर जा रहे थे जहां हमने इतना कठिन परिश्रम और प्रयास किया था। हम पर कई हमले हुए और घात लगाकर गोलियां मारी गईं। कुछ लोगों की मृत्यु हुई लेकिन ज़्यादा नहीं क्योंकि हमारे गोरखा और डोगरा सैनिक बहुत सतर्क थे। यही कारण है कि इसने हम पर हमला करने वाले हमलावरों को हतोत्साहित किया। मेरा अंदाजा है कि एक सौ से कम लोगों ने अपनी जान गंवाई।

'हमें लायलपुर में खालसा कॉलेज ले जाया गया (इस जगह उन्होंने रोना शुरू कर दिया)। वहाँ हम दो दिन तक इंतजार करते रहे। फिर बल्लोकी हेडवर्क्स के पास से होकर हमें भारत में प्रवेश करना था। पाकिस्तानी सेना भी वहाँ पूरी ताकत के साथ उपस्थित थी। उन्होंने हमारे पशुओं को हांक कर ले जाना शुरू किया। वे हमें पानी लेने के लिए भी बाधित कर रहे थे। एक ब्रिटिश अधिकारी उनके साथ था। वह उन पाकिस्तानी सैनिकों की निगरानी कर रहा था जो हमारे पशुओं को इकट्ठा कर रहे थे। फिर एक गोरखा सैनिक जो हमारे साथ था उसने बंदूक बाहर खींच ली और विरोध किया: "क्या आप लड़ना चाहते हैं या आप न्याय चाहते हैं?" इस प्रकार हमारे पशुओं को हमारे पास लौटा दिया गया। एक सिख अधिकारी आगे गया और ब्रिटिश अधिकारी को उसके मुँह के सामने कहा कि वह नशे में है और लोगों के साथ क्या हो रहा है उसकी उसे परवाह नहीं है। उसके बाद हम कसूर आए और फिर खेमकरण होते हुए भारत में प्रवेश किया। वहाँ से हमें कपूरथला लाया गया और बाद में हमें यहाँ भेजा गया (गालिब कलां, लुधियाना जिला)।

'आठ या नौ साल पहले हम में से कई शेखूपुरा जिले में ननकाना साहिब की तीर्थयात्रा करने गए थे। पुलिस ने लाउडस्पीकर पर घोषणा की कि हमारे गांव से कुछ मुसलमान हमें मिलने आए हैं। कई सालों से हमें हमारे गांवों के मुसलमानों के संदेशे आ रहे थे। इनमें दोनों पक्षों के परस्पर पवित्र धार्मिक स्थलों की यात्राएं एवं सामयिक पत्र शामिल थे। इन माध्यमों से संपर्क बनाए रखा गया था। जब इतने लंबे समय के

बाद हमने उनके साथ मुलाकात की तब वे रोये और बताया कि जब हम वहाँ थे तब जीवन काफी बेहतर था। जो मुसलमान हमारे गाँव में और उनके आसपास आकर बसे वे बाहरी थे और वे स्थानीय लोगों के साथ निकट संपर्क विकसित नहीं कर सके जो मूल रूप से अस्तित्व में था। वे अतीत में गरीब थे और अब भी। हमने उन्हें ऊनी कपड़े और अन्य उपहार भी दिए। वे रोये और हम भी। मैं हमेशा उन बहुत शांतिपूर्ण और दोस्ताना संबंधों के बारे में सोचता हूँ जो हमने पाकिस्तान के उन गांवों में पीछे छोड़ दिया।'

गोबिन्द ठकराल

जब एक इंसान बचपन में हुई किसी भयानक घटना की धुंधली याद के बारे में सोचता है, तब यह उसके लिए उस घटना के तथ्यात्मक और वास्तविक वर्णन से ज़्यादा गहरे सदमे का सूचक हो सकता है। एक पूरी पीढ़ी के लोग जो उस समय बच्चे थे, उनके साथ यही हुआ और उन्हें उनके माता-पिता और रिश्तेदारों के साथ अपने घरों से पलायन करने के लिए मजबूर किया गया क्योंकि भारत महाद्वीप का विभाजन हुआ था और वे सामूहिक प्रवास के खूनी बवंडर में फंस गए थे। उन्होंने जो हिंसा देखी और सैकड़ों, हजारों लोगों के मारे जाने, अपंग किए जाने या अपने पड़ोसियों और दोस्तों के द्वारा कई किस्म के भयानक अत्याचारों ने वास्तव में उनके अवचेतन मन पर एक भूतिया, अमिट छाप छोड़ी है। बाद में जो लोग बच गए वे शायद एक साथ बैठ कर एक दूसरे के साथ कई सालों के लिए अपने घरों, भूमि, घास के मैदान और नदियों की यादों को ताजा करते होंगे जब तक उन्होंने इस दुनिया को अलविदा न कह दिया हो। वे अपने प्रिय मित्रों और संबंधियों को याद करेंगे; लेकिन अंदर ही अंदर, जिन बुरे सपनों के वे गवाह रहे हैं, उन्हें परेशान करते रहेंगे। यह कभी-कभी दिल को भेद कर बाहर निकलने वाली प्रतिक्रिया भी पैदा करेंगे। गोबिंद ठुकराल की कथा भी इस प्रकार है जो एक बच्चे के नजरिए से दर्दनाक घटनाओं का दृश्य पेश करती है :

'मुझे हल्का-हल्का याद है कि एक दिन हमारे गाँव जाखर, तहसील टोबा टेक सिंह, जिला लायलपुर में मेरे सबसे छोटे चाचा जो एक लंबे व खूबसूरत इंसान थे, घोड़े की पीठ पर सवार होकर हमारे पुश्तैनी गाँव कस्सोवाल, जिला साहिवाल या मोंटगोमरी से हमें मिलने आए। वह मेरे पिता, मामा और हमारे सबसे बड़े चचेरे भाइयों के साथ बैठे और उन्हें कुछ उर्दू अखबारों और नक्शों की मदद से यह समझाया कि किस प्रकार देश का विभाजन किया जा रहा है। हमें इस जगह और जमीन को छोड़कर अमृतसर से भी दूर चले जाना होगा। कोई भी उनसे सहमत नहीं हुआ हालांकि उन्होंने अखबार की खबरों को पढ़ कर सुनाया था। मेरे पिता ने भी उस बात को स्वीकार नहीं किया जो उन्हें बताई गई थी और यहाँ तक कि उन्होंने चाचा को डांटा लेकिन अंदर ही अंदर कहीं न कहीं उनमें एकाकीपन और उदासी का एहसास होने लगा। "अगर

ऐसा हुआ तो क्या होगा?" उसके बाद जिंदगी की हरकतों, हर दिन खेतों तक घोड़े की पीठ पर सवारी करना वगैरह ने मुझसे इस डर को दूर कर दिया। तब मैं स्कूल में दूसरी कक्षा में था और हमारे एक अध्यापक ने जो मुसलमान थे, हमारे साथ अपना लंबा छुरा निकालते हुए, जिसे उन्होंने अब रखना शुरू किया था, यह इशारा करते हुए मजाक किया कि किस तरह वह हमारी गरदनों को काटेंगे। मौलवी गुलाम मुहम्मद ने जो हमारे क्लास टीचर थे (और मेरे पिता के अजीज दोस्त), उसने अध्यापक को शुद्ध लहंडी में डांटा।

'हम उस भद्दे मजाक से इतने ज़्यादा भयभीत नहीं थे और स्कूल में हमने अपनी दिनचर्या जैसे कि संख्या की गिनती और कविताओं का पाठ करना जारी रखा, जब तक कि हमने अपने बुजुर्गों को इस बारे नहीं बताया और वे इसे जान कर परेशान हो गए। हालांकि स्कूल के दिन जल्द ही खत्म हो गए। स्वतंत्रता और विभाजन दोनों की एक साथ घोषणा की गई थी। आम लोगों को समझ नहीं आ रहा था कि क्यों एक अच्छी लहर, एक बुरी लहर में बदल गई। लेकिन हमारे बुजुर्गों को स्पष्ट हो गया था कि उन्हें अपनी रक्षा करनी पड़ेगी और शायद उन्हें कोई ऐसी जगह स्थानांतरित होना पड़ेगा जहां वे सुरक्षित हों। हिंदुओं और सिखों ने जो ज़्यादातर रक्त के द्वारा एक दूसरे के साथ संबंधित थे एक समिति का गठन किया ताकि अपनी रक्षा की जा सके और अपने मुसलमान दोस्तों और पड़ोसियों के साथ बातचीत कर सकें जिनके साथ खून का रिश्ता नहीं होने पर भी उनके साथ सदियों पुराने संबंध थे। हम एक दूसरे के धार्मिक स्थानों पर जाया करते थे। हमारे गांव में कई मस्जिदें, दरगाहें, एक शिव मंदिर और एक बड़ा गुरुद्वारा था। हम एक दूसरे के सुख-दुख, त्योहारों और खेती में एक साथ भाग लेते थे। कुछ के आपसी व्यापारिक संबंध थे।

'जल्द ही हमारा क्षेत्र एक छोटा सा किला बन गया और प्रत्येक सक्षम शरीर वाले व्यक्ति के हाथ में एक गंडासा, एक मजबूत लाठी या एक तलवार और कुछ बंदूकें भी थीं। हमारे छोटे से गांव के बाहरी इलाके में हम अन्य बस्तियों से आ रही युद्ध की ललकार सुन सकते थे। दिलचस्प बात यह है कि स्थानीय मुसलमान अक्सर अपने दोस्तों और पड़ोसियों के घर जाते और उन्हें उम्मीद भरी सलाह और नैतिक समर्थन की पेशकश करते। कुछ तो ताजा सब्जियाँ ले आते तथा पशुओं और खेतों की देख-भाल का वादा करते थे। फिर भी, एक शांत गांव दो शत्रुतापूर्ण सशस्त्र शिविरों में तब्दील हो गया और एक दूसरे से भयभीत होने लगे। अचानक हम बच्चों ने पाया कि हमारे खेल कबड्डी और फुटबॉल से बदल कर युद्ध के खेल हो गए थे। हमारे भी छोटे-छोटे हथियार थे और हम अपने दुश्मन के खिलाफ लड़ने का नाटक करते थे। मुझे हमारे चारों ओर हो रही वार्ता के बारे में पता नहीं था लेकिन अक्सर यह भयावह लगती थीं। दूर से लगी आग दिख रही थीं और रात में रोने की आवाजें आती थीं।

'हमने सुना कि किसी परिवार का सफाया हो गया था। कुछ दिन बाद मुझे नहीं पता कि क्यों यह फैसला किया गया मगर सुरक्षा के नजरिये ने बड़ों को ऐसा करने को प्रेरित किया होगा कि वे एक कारवां में कमलिया नामक पास के शहर चले जाएँ। हो सकता है कि स्थानीय प्रशासन ने उन्हें कहा हो कि उन्हें हिंदुस्तान जाना पड़ेगा क्योंकि अब यह क्षेत्र पाकिस्तान में है जहां केवल मुसलमान रह सकते हैं। इसके बाद हमने अनेको बार "विभाजन" शब्द सुना। लेकिन इसका हम (बच्चों) के लिए कोई मतलब नहीं बनता था सिवाय इसके कि अब हम अपने मुसलमान दोस्तों के साथ खेल न सकेंगे। हम एक दूसरे को अपने उपनामों से बुलाते थे और त्योहारों के दौरान पहने हुए कपड़ों के अलावा हममें किसी भी प्रकार का कोई अंतर नहीं था। यह काफी कम मायने रखता था।

'सब कुछ बांध लिया गया था; मेरी माँ ने अपने साथ अपना चरखा भी रख लिया। उस समय वह कितनी आशावादी होंगी और इस बात से अंजान भी कि वह अब कभी अपना गांव, घर और चूल्हा नहीं देख सकेंगी। हमें अपने पशुओं को पीछे छोड़ना पड़ा। कमलिया में हम एक तीन मंजिला बड़े तहखाने वाले किलेनुमा घर में ठहराए गए। सभी इस्पात की पेटियों और अन्य सामान को चौकोर कर रखा गया और सभी महिलायें खाना पकाने व अन्य दैनिक कामकाज में व्यस्त हो गईं, जब कि पुरुष घर और सड़क की रखवाली करने लगे। कुछ तात्कालिक हथियार और बंदूकें हमेशा तैयार थीं। लेकिन जो चीज हमें भा गई वह यह थी कि हमें पहनने के लिए नए कपड़े और पैसे दिए गए, जो हमारे सामान्य जेब भत्ता एक पैसा या आधे आने से अधिक थे जिससे हम रोज लड्डू या बर्फी खरीद सकते थे। हमें यह बहुत अच्छा लगता और हम सड़क पर खेलते कूदते रहते। हमने इतनी बड़ी अवधि तक शहर में कभी समय नहीं गुजारा था; इसलिए यह एक नया ही मजा था। लेकिन, यह सब जल्द ही खत्म हो गया।

'एक दिन कुछ सैन्य ट्रक आये और सब लोग – पुरुष, महिलाएँ और बच्चे उस कारवां में जाने के लिए दौड़े जो एक हिंदुस्तान नामक सुदूर देश की तरफ जा रहा था। हमने पहली बार यह शब्द काफिला सुना। पर यह एक आपदा में बदल गया। उन दो या तीन ट्रकों को जालंधर के एक हिंदू अधिकारी ने अपने रिश्तेदारों को ले आने के लिए भेजा था। लेकिन जो उन पर चढ़ सकता था दूर सुरक्षित निकल गया। जो पीछे छूट गए, वे इंतजार कर रहे दंगाईयों और लुटेरों के गिरोहों के शिकार बन गए। जब वे चले तब रोती हुई महिलाएं और चिल्लाते हुए बच्चों की चीखें सुनी जा सकती थीं। बाद में आग क्यों लगी या गोलियां क्यों चल रही थीं मैं समझ नहीं सका और मैंने लोगों को खून में लथपथ पड़ा हुआ देखा। हम सभी घबरा गए थे। अगले कुछ दिनों के लिए हम अपने प्रियजनों से अलग-थलग और बंदूकों के साथ लैस शारीरिक सक्षम लोगों की रक्षा में एक स्कूल की इमारत में रखे गए थे, मैंने लोगों को इतनी प्रार्थना करते कभी नहीं सुना है। खाने या पीने के लिए ज़्यादा कुछ नहीं था। बच्चों

को एक तात्कालिक खुले रसोईघर से कुछ मिल जाता था। एक हैंड पंप पानी की आपूर्ति कर रहा था। डॉक्टर बंदूक की गोली या तलवार के घावों की ड्रेसिंग में व्यस्त हो गए। हम करीब में ही गोलीबारी और स्कूल के परिसर में हथगोलों के फटने की आवाजें सुन सकते थे।

'कुछ दिनों के बाद सेना पहुंची। एक कारवां का गठन किया गया था और सेना ने हमें एक ऐसे शहर की अनाज मंडी तक पहुँचाया जहां कभी चहल-पहल थी। परन्तु अब यहाँ जीवन एक नरक था; भोजन सीमित था और कोई बर्तन नहीं थे। भयभीत लोग एक झुंड में बैठ गए और फुसफुसाहट करते हुए बात करते। वे अपने करीबी लोगों की गिनती करते और पता लगाते कि इस शिविर तक आने में कितने लोग सफल हो गए थे। जब हमारी भूख असहनीय हो गई, मेरे पिता और एक दोस्त अपने हाथों में तलवार लेकर दो किलोमीटर की दूरी पर शहर के लिए निकले ताकि वे कुछ बर्तन और खाना खरीद सकें। महिलाएँ विलाप करने लगीं, उनका विरोध किया और इस तरह के एक जोखिम लेने के लिए उन्हें मना किया। लेकिन वे चले गए और शीघ्र ही बर्तन का एक बड़ा भार ले कर लौटे। कुछ खाद्य सामग्री बाद में आई जो हमारे मुसलमान चाचाओं और फूफियों द्वारा भेजी गई थीं। मैं अपनी पसंदीदा फूफी चाची जो हमारे लंबे, खूबसूरत चाचा, कालू जाखड़ की एक बहन थी उसे याद कर रहा था। मैं उनके प्यारे आलिंगन का अभाव महसूस कर रहा था। वह एक लंबी, आकर्षक और एक बहुत उत्साही महिला थीं। मैंने अब भी उनका मेरे साथ लाड-प्यार और मुझे छेड़ना अपने दिल में संजो कर रखा है। मेरे पिता के लिए वह एक वास्तविक बहन के रूप में प्रिय थीं और दोनों एक-दूसरे को बहुत चाहते थे।

'एक या दो महीने के बाद कुछ और सेना के ट्रक आये और हम फिर से एक कारवां का हिस्सा बन गए जो हमें लाहौर ले आया। कुछ लोग गाड़ियों में सवार होकर लाहौर पहुंचे थे। रास्ते पर हम चारों ओर तबाही, लाशें और बर्बाद किए गए खेतों को देख रहे थे। पुरुषों, महिलाओं और बच्चों की लाशें वहाँ राजमार्गों और खेतों में बिखरी पड़ी थीं। कोई भी अपने अगले सांस के बारे में निश्चित नहीं था। फिर हमने लाहौर शहर में अपनी पहली और आखिरी रात गुजारी जो अविभाजित पंजाब की राजधानी थी और जिसके बारे में हम खूबसूरत कहानियाँ सुना करते थे और हमें कहा गया था कि एक दिन हमें अध्ययन करने के लिए वहाँ जाना पड़ेगा। यह एक दु:खद अंतरिम था। पेचिश ने लोगों को जकड़ लिया था और लोगों को चारों ओर उल्टियाँ और शौच करते देखा जा सकता था। सौभाग्य से जैसा कि बाद में मां ने हमें बताया हम उस बुरे सपने से बच गए क्योंकि उन्होंने अपने झोले में कुछ आम किस्म के प्याज रख लिए थे।

'अगली सुबह हमने लाहौर छोड़ दिया और हम वाघा सीमा पार कर हिंदुस्तान पहुँच गए जिसके बारे में हम में से किसी को भी कुछ मालूम नहीं था और कोई भी

अपने भाग्य के बारे में वहाँ निश्चित नहीं था; तो भी वहाँ खुशी की चीखें थीं और हर किसी ने उस भूमि को चूमा और जो बच गए थे उन लोगों को आशीर्वाद दिया और उनके लिए रोने लगे जिनको उन्होंने खो दिया था। मुझे अभी भी याद है कि किस तरह खुशी के मारे लोग, भरे हुए ट्रकों से कूदे। शायद वे अब सुनिश्चित तौर पर सोच रहे थे कि कम से कम वे जान से तो नहीं मारे जाएंगे।'

प्रोफेसर प्रेम सिंह कहलों

मैंने इंटरनेट के माध्यम से प्रोफेसर कहलों के साथ संपर्क किया क्योंकि हम एक ही पंजाबी संस्कृति और हम देश से बाहर रहने वाले दूसरे पंजाबियों की तरह ही जीवन के साथ मुकाबला कर रहे थे। मैंने उनसे कहा कि वे अपने परिवार को और अपने पैतृक निवास को किस तरह 1947 में छोड़कर भारत आए थे, इस बारे में एक वृतांत लिखें। उन्होंने क्या लिखा नीचे पेश है :

'1947 में मैं 11 वर्ष का था और लायलपुर के एक गांव में बड़ा हुआ जो झंग जिले की सीमा पर था। उस क्षेत्र की अधिकांश जनसंख्या मुसलमान थी। अगस्त में हम अपने नानके (ननिहाल) के गांव चले गए जो कोट निहाल सिंह के पास था (रेलवे स्टेशन का नाम अब बदल गया है – अब यह टोबा टेक सिंह के पास गोजरा स्टेशन) के पहले आता है। जो रेलवे लाइन लायलपुर होते हुए गोजरा को जाती है वहाँ सिख गांवों की एक कतार थी। हम पर कोई खतरा नहीं था क्योंकि उन गांवों में सिखों की आबादी काफी ज़्यादा थी और वे स्थानीय बनाये हुए आग्नेयास्त्रों से भारी रूप से लैस थे। मैंने सुना था कि रेलगाड़ियाँ गांवों के पास रुक जाती थीं और वहाँ के मुसलमान बदमाश रेलगाड़ियों के अंदर जाते और लोगों को लूटते। जब वे अपना काम कर लेते तो गार्ड सीटी बजा देता और रेलगाड़ी अगले गांव तक जाने के लिए शुरू हो जाती। मगर यह लोग हमारे क्षेत्र में सफल नहीं रहे क्योंकि हमारे क्षेत्र में सशस्त्र सिख आबादी थी। लेकिन कुछ समय बाद हमें कुछ गांवों को खाली कर रेलवे लाइनों से दूर जाना पड़ा। हम सभी ठीकरी वाला बंगला में एकत्र हुए जो लायलपुर शहर से 10 मील की दूरी पर लयालपुर-झंग सड़क पर स्थित था।

'एक दिन एक पुलिसकर्मी आया और मेरे पिता से कहा कि उन्हें ठीकरी वाला पुलिस चौकी पर थानेदार ने आने को कहा है। मेरे पिता उससे मुलाकात करने चले गए। जब उन्होंने प्रवेश किया तो उस युवक ने कहा "चाचा ये तोपें-शोपें बंद करें नहीं तो फौज आ जाएगी"। यह आदमी झंग जिले से था और उसके पिता हमारे परिवार को जानते थे। उन दिनों एक पुलिस अधिकारी किसी को भी उठाकर वहीं मार देता था। उन्होंने कहा कि वह मदद करने की कोशिश कर रहा है लेकिन इस क्षेत्र में एक छोटी सी मुसलमान आबादी शिकायत कर रही है क्योंकि वहाँ कई सशस्त्र सिखों ने डेरा डाला

हुआ था, उनसे उन्हें खतरा महसूस हो रहा था। मेरे पिता ने सिखों को अभ्यास रोकने के लिए कहा अन्यथा सेना हम सब पर हमला कर देती। हम 15 अक्टूबर तक वहां रुके। हमने भारी भारतीय सैन्य अनुरक्षण और अध्यक्षता के तहत, सीमा की ओर अपना 20 मील लंबा बैलगाड़ी का कारवां शुरू कर दिया। आठ दिन के बाद हम खेमकरण की सीमा पार कर गए। मुझे उस क्षेत्र में संपत्ति या जीवन के किसी भी नुकसान की जानकारी नहीं है। कई साल बाद मुझे उन लोगों के बारे में पता चला जो गोजरा में थे और कुछ जो लायलपुर के निकट रेलवे लाइनों के पास थे। आम तौर पर स्थानीय मुसलमान आबादी सिखों की सहायक थी।'

बूरेवाला

प्रोफेसर नरेंद्र मोहन वैद्य

हितेश गोसाई और मैं प्रोफेसर नरेंद्र मोहन वैद्य से उनके पानीपत, हरियाणा स्थित आवास पर 30 नवंबर 2005 को मिले। प्रोफेसर वैद्य मूल रूप से बूरेवाला के थे जो 1947 में मुल्तान जिले का एक छोटा सा शहर था, जिसे उस समय मंडी बूरेवाला के रूप में जाना जाता था। अब यह विहारी जिले का एक हिस्सा है। उस समय दर्ज किया गया साक्षात्कार मैंने खो दिया और मैंने हितेश से अनुरोध किया कि कृपा कर वह मुझे बूरेवाला से प्रोफेसर वैद्य के निकलने की कहानी को दोबारा हासिल करें। साक्षात्कार अरविंद वैद्य उनके भाई द्वारा दर्ज किया गया और 14 अप्रैल 2010 को ईमेल द्वारा मेरे पास भेजा गया:

'हमारे पिता स्वर्गीय डॉ. रामजी लाल वैद्य झंग जिले के अहमदपुर सियाल में पैदा हुए, लेकिन लाहौर से स्नातक और चिकित्सा की डिग्री प्राप्त करने के बाद उन्होंने मंडी बूरेवाला में अपना क्लीनिक शुरू कर दिया जहां वे अपने परिवार के साथ आकर बस गए। वह सामाजिक कार्यों और महात्मा गांधी की शिक्षाओं के लिए समर्पित थे। वह कांग्रेस पार्टी के एक सक्रिय सदस्य थे। वह कभी विस्थापित होना नहीं चाहते थे यहां तक कि तब भी जब उन्हें एहसास हो गया कि पाकिस्तान बनाया जा रहा है। वह और कई अन्य हिंदू अपने घरों में बने रहे जब पाकिस्तान बन चुका था, लेकिन उसके बाद तनाव तेजी से बढ़ना शुरू हो गया। एक अमन (शांति) समिति का गठन किया और पिता को एक सदस्य बनाया गया।

'मगर हालात शांतिपूर्ण नहीं रहे और हिंदुओं और सिखों पर हमले होने लगे। पिता के मुसलमान दोस्तों में से एक श्री अल्लायार ने जो उप-पुलिस अधीक्षक थे, उन्हें चेतावनी दी कि कुछ लोग उनका जीवन लेना चाहते हैं और भारत के लिए हमारा रवाना हो जाना ही सबसे अच्छा है। उन्होंने रेलगाड़ी में चढ़ने में हमारे परिवार की मदद की जिसकी रखवाली गोरखा सैनिक कर रहे थे। छोड़ने का फैसला इतना अचानक था

कि हम अपने साथ बिना कोई सामान लिए ही निकल पड़े। हमने सितंबर 1947 के शुरू में मंडी बूरेवाला छोड़ दिया।

'गोरखा जवान हमारे रक्षक थे और वे राइफलों के साथ लैस होकर तैयार रहते जब भी रेलगाड़ी किसी स्टेशन या और कहीं रुकती। सशस्त्र मुसलमानों के गिरोह रेलगाड़ी के पास नारे बोलते हुए आते और हमला करने की कोशिश करते लेकिन गोरखाओं की उपस्थिति उन्हें विचलित कर देती। पट्टोकी पहुँच कर हमने रेलगाड़ी बदलीं और फिरोजपुर जाने वाली एक रेलगाड़ी में चढ़ गए।

'मेरा छोटा भाई चंदर 5 सितंबर को फिरोजपुर में पैदा हुआ था। 1947 में मैं केवल ढाई साल का था। फिरोजपुर में हैजा महामारी फैल गई। इसलिए हम लुधियाना में स्थानांतरित हो गए जहां एक बार फिर हैजा फैल गया। यही कारण है कि हमें फिर से वहाँ से भी जाना पड़ा और हम कुरुक्षेत्र पहुंच गए। वहाँ से हम पानीपत आए और यहां बस गए। हमारे माता-पिता हमेशा पाकिस्तान के अपने घरों और वहाँ के कई अच्छे दोस्तों को याद करते हैं। वे हमेशा मानते थे कि जिन स्थानों को उन्होंने पीछे छोड़ दिया वे कहीं बेहतर थे, लेकिन जीवन को तो चलते जाना है और अब पानीपत हमारा घर है। उन्होंने हमें यह भी बताया कि दोनों तरफ के लोगों द्वारा अत्याचार किए गए थे। मनुष्य ने उन दिनों अपनी मानवता को खो दिया था।'

मोंटगोमेरी (साहीवाल)

दूसरी सबसे महत्वपूर्ण नहर कॉलोनी मोंटगोमरी थी जिसे एक ब्रिटिश गवर्नर के नाम पर रखा गया था जो द्वितीय विश्व युद्ध के फील्ड मार्शल लॉर्ड मोंटगोमरी के दादा थे। यहाँ सिखों (बेदियों और सोढियों) को विशाल कृषि इलाके आवंटित किये गए थे जबकि हिंदू व्यापार में प्रमुख थे और कई मिलों और कारखानों के मालिक थे। कुल जनसंख्या में हिंदुओं और सिखों की संख्या लगभग 28 प्रतिशत थी। खोसला रिपोर्ट के अनुसार 10 अगस्त तक शांति बनी रही क्योंकि श्री सईद जमां, मोंटगोमरी के उपायुक्त एक अच्छे इंसान थे। अगस्त 11 से जब राजा हसन अख्तर ने पदभार संभाला हिंसा भड़क उठी और सिख विशेष रूप से शातिर हमलों के लक्ष्य बने। 11 अगस्त और 25 अगस्त के बीच सिखों को मोंटगोमरी शहर और आसपास के गांवों में सक्रिय गिरोहों द्वारा निशाना बनाया गया (वही, 161)।

कुछ कहानियाँ नीचे प्रस्तुत हैं। पहली कहानी 1 अगस्त 2005 को मेरे पास भारतीय पंजाब में मोंटगोमरी गर्ल्स हाई स्कूल कपूरथला की संचालिका श्रीमती इंद्रजीत कौर द्वारा भेजी गई थी। हम लाहौर के बारे में एक दूसरे से पत्राचार कर रहे थे और जब उन्होंने पश्चिमी पंजाब को तीर्थ के संबंध में दौरा किया तो लाहौर भी आयीं। वह जिस स्कूल की प्रमुख थीं उसे सरदार जरनैल सिंह पसरीचा द्वारा स्थापित किया

गया था जब वह विभाजन के बाद कपूरथला आ गए। मेरी ओर से उनका साक्षात्कार श्रीमती इंद्रजीत कौर ने लिया।

सरदार जरनैल सिंह पसरीचा

'जब विभाजन की त्रासदी हुई तब मैं सिर्फ 10 साल का था। मेरे पिता के मोंटगोमरी में कई मुसलमान पारिवारिक दोस्त थे क्योंकि वहाँ एक मिश्रित आबादी थी। हम एक बहुत ही सौहार्दपूर्ण और मैत्रीपूर्ण माहौल में रहते थे। लेकिन अगस्त में मोंटगोमरी को सांप्रदायिक उन्माद ने हिलाकर रख दिया था। सख्त कर्फ्यू लगाया गया था और किसी को भी रात में या दिन के दौरान बाहर जाने की अनुमति नहीं थी। सामूहिक हत्याएँ और छुरेबाजी बेरोकटोक जारी रही। मोंटगोमरी घृणा और सांप्रदायिक तनाव के साथ जलने लगा। सेना की एक बलूच इकाई अत्याचार को नियंत्रित करने की कोशिश कर रही थी। मुझे याद है कि एक मुसलमान कर्फ्यू के नियमों का पालन नहीं कर रहा था और बाहर सड़क पर आकर चिल्लाने लगा। सैनिकों ने उसे चले जाने को कहा लेकिन जब उसने मना कर दिया, उसे गोली मार दी गई और वह मारा गया। सेना को देखते ही गोली मार देने का आदेश था। इसके चलते हिंसक प्रतिक्रियाएँ हुई क्योंकि मुसलमानों ने सोचा कि उनके मुसलमान भाई को मोंटगोमरी के एक सिख नेता सरदार हुकम सिंह की शह पर मारा गया है। वह मुसलमान दंगाइयों की "बदनाम सूची" में चिन्हित थे और जल्द ही इस सूची को और लंबा कर, उस क्षेत्र के सभी हिंदुओं और सिखों को शामिल कर लिया गया। कुछ रेलगाड़ी द्वारा चले गए लेकिन मुसलमानों ने गाड़ियों को रोका और हत्या, बलात्कार और लूटपाट की। रायविंड में जिस गाड़ी को रोका गया था उसमें बड़े पैमाने पर नरसंहार किया गया।

'सेना सरदार हुकम सिंह का भेष बदलकर और सैन्य वर्दी में उन्हें लाहौर ले आई जहां उन्होंने पंडित नेहरू से मुलाकात की और उन्हें मोंटगोमरी में हिंसक उथल-पुथल की चश्मदीद गवाही दी और उन सिख महिलाओं के बारे में बताया जिन्होंने कुंओ में कूद कर अपने सम्मान की रक्षा की। सरदार हुकम सिंह पंडित नेहरू और श्री लियाकत अली खान को मोंटगोमरी में हिंदुओं और सिखों की हत्या दिखाने लाए। इसके बाद पंडित नेहरू ने पूर्वी पंजाब में फिरोजपुर तक उन हिंदुओं और सिखों को लाने के लिए सैन्य गार्ड के साथ विशेष रेलगाड़ियों को चलाने का आदेश दिया। मेरे पिता भाई गोबिंद सिंह पसरीचा और उनके साथ कई अन्य हिंदुओं और सिखों के परिवार उन गाड़ियों पर थे। शरणार्थी अपने जीवन को बचाने के लिए गाड़ियों की छतों पर चढ़ गए। यह एक भयानक अनुभव था। शरणार्थियों के रूप में हम पूर्वी पंजाब के फिरोजपुर में पंद्रह दिन तक डेरा डाले रहे। बाद में हमारे एक रिश्तेदार ने हमारे लिए एक मुसलमान का जला घर, जो भाग गया था, सुरक्षित कर लिया। हमें यह घर सरकार ने हमारे लिए आवंटित किया। हम 1994 तक उस घर में रहे।

'पूर्वी पंजाब में रहते समय मेरे पिता ने मोंटगोमरी के अपने अतीत खुशहाल दिनों की या 1947 की उथल-पुथल की बात कभी नहीं की। वह आशावादी थे और अपने उद्यमी उत्साह द्वारा उन्होंने पूर्वी पंजाब में नए कॉलेजों और स्कूलों को खोलने का सिलसिला जारी रखा। 1983 में मैं, मेरी पत्नी, बेटी और बीस अन्य पूर्व मोंटगोमरी के निवासियों ने पाकिस्तान का दौरा किया। दुर्भाग्य से हमारे पास अपने पवित्र गुरुद्वारों का दर्शन करने के लिए एक उचित वीजा नहीं था।'

प्रोफेसर विनय कुमार

प्रोफेसर विनय कुमार और मैं एक लंबे समय से एक दूसरे को ईमेल कर रहे थे। उनके परिवार के साथ ओकारा में क्या हुआ उसके बारे में मुझे अपनी कहानी बताने के लिए बहुत उत्सुक थे। 3 फरवरी 2005 को उन्होंने एक प्रसिद्ध चिकित्सा केंद्र कारोलिंस्का इंस्टीट्यूट का दौरा किया, जो स्टॉकहोम के एक उपनगर, सोलना में था और जहां वे एक सम्मेलन में भाग लेने के लिए पहुंचे थे। हमने स्टॉकहोम में एक चीनी रेस्तरां में मुलाकात की और मैंने निम्नलिखित साक्षात्कार दर्ज किया:

'मैं ओकारा में दिसंबर 1944 में पैदा हुआ था। मेरे नाना डॉ. उत्तम चंद आहूजा मूल रूप से लाहौर से थे। वे पंजाब सिविल मेडिकल सर्विस में थे और पंजाब में कई स्थानों पर उन्होंने कार्य किया। जब वे विभाजन से 15 साल पहले सेवानिवृत्त हुए तब उन्होंने मोंटगोमरी जिले के ओकारा शहर में बसने का फैसला किया जहां वे एक बड़े घर के मालिक थे। वे अपने मरीजों से कोई फीस नहीं लेते थे। कम्पाउंडर हरबंस लाल के पास एक छोटा सन्दूक था जिसमें रोगी अपनी मर्जी से कुछ पैसे डाल सकता था लेकिन वहाँ कोई शुल्क नहीं था। वह एक बहुत बड़े दिल वाले और धर्मपरायण व्यक्ति थे जो कभी धर्म या जाति के आधार पर किसी के खिलाफ भेदभाव नहीं करते थे। लोग रात में 50 से 60 किलोमीटर की दूरी से यात्रा कर आते थे और उन्हें साथ में जाने को कहते ताकि वे उनकी बीमार या गर्भवती पत्नी या बच्चे को देख सकें। वे तुरंत ऐसा ही करते और अपने घोड़े पर सवार होकर चले जाते। लोग उनके प्रति आभार दिखाते और कभी-कभी एक गाय या एक घोड़ा या अन्य जानवर एक उपहार के रूप में छोड़ जाते।

'वे उस समाज का एक अभिन्न हिस्सा थे। उन्हें वहां से निष्कासित कर देना अपने हाथ या पैर काटने की तरह था। उनके पास दो तांगे थे। मुझे याद है कि वह शाम को मुझे तांगे की सवारी पर ले जाते थे। हालांकि मैं बहुत छोटा बच्चा था मुझे अभी भी याद है कि वह मुझसे पूछते "वह कौन सा पेड़ है?" मैं जवाब देता, "लाला जी यह एक टाली है"। कभी-कभी मैं कहता "मैं नहीं जानता"। एक दिन मेरे चचेरे भाई जो उस समय एक किशोर थे मैदान में मुझे ले गये जहां वह वॉली बॉल खेला करते

थे। किसी तरह मैं खो गया। लोगों ने मुझे पूछा मैं कौन हूँ और मैं कहाँ रहता हूँ। जब मैंने अपने नाना का नाम लिया तब मिनटों में मुझे वापस ले आया गया क्योंकि हर कोई डॉ. आहूजा को जानता था।

'जब विभाजन प्रक्रिया शुरू हुई तब हिंदुओं और सिखों को डर और चिंता परेशान करने लगी क्योंकि वे ओकारा में एक अल्पसंख्यक थे। जब गड़बड़ी शुरू हुई तब तहसीलदार और नंबरदार अन्य महत्वपूर्ण लोगों के साथ हमारे घर आए। उन्होंने मेरे नाना से कहा "डॉक्टर साहिब आपको यहाँ से नहीं जाना है। आप हमारे हैं आप मत डरें। नाना जी ने उत्तर दिया "बेशक, मैं यहाँ से जुड़ा हुआ हूँ और यहाँ से जाने के बारे में मैंने सोचा भी नहीं है।" लेकिन तब स्थिति बदतर हो गई जब मुसलमान शरणार्थियों ने ओकारा में आना शुरू किया। फिर वही लोग अपनी आँखों में आँसू के साथ आए। उन्होंने जमीन पर अपनी पगड़ियाँ रखीं और कहा "डॉक्टर साहिब हम बहुत शर्मिंदा हैं और हम आपसे माफी मांगते हैं: हम अब आप की रक्षा नहीं कर सकते। ओकारा के लोग आपको नहीं छूएँगे लेकिन हम पूर्वी पंजाब से आए उन हजारों लोगों को नियंत्रित नहीं कर सकते। उन्होंने खून देखा है और उन्हें नियंत्रित नहीं किया जा सकता। लेकिन हम आपको गारंटी देते हैं कि हम आपको सुरक्षित रूप से सीमा तक ले जाएंगे"। उन्होंने वास्तव में ऐसा ही किया। यह कौन सा महीना था मुझे नहीं पता लेकिन यह अवश्य अक्टूबर या नवंबर होगा।

'इसने उन्हें झकझोर दिया। वह लुधियाना जिले में खन्ना में आकर बसे जहां उन्हें जमीन दी गई लेकिन वह लुधियाना शहर में बस गए। उन्होंने कभी किसी शुल्क का न लेना ही जारी रखा। जो भी लोग दे देते वह स्वीकार कर लेते। वह एक सूट के साथ एक कुल्लेवाली पगड़ी पहनते थे (मुसलमानों द्वारा मुख्य रूप से इस्तेमाल की जाने वाली पगड़ी की शैली)। यह सब मैंने लाला जी मेरे पिता और मेरे मामा जी से सुना है। मेरे पिता 1947 में आगरा में तैनात थे। वे सेना ऑर्डिनेन्स कॉर्पस में थे और इसलिए विभाजन से प्रभावित नहीं हुए थे।'

बुजुर्ग सज्जन श्री अरोड़ा

मैं, किशनपुरा, जिला मोगा पूर्वी पंजाब में एक अत्यंत बुजुर्ग हिंदू सज्जन से मिला। मैं उनका नाम सिर्फ बुजुर्ग अरोड़ा साहिब के रूप में दर्ज कर सका (बुजुर्ग लोगों का नाम पूछना आम तौर पर पंजाब में अच्छी बात नहीं मानी जाती है जब तक कि वे खुद इसे न बताएं)। वे जिला ओकारा, मुल्तान डिवीजन से अन्य जगहों में जाने के बाद, वहां आकर बसे थे।

'मैं मीठा भट्टी, थाना चूचक, तहसील ओकारा, मोंटगोमरी जिले में 1897 विक्रमी या 1898 में पैदा हुआ था। मैं 106 साल का हूँ। मैं एक मुसलमान गांव में रहता

था। यह बाहर से आकर बसे लोगों का गाँव नहीं था बल्कि स्थानीय लोगों का गांव था। वहाँ एक हिंदू और एक सिख परिवार था। पास में एक गांव कालुवाल था जहां लशमन दास, राम दास और गांडा राम नाम के साहूकार थे। वे हमारी तरह अरोड़ा की स्वानी उप-जाति के थे।

'मैं एक मेहनती लेकिन गरीब दुकानदार था। मैंने घोर गरीबी भी देखी है। लेकिन मैंने बहुत मेहनत की। मेरे तीन मुसलमान कर्मचारी थे। वे मेरे बहुत वफादार थे क्योंकि मैं उनके साथ बहुत अच्छा बर्ताव करता था। मेरे ग्रामीणों के साथ अच्छे संबंध थे और मैं कभी उनसे ज़्यादा पैसे नहीं लेता था और न ही बुरी या खराब गुणवत्ता वाला सामान बेचता था। वे मुझे अपने बेटे की तरह मानते थे लेकिन स्वानी साहूकार थे और लालची भी। जब विभाजन हुआ तो ग्रामीणों ने उनके साथ बुरा बर्ताव किया। उन्हें गोमांस खाने के लिए मजबूर किया गया। मुझे और मेरे परिवार को इस तरह अपमानित नहीं किया गया। इसके विपरीत हमें तब तक संरक्षित किया गया जब तक सेना हमें लेने नहीं आई। इसके अलावा मैं अपने कर्मचारियों को अच्छे पैसे देता था।

'हमारे गाँव में मेघना, मलाने, चंदूर नामक मुसलमान जातियाँ थीं। मैं, अपनी पत्नी और चार बेटे, रैडक्लिफ अवार्ड के ऐलान के नौ दिन बाद वहाँ से चल दिए। जब हम जा रहे थे गाँव का एक आदमी आया और मुझे पाँच सेर घी दिया, दूसरे आए और मेरे बेटों को पैसे दिए। मैं जब इस तरफ आ गया तब भी पुराने ताल्लुकात बने रहे। वे मुझे लिखते थे और मैं उन्हें। यह सिलसिला हालांकि कुछ वर्षों के बाद बंद हो गया। अब मैंने खत लिखने बंद कर दिए हैं। मैं किशनपुरा में बस गया।

'जब हम चले तब हमारी रक्षा के लिए डोगरा सिपाहियों की एक इकाई मौजूद थी। कारवां नौ मील लंबा था। मियां खान वट्टू के ग्रामीणों ने एक संदेश भेजा कि हम अपने सभी मवेशियों को छोड़ दें और सिर्फ तीन दिन के लिए पर्याप्त प्रावधान लें, लेकिन हमारे साथ जा रहे डोगरा सिपाहियों ने कहा कि हमें डरने की जरूरत नहीं और वे किसी को भी हम पर हमला करने नहीं देंगे, इसलिए हमें अपने पशुओं का परित्याग करने की जरूरत नहीं थी। तब कोई हमला नहीं हुआ। हम पहले फाजिल्का में रहे थे और फिर सहारनपुर और उसके बाद हमें अम्बाला भेजा गया। हम एक शिविर में रहते थे। लोग हमें मिठाइयाँ भेजते थे। मेरे बेटे मेरे साथ थे। मेरा बड़ा बेटा उस समय कक्षा 6 में था। बाद में मैं शाबाजपुरा आ गया जो एक पास का गांव था और जहां हमारे कुछ रिश्तेदार रहते थे। तीन साल बाद मैं किशनपुरा आया। मैं यहाँ एक गाड़ी पर सब्जी बेचा करता था और फिर उसके बाद 1954 में एक छोटी सी दुकान स्थापित करने में कामयाब हो गया। मैंने यहाँ अपना कारोबार शुरू कर दिया। मैंने दो स्थानीय दुकानदारों के साथ प्रतिस्पर्धा की लेकिन मैं ज़्यादा कामयाब रहा। अब हमारी खुद की खेती की जमीन भी है और हम काफी खुशहाल हैं।'

पाकपट्टन

पाकपट्टन इसलिए प्रसिद्ध है क्योंकि सबसे सम्माननीय सूफियों में से एक बाबा फरीदुद्दीन गंजशकर वहाँ दफन हैं। खोसला रिपोर्ट में यह उल्लेख है कि 23 और 24 अगस्त को पाकपट्टन में लूट-पाट हुई और अगले दिन एक हिंदू और सिख काफिले ने शहर को छोड़ दिया। उन्हें चक दौला बाला में रोका गया जहां मुसलमान जैलदार ने एलान किया कि उन्हें उपायुक्त और पुलिस अधीक्षक से आदेश प्राप्त हुआ है कि सभी सिखों को मार दिया जाए। हिंदुओं ने इस्लाम को गले लगा कर अपनी जान बचा ली। सिखों को पूर्वी जिलों में मुसलमानों के साथ उनके सह-धर्मियों द्वारा किए जा रहे व्यवहार का बदला चुकाना पड़ा। हिंदुओं ने अपना धर्म तो बदला लेकिन जब भारतीय सेना आई तब उन्होंने भारत जाने का फैसला किया। यह 29 सितंबर को हुआ (1989: 163)। समूचे तौर पर पाकपट्टन में जीवन की हानि व्यापक नहीं थी। सैयद अफजल हैदर जिनकी गवाही पहले से ही पंजाब सीमा आयोग की कार्यवाही के संबंध में प्रस्तुत की गई है, पाकपट्टन में जो कुछ हुआ, उसकी निम्नलिखित तस्वीर पेश करते हैं :

सैयद अफजल हैदर

'मेरे पिता, सैयद मुहम्मद शाह ने मुसलमानों के जागरण में एक प्रमुख भूमिका निभाई थी। वे पंजाब में मुस्लिम लीग के अग्रदूतों में से एक थे। हालांकि हम शिया हैं मेरे पिता मुख्य मस्जिद में शुक्रवार की नमाज अदा करने के बाद व्याख्यान में मुस्लिम लीग का समर्थन करने की आवश्यकता पर जोर देते थे और मेरी माँ गांवों से महिलाओं को जुटातीं ताकि वे उन्हें सुनने के लिए आएँ। पाकपट्टन का प्रमुख परिवार दीवान साहिब का था जो हजरत बाबा फरीदुद्दीन गंजशकर की दरगाह के संरक्षक थे। हिंदुओं की पाकपट्टन में बहुत संपत्ति थी। सभी विकसित क्षेत्रों के मालिक हिंदू थे। उनका खुद का बैंक था और उनका पूरी तरह से पाकपट्टन के वाणिज्य पर बोलबाला था। उनके दीवान साहिब के साथ बहुत अच्छे संबंध थे। मुसलमान गरीब थे। 1910 में एक स्कूल के उद्घाटन का पाकपट्टन के जमींदारों ने जो सभी मुसलमान थे, विरोध किया। इसकी प्रतिक्रिया में मेरे पिता ने मुसलमानों को शिक्षित करने के लिए आंदोलन शुरू कर दिया। उन्होंने एक सहकारी बैंक की स्थापना की। मेरे दादा 81 मुरब्बों (25 एकड़ जमीन का हिस्सा) के मालिक थे, लेकिन उस समय भूमि से आय नगण्य थी। इस आय से तो भू-राजस्व कर का भुगतान करना भी मुश्किल था। बड़ी आमदनी व्यापार और वाणिज्य से होती थी।

'सच तो यह है कि पाकिस्तान 15 अगस्त को न कि 14 को अस्तित्व में आया था। 15 तारीख को मेरे पिता के मुंशी अल्लाह दित्ता ने उन्हें बताया कि पाकपट्टन में एक सांप्रदायिक संघर्ष होने वाला है। मेरे पिता उस समय सोहर (दोपहर) की नमाज

अदा कर रहे थे। वे बिना अपनी नमाज पूरी किए नंगे पांव दौड़े। वह एक बुरे टकराव को रोकने के लिए ऐन समय पर पहुंचे। हिंदू एक तरफ अपने हथियारों के साथ तैयार थे और मुसलमान दूसरी तरफ। हिंदू कुछ दिनों के बाद पाकपट्टन छोड़ कर सुलेमंकी हेडवर्क्स होते हुए भारत चले गए। पाकपट्टन में बहुत कम लोगों की मृत्यु हुई। हिंदू संपत्ति को उनके जाने के बाद लूट लिया गया।

'एक हिंदू अपनी तीन जवान बेटियों को लेकर नहर के किनारे चल रहा था। जब वे बसीरपुर पहुंचे तो किसी ने उसे मार डाला और उसकी लड़कियों को दूर ले गया। इससे एक स्थानीय हड़कंप मच गया। बसीरपुर के एक सूफी ने हस्तक्षेप किया और लड़कियों को अपने घर ले आया। उन्होंने उनके अपहर्ताओं को बताया कि वह अगले दिन तय करेंगे कि कौन किस लड़की से शादी करेगा। लेकिन अगली सुबह उसने एक अनुरक्षक के साथ लड़कियों को सुलेमंकी भेज दिया और उन्हें सुरक्षित रूप से सीमा पार करा दी।

'दूसरी तरफ सिख मुसलमानों के एक काफिले पर हमला करने की तैयारी कर रहे थे जो सीमा पार कर पाकिस्तान आने वाला था। वे तीन लड़कियाँ आगे आईं और बताया कि उन्हें दयालु मुसलमानों ने बचाया, और अगर किसी भी मुसलमान औरत का नुकसान किया गया तो वे आत्महत्या करेंगी। इसने सिखों को विचलित कर दिया और मुसलमानों ने सुरक्षित रूप से सीमा पार कर पाकिस्तान में प्रवेश कर लिया। यह कहानी हमें उन मुसलमानों ने बताई जो भारत से पाकपट्टन आए थे।'

बतूल बेगम

ब्रिगेडियर (सेवानिवृत्त) यासुब अली डोगर की मां बतूल बेगम ने यह कहानी सुनाई कि किस तरह उनके पिता चौधरी मौला बख्श डोगर ने सिख महिलाओं और लड़कियों को बचाया जिन्हें उनका खुद का परिवार मार देने की धमकी दे रहा था। वह याद करती हैं :

'1947 के सर्वनाश के दौरान मेरे नाना जो अपने क्षेत्र के नंबरदार थे, उन्हें पता लगा कि उनके गांव (चक 68/ई.बी. आरिफवाला) के पास की एक चाकी (छोटे से गाँव) के सिखों ने अपनी महिलाओं को जलाने का मनसूबा बना लिया था। साथ ही साथ वह अपने घोड़े पर सवार होकर और सरपट, मिट्टी की दीवारों और अन्य बाधाओं को जल्दबाजी से लांघ कर उस चाकी तक पहुंचे। जब वे चाकी के पास आ गए तब चिल्लाये और सिख सरदार को पुकारा कि वह किसी भी महिला को जलाने से रुके। उनके नेता जो नाना के एक दोस्त थे, उन्हें बताया कि न तो वे उनकी महिलाओं को छोड़ सकते है और न ही ले जा सकते है, क्योंकि भारत के रास्ते पर उन पर हमला किये जाने की आशंका है। वे उनके अपहरण, बलात्कार किए जाने या मारे जाने के

जोखिम की तुलना में उन महिलाओं को जला देना पसंद करेंगे। वे अपने क्षेत्र के चौधरी होने के चलते ऐसी बदनामी या बेइज्जती सहन नहीं कर सकते।

'लेकिन, मेरे नाना ने सरदार को आश्वासन दिया कि वह उनकी महिलाओं को सुरक्षा प्रदान करेंगे। उनका मानना कामयाब रहा और सिख महिलाओं की जान बच गई। उन्होंने उन्हें भारत की सुलेमंकी सीमा तक सुरक्षा प्रदान की। इसी तरह हमारे परिवार ने चिचावंती के पास चक 9 और 10, 12/एल के सिखों को सुरक्षा प्रदान की। लेफ्टिनेंट कर्नल हरगुरजीत सिंह संधू के परिवार को जो मेरे चाचा चौधरी नूर करीम डोगर के सहपाठी थे, और इन गांवों के थे उन्हें सुरक्षा प्रदान की गई ताकि वे सीमा पार कर भारत पहुँच जाएँ।'

झंग, मियांवाली, डेरा गाजी खान और बहावलपुर राज्य

पश्चिमी पंजाब दूरस्थ जिले झंग, मियांवाली, शाहपुर, मुजफ्फरगढ़ और डेरा गाजी खान पूरी तरह से मुसलमान बहुल थे। हिंदू-सिख आबादी के 17 प्रतिशत थे जिसमें हिंदू बहुत ज़्यादा थे और सिख समुदाय छोटा था। खोसला और एस.जी.पी.सी. रिर्पोट 15 अगस्त के बाद की घटनाओं का चित्रण करते हुए काफी आंकड़े प्रदान करती हैं। उनके जीवन और संपत्ति का नुकसान काफी ज़्यादा था। खोसला रिपोर्ट के अनुसार राजा सुल्तान लाल हुसैन 20 अगस्त तक मुजफ्फरगढ़ के उपायुक्त थे। उनके जाने के बाद गैर-मुसलमानों पर वहिशीपन के साथ हमला किया गया (1989: 191-6)।

झंग

खोसला रिपोर्ट पंजाब मुस्लिम लीग के एक सदस्य पीर मुबारक अली शाह, जिला मजिस्ट्रेट जफर उल हक खान, अतिरिक्त जिला मजिस्ट्रेट मोहम्मद अकबर और सिटी मजिस्ट्रेट हसनत अहमद पर आरोप लगाती है कि उन्होंने गुंडों की मदद से हिंदुओं और सिखों के खिलाफ दंगों को भड़काया। रिपोर्ट के अनुसार, दंगे 25 अगस्त को शुरू हुए (1989: 179-84)।

गुरदेव सिंह

'मैं मुख्य बाजार में अपनी फल की दुकान पर खड़ा था जब मुसलमान गुंडों ने बाजार में तोड़फोड़ की जहां मुख्य रूप से हिंदुओं की दुकानें थीं। वहाँ कुछ सिख विक्रेता भी थे। मैं शिक्षित नहीं हूँ और मुझे तारीख याद नहीं है। लेकिन पाकिस्तान अस्तित्व में आ गया था। सिखों और हिंदुओं ने वहाँ रहने का फैसला किया था क्योंकि हमारे मुसलमानों के साथ अच्छे संबंध थे। लेकिन शाहजी (पीर मुबारक अली शाह) ने हम पर हमला करने के लिए गुंडों को उकसाया था। इससे पहले मुहर्रम के मौके पर,

सिख और हिंदू असूरा जुलूस में हिस्सा लिया करते थे। वह हम सभी को आशीर्वाद देते थे, लेकिन अब वह एक राक्षस में तब्दील हो गए थे। बंदूकें, भाले और लंबे चाकू इस्तेमाल किये गए। हमारे पास कृपाणें थीं इसलिए हम भागने में सफल रहे लेकिन हिंदू निहत्थे थे। उन पर आसानी से काबू पा लिया गया। कुछ ने इस्लाम कबूल कर लिया और दूसरे मारे गए थे।

'मैं और मेरे चचेरे भाई बूटा सिंह कई दिनों तक खेतों में छिपे रहे। हम चारों तरफ आग देख रहे थे और दया की भीख मांग रहे थे, लेकिन गुंडों ने कोई दया नहीं दिखायी। यहाँ तक कि बच्चों को भी मार दिया गया और उनके शरीरों को भालों पर उठाया गया था। हम शाम को बाहर कुछ खाना ढूँढने निकलते या घास खा लेते और इस तरह हम दो सप्ताह से अधिक तक जिंदा रहे। धीरे-धीरे कई हिंदू और सिख जो खेतों में छिपे हुए थे एक साथ इकट्ठा होना शुरू हुए और हम मदद के लिए इंतजार कर रहे थे। फिर एक ब्रिटिश अधिकारी पुलिस के साथ आया और उन लोगों को एकत्र किया जो उन हमलों में बच गए थे। कुछ ने मुसलमानों के पास शरण ले रखी थी। सभी मुसलमान बुरे नहीं थे। हमें ट्रकों पर चढ़ाया गया तथा सुलेमंकी लाया गया जहां से हमने सीमा पार कर भारत में प्रवेश किया। मेरा खुद का कोई परिवार नहीं था और मेरे चाचा ने मुझे पाल कर बड़ा किया। पाकिस्तान अस्तित्व में आने के कुछ महीने पहले उनका निधन हो गया। उनकी पत्नी बहुत लंबे समय पहले मर चुकी थी। तब केवल मैं और मेरे चचेरे भाई जिंदा थे।

'मुझे इस बात को स्वीकार कर लेना चाहिए कि बाद में हम सिख जत्थों में शामिल हो गए और दूसरी तरफ मुसलमानों के ऊपर किए गए कई हमलों में हिस्सा लिया। आप मुझसे यह न पूछें कि मैंने किसी को मारा या नहीं। मारना गुनाह है मगर वे बहुत बुरे दिन थे। हाँ मैंने फाजिल्का में और बाद में मुक्तसर में लाशों को इधर-उधर बिखरे देखा।'

बी.आर. लाल

'मैं 15 मई 1925 को अहमदपुर सियाल में पैदा हुआ था जो झंग जिले में हिंदू अरोड़ाओं का एक गाँव था। पश्चिमी पंजाब में अरोड़ा और खत्री मुख्य व्यापारी समुदाय थे। हम अहमदपुर सियाल में एक छोटा सा कारोबार करते थे जहां की आबादी का 90 प्रतिशत मुसलमान था। मैंने इस्लामिया प्राइमरी स्कूल में अध्ययन किया और उसके बाद डीएवी स्कूल में अध्ययन करने के लिए एक छात्रवृत्ति जीती और खानेवाल से मैंने मैट्रिक पास किया। गड़बड़ी शुरू होने से पहले वहां कभी कोई तनाव नहीं था हालांकि झंग शहर में मार्च में कुछ दंगे हुए थे। मगर अगस्त के आखिर में गड़बड़ी फैली और अहमदपुर सियाल भी प्रभावित हुआ। एक भीड़ ने हमारे घर को घेर लिया

और पहले मेरे पिता और बाद में मेरे भाई की हत्या कर दी गई। परिवार के बाकी लोगों को सेना द्वारा अनुरक्षण देकर लाहौर लाया गया जहां हम कुछ समय के लिए डी.ए.वी. कॉलेज के शरणार्थी शिविर में रुके थे। फिर हम सीमा पार कर भारत में आ गए। वहाँ मेरे छोटे भाई का कत्ल हो गया जब किसी ने उसे चाकू मार दिया। किसी को नहीं पता कि ऐसा किसने किया। इस प्रकार विभाजन के दौरान मैंने अपने पिता और दो भाइयों को खो दिया। इसने हमें एक गहरा सदमा पहुंचाया मगर अब हमारे हालात काफी बेहतर हैं। यहाँ दिल्ली में मेरे कई मुसलमान दोस्त हैं।'

डेरा गाजी खान

खोसला रिपोर्ट हमें बताती है कि डेरा गाजी खान में पाकिस्तान का विचार लगभग अनजान था। हिंदू-सिख आबादी लगभग 12 प्रतिशत थी; लगभग सारे हिंदू और कुछ सिख। गैर-मुसलमानों की कोई सामूहिक हत्या नहीं हुई थी; वे जब चले गए तब लूटपाट हुई। एक गांव, दजल में 13 सितंबर को चालीस गैर-मुसलमान मारे गए थे और घजनियाँ में सितंबर के शुरू में सत्ताईस लोग मारे गए थे। फिर डोगरा सैनिक पहुंचे और गैर-मुसलमान उनके साथ सुरक्षित तरीके से चले गए। लेकिन अक्टूबर में भी कुछ गैर-मुसलमान डेरा गाजी खान जिले में अभी भी थे। 6 अक्टूबर को वाहोवा से डेरा गाजी खान को जा रही एक बस पर हमला किया गया और नौ गैर-मुसलमानों को मार दिया गया (1989: 208-12)। दिल्ली विश्वविद्यालय में अंग्रेजी साहित्य पढ़ाने वाले प्रोफेसर जे.एम. मनचंदा ने लाहौर में प्रकाशित एक अंग्रेजी अखबार में मेरे एक साप्ताहिक कॉलम को पढ़ने के बाद मुझसे संपर्क किया। मुझे पता चला कि उनका परिवार मूल रूप से डेरा गाजी खान से था। मैंने जब मार्च 2007 में दिल्ली का संक्षिप्त दौरा किया, तब मैं उनसे मिला। मेरी ओर से उन्होंने मूल रूप से डेरा गाजी खान के दो बुजुर्ग सज्जनों का साक्षात्कार लिया और 11 तथा 12 मार्च 2007 को मेरे लिए निम्नलिखित सारांश भेजा:

मनमोहन तनेजा

'मैं 7 मार्च को 77 वर्षीय श्री मनमोहन तनेजा से बात कर सका और दोबारा फिर 10 मार्च 2004 को। उन्होंने मुझे बताया कि जब विभाजन की घोषणा की गई वह लाहौर में थे जहां गड़बड़ी फैल गई। सिखों ने मुसलमान दंगाइयों के खिलाफ बदले की कार्रवाई की और कुछ हिंदू कार्यकर्ताओं ने उन पर घर में बनी बंदूकों के साथ रावलपिंडी में हमला किया। इसलिए वह वापस डेरा गाजी खान आ गए और वहाँ एक घर किराए पर लिया। हालांकि वे रोझन गाँव के मूल निवासी थे, उन्होंने शहर की सुरक्षा में रहने को प्राथमिकता दी। रोझन उन दिनों शांत बना रहा और कुछ शक्तिशाली मुसलमानों ने

हिंदुओं को सुरक्षा देने का आश्वासन दिया, लेकिन स्थानीय उर्दू प्रेस में दूसरी जगहों पर हो रहे दंगों से संबंधित खबरों के प्रकाशित होने से वे आशंकित थे। उनमें से कुछ लोगों ने जो रजानपुर तहसील के उमरकोट में रहते थे वहाँ से निकल जाने के लिए एक ट्रक किराए पर लिया, लेकिन रास्ते में उनके सामान को लूट लिया गया। इसलिए श्री तनेजा और उनके परिवार के अन्य सदस्यों ने वहाँ टिके रहना ठीक समझा और फिर सेना की एक गोरखा इकाई पहुंची और उन्हें अमृतसर ले आई। उनके बयान से डेरा गाजी खान में दंगे के बारे में मैं कोई जानकारी इकट्ठा नहीं कर सका यद्यपि ग्रामीण इलाकों में गरीब मुसलमानों द्वारा हिंसा की छिटपुट घटनाओं की सूचना मिली।

'मुझे उम्मीद है कि आपको यह जानकारी उपयोगी लगेगी। हालांकि वह मुझे सटीक तिथियाँ नहीं दे सके थे, लगता है कि वह डेरा गाजी खान में कई हफ्तों तक रहे, आंशिकरूप से उस क्षेत्र को शांतिपूर्ण होने और आंशिकरूप से उनके द्वारा खुद सावधान रहने के लिए। उन्होंने बताया कि डेरा गाजी खान से अमृतसर तक की यात्रा एक ही बार में नहीं लेकिन कई चरणों में पूरी की और उनका परिवार विभाजन के कई महीने बाद भारत पहुंचा। तब तक भारत और पाकिस्तान में दोनों सरकारों ने स्थिति पर नियंत्रण पा लिया था और दंगे तथा प्रतिशोध समाप्त हो गए थे।'

डॉ. सत्यपाल 'बेदर'

'मैंने डॉ. सत्यपाल "बेदर" से आज (11 मार्च 2007) मुलाकात की। वे हमारे हिंदी विभाग से दस साल पहले सेवानिवृत्त हुए। वे एक प्रतिष्ठित कवि हैं और उन्होंने ऑल इंडिया रेडियो की विदेश सेवा के लिए सराइकी में कार्यक्रम प्रसारित किया है। डॉ. बेदर डेरा गाजी खान तहसील से करीब 18 मील की दूरी पर झकोटरा नामक गांव में रहते थे जो सांप्रदायिक शांति का एक प्रतीक था। उन्होंने मुझे बताया कि अगस्त 1947 के आखिर से, वहाँ के ग्रामीण क्षेत्रों में बहुत गड़बड़ी देखने को मिली। उन्होंने खुद को बचाने के क्रम में अक्टूबर में डेरा गाजी खान में स्थानांतरित कर लिया। उन्होंने बताया कि उनके गांव में पच्चीस हिंदुओं को मार दिया गया था जिसकी जनसंख्या के 80 फीसदी मुसलमान थे, हालांकि विभाजन से पहले समाज में हिंदुओं का प्रभुत्व था। गड़बड़ी उर्दू अखबारों (वह उनमें *जमींदार*, *मिलाप* और *प्रताप* का उल्लेख करते हैं) और नवाब जमाल खान और अन्य स्थानीय मुस्लिम लीग के नेताओं द्वारा फैलाये गए प्रचार की वजहों से हुई। उनके अनुसार उन्हें इस्लाम कबूल करने के लिए और मुसलमान युवा पुरुषों को अपनी बेटियाँ देने को कहा गया। उन्होंने गांवों में कुछ हिंदू महिलाओं के अपहरण की घटनाओं को भी बताया और यह भी एक कारण था कि हिंदू गाँवों को छोड़कर डेरा गाजी खान जाने लगे, जहां एक ब्रिटिश डिप्टी कमिश्नर था और उसने समस्या को नियंत्रण में कर रखा था। उन्होंने बताया कि वे लगभग डेढ़

महीने तक वहां रुके और नवंबर में सिंधु नदी पार कर गोरखा सैनिकों के अनुरक्षण में आए, जिन्होंने दंगाइयों को नीचे लेटने को कहा और अगर कोई भी सिर ऊपर करता तो उन्हें गोली मार देने की धमकी दी। उन्होंने बताया कि 7,000 के करीब मुसलमानों ने उस समय शहर को घेर रखा था। शरणार्थियों ने सैन्य ट्रकों में शुरू में यात्रा की और बाद में रेलगाड़ी से वाघा सीमा पार की तथा राहत की सांस ली।'

डॉ. तेजा सिंह

डॉ. तेजा सिंह और मैं 2006 से एक दूसरे को ईमेल कर रहे थे। मेरे अनुरोध पर उन्होंने पंजाब के विभाजन के दौरान अपने परिवार की कठिन परीक्षा की कहानी को कुछ इस तरह उल्लेख किया। उन्होंने लिखा :

'मेरे दादा सरदार बहादुर लहना सिंह, ओ.बी.आई., मोंटगोमरी जिले के चक नं 134/9L के निवासी थे। वे प्रथम विश्व युद्ध में अपनी सैन्य सेवाओं के लिए भूमि अनुदान प्राप्त करने के बाद वहाँ बसे थे। ज्ञान सिंह, मेरे पिता, उनके छोटे बेटे थे और दयाल सिंह कॉलेज, लाहौर से स्नातक थे। वह संयुक्त पंजाब की मुल्तान सिविल शाखा में, मजिस्ट्रेटी शक्तियों के साथ एक राजस्व अधिकारी के रूप में सेवायुक्त थे। वे लायलपुर में तैनात थे जहां मैं और मेरा भाई कॉलेज में पढ़े। वह 1946 में डेरा गाजी खान के तौंसा शरीफ में तैनात किए गए लेकिन हमने लायलपुर में अध्ययन करना जारी रखा।

'यह जल्द ही स्पष्ट हो गया कि भारत का विभाजन किया जाना है। एक आशावादी और वफादार इंसान होने के नाते जिनके कई मुसलमान दोस्त थे पिताजी ईमानदारी से मानते थे कि सरकार बदलने का मतलब यह नहीं था कि उनका निवास भी बदले। उन्होंने वहीं रहने और पाकिस्तान सरकार की सेवा करने का फैसला लिया। जब पाकिस्तान 14 अगस्त 1947 को औपचारिक रूप से बन गया एक स्थानीय अधिकारी का फर्ज निभाते हुए उन्होंने अदालत की इमारत पर नया झण्डा फहराया।

'विभाजन के बिल्कुल पहले मेरी माँ को उनके गांव घोस्तपोकर में उनके छोटे भाई की शादी के लिए आमंत्रित किया गया था, जो गुरदासपुर शहर से तीन मील की दूरी पर था। चूंकि यह एक विशेष अवसर था हम सभी अपने पिता के सिवाय जो तौंसा शरीफ में थे, शादी में भाग लेने लायलपुर से चले आए। हमें वहाँ कुछ और दिन रुकने के लिए कहा गया क्योंकि पंजाब के कुछ भागों में कानून और व्यवस्था की स्थिति तेजी से बिगड़ गई। जब हम वहाँ थे शहरों में पूरे दम पर दंगे फैल गए। अत: हम वहाँ बने रहे।

'पिता को उनकी सुरक्षा के लिए उन्हें पूर्वी पंजाब के लिए जल्द ही विस्थापित होने के लिए उनके दोस्तों ने सलाह दी। गर्मियों की बारिश ने डेरा गाजी खान जिला

मुख्यालय के लिए जा रही सीधी सड़क पर यातायात अवरुद्ध कर दिया था। उनके पास एक ही उपाय था कि वे नाव से सिंधु नदी पार करें और एक रेलगाड़ी से मुल्तान और उसके बाद आगे जाएँ। यह सितंबर की शुरुआत का कोई समय था। गर्मियों में हिमालय की बर्फ पिघलने और मानसून की बारिश की वजह से नदी पूर्ण बाढ़ के दबाव में थी। चार चपरासियों, तीन मुसलमान और एक हिंदू भंजन, जिसे फेज टोपी के साथ एक मुसलमान के रूप में तैयार किया गया था, उन्हें उस जगह ले गए जहां से वह उस नदी को पार करने के लिए एक नाव ले सकें जो खतरनाक तरीके से बाढ़ के चपेट में थी। मुसलमान चपरासियों ने उन्हें विदाई दी कि वे किसी दिन तौंसा लौटेंगे जबकि भंजन उनके साथ तब तक रहे जब तक वह भारत नहीं पहुंचे। वे दूसरी तरफ रेलवे स्टेशन तक सुरक्षित रूप से पहुँच गए और अगली रेलगाड़ी पकड़ ली। मेरे पिता ऊपरी श्रेणी के डिब्बे में थे और शायद ही उसमें कोई अन्य यात्री था। जब रेलगाड़ी अगले स्टेशन पहुंची तो एक मुसलमान अधिकारी जिन्हें मेरे पिता जानते थे उस डिब्बे में चढ़ा। मेरे पिता को अकेले देख कर उन्होंने आश्चर्य प्रकट किया और उनके बगल में बैठ गए और उनको सीमा के दूसरी तरफ की हिंसा की भयानक कहानियां सुनाईं। उनके साथ बात कर मेरे पिता को पहली बार पता चला कि पंजाब में कानून और व्यवस्था की स्थिति कितनी बुरी तरह से बिगड़ी थी। उन्होंने पिता को चेताया कि वे खुद की देखभाल करें क्योंकि कुछ अपराधी मुस्लिम लीग नेशनल गार्ड की वर्दी पहने बदला लेने की कोशिश कर रहे हैं और वह उनकी दाढ़ी और पगड़ी के चलते एक आसान निशाना हो सकते हैं।

'मुल्तान आकर जहां वह लायलपुर के लिए स्थानांतरण से पहले तीन साल काम कर चुके थे पिता को एक और रेलगाड़ी पकड़ कर लाहौर जाना था जो अब पाकिस्तान में पंजाब की राजधानी थी। उन्हें यह जानकर बड़ी निराशा हुई कि रेलगाड़ी को रद्द कर दिया गया है। ऐसा मानते हुए कि उन्हें कुछ समय तक इंतजार करना पड़ेगा वह आराम करने के लिए सरकारी प्रतीक्षालय तक भंजन के साथ चले गए क्योंकि वह अब तक पूरी तरह से थक चुके थे।

'भंजन रेलगाड़ी के प्रस्थान का समय जानने के लिए स्टेशन स्टाफ से मुलाकात करने गया। उन्होंने उसे बताया कि अगले कुछ दिनों तक स्थानांतरण रेलगाड़ी उपलब्ध नहीं होगी और कहा कि गैर-मुसलमानों को कटरा क्षेत्र में जाने की सलाह दी जा रही है जो शहर की दीवारों के भीतर था और इस तरह वे उन लोगों के साथ हो गए जो लाहौर के लिए रेलगाड़ी का इंतजार कर रहे थे। अंधेरा हो रहा था और उन्होंने फैसला किया कि यह उनके लिए सुरक्षित होगा कि वे प्रतीक्षा कक्ष छोड़ दें और एक मुसलमान मकान मालिक के साथ रात बिताएँ जिन्हें मेरे पिता तब से जानते थे जब से उन्हें मुल्तान में तैनात किया गया था।

'भंजन ने सामान उठाया और रेलवे स्टेशन के बाहर आया ताकि आस-पास के मकान मालिक के बंगले तक यात्रा करने के लिए एक तांगा किराये पर वह ले सके। राह में तांगे वाले चालक को चुंगी पर एक अधिकारी ने जांच के लिए रोका ताकि शहर में प्रवेश कर रहे यात्रियों के पास सामग्री पर शुल्क ले सके। ड्यूटी पर तैनात क्लर्क ने तुरंत मेरे पिता को पहचान लिया और आश्चर्यचकित होकर कहा, "सरदार साहिब, रात की इस घड़ी में यात्रा कर रहे हैं? कानून और व्यवस्था पूरी तरह ठप्प हो चुकी है और आप पर किसी भी समय हमला किया जा सकता है।" यह सुनकर पिता ने तौंसा छोड़ने के बाद पहली बार खतरा महसूस किया। शहर में अब कितनी अलग स्थिति थी जहां वह पहले एक मजिस्ट्रेट के रूप में कार्य किया करते थे और जहां मुहर्रम के दौरान कानून एवं व्यवस्था बनाए रखना सबसे कठिन समस्या थी। अब चारों ओर अराजकता थी और यहां तक कि महत्वपूर्ण अधिकारी भी सुरक्षित नहीं थे। वे जल्दी से अपने दोस्त की हवेली के लिए रवाना हो गए और रखवाली करते सेवकों द्वारा उनका फाटक के पास स्वागत किया गया।

'अगली सुबह नाश्ते के बाद मकान मालिक ने व्यक्तिगत रूप से मेरे पिता को बधाई दी। उन्होंने पूछताछ की और उन्हें बताया कि शहर की दीवारों के बाहर उनका रहना सुरक्षित नहीं होगा। उन्होंने उन्हें शहर के अंदर कटरा तक ले जाने की पेशकश की ताकि वे इसी तरह की परिस्थितियों में अन्य लोगों में शामिल हो जाएँ जहां वे आधिकारिक तौर पर वहाँ संरक्षित थे और दूर ले जाने का इंतजार कर रहे थे। वहां पहुंचने पर एक समूह में सम्मिलित होकर वह सुरक्षित महसूस कर रहे थे और अधिकारियों ने आश्वासन दिया कि उन्हें लाहौर भेज दिया जाएगा जैसे ही कोई रेलगाड़ी उपलब्ध हो जाती है। यह कई दिनों का लंबा इंतजार निकला; मुझे लगता है कि यह तीन सप्ताह का एक लंबा समय था।

'जब अंत में उन्हें सूचित किया गया कि उनके लिए एक रेलगाड़ी उपलब्ध हो गई थी जिसमें वे अपनी यात्रा शुरू कर सकते है और इसके लिए उन्हें रेलवे स्टेशन सुरक्षित ले जाया गया। जिले का उपायुक्त वहाँ पहले से ही था। उनके अर्दली ने मेरे पिता को सैल्युट किया क्योंकि उसकी पिछली पोस्टिंग मुल्तान में थी और उसने मेरे पिता को पहचान लिया था। उसने अपने नए बॉस से मेरे पिता को मिलवाया और उस नए बॉस ने बहुत गर्मजोशी से मेरे पिता से हाथ मिलाया। पंजाब के मौजूदा हालात पर विचार विमर्श करने के बाद, उन्होंने मेरे पिता को पूर्वी पंजाब में कानून-व्यवस्था को मजबूत करने के लिए सब कुछ संभव करने के लिए कहा, जब वे वहाँ पहुँचेगे। अर्दली मेरे पिता को उस डिब्बे में ले गया जो उनके लिए आरक्षित था। इस तरह का मान स्वीकार करने के बाद मेरे पिता ने अर्दली को कहा कि वह अन्य यात्रियों को प्रवेश करने की अनुमति दे दे क्योंकि अन्य डिब्बों में भीड़भाड़ थी।

'रेलगाड़ी लाहौर की लंबी यात्रा के लिए एक धीमी गति से शुरू हुई। तीन गोरखा सैनिकों की एक छोटी टुकड़ी जो एक ब्रिटिश अधिकारी के अधीन थी उन्हें सुरक्षा प्रदान कर रही थी। मोंटगोमरी तक की यात्रा तक, जो आधे रास्ते का बिंदु था सब कुछ सुचारू रूप से रहा। पिता ने मुझे बताया था कि वह चक के परिदृश्य की ओर देख रहे थे जिसके साथ उनका नाता था और याद किया कि नंबरदार वारी सिंह हो सकता है शहर को अपनी दिनचर्या के रूप में दैनिक यात्रा करने गया हो ताकि उन विभिन्न मामलों में भाग ले सके जो उसके आधिकारिक कर्तव्यों का एक हिस्सा था। वह अनजान थे कि उनके चक के सिख निवासियों ने पहले से ही एक कारवां का गठन कर लिया था और वे पूर्वी पंजाब की ओर जाने के लिए पैदल निकल चुके थे। चक के बुजुर्ग प्रथम विश्व युद्ध के दिग्गज थे और वे इस लंबी यात्रा के दौरान ग्रामीणों के मार्गदर्शक थे।

'मोंटगोमरी में रेलगाड़ी एक लंबे समय तक खड़ी रही। कुछ यात्री भोजन और पानी खोजने के लिए बाहर गए लेकिन उन्हें कोई विक्रेता या खुला स्टाल नहीं दिखा इसके बजाए उन्होंने एक शत्रुतापूर्ण मुसलमान समूह को चीखते और नारेबाजी करते सुना और इसके बाद बंदूक की गोली की आवाज आई। गोरखा और उनका अधिकारी स्टेशन पर गश्त कर रहे थे और अपनी तरफ से व्यवस्था बनाए रखने की भरपूर कोशिश कर रहे थे ताकि सभी यात्रियों को सुरक्षित वापस रेलगाड़ी पर लाने को सुनिश्चित किया जा सके। वह अप्रिय प्रकरण काफी देरी का कारण बना। उसने जो कुछ देखा इसके बाद रेल इंजन चालक ने आगे बढ़ने के लिए अपनी अनिच्छा व्यक्त की। उसे सैनिक संरक्षण देने के बाद वह खतरनाक यात्रा जारी रखने पर सहमत हो गया। यात्रियों के पास जो बांटने लायक खाना था उसे उन्होंने रेलगाड़ी में भूखे बच्चों के साथ साझा किया।

'रेलगाड़ी अब रात के अंधेरे में धीरे-धीरे आगे बढ़ रही थी। सुबह के होते ही यात्रियों ने इंजन को लगातार सीटियां मारते हुए सुना और रेलगाड़ी लगभग एक पड़ाव पर रुकने की तरह धीमी हो गई। पिता ने अपनी खिड़की से अपराधियों के एक समूह को देखा जो पास के गांव से भालों के साथ हथियारबंद होकर रेलवे ट्रैक की ओर दौड़ा चला आ रहा था। निर्दोष यात्रियों के संभावित वध के डर से सैनिकों ने उस दिशा में अपनी बंदूकें तान ली जिधर से वह समूह उभरा था। चालक को जो सैनिक दिया गया था वह उसे गाड़ी में तेजी लाने और उसे चलती रखने के लिए राजी कर रहा था। गोरखा गार्ड की वजह से लफंगे, हमला करने के लिए संकोच कर रहे थे। इसी तरह की घटना, एक बार फिर हुई और एक ही स्वरूप दोहराया गया: लोकोमोटिव बार-बार सीटियां मारता, रेलगाड़ी धीमी हो जाती और एक बड़े गांव के आसपास के क्षेत्र से अचानक कुछ लोग भाले लेकर रेलगाड़ी पर हमला करने के लिए उमड़ते। गोरखा सैनिक गोली मारने को तैयार रहते अगर भीड़ थोड़ा और आगे बढ़ती।

'अंत में रेलगाड़ी लाहौर जिले की बाहरी सीमाओं के पास पहुँचने लगी जहाँ कई क्षतिग्रस्त तथा जले घर दिखने लगे। जाहिर तौर पर इस क्षेत्र में उन क्षेत्रों की तुलना में काफी बड़े पैमाने पर नरसंहार और लूटपाट हुई थी जिन्हें वह पीछे छोड़ आए थे। अगले एक घंटे के भीतर ही वे राजधानी वाले शहर के बाहरी इलाके में थे। सामान्य रूप से जिस सफर में आठ घंटे लगते थे उसमें पहले से ही उन्हें दो दिन अधिक लग गए थे। अपने साथ लाए थोड़े बहुत भोजन के सिवाय उनके पास खाने को कुछ नहीं था। लाहौर में आना उनके लिए एक बड़ी राहत थी; पिछले दिनों रेलगाड़ी के यात्रियों की हत्याओं के ज़्यादातर मामले आसपास के क्षेत्रों में हुए थे। शहर के बाहर और अंत में सीमा पार ले जाने के लिए किसी रेलगाड़ी के लिए उन्हें एक दिन का इंतजार करना पड़ा।

'मगर मेरे पास अपने पिता की कोई खबर नहीं थी। स्वतंत्रता और पाकिस्तान के निर्माण के बाद जल्द ही मैं गुरदासपुर से अमृतसर आ गया था। मैं स्वर्ण मंदिर के परिसर में रुका और मैं अपने पिता के बारे में कुछ सुराग की तलाश में था। इसके अलावा मैं ग्रांड ट्रंक रोड पर सैन्य नियंत्रित मुख्य जांच की चौकी तक हर रोज जाता जहां प्रवासियों के सभी आने वाले कारवां की जाँच की जाती थी और फिर उन्हें आगे बढ़ने की अनुमति दी जाती थी। मैं प्रत्येक दिन लोगों से बात करता और पूछता कि क्या उन्होंने अमृतसर स्टेशन पर मेरे पिता को पहुँचते देखा था। मैं हर शाम प्रार्थना के लिए स्वर्ण मंदिर लौट आता और संगमरमर के फर्श पर रात भर सो जाता। गुरु के लंगर ने मेरी युवावस्था की इस बहुत ही निराशाजनक अवधि में मुझे पर्याप्त हिम्मत दी। इसने मुझे भक्तों और आगंतुकों से मिलने का और सीधे तौर पर धर्म के नाम पर हत्या और नरसंहार की जानकारी हासिल करने का एक मौका दे दिया। ज़्यादातर लोगों ने इस तरह की आजादी पर शोक प्रकट किया जिसने उन्हें अपने ही प्रदेश में शरणार्थी बना दिया था।

'मैं अधिक से अधिक निराश और एक ही उत्तर सुनने का आदी हो गया था, 'हमें आपके पिता के बारे में कोई खबर नहीं है।' अचानक किसी ने एक दिन मुझे देखा और बताया कि उसने मेरे पिता को एक रेलगाड़ी में अमृतसर से परे जाते देखा था। इस खबर ने मुझे बहुत आश्चर्यचकित कर दिया, मानो यह इतनी अच्छी खबर थी कि यह सच्ची नहीं हो सकती थी। मुझे यह तब ही विश्वास हुआ जब मैंने उससे इस बारे में फिर पूछा। उन्होंने मुझे आश्वासन दिया और कहा कि उसने सही व्यक्ति यानि कि मेरे पिता को ही देखा था, भले ही उसने उनको दूर से देखा हो। वह सही था।'

बहावलपुर रियासत

बहावलपुर रियासत मुल्तान डिवीजन से जुड़ी हुई थी। 1941 में इसकी कुल 13,41,209 की जनसंख्या 45,911 वर्ग किलोमीटर (17,494 वर्ग मील) के क्षेत्र में

रहती थी। मुसलमान नवाब ने पाकिस्तान में शामिल होना स्वीकार कर लिया। मुसलमान जनसंख्या का 83 प्रतिशत थे और बाकी मुख्य रूप से हिंदू व कुछ सिख और ईसाइयों की आबादी थी। सिंचाई नहरों और अन्य सुविधाओं के चलते रियासत के कुछ उत्तरी भागों में नहरी कालोनियां स्थापित की गई थीं। अधिकांश बसने वाले मुसलमान थे लेकिन इन कालोनियों में कृषि भूमि कुछ सिखों को भी दी गई थी। बहावलपुर राज्य में भी दंगे अगस्त के महीने में भड़क उठे। पेंडरल मून के अनुसार, जो नवाब रियासत में राजस्व और लोक निर्माण मंत्री के रूप में सेवारत थे विभाजन के समय इंग्लैंड में थे। वे अक्टूबर तक वापस नहीं आए। वह हिंदू और सिख निवासियों के चले जाने के पक्ष में नहीं थे। क्योंकि पंजाब के बाकी हिस्सों में और नए अंतर्राष्ट्रीय सीमा के दूसरी तरफ राजपूताना की हिंदू रियासतों में गड़बड़ी हुई थी, बहावलपुर में भी दंगे हुए। मगर ज़्यादातर हिंदुओं और सिखों के पैदल काफिलों के साथ-साथ विशेष रेलगाड़ियों के सुरक्षित रूप से सीमा पार करने के लिए, पुलिस और सेना का अनुरक्षण दिया गया। कुछ मामलों में जो लोग काफिलों का मार्गरक्षण कर रहे थे वे गैर-मुसलमानों को लूटने में शामिल हो गए लेकिन समूचे तौर पर जनसंख्या की अदला-बदली ठीक तरीके से हुई (1998: 232-35)।

संदर्भ

मून, पेंडेरल, *डिवाइड एंड कुइट: एन आईविट्नेस्स अकाउंट ऑफ दी पार्टिशन ऑफ इंडिया,* नई दिल्ली: ऑक्सफोर्ड यूनिवर्सिटी प्रैस।

साक्षात्कार

नक्श लयालपुरी, मुंबई, 2 जनवरी 1997

सय्यद अफजल हैदर, लाहौर, 13 अप्रैल 2003

बी.आर. लाल, दिल्ली, 12 मार्च 2004

श्रीमती विमला वीरमनी, दिल्ली, 13 मार्च 2004

गुरदेव सिंह (झंग के भूतपूर्व निवासी), दिल्ली, 16 मार्च 2004

बुजुर्ग श्री अरोड़ा, किशनपुरा, जिला मोगा, पूर्वी पंजाब, 17 मार्च 2004

गुरदेव सिंह (लायलपुर ग्रामीण क्षेत्र के भूतपूर्व निवासी), गाँव गालिब कलाँ, जिला लुधियाना, 18 मार्च 2004

नशत्तर सिंह, गाँव गालिब कलाँ, जिला लुधियाना, 18 मार्च 2004

गुलाम रसूल तनवीर, फैसलाबाद, 19 दिसंबर 2004

अब्दुल बारी, मुल्तान, 20 दिसंबर 2004

लाजपत राय सेठ, दिल्ली, 10 जनवरी 2005

त्रिलोक कुमार गुलाटी, दिल्ली, 11 जनवरी 2005

प्रोफेसर विनय कुमार, स्टॉकहोम, 3 फरवरी 2005

प्रोफेसर प्रेम सिंह कहलों, नैशविल, टेनेस्सी ईमेल द्वारा, 15 जून 2005

स. जरनैल सिंह पसरीचा जिनका साक्षात्कार श्रीमति इंदरजीत कौर, हेडमिस्ट्रेस्स, मोण्ट्गोमरी गर्ल्स हाई स्कूल, कपूरथला ने लिया और ईमेल द्वारा भेजा, 1 अगस्त 2005

मनमोहन तनेजा जिनका साक्षात्कार प्रोफेसर मनचन्दा ने नई दिल्ली में 7 और 10 मार्च को लिया और 10 मार्च 2007 को भेजा

डॉ. सत्य पाल 'बेदर' जिनका साक्षात्कार प्रोफेसर मनचन्दा ने नई दिल्ली में 11 मार्च को 2007 को लिया और 11 मार्च 2007 को भेजा

डॉ. तेजा सिंह, एडमंटन, कनाडा, 17 मार्च 2007, ईमेल द्वारा

गोबिन्द ठकराल, चंडीगढ़, ईमेल द्वारा, 21 जुलाई 2007

प्रोफेसर नरेंद्र मोहन वैद, पानीपत, जिनका साक्षात्कार अरविंद वैद ने लिया और उन्होंने ईमेल द्वारा 14 अप्रैल 2010 को भेजा

बतूल बेगम, जिनका साक्षात्कार उनके बेटे ब्रिगड़िएर (रिटा.) यासुब अली डोगर ने लिया और उन्होंने लाहौर से ईमेल द्वारा 3 मार्च 2011 को भेजा

पूर्वी पंजाब से कूच

17
अमृतसर और गुरदासपुर की तीन तहसीलें

3 जून 1947 के 'काल्पनिक विभाजन' ने हिंदू-सिख बहुल अमृतसर जिले को पूर्वी पंजाब में रखा। रैडक्लिफ अवार्ड ने उस फैसले को बरकरार रखा। गुरदासपुर जिले के मामले में यह हुआ कि 3 जून की विभाजन योजना ने इसे पाकिस्तान में रखा लेकिन रैडक्लिफ अवार्ड ने इसकी तीन तहसीलों – बटाला, गुरदासपुर और पठानकोट को पूर्वी पंजाब को दे दिया। आश्चर्य नहीं है कि इस तरह के अप्रत्याशित निर्णयों ने काफी अजीब स्थितियों और प्रतिक्रियाओं को उत्पन्न किया।

अमृतसर शहर

अमृतसर के आपराधिक मुसलमान तत्वों तथा हिंदू-सिख बदमाशों और गुंडों के बीच लंबे समय तक चलने वाली लड़ाई रैडक्लिफ अवार्ड की घोषणा तक जारी रही। उन्हें उनके प्रशासन और राजनैतिक दलों में सहानुभूति रखने वालों से सहायता प्राप्त थी और बढ़ावा मिल रहा था। बिल्कुल लाहौर की तरह जहां शहर और जिले दोनों में स्पष्ट मुसलमान बहुमत होते हुए भी हिंदुओं और सिखों ने खुद को आश्वस्त कर लिया था कि लाहौर भारत को दिया जाएगा, इसी तरह लगता है कि अमृतसर के मुसलमानों को भ्रम हो गया था कि अमृतसर पाकिस्तान में जायेगा भले ही वे अल्पमत में थे और अमृतसर सिखों का पवित्रतम धर्म स्थल था।

चौधरी मुहम्मद अली ने अपने *दी एमरजेंस ऑफ पाकिस्तान* में एक ब्रिटिश अफसर का हवाला दिया है जिसने अमृतसर में जो देखा उसका उसने एक बहुत ही चौंकाने वाला विवरण दिया :

> '15 अगस्त को मुक्ति का दिन अजीब तरीके से पंजाब में मनाया गया। दोपहर के दौरान एक सिख भीड़ ने अमृतसर की सड़कों पर कई नग्न मुसलमान महिलाओं की परेड कराई, उनके साथ बलात्कार किया और उनमें से कुछ को अपनी कृपाणों से काट कर टुकड़े कर दिए और अन्य लोगों को जिंदा

> जला दिया' (अली, 1973: 256)। मुसलमान महिलाओं की नग्न परेड की घटना का जिक्र इफ्तिखार की जब अमृतसर जल रहा था में भी किया गया है हालांकि उन्होंने बताया है कि ऐसी एक घटना मार्च में हुई थी। अधिकांश अन्य लेखकों ने यह तारीख 15 अगस्त बताई है।

जैसा कि पहले गौर किया गया है कि इफ्तिखार मुसलमान हिंसक ज़्यादतियों को निरंतर उत्साह के साथ चित्रित करने की प्रवृत्ति रखते हैं मानों उन्हें इसमें आनंद आ रहा हो और जब मुसलमान हिंसा के शिकार हुए तो उनका दिल लहूलुहान हो गया। इसमें कोई संदेह नहीं है कि एक ही अपराध का उनका वर्णन एक असामान्य रूप से पक्षपातपूर्ण वाला है लेकिन दो बिल्कुल उल्टे मिजाज में। किसी भी सूरत में अगस्त के मध्य तक अमृतसर के मुसलमान पूरी तरह से हार चुके थे। उन दिनों जो कुछ हुआ उसका काफी विस्तार में चित्रण किया गया है। हमें पता चलता है कि जो मुसलमान शहर में फंस कर रह गए थे और शरीफपुरा स्थानांतरित नहीं हुए थे, वे कत्ल कर दिए गए। जिन मुसलमानों ने शहर की एक मशहूर मस्जिद रंगरेजाँ के अंदर शरण ली थी उनके खिलाफ किए गए अपराधों को विस्तार से बताया गया है। जो बर्बरता की गई थी उसने दूध पीते शिशुओं को भी नहीं छोड़ा तथा महिलाओं और युवा लड़कियों को नग्न, खून से लथपथ मृत पाया गया। (1991: 212-14)। दूसरी ओर, इस तथ्य के बावजूद कि अमृतसर की लड़ाई मुसलमान हार चुके थे उनके जीवन की हानि अभी भी बहुत ज़्यादा नहीं थी क्योंकि जो लोग शरीफपुरा स्थानांतरित कर दिये गए थे, उन लोगों को सुरक्षित रूप से निकाल लिया गया था। इफ्तिखार लिखते हैं :

> अमृतसर के मुसलमानों ने उस त्रासदी के बारे में पाकिस्तान के वजीर-ए-आजम लियाकत अली खान को लिखा। नेता ख्वाजा गुलाम नबी, वकील ख्वाजा गुलाम हसन और सूफी गुलाम मुहम्मद तुर्क ने मस्जिद और बाजार में नग्नावस्था में पड़ी औरतों के शरीर के अंशों को इकट्ठा किया व एक सफेद चादर पर उन्हें डाल कर और अपनी आँखों में लहू के आँसू लेकर लियाकत के अमृतसर दौरे का इंतजार करने लगे।
>
> प्रोग्राम के मुताबिक लियाकत अमृतसर के फौजी हवाई अड्डे पर उतरे और मुसलमान शरणार्थियों के सहायता शिविर में मिले। उन्होंने सीधे बचे हुए लोगों से उस भयानक त्रासदी की जानकारी ली और रोने लगे। वह इतना हिल गए थे कि उनकी मस्जिद रंगरेजाँ में जाने की और खुद देखने की हिम्मत नहीं हुई और वह वापस चले गए। वापस लौटने के बाद उन्होंने फौजी ट्रक और विशेष ट्रेनें भेजीं ताकि अमृतसर से मुसलमानों को सुरक्षित निकाला जा सके। यह अमृतसर के मुसलमानों को लाहौर स्थानांतरित करने में काफी मददगार साबित हुई (वही: 214-5)।

चौधरी मोहम्मद सैद

चौधरी मोहम्मद सैद जिनके द्वारा अमृतसर में हुई मार्च 1947 के बाद की घटनाओं का वृतांत पहले के अध्यायों में दिया जा चुका है, 14 अगस्त के बाद की अवधि के बारे में उनका निम्नलिखित कहना था:

> 15 तारीख की सुबह शरीफपुरा शिविर की प्रबन्धक समिति बनाने के लिए एक बैठक बुलाई गई और स्थानीय अधिकारियों की उपस्थिति में भारत के झंडे को फहराने और इसे श्रद्धांजलि देने का भी फैसला लिया गया ताकि इसके बदले में वे हमें सुरक्षा प्रदान करें।
>
> स्थानीय अधिकारियों से संपर्क किया गया। सुबह 11:00 बजे के करीब आर ई बद्री दास, अधीक्षक सीआईडी, सरदार उजागर सिंह, डीएसपी, सीआईडी, और सेठ संत राम, विधायक शरीफपुरा आए। भारतीय ध्वज उनकी उपस्थिति में फहराया गया और लोगों ने उन्हें देश और झंडे के प्रति अपनी वफादारी का भरोसा दिलाया और बदले में उन्होंने अपने जीवन, सम्मान और संपत्ति की सुरक्षा की मांग की। उपरोक्त सभी व्यक्तियों ने भीड़ को संबोधित किया और तुरंत सुरक्षा उपायों को अपनाने का उन्हें आश्वासन दिया। इसने लोगों को भरोसा दिलाया और लोगों में संतोष की लहर फैल गई. . . लेकिन कुछ भी नहीं किया गया। अगले दिन [16 अगस्त को] हमने शरीफपुरा का इलाका छोड़ने की हिम्मत जुटाई और उपायुक्त (श्री नकुल सेन) के पास एक प्रतिनिध-मंडल ले गए। लेखक की टिप्पणी : नकुल सेन ने अगस्त 23 तक कार्यालय का भार नहीं संभाला था. . . कुछ भ्रम की स्थिति है। उन्होंने सब कुछ देने का वादा किया, लेकिन कुछ नहीं किया. . .
>
> अगले दिन मैं ब्रिगेड मुख्यालय के पास गया और राशन ले जाने के लिए सहायता के लिए कहा। एक मुसलमान मेजर की सहायता से मैं दो फौजी लॉरियों को हासिल कर सका और शाम तक 200 बैग शरीफपुरा में ले आया। इसने हमारे राशन की कमी की आशंका को दूर कर दिया. . . इसके बाद, राशन नियंत्रक हमारे लिए जब भी जरूरत पड़ती आवश्यक बैगों की एक छोटी संख्या भेज देता।
>
> शिविर के लोग यह जान कर संतुष्ट थे कि श्री ए.के. मलिक, आईसीएस, को पाकिस्तान सरकार द्वारा संपर्क अधिकारी के रूप में नियुक्त किया गया है. . . शायद उनकी कोशिशों के चलते हम एक दिन में दो बार चलने वाली विशेष गाड़ियाँ पा सकें और शरीफपुरा साइडिंग से शरणार्थियों को निकाल सकें। लगभग 5,000 लोगों को प्रत्येक यात्रा में निकाला जा सका।

सीमा आयोग अवार्ड के एलान के बाद अमृतसर में रहने की हमारी आखरी उम्मीद भी खत्म हो गई. . . शरीफपुरा में दहशत पैदा की गई लेकिन फौज की टुकड़ियों की तैनाती के चलते हालात गंभीर रूप से बदतर नहीं हुए और लोग अक्षुण्ण रहे. . .

15वीं के बाद अमृतसर की अपनी पहली यात्रा पर, मुझे शरीफपुरा शिविर के एक प्रतिनिधि के रूप में पंडित जवाहर लाल नेहरू द्वारा मुलाकात के लिए बुलाया गया था। रात में मुझे उनके फौजी सुरक्षा कर्मचारी द्वारा उनके निवास पर ले जाया गया। मैंने उन्हें सभी घटनाएँ सुनाई जो विशेष रूप से 10 अगस्त के बाद हुईं थीं। उन्होंने बहुत धैर्य के साथ मेरी बातें सुनी लेकिन काफी उत्तेजित होकर इसका उत्तर दिया। उन्होंने कहा कि एक ही तरह की घटनाएँ पश्चिमी किनारे पर हो रही थीं और पूर्वी हिस्से में केवल बदले की कार्रवाई हो रही थी। मैं एक उच्च और जिम्मेदार व्यक्ति से इस तरह का जवाब सुन कर चकित हो गया। उन्होंने कहा कि निकासी आवश्यक थी और अमृतसर में रह जाने वाले किसी भी मुसलमान को कोई सुरक्षा देने का आश्वासन नहीं दिया जा सका। कूचा रंगरेजाँ की घटना मेरी उपस्थिति में उनके द्वारा सत्यापित की गई थी।

27 को मुझे ब्रिगेड मुख्यालय द्वारा सूचित किया गया कि शरीफपुरा के काफिले को 28 को रवाना किया जाएगा. . . लेकिन 28 को मुझे यह जानकारी दी गई कि लाहौर जिले में रावी नदी के पास कोई घटना हो गई है और अगर काफिला रवाना किया गया तो पूरे काफिले को मार दिया जाएगा. . .

30 की शाम को, माननीय श्री लियाकत अली खान तथा माननीय शौकत हयात खान और सरदार स्वर्ण सिंह, पूर्वी पंजाब के मंत्री, शरीफपुरा होकर गुजरे। मैंने उन्हें शिविर के हाल के बारे में बताया और उनकी सहायता से 31 अगस्त की सुबह 7 बजे काफिला शुरू हुआ. . .

छावनी के शिविर में यह सुना गया कि लगभग 1100 लोगों को नौशेरा पुनुआं, तरनतारन तहसील में मार डाला था और कुछ लोग अभी भी वहाँ छिपे हुए थे। मैं कुछ सैन्य अनुरक्षण के साथ वहाँ गया और 59 बचे हुए लोगों को ले आया। उनके द्वारा यह आरोप लगाया गया था कि वहां तैनात डोगरा सैनिकों ने नरसंहार में सक्रिय रूप से भाग लिया।

मैं एक सैन्य काफिले के साथ 4 सितंबर 1947 को शाम 8:30 बजे लाहौर पहुंच गया (*दी जर्नी टु पाकिस्तान*, 1993: 148-53)।

सैद और अन्य जानकारी प्रदान करते हैं कि शरीफपुरा शिविर में उनके द्वारा आटे और दूसरी वस्तुओं का प्रबंध करने के शुरुआती दिनों में, जिंदा रहना कितना मुश्किल

था। स्वच्छता की स्थिति भयावह थी, पानी और बिजली की आपूर्ति में कमी थी और हालात बदतर थे। एक सिख पुलिस कांस्टेबल का विरोध करने पर, जो एक तांगा दूर ले जाना चाहता था उन्हें 1 सितम्बर को पुलिस हिरासत में ले लिया गया था और भोजन तथा पानी के बिना कुछ दिनों तक रखा गया। उन्हें 4 सितंबर को रिहा किया गया और उसी दिन वह लाहौर चले गए (वही: 153)।

ए. हमीद

लाहौर में मैंने 24 अप्रैल 2003 को जाने-माने उर्दू लेखक ए. हमीद से उनके आवास समानाबाद में मुलाकात की। वह साक्षात्कार के लिए उत्सुक नहीं थे और मुझसे बचते रहे लेकिन मेरे सरासर हठ के सामने अंततः झुक गए। मैं उनके साथ बात करने के लिए उत्सुक था क्योंकि वह कश्मीरी मूल के एक सदाशयी अमृतसरी थे और अपने गृहनगर के लिए उनका प्यार घटने के बजाए बढ़ता ही जा रहा था। इसलिए मैं यह जानने के लिए बहुत उत्सुक था कि वह साक्षात्कार देने के लिए तैयार क्यों नहीं थे। उनकी झिझक के कुछ सुराग साक्षात्कार के दौरान उभरे:

'मैं मोहल्ला कटैयाला सिंह में 1928 में पैदा हुआ था। निवासियों में अधिकांश कश्मीरी थे। एक हिंदू इलाका हमारे करीब था। हम मुसलमानों के साथ खेला करते थे। वहाँ हिंदू और सिख भी थे लेकिन मेरे अधिकांश दोस्त मुसलमान थे। अमृतसर अहरार और राष्ट्रवादी मुसलमानों का गढ़ था लेकिन जब मुस्लिम लीग ने पाकिस्तान के लिए आह्वान किया तब इसने अमृतसर की राजनीति तब्दील कर दी। यह स्पष्ट था कि मुसलमान पाकिस्तान चाहते थे और इसे पूरी भावना के साथ चाहते थे। कायदे आजम को आसानी से मुसलमानों के असली नेता के रूप में स्वीकार कर लिया गया था जबकि अहरार और खाकसार परिधि में चले गए। जब तक मास्टर तारा सिंह ने नहीं कहा था कि वह पाकिस्तान नहीं बनने देंगे, अमृतसर में कोई टकराव नहीं हुआ था लेकिन ध्रुवीकरण पहले ही अपनी जगह बना चुका था। इसके बाद हालात काबू से बाहर हो गए थे, लेकिन उकसाने का काम स्पष्ट रूप से सिखों ने किया था जो 4 मार्च को ढ़ोल पीटते हुए सिखों और हिंदुओं का आह्वान करने लगे कि वे बाहर आकर मुस्लिम लीग का सत्ता में आने का विरोध करें। हिंदू चौक प्रागदास हत्याकांड में शामिल नहीं थे। यह तब शुरू हुआ जब मुख्य मस्जिद में नमाज अदा कर रहे मुसलमानों पर सिखों द्वारा हमला किया गया।

'हम सुनिश्चित थे कि अमृतसर पाकिस्तान का एक हिस्सा होगा। यही कारण था अंत तक मुसलमान यहाँ से नहीं गए हालांकि उन्हें शरीफपुरा में सुरक्षा ढूँढने के लिए मजबूर किया गया था। यह सच है कि मुसलमान नेता लाहौर से आये और हमें यहीं टिकने के लिए प्रोत्साहित किया और हमें जोर लगाने को कहा ताकि अमृतसर को पाकिस्तान में शामिल किया जा सके।

'अमृतसर पाकिस्तान का हिस्सा होगा। मुसलमानों को पता नहीं था कि वे कभी अमृतसर के लिए वापसी करने में सफल नहीं होंगे। हमारे परिवार में से कोई नहीं मारा गया था। केवल वे ही मुसलमान मारे गए थे जो हिंदू और सिख मोहल्लों में थे। यह सच है कि सबसे खराब समय के दौरान कुछ सिख कम्युनिस्ट हमारे इलाके में कुरान शरीफ की प्रतियां वापस करने के लिए आए थे। वे कुछ मुसलमान लड़कियों को भी अपने साथ लाए जिन्हें उन्होंने हमारे हवाले कर दिया। पाकिस्तान सेना ने अमृतसर को मुसलमानों से खाली करा लिया। ग्रामीण क्षेत्रों में क्या हुआ उसके बारे में मुझे कोई जानकारी नहीं है यद्यपि अगस्त में मुसलमान शरणार्थियों ने अमृतसर आना शुरू कर दिया था। मुझे नहीं लगता कि अमृतसर शहर में बहुत से मुसलमान मारे गए। शायद दोनों पक्षों में हताहतों की संख्या एक जैसी ही थी।

'अगर पाकिस्तान अस्तित्व में नहीं आया होता तो हिंदू हमें गरीबी और जाति व्यवस्था की जंजीरों से जकड़ कर नीचे रखते। उन पर एक हजार सालों तक मुसलमानों का वर्चस्व रहा था। एक संयुक्त भारत में वे अपना बदला मुसलमानों से लेते। पाकिस्तान बनाना जरूरी था। यह एक त्रासदी है कि पाकिस्तान एक सच्चे इस्लामी कल्याणकारी देश में विकसित नहीं हुआ लेकिन जिस आदर्श ने हमें प्रेरित किया वह शोषण के सभी रूपों से मुक्त एक समाज बनाना था।

'हाँ, मेरे कुछ हिंदू और सिख मित्र थे। उनमें से कुछ कम्युनिस्ट थे लेकिन वे तब भी मंदिरों और गुरुद्वारों में जाते थे। जवाहर लाल नेहरू एक धर्मनिरपेक्ष बौद्धिक व्यक्ति थे लेकिन मुख्य कांग्रेस नेतृत्व नहीं। पटेल मुसलमानों से नफरत करते थे। जिन्नाह की पाकिस्तान की मांग और इसे हासिल करना सही था। बिना पाकिस्तान के हमारी खुद की कोई पहचान नहीं होती।

'आप मुझसे भारत में छूट गए मुसलमानों के बारे में पूछ रहे हैं। क्या आप नहीं देख रहे हैं कि किस तरह उन्हें सताया और मारा जा रहा है? आप हिंदू मन कों नहीं समझ सकते। यह बहुत कुटिल है। मुसलमान उस तरह नहीं हैं। विशेष रूप से सुन्नी मुसलमान जो समतावादी हैं और हमेशा सभी के लिए न्याय की तरफ आकर्षित हुए हैं।'

मैंने मार्च 2004 में अमृतसर में कई दिन गुजारे और शहर के अलग-अलग तबकों के कई बुजुर्गों से बात-चीत की। कुछ साक्षात्कार नीचे पेश हैं।

गुरचरण दास अरोड़ा

'अमृतसर में जो हुआ वह अपरिहार्य था। बीसवीं सदी की शुरुआत के बाद से यह एक बहुत ही राजनैतिक शहर था। 13 अप्रैल 1919 को हुए जलियांवाला बाग के नरसंहार के बाद, अमृतसर राजनीतिक गतिविधियों की चर्चा का विषय बना रहा। मुसलमानों की मजलिस-ए-अहरार और खाकसारों के माध्यम से एक बड़ी उपस्थिति

थी। मुस्लिम लीग यहाँ देर से आई और अमृतसर के मुसलमान 1945-46 के चुनाव अभियान में उदासीन रहे। यही कारण है कि लाहौर से मुस्लिम लीग के लोगों ने नियमित आधार पर अमृतसर का दौरा करना शुरू कर दिया। मुझे संदेह है कि अंग्रेज राज्यपाल और अन्य उच्च अधिकारियों की उपस्थिति के कारण लाहौर में वे कुछ नहीं कर सके; अमृतसर में ऐसा करने में वे सक्षम थे। अमृतसर की मुख्य राजनीतिक पार्टी हमेशा कांग्रेस थी। सत्यपाल और डॉ. सैफुद्दीन किचलु उनके नेता थे। अमृतसर हिंदू-मुस्लिम-सिख सहयोग का एक बेहतरीन उदाहरण था। अमृतसर में कई मुसलमान कवि थे जो उनके कट्टरपंथी समाजवादी विचारों के साथ आम जनता को मुग्ध कर देते थे। वहां कभी-कभार सांप्रदायिक दंगे होते थे लेकिन वे ज़्यादातर गलतफहमी की वजह से होते थे और किसी बड़ी वजह से नहीं। वास्तव में 1945 से पहले का अमृतसर धर्मनिरपेक्ष, उपनिवेशवाद विरोधी ताकतों का एक गढ़ था जो कि सभी भारतीयों के लिए आजादी हासिल करवाने के लिए तयशुदा लगता था।

'मैं इंकार नहीं करूंगा कि राष्ट्रीय स्वयंसेवक संघ और सिख सबसे खराब गतिविधियों के लिए तैयार थे लेकिन ऐसा तो मुसलमान नेशनल गार्ड भी था। मैं तो अब एक बूढ़ा आदमी हूँ लेकिन तब मैं युवा था और हिंदू धार्मिक गतिविधियों में बहुत सक्रिय था। मेरे पिता लाला ज्ञान चंद एक मंदिर समिति के प्रमुख थे। इस तरह की गतिविधियों ने हमारी आजादी की लड़ाई की प्रतिबद्धता में बाधा नहीं पहुंचाई। यह पवित्र मुसलमानों के लिए भी उतना ही सच था। हिंदू मुसलमानों के साथ खाना नहीं खाते थे। यह स्वीकार किया जाना चाहिए। यह एक ऐसी चीज थी जिसे पहले समाप्त कर दिया जाना चाहिए था लेकिन उन दिनों लोगों ने वास्तव में इसे एक बड़ा मुद्दा कभी नहीं बनाया।

'यह सब मार्च 1947 में बदल गया। हर बीतते दिन के साथ जो सद्भावना समुदायों के बीच थी भय और संदेह में बदल गई। बाहर निकलना अब सुरक्षित नहीं था और हिंदुओं और सिखों ने खुद को स्वयं के इलाकों में और मुसलमानों ने अपनों में रहना सीमित रखा। कभी-कभी मुझे लगता है कि यह सब कहीं से करवाया जा रहा था। शायद ब्रिटिश इसके पीछे थे। किसी भी तरह जून के बाद मुसलमान बचाव की मुद्रा में आ गए थे, हालांकि इससे पहले उनके गुंडे कई अपराध कर के निकल जाते थे।

'मुझे याद है कि आस-पास के गांवों से मुसलमान मुख्य रूप से सिख अत्याचारों की कहानियों के साथ शहर आ रहे थे। यह अगस्त की शुरुआत में विस्तार से होने लगे। उस समय तक मुसलमानों को भगा दिया गया था और उनमें से ज़्यादातर शरीफपुरा और शहर के बाहर कुछ अन्य इलाकों में छिपे हुए थे।

'आप जानना चाहते हैं कि 1947 के अंत तक अमृतसर में जीवन का कुल नुकसान क्या था। खैर मुझे यह स्वीकार करने में संकोच नहीं होता कि हजारों न कि सैकड़ों मारे गए। मैंने शरीरों के, यहाँ तक कि बच्चों के, टुकड़ों में कटे शव देखे हैं। एक

महिला की योनि में एक भाला घुसेड़ दिया गया था। यह एक भयंकर दृश्य था। यह बटाला से अमृतसर तक आ रही मुख्य सड़क पर हुआ। वह गांव से पलायन कर रही होगी क्योंकि वह एक ग्रामीण की वेश-भूषा में थी। वह एक मुसलमान थी। इसमें कोई संदेह नहीं कि रैडक्लिफ अवार्ड की घोषणा के बाद छापों में एक बहुत बड़ी वृद्धि हुई थी। मुझे लगता है कि शरीफपुरा से लोग जीवन की बहुत अधिक हानि के बिना अमृतसर छोड़ने में सफल हुए थे क्योंकि फौज आई और उन्हें अपनी सुरक्षा प्रदान करते हुए पाकिस्तान ले गई। अगस्त के बाद जो मुसलमान मारे गए वे ग्रामीण क्षेत्रों से थे।

'यह सच है कि कुछ मुसलमान महिलाओं को अमृतसर में नग्न अवस्था में घुमाया गया था। यह एक भयंकर तमाशा था। मैं तारीख याद नहीं कर पा रहा हूँ लेकिन यह अगस्त में हुआ था। मुझे पता नहीं है कि यह पहले मार्च में हुआ जैसा कि आप का सुझाव है। अगस्त में हुई मुसलमान महिलाओं की परेड को अच्छी तरह से जाना जाता है। भगवान उन्हें कभी माफ नहीं करेगा जो इस तरह के अपराधों के पीछे थे लेकिन इस कार्य के लिए मुस्लिम लीग पर जिम्मेदारी निर्धारित की जानी चाहिए जो हमारी एक ही मातृभूमि विभाजित करना चाहती थी। अब कभी-कभी कुछ अमृतसरी मुसलमान लाहौर से यहाँ हमारे पास यात्रा करने आते हैं। चूंकि मैं एक बुजुर्ग व्यक्ति हूँ जिसके परिवार की इस क्षेत्र में एक दुकान है उन्हें अन्य अमृतसर के लोगों द्वारा मेरे पास भेजा जाता है। अक्सर वे उन गलियों की यात्रा करना चाहते हैं जहां वे कभी रहते थे। मैंने उनमें से कईयों को रोते हुए देखा है। यह असामान्य नहीं है वे मजाक में कहते हैं कि वे वापस आना चाहते हैं लेकिन मुझे लगता है कि यह एक भावना मात्र है जो जल्द ही खत्म हो जाएगी, जब प्यार और खुशी के अमृतसर को जानती एक पीढ़ी भगवान के पास चली जाती है। मैं जल्द चला जाऊंगा तो कौन उन्हें उनके घरों को खोजने में मदद करेगा? यह सब कितना अनावश्यक था। जो हुआ सो हुआ और अब अमृतसर एक बहुत अलग जगह है।

'कुछ कश्मीरी कारीगर और व्यापारी अमृतसर में बस गए हैं। अगर आप हॉल बाजार के पीछे गलियों में जाएँ तो उन्हें काम करते और अपना उत्पाद बेचते देखेंगे। अगर आप शहर के मध्य में जाएंगे तो आप पाएंगे कि मस्जिदों को फिर से पुनर्जीवित किया जा रहा है। न केवल कश्मीरी मुसलमान लेकिन बहुत सारे मुसलमान भैये (उर्दू भाषी) अमृतसर में काम करते हैं। वे मुख्य रूप से पूर्वी उत्तर प्रदेश और बिहार से हैं। इसलिए धीरे-धीरे मुसलमान अमृतसर वापस लौट रहे हैं। मुझे वास्तव में पता नहीं है कि फिर से लोगों का मिलना-जुलना एक अच्छा विचार है या नहीं लेकिन भारत एक लोकतंत्र है और कानून लोगों को कहीं भी काम करने और बसने की अनुमति देता है। इसलिए मुसलमान वापस आने के लिए बाध्य हैं लेकिन वे बाहरी लोग ही रहेंगे। जो मुसलमान कवि और लेखक जो कभी अमृतसर के जीवन का एक अंतरंग हिस्सा थे, अब एक बीते युग की स्मृति हैं, जो मेरी पीढ़ी को हमेशा सताती रहेगी।'

गुजरे दिनों ने श्री अरोड़ा के व्यक्तित्व पर एक अमिट निशान छोड़ दिया है। उन्होंने दृढ़ विश्वास के साथ बात की और पुरानी यादों के साथ एक विश्वास उन्होंने जोड़ लिया है कि अमृतसर के मुसलमानों के साथ हुई त्रासदी के लिए मुस्लिम लीग जिम्मेदार था। विक्की और मैं कुछ गलियों से घूमते हुए गुजरे और और पाया कि कई कश्मीरी मुसलमान दर्जी और शाल व्यापारियों के रूप में काम करते हुए व्यस्त थे। जाहिर है वे उसी जगह में रहते थे जहां वे काम कर रहे थे लेकिन मैं गलत हो सकता हूँ। इसके अलावा कुछ मस्जिदों की नई चित्रित हरी मीनारों से लगा कि वे उपयोग में थीं।

अमृतसर जिला

18 अगस्त के काफी समय बाद तक अमृतसर और तरनतारन तहसील के मुसलमान सिख जत्थों की दया पर निर्भर थे। अन्य जगहों की तरह पंजाब बाउंडरी फोर्स सक्रिय थी लेकिन इन हत्याओं को रोकने के लिए इसके पास गंभीर रूप से प्रतिबद्ध सैनिकों का अभाव था। मुसलमान और पाकिस्तानी वृतांतों में अमृतसर के ग्रामीण क्षेत्रों और अमृतसर से वाघा सीमा चौकी तक की सड़क जहां से पश्चिमी पंजाब शुरू होता है उसे 'मौत के मैदानों' के रूप में वर्णित किया गया है। दरअसल यह सच भी है। सत्ता के दुरुपयोग पर जो थोड़ा कुछ भी संयम अवशेष था, विभाजन के साथ ही जब प्रशासन से एक समुदाय हट गया (मतलब मुस्लिम), वह खत्म हो गया तथा स्थिति बिल्कुल अनियंत्रित हो गई और मुसलमानों को निर्दयता से काट डाला गया।

महान गायक मोहम्मद रफी का गांव

कोटला सुल्तान सिंह (तहसील और जिला अमृतसर) उस पक्की सड़क का तीसरा गांव है जो अमृतसर से करीब 25 किलोमीटर उत्तर पूर्व मजीठा नामक एक छोटे से शहर के बाईं ओर निकलती है और जहां उस मोड़ पर एक शादी का हॉल है। कई पाठकों के लिए शायद कोटला सुल्तान सिंह का कोई महत्व नहीं है। लेकिन हम में से जो 1950 के दशक से फिल्म संगीत को सुनते हुए बड़े हुए हैं उनके लिए वास्तव में इस गांव को तीर्थ यात्रा का एक प्रमुख स्थल माना जाता है। उर्दू/हिन्दी/पंजाबी फिल्मों के महानतम पुरुष गायक स्वर्गीय मोहम्मद रफी (जुलाई 1980 में मृत्यु हो गई) का जन्म यहाँ हुआ था। 27 मार्च 2004 को विक्की, नानक सिंह और मैं पूर्वी पंजाब का ग्यारह दिन का एक तूफानी दौरा पूरा करने के बाद जिसके दौरान हमने कुल 2,200 किलोमीटर की यात्रा की तथा उन लोगों के साथ कई साक्षात्कार किए जिन्होंने विभाजन देखा था, अंत में कोटला सुल्तान सिंह पहुंचे। इस तरह के एक दौरे का समापन एक ऐसे इंसान के जन्म स्थल जाकर करना जिनकी लोकप्रियता सभी धर्मों के लोगों में और दक्षिण एशिया के देशों की सीमाओं को लांघती हुई सभी लोगों तक

पहुँच चुकी थी, मेरे उद्यम की समाप्ति का एक बहुत ही उचित तरीका था। हमें पता चला कि इस गांव में एक नियमित रूप से रफी के श्रद्धालुओं का तांता लगा रहता है, वे महान गायक को श्रद्धांजलि देने आते हैं जहां उनका घर स्थित है। हमें एक बुजुर्ग सिख सज्जन के पास ले जाया गया जो एक चारपाई पर बैठे हुए थे।

सरदार कुंदन सिंह सामरा

'हम गांव में जमीन के मालिक लोगों में से हैं। विभाजन से पहले गांव की आधी आबादी मुसलमानों की थी। यह आपस में बहुत जुड़ा हुआ समुदाय था जिसके लोग एक दूसरे के सुख और दुख को साझा करते थे, एक दूसरे के धार्मिक समारोहों में हिस्सा लेते थे। हालांकि रफी और उनके परिवार और ज़्यादातर अन्य मुसलमान ग्रामीण सुन्नी थे यहाँ कुछ शिया भी थे। वे मुहर्रम का जुलूस निकालने के लिए हमसे हमारा घोड़ा उधार ले जाते थे।

'हमारे गांव के मुसलमान मुख्य रूप से गैर कृषि व्यवसायों में थे। 1945 में रफी की उनकी रिश्तेदार बशीराँ के साथ शादी इसी गाँव में हुई थी। हम सभी ने शादी समारोह में भाग लिया। लाहौर फिल्म उद्योग में एक पार्श्व गायक के रूप में एक ब्रेक पाने के प्रयासों के बारे में उन्होंने मुझे बताया। शीघ्र ही उनके गीत रेडियो पर प्रसारित किए जाने लगे और हमें पता चला कि बंबई में अपनी किस्मत आजमाने के लिए वह गए हैं। 1947 में हमारे गांव के मुसलमानों को गाँव छोड़ कर पाकिस्तान जाना पड़ा। अन्य गांवों से बदमाशों ने उन पर हमला किया और कुछ मारे गए। रफी उस समय बंबई में थे। 1956 में रफी अमृतसर एक संगीत कार्यक्रम में हिस्सा लेने आए थे। हममें से कुछ लोग वहां गए और कार्यक्रम शुरू होने से पहले उनसे मुलाकात की। वह बहुत गर्मजोशी से हमसे मिले। उन्होंने फिर से गांव में आने का वादा किया। जब भी हमारे गांव से कोई भी मुंबई जाता तो रफी से उसे मदद मिलती, जो कुछ भी वह कर सकते थे। वे उनके निवास पर रह सकते थे और उनके आतिथ्य का मजा ले सकते थे। दुर्भाग्यवश वह फिर कभी कोटला सुल्तान सिंह की यात्रा नहीं कर सके और उनकी मृत्यु हो गई।'

दिल्ली में मैंने रफी की कहानी निरूपमा दत्त को सुनाई जो एक भारतीय पत्रकार हैं। उन्होंने बताया कि रफी कोटला सुल्तान सिंह का दौरा करने में क्यों झिझक रहे होंगे। उन्होंने कहा, 'कोटला सुल्तान सिंह की औरतों ने एक दूसरे साक्षात्कार लेने वाले को बताया था कि जब उनके गाँव के मुसलमानों पर 1947 में हमला किया गया था तो रफी की बिरदारी की कुछ औरतों का अपहरण कर लिया गया था। संभवत: वह कोटला सुल्तान सिंह का दोबारा दौरा करने में असहज महसूस करते होंगे।' यह बात मुझे उचित लगी।

अमृतसर के एक और ग्रामीण हिस्से से एक मुसलमान शरणार्थी ने उन दिनों की अपनी व्यथा भरी कहानी इन शब्दों में बताई:

हाजी मुहम्मद अकरम

'हम तरनतारन, जिला अमृतसर के बाहरी इलाके में रहते थे। यह एक ज़्यादातर सिख जट्टों का गांव था लेकिन हमारे पूर्वजों ने कुछ पीढ़ी पहले इस्लाम कबूल कर लिया था जब एक पवित्र आदमी वहाँ आया और इस्लामी विचारों का प्रचार करना शुरू किया। जुलाई के बाद से या उससे पहले भी सिख जत्थों को हमारे गांव में सवारी करते देखा गया था। हमारे गांव में सिख और हिंदू अच्छे लोग थे। वास्तव में सभी समुदायों के बड़े लोगों ने एक दूसरे के लिए मर मिटने की प्रतिज्ञा की थी। जब हमें पता लगा कि हमारे गाँव को भारत में रखा गया है तो गाँव के बड़ों ने आपस में एक चर्चा की। हमें कहा गया कि आसपास के गांवों से सिख सभी मुसलमान गांवों पर छापे मारने वाले हैं और वे इतनी बड़ी संख्या में आयेंगे कि भले जो कुछ भी हमारे गांव के लोग मुसलमानों की रक्षा के लिए उपाय करेंगे हम पर काबू पा लिया जाएगा। इसने हमें आतंकित कर दिया।

'अगला दिन ईद (18 अगस्त) का था लेकिन यह निर्णय लिया गया कि हम सूरज निकलने से पहले चले जाएंगे। मेरे दादा बहुत बुजुर्ग थे और बहुत बीमार थे। वहाँ अन्य बुजुर्ग लोग भी थे और एक या दो मानसिक रूप से अस्वस्थ थे। हमारे निपटान में केवल कुछ छकड़े थे। बड़ों ने वहीं रहने का फैसला किया और कहा कि अगर भगवान की इच्छा शक्ति होगी तो वे बच जाएंगे अन्यथा उनका समय खत्म हो गया। मुझे याद है कि मेरे पिता रोने लगे जब अपने बुजुर्गों और कमजोर लोगों को पीछे छोड़ना पड़ा लेकिन हम क्या कर सकते थे? रात भर कोई नहीं सोया। बहुत देर रात मेरे दादा ने मेरे पिता से कहा, "सज्जे (सिराज) एक बार अकरम को कहो कि वह रसूलपाक की शान में वह नाट सुनाए जो वह गाया करता है"। मैं उस समय केवल 13 साल का था। मेरी एक मधुर आवाज थी और इस्लामी त्यौहारों के समय मैं पवित्र गीत गाया करता था। जब मैंने गाना शुरू किया तो सब रोने लगे। मुझे खुद को भी स्पष्ट तौर पर नहीं पता था कि क्या होने वाला है सिवाय इसके कि हम वहाँ से जा रहे थे और हमारे जीवन खतरे में थे। यहाँ तक कि सिखों और लाला जी की आँखों में आँसू आ गए जब मैंने यह गाया, "या नबी सलाम-ओ-लाइका, या रसूल सलाम-ओ-लाइका"। उन्होंने मेरे सिर को छुआ और कहा "मेरे बेटे मुझे भूल मत जाना"। मैं उनका अकेला पोता था क्योंकि मेरे ताऊ की सिर्फ बेटियाँ थीं और मेरी बुआ की हाल में शादी हुई थी और वह अपने ससुराल गई हुई थी।

'जल्द ही हम सड़क पर थे; हमारे गांव के कुछ लोगों के लाहौर में रिश्तेदार थे इसलिए हम उनके पीछे हो लिए। हम कम से कम 800 लोग होंगे। बूढ़ी महिलाओं, गर्भवती महिलाओं और छोटे बच्चों को ठेलों पर डाल दिया गया और बाकी ने चलना शुरू कर दिया। कुछ बुजुर्ग लोगों ने भी आने का फैसला किया लेकिन उन्हें चलना पड़ा। सोच यह थी कि मुख्य सड़क पर रहा जाए। आसपास के गांवों से जल्द ही दूसरे मुसलमान हमारे साथ जुड़ गए। लगता है कि कई लोगों ने एक ही निर्णय लिया था; सूरज निकलने से पहले चले जाने का। जल्द ही एक साथ चलने वालों की हमारी संख्या हजारों में पहुँच गई होगी। महिलाएँ धीरे-धीरे कुरान का पाठ कर रही थीं। जैसे ही दिन उज्जवल हो गया, सिखों का पहला जत्था आया और उसने सभी दिशाओं से हमला कर दिया। वे सभी प्रकार के हथियारों राइफलों और रिवाल्वर सहित लैस थे लेकिन उनमें से ज़्यादातर के पास भाले और कृपाणें थीं। हमने अभी ईद की नमाज भी अदा नहीं की थी कि हम पर अचानक कर्बला जैसे हालात हो गए।

'मेरी मां की पिछले साल गर्मियों में मृत्यु हो गई इसलिए मैं अपने पिता का अकेला सहारा था। उन्होंने मेरा हाथ पकड़ रखा था और हम खेतों की तरफ भागने लगे। बेशक हमारे गांव के कई लोग हमारे साथ थे लेकिन जब हमला हुआ तो हर कोई खुद को बचाने के लिए दौड़ा। एक बंदूक की गोली आकर मेरे पिता को लगी और वह गिर गए। मैं भागता रहा जब तक मैंने खेतों में खुद को छुपा नहीं लिया। हमारे चारों ओर चीखें और कराहें सुनी जा सकती थीं जबकि सिख नारे बोल रहे थे और पंजाबी में भद्दी गालियाँ दे रहे थे।

'जल्द ही मैंने खेतों में छिपे दूसरों को पाया। हमारे गांव के मौलवी, पीर अब्दुस समद शाह उनमें से एक थे। मैं उनसे कुरान सीखता था और उन्होंने नाट गाने के लिए मुझे प्रशिक्षित किया। उन्होंने बहुत कृपा करते हुए मेरा ख्याल रखा और हमारे गांव से कुछ अन्य लोग भी हमारे साथ शामिल हो गए। शाहजी (मौलवी) ने हम सभी को जो रो रहे थे सांत्वना दी। उनकी पत्नी की मृत्यु हो गई थी और उनकी केवल एक बेटी थी जो गर्भवती थीं। उसका पति कलकत्ता काम करने के लिए गया हुआ था। उसे अन्य महिलाओं के साथ ठेले पर रखा गया था। हमला होने के बाद उस पर क्या बीती शाहजी को उसका पता नहीं था। उन्होंने यह कहते हुए कुरान का पाठ जारी रखा कि खुदा हमारा इम्तिहान ले रहा है और हमें उनकी दया पर विश्वास करना जारी रखना चाहिए। इस बीच सिख जत्थे हमारे पास से घोड़ों पर सवारी करते हुए गुजरते रहे। बीच-बीच में वे खेतों में भी आ जाते और छुपे हुए लोगों को खोजने की कोशिश भी करते। उन्होंने कुछ को पाया और उन्हें मार डाला। मुझे लगता है वे युवा महिलाओं को अपने साथ ले गए।

'जब रात हो गई तब अब हम बाहर आए और कुछ लोग जो रास्ता जानते थे, लाहौर की दिशा की तरफ हमारा मार्गदर्शन करने लगे। हम सैकड़ों लोग होंगे, ज़्यादातर

पुरुष हालांकि कुछ महिलाएं भी खेतों में आकर बच गईं थीं। कई हजार लोग मारे गए होंगे। हमने कई लाशें देखीं। हमारे गाँव के लोहार करम दीन का शव उनमें पड़ा हुआ था, और उसके गले में एक भाला घुसा हुआ था। शरीरों के अंग इधर उधर पड़े हुए थे। यह एक भयंकर दृश्य था। मैं एक बार जाकर अपने पिता को देखना चाहता था लेकिन दूसरों ने मुझे जाने को मना किया।

'अगले दिन और अधिक मुसलमान हमारे साथ शामिल हो गए। हम मुख्य सड़क से बचते रहे और दो दिन बाद वाघा पहुंच गए। हम में से कई बुरी तरह घायल हो गए। कुछ की रास्ते पर मृत्यु हो गई। जैसे ही हम सीमा पार कर पाकिस्तान पहुंचे, लोगों ने अपने मृत और खो दिए रिश्तेदारों को याद कर फिर से रोना शुरू कर दिया। दूसरी ओर, हिंदू और सिख लाशें चारों तरफ बिखरी पड़ीं थीं। मौत के फरिश्ते ने किसी को भी नहीं बख्शा था।

'सच तो यह है कि 1947 के पहले विभिन्न समुदायों के बीच कोई भी समस्या नहीं थी। मैं एक हिंदू गांव में जाया करता था। उसका मतलब था कुछ दूरी तक पैदल जाना। आम तौर पर हम कई एक साथ जाते थे जिनमें पड़ोसी गांवों से हिंदू और सिख लड़के होते थे। हमारे गांव के मुसलमान बहुलता में थे लेकिन सिख और हिंदू भी वहाँ रहते थे। वे इस्लाम की बहुत इज्जत करते थे जबकि हम उनके विश्वासों के प्रति उतना ही सम्मान दिखाते थे। हमारे गांव में कोई समस्या नहीं थी और हम ज़्यादातर एक ही कुओं और अन्य सुविधाओं का उपयोग करते थे।

'मेरे लिए जीवन उस तरह का तो नहीं रहा हालांकि मैंने अपने जीवन में अच्छी कामयाबी पाई है। मेरा बेटा मंजूर सऊदी अरब गया और उसने एक अच्छी आय अर्जित की है। मेरे पोते-पोतियों ने पढ़ाई में अच्छा प्रदर्शन किया है। एक इंजीनियर है। वह भी सऊदी अरब में काम करता है। पाकिस्तान हमारी मातृभूमि है लेकिन मैं हमेशा मेरी माँ के बारे में सोचता हूँ जो हमारे गाँव में दफन है और जाहिर है अपने पिता और दादा के बारे में भी सोचता हूँ। मैं तब यह जानने के लिए काफी छोटा था कि उन पर क्या बीती। कुछ लोगों ने बाद में मुझे बताया कि पीछे छूट गए सभी मुसलमानों को हमलावरों द्वारा मार दिया गया था; किसी को बख्शा नहीं गया था।'

बटाला, गुरदासपुर और पठान कोट

मुसलमान नजरिये से सबसे नाटकीय चरमोत्कर्ष-विरोधी चरमोत्कर्ष जो पंजाब के विभाजन के साथ जुड़ा हुआ था वह था 15-17 अगस्त के बीच हुआ घटनाक्रम, जब गुरदासपुर जिले की तीन तहसीलों को पूर्व पंजाब को दे दिया गया। यह चर्चा की जा सकती है कि गुरदासपुर में 51 फीसदी का एक बहुत ही संकीर्ण मुसलमान बहुमत था। 14 अगस्त को मुसलमानों द्वारा पाकिस्तान का झंडा उन तहसीलों में फहराया गया था जो

यह विश्वास कर रहे थे कि पूरे गुरदासपुर जिले को पाकिस्तान में शामिल किया जाएगा क्योंकि वहाँ मुसलमान बहुलता थी – भले ही बहुत ही संकीर्ण। वास्तव में पाकिस्तान सरकार ने मुश्ताक अहमद चीमा को गुरदासपुर का डिप्टी कमिश्नर (उप-आयुक्त) नियुक्त कर दिया था। उन्होंने अगस्त 14-17 तक इस जिम्मेदारी को निभाया। हिंदू-सिख वृतांत बताते हैं कि मुसलमानों ने हिंदू संपत्ति और कारोबार को अपने हाथों में लेना शुरू कर दिया और काफी हिंसक कार्रवाई की। यह उन लोगों द्वारा भी स्वीकार किया गया है जिनका मैंने साक्षात्कार लिया था। हालांकि मुझे लगता है कि उन्होंने हिंसा की हद को काफी कम बताया जो उन 2-3 दिनों में हुई। हालांकि जब 17 अगस्त को यह सार्वजनिक हो गया कि उन तीन तहसीलों को भारत को दे दिया गया है तो हिंदुओं और सिखों ने भयंकर बदले की कार्रवाई की।

सैयद जिया मोहिउद्दीन

'हमारे परिवार का बटाला में बहुत आदर किया जाता था क्योंकि हमारा नाता प्रमुख पीर परिवार से थे। चूंकि मेरे पिता एक पीर थे, हिंदू और मुसलमान दोनों हमारा आदर करते थे। कुछ हिंदुओं के हमारे साथ पारिवारिक संबंध थे। राय बहादुर भवानी सिंह जो एक हिंदू थे हमारे बहुत करीब थे। वे राजपूत थे। वे हमारे परिवार के लिए भाइयों की तरह थे। हम हिंदुओं के साथ मिठाइयों का आदान-प्रदान किया करते थे। मेरे पिता का नाम मजहर मोहिउद्दीन था। मेरे पिता हमेशा बटाला नगर पालिका के लिए निर्विरोध निर्वाचित किये जाते थे। बटाला में कुछ उद्योग थे। सी.एम. लतीफ जो बाद में पाकिस्तान में एक प्रमुख उद्योगपति बने, वह बटाला से थे।

'हम यह मानते थे कि बटाला पाकिस्तान का एक हिस्सा होगा। बटाला गुरदासपुर जिले का सबसे बड़ा शहर था। 14 अगस्त को यह अफवाह फैल गई कि बटाला पाकिस्तान को दिया गया है। तीन दिन तक पाकिस्तान का झंडा बटाला में फहराया गया था। हमने अपने हिंदू दोस्तों को संरक्षण देना शुरू कर दिया। अगस्त 17 को हालात बदल गए। हमने किसी भी प्रभाव को महसूस नहीं किया। हिंदुओं ने हमें परेशान नहीं किया। हमारा किसी के साथ कोई टकराव नहीं हुआ। हम सीधे तौर पर ग्रस्त नहीं हुए।

'ग्रामीण क्षेत्रों में सिखों ने मुसलमानों का नरसंहार किया। लड़ाई सिखों और मुसलमानों के बीच थी। गुरदासपुर ग्रामीण क्षेत्रों में सिख बहुत उग्र थे। सुरक्षा के लिए सैकड़ों और हजारों की संख्या में मुसलमान हमारे घर आने लगे। 17-20 अगस्त के किसी समय हमारे परिवार को पाकिस्तान भेजा गया। हम आठ, मुसलमानों की मदद करने के लिए रुके थे। हमने देखा कि बटाला के बाहरी इलाके में मुसलमानों को मारा जा रहा था। तब हम 10 सितंबर को आए। हिंदू हमारे पास आए और कहा, "आपको नहीं जाना चाहिए।" एक सिख डॉक्टर और एक वरिष्ठ हिंदू डॉक्टर, लुद्दर मैनी, हमारे पास आये

और कहा "मत जाओ, हम आपकी देख-भाल करेंगे।" फिर उन्होंने कहा "ठीक है, आप कुछ दिनों के लिए चले जाएँ लेकिन फिर वापस आ जाना।" मेरे पिता की एक ही राय थी। हम लाहौर जाया करते थे। बटाला लाहौर से केवल 60 मील की दूरी पर था। हमने अपनी सारी संपत्ति को खो दिया। हमारा परिवार यहाँ सियालकोट में आया जहां हमारे कई शिष्य थे। मेरे पिता निर्वाचित किये गए थे। इसके बाद हमें 49 जेल रोड, लाहौर में एक कर्नल का घर आवंटित किया गया था।'

अयाज खान

'बटाला मेरा पैतृक शहर है जहां हमारी काकेजाई पठानों की कई पीढ़ियां पैदा हुई थीं। मेरी माँ पठानकोट से थीं। मैं पठानकोट में अपने नाना-नानी के घर पैदा हुआ था। 1947 में मैं एम.बी. हाई स्कूल बटाला में 5वीं कक्षा में था जो बाँसावाला बाजार के पास स्थित है। बटाला में मार्च में कोई दंगा नहीं हुआ था। कुछ गड़बड़ी जून या जुलाई में हुई थी। तो, गर्मियों की छुट्टियों के दौरान मेरा छोटा भाई एजाज और मैं लाहौर में थे। हमने सुना कि अमृतसर जिले में मजीठिया के सिखों ने बटाला पर छापा मारा और कहर ढाया। उन्होंने हमारे घर पर भी हमला किया, लेकिन सौभाग्य से मेरी मां और छोटे भाई इजहार अन्य महिलाओं के साथ सुरक्षित रूप से निकलने में कामयाब रहे। वे ट्रक द्वारा लाहौर पहुंचे। मेरे पिता के.एम. नजीर लाहौर तक पैदल आए। वह एक बोलर हैट पहने हुए थे और हजारों आदमी और औरतों के कारवां का एक हिस्सा थे। मुस्लिम लीग बटाला के अध्यक्ष सैयद बहावलदीन की पुलिस स्टेशन में गोली मारकर हत्या कर दी गई जहां वे मुसलमानों के लिए सुरक्षा की मांग करने गए थे (एक हिंदू गवाह के अनुसार दरअसल उनका गला काट कर अलग कर दिया गया था)।

'मेरे मामा शेख मोहम्मद रियाज गुरदासपुर तहसील के मुस्लिम लीग के अध्यक्ष थे। वह लाहौर स्टेशन पहुँच गए और गुजरात के लिए किसी ट्रेन का इंतजार कर रहे थे। किसी ने मेरी नानी की सोने की चूड़ी छीनने की कोशिश की। उन्होंने अपने बेटे को चीख कर पुकारा, "रियाज, रियाज यह आदमी मेरा कड़ा उतारने की कोशिश कर रहा है!" उसने जवाब दिया, "माँ शायद उसको इसकी हमसे ज़्यादा जरूरत है। उसको इसे लेने दो।" हमारे रिश्तेदार मारे गए मगर ज़्यादातर 18 अगस्त के तुरंत बाद चले गए और इस प्रकार कत्लेआम से बच गए जो आने वाले दिनों और हफ्तों में हुआ।'

नेहरू ने बटाला में मदद की

पंजाब मुस्लिम लीग के नेताओं में से बेगम शाहनवाज के पिता सर मुहम्मद शफी थे जिनको कभी जिन्नाह के कद का नेता माना जाता था तथा बटाला के आसपास के गांवों में उनके कई रिश्तेदार थे। उन्होंने निम्न हुई घटनाओं को दर्ज किया। उन्होंने

किसी तारीख का उल्लेख नहीं किया है, लेकिन ऐसा लगता है कि यह 15 अगस्त के बाद का समय होगा।

> नवाब ममदोत ने एक रात 10 बजे मुझे फोन किया और कहा कि उन्हें एक विश्वसनीय स्रोत से पता चला था कि बटाला शहर पर सिखों द्वारा उसी रात को हमला किया जाएगा। वह इलाका हमारी जाति के लोगों से भरा हुआ था [अराइन जिससे बेगम शाहनवाज का नाता था] और मेरी चाची लेडी राशिद (पाकिस्तान के पहले मुख्य न्यायाधीश मियां अब्दुर राशिद की पत्नी) का पूरा परिवार वहाँ था। उन्होंने मुझसे कहा कि एक बहुत बड़े नरसंहार को रोकने के लिए मुझसे जो कुछ हो सकता हो, मैं करूँ. . . मैं बहुत परेशान थी और मैंने मिस मैकक्वीन, सर फ्रांसिस मुडी, गवर्नर की भतीजी को फोन किया। उसने बताया कि गवर्नर की तबीयत ठीक नहीं है और वे सोने के लिए चले गए हैं। मैंने उससे अनुरोध किया कि वह उन्हें मुझसे बात करने के लिए कहें क्योंकि मामला बहुत जरूरी है। उन्होंने टेलीफोन पर मुझसे बात की और मैंने उन्हें भारत के गवर्नर जनरल लॉर्ड लुईस माउंटबेटन को फोन करने की अपील की ताकि वे बटाला को बचाने का प्रयास करें। मैंने चाचा राशिद को लाने के लिए अपनी कार भेजी और उनके आगमन पर मैंने उन्हें टेलीफोन द्वारा पंडित जवाहर लाल नेहरू से बटाला के मुसलमानों के नरसंहार को रोकने के लिए कहने को कहा। चाचा ने पंडितजी से बात की और उन्होंने अपना सबसे बेहतर प्रयास करने का वादा किया। मेरी माँ उस समय नई दिल्ली में मेरे भाई मियां मुहम्मद रफी, सेंट्रल असेंबली के सचिव के पास रह रही थी। मैंने उसे फोन किया और अगले दिन सुबह पंडितजी से मुलाकात कर उन्हें बटाला के मुसलमानों को मदद करने का अनुरोध करने को कहा। वह पंडित जवाहर लाल नेहरू से मिलीं जो उनकी बहुत इज्जत करते थे और उन्होंने इस मामले में मदद करने का वादा किया। ताजी और मैं सारी रात सो न सके, मगर अल्लाह का शुक्र है, बटाला को बचा लिया गया (2002: 210–11)।

चौधरी मुहम्मद बशीर

'तीन दिन के लिए गुरदासपुर पाकिस्तान में शामिल किया गया था। फिर खबर आई कि यह भारत को दे दिया गया है। इसलिए हमने जल्दी से हमारे गांव मखनपुर, तहसील पठानकोट, जिला गुरदासपुर को छोड़ दिया। आबादी में आधे हिंदू, आधे मुसलमान थे। हमारे गांव के किसी हिंदू ने हम पर हमला नहीं किया, न ही हमने उन पर हमला किया था। जब हम चले तो एक आसपास के गांव से चरण सिंह और दिलीप सिंह हमारे साथ सीमा तक आए। अगर हमें उनसे कोई मदद नहीं मिली होती

तो हालात बहुत अलग होते। हम कश्मीर की ओर चले गए। इसके बाद हमने नदी को पार किया और शकरगढ़ तहसील में प्रवेश किया। हमारे पास कोई हथियार नहीं था। मेरे माता-पिता पहले ही मर चुके थे, इसलिए मैं और मेरे चार भाई और मेरी दादी पाकिस्तान आ गए।

'तब मैं लाहौर आया और पीछे छोड़ दी गई संपत्ति के लिए दावा तैयार किया लेकिन पाकिस्तान सरकार ने हमारी मदद नहीं की। हमारे गांव के हिंदू अच्छे लोग थे। मखनपुर में हमारे घर के बगल में एक ब्राह्मण, बुआ दित्ता रहते थे। वह एक साहूकार थे। वह एक बहुत ही मामूली ब्याज लिया करते थे। एक दिन मैं रो रहा था क्योंकि मेरी आँखें सूज गई थीं। वह आये और मेरी आँखों में कुछ दवा डाल दी। मैं जल्द ही ठीक हो गया। कुरान कहती है कि कभी कोई झूठ मत कहो। इसलिए मैं पूरा सच बता रहा हूँ। वे बहुत अच्छे लोग थे। हम वहां सुरक्षित महसूस करते थे। हम उस मिट्टी का एक हिस्सा थे। मैं हमेशा वापस जाना चाहता था। मैंने पाकिस्तान में अपराधियों को फलते-फूलते देखा है। मेरे दो बेटे वकील हैं। हम सब कठिनाइयों के बावजूद अच्छा करने में कामयाब रहे हैं; लेकिन हालात हमारे गांव के सुखद जीवन के माहौल में काफी बेहतर थे।'

रियाज खान

'मेरा परिवार गांव तलवंडी, गुरदासपुर जिले का रहने वाला था। तब मैं जिंदगी के छठे साल में था। मैं एक स्वतंत्र, मिलनसार युवा लड़का था और एक लम्बी अवधि तक चले हंगामे को तथा हमारे घर में आने-जाने वाले कई लोगों को याद करता हूँ। बहुत कुछ महत्वपूर्ण हो रहा था जिसे मैं समझ नहीं पा रहा था। अचानक एक सुबह, मेरे माता-पिता की आवाजें हमारे घर में गूँजने लगी "जल्दी चलो, जल्दी चलो निकलो"। मेरे पिता ने तुरंत घर खाली करने के लिए अपने पूरे परिवार (माता-पिता, सबसे छोटी बहन, और मेरी विधवा बुआ) को निर्देश दिए। हम अपना कोई भी सामान नहीं ले जा सकते थे। मुझे बताया गया कि हम पाकिस्तान जा रहे थे। मुझे पता नहीं था कि इसका मतलब क्या था या हम क्यों जा रहे थे। मेरे दादा बाबा मौला बख्श, एक हकीम और एक जमींदार थे। उनके कई हिंदू और सिख दोस्त थे और वे अपने परिवेश में सहज महसूस करते थे। हकीम का सभी समुदायों द्वारा सम्मान किया जाता था क्योंकि वे संकट में लोगों की मदद करते थे। वह मानते थे कि वह कुछ दिनों में ही फिर हमसे मिलेंगे क्योंकि सारे हालात सामान्य हो जाएंगे। उनको यह बिल्कुल मालूम नहीं था कि उस समय भारत और पाकिस्तान के नए राज्यों के बीच बनी सीमा के दोनों ओर एक बड़े पैमाने पर लोगों का पलायन हो रहा था। मेरी बुआ और मेरी चार वर्षीया बहन उनके साथ बनी रही। उन्हें मेरे दादा के हिंदू और सिख दोस्तों ने छिपा कर रखा था। उन्हें मुसलमान सैनिकों द्वारा (मेरा मानना है कि भारतीय सेना के) तीन

दिन बाद पाकिस्तान पहुंचा दिया गया। यहां तक कि इस चरण में मेरे दादा ने जाने से इंकार कर दिया। मैंने उन्हें फिर कभी नहीं देखा।

'मुझे याद है गाँव छोड़ कर जा रहे लोगों का तांता लगा हुआ था। हम उनके साथ हो लिए और किसी एक दिशा में चलने लगे। मुझे यह एक लंबा सफर लगा। वह नजारे मेरी स्मृति में अब भी अंकित हैं। यह लोगों का एक सामूहिक प्रवास था और शोर विचलित तथा चौंकाने वाला था। हम खेतों से होकर चले ताकि मुख्य सड़कों पर यात्रा करने से बच सके। अधिक, और अधिक लोग हमारे कारवां में शामिल हो गए। मैंने मैला खून से भरा पानी का एक कुंड देखा जिसमें से एक हाथ बाहर निकला हुआ था। यह एक मरे हुए आदमी का शरीर था। मेरे पिता ने आनन-फानन में मुझे दूर खींच लिया। और मुझे यह भी याद है कि मैं एक भुट्टे के खेत से होकर गुजर रहा था। अचानक भीड़ ने इधर-उधर भागना शुरू कर दिया क्योंकि खेत में कुछ हरकत सी हुई थी। दरअसल खेतों की निराई कर रहे कुछ खेतिहर मजदूर वहाँ थे जो अपनी हंसिया के साथ कूदे और सारी भीड़ उससे डर गई। हम यह मान रहे थे कि वे हम पर हमला करने के लिए प्रतीक्षा कर रहे थे। वास्तव में मेरे माता-पिता ने बाद में मुझे बताया कि मजदूर पुरुषों, महिलाओं और बच्चों के इस तरह के एक विशाल समूह को देख कर भयभीत थे और सोच रहे थे कि उनके जीवन को खतरा था। उनका नुकसान करने का कोई मतलब नहीं था। फिर भी डर सभी के मन में था और हवा में ही दगा की शुमारी थी।

'यात्रा अंतहीन लग रही थी। मुझे याद है कि यात्रा के दौरान कुछ देर तक मेरे पिता ने मुझे उठा कर रखा था। हम एक जगह पर पहुंचे जहां बहुत सारे लोग इकट्ठा हुए थे। यह एक नदी का किनारा था जो लगभग एक समुद्र तट की तरह था। मैंने नावों को आते और जाते देखा तथा प्रत्येक नाव पर बहुत ज़्यादा लोग आ और जा रहे थे। यह भारत और नवगठित पाकिस्तान के बीच की सीमारूपी नदी थी। मुसलमान पाकिस्तान जा रहे थे और हिंदू और सिख सीमा पार कर भारत आ रहे थे। मुझे याद है कि केवट के लिए पैसे इकट्ठा करने की कुछ बात की गई और मेरी माँ ने उनके झुमके और चूड़ियां उतार कर मेरे पिता को दे दीं (जाहिर तौर पर किराया देने के लिए)। ऐसा कई अन्य महिलाओं ने भी किया था। जब तक एक नाव हमारे लिए पहुंची काफी अंधेरा हो गया था। मेरे पिता पहले मुझे उस नौका तक ले गए और पानी उनकी कमर तक पहुंच गया था तथा इस बीच दर्जनों लोग एक दूसरे के साथ धक्का-मुक्की कर नौका तक पहुँचने की कोशिश कर रहे थे। उन्होंने लगभग मुझे नाव में फेंक दिया और कुछ कदम वापस चलने की कोशिश की ताकि वे मेरी माँ और बुआ को लेकर आ सके लेकिन नाव अचानक चलने लगी और मेरा परिवार उस पर चढ़ नहीं सका। मैं अकेला था। मैं बहुत भ्रमित होकर रोने लगा। लोग एक दूसरे को पूछ रहे थे और चिल्ला रहे थे कि क्या किसी को भी पता था कि मैं किस का बच्चा था। किसी ने मुझे पहचान

लिया और हम जब तक दूसरी तरफ नहीं पहुंचे तब तक उसने मेरा ख्याल रखा। कई नावें आईं और चली गईं और मेरा अनुमान है कि जिन लोगों ने मेरी देख-भाल की उन्हें शायद यह पता था कि किसी समय वे मुझे मेरे परिवार के हवाले कर सकेंगे।

'मैं रोते-रोते सो गया। मेरा अभिभावक उजाला होते ही मेरे माता-पिता की खोज में निकल गया। जब मैं खुशकिस्मती से उनको मिल गया और अपने पिता और माँ को देखा तो मैं डर गया। मैं यह सोच रहा था कि यह मेरी गलती थी कि मैंने उन्हें खो दिया था और मैंने चैन की सांस ली जब पता चला कि वे मुझसे नाराज नहीं थे! मेरी माँ ने बाद में कहा कि वह मेरे पिता के साथ लड़ी थी और उन्हें दोष देते हुए सारी रात रोयी थी कि उन्होंने जानबूझकर "मुझे दूर फेंक दिया – भारत से जो एक मात्र कीमती वस्तु जो वो प्राप्त कर सके थे"! मुझे वह अनुभव एक बेहद दु:खद घटना के रूप में याद है।

'मेरे पिता ने इस यात्रा के बारे में या भारत में जो कुछ उन्होंने पीछे छोड़ दिया था, उस पर कभी बात नहीं की। वह उस आघात को भूल जाना चाहते थे और मुझे लगता है कि वह अपने पिता को पीछे छोड़कर और उनको हमारे पलायन में शामिल होने पर जोर नहीं देने के लिए बहुत ज़्यादा दोषी महसूस करते थे। हमारे चले आने के बाद जल्द ही सीमाएँ बंद कर दी गईं। हमारे गांव में क्या हुआ था यह देखने के लिए वापस यात्रा करने का अब कोई मौका नहीं था। मेरा मानना है कि मेरे पिता ने इसके लिए खुद को कभी माफ नहीं किया।

'हम दरिद्र अवस्था में पाकिस्तान आए लेकिन नारोवाल के पास मेरी माँ के रिश्तेदारों तक पहुँचने में कामयाब रहे जहां से मेरे पिता ने चकवाल में एक दोस्त से संपर्क किया। उसने चकवाल में आकर बसने के लिए मेरे पिता को आमंत्रित किया और उन्होंने खुली बाहों से हमारा स्वागत किया। वहीं मैं बड़ा हुआ और वहाँ मेरी माँ तथा एक भाई और एक बहन अभी भी रहते हैं और जिसे 50 साल बाद इंग्लैंड में रहने के बाद भी मैं अब भी अपना "घर" कहता हूँ।'

मार्च 2004 में बटाला की एक यात्रा बहुत उपयोगी साबित हुई जब हमारी एक प्रत्यक्षदर्शी से मुलाकात हुई जो बटाला में हुए दंगों में भागीदार था।

इंदरजीत

'मैं बटाला में पैदा हुआ हूँ। हिंदू, मुसलमान और सिख यहां पूर्ण शांति में रहते थे। हम त्योहारों के दौरान मिठाइयों का आदान-प्रदान किया करते थे। हिंदू मुसलमानों से कच्चे मांस को स्वीकार कर लिया करते थे। मेरे दो करीबी मुसलमान दोस्त सत्तार और यूसुफ थे। चकरी बाजार एक हिंदू गढ़ था। हिन्दू शहर के बीच में थे और मुसलमान शहर के चारों तरफ। ढाई दिनों के लिए यह माना जा रहा था कि जिला गुरदासपुर

पाकिस्तान में था और इसके बाद यह घोषणा की गई थी कि यह शकरगढ़ तहसील को छोड़ कर भारत में होगा। उस समय एक मुसलमान एस.एच.ओ. शेख गुलाम रब्बानी बटाला में तैनात था। कर्फ्यू लगा दिया गया था। उन्होंने पुलिस को मेरे भाई की गिरफ्तारी के लिए भेजा क्योंकि मुसलमानों ने एक आवेदन दिया था कि वे हिंदू युवकों से डरते थे। बलूच, सिख, गोरखा सभी तरह की सैन्य इकाइयां बटाला में थीं।

'मुसलमानों ने हिंदू–सिख घरों और महिलाओं को अपने कब्जे में लेने की योजना बनाई थी। बहवालदीन जो मुस्लिम लीग के स्थानीय अध्यक्ष थे उनमें से एक थे। वह खुले तौर पर इस बारे में दावा किया करते थे। वह अचली दरवाजा नामक जगह से नाता रखते थे। एक और मुसलमान जो इसी तरह के नापाक इरादों को रखता था वह था हमीद टेडडी मुछाँ (टेढ़ी मूँछों वाला)। उन ढाई दिनों में जब बटाला को पाकिस्तान का हिस्सा समझा जा रहा था चुयावल गांव पर हमला किया गया। मुसलमान यहां तक कि दूर शरीफपुरा से जो अमृतसर के बाहर था मारने और लूटने के लिए आए।

'मगर 17–18 अगस्त को हालात पूरी तरह से बदल गए जब हमें पता चला कि बटाला भारत के अंतर्गत आ गया है। बहावलदीन का सिर काट दिया गया था। हमीद एक बुर्का पहने हुए भाग निकला। फिर हिंदुओं ने मुसलमानों से भरी एक बस को जला दिया। इसका ईंधन खत्म हो गया था। डीएसपी संपूर्ण सिंह ने सभी हिंदुओं को बचाया। मैं खुद कत्ल करने के लिए एक चाकू के साथ चला गया, लेकिन मुझे कोई शिकार नहीं मिला। मेरे पास एक बड़ा छुरा था लेकिन हमारी सेना को रिश्वत दी गई थी और उसने मुसलमानों की सात बसों को जाने दिया गया। फिर 24 घंटों के लिए मुसलमान बियरिंग रोड पर एक शिविर में थे। वहां गोलियां चलीं। कुल मिलाकर हिंदुओं ने अपनी संपत्ति को खोया लेकिन मुसलमानों ने बहुत सारे जीवन खो दिए। मुझे याद है कि सेना के लोग रक्त में सराबोर आभूषण मेरे पिता की दुकान पर बेचने के लिए आ रहे थे। वह एक जौहरी थे। बटाला और गुरदासपुर जिले में हजारों मुसलमानों की मृत्यु हो गई। डोगरा फौज मुसलमानों की हत्याओं में शामिल थी।

'छह या सात साल बाद लाहौर में एक हॉकी या क्रिकेट मैच हुआ। मुझे ठीक से याद नहीं है क्योंकि इस तरह के कई कार्यक्रम हुए थे। हम जैसे कई युवा पाकिस्तान गए। मैंने यूसुफ से मुलाकात की जिन्होंने मेरा काफी आदर सत्कार किया। हम यक्की गेट में रुके थे।'

संदर्भ

अली, चौधरी मुहम्मद, *दी एमेर्जेंस ऑफ पाकिस्तान*, लाहौरः रिसर्च सोसाइटी ऑफ पाकिस्तान।

इफ्तिखार, ख्वाजा, *जब अमृतसर जल रहा था*, लाहौरः ख्वाजा पब्लिशर्स, (1991)।

सैद, चौधरी मोहम्मद, 'ए ब्रीफ अकाउंट ऑफ द हप्पेनिंग्स इन अमृतसर' द्वारा चौधरी मोहम्मद सैद एम.ए., एल.एल.बी, भूतपूर्व टर्मिनल टैक्स सुपरिंटेंडेंट, म्यूनिसिपल कमेटी, अमृतसर, मौजूदा पता:- 3/30, निस्बत रोड, लाहौर, *दी जरनी टु पाकिस्तान: ए डॉक्युमेंटेशन ऑन रेफुजिस ऑफ 1947*, इस्लामाबाद: नेशनल डॉक्युमेंटेशन सेंटर।

शाहनवाज, बेगम जहानारा, *फादर एंड डाटर: ए पॉलिटिकल बायोग्राफी*, कराची: ऑक्सफोर्ड यूनिवर्सिटी प्रैस, (2002)।

साक्षात्कार

सय्यद जिया मोहिउद्दीन, स्टॉकहोम, 24 जून 2002

चौधरी मुहम्मद बशीर, लाहौर, 18 अप्रैल 2003

ए. हमीद, लाहौर, 19 अप्रैल 2003

हाजी मुहम्मद अकरम, लाहौर, 23 अप्रैल 2003

गुरचरण दास अरोड़ा, अमृतसर, 24 मार्च 2004

सरदार कुन्दन सिंह सामरा, 27 मार्च 2004

इंदरजीत, बटाला, 3 जनवरी 2005

आयाज खान, लिंकोपिंग, स्वीडन (ईमेल द्वारा), 14 जनवरी 2007

रियाज खान, लंदन, (ईमेल द्वारा), 28 अक्टूबर 2012

18
जालंधर डिवीजन

जालंधर डिवीजन में मध्य पंजाब के कांगड़ा, होशियारपुर, जालंधर, लुधियाना और फिरोजपुर जिले शामिल थे। मुसलमानों की यहाँ 1947 की जनसंख्या के अनुसार 34 प्रतिशत की मजबूत अल्पसंख्यक मौजूदगी थी। किसी भी जिले में मुसलमान बहुमत में नहीं थे लेकिन प्रमुख शहरों में से कई में वे बहुमत में थे। 3 जून 1947 के 'काल्पनिक विभाजन' में जालंधर डिवीजन पूर्वी पंजाब का एक हिस्सा था। रैडक्लिफ अवार्ड ने किसी भी परिवर्तन के बिना इसे भारत को दे दिया।

फिरोजपुर

अमृतसर जिले के दक्षिण में जालंधर डिवीजन है जिसमें फिरोजपुर एक जिला है जिसका रुख सतलुज के उस पार लाहौर की तरफ है। मुसलमान फिरोजपुर जिले की जनसंख्या के 45 प्रतिशत थे। इसकी दो मुसलमान बहुल तहसीलों, फिरोजपुर और जीरा (कुल मिलाकर वहाँ पाँच तहसीलें थीं) के बारे में काफी कड़वा विवाद हुआ है जिन्हें पहले पाकिस्तान में और फिर शामिल माउंटबेटन के दबाव में इन्हें भारत में शामिल किया गया। एक परिणाम के रूप में फिरोजपुर छावनी सेना में स्थित एक शस्त्रागार भारत में बना रहा (रॉबर्ट्स, 1995: 94)।

फिरोजपुर शहर

छावनी क्षेत्र सहित फिरोजपुर शहर में मुसलमान कुल जनसंख्या के लगभग 47 प्रतिशत थे। मुस्लिम लीग और कांग्रेस दोनों के समर्थक वहाँ थे। अगस्त 1947 के पहले यहाँ बहुत कम गंभीर हिंसक घटनाएँ हुईं।

मलिक मुहम्मद असलम

'17 अगस्त को फिरोजपुर के मुसलमान हैरान हो गए जब रेडियो पर यह घोषणा की गई कि फिरोजपुर जिले को भारत में रखा गया था। मुसलमानों ने इस तरह के

परिणाम पर विचार नहीं किया था। पंजाब मुस्लिम लीग के प्रमुख नेता नवाब ममदोत फिरोजपुर का दौरा किया करते थे और उन्होंने तथा उनके सहयोगियों ने कभी कोई संकेत नहीं दिया था कि फिरोजपुर को पाकिस्तान से बाहर रखा जाएगा। मैं उन दिनों लाहौर अध्ययन करने के लिए जाया करता था। मेरे एक चाचा निस्बत रोड के पास एक गली में रहते थे। फिरोजपुर में हमारे हिंदू पड़ोसियों के साथ बहुत अच्छे संबंध थे। उनमें से एक लाला दुनी चंद आये और 17 अगस्त की दोपहर को मेरे पिता के साथ बात की और उन्हें चेतावनी दी कि सिख और आर.एस.एस. मुसलमानों पर हमले की योजना बना रहे हैं।

'इसने हमारे वहाँ रहने के सभी सपनों को तोड़ दिया। मेरे पिता वास्तव में महात्मा गांधी के एक बहुत बड़े समर्थक थे। वह एक सरकारी कर्मचारी थे और कांग्रेस पार्टी में उनके कई दोस्त थे। वे उस शाम तक दो मन में थे और जल्द ही सूर्यास्त के बाद सिख घोड़ों पर सवार होकर चारों तरफ मुसलमानों पर गोलियां बरसाने लगे। इस कारण आतंक फैल गया। सौभाग्य से मेरे नाना-नानी पहले से ही मेरे मामा के साथ लाहौर में थे तथा केवल मेरे माता पिता, मेरी तीन बहनें और मैं घर पर थे। हमारे आस-पास रहने वाले मुसलमान मेरे पिता के पास रोते हुए आए। वह शिक्षित थे और लोग चाहते थे कि उन्हें क्या करना है, इस बारे में वह उन्हें निर्देश दें।

'लगभग रात के 10 बजे एक और हमला हुआ। कुछ और लोग घबरा कर दौड़ते हुए आए और हमें बताया कि आर.एस.एस. मुसलमानों पर हमला कर रही है। यह निर्णय लिया गया कि हम सभी को शुक्रवार को मस्जिद में इकट्ठा होना चाहिए बजाए इसके कि एक-एक कर शिकार हो जाएँ। ज़्यादातर महिलाओं ने मस्जिद में पहले कभी प्रवेश नहीं किया था और उनके लिए कोई अलग कमरे नहीं थे। तो हम में से 300 के करीब ने वहाँ शरण ली। यह पुलिस स्टेशन के करीब थी; और सब की सोच यह थी कि इसके इतना करीब होने से पुलिस किसी को हमला करने की अनुमति नहीं देगी। मेरे पिता और कुछ अन्य बड़े सैयद सफदर हुसैन शाह, पीर फजल हक और मियां अहमद हसन पुलिस स्टेशन गए और प्रभारी अधिकारी से मुलाकात की। वह एक हिंदू था जो सिरसा में मार्च से तैनात था। कुछ मुसलमान पुलिसकर्मी भी वहाँ सेवा कर रहे थे। उन्होंने उनसे कहा कि वह मस्जिद के बाहर कुछ पुलिसकर्मियों को तैनात कर दे लेकिन हमें अगली सुबह जल्दी चले जाने की सलाह दी क्योंकि अगले दिन क्या होगा उसकी गारंटी वे नहीं दे सकते थे।

'वह रात खत्म होने का नाम ही नहीं ले रही थी। गोलियों की आवाज आसपास चारों तरफ सुनी जा सकती थीं। हमने पुरुषों और महिलाओं, और बच्चों को भी दर्द और दहशत में चिल्लाते सुना। उनमें से कुछ मस्जिद तक पहुंचने में कामयाब रहे। हमारे पास डंडों को छोड़कर शायद ही कोई हथियार था और कुछ लोग अपने साथ

चाकू लेकर आये थे। एक हॉकी खिलाड़ी अपने साथ हॉकी स्टिक ले कर आया था। हम इस तरह एक आसान लक्ष्य थे लेकिन जत्थे और आर.एस.एस. कार्यकर्ताओं को मस्जिद से दूर रखा क्योंकि हिंदू एस.एच.ओ. ने जिनका नाम शायद त्रिलोक नाथ था उन्हें दूर रहने के लिए चेतावनी दी थी।

'रात के करीब तीन बजे लाला दुली चंद के बेटे अमरनाथ मस्जिद में यह पता लगाने के लिए आए कि सब कुछ ठीक था या नहीं। कर्फ्यू लगा दिया गया था, लेकिन किसी तरह वह मस्जिद पहुँचने में कामयाब रहा था। मेरे पिता को गंभीर रूप से मधुमेह था लेकिन या तो वह इंसुलिन इंजेक्शन लाना भूल गये या इसे ले आने की जरूरत नहीं समझी। अब बहुत बुरी तरह से पीड़ित थे। मेरी माँ ने रोना शुरू कर दिया और मेरी बहनों ने भी। दूसरों ने भी सहानुभूति प्रकट की लेकिन यह महत्वपूर्ण था कि वह इंसुलिन का इंजेक्शन लगा पाते। लालाजी की शहर में दवा की एक दुकान थी और अमरनाथ ने दुकान ज़ाकर इंसुलिन ले आने की पेशकश की। वह कभी नहीं लौटे। बाद में हमें पता लगा कि आर.एस.एस. ने उसकी गोली मारकर हत्या कर दी थी क्योंकि वे मुसलमानों के लिए सहानुभूति रखने वाले किसी भी हिंदू के खिलाफ थे। इस दुखद खबर की पुष्टि हमें कई लोगों द्वारा की गई जो हमें बाद में कसूर और लाहौर में मिले।

'सुबह तक मेरे पिता एक बहुत ही बुरी हालत में थे। वह बहुत ही मुश्किल से बात कर पा रहे थे। उन्होंने हमें स्वयं को मस्जिद में उसे छोड़ देने और दूसरों को लोगों के साथ चले जाने को कहा जो वहाँ से जा रहे थे। मेरी मां इस बात पर सहमत नहीं हो रही थी और उन्होंने कहा "मलिक साहिब मैं आपको छोड़ कर जाने के बजाए नजदीक मरना पसंद करूंगी।" हम बच्चों ने भी यही कहा था लेकिन बहुत मुश्किल से बोलते हुए मेरे पिता ने कहा "जीनत तुम्हें चाहिए कि तुम अपनी तीन बेटियों और अपने बेटे के बारे में सोचो। उनके पास माता या पिता, कम से कम कोई एक तो होना चाहिए।" उन्होंने मुझसे कहा कि अब मुझे परिवार की जिम्मेदारी लेनी होगी क्योंकि अब मैं बड़ा हो गया था। अन्य बड़ों ने भी हस्तक्षेप किया और अंत में हम उन्हें मस्जिद में छोड़ कर जाने के लिए सहमत हुए। मुझे लगता है कि कुछ अन्य बड़ों ने भी वहीं रुकने का फैसला किया। मेरे पिता उस समय केवल 51 सालों के थे लेकिन बीमारी की वजह से वह बहुत कमजोर हो गए थे।

'दो मुसलमान पुलिसकर्मी मस्जिद के बाहर गार्ड बन कर खड़े थे लेकिन जब कारवां जाने लगा तो वे भी हमारे साथ जाने लगे। उन दोनों के साथ बंदूकें थीं। यह निर्णय लिया गया कि हम हुसैनीवाला–गांडा सिंह वाला मार्ग लें और कसूर तक पहुँचने का प्रयास करें। ज्योंही हमने फिरोजपुर के बाहरी इलाके को छोड़ा ठीक उसी समय सिख हम पर टूट पड़े। मेरी माँ और बहनें अन्य महिलाओं के साथ थीं जबकि हम

पुरुष आगे पीछे जाकर हालात को नियंत्रण में रखने की कोशिश कर रहे थे। कुछ लोग अपनी साइकिल ले आए थे और एक या दो मोटरबाइकों वाले भी वहाँ थे। बाकी लोगों को पैदल चलना था। बच्चे रो रहे थे और कुछ वृद्ध महिलाएँ और पुरुष अब और चल नहीं पा रहे थे और अपने परिवारों को आगे चलते रहने की विनती की। यह एक बहुत ही दुखद नजारा था। कुछ लोगों के पास हथियार थे लेकिन वे भारी रूप से सशस्त्र सिख जत्थों के मुकाबले कुछ नहीं थे जिन्होंने चारों ओर से हमें घेर लिया था। हमले तेजी से किए गए और निशाना सही था। कोई नहीं बख्शा गया।

'मुझे सिर पर मारा गया था और मैं बेहोश हो गया। जब मैं चेतना में आया तो खुद को लाशों से घिरा हुआ पाया। शाम हो रही थी इसलिए मैंने महसूस किया कि मैं वहाँ लगभग 12 घंटे से पड़ा हुआ था। मेरी मां और तीनों बहनों और हमारे कई पड़ोसियों की लाशें चारों ओर पड़ी हुई थीं। एक पल के लिए मैंने सोचा कि मुझे मस्जिद में लौट जाना चाहिए शायद मेरे पिता अभी भी वहाँ जिंदा हों। मैं अपने साथ अपने परिवार को चाहता था। मैं केवल 19 साल का था और अचानक मेरा हर कोई मर गया था। अगले ही पल पीबीएफ की एक जीप वहाँ दिखाई दी। मुझे नहीं पता था कि वे कौन थे इसलिए मैं बस वहाँ खड़ा ही रहा। प्रभारी अधिकारी एक अंग्रेज था जिसको मुझ पर दया आ गई और उसने गाड़ी में मुझे कसूर तक छोड़ दिया। पाकिस्तानी तरफ पर हिंदुओं और सिखों को दया के बिना मार डाला गया था। हमें ईसाई स्वयंसेवकों द्वारा चिकित्सा और सहायता दी गई। वे स्वयंसेवक शिविरों में हजारों लोगों की मदद कर रहे थे।

'आज आप मुझ से पूछ रहे हैं कि 58 साल बाद मैं क्या महसूस कर रहा हूँ? आप मुझे बताएं, आप कैसा महसूस करते अगर आप मेरी जगह होते? हजारों, शायद सैकड़ों हजारों परिवारों को भुगतना पड़ा क्योंकि राजनेता यह तय नहीं कर पा रहे थे कि सत्ता को कैसे बांटा जाए। यह सत्ता की वासना से अधिक कुछ भी नहीं है। मुझे वह रात अब भी याद है जब अमरनाथ स्वेच्छा से दवा लेने के लिए अपनी दुकान गया, जिसकी मेरे पिता को जरूरत थी, लेकिन वह अपने ही समुदाय के कट्टरपंथियों द्वारा मारा गया। उसके पिता और मां तबाह हो गए होंगे। मैंने सब कुछ खो दिया।'

फिरोजपुर के ग्रामीण इलाके

बेगम शाहनवाज

फिरोजपुर ग्रामीण क्षेत्रों में हुई घटनाओं के बारे में एक कहानी का बेगम शाहनवाज ने अपनी किताब में उल्लेख किया है। उन्होंने लिखा :

अगली सुबह जब हम अपना नाश्ता कर रहे थे तब हमने किसी को रोते और चिल्लाते हुए सुना। नौकर आए और हमें बताया कि चौधरी शफकत रसूल नाम के एक सज्जन जो फिरोजपुर जिले में अपनी बिरादरी के एक बहुत ही प्रभावशाली इंसान थे आए हुए थे और एक बच्चे की तरह रो रहे थे और मुझसे मिलना चाहते थे। जब मैं उनसे मिली तो पाया कि वह ऐसी बेहोशी की हालत में थे कि अपना शोक भी प्रकट नहीं कर पा रहे थे. . . धीरे-धीरे जब वह शांत हुए तो हमें उसने फिरोजपुर जिले की दु:खद कहानियों को बताया कि क्या हुआ था। उन्होंने कहा कि वह एक घुमावदार मार्ग से आये थे और भगवान की कृपा से किसी भी तरह, लाहौर पहुंच गये। 70,000 मुसलमान जिनमें उनकी दो सयानी बेटियों के साथ परिवार था नहरों के बीच एक छोटे से द्वीप में शरण लेने पर मजबूर हुआ था जिसे फरीदकोट राज्य के सिखों ने व्यावहारिक रूप से घेर कर रखा था और वे सभी की किसी भी पल हत्या कर सकते थे। उन्होंने कहा कि उनकी बेटियों को क्रूर सिखों के हाथों में जाने के बजाय, वह अपने परिवार को मृत देखना चाहेंगे। अलग-अलग स्थानों से कहानियाँ प्राप्त हो रही थीं कि वे परिवारों के बड़े सदस्यों की हत्या कर रहे थे और लड़कियों का अपहरण। वह रो रहे थे और उसके परिवार के सम्मान को बचाने के लिए मुझसे विनती कर रहे थे।

दो दिन के लिए मैंने हर संभव जान-पहचान वालों तक पहुँचने की कोशिश की लेकिन कोई सफलता नहीं मिली। शफकत रसूल उन्मत्त और वास्तव में दु:ख के साथ पागल हो रहे थे। तीसरे दिन मैंने ब्रिगेडियर मुहम्मद अयूब खान की मदद लेने का फैसला किया जो बाउंडरी फोर्स के दूसरे सबसे बड़े प्रभारी थे. . . मैंने अयूब को फोन किया और मेरे घर आने को कहा। जब वह आए तो चौधरी शफकत रसूल ने उन्हें सब कुछ समझाया। अयूब ने थोड़ी देर के लिए सोचा और फिर कहा कि एकमात्र मदद जो वह दे सकते थे वह यह थी कि एक हथियार वाहक में शफकत रसूल को भेजा जाए और उन्होंने मुझे सलाह दी कि फिरोजपुर में प्रभारी ब्रिटिश ब्रिगेडियर को एक पत्र भेजूँ। जब उन्होंने उस का नाम लिया तो मैं खुश हुई क्योंकि मैं उसका नाम अच्छी तरह से जानती थी. . . शफकत को उसी शाम एक अनुरक्षक और ब्रिगेडियर के लिए लिखे मेरे पत्र के साथ फिरोजपुर भेजा गया। अयूब बहुत मददगार थे और गड़बड़ी वाले क्षेत्र में शफकत रसूल के साथ सैनिकों की एक इकाई को भेजा। वे समय पर पहुंचे जब फरीदकोट के सिखों ने मुख्य हमला शुरू ही किया था। घिरे हुए सभी निर्दोष मुसलमानों के जीवन की रक्षा हो गई (2002: 211-12)।

जालंधर

जालंधर जिले में मुसलमान एक बहुत बड़ी 45 फीसदी वाले अल्पसंख्यक थे। यह मुस्लिम लीग का गढ़ था लेकिन कांग्रेस को आर.एस.एस. के अलावा काफी समर्थन हासिल था।

जालंधर शहर

जालंधर शहर और छावनी में 59 प्रतिशत मुसलमान बहुमत था। यह मुस्लिम लीग का गढ़ था हालांकि कांग्रेस और आर.एस.एस. दोनों भी अच्छी तरह से वहाँ संगठित और सक्रिय थे। सिख जालंधर में प्रमुख समूह नहीं थे।

मियां जलाल दीन

'जालंधर पाकिस्तान को दिया जाना चाहिए था। यह एक मुसलमान बहुल सन्निहित क्षेत्र था अगर लाहौर को जालंधर के रास्ते तक जोड़ा जाता। रैडक्लिफ माउंटबेटन से प्रभावित थे कि वह मुसलमान दावों को स्वीकार नहीं करें। हम दृढ़ता से पाकिस्तान के विचार के लिए समर्पित थे क्योंकि हम मजबूती से इस्लाम में विश्वास करते थे। मेरा परिवार काफी संभ्रांत था; मेरे दादा एक अमीर जमींदार थे और उन्होंने शहर में कई घरों का निर्माण किया था। यह सच है कि जालंधर के हिंदू अच्छे लोग थे, लेकिन आर.एस.एस. की यहां एक मजबूत उपस्थिति थी। अक्सर मुस्लिम लीग के नेशनल गार्ड और आर.एस.एस. के बीच तनाव पैदा हो जाता था।

'रैडक्लिफ अवार्ड को बहुत ज़्यादा भय की दृष्टि से देखा गया था। कुछ समय तक, हमारे बुजुर्गों ने वहीं रहने का फैसला किया, लेकिन तब ही हिंदुओं और सिखों ने पश्चिमी पंजाब में मुसलमान अत्याचारों की कहानियों के साथ बड़ी संख्या में आना शुरू कर दिया। इसके चलते सिख जत्थे और आर.एस.एस. ने आतंकवाद को हरकत में ला दिया। तब भी मुसलमान मान रहे थे कि वे स्थिति के साथ निपट लेंगे लेकिन हिंदू उप-आयुक्त पूरी तरह से पक्षपातपूर्ण रवैया रखता था। उसे गुजरांवाला से यहाँ स्थानांतरित कर दिया गया था जहां शायद मुसलमानों ने उसके समुदाय के खिलाफ अत्याचार किया था। मुसलमानों पर हमले प्रत्येक दिन बढ़ने लगे थे या यह कहा जाए कि हर घंटे हमले बढ़ रहे थे। अपराधियों के पास सभी प्रकार के हथियार थे। मुझे यह शर्तिया तौर पर लगता है कि वे कपूरथला राज्य से घोड़ों और यहां तक कि वाहनों से आते थे तथा चारों ओर गोली मारते और इमारतों को आग लगा देते। किसी को भी कोई दया नहीं दिखायी गई थी।

'मेरा एक हिंदू दोस्त अरविंद शर्मा था। वे ब्राह्मण थे। उसके पिता दिल्ली में सरकारी सेवा में तैनात थे। एक दिन वह आया और मुझे बताया कि उसने सुना है कि एक निर्णय लिया गया है कि पूर्वी पंजाब से सभी मुसलमानों को बाहर निकाल दिया जाए, इसलिए सबसे अच्छा यह है कि हम वहाँ से चले जाएँ। अधिकांश अन्य लोगों को शिविरों में पहुंचाया गया लेकिन हमारा एक शक्तिशाली और प्रभावशाली परिवार था, इसलिए हम बाद में अक्टूबर में गए। मेरे पिता ने तीन ट्रकों की व्यवस्था की थी, जिस पर हमारे करीबी पारिवारिक सदस्य और आवश्यक वस्तुएँ भरी हुई थीं। हमें मुसलमान सैनिकों ने वाघा तक अनुरक्षण दिया। रास्ते में मैंने चारों तरफ लाशों को देखा। पाकिस्तान भारत के मुसलमानों का एकमात्र समाधान था। कभी-कभी मैं जालंधर के बारे में सोचता हूँ और हम जालंधर में कभी रह चुके परिवारों के साथ संपर्क बनाए रखते हैं जो यहां चले आए। आमतौर पर विवाह भी हमारे बीच ही होता है लेकिन युवा पीढ़ी अब जालंधर के प्रति कोई दिलचस्पी नहीं रखती है। मैंने एक बार 1960 के दशक में जालंधर का दौरा किया था; पुरानी इमारतें तब भी थीं। किसी हिंदू खत्री परिवार को जो हफीजाबाद से आया था; उन्हें हमारे घर को आवंटित किया गया था। उन्होंने कृपा की कि मुझे अंदर आने दिया और मुझे उस कमरे को देखने दिया जहां मैं सोया करता था और पढ़ा करता था। उन्होंने मुझे चाय भी पेश की और हमने लंबी बात-चीत की। उनकी कहानी बहुत कुछ हमारी कहानी की तरह ही थी। मुझे बताया गया है कि पुरानी इमारतें अभी भी वहीं हैं लेकिन जालंधर एक जैसा तो नहीं हो सकता है।'

मुहम्मद अयूब खान

जालंधर की कुछ घटनाओं को पहले ही मुहम्मद अयूब खान की *तारीख-ए-पाकिस्तान और जालंधर* से एक पिछले अध्याय में प्रस्तुत किया गया है। 15 अगस्त के बाद होने वाली कुछ महत्वपूर्ण घटनाओं को प्रस्तुत किया जा रहा है।

> सितंबर के शुरू [शायद 15 अगस्त के बाद ही] में अखिल भारतीय कांग्रेस पार्टी के अध्यक्ष डॉ. जाकिर हुसैन (बाद में भारत के राष्ट्रपति) को उनकी पार्टी ने जालंधर की स्थिति की जानकारी लेने के लिए भेजा-लेखक की टिप्पणी: डॉ. जाकिर हुसैन उस समय पार्टी अध्यक्ष नहीं थे। वे जामिया मिलिया में एक प्रोफेसर थे जो एक कांग्रेस समर्थक मुसलमान शिक्षण संस्थान था। खबर फैल गई कि डॉ. जाकिर हुसैन आ रहे थे और जो मुसलमान आसपास के इलाकों में खौफ में जी रहे थे वे बड़ी संख्या में अपने परिवारों के साथ आने लगे; इस उम्मीद में कि उनके जीवन की सुरक्षा में अब सुधार होगा। इसके बजाए वे सिख जत्थों का आसान चारा बन गए जिन्होंने मौत का तांडव मचा दिया. . . उपायुक्त खान तारिक इस्माइल खान वहां अपनी पत्नी और

बच्चों को लेकर करनाल से पहुंचे। वह पश्चिमी कपड़ों में एक यूरोपीय दिख रहे थे और हमलावरों से बचने में सक्षम रहे। जालंधर के प्लेटफार्मों पर लाशें बिखरी पड़ी थीं। करीब सात से आठ हजार मुसलमान वेटिंग रूमों में शरण ले चुके थे. . . डॉ. जाकिर हुसैन ने मुसलमान पहनावा पहन रखा था और कुछ लोगों ने उन पर हमला करने की कोशिश की, लेकिन कांग्रेसी कार्यकर्ता उनके पास इकट्ठा हो गए तथा उनका कोई नुकसान नहीं होने दिया. . . जब तारिक इस्माइल खान को पता लगा कि डॉ. जाकिर हुसैन स्टेशन पर थे तो वह और कुछ अन्य मुसलमान वहाँ चले गए और उनसे मुलाकात की। उन हजारों मुसलमानों के बारे में उन्हें बताया जो वेटिंग रूमों में छिपे हुए थे और उनके हस्तक्षेप के लिए कहा। डॉ. जाकिर हुसैन ने वहाँ मौजूद कांग्रेस कार्यकर्ताओं और सरकारी अधिकारियों को मदद करने के लिए आग्रह किया कि हजारों मुसलमानों को सुरक्षित रूप से शरणार्थी शिविरों तक पहुंचाया जाए वरना वह जमीन पर बैठ कर विरोध जताएँगे। इसने कांग्रेस कार्यकर्ताओं को प्रेरित किया जिन्होंने आतंक से त्रस्त मुसलमानों के लिए ट्रकों और अन्य परिवहन साधनों की व्यवस्था की और फिर उन्हें शिविरों तक ले जाया गया (2002: 271-3)।

प्रधानमंत्री जवाहर लाल नेहरू ने 24 सितंबर को (24 अगस्त को या उससे पहले) जालंधर का दौरा किया. . . नेहरू लुधियाना से दो मौलवियों के साथ आए थे जो मजलिस-ए-अहरार और राष्ट्रवादियों से नाता रखते थे [उनमें से एक मौलाना हबीबुर रहमान थे; यह मुझे लुधियाना में तब पता चला जब मैंने उनके पोते का साक्षात्कार लिया जो अब वहाँ रहते हैं और मुख्य मस्जिद के प्रमुख हैं]। कमेटी बाग में एक सार्वजनिक सभा का आयोजन किया गया। यह लोग एक बड़ी संख्या में उपस्थित थे। मुसलमानों की तरफ से मुस्लिम लीग के कार्यकर्ता शम्सुल हक शहीद ने बात की तथा मुसलमानों के खिलाफ हिंदुओं और सिखों द्वारा अत्याचार का ब्यौरा दिया।

नेहरू ने अपने भाषण में कहा कि इस तरह का आचरण अच्छे और सभ्य लोगों का नहीं हो सकता है। यह अपराधियों और गुंडों का व्यवहार है। उसके बाद एक सिख साम्यवादी ने कहा,"चाहे ये लोग अपराधी हैं या गुंडे ये सब आपके इर्द-गिर्द हैं।" यह सुनने पर नेहरू ने कहा, "मैं यहाँ शांति और सौहार्द स्थापित करने के लिए आया हूँ। जो लोग अपने घरों को छोड़ कर दूर चले गए हैं, मैं उन्हें ले आऊँगा।" इसके बाद उन्होंने कड़ाई से हिंदू, सिख और प्रशासनिक अधिकारियों को कायदा और कानून बनाए रखने के निर्देश दिए। परिणाम यह हुआ कि बाद में मुसलमानों पर हमले काफी कम हो गए (वही: 273)।

> पंडित जवाहर लाल नेहरू की इस यात्रा के एक हफ्ते बाद भारत के गृह मंत्री सरदार वल्लभभाई पटेल ने जालंधर का दौरा किया। लोगों को मिलने के बजाए उन्होंने प्रशासनिक कर्मचारियों और कांग्रेस के कार्यकर्ताओं के साथ विचार-विमर्श करने तक खुद को सीमित रखा। उनकी यात्रा का उद्देश्य क्या था? यह एक राज था लेकिन उनके जाने के बाद मुसलमानों पर हमलों की तीव्रता में काफी वृद्धि हुई। इससे यह अनुमान लगाया जा सकता था कि उनकी इस यात्रा का मुख्य उद्देश्य नेहरू की यात्रा के उद्देश्यों को असफल और निष्क्रिय करना था। जैसे ही वह चले गए कर्फ्यू लगा दिया गया। व्यवहार में यह केवल मुसलमानों की आवाजाही रोकने के लिए लगाया गया था। हिंदू और सिख बेरोकटोक और बिना किसी भय के इधर उधर जा सकते थे। वे स्वतंत्र रूप से अपनी तलवारें और कृपाणें लहराते हुए घूमा करते थे। क्षेत्र में जो गोरखा सैनिक ड्यूटी पर थे और गश्त लगा रहे थे उन्हें हटा दिया गया क्योंकि वे हिंदुओं और सिखों को हमला करने से रोक रहे थे। इसके बजाए डोगरा सिपाहियों को गश्ती की ड्यूटी पर लगा दिया गया। गोरखाओं के विपरीत वे बहुत पक्षपातपूर्ण थे। हिंदुओं के निर्देशन के तहत डोगरा सैनिकों ने जालंधर के अग्रणी मुसलमानों की हत्या शुरू कर दी (2002: 273-4)।

इस कथा के संबंध में यह ध्यान दिया जाना है कि दी गई तारीखें गलत हैं लेकिन वर्णित घटनाओं को अन्य स्रोतों द्वारा सत्यापित किया गया है। यह किताब मुसलमान इलाकों पर हुए हमलों का विशिष्ट विवरण तथा डोगरा सैनिकों और हिंदू-सिख गिरोहों की मिली-भगत द्वारा मारे गए प्रमुख मुसलमान नामों में से कुछ उजागर करती है। उद्धृत उदाहरणों में कुछ वास्तव में दिल दहला देने वाले हैं; उदाहरण के लिए, 'जिन मुसलमानों को सिविल अस्पताल में लाया गया था उनका कोई उपचार नहीं किया गया और कुछ को तो फांसी दी गई' (वही: 275)।

वह लिखते हैं कि मुस्लिम लीग के कार्यकर्ताओं और नेताओं ने उनके खिलाफ भारी मुश्किलों का सामना किया। तीन मुसलमानों ने उन्हें हिंदू-सिख मंसूबों के बारे में खुफिया जानकारी उपलब्ध कराई थी जिसमें मुसलमान इलाकों पर हमला करने और उनके नेताओं को मारने की साजिश शामिल थी। उन तीन में से एक था अब्दुल गनी जो एक हिंदू की प्रिंटिंग प्रेस में काम करता था। वह हिन्दी और गुरुमुखी पढ़ सकता था और इसलिए वहां से भेजे जा रहे संदेशों की समझ उसको थी। और एक थे सीआईडी की गुप्त शाखा में कार्यरत हवलदार अब्दुल हमीद। एक अन्य थे सहायक उप निरीक्षक शेख अब्दुल रहीम। हालांकि पुलिस में एक सहायक उप-निरीक्षक कुख्यात मुसलमान खुशी मुहम्मद भी था जिसने हिंदुओं और सिखों का साथ दिया। वह अपने गैर-मुसलमान वरिष्ठ अधिकारियों को खुश करने के लिए मुस्लिम लीग कार्यकर्ताओं के घरों पर छापा मारता। वह मुसलमानों के बीच में खुशी राम के रूप में जाना जाने

लगा। उन घटनाओं में मुसलमान कैदियों के भागने का भी उल्लेख है जो जेल स्टाफ पर हावी होकर भाग निकले। कुछ मारे गए लेकिन दूसरे भाग निकले (वही: 317-20)।

जब नूरपुर के शरणार्थी शिविर पर हमला किया गया तब 150 मुसलमान लड़कियों ने कुओं में छलांग लगा दी और गैर-मुसलमानों के हाथों में पड़ने के बजाए खुदकुशी करना पसंद किया। जहां तक जालंधर और आस-पास के गाँवों में मुस्लिम लीग के युवाओं और हिंदू-सिख हमलावरों के बीच मुकाबलों में हुई मौतों का सवाल है, वह यह अंदाजा लगाते हैं कि 60,000-70,000 मुसलमान तथा केवल 10,000-12,000 हिंदू और सिख मारे गए होंगे। उन्होंने इस बात का भी जिक्र किया कि 700 से लेकर 800 महिलाओं ने लुधियाना जिले के शिविरों में खुद को सतलज नदी में डुबा कर आत्महत्या कर ली क्योंकि शिविर के सुरक्षा इंतजाम बहुत कमजोर थे और मुसलमान पुरुष हिंदू-सिख गुटों के साथ लड़ते हुए मारे जा चुके थे (वही: 320-25)।

भारतीय कम्युनिस्ट पार्टी की रिपोर्ट

भारतीय कम्युनिस्ट पार्टी (सीपीआई) द्वारा तैयार की गई 21 सितंबर 1947 दिनांकित विस्तृत रिपोर्ट में पूर्वी पंजाब के कई हिस्सों में मुसलमानों पर हमलों के विवरण दिए गए हैं। 24 अगस्त 1947 की रिपोर्टों में से एक में जालंधर शहर पर की गईं जवाहर लाल नेहरू की दो यात्राओं का उल्लेख है। अनुमान है कि दोनों यात्राएँ 25 अगस्त से पहले की गई होंगी और यह निश्चित रूप से सही है। मुहम्मद अयूब खान का दावा है कि पाकिस्तान का पंजाब सीमा बल में प्रतिनिधित्व करने वाले कर्नल अयूब खान ने नेहरू के दौरा करने के बाद जालंधर का दौरा किया। पंजाब सीमा बल जिसमें भारत और पाकिस्तान के सैन्य कर्मियों को शामिल किया था तथा जो मेजर जनरल रीस के आदेश के तहत थी उसे 1 सितंबर को भंग कर दिया गया था, हालांकि बहुत बाद तक दोनों सेनाओं ने शरणार्थियों के हस्तांतरण में सहयोग करना जारी रखा।

सीपीआई की रिपोर्ट यह उल्लेख करती है कि मुसलमान आश्वस्त थे कि जालंधर डिवीजन पाकिस्तान को मिलेगी। इसलिए उन्होंने वहाँ से जाने की कोई तैयारी नहीं की लेकिन दंगों का मुकाबला करने के लिए वे तैयार थे। दूसरी ओर कई मजिस्ट्रेटों सहित आर.एस.एस. और शहर प्रशासन ने मुसलमानों पर हमला करने के लिए विस्तृत योजना तैयार कर ली थी। 17 अगस्त को उस योजना को जालंधर शहर में कार्यान्वित किया गया। वास्तव में 15 अगस्त के बाद आर.एस.एस. ने अफवाहें फैला दी थीं कि लाहौर में मुसलमानों ने सभी हिंदू इलाकों और व्यवसायों को जला दिया था। लाहौर से आए अधिकारियों ने जो कहा था उसके आधार पर एक अतिरिक्त जिलाधिकारी श्री वशिष्ठ ने अन्धकारमय विवरण दिया। इसी तरह सियालकोट और गुजरांवाला से आई हिंदू दुख की खबरें फैल गईं। कथित तौर पर बलात्कार की गईं हिंदू महिलाओं की तस्वीरों की प्रतियां लोगों को

दिखाई गई थीं जिनमें मुसलमान गर्व के साथ मुस्लिम लीग के झंडे के साथ दिख रहे थे। बम विस्फोटों जिनमें हालांकि मुसलमानों की मौत हो गई और वे जख्मी हुए थे, उनके लिए भी मुसलमानों को दोषी ठहराया गया था। एक और तस्वीर में डेरा इस्माइल खान या डेरा गाजी खान की गलियों में नग्न हिंदू महिलाओं को एक जुलूस में घुमाते हुए दिखाया गया था (1993: 170–71)।

यहां तक कि प्रमुख सभ्य हिंदुओं ने ऐसे प्रचार में भाग लिया। परिणामस्वरूप क्रोध चोटी पर पहुंच गया था। इस प्रकार 17 अगस्त के बाद मुसलमान घरों को व्यवस्थित रूप से जला दिया गया। एक मुसलमान महिला नेता शमीम सहित कुछ मुसलमान महिलाओं का बलात्कार किया गया। लूट, हत्या और अन्य जुल्मों को खुले आम किया गया। राइफलों, रिवाल्वरों और स्टेन–गनों का अक्सर इस्तेमाल किया गया। रेलवे स्टेशन का नियंत्रण सिखों और आर.एस.एस. कार्यकर्ताओं के हाथों में दे दिया गया जो पंजाब राहत श्रमिकों का मुखौटा धारण किए हुए थे। सम्मानजनक कांग्रेसी नेता डॉ. जाकिर हुसैन को बड़ी मुश्किल से बचाया गया था। नेहरू की यात्रा के बाद एक मुसलमान शरणार्थी शिविर जालंधर में स्थापित किया गया था। दूसरे शहर के पास पठान बस्तियों में या अन्य स्थानों के आसपास एकत्र हुए मुसलमानों के पास चले गए। हथियारों से लैस मुसलमान शरणार्थियों ने बिजली घर और अन्य ठिकानों पर हमला किया। 24 अगस्त 1947 को मुसलमान आबादी का एक तिहाई भाग अभी भी शहर में अपने घरों और बस्तियों में था।

रिपोर्ट हमें बताती है कि नेहरू ने एक दूसरा दौरा किया और उसके बाद हालात शांत हो गए। मगर गांवों में स्थिति तनावपूर्ण रही। भयानक अत्याचार किए गए। यह बयान किया गया है, 'अतिरिक्त जिला मजिस्ट्रेट (भल्ला) ने खुले तौर पर हमें बताया कि वह उस निर्धारित योजना के बारे में जानते थे जिसके तहत मुसलमान इलाकों को जला देना था और कहा कि अगर नेहरू करार खुम मोहल्ला नहीं आए होते (सबसे बड़ी मुसलमान बस्ती) तो इसे 22 को और दूसरों को उसके बाद जला दिया गया होता (वही: 172)।

30 अगस्त 1947 दिनांकित एक और प्रेषण में जो जालंधर जिले के ग्रामीण क्षेत्रों के बारे में था, मुसलमानों के खिलाफ हमले का व्यापक आंकड़ा दिया जाता है। 15 अगस्त को मुसलमानों ने स्वतंत्रता समारोह में भाग लिया लेकिन अकाली प्रचार ने पूरे वातावरण में जहर फैला दिया था। आगे कहा गया, '15 वीं को जालंधर जिला मजिस्ट्रेट श्री मिधा ने (जिसके बेटे का कथित रूप से गुजरांवाला में छुरा घोंप कर कत्ल किया गया था) लोगों को हरी झंडी दिखा दी कि वे "तीन दिन तक जो कुछ अच्छा लगे वह कर लें"। उन पर आरोप लगाया गया कि उन्होंने लोगों को उनके बेटे की छुरा मार कर की गई हत्या का बदला लेने के लिए कहा। पुलिस और सैन्य अधिकारियों ने गोला बारूद वितरित किया तथा वे हत्या, आगजनी और लूट में शामिल हो गए। कांग्रेस

के कुछ नेता भी इसमें शामिल हो गए। जिला कांग्रेस कमेटी के अध्यक्ष दरबारा सिंह ने एक प्रमुख हिस्सा लिया और लूट के ढेर एकत्र किये' (वही: 174-5)।

इस तरह की समन्वित हिंसा ने जिसमें सरकारी अधिकारियों, नागरिक और सैन्य, आर.एस.एस, अकाली और कांग्रेस के नेताओं ने भाग लिया, मुसलमानों को आश्वस्त कर दिया कि वे भारत सरकार द्वारा संरक्षित नहीं किये जा सकते। एक अकाली नेता जो मुसलमानों को आतंकित करने के लिए जाने गए वह थे संत हरि सिंह कहानपुरी जो एक प्रमुख धार्मिक नेता थे। उनके गिरोह फरीदकोट राज्य बल के सैनिक द्वारा समर्थित थे। उसके जत्थे के लगभग 2500 पुरुष फरीदकोट राज्य के केन्द्रों में बंदूकें, राइफलें, टॉमी-बंदूकों और ब्रेन-बंदूकों के इस्तेमाल में प्रशिक्षित किया गया। यह कहा गया है :

> संत हरि सिंह मुसलमानों के लिए एक आतंकी नाम बन गया है। अपने घुड़सवारों के साथ उसके गिरोह गांव-गांव जाते हैं। वह एक शिकार गांव में आम तौर पर 3000-4000 लोगों को लेकर एक सामूहिक बैठक आयोजित करते हैं। वहाँ संत खत्म हो चुके सिख साम्राज्य की महिमा के बारे में, पश्चिमी पंजाब में मुसलमानों द्वारा अत्याचार (और) उन्हें खत्म करने के लिए खालसा के कर्तव्य पर एक भाषण देते हैं। अंत में वह उन्हें मुसलमानों का धर्म परिवर्तन करवाने या लूट या उन सब की हत्या के लिए उकसाते हैं। इसके बाद मुसलमानों का खात्मा कर दिया जाता है (वही: 175)।

मेजर जनरल (सेवानिवृत्त) सैयद वजाहत हुसैन ने पीबीएफ में सेवा की। वह लिखते हैं कि 23 अगस्त की दोपहर को वह जालंधर में ट्रेन की सवारी कर आए और उनके पास एक छोटा सा मिश्रित बल, तीस टैंक और कुछ वाहन थे और जल्दी से वह छावनी उपनगरों की ओर गए जहां मुसलमान पठान मोहल्ले और बस्तियां स्थित थीं। कई अच्छे घरों के मुसलमान इन क्षेत्रों में रहते थे। उन्हें बचा कर शरणार्थी शिविरों में ले जाया गया जहां से बाद में उन्हें पाकिस्तान ले जाया गया (हुसैन, 2010: 58)।

जालंधर के ग्रामीण इलाके

29 दिसंबर 2004 को, अहमद सलीम और मैंने पंजाबी लेखक मुहम्मद आशिक राहील का उनके आउटफॉल रोड, संतनगर, लाहौर स्थित निवास पर साक्षात्कार लिया। उन्होंने हमें बताया:

'मेरा जन्म मेरे कस्बा नूर महल स्थित ननिहाल में हुआ था। अन्यथा हमारा गाँव पटियाला राज्य के पिंढोर में था। हम भट्टी राजपूत हैं। मैं जालंधर में बड़ा हुआ क्योंकि पटियाला के हमारे इलाके में कोई स्कूल नहीं था और इसीलिए मेरे मामा मुझे यहाँ ले आए ताकि मैं स्कूल जा सकूँ। मैं 7वीं कक्षा में था जब देश का विभाजन हुआ।

नूर महल में मुख्यतः हिंदू और मुसलमान थे। हमारे शहर पर कोई हमला नहीं हुआ। हमारा पूरा परिवार यहाँ नूरमहल में था। हम नकोदर शिविर में आए और यहाँ महीनों तक रहे। फिर अक्टूबर के मध्य एक ट्रेन आई और हमें पाकिस्तान ले गई। हमें गाड़ी की छत पर बैठना पड़ा। लाहौर में एक महीने बाद मेरी माँ की मृत्यु हो गई। मैं तब एक छोटा लड़का था और एक साल का मेरा एक छोटा भाई था। हमारी बड़ी बहन ने हमें पाल-पोस कर बड़ा किया। मेरे पिता को नाभा और पटियाला की सीमा पर मार दिया गया।

'मैंने एक सिख सहपाठी के साथ संपर्क बनाए रखा जो बाद में कलकत्ता चला गया था जहां उसकी मृत्यु हुई। कुछ साल पहले मैंने नूरमहल का दौरा किया था। कई लोगों को मेरे नाना और मामा अब भी याद थे। उन्होंने मुझे एक घर वापस लौटे बेटे की तरह स्वागत किया। वहाँ वापस जाना एक बहुत भावनात्मक तजुरबा था। मैंने इसके बारे में अपनी कहानियों में लिखा है।'

डॉ. मुहम्मद अफजल

मैं आसफ अली शाह के माध्यम से डॉ. मुहम्मद अफजल के साथ संपर्क में आया था, जिनका पहले ही उल्लेख किया गया है जब पीबीएफ में और बाद में शरणार्थियों के अनुरक्षण के लिए संयुक्त भारत-पाकिस्तान के बीच सैन्य अभियानों में सेवा करने वाले लेफ्टिनेंट जनरल आफताब अहमद खान के साथ संपर्क किया गया था। डॉ. अफजल जो सेवानिवृत्त होने से पहले उप सचिव स्थानीय सरकार और ग्रामीण विकास थे, पाकिस्तान की पंजाब सरकार में कई महत्वपूर्ण पदों पर थे। डॉ. अफजल ने मुझे अपनी पुस्तक *दास्ताने-ए-संगम*, 31 अक्टूबर 2007 दिनांकित हस्ताक्षर के साथ भेजी। यह 15 अगस्त के बाद मुसलमानों की हत्या की एक और हृदय विदारक कहानी बताती है:

> मैं जुलाई 1938 में संधम गांव, तहसील और जिला जालंधर में पैदा हुआ था। 1947 में यह जालंधर और होशियारपुर जिलों के बीच की सीमा पर स्थित था। इसकी जनसंख्या लगभग पूरी तरह से अराइन जाति के छोटे किसानों की थी। संधम को अतीत में कई बार मिट्टी में मिला दिया था, लेकिन हमेशा यह राख से उठ खड़ा होने में कामयाब रहा। 19 वीं सदी में सिख शासन का स्थापित होना यहाँ के लोगों के लिए विशेष रूप से बुरा था।
>
> 23 जुलाई 1947 को संधम के लोग अपने काम में हमेशा की तरह व्यस्त थे जब एक मुसलमान परिवार पर पास के सोस नामक गांव से सिखों ने पहला हमला किया। एक युवती, उसके भाई और उसके बच्चे को जो वहाँ चल कर जा रहे थे, उन पर हमला किया गया और उन्हें मार दिया गया। शिशु को हवा में लहरा कर एक भाले द्वारा उसे भेद दिया गया; युवक ने

मुकाबला किया मगर उसे निर्दयता से मार दिया गया। जवान औरत का पहले बलात्कार किया गया और फिर उसकी हत्या कर दी गई। राणा मुहम्मद हनीफ, ए.एस.पी, ने इस मामले की जांच की और फिर हमें इस दर्दनाक घटना के बारे में पता चला।

25 जुलाई को एक सिख जत्थे ने एक मुसलमान किसान मौलवी अल्लाह बख्श को मार दिया जो ढबोली गांव के बाहरी इलाके में खेती कर रहा था। ढबोली के लोग सिखों का सामना करने के लिए बाहर गए। संधम से भी पीर शाह मुहम्मद और चौधरी मोहम्मद इस्माइल के नेतृत्व में लोग ढबोली के लोगों की मदद करने के लिए चले गए। एक भयंकर लड़ाई हुई। सिखों के नेता की हत्या कर दी गई थी लेकिन चौधरी मुहम्मद इस्माइल को भी चाकू मारा गया। उन्हें शाम चौरासी ले जाया गया जहां एक हिंदू चिकित्सक ने उसका ऑपरेशन किया लेकिन उसकी जिंदगी नहीं बचा सका. . .

(इसके बाद गाँव के मुसलमानों की अन्य हत्याओं का विवरण है)

अगस्त 26 को सिख जत्थे सुबह से संधम के दक्षिण पश्चिम खेड़ा में एकत्रित होने लगे। कुछ लोगों का कहना था कि हम प्रतिरोध करें. . . लेकिन बढ़ती हुई फसल की आड़ में सिखों ने गांव में प्रवेश किया और संधम के लोगों पर हमला कर दिया। हमलावरों ने घरों को जला दिया. . . सितंबर की शुरुआत में करीब 15,000 मुसलमान शाम चौरासी में इकट्ठे हुए थे और अपने बचाव के लिए खुद को व्यवस्थित करना शुरू किया था। उन्होंने जालंधर छावनी में शरणार्थी शिविर में जाने की तैयारी शुरू कर दी। समस्या यह थी कि शाम चौरासी में हिंदुओं की उपस्थिति के चलते अपनी योजनाओं को छुपा कर रखना आसान नहीं था। जिन डोगरा सैनिकों को मुसलमानों की रक्षा के लिए तैनात किया गया था वे शाम चौरासी के चारों ओर के सिख गांवों से होकर आए थे। अफवाह तो यह थी कि मुसलमानों पर एक हमले में वे सिखों और हिंदुओं के साथ-साथ भाग लेने वाले थे।

13 सितंबर को सभी तरफ से सिख जत्थों ने हमला किया। गाँव को घेर लिया गया और भागने का कोई रास्ता नहीं था। क्योंकि सुबह होने से पहले हमला हुआ था मुसलमान हमलावरों से लड़ने के लिए तैयार नहीं थे। इससे पूर्व हमले में भाले, तलवारें और कुल्हाड़ियों का प्रयोग किया गया था। शाम चौरासी पर इस हमले में बंदूकों और राइफलों का इस्तेमाल किया गया और उनकी आवाज हवा में गूंज रही थी। सैनिकों की मदद के साथ नरसंहार शुरू हुआ। कुल 300 मुसलमान पुरुषों, महिलाओं और बच्चों की मौत हो गई।

शाम चौरासी मिडिल स्कूल का केवल एक ही गेट था। स्कूल का परिसर मुसलमान शरणार्थियों से भरा हुआ था। उन सबकी सूर्योदय से पहले हत्या कर दी गई। गाँव की सड़के और आसपास के क्षेत्र मृत शरीरों से भरे पड़े थे। वहाँ एक मस्जिद थी जो मस्जिद शोरगराँ के नाम से जानी जाती थी तथा यह स्कूल से करीब 200 मीटर की दूरी पर थी। कोटली के मौलवी सुल्तान अली मुसलमानों की प्रारंभिक सुबह की नमाज की अगुवाई कर रहे थे। मस्जिद को घेर लिया गया और सभी इबादतियों को मार डाला गया। हल्की-हल्की बारिश हो रही थी। मस्जिद के हॉल और परिसर रक्त से लाल हो गए। चौधरी अली बख्श (डॉ. अफजल के दादा) और उसके भतीजे चौधरी फजल मुहम्मद छापे में शहीद हो गए थे। इस्लाम के इतिहास में उनके नाम उन लोगों के साथ जुड़ गए जिनकी नमाज अदा करते हुए शहादत हुई. . .

असहाय शरणार्थियों पर तब हमीरा, ढिलवां और ब्यास रेलवे स्टेशनों से गुजरते समय हमला हुआ. . . भूखे, प्यासे और पूरी तरह से थके हुए शरणार्थियों को बेरहम सिखों के हमले का सामना करना पड़ा, कि तब ही ब्यास नदी के अचानक बढ़ते हुए पानी के स्तर ने उन्हें चपेट में ले लिया। उस समय तक देर रात हो चुकी थी। जब कि बाढ़ का पानी चढ़ रहा था, आसपास के पेड़ों पर सांप मंडराने लगे. . . सिख रेलवे स्टेशन पर इंतजार कर रहे थे। इस तरह के शक्तिहीन लोग किस तरफ जाते?. . . हजारों ब्यास के पानी में डूब गए. . . जो लोग बच गए वे हैजा का शिकार हो गए. . . कई उसमें मारे गए (अफजल, बिना तारीख: 48-57)।

लुधियाना जिला

लुधियाना जिले की जनसंख्या का मुसलमान प्रतिशत 37 था। सिख लुधियाना जिले में सबसे बड़ा समुदाय था और वे जनसंख्या का लगभग 42 फीसदी थे। कुछ सिख रियासतों के अलावा मुसलमानों की सबसे क्रूर हत्याओं के मामले लुधियाना जिले के ग्रामीण क्षेत्रों में हुए।

लुधियाना शहर

छावनी क्षेत्र सहित लुधियाना शहर में मुसलमान लगभग 63 प्रतिशत की बहुलता में थे। हालांकि यह सतलुज नदी के और सुदूर पूर्व और दक्षिण में स्थित है इसकी मुसलमान बहुमत के चलते वहाँ लोगों का मानना था कि लुधियाना जिले को पाकिस्तान में रखा जाएगा। एस.जी.पी.सी. की रिपोर्ट उल्लेख करती है कि मुस्लिम लीग लुधियाना में बहुत सक्रिय थी और कुछ संघर्ष भी हुए लेकिन स्थिति अगस्त के शुरुआत के

समय तक मोटे तौर पर शांतिपूर्ण रही। मोहनलाल झांजी, वकील और गांव विर्क के सरपंच, जिला लुधियाना, ने हमें बताया कि दंगों से पहले लुधियाना में बहुत ज़्यादा सद्भावना का माहौल था। प्रसिद्ध दो मुसलमान कवि, साहिर लुधियानवी और तुफैल होशियारपुरी उनके करीबी दोस्त थे। बलदेव वर्मा ने मुझे बताया कि उनके पिता गदर पार्टी के एक प्रमुख सदस्य थे जिसने बीसवीं सदी के शुरू में अंग्रेजों के खिलाफ एक विद्रोह भड़काने की कोशिश की। उनके पिता ने 14 साल जेल में सजा काटी। उन्होंने इस बात की पुष्टि की कि लुधियाना एक प्रबुद्ध शहर था, लेकिन 1946 के चुनाव के बाद सांप्रदायिक संबंधों में खटास आने लगी तथा ये और बुरे हो गए।

सैयद मुहम्मद इस्लाम शाह

'हमारा परिवार मूल रूप से शिमला से है, लेकिन मेरे पिता लुधियाना में आकर बसे थे। वह एक हकीम थे। वह भगवान से डरने वाले एक व्यक्ति थे जो प्यार और सहानुभूति के साथ सभी मनुष्यों का इलाज करते थे। वह एक सूफी भी थे जिनका चिश्तीया संप्रदाय से संबंध था। हिंदू, मुस्लिम, सिख, ईसाई सभी वहाँ इलाज के लिए आ सकते थे जो बहुत सस्ता था। वह गरीबों से कोई शुल्क नहीं लेते थे।

'लुधियाना में कुछ गड़बड़ी हो रही थी, लेकिन सभी समुदायों में यह समझ थी कि शांति और अच्छे संबंध बनाए रखे जाने चाहिए। मगर अगस्त में स्थिति तेजी से खराब होने लगी। सारे शहर में मुसलमानों पर हमले होने शुरू हो गए। सच में लोगों को कोई सुराग नहीं था कि भारत और पाकिस्तान के बीच सीमा कहाँ होगी। लुधियाना के मुसलमानों ने अपने घरों को खाली किए जाने की कोई तैयारी नहीं की थी। ईद को एक बहुत ही अधूरे मन से मनाया गया। ज़्यादातर लोग मैदान और मस्जिदों में इबादत करते हुए एक दूसरे से मिलते थे। यह उन मुद्दों पर चर्चा करने का अवसर प्रदान करता था कि हमें आगे कौन सी रणनीति लेने की जरूरत थी। हमलों की तीव्रता बढ़ती जा रही थी। लोग अपने घरों को छोड़ महत्वपूर्ण और प्रभावशाली लोगों की हवेलियों (मकान) में इकट्ठा होने लगे। सभी मुसलमान अब बराबर थे। हर किसी को दूसरे की जरूरत थी। कुछ ही दिनों में मुसलमान मुहल्लों पर हमला किया जाने लगा। अधिकारी पूरी तरह से पक्षपातपूर्ण बन गए थे। कोई भी मदद करने को तैयार नहीं था। कुछ हिंदुओं और सिखों ने अपने दोस्तों और पड़ोसियों को संरक्षण दिया लेकिन समूचे तौर पर कोई भी सिख जत्थों का सामना नहीं करना चाहता था और राष्ट्रीय स्वयंसेवक संघ भी लुधियाना में सक्रिय था।

'जल्द ही शरणार्थियों का एक लंबा जुलूस शिविर की ओर अग्रसर होने लगा जिसे मुसलमानों के लिए स्थापित किया गया था। रास्ते पर अचानक हम सशस्त्र सिखों से घिर गए। वे हमला करने ही वाले थे कि उनमें से एक ने मेरे पिता को पहचान लिया। मुझे लगता है कि उस सिख का नाम मिल्खा सिंह था। वह हमलावरों पर चिल्लाया

और कहा कि इस तरह के एक पुण्य आदमी पर हमला करने का वे पाप नहीं करें जिसने हमेशा बिना भेदभाव या अपवाद के संकट में पड़े लोगों की मदद की थी। उनके शब्द का एक जादुई प्रभाव दिखाई पड़ा। सिखों ने रास्ता दे दिया और हम सुरक्षित रूप से भाग निकले नहीं तो यह एक भयानक स्थिति हो सकती थी। भगवान ने हमें बचा लिया। मिल्खा सिंह एक दूत साबित हुआ। यह सितंबर के शुरू में हुआ हालांकि मुझे पक्के तौर पर याद नहीं है। मैं तब एक छोटा लड़का था।'

मौलाना हबीबुर रहमान तन्वी लुधियानवी

मुझे बलदेव वर्मा से यह जान कर बहुत आश्चर्य हुआ कि एक अग्रणी साम्राज्यवाद विरोधी अहरार मौलवी के पौत्र अभी भी लुधियाना में हैं और शहर की एक प्रमुख मस्जिद के इमाम हैं जहां शुक्रवार को हजारों लोग इबादत करने के लिए आते हैं और इतना ही नहीं उस दिन यातायात के लिए मुख्य सड़कों को बंद कर देना पड़ता है। मैं मौलाना हबीबुर रहमान तन्वी लुधियानवी से 4 जनवरी 2005 को मिला। उन्होंने निम्नलिखित कहानी सुनाई:

> 'मेरे परदादा के दादा शाह अब्दुल कादिर लुधियानवी पंजाब के पहले इंसान थे जिन्होंने 1857 में अंग्रेजी ईस्ट इंडिया कंपनी के खिलाफ हथियार उठाये। उन्होंने मुसलमानों, हिंदुओं और सिखों को शामिल किया और एक बड़ी सेना बनाई जिसने अंग्रेजों को न केवल लुधियाना से बल्कि पानीपत से भी निकाल बाहर किया। तब वह अपने आदमियों के साथ बहादुर शाह जफर का समर्थन करने के लिए दिल्ली के लिए रवाना हो गए। वह 1857 में चांदनी चौक में हजारों अन्य लोगों के साथ लड़ते हुए मारे गए।
>
> 'मगर उसके वंशज क्रांतिकारी संघर्ष का समर्थन करते रहे तथा गदर पार्टी और भगत सिंह के सहयोगियों दोनों को बाद में उनके द्वारा सहायता प्राप्त हुई। उन्होंने सुभाष चंद्र बोस की भी सुरक्षित रूप से पंजाब से उत्तर पश्चिम सीमांत प्रांत जाने में मदद की। 7 जनवरी 2001 को ट्रिब्यून, चंडीगढ़ ने मेरे परिवार की साम्राज्यवाद विरोधी सेवाओं पर एक कहानी लिखी।
>
> 'मेरे दादा मौलाना हबीबुर रहमान लुधियानवी मजलिस-ए-अहरार के एक संस्थापक सदस्य थे। सितंबर 1947 में हम लुधियाना से चले जाने के लिए मजबूर हुए क्योंकि सिखों द्वारा हमले बहुत तीव्र और जोरदार थे। बड़ी कठिनाई से हमारा परिवार लुधियाना रेलवे स्टेशन तक पहुँचने में कामयाब रहा। हजारों मुसलमान उन्हें पाकिस्तान ले जाने के लिए स्टेशन पर गाड़ियों का इंतजार कर रहे थे। हम उन गाड़ियों में से एक में सवार होने में कामयाब रहे। इस गाड़ी को सैन्य अनुरक्षण दिया गया था। हालांकि यह कई घंटों तक

विलंबित हो चुकी थी और बिना किसी बड़े हमले का सामना किए लाहौर पहुँच गई।

'दादा लाहौर में एक दिन के लिए रुके थे। हमारे कुछ रिश्तेदार थे और इसलिए हमारे परिवार का ध्यान रखा जा सका था। वे दिल्ली लौट आए क्योंकि लुधियाना में उतरना असंभव था। उनका बहुत सम्मान के साथ स्वागत किया गया तथा नेहरू उन्हें भारत का उप-राष्ट्रपति बनाना चाहते थे लेकिन देवबंद उलेमा को जलन होने लगी तथा उन्होंने चुपके से इस विचार का विरोध किया। वे काफी समय तक दिल्ली में बने रहे लेकिन फिर धीरे-धीरे लुधियाना की मुख्य मस्जिद हमें दे दी गई। दादा पूर्वी पंजाब में बने रहने के लिए अपना कर्तव्य महसूस कर रहे थे और इसकी वजह थी वहाँ पीछे रह गए मुसलमान। यहाँ और वहाँ पूरे पंजाब में कुछ मुसलमान रह गए। उनमें से ज़्यादातर गरीब तबके से थे। बेशक अब लुधियाना में हजारों मुसलमान हैं। उनमें से ज़्यादातर उत्तर प्रदेश और बिहार से आए कपड़े का काम करने वाले हैं।

'मेजर जनरल (सेवानिवृत्त) सैयद वजाहत हुसैन जो पहले जालंधर में तैनात थे उन्हें अगस्त के अंत में लुधियाना के लिए स्थानांतरित करने का आदेश दिया गया था। उन्होंने उस शहर के भीषण दृश्यों का वर्णन किया है-

'मुसलमान पुरुषों, महिलाओं और बच्चों की मानों बलि दे दी गई थी और उनके शव इधर-उधर पड़े हुए थे। वह एक गैर-कमीशन हिंदू जाट द्वारा अवज्ञा के एक मामले का उल्लेख भी करते हैं जो पाकिस्तान के लिए रवाना हो रही एक रेलगाड़ी को बाधा डालना चाहता था क्योंकि उसका आरोप था कि उसमें हिंदू जाट महिलाओं को पाकिस्तान ले जाया जा रहा था। उसे गिरफ्तार किया गया और दूर ले जाया गया। दूसरे शब्दों में, मिश्रित पीबीएफ भी सांप्रदायिक जहर से प्रभावित हो रही थी जो समाज के अन्य क्षेत्रों में फैल गया था (2010: 58-9)। उनकी कहानी में कुछ भ्रम है कायोंकि वह दावा करते हैं कि उन्होंने लुधियाना में ऑल इंडिया रेडियो पर रैडक्लिफ अवार्ड की घोषणा सुनी (इसका पहले से ही 17 अगस्त को एलान कर दिया गया था) और कर्नल जेम्स बेल, ब्रिटिश कमांडर ने जब यह सुना तो कथित टिप्पणी की, 'हाँ, तुम लोग अब और गंभीर गड़बड़ी के लिए तैयार हो जाओ' (वही: 59)।'

शेख अनवर अली

मशहूर पाकिस्तानी कार्टूनिस्ट और काल्पनिक लेखक अनवर अली (चरित्र नन्ना के निर्माता जो लाहौर के *पाकिस्तान टाइम्स* में रोजाना आता था) 1947 में लाहौर में

कला के मेयो स्कूल में एक छात्र थे जब विभाजन के दंगे भड़क उठे। उन्होंने मुझे बताया :

'जब अगस्त के पहले सप्ताह में मैंने लुधियाना को छोड़ा तब लाहौर जल रहा था। किसी कारणवश, लुधियाना के मुसलमानों को यह विश्वास था कि उनके शहर को पाकिस्तान में रखा जाएगा। रैडक्लिफ अवार्ड ने आतंक फैला दिया। मैं अपने परिवार और रिश्तेदारों को लिए सुरक्षित रूप से पाकिस्तान ले आने में समर्थ था लेकिन मैंने खुद अपनी आंखों से उन दिनों नरक देखा। विभाजन में सबसे ज़्यादा नुकसान आम लोगों का हुआ जिन लोगों से कभी परामर्श नहीं लिया गया था कि वे क्या चाहते थे। यह सच है कि लुधियाना में हौजरी मिलों के ज़्यादातर मालिक हिंदू और सिख थे तथा ज़्यादातर मजदूर मुसलमान। पंजाब के एक असंतुलित विकास के चलते जो आर्थिक असमानता पैदा हुई उसने एक अस्थिर स्थिति बना दी। यह दोनों पक्षों में नरसंहार रूपी हमलों में विस्फोटित हुई।'

शैलजा सैनी

मध्य अगस्त के बाद जबकि लुधियाना के मुसलमानों पर लगातार बढ़ती तीव्रता में हमले होने शुरू हो गए मुसलमान आक्रामकता की कुछ भयानक घटनाएं भी हुईं। मैं प्रोफेसर भूपिंदर बरार के घर पर 20 मार्च 2004 को पूर्वी पंजाब की मेरी पहली यात्रा पर शैलजा सैनी से मिला। उसने मुझे निम्नलिखित कहानी बताई:

'मैं विभाजन के समय चार साल की थी। यह अप्रैल या मई 1947 का महीना था जब मेरे मामा भगत सिंह जो इंडियन नेशनल आर्मी में थे रिहा हुए और घर आये। वह उस समय 35 वर्ष के थे तथा उन्होंने पहले भारतीय सेना में और फिर वह जापानी हिरासत में एक युद्ध कैदी के रूप में आईएनए में शामिल हो गए। उन पर और कई अन्य ऐसे लोगों पर मुकदमा चलाया गया लेकिन अंग्रेजों के जाने से पहले धीरे-धीरे उन सभी को रिहा कर दिया गया।

'मेरे नाना हमारे गांव के नंबरदार थे। हमारे पास का गांव एक मुसलमान गांव गया था। अगस्त में चार अन्य गांवों से आए मुसलमान हमारे पड़ोसी गांव में एकत्र हुए थे। मेरे मामा लंबे और सुंदर थे तथा मेरी माँ उसे बहुत प्यार करती थी। वह और कुछ अन्य सिख मुसलमानों को यह आश्वस्त करने के लिए चले गए कि उनका कोई नुकसान नहीं किया जाएगा। वह एक लंबे समय तक सेना में मुसलमानों के साथ सेवा देने के बाद वापस आए थे और उनके प्रति उनमें कोई दुश्मनी नहीं थी। वह और उनके दोस्त मुसीबत की घड़ी में उनकी मदद करना चाहते थे। मगर जब वे गांव पहुंचे तो कोई चिल्लाया, "मारो उन्हें!" वह और उनके दोस्त भागने लगे। उन पर कुल्हाड़ी के साथ हमला किया गया था और उन्हें निर्दयता से मार डाला गया। उनका पार्थिव

शरीर कभी नहीं मिला। उस दिन के बाद से मेरी मां सदा शोक में है। वह अपने पीछे दो बेटियों को छोड़ गए। छोटी बेटी उनकी मृत्यु के बाद पैदा हुई थी। अब तक एक लंबा समय बीत चुका है लेकिन मेरी माँ के लिए मानों समय ठहर सा गया है। वह अभी भी सदमे में है और लगता है कि वह अभी भी उसके वापस आने का इंतजार कर रही है ताकि वह किसी भी तरह वापस आ जाएँ। लुधियाना के मुसलमानों पर क्या बीती यह आप खुद पता कर सकते हैं, मगर मुझे पता है कि जो भाग गए वो अपना सब कुछ पीछे छोड़ गए। मैंने जो कुछ सुना है उससे लगता है कि यह एक पूरा नरसंहार हुआ होगा लेकिन मैं तब बहुत छोटी थी। दरअसल मैं पश्चिमी पंजाब में खुशाब में थी जहां मेरे पिता तैनात थे।'

लुधियाना के ग्रामीण क्षेत्र

लुधियाना के ग्रामीण क्षेत्रों में हिंदू-सिख मुख्य रूप से प्रबल थे। लुधियाना के आसपास के गांवों में रहने वाले मुसलमानों पर सबसे शातिर हमले हुए थे। ऐसा लगता है कि रावलपिंडी जिले की कहानियाँ चारों तरफ सुनाई जा चुकी थीं और उत्तरी पंजाब और हजारा में हुई बर्बरता को एक बहुत बड़े पैमाने पर दोहराने के लिए सिख फैसला कर चुके थे।

अमर सिंह

रावलपिंडी में मार्च में हुए दंगों के सिलसिले में अमर सिंह का उल्लेख किया गया था। पूर्वी जिलों की तरफ भाग गए लोगों में से वह एक थे और बदला लेने के लिए वह एक सिख आतंकवादी बन गए। उन्होंने जो कहा वह निम्नलिखित है :

'हमने एक को भी बच कर जाने नहीं दिया। मोगा में जिस किसी को भी हम पकड़ सके मार दिया। उन सभी का सफाया कर दिया। खन्ना स्टेशन पर आखिरी मुसलमान तक को मार डाला गया। यहां तक कि कपूरथला और पटियाला में भी कोई नहीं बच पाया। ये हमले सितंबर में शुरू हुए और अक्टूबर के अंत तक जारी रहे। हालांकि रावलपिंडी से आए सिख उन लोगों में थे जो सिख सभाओं में अपनी कहानियाँ बताया करते थे हमलों की बागडोर मूलतः पूर्वी पंजाब के ग्रामीण क्षेत्रों के जट्टों के हाथों में थी। मगर वास्तविक हमले तब शुरू हुए जब केवल हिंदुओं और सिखों के शवों के साथ भारत में गाड़ियां आने लगीं। इस खबर ने उस अभियान को प्रज्वलित कर दिया जिसकी तैयारी के लिए कई महीने लगे थे। यह सच है कि कोई दया नहीं दिखाई गई थी लेकिन क्या आपको याद है कि मुसलमानों ने हमारे भाइयों-बहनों के साथ क्या किया था? तो, हमारे द्वारा प्रतिशोध लिया जाना ही था।'

विक्की के सहपाठी के पिता

नाथू माजरा की यात्रा के दौरान जो अब संगरूर जिले में है लेकिन 1947 में यह लुधियाना जिले का एक हिस्सा था, मैंने विक्की के सहपाठी के पिता से मुलाकात की। दुर्भाग्य से मैं उनका नाम पूछना भूल गया क्योंकि जिस माहौल में हम मिले वह ऐसा था मानों हम मेहमान हों और चर्चा के दौरान मुझे यह एहसास नहीं हुआ कि मैं उनका नाम दर्ज करना भूल गया हूँ। उन्होंने मुझे कहा :

'अप्रैल 1947 में मैंने अमृतसर में एक बैठक में भाग लिया जहां सिख नेताओं ने फैसला लिया कि अगर पंजाब को सिख समुदाय के लिए अस्वीकार्य तर्ज पर विभाजित किया गया तो हमें यह सुनिश्चित करना चाहिए कि कोई मुसलमान पूर्वी पंजाब में न टिका रहे। बाद में विभाजन का फैसला कर लिया गया तो पश्चिमी पंजाब में तख्त हजारा से एक आदमी आया। उसका नाम अर्जन सिंह था और उसने पटियाला के महाराजा से मुलाकात की ताकि मलेरकोटला से मुसलमानों को भी निष्कासित करने के लिए उन्हें मना सके।

'इन क्षेत्रों में हत्या बहादुरगढ़ से शुरू हुई और तेजी से सटे गांवों में फैल गई लेकिन भागते हुए मुसलमानों का पीछा नहीं किया जाता था अगर वे मलेरकोटला के क्षेत्र में घुस जाते। महाराजा ने अर्जन सिंह की मांग को स्वीकार करने से इंकार कर दिया। गुरु गोबिंद सिंह के इस फैसले का सम्मान किया जाता था कि मलेरकोटला के मुसलमानों का भविष्य में किसी भी संघर्ष में नुकसान नहीं किया जाना चाहिए और यहां तक कि मलेरकोटला में प्रवेश करने वाले उन लोगों को भी जो उस राज्य के नहीं थे, बख्श दिया गया। इस तरह हजारों जीवन बच गए। मेरे पिता सरदार कुंदन सिंह कांग्रेस पार्टी में थे। उन्होंने बहुत से मुसलमानों को बचाने में मदद की। एक मुसलमान महिला को हमले शुरू होने के एक महीने बाद जिंदा पाया गया था। वह उचित भोजन के बिना जिंदा रहने में कैसे कामयाब रही यह दर्शाता है कि मनुष्य सबसे बुरी परिस्थितियों में भी जीवित रह सकते हैं। अंग्रेजी इलाके के (यानि मलेरकोटला के बाहर के) गांवों के अधिकांश मुसलमान जो बच गए थे अक्टूबर में और उसके बाद भी पाकिस्तान चले गए और कुछ मलेरकोटला में बस गए।'

रंजीत सिंह (अजीत सिंह)

मार्च 2004 में पूर्वी पंजाब के मेरे पहले दौरे पर भारत में आने से पहले विक्की ने प्रोफेसर बराड़ के निर्देश पर कई गांवों का दौरा किया था और जब वह नाथू माजरा में थे उनका परिचय रंजीत सिंह से हुआ (जिसे अजीत सिंह के नाम से भी जाना जाता था, अतः उसका असली नाम एक रहस्य है) जिसने मुसलमानों पर हमलों में हिस्सा लेने की बात कही। उन्होंने हजारों मुसलमानों को मार गिराने का दावा किया। हमने

मार्च 2004 में नाथू माजरा का दौरा किया लेकिन उस अवसर पर हमें बताया गया कि वह कहीं दूर गया हुआ था। जनवरी 2005 में मेरी दूसरी यात्रा पर, हमने फिर से नाथू माजरा का दौरा किया। इस बार वह साक्षात्कार के लिए सहमत हो गए। उन्होंने मुझे अपनी तस्वीर लेने की भी अनुमति दी। उन्होंने निम्नलिखित कहानी सुनाई :

'हमें पहली बार दिसंबर 1946 में सिखों की पीड़ा के बारे में पता चला जब हजारा से सैकड़ों परिवारों ने पटियाला में शरण ली। युवा महिलाओं को उत्पीड़ित किया गया था; कुछ के स्तनों को काट दिया गया था। हमें बताया गया कि कईयों की मृत्यु हो गई थी। एक बार फिर मार्च में रावलपिंडी के गांवों के सिखों की एक बड़ी संख्या ने मुसलमान भीड़ के पाशविक व्यवहार और उनके द्वारा पहुंचाए गए आघातों के कारण यहाँ शरण ली। उस समय के बाद हम युवा पुरुषों और शरणार्थियों के कुछ लोगों ने एक प्रतिज्ञा की कि अगर एक अवसर पैदा हुआ तो कोई मुसलमान बख्शा नहीं जाएगा और हमें इसे कार्यान्वित करना था। उन क्षेत्रों से भाग कर आए व्यक्तियों ने सिखों से बलात्कार और हत्या की कहानियों को बताया। जब लायलपुर से एक रेलगाड़ी शवों के साथ आई तो हमने फैसला किया कि कार्रवाई करने का समय आ गया।

'पायल के शिविर में हमने विशेष रूप से कत्लेआम किया। सभी महिलाओं और बच्चों को पांच घंटे में मार डाला गया। हम 35 थे और हमने 20,000 को मार डाला। हमारे पास दो रिवाल्वरें और एक राइफल थी। उस समय तक और 400 पुरुष हमारे साथ शामिल हो गए। हमने युवकों को मारा, महिलाओं और बच्चों को नहीं। कुछ महिलाओं को अगवा भी कर लिया था।

'यहाँ मुसलमानों पर हमला 2 सितंबर को शुरू हुआ और तीव्रता से चार दिन तक जारी रहा। सिख जत्थे गतिशील थे और हम जल्दी से अपने घोड़ों पर एक जगह से दूसरी जगह स्थानांतरित हो सकते थे। मुसलमानों के एक बड़े समूह पर जिसमें 25,000–35,000 लोग थे, हमारे द्वारा हमला किया गया। मेरा मानना है कि सब के सब मारे गए; हो सकता है कुछ खेतों में छिप कर बच गए हों। मेरा अनुमान है कि पूर्वी पंजाब में कुल 5,00,000 मुसलमान मारे गए। मैं उन नेताओं के साथ संपर्क में था जिन्होंने उन छापों का आयोजन किया था। उनके अनुमान में 5,00,000–7,00,000 मुसलमानों का नाश किया गया था।

'हमने उस मुसलमान को नहीं मारा जो मलेरकोटला जाने वाली सड़क के इस तरफ आ गया और बाकी किसी को छोड़ा नहीं जो सड़क के दूसरी तरफ अँग्रेजी इलाके में था। जिनको हमने सड़क पर पकड़ लिया उसे भी नहीं छोड़ा। अगर उनको बचना था तो उन्हें मलेरकोटला रियासत की सीमा के अंदर होना था।

'हमने उन मुसलमानों पर भी हमला किया जो सरहिंद और रायकोट में स्थापित शिविरों की तरफ जा रहे थे। जो मुसलमान वहाँ पहुँच गए वे बच गए। जो नहीं पहुँच सके, वे मारे गए। सबसे बदतर कत्लेआम अगस्त–सितंबर में हुआ। मैं एक युवा था

और मेरा नाता निरंजन सिंह गुट के साथ था तथा जगीर सिंह और करतार सिंह इस जत्थे का हिस्सा थे।

'मेरा मानना है कि जो कुछ हुआ वह गलत था। किसी इंसान को मारना एक पाप है। हम इसे धर्म-युद्ध मान रहे थे। हमने अपने गाँव के मुसलमानों को नहीं मारा। मैंने कम से कम 3,000, ज़्यादातर युवा मुसलमानों को मारा। गुज्जर, अराइन, जट्ट, फकीर, तेली, हर किस्म के मुसलमान, सही निशाना थे।'

हंस राज खत्री

17 मार्च 2004 को मैंने हंस राज खत्री का साक्षात्कार लिया जिनका जन्म 1920 में सिधवां बेट, सलीमपुरा का जुड़वा गाँव, लुधियाना की जगराँव तहसील में हुआ था। उन्होंने मुझे दो मुसलमान बहनों की दिल दहला देने वाली कहानी सुनाई :

'विभाजन से पहले, इन गांवों में अराइन मुसलमान रहते थे जिनकी जिले के बाकी हिस्सों की तरह जगराँव तहसील भर में एक बड़ी उपस्थिति थी। रैडक्लिफ अवार्ड के बाद, सिख जत्थे बहुत सक्रिय हो गए। हमारे क्षेत्र के मुसलमानों ने पाकिस्तान की ओर पलायन करने की तैयारी शुरू कर दी। बैसाखा सिंह जो एक पड़ोसी गांव किशनपुरा के एक सिख थे उन्होंने कहा कि चिंता की कोई बात नहीं है। सभी समुदाय शांति से एक लंबे समय से एक साथ रहते आए हैं और जो मुसलमान जा रहे हैं उन्हें सुरक्षित तौर पर पास के शरणार्थी शिविर तक ले जाया गया।

'उन्होंने उन पर भरोसा किया और अगले दिन कारवां ने शिविर की ओर अपनी छोटी सी यात्रा शुरू की। अचानक दो गोलियां उन पर दागी गईं। बैसाखा सिंह ने पुरुषों से कहा कि वे अपने दम पर शिविर में चले जाएँ और महिलाओं तथा बच्चों को उसकी सुरक्षा में छोड़ दें। महिलाओं और बच्चों को पीछे छोड़ कर सक्षम शरीर वाले पुरुष दूर चले गए। मगर कुछ बदमाशों ने छापा मारा और बैसाखा सिंह के अनुरक्षण में मौजूद महिलाओं में से कुछ को वे अगुवा कर ले गए। उनमें दो शादी-शुदा बहनें, रमजान बीबी और जैनब बीबी थीं। उस समय अपहरण की गई महिलाएं 300 रुपये की एक छोटी सी रकम में बिक रही थीं। उन बहनों ने उन्हें बंधक बनाने वालों के सामने मिन्नत की कि वे उनके परिवारों को उनकी आजादी हासिल करवाने के लिए, कीमत का भुगतान करने दें। वे सहमत हो गए और इंदर सिंह जो किशनपुरा के ही थे तथा भारतीय सेना में कार्यरत थे, के साथ यह पता लगाने के लिए संपर्क किया कि क्या वह परिवार फिरौती का भुगतान करने के लिए तैयार था। इंदर सिंह ने मुझे उनसे बात करने को कहा। गुंडों ने हर बहन के लिए 1,000 रुपए मांगे। रमजान बीबी का पति उस समय इंग्लैंड में था। उसके ससुर अता मुहम्मद मेहर ने कहा कि अगर उसने रमजान बीबी को नहीं छुड़ाया तो उनका बेटा उन्हें कभी माफ नहीं करेगा। कुछ

खटपट के बाद, मामला 700 रुपयों में पट गया और रमजान बीबी को लौटा दिया गया। जैनब बीबी के ससुर ने यह कहते हुए सिर्फ 300 रुपयों की पेशकश की कि वे इससे ज़्यादा नहीं दे सकते। उसके शौहर ने कोई विरोध नहीं किया। अपहरण करने वालों ने कहा कि 1,000 रुपयों से कम नहीं लेंगे। उन्होंने यह दावा किया कि जैनब बीबी रमजान बीबी से छोटी और ज़्यादा आकर्षक थी। मगर उसके ससुराल वालों ने अपनी पेशकश नहीं दोहराई। उसे कभी वापस नहीं किया गया। मुझे नहीं पता कि उस पर फिर क्या बीती।'

हमीद अख्तर

वरिष्ठ पत्रकार हमीद अख्तर पाकिस्तानी उर्दू प्रेस में सबसे अच्छे लेखकों में से एक हैं। वह *प्रोग्रेससिव राइटरर्स मूवमेंट* (प्रगतिशील लेखकों के आंदोलन) की एक प्रमुख रोशनी हैं। मैंने उनसे मई 2002 में विश्व पंजाब कांग्रेस की बैठक के दौरान लंदन में मुलाकात की जहां हम दोनों भाग लेने आए थे। उन्होंने अपने गांव से लाहौर भागने की यह कहानी हमें सुनाई :

'मैं गांव तिहारा, तहसील जगराँव, लुधियाना में 1924 में पैदा हुआ था। जालंधर और फिरोजपुर भी हमारे गांव के समीप थे। दक्षिण में फिरोजपुर जिले का किशनपुरा था और उत्तर में नकोदर था। यही कारण है कि इसे तिहारा (तीन तरफा) के नाम से बुलाया जाता था। मैं केवल तीन साल का था जब मेरे पिता की मृत्यु हो गई। मैं सबसे कम उम्र का था और मुझे एक हाफिज-ए-कुरान बनाया गया था। हम मशहूर चिश्ती सूफी ख्वाजा बख्तियार काकी के वंशज हैं जिसे दिल्ली में दफन कर दिया गया था। तिहारा में शाह दीवान का खानकाह अब भी काम करता है। जिन लोगों के बेटे नहीं हैं वे यहाँ आकर प्रार्थना करते हैं कि उन्हें पुत्र की प्राप्ति हो। 1947 में यह 1,800 निवासियों, ज़्यादातर मुसलमानों का एक गांव था। मैं उच्च विद्यालय में भर्ती होने के लिए 10 साल की उम्र में लुधियाना आया।' हम कभी भी एक दूसरे को हिंदू, मुसलमान या सिख के रूप में नहीं सोचते थे। वे बहुत सौहार्द के दिन थे। कुछ संघर्ष हुए थे, लेकिन किसी ने 1947 से पहले उन पर ज़्यादा ध्यान नहीं दिया।

'अगस्त 1947 में साहिर लुधियानवी और मैं बम्बई में थे। हमने 9 अगस्त को बम्बई छोड़ा। मेरे भाई ने पाकिस्तान का चयन किया और गांव में परिवार को छोड़ कर पाकिस्तान चले गए। हमारे परिवार के और सैयद बिरादरी के अन्य सदस्यों ने लड़ने का तथा वहाँ से न जाने का फैसला किया। मगर अगस्त के अंत से तिहारा के आसपास के गांवों के मुसलमानों ने तिहारा में शरण लेना शुरू कर दिया था। कोई पुलिस नहीं थी। मुसलमान अधिकारियों को निःशस्त्र कर दिया गया था। लेकिन फिर धीरे-धीरे लोगों ने वहाँ से जाना शुरू किया। हम सिधवाँबेट आए जहां से हमें तांगे मिल सके थे।

मेरे साथ 70 महिलाएँ और बच्चे थे। कुछ पुरुष हमारे साथ थे। हम नकोदर के एक शिविर में चले गए क्योंकि हम यह मानते थे कि जालंधर पाकिस्तान को दिया जाएगा।

'पुलिस से सेवानिवृत्त हुए मेरे एक चाचा अफीम का सेवन किया करते थे। कुछ दिनों के बाद उनकी रसद खत्म हो गई, अत: मैं उनके लिए कुछ अफीम खरीदने के लिए पतलून और एक कमीज पहने हुए शिविर से बाहर चला गया। मैंने इसे खरीदा और जब वापस आ रहा था तब एक निहंग अपनी तलवार लेकर मेरी ओर आया। उस पल एक सिख अधिकारी आया और मुझे गले लगा लिया। यह नरिंदर सिंह था जो स्कूल के दिनों का मेरा एक बहुत प्रिय सिख सहपाठी था। निहंग जल्दी से गायब हो गया। नरिंदर उस समय किसी मंत्री का सैन्य सचिव था। मेरी बहन फातिमा उन दिनों बहुत बीमार थी। वह कहा करती थी कि वह जिंदा नहीं बचेगी और अगर वह मर जाए तो "मुझे बिना नहलाए दफनाया न जाए"। जब उनकी मृत्यु हुई तो शिविर के लोग मदद करने के लिए तैयार नहीं थे। इसीलिए मैंने नहाने की रस्म की अदाईगी की। अंत में, हमें पाकिस्तान ले जाया गया। हमारे सारे रिश्तेदार जो पीछे रह गए थे मारे गए। बहुत कम हिंदुओं ने हमलों में भाग लिया। आर.एस.एस. इतनी मजबूत नहीं थी जैसा कि माना जाता है। ये सिख थे जिन्होंने मुसलमानों पर हमलों का आयोजन किया। अकाली तथा सिख महाराजा जत्थों के मुख्य संरक्षक थे।

'इस तरफ मुझे पता चला कि सरदार शौकत हयात और दूसरे अमृतसर व शाहालमी को आग लगाने के पीछे थे। आम आदमी का इससे कुछ लेना-देना नहीं था। गुंडों ने मुख्य रूप से इस तरह की गतिविधियों में भाग लिया। मैं नहीं मानता कि जिन्नाह द्वारा माउंटबेटन को पाकिस्तान का भी गवर्नर-जनरल न बनने देना सही काम था। जिन्नाह द्वारा अस्वीकार कर देने के बाद शायद वह सत्ता के शांतिपूर्ण हस्तांतरण का इच्छुक नहीं रह गया था।'

चौधरी रियासत अली

'मैं 29 नवंबर 1933 को हलवारा पूर्वी पंजाब में पैदा हुआ था। यह एक बड़ा गांव था जो एक प्रसिद्ध एयर बेस के करीब था। हम 800 साल से इस गांव में रह रहे थे। हमें इस्लाम के लिए मखदूम जहानियाँ द्वारा परिवर्तित किया गया। भूमि का स्वामित्व मुख्य रूप से मेरी बिरादरी के मुसलमान राजपूतों के हाथों में था। वहाँ अन्य जातियों के लोग भी थे जैसे कि मुसलमान अराइन और जट्ट, सिख दर्जी, हिंदू ब्राह्मण और खत्री। मैं विभाजन के वक्त सातवीं कक्षा में था।

'हमारा गांव बिल्कुल अंत तक शांतिपूर्ण था। वास्तव में हमने गैर-मुसलमानों को संरक्षित किया। हमने उन्हें आसपास के गांवों में उनके रिश्तेदारों के पास जाने के लिए प्रोत्साहित किया। हमारे कई सेवारत और सेवानिवृत्त सैन्य और पुलिस अधिकारी थे।

क्योंकि हम मुसलमान राजपूतों का हमेशा से इस तरह की सेवाओं में स्वागत था – कई द्वितीय विश्व युद्ध के बाद वापस आए थे। हमने बहुत सारे हथियार इकट्ठा किये थे। वहाँ किसी भी हमले का सामना करने की पूरी तैयारी की जा चुकी थी। हमें यह बिल्कुल पता नहीं था कि गांव भारत को दिया जाएगा। हम हिटलर के खिलाफ नारेबाजी करते। हम यह विश्वास किया करते थे कि ब्रिटिश हमेशा के लिए रहेंगे। हमारे कई रिश्तेदार हांगकांग और सिंगापुर में कैदी बन गए थे। जापानी उनके खिलाफ क्रूर थे। हमारे कुछ रिश्तेदार आई.एन.ए. के सदस्य थे। कप्तान जफरुल्लाह खान उनमें से एक थे।

'हमारे गांव के 99 प्रतिशत लोग मुस्लिम लीग के पक्ष में थे लेकिन कुछ बुजुर्ग लोग बुखारी (अहरार नेता) और आजाद (कांग्रेस के नेता) के अनुयायी थे, लेकिन ज़्यादातर मुस्लिम लीग के साथ थे। युवक चिल्ला कर यह कहा करते थे "ले के रहेंगे पाकिस्तान, बंट के रहेगा हिंदुस्तान"। लाहौर में हमारे कुछ लड़के मुसलमान छात्र संघ में बहुत सक्रिय थे।

'अब हमें पता था कि यह गांव पाकिस्तान में शामिल नहीं किया गया। हमारा गांव सतलुज के पूर्व की ओर था। यहाँ तक कि महाराजा रणजीत सिंह के समय के दौरान पूर्व पंजाब के ये भाग लाहौर राज्य में नहीं थे। किसी भी सूरत में, इस खबर ने कि हलवारा और लुधियाना जिले को भारत में शामिल किया जाएगा, हमारे लिए एक गंभीर संकट पैदा कर दिया। इससे पहले कई मुसलमान परिवारों ने हमारे गांवों में शरण ली थी। सिखों के कुछ बदमाशों ने आतंकवादी हमले शुरू कर दिए। तब फिर हमने अपने स्वयं के गुट बनाए। मैं उस समय केवल 14 साल का था। हमारे लोहार सभी प्रकार के हथियारों का उत्पादन कर सकते थे। हमारे पास बंदूकें बनाने वाले थे।

'जब हमें अहसास हुआ कि पटियाला राज्य की सेना को तैयार किया जा रहा है तो स्पष्ट हो गया कि हम लंबे समय तक वहाँ टिक नहीं सकते। रायकोट के पास एक गांव में एक शरणार्थी शिविर घोषित किया गया था। हम उस गांव में चले गए। गांव छोड़ने का यह हमारे बुजुर्गों के लिए एक बहुत ही मुश्किल निर्णय था क्योंकि हमारे पूर्वजों को वहाँ दफनाया गया था। हमने बहुत गहराई से इस पर चर्चा की। जब हम सड़क पर थे तो हमारे बुजुर्गों में से एक ने कहा कि वह नहीं जाएगा। कप्तान जफरुल्ला ने उसे प्रलोभन दिया कि अभी हम चले जाते हैं लेकिन जब हालात सुधार जाएंगे तब हम वापस आ जाएंगे। हम एक सप्ताह के लिए शरणार्थी शिविर में रुके थे। तब मेरा एक चचेरा भाई ट्रकों को लेकर आया और हमें लाहौर ले गया।

'हमें सबसे ज़्यादा नुकसान का सामना करना पड़ा क्योंकि हमारी सामाजिक संरचना को नष्ट कर दिया गया। गांव बहाल नहीं किया जा सका। केवल लायलपुर के चक 40 में एक छोटा हलवारा है। हलवारा में सात पट्टियाँ हैं।'

गुज्जरवाल

मुहम्मद अब्दुल्ला शमशाद

21 दिसंबर 2004 को मुल्तान की अपनी यात्रा के दौरान मैंने एक अग्रणी पत्रकार मुहम्मद अब्दुल्ला शमशाद के साथ जो एम.ए. शमशाद के रूप में जाने जाते हैं एक विस्तृत साक्षात्कार दर्ज किया। उन्होंने यह कहानी बताई:

'मैं लुधियाना जिले में गुज्जरवाल नामक एक बड़े गांव में 20 सितंबर 1937 को पैदा हुआ था। यह लगभग एक छोटा सा शहर है और यहाँ 1,000 या अधिक घरों के लिए उचित स्वच्छता की व्यवस्था थी। यहाँ एक नागरिक अस्पताल, एक पशु चिकित्सा अस्पताल, एक पोस्ट ऑफिस, लड़कों और लड़कियों के लिए सरकारी स्कूल वगैरह थे। मूल रूप से यहाँ सहुता जाति के हिंदू राजपूत बसे हुए थे। उनमें से कुछ ने हमारे परिवार की तरह कई पीढ़ियों पहले इस्लाम कबूल कर लिया था। इसने हिंदू राजपूतों को हमारे खिलाफ कर दिया। वे हमेशा हमारे खिलाफ दुर्भावना रखते थे। इसलिए हमने अराइन जाति के मुसलमान लोगों को इस गांव में आकर बसने का निमंत्रण दिया। उन्हें मुफ्त में भूमि देने की पेशकश कर यहाँ बसने के लिए प्रोत्साहित किया गया। 1940 के दशक में सांप्रदायिक पलड़ा कुछ इस प्रकार था : 400 मुसलमान घर जिनमें 300 अराइन परिवारों का सबसे बड़ा समूह था, 20 सिख परिवार तथा बाकी हिंदू।

'मेरा परिवार गुज्जरवाल का अग्रणी मुसलमान परिवार था। मेरे कई रिश्तेदार अत्यधिक शिक्षित थे जिनमें डॉक्टर, वैज्ञानिक और शिक्षाविद् शामिल थे। वे पंजाब के विभिन्न हिस्सों में तैनात थे लेकिन जब वे छुट्टी पर होते तब हमेशा गांव आते थे। इस तरह गांव और परिवार के साथ वे अपना बंधन बनाए रखते थे। हमारे द्वारा शिक्षा हासिल करने का यह कारण था कि एक अल्पसंख्यक राजपूत समुदाय के रूप में हम महसूस करते थे कि हिंदू राजपूतों के खिलाफ हमारे हितों की रक्षा के लिए शिक्षा का होना आवश्यक है। जब पाकिस्तान आंदोलन शुरू हुआ तो इसने मुसलमानों को आकर्षित किया जबकि हिंदू कांग्रेस के समर्थक थे।

'मुसलमानों के बीच हम अग्रणी परिवार के थे और हमें चौधरी माना जाता था। परंपरा थी कि शादी के समय हमारे गांव की मुसलमान लड़कियां हमेशा अपनी ससुराल के लिए हमारे घर से रवाना होती थीं। ये रिवाज यह संकेत देता था कि हमारा परिवार उसके पीछे खड़ा है और उसके साथ बुरा बर्ताव नहीं होना चाहिए।

'1945-46 के चुनाव के समय गांव में पहले से ही मौजूद आपसी दूरियाँ और गहरी हो गईं। लुधियाना कांग्रेस के मुसलमानों का एक गढ़ था। अहरार भी लुधियाना शहर में मजबूत थे। मौलाना हबीबुर रहमान ने कांग्रेस के टिकट पर एक सामान्य सीट पर चुनाव लड़ा लेकिन एक सिख से हार गए। हिंदुओं ने उन्हें वोट नहीं दिया।

यह मुसलमानों के लिए एक बड़ा झटका था। इसके चलते वे मुस्लिम लीग समर्थक बन गए। चुनाव अभियान के दौरान गांव में हालात शांत थे लेकिन हिंदू और सिख धर्मशालाओं में एकत्र होते थे, जबकि मुसलमान अलग से एक पंडाल में मिलते ताकि वे राजनीतिक मामलों पर चर्चा कर सकें। मैं गुज्जरवाल राजकीय उच्च स्कूल में अध्ययन करता था। हमारे शिक्षक बहुत अच्छे और विचारशील थे और खुले दिल से सभी छात्रों की मदद करते थे लेकिन 1945 से हिंदू और सिख शिक्षक मुसलमानों से नाराज रहते थे। वे हमें परेशान करने का कोई न कोई बहाना ढूंढते। वे कहते "ओ मुसल्ले खड़े हो"। मुझे दो बार स्कूल जाते समय सिखों ने पीटा। हिंदू लड़के हमारे साथ खेला करते थे लेकिन अगर हम उनकी रसोई के पास भी चले जाते तो वे पागल हो जाते। इससे हमें यह लगता कि हम और वे एक नहीं हैं। इस रवैये के चलते मुसलमानों की युवा पीढ़ी को चोट लगी और हमने इस तरह की नारेबाजी शुरू कर दी "कायदे-आजम जिंदाबाद, पाकिस्तान जिंदाबाद"। इसने हिंदुओं और सिखों को बहुत ज़्यादा उत्तेजित कर दिया। उन दिनों पठान बहुत डरावने लोग थे। वे पूर्वी पंजाब में घूमा करते थे और कभी-कभार गुज्जरवाल भी आ जाते थे। मुझे याद है कि अगर 10-12 पठान गुज्जरवाल आ जाते तो हिंदू डर जाते। वे मेरे पिता के पास आते और उन्हें कहते कि वे कोई गड़बड़ी नहीं चाहते।

'सिख अलग थे। वे कठोर थे। एक कुख्यात बुरा चरित्र जग्गा डाकू इस क्षेत्र में पुलिस के साथ मुठभेड़ में मारा गया था। उसका एक सहयोगी इस दौरान घायल हो गया था, जो हमारे गांव का ही एक सिख था तथा मुठभेड़ में उसने एक पैर खो दिया था। यही कारण था कि उसने अपने जीने का तरीका बदल लिया तथा गुज्जरवाल में बसने के लिए आ गया। वह हिंदू, सिख और इस्लामी धर्मों में बहुत अच्छी तरह से शिक्षित था। वह मानता था कि उसने इन्सानों का काफी नुकसान किया था। अब वह मानवता की सेवा करना चाहता था। वह एक बाबा के रूप में जाना जाने लगा। सभी हिंदू, सिख और मुसलमानों द्वारा उसके सम्मान की अपेक्षा की जाती थी। वह हम लड़कों को कुरान के छंदों को पढ़ने को कहता और इसके बदले में वह हमें कुछ मिठाई देता। उसका नाम जगजीत सिंह था। लेकिन जब 1945-46 में पाकिस्तान के लिए राजनीतिक अभियान शुरू हुआ तो वह भी बदल गया और कलिमा और अन्य इस्लामी ग्रंथों का पाठ करने के लिए हमें पूछना बंद कर दिया। अब आप समझ सकते हैं कि सामाजिक व्यवस्था बदल रही थी।

'मेरे परिवार के पास एक रेडियो था और सभी मुसलमानों का खबर सुनने के लिए स्वागत था। मुझे अब भी याद है जब मैंने एक परमाणु बम को हिरोशिमा पर गिराने की खबर सुनी। हमें पता था कि अंग्रेज चले जाएंगे क्योंकि द्वितीय विश्व युद्ध की वजह से वे पूरी तरह खत्म हो चुके थे। हम मुसलमानों को लगता था कि हिंदुओं से हमें इंसाफ नहीं मिलेगा। हमारा गांव भारत का एक हिस्सा होगा, हमें पता नहीं था। इसके

अलावा हम यह मानते थे चूंकि काँग्रेस ने हमारे क्षेत्र से एक मुसलमान को टिकट दिया था, हमने अगर भारत में रहना जारी रखा तो हमारा कोई नुकसान नहीं होगा। लेकिन मुझे यह कहना होगा कि ज़्यादातर मुसलमान यह मानते थे कि लुधियाना पाकिस्तान को दिया जाएगा हालांकि उन सबको पता था कि मुसलमान जिले में अल्पमत में थे। मुस्लिम लीग ने भी हमें आश्वासन दिया था कि हम पाकिस्तान में शामिल होंगे। एक अन्य समस्या यह थी कि देवबंदी उलेमा और अहरार आश्वस्त थे कि हिंदुओं से हमें कोई नुकसान नहीं होगा।

'14 अगस्त रमजान का 27वां दिन था। हम शाम को तरवियाँ नमाज अदा करने के लिए गए थे। बाहर हिंदू और सिख एक उत्सव के रंग में थे। हम मस्जिद में सारी रात रहना चाहते थे लेकिन बाहर शोर होने लगा जिससे हम डर गए और अपने घरों को चले गए। उस साल रमजान का महीना 30 दिन का था। ईद-उल-फितर के दिन (18 अगस्त) मुसलमान मुख्य मस्जिद में इकट्ठे हुए। यही आखरी मौका था जब हम एक साथ एक जगह थे। बड़ों को पता लग चुका था कि गड़बड़ी होने वाली थी अत: यह फैसला लिया गया कि जो परिवार हिंदू और सिख मोहल्लों में रह रहे हैं वे हमारे घर में एकत्र हो जाएँ। यह एक बड़ा ईंटों से बनाया गया घर था और इसके मजबूत फाटक थे। अराइन मोहल्ला काफी जुड़ा हुआ था और चूंकि वे एक पर्याप्त बड़ी संख्या में थे उन्हें वहीं रहने की सलाह दी गई।

'मुझे याद है कि यह अगस्त 23 था जब हमला हुआ। हम इस सच को जानते थे कि सिखों ने गांव की घेराबंदी कर ली थी। मेरे पिता ने मेरी माँ से कहा था कि वह परांठे बना कर सभी बच्चों को दे। कई गरीब परिवारों से थे और उन्होंने पहली बार परांठे खाये थे। इसके चलते एक औरत ने मेरे पिता से पूछा, "चाचा जी आज कौन सा दिन है?" उन्होंने कहा कि यह ईद का छठा दिन या 23 अगस्त है। यह सवाल पूछकर वह इस बात पर जोर देना चाहती थी कि यह उसके लिए एक खास दिन था। पिता की उसी दिन मौत हो गई।

'परांठे पकाये जाते इससे पहले फायरिंग शुरू हो गई। हमारे घर पर कुछ गोलियां मारी गईं। मेरे पिता छत पर गए और देखा कि अराइन मोहल्ला आग की लपटों से झुलस रहा था। यह बिल्कुल सुबह का समय था। हमारे पास घर में कोई हथियार नहीं था क्योंकि पुलिस आकर उन सबको ले गई थी। उसने पिछले दो महीनों में हमारे घरों पर चार या पांच बार छापा मारा था और इस तरह मुसलमान पूरी तरह से निहत्थे हो गए थे। पुलिस मुख्य रूप से सिख थी। उन्होंने हमारे पास एक बड़ा चाकू भी नहीं छोड़ा था। यहां तक कि लंबे डंडे भी जब्त कर लिए गए थे।

'गोलीबारी जब तीव्र हो गई तब महिलाओं और बच्चों को घर पर सीढ़ी द्वारा नीचे उतारकर बाहर भेजा गया। उन्हें तितर-बितर होकर खेतों में चले जाने या अन्य घरों

में जाने की सलाह दी गई। मेरे पिता सब कुछ का पर्यवेक्षण कर रहे थे। घर में और कोई पुरुष नहीं था। सिख चिल्ला रहे थे कि चौधरियों के घर की औरतें भाग रही थीं। हमलावर बाहर से आए सिख थे लेकिन हमारे गांव के सिख सब कुछ देख रहे थे और निर्देश दे रहे थे। निहंग हमारे घर में तीखी वस्तुओं को और धातु के छल्लों को फेंक रहे थे। जिस किसी को यह आकर लगता वह बुरी तरह जख्मी हो जाता। कुछ बच्चों और महिलाओं की मौत हो गई। हमने घर के अंदर पूरी रात बिताई। मुझे लगता है कि वे सोच रहे थे कि हमारे पास गोला बारूद था और इसलिए उन्होंने कोई सीधा हमला शुरू नहीं किया था।

'मेरे पिता बगल में हमारे एक और घर यह पता करने चले गए कि जो लोग छिपे हुए थे वे सब ठीक तो थे। उन्हें गोली मार कर मृत कर दिया गया जब वे वहाँ थे। तब दोपहर के 4 बजे थे। मेरी माँ, मेरी दो बहनें, मेरी खाला और कुछ अन्य महिलाएं जिन्होंने शरण ली थी और मैं तब एक छोटा लड़का था अपने घर में थे। हम कुल मिलाकर 30-40 लोग होंगे। जब रात पड़ने लगी तो हमारे घर पर मिट्टी का तेल फेंक कर उनके द्वारा आग लगा देने की कोशिश की गई लेकिन यह ईंट का बनाया गया था तथा इसने पूरी तरह से आग नहीं पकड़ी; केवल कुछ लकड़ी के दरवाजे नष्ट हो गए थे।

'सिख अब हमारे घर की छत पर चढ़ गए और बरामदे में कूद कर अंदर आ गए। वे लूटपाट में रुचि रखते थे। मेरी माँ, मैं और मेरी दो बहनें दो सीढ़ियों में से एक पर बैठे थे। मैं छत की तरफ दौड़ा। तीन सिख वहाँ खड़े थे। उनमें से एक ने कहा "यह नूरदीन का बेटा है; हमने इसके बाप को पहले ही मार दिया है।" उनमें से एक ने एक गंडासे से मुझ पर हमला किया। मैं उस वार से बचने में कामयाब रहा। मैं छत से कूदा और फरार हो गया। पड़ोस की एक मुसलमान महिला ने अपने दुपट्टे के साथ दीवार पर चढ़ने और उसके घर में प्रवेश करने में मेरी मदद की। उन्होंने मेरी माँ और बहनों या अन्य महिलाओं को नहीं मारा। मेरी बहनें मुझ से छोटी थीं। एक दो साल छोटी थी जबकि दूसरी दो साल की थी। एकदम तड़के मैं, मेरी माँ, दो बहनों और खाला ने गाँव छोड़ दिया।

'अचानक निहंगों के एक बड़े जत्थे ने हमें घेर लिया। मेरी खाला (मौसी) ने एक बूढ़े सिख के आगे मिन्नतें की कि वह मुझे न मारे क्योंकि मैं ही अब परिवार का एकमात्र जीवित पुरुष था। मगर निहंग हमारी तरफ आते रहे। वे एक जीत जैसी खुशी के साथ आगे बढ़ रहे थे। किसी ने कहा, "यह नूरदीन का बेटा है"। जिस आदमी ने यह कहा वह उस बूढ़े सिख का पोता या बेटा था जिसके आगे मेरी खाला ने रहम की गुहार लगाई थी। वह बूढ़ा सिख मुश्किल से चल पा रहा था। वह निहंगों पर चिल्लाया, "दफा हो जाओ"। उसने उन्हें पंजाबी में कहा, "उसे मारने से पहले

मुझे मारो। उसे छोड़ दो"। बूढ़ा सिख हमारे गाँव का था। निहंग जो करीब 150 थे तितर-बितर हो गए तथा हम बच गए।

'हम गांव से बाहर आये और खेतों में शरण ली। वहाँ हम अन्य मुसलमानों से मिले। मेरा चाचा जो मेरी खाला का पति भी था, पहले से ही खेतों में सो रहा था। हमने खेतों में रात और अगला दिन बिताया। तीसरे दिन हम एक और गांव के लिए चले गए जहां मुसलमानों का एक चौपाल था। हम तीन या चार दिन तक वहाँ रुके थे। फिर हमें पता चला कि आसपास के गांवों के मुसलमान एक कारवां बनाकर पाकिस्तान जाने की तैयारी कर रहे थे। हमारा पहला पड़ाव मलेरकोटला राज्य होना था जो 20 मील (36 किलोमीटर) दूर था। राह में हम अपने गांव के दूसरे लोगों से मिल गए। हमें पता चला कि अराइन मोहल्ले से केवल तीन लोग बच पाए थे। बाकी सब मारे गए। मेरे चाचा और उसके बच्चे भी हमारे साथ शामिल हो गए। हम अब कारवां में हजारों थे। हमारा तात्कालिक उद्देश्य मंडी नामक एक जगह पर पहुँचना था जो मलेरकोटला में था। रास्ते में हम बलूच रेजिमेंट के कुछ सैनिकों से मिले। उन्होंने हमें सुरक्षा दे दी। हम पर दो बार हमला किया गया, लेकिन दोनों बार हमलों को विफल कर दिया गया। अंत में हम मंडी पहुंच गये जहां हमें भोजन दिया गया था। मलेरकोटला शहर में हमने अपने शिक्षक मुहम्मद याकूब के परिवार से मुलाकात की। हमने मलेरकोटला में ईद-उल-जुहा मनाया। मेरी सबसे छोटी बहन की मलेरकोटला में बीमारी की वजह से मृत्यु हो गई। दूसरी बहुत बीमार हो गई।

'एक ट्रेन तब पाकिस्तान के लिए मलेरकोटला से चली। मेरी खाला और चाचा पहले से ही चले गए थे। फिरोजपुर में हमारी गाड़ी रुक गई क्योंकि पटरी को उखाड़ दिया गया था और सिखों ने हमला किया। सैंकड़ों लोग मारे गए। मेरी माँ ने मुझे दूर भागने को कहा। मेरी बहन चल नहीं सकती थी और वह ट्रेन के डिब्बे में ही थी। हमने अपने गांव के कुछ और लोगों से मुलाकात की। हमलावर आभूषण और नकदी में अधिक रुचि रखते थे। वे या तो लोगों को मारते या उनकी उपेक्षा करते तथा फिर वे चले गए। फिर ट्रेन ने दोबारा चलना शुरू किया और हम सतलुज नदी के पुल पर पहुंच गए जो पाकिस्तान तक हमें ले जाती, मगर गोरखा सैनिक इस पर गश्त लगा रहे थे और वे खुले तौर पर सिखों और हिंदुओं का साथ दे रहे थे। वे लोगों को पुल पार करने से पहले मार गिरा रहे थे।

'हम एक बार फिर तितर-बितर हो गए। मैं, मेरी बीमार बहन, मेरी माँ तथा कुछ अन्य लोग नदी के किनारे मौके की तलाश में इंतजार करने लगे कि कब हम पुल को पार कर सकेंगे। हमने उस इलाके में घूमते सिख जत्थों से छुपते हुए कई दिन खेतों में बिताए। एक दिन पुल पर कुछ बलूच रेजिमेंट के सैनिक दिखाई दिए। उन्होंने घोषणा की कि जो भी मुसलमान पुल को पार कर पाकिस्तान जाना चाहता है, वह जा सकता है।

'मुझे याद है मैंने नन्हें शिशुओं को हमलावरों द्वारा भालों से छेद कर उठाए हुए देखा तथा उनके पिताओं को बार बार "पाकिस्तान जिंदाबाद" दोहराने को कहा गया। महिलाओं के स्तनों और योनियों का उल्लंघन किया गया। हमें मूत्र पीने पर मजबूर किया गया। कुओं और तालाबों में जहर मिला दिया गया। जहरीला पानी पीकर कई लोग मारे गए। मेरी बहन ने जहरीला पानी पी लिया। ज्यों ही पाकिस्तान की तरफ हम कसूर पहुंचे, उसकी मृत्यु हो गई। हमने उसे शिविर में दफना दिया। फिर मैं और मेरी माँ एक माल गाड़ी पर इस उम्मीद के साथ चढ़ गए कि हम मुल्तान पहुंचेंगे। मगर गाड़ी शेखूपुरा पहुँच गई।

'स्टेशन पर खाने को हमारे पास कुछ नहीं था। मेरी माँ रोने लगी क्योंकि अब हमें भीख मांगनी पड़ रही थी। मैं भी रोने लगा। एक रेलवे कर्मचारी बाहर आया। उसने हमें एक पोस्ट कार्ड दिया ताकि हम अपने मौसा को लिख सकें जो मुल्तान के पशुपालन विभाग में कार्यरत थे। उसने हमें खाना भी दिया। हम कुछ दिन तक वहाँ रहे लेकिन कोई जवाब नहीं आया। उसने हमें बताया कि अगले दिन एक ट्रेन मुल्तान जा रही है। उसने गार्ड को कहा कि वह हमें बिना टिकट यात्रा करने दे। और इस तरह हमें मुल्तान जाने वाली गाड़ी में बैठा दिया गया।

'हम मुल्तान छावनी पर उतरने के बजाए मुल्तान शहर स्टेशन उतर गए। दोपहर के चार बजे थे। यह मुहर्रम की 10वीं तारीख थी और शहर के मध्य से होकर अशुरा का जुलूस जा रहा था। हमने रात एक दुकान के फट्टे पर गुजारी। मेरी माँ यह जानती थी कि उनका जीजा एक नियमित डॉक्टर था अत: अगले दिन हम मुख्य अस्पताल चले गए और अपने मौसा का इंतजार करने लगे। जब मुख्य डॉक्टर आए और उन्हें बताया गया कि कुछ लोग उनका इंतजार कर रहे हैं तो वह हमसे मिलने आए। उन्हें पता था कि मेरे मौसा को वह पत्र मिला था और उन्होंने अपने बेटे को हमें शेखूपुरा से लाने के लिए भेजा था। उन्होंने हमें रास्ता बताया और हम अपने मौसा के घर पहुंचे। वे घर के बरामदे में बैठे हुए थे। इस तरह हमें सुरक्षा मिली।

'मगर मेरी त्रासदी वहीं खत्म नहीं हुई। मेरी माँ की 1949 में मृत्यु हो गई। मैं अपने मौसा के घर बड़ा हुआ। यह उनकी कृपा थी कि उन्होंने मुझे परिवार में स्वीकार कर लिया लेकिन मैंने अपने आप को हमेशा एक बाहरी इंसान महसूस किया। त्यौहार के मौकों पर उनके खुद के बच्चों के मुकाबले मुझसे अलग बर्ताव किया जाता था। इसने मेरी जिंदगी में एक गहरा जख्म छोड़ दिया। जब मैं बीमार हो जाता मेरी उपेक्षा की जाती। मगर खुदा मेरे लिए दयालु रहा है। मुझे शिक्षा मिली और मैं एक पत्रकार बन गया। मैं *इमरोज* और इसके बाद *नवा-ए-वक़्त* का संपादक रह चुका हूँ। अब मैं अवकाश-प्राप्त हूँ मगर मैं *खबरें* में लिखता हूँ।'

गुज्जरवाल का दौरा

जनाब शमशाद की दास्तान ने मुझे बहुत ज़्यादा प्रभावित किया। कुछ हद तक मैं इसे पहले सुन चुका था लेकिन उन्होंने मुझे जो विस्तृत जानकारी दी उसके चलते मैं उनके पुश्तैनी गाँव जाने को बेहद उत्सुक हो गया। जनाब शमशाद ने हमें बताया था कि उनका पैदाइशी गाँव काफी बड़ा था और वास्तव मैं यह बढ़ता ही जा रहा था। इस बार मेरे साथ दिल्ली के दो युवा पुरुष हितेश गोसाईं और वीरेंदर सिंह थे। हितेश और मैं कुछ समय से संपर्क में थे जब हितेश ने एक पाकिस्तानी अखबार में प्रकाशित मेरे साप्ताहिक लेखों को पढ़ा। हम तीनों 29 नवंबर 2005 को गुज्जरवाल पहुंचे।

हमें बताया गया कि अब गुज्जरवाल में 9,000 लोग रहते थे जो लुधियाना शहर से 20 किलोमीटर दूर था। हम जनाब शमशाद के पुराने स्कूल गए और उस रजिस्टर की तस्वीरें लीं जिनमें उनका नाम तथा दूसरी जानकारी दर्ज थी। यह वास्तव में एक बड़ा और ऐतिहासिक स्कूल था। इसके बिल्कुल सामने एक टेक्निकल स्कूल स्थापित किया गया था। सरपंच के साथ हमारा संपर्क करा दिया गया जिसने जल्द ही कुछ बुजुर्ग लोगों को बुला भेजा। उन्होंने शमशाद के पिता नूरदिन के बारे में सुना था लेकिन चूंकि वह गाँव के अराइन मोहल्ला वाले हिस्से में रहते थे उन्होंने शमशाद के परिवार पर किए गए हमले को नहीं देखा था। दूसरी तरफ अराइन मोहल्ले में जो कुछ हुआ उसका मर्मभेदी वर्णन उन्होंने हमें पेश किया।

अजाइब सिंह

'मैं गुज्जरवाल में 1932 में पैदा हुआ था और यहीं स्कूल में मैं पढ़ा। स्कूल 1882 में स्थापित हुआ था। यह लुधियाना के एक हाई स्कूल के बाद दूसरा सबसे पुराना स्कूल था। यहाँ से मेरे पिता ने मैट्रिक की परीक्षा पास की और मैंने भी। हम राजपूतों की चंडेल शाखा से नाता रखते हैं। जट्ट लोगों की ग्रेवाल गोत्र की उत्पत्ति भी यहीं गुज्जरवाल से हुई है। मुसलमान, खास तौर पर अराइन यहाँ एक बड़ी संख्या में रहते थे। मुख्य बाजार के मालिक हिंदू थे। सिख भी गाँव में एक अच्छी संख्या में थे। गुज्जरवाल में जैन समुदाय की भी अच्छी उपस्थिति थी। हम शांति से रहते थे और एक-दूसरे का सुख-दुख बांटते थे। अराइन खुशहाल किसान थे जिनके पास काफी जमीन थी। मुझे सरदार खान और हबीबुल्लाह याद हैं जो मेरे सहपाठी थे। हमारे गाँव के मुसलमान बेहद सभ्य और भगवान से डरने वाले लोग थे। उनमें से कोई भी कट्टरपंथी नहीं था।

'मैं नहीं जानता कि कुछ हिंदू राजपूतों ने इस्लाम कबूल किया था या नहीं, क्योंकि इस तरह की चीजों में रुचि लेने के लिए मेरी आयु काफी कम थी। हमारे बहुत अच्छे मुसलमान शिक्षक थे जैसे कि पास के एक गांव से आने वाले मास्टर अफजल और मास्टर इस्माइल। मास्टर इस्माइल मेरी जानकारी में सबसे दयालु इंसान थे। वह एक

लंबे प्रभावशाली व्यक्ति थे। वह एक दिन में पाँच बार नमाज अदा किया करते थे और विद्यार्थियों के लिए सबसे ज़्यादा मददगार थे। वह किसी भी समय किसी के भी घर जा सकते थे और उनका हमारे द्वारा बहुत सम्मान के साथ स्वागत किया जाता। मैं कक्षा आठ का छात्र था।

'जब 15 अगस्त को भारत स्वतंत्र हुआ तब गांव में एक बैंड जो मुख्य रूप से मुसलमान था चारों ओर खुशी से भरी धुनों और गानों को बजाने लगा। इस तरह का उत्सव केवल एक या दो दिन तक चला क्योंकि जैसे ही रैडक्लिफ की घोषणा हुई, आसपास के गांवों के आपराधिक तत्वों से बने सिख जत्थों ने गांव को घेर लिया। इस गांव के बहुत कम लोगों ने हमलों में भाग लिया।

'उस प्रकरण का सबसे दुखद हिस्सा यह था कि कुछ मुसलमानों ने सिख धर्म को गले लगाने के लिए सहमति व्यक्त की थी। उन्हें एक घर में लाया गया जहां उनका बपतिस्मा कराया गया। बहरहाल अगले दिन वध करना शुरू कर दिया गया। एक दिन पहले एक झूठी अफवाह फैला दी गई थी कि जराहों गांव के मुसलमानों ने हिंदुओं और सिखों पर हमला किया था। उन पर बंदूकों और राइफलों का इस्तेमाल करने का आरोप लगाया गया। हमें बाद में पता चला कि कहानी पूरी तरह से झूठी थी। हमारे गांव के कुछ बड़ों ने हमलावरों का प्रतिरोध किया। उनमें मेरे पिता रंजीत सिंह और अन्य थे। लेकिन उनके पास सिर्फ दो 12 बोर की बंदूकें थीं जबकि आपराधिक गिरोहों के पास कई .303 राइफलें और अन्य शक्तिशाली आग्नेयास्त्र थे। हमलावरों का सरगना किला रायपुर का एक कुख्यात बुरा चरित्र हाकिम सिंह था। वे हजारों की संख्या में आए थे।

'जब हमला हुआ तो मिरासी जाति के कुछ बहुत ही गरीब मुसलमानों ने हमारे घर में शरण ली। वे डर के मारे मरे जा रहे थे और कुछ ने तो मल-मूत्र त्याग दिया। मेरी माँ बसंत कौर ने उन्हें खाना दिया और उनका ख्याल रखा। वे बच गए। एक छोटा सा लड़का दिलशाद जिसके माता-पिता को मार डाला गया था वह निर्वस्त्र चारों ओर घूमते हुए पाया गया जिसकी जाने की कोई जगह नहीं थी। मेरे पिता उन सबको मलेरकोटला ले गए तथा उन्हें वहाँ छोड़ दिया।

'मैंने आपको बताया कि जट्ट ग्रेवाल गोत्र की उत्पत्ति इस गांव से है। कुछ परिवार मुसलमान बन गए थे लेकिन उनमें से ज़्यादातर सिख थे। खैरू उसी गोत्र का एक बूढ़ा मुसलमान आदमी था। उसका घर भी घिरा हुआ था। उसने एक लंबे समय तक प्रतिरोध किया क्योंकि उसके पास एक बंदूक थी। वह अपने घर की छत से चिल्ला रहा था, "ओ ग्रेवालों मैं तुम में से एक हूँ। तुम मुझे क्यों मारना चाहते हो?" उसकी दलीलों की अनसुनी कर दी गई क्योंकि अपराधियों को उसका खून चाहिए था। अंत में वह अपनी चोटों की वजह से मर गया।

'मैंने पहले उल्लेख किया है कि मास्टर इस्माइल हमारे ड्राइंग मास्टर थे। जब उनके घर पर हमला किया गया उनकी पत्नी गर्भवती थी। उनको और उसकी पत्नी को बिना किसी दया के मार डाला गया। उनका एक बेटा अब्दुल अजीज जिसकी शायद दस साल की उम्र थी अपने जीवन को बचाने के लिए एक दूसरे घर की तरफ भागा लेकिन वह हमारे गांव के एक अपराधी द्वारा पकड़ा गया। उसने लड़के का एक पैर पकड़ कर उसे उठा लिया और एक लंबे चाकू के साथ उस पर कई वार किए। उनकी चीखें अभी भी मुझे परेशान करती हैं। उसकी बहन सरदाराँ केवल 15 साल की थी। उसने अपनी छोटी बहन को उठा रखा था जो एक छोटी सी बच्ची थी। उन्होंने उन्हें पकड़ लिया और दो महीने तक अपराधियों द्वारा उसका बलात्कार किया गया। उसका चेहरा पीला पड़ गया था और वह एक भयानक स्थिति में थी। फिर उसकी तलाश में एक दिन उसका एक भाई आया जो नौसेना में था। वह अपने साथ पुलिस लाया था। उसे बरामद किया गया। मैं अभी भी अपने मन की आंखों से उसका चेहरा देखता हूँ। यह एक युवा लड़की के खिलाफ एक भयानक जुल्म था। सैकड़ों लड़कियों और महिलाओं को नहर ले जाया गया और उनका बलात्कार किया गया तथा नग्न अवस्था में उन्हें पैदल चलाया गया।

'मगर दाई अमानत बीबी और उसके परिवार को बख्शा गया। उसकी बच्चों के जन्म के समय गांव में जरूरत पड़ती थी। उसका करीब 15 साल पहले निधन हो गया। उसका बेटा रियासत अली बाद में एक कंपाउंडर बन गया। उसका एक दुर्घटना में निधन हो गया। उनकी बेटी एक शिक्षिका बन गई और यहां से कुछ दूर एक स्कूल में काम करती थी। वह भी एक दुर्घटना में मर गई। अमानत बीबी के परिवार के कई सदस्य अब यहाँ हैं।

'अब एक बार फिर से गुज्जरवाल की मस्जिद का इस्तेमाल किया जा रहा है। हम बहुत खुश हैं कि ऐसा हो रहा है। यहाँ बिहार और यूपी से आए मुसलमान रहते हैं। विभाजन के उन बुरे दिनों के बाद यहाँ गुज्जरवाल में कभी कोई सांप्रदायिक घटना नहीं हुई है। धर्म को कभी राजनीति में नहीं मिलाना चाहिए।'

हरमैल सिंह

'हम मूल रूप से गुज्जरवाल के हैं लेकिन हमारे परिवार को एक लंबे समय पहले पश्चिम पंजाब में जमीन आवंटित की गई थी, इसलिए मैं पश्चिमी पंजाब में आरिफवाला में पला-बढ़ा। 1946 में मैं गुज्जरवाल लौट आया। मैंने बी.एस.सी. की और फिर एम.एस.सी. और यहाँ अपने स्कूल में अध्यापन किया। हाँ नूरदीन नाम का एक प्रमुख मुसलमान था लेकिन उसका परिवार गांव के दूसरे हिस्से में रहता था। गांव तब भी बड़ा और फैला हुआ था। विभाजन के समय मेरे बड़े भाई और दूसरे, सुरक्षित

आरिफवाला से भारत आए। मुसलमान सीमा तक उनके साथ आये और एक दूसरे को गले लगाने के बाद जुदा हुए। उन पर एक भी हमला नहीं हुआ लेकिन सिखों के बीच सुखमिंदर नामक एक बुरे चरित्र ने एक मुसलमान पुलिस वाले का गला काटा और तब एक हमला हुआ अन्यथा वे बहुत ही सुरक्षित रूप से आ गए।

'मैंने इस गांव और इस क्षेत्र के आस-पास मुसलमानों पर कहर होते देखा है। पश्चिमी पंजाब में स्थिति के साथ इसकी कोई तुलना नहीं हो सकती है। यहां हिंसा का स्तर असीम था। अपराधी, बुरे चरित्र वाले लोगों, नशीली दवाओं का सेवन करने वाले तथा शराब के व्यसनियों की भीड़ ने हमलों में भाग लिया। वे लूटने और डकैती तथा महिलाओं पर अपनी दुष्ट वासना का इस्तेमाल करने का अवसर खोज रहे थे। उन्होंने जघन्य अपराध किए।

'सिख धर्म में परिवर्तित मुसलमान हमारे घर में छिपे हुए थे लेकिन फिर गुज्जरवाल से बिन्द नामक एक बुरा चरित्र रायपुर से लोगों को लेकर आया जिन्होंने मेरे पिता और अजैब सिंह के पिता पर काबू पा लिया। उन्होंने जबर्दस्ती हमारे घर में प्रवेश किया और सभी मुसलमान पुरुषों, महिलाओं और बच्चों को छत पर दीवार के साथ पंक्तिबद्ध करने का आदेश दिया। तब उन पर भालों और कुल्हाड़ियों के साथ हमला कर उन्हें जमीन पर नीचे फेंक दिया गया। नीचे अन्य अपराधी अपने भालों के साथ तैयार खड़े थे ताकि गिरते शरीरों को भेद सकें। शिशुओं के शवों को उन लोगों ने ऊपर हवा में उठाया और भेदे हुए शवों को ऊपर रखते हुए उनमें से कुछ तो नृत्य करने लगे। एक लड़का सिद्दीकी जिसे मैं जानता था, उसको कई टुकड़ों में काट दिया गया। प्रेरणा धार्मिक नहीं थी। यह केवल लूट करने की एक इच्छा और महिलाओं का उल्लंघन करने की वासना थी।'

होशियारपुर

4 जनवरी 2005 को विक्की और मैंने होशियारपुर का दौरा किया। 1947 में शहर और ग्रामीण दोनों क्षेत्रों में मुसलमान अल्पमत में थे। हम कांग्रेस पार्टी के कार्यालय गए जहां कांग्रेस जिला कमेटी के महासचिव श्री रजनीश टंडन द्वारा मुझे उनके घर पर आमंत्रित किया गया था। उनके पिता का नाम पूछना मैं भूल गया जिन्होंने अपने शहर के बारे में निम्नलिखित कहानी सुनाई :

'होशियारपुर जुलाई के लगभग अंत तक शांतिपूर्ण रहा। हफीज होशियारपुरी तथा तुफैल होशियारपुरी इस शहर के प्रसिद्ध शायर थे। वे हमारे घर से दूर नहीं रहते थे। यहाँ कभी कोई समस्या नहीं थी। फिर सिख जत्थों ने इस क्षेत्र में घूमना शुरू किया। शहर और जिले में मुसलमान समुदाय की एक बड़ी संख्या थी। 18 अगस्त तक यहाँ बहुत कम बड़े हमले हुए। फिर मुसलमान अपने घरों को खाली कर पाकिस्तान जाने

लगे। इस जिले में अधिकांश जघन्य अपराध रैडक्लिफ अवार्ड की घोषणा के बाद के शुरुआती दिनों में हुए क्योंकि इस अंतरिम समय में लोगों के पास कोई सशस्त्र अनुरक्षण नहीं था। फिर हालात बदले जब दोनों सरकारों ने सहयोग करने का फैसला किया। इसका मतलब यह था कि पाकिस्तानी सेना मुसलमानों को अनुरक्षण देकर पाकिस्तान ले जाने लगी।

'यह सब अनावश्यक था। राजनेता सत्ता चाहते थे। उनकी महत्वाकांक्षाओं ने एक पुराने पंजाब को दफन कर दिया जो अब मिट चुका है। यह तब कितना अधिक दिलचस्प था जब सभी समुदाय एक साथ रहते थे। हमारे घर में एक पवित्र मुसलमान इंसान की एक कब्र है। हम उस पर हर गुरुवार को एक मोमबत्ती जलाते हैं। हिंदुओं का मानना है कि सभी पवित्र व्यक्तियों का सम्मान किया जाना चाहिए।'

कैप्टन (सेवानिवृत्त) मोहम्मद शफी

कैप्टन (सेवानिवृत्त) मोहम्मद शफी ने उन मुसलमान कुलीन लोगों का एक विस्तृत ब्यौरा दिया है जो होशियारपुर जिले में संपत्ति के मालिक थे और अपने गांवों को खाली करने को तैयार नहीं थे। उन्हें 23 अगस्त को मुकेरियां पुलिस स्टेशन बुलाया गया और होशियारपुर जिले की हिंदू-सिख पुलिस ने उन्हें धमकी दी तथा चले जाने को कहा। साजिश में डीएसपी चौधरी दलीप सिंह और उप-निरीक्षक परमानंद शामिल थे। जब शफी और अन्य प्रमुख मुसलमानों ने इस तरह के दबाव का विरोध किया तो उन्हें हिरासत में डाल दिया गया। तब पुलिस ने हजारों रुपये की फिरौती का भुगतान करने के लिए उन्हें मजबूर किया। उन्हें एक असंतुष्ट कांस्टेबल ने बताया जिसे लूट की हिस्सेदारी से बाहर रखा गया था कि अगर वे फिरौती नहीं देंगे तो उन्हें मारने की योजना बनाई गई है (शफी, 1993: 162-5)। कहानी यहीं समाप्त हो जाती है लेकिन तथ्य यह है कि सभी मुसलमानों को होशियारपुर छोड़ कर पाकिस्तान जाने के लिए मजबूर किया गया।

होशियारपुर के ग्रामीण क्षेत्र

अहमद सलीम ने 30 दिसंबर 2005 को शेखुपुरा में होशियारपुर जिले के एक गांव से 1947 के शरणार्थी हाजी मुख्तार अहमद खान के साथ एक साक्षात्कार दर्ज किया।

हाजी मुख्तार अहमद खान

'मेरा जन्म जिला होशियारपुर के पंडोरी भावा नामक गांव में एक राजपूत परिवार में 8 जनवरी 1929 को हुआ था। इस गाँव को नौ पुश्तों पहले हमारे पूर्वजों द्वारा स्थापित किया गया था। किसी ने भी यह नहीं सोचा था कि हमें अपने घरों को छोड़ने के

लिए मजबूर किया जाएगा। पाकिस्तान अस्तित्व में आने से पहले हमारे हिंदू खत्रियों के साथ करीबी संबंध नहीं थे। बच्चों के रूप में जब हम कभी किसी हिंदू सहपाठी के घर जाते तो उनकी माताएं स्पष्ट रूप से उनकी रसोई में प्रवेश नहीं करने को कहतीं। वे कहते कि इससे उनकी रसोईयाँ दूषित हो जाएंगी तथा उन्हें इसे गाय के गोबर द्वारा साफ करने की आवश्यकता होगी! दूसरी ओर सिखों के साथ हमारे संबंध ठीक थे। मैं मैट्रिक करने के बाद पुलिस में शामिल हो गया। मुझे मेरी हॉकी खेलने की प्रतिभा के चलते भर्ती किया गया था। पुलिस अधिकारी श्री लिंकन ने मुझे भर्ती किया था। मैं जालंधर में तैनात किया गया था तथा जब चुनाव प्रचार के दौरान मुसलमानों ने जुलूस निकाले, हमें उन मुसलमानों पर प्रहार करने लिए डंडे दिए गए जो हमारे अधिकारों के लिए लड़ रहे थे। तब मैंने इस्तीफा दे दिया और अपने गांव वापस आ गया। मेरे पिता ने मुझे सहकारिता विभाग में एक उप-निरीक्षक के रूप में नौकरी दिला दी। कुछ समय बाद नवम्बर 1946 में मुझे नौकरी से निकाल दिया गया। स्थिति तनावपूर्ण थी। मुसलमानों पर हमले पहले से ही जुलाई में शुरू हो गए थे और उसके बाद एक छोटे पैमाने पर हमले जारी रहे। सिख जत्थों ने हमारे क्षेत्र में छापे मारे।

'18 अगस्त ईद का दिन था। हमारे गांव पर पहला हमला 19-20 अगस्त की रात को हुआ था। हमारा एक छोटा सा गांव था। मुझे कुल्हाड़ी द्वारा मारा गया था। मेरे दाहिने हाथ की उंगलियां कट गईं, मेरे कंधे पर गहरे घाव हुए तथा मेरे कान पर भी चोट लगी। कुल मिलाकर मुझे चार घाव लगे। मुझे दो बार चाकू मारा गया और मैं जमीन पर घायल होकर गिरा पड़ा था। मैं बेहोश हो गया। किसी तरह अफवाह फैल गई कि सेना आयी और यह सुन कर सिख भाग गए। अगले दिन मैंने अपने चारों ओर लाशों को बिखरे हुए देखा। हमारी ओर से भी किसी ने घर में बनी बंदूक से गोलियां दागी और दो सिखों की हत्या कर दी। मेरे पिता ने खुद को खेतों में छिपा लिया था। पुलिस बाद में आई। वे पोस्टमार्टम के लिए लाशों को ले जाना चाहते थे। वहाँ उन लोगों के साथ एक निःशस्त्र मुसलमान कांस्टेबल गया था; बाकी लैस थे। उसे एक मौका मिल गया और मुझे बताया कि पुलिस को मृत शरीर नहीं दूँ, "क्योंकि तब वे आप में से कुछ को होशियारपुर ले जा कर सिखों की हत्या के आरोप में गिरफ्तार कर लेंगे। बस आप उन्हें बताओ कि आप कोई भी शिकायत दर्ज नहीं करना चाहते हैं।" उसके बाद ही मेरे पिता घर लौट आए। यह सुबह के 10 बजे का समय था। वह एक जाने माने व्यक्ति थे। उन्होंने पुलिस को बताया कि वह कोई शिकायत दर्ज नहीं करना चाहते हैं और न ही चाहते हैं कि शवों को पोस्टमार्टम के लिए ले जाया जाए।

'उसके बाद हमने कब्रें खोदीं और अपने मृतकों को दफन कर दिया। हम 21-22 अगस्त तक गांव में रुके। तब बलूच रेजिमेंट आयी और हमें बताया कि हम अब यहाँ और नहीं रह सकते हमें पाकिस्तान जाना चाहिए। हमें होशियारपुर के नागरिक अस्पताल ले जाया गया। अस्पताल में घायल लोगों का तांता लगा हुआ था। पट्टी लगने के बाद

हम अस्पताल में बने रहे। किसी ने हमें सलाह दी कि हम किसी को भी इंजेक्शन देने की अनुमति नहीं दें क्योंकि इसमें जहर हो सकता है। मेरा चचेरा भाई, भतीजा और मैं वहां से एक किलोमीटर दूर इस्लामिया स्कूल के शिविर के लिए रवाना हो गए। पूरे शहर में आग लगा दी गई थी और कर्फ्यू लगाया गया था लेकिन लोग सुरक्षा की तलाश में हर तरह का खतरा मोल ले रहे थे।

'शिविर में खाकसारों का शफा सलार प्रभारी था। एक खाकसार कर्मचारी ने सभी जख्मी तथा बीमार लोगों को इतनी निष्ठा के साथ सेवा की कि मैं आश्वस्त हूँ कि उसे जन्नत में तुरंत जगह मिलेगी। वह मांस का सूप तैयार कर हमारे लिए लाता। 26 अगस्त को लाहौर से बसों का एक काफिला हमारे लिए मंगवाया गया ताकि हमें वहाँ ले जाया जा सके। पहले जख्मी लोगों को बसों में चढ़ने दिया गया। हमारे साथ सेना थी। उस रात हम जालंधर पहुंचे। 27 अगस्त को मूसलाधार बारिश हो रही थी। आखिरकार हमने वागा पहुंचकर चैन की सांस ली। हम कुछ हफ्तें लाहौर में रहे। पुरानी अनारकली में अपने एक रिश्तेदार के साथ कुछ समय तक रहे। उन दिनों पूरी अनारकली और मॉल के बाजार के इलाके को जला दिया गया था। हिंदुओं और सिखों की लाशें चारों तरफ बिखरी पड़ी थीं। हम लोगों को टौलिंगटन मार्किट की इमारतों और दुकानों को लुटते हुए देखते थे। कुछ हफ्तों बाद मुझे शेखूपुरा में सहकारी विभाग में नौकरी मिल गई। जिंदगी कठिन रही है मगर इसे चलते जाना है।'

कर्नल (सेवानिवृत्त) अता मुहम्मद डोगर

'मैं गांव बनियाल, तहसील दसुया, जिला होशियारपुर में 1 जनवरी 1930 को पैदा हुआ था। यह मुख्य रूप से डोगरों द्वारा बसाया हुआ एक बड़ा गांव था। इसकी कुल आबादी करीब 3,000 लोगों की रही होगी। डोगर उस क्षेत्र में एक प्रमुख जनजाति थे। लगभग चौवालीस डोगर गांव थे। डोगरों को ब्रिटिश रिकार्डों में एक निडर और स्वतंत्र जनजाति के रूप में जो मुख्य रूप से कृषि के क्षेत्र में लगे हुए थे, वर्णित किया गया है। यहाँ तक कि पंजाब में महाराजा रणजीत सिंह समय के दौरान जब सिख सत्तारूढ़ शक्ति थे, वे हमारे लोगों को परेशान नहीं कर सके। हम सभी तरफ से सिखों से घिरे थे। सिर्फ पूर्व को छोड़कर जहां कुछ हिंदू भी थे लेकिन वे एक छोटी संख्या में थे। हमारे पड़ोस में अन्य मुख्य मुसलमान जनजाति अवानों की थी। हमारे सिखों के साथ बहुत अच्छे संबंध थे। वे मेरे पिता का काफी आदर करते थे तथा अपने संपत्ति समेत विवादों की मध्यस्थता के लिए मेरे पिता चौधरी फजल करीम (इलाही) के पास आते। उन्हें उनकी निष्पक्षता और अखंडता के लिए जाना जाता था। पांच भाइयों का एक सिख परिवार था। उनमें से एक पगड़ी के आदान प्रदान की प्रथा के माध्यम से मेरे पिता का भाई बन गया था। संपत्ति को लेकर सिख परिवार में एक विवाद पैदा

हो गया। वे मध्यस्थता के लिए मेरे पिता के पास आए। उन्होंने एक फैसला दिया जो किसी के भी पक्ष में नहीं था। उन्होंने वह फैसला स्वीकार कर लिया।

'दसुया तहसील में हालात विभाजन की घोषणा के बाद भी शांतिपूर्ण रहे। लेकिन फिर सिख जत्थों ने मुसलमान गांवों पर हमला शुरू कर दिया। उन्होंने हमारे गांव पर हमला किया और पहले हमले को विफल कर दिया गया। तब वे दूसरी बार वापस आये। हम इस बार तैयार नहीं थे और उस छापे में लगभग 20-25 लोगों, ज़्यादातर बुजुर्ग पुरुषों और महिलाओं और बच्चों की मौत हो गई।

'नतीजतन यह गांव खाली करने का निर्णय लिया गया। मुझे लगता है हमने ईद के दिन 18 अगस्त को गाँव छोड़ दिया था तथा भगरान गांव चले गए जहां आसपास के गांवों के सभी डोगर एकत्रित हो रहे थे। इस गाँव में मेरा नौनिहाल था। फिर चार-पांच दिन बाद हम अपने गाँव आ गए क्योंकि सिखों ने हमें आश्वासन दिया था कि वे हम पर हमला नहीं करेंगे। लेकिन हमारे सभी घरों को जला दिया और लूट लिया गया था। हम उन कठिन स्थितियों में भी वहाँ कुछ दिनों के लिए रहने में कामयाब रहे लेकिन एक दोपहर के करीब 3:30 बजे, सिख जत्थे इकट्ठा हुए और फिर हमारे गाँव बनियाल पर हमला किया। इस बार हमारे लोग भाग गए तथा खेतों और आसपास के अन्य स्थानों में शरण ली। यह जरूरी तौर पर सितंबर के शुरू का समय होगा। मेरी माँ और पिता जब दौड़ हे थे तो घोड़ों पर कुछ सिखों ने उन्हें घेर लिया। वे मेरी मां पर हमला करने ही वाले थे मेरे पिता ने उन्हें चिल्ला कर रुकने को कहा। जब उन्होंने घूम कर देखा तो वे मेरे पिता को पहचान गए। वास्तव में वे उस परिवार से थे जिनके मेरे पिता के साथ अच्छे संबंध थे। वे अपने घोड़ों से उतरे और उनके तथा मां के पैरों पर गिर गए और उन्होंने माफी मांगी। इस तरह मेरे माता-पिता बच गए।

'लेकिन हमारे लोग इन हमलों को चुप-चाप सहन करने वाले नहीं थे। नतीजतन, हमने भी अपने आप को हथियारों से लैस किया और पड़ोस के सिख और हिंदू गांवों में छापे मारने शुरू किए। हमारे पुरुषों द्वारा मारे गए छापे में कुल सत्तर सिखों और हिंदुओं की मौत हो गई। यह संघर्ष कुछ समय तक जारी रहा लेकिन फिर हमने गांव छोड़ खुद को पाकिस्तान विस्थापित करने का फैसला किया। पहले हम हरियाना गाँव आए जहां राजपूत मुसलमान हमारे साथ शामिल हो गए। तब कारवां दसुया गया और अंत में होशियारपुर के शिविर के लिए चला गया। वहाँ लोगों को पाकिस्तान ले जाने के लिए कई ट्रकों की व्यवस्था की गई थी। महिलाओं, बच्चों और बुजुर्गों को उनमें डाल दिया गया। कई अन्य मुसलमान भी उन ट्रकों में कूद कर चढ़ गए। बिना भोजन-पानी ट्रक खचा-खच भर गए। हालांकि, बलूच रेजिमेंट हमें अनुरक्षण दे रही थी। काफिला जालंधर की तरफ चला जहां हम एक रात के लिए रुके और फिर हमने अमृतसर के लिए जाना जारी रखा। मुझे याद है कि जब हम ब्यास नदी पर बने पुल पर पहुंचे तब

यह सितंबर का मध्य था। काफी भारी बारिश हुई थी और जो लोग तट पर इंतजार कर रहे थे, नदी की एक ताकतवर लहर में बह गए। नदी में बहते हुए मृत मनुष्यों और पशुओं के सैकड़ों शव दिख रहे थे। यह एक भयानक नजारा था। अमृतसर में एक बच्चा जो हमारे साथ ट्रक पर था प्यास के कारण धीरे-धीरे मर रहा था लेकिन सड़क के साथ इंतजार कर रहे सिख उसे मुफ्त में पानी नहीं दे रहे थे। तो उसके पिता को एक गिलास पानी के लिए 300 रुपये देने पड़े।

'मेरे पिता, बड़े भाई, नाना-नानी तथा दादा-दादी और दूसरे वयस्क लोग लगभग नवंबर के शुरू तक शिविर में रहे। फिर उन्होंने पाकिस्तान जाने का सफर शुरू किया। सफर के दौरान कुछ डोगर, शरणार्थियों की कतार से निकल कर हिंदुओं और सिखों पर हमला करते। लेकिन तब भारतीय फौज आई और उसने गोलियां चलानी शुरू कर दी, तब हमारे पुरुष फिर काफिले के साथ हो लिए और पाकिस्तान में प्रवेश किया। यह सच है कि हमने करीब 100 लोगों को खोया लेकिन बिल्कुल अंत तक किसी हिंदू या सिख को बख्शा नहीं गया। हमने भी एक ही संख्या में उनको मारा।'

राणा मुहम्मद अजहर खान

16 मार्च 2016 को लाहौर के गवर्नमेंट कॉलेज के फैकल्टी गेस्ट हाउस में मैंने वयोवृद्ध समाजवादी, चित्रकार और मूर्तिकार-कलाकार राणा मुहम्मद अजहर खान के साथ एक साक्षात्कार दर्ज किया। मेरे दोस्त जकरिया खान और उनके भाई याह्या खान ने साहीवाल तक गाड़ी चलाई और ओकारा से राणा अजहर को बैठाकर लाहौर ले आये। राणा अजहर की कहानी पंजाब के विभाजन के समय की सबसे रोचक कहानियों में से एक है। उन्होंने मुझे बताया :

'मैं 14 दिसंबर 1934 को राजपूतों के नारु कबीले के एक राजपूत परिवार में पैदा हुआ था जिन्होंने कुछ सदियों पहले इस्लाम कबूल कर लिया था तथा उनमें से ज़्यादातर होशियारपुर जिले और उसके आसपास के क्षेत्रों में बसे थे। हमारे बड़े, नारु राजपूतों के प्रमुख थे। हम हरियाना नामक एक कस्बे में रहते थे जो होशियारपुर जिले के नौ मील उत्तर में था। हरियाना शिवालिक पर्वत श्रृंखला की तलहटी में है। उन दिनों बहुत बारिश होती थी और कभी-कभी तो एक पूरे हफ्ते के लिए। बारिश के पानी की बौछाड़ तेजी से धाराओं के माध्यम से आकर गड्ढों को भर देतीं जिनमें से कुछ काफी गहरे हो जाते और इस प्रकार संचार और परिवहन बाधित हो जाता। पानी की उन शक्तिशाली धाराओं को स्थानीय भाषा में चोए के रूप में जाना जाता था। मुस्लिम राजपूतों के अलावा हमारे क्षेत्र में अन्य मुख्य धार्मिक समुदाय हिंदुओं का था। राजपूतों के पास पूरी जमीन थी जबकि दुकानों का स्वामित्व हिंदुओं के हाथ में था। वहाँ बहुत कम सिख थे। राजपूतों ने पारंपरिक सामाजिक व्यवस्था में महत्वपूर्ण पदों पर कार्य

किया और सरकार द्वारा उन्हें इस तरह के प्रशासनिक और माननीय खिताबों से नवाजा गया जैसे कि मानद मजिस्ट्रेट, जाइलदार, नंबरदार, सफेदपोश इत्यादि।

'हरियाना सांप्रदायिक सद्भाव, शांति और एकता की एक मिसाल था। सुखद जीवन जी रहा हमारा समुदाय हिन्दू-मुस्लिम हाई स्कूल नामक एक स्कूल को लेकर गर्वित था। स्कूल और इस इमारत को बनाने का विचार एक स्थानीय ब्राह्मण पंडित लाला हरचरण दास का था। उन्होंने भूमि का अनुदान देने के लिए हमारे बुजुर्गों का दरवाजा खटखटाया जो मेरे चाचा राणा मुहम्मद अली ने उन्हें खुशी से दे दी। लाला जी निःसंतान थे। उन्होंने अपनी सारी संपत्ति और बचत का दान स्कूल के लिए कर दिया। स्कूल की इमारत उनके पैसों से बनाई गई। दुर्भाग्यवश निर्माण पूरा होने से पहले उनकी मृत्यु हो गई। मगर, पंडित जी के योगदान को हरियाना के लोगों द्वारा हमेशा कृतज्ञता के साथ याद किया गया।

'हिंदू-मुस्लिम हाई स्कूल – स्कूल के इस अनोखे नाम ने उन दिनों पंजाब भर के सभी आदर्शवादी लोगों को आकर्षित किया। लाला मदनलाल चड्ढा जो मूल रूप से भट्टी गेट लाहौर के थे, प्रधानाध्यापक के रूप में स्कूल के साथ जुड़ गए। उनका एक अद्भुत व्यक्तित्व था। मैं अभी तक किसी भी और अधिक करिश्माई इंसान से नहीं मिला हूँ। उन्होंने स्कूल के लिए अपना जीवन समर्पित कर दिया तथा हमेशा सबसे अच्छे मानकों को बनाए रखने और अच्छी शिक्षा प्रदान करने में जान लगा दी। कभी कभार वह मेरे चाचा से मिलने आते जो हमारी बिरादरी के प्रमुख थे। भले ही हरियाना के समाज में चाचा जी की प्रतिष्ठा सबसे अधिक थी फिर भी वह उठ कर उनका स्वागत करते। हमारे शिक्षक पुण्य लोग थे। मौलाना रहीमुद्दीन मेरठ के रहने वाले थे। वह फारसी पढ़ाया करते थे। वह महत्वपूर्ण अवसरों पर नमाज की अगुवाई किया करते थे। दीनीयत (धार्मिक) के लिए आरक्षित दैनिक घंटे की पढ़ाई के दौरान पंडित मस्तराम हिंदुओं और सिखों को उनके शास्त्रों को पढ़ाने का काम करते थे जबकि मौलवी फतेह मोहम्मद इस्लाम के बारे में मुस्लिम छात्रों को पढ़ाया करते थे। वह दक्षिणी पंजाब के लाइया नामक एक छोटे से शहर से थे। वे इस तरह के एक साधारण आदमी थे कि जब विभाजन हुआ तब वह लाइया में थे। मगर इतना बड़ा बदलाव हो चुका था इस बारे में उन्हें कोई खबर नहीं थी और उन्होंने लाइया से हरियाना की ओर अपना सफर शुरू कर दिया। हरियाना के किसी व्यक्ति ने उन्हें लाहौर रेलवे स्टेशन पर देखा और उसे बताया कि वह अब अपने काम पर नहीं लौट सकते क्योंकि हरियाना अब भारत में था। फिर वहाँ हमारे सिख शिक्षक मास्टर अतर सिंह थे। एक कश्मीरी मुस्लिम परिवार हरियाना में रहता था। परिवार का मुखिया ब्रिटिश भारतीय सेना में था। उनका एक छोटा सा लड़का था। उसकी दादी उसे स्कूल ले आई। वह एक सलवार पहना करता था जबकि हममें से बाकी पैंट या चुस्त चूड़ीदार पजामा पहनते थे। वह पूरे समय रोया करता था। मास्टर अतर सिंह ने उसे अपनी देखरेख में ले लिया और

उसे बहुत स्नेह दिया। इसके बाद वह हमेशा मास्टर जी के बगल में बैठता था और अंत में अपनी पढ़ाई में रुचि लेने लगा।

'हमारे स्कूल को कपूरथला के महाराजा से अनुदान मिलता था। रिवाज यह था कि कपूरथला के महाराजा फैंसी कारों और जीपों के काफिले में आते। छात्र सुंदर तरीके से पोशाक और पगड़ियाँ पहन कर उनका स्वागत करते। एक बार मैं भी स्वागत दल में शामिल था। मास्टर मदनलाल चड्ढा उनका स्वागत करने कभी नहीं जाते थे। वे इस तरह के दिखावे और धूम धाम से दूर रहते थे। यह मौलाना रहीमुद्दीन थे जो स्कूल की ओर से महाराजा को श्रद्धांजलि (प्रतीकात्मक) की पेशकश करते और बदले में दान प्राप्त करते।

'सभी धार्मिक उत्सवों को बड़ी खुशी के साथ मनाया जाता और सभी समुदायों के लोग इसमें भाग लेते। खास तौर पर दशहरा त्यौहार 10 दिनों के लिए मनाया जाता था और हजारों लोग उत्सव में भाग लेने के लिए आया करते थे। दशहरा एक हिंदू त्यौहार था, लेकिन राणा मोहम्मद हुसैन खान जो हरियाना के जाइलदार थे समारोह की समिति की अध्यक्षता करते थे। उस अवसर पर उस क्षेत्र के बाहर विवाहित हरियाना की लड़कियों को अपने माता-पिता से मिलने का मौका मिल जाता था। पंजाब के हमारे हिस्से में यह एक बड़ा मौका हुआ करता था जब हर साल आम अभी भी उपलब्ध हुआ करते थे। वे बहुत ज़्यादा मिलते थे और अमीर तथा गरीब दोनों इनको चखने का आनंद उठाते थे। पहाड़ों से शांत हवाएं, काफी संख्या में आम और उत्सव उन दिनों में एक उन्मादित वातावरण बना देते थे।

'हरियाना 1940 के टकराव की राजनीति से मुक्त रहा। एक बार महात्मा गांधी, पंडित नेहरू, मौलाना आजाद और कुछ अन्य कांग्रेसी नेता हमारे दूरस्थ समुदाय के पास आये थे। उन्होंने हिन्दू-मुस्लिम हाई स्कूल के बारे में सुन रखा था और वे ऐसी पहल को अपना समर्थन व्यक्त करना चाहते थे। हरियाना के एक पहलवान किस्म के इंसान ने गांधी जी को अपने कंधों पर उठा लिया ताकि हर कोई उन्हें देख सके। वहाँ तालियाँ गूंजने लगीं क्योंकि लोग उम्मीद नहीं कर रहे थे इस तरह के राष्ट्रीय स्तर के नेता पंजाब के एक दूर दराज के कोने में स्थित एक गांव में आएंगे।

'राणा नसरुल्लाह खान निर्दलीय उम्मीदवार 1937 पंजाब विधानसभा में हरियाना से एम.पी.ए. थे। उन्हें हमारे द्वारा समर्थित किया गया। 1946 में वह मुस्लिम लीग के टिकट पर चुनाव लड़े। हमारे बुजुर्ग, तथापि, पंजाब यूनियनिस्ट पार्टी के समर्थक थे। मेरे चाचा जो यूनियनिस्ट पार्टी की टिकट पर चुनाव लड़े और हार गए तथा राणा नसरुल्लाह जीत गए। बहरहाल हमारा क्षेत्र बिल्कुल अंत तक शांतिपूर्ण बना रहा जब विभाजन की घोषणा हुई। हमारे बुजुर्ग अपना घर-बार छोड़ने के लिए एकदम तैयार नहीं थे। मगर वहाँ हरियाना और आसपास के गांवों से लोग थे जो लाहौर में और

पंजाब के पश्चिमी जिलों में काम कर रहे थे। वे छोड़ कर जाना चाहते थे क्योंकि वे जहां काम कर रहे थे वह इलाका अब पाकिस्तान का एक हिस्सा बनने जा रहा था।

'मेरे पिता की मृत्यु हो गई थी लेकिन मेरी मां जीवित थी। मेरे बड़े चचेरे भाई अनवर खान ने हाल ही में लाहौर में कानून परीक्षा की अपनी पहली परीक्षा पूरी की थी। हमने पाकिस्तान की ओर प्रवास नहीं करने का फैसला किया था। फिर भी, यह निर्णय लिया गया कि मेरी चचेरी बहनों में से दो को लाहौर भेजा जाना चाहिए जहां हमारे कुछ करीबी रिश्तेदार थे। वे चाहते थे कि मैं भी उनके साथ जाऊँ। मैंने रोना शुरू कर दिया क्योंकि मैं हरियाना छोड़ना नहीं चाहता था। इसलिए वे एक कार द्वारा चले गए लेकिन यह एक चोए में फंस गई। बाद में हमें पता चला कि दो सिख अजनबियों ने कार को खींच कर बाहर निकाला जबकि महिलाएँ एक तरफ खड़ी थीं। इसके बाद वे बिना किसी समस्या के लाहौर की यात्रा कर सके।

'मेरे एक चाचा महमूद खान राजस्व विभाग में कार्यरत थे। उन्हें वाल्टन शरणार्थी शिविर का प्रभारी नियुक्त किया गया था। मेरी चचेरी बहनें उनके साथ रह रहीं थीं। वे यह पता लगाने के लिए रोज शिविर में आती थीं कि हम हरियाना से वहाँ पहुंचे या नहीं। होशियारपुर के हमारे हिस्से में ज़्यादा खून-खराबा नहीं हो रहा था लेकिन उस समय तक पंजाब गंभीर रूप से उपद्रवों का सामना कर रहा था और सांप्रदायिक हत्या हमारे आसपास चल रही थी। पहला हमला पड़ोस में एक मुस्लिम गुर्जर गांव मस्तीवाल पर सिखों द्वारा किया गया। गुर्जर सेना में कार्यरत थे और इसलिए उन्होंने मुकाबला किया जबकि उनकी महिलाएँ पैदल भाग निकलीं। हमने उन्हें शरण देने की पेशकश की लेकिन उन्होंने केवल दूध और कुछ खाने की जरूरत बताई और उस शरणार्थी शिविर में रहना पसंद किया जिसे तब स्थापित किया गया था जब हमले शुरू हो गए थे। मुझे याद है कि हमारे हिंदू पड़ोसी प्रेम सागर और एक अन्य हिंदू शरणार्थी शिविर में आए और बहुत दुःख व्यक्त किया। प्रेम सागर एक बहुत अच्छा फुटबॉल खिलाड़ी था। वास्तव में हरियाना फुटबॉल टीम पंजाब की सर्वश्रेष्ठ में से एक थी और हिंदू, मुस्लिम और सिख इसमें शामिल थे। अन्य अच्छे हिंदू और सिख भी थे जो अपने मुस्लिम पड़ोसियों के प्रति वफादार बने रहे। रमीक, मोहिंदर और उनके भाई जतिंदर मेरे चचेरे भाई के करीबी दोस्त थे। एक और व्यक्ति सुशील कुमार भी था।

'विभाजन के समय मैं आठवीं कक्षा में था। अगस्त 1947 के बाद होशियारपुर के मुसलमान पाकिस्तान जाने लगे क्योंकि अब यह स्पष्ट हो गया था कि अब वे भारत में सुरक्षित नहीं रह सकेंगे। हम भी दो महीने बाद चले गए। हमारे रिश्तेदारों ने हमें पाकिस्तान लाने के लिए बलूच रेजिमेंट के सैनिकों से बने एक सैन्य काफिले को भेजा। वहाँ चार ट्रक थे जिनमें हम सभी को अपने लिए जगह खोजनी थी। महिलाओं को एक ट्रक में अलग ढंग से बैठा दिया गया। चाचा असलम खान उनके साथ बैठ

गये। प्रत्येक ट्रक में कम से कम एक इज्जतदार बुजुर्ग था। एक पठान परिवार हमारे साथ हो लिया। उस परिवार के मुखिया, एक डॉक्टर, उस समय अफ्रीका में गए हुए थे। बाकी हमारे साथ हो लिए। यह अक्टूबर था और भारी बारिश हो रही थी। वहाँ नौ चोए या धाराएँ थे जिन्हें हमने पार किया। हमने सुबह जल्दी सफर शुरू कर दिया लेकिन नौ मील की दूरी में फैली घाटियों को पार करने में हमें बारह घंटे लग गए। जब हम होशियारपुर पहुंचे तब हमने अपनी छतों पर चढ़े हुए हजारों की संख्या में लोगों को देखा। होशियारपुर पार करने के बाद हमें एक और चोआ जिसे नसरल्ला चोआ कहा जाता था उसका सामना करना पड़ा। यह इतना गहरा था कि ट्रक पूरी तरह से फंस सकते थे। हमने वहाँ पूरी रात बिताई क्योंकि बारिश हो रही थी। हमें अगले दिन एक बजे तक किसी भी प्रकार का भोजन नहीं मिला। मगर हम बच्चों ने खेल शुरू कर दिया और पानी के प्रवाह को रोकने के लिए लकड़ी और पत्थर एकत्र करना शुरू कर दिए। यह विचार बड़ों को काफी भाया और उन्होंने पानी के प्रवाह में बाधा डालने के लिए लकड़ी के लट्ठे इकट्ठा करना शुरू किए और इस तरह चोआ पार करने में ट्रक सफल हुए। मुझे याद है एक परित्यक्त घर को ढेर कर दिया गया और उसमें मौजूद मजबूत लट्ठे का जल धाराओं में मौजूद खाली जगह को भरने के लिए इस्तेमाल किया गया। एक सिख सैनिक कप्तान हमारी दिशा में आया। उसने हमें पहले चोआ पार करने दिया। इसलिए हम चोआ पार कर गए। कई शव चारों ओर पड़े हुए थे। मैंने कुत्तों को लाशों को खाते देखा। वे भयानक दृश्य थे।

'फिर हम जालंधर पहुंच गये। जालंधर के बाद हम ब्यास नदी पार कर गये। इस में मृत शरीर अब नहीं दिख रहे थे हालांकि हमने सुना है कि कुछ हफ्ते पहले यह उनसे भरी हुई थी। उसके बाद अमृतसर पहुंच गये। हमें चेतावनी दी गई थी कि एक हमला खालसा कॉलेज (अब इसे गुरु नानक देव विश्वविद्यालय कहा जाता है) के पास होगा। हर कोई डर गया था। सैनिक किसी भी हमले का मुकाबला करने के लिए अपनी स्टेनगनें और अन्य आग्नेयास्त्रों के साथ तैयार थे लेकिन सौभाग्य से कुछ नहीं हुआ। इसके बाद हमने अमृतसर पार किया और जब हमने वाघा मील के पत्थर को देखा तो लोग चिल्लाने लगे "पाकिस्तान जिंदाबाद"।

'तब चाचा महमूद हमें 19 सी मॉडल टाउन लाहौर ले आए। मेरे चचेरी बहनें पहले से ही वहाँ रह रही थीं। यह एक बड़ा बंगला था। यह कई किताबों और चित्रों से भरा हुआ था। दो महीने तक हमने साधारण मूलियों से बना खाना खाया। स्थानीय लाहौरी खाली बक्सों के साथ आते थे। वे कांस्टेबलों को रिश्वत देते जो उन्हें उनके बक्सों को हिंदुओं और सिखों द्वारा पीछे छोड़ दिये गए माल से भरने देते। वे हमें पूछते कि कहां माल पाया जा सकता है। हम उन्हें बताते और फिर वे बक्से भरते। हमारी बहनों ने हमें बताया कि पठानों ने एक हिंदू को मार डाला था। मेरी बुआ चौबुरजी लाहौर

के निकट 47 पुंछ रोड पर रहती थी। कभी-कभी हम वहाँ इकट्ठा होते थे। वह एक केंद्र बन गया जहां विभिन्न भागों से सभी रिश्तेदार इकट्ठा होते थे।

'अब जब हम हरियाना छोड़ कर गए तो मेरे तायाजी पीछे छूट गए। किसी ने भी उनकी अनुपस्थिति महसूस नहीं की जब तक हम हरियाना से दूर नहीं चले गए। एक स्थानीय व्यापारी सेठ प्यारे लाल ताया जी को घर ले गए। सेठ प्यारे लाल ने उनसे कहा, 'राणा फिरोज दीन, दिन के दौरान आप यहाँ आसपास जा सकते हैं लेकिन अब बेघर हुए हिन्दू और सिख पश्चिमी पंजाब से इस क्षेत्र में आ चुके हैं। अब शाम को बाहर जाना आपके लिए सुरक्षित नहीं है। आप यहाँ आ जाएँ और मेरे साथ एक ही कमरे में सोएँ'।

'तब कोई एक ट्रक लेकर अपने परिवार की तलाश में पाकिस्तान से यहाँ आया। उन्हें मार डाला गया था। तब ताया जी उसके साथ लाहौर आ गए। एक दिन मैंने पुंछ रोड पर ताया जी को चलते हुए देखा। उनको पता था कि बुआजी वहां रह रही थीं। अंत में हम सभी एकजुट हो गए। हमारे परिवार का कोई करीबी नहीं मारा गया था।

'एक सिख जिसका उपनाम शरणा था, मुसलमानों का एक बहुत ही करीबी दोस्त था। जब सिख जत्थों ने गांवों और होशियारपुर के इलाकों में घूमने और मुसलमानों को शिकार बनाना शुरू किया तो उन्होंने उन्हें अपनी पिस्तौल दे दी। वह अक्सर हमें सिख हमलों की योजना के बारे में सूचित कर देते। जब हम जा रहे थे तब उसने पूरे दिन ट्रकों में माल उठाने में मदद की। बाद में शरणा एक मुस्लिम पवित्र आदमी शमी साहिब की दरगाह के संरक्षक बन गए जो शहर में शास्त्रीय संगीत के एक प्रसिद्ध केंद्र शाम चौरासी में स्थित है। खालिस्तानी आतंकवादियों ने 1980 के दशक में उन्हें मार डाला।

'मेरे कुछ चचेरे भाई हरियाना जा चुके हैं और उन्होंने अपने पुराने दोस्तों और सहपाठियों से मुलाकात की है। उनका बहुत अच्छी तरह से स्वागत किया गया। हमारे तात्कालिक रिश्तेदारों ने विभाजन को कभी स्वीकार नहीं किया और हमेशा हरियाना को याद करते रहे। एक बार जब प्रधानमंत्री नेहरू ने पाकिस्तान का दौरा किया तब हमारे बुजुर्गों में से एक लेफ्टिनेंट कर्नल अजीज अहमद खान ने जो आईएनए के थे उनसे मुलाकात की। नेहरू ने उन्हें भारत लौटने के लिए आमंत्रित किया और उनसे वादा किया था कि उनको और दूसरों को, जो वापसी करना चाहते थे उनकी संपत्ति उन्हें लौटा दी जाएगी। मगर हालात इतने बदल चुके थे कि वापस जाने में बहुत देर हो चुकी थी और हम तब से यहाँ रह रहे हैं। हमारी बिरादरी के लोग अब पश्चिमी पंजाब भर में फैले हुए हैं। हम ओकारा में बसे जबकि हमारे कुछ रिश्तेदार आरिफवाला और चिचावत्नी चले गए और बाकी दूसरे लयालपुर, शेखूपुरा (मानावाल) और लाहौर चले गए। मगर मेरे दिल का नाता हरियाना के साथ है और मैं हमेशा हरियाना की धरती का लाल रहूँगा।'

कांगड़ा

मुसलमान कांगड़ा जिले में एक छोटे से अल्पमत में थे – कुल जनसंख्या का केवल 4.8 प्रतिशत। यह मुख्य रूप से पहाड़ी इलाके वाला हिंदू जिला था। मैंने जब अक्टूबर 1999 में एक साक्षात्कार लिया जब पहली बार मैंने लाहौर पर सामग्री इकट्ठा करना शुरू किया था, एक अनुभवी कलाकार और कवि अमरनाथ सहगल से कांगड़ा के बारे में निम्नलिखित जानकारी मैंने हासिल की।

अमरनाथ सहगल

'मैं मूल रूप से कैंपबेलपुर उत्तरी पंजाब का हूँ। 1939 में मैं लाहौर के गवर्नमेंट कॉलेज में अध्ययन करने आया और 1941 में वहां से स्नातक की उपाधि प्राप्त की। मई 1947 में मैंने लाहौर छोड़ा क्योंकि छुरेबाजी, लूटपाट और आगजनी वहाँ की एक दिनचर्या बन चुकी थी। यह अपने लाड़ प्यार वाले शहर से बिल्कुल टूट कर निकलने का तजुरबा था। लेकिन जब मैं पूर्वी पंजाब में आया तो हालात कोई बेहतर नहीं थे। अगस्त और सितंबर के बीच कांगड़ा-कुल्लू घाटी के मुसलमान अल्पसंख्यकों का कत्लेआम किया गया था। 35,000 में से केवल 9,000 पाकिस्तान जिंदा भागने में कामयाब रहे थे। ब्यास शवों से भर गई थी और एक अजीब-सी बदबू नरसंहार के कई सप्ताहों के बाद भी हवा में बनी रही। मुझे याद है कि मैं कई दिनों तक बीमार महसूस करता रहा और अक्सर बुरे सपने देखता। विशेष रूप से भाले द्वारा भेदे गए मृत बच्चों की और युवा महिलाओं के शरीरों से अलग किए गए पैरों की छवियों ने एक लंबे समय तक मुझे परेशान करना जारी रखा। मुझे अभी भी इस तरह के दौरे पड़ते हैं।'

संदर्भ

अफजल, मुहम्मद, *दास्तान-ए-संगम*, इस्लामाबाद: चौधरी मुहम्मद अजमल

हुसैन, सय्यद वजाहत, *मेमोरीज ऑफ ए सोल्जर: 1947 बिफोर, ड्यूरिंग, आफ्टर*, लाहौर: फिरोजसंस (प्रा.) लिमिटेड, (2010)।

खान, मुहम्मद अयूब, *तारीख-ए-पाकिस्तान और जालंधर*, लाहौर: असतइर, (2002).

रॉबर्ट्स, एंड्रू, *एमिनेंट चर्चिलियन्स*, लंदन: फिनिक्स बुक्स, (1995)।

शफी, मोहम्मद, कैप्टन (रिट.), 'कैप्टन मोहम्मद शफी का बयान, मंसूरपुर, पुलिस स्टेशन मकेरियान, जिला होशईयापुर के रहने वाले', (में) *दी जरनी टु पाकिस्तान: ए डॉक्युमेंटेशन ऑन रेफुजिस ऑफ 1947*, इस्लामाबाद: नेशनल डॉक्युमेंटेशन सेंटर।

साक्षात्कार

अमरनाथ सहगल, नई दिल्ली, 20 अक्टूबर 1999

चौधरी रियासत आली, लंदन, 18 मई 2002
हमीद अख्तर, लंदन, 19 मई 2002
सय्यद मुहम्मद इस्लाम, लंदन, 19 मई 2002
शेख अनवर अली, इस्लामाबाद, लंदन, 15 अप्रैल 2003
मियां जलाल दीन, लाहौर, 22 अप्रैल 2003
अमर सिंह, दिल्ली, 15 मार्च 2004
हंस राज खत्री, सिधवां बेट, जिला लुधियाना, 17 मार्च 2004
सेलजा सैनी, चंडीगढ़, 20 मार्च 2004
मलिक मुहम्मद असलम, लाहौर, 17 दिसंबर 2004
मुहम्मद अब्दुल्लाह शमशाद, मुल्तान, 21 दिसंबर 2004
मुहम्मद आशिक राहील, लाहौर, 29 दिसंबर 2004
विक्की के सहपाठी के पिता, गाँव नाथू माजरा, जिला लुधियाना, 4 जनवरी 2005
रंजीत सिंह (अजित सिंह), गाँव नाथू माजरा, जिला लुधियाना, 4 जनवरी 2005
मोहन लाल झंजी, लुधियाना, 4 जनवरी 2005
बलदेव वर्मा, लुधियाना, 4 जनवरी 2005
मौलाना हबीबुर रहमान सनवी लुधियानवी, लुधियाना, 4 जनवरी 2005
रजनीश टंडन के पिता, होशियारपुर, 6 जनवरी 2005
अजाइब सिंह, गुज्जरवाल, जिला लुधियाना, 29 नवम्बर 2005
हरमैल सिंह, गुज्जरवाल, जिला लुधियाना, 29 नवम्बर 2005
हाजी मुख्तार अहमद खान, शेखूपुरा, 30 दिसंबर 2005
कर्नल (रिट.) अता मुहम्मद डोगर, लाहौर, 10 मई 2007
राणा मुहम्मद अजहर खान, लाहौर, 16 मार्च 2016

19
अम्बाला डिवीजन और दिल्ली

अम्बाला डिवीजन पुराने पंजाब की सर्वोच्च पूर्वी प्रशासनिक इकाई थी। यह, अम्बाला, हिसार, रोहतक, करनाल, गुड़गांव और शिमला जिलों से बनी थी। मुसलमान इसकी आबादी में 15 प्रतिशत के एक अल्पसंख्यक समुदाय थे। हालांकि ज़्यादातर जिले हिंदी भाषी थे (अपनी स्थानीय बोलियों सहित), अम्बाला और शिमला जिलों में पर्याप्त पंजाबी भाषी समुदायों के लोग थे।

खान बहादुर मलिक खुदा बख्श ने 4 अक्टूबर 1947 को एक लंबी रिपोर्ट में अम्बाला डिवीजन और साथ ही जालंधर और लुधियाना जिले की स्थिति के बारे में लिखा था। वे इन क्षेत्रों का दौरा कर रहे थे और उन्होंने स्थानीय मुसलमानों के बारे में जानकारी एकत्र की थी। वह वहां किस आधिकारिक क्षमता के तहत गए थे, यह स्पष्ट नहीं है, लेकिन यह लगता है कि वह या तो विभाजन से पहले के पंजाब प्रशासन में एक वरिष्ठ पद पर होंगे या वह पाकिस्तान का प्रतिनिधित्व कर रहे थे। लेकिन यह काफी स्पष्ट है कि मुसलमान इन स्थानों पर रहने की उम्मीद कर रहे थे, लेकिन उन्हें उन जगहों को छोड़ने के लिए मजबूर किया गया। वह उल्लेख करते हैं कि मुख्य रूप से पटियाला राज्य से आए सशस्त्र सिखों ने अम्बाला डिवीजन के मुसलमान समुदायों पर छापा मारा। यहाँ अम्बाला जिले के उन क्षेत्रों से संबंधित अंश प्रस्तुत हैं जिनका उन्होंने दौरा किया।

अम्बाला जिला

अम्बाला जिले की मुसलमान आबादी लगभग 32 फीसदी थी। रोपड़ तहसील के आस-पास कई मुसलमान गांव थे। मलिक खुदा बख्श द्वारा की गई कुछ मुख्य टिप्पणियां निम्नलिखित हैं :

1. अम्बाला छावनी में मुसलमान दुकानों की व्यवस्थित रूप से लूटपाट चल रही है। पुलिस, जो मुख्य रूप से गैर-मुसलमान है उसने इस तरह की घटनाओं में लगातार भाग लिया। यद्यपि आदेश दिए गए हैं कि लुटेरों को नजर आते ही गोली मार दी जानी चाहिए, इन आदेशों का पालन केवल उपायुक्त श्री ग्रेवाल

कर रहे हैं, जबकि अन्य अधीनस्थ कर्मचारी इन आदेशों का पालन करने के बजाए उल्लंघन कर रहे हैं।

2. सीसवां गांव, रोपड़ तहसील में सैन्य वर्दी पहने लोगों ने ग्रामीणों को बताया कि वे उन्हें कुराली शिविर तक ले जाने के लिए आए थे। इस बहाने वे उन्हें बाहर लाये लेकिन उनमें से ज़्यादातर को मार गिराया। एक छोटे से क्षेत्र में एक सेना के कैप्टन ने मुसलमानों के 300 मृत शरीर पाये।
3. घग्गर पुल के पास पटियाला से आ रहे मुसलमानों के एक काफिले पर एक सशस्त्र सिख गिरोह ने हमला किया और मुसलमान लड़कियों को अपना सम्मान बचाने के लिए नदी में कूदना पड़ा।
4. खरड़ तहसील के मुसलमानों के एक गांव भेरेली पर जहां ज़्यादातर आबादी सैयद मुसलमानों की थी, सिख सशस्त्र गिरोहों द्वारा हमला किया गया था (कहा जाता है यह पटियाला राज्य से आए थे) और खबर आई कि उसमें कई लोग मारे गए हैं। युवा सैयद लड़कियों ने अपने सम्मान को बचाने के लिए कुओं में खुद को फेंक दिया, लेकिन उन्हें बाहर निकाला गया और यह खबर आई है कि उनकी बेइज्जती की गई [बलात्कार] (1993: 2003)।

सैयद कमरुज्जमान शाह

'मेरे परिवार का नाता अहरारों के साथ था और अम्बाला में उसकी एक मजबूत उपस्थिति थी। हमारी सोच हमेशा यह थी कि भारत को विभाजित करने से मुसलमान समुदाय भी विभाजित होगा। अहरार अम्बाला शहर में काफी सद्भावना का आनंद उठाते थे। अक्टूबर के मध्य मेरे पिता और उसके दोस्तों को यह एहसास हुआ कि अम्बाला में रहना जारी रखना असंभव हो जाएगा क्योंकि पश्चिमी पंजाब से हजारों हिंदू और सिख आ रहे थे। उनके बीच कुछ ऐसे युवा पुरुष थे जो बदला लेना चाहते थे मुसलमानों को और ज़्यादा निशाना बनाया जा रहा था। स्थानीय कांग्रेसी नेता अहरार पार्टी के करीबी दोस्त थे। उन्होंने हमें सलाह दी कि हम चले जाएँ और फिर से शांति बहाल होने पर बाद में वापस आ जाएँ। ग्रामीण क्षेत्रों से जो मुसलमान अम्बाला आने में कामयाब हुए उनकी बहुत ही बुरी हालत थी। क्योंकि रास्ते पर बारिश और हमलों की वजह से कई घायल और बीमार हो गए थे। कई शिविरों में और रेलवे स्टेशन पर मर गए। हम पर रास्ते में हमला नहीं किया गया क्योंकि हमारे पास सैन्य अनुरक्षण था।'

अम्बाला के ग्रामीण क्षेत्र

1970 के मध्य में स्टॉकहोम में मैंने चौधरी अब्दुल वाहिद से मुलाकात की। वह स्टॉकहोम विश्वविद्यालय के इंटरनेशनल ग्रेजुएट स्कूल में एक छात्र थे, जबकि मैं

राजनीति विज्ञान विभाग में था। उन्होंने रोपड़ तहसील के गांवों में अक्टूबर 1947 में अपने परिवार और अन्य मुसलमानों पर टूटने वाली आपदा का दु:खद विवरण मुझे बताया। 20 दिसंबर, 2004 को हमने कई साल बाद, पाकिस्तान के मुल्तान में फिर से मुलाकात की और मैंने उस विषय पर उनके साथ एक साक्षात्कार दर्ज किया।

चौधरी अब्दुल वाहिद

'1947 में मैं लगभग छह साल का था। हम डंगोली नामक एक छोटे से गांव में रहते थे। यह रोपड़ तहसील जिला अम्बाला में था (रोपड़ जिला अब भारत के पंजाब में है जबकि अम्बाला शहर भारत के हरियाणा राज्य में है)। हमारा गांव मुस्लिम गुर्जरों का था जिससे हमारा परिवार भी संबंधित था। आसपास के गांवों में भी हमारी बिरादरी के लोग थे। कुछ हिंदू भी, ज़्यादातर अछूत जातियों वाले डंगोली में रहते थे। हमारे गांव में कोई दुकान नहीं थी लेकिन एक हिंदू की दुकान किनोली में थी। हम किनोली के स्कूल में पढ़ने जाते थे। मैं नहीं जानता हम कब मुसलमान बने लेकिन मेरे पिता से पहले तीन पीढ़ियों तक हम निश्चित रूप से मुसलमान थे।

'विभाजन के समय मेरे पिता शिमला में काम कर रहे थे। मैं, मेरी माँ, मेरे भाई तथा बहनें गांव में थे। बाद में मुझे यह पता चला कि हमारे बुजुर्ग यह सोच रहे थे कि रोपड़ और होशियारपुर पाकिस्तान को दिये जाएंगे। लेकिन फिर हमले शुरू हो गए और हमको डंगोली खाली कर डंगोली के बाहर कब्रिस्तान में एक बड़ी खुली जगह जाना पड़ा। पड़ोसी गांवों के हजारों मुसलमानों ने भी वहाँ शरण ले रखी थी। कुल संख्या एक लाख से ज़्यादा रही होगी। हम वहाँ एक लंबे समय तक रुके। हमारे मवेशियों ने हमें नहीं छोड़ा; उन्होंने सभी तरफों से हमें घेर रखा था। हमने असुरक्षित महसूस किया क्योंकि यह कोई सुरक्षा या संरक्षण वाला संगठित शिविर नहीं था और वहाँ न कोई पुलिस और न ही कोई अन्य सरकारी संस्था थी। हमारे पास कोई बंदूक नहीं थीं। कुछ चाकू, कुल्हाड़ियाँ और भाले, जल्दी से हमारे बीच कारीगरों द्वारा तैयार किए गए थे।

'एक दिन सिख सैनिक और हिंदू सहायक आयुक्त कब्रिस्तान पहुंचे और सभी हथियारों का समर्पण करने के लिए हमें आदेश दिया। बदले में हमें कुराली में स्थापित मुख्य शिविर तक सुरक्षित यात्रा का वादा किया गया। हमारे नेता इसका पालन करने के अनिच्छुक थे लेकिन अंतत: वे सहमत हुए। यह एक चाल थी। सिख जत्थे खेतों में छिपे हुए थे।

'हमने कुराली की ओर चलना शुरू किया जो हमारे गाँव से कुछ दूरी पर था। हम एक घने जंगल, छोटी पहाड़ियों और नदियों से होकर गुजरे। जब हम चले तब बरसात के मौसम की शुरुआत थी। मुझे मेरे मामा ने उठा रखा था। मेरी माँ, चाची, दो भाई

और एक बहन तथा परिवार के अन्य सदस्य, सभी एक साथ चल रहे थे। हमें पानी की धारा में घुसने के आदेश दिए गए। यह धारा इतनी गहरी थी कि कुछ महिलाओं और बच्चों ने डूबना शुरू किया। हमारे पास खाने को, भुने हुए चने और मकई के दानों को छोड़ कुछ नहीं था। रास्ते में हमारी फिर से हथियारों के लिए जाँच की गई और आदेश दिए गए कि हम सभी सोने और अन्य कीमती धातुओं और पत्थरों का समर्पण कर दें। "वे हमें लौटा दिए जाएंगे जब हम कुराली पहुंचेंगे" सहायक आयुक्त ने हमें बताया। कुछ मामलों में आभूषण पहने हुई महिलाओं पर हमला किया गया और उनके गहने इतनी क्रूरता से छीन लिए गए कि उनके कान कटे और हाथ और गर्दन से खून बहने लगा। उदाहरण के लिए, मेरी चाची जिसने सोने का कुछ पहन रखा था, उन पर इतनी बुरी तरह से हमला किया गया कि उनके हाथ की हड्डी खिसक गई।

'थोड़ी देर के बाद हम धारा से बाहर निकले और हमें जमीन पर चलने के आदेश दिए गए। तब भारी बारिश हो रही थी। मेरे चाचा इस मानसिक दबाव को सहन नहीं कर सके और दहशत में आ गए। वह दूर ऊंची घास और झाड़ियों की ओर भाग गए। हमने उन्हें फिर कभी नहीं देखा। मेरे मामा का बेटा भी दूर खेतों में भाग गया। बाद में वह पाकिस्तान जाने में कामयाब रहा।

'इस अवधि के दौरान सिखों के गिरोह हम पर लगातार हमला कर रहे थे। महिलाओं और लड़कियों का अपहरण कर लिया गया। कारवां कई किलोमीटर लंबा था और इसलिए हमले अलग-अलग स्थानों पर हुए। गोलीबारी अंधाधुंध थी और लोग बस गिरते रहे। हम अंत में कुराली के शिविर में पहुंचे। अभी भी बारिश हो रही थी। उस समय तक हजारों मौतें पहले से ही हो चुकी थीं। कई महिलाएँ और बच्चे डूब गए। कारवां का केवल एक चौथाई भाग कुराली तक पहुंचा।

'कुराली का शिविर पाकिस्तान प्रशासन के दस्तावेजों में नहीं था। हम वहाँ तीन महीने रहे। खाने की वहाँ कोई व्यवस्था नहीं थी। लोगों को अपने ऊपर ही निर्भर रहना था। शिविर के बाहर से हम सिर्फ मूँगफली खरीद सकते थे। स्वास्थ्यकर परिस्थितियां भयावह थीं। स्वच्छ पानी उपलब्ध नहीं था, शौचालय मलमूत्र से भरे हुए थे और कीड़े सभी जगह घूम रहे थे। कोई चिकित्सा का साधन नहीं था। हजारों लोगों की हैजा, मलेरिया, टाइफाइड और निमोनिया तथा अन्य तरह के रोगों से मृत्यु हो गई। उनमें मेरी माँ भी थी। मुझे याद है वह जमीन पर लेटी हुई थीं और मेरी किसी बात का जवाब नहीं दे रही थीं। मैंने रोना शुरू कर दिया। मुझे कहा गया कि वह सो रही हैं।

'अंत में, किसी को कुराली के बारे में पता चला और पाकिस्तान सरकार ने हमें लाने के लिए ट्रक भेजे। तीन से ज़्यादा महीनों तक हम अपने गांव को छोड़कर आखिरकार लाहौर के बाहर वाल्टन पर पहुंचे। उन एक लाख लोगों में से केवल एक चौथाई बच कर सुरक्षित रूप से पाकिस्तान पहुंच सके। मेरे पिता सीधे शिमला से लाहौर चले गए

थे जब उनको पता चला कि डंगोली और अन्य गांवों को जला दिया गया है। वह भी हमारे गांव को पाकिस्तान में शामिल होने की उम्मीद कर रहे थे और इसलिए जो उथल-पुथल हुई उसके लिए वह पूरी तरह से तैयार नहीं थे। वह रोज वाल्टन शिविर आया करते थे और एक दिन उनकी किसी से मुलाकात हुई जो हमारी बिरादरी का था और उसने उन्हें बताया कि हम भी शिविर में थे। वे हमें लाहौर में फलेट्टी होटल ले गए जहां उनकी कुछ जान-पहचान थी। बाद में उनकी तैनाती साहीवाल में हुई जहां उन्होंने अपने घर की स्थापना की।

'पंजाब के विभाजन के बिल्कुल पहले, मेरे पिता ने कुछ जमीन खरीदी थी लेकिन इसका पंजीकरण पूरा नहीं हुआ था। इस नुकसान के बदले में कुछ मुआवजा मिला लेकिन हमने अपनी ज़्यादातर संपत्ति खो दी। मेरे मामा ने मुझे अपनी बाहों में उठाकर मेरी जान बचाई। मैं हमेशा उन्हें याद कर दुआएं देता हूँ। वह सेना से रिटायर हुए और फिर मुल्तान में उनकी मृत्यु हुई।'

चौधरी अब्दुल सईद

अगले दिन, 21 दिसंबर 2004 को हम बहावलपुर गए जहां चौधरी अब्दुल वाहिद के बड़े भाई चौधरी अब्दुल सईद वकालत करते थे। चौधरी अब्दुल सईद ने कहा कि वह 1 जनवरी 1937 को पैदा हुए थे, कुछ साल बड़े थे और उन्होंने निम्नलिखित कहानी बताई:

'घनोली के स्कूल में मुस्लिम और हिंदू तथा सिख लड़कों के बीच तनाव था क्योंकि मुसलमान मुस्लिम लीग के समर्थक थे और पाकिस्तान चाहते थे जबकि गैर-मुसलमान इसका विरोध कर रहे थे। यहां तक कि हिंदू और सिख शिक्षकों का रुख गैर-दोस्ताना हो गया जब पाकिस्तान बनने की संभावना बढ़ गई। विद्यार्थियों में से अधिकांश सिख थे। उस क्षेत्र में सिखों का वर्चस्व था। हम हिंदू और सिखों के घरों में प्रवेश नहीं कर सकते थे क्योंकि हमें म्लेच्छ माना जाता था। उदाहरण के लिए स्कूल में हम एक ही नल से पानी नहीं पी सकते थे। जब हमने विरोध किया तो मुसलमानों के लिए एक अलग खंड बनाया गया। बाद में मेरे बड़े भाई रोपड़ में एक स्कूल में भर्ती हो गए और मैं भी वहां चला गया। वहाँ भी स्थिति तनावपूर्ण थी।

'इस गांव में मुस्लिम-सिख शत्रुता के ऊंचे स्तर की गहरी जड़ों का इतिहास से नाता है। चमकौर में सरहिंद के पास एक पवित्र सिख गुरुद्वारा है। सिखों के अनुसार यह उस स्थान पर बनाया गया है जहां गुरू गोविंद सिंह के बेटों को मुगलों के आदेश पर जिंदा दीवारों में दफ़न किया गया था। इसलिये यहां मुसलमानों के प्रति सिख दुश्मनी हमेशा से चली आ रही है। 1905 में सिखों और मुस्लिम गुर्जरों के बीच एक गाय की हत्या को लेकर हिंसक टकराव हुआ था। मुस्लिम गुर्जरों के बीच मुख्य मुस्लिम नेता

मौलवी अब्दुल्ला रूपरी थे (उनके दामाद हाफिज सईद बाद में लश्कर-ए-तय्यिबा के प्रमुख नेता बन गए जिसने एक आतंकवादी संगठन के रूप में काफी बदनामी पाई है) जो इस्लाम के अहल-ए-हदीस गुट के एक कट्टर अनुयायी थे।

'नतीजतन एक दिन जब जुमा की नमाज अदा की जा रही थी तब इबादत करने वालों पर सिखों ने हमला कर दिया। मुसलमानों ने जवाबी कार्रवाई की और लगभग 30-40 सिख मारे गए। उस संघर्ष की स्मृति ने उस क्षेत्र के मुसलमानों और सिखों के बीच दुश्मनी और गहरी कर दी। इस प्रकार 1947 में सिख न केवल पश्चिमी पंजाब में जो कुछ हो रहा था उसके लिए, बल्कि 1905 में हुए उनके अपमान का तथा गुरु गोबिंद सिंह के पुत्रों के खिलाफ हुई ऐतिहासिक ज़्यादतियों का बदला लेने का मौका देख रहे थे।

'मुसलमानों पर रैडक्लिफ अवार्ड की घोषणा के तुरंत बाद हमले शुरू हो गए। डंगोली, डोगोली, गनोली, चंडियाल, मरसाली और अन्य गांवों के लोग मुसलमान मियां के कब्रिस्तान पर इकट्ठे हुए, जहां डेरा गाजी खान से आकर डंगोली के बाहर बसे एक पवित्र आत्मा की समाधि थी। हम 2-3 महीने वहाँ रहे। सर्दियों की शुरुआत पहले से ही हो चुकी थी। वहाँ बारिश शुरू हो गई थी और उन क्षेत्रों में बहुत भारी बारिश होती है। हमें पता चला कि लुधियाना, पटियाला और जालंधर के सिखों ने जत्थे बना लिए हैं। हम अपने गांवों को छोड़ने के लिए तैयार नहीं थे और कई बार जब सिखों ने हमला किया, हमारे लोगों ने मुकाबला किया और उन्हें खदेड़ा। मौलाना अब्दुल्ला रूपरी ने सेनानियों के समूह का आयोजन किया जिन्होंने सिखों के खिलाफ पहाड़ी इलाकों में, नदियों और हर जगह लड़ाई लड़ी। गोलियों का भी आदान-प्रदान हुआ।

'अक्टूबर में किसी समय करोली के शिविर में स्थानांतरित करने का निर्णय लिया गया था। मुस्लिम कारवां कई मील लंबा हो गया। फौज के लोग और सहायक आयुक्त जो हमारे साथ थे लाउडस्पीकरों का इस्तेमाल कर यह घोषणा कर रहे थे कि हमें सभी हथियारों का समर्पण कर देना चाहिए। इसके अलावा उन्होंने कारवां को छोटे समूहों में विभाजित कर दिया। कुछ सामने थे, कुछ बीच में तथा कुछ पीछे। तब वे हथियारों और यहां तक कि लंबे डंडों को खोजने लगे और इसे उन्होंने जब्त कर लिया। तब खेतों में जो सिख छिपे हुए थे उन्होंने निहत्थे लोगों पर हमला कर दिया और एक कत्लेआम हुआ। हजारों लोग मारे गए। नदियों और नहरों का पानी लाल हो गया। महिलाओं और बच्चों को भी नहीं बख्शा गया। मेरे चाचा, फूफा और मेरे कई करीबी रिश्तेदार मारे गए।

'कुछ सिखों ने मेरी चाची के भाई को पकड़ लिया और वे उनकी टाँगे काटना चाहते थे। उन्होंने ऐसा बेरहमी के साथ किया। उसके बाद मेरी चाची ने उन्हें छोड़ने से मना कर दिया मगर उन्होंने जोर देकर कहा कि वह चली जाए क्योंकि वह मरने

वाले थे। फिर उसने उनके ऊपर एक कपड़ा डाला और कारवां में शामिल हो गई। हम इसलिए बच गए क्योंकि हम कारवां के सामने वाले हिस्से में थे। जो पीछे थे वे सारे खत्म कर दिए गए।

'कुराली में शिविर एक जीता जागता नरक था। मृत लोगों को दफनाने के लिए कोई जगह नहीं थी। तो बस एक जमीन का हिस्सा खोदा जाता और उसमें मृत शरीर को डाल दिया जाता। हमने अपनी माँ के मृत शरीर के साथ ऐसा ही किया। सिख युवा लड़कियों को ले गए और उनमें से ज़्यादातर कभी बरामद नहीं हुईं। हजारों लोग मारे गए। कुछ सिख हालांकि हमारे प्रति दयालु थे। सैनी जाति से ताल्लुक रखने वाले मंगल सिंह हमारे गाँव के थे। उनकी एक सामान्य व्यापार की दुकान थी। वह कुराली में हमारे शिविर में आया करते थे और मेरे भाई को चीनी और अन्य खाद्य वस्तुएँ देते थे। इसी प्रकार अन्य सिख जिनके मुसलमान दोस्त थे, मदद के लिए आते थे। हमारे हिंदुओं के साथ भी अच्छे संबंध थे। उनमें से कुछ ने शिविर का दौरा किया और अलग-अलग तरीकों से मदद प्रदान की।'

डंगोली का दौरा

29 नवंबर 2005 को देर दोपहर हितेश गोसाई, वीरेंद्र सिंह और मैं डंगोली पहुंचे। यह रोपड़ शहर से करीब 10 किलोमीटर की दूरी पर है। पूर्वी पंजाब का यह हिस्सा बहुत हरा है क्योंकि बारिश जल्दी पहुँच जाती है और देर से खत्म होती है। छोटी पहाड़ियों, नदियों व नालों और आजादी के बाद बनाई गई एक नई नहर ने इसे एक बहुत ही उपजाऊ जगह बना दिया है। इसके बिल्कुल पूर्वोत्तर में हिमाचल प्रदेश है जहां तलहटी धीरे-धीरे बढ़ कर शिवालिक पर्वत में शामिल होती दिखाई देती है।

छितरु

'मैं गांव का चौकीदार हूँ। हम 1947 में भी यहां थे। डंगोली के नए लोग सिख जट्ट हैं जो पाकिस्तान से आये और यहां बस गए। विभाजन से पहले गांव में गुर्जर जाति के मुसलमान बसे हुए थे। मुखिया उमरा गुर्जर (उमर दीन) था। जब हमले हुए तब सतलुज नदी के उस पार के सभी गांवों को सेना और सिख जत्थों ने घेर लिया था। वे मुस्लिम गांवों में आग लगा देते और लोगों को पलायन करने के लिए मजबूर कर देते। उन्होंने नदी पार की और कब्रिस्तान में एकत्र हुए। एक पवित्र मुस्लिम इंसान गौहर शाह वहाँ से थोड़ा आगे दफन है। कम से कम 80,000-1,00,000 लोग यहाँ इकट्ठे हुए थे। नंबरदार उमरा ने हमें गांव छोड़ने के लिए कहा क्योंकि जिन मुसलमानों को बेघर किया गया था वे अपना बदला ले सकते थे। इसलिए हमने गाँव छोड़ दिया और खनोली चले गए। मुसलमान गाँव छोड़कर नहीं जा रहे थे। उनका अपने गांवों में

रहने का पक्का इरादा था लेकिन सेना ने उन्हें जाने के लिए मजबूर किया। रास्ते में उन पर कई हमले हुए और हजारों की संख्या में लोग मारे गए। यहाँ सभी घरों को हमारे घर सहित जला दिया गया। बाद में, जब हम लौटे तो हमने मुसलमानों के घरों की सामग्री से अपने घरों का निर्माण किया। अगर आप पूरी कहानी जानना चाहते हैं तो आपको चाहिए कि आप नंबरदार अमर सिंह से बात करें। वह अब अस्सी साल से भी ज़्यादा उम्र का है।'

* * * *

हम गाड़ी से गाँव पहुंचे और और कुछ पूछताछ के बाद एक छोटी लड़की ने हमारी मदद की जो हमें अमर सिंह के घर तक ले गई। यह एक बड़ा पक्का घर था। हमें खुद नंबरदार ने बताया कि वह कभी अछूत कही जाने वाली जाति के थे। परिवार जाहिर तौर पर समृद्ध हो चुका था और वह एक महत्वपूर्ण व्यक्ति था, लेकिन घर पुराने गांव से थोड़ा बाहर था – यह कहना मुश्किल था कि यह जातिगत भेदभाव की निरंतरता का नतीजा था या सिर्फ इसलिए कि गांव के बाहर भूमि उपलब्ध थी। हम घर के परिसर में बैठ गये और उनकी कहानी दर्ज की:

अमर सिंह

'मैं एक हरिजन (दलित) परिवार में 1922 में डंगोली में पैदा हुआ था। यह मुस्लिम गुर्जरों का एक गांव था जहां कुछ हरिजन परिवार भी रहते थे। कई मुसलमान मेरे दोस्त थे। हम सभी शांति से रहते थे। नंबरदार उमरा एक बहुत अच्छा और सच्चा इंसान था। जो दूसरे नाम मुझे याद हैं, वे हैं खैर दीन, शाह मुहम्मद और शेर मुहम्मद।

'इस क्षेत्र में कई मुस्लिम गांव थे। 1947 तक संबंध शांतिपूर्ण थे लेकिन तब सिखों के कुछ कुख्यात बुरे चरित्र वाले लोगों और गुंडों, स्थानीय प्रशासन और सिख सेना ने मुसलमानों पर हमला किया। चारों तरफ दहशत फैल गई। आसपास के गांवों और यहाँ तक कि नालागढ़ राज्य और नूरपुर बेदी के मुसलमान एक मुस्लिम सूफी, गौहर शाह की कब्र के पास कब्रिस्तान में एकत्र हो गए। उनके लगभग 1,00,000 लोग वहाँ रहे होंगे। उनमें से कई शायद एक दूसरे से संबंधित थे और शायद गुर्जर बिरादरी से नाता रखते थे। उन दिनों बहुत बारिश हो रही थी।

'नंबरदार उमरा ने गाँव छोड़ने के बारे में हमें बताया क्योंकि हमारे जीवन को उन मुसलमानों से खतरा था जिन्हें विश्वास था कि हरिजन उन हमलों में शामिल थे। हम पास के एक गांव के लिए चले गए लेकिन जो कुछ चल रहा था उससे हम अच्छी तरह से वाकिफ थे। सिख जत्थे संगठित और बंदूकों व कुल्हाड़ियों से लैस थे। शुरू में खनोली के सिख सेना को यहाँ लाए जो डर रहे थे कि पड़ोस में बढ़ती हुई मुस्लिम उपस्थिति उनकी जान को खतरे में डाल सकती है। मुसलमानों को डंगोली छोड़ कर

करौली के शिविर में जाने के आदेश दिए गए। उन्होंने इस आदेश का विरोध किया और कुछ संघर्ष भी हुआ। इस प्रकार शिविर की ओर आगे बढ़ने के लिए उन्हें मजबूर किया गया। तब वे यहां से और आगे उच्च भूमि, टीले और छोटी पहाड़ियों पर चले गए जहां शहजादा पीर नामक एक स्थान था। वे वहाँ लगभग एक महीने रुके। फिर सिख सेना और पंडित लक्ष्मी चंद, सब डिवीजनल मजिस्ट्रेट (जिसे चौधरी अब्दुल सईद ने एक सहायक उपायुक्त के रूप में वर्णित किया है) ने मुसलमानों को सभी हथियार समर्पण करने के आदेश दिए तथा उनके सोने और चांदी की वस्तुओं और पैसौं को भी। अधिकतर लोगों ने उस आदेश का पालन किया लेकिन उनमें से कुछ ने विरोध किया तब सेना ने स्टेन-गनों से गोलीबारी शुरू कर दी। इसमें बहुत सारे लोग हताहत हुए।

'एक नरसंहार हुआ। हजारों लोग मारे गए थे। हमने लाशों को कई किलोमीटर के दायरे में बिखरे हुए देखा। फूली हुई लाशें नदियों और तालाबों में तैर रही थीं और कुछ कुएं उन महिलाओं से भर गये थे जिनमें उन्होंने या तो कूद कर अपनी जानें दे दीं या सिखों और सेना द्वारा मारकर उन्हें वहाँ फेंक दिया गया था। मुझे पता नहीं है कि कुल कितने लोग मारे गए थे लेकिन यह संख्या हजारों में होनी चाहिए। फिर कारवां कुराली गया जहां मुझे लगता है कि यह कुछ समय रुका रहा और फिर मुसलमानों को पाकिस्तान ले जाया गया। हर कोई इस कहानी को जानता है। इस क्षेत्र के मुसलमान बहुत ही शांतिप्रिय लोग थे। उनमें से कुछ लोगों ने आकर अपने गांवों का दौरा किया है लेकिन मुझे याद नहीं है कि कभी कोई डंगोली आया है या नहीं।'

नसीब कौर या अजमत बीबी

डंगोली के रास्ते में हमें एक महिला के बारे में पता चला जो बतौर एक मुस्लिम पैदा हुई थी लेकिन एक सिख ने उसे बचाया और एक सिख के रूप में उसे बड़ा किया। अमर सिंह के साथ बात करने के बाद हम उसके गांव फूल खुर्द गए। हम शाम के करीब 7:00 बजे पहुंचे और उनको खोजने में कोई समस्या नहीं हुई। हमने एक पारंपरिक किसान के घर में प्रवेश किया जहां परिसर में गायों के साथ भैंसों और बकरियों को रखा गया था। नसीब कौर बहुत दयालु और प्यारी दिखने वाली महिला निकली। निम्नलिखित कहानी कल्पना से भी ज़्यादा अजीब है :

'मैं विभाजन के समय केवल चार साल की थी। हमारे गाँव में आग लगा दी गई थी और जब सिखों ने हमारे गांव पर छापा मारा तो मेरी माँ जिसने मेरा हाथ पकड़ रखा था, उससे मैं अलग हो गई। मेरे जन्म के बाद मेरे पिता की जल्द ही मृत्यु हो गई थी इसलिए हमारे तत्काल परिवार में केवल वह और मैं थे। एक औरत को मैं मिल गई और वह मुझे एक सिख ओवरसियर के पास ले आई जो नहर विभाग में काम करते थे। वह औरत बाद में पाकिस्तान के लिए रवाना हो गई।

'मेरे चाचा जी (सिख ओवरसियर के संबंध में सम्मानपूर्वक चर्चा करते हुए) ने मुझे देखा और मुझे तुरंत पसंद किया। उन्होंने खुद कई बार मुसलमानों पर छापों में भाग लिया था लेकिन मेरे लिए वह एक पिता की तरह थे। पहले से ही उनकी एक बेटी थी। मेरे परिवार में शामिल हो जाने के बाद उनके दो पुत्र पैदा हुए थे और वह व्यापार में सफलता प्राप्त कर रहे थे। उनका विश्वास था कि मैं उनके तथा उनके परिवार के लिए सौभाग्यशाली साबित हुई और जब भी वह बाहर जाते तो यह कहते कि मैं उनके जीवन में सभी सुखों का स्रोत हूँ।

'मुझे नसीब कौर नाम दिया गया था। मुझे उस समय अपना असली नाम पता नहीं था। जब मैं बड़ी हुई तो मैंने एक सिख से शादी की और अब मेरे बच्चे और पोते हैं। लेकिन इतने वर्षों में मैं अपनी बीबी (माँ) को भूल न सकी जो मुझे बहुत प्यार करती थी। मैं हर दिन उनके बारे में सोचा करती हूँ।

'जाहिर है वह उस वध से बच गई थी और सुरक्षित रूप से पाकिस्तान पहुंच गई। उन्होंने फिर से शादी कर ली लेकिन मेरे बारे में सोचना कभी नहीं छोड़ा। फिर उसने उस महिला से मुलाकात की जिसने सिख सज्जन को मुझे दिया था। 1990 में वह मेरे दरवाजे पर आई और मुझे बताया कि वह मेरी मां हैं। बेशक मैंने उसे पहचान लिया और उसने मुझे। उसने मुझे बताया कि मेरा मुस्लिम नाम अजमत बीबी था।

'हम 43 साल बाद मिले। अब मैं एक सिख थी और मेरा एक परिवार था। मेरी माँ एक पक्की मुसलमान थी जो दिन में पाँच बार नमाज अदा करती थी। मैंने उससे कहा कि मुझे पालने वाले माता-पितां और उनके बच्चों ने बहुत अच्छी तरह मेरे साथ व्यवहार किया और पूरा गांव मेरे प्रति दयालु है। मैंने उसे यह भी बताया कि मैं एक रूढ़िवादी सिख बन गई हूँ और अपने धर्म तथा परिवार के साथ काफी जुड़ी हुई हूँ।

'वह संतुष्ट होकर वापस चली गई कि मैं खुश हूँ। फिर मैंने पाकिस्तान का दौरा किया और वहाँ अपने रिश्तेदारों के साथ मुलाकात की। मेरी मां के दो बेटे थे। तब मेरे चाचा और चाची भी मुझसे मिले। मैंने पाकिस्तान का तीन बार दौरा किया है। उन सबने मुझे स्वीकार कर लिया है और हमेशा मेरे परिवार के लिए उपहार भेजते हैं। किसी ने मुझे दोबारा इस्लाम कबूल करने के लिए राजी कराने की कोशिश नहीं की। हम सब इस स्थिति से खुश हैं जो 1947 में पंजाब के विभाजन के बाद से जारी है।'

मैं सच्ची मानवीय भावनाओं की इस अद्‌भुत कहानी के द्वारा और इस सच्चाई से कि लोग कैसे व्यक्तिगत रूप से, जीवन के लिए सैद्धांतिक दृष्टि के बजाए व्यावहारिक दृष्टिकोण अपनाते हैं, बहुत प्रभावित हुआ। 1947 में लाखों लोगों के जीवन बिखर गए और यह एक बड़ी त्रासदी थी, भले ही कोई भारत, बंगाल और पंजाब के विभाजन पर कोई भी दृष्टिकोण क्यों न अपनाए।

हिसार

1947 में हिसार जिले में मुस्लिम अल्पसंख्यक 28 प्रतिशत थे। खान बहादुर मलिक खुदा बख्श हिसार की सिरसा तहसील के बारे में अपनी रिपोर्ट में निम्नलिखित बातें बताते हैं:

> सिरसा सब-डिवीजन के मुसलमानों द्वारा खुद को रक्षात्मक टुकड़ी के रूप में संगठित करने की सूचना मिली और यह देखकर जाटों ने उनके साथ छेड़छाड़ नहीं की। वे लड़े, सिरसा से निकले और अनुमान लगाया गया था कि साठ हजार मुसलमान पहले से ही बहावलपुर पहुंच गए थे। यह पहले बताया गया है कि बीकानेर राज्य के अधिकारी इस यात्रा की अनुमति नहीं दे रहे थे लेकिन अंतत: वे अधिक मददगार बने और परिणाम यह हुआ कि मुसलमान निकल सके। कैप्टन रणजीत सिंह, पूर्वी पंजाब सरकार के विकास मंत्री ने मुझे बताया कि इस जिले के 17 इलाकों से वह मुसलमानों को निकाल कर बहावलपुर भेजने में सफल रहे (1993: 208)।

पुष्पा गोयल

मार्च 2004 में दिल्ली और पूर्वी पंजाब की मेरी यात्रा के दौरान, विमल इस्सर जिनका लाहौर पर साक्षात्कार पहले दिया गया है एक हिंदू परिवार से मिलाने के लिए मुझे ले गईं जिन्होंने मशहूर पाकिस्तानी क्रिकेटर इंजमाम-उल-हक के परिवार की हांसी, जिला हिसार में रक्षा की थी। श्रीमती गोयल ने मुझे निम्नलिखित बातें बताई :

'भारत के अंतिम पाकिस्तानी दौरे के दौरान, इंजमाम ने हांसी में अपने माता-पिता के पुश्तैनी घर की यात्रा करने की इच्छा व्यक्त की थी। भारत सरकार द्वारा इसकी अनुमति नहीं दी गई थी लेकिन मेरे बेटे ने होटल में इंजमाम से संपर्क किया और उनसे मुलाकात की। जब इंजमाम अपने घर लौटे तब उन्होंने अपने माता-पिता को यह कहानी बताई और उनके पिता ने तुरंत मुझे और मेरे माता-पिता को याद किया। उन्होंने उनके परिवार को दंगों के दौरान बचाया था। एक भीड़ उनको खोजते हुए आई थी लेकिन मेरे पिता उन्हें दूर भेजने में सफल हो गए। इंजमाम के लौटने के बाद एक टेलीफोन कॉल आया जो मुल्तान से था और उसके पिता ने मुझसे बात की। उन्होंने पूछा: "अरे पुष्पा कैसी हो तुम"? मैंने उत्तर दिया "भाई साहिब मैं ठीक हूँ"। इस तरह बातचीत जारी रही। उन्होंने 1999 में मुल्तान में इंजमाम की शादी में भाग लेने के लिए मुझे आमंत्रित किया। प्रधानमंत्री अटल बिहारी वाजपेयी ने उस समय लाहौर का दौरा किया था तो वीजा प्राप्त करना आसान था।

'मैं उनके आतिथ्य से अभिभूत हो गई। यह अपने परिवार के पास वापस आने जैसा था। हमारे बुजुर्गों के बीच हमेशा बहुत घनिष्ठ संबंध थे। हर कोई इस तथ्य का

ध्यान रख रहे थे कि मैं एक शुद्ध शाकाहारी थी। परिवार की महिलाएं बहुत गर्मजोशी और नरमदिली से मिलीं। मैं मुल्तान की अपनी यात्रा को कभी नहीं भूल सकती।'

रोहतक

जिला रोहतक में मुसलमानों की आबादी 17.4 प्रतिशत थी। खान बहादुर मलिक खुदा बख्श ने सितंबर 1947 की स्थिति के बारे में यह सब याद किया:

> हालांकि बेबुनियाद अफवाहें फैल गई थीं कि रोहतक जिले के मुसलमानों का सफाया कर दिया गया है, फिर भी स्थिति इतनी खराब नहीं। मुझे बताया गया कि सोनीपत, बहादुरगढ़, गोहाना और अन्य मुस्लिम गांवों के निवासियों का कत्लेआम किया गया है, लेकिन वहाँ अपने परिवारों को निकालने गए कई मुस्लिम सैनिकों से यह खबर मिली कि बहादुरगढ़ को छोड़कर, सभी स्थानों के मुसलमान विभिन्न गांवों में एकजुट होकर जाटों तथा सेना दोनों से लड़ रहे हैं। कलानौर किसी भी संख्या के जाटों के किसी भी हमले से अभेद्य था। रोहतक शहर भी सुरक्षित था हालांकि लोग आतंक की अवस्था में और बिना भोजन के जी रहे थे (1993: 207-8)।

मोहम्मद फरीद मिर्जा

'मैं रोहतक के एक प्रभावशाली मुगल परिवार से हूँ। हमारा करीबी परिवार कट्टर मुस्लिम लीग समर्थक था लेकिन मेरे मामाजी कांग्रेस पार्टी के समर्थक थे। हमारा स्थानीय कांग्रेसी नेताओं के साथ अच्छा नाता था। कोई नहीं चाहता था कि हम चले जाएँ। मगर, अन्य मुसलमान ऐसी अच्छी स्थिति में नहीं थे। कुछ आस-पास के मुहल्लों पर रैडक्लिफ अवार्ड की घोषणा के बाद जल्द ही हमले होने शुरू हो गए थे। तब तक किसी ने नहीं सोचा था कि हमें पलायन करने के लिए मजबूर किया जाएगा। हमारे अपने परिवार ने रोहतक में टिके रहने का फैसला किया था क्योंकि शहर में हम बहुत सारी संपत्ति के मालिक थे और वहाँ हमारी जड़ें गहरी थीं।

'आर.एस.एस. और सिख जत्थों ने रोहतक और पड़ोसी गाँवों पर अगस्त के अंत या सितंबर के शुरू में छापे मारने शुरू कर दिए। वे पहले रात में आए लेकिन फिर हमले दिन के उजाले में होने लगे। यह स्पष्ट हो गया कि हम लंबे समय तक वहाँ रहने में सफल नहीं होंगे। हमारे रिश्तेदारों में से कुछ दिल्ली चले गए इस उम्मीद से कि जब एक बार हालात शांत हो जाएंगे तो वे अपने घरों में वापसी करने में सफल हो जाएंगे। चूंकि हम मुस्लिम लीग के करीबी माने जाते थे, मेरे पिता ने निर्णय लिया कि हम साहीवाल के लिए चले जाएँ (1947 में मोंटगोमरी कहा जाता था) जहां हमारे कुछ रिश्तेदार थे।'

'एक दिन हमलावरों ने वास्तव में हमारे घर पर हमला किया और इसे आग लगा दी। हमें तुरंत खाली हाथ जाना पड़ा। दूसरे भी मुसलमानों के जन-प्रवाह में शामिल हो गए। हमें बाद में पता चला कि कुछ लोगों ने अपने बूढ़े माता-पिता को परित्यक्त कर दिया, दूसरों ने मानसिक और शारीरिक रूप से विकलांग बच्चों को पीछे छोड़ दिया। कुछ महिलाओं का हमलावरों द्वारा अपहरण कर लिया गया था। एक सड़क मृत शवों से भरी पड़ी थी और कई मामलों में शरीर से सिर अलग कर दिए गए थे। जिन महिलाएं के स्तनों को काट दिया गया था वे वहां मृत और परित्यक्त पड़ी हुई थीं। मुझे अब भी उन दिनों के बारे में बुरे सपने आते हैं। हमलावर बाहरी थे, लेकिन कोई संदेह नहीं है कि पुलिस और प्रशासन ने उनकी मदद की।

'शिविर में स्थिति दयनीय थी। मानसून की बारिश का कहर टूट पड़ा। कई लोग मारे गए। मैं अभी भी एक सदमे में औरत को याद करता हूँ जिसने अपने मृत बच्चे को पकड़ कर रखा था और किसी को भी उसे उससे लेने नहीं दे रही थी। हम वहाँ एक महीने से अधिक समय तक रुके लेकिन अंत में एक रेलगाड़ी द्वारा ले जाए गए जिसमें पाकिस्तानी सेना के सैनिक थे। ज़्यादातर साधारण लोगों को पैदल काफिलों में शामिल होना पड़ा था जो पाकिस्तान जा रहे थे।

'रास्ते पर सिख जत्थों ने हमारी रेलगाड़ी पर गोलियां चलाईं और कुछ लोगों की मौत हो गई तथा कुछ घायल हो गए लेकिन सैनिकों ने सिखों को दूर रखा। हम नवंबर में पाकिस्तान पहुंचे। हमारे रिश्तेदार जो दिल्ली से स्थानांतरित हुए, अधिकांश की मौत हो गई केवल कुछ पाकिस्तान पहुँच सके। मेरा मानना है कि वे देर से दिसंबर में पहुंचे। मुझे आशा है कि मरने से पहले मैं रोहतक का दौरा करूँ। मैं अब 82 वर्ष का हूँ इसलिए यह जल्दी होना चाहिए; परंतु यह इच्छा तभी पूरी होगी अगर अल्लाह इसे स्वीकार करेगा।'

ब्रिगेडियर सरजीत सिंह चौधरी

मैं एक युवा सिख लेखक त्रिदीवेश सिंह मैनी के साथ कुछ समय से संपर्क में था जो दोनों पंजाबों के बीच सौहार्द और मैत्री को बढ़ावा देते हैं। मैंने 2005 में दिल्ली के लिए एक यात्रा के दौरान उनके नाना से मुलाकात की और पता चला कि हरियाणा के विभिन्न गांवों से मुसलमानों को पाकिस्तान पहुंचाने में उन्होंने मदद की। ब्रिगेडियर चौधरी ने विभाजन की प्रक्रिया के साथ उनके जुड़े होने के बारे में निम्नलिखित बयान दिया :

'मैं कहुता, जिला रावलपिंडी से हूँ। मैं 8वीं पंजाब रेजिमेंट का एक कैप्टन था और 1947 में ही इराक में तैनाती के बाद लौटा था। मैं सीमा बल में शामिल नहीं किया गया था लेकिन मेरी सेवाओं को पंजाब पुलिस को उधार के रूप में दिया गया था। मैं रोहतक में तैनात था। 1 सितंबर से 31 जनवरी 1948 के दौरान मैं ग्यारह गांवों

के मुस्लिम रंघरों (मुस्लिम राजपूतों) को हुसैनीवाला, कसूर सीमा के लिए ले गया। यह काम पश्चिमी पंजाब से भाग कर आए हिंदुओं और सिखों के सख्त विरोध के बावजूद किया गया जो पाकिस्तान में उनके मित्रों और परिजनों के खिलाफ किए गए अपराधों का बदला लेना चाहते थे। दोनों तरफ के लोगों ने जानवरों की तरह व्यवहार किया। कोई विवरण देने की जरूरत नहीं है कि दोनों ने एक दूसरे के विरुद्ध क्या किया। यह वास्तव में शर्मनाक था। मैंने अपना कर्तव्य निभाया और सुरक्षित रूप से पाकिस्तान सीमा तक रंघरों को पहुंचा दिया।'

करनाल

जिला करनाल में भी लगभग 31 प्रतिशत की एक बड़ी मुस्लिम अल्पसंख्यकों की संख्या थी। लियाकत अली खान, जो बाद में पाकिस्तान के पहले प्रधानमंत्री बने, वह करनाल से थे। 28 नवंबर 2005 को हितेश गोसाईं, वीरेंद्र सिंह और मैं करनाल शहर तक गाड़ी में पहुंचे और वीरेंद्र के माता-पिता के घर शाम तक रुके। मैं एक पुराने ब्राह्मण सज्जन के साथ जिनका पूरा नाम दर्ज करने में विफल रहा, बात करने में सफल हुआ। वैसे उन्हें हर कोई पंडित जी के रूप में जानता था। उसने हमें बताया कि करनाल में मुसलमानों का एक नरसंहार हुआ था जिसमें कई सौ लोगों की मृत्यु हो गई। यह उस जगह से ज़्यादा दूर नहीं था जहां हम बैठे थे। भागते हुए मुसलमानों पर हिंदू जाटों ने हमला किया था। यह हो सकता है कि 200-300 लोग मार दिए गए हों। उन्होंने पुष्टि की कि 1945-46 से पहले सभी समुदाय शांति से रहते थे। पंजाब यूनियनिस्ट पार्टी के नेता सर छोटू राम (जिनकी 1945 में मृत्यु हो गई) करनाल से थे। उनके निधन के साथ पुराने प्रकार का बहुलवाद जल्दी से विलुप्त हो गया और इसके बदले सांप्रदायिक तनाव में वृद्धि होने लगी।

खान बहादुर मलिक खुदा बख्श

अपनी रिपोर्ट में मलिक खुदा बख्श करनाल जिले के बारे में निम्नलिखित बातों का उल्लेख करते हैं:

> 'करनाल जिले में स्थिति बिगड़ती जा रही थी तथा गांवों में जीवन और संपत्ति की काफी हानि हुई थी। खबर आई कि विभिन्न इलाकों के मुसलमान बड़े गांवों में इकट्ठे हो रहे हैं और 20 सितंबर तक वे हमलों का सामना करने में सक्षम हैं; लेकिन हर कोई यह मान रहा था कि वे लम्बे समय तक वहाँ बचने में सफल नहीं होंगे। पर्याप्त सुरक्षा उपलब्ध नहीं थी और तत्काल निकासी ही इसका एकमात्र हल था। मुझे बताया गया कि उपायुक्त ने मुसलमानों से कहा कि वे अपने स्वयं की निकासी की व्यवस्था खुद करें क्योंकि वह

उनकी सुरक्षा के लिए अब जिम्मेदार नहीं हैं। मुझे बताया गया था कि मियां मुहम्मद शफी पीसीएस (प्रांतीय सिविल सेवा) जो अभी भी करनाल में थे एक संपर्क अधिकारी के रूप में काम करने के लिए तैयार हो जाएंगे ताकि जिले से मुसलमानों की निकासी की व्यवस्था की जा सके। 20 सितंबर को करनाल में एक दंगा हुआ और लोगों के काफी संख्या में हताहत होने की सूचना मिली।' [शायद यह वही दंगा था जिसके बारे में पंडित जी ने ऊपर उल्लेख किया था] (1993: 2007)।

शिमला

शिमला जिले में 1947 में मुस्लिम आबादी 18 फीसदी थी। ब्रिटिश भारत की ग्रीष्मकालीन राजधानी होने के नाते इस खूबसूरत हिल स्टेशन की काफी प्रतिष्ठा थी और बहुत महत्व था। मगर भारत के विभाजन के बाद उस जिले के मुसलमानों को भी अपने जीवन के लिए एक ही तरह के खतरे का सामना करना पड़ा जो कि पंजाब में हिंसक सत्ता बदलाव के समय मौजूद थी। शिमला के बारे में, खान बहादुर मलिक खुदा बख्श लिखते हैं:

'चिन्ताजनक खबरें सितंबर के दूसरे सप्ताह से शिमला से आ रही थीं। तीन विशेष रेलगाड़ियों को शिमला से कालका के लिए चलाया गया और फिर कालका छोड़ कर जाने वाली दो गाड़ियों में ज़्यादातर मुस्लिम पाकिस्तान आए। शिमला, सोलन और कसौली में कई सम्मानजनक मुस्लिम परिवार फंसे हुए थे। उनकी निकासी का काम केवल सेना कर सकती थी क्योंकि शिमला और आसपास के क्षेत्रों में सिख शरणार्थियों की तांता लग गया था और इसके अलावा उन्हें जिस प्रकार के क्षेत्र से होकर गुजरना था' (1993: 208)।

नसीम हसन

मैं अमेरिका स्थित इंजीनियर नसीम हसन के साथ मेरे साप्ताहिक कॉलम की वजह से संपर्क में आया जिसमें मैं विभाजन के विषय में कभी-कभी लिखता था। मेरे आग्रह पर उन्होंने उन दिनों के बारे में उनकी यादें नीचे लिखी हैं। वह बहुत छोटे थे लेकिन उन्हें वह यात्रा बड़ी स्पष्टता के साथ याद है। उन्होंने बताया :

'1912 के आसपास, मेरे दादा इब्राहिम और उनके छोटे भाई इस्माइल ने गुरदासपुर जिले में अपने गांव को छोड़ा और बेहतर अवसरों की तलाश में शिमला आए। मेरे दादा ने अच्छे पैसे बनाए और अपने गांव लौट आए। उनके छोटे भाई एक सफल व्यवसायी बन गए जो यूरोपीय शैली की सिलाई में विशेषज्ञता रखते थे। उन्होंने भी उस

समय के हिसाब से अच्छे पैसे बनाए। उनकी माल रोड स्थित अपनी प्रसिद्ध दुकान में लगभग दस कर्मचारी थे।

'मेरे पिता खादिम हुसैन शिमला में एक सिविल सेवक बन गए। एक बड़ी संख्या में हमारे रिश्तेदार गर्मियों के दौरान शिमला में काम करने आते थे और सर्दियों में घर लौट जाते। हमारा घर माल रोड के काफी पास था। एक छोटी सी सड़क हमारे घर से होकर रीडिंग अस्पताल तक जाती थी। मै अपनी आँखों को आज भी बंद कर दूर विभिन्न रंगों की पहाड़ियों की कल्पना कर सकता हूँ : भूरी, हरी और सफेद। सड़क पर एक तरफ एक बाड़ थी और दूसरी तरफ घरों की एक पंक्ति। यह बाड़ एक रक्षा के रूप में वहाँ खड़ी थी क्योंकि वहाँ से बहुत तीखा ढलान था और नीचे गहरी घाटियां थी। पहाड़ियाँ हरी-भरी थीं और नीचे घाटी जंगली फूलों से भरी हुई थी। भारत का विभाजन लाखों लोगों के लिए बहुत महत्वपूर्ण पल था। उस समय हर कोई खुद और अपने परिवार के बारे में सोच रहा था। विभाजन के पहले हिंदू और मुसलमान बिना किसी भी समस्या के शांति से रहते थे। मुझे अभी भी कुछ नाम याद हैं जैसे कि मुकंद लाल सूद, डॉ. पामरे और गुरबीर कोहली, जो मेरे पिता के दोस्त थे।

'जून में छिट-पुट घटनाएँ होने लगीं। जुलाई में मुस्लिम शिमला छोड़ कर पाकिस्तान जाने लगे। अमीर लोग सबसे पहले जाने वाले लोगों में थे। मुझे अच्छी तरह से याद है कि हमारे घर को बाहर से ताला मार दिया गया था। यह जुलाई/अगस्त का समय होगा। एक और मुस्लिम परिवार इस घर के ऊपर वाले हिस्से में रहने के लिए आ गया। हमारा एक नौकर था जिसका नाम मुख्तार था जो काफी दुनिया देख चुका था और सभी धर्मों के लोगों के साथ घुल मिल जाता था। वह हमारी एक जीवन रेखा के समान था और खाद्य तथा अन्य वस्तुओं को ले आता जिसकी हमें जरूरत होती थी जबकि परिवार घर में बंद था।

'इस समय के दौरान हमने दादा इस्माइल और उसके परिवार के साथ सभी संपर्क खो दिए। उन पर उनकी ही दुकान पर हमला किया गया और वह पास के एक होटल की ओर भागे। उन्हें एक जमा हुई भीड़ ने मार डाला जिसमें उसी क्षेत्र के उनके प्रतिद्वंदी सिख व्यापारी शामिल थे। मेरे पिता को उनकी मृत्यु के बारे में शिमला में पता चल गया था लेकिन उन्होंने यह खबर अपने तक ही सीमित रखी जब तक हम पाकिस्तान नहीं पहुंचे।

'अगस्त 1947 में हम एक हिंदू डॉक्टर, डॉ. पामरे की मदद से रिपन अस्पताल में चले गए, और वहाँ तब तक रुके जब तक हम पाकिस्तान के लिए रेलगाड़ी नहीं पकड़ सके। शिमला से नैरो गेज की रेलगाड़ियाँ नीचे कालका तक घूमते हुए उतरती हैं। मुझे एक शरणार्थी शिविर याद है जो एक तम्बू वाले शहर की तरह था। एक रात शिविर पर हमला किया गया। मेरे माता-पिता ने शारीरिक रूप से मेरी दो बहनों और मुझे ढक लिया ताकि हमें बचाया जा सके।

'कालका में तीन दिन रहने के बाद हम अन्य रिश्तेदारों के साथ रात के दौरान पाकिस्तान के लिए रेलगाड़ी पर चढ़े। यात्रियों ने अपने डिब्बों को अंदर से बंद कर दिया ताकि कोई भी रेलगाड़ी पर न चढ़ सके। लोगों ने खिड़कियों पर लटकने की कोशिश की लेकिन रेलगाड़ी के अंदर के लोगों ने उन्हें दूर धकेल दिया। रेलगाड़ी धीरे-धीरे पंजाब के मैदानों से होते हुए चलने लगी। मैं उज्ज्वल धूप को याद कर सकता हूँ जब रेलगाड़ी एक स्टेशन पर पहुंची। मैंने सिखों की एक बड़ी भीड़ को तलवार लहराते और हिंसक "सत श्री अकाल" जैसे नारे लगाते देखा। रेलगाड़ी रुकने ही वाली थी और भीड़ करीब आ रही थी, कि अचानक रेलगाड़ी ने विपरीत दिशा में आगे बढ़ना शुरू कर दिया।

'इस प्रकरण के बाद रेलगाड़ी रात के मध्य में एक वैकल्पिक मार्ग द्वारा सीमा पार कर पाकिस्तान पहुँच गई। हमें और अन्य शरणार्थियों को लाहौर के बाहर वाल्टन शरणार्थी शिविर में रखा गया। हर दिन लोग चारों ओर जाकर अपने रिश्तेदारों को खोजते। मेरे पिता ने हमें अपने चाचा इस्माइल की मौत के बारे में तब बताया जब हम लाहौर में बस गए।

'विभाजन के लंबे समय के बाद 1980 के दशक में मैं भारत के लिए एक व्यापारिक यात्रा पर गया था। अपना काम पूरा करने के बाद मैंने दो हफ्तों की छुट्टी ली और रेलगाड़ी से शिमला गया। रेलगाड़ी पहाड़ियों और घाटियों से होकर गुजरी। पहला दृश्य जिसने मुझे परेशान कर दिया, वह था बिना हरियाली वाली पहाड़ियों और छोटे घरों की एक भीड़ का। मेरे सपनों का शिमला खंडहर में तब्दील हो गया था। ऊपर पहाड़ी की तरफ चलते हुए मैंने किसी भी ऊँचे पेड़ या पुराने दिनों की हरी-भरी पहाड़ियों को नहीं देखा।

'रेलवे स्टेशन के बाहर होटल के दलालों और कुलियों की एक बड़ी संख्या थी। कुली ज़्यादातर कश्मीर से थे। यहां तक कि जब वे मेरा सामान उठाए हुए थे लग रहा था कि वे मुझसे भी तेज चल रहे थे। एक होटल में जगह लेने के बाद मैं इस तलाश के लिए आसपास चला गया कि कोई जगह तो परिचित मिले। मैं कोई भी ऐसी जगह नहीं ढूंढ सका जो उस शिमला की तरह थी जब मैंने उसे छोड़ा था। अगले दिन मैं जल्दी उठ गया और जाखू पहाड़ी के पास गया। मुझे याद है मैं पहाड़ी की चोटी पर मेरी माँ के साथ हनुमान मंदिर की यात्रा करने जाया करता था जहां हर जगह बंदर कूदा करते थे।

'धीरे-धीरे मैंने जैसे ही पहाड़ी पर चढ़ाई शुरू की, मैंने लंबे देवदार और चीड़ के पेड़ों को देखा। यह स्थान बिल्कुल वैसा ही लग रहा था जैसे कि मैंने इसे तीस से अधिक साल पहले देखा था। मैंने धीरे-धीरे पहाड़ी के ऊपर पैदल सफर तय किया और इत्मीनान से गुजरते हुए बंदरों के एक समूह को कुछ दूरी से देखा। सभी आकार और उम्र के बंदरों के अन्य समूह बाद में हनुमान मंदिर के आसपास के क्षेत्र में दिखाई दिये।

'ऐसा लग रहा था कि समय रुक गया था और उस स्थान की वही अनंतकालीन खूबसूरती कायम थी। मैं उस सुबह जाखू पहाड़ी पर दो घण्टे तक अकेला रहा। फिर वहाँ पहला इंसान आया जो एक पकौड़े बेचने वाला था। मैं उसका पहला ग्राहक था और उसने मुझे पैसों की तुलना में ज़्यादा ही पकोड़े दिये। आस-पास की तस्वीरें लेते समय मैंने किसी को मुझे बुलाते हुए सुना। मेरे पीछे एक जोड़ा था जिनके तीन बच्चे थे। उस आदमी ने मुझे उनके परिवार की तस्वीरें लेने को कहा। मैंने बिना किसी झिझक के ऐसा ही किया और उनकी सुंदर स्थानों पर कई तस्वीरें ली। उस इंसान ने यह सोचा था कि मैं कोई स्थानीय फोटोग्राफर था और उन्हें अगले दिन तस्वीरें दे दूँगा। वे जालंधर से आए थे। वह मेरे साथ बहुत दोस्ताना हो गए जब मैंने उन्हें अपने बारे में बताया। मैंने उन्हें वादा किया मैं अमरीका पहुँच कर उन्हें तस्वीरें भेज दूँगा।

'जैसे ही दोपहर हुई तो मौसम सुहाना हो गया और मैं नीचे उतरने लगा। चढ़ने के मुकाबले उतरने में आधा समय लगा। दोपहर में ब्रिटिश लोगों के द्वारा बनाए गए एक पुराने चर्च के सामने बैठ गया। लोग सूरज की ओर मुंह कर उस ऊंचे स्थान पर बैठे हुए थे। मैं भी उष्ण धूप का मजा लेने के लिए वहाँ बैठ गया। मेरे पास बैठे व्यक्ति ने अपना परिचय दिया; वह सुखबीर था और उसने बताया कि वह हिमाचल प्रदेश राज्य का कर्मचारी था। जैसे ही मैंने उसे बताया कि मैं अपने जन्म स्थान की तीस साल बाद यात्रा कर रहा हूँ मेरे प्रति उसका रवैय्या बिल्कुल बदल गया और वह मुझे एक खोये हुए मित्र की तरह समझने लगा। उसने मुझे वतनी कहा। उसने कई स्थानीय लोगों के साथ मेरा परिचय करवाया जिसमें एक आयुर्वेदिक वैद्य, एक रेस्तरां मालिक और उसके सहकर्मी शामिल थे। उन सबने मुझे शिमला के एक बड़े परिवार के सदस्य की तरह माना। भारत की यात्रा के दौरान मुझे पहली बार लगा कि मैं घर वापस आ गया हूँ।'

गुड़गाँव

गुड़गाँव में मुस्लिमों की 37 प्रतिशत संख्या थी। यह दिल्ली की सीमा पर स्थित था और अब यह उस शहर का एक उभरता हुआ उपनगर है। जाने माने पाकिस्तानी पत्रकार और मानव अधिकारों के समर्थक आई.ए. रहमान ने निम्नलिखित कहानी का वर्णन किया कि गुड़गाँव में क्या हुआ था?

आई.ए. रहमान

'मेरा जन्म दिल्ली से 30 मील दक्षिण में यमुना नदी पर हसनपुर, जिला गुड़गाँव में हुआ था। हसनपुर एक मिश्रित गाँव था, जिसमें आधे मुस्लिम थे और आधे गैर-मुस्लिम। जमींदार मुस्लिम थे। वे एक बलोच कबीले रिंड से ताल्लुक रखते थे। रिंड लोगों को

हुमायूँ के शासन काल के दौरान (16वीं शताब्दी) दिल्ली के बाहरी इलाके के गाँवों में बसाया गया था ताकि वे हिंदू जाटों के हमलों का मुकाबला कर सकें।

'हसनपुर के हिंदुओं के साथ हमारे रिश्ते बहुत दोस्ताना थे। हम हिंदुओं के साथ पढ़े और हमारे अध्यापक भी हिंदू थे। हमें कभी भी उनकी तरफ से दुश्मनी का एहसास नहीं था। हिंदू हमारे परिवार के करीबी दोस्त हुआ करते थे। द्वितीय विश्व युद्ध की शुरुआत में, वहाँ ज़्यादा आय नहीं थी, तो हमारे बुजुर्गों ने शिक्षा पर जोर दिया और यहां तक कि हमारे गांव की लड़कियों को स्कूल भेजा गया। मेरे दादा अब्दुर रज्जाक साहिब ने अपने मकान में लड़कियों के लिए एक स्कूल की स्थापना की।

'राजनीतिक माहौल हमारे गांव में ब्रिटिश विरोधी था। कोई भी औपनिवेशिक भारतीय सेना में शामिल नहीं हुआ था। मेरे बुजुर्ग खाकसार आंदोलन की ओर आकर्षित हुए थे। फिर कुछ मुस्लिम लीग में शामिल हो गए लेकिन बहुत इच्छा से नहीं। मेरे पिता जो एक वकील थे उन्होंने गुड़गांव के करीब कलवाल शहर में वकालत करते हुए अपने पैर जमाये। वह मुस्लिम लीग के सदस्य नहीं थे। 14 अगस्त 1947 को शहर के गणमान्य व्यक्ति मेरे पिता सहित एक ट्रक से गांवों में चारों गए ओर उन्हें नहीं जाने को कहा। उन्होंने लोगों से कहा कि वे कई सदियों से रहते आए हैं और इसलिए अपने घरों को छोड़ वहाँ से जाने का कोई कारण नहीं है।

'लेकिन पहले ही फरवरी 1947 में दंगे हुए थे लेकिन कारण राजनीतिक नहीं था। यह हिंदू जाटों और मुस्लिम मेयो के बीच स्थानीय दुश्मनी थी। यह ध्यान रखना दिलचस्प होगा कि उस समय तक मेयो पूरी तरह से इस्लाम में परिवर्तित नहीं हुए थे। वे दोनों हिंदू और इस्लामी रीति-रिवाजों का पालन किया करते थे। वे गोत्र (कबीले) के आधार पर अपने आपसी विवादों को सुलझाते थे। किसी कारणवश किसी ने एक सांप्रदायिक आयाम प्रस्तुत कर दिया और उसके चलते दंगा हो गया।

'10 सितंबर को हमारे गांव पर हमला किया गया था। हमलावरों में हजारों लोग थे। हमारे पास के गांव के लोगों ने इसमें भाग लिया लेकिन कुछ तो यहां तक कि 150 किलोमीटर की दूरी से आए थे। उनमें कोई सिख नहीं था। वे हिंदू जाट थे। बहुत से लोग मारे गए थे। यह पहला हमला था। मेरे दो चचेरे भाई जो मजबूत और हृष्ट-पुष्ट थे वे एक हिंदू दोस्त द्वारा मारे गए थे जिन्हें वे बीस साल से जानते थे। वह एक बनिया था। इस तरह के एक जघन्य अपराध के लिए उसे किस बात ने प्रेरित किया, मेरे लिए यह एक रहस्य बना हुआ है। हमारे परिवार और बिरादरी के कई लोग उन हमलों में मारे गए जो एक लड़ी में हो रहे थे।

'माउंटबेटन ने देखा कि क्या हो रहा है और मथुरा में सेना की इकाई के लिए एक संदेश भेजा। परिणामस्वरूप कुछ लोगों की जानें बच गईं। कैंपबेल की डायरी में इसका उल्लेख किया गया है।

'तो फिर हमारे लोग कलवाल स्थानांतरित हो गए। गांधी ने मौलाना हबीब-उर रहमान और पंडित सुंदर लाल को भेजा, जो गांधी के सचिव थे। उन्होंने हमें नहीं जाने को कहा। मेरे पिता ने उनसे कहा, "मैं नहीं जाना चाहता हूँ मगर अब दो सरकारों के बीच एक समझौता हो गया है। मैं उन पुरुषों और महिलाओं को क्या कहूँ जो शरणार्थी बन गए हैं? क्या आप हमारी सुरक्षा की गारंटी दे सकते हैं?" उन्होंने कहा, "हम नहीं दे सकते।"

'तब हम गुडगाँव छोड़ भटिण्डा और उसके बाद फाजिल्का चले गए। हमारे पास सैन्य अनुरक्षण था। मेरे पिता ने अपने घर के साथ अपने कार्यालय की चाबी अपने दोस्त राव बहल सिंह को यह कह कर दी कि जब शांति बहाल हो जाएगी तब वह वापस आ जाएंगे।'

दिल्ली

दिल्ली पंजाब प्रांत का हिस्सा नहीं था, लेकिन पंजाब के बहुत से सिविल सेवक दिल्ली में तैनात थे। इसके अलावा, क्योंकि पश्चिमी पंजाब से हिंदू और सिख शरणार्थियों की एक बहुत बड़ी संख्या आ पहुंची थी, पंजाब के मुसलमान बहुत दबाव में आ गए और उन्हें पाकिस्तान की ओर पलायन करने के लिए धमकी दी गई। खोसला की रिपोर्ट दिल्ली के मुसलमानों पर क्रूर हमलों का उल्लेख करती है। उनका दावा है कि मुसलमानों ने नवंबर 1946 में ही दंगों को भड़काने का काम शुरू किया था, लेकिन उसके बाद सितंबर-अक्टूबर में, जब मुसलमानों पर हमले हुए, कम से कम एक हजार लोग मारे गए थे (1989: 283)। स्वर्गीय डॉ. इश्तियाक हुसैन कुरैशी पाकिस्तान के पूर्व संघीय शिक्षा मंत्री तथा कराची विश्वविद्यालय के कुलपति ने उन दिनों जो हुआ उसके बारे में लिखा है जब दिल्ली के मुसलमानों पर शहर भर और उपनगरों में हमला किया जा रहा था।

इश्तियाक हुसैन कुरैशी

'अगले दिन मैंने अपने परिवार को पुराने किले में भेज दिया जहां शहर के मुस्लिम शरणार्थी एकत्र हुए थे और वे बचाव कार्य में कूद पड़े। कई यादगार घटनाएँ हुईं जिनमें सबसे महत्वपूर्ण यह थी कि मैंने डॉ. जाकिर हुसैन, बाद में भारत के राष्ट्रपति, को उनके ओखला के पास जामिया स्थित घर से जो दिल्ली से उस समय कई मील की दूरी पर था, ले आया और हम दोनों गांधी से मिले। हमें उन्हें ज़्यादा कुछ बताने की जरूरत नहीं पड़ी क्योंकि उनके कार्यकर्ता पूरी तरह से और सही मायने में घटनाओं की खबरें दे रहे थे। उनसे सच छिपाने की कोई कोशिश नहीं की जा रही थी। मैंने उनसे कहा कि केवल वह ही नरसंहार रोक सकते हैं। एक पल के लिए वह बहुत

विचारशील हो गए और बस यह वादा किया, "मैं अपना सबसे अच्छा प्रयास करूंगा।" और मुझे लगता है कि उन्होंने अपना वादा निभाया। अन्यथा उनकी हत्या नहीं की गई होती' (कुरैशी, 995: 192)।

रियाज अहमद चीमा

स्टॉकहोम में मेरे सबसे पुराने दोस्त, रियाज अहमद चीमा, दिल्ली के पंजाबी परिवारों में से एक से नाता रखते थे क्योंकि उनके पिता को वहां तैनात किया गया था। 16 मई 2007 को वह बताते हैं:

'मैं 5 फरवरी 1937 को पैदा हुआ था। हम मूल रूप से सियालकोट से हैं लेकिन विभाजन के समय मेरे पिता एम अब्दुल्ला चीमा को एक सिविल जज के रूप में दिल्ली में तैनात किया गया था। वे पंजाब की प्रांतीय सेवा के थे। पंजाब के अधिकारियों का दिल्ली में तैनात किया जाना एक आम बात थी, भले ही दिल्ली पंजाब प्रांत का एक हिस्सा नहीं था। मेरे माता-पिता और हम आठ बच्चे अता उर रहमान लेन के सिविल लाइंस क्षेत्र में रहते थे। उनके कई हिंदू, सिख और मुस्लिम दोस्त थे लेकिन उनमें सबसे करीबी राम कृष्ण नाम का एक व्यापारी था। उनकी पुरानी दिल्ली में एक प्रिंटिंग प्रेस थी। एक अन्य दोस्त थे चौधरी गुलाम अब्बास जो नई दिल्ली के नगर मजिस्ट्रेट थे। वह भी चकवाल, पश्चिम पंजाब से थे।

'दिल्ली ने 1947 की शुरुआत में किसी भी सांप्रदायिक तनाव को महसूस नहीं किया लेकिन हड़तालें और प्रदर्शन हो रहे थे। मगर मार्च 1947 के दंगे के बाद, रावलपिंडी से कई सिख दिल्ली आ गए थे जहां उनके रिश्तेदार रहते थे। उस समय वहाँ पहले से ही पंजाब का एक बड़ा सिख समुदाय दिल्ली में बस गया था। वे व्यापार और विविध कामों में लगे हुए थे। रावलपिंडी से आए कुछ सिख वापस चले गए लेकिन गांवों से आए दूसरे यहीं रह गए। माहौल तनावपूर्ण होने लगा जब सिखों ने मुस्लिम अत्याचार की दास्तां गुरुद्वारों की सभाओं में और अपने रिश्तेदारों को सुनाई। इस प्रकार कई मौकों पर हमारे माता-पिता ने हमें स्कूल नहीं भेजा क्योंकि उन्हें डर था कि बदला लेने के लिए हमले हो सकते है। किसी भी मामले में हमें अंधेरे के बाद बाहर जाने की अनुमति नहीं थी।

'3 जून के बाद जब विभाजन योजना की घोषणा की गई, हालात तेजी से बदलने लगे। मेरे पिता ने पाकिस्तान को चुना और झेलम के एक वरिष्ठ सिविल न्यायाधीश के रूप में तैनात होने के लिए आदेश प्राप्त किया। हम 16 अगस्त को दिल्ली से रवाना हो गए। हमें एक द्वितीय श्रेणी के डिब्बे में सवार कर दिया गया। मेरे पिता के पास एक राइफल और एक रिवाल्वर थी। अफवाहें फैल चुकी थीं कि रेलगाड़ियों को रोका जा रहा था और मुसलमानों को अमृतसर के पास सिख भीड़ द्वारा मार डाला

जा रहा था लेकिन हमारी रेलगाड़ी सुरक्षित रूप से लाहौर पहुंच गई। इससे पहले कि हम दिल्ली छोड़ते मेरे पिता के एक सिख सहयोगी ने उनसे अनुरोध किया कि वह उनके चपरासी की देख-भाल करें जो खुद भी एक सिख था और उसी रेलगाड़ी में रावलपिंडी से अपने परिवार को लाने के लिए सफर कर रहा था।

'लाहौर रेलवे स्टेशन पर मेरे पिता उस डिब्बे में गए जिसमें वह चपरासी सफर कर रहा था। वह वहाँ था। लेकिन जब रेलगाड़ी लाहौर से निकली तो उन्होंने गौर किया कि कुछ गुंडे किस्म के लोग चलती हुई रेलगाड़ी पर कूद कर चढ़ गए। गुजरांवाला में वह वापस वहाँ यह देखने के लिए गए कि चपरासी ठीक-ठाक है या नहीं, लेकिन उन्होंने उसे नहीं देखा। उस डिब्बे के कुछ लोगों ने उन्हें बताया कि गुंडों ने उस पर हमला किया था और उनसे बचने के लिए चलती हुई रेलगाड़ी की खिड़की से छलांग लगा दी जब यह रावी के पुल के ऊपर से गुजर रही थी। तब उसका क्या हुआ, क्या वह तैर सकता था या नहीं, क्या वह बच पाया या मार डाला गया, कोई कुछ नहीं बता सकता था। जब हम झेलम पहुंचे तो यह ईद का या इससे पहले का दिन था। झेलम में तब भी सिख और हिंदू मौजूद थे। मुझे याद है कि सिख अपनी मिठाई की दुकान में बैठे हुए थे और व्यंजन बेच रहे थे।

'मुझे अभी भी याद है कि उस समय दिल्ली के स्थानीय मुस्लिम पाकिस्तान जाने के लिए तैयार नहीं थे। आता उर रहमान लेन पर हमारे पड़ोसियों में से एक था सुल्तान अहमद जापानवाला का परिवार। वह एक बहुत अमीर व्यापारी थे जो मूल रूप से दिल्ली के थे। जापानवालों के तीन बेटे और एक बेटी थी जो लगभग हमारी उम्र के बच्चे थे और हमारी उनके साथ करीबी दोस्ती थी। उनका एक लड़का बाद में पाकिस्तान के सिंध प्रांत का वित्त मंत्री बना। मगर अगस्त 1947 में लग रहा था कि जापानवालों की पाकिस्तान जाने की कोई इच्छा नहीं थी। हमारे पाकिस्तान जाने के समय उन्होंने हमारे इलाके से पाकिस्तान जा रहे लोगों को एक दावत दी। उन्होंने बच्चों को मिठाइयाँ बांटी जिस पर बीच में सुंदर छोटे अक्षरों में "खुदा हाफिज" लिखा हुआ था।

'यह एक बड़ी विडम्बना है कि मुस्लिम लीग को सबसे ज़्यादा समर्थन हिंदू बहुमत प्रांतों के मुसलमानों से मिला। मुस्लिम बहुल प्रांतों में मुस्लिम लीग को बहुत देर से समर्थन प्राप्त हुआ। जिन्नाह ने उनकी पाकिस्तान योजना की भौगोलिक सीमाओं या वैचारिक आधार को कभी परिभाषित नहीं किया। मैंने हाल ही में एक किताब में पढ़ा है कि 1942 में मुस्लिम लीग ने पाकिस्तान का एक विचार जारी किया था जिसमें न केवल सभी मुस्लिम बहुल प्रांतों को शामिल किये जाने की बात थी लेकिन दिल्ली को भी इस में शामिल किया जाना था जहां मुसलमान बहुमत में नहीं थे। किस आधार पर इस तरह की एक योजना बनाई गई थी, यह एक रहस्य बना हुआ है।'

'1964 में मैंने दिल्ली का दौरा किया और मेरे पिता के सहयोगियों और मित्रों से मिलने चला गया। ऐसा हुआ कि ऐसे ही एक अवसर पर मैंने उनके बंबई से आए एक अतिथि से मुलाकात की जो मूल रूप से लाहौर से निकले। जब उन्हें पता चला कि मेरी उपाधि चीमा है और मेरे पिता एक सिविल जज थे तो उन्होंने मुझसे पूछा कि क्या हम मजिस्ट्रेट एम.जी. चीमा के रिश्तेदार। मैंने उसे आश्वासन दिया कि एम.जी. चीमा हमारा कोई रिश्तेदार नहीं था। मैंने लाहौर के हिंदू इलाकों को आग के सुपुर्द करने के काम में दिमाग लगाने में उसकी मशहूरी के बारे में सुना था। कई साल बाद मुझे लाहौर में एम.जी. चीमा को मिलने का अवसर मिला। मैंने उनके सामने 1947 की आग के मुद्दे को नहीं उठाया क्योंकि वह एक बुजुर्ग इंसान थे और मेरे द्वारा उनके उस अतीत के बारे में कुरेदने से वह बुरा मान जाते, जिसे वह सार्वजनिक नहीं करना चाहते थे।'

संदर्भ

कुरैशी, इश्तियाक हुसैन, 'हिंदू मुस्लिम सोशल रिलेशन्स 1935-47', (में) मुशिरुल हसन, *इंडिया पार्टीशनड: द अदर फेस ऑफ फ्रीडम*, वॉल. II, नई दिल्ली: रोली, (1995)।

मलिक, खुदा बख्श (खान बहादुर), 'ए ब्रीफ रिपोर्ट मेड बाइ के.बी. मलिक खुदा बख्श रिगार्डिंग दी डिस्ट्रिक्ट्स ऑफ अम्बाला, करनाल, रोहतक, हिस्सार, शिमला, लुधियाना एंड जालंधर' (में) द *जरनी टु पाकिस्तान: ए डॉक्युमेंटेशन ऑन रेफुजिस ऑफ 1947*, इस्लामाबाद: नेशनल डॉक्युमेंटेशन सेंटर, (1993)।

साक्षात्कार

मोहम्मद फरीद मिर्जा, लाहौर, 7 अप्रैल 2003

पुष्पा गोयल, दिल्ली, 29 मार्च 2004

सय्यद कमरुज्जमान शाह, लाहौर, 28 दिसंबर 2004

चौधरी अब्दुल वाहिद, मुल्तान, 20 दिसंबर 2004

चौधरी अब्दुल सईद, बहावलपुर, 21 दिसंबर 2004

आई.ए. रहमान, 14 जनवरी 2005

पंडित जी, करनाल, हरयाणा, 28 नवंबर 2005

अमर सिंह, डंगोली, 29 नवंबर 2005

छितरु, डंगोली, 29 नवंबर 2005

नसीब कौर, गाँव फुल खुर्द, जिला रूपनगर, नवंबर 2005

ब्रिगे. सरजीत सिंह चौधरी, दिल्ली, 3 दिसंबर 2005

रियाज अहमद चीमा, स्टॉकहोम, 16 मई 2006

नसीम हसन, होकेस्सीन, डेलावेर, यू.एस.ए. (ईमेल द्वारा), 1 जनवरी 2007

20

पूर्वी पंजाब की शाही रियासतें

पंजाब के भविष्य के बारे में विवाद मूल रूप से उन उनत्तीस जिलों को लेकर था जो सीधे तौर पर ब्रिटिश प्रशासित पंजाब का हिस्सा थे, जिसे ब्रिटिश इलाका कहा जाता था। रियासतों के भविष्य को लेकर एक अलग बात थी क्योंकि औपचारिक रूप से उन्होंने एक संधि के तहत ब्रिटिश सर्वोच्चता को स्वीकार कर लिया था। ब्रिटिश शासन की समाप्ति पर वे इसलिए तकनीकी रूप से खुले तौर पर भारत और पाकिस्तान के साथ अपने रिश्ते को कायम करने के हकदार थे। तथापि कथित तौर पर मार्च 1947 में ही सिख रियासतों के सैनिकों ने अमृतसर के दंगों में गुप्त रूप से भाग लिया। बाद में मई में फरीदकोट और नाभा राज्यों के सैनिकों ने लाहौर के बाहरी इलाके में राजगढ़ नामक मुस्लिम इलाके पर एक छापे में भाग लिया। इसके अलावा माउंटबेटन ने इसी महीने पटियाला के महाराजा और जिन्नाह के बीच वार्ता में मदद की ताकि सिखों और मुस्लिम लीग के बीच एक समझौते हो जाए जिसके चलते पंजाब एकजुट रह पाए। इसकी नाकामी मशहूर है। शायद इससे भी ज़्यादा महत्वपूर्ण तथ्य यह था कि दिसंबर 1946 से हजारा से और मार्च 1947 से रावलपिंडी, अटक और झेलम जिलों के ग्रामीण क्षेत्रों से मुस्लिम भीड़ द्वारा कत्लेआम और लूटपाट से बचने के लिए सिख शरणार्थियों ने रियासतों में सुरक्षित ठिकानों में शरण ली। उन्होंने समुदाय के समारोहों में मुसलमानों द्वारा की गई क्रूरताओं के बारे में उनके दुखों की कहानियाँ सुनाईं। इसलिए सिख रियासतें पहले से ही कम से कम दिसंबर 1946 से ब्रिटिश प्रदेशों में हो रहीं घटनाओं के साथ एकीकृत थीं।

मगर, पंजाब के भविष्य के साथ रियासतों की भागीदारी पिछले कुछ महीनों से चले आ रहे दंगों से पहले ही तय हो चुकी थी। रियासतों में 1930 के दशक के शुरू से अकाली रूढ़िवादी, सिख धर्म के अधिक से अधिक अनुपालन के लिए प्रचार कर रहे थे तथा धीरे-धीरे अपनी पकड़ मजबूत कर रहे थे। कम से कम 1945 के बाद से मास्टर तारा सिंह और उनके समर्थक तथा पटियाला के महाराजा यादविन्द्र सिंह नियमित संपर्क में थे कि भारत के विभाजन के परिणाम के रूप में एक मुस्लिम

राज्य के अस्तित्व में आने से पैदा हुई चुनौती का सामना करने के लिए, वे रणनीति पर चर्चा कर सकें। इयान कुपलैंड गौर करते हैं कि बढ़ते हुए अकाली प्रभाव की वजह से रियासतों के शाही परिवार तथा अन्य रईसों ने रूढ़िवादी खालसा पहचान का पालन करना शुरू कर दिया था। इसलिए शाही उदाहरण के माध्यम से सांस्कृतिक और प्रतीकात्मक तौर पर एक धार्मिक पुनरुद्धार चल रहा था। 1947 के शुरू में ऐसे परिवर्तन महत्वपूर्ण सांप्रदायिक निहितार्थ रखते थे। इस प्रकार उदाहरण के तौर पर, वफादार मुसलमान और हिंदू कर्मचारियों को सिखों द्वारा बदल दिया गया – लियाकत हयात खान (सर सिकंदर हयात के भाई) और पटियाला के डी.के. सेन, कपूरथला के अब्दुल हमीद और जींद के मोहम्मद सादिक, बलि का बकरा बनने वालों में से कुछ थे (कूपलैंड, 2002: 675–77)। लियाकत हयात खान, अब्दुल हमीद और मोहम्मद सादिक तब मुख्यमंत्रियों या दीवान के रूप में सेवारत थे तथा इस तरह पारंपरिक क्रम में मंत्रियों की एक बहुलवादी मंत्रियों की परिषद तथा प्रशासकों का प्रतिनिधित्व करती प्रक्रिया का एक अंतरंग हिस्सा थे।

रॉबिन जेफरी बताते हैं कि इस प्रसंग में जत्थों का आयोजन करने तथा उन्हें प्रशिक्षण देने में खलनायक थे आई.एन.ए. के पूर्व लेफ्टिनेंट कर्नल निरंजन सिंह गिल (1974: 50–7)। यह एक विडंबना है कि आई.एन.ए. जिसकी प्रतिष्ठा एक राष्ट्रवादी और देशभक्त सेना के तौर पर थी (यह जापानियों द्वारा पकड़े गए भारतीय सैनिकों द्वारा गठित थी) तथा जिसे सुभाष चंद्र बोस ने एक बिरादरी के रूप में तैयार किया था, जिसने एक साथ खाना खाकर तथा अपने धार्मिक जुड़ाव की परवाह किए बगैर भाइयों के रूप में एक-दूसरे को स्वीकार कर धार्मिक और जातिगत पूर्वाग्रहों को त्याग दिया था; इसके कार्यकर्ताओं ने विभाजन के कई नरसंहारों में एक प्रमुख भूमिका निभाई। जाहिर है इन समतावादी मूल्यों ने इस संगठन में गहरी जड़ें बनाने में विफलता पाई। मुझे याद है कि रावलपिंडी में कुछ बुजुर्ग लोगों से मैंने यह सुना था कि आई.एन.ए. के भूतपूर्व मुस्लिम सैनिकों ने सिखों पर बर्बर हमले में भाग लिया था। तथापि कुपलैंड जत्थों की प्रारंभिक लामबंदी के लिए जिसे जिम्मेवार ठहराते हैं वह था :

> 'ज्ञानी हरबंस सिंह, एक जेल से भागा हुआ मुजरिम जिसने अमृतसर में कार्रवाई परिषद के निर्देश में काम किया, जिसके सदस्यों में आजाद हिन्द फौज के पूर्व अफसर नरिंजन सिंह, सरदार बलदेव सिंह, ज्ञानी करतार सिंह, मास्टर तारा सिंह और पटियाला के एक पूर्व मंत्री रघबीर सिंह शामिल थे। उस समिति ने जाटों के लिए हथियार और साधन के लिए पैसे इकट्ठा करने का भी जिम्मा लिया और अंततः 10 से 12 लाख रुपयों के करीब युद्ध के लिए धन इकट्ठा किया (कूपलैंड, 2002: 680)।'

इस तरह की तैयारी को राजनीतिक मदद के साथ भी मजबूत किया गया था। राष्ट्रीय स्वयंसेवक संघ और हिंदू महासभा के साथ संपर्क किया गया था ताकि एक

जुट होकर पंजाब को मुस्लिम शासन के अधीन जाने से रोका जा सके। महाराजा पटियाला के साथ पहले ही संपर्क स्थापित किया जा चुका था। मास्टर तारा सिंह ने अप्रैल 1947 के शुरू में फरीदकोट के शासक को आमंत्रित किया ताकि वह पंजाब के अपने हिस्से में सैन्य अभियान शुरू कर सकें। एक संस्करण के अनुसार, फिरोजपुर का जिला भुगतान के माध्यम से उसे देने की पेशकश की गई थी। अलग-अलग तरीकों से पटियाला, नाभा, कपूरथला और कलसिया के शासकों ने मुसलमानों के खिलाफ एक प्रमुख सिख टकराव के लिए तैयारी करने में हिस्सा लिया अगर पंजाब को उनके लिए एक अस्वीकार्य तरीके से विभाजित किया जाता। इस प्रकार जिन जत्थों का गठन किया गया वे बेहद प्रेरित थे और पर्याप्त रूप से सशस्त्र भी। उनमें से कुछ के पास तो भारी मशीन गनें थीं लेकिन ज़्यादातर मामलों में, हल्की स्वचालित बंदूकें जैसे कि ब्रेन-गनें, टॉमी गनें, हथगोले, पेट्रोल बम और अन्य आग्नेयास्त्र जैसे कि राइफल, पिस्तौल, रिवाल्वर, कृपाणें और भाले उनके निपटान में थे। उनके पास जीपें, ट्रक और कुछ उचित मोटर चालित इकाइयाँ थीं। कुपलैंड गौर करते हैं कि इस तरह के जुझारू कदमों का सभी सिखों द्वारा, मास्टर तारा सिंह के अकाली पार्टी के सिखों सहित, अनुमोदन नहीं किया गया था (वही: 680-2)।

सिख पाकिस्तान को दिये गए शहरों पर छापे मारना चाहते थे लेकिन जब तक नेहरू प्रधानमंत्री थे भारत सरकार द्वारा इस तरह की गतिविधि की अनुमति नहीं दी जा सकी (वही: 683)। इसलिए उन्होंने अपनी गतिविधियों को सतलुज पार तक सीमित रखा और विशेष रूप से सिख रियासतों में ताकि उन प्रदेशों में सारी मुस्लिम उपस्थिति का उन्मूलन किया जा सके। नई दिल्ली में ब्रिटिश हाई कमीशन की एक रिपोर्ट के अनुसार 8 लाख से लेकर 10 लाख लोगों को जत्थों में शामिल किया गया था, कुछ अन्य रिपोर्टों ने सिर्फ 1,000 कट्टर हत्यारों की संख्या का अनुमान लगाया। कूपलैंड का अनुमान है कि जत्थों की सदस्यता लगभग 2 लाख थी (कूपलैंड, 2002: 687)।

लक्ष्य का चयन बड़ी सावधानी के साथ किया गया था। मुसलमानों की ज़्यादा तादाद वाली जगहों पर हमला नहीं किया गया। उन काफिलों को भी निशाना नहीं बनाया गया जिनके साथ सशस्त्र सैन्य अनुरक्षण होता था। एक बार जब लक्ष्य का चयन कर लिया जाता था तो छापे को सैन्य दक्षता के साथ कार्यान्वित किया जाता था क्योंकि इसमें भाग लेने वाले कई पूर्व सैनिक भी होते थे। गाड़ियों पर हमले की योजना रेलवे के टाइमटेबल के अनुसार बनाई जाती थी। प्रारंभिक हमले आमतौर पर मशीनगनों या हल्की मशीनगनों द्वारा गोलीबारी करके शुरू की जाती थी और उसके बाद नजदीक जाकर कृपाणों, भालों और अन्य परंपरागत हथियार के साथ आक्रमण किया जाता था। गांवों पर हमले भी सैन्य तरीके से योजनाबद्ध किए जाते थे। अंतिम चरण में महिलाओं और बच्चों को युद्ध की लूट के रूप में अपहृत कर लिया जाता था (वही: 688)।

लूटपाट हमलों का एक प्रमुख आकर्षण था। इस तरह के समग्र संदर्भ के प्रकाश में, पूर्वी पंजाब की रियासतों में हुई कुछ घटनाओं का बयौरा नीचे दिया जा रहा है :

पटियाला

पूर्वी पंजाब में सबसे बड़ी और सबसे शक्तिशाली रियासत पटियाला थी, जिसके शासक एक सिख महाराजा यादवन्द्रि सिंह थे। इसकी कुल आबादी 1,936,259 थी। उनकी मुस्लिम प्रजा 4,36,539 थी या आबादी का लगभग 24 फीसदी। सिख राज्यों में मुसलमानों का नरसंहार, विशेष रूप से पटियाला में सबूत के रूप में उल्लेखनीय है कि पंजाब के विभाजन से पहले ही एक सिख साजिश रची जा चुकी थी। पश्चिमी पंजाब के शरणार्थी एवं पुनर्वास, मंत्री मियां इफ्तिखारुद्दीन ने दिनांक 9 नवंबर 1947 के एक नोट में जोर देकर कहा कि राज्य से केवल 2,00,000 मुसलमान 16 सितंबर तक पाकिस्तान पहुंचे थे और 2,36,600 का कोई हिसाब नहीं मिल रहा था। पाकिस्तान सरकार की ओर से प्रकाशित रिपोर्ट यह इशारा करती है कि पटियाला के शासक एक साजिश के मुखिया थे जिसमें नाभा, कपूरथला (मुझे पता चला कि यह कपूरथला रियासत के युवराज टिक्का साहिब और न कि महाराजा मुस्लिम विरोधी दंगों में शामिल थे) और अन्य छोटे राज्यों के शासकों को शामिल किया गया था ताकि पूर्वी और मध्य जिलों से मुसलमानों को खत्म किया जा सके। भारतीय कम्युनिस्ट पार्टी द्वारा तैयार एक रिपोर्ट में भी इसी तरह की एक साजिश का उल्लेख है। वरिष्ठ कम्युनिस्ट नेता और मार्क्सवादी कम्युनिस्ट पार्टी के पूर्व महासचिव हरकिशन सिंह सुरजीत ने भी मुझे दिए एक साक्षात्कार में इसकी चर्चा की।

यह दोहराना हालांकि महत्वपूर्ण है कि पूर्वी पंजाब से मुसलमानों को खत्म करने की जो भी योजनाएँ सिखों ने तैयार की थीं वे भारत के विभाजन के साथ जुड़ी हुई थीं। अगर भारत का विभाजन नहीं होता तो पूर्वी पंजाब की रियासतों से मुसलमानों को बाहर करने का कोई कारण नहीं था। भारत के विभाजन के साथ-साथ पंजाब का विभाजन भी लाजमी था – इस कठोर वास्तविकता पर बार-बार पंजाब के राज्यपालों द्वारा बल दिया गया। इसके अलावा, सिख पंजाब के एक ऐसे विभाजन को स्वीकार नहीं करने वाले थे जिसके द्वारा उनके धार्मिक स्थान, नहर कालोनियां और लाहौर पाकिस्तान में रह जाते। पंजाब प्रशासन को निजी सांप्रदायिक सेनाओं के बारे में चेतावनी दी गई थी और तथ्य यह है कि सिख कृपाण धारण कर रहते थे, यह उन्हें शांति के समय में भी एक सशस्त्र समुदाय बना देता है। कम से कम मार्च 1947 से, हालांकि कुछ लोग दिसंबर 1946 में हुए हजारा के दंगों की तरफ इशारा करते हैं, सिखों के खिलाफ मुस्लिम अत्याचारों की एक विस्तारित तस्वीर चारों ओर फैल चुकी थी। सिखों के खिलाफ मुस्लिम जुल्मों की दुःखद कहानियां – महिलाओं के साथ बलात्कार,

उनके स्तनों को काट कर शरीर से अलग करना, उनकी योनियों को भालों से भेदना, शिशुओं को हवा में लहराकर उनके गिरते हुए शरीरों को तलवारों से टुकड़े-टुकड़े करना – इन्हें सिख सम्मेलनों व स्थानीय गांव की सभाओं में बार-बार दोहराया गया।

सिख सम्मान की भावना को हमेशा जागृत किया गया और उनके समुदाय और धर्म के खिलाफ अपराधों के बदले को सभी स्वाभिमानी सिखों का पवित्र कर्तव्य घोषित किया गया। एक हिंसक टकराव के सभी आसार मौजूद थे क्योंकि सिख पंजाब में उनकी महत्वाकांक्षाओं को लेकर निराश होने के लिए बाध्य थे क्योंकि यह एक तथ्य था कि किसी भी केंद्रीय या पश्चिमी जिले में वह बहुमत में नहीं थे। जहां तक मुसलमानों की सुरक्षा का सवाल था, यह पहले से ही खतरे में थी क्योंकि सिख रियासत पंजाब सीमा बल का अधिकार क्षेत्र नहीं था। इसलिए रैडक्लिफ अवार्ड के बाद मुसलमान, रियासतों के सिख जत्थों की दया पर निर्भर थे। मगर सभी शासक मुसलमानों पर हमलों में शामिल नहीं थे।

सरदार अब्दुल अजीज, पटियाला राज्य के सेवानिवृत्त पुलिस अधीक्षक, पटियाला रियासत ने साजिश की विस्तृत तस्वीर पेश की है जैसे-जैसे यह सामने आई। अजीज 1944 के अंत में सेवानिवृत्त हुए लेकिन उनके अनुसार इससे बहुत पहले महाराजा खुद एक महान पंथक (सिख) राज्य की स्थापना का विचार करने के लिए आकर्षित हुए जिसका वह नेता बनना चाहते थे। जब वह एक पुलिस अधिकारी के रूप में सेवारत थे, सरदार अब्दुल अजीज को पता चला कि एक राज ज्योतिषी ने एक सिख दस्तावेज 'सौ सिखी' के आधार पर भविष्यवाणी की थी जिसमें पंजाब भर में सिखों के आधिपत्य को देखा जा रहा था। उस भविष्यवाणी में शासक बनने वाले जिस सिख नेता का विवरण दिया गया था वह पटियाला के महाराजा यादविन्द्र सिंह के साथ मिलता-जुलता था। जब महाराजा ने भविष्यवाणी के बारे में सुना तो उन्होंने उस ज्योतिषी को तलब किया और बाद में उसकी बातें सुनने के बाद उसे अपना निजी स्टाफ बना लिया।

महाराजा ने उसके बाद पंथक राज्य के लिए तैयारियाँ शुरू कर दीं। श्री हटन, शासक के एक ब्रिटिश कर्मचारी और कई सिख अधिकारियों को निर्देश दिए गए कि वे राइफल और अन्य हथियारों का निर्माण शुरू कर दें। महाराजा भी अकालियों के साथ करीबी रिश्ता रखने लगे – जिससे पटियाला के पूर्व शासक बचते थे। बलदेव सिंह, मास्टर तारा सिंह, ज्ञानी करतार सिंह और दूसरों ने भी राज्य का दौरा करना शुरू कर दिया। राज्य सेवाओं में मुस्लिम और हिंदू अधिकारियों को सिखों द्वारा प्रतिस्थापित किया जाने लगा। सिख जत्थों को संगठित किया गया और एक बड़े सशक्त बल को तैयार कर लिया गया। सरदार अब्दुल अजीज मुसलमानों के खिलाफ पटियाला बलों द्वारा किए गए नरसंहार के कई मामलों का उल्लेख करते हैं (1993: 195-200)।

पाकिस्तान सरकार के दो प्रकाशन, '*दी सिख्स इन एक्शन*' और '*नोट ऑन द सिख प्लान*', जिसे यूनियनिस्ट शासन के दौरान पुलिस द्वारा तैयार किया गया या जब से 5 मार्च को राज्यपाल ने धारा 193 के तहत सत्ता संभाली, अकाली नेताओं तथा अकाल फौज की गतिविधियों के बारे में बताते हैं। कब सिख योजना तैयार की गई थी इसकी कोई पक्की तारीख नहीं दी गई है और आंकड़े 1947 की शुरुआत से हैं। रिपोर्टें इस बात पर जोर देती हैं कि कई पूर्व इंडियन नेशनल आर्मी के सिख सैनिक, सिखों और हिन्दुओं को मुसलमानों के विरुद्ध आखरी युद्ध के लिए तैयार करने में शामिल थे। '*नोट ऑन द सिख प्लान*' पर निम्न कहा गया है :

> 'इस साक्ष्य से स्पष्ट है कि सिख संप्रभुता के और अधिक महत्वाकांक्षी सपने के हिस्से के रूप में इस योजना के तत्काल उद्देश्य थे (a) मुस्लिम जीवन और संपत्ति की व्यापक तोड़फोड़ और (b) अगर संभव हो तो पश्चिम पाकिस्तान की पूर्वी सीमा के साथ सटे सिख बेल्ट से मुसलमानों का विनाश. . . साजिश के केंद्र में मास्टर तारा सिंह, ज्ञानी करतार सिंह, ऊधम सिंह नागोके और अकाली पार्टी के अन्य नेता. . . सिख समुदाय के सब हिस्से जैसे कि बुद्धिजीवियों के वर्गों, धार्मिक और राजनीतिक नेता, पूर्व आईएनए के सैनिक, किसानों, शिक्षकों और छात्रों – इन सब को इस योजना को सही तरीके से कार्यान्वित करने के लिए एक जुट किया गया था तथा व्यापक और कुछ मामलों में विस्तृत व्यवस्था का इंतजाम किया गया था ताकि कार्यकर्ताओं को आम कामों और हत्या, लूटपाट और आगजनी के लिए तैयार किया जा सके. . . यह भी स्पष्ट हो जाता है कि इस साजिश में सिख रियासतों ने ब्रिटिश पंजाब के सिख नेताओं से कोई कम हिस्सा नहीं लिया था और हिंदुओं के जुझारू वर्गों के सक्रिय सदस्यों (कुछ मामलों में भारत के अन्य प्रांतों के हिंसा के हिंदू प्रेरणा देने वालों से प्रेरित निर्देशित तथा प्रशिक्षित थे) ने छुप कर आतंकवादी गतिविधियों द्वारा और उपयोगी खुफिया जानकारी देकर उनके मंसूबों में मदद की (1948: 28-29)।'

दी सिख्स इन एक्शन में, पटियाला के महाराजा की पूरे पूर्वी पंजाब को लेकर सिखों की एक समेकित सिख राज्य के शासक बनने की योजना को दिया गया है। यह सरदार अब्दुल अजीज के सबूत पर आधारित है जो ऊपर उल्लेखित की गई है। मैं इसलिए पटियाला में उस समय हुई घटनाओं के बारे में जानने के लिए बहुत उत्सुक था।

सीधे तौर पर किसी व्यक्ति द्वारा दर्ज घटनाओं का एक संग्रह *1947 के मजलूमों की कहानी, खुद मजलूमों की जुबानी* नाम से हकीम मुहम्मद तारिक महमूद अबकारी मजजोबी चुघतई द्वारा संकलित है जिसमें कई कहानियों का उल्लेख है। हम उनमें से दो की चर्चा करेंगे। वे 'पटियाला के मुसलमानों पर टूटने वाली कयामत-ए-सुघरा' के शीर्षक के तहत बताई गई हैं तथा फिर हम अपने निष्कर्ष निकालेंगे।

मुहम्मद अफजल शरीफ

'पटियाला में शांति, कानून और व्यवस्था बेमिसाल थी। लोग दरवाजे खुले रख कर सोते थे। मुसलमान, हिंदू तथा सिख एक साथ शांति से रहते थे। वे एक दूसरे के सुख और दुख को साझा करते थे. . . 1945 में पटियाला में भी पाकिस्तान के पक्ष में नारे चीख कर बोले जाने लगे। मुसलमानों ने अपने सीने पर बिल्ले लगाने शुरू कर दिए जिन पर जिन्नाह की तस्वीर होती थी। वे चिल्लाते और कहते, '*कायदे आजम जिंदाबाद*' और '*बन के रहेगा पाकिस्तान* ', लेकिन राज्य में माहौल शांतिपूर्ण बना हुआ था. . . मेरे पिता सिनेमा सजावट बोर्ड और पोस्टर के एक चित्रकार थे. . . मेरे पिता और सेठ चरण दास ने भाई बनने की शपथ ली थी। सेठ चरण दास और चौधरी ईद मुहम्मद ने एक नया सिनेमा घर बनाया और मेरे पिता जून 1947 के आस-पास इसे सजा रहे थे। वह एक लकड़ी की सीढ़ी पर चढ़ रहे थे तब एक खंबा जो एक लकड़ी के तख्ते को सहारा दे रहा था जिस पर वह अपने सहायक के साथ खड़े थे, टूट गया और वे नीचे गिर गए। उनकी खोपड़ी में बुरी तरह से चोट लगी। उन्हें तुरंत अस्पताल ले जाया गया जहां सेठ चरण दास के ससुर रघुनाथ ने उनके जीवन को बचाने की पूरी कोशिश की। नियम यह था कि जो भी राज्य के अस्पताल में मर जाता उसे शहर ले जाने की अनुमति नहीं थी। उसे सीधे कब्रिस्तान ले जाया जाता था। लेकिन चूंकि परिवारों के बीच बहुत घनिष्ठ संबंध थे सर्जन ने चाचा घौस मुहम्मद को कहा कि वह कुछ ही घंटों में मर जायेंगे और वे उन्हें घर ले जाएं। इस प्रकार पिता को घर लाया गया जहां उन्होंने अपनी अंतिम सांसे लीं। इस प्रकार हम तीन छोटे-छोटे भाई, एक नन्ही बहन अनाथ हो गए और मेरी माँ एक विधवा बन गई (वही: 24-25)।'

बाकी गवाही यह बताती है कि कैसे स्थिति बद से बदतर हो गई। इसमें वह दुःखद विवरण दिया गया है कि कैसे मेरी चाची और उसके बेटे व बेटी की सिखों द्वारा हत्या कर दी गई जब वे अंबाला से पटियाला की यात्रा कर रहे थे। मुसलमानों को एहसास हो गया था कि पटियाला पाकिस्तान में शामिल नहीं किया जाएगा और उन्होंने अपने घरों पर काले झंडे फहरा कर अपना दुख व्यक्त किया। गड़बड़ी शुरू होने से पहले पश्चिमी पंजाब से बेघर हुए सिख पटियाला में आकर बस गए थे। वे मुस्लिम इलाकों का दौरा करते, जाहिर तौर पर छोटी वस्तुओं को बेचने के लिए लेकिन वास्तव में कौन किस संपत्ति का मालिक था वह इसकी जासूसी करते (वही)।

कहानी जारी रखते हुए शरीफ बताते हैं कि रमजान वाले उपवास के महीने के शुरू होने के बाद, स्थिति ने तेजी से खराब होना शुरू कर दिया। कुछ मुसलमान पटियाला रेलवे स्टेशन पर मार दिए गए। महाराजा ने पुलिस को आदेश दिया कि वह मुस्लिम घरों पर छापे मारे और सभी हथियारों को जब्त कर ले। ईद का दिन (18 अगस्त), हालांकि, शांतिपूर्ण ढंग से संपन्न हो गया। कुछ 4-5 दिन बाद पटियाला में कर्फ्यू लागू कर दिया गया। मुसलमानों ने उन स्थानों पर जाना शुरू किया जहां अन्य मुसलमान

मौजूद थे। इसके बाद सिख मुसलमानों को लालच देकर विभिन्न जालों में फंसा लेते और फिर मार डालते। अफजल के कुछ रिश्तेदार मारे गए। तब वे एक अन्य रिश्तेदार के घर चले गए। उनके वहाँ पहुँचने के एक घंटे के भीतर ही गोलियों की आवाज आने लगी। इसके परिणाम स्वरूप एक और चाची उसके पति उनके युवा बेटे और उनके छोटे बच्चों की मौत हो गई। कुछ दिनों के बाद उन्हें यह एहसास हुआ कि मुसलमानों का एक नरसंहार अपरिहार्य था।

लेख का बाकी भाग मुसलमानों के खिलाफ हुई मर्मभेदी बर्बरता के कई उदाहरण देता है। हालांकि मरने वालों की संख्या नहीं दी गई है, यह हजारों में होगी। शरीफ ने अपने कई रिश्तेदारों को खो दिया। दो डॉक्टरों जिनके नाम 'डॉ. हाकिम' और 'डॉ. करीम' हैं, उनका विशेष रूप से उल्लेख किया है। उन्होंने हजारों कारतूस इकट्ठा किए थे और हर पल हवा में गोलियों चलाते ताकि सिख-हिंदू दंगाईयों को मुसलमानों पर हमला करने से रोका जा सके। शरीफ के अनुसार, 'डॉ. हकीम ने खुद अपने ही परिवार की सभी महिलाओं को मार डाला। उसने सोचा कि सभी पुरुषों को मार डाला जाएगा और क्यों उनकी पत्नी और बेटियां सिखों के हाथों में पड़ें?' (वही: 27)

बहरहाल, हत्याएँ कुछ समय के लिए जारी रहीं और बचे हुए लोगों को बहादुरगढ़ के एक शिविर में ले जाया गया जहां वे करीब तीन महीने तक रहे। शिविर में रहने की स्थिति भयावह थी। कईयों की मृत्यु हो गई। मर गए लोगों को यहां तक कि एक उचित तरीके से दफन भी नहीं किया गया। उन्हें जमीन में खोदे गए एक बड़े गड्ढे में फेंक दिया गया। बाद में शवों को जलाया जाने लगा। कहानी और अधिक चौंकाने वाला विवरण देती है। कई सक्षम शरीर वाले पुरुषों को शिविर से ले जाकर महाराजा के खेतों पर काम करने के लिए लगा दिया गया। उनके नाना उन में से थे।

तब बलूच रेजिमेंट के पाकिस्तानी सैनिक आये और उन्हें सुरक्षित रूप से पाकिस्तान ले गए। कई लड़कियों का अपहरण और बलात्कार किया गया था; कुछ तो बरामद कर ली गईं जबकि दूसरों को कभी लौटाया नहीं गया। कई सभ्य परिवारों के लोगों को घोर गरीबी का सामना करना पड़ा और यहाँ तक कि भीख माँगनी पड़ी। पाकिस्तान निर्माण के लिए पूर्वी पंजाब के मुसलमानों को यह कीमत चुकानी पड़ी। वह जोर देते हैं कि इस तथ्य को नहीं भूलना चाहिए। अंत में उन्होंने लिखा है कि सेठ चरण दास विभाजन के बाद उन्हें पटियाला की यात्रा के लिए लिखते रहे लेकिन परिवार का कोई भी वहाँ वापस नहीं जाना चाहता था (वही: 27-33)।

पटियाला में लिए गए साक्षात्कार

पटियाला में एक लोकप्रिय कहानी यह है कि पटियाला शहर में मुस्लिम विरोधी दंगे तब शुरू हुए जब शहर में एक प्रमुख मुस्लिम डॉक्टर डॉ. हाफिज ने पहले महाराजा

को निशाना बनाने के लिए गोली मारी जिसके परिणामस्वरूप वे मुसलमानों के खिलाफ हो गए और सिख जत्थों तथा अपनी सेना को खुली छूट दे दी ताकि वे मुसलमानों का विनाश कर सकें। यह कहानी मैंने पटियाला में मिले कई लोगों से सुनी जब हम वहाँ 7 जनवरी 2005 को गए। यह बहुत अविश्वसनीय लग रहा था कि कोई मुस्लिम किसी सिख राज्य में इस तरह की एक गलती करने की हिम्मत करेगा जहां मुसलमान अल्पमत में हों और पाकिस्तान की सीमा से इतनी दूर। मैं कुछ विश्वसनीय गवाहों के पास जाकर इस बात की जांच करना चाहता था।

विक्की, नानक सिंह और मैं पटियाला में सड़कों पर चारों ओर कुछ शिक्षित और जिम्मेदार लोगों को साक्षात्कार के लिए खोजने लगे। हमारा कोई विशेष स्थानीय संपर्क या जान पहचान वाला नहीं था, तो यह एक अचानक मिलने वाली सफलता पर ही निर्भर था। हमने बेतरतीब ढंग से सड़कों पर बुजुर्ग लोगों से बात की। उनमें से कई पश्चिमी पंजाब से आए शरणार्थी थे लेकिन हमने कुछ स्थानीय लोगों से भी मुलाकात की। एक ऐसा नाम जिसका शहर में दंगे के संबंध में बार-बार उल्लेख किया जा रहा था वह था डॉ. हाफिज और उनके भाई के बारे में भी जिसका नाम कोई याद नहीं कर पा रहा था। कोई भी डॉ. करीम और डॉ. हकीम को याद नहीं कर पा रहा था। हमें बताया गया कि डॉ. हाफिज वास्तव में पटियाला के एक अग्रणी मुस्लिम थे। अमरीक चंद अहलूवालिया (जन्म 1925), जो पटियाला शहर के एक निवासी थे तथा जिनकी विभाजन से पहले के पंजाब की यादों को पहले ही अध्याय 2 में प्रस्तुत किया गया है 1947 में शहर में मौजूद थे।

अमरीक चंद अहलूवालिया

'पटियाला में गड़बड़ी आर.एस.एस. और अकाली कार्यकर्ताओं द्वारा शुरू की गई थी। इससे पहले राज्य में राजनीतिक गतिविधि के लिए कोई गुंजाइश नहीं थी। लेकिन अगस्त 1947 में हालात वास्तव में उतार-चढ़ाव भरे थे। डॉ. हाफिज एक मुस्लिम नेता थे और एक बहुत सम्मानित चिकित्सक भी। यह सच है कि जब शहर में गड़बड़ी शुरू हुई तब डॉ. हाफिज और सिख पुलिस के बीच गोलियों का आदान-प्रदान हुआ था। यह सच नहीं है कि उन्होंने महाराजा पर गोली चलाई। यह कोई और पुलिस अधिकारी था जो उसके घर हथियार जब्त करने के लिए आया था और तब गोलीबारी हुई।

'पुलिस ने यह अफवाह फैला दी कि डॉ. हाफिज ने महाराजा पर गोली चलाई थी। यही कारण है कि तबाही हुई। डॉ. हाफिज को गिरफ्तार कर मार डाला गया। सब्जी मंडी में कम से कम पचास मुसलमानों की मौत हो गई। यहाँ ठक्क बाजार में जहां हम बैठे हैं और अकाल मंडी में भी मुसलमान मारे गए थे। पटियाला उस समय 25,000 लोगों का एक शहर था। कम से कम एक हजार मुसलमानों की यहाँ जानें गईं। मैंने

यहां से करीब 10 किलोमीटर दूर गांव सुफेरा में 200-300 मुसलमानों की लाशें देखीं। कोई भी बच नहीं पाया। पटियाला में मुसलमान असहाय थे बस जैसे पश्चिमी पंजाब में हिंदू और सिख असहाय थे।

'हमारे एक पड़ोसी मोहम्मद सत्तार पाकिस्तान से 1950 में आये थे। उन्होंने अपने घर की दीवार में पाँच तोला सोना छिपा रखा था। उसे सोना मिल गया और उसके बाद वह पाकिस्तान लौट गए। कुछ मुसलमान पटियाला में ही रह गए और कभी नहीं गए।'

पंडित मोहन लाल बालो

'मैं 1923 में पटियाला में पैदा हुआ था लेकिन 1947 के शुरू में मैं लाहौर में था जहां मैंने फिल्म उद्योग में एक संगीत-निर्देशक के रूप में काम किया और एक अन्य सहयोगी के साथ मिलकर प्रसिद्ध पंजाबी फिल्म यमला जट्ट की संगीत रचना की। शमशाद बेगम और नूरजहां ने मेरे लिए गाया। मैंने उस्ताद आशिक अली खान से संगीत सीखा। मार्च 1947 में मेरी बहन की शादी होने वाली थी, तब मैं पटियाला वापस आया जहाँ मेरा परिवार रहता था और फिर नहीं लौटा। डॉ. हाफिज का शहर में एक बड़ा क्लिनिक था। उसके और पुलिस के बीच उनके क्लीनिक में हाथापाई हुई थी जिसके दौरान डॉ. हाफिज ने कुछ गोलियां चलाईं, लेकिन महाराजा को निशाना नहीं बनाया गया। पुलिस अधिकारी शाही परिवार का था। इसने एक सम्पूर्ण हमले की शुरुआत करा दी। डॉ. हाफिज को बेरहमी से मारा गया था। कुछ हिंदुओं और सिखों को भी मारा गया था लेकिन सबसे अधिक हताहतों की संख्या मुसलमानों की थी। इसके सरगना पश्चिमी पंजाब से आए सिख शरणार्थी थे विशेष रूप से जो रावलपिंडी और पेशावर से आए थे। वे बदला लेना चाहते थे और उन्होंने उस अवसर का पूरा उपयोग किया। स्थानीय लोगों ने मुसलमानों के खिलाफ उन हमलों में हिस्सा नहीं लिया।

'मेरे मित्र वली मोहम्मद, जाकिर हुसैन और हमारे कई पड़ोसियों ने हिंदू मंदिर में हमारे साथ शरण ली। मेरे पिता पुलिस विभाग से सेवानिवृत्त हुए थे और इसलिए हमारे घर पर कुछ हथियार थे। इसने हमलावरों को दूर रखा। जब स्थिति में कुछ हद तक सुधार हुआ तो मेरे पिता ने मुझे और मेरे भाई बृजलाल को बताया कि हम उन्हें बहादुरगढ़ किले में स्थापित एक शिविर तक ले जाएँ जो मुसलमानों के लिए स्थापित किया गया था। हम शिविर में हमारे मित्रों के लिए भोजन और अन्य वस्तुओं को देने जाया करते थे।'

चौधरी गुलाम रब्बानी

चौधरी गुलाम रब्बानी मुस्लिम लीग, नाभा राज्य के प्रमुख थे तथा उन्होंने कई सिख राज्यों में हुई घटनाओं की एक विस्तृत रिपोर्ट तैयार की है। पटियाला के संबंध

में वह लिखते हैं कि डॉ. हाफिज ने पटियाला के बलों के हमले का बहादुरी से सामना किया :

> 'जिन मुसलमानों ने आत्मरक्षा में आग्नेयास्त्रों का उपयोग करने की हिम्मत की उनको महाराजा के सर्वाधिक क्रोध का सामना करना पड़ा। ऐसे ही एक व्यक्ति पटियाला के डॉ. हाफिज थे जो अपने जीवन तथा अपने परिवार के सम्मान के लिए लड़े। महाराजा ने एक टैंक के साथ उसके घर को जमीन पर ढहा दिया। उसके परिवार के सभी सदस्य गिरे हुए मलबे के नीचे दब गए। डॉ. हाफिज को जिंदा पकड़ा गया, और उसे उल्टा एक पेड़ पर लटका दिया गया और जिंदा अवस्था में उसकी खाल उतार दी गई। मैंने इस त्रासदी के विवरण को सत्यापित करने के लिए काफी कोशिश की है तथा संतुष्ट हूँ कि यह पूरी तरह से सही है (1993: 223)।'

. . . डॉ. हाफिज या डॉ. हकीम?

इस संभावना को छोड़कर कि बयान देने वाला मुहम्मद अफजल शरीफ पटियाला के डॉक्टर का सही नाम भूल गया था अथवा उसने या कहानियों के संकलक हाकिम चुघतई ने जानबूझ कर 'डॉ. हकीम' और 'डॉ. करीम' के नामों का अविष्कार किया, यहाँ तक कि शायद एक काल्पनिक दूसरे भाई को भी तैयार किया, जिक्र किए गए इंसान का नाम डॉ. हाफिज ही होना चाहिए। अन्य कहानियों में केवल डॉ. हाफिज का उल्लेख किया गया है और केवल एक ही महत्वपूर्ण व्यक्ति है और वह है डॉ. हाफिज। चूंकि डॉ. हाफिज ने कथित तौर पर महिलाओं को मार डाला था, हो सकता है कि उनके परिवार में इस चरित्र का किसी भी कानूनी पेंचीदगी से डॉ. हाफिज (डॉ. हकीम) को बचाने के लिए अविष्कार किया गया हो। अहमद सलीम और मैंने बार-बार हकीम चुघतई के साथ संपर्क करने की कोशिश की और यहां तक कि मोजंग चुंगी के इलाके के अंदर कई घरों की एक पंक्ति में उनके क्लिनिक का दौरा किया लेकिन वह मौजूद नहीं थे। अहमद सलीम ने टेलीफोन पर उनसे बात की और उन्हें मेरी पाकिस्तान यात्रा के बारे में बताया था और यह भी कहा था कि मैं उनसे बात करना चाहूंगा, लेकिन दुर्भाग्य से हम उनके साथ संपर्क नहीं कर सके।

मियां नूर मुहम्मद

'हकीम चुघतई की किताब में दूसरी गवाही मियां नूर मुहम्मद वकील द्वारा प्रदान की गई है। मियां नूर मुहम्मद के अनुसार अलीगढ़ मुस्लिम विश्वविद्यालय में अपनी शिक्षा पूरी करने के बाद वह पटियाला लौटे और भटिंडा में वकालत शुरू की। वह शहर के एकमात्र मुस्लिम वकील थे। कड़ी मेहनत के सहारे उन्होंने जल्द ही एक

समृद्ध वकालत की स्थापना की। वह लिखते हैं 'न्यायिक अधिकारियों के बीच सरदार रणजीत सिंह सरकारिया विशेष रूप से सराहनीय थे। तथ्य यह है कि एक सिख होने के बावजूद वह विशेष रूप से न्यायसंगत थे और किसी भी समुदाय के खिलाफ कोई पक्षपात न करने वाले व्यक्ति थे। इसलिए लोग उनको बहुत सम्मान देते थे। इसके अलावा पटियाला के शासक महाराजा भूपिंदर सिंह ने अपनी प्रजा के खिलाफ कभी कोई भेदभाव नहीं किया। कई बार पटियाला के मुख्यमंत्री मुसलमान थे। महाराजा भूपिंदर सिंह की मृत्यु के बाद उनके बेटे शासक बन गए। उन्होंने वही नीति जारी रखी' (पृ. 34)।

मियां नूर मुहम्मद हमें बताते हैं कि जब 23 मार्च 1940 को लाहौर में पाकिस्तान के पक्ष में रेसोल्यूशन अपनाया गया था तब पटियाला राज्य में भी इसकी तरंगों को महसूस किया गया। पटियाला के मुसलमान एक मुस्लिम राज्य के विचार की तरफ आकर्षित हुए। राज्य में राजनीतिक दलों पर प्रतिबंध लगा हुआ था लेकिन माहौल का राजनीतिकरण किया जाने लगा। 1946 के चुनावों में मुस्लिम लीग एक भारी बहुमत के साथ मुसलमानों की मुख्य पार्टी बन कर उभरी लेकिन 3 मार्च 1947 पर मास्टर तारा सिंह के उत्तेजक बयानों ने पटियाला में बहुत अधिक तनाव पैदा कर दिया। वह आगे बताते हैं:

> 18 अगस्त को ईद का दिन था। सिखों ने बठिंडा में मुसलमानों का नरसंहार शुरू किया जो पटियाला राज्य का एक हिस्सा था। मुझे बताया गया कि दंगाई मेरे मकान की तरफ आ रहे हैं। मैं एक हिंदू मोहल्ले में रहता था। मुझे पता था कि मोहल्ले में केवल मैं एक मुस्लिम वकील था। हमने एक मुस्लिम मोहल्ले में शरण मांगी और एक तरह से हम एक दयालु मुस्लिम परिवार के साथ सुरक्षित थे। फिर गोलीबारी शुरू हो गई। पांच दिन के बाद हम बाहर आये। मेरी माँ मेरी नन्ही बेटी को लेकर रेलवे स्टेशन की ओर चली गई। मैं अपनी पत्नी और दो छोटे बेटों के साथ अन्य दिशा में दौड़ा। लेकिन एक चक्कर मारने के बाद हम भी रेलवे स्टेशन पर पहुंचे गए। वहाँ बहुत ज़्यादा लोग स्टेशन पर इकट्ठे हुए थे। सिख कृपाण लहरा रहे थे और पाकिस्तान विरोधी नारे लगा रहे थे। अचानक एक सिख एक भाले के साथ मेरे पीछे भागा। मैं बेतहाशा तरीके से दौड़ने लगा और शहर के बाहर खेतों में घुस गया। मैं कई दिनों तक वहाँ छिपा रहा। जब स्थिति में कुछ हद तक सुधार हुआ तब मैं रेलवे स्टेशन लौट आया। वहाँ मौत का सन्नाटा था और जमीन खून से लाल हो गई थी।
>
> अचानक मुझे मेरी पत्नी और मां याद आने लगीं और मैंने महसूस किया कि मैं अब दुनिया में अकेला बच गया था। मैं अपने आप को जोर-जोर से रोने से रोक नहीं सका। मैं चलने लगा और कुछ समय के बाद एक गांव में

पहुंचा। मैंने एक दरवाजे पर दस्तक दी। एक औरत आई और मुझे देखकर चिल्लाने लगी 'मारो मारो, एक मुस्लिम यहाँ है!' मैं फिर से भाग गया और खेतों में शरण ली और फिर कुछ दिन तक वहां रुका। अंत में मैं एक गांव डबवाली पहुंचा (वर्तमान में हरियाणा के सिरसा जिले में)। मैंने खुद को एक पुलिस थाने के सामने पाया और अंदर चला गया। एक हिंदू कांस्टेबल ने मुझ पर दया दिखाई और मुझे उचित भोजन दे दिया। मेरी कहानी सुनने के बाद उसने मुझे बताया कि स्टेशन के लिए एक नया मुस्लिम थानेदार तैनात कर दिया गया है। उन्होंने कहा कि एक मामले की जांच करने के लिए वह शहर से बाहर गया हुआ है, लेकिन मुझे उसका तब तक इंतजार करना चाहिए जब तक वह न लौटे।

'मैं इस अप्रत्याशित खबर पर आश्चर्यचकित हो गया। उनका इंतजार करने के बजाए मुझे पता चला कि वह कहाँ गए हुए हैं और मैं उनके पास गया। जब मैंने अपने आपको पेश किया तो उन्होंने अपना चेहरा घुमा लिया। अब मैं ऐसी स्थिति में क्या कर सकता था? मैं एक तरफ हट गया जहां से वह मुझे देख सकते थे। इस बार उन्होंने नाराजगी दिखाते हुए कहा, 'कार में आओ।' तब वह मुझे कार में सिरसा तक ले गए. . . फिर मुझे हिसार में मुसलमानों के एक शिविर में ले जाया गया. . . हिसार से मैंने भटिंडा के सिविल जज सरदार रणजीत सिंह सरकारिया को एक याचिका भेजी कि वह मेरी माँ, पत्नी और बच्चों को ढूंढें। थोड़ी देर बाद मुझे उनसे खबर मिली कि उनके प्रयासों से मेरी पत्नी और बच्चों को जिंदा पा लिया गया है।

24 अक्टूबर को हमारी रेलगाड़ी पाकिस्तान के लिए भटिंडा होकर हिसार से चली। सरदार रंजीत सिंह सरकारिया खुद मेरी पत्नी के साथ स्टेशन पर मौजूद थे। मेरी पत्नी को पाने की खुशी जल्द ही मातम में बदल गई जब मैंने पाया कि बच्चे उसके साथ नहीं थे। मुझे पता चला कि वे मारे जा चुके थे। इसके अलावा मेरी मां और मेरी बेटी भी नहीं मिलीं (1993: 34-6)।'

कहानी इससे आगे चलती है और हमें पता चलता है कि पाकिस्तान में अपना काम शुरू करने में किन-किन कठिनाइयों का सामना उन्हें करना पड़ा। उनकी नन्ही बेटी आखिरकार मिल गई।

पटियाला के ग्रामीण क्षेत्र

जबकि रावलपिंडी के आसपास के गांवों में दिसंबर 2004 में अहमद सलीम और मैं मौखिक इतिहास एकत्रित कर रहे थे हमें कल्लर सयीदाँ में रहने वाले चौधरी रोशन दीन के बारे में कुछ स्थानीय लोगों द्वारा सूचित किया गया। हमने 15 दिसंबर 2004

को उनसे मुलाकात की। उनकी कहानी सबसे ज़्यादा दिल तोड़ने-वाली और भयानक थी। मैंने बाद में नवंबर 2005 में उसके गांव आदमपुर और पड़ोसी गांवों का दौरा किया ताकि दूसरी तरफ से परिप्रेक्ष्य पा सकूँ। हमने अन्य दो बचे लोगों चौधरी अब्दुल शकूर और उसके चचेरे भाई बाबू खान से पूर्वी पंजाब के मलेरकोटला में मुलाकात की।

चौधरी रोशन दीन

'मैं एक अराइन परिवार में जून 1936 में पटियाला राज्य में सरहिंद शरीफ (अब जिला फतेहगढ़ साहिब में) के पास गांव आदमपुर में पैदा हुआ था। यह एक बड़ा गांव था जिसमें मुख्य रूप से सिख और कुछ हिंदू, ब्राह्मण और चमार दोनों बसे हुए थे तथा वहाँ केवल सात मुस्लिम परिवार थे। वहां तीन अराइन परिवार थे और कुछ मुस्लिम गुर्जर और तेली। मेरे परिवार के पास जमीन थी और हम खेती करते थे। हमने एक बड़े पक्के घर का निर्माण किया था जिसका एक बड़ा परिसर था। समुदायों के बीच संबंध दोस्ताना थे। वहां कभी कोई समस्या नहीं थी। हमारा अपना घर छोड़ने का कोई इरादा नहीं था। जीवन शांतिपूर्ण और शांत था जब भादों में एक दिन हजारों की संख्या में सिख इस क्षेत्र में खतरा पैदा करने लगे। वे अचानक और एक बड़ी संख्या में आए। भीड़ चिल्ला रही थी, 'पाकिस्तान बन गया है, मुसलमान यहाँ क्या कर रहे हैं?' हमारे गांव के लोगों ने हमें गाँव छोड़ने के लिए कहा। कुछ बुरे तत्वों ने हमारी छोटी संख्या का फायदा उठाया। हमारे पलायन से पहले मेरे चचेरे भाई जमाल दीन को उसके कुएं के पास नागिया डाकू के बेटे जयमल और बघीरु या घबीर सिंह द्वारा मार डाला गया। दोनों हमारे गांव से थे। उन्होंने उसकी पत्नी और बहन को अगुआ कर लिया। बाद में सरकारी संस्थाओं के समन्वय के माध्यम से उन्हें बरामद किया गया। भीड़ एक सैन्य वाहन के साथ आई थी जिसमें पटियाला राज्य की सेना के लोग थे।

'जितना तेज हो सकता था हम भागे और पास के मुस्लिम गांव माथी पहुंचे। चारों ओर से कई हजार मुसलमान वहां एकत्र हुए थे। हमारे पास कोई भी हथियार नहीं था इसलिए हम असहाय थे जब सिखों ने हमला किया। पहले उन्होंने महिलाओं और बच्चों को पुरुषों से अलग कर दिया। पुरुषों को दूर ले जाया गया और कुछ दूरी पर उन्हें मार डाला गया। मेरे पिता उन में थे। मैं और मेरा छोटा भाई जो उस समय केवल छह साल का था, अपनी माँ के साथ थे। महिलाओं के प्रति कोई दया नहीं दिखायी गई थी। सैकड़ों को अगुआ किया गया। मेरी माँ के मेरे सामने टुकड़े-टुकड़े कर दिए गए। छोटे शिशुओं को भालों द्वारा भेद कर उठा लिया गया। कम से कम एक हजार लोग मारे गए। मैं और मेरा छोटा भाई (जिसका यहाँ कल्लर सयीदाँ में कुछ साल पहले निधन हुआ) और अन्य लगभग तीस बच्चे बच गए क्योंकि हमने अपने आप को शवों के नीचे छिपा लिया था।

'वध करने के बाद एक आग जलाई गई और शवों को इसमें फेंक दिया गया। आग में शव फेंकते समय वे चिल्ला कर कहते "आपका पाकिस्तान बन कर अब पूरी तरह तैयार हो गया है। यहाँ आप अपने पाकिस्तान के पास जा रहे हैं।" तब तक देर रात हो चुकी थी और वे एक बड़े क्षेत्र में दूर तक फैले शवों को इकट्ठा किए बिना चले गए; हम चुपचाप दूर तक रेंगते रहे और किसी को पता नहीं लगा। उसके तुरंत बाद कुछ हरिजन शवों की जाँच करने के लिए आए और हमें जीवित पाया। उनके बीच से एक चौकीदार ने हमें सुरक्षा दी और हम एक इमारत की छत पर सोए थे। वहां कुछ भी खाने के लिए नहीं था। हम पास के एक सिख गांव बोरान गए। वहाँ के सिखों ने कुछ बच्चों को रखा और दूसरों को विदा कर दिया। वे शायद उन्हें अपने मवेशियों और बकरियों की देखभाल करने के लिए इस्तेमाल करना चाहता थे। फिर दो चमार सिखों को हमें सरहिंद शरीफ तक अनुरक्षण देकर ले जाने के लिए हमारे साथ भेजा गया जहां मुसलमानों के लिए एक विशाल शिविर स्थापित किया गया था। हमारे माता-पिता मर चुके थे; हमारे दादा-दादी, नाना-नानी और कई अन्य करीबी रिश्तेदार भी मारे जा चुके थे।

'हमारी बहन लुधियाना जिले के एक गांव में अपने पति के साथ रहती थी; उसकी और उसके बेटे की मौत हो गई लेकिन उसका पति बच गया क्योंकि वह उस समय लुधियाना में था। मेरा एक चाचा और उनका बेटा भी बच गया। वह किसी भी तरह हमारी मदद नहीं कर सका। उनकी बेटियों में से तीन को अगवा कर लिया गया था, लेकिन बाद में दो को बरामद कर लिया गया। उनमें से एक फैसलाबाद में रहती है।

'बहरहाल हमें शिविर में दलिया की एक प्लेट हर दिन प्रदान की जाती थी। शिविर में स्थिति दयनीय थी। उस वर्ष हर समय बारिश हो रही थी। शिविर बहुत गंदा था और हमेशा एक बदबू आती रहती थी। बहुत सारे बच्चे मर गए। हम दोनों ने अपनी बहन के गांव जाने का प्रयास करने का निर्णय लिया (यह नहीं जानते हुए कि वह मारी जा चुकी थी) लेकिन ऐसा करने का साहस नहीं कर सका। डेढ़ महीने के बाद हमारा एक रिश्तेदार जिसे हम तायाजी कहा करते थे लेकिन जिनके साथ सटीक रिश्ता मैं नहीं जानता था ने हमें बताया कि शांति बहाल कर दी गई है और अगर हम अपनी बहन के पास जाने की कामना रखते हैं तो अब समय आ गया है।

'हम दोनों ने चलना शुरू कर दिया। हम एक आदमी से मिले जो एक क्षेत्र में घास काट रहा था। उसे हम पर दया आ गई और उसने हमें दो आने दिए। मेरा मानना है कि वह एक हिंदू था। जब हम जा रहे थे तब हमने अपनी दिशा में घोड़ों पर सवारी कर आते हुए सिखों को देखा। वे एक मुसलमान का पीछा कर रहे थे जो शायद शिविर से दूर भटक गया था। किसी भी तरह हम कुमंदगढ़ पहुंच गए। पहले हमने एक युवा सिख दंपति से मुलाकात की। विशेष रूप से महिला ने हमारे साथ

बहुत सहानुभूति दिखायी। उसने हमें खाना और सोने के लिए एक चद्दर दी। वह चाहती थी कि हम गांव में रहें लेकिन हमने चलना जारी रखने का फैसला लिया। हमने अपने आप को खेतों में छिपा लिया और बाद में उस सड़क पर पहुंच गए जो पटियाला को लुधियाना से जोड़ती है। एक कुम्हार अपने गधे को चरा रहा था। वह भी एक हिंदू था। उसे भी हम पर दया आ गई और उसने हमें चार आने दिए। हमने चलना जारी रखा और गोबिंदगढ़ पहुंच गए। वहाँ हमने एक तांगे वाले से पूछा कि मलौड पहुँचने का वह हमसे क्या किराया लेगा। उसने हमें सिर्फ बैठने के लिए कहा और बताया कि वह हमारी मदद करेगा। वह एक गुरुद्वारे तक हमें ले आया और कहा "यहाँ तुम्हें मदद मिल सकती है। अन्य मुस्लिम बच्चे भी यहाँ हैं"। लेकिन हम चुपचाप दूर चले गए और मलौड की ओर चलना जारी रखा।

'जब अंधेरा हो गया तब हम अपने रास्ते से भटक गए और गोबिंदगढ़ की ओर वापस आ गए। वहाँ हम दो सिखों द्वारा पकड़े गए थे। दोनों नशे में थे। एक हमें मारना चाहता था। लेकिन दूसरा हमें जाने देने के लिए कह रहा था। इसके चलते एक विवाद खड़ा हो गया। इसने हमें भागने का मौका दे दिया। हमने देखा कि बैलगाड़ियां जा रही हैं। हमने उन पर चढ़ने की कोशिश की लेकिन नहीं चढ़ सके। फिर हमें पथ पर एक लकड़ी का तख्त पड़ा हुआ मिला। वहाँ हम इस पर सिर रखकर सो गए। अगले दिन हमने फिर से चलना शुरू कर दिया। एक हिंदू हमें मिला और उसने पूछा कि हम कौन हैं। हमने उसे बताया कि हम मुसलमान हैं। मैं अपनी पहचान छिपाना नहीं चाहता था। उसने कहा, "ठीक है, मैं तुम्हें एक बनिये तक ले जा सकता हूँ। तुम उनके मवेशियों और बकरियों का ख्याल रखना।" लेकिन मैंने कहा कि हम अपने रिश्तेदारों के पास जाना चाहते हैं। हमने चलना जारी रखा और खन्ना शहर पहुँच गए। हम मुख्य सड़क से हट कर पास की सड़क से होकर जा रहे थे। कच्छा पहने हुए एक सिख ने अपनी कृपाण लहराते हमें बुलाया: "यहाँ आओ तुम दोनों!" हमने कहा कि हम मुसलमान हैं और रोजा सरहिंद शरीफ से आए हैं। हमारे परिवार को मार डाला गया है। उसने एक आदमी को बुलाया और कहा कि "इन लड़कों को लेकर अपने घर चले जाओ और सरदारनी (उनकी पत्नी) से कहो कि वह इनका ख्याल रखे और इन्हें खाने को कुछ दे।" सरदारनी ने हमें नीचे बैठने के लिए कहा और हमें रोटी पर खीर दी। एक आदमी आया और कहा कि वह हमें मारना चाहता है। उन्होंने उसे एक कमरे में बंद कर दिया और कहा कि उसने परिवार के कुछ सदस्यों को खो दिया है और वह पागल हो गया है।

'हमने छोटा खन्ना (अब खन्ना खुर्द कहा जाता है) जाने का रास्ता पूछा। उन्होंने हमें रास्ता दिखाया और हमने चलना जारी रखा। जब हम छोटा खन्ना पहुँचे तब हमने एक लड़की से रेओना जाने का रास्ता पूछा जो पशु चरा रही थी (संभवत: रेओना उचा; वहाँ दूसरी दिशा में अन्य रेओना गांव भी हैं), जहां मेरे चचेरे भाई रहते थे। उसने

हमें रास्ता दिखाया। यह कुछ दूरी पर था और सड़क गर्म और धूल भरी थी। मेरे भाई को प्यास लग गई। हम एक कुएं के पास गए लेकिन पानी पाने के लिए बाल्टी नहीं खींच सके। फिर एक युवा सिख लड़का आया और उसने हमें पानी निकालने में मदद की। हमने अपनी प्यास बुझाई। कुछ लड़के ताश खेल रहे थे। उनसे हमने दिशा पूछी और उन्होंने हमें जाने की राह बताई।

'फिर एक आदमी हमारे पास दौड़ता हुआ और कहा,"मैं एक मुसलमान हूँ। मुझसे डरो मत। मैंने एक कड़ा पहन रखा है और मैंने सिख धर्म अपना लिया है लेकिन मैं तुम्हारी मदद करूंगा। आप आज शाम मेरे साथ रहो।" हम उसके परिवार के साथ रहने लगे। हमने अपने कपड़े बदल लिए। हमने स्नान किया। कई अन्य लोग इकट्ठा हुए। अचानक एक खबरी आया और उसने बताया कि दो सिख महिलाएँ लोहार के घर में हैं। वे हमें आगे ले जाने में मदद करेंगी। हम उनके साथ चले गए और एक अन्य गांव में रुके। हम वहाँ तीन रात रुके थे। तब चौथे दिन उन दो सिख महिलाओं का भाई उसके साथ एक तलवार लेकर आया और हमें उसके साथ जाने को कहा। हमें एक नहर पर पुल पार करना था। वहां एक सिख जत्था मौजूद था जिसने हमारा सामना किया। उन्होंने कहा, "सरदार जी आप इन लड़कों को कहाँ ले जा रहे हैं? हम इन्हें खत्म करेंगे।" उसने अपनी तलवार निकाली और कहा, 'पहले मुझे मार डालो।' तब उन्होंने हमें जाने दिया। अंत में हम लुधियाना जिले में मलेरकोटला राज्य के पास मलौड गाँव पहुँचे।

'वहाँ हमें पता चला कि सिख सैनिक आस-पास ही थे। उस सिख ने फिर हमारे सिर पर पगड़ी बांध दी। उनकी बहनें धीरे-धीरे पीछे आ रही थीं। तब वे हमें अपने गांव चाननवाल ले गए। यह मलेरकोटला की सीमा पर है। हम उन लोगों के साथ बीस दिन रुके थे। उन्हें पता चला कि हमारी माँ की ओर से सारे रिश्तेदार हमारे नाना-नानी सहित मार डाले गए हैं। हमने उनके घर में सूखे खून की मोती परतों वाली कुल्हाड़ियाँ और भाले देखे। हमने महसूस किया कि उन्होंने हमलों में भाग लिया था और मुसलमानों को मार डाला था। लेकिन भगवान उस सिख औरत का भला करे जिसने हमारे लिए खाना पकाया और उन बीस दिनों में हमारा बहुत अच्छा ख्याल रखा। वह सही मायने में भगवान से डरने वाली औरत थी। मैं दुआ करता हूँ कि उन्हें जन्नत में जगह मिले।

'वह हमारे लिए अलसी और सब्जियों को पकाने के लिए तैयार थी क्योंकि हम अपने लिए बना खाना खाने के लिए तैयार नहीं थे। एक दिन एक चमार उनके घर आया और बताया कि मलेरकोटला में एक पड़ोसी गांव रोहेरा से एक आदमी मुसलमानों को बस से पाकिस्तान को भेज रहा है। अगर वह चाहती, तो उस बस द्वारा वह हमें भेज सकती थी। तब उसने इस आश्वासन पर सहमति व्यक्त की कि हमारा कोई नुकसान नहीं होगा। वह हमें एक नंबरदार के पास ले गया जो एक अराइन था।

उसकी माँ और बहन ने हमारा अच्छा ख्याल रखा। उनकी पत्नी ने कहा कि उसका कोई भाई नहीं है, लेकिन भगवान ने उसे दो भाइयों को भेजा है। नंबरदार भी चाहता था कि हम वहाँ रहें क्योंकि उसका कोई पुत्र नहीं था, जबकि उसकी 25 बीघे की कृषि भूमि थी। मैंने मना कर दिया।

'एक नाई मलेरकोटला आया था और उसने लोगों को बताया कि दो लड़के सरहिंद शरीफ, पटियाला से आए हैं और उनके नाम हैं रोशन दीन और ताज दीन। मेरी खाला (मौसी) जिसकी मलेरकोटला में शादी हुई थी उसने हमारे नाम सुने और कहा कि हम उसके भांजे हैं। हमारी मौसी और मौसेरे भाई ने हमें पहचान लिया। लेकिन उसके बाद कुछ ही दिनों में उसका पति हमें खाना खिलाने में परेशान होने लगा। उन्होंने कहा कि लोगों को ले जाने के लिए एक रेलगाड़ी आ रही है। उन्होंने हमें रेलगाड़ी में चढ़ा दिया। हजारों लोग मलेरकोटला शिविरों में थे। हर कोई रेलगाड़ी पर नहीं चढ़ सका। तो, कई को पूरे रास्ते पैदल चलना पड़ा। रेलगाड़ी तीन बार आई और वापस चली गई। हम रेलगाड़ी के तीसरे फेरे में इस पर चढ़ने में सफल हुए।

'जब हम सीमा पर पहुंचे तब पाकिस्तान की तरफ कसूर जाने वाले रेलवे ट्रैक को नाकाम कर दिया गया था। सशस्त्र सिखों के ट्रक विपरीत दिशा में सतलुज नदी के तट पर इंतजार कर रहे थे। रेलगाड़ी के साथ जा रहे गोरखा सैनिकों ने एक वायरलेस संदेश पाकिस्तान भेजा। पाकिस्तान ने उपलब्ध सभी सैनिकों और ट्रकों को भेजा, जिसे भेजा जा सकता था। वे हमें ले आए। पुरुष पैदल चले, जबकि बुजुर्ग, महिलाओं और बच्चों को बसों पर चढ़ा दिया गया और फिर हम सीमा पार कर पाकिस्तान पहुँच गए।

'हम तीन दिन शिविर में रुके। फिर हमें रावलपिंडी के करीब हसन अब्दल के शिविर में ले जाया गया। फिर एक स्कूल मास्टर शिविर आए और मेरी देखभाल करने का वादा किया जबकि एक अन्य आदमी घफूर ने मेरे भाई का जिम्मा लेने का फैसला लिया। मैं एक तहसीलदार हाजी सफदर अली के साथ रावलपिंडी में नियुक्त किया गया। एक क्लर्क फजल अहमद जो खुद एक शरणार्थी था उसने आदमपुर में पीछे छूट गई हमारी संपत्ति पर दावा करने में हमारी मदद की। मैंने उनसे अपने गांव के नंबरदार को एक पत्र लिखने का अनुरोध किया ताकि यह पुष्टि की जा सके कि हमारी उस गांव में जमीन थी। इसके अतिरिक्त उसने मेरे लिए एक फार्म भरा ताकि पूर्वी पंजाब में छोड़ दी गई संपत्ति के एवज में मैं निष्क्रांत संपत्ति का दावा पेश कर सकूँ। हाजी साहिब ने मेरी ओर से आवेदन पर हस्ताक्षर किए क्योंकि मैं नाबालिग था। कुछ हफ्ते बाद आदमपुर के नंबरदार द्वारा हमारे दावे की पुष्टि के साथ एक विधिवत हस्ताक्षर किया गया पत्र भी पहुंच गया। फिर भी हालात ठीक नहीं थे और कई बार हमें भूखा सोना पड़ा। हमारे रिश्तेदारों ने भी किसी तरह से हमारी मदद नहीं की। अंत में हमें फिर यहाँ जमीन मिल गई। 1955 के बाद मैं कल्लर सईदाँ में बस गया। कभी-कभी

मैं सभी सिखों को मार डालना चाहता हूँ। उन्होंने मेरे परिवार के खिलाफ बहुत ज़्यादा अत्याचार किया। लगभग मेरे सभी करीबी रिश्तेदार मारे गए। बेशक उनमें कुछ भगवान से डरने वाले अच्छे लोग थे लेकिन फिर भी सिखों ने हमारे विरुद्ध जो किया उसके लिए मैं उन्हें कभी माफ नहीं कर सकता।

'अब हमारे लिए हालात अच्छे हैं। मैं स्थानीय पाकिस्तान पीपुल्स पार्टी का अध्यक्ष रहा हूँ। मैंने कभी कुछ भी गलत या अवैध नहीं किया। अब मैं खुद दो या तीन बाजारों का मालिक हूँ। मेरे बच्चे खुशहाल हैं। हमारे यहाँ पाँच विला है। इस क्षेत्र में हमारी बिरादरी के लोग बहुत कम हैं। इससे मुझे बहुत चिंता होती है। हम चाहते हैं कि अराइन बिरादरी के भीतर हमारे बच्चों की शादी हो लेकिन इस क्षेत्र में उपयुक्त रिश्ते मिलना मुश्किल है। मुझे अभी भी भुट्टो साहिब से प्यार है। मैं जेल गया हूँ। जिया उल हक ने मुझे जेल में डाल दिया था। हम दो सौ को जेल में डाल दिया गया था और उच्च न्यायालय ने हमें रिहा कर दिया। यह 1986 में किया गया था। पुलिस रात के बीच में आई और हमें गिरफ्तार कर लिया। हमारे पी.पी.पी. सांसद, ए. कय्यूम बट्ट बहुत सहायक थे और उन्होंने हमेशा मेरी मदद की। भुट्टो की हत्या एक बड़ा अपराध था।'

आदमपुर में दर्ज किए गए साक्षात्कार

हितेश गोसाईं, वीरेंद्र सिंह, मैं तथा उनके स्थानीय संपर्क के साथ जो एक सिख सज्जन थे और जिन्होंने गर्व से एक ब्लेजर पहनी हुई थी जो यह दिखा रही थी कि कबड्डी के खेल में अंतर्राष्ट्रीय मैचों में उन्होंने भारत का प्रतिनिधित्व किया था, सुबह करीब 11 बजे आदमपुर पहुंचे। यहाँ पश्चिम पंजाब के सियालकोट से आए शरणार्थी बसे हुए थे लेकिन कुछ स्थानीय अभी भी चारों ओर थे। हमने उन्हें मुख्य सड़क से गांव के प्रवेश पर बैठे हुए पाया। वे शुरू में बात करने के लिए अनिच्छुक थे लेकिन बाद में जब हमने उन्हें आश्वासन दिया कि हम पुलिस से नहीं हैं और 1947 की घटनाओं पर शोध कर रहे हैं तो वे साक्षात्कार के लिए सहमत हुए।

बस्ता सिंह और नौगुरदयाल सिंह

दो बुजुर्ग व्यक्तियों ने हमें साक्षात्कार दिया। वे थे बस्ता सिंह (75) और नौगुरदयाल सिंह (80 से ऊपर)। हमें पता चला कि वे सिद्धू जट्ट थे। दोनों ने चर्चा में योगदान दिया और इसलिए दर्ज किया गया साक्षात्कार दोनों के विचारों को बताता है। उनका बयान निम्नलिखित है :

'आदमपुर में मुख्य रूप से सिख बसे हुए थे। वहाँ कुछ ब्राह्मण, अनुसूचित जाति के हिंदू और कुल सात से आठ मुस्लिम परिवार भी थे। तीन घरों में अराइन, एक या दो गुर्जर परिवार तथा कुछ तेली थे। अराइन गोबिंदगढ़ के पास सलियानी गांव से

आदमपुर आए थे। उन्होंने यहाँ भूमि खरीदी और वे कई कमरों और मोटी दीवार वाले एक बड़े घर में रहते थे। गड़बड़ी शुरू होने से पहले हम सभी शांति से रहते थे और गांव के उत्सवों में भाग लिया करते थे। पूरे गांव के लिए एक आम कुआं था जिससे लोग पानी निकालते मगर मुसलमान इसका एक अलग तरीके से उपयोग किया करते थे। अराइनों में से एक जमाल दीन था। उनके पिता का नाम अल्लाह बख्श था। अल्लाह बख्श के दो भाई थे, बरकत और सोंधी। सोंधी की कोई संतान नहीं थी। तब बरकत ने सोंधी की पत्नी से शादी की और उनके बच्चे पैदा हुए थे।

'भादों के दौरान यहाँ गड़बड़ी शुरू हुई। साथ ही साथ मुसलमानों ने गाँव छोड़ा और एक मुस्लिम बहुल गांव माथी की दिशा में जाने लगे। हमलावरों में ब्रिटिश भारतीय सेना से सेवानिवृत्त हो चुके सिख सैनिक और पश्चिमी पंजाब से आए शरणार्थी सिख थे। उन्होंने कहा कि वे पश्चिमी पंजाब में सिखों के साथ हुई ज़्यादतियों का बदला लेना चाहते हैं। गांव से कुछ बुरे तत्वों ने भी हमले में भाग लिया। उनमें नगीया का बेटा जयमल था जो एक जाना पहचाना अपराधी था तथा पुलिस रिकॉर्ड में एक "दस नम्बरी" के रूप में दर्ज था (पुलिस की स्थानीय अपराधियों की सूची में)। दोनों पिता और पुत्र अब मर चुके हैं। अपराधी लंबे समय तक जिंदा नहीं रहतें। दो मुस्लिम माघी और उनके बेटे चंबा जो तेली थे यहां गाँव में मारे गए। हमने सुना है कि जमाल दीन अराइन भी मारा गया था, लेकिन इस गाँव में नहीं।

'निचली जातियों के कुछ मुसलमानों ने सिख धर्म को गले लगा लिया और यहीं रह गए। उनमें से एक यहाँ रहता था लेकिन कुछ साल पहले उसका निधन हो गया। गांवों में विशेष रूप से माथी में एक नरसंहार हुआ। कई मुस्लिम महिलाएँ कुओं में कूद गईं और पुरुषों तथा बच्चों को उनमें धकेल दिया गया।

'हमने मुसलमानों को सुरक्षा नहीं दी क्योंकि हमलावर हमें सजा देते या पुलिस हमें किसी मामले में फंसा देती। मगर हमने किसी को मारा नहीं और न ही उनका सामान लिया। उस साल रोज बारिश हो रही थी। यह साल का आठवां महीना था।'

फिर हम गाड़ी में माथी गए जो आदमपुर के करीब था। वहाँ के नंबरदार ने हमें बताया कि वह विभाजन के बाद पैदा हुआ, इसलिए वहाँ क्या हुआ उसके बारे में उसे ज़्यादा नहीं पता। लेकिन उसने निश्चित रूप से यह सुना था कि माथी के थोड़ा बाहर मुसलमानों को एक बड़ी संख्या में बलि चढ़ाया गया था लेकिन वे अपराध बाहरी लोगों द्वारा किए गए थे। वह साक्षात्कार को रिकॉर्ड करने के लिए तैयार नहीं हुआ। उसने हमें बताया कि गांव में कोई भी हमारी मदद नहीं कर सकेगा क्योंकि ज़्यादातर लोग पाकिस्तान से आए शरणार्थी हैं। पर कुछ लोगों के साथ बात करने के हमारे आग्रह पर उसने हमें गांव बोरान जाने के लिए जो केवल एक किलोमीटर की दूरी पर था और तेजा सिंह से मिलने के लिए कहा जो सब जानते थे कि माथी में क्या हुआ था।

तेजा सिंह

हमने तेजा सिंह (76) को उनके घर के बाहर चारपाई पर बैठा हुआ पाया। वे एक लंबे, प्रभावशाली सिख थे। उन्होंने हमें बताया :

'माथी एक मुस्लिम बहुल गांव था। यह बाहर से आए अपराधी थे जिन्होंने 1947 में यह छापा मारा। हम अपने मुसलमानों के साथ भाइयों की तरह बर्ताव करते थे। यहाँ जट्ट मुसलमान भी थे जिनमें एक इलाही बख्श था। कई मुस्लिम कुम्हार भी थे जो माथी में रहते थे। माथी बोरान से भी बड़ा था। हमला दिन के दौरान हुआ। उस दिन बारिश हो रही थी। मैं बाहर पशु चरा रहा था। कुल 800–1000 मुसलमानों की मौत हुई। मैं माथी में यह पता करने के लिए आया था कि जट्टों पर क्या बीती। उनमें से कोई नहीं बच पाया था। केवल उनका एक छोटा सा लड़का जीवित था। उसका नाम जामु था जो चानन का बेटा था। मैंने जामु को अपनी सुरक्षा के तहत ले लिया और वह 4–5 साल मेरे साथ रहा। तब उसका मामा पाकिस्तान से आया। उसने कहा कि उसके परिवार के सभी लोग मर गए हैं। अगर लड़का पाकिस्तान जाता है तो वे उस जमीन पर दावा कर सकते हैं जो उसके पिता के नाम थी। मैने उसे पुलिस थाने में छोड़ दिया और उसे पाकिस्तान से मुझे खत लिखने के लिए कहा लेकिन कभी कोई खत नहीं आया।

'एक मुस्लिम कुम्हार औरत भी माथी में रह गई। माथी का नंबरदार गज्जा सिंह था। उसके पहली पत्नी से बच्चे नहीं हुए। उसकी पत्नी ने उसे उस मुस्लिम महिला को दूसरी पत्नी के रूप में अपनाने के लिए सहमति दे दी। कुम्हारनी का नाम बचनी था। वह वास्तव में कुम्हारों की एक पुत्र-वधू थी। उसके पति और उसके ससुराल के सभी नरसंहार में मारे गए थे। लेकिन पुलिस को इसका पता लग गया और वे उसे जालंधर ले गए लेकिन गज्जा सिंह भी वहां चला गया और अधिकारियों को घूस के रूप में काफी पैसे खर्च किए और उसे वापस ले आया। वह भी उसके साथ रहने के लिए तैयार थी। उनके तीन बेटे और दो बेटियां थी। गज्जा सिंह और बचनी अब मर चुके हैं। उनका पुत्र बलदेव अब माथी का नंबरदार है (हम जिस आदमी से पहले मिले थे, लेकिन जो हमें साक्षात्कार देने के लिए तैयार नहीं था)।

'सटे गांवों से मुसलमान जब माथी में इकट्ठा होने लगे तब सिख जट्ट भाग गए और बोरान आ गए। जिस आदमी ने माथी पर हमले की योजना बनाई वह बोरान का एक बुरा इंसान बंता सिंह था। उसके दधेरी में रिश्तेदार थे। वह गोबिंदगढ़ के निकट गांव दधेरी से जत्थेदार बाबा को लाया जिसने आक्रमण का नेतृत्व किया। उसके साथ आसपास के गांवों के अपराधी थे।

'हमला शातिर तरीके से किया गया। मुस्लिम पुरुषों को इस बहाने से जबरदस्ती बाहर लाया गया कि उन्हें बपतिस्मा के तहत सिख बनाया जाएगा। फिर विश्वासघात

कर खेतों में उनकी हत्या कर दी गई। बुजुर्ग महिलाओं को मार डाला गया। युवतियों के साथ बलात्कार किया गया या दूर ले जाया गया। उनमें से कुछ कुओं में कूद गईं तथा और दूसरों को उसमें फेंक दिया गया। यहां तक कि बच्चों और बूढ़े लोगों को काट कर टुकड़े कर दिए गए और उन्हें कुओं में फेंक दिया गया।

'यह सब तब शुरू हुआ जब सरहिंद में एक गाड़ी आई जो उन सिख महिलाओं से भरी थी जिनके स्तन काट दिए गए थे और उनके शरीरों को भालों तथा अन्य तीखे औजारों से भेद दिया गया था। पटियाला के महाराजा ने फैसला किया कि अगर मुस्लिमों द्वारा ननकाना साहिब पर हमला किया तो वह सरहिंद के शिविर पर हमला करने का आदेश देंगे। चूंकि ऐसा नहीं हुआ, इसलिए सरहिंद के शिविर पर हमला नहीं किया गया। कई महामारी, पोषण के अभाव और रहने के गंदे हालातों की वजह से मर गए।

'हमलों की मुख्य वजह लूटना था। इमाम दीन और निजाम दीन खुशहाल तेली थे जो बिना ब्याज उधार देकर लोगों की मदद किया करते थे। वे जरूरत के समय सभी समुदायों के लोगों की मदद करते थे। जब हमला हुआ तो किसी को नहीं बख्शा गया।'

तेजा सिंह के पुत्र गुरदीप सिंह (48) ने बातचीत के दौरान अपने पिता की मदद की क्योंकि तेजा सिंह एक बहुत धीमी आवाज में बात कर रहे थे। गुरदीप सिंह ने हमें बताया कि नंबरदार गज्जा सिंह कहा करते थे कि यहाँ के मुसलमान बहुत पवित्र और अच्छे लोग थे।

मलेरकोटला एक अपवाद

मैं जानता था कि मलेरकोटला नामक एक छोटी रियासत एक मुस्लिम नवाब द्वारा शासित थी जो 1947 में इसके इलाके में प्रवेश करने वाले किसी भी मुसलमान के लिए एक सुरक्षित ठिकाना था। 1941 की जनगणना के अनुसार इसकी कुल आबादी 88,109 थी। तीनों समुदायों की लगभग समान संख्या थी। हिंदू 23,479 थे या जनसंख्या का लगभग 27 प्रतिशत और ऊंची तथा अनुसूचित जातियों के हिन्दुओं की संख्या भी लगभग बराबर थी। मुसलमानों का सबसे बड़ा समुदाय था तथा उनकी संख्या 33,881 या 38.4 फीसदी थी; सिख कुल 30,320 या जनसंख्या का 34.4 प्रतिशत थे। जैसा पहले ही गौर किया गया है, सिखों ने मलेरकोटला में प्रवेश करने वाले मुसलमानों का पीछा नहीं किया। वे गुरु गोबिंद सिंह की उस मुस्लिम नवाब के बारे में सकारात्मक टिप्पणी का सम्मान करते थे; जिसने मुगलों के दबाव में अपने घुटने नहीं टेके जो सिख गुरु के पुत्रों की गिरफ्तारी करवाना चाहते थे। यह भी माना जाता था कि उन्होंने कहा था कि आगे से मलेरकोटला के मुसलमानों का कोई नुकसान नहीं पहुंचाया जाएगा।

इयान कूपलैंड हालांकि, इस तथ्य पर जोर देते हैं कि रियासत के मुसलमान सशस्त्र थे और उस कारण हमलों को दूर रखने में एक महत्वपूर्ण भूमिका निभाई। हमें पता

लगा कि तख्त हजारा के एक सिख ने पटियाला के महाराजा को मनाने की कोशिश की कि वह मलेरकोटला के अंदर मुसलमानों का जत्थों द्वारा पीछा करने की अनुमति दें लेकिन वह इस बात से सहमत नहीं थे। बहरहाल, जबकि मलेरकोटला के चारों ओर हजारों की संख्या में मुसलमान मारे जा रहे थे इसके अंदर रहे लोगों का कोई नुकसान नहीं हुआ और इन सुरक्षित लोगों में शरणार्थी भी शामिल थे।

मैं मलेरकोटला का दौरा करने और यह पता लगाने कि मलेरकोटला में क्या हुआ, बहुत उत्सुक था। स्टॉकहोम के मेरे एक दोस्त रिजवान दर से मुझे काफी मदद मिली ताकि मलेरकोटला की मेरी यात्रा की व्यवस्था की जा सके। उनकी चचेरी बहन मलेरकोटला के डॉ. निजाम दीन से ब्याही है। 6 जनवरी 2005 को डॉ. निजाम दीन ने अपने आवास पर बड़ी गर्मजोशी के साथ हमारा स्वागत किया।

डॉ. निजाम दीन

'मलेरकोटला में क्या हुआ उसके बारे में मैं आपको बता सकता हूँ। मलेरकोटला खून खराबे से बच गया क्योंकि नवाब साहिब ने तटस्थता बनाए रखी। उनके एक चचेरे भाई लाहौर में मुस्लिम लीग के एक नेता थे और शाही परिवार पर पाकिस्तान की मांग का समर्थन करने पर दबाव डालते थे। मगर इसका कुलीन लोगों ने विरोध किया। नवाब मलेरकोटला के सिख प्रधानों के साथ अच्छे संबंध थे तथा मलेरकोटला के हिंदू और सिख उनके वफादार बने रहे। वहां कुछ मुस्लिम लीग के समर्थक थे लेकिन सांप्रदायिक शांति बनी रही।

'यह सच है कि सिखों के हमले का मुकाबला करने के लिए कुछ तैयारी की गई थी। राज्य पुलिस और सेना के पास छोटे मोटे हथियार थे और प्रतिरोध किया जा सकता था लेकिन वे मलेरकोटला में प्रवेश करने से हथियारों से लैस सिखों के एक बड़े दल को रोक नहीं सकते थे। हालांकि मेरी समझ है कि नवाब साहिब को पटियाला के महाराजा के द्वारा एक मजबूत आश्वासन दिया गया था कि मलेरकोटला को बख्शा जाएगा। मुझे यह भी पता चला है कि ब्रिटिश लोगों के साथ भी संपर्क किया गया था और मलेरकोटला पर एक संभावित हमले के बारे में जानकारी दी गई थी। इसलिए उच्चतम स्तर पर सबको सूचित किया गया था। अगर सिख मलेरकोटला पर हमला करते तो यह एक बड़ी खबर बन जाती। जत्थे ऐसा नहीं करना चाहते थे। वे चाहते थे कि उनके कार्य पर अत्यंत गोपनीयता रखी जाए। बरस नामक एक गाँव में 300-400 मुस्लिम महिलाओं और लड़कियों ने सिखों द्वारा छेड़छाड़ से खुद को बचाने के लिए कुओं में छलांग लगा दी।

'मलेरकोटला ने लाखों मुसलमानों को पनाह दी जो यहाँ एक सुरक्षित ठिकाना खोज रहे थे। हजारों की सिर्फ मलेरकोटला के बाहर मृत्यु हो गई। शायद सिखों ने

मलेरकोटला को इसलिए बख्शा क्योंकि उनके लिए इस जगह के मुसलमानों को नुकसान नहीं पहुँचाने का गुरु गोबिंद सिंह से निर्देश प्राप्त हुआ था। अधिकांश सिख गुरु गोबिंद सिंह का सम्मान करते हैं और उनकी वाणी काफी मायने रखती है।'

मलेरकोटला में शरणार्थी

डॉ. निजाम दीन ने हमें दो चचेरे भाईयों का साक्षात्कार लेने में मदद की जो काकरा गांव से भाग निकले और फिर मलेरकोटला में बस गए।

चौधरी अब्दुल शकूर

'मैं काकरा, भवानीगढ़, पटियाला (अब संगरूर जिले में) के एक मुस्लिम कंबोह परिवार में पैदा हुआ। यह लगभग 1,200–1,300 परिवारों का तथा ज़्यादातर मुसलमानों का बड़ा गांव था। दूसरा समूह हिंदुओं का था जिसमें ज़्यादातर खत्री और कुम्हार थे। मुख्य मुस्लिम बिरादरियाँ रंघर राजपूत, कंबोह, गुर्जर, तेली, धोबी थीं और कुछ 25–30 फकीर थे। हमारे गांव में कोई सिख नहीं था। वहाँ पाँच मस्जिदें और एक हिंदू मंदिर था। रंघर राजपूतों को खान साहब के रूप में जाना जाता था और वे गांव के नेता थे।

'यह भादों का तीसरा दिन था – लेखक के अनुसार : 3 सितंबर 1947 – जब अचानक गांव को हजारों सिखों ने घेर लिया। उस दिन बारिश हो रही थी। सोहर की नमाज समाप्त हो गई थी और दोपहर के बस दो बजे थे जब मेरा चचेरा भाई, जो खाना लेकर कुएं की तरफ जा रहा था चीखते हुए वापस आया, "देखो, बहुत से लोग टोडा की दिशा से हमारे गांव की ओर आ रहे हैं।" तब, मेरे चाचा ने सब कुछ छोड़ा और अपने ऊंट पर बैठ गए और अपने पीछे बेटे को बैठा लिया। किसी ने उनको गोली मार दी जो उन्हें पैर पर लगी। वह घर आने में कामयाब रहे। हमला शुरू कर दिया गया। बहुत से मुसलमान शायद 250–300 मारे गए लेकिन कुछ हमलावर भी मारे गए। लोगों ने गांव छोड़ना शुरू कर दिया।

'रात में हम दस के आसपास चले गए। जब हम छिंताँवाला पहुंचे तब बारिश हो रही थी। बहुत से गांवों के लोग हमारे साथ शामिल हो गए। छिंताँवाला पर एक और हमला हुआ जिसमें छह या सात लोगों की मौत हुई। हमने वह गांव भादों की 6 तारीख को छोड़ा (6 सितंबर)। इस बार भी हमने रात में अपनी यात्रा शुरू कर दी, इस उम्मीद के साथ कि लोगों को पता न लगे। हमने नाभा राज्य में तुंगा नामक एक क्षेत्र में प्रवेश किया। यहाँ छोटी पहाड़ियां हैं। हम वहाँ कुछ दिन तक रुके लेकिन फिर हमने मलेरकोटला की ओर यात्रा जारी रखी। हमने एक नहर पार की और खुद को एक ऐसी जगह पाया जो पूरी तरह से बंजर थी। लवणता और जल-जमाव ने सभी वनस्पति को नष्ट कर दिया था। इस प्रकार एक विशाल खाली समतल भूमि बिना किसी सुरक्षा

वाले मुसलमानों से भर गई। फिर असली नरसंहार शुरू हुआ, जिसमें हजारों लोग मारे गए। वहां पूरी अव्यवस्था थी। कोई नहीं जानता था कि क्या हो रहा था। मेरे पिता, मेरे सभी चाचे ताए, सिर्फ एक को छोड़कर, मेरे चार भाई और चार चचेरे भाई – सभी बेरहमी से मारे गए। मेरे परिवार के कुल 45 सदस्य अपनी जान गंवा बैठे। मैं, मेरा एक भाई और हमारी माँ बच गई।

'मैं जख्मी हो गया (उन्होंने अपनी छाती का एक गहरा जख्म दिखाया)। हम गन्ने के एक खेत में घुस गए। उसके बाद हमने नहर का पुल पार किया। हमने दो बहनों को मृत पड़ा देखा। हाल ही में ईद का जश्न मनाया गया था। वे सुंदर कपड़े पहने हुए थीं और उनके जूते एक समान थे। एक का चार महीने का एक लड़का था और एक अन्य की दो महीने की लड़की। दोनों शिशु जीवित थे। मेरी माँ ने कहा, "हमें उन्हें ले जाना चाहिए।" मैंने और मेरे भाई ने उन शिशुओं को उठाया। हम मलेरकोटला के थोड़ा बाहर जैनपुर आए। वहाँ हमने राइफलों से लैस कुछ सिख जट्टों से मुलाकात की। उन्होंने हमें रुकने के लिए कहा। वहाँ और अधिक लोग एकत्र हो गए। हम कुल मिलाकर 12-14 थे। सिखों ने किसी को हमें मारने नहीं दिया। हमें एक जगह ले जाया गया जहां लगभग 200-250 मुस्लिम लड़कियां थीं। सिख आपस में विवाद कर रहे थे कि कैसे वे उन लड़कियों को बांटें। वे कह रहे थे, "मैं इसको लूँगा," दूसरों ने कहा, "हम उन्हें ले जाएंगे।" लेकिन कुछ सिखों ने इसे अनैतिक बताया और अपराधी तितर-बितर हो गए। हम फिर से पैदल चलने लगे और माणक माजरा पहुंच गए। यहाँ मलेरकोटला के सैनिक इंतजार कर रहे थे। वहाँ डॉक्टर और वाहन भी थे। हमने उन्हें उन शिशुओं को दे दिया और मलेरकोटला की तरफ पैदल चले गए। हमने अपनी दादी से मुलाकात की जो खुद वहां पहुंची थी।

'हम तबसे मलेरकोटला में रह रहे हैं। कई हजार मुसलमान मेरी आँखों के सामने मारे गए थे। कृपाणों, बरछों और राइफलों का इस्तेमाल किया गया। लोग दया के लिए विनती कर रहे थे और सब कुछ देने के लिए तैयार थे लेकिन उन्हें काट डाला गया या दूर ले जाया गया। बाद में कुछ महिलाओं को बरामद किया गया। हमने मलेरकोटला में यहाँ कभी डर महसूस नहीं किया। डॉ. निजाम दीन हमारे परिवार की तरह हैं।'

बाबू खान

बाबू खान (1940 में जन्म) अब्दुल शकूर के चचेरे भाई हमें बाद में मिले। बाबू अब्दुल शकूर के चाचा के बेटे हैं। उन्होंने कहा :

'मेरे चाचा हमले के दिन घर आये और हम बच्चों से कहा, जो खेल रहे थे, "जल्दी करो हमें तुरंत गाँव छोड़ देना चाहिए"। हमने गाँव छोड़ने की कोशिश की लेकिन गांव सभी तरफों से घिरा हुआ था। इसलिए हम वापस आ गए। हमलावर सभी

बाहरी थे। भाले, कुल्हाड़ियों और लंबे छुरों के साथ हजारों सशस्त्र पुरुष गांव की ओर आ रहे थे। हमारे पास कोई हथियार नहीं था। दृश्य बहुत भयावह था।

'हमने खेतों में छिपने का फैसला किया। अत: मेरे माता, पिता, भाई और बहनें खेतों में चले गए। सिखों ने चिल्लाते हुए हमें बाहर आने को कहते हुए हमला किया लेकिन हमने ऐसा नहीं किया। मेरी माँ को एक कुल्हाड़ी से मारा गया था। मेरे पिता को भी मारा गया। वह पीछे हटते रहे लेकिन हमलावरों ने उनका पीछा करना जारी रखा और उसके बाद वह गिर गए। मैं वहाँ खड़ा था सब कुछ देख रहा था। उन्होंने बच्चों से कुछ भी नहीं कहा मेरा छोटा भाई रोने लगा। मेरी माँ ने कहा, "रो मत"। उन्होंने उसे अपना पेट दिखाया जो कट गया था और आंतें बाहर निकल गई थीं। हम सदमे से भरे और डरे हुए थे। फिर एक सिख ने कहा, "खेतों को आग लगाओ"। मैं दौड़ने लगा। सिखों ने मुझे नजरअंदाज कर दिया और कहा, "उसके पास कुछ नहीं है। बड़ों का पीछा करो जिनके पास पैसे और आभूषण हैं"। मैं एक झाड़ी में बैठ गया। हजारों लोग मेरी आँखों के सामने मारे गए।

'तब मैं अपनी माँ और अपने भाई व बहनों को पुकारने लगा लेकिन वह और मेरे दो बड़े और दो छोटे भाई वहाँ मृत पड़े हुए थे। मेरे पिता को भी मार डाला गया था। एक कंबोह लड़की वहाँ आ गई। वह एक रिश्तेदार थी। वह मुझ से थोड़ी बड़ी थी। केवल हम दोनों बच गए थे। वहाँ पास में एक कुआं था। हम वहाँ गए। बारिश हो रही थी। मुझे बहुत भूख लगी थी। मैंने गांव वापस जाकर भोजन की तलाश करने का निर्णय लिया लेकिन वह जल रहा था। तब मैं कुएं पर लौट आया। लड़की चली गई थी या कोई उसे ले गया था।

'मैंने कुएं पर रात बिताई और उस कमरे में सोया जो पास में था। खाने के लिए कुछ नहीं था। तीसरे दिन हमारे गांव से एक लड़का कुएं पर आया। वह मेरी तुलना में थोड़ा बड़ा था। जब उसने मुझे देखा तब वह भागने लगा। मैं उसकी ओर चिल्लाया और कहा "मैं बाबू हूँ, भयभीत मत हो"। वह लौटा। हमने गांव में वापस जाने का और भोजन खोजने का फैसला किया। जब खत्रियों ने हमें देखा तो उन्होंने हमें कोसना शुरू कर दिया। कृपाणों के साथ दो सिख हमारे पीछे दौड़े। दूसरा लड़का एक अलग दिशा में भाग गया। वे उसके पीछे भागे।

'हम भवानीगढ़ आए जहां हम भूमि के मालिक थे और हमारा एक कुआं था। वहाँ हमने रात भर मकई के दानों को (भुट्टा) खोजा लेकिन कुछ नहीं मिला। इसलिए मैं एक बार फिर काकरा लौट आया। कोई भी घर पर नहीं था। केवल जानवर वहाँ थे। वहाँ मैंने एक निहंग को देखा। वह जानवरों को दूर ले जा रहा था। मैं उसके पीछे चलने लगा। उसने मुझे देखा और कहा, "तुम इन गायों की देखभाल करो"। मैं उसके पीछे चलता रहा। थोड़ी देर बाद मैं दूर खिसक गया। मैंने अपने आप को उसी जगह

पर पाया जहां उस लड़की से मेरी मुलाकात हुई थी। लड़का जो मुझसे अलग हो गया था वह भी बच गया था।

'हम अपने बड़े तायाजी के घर गए और वहाँ सोये। हालांकि वहाँ कोई नहीं था। फिर हमने चन्ना नानकवालिया गाँव जाने का फैसला किया। उस लड़के ने कहा, "हमें वहाँ जाना चाहिए भले ही यह एक सिख गाँव है। ज़्यादा से ज़्यादा वे हमें मार देंगे"। तो मैंने कहा ठीक है। इससे हमारी दुर्दशा का भी अंत होगा। हमने एक सिख को अपनी तरफ आते देखा। वह लड़का रोने लगा। मैं खेतों में भाग गया। उस सिख ने कहा, "रो मत। क्या तुम मज्ज़ल हो?"

"हाँ," उस लड़के ने उत्तर दिया।

"तुम्हारे माता-पिता का क्या हुआ?"

"उन्हें मार दिया गया है" उसने उत्तर दिया।

"तुम्हारी बहन?"

"मुझे नहीं पता" उसने उत्तर दिया।

'फिर उस सिख ने कहा, "मेरे साथ आओ। मैं कुछ नहीं कहूँगा"।

'तब उस लड़के ने मुझे जोर से कहा, "बाबू बाहर आओ। यह हमारा कोई नुक्सान नहीं करेगा"। वह वास्तव में एक अच्छा इंसान था। उसने प्यार से हमारे सिर पर हाथ फेरा। वह हमें हरनाम सिंह और प्रेम सिंह के पास ले गया जो नंबरदार थे। उसने उनसे कहा, "हमें इन लड़कों को रखना चाहिए"। उन्होंने हमें खाना दिया। फिर सोने के लिए हमें बिस्तर दिए गए। उन्होंने दरवाजा बंद कर दिया और कहा, "तुम यहीं रहो"। उस गाँव ने सत्तर मुसलमानों को बचाया था। हम वहाँ दो महीन रहे। हम उनके जानवरों को चराने के लिए ले जाते थे। नंबरदार ने अपने भतीजे को निर्देश दिया था कि वह हमेशा हमारे साथ रहे। हमें अकेला नहीं छोड़ना था। और उसने भी ऐसा ही किया।

'एक दिन उसने हुक्के का तंबाकू लाने के लिए मुझे भेजा। मैं अपने गांव से आए एक बूढ़े आदमी से मिला जो मेरी खाला का श्वसुर निकला। मैंने उससे कहा कि मैं इस्माइल का पुत्र हूँ। वह रोने लगे जब मैंने उनको बताया कि मेरे माता-पिता मर चुके हैं। उसने मुझे बताया कि चार या पांच दिन में वह मलेरकोटला जा रहे हैं और मुझे उन्होंने अपने साथ ले जाने की पेशकश की।

'तदनुसार आने के लिए उन्होंने मेरे लिए एक संदेश भेजा, लेकिन नंबरदार ने उन्हें यह संदेश भेजा कि मैं उनके साथ मलेरकोटला नहीं जाना चाहता था। तब वह चले गए। मलेरकोटला में उन्होंने मेरे चाचा से मुलाकात की और उन्हें बताया कि मैं चन्ना नानकवालिया में नंबरदार के साथ हूँ। मेरे मामा भी मलेरकोटला में थे। उन्होंने अमर सिंह नाम के एक सिख को नंबरदार के पास भेजा। लेकिन मैं डर गया और रोने लगा।

'अमर सिंह ने मुझे बताया कि वह मुझे मेरे मामा के पास ले जाएगा। तो, मैंने उसके साथ जाने का फैसला किया। रात के दस बजे हम गांव फरी पहुंचे। वहाँ हम रुके। अगले दिन हम चन्ना बंदरवालियाँ आए। अमर सिंह की चचेरी बहन वहां मौजूद थी।

'उसने कहा, 'तुम इस तुर्की को साथ लेकर कहाँ जा रहे हो? मारो इसको"

'उसने उत्तर दिया, "मैं इसके परिवार को जानता हूँ।"

'अगले दिन हम गांव सरवरपुर गए। यह उनका गांव था। उनकी पत्नी ने उन्हें बताया कि मेरे चाचा मुझे खोजने आए थे। फिर हमने भोजन किया तथा भैनी आए (इसे भैनी कंबोह भी कहा जाता है), जहां मेरे चाचा, मामा मेरा इंतजार कर रहे थे। जब उन्होंने मुझे देखा तो उन्होंने रोना शुरू कर दिया। अब हम भैनी में रहते हैं। मेरी वहाँ शादी हुई। मेरे चाचा और मामा ने मेरे लिए वहाँ रिश्ता ढूंढा।'

काकरा का दौरा

मलेरकोटला के बाद अगला पड़ाव गांव काकरा था। हितेश गोसाई, वीरेंद्र सिंह और मैं आदमपुर, माथी और बोरान में साक्षात्कारों का दौर पूरा करने के बाद उसी दिन काकरा पहुंचे। विभाजन से पहले के लोगों को खोजना बहुत मुश्किल था; वर्तमान निवासी अधिकांश पश्चिम पंजाब से आए सिख थे, जो विशेष रूप से गुजरांवाला-हफीजाबाद मार्ग के गांवों से आए थे। करनैल सिंह ने जो मूल रूप से उडोवाला सेखों से आए एक बुजुर्ग सिख थे, हमें महंत जाति के एक हिंदू मिस्त्री देस राज (आयु 70 वर्ष) के पास भेजा जो मूल रूप से इस गाँव के थे।

देस राज

'काकरा एक बड़ा गाँव था जिसमें लगभग 900 मुस्लिम तथा 300 हिंदू परिवार थे। अब्दुल शकूर और मैं एक साथ खेला करते थे। यह एक खुश तथा और हंसमुख गांव था जहां विभिन्न जातियां, हिंदू और मुस्लिम समुदाय एक साथ शांति से रहते थे। रंघर राजपूत गाँव में प्रमुख थे हालांकि कंबोह सबसे बड़ा समूह थे। एक परंपरा यह थी कि राजपूत खान साहब पटियाला सेना में सेवा करते थे और बहुत प्रभावशाली थे।

'जब पाकिस्तान अस्तित्व में आया तब इस क्षेत्र में गड़बड़ी फैल गई। यहाँ आसपास के गांवों में पश्चिमी पंजाब से हजारों सिख और हिंदू आ रहे थे। मुझे याद है कि 3 भादों को दोपहर में करीब 4 बजे एक विशाल घुड़सवार जत्था और दूसरे पैदल मोगा से पहुंचे और पूरे गांव को घेर लिया। उनमें कई ज्ञात अपराधी थे।

'कुछ समय से काकरा में आसपास के गांवों से मुसलमान कुछ समय से यहाँ जमा हो रहे थे। हमला बड़े पैमाने पर और अचानक था, लेकिन कुछ मुसलमानों ने

इसका प्रतिरोध किया। मुकाबला बहुत असमान था। प्रारंभिक लड़ाई में ग्यारह हमलावरों और करीब 300 मुसलमानों की मौत हो गई। ज़्यादातर वे लोग मारे गए जो सुरक्षा की तलाश में अन्य गांवों से आए थे और खेतों के चारों ओर चल रहे थे। पुलिस आई और उन्हें अगले दिन दफन कर दिया।

'हमने अस्थायी रूप से काकरा छोड़ दिया क्योंकि मुस्लिम नंबरदार ने हमें सावधानी बरतने के लिए कहा था। हालांकि गांव के मुसलमानों से हमें नुकसान नहीं होता, लेकिन वह आसपास के क्षेत्र के मुसलमानों के रवैये के बारे में सुनिश्चित नहीं थे। हम चले गए लेकिन पड़ोस में बने रहे और जब अगले दिन लौटे तो देखा कि गांव जल रहा था। पुलिस आ गई थी और हड़बड़ी में सामूहिक कब्र में मृत लोगों को दफन कर रही थी। खाली घरों की लूटपाट अभी भी चल रही थी।

'शकूर के कई रिश्तेदार हमले में पहले ही मारे गए थे। बाद में हमें पता चला कि हमारे गाँव के जो लोग कोटला की दिशा में चले गए थे वे बच गए लेकिन जो नहर पार कर छिटांवाले की ओर गए वे बड़ी संख्या में मारे गए थे। बाबू खान इस्माइल के पुत्र थे। उसने भी अपने परिवार के ज़्यादातर सदस्यों को खो दिया। ये घटनाएँ यहाँ के आसपास के गांवों में हुईं, इसलिए हम जानते हैं कि यहाँ क्या हुआ।

'अब्दुल शकूर ने 52 साल बाद गांव का दौरा किया। उनके साथ एक और आदमी रफीक था। मैंने तुरंत रफीक को पहचान लिया जो मेरा जिगरी दोस्त था। इसके अलावा मुझे शकूर का चेहरा याद था लेकिन उसका नाम नहीं। बाबू खान ने भी बाद में अब्दुल शकूर के साथ काकरा का दौरा किया।'

मेरा अपना अनुभव

हमें बताया गया कि काकरा गांव की मस्जिद को दोबारा तैयार किया गया था तथा उत्तर प्रदेश और बिहार से आए मुसलमान जो काकरा में काम कर रहे थे, वहाँ बस गए थे। हमें मस्जिद ले जाया गया, जहां एक युवा मौलवी कुरान का पाठ पढ़ा रहा था। मैं इस बात से बहुत ज़्यादा प्रभावित हुआ और दान देने का फैसला किया जिसे मौलवी साहिब ने यह कहते हुए कुछ हिचकिचाहट के साथ स्वीकार किया कि वे एक सादा जीवन व्यतीत करते हैं और उनकी जरूरतें भी कम हैं। मैंने देस राज को भी कुछ दान दिया क्योंकि मुझे बताया गया कि उसने खुशी से मस्जिद बहाल करने के लिए अपनी विशेषज्ञता की पेशकश की थी और अपनी सेवाओं के लिए शुल्क नहीं लिया था। वह भी एक स्वाभिमानी पुराने पंजाबी थे जो पैसे नहीं लेना चाहते थे लेकिन मैंने उनसे कहा कि यह भविष्य में किसी भी अन्य मस्जिदों की मरम्मत पर आने वाले खर्च के लिए है। युवा लड़के मुझसे मिलने के लिए एकत्र हुए और पाकिस्तान से आए एक मुस्लिम द्वारा उनके गांव स्कूल का दौरा करते देख वे बहुत

खुश हुए। हम आसपास गए तथा विशेष रूप से उन्होंने मुझे मजबूत और मोटी ईंट की इमारतों को दिखाया जहां मुस्लिम राजपूत रहते थे और जो अभी भी शक्ति और प्रभाव के प्रतीकों के रूप में खड़ी थीं।

शाम को हम सभी भावुक हो गए जब बुजुर्ग सिख करनैल सिंह जो मुझे देस राज के पास लाए थे गुजरांवाला जिले के एक गांव से निकले। उन्होंने मेरे लाहौरी पंजाबी के लहजे वाली पंजाबी में ही बात की। जब वह अन्य सिखों के साथ काकरा पहुंचे तब भी हिंसा के संकेत दिखाई दे रहे थे। लग रहा था कि वह अधिक से अधिक बात करना चाहते थे क्योंकि हम पुराने पंजाब के एक ही हिस्से से नाता रखते थे। क्या मैंने आर्थिक योगदान इसलिए किया कि मेरे अंदर कोई मजबूत इस्लामी विचारधारा थी या विभाजन की प्रकृति के बारे में गहराई से दुखद भावनाओं को बस व्यक्त करने का एक तरीका? मैं कभी यह पता नहीं कर पाया हूँ कि किन विशेष भावनाओं ने मुझसे यह करवाया। मगर, हितेश गोसाईं, विरिंदर सिंह, देस राज, करनैल सिंह, मुस्लिम मौलवी, बच्चे और मैं – सभी, लग रहा था उस अवसर से बहुत गहरी तरह प्रभावित हुए थे। हम में से कुछ की आँखों में आँसू आ गए।

जगपाल सिंह तिवाना

मैं कई सालों से कई सिखों के साथ अपने पंजाब के लिए साझा प्यार की वजह से संपर्क में हूँ। उनकी कहानियों में से कुछ इस किताब के अन्य भागों में दी गई हैं। यहाँ मैं जगपाल सिंह तिवाना की कहानी प्रस्तुत कर रहा हूँ:

'मेरा गांव चनरथल कलां, पूर्वी पंजाब के पटियाला और सरहिंद के बीच स्थित है। 1947 में यह पटियाला रियासत के पटियाला जिला में था और इसकी लगभग 1000 की आबादी थी। यहाँ ज़्यादातर तिवाना उप-जाति के सिख जट्ट रहते थे लेकिन गाँव की एक चौथाई आबादी मुस्लिम तिवाना थी (पश्चिम पंजाब के मुस्लिम तिवाना आमतौर पर राजपूत मूल का दावा करते हैं जबकि पूर्व पंजाब में उन्हें जट्ट माना जाता है)। सिखों के लिए एक गुरुद्वारा था और मुसलमानों के लिए मस्जिद। समुदायों के बीच संबंध काफी सौहार्दपूर्ण थे। मुस्लिम तिवाना मूल रूप से सिख थे लेकिन औरंगजेब द्वारा उन्हें इस्लाम में परिवर्तित किया गया था जैसा कि हमें बताया गया था।

'1947 में मैं 12 साल का था मुझे साफ याद है कि जब दंगे भड़क उठे तब हमारे गांव के बुजुर्ग मेरे दादा सरदार संपूरन सिंह तिवाना के नेतृत्व में लोग मुस्लिम आबादी के बचाव के लिए आगे आए। गांव में एक केंद्रीय स्थान, बंगले पर, एक बैठक आयोजित की गई थी ताकि आगे की कार्रवाई तय की जा सके। ज़्यादातर लोग विशेष रूप से वरिष्ठ नागरिक, मुसलमानों का कोई नुकसान नहीं करने के पक्ष में थे क्योंकि वे हमारे तिवाना भाई थे लेकिन युवा तत्व जिन्हें पश्चिमी पंजाब से आए

शरणार्थियों द्वारा उकसाया गया था, वे कम सहानुभूति रखते थे। उनके मवेशियों और संपत्ति पर उनकी नजरें थीं। जैसे-जैसे दंगों की कहानियां फैलने लगीं, पड़ोसी गांवों से 'दुश्मन' पर हमला शुरू करने के लिए दिन-ब-दिन दबाव बढ़ने लगा। एक दिन हमने देखा कि ग्रामीणों का पूरी तरह से सशस्त्र एक जत्था जिसका नेतृत्व तुरखेरी गांव के सरदार लाल सिंह कर रहे थे, गांव में दिखाई दिया। वे मस्जिद को ध्वस्त करना चाहते थे। हमारे बुजुर्गों की सलाह पर, उन्होंने मुसलमानों को उनकी धार्मिक पुस्तकों तथा अन्य सामान को बाहर ले जाने के लिए सहमति व्यक्त की। शरारती तत्व सिर्फ दो मीनारों को ध्वस्त कर सके क्योंकि यह एक ठोस पुख्ता मस्जिद थी। मगर किसी मुस्लिम का कोई शारीरिक नुकसान नहीं किया गया।

'पास के गांवों में मुस्लिम संपत्ति को लूटा जा रहा था। बाहरी लोगों की हमारे गाँव के मुसलमानों पर नजर थी। हमें किसी भी दिन एक हमले की उन पर आशंका थी। स्थिति की गंभीरता को देखते हुए क्या करना है तय करने के लिए हमारे लोग फिर से बंगले में मिले। कम उम्र के लोग मुसलमानों को लात मारकर बाहर कर उनकी संपत्ति हड़पना चाहते थे लेकिन बड़े एक समाधान लेकर आए। उन्होंने कहा कि वे मुसलमानों को सिख धर्म गले लगाने की सलाह देंगे अन्यथा जब बाहर से हमला होगा तो वे असहाय हो जाएंगे। मिरासी मुसलमान आसानी से सिख बनने के लिए सहमत हो गए। उन्होंने कहा कि उनके पूर्वज मर्दाना, गुरु नानक के एक साथी थे। यह देखते हुए कि उनके जीवन खतरे में हैं दूसरों ने भी सिख धर्म को अपनाने के लिए सहमति व्यक्त की। कम उम्र के और गैर जिम्मेदार तत्वों को अभी भी उन पर भरोसा नहीं था। उन्होंने आरोप लगाया कि स्थिति सामान्य होने पर मुसलमान अपने धर्म में वापसी करेंगे। इसलिए बपतिस्मा समारोह में उन्हें सुअर का मांस खिलाया जाए। इस तरह उन्हें अपने धर्म को स्थायी रूप से छोड़ना पड़ेगा। एक मुस्लिम को एक सुअर को मारने तथा काटने के लिए कहा गया। सुअर का मांस पकाया गया तथा परोसा गया। सुअर का मांस उन्हें खाने को दिया गया तब उनमें से कुछ ने उल्टी कर दी। मुझे पक्का नहीं पता है कि उनमें से किसी ने सूअर का मांस खाया या नहीं। यह एक सबसे वीभत्स दृश्य था।

'जैसे ही आस-पास में खबर फैली कि चिनाथल गांव में मुसलमान सुरक्षित हैं अगर वे सिख धर्म को अपनाते हैं तो कई मुसलमान अपने छिपे स्थानों से बाहर आ गए। एक लाचार आदमी ने तीन दिन तक कुछ नहीं खाया। वह एक गन्ने के खेत में छिपा हुआ था। हमारा गुरुद्वारा एक छोटा सा राहत शिविर बन गया।

'कोई भी मारा नहीं गया था। फतेह मोहम्मद, फतेह सिंह बन गए और फकीरीया फकीर सिंह। उन्होंने नीले रंग की पगड़ी पहनी और अपने कंधों से एक छोटी सी कृपाण लटका ली। एक दिन हमने सुना कि फतेह सिंह को नाई की एक दुकान में उसकी

दाढ़ी से कुछ बाल हटाते देखा गया। दोनों फतेह सिंह और हिंदू नाइयों को गुरुद्वारे में एक बैठक के लिए बुलाया गया। उन्होंने अपनी गलती स्वीकार ली। सिख पुजारी ने सजा की घोषणा की। उन्हें एक छोटा सा जुर्माना देना था, जूते और बर्तन साफ करने थे और सात सुबहों तक गुरुद्वारे में गुरबानी सुनने के लिए आना था। हमें बताया गया कि यह एक बहुत ही हल्की सजा थी क्योंकि सिख पुजारी एक पवित्र आदमी था।

'एक सप्ताह के बाद हमने सुना कि कुछ मुसलमान उनके बहुमूल्य सामान के साथ आधी रात को गांव से बाहर निकल कर सरहिंद शरीफ के मजार के पास मुस्लिम शिविर चले गए (यह वही शिविर था जहां चौधरी रोशन दीन ने शरण ली थी)। इससे युवा बदमाश नाराज हो गए। "क्या हमने आपको आगाह नहीं किया था कि उन पर भरोसा नहीं किया जा सकता?" वे गाँव के बुजुर्गों पर चिल्लाने लगे। उन्होंने मुसलमानों को एक सबक सिखाने के लिए योजना रची। बड़ों ने मुसलमानों को सलाह दी कि उन्हें गांव से छिप कर जाने की जरूरत नहीं है और अगर वे पक्के सिख बन कर गाँव में नहीं रहना चाहते तो उन्हें अनुरक्षण प्रदान कर शिविर तक छोड़ दिया जाएगा। कुछ मुसलमानों ने इस आकर्षक प्रस्ताव को स्वीकार कर लिया। एक रात उन्होंने कुछ युवा सिखों की सुरक्षा के तहत रौजा शरीफ के शिविर में शामिल होने के लिए गांव को छोड़ दिया। गांव के पास रास्ते पर पंडराली गाँव के पास एक घना जंगल था जहां उनकी बैलगाड़ियों को रोक दिया गया। मुसलमानों को सभी आभूषण और नकदी दे देने को कहा। इसके बाद, उनकी बेटियों और पुत्र वधुओं को जबर्दस्ती पास की झाड़ियों तक वे खींच कर ले गए और निर्दयता से उनका बलात्कार किया। यह शर्मनाक कहानी अगले दिन सुबह गांव में सुनाई दी। मेरे दादा के चारों ओर बैठे बुजुर्ग लोगों को विलाप करते सुना गया, "*सालेयाँ ने मुंह काला कर दित्ता, ओहनां नूँ कैंप विच मिलन जोगे नई छड़या,*" (सालों ने मुँह काला कर दिया, कैंप में मिलने लायक भी नहीं छोड़ा)।

'मेरे दादा ने एक मुस्लिम परिवार को शरण दी थी। इस परिवार के पुरुष हमारे दादा द्वारा चलाये जा रहे ईंट भट्ठे पर काम किया करते थे। परिवार में दो युवा अविवाहित लड़कियां थीं। अब युवा पुरुषों की उन पर नजरें थीं। कोई भी नुकसान होने के पहले चुपचाप एक दिन उन्हें मेरे दादा सुरक्षित रौजा शरीफ ले गए।

'हमारी गली में रहने वालों में कुछ अविवाहित पुरुष थे। उनके पास बिल्कुल भी भूमि नहीं थी और वे बदनाम किस्म के लोग थे। उन्होंने कहीं से कुछ मुस्लिम महिलाओं को अगुआ कर लिया था और उनके साथ रह रहे थे। बचन सिंह जिन्हें खूनी बचना के रूप में जाना जाता था (वह हत्या के दो मामलों का आरोपी था) अपने घर दो युवा लड़कियों को ले आया। मगर यह आनंद कुछ दिनों तक ही चला। सभी मुस्लिम महिलाओं को पुलिस ने बरामद किया और पाकिस्तान भेज दिया।

'कभी-कभी पाकिस्तान से हमारे तिवाना भाई यात्रा कर हमारे पास आते हैं। लाहौर से एक युवा तनवीर तिवाना ने मेरी इंटरनेट पर खोज की। उनके दादा श्री अब्दुल राशिद तिवाना 1947 से पहले हमारे गांव में अपने परिवार के साथ रहते थे। वह मुझे दादाजी कह कर पुकारता है और संपर्क में रहता है। उसके अनुसार, उसके परिवार के किसी भी सदस्य का कोई नुकसान नहीं हुआ। अपने सिख पड़ोसियों की मदद से वे राहत शिविर तक सुरक्षित पहुँच गए थे। तनवीर के अनुसार हमारे गांव के तिवाना अब शेखूपुरा, सरगोधा, कसूर और लाहौर जिलों में बसे हुए हैं।'

नाभा रियासत

नाभा रियासत की कुल आबादी 3,40,044 थी। इसकी मुस्लिम आबादी 50,972 या 15 प्रतिशत थी। डॉ. खुशी मुहम्मद खान हॅम्बर्ग इंस्टीट्यूट ऑफ डेव्लपमेंट एकोनोमिक्स से 1991 में सेवानिवृत्त हुए। वह जून 2003 में स्टॉकहोम में मेरे मेहमान थे। उन्होंने निम्नलिखित कहानी बयान की :

डॉ. खुशी मुहम्मद खान

'मैं नाभा राज्य के अमलोह जिले में 12 अक्टूबर 1930 को पैदा हुआ था। उसका शासक एक सिख था। मुसलमान इस राज्य के लगभग 20 प्रतिशत थे। सभी समुदाय शांति से एक साथ रहते थे। रिश्ते बहुत सौहार्दपूर्ण थे; हम एक दूसरे के घरों में पले और बड़े हुए। मैं अपने एक ब्राह्मण दोस्त के साथ उसकी रसोई में खाना खाया करता था। उसकी माँ ने मुझे अपने बेटे की तरह माना। वह हालांकि चिंतित थीं कि रूढ़िवादी हिंदुओं को इस तथ्य पर आपत्ति हो सकती है कि एक मुस्लिम उनकी रसोई में प्रवेश करता है और वहाँ खाने के लिए उसे अनुमति दी गई है।

'हमारे क्षेत्र में कोई समाचार पत्र नहीं था और इसलिए हमें कोई अंदाजा नहीं था कि विभाजन और इसके साथ जुड़ी हुई मुसीबतें आने वाली थीं। सभी प्रकार के लोग अपनी सेवाओं के लिए मेरे पिता के पास आते थे। वे पेशे से एक वकील थे। ज़्यादातर हिंदू और सिख अदालत में उनका प्रतिनिधित्व करने के लिए उन्हें चुनते थे। कोई कांग्रेस या मुस्लिम लीग अमलोह जिले में नहीं थी।

'कुछ लोग पाकिस्तान के बारे में बातें करते थे, लेकिन किसी को इसके बारे में पूरी जानकारी नहीं थी। मेरे पिता के साथ मुस्लिम लीग ने स्थानीय प्रमुख बनाने के लिए संपर्क किया था लेकिन उन्होंने यह कहते हुए मना कर दिया कि उनके अपने बच्चों और पत्नी के प्रति उनके कर्तव्य अधिक महत्वपूर्ण हैं। इसके अलावा उन्होंने कहा कि सभी समुदाय खुशी से एक साथ रह रहे हैं अतः क्यों कुछ ऐसा किया जाए कि एक अच्छे माहौल को बर्बाद कर दे।

'1940 की शुरुआत में हम नाभा शहर में आ गए। अगस्त 1946 में बंगाल और बिहार में मुसलमानों की हत्याओं की खबर नाभा तक पहुँचने लगीं, लेकिन हमें उस समय यह नहीं लग रहा था कि पंजाब प्रभावित होगा। वास्तव में यह एहसास कि हमें नाभा छोड़ना पड़ेगा, 14 अगस्त के बाद ही हुआ था। लेकिन हमें शहर छोड़ कर जाना नवंबर 1947 तक महसूस नहीं हुआ। नाभा शहर में एक रेडियो ही आम था जो पान की दुकान वाले के पास था। लोग खबरें सुनते तथा हत्याओं की खबरें ही प्रमुख होतीं। इससे पहले कुछ ही हिंदू और सिख शरणार्थी नाभा राज्य तक आए थे क्योंकि यह मुख्य ग्रांड ट्रंक रोड से हट कर था और वहाँ ज़्यादा आर्थिक विकास नहीं हुआ था। लेकिन अक्टूबर और नवंबर तक शरणार्थियों की संख्या में वृद्धि होने लगी और मुस्लिम अल्पसंख्यकों ने महसूस करना शुरू किया कि उनके खिलाफ बदले की कार्रवाई की योजना बनाई जा रही है। हमारे कुछ रिश्तेदार हमारी गली में ही रहते थे और वहाँ अन्य समुदायों के लोग भी रह रहे थे। मगर नवंबर में मुसलमानों पर हमले होने लगे।

'हम नवंबर में चले गए। जाने का निर्णय तब लिया गया जब मेरी माँ ने विरोध करना शुरू कर दिया कि नाभा शहर के आसपास गांवों से मुसलमानों पर हमलों की खबरें रोज आ रही हैं और अगर हम नहीं गए तो हम भी हिंदू-सिख हिंसा के शिकार हो जाएंगे। तब मेरे पिता ने नाभा शहर के नाजिम के साथ संपर्क किया जो एक सिख था तथा उनका सहपाठी भी। उन्होंने सलाह दी कि मेरे पिता कुछ समय के लिए नाभा के किले में शरण ले लें। वह खुद वहाँ रहते थे तथा पुलिस प्रमुख और जिला चिकित्सा डॉक्टर भी वहाँ थे। लेकिन इसके बजाए मेरे पिता ने अमलोह वापस जाने का फैसला किया जहां हमारा पैतृक घर स्थित था।

'मेरे पिता के एक और सहपाठी प्रताप सिंह ने जो स्थानीय बस सेवा के मालिक थे, उनसे कहा कि अकालियों द्वारा एक हमले की योजना बनाई गई है, इसलिए हमें चाहिए कि अगले दिन सुबह जल्दी चले जाने के लिए तैयार रहें। उन्होंने सुरक्षित गाड़ी द्वारा हमें शरणार्थियों के शिविर तक खुद ले जाने का वादा किया। मेरे पिता ने उनके प्रस्ताव को स्वीकार कर लिया और अगले दिन अपने क्षेत्र में किसी को भी बताए बिना निकल गए।

'सुबह हम जल्दी निकल गए। हम शायद ही अपने साथ कुछ ले सके। नाभा शहर जाने वाली सड़क पर अकाली सिख तलवारों और बरछों से लैस थे तथा हमें रोकने की कोशिश की, लेकिन प्रताप सिंह उनसे बचाने में कामयाब रहे और हम नाभा के शिविर में पहुंच गए। हमारे कई रिश्तेदार पहले से ही वहाँ थे। मेरे पिता अदालत में गए और मियां अब्दुल लतीफ से मिले जिसने मेरे पिता के सहायक वकील के रूप में अपने कैरियर की शुरुआत की थी तथा उन्हें उनसे पता लगा कि नाभा के शासक ने आदेश जारी किए थे कि नाभा शहर में कोई भी हमला नहीं किया जाना चाहिए लेकिन गांवों में हमले किए जा सकते थे।

'शरणार्थियों के एक कारवां ने नवम्बर के शुरू में नाभा शहर छोड़ दिया और हम पाकिस्तान पहुँचने से पहले कुछ 10 दिन तक पैदल चलते रहे। कारवां में कम से कम 1,00,000 लोग अवश्य होंगे। राह में हमने चारों ओर बिछी लाशों को पाया। हजारों मारे गए थे। हमारे कारवां पर हमला नहीं हुआ हालांकि कई बार खतरा पैदा हुआ था। रात के दौरान कोई भी नहीं सो सका। सफर के दौरान कुछ की मृत्यु हो गई। बलूच रेजिमेंट से पाकिस्तान सेना के सैनिक हमें अनुरक्षण देने के लिए आए थे और यही कारण है कि कारवां पर हमला नहीं किया गया था।

'हम कसूर होकर पहुंचे क्योंकि वाघा-अटारी मार्ग बहुत ज़्यादा खतरनाक था। हमने जल्द ही गुजरांवाला में खुद को पाया। मेरे पिता जो नाभा में एक संपन्न वकालत कर रहे थे अंग्रेजी पढ़े-लिखे वकीलों के साथ प्रतिस्पर्धा नहीं कर सके। इसलिए उन्होंने गुजरांवाला में जिला अदालतों के बाहर एक आवेदन लेखक के रूप में काम करने का फैसला किया। वह अक्सर नाभा में उनके असली घर के बारे में बात करते थे और डबडबाई आँखों से एक फारसी कविता सुनाते थे जिसका अर्थ था: मेरे देश की मिट्टी का कांटा भी परदेसी जगह के सभी गुलाबों से बेहतर है।

'मैं 1963 में जर्मनी आया और वहां से नाभा शहर में अपने पुराने स्कूल से संपर्क करना शुरू किया। वहां से प्रतिक्रिया बहुत गर्मजोशी वाली थी लेकिन 1979 में ही फिर से नाभा की यात्रा करने की अनुमति मुझे मिल सकी। जब मैं वहां पहुंचा तो यह लग रहा था कि सारा शहर मेरा स्वागत करने के लिए आया था। मुझे कई घरों में भोजन के लिए आमंत्रित किया गया था। मुस्लिम कसाई और कपड़े रंगने वालों के एक परिवार को वहाँ रख लिया गया था क्योंकि लोगों को उनकी सेवाओं की जरूरत थी। अब मैं नियमित रूप से वहाँ जाता हूँ और एक महीने के करीब रहता हूँ। मैं अपने एक ब्राह्मण दोस्त अश्विनी कुमार शर्मा के साथ रहता हूँ। उनकी पत्नी और बच्चे मेरे साथ बड़े प्यार से पेश आते हैं।'

कपूरथला राज्य

विक्की, नानक सिंह, चालक और मैं, 3 जनवरी की देर दोपहर कपूरथला पहुंचे। यह कभी पंजाब राज्य के पेरिस के रूप में प्रसिद्ध था तथा यह लग रहा था कि इसने विभाजन से पहले की कुछ महिमा को बरकरार रखा है। कपूरथला शहर जालंधर से ज़्यादा दूर नहीं है। जब हम शहर के मध्य में पहुंचे तो एक खूबसूरत मस्जिद को शांत महिमा में वहाँ खड़े पाया। वहाँ एक संगमरमर में बनी पट्टिका, कपूरथला शहर के मध्य की मस्जिद की मुख्य दीवार पर लगी हुई है जिस पर यह लिखा हुआ है :

> 'मूरिश मस्जिद का महामहिम महाराजा जगजीत सिंह बहादुर के आदेश पर निर्माण किया गया था। निर्माण की अवधि अक्टूबर 1926 से मार्च 1930 तक

थी। कुल लागत 4 लाख रुपये की राशि थी। उद्घाटन समारोह महामहिम की उपस्थिति में 14 मार्च 1930 को हुआ था, जिनके साथ महामहिम नवाब सादिक मोहम्मद खान बहादुर, बहावलपुर राज्य के शासक थे। जनसमूह में 1,00,000 लोग थे। इस मस्जिद का अस्तित्व महाराजा के खुले विचारों वाली सहिष्णुता तथा उनके लोगों के कल्याण की सरपरस्ती की स्थायी गवाही देता है।'

1941 की जनगणना कपूरथला राज्य की कुल जनसंख्या 3,78,389 बताती है। इसकी हिंदू आबादी 61,546 थी, जिनमें से 20,892 सदस्य अनुसूचित जाति के थे। हालांकि शासक एक सिख था, सिखों की जनसंख्या केवल 88,350 थी। मुसलमान सबसे बड़ा समूह थे और उनकी जनसंख्या 213,557 थी। इसका यह मतलब था कि मुसलमान 56.4 फीसदी के बहुमत में थे। अब, बेशक, स्थानीय मुस्लिम वहाँ कोई नहीं मिल पा रहा था। हमने सुल्तानपुर लोधी का भी दौरा किया, जो कपूरथला से लगभग 30 किलोमीटर दूर एक शहर था, और इसकी वजह यह थी कि मैंने इसके पूर्व निवासियों में से एक मौलाना मुजाहिद अल-हुसैनी को एक वादा किया था। वह चाहते थे कि मैं कपूरथला की मस्जिद और सुल्तानपुर लोधी में दो सिख मंदिरों की कुछ तस्वीरें लूँ। उनके अपने गृह नगर में क्या हुआ था उसके बारे में वह निम्नलिखित कहानी बताते हैं :

मुजाहिद अल-हुसैनी

'मैं सुल्तानपुर लोधी, कपूरथला राज्य में 1925 में पैदा हुआ था। हमारा एक बहुत शांतिपूर्ण और दोस्ताना समाज था। महाराजा जगजीत सिंह एक बहुत ही प्रबुद्ध, सहिष्णु और न्यायसंगत शासक थे। वह कई यात्राएँ कर चुके थे तथा कई बार मोरक्को गए थे। 1930 में उन्होंने कपूरथला के मध्य एक राजसी मस्जिद का निर्माण करवाया। उनकी प्रजा के अधिकांश लोग मुसलमान थे और मस्जिद उनकी तरफ से अपने लोगों के लिए एक उपहार था। मुसलमानों ने उनकी मुख्यमंत्री के रूप में सेवा की और वे एक उचित आधार पर राज्य सेवाओं में कार्यरत थे। सुल्तानपुर लोधी में दो प्रसिद्ध ऐतिहासिक गुरुद्वारे, गुरुद्वारा बेर साहिब और गुरुद्वारा हट्ट साहिब थे। वे अब भी मेरे सपनों में आते हैं क्योंकि मैं इनके आसपास के क्षेत्र में खेला करता था। विभिन्न समुदायों के बच्चे एक साथ खेलते थे और माहौल वास्तव में दोस्ताना और सुरक्षित था। एक दूसरे के धर्म के प्रति सम्मान किया जाता था।

'सुल्तानपुर लोधी और कपूरथला राज्य के अन्य भागों में मजलिस-ए-अहरार के काफी समर्थक थे। मेरा परिवार भी बहुत करीब से देवबंदी विचारधारा के साथ जुड़ा हुआ था। मेरी उपाधि अल-हुसैनी जमीयत-उल-उलेमा-ए-हिंद के प्रमुख विचारक

मौलाना हुसैन अहमद मदनी के विचारों के लिए मेरी भक्ति पर आधारित है। हम धार्मिक आधार पर भारत के विभाजन के पक्ष में नहीं थे, लेकिन हालात तनावपूर्ण हो गए जब मार्च 1947 में सिख शरणार्थी रावलपिंडी से हमारे राज्य में पहुँचने लगे। वे मुसलमानों द्वारा उनके खिलाफ अत्याचार की भयानक कहानियां चारों ओर बताने लगे।

'अगस्त 1947 में महाराजा सुदूर यूरोप में थे जब विभाजन हुआ। उनके बेटे टिक्का साहिब (युवराज) एक अलग प्रकार के व्यक्ति थे। वे अकालियों के प्रभाव में थे और मुसलमानों पर एक सम्पूर्ण हमला करने के लिए उन्होंने हरी झंडी दिखा दी। सुल्तानपुर लोधी में यह विभाजन के तुरंत बाद हुआ। प्रारंभिक हमले में सैकड़ों मुसलमानों के जीवन की हानि हुई लेकिन कुछ हमलावर भी मारे गए थे। सुल्तानपुर लोधी छोड़ने के लिए मुस्लिम बुजुर्गों द्वारा एक निर्णय लिया गया था तथा हमने जालंधर की ओर यात्रा करना शुरू कर दिया। काफिले हजारों में थे। हमारे ऊपर कई बार हमला किया गया। मैंने खुद टिक्का साहिब को मुसलमानों को गोली मार देने का आदेश देते हुए देखा। हमारे शहर के एक सिख ने मुझे पहचान लिया और मुझे बचा लिया, जबकि मैदानी इलाकों में हजारों लोगों की हत्या कर दी गई।'

शेख नूर मुहम्मद

'मैं कपूरथला में पैदा हुआ था, लेकिन 1935-1945 के दौरान हम लाहौर में रहते थे। मुझे 23 मार्च, 1940 की मुस्लिम लीग की बैठक याद है। तब एक बड़े उत्सव जैसा माहौल था लेकिन उस समय लोगों को पता नहीं था कि पाकिस्तान के निर्माण से आम लोगों पर क्या बीतेगी। 1945 में हम कपूरथला वापस चले गए। मुसलमान बहुमत में थे। महाराजा ने रेलवे स्टेशन के पास एक मस्जिद का निर्माण कराया। महाराजा बहुत अच्छे इंसान थे (वह रोने लगे)। विभिन्न समुदायों के बीच कोई नफरत नहीं थी। जब विभाजन की घोषणा हुई तब हम महसूस करने लगे कि हम पाकिस्तान में नहीं हैं। गांवों में मुसलमानों पर अचानक हमला शुरू कर दिया गया। महाराजा उस समय वहाँ नहीं थे। एक रेलगाड़ी पाकिस्तान भेजी गई थी। यह अगस्त के बाद की बात है। मेरे पिता एक बुजुर्ग आदमी थे। मेरी तीन बहनों की लाहौर में शादी कर दी गई थी। उन्होंने और उनके पतियों ने वास्तव में हिंसा की वजह से लाहौर छोड़ दिया तथा शांति और सुरक्षा की आशा में कपूरथला आ गए। वे भी अब इस नई त्रासदी में फंस गए थे। मैंने अपने घर की चाबी हमारे हिंदू पड़ोसी को दे दी और उसे हमारे घर पर नजर रखने के लिए कहा, जब तक कि हम वापस नहीं आ जाते।

'मेरे बहनोई ने कपूरथला राज्य के जनरल जय सिंह को किसी एक और सिख को उस रेलगाड़ी पर जब यह कपूरथला छोड़ चुकी होगी बड़ा हमला करने की योजना के बारे में बताते हुए सुना, जब मेरे बूढ़े पिता ने इसे सुना तो उन्होंने हमें उस गाड़ी

पर चढ़ने से मना किया और हम अपने घर लौट आए। हम नाकेबंद मोहल्ले में रहते थे। तांगे वाले ने हमसे सामान्य दर से ज़्यादा किराया लिया। उस रात नौ बजे शहर को रेलगाड़ी पर हमले के बारे में पता चला कि कैसे मुसलमानों को बलि चढ़ाया गया था।

'हम अपने घर में पड़े रहे। हर दिन हम सुनते कि मुस्लिम काफिलों पर हमला किया जा रहा है। अंत में हमें पता चला कि ट्रक मुसलमानों को लेने के लिए आ रहे हैं और उन्हें जालंधर छावनी में स्थापित किए गए एक शिविर में जाना है। कपूरथला के शहर में कोई हमला नहीं हुआ। हम नौ ट्रकों में गए। जालंधर से आधा मील पहले एक इस्लामी हाई स्कूल था। वहां एक शिविर में पाकिस्तान से आए हिन्दुओं और सिखों को रखा जा रहा था। हमारे सिख चालक ने ट्रक को रोक दिया। तुरंत हमें तलवारें और भाले लहराते हुए सिखों और हिंदुओं द्वारा घेर लिया गया। हम में से अनेक ट्रक से कूद गये, लेकिन कुछ को काट डाला गया। मेरे पिता और चाचा को बहुत बुरी तरह से चोट लगी थी। अचानक एक और ट्रक सिख सैनिकों के साथ आया। अधिकारी एक अच्छा आदमी था। उसने हमलावरों पर गोली चलाई और वे भाग गए तथा हम बच गए।

'हम खेतों से होते हुए मुख्य सड़क तक पैदल गए। वहाँ हमने कुछ टैंकों को देखा। सैनिकों ने हमें टैंक पर चढ़ने की अनुमति दी। दो या तीन मील की दूरी के सफर के बाद हमने अपने काफिले के दूसरों से मुलाकात की। एक मुस्लिम लड़के ने हमें एक अस्पताल में रहने में मदद की। वह कुछ रोटियाँ लाया। घायलों का ध्यान रखा गया। फिर हम कुछ पठान सैनिकों से मिले जो हमें छावनी में ले गए। हम बारह दिन तक शिविर में रहे। हमने अपने साथ कुछ खाने का सामान रख लिया था।

'फिर एक दिन कपूरथला से एक हिंदू हमारे शिविर में आया और मुझे बताया कि मेरे पिता और चाचा सुरक्षित लेकिन बहुत भूखे हैं। मैंने उसे खाना दिया। फिर हम लाहौर के बाहर मियां मीर स्टेशन आए। कुछ सैनिक भी वहाँ थे। मैं मियां मीर में अपने पिता से मिला। हम इस धारणा में थे कि सैनिक मुसलमान थे लेकिन वास्तव में वे गोरखा थे। हम मियां मीर स्टेशन पर उतर गए और मोहनी रोड आए जहां मेरा परिवार तब से बस गया है।'

श्रीमती बी.ए. चौधरी

जुलाई 2007 में, कपूरथला की मेरी यात्रा के बारे में पढ़ने के बाद जो 14 जुलाई 2007 के *नईज इंटरनेशनल* में प्रकाशित की गई थी, डॉ. मुहम्मद फारूक ने मेरे साथ संपर्क किया। उन्होंने अपनी माता श्रीमती बी.ए. चौधरी की अग्नि परीक्षा का एक विस्तृत ब्यौरा लिखा जब उन्हें अपने परिवार के साथ कपूरथला से पलायन करना पड़ा। डॉ. फारूक ने मुझे दिनांक 14 अगस्त 2007 को इस ब्यौरे को एक ईमेल द्वारा भेजा:

'विवाह के पहले का मेरा नाम मंजूर अख्तर है। मुझे अच्छी तरह याद है कि बीसवीं सदी के दूसरे अर्ध के दौरान, कपूरथला अविभाजित भारत के पूर्वी पंजाब का एक समृद्ध राज्य था। इसका शासन एक सिख महाराजा, महामहिम महाराजा जगजीत सिंह बहादुर के अधीन था। उनकी प्रजा द्वारा बहुत ज़्यादा श्रद्धा की जाती थी क्योंकि वह एक न्यायसंगत और दयालु शासक थे। उनकी एक और गुणवत्ता यह थी कि वह एक खुले दिल, धर्मनिरपेक्ष और सहिष्णु मन वाले इंसान थे। वह अपने बहुलतावादी दायरे के किसी भी जातीय या धार्मिक समुदाय के खिलाफ कभी भेदभाव नहीं करते थे। इस कारण से न केवल सिख बल्कि अन्य धर्मों के लोग भी उनके राज्य के प्रशासनिक तंत्र के महत्वपूर्ण पदों पर कार्य किया करते थे। मेरे पिता मुस्लिम समुदाय के थे। वह राज्य के बागवानी विभाग में उच्च पद पर आसीन थे और उनके अधीन एक बड़ी संख्या में काम करने वाले लोग थे।

'मैं 1927 में कपूरथला में पैदा हुई थी। मैंने अपना बचपन तथा किशोरावस्था के शुरुआती साल वहाँ गुजारे। मैंने महारानी हरबंस कौर गर्ल्स हाई स्कूल, कपूरथला से मैट्रिक किया जो लोकप्रिय रूप में जलाऊ खाना जाना जाता था। यह स्कूल एक विशाल, पुराने लेकिन सुंदर इमारत में चलता था जो मूल रूप से महारानी का एक परित्यक्त महल था। वह एक तीन मंजिला इमारत थी। इमारत के कुछ हिस्सों का इस्तेमाल अन्य उपयोगी सामाजिक गतिविधियों के लिए किया जा रहा था। उदाहरण के लिए, इमारत के एक हिस्से का इस्तेमाल श्रीमती कूलन देवी नामक एक विशेषज्ञा और दिग्गज के मार्गदर्शन द्वारा विधवाओं, अनाथ लड़कियों और बेसहारा महिलाओं के सिलाई, बुनाई शिक्षण और हस्तशिल्प के विभिन्न प्रकार बनाने के प्रशिक्षण के लिए किया जाता था। वह महिला दो घोड़ों द्वारा खींची जाने वाली एक गाड़ी द्वारा अपने कार्यालय आया करती थीं। स्कूल की विशालता को इस तथ्य से आंका जा सकता है कि वहाँ अपने दस वर्षों के दौरान मैंने सभी कमरों को कभी नहीं देखा। यह एक पुराने महल के आसपास के क्षेत्र में स्थित है। इसमें कई तहखाने थे तथा कई सुरंगें थीं जिनमें से ज़्यादा पुराने और अप्रयुक्त थे और इसलिए अंधेरे में थे। मुझे अभी भी दो सिख वर्ग-साथियों का नाम याद है जो हैं बीरो तथा जीत्तो।

'लड़कों की शिक्षा के लिए एक अलग और प्रसिद्ध शिक्षण संस्था थी जिसका नाम था रणधीर सरकारी स्कूल/कॉलेज, कपूरथला। दूर-दूर से छात्र इस संस्था में आया करते थे। जैसा कि मैंने पहले ही बताया है कि कपूरथला एक बहुलवादी समाज था, जिसमें सिख, मुसलमान, हिंदू और ईसाई बहुत ही दोस्ताना माहौल में एक साथ रहते थे; बिल्कुल एक परिवार के सदस्यों की तरह।

'हमारा परिवार कई घरेलू नौकरों के साथ एक आरामदायक जीवन यापन करता था। शहर के मध्य में एक भव्य मस्जिद थी। यह वास्तुकला का एक बेहतरीन नमूना था। यहाँ इसके साथ रहने लायक 30-40 क्वार्टर थे जिसे मुख्य रूप से उन छात्रों के

लिए हॉस्टल के रूप में इस्तेमाल किया गया था जो इस्लामी अध्ययन के लिए दूर-दूर से कपूरथला आया करते थे। मस्जिद के पास ही विशाल हरे भरे घास के मैदान थे। मैं मेरे माता-पिता और भाई-बहन के साथ अक्सर मस्जिद का दौरा करने जाया करती थी। इन अवसरों पर मेरे पिता मस्जिद के अंदर दुआ करने के लिए जाया करते थे जबकि हम बच्चे अपनी माँ के साथ मस्जिद के हरे मैदान पर टहलते।

'कपूरथला रेलवे स्टेशन बहुत बड़ा नहीं था लेकिन किसी आगंतुक के लिए बहुत प्रभावशाली था। इसकी साफ-सफाई देखने वाली थी। रेलवे स्टेशन की एक साइडिंग पर खड़े विशिष्ट जगमग सफेद निजी रेलवे सैलून को देखा जा सकता था जिसका महाराजा के द्वारा इस्तेमाल किया जाता था जब भी वह रेल से यात्रा करते थे।

'मुझे अभी भी वह दिन याद है जब लोग बेसब्री से रेडियो के चारों ओर भीड़ लगा कर विभाजन की आधिकारिक घोषणा सुनने के लिए खड़े हो गए। हमारी खुशी की कोई सीमा नहीं थी जब प्रारंभिक घोषणा में यह घोषित किया गया कि होशियारपुर, गुरदासपुर, जालंधर और फिरोजपुर को पाकिस्तान में शामिल किया गया है *(यह तथ्यों की कोई गलत व्याख्या होनी चाहिए)*। यह सुनकर, हम में से हर एक ने राहत की सांस ली, क्योंकि इसका यह मतलब था कि हम लोगों को हमारे घरों से उठा कर फेंका नहीं जाएगा। मगर, जल्द ही खबर जंगल की आग की तरह फैल गई कि पूर्वी पंजाब के सभी जिलों और रियासतों को भारत को दे दिया गया है। हम यह खबर सुनने पर पूरी तरह से उदास और निराश हो गए। इस खबर से कुछ घंटों के अंदर कपूरथला में लगभग एक गृह युद्ध और अराजकता फैल गई। विभिन्न जातीय और धार्मिक समुदाय जो अब तक दशकों से सौहार्दपूर्ण संबंधों का आनंद ले रहे थे, वे विशेष रूप से मुसलमानों के विरुद्ध हो गए। कभी भरोसेमंद दोस्त अब शत्रु बन गए।

'हमारा दुर्भाग्य यह था कि इस महत्वपूर्ण मोड़ पर महाराजा जगजीत सिंह विदेशों में एक लंबी यात्रा पर थे। इसलिए इस महत्वपूर्ण समय पर वह अपने मुसलमानों की मदद करने के लिए नहीं आ सके।

'कार्यकारी शासक टिक्का साहिब, जो महाराजा के ज्येष्ठ पुत्र थे, उन्हें अपनी मुसलमान प्रजा की कोई परवाह नहीं थी। वास्तव में, जैसा कि बाद की घटनाओं से सामने आया था, उन्होंने अपने मुस्लिम लोगों तथा उनके परिवारों की सिखों के हमलों से रक्षा के लिए कोई भी ईमानदार प्रयास नहीं किया; अन्यथा अधिकतम नरसंहार और विनाश को टाला जा सकता था। उनमें वफादार श्रमिकों और उनके परिवारों के प्रति जिन्होंने अपने जीवन के बेहतरीन साल कपूरथला की सेवा करने में बिताए थे, कोई सम्मान या सराहना की भावना नहीं थी। इस अवस्था में कुछ मुस्लिम कुलीन लोगों ने मदद और सहायता के लिए टिक्का साहिब के पास जाने का फैसला किया ताकि प्रभावित मुस्लिम परिवारों को सुरक्षित बाहर निकाला जा सके। इस अनुरोध को आधे

मन से मंजूरी दी गई। 28 ट्रकों के एक काफिले में कुछ सशस्त्र वाहनों द्वारा संरक्षित कर अपने गंतव्य के लिए मुस्लिम परिवारों को ले जाना स्वीकृत किया गया। चूंकि काफिले में शरणार्थी परिवारों को अगले दिन ले जाना था, शुरू हो चुकी अराजकता की वजह से तथा सुरक्षा के कारणों से, पुरुष सदस्यों द्वारा संरक्षित मुस्लिम परिवारों के समूह विभिन्न उपयुक्त स्थानों पर एक साथ इकट्ठे हुए ताकि वे सिख दंगाईयों के हमलों से खुद को बचा सकें। अगली शाम ट्रकों का काफिला आया लेकिन ये सशस्त्र वाहनों के साथ नहीं थे। घबड़ाये तथा दहशतमंद मुस्लिम परिवार इन पर चढ़ने के लिए उमड़ पड़े। हमें बताया गया कि निर्धारित कार्यक्रम के अनुसार काफिला पहले शहर के मुख्य मुख्यमार्ग पर पहुंचेगा जहां एक औपचारिक समारोह होगा जिसमें टिक्का साहिब प्रस्थान कर रहे मुस्लिम परिवारों को राज्य के लिए उनकी सेवाओं को स्वीकार करते हुए सलामी देंगे, क्योंकि महाराजा जगजीत सिंह ने चाहा था कि ऐसा किया जाए। काफिला हमें मुख्य मुख्यमार्ग ले गया जहां हमें टिक्का साहिब द्वारा सलामी दी गई। विदाई समारोह अच्छी तरह से हुआ, जिसके बाद युवराज और अन्य गणमान्य व्यक्ति इधर-उधर चले गए।

'समारोह के बाद, कार्यक्रम के अनुसार हमारे काफिले को चलना था तथा हमें पाकिस्तान जाना था; मगर हमें बताया गया कि प्रस्थान के समय में कुछ परिवर्तन किया गया था, क्योंकि सशस्त्र वाहन काफिले के साथ जाने के लिए तैयार नहीं थे। इस निर्णय का एक परिणाम यह हुआ कि हमें हमारे घरों में वापस छोड़ दिया गया और परिवार अपने घरों को वापस लौट आए तथा अगले दिन उन्हें लेने के लिए आने वाले काफिले की प्रतीक्षा करने लगे। जब हम अपने घर लौटे तो मैं दंग रह गई कि हमारे सिख पड़ोसियों ने, जो हमारे करीबी दोस्त थे, उन्होंने हमारे घर में सेंध लगाई थी और चारदीवारी में छेद बना लिए थे ताकि वे हमारे घर की लूट कर सकें। कई कीमती सामान पहले से ही लूट लिया गया था। छत से पंखे गायब थे। यह अजीब था कि केवल कुछ घंटे पहले, जब हम काफिले के साथ जा रहे थे, उन्हीं सिख पड़ोसियों ने जिन्होंने हमारा सामान लूटा था, हमें एक गर्मजोशी से विदाई दी थी और अनियंत्रित भावुकता के चलते, उनके आँसू टपक कर उनके गालों से नीचे गिर रहे थे तथा उन्होंने हमें आश्वासन दिया था कि वे हमारे घर की अच्छी तरह से देखभाल करेंगे; और दशकों बाद लौटने पर भी हम अपने घर को पूरी तरह से सुरक्षित पाएंगे।

'उनके दृष्टिकोण में आए इस अचानक बदलाव के चलते मैं अपनी भावनाओं पर नियंत्रण नहीं कर सकी और जोर से रोने लगी। मेरी माँ ने मुझे एक मूक संकेत के साथ चुप हो जाने को कहा और अपने इशारों और शारीरिक संकेतों के साथ मुझे समझाने की कोशिश की कि हमारे पड़ोसी अपनी शर्मिंदगी से बचने के लिए हमें मार सकते है क्योंकि उन्होंने अपना वायदा तोड़ दिया है। हमारे लिए यह एक भयानक रात थी और हम सो न सके। अगले दिन हर कोई बेसब्री से काफिले के ट्रकों के

आगमन का इंतजार कर रहा था। एक अंतहीन प्रतीक्षा के बाद काफिला शाम को पहुंचा। घबराए तथा डरे हुए मुस्लिम परिवार एक बार फिर ट्रकों की तरफ बढ़े। ट्रक यात्रियों से खचाखच भर गए। जब हम चढ़ने की तैयारी कर ही रहे थे कि सिखों ने मेरे पिता और मेरे दादा पर हमला कर दिया जो सोने के गहनों और करेंसी नोटों से युक्त एक ब्रीफकेस को ले जा रहे थे और उन्हें बंदी बना लिया। इस प्रकार वे हम से अलग हो गए और काफिले में हमारे साथ नहीं जा सके। काफिले के कर्मचारियों ने विशाल आकार के अपारदर्शी प्लास्टिक शीट से ट्रकों को ढक दिया ताकि सिख दंगाई युवा लड़कियों, महिलाओं और बच्चों को न देख सकें। हम काफिले के ट्रक 7 पर थे। मेरी माँ ने मुझे और मेरे भाई-बहनों को ट्रक में छिपा दिया। वह हमें पूरी चुप्पी बनाए रखने के लिए कहती रहीं।

'कुछ दूरी की यात्रा करने के बाद काफिले पर एक सिख भीड़ द्वारा हमला किया गया था और केवल पहले ग्यारह या बारह ट्रक हमले से बच कर भाग निकले और बाकी शेष काफिला जारी नहीं रख सका क्योंकि हमलावरों द्वारा ट्रकों के टायरों पर गोलियां मारी गई थीं। प्लास्टिक शीट के नीचे छिपी हालत में हम असहाय महिलाओं और बच्चों की चीखें सुन सकते थे जिन पर हमला किया जा रहा था। यह चीखें धीरे-धीरे धीमी हो गईं जैसे-जैसे हमारे ट्रक आगे बढ़ते रहे। अब तक अंधेरा हो चुका था। काफिला एक जगह रुका जो एक जंगल की तरह लग रहा था। हमें बताया गया कि यह कपूरथला राज्य की सीमा थी और वहाँ के बाद से हमें अपने दम पर अपनी यात्रा जारी रखनी पड़ेगी। हमें बताया गया कि वहां एक रेल स्टेशन लगभग दो मील दूर स्थित था। भारी बारिश पड़ने लगी। हमें ट्रकों से बाहर निकलने का आदेश दिया गया। हम चारों ओर बारिश के पानी की बौछाड़ को देख सकते थे। काफिले के अन्य यात्रियों की तरह हमें भी बारिश के पानी के पोखर से होकर जाना पड़ा जो कई स्थानों पर दो या तीन फुट गहरा था। मेरी माँ हमारे एकमात्र भाई को ले जा रही थी जो उस समय सिर्फ छह साल का था। मेरे साथ मेरी तीन बहनें थीं। मेरी बड़ी बहन बहुत डरपोक थी और हमारा मार्गदर्शन नहीं कर सकी। जिम्मेदारी इसलिए मेरे कंधों पर आ पड़ी। हमारी सबसे बड़ी बहन हमारे साथ नहीं थी; उसकी पहले से ही शादी हो गई थी और पाकिस्तान में वह अपने पति के साथ रह रही थी। गहरी बारिश के पानी में चलते हुए, हमने अपने जूते खो दिये और परिणाम स्वरूप हमारे पैर तेज धार पत्थरों से छिल कर जख्मी हो गए। छुरे की तरह धार वाली जंगली घास से हमारे पैरों पर खरोंच आ गई। अन्य शरणार्थियों की तरह, हमें भी अपने अंगों से जोंक हटाने पड़े। हममें से कुछ लोगों को सांपों ने काट लिया था। हमें करीब दस दिन तक छिपना पड़ा। यह हम सभी के लिए एक बहुत मुश्किल समय था क्योंकि वहाँ न तो भोजन था और न ही पीने के लिए स्वच्छ पानी। हमें गेहूं के सूखे अनाज खाने के लिए मजबूर होना पड़ा जो कुछ परिवारों के पास था। कुछ लोग पीने का पानी दूर कुओं से लेकर

आए लेकिन वह बहुत कम था। वहाँ कोई शौचालय नहीं था और पुरुषों को उनकी पत्नियों और बेटियों की शर्म को ढकने तथा गोपनीयता बनाए रखने के लिए, कपड़े के टुकड़ों का इस्तेमाल करना पड़ा।

'इस दौरान हमें पता लगा कि वहाँ पास में कोई रेल हेड नहीं था जैसा कि हमें बताया गया था। हालांकि एक सड़क जो पाकिस्तान जाती थी, वह करीब दो मील की दूरी पर आगे थी। हम उस सड़क तक पहुँच गए। कुछ समय के बाद ट्रकों का एक काफिला वहाँ रुका। वह पाकिस्तान की सेना का एक काफिला था जो भारत से आ रहे शरणार्थियों का मार्गरक्षण कर रहा था। हर कोई ट्रकों में चढ़ने के लिए भागा लेकिन उसमें शायद ही कोई जगह उपलब्ध थी। हम अपने पिता और दादा के अभाव की वजह से खुद को काफी लाचार महसूस कर रहे थे। मेरी माँ ने अपने बच्चों को पाकिस्तान ले जाने के लिए सैनिकों से विनती की। उन्होंने पाकिस्तान न जाने का फैसला किया था और वहीं रह कर वह हमारे पिता और दादा की खोज करना चाहती थीं। वह केवल इतना चाहती थीं कि उनके बच्चे सुरक्षित रूप से पाकिस्तान जा सकें। वह सिखों के बजाए मुसलमानों को अपने छोटे बच्चों को देने को प्राथमिकता दे रही थीं। एक सैनिक को मेरी माँ पर दया आ गई और उसने पाकिस्तान के लिए हमें ले जाने का वायदा किया लेकिन वहाँ ट्रकों में हमारे लिए कोई जगह नहीं थी। इसलिए हम मजबूर थे कि अगले दिन तक हम वहाँ ही रहें। अगले दिन दोपहर के आस-पास काफिला वापस लौटा, सैनिक ने मेरी माँ को पहचान लिया और उन्हें हमारे साथ वाहन में सवार होने को कहा। लेकिन मेरी मां ने हमें ट्रक में बैठाने के बाद उस सिपाही को समझाया कि वह क्यों हमारे साथ नहीं जा सकती। उदास आँखों से उन्होंने हमें अलविदा कहा और सिपाही से कहा, "मैं लाचारी की हालत में, आपके अनुरक्षण में अपने बच्चों को छोड़ रही हूँ। कृपया उनका ख्याल रखना। अल्लाह उन्हें उनके संरक्षण में रखे।"

'ट्रक दूर चला गया। हमने अपनी माँ को देखा और आश्वस्त थे कि हम उसे फिर कभी नहीं देखेंगे। जल्द ही उनकी झलक भी धूमिल हो गई। इस निविदा उम्र में असुरक्षित होने की अनुभूति और एक अजीब माहौल में होने के कारण हम सभी को रोना आ गया। काफिला कुछ दूरी की यात्रा के बाद रुक गया। सड़क के बगल में एक युवा मुस्लिम महिला स्तब्ध अवस्था में पड़ी हुई थी। उस पर हमला किया गया था और सैनिक उसकी मदद करने के लिए रुके। उन्होंने पाया कि वह अभी भी जिंदा थी हालांकि उसका काफी खून बह चुका था। वह कोमा में थी। उसके पेट के गहरे घाव से रिसाव हो रहा था। उसके चारों ओर सैनिकों ने कपड़े का एक टुकड़ा लपेट दिया जिसने एक पट्टी के सहायक के रूप में काम किया। उसे हमारे ट्रक पर ले लिया गया। हमें उसके रक्त से सराबोर शरीर से चींटियों को बाहर निकालने के लिए कहा गया। यह सब हमारे लिए एक भयानक अनुभव था। काफिले ने अपनी यात्रा जारी रखी। अंत में हमें बताया गया कि हम वाघा सीमा पर पहुंच गए थे।

'काफिले के शरणार्थियों ने भावुकता तथा श्रद्धा की भावना के साथ पाकिस्तान की धरती को चूमा और घायल महिला को एक एम्बुलेंस में डाल दिया। मुझे पता नहीं वह जीवित थी या तब तक मर गई थी। वे लोग जो अपने परिवारों के सारे सदस्यों समेत आ गए थे, विशेष रूप से खुश थे। मगर, हमारे चेहरों पर उदासी और निराशा परिलक्षित हो रही थी क्योंकि हमने अपने माता-पिता और अपने दादा को खो दिया था। शरणार्थियों की मदद के लिए लोग भोजन और उपयोगी वस्तुओं को लेकर आए थे। वाघा सीमा पर कुछ समय रुकने के बाद ट्रक वाल्टन शरणार्थी शिविर स्टेशन की ओर चले गए। यह एक बहुत बड़ा शरणार्थी शिविर था। हम ग्यारह दिन तक शिविर में रुके थे। लाउडस्पीकरों द्वारा सभी शरणार्थियों के नामों की घोषणा करने की एक व्यापक व्यवस्था की गई थी। उन शरणार्थियों के नामों की जो हाल ही में पहुंचे थे तथा जो पहले से ही वहाँ थे, बार-बार घोषणा की जा रही थी ताकि पाकिस्तान में उनके मित्र और उनके रिश्तेदार उन्हें मिल सकें। इसके अलावा, पाकिस्तानी रिश्तेदारों के नामों की घोषणा भी बार-बार की जा रही थी ताकि उन्हें पाया जा सके और भारत की ओर से आए उनके रिश्तेदारों से मेल हो सके। इसी प्रकार इन दो तरह की घोषणाओं को लगातार रेडियो पाकिस्तान पर भी प्रसारित किया जा रहा था।

'ग्यारहवें दिन जब हम घोषणाओं को सुन रहे थे तब मैंने एक दूर के रिश्तेदार का नाम सुना, जो बीडन रोड पर एक घर में रहते थे। हमें अग्नि परीक्षा और प्रतिकूलताओं से भरी एक दुखद यात्रा के बाद इस आशा की एक किरण ने सांत्वना दी। हमने तुरंत बीडन रोड निकलने का फैसला किया। हमने एक तांगे वाले से संपर्क किया और उससे पूछा कि क्या वह हमें बीडन सड़क तक ले जाएगा, हालांकि हमारे पास उसे किराए का भुगतान करने लायक पैसे नहीं थे। उस समय पाकिस्तानी नागरिकों की राष्ट्रवादी और देशभक्ति की भावनाएँ काफी ऊंचीं थीं। उसने तत्काल सहमति व्यक्त की। हम अपने रिश्तेदार के घर पहुंचे और वह हमें चिथड़ों तथा बिना जूतों में देख कर हैरान थे। विभाजन से पहले, जब भी वे हमें कपूरथला में मिलने आए तो हमें बहुत खुशहाल जीवन बिताते देखा था। उन्होंने हमें हमारे माता-पिता के बारे में पूछा और जब हमने उन्हें पूरी कहानी बताई तो वे और भी अधिक दुखी हो गए।

'नहाने के बाद हमें साफ कपड़े दिए गए। हमने बहुत लंबे समय के बाद एक वैभवशाली और स्वादिष्ट भोजन का आनंद लिया। हम लगभग दस दिन तक वहां रुके। हमारे रिश्तेदार हमारे नाम और पते की रेडियो पाकिस्तान में घोषणा करवाने में कामयाब हुए। इस घोषणा ने पाकिस्तान में हमारे अन्य रिश्तेदारों का ध्यान आकर्षित किया। इस तरह हमारे प्रियजनों के साथ हमारा पुनर्मिलन मुमकिन हुआ। मेरे माता-पिता और मेरे दादा एक महीने से अधिक के अंतराल के बाद हमें मिल गए। वे एक और काफिले में शामिल होने में कामयाब हो गए थे लेकिन देरी इसलिए हो गई क्योंकि

ब्यास नदी पर पुल बाढ़ के पानी से क्षतिग्रस्त हो गया था और काफिला कई दिनों तक पुल पार नहीं कर सका।'

शेख मुहम्मद फारूक

मैंने राजगढ़, लाहौर की यात्रा के दौरान 13 दिसंबर 2004 को शेख मुहम्मद फारूक से मुलाकात की तथा उसने मुझे सुल्तानपुर लोधी से उनके बाहर निकलने के बारे में इस कहानी को बताया:

'मेरी मां, बहनें और मैं सुल्तानपुर लोधी में रहते थे। मेरे पिता की मृत्यु हो गई थी, इसलिए हमारे परिवार में कोई बड़ा पुरुष नहीं था। जब दंगे शुरू हुए तब मेरे पिता के एक सिख दोस्त संता सिंह, हमारी मदद करने के लिए आए। उन्होंने मुझे अपने कंधे पर उठा लिया तथा मेरी माँ और बहनें उनके पीछे-पीछे शरणार्थी शिविर की राह पर चलती रहीं। अचानक हमें एक सिख भीड़ ने घेर लिया। हथियारबंद लोग मुझे और मेरी माँ को मारना तथा और मेरी बहनों को दूर ले जाना चाहते थे। संता सिंह ने उन्हें चुनौती दी और कहा: "पहले तुम मुझे मारो और उसके बाद तुम इस महिला और इन बच्चों को छू सकते हो। ये मेरे परिवार की तरह हैं। क्या गुरु ने तुम्हें यही सिखाया है?" एक बूढ़े जिसने यह सुना धक्का देते हुए आगे आया और संता सिंह के बगल में खड़ा हो गया। उन्होंने कहा, "इस सिख को अपनी बात रखने दीजिए। इस मुस्लिम परिवार को छोड़ दो"। भीड़ यह सुनकर तितर-बितर हो गई।'

कपूरथला को पाकिस्तान से एक पत्र

होशियारपुर की यात्रा के दौरान जिसका पहले एक उल्लेख किया है, मैंने लिखा था कि हमें जिला कांग्रेस कमेटी महासचिव श्री रजनीश टंडन द्वारा घर ले जाया गया था। उनकी पत्नी ने कपूरथला के बारे में मुझे निम्नलिखित कहानी सुनाई:

'मैं मूल रूप से कपूरथला से हूँ। मेरे पिता के कई मुस्लिम दोस्त थे। वे सभी 1947 में चले गए। एक दिन मेरे पिता के लिए पाकिस्तान से एक पत्र और एक मनीऑर्डर आया। यह उनके एक पुराने मुस्लिम दोस्त का था। वे भाइयों की तरह थे। जब विभाजन हुआ तो उनके दोस्त को पाकिस्तान जाना पड़ा। उन्होंने मेरे पिता से कुछ पैसे उधार लिए थे जो वह वापस जाने से पहले लौटा नहीं सके थे। पत्र में उन्होंने मेरे पिता को सूचित किया कि वह अपनी मृत्युशय्या पर हैं और किसी भी पल मर जायेंगे।

'उन्होंने कहा कि पाकिस्तान में उन्हें बहुत कठिन समय का सामना करना पड़ा था और कर्ज का भुगतान करने के लिए वह पैसे नहीं बचा सके थे लेकिन अब वह यह वापस कर रहे थे। उन्होंने आशा व्यक्त की इतने लंबा समय लेने के लिए मेरे पिता

उन्हें माफ कर देंगे। मेरे पिता ने रोना शुरू कर दिया और उन्हें जवाब में लिखा कि ऋण महत्वपूर्ण नहीं था और इसके बारे में उन्हें कुछ भी याद नहीं था। वह उनके बारे में इतने वर्षों के बाद जानकर खुश थे लेकिन उनका दिल रो रहा था कि वह उनके अंतिम क्षणों के दौरान उनकी शय्या के पास नहीं थे।'

फरीदकोट राज्य

फरीदकोट की कुल आबादी 1,99,283 थी। यहाँ एक बड़ी सिख आबादी थी 1,15,070 (57.7 फीसदी), जबकि मुसलमान 61,352 (30.7 प्रतिशत) थे तथा ऊंची और अनुसूचित जाति के हिंदुओं की संख्या केवल 21,789 (10.9 प्रतिशत) थी। फरीदकोट के महाराजा बहुत पहले ही अकाली प्रभाव के अधीन हो गए थे तथा फरीदकोट की सेना ने लाहौर के बाहर राजगढ़ पर एक छापे में बहुत पहले मई 1947 में हिस्सा लिया था। सेना और पुलिस ने शहरी और ग्रामीण दोनों इलाकों पर छापा मारा था और बहुत से मुसलमानों की मौत हो गई थी। महाराजा खुद फरीदकोट शहर से मुसलमानों के निष्कासन की देखरेख कर रहे थे। उन्हें अपने साथ ज़्यादा सामान ले जाने की अनुमति नहीं थी (*डिसटरबेनसेस इन द पंजाब*, 1995: 396)।

फरीदकोट से मुसलमानों को बाहर निकालने के बारे में अलग-अलग संस्करण हैं। एक कहानी यह है जिसे हारून सलीम भट्टी की दादी द्वारा सुनाई गई है कि महाराजा की मां ने उन्हें मुसलमानों के खिलाफ बल का उपयोग करने से रोका और बताया कि चूंकि कई अपने सैनिक तथा महल के सुरक्षा कर्मचारी मुसलमान थे, नैतिक रूप से वह बाध्य थे कि उनके समुदाय को नुकसान नहीं पहुंचे। महाराजा ने इसलिए हुस्सैनीवाला हेडवर्क्स तक मुसलमानों को सुरक्षित ले जाने के लिए अनुरक्षण प्रदान किया जहां से वे पाकिस्तान की सीमा पार कर गए। एक और कहानी मुझे हसन दीन द्वारा बताई गई थी।

हसन दीन

'हम फरीदकोट शहर में रहने वाले छोटे किसान थे, हालांकि हम शहर के थोड़ा बाहर ही खेतों में हल चलाते थे। सिख मुसलमानों के लिए अगस्त की शुरुआत से खतरा पैदा करने लगे। तब हमें बताया गया कि महाराजा ने सभी मुसलमानों को चले जाने का आदेश दिया था। हम कुछ दूरी तक फरीदकोट की सेना के साथ थे और फिर वे वापस चले गए। हम सभी कई हजार हर तरह के लोग थे जो एक साथ पैदल चल रहे थे। बुर्जुगों को ठेलों पर और कुछ को साइकलों पर बैठा लिया गया था। मुझे याद है कि कुछ मामलों में, बूढ़े और कमजोर लोगों को ले जाना असंभव हो गया था तथा लोगों ने उनका परित्याग करना शुरू किया। अक्सर बुजुर्ग लोग खुद ही पीछे रह जाने पर जोर देते तथा अपने परिवारों के लोगों से विनती करते कि वे आगे बढ़ते रहें

और जितनी जल्दी हो सके पाकिस्तान तक पहुँचने का प्रयास करें। निस्संदेह वे महसूस करते थे कि उनकी स्थितियाँ निराशाजनक थीं और अपने परिवारों का एक बोझ होने की तुलना में बतौर भगवान से डरने वाले मुसलमान अपने दीन पर विश्वास करते लग रहे थे और उनके साथ जो भी होता उसको वह स्वीकार करने के लिए तैयार थे। कुछ मामलों में परिवार के अन्य सदस्य उनके साथ रह गए। यह एक लंबा काफिला था, इसलिए मुझे नहीं याद है कि जिन लोगों ने चलना जारी नहीं रखा उन पर क्या बीती।

'बस जैसे ही हम अंग्रेजी इलाके में पहुँचे (शायद इसका अर्थ फिरोजपुर तहसील के आस-पास है) हम पर सभी प्रकार के हथियारों से लैस जत्थों ने हमला किया। वे चिल्ला रहे थे और नारे लगा रहे थे। लोग सभी दिशाओं में भाग गए। मेरे पिता मेरा हाथ पकड़े हुए थे जबकि मेरी मां मेरी छह महीने की छोटी बहन को साथ ले जा रही थी। मेरे बड़े भाई और बहन भी हमारे साथ थे। लेकिन जब हमले हुए तब हम अलग हो गए। मैं महज एक छोटा सा लड़का था। घोड़े की पीठ पर सवार एक सिख ने मेरे पिता के सीने में एक भाला घुसेड़ दिया और वह एक चीख के साथ गिर पड़े। मैं चिल्लाने लगा और इसलिए वह घोड़े की पीठ पर सवार सिख दूर चला गया। एक और व्यक्ति मेरी ओर आया लेकिन जब उसने मुझे अपने पिता को पकड़े हुए देखा तो वह झिझक गया और फिर दूर चला गया। कौन जानता है कि उसके मन में क्या चल रहा था लेकिन वह मुझे मारना नहीं चाहता था।

'चारों ओर लाशें पड़ी हुई थीं, केवल कुछ बच्चों को बख्शा गया था। कुछ बुजुर्ग महिलाओं को भी बख्शा गया था, लेकिन वे युवा लड़कियों को उठा ले गए। मेरी मां और बहन की मौत हो गई। दोनों को गोलियों से मारा गया था। मुझे कभी नहीं पता चला कि मेरे बड़े भाई के साथ क्या हुआ। फरीदकोट शहर छोड़ कर जाने वाले कई हजार लोगों में से केवल कुछ सौ लोग खेतों में छुप कर अपने आप को बचाने में कामयाब हुए। फिरोजपुर में सौभाग्य से हमने एक अंग्रेज अधिकारी के नेतृत्व में कुछ सैनिकों से मुलाकात की। उनमें मुसलमान भी थे जिन्होंने हमारी मदद की। कसूर पहुँचने में हमें कई दिन लग गए जहां हमें ईसाइयों से चिकित्सा सहायता मिली।

'मैं कुछ दिन तक कसूर में एक शिविर में रहा। स्थिति बहुत खराब थी लेकिन हम सब पाकिस्तान में थे और हमने सुरक्षित महसूस किया। मेरे जैसे छोटे बच्चों ने जिन्होंने अपने पूरे परिवार को खोया और उनकी देखभाल के लिए कोई नहीं था, कुछ भगवान से डरने वाले स्थानीय मुसलमान लोगों द्वारा उनकी मदद की गई और उन्होंने हमें खाना दिया। स्थानीय मौलवियों ने हमारी मदद के लिए भी वह सब कुछ किया जो वे कर सकते थे। फिर एक दिन मेरे मामा ने मुझे ढूंढ लिया। वे सिविल सचिवालय में काम कर रहे थे। वह और उनकी पत्नी निःसंतान थे और उन्होंने मुझे अपने बेटे के रूप में बड़ा किया। जीवन एक बहुत ही दर्दनाक और कठिन संघर्ष रहा है। मुझे

मेरे माता और पिता दोनों की याद आती है। अब मेरे खुद के बच्चे हैं लेकिन पुराने घाव अभी भी नहीं भरे हैं।'

खान बहादुर मलिक खुदा बख्श

खान बहादुर खुदा बख्श मलिक की गवाही को विभाजन से पहले ब्रिटिश पंजाब के कुछ पूर्वी जिलों के संबंध में प्रस्तुत किया गया है। उन्होंने उस अवधि के दौरान कुछ सिख राज्यों का भी दौरा किया। उन्होंने इस बारे में निम्नलिखित बातें कहीं :

पटियाला

पटियाला शहर में 1 सितम्बर 1947 को 48 घंटे का कर्फ्यू लगाया गया था और इस अवधि के दौरान सिख मुसलमानों को मारने लगे। खबर थी कि मुस्लिम नेताओं को महामहिम द्वारा बुलाया गया और उन्हें बताया गया था कि शहर के तीन वार्डो में मुस्लिम शरणार्थी शिविरों को स्थापित किया गया था और उन्हें मुस्लिम सैनिकों द्वारा संरक्षित किया जाएगा। पटियाला के मुसलमान, इसलिए, इन शिविरों के लिए रवाना हुए। मुस्लिम सैनिकों और सिख सैनिकों के बीच एक टकराव हो गया जिसमें मुसलमानों की बुरी तरह पराजय हो गई। इसके बाद मुसलमानों की बेरहमी से हत्या कर दी गई। कई सौ युवा नंगी मुस्लिम लड़कियों को शहर के मध्य एक जुलूस में निकलने के लिए बाध्य किया गया तथा सिखों को चयन करने का मौका दिया गया कि वे जिसे चाहें पसंद कर लें। मैं इस बारे में कुछ नहीं कहूंगा कि किस तरह से उन मुस्लिम महिलाओं का खुले-आम बलात्कार किया गया और उनके स्तनों को काट डाला गया. . .

सरहिंद शरीफ में आस-पास के गांवों से करीब 30,000 मुसलमानों को एकत्र किया गया था। मैंने इकट्ठा हुए समूह को हजरत मुजदीदिदुल अल्फसानी के खानकाह के आसपास देखा. . . यह कहा जाता है कि महामहिम महाराजा ने यह घोषणा की थी कि इस खानकाह को तब तक छुआ नहीं जाए जब तक ननकाना साहिब सुरक्षित था। अगर ननकाना [साहिब] के साथ कोई भी अनहोनी हुई तो सरहिंद शरीफ के साथ वैसा ही किया जाएगा. . . पटियाला राज्य में मुसलमानों ने भारी जीवन और संपत्ति का नुकसान देखा है। असल में पटियाला राज्य के लोग जो कुछ अम्बाला, लुधियाना और करनाल में हुआ है, उसके लिए जिम्मेदार हैं (1993: 210-12)।

नाभा

मैं प्रधानमंत्री, नाभा के संपर्क में आया जिन्होंने 15,000 मुसलमानों की सुरक्षा आश्वस्त करने की कृपा की, लेकिन उनकी जल्दी निकासी का आग्रह किया। उन्होंने यह लिखा :

'मैं सरदार राजिंदर सिंह, पुलिस उपाधीक्षक को भेज रहा हूँ ताकि वह आपको व्यक्तिगत रूप से पूरी स्थिति से परिचिय करा दें। राजनीतिक समाधान, सांप्रदायिक पागलपन, राज्य का भूगोल तथा सैन्य और पुलिस बल की कमी राज्य में अल्पसंख्यक मुसलमानों की आबादी की तत्काल निकासी की ओर इशारा करते हैं. . .

'नाभा में स्थिति बड़ी चिंता पैदा कर रही थी जब मैंने अंबाला छोड़ा। मैं प्रधानमंत्री पर भरोसा करता हूँ कि वह सब कुछ करेंगे लेकिन मुझे संदेह है कि वह लंबे समय तक सफल होंगे। बहावलपुर के लिए नाभा लोगों की निकासी ही एकमात्र समाधान लगता है।' (वही: 212)

कलसिया

कलसिया केवल 67,393 की कुल आबादी वाला एक छोटा सा राज्य था जिसमें मुसलमानों का 25,049 या 37 प्रतिशत का एक बड़ा अल्पसंख्यक समुदाय था। खान बहादुर मलिक खुदा बख्श लिखते हैं:

> 'यह लग रहा था कि कलसिया मुसलमानों को निकाल बाहर करने में पटियाला के साथ प्रतिस्पर्धा कर रहा था। इसके भूगोल ने, हालांकि, मुसलमानों को अम्बाला की तरफ भागने में कामयाब बना दिया और मुझे विश्वास है कि जीवन तथा संपत्ति की हानि इतनी ज़्यादा नहीं हुई जितनी पटियाला में हुई थी। मैं डेरा बस्सी (कलसिया राज्य) के मुसलमानों को सुरक्षित रूप से मुबारकपुर शिविर ले गया (वही)।'

नालागढ़

नालागढ़ जो कि एक पहाड़ी राज्य था, और भी छोटा था। इसकी कुल आबादी केवल 52,780 थी। मुस्लिम अल्पसंख्यक आबादी केवल 6,862 या केवल 13 प्रतिशत थी। खान बहादुर मलिक खुदा बख्श लिखते हैं:

> 'सैयद गुलाम भीक नारंग, एम.एल.ए. अम्बाला, को संबोधित उन्मत्त टेलीग्रामों से पता चलता है कि मुसलमानों की हत्या की जा रही थी। मैंने महामहिम महाराजा को तार भेजी जिन्हें मैं व्यक्तिगत रूप से जानता था ताकि वे मुसलमानों के जीवन और सम्मान की रक्षा करें। मैंने उनके पास से एक तार प्राप्त किया जिसमें उन्होंने बताया कि वह अपनी तरफ से हर मुमकिन कोशिश करेंगे लेकिन उनके राज्य से खबरें आती रहीं कि मुसलमानों का कत्लेआम किया जा रहा था (वही: 213)।'

खान बहादुर अब्दुल अजीज, मुख्य न्यायाधीश, जींद राज्य

जींद राज्य के पूर्व मुख्य न्यायाधीश द्वारा एक अन्य विस्तृत रिपोर्ट भी उपलब्ध है। इसमें से कुछ अंश नीचे दिए गए हैं:

> यह एक पल के लिए भी इंकार नहीं किया जा सकता है कि अकाली नेताओं, पटियाला, नाभा और फरीदकोट राज्यों के शासकों के बीच एक प्रकट साजिश थी तथा यह भारतीय संघ के उप-प्रधानमंत्री श्री पटेल द्वारा समर्थित थी (1993: 190)।

वह कई घटनाओं का विवरण देते हैं जिनमें पाकिस्तान की ओर जा रही गाड़ियों पर बठिंडा और धुरी पर हमला किया जाने का जिक्र है, जो दोनों स्थान पटियाला राज्य के अधिकार क्षेत्र के भीतर थे। पाकिस्तानी अधिराज्य के कई कर्मी उन गाड़ियों में थे। कई लोग मारे गए। इसलिए पाकिस्तान सरकार को उस मार्ग से यातायात पर प्रतिबंध लगाना पड़ा। उनका मानना था कि अगर पाकिस्तानी सरकार ने 'उचित कार्रवाई' की होती तो गाड़ियों पर हुए अत्याचारों से बचा जा सकता था। इसके बाद वह लिखते हैं :

> मैं निश्चित रूप से यह विचार रखता हूँ कि मियां इफ्तिखार-उद-दीन [पाकिस्तानी पंजाब सरकार में पुनर्वास मंत्री] कभी भी पटियाला से गायब 250,000 मुसलमानों का पता लगाने में कामयाब नहीं हो सकते हैं। वे निश्चित रूप से मारे गए हैं और इसलिए उनके द्वारा की जा रही खोज बिल्कुल व्यर्थ है। (वही: 192)
>
> जहां तक जींद राज्य का संबंध है, जहां मुझे लगभग 9 साल तक सेवा करनी पड़ी है, मैं दृढ़तापूर्वक कह रहा हूँ कि यह राज्य भाग्यशाली है कि इसके पास एक निष्पक्ष शासक है। उनका मुस्लिम लोगों को नुकसान पहुँचाने का बिल्कुल कोई इरादा नहीं था। जो कुछ भी [अनचाहा] इस राज्य में किया गया था, वह पटियाला, नाभा और फरीदकोट के शासकों के हानिकारक प्रभाव के तहत किया गया था (वही)।

संदर्भ

अजीज, अब्दुल (खान बहादुर), 'रिपोर्ट मेड बाइ खान बहादुर अब्दुल अजीज, चीफ जज, जींद स्टेट', (में) द *जरनी टु पाकिस्तान: ए डॉक्युमेंटेशन ऑन रेफुजिस ऑफ 1947*, इस्लामाबाद: नेशनल डॉक्युमेंटेशन सेंटर, (1993)।

कूपलैंड, इयन, 'दी मास्टर एंड दी महाराजाज: दी सिख प्रिंसेस एंड दी ईस्ट पंजाब मसेकर ऑफ 1947', *मॉडर्न एशियन स्टडीज*, वॉल XXXVI, सं. 3, कैंब्रिज: कैंब्रिज यूनिवर्सिटी प्रैस, (2002)।

डिसटरबेनसेस इन द पंजाब, इस्लामाबाद: नेशनल डॉक्युमेंटेशन सेंटर, (1995)।

जेफ्री, रॉबिन, 'दी पंजाब बाउंडरी फोर्स एंड दी प्रोब्लेम ऑफ ऑर्डर: अगस्त 1947', *मॉडर्न एशियन स्टडीज*, वाल. VIII, सं. 4, (1974)।

मलिक, खुदा बख्श (खान बहादुर), 'ए ब्रीफ रिपोर्ट मेड बाइ के.बी. मलिक खुदा बख्श रिगार्डिंग दी डिस्ट्रिक्ट्स ऑफ अम्बाला, करनाल, रोहतक, हिस्सार, शिमला, लुधियाना एंड जालंधर' (में) द *जरनी टु पाकिस्तान: ए डॉक्युमेंटेशन ऑन रेफुजिस ऑफ 1947*, इस्लामाबाद: नेशनल डॉक्युमेंटेशन सेंटर, (1993)।

मुहम्मद, मियां नूर, 'पटियाला के मुसलमानों पर टूटने वाली कयामत-ए-सुघरा: हिस्सा दो', (में) हाकिम मुहम्मद तारिक महमूद अबकारी मुजदीदी चुघतई (संकलनकर्ता और संपादक), *1947 के मुजलिम की कहानी खुद मुजलूमों की जबानी*, लाहौर: इल्म-ओ-इरफान पब्लिशर्स, (2003)।

रब्बानी, चौधरी गुलाम, 'चौ. गुलाम रब्बानी वल्द चौ. अब्दुल आजिया जात अराइन, ठेकेदार, मोहल्ला हकीमाँ, नाभा का बयान', (में) द *जरनी टु पाकिस्तान: ए डॉक्युमेंटेशन ऑन रेफुजिस ऑफ 1947*, इस्लामाबाद: नेशनल डॉक्युमेंटेशन सेंटर, (1993)।

सरदार अब्दुल अजीज, चौधरी गुलाम, 'पटियाला राज्य के रिटायर पुलिस सुपरिंटेंडेंट, सरदार अब्दुल का बयान', (में) द *जरनी टु पाकिस्तान: ए डॉक्युमेंटेशन ऑन रेफुजिस ऑफ 1947*, इस्लामाबाद: नेशनल डॉक्युमेंटेशन सेंटर, (1993)।

शरीफ, मुहम्मद अफजल, 'पटियाला के मुसलमानों पर टूटने वाली कयामत-ए-सुघरा: हिस्सा एक', (में) हाकिम मुहम्मद तारिक महमूद अबकारी मुजदीदी चुघतई (संकलनकर्ता और संपादक), *1947 के मुजलिम की कहानी खुद मुजलूमों की जबानी*, लाहौर: इल्म-ओ-इरफान पब्लिशर्स, (2003)।

सरकारी प्रकाशन

नोट ऑन द सिख प्लान, लाहौर: गवर्नमेंट प्रिंटिंग प्रैस, (1948)।

द *सिख्स इन एक्शन*, लाहौर: गवर्नमेंट प्रिंटिंग प्रैस, (1948)।

साक्षात्कार

हरकिशन सिंह सुरजीत, नई दिल्ली, 21 अक्टूबर 1999

हसन दीन, लाहौर, 13 अप्रैल 2003

डॉ. खुशी मुहम्मद खान, स्टॉकहोम, 16 जून 2003

चौधरी रोशन दीन, कल्लर सय्यदाँ, जिला रावलपिंडी, 15 दिसंबर 2004

शेख नूर मुहम्मद, लाहौर, 27 दिसंबर 2004

श्रीमती रजनीश टंडन, होशियारपुर, 3 जनवरी 2005

डॉ. निजाम दीन, मलेरकोटला, 6 जनवरी 2005

चौधरी अब्दुल शकूर, मलेरकोटला, 6 जनवरी 2005

बाबू खान, मलेरकोटला, 6 जनवरी 2005
अमरीक चंद अहलुवालिया, पटियाला, 7 जनवरी 2005
पंडित मोहन लाल बालो, पटियाला, 7 जनवरी 2005
शेख मुहम्मद फारूक, राजगढ़, लाहौर, 13 जनवरी 2005
बस्ता सिंह, आदमपुर, जिला फतेहगढ़ साहिब, पूर्वी पंजाब, 28 नवंबर 2005
नौगुरदियाल सिंह, आदमपुर, जिला फतेहगढ़ साहिब, पूर्वी पंजाब, 28 नवंबर 2005
गुरदीप सिंह, गाँव माथी, जिला फतेहगढ़ साहिब, पूर्वी पंजाब, 28 नवंबर 2005
तेजा सिंह, बोरान, जिला फतेहगढ़ साहिब, पूर्वी पंजाब, 28 नवंबर 2005
देस राज, काकरा, जिला पटियाला, पूर्वी पंजाब, 28 नवंबर 2005
करनैल सिंह, काकरा, जिला पटियाला, पूर्वी पंजाब, 28 नवंबर 2005
जगपाल तिवाना, डार्ट्माैथ, एनएस, कनाडा, ईमेल द्वारा, 11 अप्रैल 2007
श्रीमति बी.ए. चौधरी, लाहौर, (उनके बेटे डॉ. मुहम्मद फारूक के ईमेल द्वारा), 22 जुलाई 2007
हारून सलीम भट्टी की दादी, लाहौर से फोन द्वारा, 22 फरवरी 2011

21
विश्लेषण और निष्कर्ष

अगस्त 1947 के मध्य में हुए पंजाब विभाजन से पहले की घटनाओं को कालानुक्रमिक क्रम में प्रस्तुत किया गया है जिसकी 1945 चुनाव के अभियान के साथ शुरुआत होती है और 1947 के अंत तक ये खत्म होती हैं जब अवांछित अल्पसंख्यकों को अधिक या कम, विभाजित पंजाब के दोनों तरफ खत्म कर दिया गया। उन घटनाओं का एक विश्लेषण जातीय सफाई के उस सिद्धांत के तहत करने का प्रयास किया गया है जिसे अध्याय 1 में प्रस्तुत किया गया है। उस आधार पर, एक निष्कर्ष निकाला गया है कि क्या मुसलमानों और/या सिखों की जातीय सफाई करने के लिए एक भव्य योजना तैयार थी। यह अध्ययन एक चर्चा के साथ पहचान पर समाप्त होता है। यह सैद्धांतिक तर्क तथा प्रयोगसिद्ध तथ्यों को जोड़ती है ताकि पहचान का सामान्य तौर पर तथा पंजाबी पहचान का विशेष रूप से मूल्यांकन किया जा सके।

बदलते दौर से गुजरता हुआ पंजाब : आधुनिकता से आई मुश्किलें

एक सामान्य सैद्धांतिक स्तर पर, कोई भी गौर कर सकता है कि जब पंजाब ब्रिटिश कब्जे में आ गया और उन्होंने उनकी समग्र औपनिवेशिक रणनीति के तहत, इसके आधुनिकीकरण करने का और इसे विकसित करने का फैसला किया, तो जो परिवर्तन आए वह परंपरागत समाज को बदलने लगे। जैसे-जैसे एक पूंजीवादी ढांचे के भीतर नए आर्थिक अवसर पैदा होने लगे, हिंदू तथा सिख लाभान्वित हुए जबकि मुसलमान पीछे रह गए। बीसवीं सदी की शुरुआत में मुस्लिम आक्रोश के पहले संकेत मिलने लगे जब हिंदू और सिख व्यापारियों तथा साहूकार बड़े और छोटे मुस्लिम मालिकों से कृषि भूमि प्राप्त करने लगे और इसे ध्यान रखते हुए 1901 में पंजाब भूमि हस्तान्तरण अधिनियम पारित किया गया, जो कानूनी तौर पर गैर कृषि जातियों को कृषि भूमि के अधिग्रहण पर रोक लगाता था। अनाधिकारिक तौर पर साहूकारों ने मुस्लिम दलालों के माध्यम से ऐसा करना जारी रखा, लेकिन भूमि प्राप्त करने की प्रथा में इस अधिनियम से काफी कमी आई। इस तरह के बदलाव के बावजूद, जब जुलाई 1947 में कांग्रेस

और सिख वकीलों ने पंजाब सीमा आयोग के सामने अपने मामलों की वकालत की, उनका दावा यह था कि पंजाब में कुल संपत्ति में हिंदुओं और सिखों का हिस्सा 75-80 फीसदी था। दूसरे शब्दों में, बुनियादी तौर पर मुस्लिम गरीबी और उनकी अभाव की भावना एक सच था।

राजनीतिक स्तर पर, तथापि, मुख्य रूप से मुस्लिम समर्थक तथा ब्रिटिश समर्थक पंजाब यूनियनिस्ट पार्टी एक अंतर-सांप्रदायिक, सत्ता के बंटवारे के फार्मूले को स्थापित करने में सफल रही तथा इसने सफलतापूर्वक स्थिरता और सांप्रदायिक सद्भाव के आधार को तैयार किया। मगर, बीसवीं सदी के धार्मिक पुनर्जीवन ने कस्बों और शहरों में मुसलमानों और हिंदुओं के बीच मनमुटाव उत्पन्न किया जहां ये पुनर्जीवित हो रहे थे। उन्होंने 'उच्च' संस्कृतियों को पैदा किया, जो उनके धर्मों के मानकीकृत, 'शुद्ध और प्रामाणिक' संस्करणों को दर्शाती थीं। हैरानगी की बात नहीं थी कि जोर मतभेदों पर था। ऐसी प्रवृत्ति, सदियों से प्रचलित सूफियों, संतों और गुरुओं की कोशिशों द्वारा उत्पन्न तथा पंजाब की जियो और जीने दो की लोकप्रिय परंपराओं के विरुद्ध थी। धार्मिक पुनर्जीवन से शहर और कस्बे सबसे अधिक प्रभावित थे जो राजनीतिक संदर्भ में धार्मिक राष्ट्रवाद के प्रतिबिंब थे।

नतीजतन शहरी संदर्भों में पुनरुत्थानवादी आंदोलनों के बीच झड़पें हुईं, जबकि ग्रामीण क्षेत्रों में पुरानी तहजीब कायम रही जैसा कि अतीत में था – लोग अपनी हैसियत के बारे में जानते थे और काफी हद तक उन्होंने इसे स्वीकार कर लिया था। यह एक प्रकार का समग्र समाज था जो शांतिपूर्ण संबंधों को बनाए रखता था जबकि साथ ही साथ अपने भीतर और आपस में सामाजिक सोपानक्रम और असमानता को भी बनाए रखता था। पारंपरिक मूल्य और विश्वास एक ऐसे दृष्टिकोण को प्रोत्साहित करते थे जिसके द्वारा लोग यथास्थिति को अटल रूप में स्वीकार करते थे: बीता लंबा समय मौजूदा स्थिति की प्रमाणिकता की पुष्टि करता था।

रंगीला रसूल पुस्तिका के प्रकाशन और उसके प्रकाशक राजपाल की इलाम दीन के हाथों से हुई हत्या तथा 1929 में उसकी फांसी – एक आधुनिक समाज द्वारा समस्याओं का सामना करने के संकेत थे : बोलने की स्वतंत्रता द्वारा सदियों पुरानी मान्यताओं और संबंधों पर हमला। कुछ साल बाद शहीद गंज मस्जिद-गुरुद्वारा विवाद 1935 में छिड़ गया, धर्म और धार्मिक पहचान के नाम पर इसने बड़े पैमाने पर लामबंदी की संभावना को उजागर किया। मुल्तान, रावलपिंडी और अन्य शहरी केंद्रों से कुछ सांप्रदायिक दंगों की खबरें आयीं लेकिन कुल मिलाकर पंजाब यूनियनिस्ट पार्टी के नेतृत्व के तहत पंजाब में स्थिति शांतिपूर्ण बनी रही।

मार्च 1940 में मुस्लिम लीग द्वारा लाहौर प्रस्ताव (संकल्प) अपनाने के बाद से जिसने मुस्लिम बहुल क्षेत्रों में मुसलमानों के लिए अलग-अलग राज्यों की मांग की थी,

पारंपरिक स्थिरता और सांप्रदायिक सौहार्द को निश्चित रूप से एक बड़ा झटका लगा। हिंदू और सिख प्रेस ने इसे 'पाकिस्तान संकल्प' की व्याख्या की। सिखों ने पंजाब के एक धार्मिक आधार पर विभाजन की मांग से प्रतिक्रिया व्यक्त की। तो, पंजाब विभाजन के संबंध में बुनियादी तर्क एक सरल लेकिन विस्फोटक सूत्र पर आधारित था: यदि मुसलमान भारत के विभाजन के माध्यम से एक अलग राज्य हासिल करते हैं तो सिख पंजाब के साथ ऐसा ही करेंगे। कुछ सबूत हैं कि अकाली नेता सिख रियासतों में जाकर समर्थन जुटाने की कोशिश कर रहे थे लेकिन अभी तक वहाँ कोई भव्य सिख योजना तैयार नहीं हुई थी। इसके अलावा वास्तव में विभाजन के क्या नतीजे होंगे, 1940 की शुरुआत में इसके बारे में किसी को कोई सुराग नहीं था।

यह स्पष्ट था कि मुस्लिम लीग पंजाब यूनियनिस्ट पार्टी को पंजाबी मुस्लिम मतदाताओं द्वारा प्राप्त समर्थन को दुर्बल किए बिना अपने लक्ष्य को प्राप्त नहीं कर सकती थी। लाहौर संकल्प पारित होने के बाद और विशेष रूप से 1942 के दिसंबर में सर सिकन्दर के निधन के बाद, यूनियनिस्ट पार्टी के भीतर नेतृत्व को लेकर संघर्ष शुरू हो गया। सर खिजर तिवाना जमींदारों का समर्थन बनाए रखने में कामयाब नहीं हुए और ये लोग एक के बाद एक इस पार्टी को छोड़कर मुस्लिम लीग में शामिल हो गए। अभी तक भारत तथा पंजाब का विभाजन निर्धारित नहीं किया गया था क्योंकि ब्रिटिश लोगों ने अपने प्रस्थान के बारे में और भारतीयों को सत्ता का हस्तांतरण करने की कोई स्पष्ट घोषणा नहीं की थी। फिर भी, जिस राजनीति ने भारत में द्वितीय विश्व युद्ध के बाद रफ्तार पकड़ ली वह इस धारणा पर आधारित थी कि अंग्रेज जल्दी से भारतीयों को सत्ता सौंपने को तैयार थे। लंदन में सरकार में परिवर्तन आया तथा लेबर पार्टी सत्ता में आई तथा औपनिवेशिक सरकार ने साथ-साथ प्रांतीय विधान सभाओं और कान्स्टीचुएंट असेंबली के चुनावों की घोषणा कर दी। सभी व्यावहारिक उद्देश्यों के मद्देनजर, चुनाव के परिणाम को एक जनमत संग्रह के रूप में देखा जाने लगा और वह यह था कि क्या भारत को एकजुट रहना चाहिए या इसे विभाजित किया जाना चाहिए – उस पड़ाव पर बंगाल और पंजाब के विभाजन को एक महत्वपूर्ण विषय के रूप में नहीं देखा जा रहा था।

पहला चरण

पंजाब में जुलाई 1945 में जो चुनाव अभियान शुरू हुआ, उसमें पंजाब के विभाजन का कोई मुद्दा नहीं था, हालांकि सिख एक लंबे समय से चेतावनी दे रहे थे कि अगर भारत को विभाजित किया जाता है तो पंजाब का भी एक ही हश्र होगा। उनकी छोटी संख्या को देखते हुए यह स्वाभाविक ही था कि सिख खुद को पंजाब के हिंदुओं के साथ एक जुट होकर ही इस तरह के लक्ष्य को प्राप्त कर सकते थे। चुनाव अभियान

के दौरान, मुस्लिम लीग ने यूनियनिस्ट पार्टी के साथ-साथ काँग्रेस और सिखों पर निशाना साधा। जबकि सर खिजर को इस्लाम के एक गद्दार के रूप में पेश किया गया और उनके खिलाफ अपमानजनक नारेबाजी की गई, हिंदुओं और सिखों को काफिरों और शोषकों दोनों के रूप की संज्ञा देते हुए, उन दोनों समुदायों का वहशीकरण तथा दानवीकरण किया गया। पंजाब के राज्यपाल और मुख्य सचिव की पाक्षिक रिपोर्टों ने पर्याप्त मात्रा में इस प्रवृत्ति को दर्ज किया। यूनियनिस्ट पार्टी ने जवाबी कार्रवाई करते हुए कांग्रेस समर्थक अहरार वक्ताओं को मैदान में उतारा जिन्होंने मुस्लिम लीग और उसके नेताओं, विशेष रूप से जिन्नाह की इस्लामी साख पर सवाल खड़ा करने की कोशिश की लेकिन उनके अभियान द्वारा किसी के कान पर जूँ नहीं रेंगी। चुनाव अभियान से पहले अगस्त 1942 से जून 1945 की महत्वपूर्ण अवधि में भारत और पंजाब भर में कांग्रेस पार्टी जेल में बैठी हुई थी। यही कारण है कि मुस्लिम लीग को पाकिस्तान प्राप्त करने के मकसद का प्रचार करने का अवसर, बिना किसी गंभीर चुनौती के मिल गया।

पंजाब में मुस्लिम लीग के चुनाव अभियान को बरेल्वी मौलवियों, मुस्लिम कम्युनिस्टों, अलीगढ़ मुस्लिम विश्वविद्यालय के छात्रों जैसे जातीय कार्यकर्ताओं की मदद से आयोजित किया गया। पाकिस्तान के रूप में पृथ्वी पर एक भविष्य स्वर्ग के रूप में चित्रित करने के लिए ऐसे संयुक्त प्रयासों ने मुसलमानों की कल्पना को मोहित कर लिया, चाहे वे मतदाता थे या नहीं। चुनाव परिणाम आपदा का एक नुस्खा साबित हुए। जब अभियान चल रहा था तब भय और चिंता ने हिंदुओं और सिखों को प्रभावित करना शुरू कर दिया था; परिणाम ने उनकी आशंकाओं की पुष्टि की। पंजाब के मुसलमानों ने मुस्लिम लीग के लिए मजबूत और मुंहतोड़ वोट दिया था। यूनियनिस्ट पार्टी को अस्वीकार कर दिया गया था। सिखों ने भी पंथक दलों के लिए मतदान किया – जो सभी मास्टर तारा सिंह और अन्य अकालियों के पीछे थे, जो चाहते थे कि पंजाब विभाजित किया जाए यदि पाकिस्तान बनाया जाता है। इसके अलावा, महत्वपूर्ण अंबाला डिवीजन के हिंदू जाट यूनियनिस्ट पार्टी से दूर हट रहे थे। हिंदू महासभा, अहरार और अन्य छोटे दलों का सफाया हो गया था। तीन धार्मिक समुदायों ने अब चुनावी और राजनीतिक रूप से तीन राजनीतिक दलों के लिए गठबंधन कर लिया था। जबकि मुस्लिम लीग स्पष्ट रूप से बहुमत वाली पार्टी थी इसका अर्जित लाभ पूरी तरह से मुसलमानों का प्रतिनिधि था। इसके अलावा, यह दस सीटों में से एक संसदीय बहुमत प्राप्त करने में असमर्थ रही।

कांग्रेस और सिखों ने फैसला किया था कि वे पंजाब में मुस्लिम लीग द्वारा सरकार बनाने की हर कोशिश का भरसक विरोध करेंगे। उन्होंने सर खिजर का पंजाब के प्रधानमंत्री के रूप में समर्थन करने का फैसला किया। जो गठबंधन सरकार सत्ता में आई वह संवैधानिक सिद्धांत और व्यवहार के अनुरूप गठित थी लेकिन इसने सीधी कार्रवाई की धमकी के लिए मुस्लिम लीग को उकसाया। सरकार की गुप्त रिपोर्टें यह चेतावनी दे रही थीं कि चुनाव अभियान की शुरुआत से 'निजी सेनाओं' में भर्ती

बढ़ती जा रही थी तथा मुस्लिम लीग के राष्ट्रीय गार्ड, आर.एस.एस. और अकाल फौज खतरनाक साबित हो सकती थीं अगर पंजाब में राजनीतिक संकट लंबा खिचता। मगर टकराव की ओर वास्तविक बढ़ावा सर खिजर द्वारा प्रदान किया गया जब उन्होंने पुलिस को आदेश दिया कि मुस्लिम लीग के लक्ष्मी चौक, लाहौर स्थित प्रमुख कार्यालय पर छापा मारा जाए। राष्ट्रीय स्वयंसेवक संघ के कार्यालय पर भी छापा मारा गया था। मगर जो नाटक मुस्लिम लीग पर छापे के दौरान हुआ, उससे पंजाब की परिस्थिति और खराब हो गई। मुस्लिम लीग के नेताओं ने कार्यालय के परिसर में पुलिस प्रवेश को बाधा पहुंचाई। उन्हें गिरफ्तार किया गया तथा मुस्लिम लीग के इतिहास में पहली बार इसके वरिष्ठ नेताओं को, यद्यपि एक प्रांत के, सरकार के आदेश की अवज्ञा के लिए जेल में डाल दिया गया।

उस समय तक लाहौर और पंजाब के मुख्य शहरों और कस्बों में मुसलमान पाकिस्तान की मांग की सत्यता में विश्वास करने लगे थे। पुलिस हिरासतें और अदालत की जेलें गिरफ्तारी दे रहे स्वयंसेवकों से भर गईं। इसके साथ ही खिजर के खिलाफ घातक प्रचार की लड़ी लग गई जब नारेबाजी करते लोगों ने उनकी सरकार को गिराने के लिए सबसे भद्दी पंजाबी गालियाँ दीं। यह पूरी तरह स्पष्ट नहीं है कि क्या पुलिस तथा अन्य अधिकारियों को प्रांत में पूरे छा गए आंदोलन को दबाने के लिए कुख्यात तथा कड़े रणनीतिक कदमों का उपयोग करने से खिजर ने रोका था या जैसा कि सरकारी रिपोर्टों ने घुमा फिरा कर संकेत दिया कि एक भारी मुस्लिम प्रशासन (पुलिस में 70 फीसदी से अधिक मुसलमान थे) पहले से ही पाकिस्तान की मांग के साथ सहानुभूति रखते थे। बाद वाली बात ही सच के करीब लगती है हालांकि रिपोर्टें इस बात को नहीं नकार रही थीं कि खिजर मुस्लिम लीग के साथ टकराव नहीं चाहते थे। यह सच था कि उनके ज़्यादातर सहयोगियों ने उन्हें छोड़ दिया था और अब वे मुस्लिम लीग में थे। जिस चीज ने निश्चित रूप से उनको सबसे ज़्यादा हतोत्साहित किया वह था 20 फरवरी 1947 को दिया गया ब्रिटिश सरकार का बयान जो यह बताता था कि जून 1948 तक भारतीयों को सत्ता हस्तांतरण कर दी जाएगी। वह राज की निरंतरता के बिना खुद के लिए किसी राजनीतिक भविष्य की उम्मीद नहीं कर पा रहे थे।

हिंदू-सिख नजरिए से देखने से 1945 का चुनाव अभियान और 24 जनवरी से 26 फरवरी के दौरान हुई सीधी कार्रवाई इस बात की पुष्टि करते थे कि उन्हें एक कठोर बहुमत की दया पर छोड़ दिया जाएगा। इस प्रकार जब 2 मार्च को खिजर ने इस्तीफा दे दिया – तब मुस्लिम लीग के साथ सीधी कार्रवाई बंद करने पर एक समझौता हो चुका था – हिंदू और सिख नेता हैरान थे। मास्टर तारा सिंह का पंजाब विधान सभा के बाहर नाटक टकराव को बढ़ाने में एक अगला कदम था, जो एक हिंसक रूप लेने के लिए बाध्यकारी था अगर इसे रोकने के लिए कोई चमत्कारी काम नहीं होता। इस तरह का चमत्कार होने के आसार बहुत कम थे; इसके बजाए 3 मार्च की शाम,

हिंदू महासभा और सिख नेताओं के भाषणों ने एक पूर्ण युद्ध की पुकार दी तथा उस चिंगारी को पैदा किया जिसने हिंसक भावनाओं को प्रज्वलित कर दिया तथा अभूतपूर्व सांप्रदायिक हिंसा में इसका समापन हुआ।

4 मार्च 1947 को हिंदू-सिख और मुस्लिम कार्यकर्ताओं के बीच लाहौर में झड़पें हुईं तथा इसके बाद ही अमृतसर, जालंधर, मुल्तान और रावलपिंडी में इसी तरह की हरकतें हुईं तथा काफी समय से चली आ रही अनिश्चितता और उतार-चढ़ाव को इसने और बदतर बना दिया। झड़पें तब शुरू हुईं जब सिख-हिंदू आंदोलनकारियों ने चिल्ला कर पाकिस्तान विरोधी नारेबाजी की और उन्हें मुस्लिम कार्यकर्ताओं ने चुनौती दी। 5 मार्च 1947 को पंजाब में स्थिति मौलिक रूप से बदल गई जब राज्यपाल शासन थोपा गया; उस समय के बाद से कोई निर्वाचित सरकार सत्ता में नहीं आई। बाद में मुस्लिम लीग तथा उनके मुख्य प्रतिद्वंद्वियों सिख पंथक दलों और पंजाब कांग्रेस के बीच अंतराल कम करने के प्रयास असफल साबित हुए।

यह गौर करना दिलचस्प है कि रावलपिंडी में दंगे फैलने पर, सिख शायद एक या दो दिन के लिए भारी पड़े लेकिन स्थिति 6 मार्च की शाम को बदल गयी जब मुस्लिम हमलावर मुख्य रूप से सिख गांवों की ओर बढ़े जिन्हें मुस्लिम गांवों और बस्तियों ने चारों ओर से घेर रखा था। ऐसे गांवों पर बड़ी भीड़ द्वारा हमला किया गया था तथा कई बार हजारों की तादाद में लोग होते थे जिसने पेश किए गए प्रतिरोध को अभिभूत कर दिया। जो कत्लेआम हुआ वह निस्शक रूप से नरसंहार था – वह सुनियोजित था और हत्या के इरादे से किया गया था। सिखों ने खुद ही अपनी महिलाओं की हत्या कर दी, यह उस प्रकरण को और अधिक दुखद बनाता है, लेकिन उन दिनों की पवित्रता और सम्मान की परंपरा ने इस तरह के विचित्र व्यवहार को जन्म दिया।

मैंने कई लोगों से इस बात का पता किया है जो पाकिस्तान में नागरिक प्रशासन के वरिष्ठ पदों पर आसीन रहे हैं ताकि वे समझाएँ कि अशांत इलाकों में पहुँचने के लिए तथा हमलों को रोकने के लिए सेना ने आने में इतनी देर क्यों लगा दी। सेना 13 या 14 मार्च तक ऐसे क्षेत्रों में नहीं पहुंची जो हिंसा फैलने के लगभग एक सप्ताह के बाद का समय था। गांव एक या दो घंटे की दूरी से अधिक नहीं थे अगर वहाँ रावलपिंडी में उत्तरी कमान के मुख्यालय से मोटरकार द्वारा जाया जाता और यह मानना असंभव है कि ब्रिटिश अधिकारियों के पास उनके खुद की एजेंसियों द्वारा उपलब्ध कराई गई खुफिया जानकारी नहीं पहुंची थी।

कोई भी एक संतोषजनक विवरण नहीं दे सका। वे सहमत थे कि शायद स्थानीय स्तर पर खून बहाने की किसी साजिश से इंकार नहीं किया जा सकता था। शायद इस तरह का एक प्रकरण भारत और पाकिस्तान दोनों के विभाजन में तेजी लाने के लिए आवश्यक था। पहले ही इस तथ्य पर चर्चा की गई है कि पाकिस्तान को अस्तित्व

में लाने के लिए ब्रिटिश सेना का समर्थन पहले से ही हासिल था। मगर, हम यह भी जानते हैं कि ब्रिटिश एक संयुक्त पंजाब का समर्थन करते थे। पंजाब में दंगों ने मुसलमानों और सिखों के बीच एक दरार पैदा कर दी जिसने पंजाब को एकजुट रखने की संभावना को बहुत कम कर दिया। हजारों सिख मध्य और पूर्वी पंजाब में स्थानांतरित हो गए और कई युवाओं ने मुसलमानों के साथ लड़ाई के लिए खुद को तैयार करना शुरू कर दिया अगर पंजाब इस तरह विभाजित किया जाता जो उन्हें संतुष्ट नहीं करता। इसका एक परिणाम यह हुआ कि – अपेक्षित या अनपेक्षित – इसने सिख आंदोलन के साथ जातीय कार्यकर्ताओं को जोड़ दिया जिन्होंने मुसलमानों द्वारा उन पर किए गए अत्याचारों की कहानियों को दोहराया जहाँ भी वे गए और बसे। इस तरह के मुस्लिम विरोधी प्रचार के प्रसार द्वारा, सबसे निश्चित रूप से सिखों की आँखों में मुसलमानों का दानवीकरण तथा वहशीकरण किया गया।

मेरा अपना अंदाजा है कि पंजाब प्रशासन केवल शहरी जगहों में ही दंगे होने की प्रत्याशा रखता था। इसलिए यह रावलपिंडी, अटक (कैंपबेलपुर) और झेलम जिलों के गांवों पर हुए हमलों का जल्दी से मुकाबला करने के लिए ठीक से तैयार नहीं था। इसके अलावा, औपनिवेशिक सरकार ने शायद पहले से ही मार्च 1947 में तय कर लिया था कि गड़बड़ी वाले क्षेत्रों में ब्रिटिश सैनिकों को लामबंद नहीं किया जाएगा लेकिन उन्हें रावलपिंडी में यूरोपीय जीवन की रक्षा के लिए रखा जाएगा। धीमी प्रतिक्रिया में इस वजह ने भूमिका अदा की होगी। अगर रावलपिंडी में सैन्य अधिकारी ऐसी स्थिति से निपटने के लिए आदेश के बारे में अनिश्चित थे तो यह स्पष्ट है कि वे कार्रवाई करने के लिए संकोच करते। किसी भी तरह रावलपिंडी डिवीजन के तीन जिलों के दंगों के महत्व को कम करके आंका नहीं जा सकता है।

यह अटकल भी लगाई जा सकती है कि क्या कलकत्ता और बिहार में हुई सांप्रदायिक हत्याओं की खबरें पंजाब पहुंच गईं तथा हिंदुओं और सिखों के खिलाफ मुसलमानों को भड़काने में इसने कोई भूमिका निभाई। इस सवाल का सबसे नजदीकी जवाब डॉ. जगदीश सरीन की गवाही से मिलता है जो झेलम के एक शरणार्थी शिविर में स्वयंसेवक के रूप में काम कर रहे थे और कई पीड़ितों को कहते हुए सुना कि बिहार और उत्तर प्रदेश के मुस्लिमों ने रावलपिंडी क्षेत्र में शरण मांगी थी और उन्होंने उनके खिलाफ हिंदुओं और सिखों द्वारा की गई बर्बरता की कहानियाँ सुनाईं और शायद इसने उनके खिलाफ उत्तरी पंजाब के स्थानीय मुसलमानों को बदला लेने के लिए भड़काया। न तो सर इवान जेनकींस और न ही जनरल मेसेर्वी इस पहलू का उल्लेख करते हैं हालांकि बहुत मुमकिन है कि बिहार और कलकत्ता की घटनाओं की खबरों ने मुसलमानों का क्रोध भड़काने में कुछ भूमिका निभाई थी। यह बताने के लिए पर्याप्त सबूत हैं कि सेना से बर्खास्त मुस्लिम सैनिक गांवों पर हमलों की योजना बनाने और इन्हें क्रियान्वित करने में शामिल थे और यह संभव है कि उनमें से कुछ ने जो कुछ

उन्होंने बिहार में देखा, उससे वे आक्रोश में थे। कम से कम एक मामले में, अटक जिले के परियाल गाँव में यह सबूत मिलता है कि जिन्होंने एक सिख गुरुद्वारे में हथगोले फेंके वे बिहार से लौटे थे।

रावलपिंडी में घटनाओं के पीछे क्या एक हिंदू हाथ हो सकता था? पाकिस्तानी दुष्प्रचार में विभाजन से पहले के दौर में और कुछ मामलों में विभाजन के बाद भी जो कुछ भी गलत था उसके पीछे मूलभूत रूप से एक हिंदू हाथ था। उत्तरी पंजाब में मार्च 1947 में हुए दंगों के संबंध में इसका जवाब जोरदार ढंग से नकारात्मक होना चाहिए। उत्तरी पंजाब में हिंदू एक छोटे अल्पसंख्यक समुदाय का हिस्सा थे। वे गांवों में घटनाओं को प्रभावित करने में सफल नहीं हो सकते थे जब तक कोई यह न मान ले कि मुस्लिम हमलावरों को उनके द्वारा रिश्वत दी गई थी जो बेतुकीपन की सीमाओं को लांघ जाता है। उस समय दिल्ली की अंतरिम सरकार में न केवल कांग्रेस बल्कि सिखों के साथ मुस्लिम लीग के मंत्री भी शामिल थे। इस तरह की एक सरकार के पास पंजाब में हस्तक्षेप करने की कोई शक्ति या अधिकार नहीं थे। अधिनियम 1935 के तहत, एक सार्थक अर्थ में कार्यकारी शक्तियां गवर्नर जनरल (जो वायसराय भी था) के पास थीं।

दूसरी ओर, जब कांग्रेस ने 8 मार्च 1947 को पंजाब का विभाजन करने के लिए सिख मांग का समर्थन किया तो यह स्पष्ट हो गया कि न केवल मुस्लिम लीग का आला कमान बल्कि कांग्रेस के भी आला कमान ने पंजाब समस्या पर किसी भी ऐसे प्रस्ताव को बाधा पहुँचाने का निर्णय लिया जो उनकी अखिल भारतीय स्तर की महत्वाकांक्षा और उद्देश्यों के अनुकूल नहीं होंगी। इस तरह के कदम ने निश्चित रूप से मामला जटिल कर दिया जहां तक मुस्लिम लीग के लिए बहुमत न जुटा पाने और पंजाब में सरकार बनाने की असमर्थता का सवाल है, मुस्लिम लीग ने समय-समय पर सरकार बनाने के लिए पंजाब के राज्यपाल से अनुरोध किया, लेकिन इसे सर इवान जेनकींस द्वारा दो प्रशासनिक कठिनाइयों, सिखों द्वारा दी गई हिंसक कार्रवाई की धमकी तथा मुस्लिम लीग की संसद में एक स्थिर और विश्वसनीय बहुमत को हासिल करने में विफलता के कारण मंजूरी नहीं दी गई। यह एक विवादास्पद मुद्दा बना हुआ है कि अगर मुस्लिम लीग सरकार स्थापित हो जाती तो पंजाब किस दिशा में जाता: यह निश्चित रूप से असंभव था जब तक सिख या कांग्रेस या दोनों, इसका समर्थन नहीं करते। दूसरी ओर, चूंकि मुस्लिम लीग के आंदोलन ने सर खिजर तिवाना की गठबंधन सरकार को गिरा दिया था, कोई नैतिक कारण नहीं था कि सिख और कांग्रेस इसे समर्थन देते।

मुस्लिम लीग के नेतृत्व ने अल्पसंख्यकों की आशंका को रिझाने के लिए कुछ नहीं किया। जिन्नाह ने बिहार में मुस्लिमों पर हमले की जबरदस्त निंदा की थी लेकिन वह पंजाब के दंगों पर चुप रहे। जस्टिस मुनीर उल्लेख करते हैं कि जिन्नाह ने उन्हें निर्देश

दिया था कि वे देखें कि सिखों पर हमले बंद हों, लेकिन इस बारे में कोई सार्वजनिक बयान दर्ज नहीं है जो इस बात की पुष्टि कर सके। पर इसके विपरीत, उत्तरी पंजाब में सिखों पर हमलों में स्थानीय नेताओं तथा मुस्लिम लीग के कार्यकर्ताओं की संलिप्तता के सबूत मौजूद हैं। किसी भी स्थिति में, निष्पक्षता और प्रशासन की प्रभावकारिता के घटते प्रभाव के बावजूद, औपनिवेशिक क्रम अभी भी बरकरार था। मार्च 1947 के अंत तक तनाव और संघर्ष थम गया लेकिन शक, भय और चिंताओं में कमी नहीं आई; इसके विपरीत वे बहुत विकट हो गए थे।

पंजाब में इस तरह की घटनाएँ, वास्तव में, अखिल भारतीय स्तर पर ब्रिटिश सरकार द्वारा भारतीय नेताओं को एक अखंड भारत के लिए सहमत करा पाने की असफलता को दर्शाती थीं भले ही वे भारत छोड़ने के बाद भी इसे अखंड देखना चाहते हों। कैबिनेट मिशन प्लान उस दिशा में आखिरी प्रयास था लेकिन जब यह विफल हुआ तो इसका परिणाम था कलकत्ता और बिहार में संगठित हिंसा का प्रसार जिसने हजारों जीवन ले लिए। यह सिर्फ समय की बात थी कि कब यह नफरत की आंधी पंजाब तक पहुँचती जहां पहले से ही चुनाव अभियान और परिणाम ने एक सबसे विस्फोटक परिस्थिति बना दी थी। जिस अंतरिम सरकार का गठन किया गया था वह मेरुदंडविहीन मंत्रीपरिषद थी जो कट्टर विरोधी हितों का प्रतिनिधित्व कर रहे मंत्रियों द्वारा गठित थी। वाइसरॉय वेवेल की अवधि समाप्त होने पर तथा वाइसरॉय लुई माउंटबेटन की अवधि की शुरुआत के समय पंजाब की स्थिति में थोड़ा सुधार हुआ यद्यपि यह अस्थायी ही था।

दूसरा चरण

अप्रैल 1947 में पंजाब के विभाजन के दूसरे चरण की शुरुआत के दौरान, राजनीतिक गुरुत्वाकर्षण का केंद्र, शुरू में दिल्ली में स्थानांतरित हो गया : जहां माउंटबेटन जल्दी इस नतीजे पर पहुंच गए कि चूंकि कांग्रेस और मुस्लिम लीग के नेताओं के बीच विश्वास और सौहार्द अस्तित्व में नहीं थे, भारत को संयुक्त नहीं रखा जा सकता। इसलिए उन्होंने दोनों पार्टियों के नेताओं से ब्रिटिश राष्ट्रमंडल में शामिल होने के विचार पर बात करनी शुरू की। उन्हें शायद लंदन से निर्देश दिया गया था कि भारत को संयुक्त या विभाजित अवस्था में ब्रिटिश राष्ट्रमंडल में रखा जाए। जिन्नाह के साथ माउंटबेटन ने निजी विचार विमर्श के दौरान यह रुख लिया कि अगर भारत राष्ट्रमंडल में शामिल नहीं होता, तो केवल पाकिस्तान को एक सदस्य के रूप में स्वीकार करना मुश्किल होगा और नेहरू के साथ उन्होंने एक रणनीति नियोजित की कि अगर भारत राष्ट्रमंडल में शामिल नहीं होता तो भारत का विभाजन किया जाएगा क्योंकि जिन्नाह ने यह निर्धारित किया था कि पाकिस्तान राष्ट्रमंडल में रहेगा। ऐसी दबाव की रणनीति ने यह सुनिश्चित किया कि दोनों पक्ष राष्ट्रमंडल में शामिल होने के लिए सहमत हों।

एक ऐसी सहूलियत वाली अवस्था में माउंटबेटन ने पंजाब के मुद्दे पर गौर किया। पंजाब के राज्यपालों ने निवेदन किया था कि पंजाब को संयुक्त रहना चाहिए क्योंकि उन्हें कोई प्राकृतिक सीमा नहीं मिल रही थी, जिसे निशाना बना कर इसका विभाजन और साथ ही साथ सभी दलों को खुश भी किया जा सके। उन्होंने जिन्नाह और पटियाला के महाराजा के बीच कई बैठकों को प्रायोजित कराया। उन बैठकों में कम से कम एक में वह उपस्थित थे। जिन्नाह और महाराजा अपने साथ अपने सलाहकारों को लाये थे। जिन्नाह बहुत उदार रियायतें देने के लिए तैयार थे यदि सिख पंजाब के विभाजन की मांग नहीं करते। वह पाकिस्तानी देश के भीतर लगभग एक सिख देश का प्रस्ताव रख रहे थे लेकिन सिख नेता आश्वस्त नहीं थे। मुस्लिम-सिख रिश्ते शहीद गंज गुरुद्वारा – मस्जिद संघर्ष के प्रतिकूल नतीजे से कभी उभर नहीं सके तथा उत्तरी पंजाब में सिखों के नरसंहार ने उनके बीच बढ़ती हुई दूरी की दीवार को और पक्का कर दिया। इसमें कोई संदेह नहीं कांग्रेस सिखों का उत्साहवर्धन कर रही थी और इसने सबसे निश्चित रूप से एक मुस्लिम लीग-सिख मैत्री को बाधा पहुंचाई। इसके अलावा यह एक सच था कि पंजाब के खत्री और अरोड़ा परिवारों की एक साझी समग्र हिंदू-सिख पहचान थी जिसने शायद उनके भारत में चले जाने के पक्ष में एक जातीय पूर्वाग्रह तैयार कर दिया। प्रचार के स्तर पर, मुगलों द्वारा सिख गुरुओं के उत्पीड़न की ऐतिहासिक स्मृति ने मुसलमानों और सिखों के बीच एक पत्थर के रूप में काम किया।

इसका कुल परिणाम यह था कि मई 1947 में सिख नेताओं को जिन्नाह द्वारा देर से मनाने की कोशिश बेकार हो गई। बहरहाल, माउंटबेटन ने जिन्नाह और सिखों के बीच वार्ता करवाने का एक प्रयास किया ताकि पंजाब की एकता कायम रखने के लिए एक समझौता किया जा सके। अतः इस संदेह का कोई आधार नहीं है कि उस समय माउंटबेटन मुस्लिम लीग के विरोधी थे। उन बातों की विफलता के बाद ही माउंटबेटन ने मन बना लिया कि पंजाब को भी विभाजित करना पड़ेगा। जिन्नाह का यह दावा कि बंगाल और पंजाब सांस्कृतिक राष्ट्र थे अतः उनको विभाजित नहीं किया जा सकता, एक कमजोर तर्क था; यह इसलिए असफल हो गया क्योंकि यह उनके इस मुख्य दावे के विरुद्ध था कि हिंदू और मुसलमान दो अलग-अलग राष्ट्र थे।

सर खिजर तिवाना ने प्रस्ताव दिया कि पंजाब को एक संयुक्त इकाई के रूप में सीधे तौर पर, बिना भारत या पाकिस्तान में शामिल किए, उसकी ब्रिटिश राष्ट्रमंडल की सदस्यता पर विचार किया जाए। इस तरह की एक योजना को ब्रिटिश सरकार की ओर से कोई भी समर्थन प्राप्त नहीं हुआ। यह एक अनोखा विचार था लेकिन तब तक काफी देर हो चुकी थी और ब्रिटिश लोगों के लिए शायद बहुत मौलिक प्रश्न था क्योंकि भारतीय राय के प्रतिनिधियों के रूप में, वे मुख्य रूप से कांग्रेस और मुस्लिम लीग के साथ निपटने के लिए ही तैयार थे। इन पार्टियों का नेतृत्व इस तरह की योजना का समर्थन नहीं करता।

विभाजन के नाटक का खुलासा होते समय सबसे विवादास्पद कदम निस्संदेह माउंटबेटन द्वारा विभाजन की तिथि को जून 1948 के बजाए मध्य अगस्त 1947 तक आगे लाने का निर्णय था। जाहिर है कि माउंटबेटन ने नेहरू को विश्वास में लिया था कि वह क्या सोच रहे थे। अधिकांश अन्य नेताओं के लिए आसन्न विभाजन की तारीख की घोषणा एक झटके के रूप में आयी। इसलिए, जबकि माउंटबेटन को विनाशकारी परिणाम के लिए जिम्मेदार ठहराया जाना चाहिए जो इसके कारण हुए; नेहरू को इसका विरोध नहीं करने के लिए जिम्मेदार ठहराया जाना चाहिए चूंकि उन्हें इसके बारे में निजी तौर पर बताया गया था। बहरहाल, 3 जून की विभाजन योजना ने न केवल भारत का बल्कि बंगाल और पंजाब का विभाजन भी निर्धारित किया, बशर्ते इस प्रक्रिया के अनुसार ऐसे परिणाम निकलते जिसके तहत बंगाल और पंजाब का विभाजन सटे हुए मुस्लिम और गैर-मुस्लिम क्षेत्रों तथा 'अन्य कारकों' के आधार पर होता। पंजाब विधानसभा ने प्रांत के विभाजन के लिए मतदान किया।

साथ ही साथ पंजाब में ही सांप्रदायिक हिंसा में वृद्धि होने लगी तथा अप्रैल में अमृतसर में कुछ भीषण घटनाएँ हुईं। इसके लिए मुसलमान जिम्मेदार थे। मुख्य सचिव अख्तर हुसैन ने इसे स्वीकार किया। कुख्यात चूड़ी-मेहंदी की घटना जिसने लाहौर के मुस्लिम बदमाशों तथा गुंडों को भड़का दिया वह अमृतसर के मुस्लिम बदमाशों और गुंडों की कारस्तानी थी। इसके चलते लाहौर में छुरेबाजी और आगजनी में वृद्धि हुई। मई के मध्य के बाद लाहौर में स्थिति दिन-ब-दिन खराब होती गई। लाहौर के बाहर एक मुस्लिम इलाके राजगढ़ के ऊपर नाभा और फरीदकोट की रियासतों के बलों द्वारा किए गए हमले हिंदू-सिख प्रतिशोध की मिसाल थे तथा इसने एक तरफ मुसलमानों तथा दूसरी ओर हिंदुओं और सिखों के बीच ध्रुवीकरण की प्रक्रिया को और तेज कर दिया। मई के अंत तक लाहौर के अंदरूनी शहर के मुख्य रूप से हिंदू इलाकों में आग लगी हुई थी।

3 जून की विभाजन योजना की घोषणा ने पंजाबियों में ज़्यादा उत्साह पैदा नहीं किया – सर इवान जेनकींस ने उल्लेख किया था। मगर इसने आपराधिक तत्वों और उनके राजनीतिक संरक्षकों तथा प्रशासन में उनके समर्थकों के लिए हिंसा की बढ़ोत्तरी करना आसान बना दिया। शाहआलमी को आग लगा देने की साजिश हिंसा को बढ़ावा देने के तरीके की एक बेहतरीन मिसाल है। शाहआलमी की आग ने लाहौर के हिंदुओं की कमर तोड़ दी जो उनकी कम संख्या के बावजूद, तब तक शहर में रहने के लिए पक्का इरादा रख रहे थे। कांग्रेस नेतृत्व ने, गांधी सहित उन्हें वहीं टिके रहने के लिए प्रोत्साहित किया। 21-22 जून की रात के बाद जब शाहआलमी के बड़े हिस्से को आग लगा दी गई तो हिंदू घबरा गए और एक बड़े पैमाने पर वे लाहौर छोड़ कर जाने लगे। पंजाब प्रशासन का पक्षपात और इसकी पक्षपातपूर्ण भूमिका अब सक्रिय रूप से सह-धर्मियों के साथ सीधी मिलीभगत का रूप ले रहे थे। लाहौर के मामले में इसका

तात्पर्य यह था कि मुसलमानों का पलड़ा भारी था तथा यहां तक कि फायर ब्रिगेड जैसी सेवाएँ ईमानदारी से अपनी भूमिका निभाने के लिए तैयार नहीं थीं। ग्रामीण इलाकों में हालात हमेशा की तरह एक जैसे थे। पूर्वी पंजाब के मुसलमानों को मुस्लिम बहुल क्षेत्रों में सिखों पर उनके सह-धर्मियों द्वारा की गई ज्यादितियों की कीमत चुकाने के लिए कोई सिख योजना तैयार तो की गई थी लेकिन अभी तक इसे लागू करने का समय नहीं आया था।

पंजाब के राज्यपाल के अधिकार का तेजी से उल्लंघन किया जा रहा था, लेकिन एक औपनिवेशिक सत्ता का नाम मात्र सिविल सेवकों, पुलिस अधिकारियों, ब्रिटिश भारतीय सेना के साथ-साथ ब्रिटिश सेना द्वारा अभी भी गठित था। उस प्रशासनिक ढांचे ने पंजाब को होब्स के '*स्टेट ऑफ नेचर*' में तब्दील होने से बचाया, लेकिन यह केवल समय की बात थी कि कब इस तरह की शक्ति और अधिकार का खात्मा होता। जैसा कि पहले ही बताया गया है हिंदुओं और सिखों का पूर्व की ओर जाना शुरू हो गया था तथा हिंदुओं और सिखों पर हमला करने के लिए, लूट के लिए सेंधमारी ने एक बहुत मजबूत मकसद के रूप में उभरना शुरू किया था। वे पंजाब में सबसे समृद्ध समुदायों में और मुसलमान संख्या में सबसे अधिक थे। इस तरह की एकतरफा वास्तविकता बदनीयती लक्ष्य पैदा करने और इसका एक इकट्ठा असर डालने पर बाध्य थी। आर.एस.एस. ने लाहौर में बदले की कार्रवाई करने की कोशिश की लेकिन उनका मुस्लिम लीग के बदमाशों से कोई मुकाबला नहीं था जो एक पक्षपाती प्रशासन की मदद से संसाधनों को जुटा पाने में समर्थ थे। इस प्रकार जून एक संवैधानिक प्रक्रिया के माध्यम से पंजाब के विभाजन पर सहमति के साथ समाप्त हो गया, लेकिन एक ऐसी स्थिति उत्पन्न हो गई जिसमें कार्रवाई के लिए संवैधानिक और कानूनी बुनियादें तेजी से अप्रासंगिक हो रही थीं।

केंद्रीय स्तर पर जिन्नाह ने 4 जुलाई को घोषणा की कि वह पाकिस्तान के गवर्नर जनरल होंगे न कि माउंटबेटन, जिसने उन्हें बहुत नाराज कर दिया। अब तक विभाजन पर विचार विमर्श इस धारणा पर आधारित था कि माउंटबेटन इसके पूरा होने तक जिम्मेदारी का निर्वाह करेंगें तथा इसका मतलब यह होगा कि वह दोनों उपनिवेश के लिए गवर्नर जनरल बनेंगे। जिन्नाह का खुद गवर्नर जनरल बनने का निर्णय एक ऐसी तौहीन थी जिसे माउंटबेटन सहज में माफ करने के लिए तैयार नहीं थे।

उन दोनों के बीच दर्ज बातचीत इसको स्पष्ट रूप से उजागर करती है। इस निर्णय को इस तथ्य की बुनियाद पर निजी कहा जा सकता है कि जिन्नाह ने पाकिस्तान के सशस्त्र बलों के साथ ही प्रांतों के गवर्नरों के लिए ब्रिटिश प्रमुखों को नियुक्त करने का फैसला लिया था। सशस्त्र बलों में वरिष्ठ अधिकारी भी ब्रिटिश थे। माउंटबेटन की पाकिस्तान के लिए कथित घृणा शायद जिन्नाह के 4 जुलाई के पाकिस्तान के गवर्नर

जनरल का कार्यालय ग्रहण करने के फैसले के बाद उत्पन्न हुई। मगर जैसा कि पहले से ही गौर किया गया है, कम से कम 1 अगस्त 1947 तक माउंटबेटन जोर दे रहे थे कि पाकिस्तान को युद्ध सेवाओं का एक उचित हिस्सा दिया जाए, जिसमें हथियारों सहित अन्य उपकरण शामिल थे। इसकी अधिक संभावना है कि पाकिस्तान के खिलाफ उनका कथित पूर्वाग्रह प्रभावी ढंग से उनकी नीतियों को तब प्रभावित करने लगा जब 15 अगस्त 1947 को वह भारत के गवर्नर जनरल बने, क्योंकि उसके बाद वह भारतीय राज्य और सरकार के हितों का प्रतिनिधित्व कर रहे थे।

बहरहाल, क्षेत्रों तथा परिसंपत्तियों को बांटने की निगरानी के लिए कई समितियों की स्थापना की गई। बेशक उनमें सबसे महत्वपूर्ण था पंजाब सीमा आयोग। रैडक्लिफ अवार्ड के विश्लेषण को पहले से ही प्रस्तुत किया जा चुका है, इतना कहना पर्याप्त है कि इसको काफी विवाद घेरे हुए है क्योंकि कथित तौर पर माउंटबेटन और नेहरू ने इसे इस तरह बदलने के लिए एक साजिश की ताकि गुरदासपुर जिले की चार तहसीलों में से तीन भारत को दी जातीं और पठानकोट तहसील से होते हुए कश्मीर के लिए एक सड़क को संरक्षित किया जा सके। दूसरी ओर, एक तथ्य यह भी है कि रैडक्लिफ अवार्ड लगभग 7 फरवरी 1946 की वेवेल के सीमांकन योजना के लगभग समान था। फर्क सिर्फ इतना था कि लाहौर जिले की कसूर तहसील के छोटे हिस्से का विनियोग इसलिए किया गया कि मोटे तौर पर लाहौर और अमृतसर के बीच सीमा दोनों से समान दूरी पर होकर गुजरे।

जुलाई से पंजाब में अल्पसंख्यकों पर संगठित हिंसक हमलों की दिशा ने पूर्व की ओर बढ़ना शुरू किया। जिन सिख जत्थों के बारे में पंजाब प्रशासन चेतावनी दे रहा था, वे इंतजार कर रहे थे और उन्होंने तेज गति से मुसलमानों को निशाना बनाया। ब्रिटिश अधिकारियों के तहत सैनिकों की उपलब्धता बुरी तरह अपर्याप्त थी और हिंसा बढ़ने से, कानून और व्यवस्था की पूरी नाकामी की आशंका थी। छोटा सा पंजाब सीमा बल 1 अगस्त से सक्रिय हो गया और उसने सिख दंगाईयों के खिलाफ कुछ दंडात्मक कदम भी उठाए, लेकिन इस तरह के कदम पंजाब के कई हिस्सों में सांप्रदायिक हमलों को रोक न सके। लगता है कि पंजाब के ग्रामीण क्षेत्रों में बहुत व्यापक रूप से विभाजन के निहितार्थ और असर के बारे में जागरूकता चारों तरफ नहीं फैली थी। लाहौर और अमृतसर से बहुत दूर गांवों में ज़्यादातर लोग बेखबर बने रहे या उनके पास बहुत कम जानकारी थी।

नतीजतन, एक तरफ हिंदू-सिख समूहों तथा दूसरी ओर मुसलमानों के बीच संपर्क धीरे-धीरे घट गया; समुदायों का अंदरूनी संचार पहले से ही कमजोर था तथा विभाजन के समय तक ऐसा ही बना रहा। सभी समुदायों के ग्रामीण लोगों को नुकसान उठाना पड़ा क्योंकि उनके नेताओं से जानकारी और मार्गदर्शन की कमी रही। सभी लोगों में

से, पूर्वी पंजाब के मुसलमान, खासकर गांवों में और राजसी राज्यों में रहने वाले लोग पंजाब के विभाजन करने के निर्णय के बारे में अधिक या कम अंधेरे में रहे। चूंकि मध्य, उत्तरी और पश्चिमी पंजाब के मुस्लिम बहुल जिलों के हिंदुओं और सिखों के विपरीत, उन पर जुलाई की शुरुआत तक, सिलसिलेवार तरीके से हमला नहीं किया गया था, इसलिए पंजाब के विभाजन से उत्पन्न होने वाली स्थिति के बारे में उनमें बहुत कम जागरूकता विकसित हुई थी।

12 अगस्त को पूर्वी पंजाब के मुसलमानों की बड़े पैमाने पर पहले पश्चिम की ओर कूच, जेनकींस द्वारा गौर की गई। तब तक मार्च 1947 के बाद बहिर्वाह पूर्व की ओर था और इसमें हिंदू तथा सिख शामिल थे। अब पूरे पंजाब में बुरी तरह उपद्रव फैल चुका था। जेनकींस की अंतिम पाक्षिक रिपोर्ट और उनकी 13 और 14 अगस्त की टेलीग्रामों द्वारा इस बात में कोई संदेह नहीं करता है कि पंजाब अराजकता में डूब रहा था। उन्होंने कहा कि स्थिति को नियंत्रण में लाने की उन प्रशासनों की जिम्मेदारी थी जो 15 अगस्त से दोनों पंजाब में सत्ता में आ रहे थे। फिर भी एक प्रशासन की निरंतरता के चलते, भले ही यह अपना नियंत्रण लगातार खो रहा था, हताहतों की संख्या कम बनी हुई थी: शायद 10–15 हजार हालांकि जेनकींस ने इससे कम की संख्या दी।

तीसरा चरण

पंजाब के विभाजन का अंतिम चरण होबेसियाइ दु:स्वप्न दर्शाता है जो तब अस्तित्व में आया जब राज्य और इससे संबंधित कानून–व्यवस्था की मशीनरी गायब हो गई। पुराने पंजाब के किसी इलाके का सदाशयी निवासी होना अप्रासंगिक हो गया। इसने पूरी तरह से वायसराय के उस खोखले विचार का पर्दाफाश कर दिया जिसका पालन उनके सहयोगियों द्वारा किया जा रहा था तथा देशी नेताओं द्वारा उसे चुनौती नहीं दी गई: कि पंजाब के विभाजन के बाद, आबादी का हस्तांतरण नहीं करना पड़ेगा। जिन्नाह इसका अपवाद थे जिन्होंने बिहार में नवंबर 1946 में मुसलमानों के नरसंहार के बाद, भारत और पाकिस्तान की आबादी के हस्तांतरण को प्रस्तावित किया था लेकिन उनके कट्टर यथार्थवाद को मानने वाला कोई नहीं था। इसके विपरीत इस तरह की सोच के लिए उनकी आलोचना की गई। बहुलवाद कांग्रेस की आधिकारिक विचारधारा थी और मुस्लिम लीग ने भी इसे खारिज नहीं किया, हालांकि एक मुस्लिम देश बनाने का विचार बहुलवाद के पूरी तरह अनुरूप नहीं था। इसके अलावा, माउंटबेटन ने खुद को इस विश्वास द्वारा मोहित कर लिया था कि अफसरशाही यह फैसला करने का अधिकार होना चाहिए कि वे जिस किसी भी प्रशासन की सेवा करना चाहें उसे वे कर पाएँ जबकि आम लोगों को अपने इलाकों में ही टिके रहना चाहिए क्योंकि कर्मियों का कोई भी परिवर्तन प्रशासन की तटस्थता को प्रभावित नहीं करेगा।

इस तरह का दृष्टिकोण लेने के लिए कोई अनुभवसिद्ध आधार नहीं था। इसके विपरीत मौजूद सभी सबूतों ने यह संकेत दिया कि एक खूनखराबा अपरिहार्य था। विशेष रूप से सिख नेताओं के इरादे छुपे नहीं थे। न तो भारत ने और न ही पाकिस्तान ने ऐसी कोई आधिकारिक रिपोर्ट प्रकाशित की जैसे कि ब्रिटिश राज्यपालों या मुख्य सचिवों द्वारा प्रकाशित पाक्षिक रिपोर्टें थीं। इन स्थितियों में, दोनों पंजाबों में 15 अगस्त 1947 से लेकर उस साल के अंत तक जो कुछ हुआ, उसे गवाहों के व्यक्तिगत बयानों तथा उन पर आधारित कुछ दूसरे स्रोतों द्वारा जाना जा सकता है।

पाकिस्तानी पंजाब से हिंदुओं और सिखों की निकासी कई महीनों से हो रही थी। 5 लाख लोग रैडक्लिफ अवार्ड सार्वजनिक होने से पहले ही सुरक्षित अवस्था में सीमा पार कर चुके थे। दूसरों को जल्द ही भगा दिया गया जैसे ही सत्ता नए प्रशासन को सौंप दी गई। पंजाब के राज्यपाल सर फ्रांसिस मुडी ने खुले आम कहा कि हिंदुओं और सिखों को जाने के लिए मजबूर किया गया ताकि पाकिस्तान की ओर रवाना हुए लाखों मुस्लिम शरणार्थियों के लिए जगह मिल सकती। ऐसा लगता है, तथापि, कि पश्चिमी पंजाब से हिंदुओं और सिखों को भगा देने की कोई भव्य योजना नहीं थी लेकिन वह तब अपरिहार्य बन गई, जब पूर्वी पंजाब से बाढ़ के रूप में आए लोगों को पुनर्वासित करने में न केवल भारी समस्याएँ पैदा हुईं बल्कि पूर्वी पंजाब में उनके खिलाफ किए गए बर्बर व्यवहार की कहानियों ने पश्चिमी तरफ के मुसलमानों को व्यथित कर दिया। इसलिए हिंदुओं और सिखों पर हमलों में वृद्धि हुई और उन पर चले जाने का दबाव भी बढ़ गया।

इसके अलावा इसमें कोई संदेह नहीं है कि अकालियों के साथ ही देशी रियासतों के शासकों वाले सिख नेतृत्व ने मन बना लिया था कि पूर्वी पंजाब को सभी मुसलमानों से खाली करा लिया जाएगा। इस आशय को 17 अगस्त के रैडक्लिफ अवार्ड के सार्वजनिक होने के तुरंत बाद ही अमल में लाया गया। अगला दिन जो ईद का इस्लामी त्यौहार था एक ऐसा दिन साबित हुआ जब लगभग साठ लाख मुस्लिम अल्पसंख्यकों की जिंदगी नरक बन गई। मुसलमानों में से अधिकांश निहत्थे किसान थे जिन्हें कोई भनक नहीं लगी कि उन्हें उनके पैतृक घरों को छोड़ने के लिए मजबूर किया जाएगा। इसमें कोई संदेह नहीं कि उन पर हमले की योजना बहुत पहले बनाई गई थी, लेकिन इसे तब तक अमल में नहीं लाया गया जब तक इसके लिए स्थिति परिपक्व नहीं हो गई। आक्रमण लगभग उसी तरह किए गए जैसे कि मार्च 1947 में सिख गांवों पर छापे मारे गए थे; केवल पैमाना कई गुना बड़ा था। इसमें कोई संदेह नहीं हिंदुओं ने इन हमलों के लिए पैसे इकट्ठा किए लेकिन उनमें ज़्यादातर सिखों ने भाग लिया था। हिंदी भाषी पूर्वी जिलों में हिंदू जाटों ने भी मुसलमानों पर हमलों में भाग लिया। सिख रियासतों में गैरकानूनी होबेसियाई परिस्थिति पूर्णता में थी जहां मुसलमानों को

निष्कासित करने के लिए एक लंबे समय से तैयारियां चल रही थीं। पंजाब बाउंडरी फोर्स (पीबीएफ) का रियासतों में प्रवेश निषिद्ध था और इसने मुसलमानों पर हमला करना और आसान कर दिया।

पूर्वी पंजाब के पारंपरिक ब्रिटिश प्रदेशों पर जो सबूत प्रदान किया गया है उससे पता चलता है कि हालांकि लुधियाना को जिलों में भी शामिल किया गया था (शुरू में यह नहीं था!), इसके ग्रामीण क्षेत्रों में पंजाब सीमा बल की कोई उल्लेखनीय गतिविधि नहीं थी जहां मुसलमानों पर किए गए हमले केवल पटियाला राज्य में हुए हमलों से ही कम शातिर थे। क्या मलेरकोटला के मुसलमान वध से सिर्फ इसलिए बच गए कि सिख उन पर हमला नहीं कर सकते थे क्योंकि गुरु गोबिंद सिंह ने वहाँ के मुसलमानों पर कभी हमला न करने का आदेश दिया था या, मलेरकोटला क्षेत्र के अंदर मुसलमान हथियारों से लैस थे और हमले का वे प्रतिरोध करते? यह सवाल अनुत्तरित ही रहना चाहिए क्योंकि सच तो इन दोनों तथ्यों का एक संयोजन होगा।

जहां तक तीन समुदायों के नेतृत्व की संलिप्तता के सबूत का सवाल है, जबकि मास्टर तारा सिंह और पटियाला के महाराजा और कपूरथला के राजकुमार को कुछ चश्मदीद गवाहों द्वारा नामित किया गया है, हमें यह भी पता लगा है कि सरदार पटेल बम कारखानों के लिए पैसे हासिल करने में शामिल थे। उन्होंने सिखों को 12 या 13 अगस्त तक लाहौर के मुसलमानों को मारने के लिए उकसाया हालांकि तब तक देर हो चुकी थी, क्योंकि मुसलमानों का शहर में पलड़ा भारी हो चुका था। कुछ सबूत मौजूद हैं कि पाकिस्तान सरकार कमॉके में हिंदू और सिख शरणार्थियों से भरी एक ट्रेन पर हमले में शामिल थी। इसके ऊपर हमला करने का आदेश केंद्रीय मंत्रिमंडल से आया था और इसका मतलब यह है कि कम से कम प्रधानमंत्री लियाकत अली खान को इसके बारे में पता था। हमले की आज्ञा इसलिए दी गई थी ताकि यह हमला पूर्वी पंजाब में मुस्लिम अल्पसंख्यकों पर किए जा रहे हमलों को रोके। हमें यह भी पता चला है कि नेहरू और गांधी ने अपने प्रभाव का इस्तेमाल कर मुस्लिम जीवन बचाए। जिन्नाह ने पूर्वी पंजाब में मुसलमानों की हत्या की निंदा करते हुए केवल कुछ बयान जारी किए। रावलपिंडी के खाकसारों और अमृतसर के कम्युनिस्टों ने लोगों की जान बचाने में विशेष रूप से एक अग्रणी भूमिका निभाई।

सचेत सबल होता है

अगर हम दोनों पंजाब की घटनाओं का विश्लेषण करते हैं तो यह परिकल्पना कि "सचेत सबल होता है" सही बैठता है, जहां तक निशाना बनाने के लिए लोगों की संख्या और इसकी तुलना में उनकी खुद की रक्षा करने की तैयारी तथा उन पर हमला करने वाले लोगों की तैयारी का सवाल है। अगर हम इस धारणा को लेकर

आगे बढ़ते हैं कि पश्चिमी पंजाब में 38 लाख हिंदू सिख थे तथा पूर्वी पंजाब में 59 लाख मुसलमान – यह आंकड़ा एम. हसन, पश्चिमी पाकिस्तान इकनॉमिक इंक्वारी बोर्ड के सचिव ने अक्टूबर 1947 के अंत में दिया था, लेकिन वह निश्चित रूप से उस जनसंख्या की बात कर रहा था जो रैडक्लिफ अवार्ड की घोषणा के पहले थी। इसलिए अगर 5,00,000 हिंदू और सिख पहले से ही सुरक्षित स्थानों के लिए चले गये थे और मुसलमानों का बड़े पैमाने पर प्रवास 12 अगस्त 1947 से शुरू हुआ जैसा कि सर इवन जेनकींस ने सूचना दी थी, तो हिंदुओं और सिखों की तुलना में संभवत: कहीं अधिक मुसलमान हिंसक हमलों का शिकार बनने के लिए उपलब्ध थे। गौर करने लायक और अधिक महत्वपूर्ण बात यह है कि जबकि सिखों को अपने धार्मिक अधिकार के तौर पर कृपाण धारण करने दिया जाता था, यह हिंदुओं और मुसलमानों के लिए संभव नहीं था। इस प्रकार दोनों रक्षात्मक और आक्रामक भूमिकाओं में सिखों की स्थिति बेहतर थी। हम याद करें कि एक सिख नेटवर्क पहले से ही उन पर हजारा में और फिर रावलपिंडी में हमलों के बाद अस्तित्व में आ गया था, जो मुसलमानों के खिलाफ प्रतिशोध लेने के लिए हमला करने की तैयारी में उनसे बहुत आगे था।

ऐसा लगता है कि मार्च 1947 में उत्तरी पंजाब में सिखों के खिलाफ मुस्लिमों द्वारा किए गए हमलों की कहानियाँ, जिनमें कई पूर्व सैनिकों ने हिस्सा लिया था, सिख जत्थों के लिए एक उदाहरण बन गया जिसे वे एक ऐसे पैमाने पर दोहराने का निश्चय कर चुके थे, जो बसंत में उनके सह-धर्मियों पर किए गए हमलों को बौना सिद्ध करे। दूसरी तरफ रैडक्लिफ अवार्ड की घोषणा के बाद भी पश्चिमी पंजाब में हमले कभी उस पैमाने के करीब तक नहीं पहुंचे। इसमें कोई संदेह नहीं है कि पूर्वी पंजाब से मुस्लिमों का सफाया करने की सिखों की पूरी तैयारी थी। इसलिए जब औपनिवेशी सरकार द्वारा लागू संयम और नियंत्रण समाप्त हो गए तो सिखों का पलड़ा भारी हो गया, खास कर उन इलाकों में जहां औपनिवेशी सरकार का कोई नियंत्रण नहीं था – पूर्वी पंजाब की सिख रियासतें। अत: अगर हिंसा के दो अलग मंचों की तुलना की जाए तो इसमें कोई संदेह नहीं है कि पूर्वी पंजाब के निहत्थे मुस्लिमों पर संगठित हिंसा, बहुत ज़्यादा पूरी तथा असरदार थी।

प्रसंग

इस परिकल्पना को "सचेत सबल होता है" परिष्कृत करने की जरूरत है क्योंकि जिस वातावरण में रियासतों में हमले हुए थे, वे पूर्व और पश्चिम पंजाब से बहुत अलग थे। इसमें कोई संदेह नहीं कि पक्षपातपूर्ण प्रशासन ने दोनों पूर्व और पश्चिम पंजाब में सत्ता संभाल ली थी लेकिन इसका मतलब यह नहीं था कि तत्काल समाप्त हुए ब्रिटिश शासन से चला आ रहा संयम पूरी तरह से खत्म हो गया था। पूर्व पंजाब के लुधियाना जिले के ग्रामीण क्षेत्रों को छोड़ कर, जहां उत्तरी पंजाब में 6 मार्च की

रात से 13 मार्च 1947 के दौरान हुए हमलों की तरह मुसलमानों पर हमले हुए थे – दूसरी जगहों पर 'कानून-व्यवस्था' संस्थाओं का थोड़ा बहुत नियंत्रण कायम था। मगर उन रियासतों में जहां शासकों ने उनके क्षेत्रों से सभी मुसलमानों को निष्कासित करने के लिए साजिश में हिस्सा लिया था और इसलिए कम से कम दो महीनों तक, न तो पंजाब सीमा बल और न ही कोई अन्य सुरक्षा संस्था वहाँ निगरानी के लिए मौजूद थी, तथा काफी गोपनीयता के साथ व्यवस्थित नरसंहार के हमले किए गए। बाद में, भारतीय और पाकिस्तान की सेनाओं से बनी संयुक्त बचाव इकाइयों ने बचाव अभियान किए और हमें मेजर जनरल सैयद वजाहत हुसैन से पता चला कि ऐसी ही एक इकाई ने कपूरथला राज्य में कई मुस्लिम लोगों की जान बचाई, जबकि लेफ्टिनेंट जनरल आफताब अहमद खान ने पश्चिमी पंजाब में कई हिंदुओं तथा सिखों को बचाया, खास कर मोंटगोमरी (साहीवाल) के आसपास के क्षेत्रों में। हालांकि, इस तरह की इकाइयों को हर जगह भेजा नहीं जा सका था और जहाँ भी लोग पैदल काफिलों में या ट्रेनों में बिना सशस्त्र अनुरक्षण के जा रहे थे, उन पर सीमा के दोनों तरफ हमला किया गया।

अगर नवम्बर 1947 में केवल पटियाला राज्य से 2,00,000-2,50,000 मुसलमान लापता थे जैसा कि मियां इफ्तिखारुद्दीन ने सूचना दी थी, और वे बाद में भी पाकिस्तान नहीं आए, तो सिर्फ एक ही जगह में जीवन की हानि लगभग पूरे पश्चिमी पंजाब में जीवन की हानि के बराबर है। जिन मुसलमानों की गवाही इस पुस्तक में दी गई है, वे हजारों जीवन के नुकसान की बात करते हैं। अधिक तटस्थ और विद्वता वाली खोसला रिपोर्ट ने भरोसेमंद आंकड़ा प्रदान किया है जो इस बात की पुष्टि करता है कि दिसंबर 1946 और दिसंबर 1947 के बीच पश्चिमी पंजाब में हिंदुओं और सिखों पर मुसलमानों द्वारा बार-बार आक्रमण किए गए। अगर पश्चिमी पंजाब में 2,50,000 हिंदुओं और सिखों कि मृत्यु हो गई, तो भारतीय मान्यताओं के अनुसार पूर्वी पंजाब में मरने वाले मुसलमानों की नईनतम संख्या इतनी तो होनी चाहिए। इसे दोनों खोसला और साफ तौर से पक्षपातपूर्ण एस.जी.पी.सी. रिपोर्ट द्वारा स्वीकार किया जाता है। वास्तव में दोनों घुमा फिरा कर मानते हैं कि पूर्वी पंजाब में और अधिक मुसलमानों ने अपने जीवन खो दिए।

हालांकि यह अध्ययन पंजाब में कुल मारे गए लोगों की संख्या पर एक निर्णायक नतीजे पर पहुँचने के लिए नहीं किया गया है, मैं कई अन्य विद्वानों के इस अवलोकन पर रोशनी डालने के लिए उत्सुक हूँ कि पश्चिमी पंजाब के हिंदुओं और सिखों की कुल संख्या से पूर्वी पंजाब में ज़्यादा मुसलमानों की हत्या हुई। यह पूर्वी पंजाब, खासकर लुधियाना जिले और रियासतों की कहानियों से स्पष्ट हो जाता है कि मुसलमानों पर बड़े पैमाने पर हमले किए गए थे और हजारों ने अपने जीवन खो दिए। इसलिए यह मानना उचित लगता है कि पूर्वी पंजाब में मुस्लिम जीवन का नुकसान 2,50,000 और 5,00,000 के बीच कहीं था। ब्रिटिश प्रदेशों और रियासतों सहित पूरे पंजाब प्रांत में

जीवन का कुल नुकसान 5,00,000–7,50,000 के बीच होगा जिसमें मुसलमानों की संख्या ज़्यादा थी, इस तथ्य के बावजूद कि जुलाई 1947 की शुरुआत तक मुख्य शिकार हिंदू और सिख थे। इन सभी होने वाली हिंसक मौतों में वे महिलाएँ तथा लड़कियाँ शामिल थीं जिन्हें उनके ही परिवार के सदस्यों और सह–धर्मियों द्वारा मार डाला गया ताकि दुश्मन समूह उन्हें पकड़ कर अशुद्ध न कर सकें तथा परिवार और समुदाय के सम्मान की रक्षा हो सके; साथ ही उनमें वे महिलाएँ तथा लड़कियाँ भी थीं जिन्होंने एक ही वजह से, आम तौर पर गहरे कुओं में कूद कर आत्महत्या कर ली। तथापि, जनवरी से दिसम्बर 1947 तक कुल जीवन की हानि पूरी तरह हिंसा की वजह से नहीं थी लेकिन प्रकृति के संकट, जैसे कि मूसलाधार मानसून की बारिश, बाढ़ और महामारी से भी लोगों की मृत्यु हुई। राहत शिविरों में या यहाँ जाते हुए हजारों शरणार्थी रास्ते में मारे गए।

तीन चरण : एक जुड़ी हुई प्रक्रिया

उपरोक्त विश्लेषण से तीन चरणों के बीच आपसी संबंध की पहचान करना मुश्किल नहीं होना चाहिए – पूर्ववर्ती प्रत्येक चरण अगले चरण की परिस्थितियों का निर्माण करता है। साझा पंजाबी पहचान द्वारा इकट्ठा की गई सामाजिक पूंजी धूमिल होने लगी, जब राजनीतिक उद्यमियों और कार्यकर्ताओं ने वास्तविक और काल्पनिक अतीत तथा वर्तमान जातीय मतभेदों और संघर्ष पर जोर देना शुरू कर दिया। समुदायों और दोनों पक्षों के बीच संपर्क की विफलताओं ने आम लोगों के बीच भय और गुस्से को उत्पन्न किया। जैसे ही राज्य मशीनरी और सरकार बेअसर होने लगी, पीड़ितों को बेतरतीब ढंग से तथा चयन के माध्यम से निशाना बनाया जाने लगा। अगर अब हम पंजाब में ब्रिटिश प्रशासन के उच्चतम स्तर पर अवश्य मौजूद अनिश्चितताओं, उच्च राजनीति स्तर, जातीय कार्यकर्ताओं के संगठित समूहों और आम लोगों द्वारा की गई कार्रवाई के अपेक्षित और अनपेक्षित परिणामों को शामिल करते हैं तो यह समझना मुश्किल नहीं है कि स्थिति नियंत्रण से बाहर हो गई थी तथा विभिन्न तीव्रताओं वाली अराजकता की स्थितियाँ पैदा हो गईं। विशेष रूप से, सबसे खराब हमले दोनों पक्षों के हथियारबंद लोगों द्वारा किए गए। पहले से ही मार्च 1947 से नेताओं, आपराधिक गिरोहों जो बदमाशों और गुंडों के रूप में मशहूर थे, और प्रशासन के पक्षपातपूर्ण अधिकारियों ने मिल जुल कर मानवता के विरुद्ध अपराध किए। पड़ोसियों ने काफी हद तक अपने ही पड़ोसियों पर हमले में भाग नहीं लिया, हालांकि दुष्ट तत्व पड़ोसियों के बीच भी पाये गए थे। किसी भी मोड़ पर, नरसंहार समुदायों के बीच एक युद्ध में तब्दील नहीं हुआ। भारतीय और पाकिस्तानी प्रशासन को सत्ता के हस्तांतरण के बाद, बीच में बाधा पहुँचने वाला कोई नहीं था; इसलिए जातीय संघर्ष के चलते मजबूर प्रवास और नतीजतन जातीय सफाई हुई। सभी तीन चरणों के दौरान हमें दानवीकरण

किए गए समूह के सदस्यों की मदद करने तथा उनकी रक्षा के पर्याप्त सबूत मिलते हैं। इस तरह की सहायता पूरी तरह से अजनबियों को भी दी जाती थी। कभी-कभी इसे बहुत व्यक्तिगत जोखिम उठा कर किया जाता था।

प्रेरणा

हमलों में भाग लेने के लिए वैचारिक, धार्मिक और वास्तव में अस्तित्व बचाए रखने की वृत्ति भी प्रेरणा का एक कारण रहा होगा। मगर जिस असली ताकत ने हमलावरों को उत्तेजित किया वह था दुश्मन के समूह को लूटने का तथा उनकी महिलाओं पर कब्जा करने का आग्रह। इस तरह से, न केवल दुश्मन का बहुत आर्थिक नुकसान किया गया बल्कि उसके सम्मान की हानि भी की गई। जिस दंड देने वाले नरसंहार के बारे में पॉल ब्रास उल्लेख करते हैं वह आत्मतुष्टि पहुँचाने वाली प्रजाति केंद्रिकता के बारे में था और यह दानवीकरण तथा पाश्वीकरण किए गए 'अन्य' समूह की संपत्ति पर कब्जा कर पाने का एक अवसर था।

यह गौर करना दिलचस्प है कि पश्चिमी पंजाब में केवल तथाकथित अछूत हिंदू बच गए – मुख्य रूप से अशुद्ध कार्यों को जारी रखने के लिए। दूसरी ओर पूर्वी पंजाब के अपने दौरे के दौरान, मैंने सुना कि सेवा जातियों (भूमिहीन) से नाता रखने वाले मुसलमान वहाँ टिके रहे। इसलिए दोनों तरफ जमीन और अन्य संपत्ति पर कब्जा करना दुश्मन पर छापे में शामिल होने की एक मजबूत वजह थी। समान रूप से, अगर सेवा जातियों वाले लोग वहाँ टिके रहना चाहते थे तो उन्हें रहने दिया गया। इसलिए पंजाब का विभाजन सबसे निश्चित रूप से, उन लोगों के लिए एक बहुत ही आकर्षक मौका था जो मानवता के खिलाफ अपराधों में शामिल होकर आर्थिक लाभ उठाना चाहते थे।

जातीय सफाई या नरसंहार?

1947 में पंजाब में जो कुछ हुआ उसका अधिक उपयुक्त शीर्षक क्या है, जातीय सफाई या नरसंहार? जवाब बहुत आसान है : यह निस्संदेह दूसरे विश्व युद्ध के बाद जातीय सफाई का पहला मामला है। ऐसा कोई सबूत नहीं है कि या तो मुस्लिम लीग या सिख एक ऐसी विचारधारा को मान कर चल रहे थे, जिसके द्वारा वे दानवीकरण तथा पाश्वीकरण किए गए किसी अछूत समूह को भौतिक रूप से विलुप्त करा कर अपने राजनीतिक लक्ष्य को हासिल करें। इसमें कोई संदेह नहीं है कि मार्च 1947 में सिखों के खिलाफ और अगस्त-नवंबर 1947 की अवधि में फिर से जब पूरे पंजाब में उपद्रव फैल चुका था, योजनाबद्ध नरसंहार किया गया, इस तरह के हमले हर उस इंसान के खिलाफ हुए जो कमजोर स्थिति में था। विशेष रूप से पूर्वी पंजाब के मुसलमानों के खिलाफ संगठित आतंक दंड देने वाले नरसंहार की सभी विशेषताओं से भरपूर था।

फिर भी यह लगता है कि सर्वोपरि इरादा अवांछित आबादी से छुटकारा पाने का था और बल प्रयोग के द्वारा ही इसे हासिल किया जा सकता था। हालांकि, अगर वहाँ कोई निकास मार्ग नहीं होता तो नरसंहार के बिना जातीय सफाई नहीं हो सकती थी, और उसका न केवल शारीरिक विनाश बल्कि संभवत: मजबूरन धर्म परिवर्तन भी एक हिस्सा होता। इसलिए, अगर हम अंत उत्पाद को देखते हैं तो हमें पता चलता है कि लगभग 1 करोड़ पंजाबी अवांछित अल्पसंख्यक बन गए थे और उनसे छुटकारा पाने के लिए बल तथा आतंक का इस्तेमाल किया गया। इसे 5,00,000 से 7,50,000 के बीच की संख्या के जानी नुकसान के माध्यम से प्राप्त किया गया था।

अंतिम टिप्पणी

ऊपर चर्चा के आधार पर हम जातीय सफाई के लिए एक सिख योजना बनाम एक मुस्लिम योजना के सवाल के संबंध में अब कुछ निष्कर्ष प्रस्तुत कर सकते हैं:

पंजाब के विभाजन पर क्या पाकिस्तानी पंजाब से हिंदुओं और सिखों के उन्मूलन की कोई मुस्लिम योजना थी?

एस.जी.पी.सी. की रिपोर्ट में आरोप लगाया गया है कि विभाजन से पहले पंजाब से सभी हिन्दुओं और सिखों को बाहर निकालने की एक सुदृढ़ योजना 1940 से पाकिस्तान की मांग शुरू हो जाने के साथ तैयार हो गई थी। इसमें वे वैचारिक और राजनीतिक आयाम शामिल थे जिसने एक ऐसी मानसिकता पैदा की जिसने हिंदुओं और सिखों का एक व्यवस्थित दानवीकरण तथा वहशीकरण किया तथा उन पर बिना किसी भी दया के हमला करने के लिए मुसलमानों को तैयार किया गया। अगर मुस्लिम लीग पूरे पंजाब को हासिल कर लेती तो हिंदुओं और सिखों को पलायन करने के लिए मजबूर करती ताकि इस तरह के अवांछित अल्पसंख्यकों का पाकिस्तान में कोई निशान बना नहीं रहता।

इस तरह का निष्कर्ष आसानी से नहीं निकाला जा सकता। इस बात का सबूत है जिससे पता चलता है कि एक विभाजित पंजाब में भी मुस्लिम लीग की कोई स्पष्ट नीति नहीं थी कि अल्पसंख्यकों के साथ कैसा वरताव किया जाए। कुछ हिंदू और सिख बयानों से ये संकेत मिलते हैं कि वे मानते थे कि एक बार दंगे खत्म हो जाएंगे तो वे वापस आने में सफल होंगे। लाहौर में शीर्ष मुस्लिम लीग के नेताओं में से कुछ की प्रतिक्रियाओं का राम प्रकाश कपूर के बयान से पता चलता है कि पाकिस्तान के अस्तित्व में आने के बाद भी वे अपने पिता को वहीं पर रहने के लिए आग्रह कर रहे थे। उन्होंने अपनी दी हुई सलाह कुछ ही हफ्ते बाद उलट दी जब पूर्वी पंजाब से मुस्लिम शरणार्थियों का लाहौर में एक प्रवाह होने लगा। इस तरह का एक निर्णय

पक्की राजनीति को प्रतिबिंबित करता था न किसी पूर्वचिन्तित साजिश को। इसके अलावा, दूरस्थ जिलों में, जहां हिंदुओं और सिखों की बहुत छोटी संख्या मौजूद थी, उन पर सितंबर तक हमले नहीं किए गए थे। दूसरी ओर, बेशक उत्तरी पंजाब के सिख गांवों पर हमले की योजना बनाई गई थी और सैन्य तर्ज पर इसे अमल में लाया गया था तथा कुछ रावलपिंडी स्तर के मुस्लिम लीग नेताओं ने भीड़ में भाग लिया। दूसरी जगहों में भी, उदाहरण के लिए लाहौर में, हिंदुओं और सिखों को खदेड़ने के लिए स्थानीय साजिशों को रचा गया। क्या ये सब मुस्लिम लीग द्वारा गुप्त रूप से पहले से सहमति दिये गये किसी मंसूबे का एक हिस्सा थे? इस अध्ययन में किसी मास्टर प्लान का कोई निर्णायक और निर्विवाद सबूत सामने उभर कर नहीं आया है जिसकी तुलना सिख नेताओं की इस तरह की किसी योजना के साथ की जा सके।

हालांकि, कोई भी, यह निष्कर्ष निकाल सकता है कि चूंकि हिंदुओं और सिखों के लिए एक धार्मिक आधार पर भारत का विभाजन अस्वीकार्य था और उन्होंने इसका मुकाबला पंजाब के विभाजन की मांग द्वारा किया जिससे "न फायदा न नुकसान" का खेल शुरू हुआ, उसे तर्कसंगत दावों के माध्यम से नहीं सुलझाया जा सकता था। इन स्थितियों में हिंसा का सहारा ही इस तरह के एक गतिरोध के लिए मुख्य विकल्प बन गया। अन्य शब्दों में, हालांकि कोई ठोस सबूत नहीं है कि मुस्लिम लीग द्वारा किसी सुदृढ़ योजना पर विचार तथा उसे कार्यान्वित किया गया था, ताकि पंजाब से हिंदुओं तथा सिखों का उन्मूलन किया जाता, लेकिन एक धार्मिक आधार पर भारत के विभाजन की मांग करना स्वाभाविक रूप से भेदभावपूर्ण था। चूंकि हिंदू और सिख इस तरह के एक देश में रहने के लिए तैयार नहीं थे जिसके बारे में वे सोचते थे कि यह भेदभावपूर्ण इस्लामी कानून पर आधारित होगा, इस संघर्ष का हल करने के लिए एक सशस्त्र टकराव अपरिहार्य था।

अध्याय 1 में उल्लिखित एक सैद्धांतिक तर्क यह है कि जब दो या अधिक समूह एक ही क्षेत्र का दावा करते हैं और कोई भी हार स्वीकार करने को तैयार नहीं है, तो इस तरह के एक विवाद का हल उस क्षेत्र से कमजोर समूह के बाध्यमूलक पलायन के माध्यम से या इससे भी बदतर तरीके जैसे कि शारीरिक रूप से विनाशित किए जाने की आशंका से होता है। इसलिए अगर एक अविभाजित पंजाब से सभी हिंदुओं और सिखों का उन्मूलन करने के लिए कोई सुदृढ़ मुस्लिम लीग की साजिश नहीं रची गई थी, जिन विचारों, विचारधारा और राजनीति को इसने अविभाजित पंजाब में अपनाया, परिणामस्वरूप पंजाब के विभाजन की स्थिति पैदा हो गई, जिसकी सिखों द्वारा मांग की गई और कांग्रेस ने इसका समर्थन किया। सीधे शब्दों में, अगर भारत विभाजित किया जा रहा था तो सिखों तथा कांग्रेस ने मजबूती से इरादा कर लिया था कि मुस्लिम लीग को पूरा पंजाब नहीं मिले। दूसरे शब्दों में, पश्चिमी पंजाब से हिंदुओं तथा सिखों को निकालने की कोई उचित योजना और रणनीति के बगैर ही मुस्लिम

लीग ने अनिवार्य रूप से ऐसी स्थिति तैयार की जिसके द्वारा प्रांत का विभाजन होता और सहवर्ती जातीय सफाई होती।

इसके अलावा, मुस्लिम लीग के नेता बुद्धिहीन तरीके से संतुष्ट और गैर जिम्मेदार थे क्योंकि उन्हें यह नहीं पता था कि उनकी पाकिस्तान की योजना से अनिवार्य रूप से निहत्थे लाखों मुसलमानों के जीवन संकट में पड़ जाएंगे। पंजाब विभाजित करने के लिए एक निर्णय जो पहले से ही जून 1947 में लिया गया था और जिसकी पंजाब विधानसभा ने मंजूरी दे दी, उसे कम से कम पूर्वी पंजाब के मुसलमानों में परिचालित किया जाना चाहिए था। मुस्लिम लीग के नेताओं के बचाव में एक तर्क यह दिया जा सकता है कि वे मानते थे कि जनसंख्या के हस्तांतरण की कोई जरूरत नहीं होगी। यह देखते हुए कि सिखों ने गंभीर धमकी दे दी थी कि अगर विभाजन उन्हें वह नहीं देता जो वे चाहते थे तो अग्रिम चेतावनी जारी की जानी चाहिए थी और इसे पूर्वी पंजाब के मुसलमानों के बीच परिचालित किया जाना था। इसके विपरीत, कुछ स्थानों पर मुसलमानों को वहीं रहने के लिए कहा गया था। अमृतसर में इसी नीति का पालन किया गया था जब तक हालात नियंत्रण में नहीं रह पाएं।

क्या पूर्वी पंजाब से मुसलमानों के उन्मूलन की कोई सिख योजना थी?

कोई भी तुरंत यह कहना चाहेगा : हाँ। मगर, इस निष्कर्ष पर पहुँचने से पहले कई प्रश्न उठ खड़े होते हैं। अकाली नेता पूर्वी पंजाब में एक सिख राज्य की स्थापना के लिए सिख प्रधानों से सक्रिय रूप से समर्थन पाने के लिए प्रचार कर रहे थे और कम से कम, महाराजा पटियाला कथित तौर पर एक ज्योतिषी की सलाह पर ऐसी महत्वाकांक्षा रखने लगे थे। कुछ अन्य प्रधान भी इसमें शामिल थे। मगर, इस तरह की योजना एक सशर्त या आकस्मिक योजना थी। एक अविभाजित भारत इसे अप्रासंगिक बना देता लेकिन एक विभाजित पंजाब इसको तात्कालिकता प्रदान करता जिसके चलते पूर्वी पंजाब के मुसलमानों पर व्यवस्थित हमले किए गए। फिर भी यह समझना महत्वपूर्ण है कि सिख, एक सिख राज्य प्राप्त करने की विफलता से बहुत चिंतित हो गए होंगे। वे न केवल पंजाब में एक अल्पसंख्यक थे बल्कि यहाँ वे चारों ओर फैले भी हुए थे। पंजाब का कोई भी विभाजन उन्हें विभाजित कर देता अगर यह शांतिपूर्ण होता। यही कारण है कि जब उन्होंने मई 1947 में जिन्नाह की बहुत उदार पेशकश तक को तथा साथ ही साथ जुलाई में सर पेंडरल मून द्वारा की गई मध्यस्थता को भी ठुकरा दिया; वे बिल्कुल अंत तक दुविधा में रहे और उन्हें पता नहीं था कि वे अपने लक्ष्य को कैसे प्राप्त करें?

उनकी एक योजना ताकत और आतंक के उपयोग पर आधारित थी ताकि मुसलमानों को पूर्वी पंजाब से अपने जीवन की रक्षा के लिए भगा दिया जाए। इसलिए सिखों की

मुसलमानों को खदेड़ने में एक विशेष रुचि थी। उस समय हिंदुओं को नहीं, ताकि उस समय पंजाब के उन हिस्सों में उनके सह-धर्मियों को इकट्ठा कर एक खालिस्तान या सिखिस्तान बना सकें। इस तरह के एक उद्देश्य के लिए क्रूर बल का प्रयोग जरूरी था और सिखों ने तदनुसार तैयारी कर रखी थी। जिन हथियारों का उन्होंने कुछ मामलों में इस्तेमाल किया उनमें मशीनगन और अन्य स्वचालित हथियार शामिल थे। औपनिवेशिक से भारतीय शासन की तब्दीली ने जातीय सफाई को जल्दी से कुछ महीनों में हासिल करने का उन्हें मौका प्रदान कर दिया।

एस.जी.पी.सी. की रिपोर्ट यह साबित करने का प्रयास करती है कि मुस्लिम लीग का हिंदुओं और सिखों को पंजाब से बाहर भगाने की एक निश्चित योजना थी जबकि सिख केवल एक प्रतिक्रिया कर रहे थे। यह उचित लगता है, लेकिन यह इंकार नहीं किया जा सकता कि सिखों की प्रतिक्रिया की एक आपात योजना तैयार थी और जब अवसर आया तो उन्होंने इसे, पश्चिमी पंजाब से बाहर जाने के लिए मजबूर किये गए हिंदुओं और सिखों की तुलना में, बहुत अधिक दृढ़ संकल्प के साथ लागू किया। समान रूप से, यह तर्क देना उचित है कि मुस्लिम लीग की शुरू से कोई सुदृढ़ योजना नहीं थी लेकिन इसकी राजनीति और विचारधारा ने इस तरह की विस्फोटक स्थितियों को पैदा किया कि रास्ते में लगी चिंगारियों ने मजबूर किए गए प्रवास और जातीय सफाई की प्रक्रिया को और तेज कर दिया।

इसके फलस्वरूप पंजाब के विभाजन के लिए सिख योजना के महत्व को एक परिप्रेक्ष्य में डाल दिया जाना चाहिए। यह साबित नहीं करता कि सिख पंजाब का विभाजन कर एक सिख राज्य को पाने के लिए तुले हुए थे; बल्कि अगर पंजाब का विभाजन उस तरीके से होता जो उन्हें स्वीकार्य नहीं था, तो वे संगठित हिंसा का सहारा लेकर पूर्वी पंजाब को मुसलमानों से खाली करने के लिए उन्हें मजबूर करते।

पंजाब, एक अनेकता वाली या एक बहुलवादी-मिश्रित संस्कृति?

विभाजन से पहले पंजाब की कहानियों की सावधानी से परीक्षा करने से समुदायों के आपसी रिश्ते और मेल-जोल की सही प्रकृति पर एक निश्चित सोच नहीं बनायी जा सकती। क्या यह एक प्रांत था, जिसमें कई धार्मिक समुदाय साथ-साथ रहते थे लेकिन एक ही पंजाबी पहचान का हिस्सा नहीं बने – एक अनेकतावादी समाज जैसा कि कुपेर दावा करते हैं या, एक बहुलवादी-मिश्रित संस्कृति जो धार्मिक मतभेद के बावजूद एक सांस्कृतिक रूप से एकीकृत थी, जो विभिन्न समुदायों वाली जनसंख्या का मात्र कुल योग नहीं थी? सच तो यह है कि पंजाब के टुकड़े हुए और यह एक सबसे रक्तमय ढंग से अलग हुआ, यह सुझाव देता है कि तीनों समुदायों के भेद और अलग अस्तित्व वास्तविक थे – दूसरे शब्दों में, कम से कम एक तरफ मुसलमानों

और दूसरी तरफ हिंदू और सिख एक अनेकतावादी व्यवस्था में सामंजस्य और आपस में एकजुटता के साथ रहते थे।

इस तरह का कोई निष्कर्ष खुद-ब-खुद और बिना किसी प्रश्न के सामने नहीं आता, हालांकि ऐसा लगता है कि इसमें कुछ तो सच है। पंजाब के विभाजन के बाद पश्चिमी या पूर्वी पंजाब के नागरिकों का इसकी तुलना में कोई कत्लेआम नहीं हुआ, लेकिन 1947 की तुलना में राज्य तथा प्राधिकारी ढांचे का कोई पतन भी नहीं हुआ। मगर, पश्चिमी पंजाब जातीयता और पहचान के मामले में एक समरूप इकाई में नहीं बदला। जैसा कि जातीय सफाई के अध्याय में तर्क दिया गया है, व्यक्तिगत और सामूहिक पहचान दोनों स्वयं परिभाषित और 'अन्य' द्वारा परिभाषित हैं। यह तुलनात्मक है न कि दी गई और तयशुदा। इसके अलावा मतभेद स्वयं संघर्ष में तब्दील नहीं होते। उनका राजनीतिकरण करना पड़ता है। नतीजतन, एकरूपता पूरी तरह से वस्तुपरक विवरण और तय सीमाओं का मुद्दा नहीं है। व्यक्तिपरक भावनाएँ और राजनीतिक उद्यमियों की गतिविधियां पहचान बनाने और धारणाओं के बारे में एक महत्वपूर्ण भूमिका निभाती हैं।

पश्चिमी और पूर्वी पंजाब में जातीय पहचान

पश्चिमी पंजाब 1947 में हिंदुओं और सिखों से खाली करा लिया गया था। एक छोटी सी ईसाई अल्पसंख्यक आबादी और पारसी मुट्ठी भर अन्य लोगों के अलावा, पश्चिमी पंजाब औपचारिक रूप से एक समग्र मुस्लिम बहुल प्रांत बन गया। चूंकि पाकिस्तान को इस्लाम के नाम पर बनाया गया था, इसलिए यह मौलवियों और पीरों के भारी कर्ज के नीचे था जिन्होंने एक इस्लामी देश पाकिस्तान के लिए अभियान चलाया था, और एक बार इस तरह के देश का निर्माण हो जाने पर, ऐसे तत्वों द्वारा यह मांग तो होनी ही थी कि पाकिस्तान को एक इस्लामी मुल्क घोषित किया जाए। इसलिए इन तत्वों ने शुरू से ही एक इस्लामी राज्य की स्थापना के लिए शोर करना शुरू कर दिया। 1951 के शुरू में, सुन्नी और शिया दोनों समुदायों के उलेमाओं ने पाकिस्तान को एक इस्लामी देश में परिवर्तित करने के लिए एक 22 सूत्रीय इस्लामी कार्यसूची पर हस्ताक्षर किए। समस्या यह थी कि किस विशेष इस्लाम सैद्धांतिक व्याख्या को देश की विचारधारा बनाया जाए। समान रूप से, मुस्लिम कौन था? उस शुरुआती पड़ाव पर सुन्नी-शिया मतभेद पृष्ठभूमि में चले गए जब दोनों समूह ने अहमदियों के खिलाफ हाथ मिला लिए, जिनके बारे में वे सोचते थे कि उनकी मान्यताएँ इस्लाम के विरुद्ध थीं।

इस प्रकार 1953 में एक विषमय अहमदिया विरोधी आंदोलन लाहौर में छिड़ गया जिसके पीछे पंजाब के कुछ मुस्लिम लीग के नेताओं का हाथ था और जो आशा कर रहे थे कि पर्याप्त अराजकता द्वारा केंद्र में उनकी ही पार्टी की सरकार अस्थिर हो

जाएगी। अगर ऐसा होता तो पंजाब के मुख्यमंत्री मियां मुमताज दौलतना प्रधानमंत्री के पद के लिए खुद की तरक्की की उम्मीद लगाए बैठे थे। (*कोर्ट ऑफ इंकवारी*, 1954: 283)। गौरतलब है कि अहमदिया समुदाय के एक प्रमुख सदस्य सर मुहम्मद जफरुल्ला खान ने पंजाब सीमा आयोग के समक्ष मुस्लिम लीग के दावे को वास्तविक निपुणता के साथ पेश किया। 1947 में अहमदियों को सरकारी आँकड़ों में मुसलमान माना गया और अकेले इसने ही गुरदासपुर जिले की मुस्लिम प्रतिशत संख्या को 51 प्रतिशत तक पहुंचाया जो सिर्फ एक बहुत मामूली सा बहुमत था। 1974 में यह पाया गया कि वे इस्लाम की शिक्षाओं के विपरीत मान्यताओं पर विश्वास करते थे और पाकिस्तान नेशनल असेंबली द्वारा उन्हें एक धार्मिक अल्पसंख्यक समुदाय घोषित कर दिया गया।

1980 के दशक के बाद सुन्नी और शिया समुदाय, आंशिक रूप से सऊदी अरब और ईरान की भागीदारी के चलते सांप्रदायिक हिंसा और आतंकवाद के शिकार बने, लेकिन उनके बीच कट्टरवाद की वृद्धि भी एक वजह थी जिसने कई पीढ़ियों से जमा की गई सामाजिक पूंजी को विलुप्त कर दिया। एक बार फिर सुन्नी और शिया समुदाय के अलावा आम लोगों ने आतंकवाद में भाग नहीं लिया लेकिन उन्होंने अन्य संप्रदाय के लोगों को मारने में संकोच नहीं किया, यहां तक कि जब अन्य समूह के लोग अंतिम संस्कार की दुआ के लिए इकट्ठा हुए थे। एक-दूसरे की मस्जिदों, कब्रिस्तान और अन्य ऐसे पवित्र स्थानों का अपमान किया गया। एक दूसरे के समूह के व्यक्तियों की लक्षित हत्याएँ भी की गई (अहमद, 2009: 159-65)।

भविष्य में, सुन्नी-शिया झगड़ा पश्चिमी पंजाब की एकरूपता के लिए घातक साबित हो सकता है अगर इकबालिया शुद्धता के जुनून की सभी विसंगतियों को दूर करने की अनुमति दी जाती है। हाल के वर्षों में सुन्नी उप-संप्रदायों के बीच भी जैसे कि बरेलवी गुट के खिलाफ देवबंदी गुट द्वारा आतंकवाद के परिणामस्वरूप काफी खून-खराबा हो चुका है। इसके अलावा, पंजाबी भाषा को आधिकारिक संरक्षण नहीं दिया गया और पंजाबी में साक्षरता एक दुर्लभ वस्तु बन गई। 1990 के दशक के शुरू में पश्चिमी पंजाब विधान सभा के स्पीकर मुहम्मद हनीफ रामे ने एक विधायक को विधान सभा में पंजाबी में एक भाषण देने की अनुमति दी। मगर यह एक नियमित अभ्यास के रूप में स्थापित नहीं हुआ। पंजाबी की उपेक्षा करना पाकिस्तान में सभी सरकारों की सुसंगत नीति रही है।

पूर्वी पंजाब में धार्मिक राष्ट्रवाद के अंतर्निहित अलगाववादी तर्क ने हिंदू-सिख संबंधों में तनाव पैदा करना जारी रखा। 1956 में पूर्व रियासतों पटियाला, फरीदकोट, कपूरथला और दूसरों को पूर्व पंजाब में शामिल कर लिया गया, लेकिन इसने अकाली दल के सिख नेताओं को संतुष्ट नहीं किया जो एक समग्र पंजाबी भाषी प्रांत के लिए अभियान चलाने लगे – एक मांग जो वास्तव में बिना हिंदी बोलने वाले तथा हिंदू

बहुल अंबाला डिवीजन को अलग कर एक सिख बहुल प्रांत बनाने पर जोर देती थी। इसकी प्रतिक्रिया करते हुए पंजाबी हिंदुओं ने विभिन्न सांप्रदायिक दलों के साथ-साथ कांग्रेस पार्टी के प्रभाव के तहत, अपनी मातृभाषा के रूप में हिंदी की न कि पंजाबी की घोषणा की। मगर, 1965 में पाकिस्तान के खिलाफ युद्ध में भारतीय सेना के सिख अधिकारियों और सैनिकों ने गौरव के साथ लड़ाई लड़ी और सिख नेताओं ने युद्ध के समर्थन में जबरदस्त प्रयास किया।

इसने प्रधानमंत्री इंदिरा गांधी का मार्ग प्रशस्त किया ताकि वह पंजाबी सूबे का विरोध छोड़ दें और यह 1966 में अस्तित्व में आया। मगर इसका मतलब यह नहीं था कि सिख राष्ट्रवाद का अंत हो गया। 1970 के दशक में कुछ सिख खालिस्तान नामक एक अलग सिख देश का विचार सामने लाने लगे। 1980 के दशक में, खालिस्तान आंदोलन एक प्रमुख अलगाववादी खतरा बन गया। इसके चलते आतंकवादी सिखों और भारतीय सुरक्षा बलों और पुलिस के बीच यह सशस्त्र मुठभेड़ें हुईं। अंत में यह 1990 के दशक में अत्यधिक बल प्रयोग के माध्यम से दबा दिया गया (अहमद, 1998: 113.34)। इस संघर्ष में हजारों लोग मारे गए। धीरे – धीरे, लोकतांत्रिक प्रक्रिया के पुनरुद्धार द्वारा पूर्वी पंजाब में स्थिति सामान्य हो गई। भारत के अनुभवी पत्रकार राजिंदर पुरी ने निम्नलिखित शब्दों में पंजाबियों पर विभाजन के नकारात्मक प्रभाव पर दुख से कहा है:

> *विभाजन के बाद पंजाबी गायब हो गए। पश्चिमी पंजाब में वे पाकिस्तानी बन गए। पूर्वी पंजाब में वे हिंदू और सिख बन गए। वे अकाली तथा कांग्रेसी, आर्य समाजी और जनसंघी भी बन गए। लेकिन कभी पंजाबी नहीं बन सके (1985: 132)।*

जातीय शांति और सौहार्द

लेकिन इसके विपरीत भी सबूत मौजूद हैं। जब भी दोनों सरकारों ने एक दूसरे के पंजाब का दौरा करने के लिए पंजाबियों पर प्रतिबंध में ढील दी तो बहुत भावुक मेल मिलाप देखने को मिला। इस संबंध में एक उत्कृष्ट मामला सामने आया जब भारत में पाकिस्तान के उच्चायुक्त ने जनवरी 1955 के शुरू में पूर्व पंजाबियों को एक टेस्ट मैच देखने के लिए लाहौर आने की अनुमति दी। हजारों हिंदू और सिख लाहौर आए। बिछड़े हुए पंजाबियों की मुलाकात का मुख्य आकर्षण था एक मुशायरा जिसे लाहौर नगर समिति के मुख्य हॉल में आयोजित किया गया था। मेरे भाई, मुश्ताक अहमद, दर्शकों के बीच थे। उन्हें याद है कि जब लोगों के कवि उस्ताद दामन मंच पर आए तो उनकी कविता की पहली पंक्तियों ने ही लोगों की आँखों में आँसू ला दिए और कुछ तो जोर-जोर से रोने लगे। वो पंक्तियाँ थीं :

लाली अखियाँ दी पई दसदी ए *(आँखों की लाली बताती है कि*
रोए तुसी वी ओ रोए असी वी आं *रोए आप भी हैं, रोए हम भी हैं)*

मेरे एक दोस्त अमजद बाबर ने, जो उस्ताद दामन को बहुत अच्छी तरह से जानते थे और उसके साथ काफी समय गुजारा था, मुझे बताया कि दामन ने पहली बार इस कविता को दिल्ली में विभाजन के तुरन्त बाद सुनाया था। पंडित नेहरू मंच पर मौजूद थे और दामन ने उन्हें उनके नाम से संबोधित किया और अपनी कविता का पाठ किया। नेहरू भी उस अवसर पर रोए थे।

बहरहाल, 1955 के क्रिकेट मैच के बाद, पाकिस्तानी कई बार क्रिकेट मैच और आयोजित अन्य खेलों में भाग लेने के लिए अमृतसर गए। दूसरी तरफ से स्वागत समान रूप व गर्मजोशी से किया गया। अंतिम समय इस तरह का मिलन 2004 में लाहौर में एक टेस्ट क्रिकेट मैच के दौरान और इसके बाद मोहाली, चंडीगढ़ के पास, पूर्वी पंजाब में एक और टेस्ट मैच में हुआ। पूर्व और पश्चिम पंजाबियों के बीच मेल ने बिना किसी गलती के इस बात की पुष्टि की कि पंजाबी पहचान, उन लोगों की सांस्कृतिक स्वभाव का एक बहुत मजबूत हिस्सा है। दोनों पंजाब की सरकारों ने संपर्क बहाल करने के लिए कुछ सतर्क कदम उठाए यद्यपि एक बहुत छोटे पैमाने पर। इस प्रकार यह सहमति हुई कि लाहौर-अमृतसर के बीच एक साप्ताहिक बस सेवा 25 जनवरी 2006 से शुरू हो जाएगी (मैनी, 2007: 69-70)।

मोनी चड्ढा

भारतीय राजनयिक, मोनी चड्ढा, जिनकी रावलपिंडी और थमाली सहित पैतृक गांव की यात्रा का इस पुस्तक में पहले ही उल्लेख किया गया है, लाहौर में उनके हवाई जहाज उतरने पर, उन्होंने अपनी भावनाओं को निम्नलिखित शब्दों में बताया :

'मैं भावनात्मक रूप से विभोर हो गया जब *पीआईए* के विमान ने लाहौर हवाईपट्टी को नीचे छुआ, हालांकि इस शहर के साथ मेरी जान पहचान सीमित थी। एक-दो घंटे के बाद मैं रावलपिंडी के लिए छोटे, जुड़वां इंजन वाले विमान में सवार हुआ। मैं अपनी पगड़ी की वजह से विशिष्ट और स्पष्ट रूप से एक भारतीय लग रहा था। ज्योंही हमने उड़ान भारी तो मेरी बाईं तरफ खिड़की वाली सीट पर बैठे व्यक्ति ने पंजाबी में मेरे साथ बात-चीत शुरू की और खुद को आरिफ बताया। मैं उनका पूरा नाम याद नहीं कर पा रहा हूँ लेकिन उन्होंने मुझे बताया कि 1979 में उन्होंने (पाकिस्तानी) पंजाब के अटॉर्नी जनरल के पद से इस्तीफा दे दिया था। मैंने उनसे न ही इसका कारण पूछा और न ही उन्होंने बताया।

'उन्होंने बताया कि उन्होंने लंदन में एल एल एम किया था और समय रहते लाहौर बार काउंसिल के अध्यक्ष बने। जब उन्हें मेरे मिशन के बारे में पता चला तो आरिफ

ने मुझसे विभाजन की त्रासदी के बारे में बात की। इस बातचीत से पता चला कि वह मेरी तरह ही 1937 में पैदा हुए थे, लेकिन नई सीमा के भारतीय शहर होशियारपुर में। मेरी तरह उनका पूरा परिवार शरणार्थी था। उनकी माँ और कई रिश्तेदारों की मौत हो गई जब कि वह अपनी जिंदगी बचा सके।

'मेरी तरह वह भी अपने जन्म-स्थान को याद कर रहे थे। जब मैंने उन्हें बताया कि मैं भारत तक अपने पैतृक गाँव से कुछ मिट्टी ले जाने की आशा रखता हूँ तब उन्होंने होशियारपुर में अपने गांव की अपनी पुरानी यादों के बारे में बात की और कहा कि वह उम्मीद कर रहे हैं कि एक दिन अपने गांव की इसी तरह के विचार के साथ यात्रा करेंगे। उन दुर्लभ कुछ मिनटों में जिस दौरान हम एक साथ थे हम दोनों के बीच एक करीबी रिश्तेदारी सी हो गई जो एक साझी त्रासदी से पैदा हुई थी।'

विभाजन की मिलती जुलती तथा बचपन से सताती त्रासदियों के शिकार दो पंजाबियों के बीच आसमान में ऊपर कई हजार मीटर की ऊंचाई पर हुई एक अक्समात मुलाकात ने मुझे प्रेरित किया कि मैं उस पूरी कहानी की तह में जाकर पता लगाऊँ कि आखिर 63 सालों से भी पहले क्या हुआ था? मैंने उस आदमी का पता लगाने का निश्चय किया जिससे मेरे दोस्त मोनी ने बात की थी। इंटरनेट पर की गई खोज हमें कहीं नहीं ले जा सकी। अंत में मैंने लाहौर में मित्रों से यह देखने के लिए अनुरोध किया कि वे उस इंसान को ढूँढे जिसका विवरण मोनी द्वारा आरिफ के बारे में दिये गए विवरण से मिले। स्टॉकहोम में हमारे तथा लाहौर के बीच ईमेल के आदान-प्रदान के कई दिन के बाद जो टीम अंत में सफल हुई उसके सदस्य थे मेरे बहुत प्रिय मित्र: डॉ. हसन आमिर शाह, ख्वाजा तारिक मसूद और उनके बेटे ख्वाजा ओमेर। ख्वाजा तारिक मसूद लाहौर में वकालत करते हैं और श्रम कानून और अधिकारों के माहिर हैं। उनका मानना था कि एक वरिष्ठ वकील, आरिफ चौधरी इस विवरण के साथ मेल खाते हैं लेकिन वह नहीं जानते कि वह होशियारपुर में पैदा हुए थे या नहीं। जांच के एक-दो दिन के बाद यह निश्चित किया जा सका कि वास्तव में आरिफ चौधरी होशियारपुर में पैदा हुए थे। एक संक्षिप्त बातचीत के दौरान मोनी शायद आरिफ के बारे में अपनी जानकारी को लेकर भ्रमित थे। आरिफ ने पंजाब राज्य के सरकारी वकील के रूप में काम नहीं किया था; न ही वे लाहौर बार काउंसिल के अध्यक्ष थे लेकिन वह 1978-1979 के दौरान लाहौर उच्च न्यायालय बार के प्रमुख थे। वह पंजाब उच्च न्यायालय के एक न्यायाधीश बन गए और बाद में पाकिस्तान के सुप्रीम कोर्ट के। सेवानिवृत्ति के बाद उन्होंने संघीय सेवा ट्रिब्यूनल के अध्यक्ष के रूप में कार्य किया। वह वर्तमान में पाक-भारत मैत्री सोसायटी के संस्थापक-संरक्षक तथा अध्यक्ष हैं जिसकी शाखाएँ लाहौर, भारतीय पंजाब और लंदन में हैं।

सतपॉल अरोड़ा

भारत और पाकिस्तान द्वारा परमाणु विस्फोटों के बाद मैं शांति आंदोलन में सक्रिय हो गया। मैं इंटरनेट का आभारी हूँ जो मुझे उन भारतीयों के साथ संपर्क में लाया जिनका लाहौर के साथ नाता था। सतपॉल अरोड़ा जो दिल्ली के एक निवासी हैं कभी लाहौर के अंदरूनी शहर के पानी वाला तालाब में कूचा मल्लोमता में रहते थे, मेरे साथ 2001 के शुरू में उन्होंने संपर्क किया। मैंने उस वर्ष अक्टूबर में दिल्ली का दौरा किया और उनके घर पर उनसे मुलाकात की। हालांकि उनकी तथा उनकी पत्नी के पास लाहौर के बारे में कहने के लिए बहुत सी बातें थीं, मैं सिर्फ एक कहानी सुनाना चाहूँगा :

'1995-96 में लाहौर से एक सज्जन, सैयद असद हुसैन बैंगलोर में एक सम्मेलन में भाग लेने के लिए आये थे। बाद में जब वह दिल्ली में थे, उन्होंने इंडियन एक्सप्रेस को एक पत्र लिखा जिसमें उन्होंने एक डॉक्टर खेड़ा के बारे में पूछा था जिन्होंने हुसैन की लाहौर में जान बचाई थी जब वह एक छोटे बच्चे थे। बात ऐसी बनी कि डॉ. खेड़ा मेरी पत्नी के चाचा थे और हम उनके बहुत करीब थे, लेकिन उनकी एक लंबे समय पहले मृत्यु हो गई थी। वह लाहौर के एक प्रसिद्ध सर्जन थे। हम उस पाकिस्तानी सज्जन से मिलने गये जिन्होंने हमें बताया कि वह अपने जीवन में उस आदमी से मिलना चाहते थे जिसने उनका एक ऐसा कठिन ऑपरेशन कर जीवन बचाया था, जिसे उन दिनों बहुत खतरनाक माना जाता था। वह हमें मिल कर बहुत खुश हुए।

'उनसे मिलने के बाद मुझे मेरे जन्म स्थल के शहर का दौरा करने की इच्छा भड़क उठी। हम पिछले साल ऐसा करने में सफल हुए। समस्या यह थी कि मैं उस घर का पता नहीं लगा सका जहां हम कभी रहते थे। टैक्सी ड्राइवर एक दूत साबित हुआ और आसपास पूछताछ करता रहा। कुछ समय बाद एक भीड़ इकट्ठा हो गई और हर किसी ने हमें मदद करने की कोशिश की। अंत में, हम एक बुजुर्ग आदमी से मिले और मैंने अपने घर का उन्हें वर्णन दिया तथा अपने पिता और परिवार के बारे में बताया। वह थोड़ी देर के लिए सोचने लगे फिर मेरा हाथ पकड़ा और मुझे सड़क के एक कोने में ले गए और फिर कहा : "अब सामने देखो; यह आपका घर है कि नहीं?" एक पल के लिए उन सभी वर्षों का अब कुछ भी मतलब नहीं था, समय मानों अब स्थिर हो गया था। मेरे सामने हमारा घर था। भीड़ जो अब और बड़ी हो गई थी, उसे पता चल चुका था कि हम भारत से आए थे। अचानक कहीं से कोका कोला की बोतलें लाई गईं और हमें पीने को दी गईं।

'मैंने आगे कदम रखा और दरवाजे पर दस्तक दी। एक बुजुर्ग इंसान हमसे मिलने के लिए बाहर आये। मैंने उन्हें समझाया कि हम यहाँ कभी रहते थे और अंदर जाकर केवल एक बार इसे देखना चाहते थे, अगर यह सब उनके लिए सही था। उनकी एक खुली सफेद दाढ़ी थी और उनका एक बहुत ही दयालु चेहरा था। उन्होंने कहा, "यह

आपका घर है, कृपया अंदर आयें।" महिलाओं और परिवार के अन्य सदस्यों को हमारी उपस्थिति के बारे में बता दिया गया था और उन्होंने हमें घर के हिस्से में जाने दिया हम जहां भी जाना चाहते थे। मैंने देखा कि घर में पड़ी कुर्सियों में से एक वह थी जिसे हमने पीछे छोड़ दिया था, और उन्होंने इस बात की पुष्टि की। ज़्यादा कुछ नहीं बदला था। मैं अभिभूत हो गया और आँसू मेरे गालों से होकर नीचे लुढ़कने लगे। मौजूदा मालिक भी हमारी मौजूदगी से बहुत प्रभावित हो गए। उन्होंने मेरे बेटे राजिंदर और मुझे गले लगा लिया। वह रो रहे थे और कहा, "अब जब आपने अपने पुराने घर को देख लिया है, वादा करें कि आप मुझे भारत के लिए वीजा हासिल करने में मदद करेंगे इससे पहले कि मैं मर जाऊँ, मैं जम्मू में अपने घर को एक बार देखना चाहता हूँ"।'

युवराज कृष्ण जो कभी लाहौर के पुरानी अनारकली में रहते थे तथा जिनकी 1947 की कहानी इस पुस्तक में पहले दी गई है, नई दिल्ली से दूर एक इलाके वसंत कुंज में रहते थे। जब मैं उनसे मिलने के लिए गया था तो एक टैक्सी में यात्रा कर रहा था जिसे एक सिख चला रहा था जो नई दिल्ली के बाहर के इलाकों से परिचित नहीं था, इसलिए गंतव्य की तलाश चलती ही रही। अंत में, मैं व्यापारी की दुकान के अंदर गया तथा दिशा जानने के लिए श्री कृष्ण को फोन किया। जब बातचीत समाप्त हो गई तो दुकान से एक 25-30 साल के युवक ने मुझसे पूछा कि क्या मैं लाहौर से था। मैं बहुत हैरान हुआ और उससे पूछा कि वह कैसे यह जानता था। उन्होंने कहा, 'मेरे पिता की दीवारों से घिरे लाहौर शहर में सैद मीठा बाजार में एक दुकान थी। आप एक ऐसी पंजाबी में बात कर रहे थे जिसमें वो बातें किया करते थे और मैंने सोचा कि आप को लाहौर से होना चाहिए।' उसने मुझसे फोन के दो रुपये भी नहीं लिए और कहा कि उसके पिता की आत्मा को यह जान कर खुशी होगी कि किसी लाहौरी ने फिर से उनकी दुकान का दौरा किया (अहमद, 2006)।

समूचे तौर पर, पाकिस्तानी पंजाब के पुराने लोगों से मेरी बातचीत से यह संकेत मिले कि एक तरफ वे पुराने हिंदू और सिख दोस्तों के बारे में पुरानी यादों को हमेशा अपनी कहानियों में बताते थे, साथ ही साथ वे हिंदू धर्म की जाति प्रथा के उत्पीड़न के खिलाफ आक्रोश व्यक्त करते थे जो हमेशा उन्हें चोट पहुँचाती थी। इसके अलावा, राजनीतिक रूप से अधिक जानकार यह तर्क देते थे कि अगर हिंदू तथा सिख नहीं जाते तो मुसलमान गरीब और वंचित रह जाते। दूसरी ओर, पंजाबी हिंदुओं तथा सिखों से बातचीत में लगा कि पुराने मुसलमान दोस्तों तथा परित्यक्त घरों और स्कूलों के लिए उनकी पुरानी यादें भी कायम थीं, लेकिन उनमें से ज़्यादातर पंजाब के विभाजन को मुसलमानों द्वारा उन्नति के लिए उनकी संपत्ति लूटने के एक कदम के रूप में देखते हैं। वे, हालांकि, स्वीकार करते हैं कि जाति व्यवस्था ने उनमें तथा मुसलमानों के बीच एक खाई पैदा की।

घर वापसी

मैंने कई पंजाबियों की कहानियों को एकत्र किया है जिन्हें सीमा के दूसरी तरफ अपने पैतृक निवास का दौरा करने का मौका मिला; दोनों तरफ की कहानियों को यहां चयन कर प्रस्तुत किया गया है।

भारत के पूर्व प्रधानमंत्री इंद्र कुमार गुजराल

दिल्ली में सितंबर 1992 में मैंने इंद्र कुमार गुजराल से मुलाकात की। मैं एक सम्मेलन में भाग लेने के लिए आया था और पश्चिम पंजाबी के कुछ लोगों से मिलने के लिए इस मौके का इस्तेमाल किया क्योंकि मूल रूप में मैं हमेशा पुराने पंजाब के बारे में जानने के लिए उत्सुक रहा हूँ। वह और उनकी पत्नी शील मुझे अपने घर में मिले और मिनटों में हम परिचित पश्चिमी पंजाबी में बातचीत करने लगे। मेरे लिए यह एक बहुत ही सुखद आश्चर्य था कि शील गुजराल टेंपल रोड की एक पूर्व निवासी निकलीं जहां मेरा पैतृक घर स्थित है। दोनों ने मुझे पाकिस्तान के अपने दौरे की कई भावुकता से भरी कहानियों को बताया; कैसे उन्हें अच्छे तरीके से लोग मिले और कैसे भावनात्मक दृश्य हुए जब उन्होंने अपने पुराने पड़ोसियों और दोस्तों से मुलाकात की। श्रीमती गुजराल ने एक कहानी सुनाई कि जब वह और इंदर टेंपल रोड के अपने पुराने घर गए तो उनके पड़ोसियों ने इस बात पर जोर दिया कि वे उन लोगों के साथ रहें। एक और कहानी जो मैं अब अपनी स्मृति से याद कर पा रहा हूँ और जिसे मैंने नहीं लिखा था, एक वफादार मुस्लिम नौकर के बारे में थी। उसने पवित्र विश्वास के साथ उन आभूषणों को संभाल कर रखा था जिसे शील गुजराल की बहन पीछे छोड़ गई जब वह भारत के लिए भागने को मजबूर हुई। बाद में, जब कानून और व्यवस्था बहाल कर दिए गए तो उसने वह सब कुछ लौटा दिया। अपनी आत्मकथा, *मैटरस ऑफ डिसक्रिशन* (2011) में गुजराल विस्तार से झेलम में अपने बचपन के दिनों के बारे में तथा बाद में लाहौर के अपने कॉलेज के दिनों के बारे में बताते हैं। उनका परिवार आर्य समाज आंदोलन का अनुयायी था। उनके पिता अवतार नारायण गुजराल महात्मा गांधी के शिष्य थे और इंदर लाहौर में कम्युनिस्ट आंदोलन के साथ जुड़ गए। इंदर और शील ने 1982 में झेलम और लाहौर का दौरा किया। वह लिखते हैं:

> 'जैसे ही हम जाने वाले थे, मैंने एक वृद्ध मुस्लिम महिला, खताजान बीबी को लोगों को धकेल कर मेरी ओर आते देखा। मैं तुरंत उसे पहचान गया क्योंकि उसने एक दाई के रूप में काम किया था जब मैं, और बाद में मेरे दो भाई पैदा हुए थे. . . खताजान बीबी ने मुझे मां की तरह गले लगा लिया। वह पहली बार शील से मिल रही थी। उसने उसे शगुन के तौर पर एक छोटा सा सिक्का दिया (गुजराल, 2011: 20)।

गुजराल के बचपन के दोस्त, अहसान अली, उनके पिता के सहायक, मुजफ्फर हुसैन शाह और उनके पिता के सहयोगी मोहम्मद बशीर सभी उन्हें तथा शील को मिलने आए। उन्हें सिविल क्लब में रात के खाने के लिए आमंत्रित किया गया। कवि जोगी झेलमी ने उनसे पूछा कि क्या वह उन्हें पहचान पा रहे थे। गुजराल ने उत्तर दिया कि वह अभी भी उनके द्वारा जुबली घाट की सार्वजनिक बैठकों में ब्रिटिश विरोधी कविताएं पढ़ना याद कर पा रहे हैं। बाद में एक मुशायरा आयोजित किया गया था, जहां उपायुक्त और अन्य उच्च अधिकारी मौजूद थे। गुजराल जिनकी उर्दू शायरी में दिलचस्पी बेमिसाल है, अध्यक्षता करने के लिए आमंत्रित किये गए। शील ने अपनी एक कविता का पाठ किया। वह [गुजराल] एक अत्यधिक भावनात्मक तरीके से लिखते हैं, 'जब मुशायरा खत्म हो गया तब लगभग हर किसी ने, परिवार के बाकी लोगों के साथ जल्द ही फिर से आने के लिए हमें आमंत्रित किया। मैं भावुक हो गया जब उन्होंने कहा: "झेलम अभी भी आपका है, यह मत भूलिएगा" (वही: 23)।'

सुनील दत्त

'जब से मेरे परिवार ने 1947 में झेलम जिले में अपने गांव खुर्द को छोड़ दिया, मैं कम से कम एक बार इसकी यात्रा करना चाहता था। एक फिल्म स्टार के रूप में बड़ी सफलता हासिल करना तथा भारतीय संसद का एक कांग्रेसी सदस्य होना एक बात है, लेकिन आत्मा हमेशा अतीत को ढूंढती है और मेरी जड़ें सीमा पार पाकिस्तान के पंजाब में थीं। 1998 में मुझे खुर्द का दौरा करने का मौका मिला और मेरी विनती पर विशेष रुचि के लिए मैं पाकिस्तान के तत्कालीन प्रधानमंत्री मियां नवाज शरीफ को धन्यवाद दूंगा। मैं दिलीप कुमार के साथ आया। हमारे गांव में लोगों को पहले ही सूचना दे दी गई थी। युवकों में से कुछ ने मेरी फिल्मों को देखा था। यह एक ऐसा एहसास था जिसका वर्णन मैं नहीं कर सकता, जब मैंने उस मिट्टी पर कदम रखे जहां मैंने बचपन बिताया था। बुजुर्ग महिलाओं ने मुझे मेरे उपनाम "बाज्जया" से संबोधित किया क्योंकि मेरा असली नाम बलराज है। वे जानना चाहती थीं कि मेरी माँ कैसी थीं। जब मैंने उनसे कहा कि उनकी मृत्यु हो चुकी थी तो उन्होंने रोना शुरू कर दिया।

'मेरे परिवार को मेरे तायाजी के एक दोस्त याकूब द्वारा बचा लिया गया था। मैं उनके गाँव नवां कोट अपने परिवार को 1947 के उन भयानक दिनों के दौरान बचाने के लिए, आधी सदी बाद धन्यवाद देने गया। उनकी मृत्यु हो चुकी थी और वहाँ उनके बच्चें भी अब नहीं रहते थे। फिर भी, वहाँ मैंने कुछ लोगों के साथ मुलाकात की तथा उन्हें अपनी शुभकामनायें दीं। उन्होंने याकूब के बच्चों को यह सूचित करने का वादा किया। मैं पूरी तरह से आश्वस्त होकर वापस आया कि अच्छे और बुरे लोग हर समुदाय में होते हैं और किसी भी कौम को कठोरता से आँका नहीं जाना चाहिए।'

राज बब्बर

'हाँ, बॉलीवुड में सफलता मेरे लिए बहुत अच्छी रही है, लेकिन घर पर अपने माता-पिता को केवल जलालपुर जट्टां के बारे में बात करते हुए सुना जिसे वे 1947 में छोड़ कर आए थे। यद्यपि मैं आगरा में पैदा हुआ था, मैंने हमेशा महसूस किया कि मैंने जलालपुर जट्टां में एक घर खो दिया है। कुछ वर्ष पहले मैंने एक पंजाबी सम्मेलन में भाग लेने के लिए पाकिस्तान का दौरा किया। हवाई अड्डे और होटल में किया गया स्वागत यादगार था। मुझे लगा कि मैं अपने लोगों के बीच अपने घर पर था। मैंने अपने शहर का दौरा करने की इच्छा व्यक्त की और इसकी तुरंत व्यवस्था कर दी गई। खबर जलालपुर जट्टां तक तेजी से फैल गई। कुछ युवा वहां से लाहौर आए और मुझे जलालपुर जट्टां ले गए। उन्होंने मोटरसाइकिलों का एक कारवां सा बना लिया जब हम उस छोटे से शहर की तरफ चले।

'नगरवासियों ने बहुत गर्मजोशी से मेरा स्वागत किया। कई बुजुर्गों ने मेरे परिवार और घर को याद रखा था जहाँ हम रहते थे। मुझे बताया गया कि हमारे पुराने घर के आंगन में एक मस्जिद बना ली गई थी और इसलिए वे निश्चित नहीं थे कि मैं वहाँ जाना चाहूँगा या नहीं। मैंने उनसे कहा, "मैं वहाँ जाकर बहुत खुशी महसूस करूँगा। अगर आपको कोई आपत्ति नहीं है। अब मुझे अपनी सफलता का रहस्य पता चल गया है। अगर लोग मेरे घर के आंगन में दिन में पाँच बार प्रार्थना कर रहे हैं तो जाहिर है उनके आशीर्वाद ने मुझे इतना सफल बनाने में मदद की है।" इसने सब लोगों को खुश कर दिया और हम जल्दी से पुराने घर को देखने के लिए चले गए। काफी स्पष्ट है, लोग कोई समस्या पैदा नहीं करते हैं। यह राजनीति बुरी है। हमें गलतफहमियों को दूर करने के लिए सब कुछ करना चाहिए।'

रचना आनंद

सिंगापुर में अपने तीन साल के प्रवास के दौरान जब वहाँ मैं बतौर एक विजिटिंग रिसर्च प्रोफेसर के रूप में इंस्टीट्यूट ऑफ साउथ एशियन स्टडीज, सिंगापुर के राष्ट्रीय विश्वविद्यालय में कार्यरत था तो मुझे कई पंजाबियों को मिलने का अवसर मिला जिनकी जड़ें पंजाब के दूसरे हिस्से में थीं। उनमें से एक रचना आनंद ने मुझे अपने पैतृक गाँव पिंड दादन खान की यात्रा के बारे में यह दिलचस्प कहानी बताई। उनके दादा हकीम चुन्नी लाल कोहली पारंपरिक दवा के एक उच्च सम्मानित चिकित्सक थे जिनके पास लोग कभी भी आ सकते थे। विभाजन के समय उनके पिता एक स्कूली छात्र थे। वह पिंड दादन खान के बारे में बात करते कभी नहीं थकते थे भले ही विभाजन के बाद का इसका दौरा उन्होंने कभी नहीं किया था। रचना की शादी हुई और वह सिंगापुर चली गईं लेकिन पिंड दादन खान वहाँ भी उनके जीवन का हिस्सा बना रहा। उसने

मुझे बताया कि उसने 16 मार्च 2007 को सिंगापुर प्रेस क्लब के एक सद्‌भावना दौरे के तहत पाकिस्तान का दौरा किया। रावलपिंडी पहुँचने पर अंग्रेजी दैनिक, पाकिस्तान पोस्ट के सी.ई.ओ. राजा अरशद खान की मदद से उन्हें पिंड दादन खान की यात्रा की अनुमति मिल गई। उन्होंने रचना के साथ पंजाब विधानसभा के सदस्य चौधरी नजर हुसैन गोंडल के साथ संपर्क करा दिया। रचना ने उन्हें विस्तार से बताया कि उनकी उस जगह जाने की बेइंतहा तमन्ना थी जिसके बारे में बात करते उनके पिता थकते नहीं थे। कहानी का बाकी हिस्सा उन्हीं के शब्दों में बेहतरीन तरीके से प्रस्तुत किया गया है। मेरे अनुरोध पर उन्होंने इसे लिखा और ईमेल द्वारा मुझे भेजा है। उन्होंने लिखा :

'यह राजा अरशद द्वारा आयोजित किया गया था कि अगले दिन उनका ड्राइवर मुझे उनकी सरकारी कार में पिंड दादन खान ले जाएगा। तो अगले दिन मैं पिंड दादन के लिए बिल्कुल सुबह रवाना हुई। मैं दिल्ली में अपने पिता के साथ मोबाइल फोन के द्वारा लगातार संपर्क में थी। हम दोनों एक पलक भी नहीं सोए थे। हम लगभग सारी रात बात करते रहे। मैं हमेशा प्रत्याशा की उस रात को याद रखूंगी। हम सुबह करीब 09:40 बजे पिंड दादन खान पहुंचे और सीधे चौधरी गोंडल के घर चले गए। वह वहाँ व्यक्तिगत रूप से मौजूद थे और बहुत स्नेह के साथ हमसे मुलाकात की। वहाँ मैंने बुजुर्ग पुरुषों के एक विशाल समूह से मुलाकात की। हल्के नाश्ते के बाद मुझे मेरे पैतृक घर की ओर ले जाया गया।

'मैंने यहाँ अभी तक पहले कभी दौरा नहीं किया था मगर यह सब बहुत परिचित लग रहा था। एक बार जब मैं अपने पिता के स्कूल पहुंच गई तो मैं बता सकती थी कि बाकी सब कुछ कहाँ था। मन के नक्शे के माध्यम से मैं बता सकती थी कि हम अपने पैतृक घर के पास थे। एक बड़ी भीड़ मेरा स्वागत करने के लिए खड़ी थी। जैसे ही मैं बाहर आयी वे मुझे माला पहनाने के लिए आगे आए। अब तो एक के बाद एक हैरानी करने वाली बातें होने लगीं। जब वे मुझे उस सड़क पर ले जा रहे थे, मेरी सबसे बड़ी बुआ की एक पुरानी सहेली मेरे पास आई और मुझे जोर से गले लगा लिया और मेरा हाथ पकड़ कर उन पुरुषों की भीड़ को कहा कि यह महिला इतना लंबा सफर करके सिर्फ पैदल चलने को नहीं बल्कि अपना पुश्तैनी घर देखने को आई है! उसने फिर मेरी बांह पकड़ ली और मुझे हमारे पुराने घर की ओर ले गई।

'जब पुराने लोगों को पता लगा कि मैं किसकी पोती थी तो उन सबका मेरे ऊपर प्यार उमड़ पड़ा। यह बहुत ज़्यादा मेरी बर्दाश्त के बाहर था। बदले में मैं केवल रो सकती थी। हर कोई मुझे अपने घर ले जाना चाहता था। उन्हें अपने घरों में जो कुछ भी मिल सकता था, वे मुझे उपहार के रूप में दे रहे थे। दिखाये गए स्नेह द्वारा मैं पूरी तरह से स्तब्ध हो गई।

'तब किसी ने मेरे दादा के पुराने पत्र लाकर दिए और बाद में वे लकड़ी का एक खिलौना लेकर आए। वे उसे तब ही देना चाहते थे अगर मैं उनके घर उनसे मिलने जाती। इसलिए मैं चली गई। मुझे बताया गया कि मैं लकड़ी का खिलौना ले जा सकती थी अगर मैं यह बता सकती कि यह किस लिए बना था। मुझे यह समझने में देर नहीं लगी कि मैं किनके घर में बैठी हुई थी। यह मेरे दादा के प्रिय दोस्तों में से एक मौलवी अब्दुल अजीज का घर था जो मस्जिद और उसके मदरसे (धार्मिक स्कूल) के प्रमुख मौलवी थे। वह एक हाफिज-ए-कुरान थे और मेरे दादा भी इस्लाम के विद्वान थे और कुरान के छंदों को धाराप्रवाहिक तरीके से सुना सकते थे। वे नियमित रूप से कुरान, उर्दू कवियों और अन्य किताबें पर चर्चा कर सकते थे।

'मेरे दादा ने सीमा के दोनों तरफ सबसे बदतर अत्याचारों के शुरू होने से कुछ हफ्ते पहले पिंड दादन खान को छोड़ दिया। जब वह भारत में थे तो उन्हें पता चला कि मौलवी अब्दुल अजीज गंभीर रूप से बीमार थे। उन्होंने उनके लिए कुछ दवा तैयार की और इन्हें लकड़ी के खिलौनों में भेजा जिन्हें उस समय तस्करों के माध्यम से भेजा गया। मौलवी अब्दुल अजीज मेरे दादा द्वारा भेजी गई दवाएं लेने के बाद पूरी तरह से ठीक हो गए। उनके बच्चों ने लकड़ी के खिलौनों तथा मेरे दादा के पत्रों को उनकी दोस्ती की याद में रखा। तो, सही उत्तर देने के लिए मुझे एक लकड़ी का खिलौना दे दिया गया।

'कई लोगों ने उनके जादुई स्पर्श और चिकित्सा पद्धति की बात की थी। उनके कई पूर्व रोगी मुझसे सिर्फ इसलिए मिलने आए ताकि मुझे धन्यवाद दे सकें क्योंकि हकीम चुन्नी लाल कोहली की दवा से उन्हें मदद मिली थी। कुछ ने उन्हें कुरान के एक विद्वान, किताबों के एक प्रेमी और एक लोकोपकारक के रूप में याद किया। उन्होंने परामर्श के लिए गरीब से कभी फीस नहीं ली, बजाए उन्हें दवा तथा साथ-साथ खाने के लिए अनाज की बोरी भी दी, क्योंकि वह जानते थे कि वे लोग भोजन जुटाने में सक्षम नहीं होंगे। कुछ लोगों को वह एक कागज की पर्ची दे देते थे ताकि वे स्थानीय हलवाई से मिठाइयाँ और दूध प्राप्त कर सकें।

'मुझे बहुत बड़ा आश्चर्य हुआ जब मेरी मुलाकात एक हिंदू ब्राह्मण, दत्त से हुई जिसने मुझे बताया कि वह और उसका परिवार मुसलमानों के साथ शांति से रहते थे। मेरे पिता ने उन्हें फोन किया और उनसे बात की। उसने उनके परिवार को याद किया। चौधरी गोंडल साहिब ने भी मेरे पिता से बात की और उन्हें पिंड दादन खान की यात्रा के लिए आमंत्रित किया। इस बात ने मेरे कलेजे को ठंडक पहुंचाई कि मैंने पिंड दादन खान के उन परिवारों की खोज की जो अब मेरे परिवार का और हमारी आने वाली पीढ़ियों का एक हिस्सा हैं।'

वसीम अकरम

3 मई 2005 मंगलवार को क्रिकेट की किंवदंती और यकीनन बाएं हाथ से गेंदबाजी करने वाले तेज गेंदबाजों में से सर्वोत्तम पाकिस्तान के वसीम अकरम और उनके पिता चौधरी मोहम्मद अकरम ने अमृतसर जिले के अपने पैतृक गांव चाविंडा देवी का दौरा किया। चाविंडा देवी एक मिश्रित गांव था और इसमें मुसलमानों तथा सिख और हिंदू की एक समान जनसंख्या थी। मुस्लिम आबादी मुख्य रूप से अराइन तथा सैयद बिरदारियों की थीं। वसीम का परिवार चाविंडा देवी के अराइन हिस्से से नाता रखता था।

वसीम और उसके पिता का नौजवानों और बुजुर्गों द्वारा गर्मजोशी से स्वागत किया गया था। उनके पिता जिन्होंने 1947 में पाकिस्तान जाने से पहले अपना बचपन बिताया था, पाया कि उनके पुराने दोस्तों में से कुछ अभी भी वहाँ रह रहे थे। वह भावुक हो गये जब वह उस घर के आंगन में पहुंचे जहां वह बड़े हुए थे। उनके पैतृक घर के निवासी भगवान सिंह ने उन्हें जोर से गले लगा लिया और पंजाबी में उन्हें कहा, 'यह घर अब भी आप का है' (*दी हिंदू*, 4 मई 2005)।

जब किसी ने उनसे आग्रह किया उन्हें और अधिक बार आना चाहिए तो वसीम के पिता ने टिप्पणी की, 'मैं तो हर महीने आ सकता हूँ अगर दोनों सरकारें मुझे आने दें' (ज़ी टीवी 3 मई 2005)।

डॉ. खुशी मोहम्मद खान

'मैं पहले ही आपको यह कहानी बता चुका हूँ कि हम कैसे एक पैदल काफिले का हिस्सा बन कर नाभा से पाकिस्तान तक पहुँचे। हम गुजरांवाला में बस गए। 1949 में मैंने डॉ. गिरधारी लाल को एक पत्र लिखा जो मेरे बचपन के दोस्त, अश्विनी कुमार शर्मा के पिता थे। डॉ. लाल, एक ब्राह्मण, अमलोह के केवल एकमात्र योग्य चिकित्सक थे। वह दयालु और विचारशील थे और हर किसी के द्वारा उनका सम्मान किया जाता था। एक उत्तर आ गया और इस प्रकार अश्विनी और मैं एक दूसरे के साथ पत्र व्यवहार करने लगे। हम 1958 तक संपर्क में बने रहे। इस दौरान, मैंने अर्थशास्त्र और अंग्रेजी साहित्य में एम.ए. किया और एक व्याख्याता के रूप में अपना कैरियर शुरू किया जो मुझे पश्चिमी पंजाब के विभिन्न भागों में ले गया। 1963 में, मैं छात्रवृत्ति पर जर्मनी चला गया, जहां से मैंने डेव्लपमेंट इक्नोमिक्स (विकास का अर्थशास्त्र)में पी.एच.डी. कर ली। मैं पाकिस्तान लौटा लेकिन एक संतोषजनक काम पाने में विफल रहा। जर्मनी में वापस आकर मैंने शादी कर ली और मेरा अब एक परिवार था। मैं एक शोधकर्ता और विश्वविद्यालय के शिक्षक के रूप में काम करने लगा। मेरे पेशेवर काम के चलते मैं दुनिया के कई भागों में गया लेकिन मेरा दिल और आत्मा मेरे जन्म स्थान, या जैसा कि लोग हिन्दी में कहते हैं, मेरी जन्म भूमि, अमलोह की एक यात्रा के लिए हमेशा

चाहत रखती थी। मैंने अश्विनी कुमार के साथ अपने संपर्क को पुनर्स्थापित किया जिन्होंने मुझ पर जोर डाला कि मैं आकर उन सबसे मिलूँ।

'लेकिन उस समय पूर्वी पंजाब में अशांति थी। खालिस्तान विद्रोह पूरे जोरों पर था तथा एक पूर्व पाकिस्तानी के लिए एक पर्यटक वीजा हासिल करना लगभग असंभव था। हालांकि, किस्मत की बात है कि एक प्रसिद्ध भारतीय विद्वान प्रोफेसर ए. एम. खुसरो, जो पहले जर्मनी में एक भारतीय राजदूत थे, जर्मन ओवरसीस इंस्टीट्यूट में कुछ शोध करने के लिए आए थे जहां मैं काम किया करता था। मैंने उन्हें अपनी कहानी सुनाई और एक वीजा प्राप्त करने में उन्हें मदद का अनुरोध किया। उस दयालु आदमी ने मेरी मदद की और मैं भारत का दौरा करने में कामयाब रहा।

'35 साल बाद 1982 में मैं अमलोह वापस आया। यह छोटा सा शहर कुछ हद तक बदल गया था लेकिन यहां के लोगों ने पहले की तरह गर्मजोशी से मेरा स्वागत किया : जो केवल लंबे समय बाद घर वापस आ रहे बेटों का किया जाता है। अश्विनी और अन्य बचपन के दोस्त मुझे मुख्य सड़क से एक जुलूस में लेकर गए। पुराने पुरुष और महिलाएँ मेरे परिवार के बारे में पूछने के लिए आए। दोपहर का भोजन तथा रात के खाने के लिए मुझे आमंत्रित करने को लेकर एक दोस्ताना प्रतियोगिता होने लगी। मुसलमानों को रसोई से वर्जित किए जाने के पुराने हिंदू दृष्टिकोण का रिवाज अब सामने नहीं आ रहा। मुझे असली पंजाबी आतिथ्य प्राप्त हुआ जहाँ भी मैं गया। एक सार्वजनिक बैठक की व्यवस्था की गई थी, जिसमें वक्ताओं ने साझी पंजाबी विरासत पर चर्चा की जो महान सूफियों जैसे कि बाबा फरीदुद्दीन गंजशकर तथा सिख धर्म के संस्थापक बाबा गुरु नानक और अन्य महान आत्माओं के योगदानों द्वारा बनी थी। मैंने अनुरोध किया कि मुझे पहली रात को हमारे पुराने घर में सोने के लिए अनुमति दी जानी चाहिए जहां मैं पैदा हुआ था। इसका वर्तमान मालिक एक सिख शरणार्थी परिवार था जो लायलपुर (अब फैसलाबाद) से आया था। वे मुझे मेरी इच्छा पूरी करने के लिए एकदम राजी और तैयार हो गए।

'मुझे लगा कि मुझे अपने शहर और अपने लोगों के लिए कुछ करना चाहिए। नतीजतन मैंने एक शैक्षिक नींव की स्थापना की जिसे "मुंशी जी" नाम दिया गया (जिस नाम द्वारा मेरे पिता को आम तौर पर जाना और संबोधित किया जाता था)। मैंने एक स्थानीय बैंक में नकदी की बड़ी राशि जमा कर दी। प्रक्रिया यह है कि जो ब्याज प्रतिवर्ष मिलता है, गरीब तबके के योग्य छात्रों को इससे छात्रवृत्ति दी जाती है। लड़कों और लड़कियों दोनों को इस कार्यक्रम से लाभ मिलता है। मैंने तब से, अमलोह में कई बार दौरा किया है। मैं हमेशा मेरे सहपाठी, अश्विनी कुमार के साथ रहता हूँ जिनके बच्चे मुझे अपना ही बुजुर्ग मानते हैं। मेरे पासपोर्ट के ऊपर जर्मनी में भारतीय दूतावास द्वारा मेरे वीसा पर कई बार मुहर लगाई जा चुकी है और अब मैं जब भी उपमहाद्वीप में होता हूँ दोनों पंजाबों में बराबर समय बिताता हूँ'

मगर ज़्यादातर पंजाबी अवांछित हैं

जो कुछ भाग्यशाली लोग पंजाब की सीमा पार करने में कामयाब रहे हैं वे बहुत गर्मजोशी के स्वागत की कहानियाँ लेकर वापस आए हैं। मगर, ज़्यादातर पंजाबियों के लिए न केवल वापस जाने का कोई सवाल ही पैदा होता है, बल्कि उनके पैतृक निवासों की यात्रा करना भी संभव नहीं है। 1999 में जब भारतीय प्रधानमंत्री अटल बिहारी वाजपेयी और पाकिस्तान के प्रधानमंत्री मियां नवाज शरीफ ने लाहौर डेकलरेशन पर हस्ताक्षर किए, भारत और पाकिस्तान के बीच सौहार्दपूर्ण संबंधों के एक नए दौर की शुरुआत दिखने लगी, अचानक मीडिया चर्चा में यह स्पष्ट हो गया कि बहुत से पंजाबी सरहद के उस पार अपने पुराने घरों की यात्रा करना चाहते थे। वहाँ एक पाकिस्तानी अखबार ने घोषणा की कि लोग पूर्वी पंजाब का दौरा करने के लिए वीसा आवेदन कर सकते हैं और परिणामस्वरूप हजारों लोगों ने आवेदन कर दिए। यह एक अफवाह साबित हुई क्योंकि न तो भारत और न ही पाकिस्तान किसी नियंत्रण में ढील देने को तैयार थे। लाहौर (2004) और मोहाली (2005) में खेले गए क्रिकेट मैचों के दौरान, दोनों पक्षों ने खेल प्रशंसकों को सीमा पार करने दी। हजारों ने इस अवसर का उपयोग किया और उनका पारंपरिक पंजाबी आतिथ्य द्वारा स्वागत किया गया। आमतौर पर यह संभव नहीं है। दो कहानियाँ वतन की मिट्टी की अमिट खींच को दर्शाती हैं।

ब्रिगेडियर यासुब अली डोगर

'मैं विभाजन के समय केवल एक शिशु था। इसलिए मेरे पास उस क्षेत्र की कोई निजी यादें नहीं हैं। डोगर सन्निहित 44 गांवों में बसे हुए थे, जिन्हें मुगलों के समय से एक साथ पंजाब में डोगर चौटालिया के रूप में जाना जाता था। मेरे माता-पिता, चाचा-चाची और अन्य बड़े – लगता है वह सभी अपने जीवन के अंत तक देस या देश के बारे में बात करते रहेंगे, मानों यह पृथ्वी पर एक स्वर्ग था जहां इसका मेहरबान मौसम, लोग, रीति-रिवाज, परम्पराएँ और वहाँ रहते परिवारों के बीच भाईचारे – सब कुछ अनुकरणीय था, जो उस नए देश में उन्हें नहीं मिला जहां उन्हें बसने के लिए मजबूर किया गया था। पृथ्वी की एक जगह जिससे उनको सबसे ज़्यादा प्यार था वह था हमारा गांव ढड्डर, तहसील दसुया, जिला होशियारपुर।

'सीमा सुरक्षा बल के द्विवार्षिक सम्मेलन की बैठक में भाग लेने के लिए मैंने जालंधर का दो बार दौरा किया। पहली बार 14-15 दिसंबर, 1994 को और दूसरी बार 17-19 दिसम्बर, 1995 को। दोनों ही मौकों पर मैंने पैतृक गांव की यात्रा करने की अनुमति के लिए अनुरोध किया जहां मैं 8 दिसंबर 1946 को पैदा हुआ था। दोनों बार सुरक्षा कारणों के चलते मेरे अनुरोध को खारिज कर दिया गया।

'1994 में पहले अवसर पर तो और भी बुरा हुआ था जब मेरे मामाजी चौधरी नूर करीम डोगर ने अपने सहपाठी लेफ्टिनेंट कर्नल (सेवानिवृत्त) हरगुरजीत सिंह संधू के लिए कुछ उपहार भेजे। दोनों एक नहर कॉलोनी के एक ही गांव, चक 10-बीएल, छिचावतनी, जिला साहीवाल (विभाजन से पहले मांटेगोमेरी बुलाया जाता था) से थे। वे एक साथ कक्षा एक से दस तक पढ़े और बहुत करीबी दोस्त थे। उनकी पत्नी अगले गांव 9-बीएल के नंबरदार की बेटी थी। बुजुर्ग कर्नल अब मॉडल टाउन, जालंधर में एक सेवानिवृत्त जीवन जी रहे थे। मैंने अपने समकक्षों से विनती की कि वे मुझे वहाँ जाकर उन्हें मिलने दें। कर्नल संधू को मेरे बारे में पहले ही दिन पता चल गया था जब मैंने उनसे मिलने की इच्छा व्यक्त की क्योंकि वहाँ मौजूद कुछ लोगों ने मुझे यह कहते हुए सुना था और उन्हें यह बता दिया। वह वहाँ से केवल कुछ ही किलोमीटर की दूरी पर रह रहे थे जहां हम ठहरे थे। यहां तक कि इस अनुरोध को भी नजरअंदाज कर दिया गया था। मगर, आखरी दिन मैंने एक वरिष्ठ सिख अधिकारी से बात की जो खुद भी एक संधू था। वह किसी तरह मेरी भावनाओं को समझ गया। हालांकि, मुझे उनके पास ले जाने के बजाय, कर्नल संधू और उनकी पत्नी को उस जगह ले आया गया जहां हम ठहरे हुए थे। मैं उनसे मिला और उन्हें उपहार सौंप दिये तथा अपने मामा की शुभकामनाएँ व्यक्त की। यह बात उनके दिलों को गहराई से छू गई। बुजुर्ग कर्नल अपने साथ उनकी पत्नी, बेटी और दो बच्चों को भी लेकर मुझसे मिलने के लिए आए। उन्होंने मुझे बताया कि उन्होंने अपने परिवार को विशेष रूप से साथ आने के लिए कहा था ताकि वह मुझसे मिल सकें क्योंकि मैं उनके वतन से आया था।

'अपने पैतृक घर तथा हमारे पूर्वजों की कब्रों का दौरा कर मेरी माँ के लिए अच्छी खबर देने में सफल नहीं हो पाने की मेरी निराशा (मेरे पिता की 1989 में मृत्यु हो गई थी जब मैं सियाचिन सेक्टर की कमान संभाले था) और अपने गांव के प्रति गहरी भावुकतापूर्ण और आध्यात्मिक भावनाएँ विवरण से परे है।'

डॉ. अजय मेहरा

'जब मैं डेहरी-ऑन-सोन, बिहार में एक छोटे लेकिन सुंदर शहर में बड़ा हो रहा था, मैंने अपने माता-पिता की पीढ़ी से किस्से सुने कि हमारा परिवार सीमा-पार के एक और सुंदर शहर चकवाल से आया था। हम मेहरा खत्री यह मानते हैं कि हम चकवाल से उत्पन्न हुए हैं। मैंने "सीमा पार" का अर्थ कुछ बाद में समझा जब मैंने 1947 के "विभाजन" के बारे में पढ़ा और समझा लेकिन या तो चकवाल के बारे में और न ही उन परिस्थितियों के बारे में ज़्यादा कुछ पता लगा सका जो हमारे पूर्वजों को पंजाब से बंगाल ले आयीं जिसका बिहार कभी हिस्सा हुआ करता था। जाहिर है,

मेरे परदादा ने बिहार में पुलिस की नौकरी की थी और बाद में पूरा परिवार यहां आकर बस गया; मेरे माता-पिता की पीढ़ी में से किसी ने चकवाल नहीं देखा था।

'इसलिए, जब 2003 के शुरू में कायदे आजम विश्वविद्यालय द्वारा "दक्षिण एशिया में सांप्रदायिक हिंसा" पर आयोजित एक सम्मेलन के लिए मुझे आमंत्रित किया गया तो मैं खुश हो गया। मैंने आशा व्यक्त की कि मेरे पूर्वजों की भूमि चकवाल देखने की और इसका दौरा करने की मेरी इच्छा पूरी हो जाएगी। लेकिन 2003 भारतीयों और पाकिस्तानियों के लिए एक दूसरे की यात्रा के लिए बुरा समय था। दिसंबर 2001 में भारतीय संसद पर आतंकवादी हमले के बाद, भारत और पाकिस्तान ने अपने अपने हवाई क्षेत्र के ऊपर एक दूसरे की उड़ानों पर प्रतिबंध लगाने का निश्चय किया था। राजनयिक संबंध तनावपूर्ण थे। जाहिर है, वीजा प्राप्त करना सामान्य से भी अधिक मुश्किल था। चूंकि मैं पाकिस्तान की यात्रा के लिए उत्सुक था मुझे दिल्ली के राजनयिक एन्क्लेव के चाणक्यपुरी स्थित पाकिस्तानी उच्चायोग की ऊँची दीवारों के इर्द-गिर्द घूमना था। सौभाग्य से मेरी मुलाकात उच्चायोग के सबसे वरिष्ठ अधिकारी के साथ हुई जो वास्तव में राजनयिक सेवा पदानुक्रम में बहुत कनिष्ठ था, और मैंने उसे अपने वीजा के बारे में पूछा। वह एक विनम्र सज्जन था और उसने मुझे बताया कि वे अपने आंतरिक मंत्रालय से मंजूरी की प्रतीक्षा कर रहे थे जो कभी नहीं मिली। अंत में सम्मेलन के हम तीन आमंत्रितों की गहरी इच्छा को देखते हुए, उन्होंने अगले दिन शाम 5 बजे वीजा देने का निर्णय लिया, जब हाई कमीशन बंद ही होने वाला था।

'मगर, भारत और पाकिस्तान को एक दूसरे के नागरिकों से खतरा महसूस होता है और वे उन्हें केवल विशिष्ट शहरों के लिए वीजा देने का शिष्टाचार दिखाते हैं। हमारे वीजा आये लेकिन इस पर "सिर्फ इस्लामाबाद" की मुहर लगी हुई थी। मैंने अधिकारी से अनुरोध किया है वह कम से कम मुझे चकवाल और लाहौर के लिए भी वीजा दे दें और चकवाल जाने की अपनी इच्छा का कारण उन्हें समझाया। वह मुस्कुराये और कहा, "इस बार इस्लामाबाद हो आयें। अगली बार सारा पाकिस्तान घुमा देंगे"।

'हमारे मेजबान मुझे चकवाल ले जाने के लिए उत्सुक थे, जो पाकिस्तान की राजधानी से केवल 60 किलोमीटर की दूरी पर है, लेकिन वे हिचकिचा रहे थे। अगर पुलिस और सुरक्षा द्वारा हमारी जाँच की जाती तो हम दोनों के लिए समस्याएँ पैदा हो सकती थीं। तो मैं चकवाल नहीं जा सका। मुझे अभी भी उम्मीद है कि जब भी मेरी अगली यात्रा होगी, मैं चकवाल जाने में सफल हो जाऊंगा, जिसके बारे में मैंने चकवालियों से बहुत कुछ जाना है।'

दुर्भाग्य से, 'पाकिस्तानी मूल' के लोग भले ही वे अगस्त 1947 में पाकिस्तान बनने से पहले पैदा हुए हों या नहीं, उन्हें भारत के लिए वीजा नहीं दिया जाता है;

मल्टिपल वीजा का तो सवाल ही नहीं है जब से 26 नवंबर 2008 को आतंकवादियों ने मुंबई में नरसंहार किया जिसमें कम से कम 173 निर्दोष लोगों को मार डाला गया।

मानव प्रकृति और पहचान

ऊपर चर्चा पर रोशनी डालते हुए हम एक निष्कर्ष निकाल सकते हैं कि मानव स्वभाव सहज रूप से स्वार्थी, संदिग्ध और आक्रामक नहीं है जैसा कि होब्स का मानना है; न ही निस्संदेह रूप से परोपकारी और भरोसा करने वाला; बल्कि जीवित रहने की वृत्ति सभी स्थितियों में सर्वोपरि है, और इसे विश्वास तथा एकजुटता के साथ-साथ अविश्वास और संघर्ष से हासिल किया जाता है तथा यह वस्तुपरक स्थिति पर निर्भर है। अगर हम यह याद रखते हैं कि पहचान, दोनों व्यक्तिगत और सामूहिक स्तर पर बहु-आयामी होती है तो हम यह दावा कर सकते हैं कि हालांकि हिंदू, मुस्लिम और सिख धार्मिक पहचान एक दूसरे के साथ शांतिपूर्वक संबंध रखने में कोई बाधा नहीं पहुँचाती, जाति के पूर्वाग्रह और आर्थिक असमानताएँ तनाव पैदा करती होंगी। एक लोकतांत्रिक सूत्र इन कारकों का ख्याल रख कर आपसी अंतर से जूझ सकता है तथा आम संस्कृति और परंपरा पर जोर दे सकता है, लेकिन इसके बजाए 1947 में आक्रामकता और हिंसा भड़क उठी क्योंकि तीन समुदायों के नेता एक निष्पक्ष तरीके से सत्ता के बंटवारे के सूत्र पर ऊपर सहमत होने में विफल रहे।

पंजाब रक्तरंजित, विभाजित और शुद्धित

17 अगस्त 1947 को रैडक्लिफ अवार्ड द्वारा तय विवादास्पद अंतरराष्ट्रीय सीमा ने सीमा के दोनों तरफ कड़वाहट पैदा की। 1950 की लियाकत-नेहरू/नेहरू-लियाकत संधि ने न केवल अगम्य सीमाओं की अपरिवर्तनीयता की पुष्टि की बल्कि इसने उन हिंदू, मुसलमानों तथा सिखों के वापसी के अधिकार को भी खत्म कर दिया, जिन्होंने 1947 की बड़ी उथल-पुथल के दौरान अपना चूल्हा और घर खो दिया था। मगर 1965 और 1971 के युद्धों के बाद दोनों देशों के आपसी संघर्ष ने दोनों के बीच के पारंपरिक संबंधों को पूरी तरह खत्म कर दिया। तब से बहुत कम अवसरों पर ही आम लोग आसानी के साथ दूसरे देश की यात्रा करने में सफल हुए हैं और वह भी मुख्य रूप से किसी क्रिकेट मैच के दौरान। लाहौर और अमृतसर के बीच साप्ताहिक बस सेवा भी काफी हद तक पाकिस्तानी पंजाब में उनके पवित्र स्थलों का दौरा करने वाले सिख तीर्थ यात्रियों के लिए है। समूचे तौर पर, आधिकारिक जोर आपसी अस्वीकृति पर है।

'दूसरे' देश को आधिकारिक तौर पर नामंजूर करने का सबसे बड़ा प्रतीक झंडा नीचे करने का समारोह है जो पाकिस्तानी तरफ के लाहौर और भारतीय तरफ के अमृतसर के बीच वाघा-अटारी सीमा पर मनाया जाता है। प्रत्येक शाम सीमा के रक्षक और सैनिक

इस परस्पर विरोधी निरीक्षण समारोह को मनाते हैं जिसके अंत में वे प्रतीकात्मक रूप से एक भयंकर धमाके के साथ लोहे के फाटक को बंद करके सीमा को बंद करते हैं तथा यह संकेत मिलता है कि दोनों देशों और उनके लोगों के बीच एक अगम्य बाधा मौजूद है। दोनों किनारों पर भारी भीड़ द्विपक्षीय अस्वीकृति के इस भयानक तमाशे को देखती है। वे इस समारोह का उत्साहवर्धन करने के लिए बेचैनी से ताली बजाते हैं तथा दूसरे अन्य इशारे करते हैं। हाल के दिनों में समारोह की घोर आक्रामक भंगिमाओं को थोड़ा कम किया गया है और यह एक मनोरंजन का कार्यक्रम बन गया है लेकिन दोनों पंजाब सीमा पार दूसरे साथियों के लिए दुर्गम बने हुए हैं।

संदर्भ

अहमद, इश्तियाक, *स्टेट, नेशन एंड एथ्निसिटी इन कंटेम्पोररी साउथ एशिया*, लंदन एंड न्यूयॉर्क: पिंटर, (1998)।

अहमद, इश्तियाक, 'दी लाहौर इफैक्ट', *सेमिनार*, संख्या 567, नवंबर, नई दिल्ली, (2006)

अहमद, इश्तियाक, 'दी स्पेक्टर ऑफ इस्लामिक फंडामेंटलिस्म ओवर पाकिस्तान (1947-2007)', (में) राजश्री जेटली (संप.) *पाकिस्तान इन रीजनल एंड ग्लोबल पॉलिटिक्स*, लंदन, न्यूयॉर्क, नई दिल्ली: रुटलेज, (2009)।

मैनी, त्रिदीवेश सिंह, *साउथ एशियन कोआपरेशन एंड द रोल ऑफ द टू पंजाब्स*, नई दिल्ली: सिद्धार्थ पब्लिकेशन्स, (2007)।

पुरी, राजिन्दर, 'वॉट इट्स ऑल अबाउट?, (में) अमरीक सिंह (सं.), *पंजाब इन इंडियन पॉलिटिक्स : इस्सूज एंड ट्रेंड्स*, नई दिल्ली: अजंता बुक्स इंटरनेशनल।

सरकारी प्रकाशन

मैनसर्घ, निकोलस एंड मून, पेंडेरल (संपा.), दी ट्रान्सफर ऑफ पावर 1942-7, वॉल. XI, दी *माउंटबेटन वाइसरॉयल्टी, अनाउंसमेंट एंड रिसेप्शन ऑफ द 3 जून प्लान, 31 मई-7 जुलाई 1947*, लंदन: हर मजेस्टी'स स्टेशनरी ऑफिस, (1982)।

दी रिपोर्ट ऑफ द कोर्ट ऑफ इंकवारी कोनसटिचयूटेड अंडर पंजाब एक्ट II ऑफ 1954 टु एंक्वायर इंटू द पंजाब डिस्टरबेनसेस ऑफ 1953 (आल्सो नोन एज मुनीर रिपोर्ट), लाहौर: गवर्नमेंट प्रिंटिंग प्रैस, (1954)।

साक्षात्कार

इंद्र कुमार गुजराल, नई दिल्ली, 9 अक्टूबर 1992

शील गुजराल, नई दिल्ली, 9 अक्टूबर 1992

राज बब्बर, मुंबई, 20 अक्टूबर 2001

सुनील दत्त, मुंबई, 20 अक्टूबर 2001

सतपल अरोड़ा, दिल्ली, 22 अक्टूबर 2001

डॉ. खुशी मोहम्मद खान, स्टॉकहोम, 16 जून 2003

अमजद बाबर, वॉशिंग्टन डीसी, 11 जुलाई 2009

मोनी चड्ढा, दिल्ली से ईमेल द्वारा, 28 दिसंबर 2010

ब्रिगेडियर यासुब अली डोगर, लाहौर, टेलीफोन तथा ईमेल द्वारा, 13 जनवरी 2011

डॉ. अजय कु. मेहरा, नोएडा, यूपी, टेलीफोन तथा ईमेल द्वारा, 13 जनवरी 2011

मुश्ताक अहमद, स्टॉकहोम, 20 फरवरी 2011

रचना आनंद, सिंगापुर से ईमेल द्वारा, 21 फरवरी 2011

पंजाब लेजिस्लेटिव असेंबली के सदस्यों की सूची (21 मार्च 1946–4 जुलाई 1947)

स्पीकर

दीवान बहादुर एस.पी. सिंघा, एम.ए., एल.एल.बी.
(पश्चिमी मध्य पंजाब – भारतीय ईसाई)
(21 मार्च 1946 से 4 जुलाई 1947 तक)

डिप्टी स्पीकर

सरदार कपूर सिंह, बी.ए., एल.एल.बी.
(लुधियाना पूर्व – सिख ग्रामीण)
(26 मार्च 1946 से 4 जुलाई 1947 तक)

प्रीमियर

मलिक सर खिजर हयात खान टिवाणा, के.सी.एस.आई., ओ.बी.ई.
(खुशाब – मुस्लिम ग्रामीण)
(21 मार्च 1946 से 2 मार्च 1947 तक)

मंत्री (5 मार्च 1947 को राज्यपाल शासन लागू कर मंत्री सभा भंग की गई)

1. चौधरी लहरी सिंह, बी.ए., एल.एल.बी. (रोहतक उत्तर – जनरल, ग्रामीण) – पब्लिक वर्क्स मंत्री
2. मियां मुहम्मद इब्राहिम बर्क (अलीपुर – मुस्लिम, ग्रामीण) – शिक्षा मंत्री
3. श्री भीम सेन सच्चर, बी.ए., एल.एल.बी. (लाहौर शहर – जनरल, शहरी) – वित्त मंत्री
4. नवाब सर मुजफ्फर अली किजिलबाश (लाहौर – मुस्लिम ग्रामीण) – राजस्व मंत्री
5. सरदार बलदेव सिंह (अम्बाला उत्तर – सिख ग्रामीण) – विकास मंत्री

सदस्य

1. अब्दुल गफूर खान, चौधरी (शंकरगढ़ – मुस्लिम, ग्रामीण)
2. अब्दुल हमीद खान, खान साहिब सरदार (मुजफ्फरगढ़ – मुस्लिम, ग्रामीण)
3. अब्दुल हमीद खान, राणा, बी.ए., एल.एल.बी. (पाकपट्टन – मुस्लिम, ग्रामीण)
4. अब्दुल हमीद खान, सूफी (करनाल – मुस्लिम, ग्रामीण)
5. अब्दुल हक, मियां (ओकारा – मुस्लिम, ग्रामीण)
6. अब्दुल सत्तार खान, श्री (मियांवाली उत्तर – मुस्लिम, ग्रामीण)
7. अहमद जान, मौलवी (उत्तर-पश्चिम गुड़गाँव – मुस्लिम, ग्रामीण)
8. अजीत सिंह, सरदार (दक्षिण-पश्चिम पंजाब – सिख, ग्रामीण)
9. अकरम अली खान, चौधरी (तरन-तारन – मुस्लिम, ग्रामीण)
10. अली अकबर खान, चौधरी (कांगड़ा और पूर्वी होशियारपुर – मुस्लिम, ग्रामीण)
11. अल्लाह बख्श खान टिवाणा, के.बी. नवाब मलिक सर, एम.बी.ई. (सरगोधा – मुस्लिम, ग्रामीण)
12. अल्लाह यार खान दौलतना, खान बहादुर मियां (मैलसी – मुस्लिम, ग्रामीण)
13. अनवर खान, राय (जरांवाला – मुस्लिम, ग्रामीण)
14. असघर अली, खान साहिब कैप्टन चौधरी (गुजरात पूर्व – मुस्लिम, ग्रामीण)
15. आशिक हुसैन, मेजर नवाब, एम.बी.ई. (मुल्तान – मुस्लिम, ग्रामीण)
16. आशिक हुसैन, सईद (दीपालपुर – मुस्लिम, ग्रामीण)
17. अत्ता मुहम्मद खान, सरदार, बी.ए.,एल.एल.बी. (डेरा गाजी खान उत्तर – मुस्लिम, ग्रामीण)
18. अजीज दीन, चौधरी (लायलपुर – मुस्लिम, ग्रामीण)
19. बचन सिंह, सरदार (लुधियाना मध्य – सिख, ग्रामीण)

20. बद्लू राम, चौधरी (रोहतक मध्य – जनरल, ग्रामीण)
21. बाग अली, मियां (फाजिल्का – मुस्लिम, ग्रामीण)
22. बहादुर खान द्रेशक, सरदार, एम.बी.ई. (डेरा गाजी खान दक्षिण – मुस्लिम, ग्रामीण)
23. बहावल बख्श, चौधरी (दक्षिण-पूर्व गुजरात – मुस्लिम, ग्रामीण)
24. बरकत अली, मलिक (पूर्वी शहर – मुस्लिम, ग्रामीण)
25. बरकत हयात खान, सरदार (उत्तरी पंजाब – लेबर)
26. बशीर अहमद, मियां, बार-एट-लॉ (फिरोजपुर पूर्व – मुस्लिम, ग्रामीण)
27. बिहारी लाल चानना, लाला (दक्षिण-पूर्व मुल्तान डिवीजन – जनरल, ग्रामीण)
28. बेली राम, ठाकुर, बी.ए., एल.एल.बी. (कांगड़ा पूर्व – जनरल, ग्रामीण)
29. भगत राम शर्मा, पंडित, बी.ए., एल.एल.बी. (कांगड़ा पश्चिम – जनरल, ग्रामीण)
30. भगवान दास, लाला (व्यापार तथा उद्योग)
31. बुधन शाह, पीर (खानेवाल – मुस्लिम, ग्रामीण)
32. दलीप सिंह कंग, सरदार (लायलपुर पूर्व – सिख, ग्रामीण)
33. दलीप सिंह, ठाकुर (कांगड़ा दक्षिण – जनरल, ग्रामीण)
34. दाऊद घजनवी, मौलाना (पूर्वी पंजाब – लेबर)
35. देव राज सेठी, श्री (लायलपुर और झंग – जनरल, ग्रामीण)
36. दुर्गा चंद काओशिश, पंडित (पूर्वी पंजाब – लैंडहोल्डर्स)
37. फैज मुहम्मद खान बहादुर शेख, बी.ए., एल.एल.बी., एम.बी.ई. (डेरा गाजी खान मध्य – मुस्लिम, ग्रामीण)
38. फकीर चंद, पंडित (पश्चिम लाहौर – जनरल, ग्रामीण)
39. फतेह मुहम्मद सय्यल, चौधरी, एम.ए. (बटाला – मुस्लिम, ग्रामीण)
40. फजल एलाही, चौधरी (गुजरात उत्तर – मुस्लिम, ग्रामीण)
41. फजल एलाही, श्री (पूर्वी मध्य पंजाब – भारतीय ईसाई)
42. फजल हक पिराचा, खान बहादुर शेख (भलवाल – मुस्लिम, ग्रामीण)
43. गंगा सरन, राय बहादुर लाला (ट्रेड यूनियन लेबर)
44. घजनफर अली खान, राजा (पिंड दादन खान – मुस्लिम, ग्रामीण)
45. गुलाम फरीद, चौधरी, बी.ए., एल.एल.बी. (गुरदासपुर पूर्व – मुस्लिम, ग्रामीण)
46. गुलाम मुहम्मद शाह, सय्यद (झंग पूर्व – मुस्लिम, ग्रामीण)
47. गुलाम मुहम्मद शाह जिलानी, खान साहिब मखदूम सईद (लोधराँ – मुस्लिम, ग्रामीण)
48. गुलाम रसूल, चौधरी (दक्षिण पश्चिम गुजरात – मुस्लिम, ग्रामीण)
49. गुलाम समद, के.एस. ख्वाजा (दक्षिणी शहर – मुस्लिम, शहरी)
50. गिब्बन, श्री, सी.ई. (एंग्लो इंडियन)

51. गोपी चंद भार्गव, डॉ. (यूनिवर्सिटी)
52. गेस्ट, श्री पी.एच. (यूरोपीय)
53. गुरबचन सिंह बाजवा, सरदार, बी.ए., एल.एल.बी.(सियालकोट – सिख, ग्रामीण)
54. गुरबचन सिंह, सरदार, (फिरोजपुर पश्चिम – सिख, ग्रामीण)
55. गुरबंता सिंह, मास्टर (जालंधर जनरल – ग्रामीण, आरक्षित सीट)
56. हरभज राम, चौधरी (लायलपुर तथा झंग – जनरल, आरक्षित सीट)
57. हरि लाल, मुंशी, बी.ए.(आनर्स), एल.एल.बी. (दक्षिण-पश्चिम शहर – जनरल)
58. इफ्तिखार हुसैन खान, नवाब (फिरोजपुर जनरल – मुस्लिम, ग्रामीण)
59. इंदर सिंह, सरदार (पूर्वी शहर – सिख, ग्रामीण)
60. इशर सिंह मझाइल, सरदार (अमृतसर उत्तर – सिख, ग्रामीण)
61. जगदीश चंदर, श्री (करनाल उत्तर – जनरल, ग्रामीण)
62. जगजीत सिंह मन्न, सरदार (मध्य पंजाब – लैंडहोल्डरस)
63. जहाँ आरा शाह नवाज, बेगम, एम.बी.ई. (बाहरी लाहौर – मुस्लिम, महिला, शहरी)
64. जहाँ खान, चौधरी (उत्तर-पश्चिम गुजरात – मुस्लिम, ग्रामीण)
65. जसवंत सिंह, सरदार (उत्तर-पश्चिम पंजाब – सिख, ग्रामीण)
66. जीवन लाल, पंडित (दक्षिण पूर्व गुड़गाँव – जनरल, ग्रामीण)
67. जोगिंदर सिंह मन्न, सरदार, एम.बी.ई. (गुजराँवाला तथा शाहदरा – सिख, ग्रामीण)
68. काबुल सिंह, सरदार (जालंधर पूर्व – सिख, ग्रामीण)
69. काले खान, राजा (रावलपिंडी पूर्व – मुस्लिम, ग्रामीण)
70. करामत अली, के.बी.शेख, बी.ए., एल.एल.बी. (उत्तर-पूर्व शहर – मुस्लिम, ग्रामीण)
71. करतार सिंह, सरदार (लायलपुर पश्चिम – सिख, ग्रामीण)
72. केहर सिंह, सरदार (जगराओं – सिख, ग्रामीण)
73. खैर मेहदी खान, राजा (झेलम – मुस्लिम, ग्रामीण)
74. खान मुहम्मद खान कथिया, मेहर (मोण्ट्गोमरी – मुस्लिम, ग्रामीण)
75. किदार नाथ सहगल, लाला (अमृतसर तथा सियालकोट – जनरल)
76. कृष्ण गोपाल दत्त, चौधरी (उत्तर-पूर्वी शहर – जनरल)
77. लहणा सिंह सेठी, डॉ. (उत्तर-पश्चिम शहर – जनरल, शहरी)
78. मान सिंह जत्थेदार, सरदार (शेखूपुरा पश्चिम – सिख, ग्रामीण)
79. मांगू राम, चौधरी (होशियारपुर पश्चिम – जनरल, ग्रामीण, आरक्षित सीट)
80. मैनुएल, श्री पी (एंग्लो-इंडियन)
81. मातु राम, चौधरी (लुधियाना और फिरोजपुर – जनरल, आरक्षित सीट)

82. मेहर चंद, चौधरी (होशियारपुर पश्चिम जनरल, आरक्षित सीट)
83. मेहताब खान, चौधरी (दक्षिण पूर्व गुड़गाँव – मुस्लिम, ग्रामीण)
84. मीर मुहम्मद खान, राय (समुंदरी – मुस्लिम, ग्रामीण)
85. मोहन लाल, श्री (ऊना – जनरल, ग्रामीण)
86. मोहर सिंह, राव साहिब राव, बी.ए., एल.एल.बी. (उत्तर-पश्चिम गुड़गाँव – जनरल, ग्रामीण)
87. मोहियुद्दीन लाल बादशाह, सईद (अट्क दक्षिण – मुस्लिम, ग्रामीण)
88. मुबारक अली शाह, मेजर सईद (झंग मध्य – मुस्लिम, ग्रामीण)
89. मुहम्मद अब्दुल्लाह खान साहिब, मीर (मियाँवाली दक्षिण – मुस्लिम, शहरी)
90. मुहम्मद अब्दुस सलाम, मियां (जालंधर उत्तर – मुस्लिम, ग्रामीण)
91. मुहम्मद अमीन, के.एस. शेख (मुल्तान डिवीजन के शहर – मुस्लिम, शहरी)
92. मुहम्मद आरिफ खान, खान (झंग पश्चिम – मुस्लिम, ग्रामीण)
93. मुहम्मद फिरोज खान नून, मलिक सर, के.सी.एस.आई., के.सी.आई.ई. (रावलपिंडी डिवीजन के शहर – मुस्लिम, शहरी)
94. मुहम्मद गुलाम शाह जिलानी गुरमानी, मियां (मुजफ्फरगढ़ उत्तर – मुस्लिम, ग्रामीण)
95. मुहम्मद हस्सन, चौधरी (अम्बाला और शिमला – मुस्लिम, ग्रामीण)
96. मुहम्मद हुसैन, चौधरी, बी.ए., एल.एल.बी. (शेखूपुरा – मुस्लिम, ग्रामीण)
97. मुहम्मद हुसैन, सरदार (चुनियाँ – मुस्लिम, ग्रामीण)
98. मुहम्मद इफ्तिखारुद्दीन, मियां, बी.ए. (ऑक्सफोर्ड) (कसूर – मुस्लिम, ग्रामीण)
99. मुहम्मद इकबाल अहमद खान, राय (लुधियाना – मुस्लिम, ग्रामीण)
100. मुहम्मद जमाल खान लेघारी, खान बहादुर नवाब सर (तुमानदर)
101. मुहम्मद खुर्शीद खान, राव, बी.ए., एल.एल.बी. (रोहतक – मुस्लिम ग्रामीण)
102. मुहम्मद नवाज खान, ले. कर्नल सरदार सर, के.सी.आई.ई. (अटक मध्य – मुस्लिम, ग्रामीण)
103. मुहम्मद नूर उल्लाह, मियां (टोबा टेक सिंह – मुस्लिम, ग्रामीण)
104. मुहम्मद रफीक, मियां (बाहरी लाहौर – मुस्लिम, ग्रामीण)
105. मुहम्मद रजा शाह जिलानी, हाजी मखदूमजादा सय्यैद (शुजाबाद – मुस्लिम, ग्रामीण)
106. मुहम्मद सरफराज अली खान, राजा (चकवाल – मुस्लिम, ग्रामीण)
107. मुहम्मद सरफराज खान, चौधरी (सियालकोट मध्य – मुस्लिम, ग्रामीण)
108. मुमताज अली खान, सरदार, बी.ए., एल.एल.बी. (अटक उत्तर – मुस्लिम, ग्रामीण)
109. मुमताज मुहम्मद खान दौलतना, मियां (सियालकोट दक्षिण – मुस्लिम, ग्रामीण)

110. नरिंदर सिंह, संत (मोण्ट्गोमरी पूर्व – सिख, ग्रामीण)
111. नरोत्तम सिंह, सरदार बी.ए., एल.एल.बी. (दक्षिण-पूर्व पंजाब – सिख, ग्रामीण)
112. नसर दीन, चौधरी, बी.ए., एल.एल.बी. (सियालकोट उत्तर – मुस्लिम, ग्रामीण)
113. नसरुल्लाह खान नासिर, राणा (होशियारपुर पश्चिम – मुस्लिम, ग्रामीण)
114. नसरुल्लाह खान, चौधरी (अमृतसर – मुस्लिम, ग्रामीण)
115. नौबहार शाह, सईद (कबीरवाला – मुस्लिम, ग्रामीण)
116. पंचम चंद, ठाकुर, बी.ए., एल.एल.बी. (कांगड़ा उत्तर – जनरल, ग्रामीण)
117. परबोध चंदर, श्री (गुरदासपुर – जनरल, ग्रामीण)
118. परकाश कौर, श्रीमती डॉ. (अमृतसर – सिख, महिला)
119. परताप सिंह, सरदार, एम.ए. (अमृतसर दक्षिण – सिख, ग्रामीण)
120. पियारा सिंह, सरदार (होशियारपुर दक्षिण – सिख, ग्रामीण)
121. प्रेम सिंह, चौधरी (दक्षिण-पूर्व गुड़गाँव – आरक्षित सीट)
122. प्रेम सिंह, महंत (गुजरात तथा शाहपुर – सिख, ग्रामीण)
123. पृथ्वी सिंह आजाद, सरदार (अम्बाला तथा शिमला – आरक्षित सीट)
124. राज मुहम्मद खान, चौधरी (हफीजाबाद – मुस्लिम, ग्रामीण)
125. राम शर्मा पंडित, श्री (दक्षिणी शहर – जनरल, शहरी)
126. रामेश्वरी नेहरू, श्रीमती (लाहौर शहर – जनरल, महिला, शहरी)
127. रणबीर सिंह मेहता, श्री (लुधियाना तथा फिरोजपुर – जनरल, ग्रामीण)
128. रणजीत सिंह, चौधरी (हिसार दक्षिण – जनरल, ग्रामीण)
129. रत्तन सिंह तबीब, चौधरी (अम्बाला तथा शिमला – जनरल, ग्रामीण)
130. रत्तन सिंह, सरदार (फिरोजपुर पूर्व – सिख, ग्रामीण)
131. रत्तन सिंह, सरदार (फिरोजपुर उत्तर – सिख, ग्रामीण)
132. रोशन दीन, खान बहादुर चौधरी (शाहदरा – मुस्लिम, ग्रामीण)
133. सादिक हसन, शेख (अमृतसर शहर – मुस्लिम, ग्रामीण)
134. साहिब दाद खान, खान साहिब चौधरी, बी.ए., एल.एल.बी. (हिस्सार – मुस्लिम, ग्रामीण)
135. साहिब राम, चौधरी (हिस्सार उत्तर – जनरल, ग्रामीण)
136. सईद अकबर खान, राजा, बी.ए., एल.एल.बी. (गुज्जर खान – मुस्लिम, ग्रामीण)
137. सज्जन सिंह मार्गिण्ड्पुरी, सरदार (कसूर – सिख, ग्रामीण)
138. सलाहुद्दीन, चौधरी (गुजरांवाला उत्तर – मुस्लिम, ग्रामीण)
139. समर सिंह, चौधरी (करनाल दक्षिण – जनरल, ग्रामीण)
140. संत राम सेठ, डॉ. (अमृतसर शहर – जनरल, शहरी)
141. संत राम, श्री (जालंधर जनरल – आरक्षित सीट)
142. सरदूल सिंह, सरदार (लाहौर पश्चिम – सिख, ग्रामीण)

143. शहादत खान, राय (ननकाना साहिब – मुस्लिम, ग्रामीण)
144. शन्नो देवी सहगल, श्रीमती (दक्षिण-पूर्व शहर – जनरल, शहरी)
145. शौकत हयात खान, सरदार (दक्षिण-पूर्व शहर – मुस्लिम, शहरी)
146. शेर सिंह, चौधरी (झज्जर – जनरल, शहरी)
147. शिव सरन सिंह, सरदार (कांगड़ा तथा उत्तर होशियारपुर – सिख, ग्रामीण)
148. शिव सिंह, सरदार (गुरदासपुर उत्तर – सिख, ग्रामीण)
149. सुदर्शन सेठ, श्री (पूर्वी शहर – जनरल, शहरी)
150. सुल्तान अली नंगियाना, के.बी. मियां (शाहपुर – मुस्लिम, शहरी)
151. सुंदर सिंह, चौधरी (अमृतसर तथा सियालकोट – जनरल, आरक्षित)
152. सुंदर, श्री (करनाल उत्तर – आरक्षित सीट)
153. सूरज मल, राव बहादुर चौधरी, बी.ए., एल.एल.बी. (हांसी – जनरल, ग्रामीण)
154. स्वरण सिंह, सरदार बी.ए., एल.एल.बी. (जालंधर पश्चिम – सिख, ग्रामीण)
155. तारा सिंह, सरदार साहिब सरदार (फिरोजपुर दक्षिण – सिख, ग्रामीण)
156. तसादक हुसैन, बेगम (अंदरूनी लाहौर – मुस्लिम, महिला, शहरी)
157. तिलक राज, प्रोफेसर, एम.ए. (रावलपिंडी डिवीजन – जनरल, ग्रामीण)
158. उधम सिंह, सरदार (अमृतसर मध्य – सिख, ग्रामीण)
159. उज्जल सिंह, सरदार (पश्चिमी शहर – सिख, शहरी)
160. वीरेंद्र, श्री (पश्चिमी मुल्तान डिवीजन – जनरल, ग्रामीण)
161. वली मुहम्मद गोहीर, चौधरी (जालंधर दक्षिण – मुस्लिम, ग्रामीण)
162. वरयाम सिंह, सरदार (बटला – सिख, ग्रामीण)
163. वजीर मुहम्मद मलिक (अंदरूनी लाहौर – मुस्लिम, ग्रामीण)
164. जफर-उल-हक, चौधरी (रावलपिंडी सदर – मुस्लिम, ग्रामीण)
165. जफरुल्लाह खान झनियाँ, चौधरी (अजनाला – मुस्लिम, ग्रामीण)
166. जफरुल्लाह खान, चौधरी (गुजरांवाला – मुस्लिम, ग्रामीण)

ग्रंथसूची

अकबर, एम.जे., *इंडिया: द सीज वीदिन*, हार्मोण्ड्स्वर्थ: पैंगविन बुक्स, (1985)।

अजीज, अब्दुल (खान बहादुर), 'रिपोर्ट मेड बाइ खान बहादुर अब्दुल अजीज, चीफ जज, जींद स्टेट', (में) द *जरनी टु पाकिस्तान: ए डॉक्युमेंटेशन ऑन रेफुजिस ऑफ 1947*, इस्लामाबाद: नेशनल डॉक्युमेंटेशन सेंटर, (1993)।

अजीज, के.के. (एड.), *कमप्लीट वर्क्स ऑफ रहमत अली*, इस्लामाबाद: नेशनल कमिशन ऑन हिस्टोरीकल एंड कल्चरल रिसर्च, (1978)।

अजीज, के.के., *दी मर्डर ऑफ हिस्ट्री*, लाहौर: वैनगार्ड बुक्स, (1993)।

अजीज, के.के., *हिस्ट्री ऑफ पार्टीशन ऑफ इंडिया*, वॉल. I, नई दिल्ली: अटलांटिक पब्लिशर्स एंड डिस्ट्रिब्यूटर्स, (1995)।

अफजल, मुहम्मद, *दास्तान-ए-संगम*, इस्लामाबाद: चौधरी मुहम्मद अजमल

अबिसाब, आर., *कनवरटिंग परसिया: रिलीजन एंड पॉलिटिक्स इन दी सफाविद एंपायर*, लंदन: आई.बी. टौरिस, (2004)।

अलहक, शुजा, *ए फोर्गॉट्टेन विजन: ए स्टडी ऑफ ह्यूमन स्पिरिचुयलिटी इन द लाइट ऑफ द इस्लामिक ट्रडीशन*, चिप्पेंहम, विलटशायर: मिनर्वा बुक्स, (1996)।

अलाना, जी., *पाकिस्तान मूवमेंट: हिस्टोरिक डॉक्युमेंट्स*, लाहौर: इस्लामिक बुक सर्विस, (1977)।

अली, इकराम, *हिस्ट्री ऑफ द पंजाब (1799-1947)*, दिल्ली: लो प्राइस पब्लिकेशन्स, (1972)।

अली, इमरान, द *पंजाब अंडर इंपीरियलिस्म 1885-1947*, कराची: ऑक्सफोर्ड यूनिवर्सिटी प्रैस, (1989)।

अली, चौधरी मुहम्मद, *दी एमरजेंस ऑफ पाकिस्तान*, लाहौर: रिसर्च सोसाइटी ऑफ पाकिस्तान, (1973)।

अशरफ, ए., *एक दिल हजार दास्तान*, लाहौर: आतिश फिशन पब्लिकेशनस, (1989)।

अहमद, इश्तियाक, 'दी 1947 पार्टिशन ऑफ द पंजाब: आर्गुमेंट्स पुट फोर्थ बिफोर द पंजाब बाउंडरी कमिशन बाइ द पार्टिस ईन्वोल्व्ड', इन इयान टेलबोट एंड गुरहरपाल सिंह (सं.), *रीजन एंड पार्टिशन: बेंगाल, पंजाब एंड द पार्टिशन ऑफ द सब्कोंटीनेंट*, कराची: ऑक्सफोर्ड यूनिवर्सिटी प्रैस, (1999)।

अहमद, इश्तियाक, 'लेट अस नॉट फोरगेट जलियाँवाला बाग', *डेली टाइम्स*, लाहौर (13 अप्रैल 2003)।

अहमद, इश्तियाक, 'साउथ एशिया', इन डेविड वेसटरलैंड एंड इंगवर स्वनबर्ग (एड्स.), *इस्लाम आउटसाइड द अरब वर्ल्ड*, पृ. 212-252, रिचमंड: कर्जन प्रैस, (1999)।

अहमद, इश्तियाक, 'सिख सेपरटीस्म इन इंडिया एंड दी कान्सैप्ट ऑफ खालिस्तान', इन के.आर.

हेल्क्वीस्ट, (एड.) *एनआईएएस रिपोर्ट 1990*, कोपेनहैगेन: नोर्डिक इंस्टीट्यूट ऑफ एशियन स्टडीज, (1990)।

अहमद, इश्तियाक, 'दी लाहौर इफैक्ट', *सेमिनार*, संख्या 567, नवंबर, नई दिल्ली, (2006)।

अहमद, इश्तियाक, 'दी स्पेक्टर ऑफ इस्लामिक फंडामेंटलिस्म ओवर पाकिस्तान (1947-2007)', (में) राजश्री जेटली (संप.) *पाकिस्तान इन रीजनल एंड ग्लोबल पॉलिटिक्स*, लंदन, न्यूयॉर्क, नई दिल्ली: रुटलेज, (2009)।

अहमद, इश्तियाक, *स्टेट, नेशन एंड एथ्निसिटी इन कंटेम्पोररी साउथ एशिया*, लंदन एंड न्यूयॉर्क: पिंटर, (1998)।

अहमद, एस., *ग्रेट सूफी विस्डम: बुल्ले शाह*, इस्लामाबाद: सईद अहमद, (2004)।

आजाद, एम.ए.के., *इंडिया विंस फ्रीडम*, लाहौर: वेनगार्ड बुक्स प्रा. लि., (1989)।

आनंद, सोम, *लाहौर: पोर्टरेट ऑफ ए लॉस्ट सिटी*, लाहौर: वेनगार्ड बुक्स प्रा. (लि.), (1998)।

इफ्तिखार, ख्वाजा, *जब अमृतसर जल रहा था*, लाहौर: ख्वाजा पब्लिशर्स, (1991)।

इबबेटसन, एस.डी., *पंजाब कास्ट्स*, लाहौर: संग-ए-मील पब्लिकेशन्स, (1994)।

ओरेन, स्टीफेन, 'दी सिख्स, काँग्रेस, एंड द यूनियनिस्ट्स इन ब्रिटिश पंजाब, *1937-1945*', *मॉडर्न आसियान एशियन स्टडीज*, वॉल. VIII, संख्या III, कैंब्रिज: कैंब्रिज यूनिवर्सिटी प्रैस, (1974)।

कुपेर, एल., *जेनोसाइड*, न्यू हेवन तथा लंदन: येल यूनिवर्सिटी प्रैस, (1982)।

कुरेशी, इश्तियाक हुसैन, 'हिंदू मुस्लिम सोशल रिलेशन्स 1935-47', (में) मुशीरुल हसन, *इंडिया पार्टीशनड: द अदर फेस ऑफ फ्रीडम*, वॉल. II, नई दिल्ली: रोली, (1995)।

कूपलैंड, इयन, 'दी मास्टर एंड दी महाराजाज: दी सिख प्रिंसेस एंड दी ईस्ट पंजाब मसेकर ऑफ 1947', *मॉडर्न एशियन स्टडीज*, वॉल. XXXVI, सं. 3, कैंब्रिज: कैंब्रिज यूनिवर्सिटी प्रैस, (2002)।

केचमैनोविच, डी., *दी मास साइकॉलजी ऑफ एथनोनैशनलिज़्म*, न्यूयॉर्क तथा लंदन: प्लेनियम प्रैस, (1996)।

केल्लस, जे.जी., *दी पॉलिटिक्स ऑफ नेशनलिस्म एंड एथ्निसिटी*, न्यूयॉर्क: सैंट मार्टीन्स प्रैस, (1998)।

कॉलिन्स, लेरी और लेपिएर, डोमिनिक, *फ्रीडम एट मिडनाइट*, न्यूयॉर्क: एवन बुक्स (1975)।

कोन्नोर, डब्ल्यू., *एथनोनैशनलिज़्म: दी क्वेस्ट फॉर अण्डरस्टैंडिंग*, प्रिंसटन: प्रिंसटन यूनिवर्सिटी प्रैस, (1994)।

कोहली, एस.एस., *द लाइफ एंड आइडियलस ऑफ गुरु गोबिन्द सिंह*, दिल्ली: मुंशीराम मनोहरलाल, (1986)।

कौशिक, आर.के., 'कोम्प्लीमेंट्स रिटर्ण्ड', *दी ट्रिब्यून*, चंडीगढ़, 31 अगस्त 2011।

खान, फजल मुकीम खान (मेजर जनरल), *दी स्टोरी ऑफ द पाकिस्तान आर्मी*, कराची, लाहौर: ऑक्सफोर्ड यूनिवर्सिटी प्रैस, (1964)।

खान, मुहम्मद अयूब, *तारीख-ए-पाकिस्तान और जालंधर*, लाहौर: असतइर, (2002)।

खान, वली, *फैक्ट्स आर फैक्ट्स: दी अनटोल्ड स्टोरी ऑफ इंडियाज पार्टीशन*, नई दिल्ली: विकास पब्लिशिंग हाउस (प्रा.) लिमिटेड, (1987)।

खोसला, गोपाल दास (पहली बार 1949 में प्रकाशित), *स्टर्न रेकोनिंग: ए सर्वे ऑफ द एवेंट्स लीडिंग अप टु एंड फॉलोइंग दी पार्टिशन ऑफ इंडिया*, नई दिल्ली: ऑक्सफोर्ड यूनिवर्सिटी प्रैस, (1989)।

गटमैन, आर., *ए विटनेस टू जेनोसाइड*, शफटेसबर्ग, डोरसेट: एलीमेंट बुक्स, (1993)।

गरडेजी, एच.एन., *चांस टू लूज, लाइफ स्ट्रगलस ऑफ ए रेवोलुशनरी: मेमोइर्स ऑफ दादा आमिर हैदर खान*, नई दिल्ली: पैट्रिओट पब्लिशर्स, (1989)।

गहनसेन, ए.बी., *पार्टिशन एंड जेनोसाइड: मैनीफेस्टेशन ऑफ वायोलेंस इन पंजाब 1937-1947*, नई दिल्ली: इण्डिया रिसर्च प्रैस (2002)।

गिल्मार्टिन, डेविड, *एंपायर एंड इस्लाम: पंजाब एंड द मेकिंग ऑफ पाकिस्तान*, दिल्ली: ऑक्सफोर्ड यूनिवर्सिटी प्रैस, (1989)।

गिल्मार्टिन, डेविड, 'रिलीज्यस लीडरशिप एंड दी पाकिस्तान मूवमेंट इन द पंजाब', *मॉडर्न साउथ एशियन स्टडीज*, वॉल. XIII, न. 3, कैंब्रिज: कैंब्रिज यूनिवर्सिटी प्रैस।

गीट्र्ज, सी. (संपा.), *ओल्ड सोसाइटीस एंड न्यू स्टेट्स*, न्यूयॉर्क: दी फ्री प्रैस, 1963।

गुजराल सतीश, *ए ब्रश विद लाइफ: एन ऑटोबायोग्राफी*, नई दिल्ली: वाईकिंग, (1997)।

गोपाल. एम., *सर छोटू राम: ए पॉलिटिकल बायोग्राफी*, नई दिल्ली: बी.आर. पब्लिकेशन्स, (1988)।

ग्रेवाल, जे.एस. 'हिस्टॉरिकल ज्योग्राफी ऑफ द पंजाब', *जर्नल ऑफ पंजाब स्टडीज*, वॉल II, संख्या 1, स्प्रिंग (2004)।

ग्रेवाल, जे.एस., 'पंजाबी मुस्लिम्स एंड पार्टीशन', इन अमरीक सिंह (एड.), *दी पार्टीशन इन रेट्रोस्पेक्ट*, दिल्ली: अनामिका पब्लिशर्स डिस्ट्रिब्यूटर्स (प्रा.) लिमिटेड, (2000)।

चंद्रा, प्रबोध (संकलक), *रेप ऑफ रावलपिंडी*, लाहौर: दी पंजाब रायोट्स सफ्फरर्स रिलीफ कमेटी, (1947)।

चाक, एफ. और जोनास्सोहन, के. *दी हिस्ट्री एंड सोशियोलॉजी ऑफ जेनोसाइड: एनालिसिस एंड केस स्टडीज*, न्यू हेवन एंड लंदन: मौनट्रियल इंस्टीट्यूट ऑफ जेनोसाइड स्टडीज एंड येल यूनिवर्सिटी प्रैस, (1990)।

चुघताई, हाकिम मुहम्मद तारिक महमूद अबकारी मुजादीदी (संकलक और संपादक), *1947 के मुजालिमों की कहानी खुद मुजलिमों की जबानी*, लाहौर: इल्म-ओ-इरफान पब्लिशर्स, (2003)।

चौधरी, एन., *डेवलपमेंट ऑफ उर्दू एज ओफीसीयल लैंगवेज इन द पंजाब (1849-1974)*, लाहौर: गवर्नमेंट ऑफ द पंजाब, (1977)।

जलाल, आएशा, *दी सोल स्पोकसमैन*, कैंब्रिज: कैंब्रिज यूनिवर्सिटी प्रैस, (1985)।

जिलेटली, आर., 'दी थर्ड राइच, दी होलोकास्ट, एंड विजन्स ऑफ सोशल जेनोसाइड', इन रोबर्ट जिलेटली एंड बेन कीयरनन (मके.) *दी स्पेक्टर ऑफ जेनोसाइड: मास मर्डर इन हिस्टॉरिकल पर्सपेक्टिव*, कैंब्रिज: कैंब्रिज यूनिवर्सिटी प्रैस, कैंटो एडिशन, (2003)।

जेफ्री, रॉबिन, '*दी पंजाब बाउंडरी फोर्स एंड दी प्रोब्लेम ऑफ ऑर्डर: अगस्त 1947*', *मॉडर्न एशियन स्टडीज*, वॉल. VIII, सं. 4, (1974)।

जॉन्सन, जी. (मक.), *ईस्ट तिमोर: नेशन बिल्डिंग इन द ट्वेंटी फर्स्ट संेचुरी, स्टॉकहोम: सेंटर फॉर पैसिफिक एशियन स्टडीज*, (2003)।

जोंस, के. डब्ल्यू., *आर्य धर्म: हिंदू कंसियसनेस इन नाइन्टींथ सेंचुरी पंजाब*, दिल्ली: मनोहर, (1989a).

जोंस, के. डब्ल्यू., *दी न्यू कैंब्रिज हिस्ट्री ऑफ इंडिया: सोसीओ-रिलीज्यस रेफोर्म मोवेमेंट्स इन ब्रिटिश इंडिया*, कैंब्रिज: कैंब्रिज यूनिवर्सिटी प्रैस, (1989b)।

जोनास्सोहन, के. एंड ब्योन्सन, के.एस., *जेनोसाइड एंड ग्रोस्स ह्यूमन राइट्स वाईओलेशन्स*, न्यू ब्रुंसविक एंड लंदन: ट्रैंजैक्शन पब्लिशर्स, (1999)।

जोश, भगवान, *कम्यूनिस्ट मूवमेंट इन पंजाब (1926-47)*, दिल्ली: अनुपमा पब्लिकेशन्स, (1979)।

टकर, सर फ्रांसिस, *वाइल मेमोरी सर्वस*, लंदन: कैसेल एंड कंपनी लि. (1950)।

टैन, टी.वाई. एंड कुदेसिया, जी., *दी आफ्टरमथ ऑफ पार्टिशन इन साउथ एशिया*, लंदन: रूटलेज, (200)।

टैलबोट, इयन, 'दी 1947 पार्टिशन ऑफ इंडिया', (में) डैन स्टोन (सं.), *दी हिस्टोरीओग्राफी ऑफ जेनोसाइड*, हाउंडसमिल, *बेसिंगस्टोक*, हेम्पशायर: पैलग्रेव मैकमिलन, (2008)।

टैलबोट, इयन, *खिजर तिवाना; दी पंजाब यूनियनिस्ट पार्टी एंड द पार्टीशन ऑफ इंडिया*, रिचमंड, सररे: कर्जन, (1996)।

टैलबोट, इयन, 'वायोलेन्स, माइग्रेशन एंड रिसेटलमेंट: दी केस ऑफ अमृतसर', इन इयन टेलबोट एंड शिंदर थंडी (सं.), *पीपल ऑन दी मुव: पंजाब कोलोनियलिस्म, एंड पोस्ट-कोलोनियल माइग्रेशन*, कराची: ऑक्सफोर्ड यूनिवर्सिटी प्रैस, (2004)।

डार्लिंग, एम.एल., द *पंजाब पिजेंट इन प्रोस्पेरिटी एंड डेट*, नई दिल्ली: मनोहर बुक सर्विस, (1978)।

डिसटरबेनसेस इन द पंजाब, इस्लामाबाद: नेशनल डॉक्युमेंटेशन सेंटर, (1995)।

तनवर, रघुवेंद्र, *रिपोर्टिंग दी पार्टीशन ऑफ पंजाब 1947*, नई दिल्ली: मनोहर, (2006)।

तलहा, एन., *इकनॉमिक फैक्टर्स इन द मेकिंग ऑफ पाकिस्तान*, कराची: ऑक्सफोर्ड यूनिवर्सिटी प्रैस, (2000)।

ताकि-उद-दिन, एच., *तारीख की अदालत में*, गुजराँवाला: जीने दो पब्लिकेशन्स, (1999)।

तालिब, एस. गुरबचन सिंह, *मुस्लिम लीग अटैक ऑन सिख्स एंड हिंदुस इन द पंजाब 1947* (एस.जी.पी.सी. रिपोर्ट), नई दिल्ली: वॉइस ऑफ इंडिया, (1991)।

दत्ता, ओ.पी., 'चकवाल फोंडली रिमेम्बरड', द *साउथ एशियन*, http://www.the-south-asian.com/July-Aug2000/Chakwal_memories_4.htm, दिल्ली, (7 अगस्त 2000)।

देक्सेल, मारकस, 'डीअरबनाईजिंग दी सिटी: कोलोनियल कोग्नीशन एंड द पीपल ऑफ लाहौर' (में) टेलबोट एंड शिंदर थंडी (सं.), *पीपल ऑन दी मुव: पंजाब कोलोनियलिस्म, एंड पोस्ट-कोलोनियल माइग्रेशन*, कराची: ऑक्सफोर्ड यूनिवर्सिटी प्रैस, (2004)।

नगीना, जेड.आई., *गाजी इलाम दीन शहीद*, लाहौर: जंग पब्लिशर्स प्रैस, (1988)।

नेविल, प्राण, *लाहौर: ए सेंटीमेंटल जरनी*, दिल्ली तथा कराची: अलाइड पब्लिशर्स लिमिटेड, (1993)।

नैमार्क, एन.एम., *फाइरस ऑफ हेटरेड: एथनिक क्लिन्सिंग इन दी ट्वेंटिएथ सेंचुरी यूरोप*, कैंब्रिज मास. लंदन : हारवर्ड यूनिवर्सिटी प्रैस, (2001).

पाण्डे, ज्ञानेन्द्र, *रिमेंबरिंग पार्टिशन*, कैंब्रिज: कैंब्रिज यूनिवर्सिटी प्रैस, (2001)।

पीरजादा, सय्यद शरीफुद्दीन (एड.), *फाउंडेशन्स ऑफ पाकिस्तान: ऑल-इंडिया मुस्लिम लीग डॉक्युमेंट्स*, 1906-1947, वॉल. II, कराची: नेशनल पब्लिशिंग हाउस लिमिटेड, (1970)।

पुरी, राजिन्दर, 'वॉट इट्स ऑल अबाउट?', *(मीन) अमरीक सिंह (सं.), पंजाब इन इंडियन पॉलिटिक्स: ईश्यूज एंड ट्रेंड्स*, नई दिल्ली: अजंता बुक्स इंटरनेशनल।

फारकुहर, जे.एन., *मॉडर्न रिलीज्यस मूवमेंट्स इन इंडिया*, दिल्ली: मुंशीराम मनोहरलाल, (1967)।

बक्शी, एस.आर. (संकलक), 'रेजोल्यूशन अडोपटेड बाइ काउंसिल ऑफ एक्शन ऑफ द आल-पार्टिस शिया कॉन्फ्रेंस', हेल्ड एट पूना, 25 दिसंबर 1945, इन द *मेकिंग ऑफ इंडिया एंड पाकिस्तान: आइडियोलोजी ऑफ द हिंदू महासभा एंड अदर पॉलिटिकल पार्टिस*, वॉल III, नई दिल्ली: दीप एंड दीप पब्लिकेशन्स, (1997)।

बतालवी, ए.एच., *हमारी कौमी जद्दोजिहाद*, लाहौर: पाकिस्तान टाइम्स प्रैस।

बरकी, शाहिद जावेद, *पाकिस्तान अंडर भुट्टो*, 1971-1977, न्यूयॉर्क: सेंट मार्टिन्स प्रैस, (1980)।

बशीर, अहमद, *दिल भटकेगा*, लाहौर, फिरोजसंस, 2003।

बुटालिया, उर्वशी, *दी अदर साइड ऑफ साइलेंस: वोइसेस फ्रॉम दी पार्टीशन ऑफ इंडिया*, नई दिल्ली: पेंगुइन बुक्स, (1998)।

बेल-फियाल्कोफ्फ, ए., *एथनिक क्लिंसिंग*, न्यूयॉर्क: सैंट मार्टीन्स प्रैस, (1999)।

ब्राउनिंग, सी.आर., *दी पाथ टू जेनोसाइड*, कैंब्रिज: कैंब्रिज यूनिवर्सिटी प्रैस, कैंटो एडिशन, (1995)।

ब्रास्स, पॉल, 'दी पार्टिशन ऑफ इण्डिया एंड रेट्रीब्यूटिव जेनोसाइड इन द पंजाब, 1946-47: मीन्स, मेथड्स एंड परपसेस', *जर्नल ऑफ जेनोसाइड रिसर्च*, लंदन: टेलर-फ्रांसिस, कारटेक्स पब्लिशिंग, (2003)।

ब्रास्स, पॉल, *एथ्निसिटी एंड नैशनलिस्म: थेओरी एंड प्रैक्टिस*, नई दिल्ली: सेज पब्लिकेशन्स, (1991)।

भाटिया, एस., *सोशल चेंज एंड पॉलिटिक्स इन पंजाब: 1898-1910*, नई दिल्ली: एंके पब्लिशर्स प्रा.लि. (1987)।

मालिक एम.ए., *दी मेकिंग ऑफ द पाकिस्तान रेसोल्यूशन*, कराची: ऑक्सफोर्ड यूनिवर्सिटी प्रैस, (2001)।

मलिक, खुदा बख्श (खान बहादुर), 'ए ब्रीफ रिपोर्ट मेड बाइ के.बी. मलिक खुदा बख्श रिगार्डिंग द डिस्ट्रिक्ट्स ऑफ अम्बाला, करनाल, रोहतक, हिस्सार, शिमला, लुधियाना एंड जालंधर' (में) द *जरनी टु पाकिस्तान: ए डॉक्युमेंटेशन ऑन रेफुजिस ऑफ 1947*, इस्लामाबाद: नेशनल डॉक्युमेंटेशन सेंटर, (1993)।

मल्होत्रा, दीना नाथ, *डेयर तो पब्लिश*, नई दिल्ली, (2004)।

महमूद, सलमा, 'ए ग्रेट सन ऑफ द पंजाब', द *फ्राइडे टाइम्स* (2-10 अप्रैल 2010)।

मारस्टन, डेनियल पी., 'दी इंडियन आर्मी, पार्टिशन, एंड द पंजाब बाउंडरी फोर्स, 1945-1947', *वार इन हिस्ट्री*, वॉल. XVI, संख्या 4, लंदन: सेज पब्लिकेशन्स।

मित्तल, जी., *लाहौर का जो जिक्र किया: आप बीती*, लाहौर: बुक होम, (2003)।

मुनीर, चीफ जस्टिस मुहम्मद, *मुनीर : हिज़ लाइफ, राइटिंग्स एंड जजमेंट्स*, लाहौर: रिसर्च सोसाइटी ऑफ पाकिस्तान, (1973)।

मुनीर, मुहम्मद, *फ्रॉम जिन्नाह टु जिया*, लाहौर: वैनगार्ड बुक्स (प्रा.) लिमिटेड, (1980)।

मुहम्मद, मियां नूर, 'पटियाला के मुसलमानों पर टूटने वाली कयामत-ए-सुघरा: भाग दो', (में) हाकिम मुहम्मद तारिक महमूद अबकारी मुजदीदी चुघतई (संकलनकर्ता और संपादक), *1947 के मुजलिम की कहानी खुद मुजलूमों की जबानी*, लाहौर: इल्म-ओ-इरफान पब्लिशर्स, (2003)।

मून, पेंडेरल, *डिवाइड एंड कुइट: एन आईविट्नेस्स अकाउंट ऑफ दी पार्टिशन ऑफ इंडिया*, नई दिल्ली: ऑक्सफोर्ड यूनिवर्सिटी प्रैस।

मूर, आर.जे., 'जिन्नाह एंड दी पाकिस्तान डिमाण्ड', *मॉडर्न एशियन स्टडीज*, वॉल. XVII, सं. 4, पृ. 529-561, कैंब्रिज: कैंब्रिज यूनिवर्सिटी प्रैस, (1983)।

मेलसन, आर., *रेवोलुशन एंड जेनोसाइड: ऑन दी ओरिजिंस ऑफ द अर्मेनिअन जेनोसाइड एंड द होलोकास्ट*, इल्लीनोय, यूनिवर्सिटी ऑफ शिकागो प्रैस, (1992).

मैन, एम., *दी डार्क साइड ऑफ डेमोक्रेसी: एक्स्प्लेनिंग एथनिक क्लिन्सिंग*, कैंब्रिज: कैंब्रिज यूनिवर्सिटी प्रैस, (2005)।

मैनी, त्रिदीवेश सिंह, *साउथ एशियन कोआपरेशन एंड द रोल ऑफ द टू पंजाब्स*, नई दिल्ली: सिद्धार्थ पब्लिकेशन्स, (2007)।

यंग, सी., *दी पॉलिटिक्स ऑफ कल्चरल प्लुरलिज़्म*, मेडीसन: दी यूनिवर्सिटी ऑफ विसकौनसिन प्रैस, (1976).

रबबानी, चौधरी गुलाम, 'चौ. गुलाम रबबानी वल्द चौ. अब्दुल आजिया जात अराइन, ठेकेदार, मोहल्ला हकीमाँ, नाभा का बयान', (में) द *जरनी टु पाकिस्तान: ए डॉक्युमेंटेशन ऑन रेफुजिस ऑफ 1947*, इस्लामाबाद: नेशनल डॉक्युमेंटेशन सेंटर, (1993)।

रशीद राव, *जो मैंने देखा: पाकिस्तान सियासत और हुकुमरानी की हकीकत*, लाहौर: जमहूरी पब्लिकेशन्स (2010).

रॉबर्ट्स, एंड्रू, *एमिनेंट चर्चिलियन्स*, लंदन: फिनिक्स बुक्स, (1995)।

लाहौरी, ताहिर, *सोहणा शहर लाहौर*, लाहौर: संग-ए-मील पब्लिकेशन्स, (1994)।

ले, एम.एस., द *पंजाब एंड द वार*, लाहौर: गवर्नमेंट प्रिंटिंग प्रैस, (1922)।

लेक, डी.ए. एंड रोठ्सचाइल्ड, डी. (मके.), *दी इंटरनेशनल स्प्रेड ऑफ एथनिक कंफ्लिकट*, प्रिंसटाउन: प्रिंसटाउन यूनिवर्सिटी प्रैस, (1998)।

लैंग, बी., *एक्ट एंड आइडिया इन दी नाज़ी जेनोसाइड*, सियराकुस: सियराकुस यूनिवर्सिटी प्रैस, (2003)।

लैम्ब, अलसटैर, *इनकमप्लीट पार्टिशन: दी जेनेसिस ऑफ द कश्मीर डिसप्यूट 1947-1948*, हार्टिंगफोर्डबर्ग, हर्टफोर्डशायर: रोक्सफोर्ड बुक्स, (1997)।

वराइच, एस., द *ट्रेटर विदिन: द नवाज शरीफ स्टोरी इन हिस ओन वर्ड्स*, लाहौर: सागर पब्लिशर्स, (2008)।

विलियम्स, एच., 'फ्रीलैंस', *टाइम्स लिटेररी सपलीमेंट*, 13 फरवरी 2004।

वैलेस, पॉल, 'कम्यूनलिस्म, फैक्शनलिस्म एंड नेशनल इंटिग्रेशन इन द प्रि-इंडिपेंडेंस पंजाब काँग्रेस पार्टी', इन हरबंस सिंह एंड एन. जेरल्ड बैरियर (मके.), *पंजाब पास्ट एंड प्रेजेंट: एसेस इन ओनोर ऑफ डॉ. गंडा सिंह*, पटियाला: पंजाबी यूनिवर्सिटी, (1976)।

वोलपर्ट, स्टेनली, *जिन्नाह ऑफ पाकिस्तान*, कराची: ऑक्सफोर्ड यूनिवर्सिटी प्रैस, (2002)।

शफिक, खुर्रमअली (संकलनकर्ता) *दी क्रॉनिकल ऑफ पाकिस्तान*, http://www.therepublicofrumi-com/chronicle/1947_09.htm (13 दिसंबर 2010 को देखा)।

शफी, मोहम्मद, कैप्टन (रिट.), 'कैप्टन मोहम्मद शफी का बयान, मंसूरपुर, पुलिस स्टेशन मकेरियान, जिला होशईयापुर के रहने वाले', (में) *दी जरनी टु पाकिस्तान: ए डॉक्युमेंटेशन ऑन रेफुजिस ऑफ 1947*, इस्लामाबाद: नेशनल डॉक्युमेंटेशन सेंटर।

शरीफ, मुहम्मद अफजल, 'पटियाला के मुसलमानों पर टूटने वाली कयामत-ए-सुघरा: हिस्सा एक', (में) हाकिम मुहम्मद तारिक महमूद अबकारी मुजदीदी चुघतई (संकलनकर्ता और

संपादक), *1947 के मुजलिम की कहानी खुद मुजलूमों की जबानी*, लाहौर: इल्म-ओ-इरफान पब्लिशर्स, (2003)।

शाहनवाज, बेगम जहानारा, *फादर एंड डॉटर: ए पॉलिटिकल बायोग्राफी*, कराची: ऑक्सफोर्ड यूनिवर्सिटी प्रैस, (2002)।

शिल्स, ई., 'प्रिमोरडियल, पर्सनल, सैक्रेड एंड सिविल टाइस', *ब्रिटिश जर्नल ऑफ सोशियोलॉजी*, (1957)।

शेख, एम., 'द 30-इयर रूल ऑफ द "थ्री हकीम्स"', *डान*, कराची, 25 जून (2005)।

शेख, एम., 'व्हेन द "वाइल्ड" प्रूव्ड मोर एजुकेटेड, *डान*, लाहौर एडिशन, 24 जनवरी 2010।

सरदार अब्दुल अजीज, चौधरी गुलाम, 'पटियाला राज्य के रिटायर पुलिस सुपरिंटेंडेंट, सरदार अब्दुल का बयान', (में) द *जरनी टु पाकिस्तान: ए डॉक्युमेंटेशन ऑन रेफुजिस ऑफ 1947*, इस्लामाबाद: नेशनल डॉक्युमेंटेशन सेंटर, (1993)।

सिंह, किरपाल (सं.), *सिलैक्ट डॉक्युमेंट्स ऑन पार्टिशन ऑफ पंजाब-1947: इंडियन एंड पाकिस्तान, पंजाब, हरियाणा एंड हिमाचल, इंडिया एंड पंजाब-पाकिस्तान*, दिल्ली: नेशनल बुक शॉप, (1991)।

सिंह, खुशवंत, *ए हिस्ट्री ऑफ द सिख्स*, वॉल. I, 1469-1839, प्रिंसटाउन: प्रिंसटाउन यूनिवर्सिटी प्रैस, (1963)।

सिंह, खुशवंत, *ए हिस्ट्री ऑफ द सिख्स*, वॉल. II, 1839-1964, प्रिंसटाउन: प्रिंसटाउन यूनिवर्सिटी प्रैस, (1966)।

सिंह, खुशवंत, *ट्रुथ, लव एंड ए लिटल मेलिस*, नई दिल्ली: वाइकिंग (2002)।

सिंह, खुशवंत, *रणजीत सिंह, महाराजा ऑफ द पंजाब* 1780-1839, नई दिल्ली: ओरिएंट लोंगमन, (1985)।

सिंह, खुशवंत, 'लास्ट डेस इन लाहौर: फ्रॉम द ब्रिटल सेकुरिटी ऑफ एन एलिट रूफटोप, ए व्यू ऑफ ए सिटी बर्निंग', *आउटलुक*, दिल्ली (28 मई 1997)।

सिंह, जी., *रिलीजन एंड पॉलिटिक्स इन द पंजाब*, नई दिल्ली: दीप एंड दीप पब्लिकेशन्स, (1986)।

सीरवई, एच.एम., *पार्टीशन ऑफ इंडिया: लिजेंड एंड रिऐलिटी*, बॉम्बे: एमानेम पब्लिकेशन्स, (1989)।

सैद, चौधरी मोहम्मद, 'ए ब्रीफ अकाउंट ऑफ द हप्पेनिंग्स इन अमृतसर' बाइ चौधरी मोहम्मद सैद एम. ए., एल. एल. बी., भूतपूर्व टर्मिनल टैक्स सुपरिंटेंडेंट, म्यूनिसिपल कमेटी, अमृतसर, *दी जरनी टु पाकिस्तान: ए डॉक्युमेंटेशन ऑन रेफुजिस ऑफ 1947*, इस्लामाबाद: नेशनल डॉक्युमेंटेशन सेंटर।

स्टीनबार्ग, एस., *दी एथनिक मिथ: रेस, एथ्निसिटी एंड क्लास इन अमेरीका*, न्यूयॉर्क: एथेनियम, (1981)।

हनसेन, ऐन्डर्स ब्योन, *पार्टीशन एंड जेनोसाइड: मैनीफेसटेशन ऑफ वाओलेंस इन दी पंजाब 1937-1947*, नई दिल्ली: इंडिया रिसर्च प्रैस, (2002)।

हमदानी, हमीद, 'लाहौर जल रहा था', (में) हाकिम मुहम्मद तारिक महमूद अबकारी मुजदीदी चुघतई (संकलनकर्ता और संपादक), *1947 के मुजलिम की कहानी खुद मुजलूमों की जबानी*, लाहौर: इल्म-ओ-इरफान पब्लिशर्स, (2003)।

हमीद, शाहिद (मे.ज. रिटा.), *डिजआसट्रस ट्वीलाइट*, लंदन: ली कूपर, (1986)।

हाफिज, ताकिउद्दीन, *पाकिस्तान की सियासी जमातें और तेहरीकें*, लाहौर: क्लैसिक, (2001)।

हुसैन, ए., *मियां फजल-ए-हुसैन : ग्लीम्प्सेस ऑफ लाइफ एंड वर्क्स 1898-1936*, लाहौर: संग-ए-मील पब्लिकेशन्स, (प्रकाशन की तारीख नहीं दी गई)।

हुसैन, सय्यद वजाहत, *मेमोरिज ऑफ ए सोल्जर: 1947 बिफोर, ड्यूरिंग, आफ्टर*, लाहौर: फिरोज संस (प्रा.) लिमिटेड, (2010)।

हॉब्स, टी., *लेवियथन*, लंदन: पैंगविन क्लासिक्स, (1985)।

सरकारी दस्तावेज

'एग्रीमंट बिट्वीन इंडिया एंड पाकिस्तान ऑन माइनॉरिटिज: जवाहरलाल नेहरू एंड लियाकत आली खान', *मिडिल ईस्ट जर्नल*, वॉल. IV, संख्या 3, जुलाई, वॉशिंगटन डीसी (1950)।

कार्टर, लिओनेल (एड.), *पंजाब पॉलिटिक्स 1936-1939, द स्टार्ट ऑफ प्रोविन्सियल औटोनोमी: गवर्नर्स फोर्टनाइटली रिपोर्ट्स एंड अदर की डॉक्युमेंट्स*, दिल्ली: मनोहर, (2004)।

कार्टर, लिओनेल (एड.), *पंजाब पॉलिटिक्स 1940-1943, स्टरेन्स ऑफ वार, गवर्नर्स फोर्टनाइटली रिपोर्ट्स एंड अदर की डॉक्युमेंट्स*, दिल्ली: मनोहर, (2005)।

कार्टर, लिओनेल (एड.), *पंजाब पॉलिटिक्स 1 जनवरी 1944-3 मार्च 1947, लास्ट इयर्स ऑफ द मिनिस्ट्रिस, गवर्नर्स फोर्टनाइटली रिपोर्ट्स एंड अदर की डॉक्युमेंट्स*, दिल्ली: मनोहर, (2006)

कार्टर, लिओनेल (एड.), *पंजाब पॉलिटिक्स 3 मार्च 1947-31 मई 1947, एट दी एबीस, गवर्नर्स फोर्टनाइटली रिपोर्ट्स एंड अदर की डॉक्युमेंट्स*, दिल्ली: मनोहर, (2007).

कार्टर, लिओनेल (एड.), *पंजाब पॉलिटिक्स 1 जून 1947-14 अगस्त 1947: ट्रेजेडी, गवर्नर्स फोर्टनाइटली रिपोर्ट्स एंड अदर की डॉक्युमेंट्स*, नई दिल्ली: मनोहर, (2007b).

कार्टर, लिओनेल (एड.), *माउंटबेटन्स रिपोर्ट ऑन दी लास्ट वाइसरॉयलिटी (23 मार्च-15 अगस्त 1947)*, दिल्ली: मनोहर (2003)।

कार्टर, लिओनेल (संकलक और संपादक), *पंजाब पॉलिटिक्स 1936-1947, गवर्नर्स फोर्टनाइटली रिपोर्ट्स एंड अदर की डॉक्युमेंट्स*, आल वॉल्यूमस, नई दिल्ली: मनोहर, (2004-2007)।

खान, फजल मुकीम (मेजर जनरल), *दी स्टोरी ऑफ द पाकिस्तान आर्मी*, कराची: ऑक्सफोर्ड यूनिवर्सिटी प्रैस, (1963)।

डिसटरबेनसेस इन द पंजाब, इस्लामाबाद: नेशनल डॉक्युमेंटेशन सेंटर, (1995)।

दी आर.एस.एस. इन द पंजाब, लाहौर: गवर्नमेंट प्रिंटिंग प्रैस, (1948)।

दी जरनी टु पाकिस्तान: ए डॉक्युमेंटेशन ऑन रेफुजीस ऑफ 1947, इस्लामाबाद: नेशनल डॉक्युमेंटेशन सेंटर, (1993)।

दी पंजाब एलिएनेशन ऑफ लैंड एक्ट, 1901, लाहौर: गवर्नमेंट प्रिंटिंग प्रैस, (1901)।

दी सिख्स इन एक्शन, लाहौर: गवर्नमेंट प्रिंटिंग प्रैस, (1948)।

नोट्स ऑन द सिख प्लान, लाहौर: गवर्नमेंट प्रिंटिंग प्रैस, (1948)।

फोर्टनाइटली रिपोर्ट्स ऑफ चीफ सेक्रेटरी फॉर 1947, IOR L/P&J/5/250, (माइक्रोफिल्म पर), लंदन: ब्रिटिश लाइब्रेरी।

मैनसर्घ और लुम्बी, (संपा.), *दी ट्रान्सफर ऑफ पावर, ब्रिटिश ओफिसियल डॉक्युमेंट्स*, वॉल. I और IV।

मैनसर्घ, एन. एंड लुम्बी, डब्ल्यू.डब्ल्यू. आर. (एड.), दी *ट्रान्सफर ऑफ पावर, जनवरी-अप्रैल 1942*, वॉल. I, लंदन: हर मजेस्टी'स स्टेशनरी ऑफिस, (1970)।

मैनसर्घ, एन. और मून पी. (संपा.), दी *ट्रान्सफर ऑफ पावर,* ब्रिटिश ओफिसियल डॉक्युमेंट्स, वॉल. V और XXII

मैनसर्घ, एन. एंड मून, पी. (संपा.), दी *ट्रान्सफर ऑफ पावर, 1 अगस्त 1945-22 अप्रैल 1946*, वॉल. VI, लंदन: हर मजेस्टी'स स्टेशनरी ऑफिस, (1976)।

मैनसर्घ, एन. एंड मून, पी. (संपा.), दी *ट्रान्सफर ऑफ पावर, 23 मार्च-29 जून 1946*, वॉल. VII, लंदन: हर मजेस्टी'स स्टेशनरी ऑफिस, (1977)।

मैनसर्घ, एन. एंड मून, पी. (संपा.), दी *ट्रान्सफर ऑफ पावर, 3 जुलाई-1 नवंबर 1946*, वॉल. XIII, लंदन: हर मजेस्टी'स स्टेशनरी ऑफिस, (1979।

मैनसर्घ, एन. एंड मून, पी. (संपा.), दी *ट्रान्सफर ऑफ पावर, 4 नवम्बर 1946-22 मार्च 1947*, वॉल. IX, लंदन: हर मजेस्टी'स स्टेशनरी ऑफिस, (1980)।

मैनसर्घ, निकोलस एंड मून, पेंडेरल (संपा.), दी *ट्रान्सफर ऑफ पावर 1942-7*, वॉल. X, दी माउंटबेटन वाइसरॉयल्टी, फोरमुलेशन ऑफ ए प्लान, 22 मार्च-30 मई 1947, लंदन: हर मजेस्टी'स स्टेशनरी ऑफिस, (1981)।

मैनसर्घ, निकोलस एंड मून, पेंडेरल (संपा.), दी *ट्रान्सफर ऑफ पावर 1942-7*, वॉल. XI, दी माउंटबेटन वाइसरॉयल्टी, अनाउंसमेंट एंड रिसेप्शन ऑफ द 3 जून प्लान, 31 मई-7 जुलाई 1947, लंदन: हर मजेस्टी'स स्टेशनरी ऑफिस, (1982)।

मैनसर्घ, निकोलस एंड मून, पेंडेरल (संपा.), दी *ट्रान्सफर ऑफ पावर 1942-7*, वॉल. XII, दी माउंटबेटन वाइसरॉयल्टी, प्रिंसेस, पार्टिशन एंड इंडिपेंडेंस, 8 जुलाई-15 अगस्त 1947, लंदन: हर मजेस्टी'स स्टेशनरी ऑफिस, (1982)।

रिपोर्ट ऑफ द कोर्ट ऑफ इंकवारी कोनसटिचयूटेड अंडर पंजाब एक्ट II *ऑफ 1954 टु एंक्वायर इंटू द पंजाब डिस्टरबेनसेस ऑफ 1953* (आल्सो नोन एज मुनीर रिपोर्ट), लाहौर: गवर्नमेंट प्रिंटिंग प्रैस, (1954)।

सदाउल्लाह, मियां मुहम्मद (संकलन), दी *पार्टिशन ऑफ द पंजाब 1947*, चार वॉल्यूम, (ओफिसियल डॉक्यूमेंटस कंपाइल्ड फॉर द नेशनल डॉक्युमेंटेशन सेंटर, लाहौर), लाहौर: संग-ए-मील पब्लिकेशन्स।

सेंसस ऑफ इंडिया, 1931, वॉल. XVII, पंजाब पार्ट 1, लाहौर: सिविल एंड मिलिटरी गजेट प्रैस, (1933)।

सेंसस ऑफ इंडिया, 1941, वॉल. VI, पंजाब, टेब्ल्स, शिमला: मैनेजर ऑफ पब्लिकेशन्स, दिल्ली, (1941)।

माइक्रोफिल्म

फोर्टनाइटली रिपोर्ट्स ऑफ दी पंजाब चीफ सेक्रेटरी फॉर 1946 (भिच आल्सो इंक्लुड रिपोर्ट्स ऑफ द पंजाब गवर्नर) इन द पॉलिटिकल डिपार्टमेंट मिसलेनियस (आल्सो नोन आस पॉलिटिकल एंड जुड़ीशियल रेकोर्ड्स) अंडर द डेसीगनेशन एल/पी-जे/5/249. लंदन: ब्रिटिश लाइब्ररी।

अखबार

डेली टाइम्स, लाहौर, 13 अप्रैल 2003

डान, दिल्ली 1947

दी पाकिस्तान टाइम्स, लाहौर 1947

दी ट्रिब्यून, लाहौर 1947

मिलाप, लाहौर, 1947

दी सिविल एंड मिलिट्री गजट, लाहौर 1947

जर्नल, मैगजीन और रिपोर्टें

इकनॉमिक एंड पॉलिटिकल वीकली, वॉल. XXXIII, 8 अगस्त 1998, मुंबई, (1998)।

जर्नल ऑफ जेनोसाइड रिसर्च, लंदन: टेलर-फ्रांसिस, कारटेक्स पब्लिशिंग, (2003)।

जर्नल ऑफ सिख स्टडीज, वॉल. XXVII, सं. 2, अमृतसर: गुरु नानक देव यूनिवर्सिटी, (2002)।

मिडल ईस्ट जर्नल, वॉल. 4, सं. 3, जुलाई, वॉशिंग्टन DC (1950)।

मॉडर्न एशियन स्टडीज, वॉल. VIII, सं. 4, कैंब्रिज: कैंब्रिज यूनिवर्सिटी प्रैस, (1974)।

मॉडर्न एशियन स्टडीज, वॉल. XXXVI, सं. 3, कैंब्रिज: कैंब्रिज यूनिवर्सिटी प्रैस, (2002)।

मॉडर्न साउथ एशियन स्टडीज, वॉल. XIII, सं. 3, कैंब्रिज: कैंब्रिज यूनिवर्सिटी प्रैस, (1979)।

एनआईएएस रिपोर्ट 1990, कोपेनहैगेन: नोर्डिक इंस्टीट्यूट ऑफ एशियन स्टडीज, (1990)।

आउटलुक, नई दिल्ली, (28 मार्च 1997)

दी क्रॉनिकल ऑफ पाकिस्तान, http://therepublicofrumi-com@chronicle@1947_09-htm] (13 दिसंबर 2010 को देखा)

सेमिनार, संख्या 567, नवंबर, नई दिल्ली, (2006)।

दी साउथ एशियन, http:/www.the-south-asian.com/July-Aug2000/Chakwal_memories_4.htm, दिल्ली (7 अगस्त 2010)

वार इन हिस्ट्री, वॉल. XVI, सं. 4, लंदन: सेज पब्लिकेशन्स, (2009)।

साक्षात्कारों की सूची

1990

सितारा बानो (लेखक की माता) ने इस घटना को अपनी जिंदगी में, 1990 में उनकी मृत्यु से पहले, कई बार बताया

1992

इंद्र कुमार गुजराल, नई दिल्ली, 9 अक्टूबर 1992

शील गुजराल, नई दिल्ली, 9 अक्टूबर 1992

1997

बी.आर. चोपड़ा, मुंबई, 4 जनवरी 1997

नक़्श लायलपुरी, मुंबई, 2 जनवरी 1997

1999

सोम आनंद, नई दिल्ली, 18 अक्टूबर 1999

प्राण नेवाइल, दिल्ली, 18 अक्टूबर 1999

रत्तन चंद, दिल्ली, 19 अक्टूबर 1999

राम प्रकाश कपूर, नई दिल्ली, 20 अक्टूबर 1999

अमरनाथ सहगल, नई दिल्ली, 20 अक्टूबर 1999

जमना दास अख्तर, दिल्ली, 20 अक्टूबर 1999

हरकिशन सिंह सुरजीत, नई दिल्ली , 21 अक्टूबर 1999

युवराज कृशन, दिल्ली, 21 अक्टूबर 1999

प्रेम धवन, मुंबई, 22 अक्टूबर 1999

नानक सिंह ब्रोका, मुंबई, 23 अक्टूबर 1999

डॉ. जगदीश चंदर सरीन, दिल्ली, 24 अक्टूबर 1999

रामानन्द सागर (प्रसिद्ध मुंबई लेखक और फिल्म निर्माता), दिल्ली, 25 अक्टूबर 1999 और मुंबई, 18 अक्टूबर 2001

सी.आर. असलम (साबका कम्यूनिस्ट नेता), लाहौर, 14 दिसम्बर 1999

2000

मुजाहिद ताजदीन, लाहौर, 2 तथा 25 फरवरी 2000

2001

सुनील दत्त (फिल्म स्टार), मुंबई, 20 अक्टूबर 2001

राज बब्बर, मुंबई, 20 अक्टूबर 2001

सतपल अरोड़ा, दिल्ली, 22 अक्टूबर 2001

भीषम साहनी, दिल्ली, 23 अक्टूबर 2001

डॉ. प्रेम सोबती, भारत के राष्ट्रपति के निजी डाक्टर, दिल्ली, 31 अक्टूबर 2001

अब्दुल्लाह मलिक, लाहौर, 9 दिसंबर 2001

2002

मुश्ताक अहमद, स्टॉकहोम, 12 अप्रैल 2002

चौधरी रियासत आली, लंदन, 18 मई 2002

अजीज मजहर, लंदन (लाहौर में बसे), 18-19 मई 2002

रशीद इशाक, लंदन, 18-19 मई 2002

हमीद अख्तर, लंदन, 19 मई 2002

सय्यद मुहम्मद इस्लाम, लंदन, 19 मई 2002

सय्यद जिया मोहियुद्दीन, स्टॉकहोम, 24 जून 2002

श्रीमती कांता सिंह लूथरा, सलेम, ओरेगॉन, 15 जुलाई 2002

प्रोफेसर शौकत अली, मैनसफील्ड, मस्साचुएट्स, संयुक्त राष्ट्र अमेरीका, 29 जुलाई 2002

2003

मियां मकसूद अहमद, लाहौर, 3 अप्रैल 2003
मियां मुहम्मद सलीम, लाहौर, 4 अप्रैल 2003
आरिफ खोखर, लाहौर, 4 अप्रैल 2003
सलीम शाहिद, लाहौर, 5 अप्रैल 2003
कर्नल (रि.) नादिर अली, लाहौर, 5 अप्रैल 2003
मोहम्मद फरीद मिर्जा, लाहौर, 7 अप्रैल 2003
हसनदीन, लाहौर, 13 अप्रैल 2003
सय्यद अफजल हैदर, लाहौर, 13 अप्रैल 2003
शेख अनवर अली, इस्लामाबाद, लंदन, 15 अप्रैल 2003
ख्वाजा इफ्तिखार, लाहौर, 17 अप्रैल 2003
नूर भरी, लाहौर, 17 अप्रैल 2003
चौधरी मुहम्मद बशीर, लाहौर, 18 अप्रैल 2003
राणा मुहम्मद रशीद, लाहौर, 18 अप्रैल 2003
ए हमीद, लाहौर, 19 अप्रैल 2003
प्रोफेसर मुहम्मद शरीफ कुंजही, गुजरात, 20 अप्रैल 2003
सय्यद आफताब हसन, गुजरात, 20 अप्रैल 2003
सय्यद इजाज हुसैन जाफरी, लाहौर, 22 अप्रैल 2003
अहमद बशीर, 22 अप्रैल 2003
मियां जलालदीन, लाहौर, 22 अप्रैल 2003
एफ.ई. चौधरी, लाहौर, 23 अप्रैल 2003
हाजी मुहम्मद अकरम, लाहौर, 23 अप्रैल 2003
बेगम नसीम आमिर हुसैन शाह, 25 अप्रैल 2003
ताहिरा मजहर अली खान, लाहौर, 25 अप्रैल 2003
राजा तजम्मुल हुसैन, 27 अप्रैल 2003
चौधरी मुहम्मद सिद्दिक, लाहौर, 27 अप्रैल 2003
सरदार शौकत अली, लाहौर, 3 मई 2003
डॉ. खुशी मुहम्मद खान, स्टॉकहोम, 16 जून 2003

2004

रघबीर सिंह साहनी, पटियाला, 7 जनवरी 2004
कमला सेठी, दिल्ली, 7 मार्च 2004
जगन नाथ, दिल्ली, 8 मार्च 2004
संपूरण सिंह सचदेव, दिल्ली, 9 मार्च 2004
केदार नाथ मल्होत्रा, दिल्ली, 10 मार्च 2004
बी. आर. लाल, दिल्ली, 12 मार्च 2004
श्रीमती विमला वीरमनी, दिल्ली, 13 मार्च 2004

विमल इस्सर, नई दिल्ली, 13 मार्च 2004
अमर सिंह, दिल्ली, 14-15 मार्च 2004
मदनलाल सिंह, दिल्ली, 14-15 मार्च 2004
दीना नाथ मल्होत्रा, नई दिल्ली, 15 मार्च 2004
हरि देव शौरी, नई दिल्ली, 16 मार्च 2004
गुरदेव सिंह (झंग के भूतपूर्व निवासी), दिल्ली, 16 मार्च 2004
बुजुर्ग श्री अरोड़ा, किशनपुरा, जिला मोगा, पूर्वी पंजाब, 17 मार्च 2004
हंस राज खत्री, सिधवां बेट, जिला लुधियाना, 17 मार्च 2004
प्यारा सिंह नौलख, किशनपुरा कलाँ, जिला मोगा, पूर्वी पंजाब, 18 मार्च 2004
नशत्तर सिंह, गाँव गालिब कलाँ, जिला लुधियाना, 18 मार्च 2004
गुरदेव सिंह (लायलपुर ग्रामीण क्षेत्र के भूतपूर्व निवासी), गाँव गालिब कलाँ, जिला लुधियाना, 18 मार्च 2004
सेलजा सैनी, चंडीगढ़, 20 मार्च 2004
हरकिशन सिंह मेहता, चंडीगढ़, 20 मार्च 2004
गुरचरण दास अरोड़ा, अमृतसर, 24 मार्च 2004
मोहन सिंह राही, अमृतसर, 25 मार्च 2004
देवी दास मंगत, अमृतसर, 25 मार्च 2004
रिपुदमन सिंह, अमृतसर, 26 मार्च 2004
सरदार कुन्दन सिंह सामरा, 27 मार्च 2004
ज्ञानी महिंदर सिंह, अमृतसर, 27 मार्च 2004
मोनी चड्ढा, नई दिल्ली, 28 मार्च 2004
श्रीमति सावित्री दत्त-छिब्बर, नोएडा, 29 मार्च 2004
गुरबचन सिंह टंडन, नोएडा, 29 मार्च 2004
पुष्पा गोयल, दिल्ली, 29 मार्च 2004
पुष्पा हंस, नई दिल्ली, 31 मार्च 2004
कर्नल हंस राज चोपड़ा, दिल्ली, 31 मार्च 2004
महमूदा बेगम, 9 दिसंबर 2004
हाजी मुहम्मद हनीफ, चक बेली खान, जिला रावलपिंडी, 11 दिसंबर 2004
अमीर खान, चक बेली खान, जिला रावलपिंडी, 11 दिसंबर 2004
शेख नूर दीन, रावलपिंडी, 12 दिसंबर 2004
ख्वाजा मसूद अहमद, रावलपिंडी, 12 दिसंबर 2004
फैज जमान, परियाल, जिला अटक (कैंपबेलपुर), 13 दिसंबर 2004
हाजी मुहम्मद शरीफ, परियाल, जिला अटक (कैंपबेलपुर), 13 दिसंबर 2004
दविंदर भारद्वाज, ईमेल द्वारा अमेरीका से, 14 दिसंबर 2004
जान दाद खान, थमाली, 14 दिसंबर 2004
हाजी शेर खान, थमाली, 14 दिसंबर 2004

राजा मुहम्मद रियासत, चोआ खालसा, 14 दिसंबर 2004
सय्यद नजीर हुसैन शाह, चोआ खालसा, 14 दिसंबर 2004
चौधरी रोशनदीन, कल्लर सय्यदाँ, जिला रावलपिंडी, 15 दिसंबर 2004
शेख मुहम्मद इशाक, रावलपिंडी, 15 दिसंबर 2004
हाजी शेर अहमद, रावलपिंडी, 15 दिसंबर 2004
मलिक मुहम्मद असलम, लाहौर, 17 दिसंबर 2004
मुस्तन्सर हुसैन तरार, लाहौर, 17 दिसंबर 2004
गुलाम रसूल तनवीर, फैसलाबाद, 19 दिसंबर 2004
अब्दुल बारी, मुल्तान, 20 दिसंबर 2004
चौधरी अब्दुल वाहिद, मुल्तान, 20 दिसंबर 2004
चौधरी अब्दुल सईद, बहावलपुर, 21 दिसंबर 2004
मुहम्मद अब्दुल्लाह शमशाद, मुल्तान, 21 दिसंबर 2004
सय्यद खुर्शीद अब्बास गरदेज़ी, मुल्तान, 21 दिसंबर 2004
अरशद मुल्तानी, मुल्तान, 22 दिसंबर 2004
अताउल्लाह मलिक, मुल्तान, 22 दिसंबर 2004
मशकूर साबरी, मुल्तान, 22 दिसंबर 2004
अकरम वराइच, ईमेल द्वारा लाहौर से, 22 दिसंबर 2004
शेख अब्दुल वहाब, लाहौर, 24 दिसंबर 2004
कलेब अली शेख, लाहौर, 25 दिसंबर 2004
कमार यूरिश, लाहौर, 26 दिसंबर 2004
शेख नूर मुहम्मद, लाहौर, 27 दिसंबर 2004
शेख अरशद हबीब, लाहौर, 27 दिसंबर 2004
उमर सईद, लाहौर, 27 दिसंबर 2004
सय्यद कमरुजमान शाह, लाहौर, 28 दिसंबर 2004
मुहम्मद आशिक राहील, लाहौर, 29 दिसंबर 2004
अली बक्श, लाहौर, 30 दिसंबर 2004

2005
प्रोफेसर किरपाल सिंह, चंडीगढ़, 2 जनवरी 2005
तिलक राज ओबेरॉय, चंडीगढ़, 2 जनवरी 2005
महिंदर नाथ खन्ना, अमृतसर, 3 जनवरी 2005
श्रीमती रजनीश टंडन, होशियारपुर, 3 जनवरी 2005
इंदरजीत, बटाला, 3 जनवरी 2005
भगवान दास, बटाला, 3 जनवरी 2005
रणजीत सिंह भसीन, कपूरथला, 3 जनवरी 2005
विक्की के सहपाठी के पिता, गाँव नाथू मजरा, जिला लुधियाना, 4 जनवरी 2005
रंजीत सिंह (अजित सिंह), गाँव नाथू मजरा, जिला लुधियाना, 4 जनवरी 2005

प्रोफेसर चमन लाल अरोड़ा, जालंधर, 4 जनवरी 2005
मोहन लाल झंजी, लुधियाना, 4 जनवरी 2005
बलदेव वर्मा, लुधियाना, 4 जनवरी 2005
मौलाना हबीबूर रहमान सनवी लुधियानवी, लुधियाना, 4 जनवरी 2005
रजनीश टडंन के पिता, होशियारपुर, 6 जनवरी 2005
डॉ. निजाम दीन, मलेरकोटला, 6 जनवरी 2005
चौधरी अब्दुल शकूर, मलेरकोटला, 6 जनवरी 2005
बाबू खान, मलेरकोटला, 6 जनवरी 2005
पंडित मोहन लाल बालो, पटियाला, 7 जनवरी 2005
अमरीक चंद अहलुवालिया, पटियाला, 7 जनवरी 2005
सरदूल सिंह विर्क, लखमरी, जिला कुरुक्षेत्र, हरियाणा, 8 जनवरी 2005
फकीर सिंह विर्क, लखमरी, जिला कुरुक्षेत्र, हरियाणा, 8 जनवरी 2005
शमशेरजीत सिंह विर्क, लखमरी, जिला कुरुक्षेत्र, हरियाणा, 8 जनवरी 2005
गिरधारी लाल कपूर, दिल्ली, 9 जनवरी 2005
भोला नाथ गुलाटी, दिल्ली, 9 जनवरी 2005
प्रेमचंद खन्ना, दिल्ली, 9 जनवरी 2005
लाजपत राय सेठ, दिल्ली, 10 जनवरी 2005
रक्षत पुरी, दिल्ली, 10 जनवरी 2005
अफतार सिंह जज, दिल्ली, 10 जनवरी 2005
प्रोफेसर वी.एन. दत्ता, प्रसिद्ध इतिहासकर, नई दिल्ली, 10 जनवरी 2005
त्रिलोक कुमार गुलाटी, दिल्ली, 11 जनवरी 2005
शेख मुहम्मद फारूक, राजगढ़, लाहौर, 13 जनवरी 2005
गुलाम हैदर (75), लाहौर, 13 जनवरी 2005
मुहम्मद मुनीर, लाहौर, 13 जनवरी 2005
नंबरदार मियां मुहम्मद हनीफ, लाहौर, 13 जनवरी 2005
मियां मुहम्मद शरीफ, 14 जनवरी 2005
मियां मुस्तफा कमाल पाशा, लाहौर, 14 जनवरी 2005
आई.ए. रहमान, 14 जनवरी 2005
प्रोफेसर विनय कुमार, स्टॉकहोम, 3 फरवरी 2005
हुकुम कुरेशी, लाहौर, 20 मार्च 2005
आजिम हुसैन (सर फजल-ई-हुसैन के बेटे), लंदन, 6 जून 2005
प्रोफेसर प्रेम सिंह कहलों, नैशविल, टेनेस्सी ईमेल द्वारा, 15 जून 2005
स. जरनैल सिंह पसरीचा जिनका साक्षात्कार श्रीमति इंदरजीत कौर, हेडमिस्ट्रेस्स, मोण्ट्गोमरी गर्ल्स हाई स्कूल, कपूरथला ने लिया और ईमेल द्वारा भेजा, 1 अगस्त 2005
सुलेमान चीमा, लाहौर (टेलीफोन द्वारा स्टॉकहोम के 15:35 बजे), 13 अक्टूबर 2005
हाजी अब्दुल रहमान गिल, 30 दिसंबर 2004; 29 सितंबर 2005; 15 अक्टूबर 2005

हुकुम कुरेशी, लाहौर, 30 अक्टूबर 2005
विमल इस्सर, दिल्ली, 30 अक्टूबर 2005
सय्यद अहमद सईद किरमानी, लाहौर, 31 अक्टूबर 2005
इकबाल सिंह, दिल्ली, 31 अक्टूबर 2005
नसीब कौर, गाँव फुल खुर्द, जिला रूपनगर, नवंबर 2005
बस्ता सिंह, आदमपुर, जिला फतेहगढ़ साहिब, पूर्वी पंजाब, 28 नवंबर 2005
नौगुरदियाल सिंह, आदमपुर, जिला फतेहगढ़ साहिब, पूर्वी पंजाब, 28 नवंबर 2005
गुरदीप सिंह, गाँव माथी, जिला फतेहगढ़ साहिब, पूर्वी पंजाब, 28 नवंबर 2005
तेजा सिंह, बोरान, जिला फतेहगढ़ साहिब, पूर्वी पंजाब, 28 नवंबर 2005
देस राज, काकरा, जिला पटियाला, पूर्वी पंजाब, 28 नवंबर 2005
करनैल सिंह, काकरा, जिला पटियाला, पूर्वी पंजाब, 28 नवंबर 2005
रिछ्पाल सिंह, आदमपुर, 28 नवम्बर 2005
पंडितजी, करनाल, हरियाणा, 28 नवंबर 2005
अमर सिंह, डंगोली, 29 नवंबर 2005
छितरु, डंगोली, 29 नवंबर 2005
अजाइब सिंह, गुज्जरवाल, जिला लुधियाना, 29 नवम्बर 2005
हरमैल सिंह, गुज्जरवाल, जिला लुधियाना, 29 नवम्बर 2005
चमन लाल आहूजा, पानीपत, 30 नवम्बर 2005
सुदर्शन कुमार कपूर, पुराना गुड़गाँव, दिल्ली के बाहर, 1 दिसंबर 2005
राज रानी गोसाईं, नोएडा, 2 दिसंबर 2005
अश्विनी कुमार, दिल्ली, 2 दिसंबर 2005
सिकंदर लाल बग्गा, दिल्ली, 3 दिसंबर 2005
ब्रिगे. सरजीत सिंह चौधरी, दिल्ली, 3 दिसंबर 2005
चौधरी अनवर अजीज, लाहौर, 15 दिसंबर 2005
चौधरी तव्वाकुल्लाह विर्क, शेखूपुरा, 30 दिसंबर 2005
चौधरी नजिर अहमद विर्क, शेखूपुरा, 30 दिसंबर 2005
हाजी मुख्तार अहमद खान, शेखूपुरा, 30 दिसंबर 2005

2006
आसफ अली शाह, लाहौर (ईमेल द्वारा), 3 जनवरी 2006
अहद मलिक, स्टॉकहोम, 13 जनवरी 2006
डॉ. हफीज अहमद मुगल, लाहौर, ईमेल द्वारा इंटरव्यू, 16 जनवरी 2006
केवल कृष्ण तुली, नई दिल्ली, 8 मार्च 2004; 30 जनवरी 2006 को टेलीफोन द्वारा स्पष्टीकरण
रियाज अहमद चीमा, स्टॉकहोम, 16 मई 2006
जसपाल सिंह कोहली, लंदन, 8 जून 2006
रेजीनल्ड मैसी, लैनीडलोस, मिड-वेल्स में 5 जुलाई 2006 को; ई-मेल द्वारा 4 अगस्त 2007 को
बैरोनेस्स, श्रीला फलाथर, बर्कशायर काउंटी, 7 जुलाई 2006

2007
नसीम हसन, होकेस्सीन, डेलावेर, यू.एस.ए. (ईमेल द्वारा), 1 जनवरी 2007
ले. जनरल आफताब अहमद खान, लाहौर (ईमेल द्वारा) 2 जनवरी 2007
आयाज खान, लिंकोपिंग, स्वीडन (ईमेल द्वारा), 14 जनवरी 2007
मुहम्मद फिरोज दर, सोलना, स्वीडन, 18 फरवरी 2007
भीष्म कुमार बक्शी, ईमेल द्वारा दिल्ली से, 5 मार्च 2007
मनमोहन तनेजा जिनका साक्षात्कार प्रोफेसर मनचन्दा ने नई दिल्ली में 7 और 10 मार्च को लिया और 10 मार्च 2007 को भेजा
डॉ. सत्य पाल 'बेदर' जिनका साक्षात्कार प्रोफेसर मनचन्दा ने नई दिल्ली में 11 मार्च को 2007 को लिया और 11 मार्च 2007 को भेजा
डॉ. तेजा सिंह, एडमंटन, ईमेल द्वारा कनाडा, 17 मार्च 2007,
जगपाल तिवाना, डाट्मौथ, एनएस, कनाडा, ईमेल द्वारा, 11 अप्रैल 2007
कर्नल (रिटा.) अता मुहम्मद डोगर, लाहौर, 10 मई 2007
गोबिन्द ठकराल, चंडीगढ़, ईमेल द्वारा, 21 जुलाई 2007
श्रीमति बी.ए. चौधरी, लाहौर, (उनके बेटे डॉ. मुहम्मद फारूक के ईमेल द्वारा), 22 जुलाई 2007

2008
मुहम्मद फिरोज दर, स्टॉकहोम, 18 फरवरी 2008

2009
अमजद बाबर, वॉशिंगटन डीसी, 11 जुलाई 2009

2010
इयन टेलबट, साउथम्पटन, यू.के. से 19 मार्च 2010 को ई-मेल द्वारा
प्रोफेसर नरेंद्र मोहन वैद, पानीपत, जिनका साक्षात्कार अरविंद वैद ने लिया और उन्होंने ईमेल द्वारा 14 अप्रैल 2010 को भेजा
कुमार चंद, सिंगापुर, 10 मई 2010
मोनी चड्ढा, दिल्ली से ईमेल द्वारा, 28 दिसंबर 2010

2011
निर्मल तेज सिंह चोपड़ा, सिंगापुर (ईमेल द्वारा) 5 जनवरी 2011
ब्रिगेडियर यासुब अली डोगर, लाहौर, टेलीफोन तथा ईमेल द्वारा, 13 जनवरी 2011 '
डॉ. अजय कु. मेहरा, नोएडा, यूपी, टेलीफोन तथा ईमेल द्वारा, 13 जनवरी 2011 '
कुलदीप कुमार चोपड़ा, स्टॉकहोम, 20 जनवरी 2011
मुश्ताक अहमद, स्टॉकहोम, 20 फरवरी 2011
रचना आनंद, सिंगापुर से ईमेल द्वारा, 21 फरवरी 2011
हारून सलीम भट्टी की दादी, लाहौर से फोन द्वारा, 22 फरवरी 2011
बतूल बेगम, जिनका साक्षात्कार उनके बेटे ब्रिगड़िएर (रिटा.) यासुब आली डोगर ने लिया और उन्होंने लाहौर से ईमेल द्वारा 3 मार्च 2011 को भेजा

2012
रियाज अहमद खान, लंदन, (ईमेल द्वारा), 28 अक्टूबर 2012

2013
सत्येंद्र कुमार, गुड़गाँव, 17 मार्च 2013
विशारदा हून, चेन्नई से ईमेल द्वारा, 13 मई 2013

2014
प्रोफेसर (डॉ.) उपेंद्र पंडित, ईमेल द्वारा, एम्स्टर्डैम, नीदरलैंड्स, 12 जुलाई 2014

2016
राणा मुहम्मद अजहर खान, लाहौर, 16 मार्च 2016